古文字詁林編纂委員會編纂

古文字詁林

修訂本

第七册

上海教育出版社

第一版出版工作人員

責任編輯　章　毅
封面設計　郭偉星
版式設計　侯雪康　俞　弘
特約審校　俞　良　王慧敏
資　　料　劉　君
校　　對　王　瑩　劉順菊　蔡鑫龍
出版統籌　王爲松　談德生
出版指導　陳　和
印刷監製　周鎔鋼
總 監 製　包南麟

修訂本出版工作人員

責任編輯　徐川山　毛　浩
封面設計　陸　弦
責任校對　馬　蕾　魯　妤　陳　萍　何懿璐
　　　　　丁志洋　方文琳　任換迎　宋海云
印刷監製　葉　剛
技術支持　楊鉷應

封面題簽　王元化

上海市古籍整理出版規劃重點項目

古文字詁林學術顧問

以姓氏筆劃爲序

朱德熙　李學勤　胡厚宣　馬承源

張政烺　裘錫圭　戴家祥　顧廷龍

古文字詁林編纂委員會

主編　李圃

副主編　汪壽明

編委　以姓氏筆劃爲序，有*號者爲常務編委

*王元鹿　王文耀　*王世偉　王鐵　史舒薇　吳平

吳振武　*李圃　李露蕾　何崝　*汪壽明　徐時儀

*徐莉莉　*傅傑　華學誠　董琨　*詹鄞鑫　*臧克和

*劉志基　*鄭明

資料工作人員

張春華　張友榮　袁根娣　凌玉泰

目録

第七册檢字表

部首表

部首	頁碼
㝱	一
疒	一四
冖	七三
𠔼	七九
冃	九八
㒳	一〇九
网	一二〇
襾	一四四
巾	一四八
巿	二〇七
帛	二一〇
白	二一五
㡀	二二九
黹	二二七
人	二五〇
匕	四三七
匕	四五一
从	四六八
比	四八二
北	四八七
丘	四九九
㐺	五〇七
𡈼	五二〇
重	五三〇
臥	五三八
身	五四四
㐆	五五一
衣	五五八
裘	六二五
老	六四四
毛	六六一
毳	六六五

部首檢字表

疛	三四
癭	三六
⿸疒付	三六
痀	三七
瘚	三七
痵	三八
痱	三八
瘤	三八
痤	三九
疽	四〇
⿸疒麗	四〇
癰	四一
瘜	四一
癬	四三
疥	四三
痂	四四
瘕	四四
癘	四五
瘧	四五
痁	四六
痎	四七
痳	四七
痔	四七
痿	四七
痹	四八
𤻲	四八
瘃	四八
⿸疒扁	四八
⿸疒童	四九
⿸疒盍	四九
疻	五〇
痏	五〇
⿸疒舄	五三
⿸疒冄	五三
癑	五四
痍	五四
瘢	五六
痕	五六
痙	五六
痋	五六
瘦	五七
疢	五七
癉	五七
疸	五八
㾊	五八
痞	五八
瘍	六二
⿸疒尿	六二
疲	六二
疿	六三
疧	六三
⿸疒及	六四
⿸疒殹	六五
⿸疒雁	六五
疫	六五
瘛	六七
⿸疒多	六七
⿸疒兒	六七
⿸疒樂	六八
⿸疒舌	六九

幐　一九八
幨　一九八
𢄼　一九八
𢂋　一九九
幩　一九九
𢅊　一九九
帤　二〇〇
布　二〇〇
幏　二〇四
𢄹　二〇五
帑　二〇五
幦　二〇五
帆　二〇六
幢　二〇六
幟　二〇六

帟　二〇六
幗　二〇六
幧　二〇六
帒　二〇六
帊　二〇七
幞　二〇七
幰　二〇七

【巿部】

巿　二〇七
韐　二一〇

【帛部】

帛　二一〇
錦　二一四

【白部】

白　二一五

皎　二一五
皢　二一六
皙　二一六
皤　二一六
皠　二一七
皚　二一七
皅　二一七
皦　二一七
𤽙　二一八
皛　二一九

【㡀部】

㡀　二一九
敝　二二五

【黹部】

黹　二二七

𪓋　二四七
黼　二四八
黻　二四九
𪓐　二五〇
黺　二五〇

【人部】

人　二五〇
僮　二五七
保　二五七
仁　二六五
企　二七〇
仞　二七一
仕　二七三
佼　二七四
僎　二七四

俅	俅	二七四
佩	佩	二七五
儒	儒	二七六
優	俊	二七七
傑	傑	二七七
僤	僤	二七八
伋	伋	二七八
伉	伉	二七八
伯	伯	二七九
仲	仲	二八三
伊	伊	二八七
偰	偰	二九一
倩	倩	二九一
伃	伃	二九一
伀	伀	二九二

儇	儇	二九二
倓	倓	二九二
侚	侚	二九三
傛	傛	二九三
僕	僕	二九三
佳	佳	二九三
侅	侅	二九四
傀	傀	二九四
偉	偉	二九五
份	份	二九五
僚	僚	二九六
佖	佖	二九六
侼	侼	二九七
儠	儠	二九八
儦	儦	二九八

儺	儺	二九八
倭	倭	三〇一
儥	儥	三〇一
僑	僑	三〇二
俟	俟	三〇二
侗	侗	三〇三
佶	佶	三〇三
俁	俁	三〇三
仜	仜	三〇三
僤	僤	三〇四
健	健	三〇四
倞	倞	三〇四
傲	傲	三〇五
仡	仡	三〇五
倨	倨	三〇五

儼	儼	三〇五
傪	傪	三〇六
俚	俚	三〇六
伴	伴	三〇六
俺	俺	三〇六
僩	僩	三〇七
伾	伾	三〇七
偲	偲	三〇七
倬	倬	三〇七
侹	侹	三〇八
倗	倗	三〇八
偏	偏	三一一
儆	儆	三一二
俶	俶	三一二
傭	傭	三一二

字	頁
僾	三一三
仿	三一三
佛	三一三
僁	三一四
僟	三一四
佗	三一四
何	三一五
儋	三一九
供	三一九
待	三二一
儲	三二一
備	三二一
位	三二三
儐	三二七
偓	三二八

字	頁
佺	三二九
偏	三二九
仢	三二九
儕	三二九
倫	三二九
侔	三三〇
偕	三三〇
俱	三三〇
儹	三三一
併	三三一
傅	三三一
侙	三三二
俌	三三二
倚	三三二
依	三三三

字	頁
仍	三三四
佽	三三五
佴	三三五
倢	三三五
侍	三三五
傾	三三六
側	三三六
侒	三三七
侐	三三七
付	三三七
俜	三三八
俠	三三八
儃	三三九
侁	三三九
仰	三三九

字	頁
侸	三三九
儽	三四一
侳	三四一
偁	三四二
伍	三四三
什	三四三
佰	三四四
佸	三四四
佮	三四四
敚	三四五
傆	三四七
作	三四七
假	三五二
借	三五二
侵	三五三

儥	儥	三五五
候	候	三五六
償	償	三五六
僅	僅	三五六
代	代	三五七
儀	儀	三五九
傍	傍	三五九
佀	佀	三五九
便	便	三六一
任	任	三六二
俔	俔	三六四
優	優	三六五
僖	僖	三六六
偆	偆	三六七
俒	俒	三六七

儉	儉	三六七
偭	偭	三六七
俗	俗	三六八
俾	俾	三六九
倪	倪	三七〇
億	億	三七〇
使	使	三七一
傑	傑	三七二
伶	伶	三七二
儷	儷	三七三
傳	傳	三七三
倌	倌	三七六
价	价	三七六
仔	仔	三七六
佚	佚	三七七

俆	俆	三七八
偋	偋	三七八
伸	伸	三七八
但	但	三七九
⿰亻然	⿰亻然	三七九
偄	偄	三七九
倍	倍	三七九
傿	傿	三八〇
僭	僭	三八〇
儗	儗	三八一
偏	偏	三八一
倀	倀	三八二
儌	⿰亻⿱艹皃	三八二
儔	儔	三八三
侜	侜	三八三

俴	俴	三八三
佃	佃	三八三
⿰亻囟	⿰亻囟	三八四
侊	侊	三八五
佻	佻	三八六
僻	僻	三八六
伭	伭	三八六
伎	伎	三八七
侈	侈	三八七
佁	佁	三八七
傜	傜	三八八
僞	偽	三八八
伿	伿	三八九
佝	佝	三八九
僄	僄	三九〇

倡	俳	僐	儳	佚	俄	傜	御	傞	僛	侮	候	偒	俙	儥
三九〇	三九〇	三九〇	三九〇	三九一	三九一	三九一	三九一	三九一	三九二	三九二	三九三	三九三	三九四	三九四

僵	仆	偃	傷	倄	侉	催	俑	伏	促	例	係	伐	俘	但
三九四	三九四	三九五	三九五	三九六	三九七	三九八	三九八	三九九	三九九	四〇〇	四〇〇	四〇一	四〇一	四一四

傴	僂	僇	仇	儡	咎	仳	俗	倠	值	侂	僔	像	倦	傮
四一四	四一四	四一五	四一五	四一五	四一六	四一八	四一九	四一九	四一九	四二〇	四二〇	四二〇	四二一	四二三

偶	弔	佋	[illegible]	僊	僰	仚	僥	[illegible]	[illegible]	件	侶	侲	倅	傔
四二三	四二三	四二九	四三〇	四三〇	四三〇	四三三	四三三	四三三	四三三	四三三	四三三	四三三	四三四	四三四

襚 六二三
袢 六二三
裞 六二三
褩 六二三
[衤延] 六二四
褱 六二四
袨 六二五
衫 六二五
襖 六二五

【裘部】

裘 六二五
[鬲裘] 六四四

【老部】

老 六四四
耋 六四七
薹 六四七
耆 六四八
耇 六四九
者 六五〇
耈 六五一
壽 六五一
考 六五四
孝 六五七

【毛部】

毛 六六一
[隹毛] 六六二
[倝毛] 六六三
毨 六六三
[㒼毛] 六六三
氊 六六三
[目毛] 六六四
氍 六六四
[缶毛] 六六四
[髟毛] 六六四
[並毛] 六六四
毬 六六五
氂 六六五

【毳部】

毳 六六五
[非毳] 六六六

【尸部】

尸 六六六
屢 六六九
居 六七〇
[尸目] 六七二
屑 六七三
展 六七三
屆 六七四
尻 六七四
[尸介] 六七四
[尸眉] 六七五
尼 六七五
[尸甾] 六七九
[尸乏] 六七九
[尸又] 六七九
屖 六八〇
屒 六八〇
屝 六八二
屍 六八二
屠 六八二

繳 七九一
欯 七九一
吹 七九一
[illegible] 七九二
[illegible] 七九二
[illegible] 七九二
歟 七九二
[illegible] 七九三
歕 七九三
[illegible] 七九四
歡 七九四
欣 七九四
弞 七九五
款 七九六
[illegible] 七九七

欲 七九七
歌 七九八
[illegible] 七九八
[illegible] 七九九
[illegible] 七九九
[illegible] 七九九
欦 七九九
[illegible] 八〇〇
歊 八〇〇
欻 八〇〇
[illegible] 八〇一
[illegible] 八〇一
歗 八〇一
歎 八〇二
歖 八〇二

欸 八〇四
[illegible] 八〇四
歐 八〇四
[illegible] 八〇四
欷 八〇五
[illegible] 八〇五
[illegible] 八〇五
[illegible] 八〇五
[illegible] 八〇六
[illegible] 八〇六
[illegible] 八〇七
[illegible] 八〇七
[illegible] 八〇七
[illegible] 八〇七
[illegible] 八〇八

[illegible] 八〇八
[illegible] 八〇八
[illegible] 八〇八
[illegible] 八〇九
歉 八〇九
[illegible] 八〇九
[illegible] 八一〇
欬 八一〇
[illegible] 八一〇
歛 八一一
[illegible] 八一一
[illegible] 八一一
[illegible] 八一一
[illegible] 八一三
次 八一三

筆劃檢字表

网 网 一〇九
罕 罕 一二五
希 希 一五〇
⿰巾及 ⿰巾及 一九九
帊 帊 二〇七
㡀 㡀 二二九
伯 伯 二七九
佖 佖 二九六
伴 伴 三〇六
伾 伾 三〇七
佛 佛 三一三
佗 佗 三一四
何 何 三一五
位 位 三二三
作 作 三四七

侶 侶 三五九
伶 伶 三七二
伸 伸 三七八
伹 伹 三七九
佃 佃 三八三
伭 伭 三八六
伎 伎 三八七
佁 佁 三八七
伿 伿 三八九
佝 佝 三八九
佚 佚 三九一
但 但 四一四
佋 佋 四二九
低 低 四三五
伺 伺 四三七

仰 仰 四三七
⿰土攴 ⿰土攴 四六四
艮 艮 四六七
身 身 五四四
孝 孝 六五七
屖 屖 六七九
尾 尾 六八九
尿 尿 六九三
允 允 七三五
兌 兌 七三七
皃 皃 七五〇
先 先 七五六
秃 秃 七六二
見 見 七六四
吹 吹 七九一

弞 弞 七九五
欦 欦 七九七
次 次 八二一
次 次 八二九

【八劃】

疝 疝 三四
疛 疛 三四
冣 冣 七七
兩 兩 一二三
帔 帔 一五九
帗 帗 一七〇
帖 帖 一八二
帙 帙 一八二
帑 帑 一八三
帚 帚 一八八

帑	帑	二〇〇
帆	帆	二〇六
帟	帟	二〇六
帒	帒	二〇六
帊	帊	二〇七
帛	帛	二一〇
保	保	二五七
佼	佼	二七四
(亻彔)	(亻彔)	二七四
佩	佩	二七五
佝	佝	二九三
佳	佳	二九三
侅	侅	二九四
侗	侗	三〇三
佶	佶	三〇三

伴	伴	三〇六
侹	侹	三〇八
供	儆	三一九
佺	佺	三一九
侔	侔	三二〇
併	倂	三二一
侙	侙	三二二
依	依	三二二
佽	佽	三二五
佴	佴	三二五
侍	侍	三二五
侒	侒	三二七
侐	侐	三二七
侊	侊	三二九
仰	仰	三二九

佰	佰	三四四
佸	佸	三四四
佮	佮	三四四
使	使	三七一
佚	佚	三七七
(亻角)	(亻角)	三八三
(亻囟)	(亻囟)	三八四
侻	侻	三八五
佻	佻	三八六
侈	侈	三八七
侉	侉	三九七
例	例	四〇〇
咎	咎	四一六
侂	侂	四二〇
(亻身)	(亻身)	四三〇

侶	侶	四三三
佾	佾	四三五
卓	卓	四六六
垩	垩	五三〇
臥	卧	五三八
表	表	五六九
衧	衧	五八六
衦	衦	六〇九
卒	卒	六一七
衫	衫	六二五
耇	老	六四四
耈	耈	六五一
考	考	六五四
居	居	六七〇
屆	屆	六七四

字	楷定	頁
屖	屖	六七四
㲽	㲽	六八九
屈	屈	六九一
舠	舠	七〇五
服	服	七一七
斻	斻	七二九
皃	皃	七三三
兟	兟	七四九
吹	吹	七九一
欣	欣	七九四
弞	弞	七九五
欽	欽	七九七
欱	欱	七九九
蚑	蚑	八〇一
昳	昳	八一二

【九劃】

字	楷定	頁
疾	疾	三一
疥	疥	四三
痲	痲	五三
疢	疢	五七
痓	痓	六三
疷	疷	六三
疲	疲	六四
疫	疫	六五
冠	冠	七三
冡	冡	九一
胄	胄	一〇〇
冒	冒	一〇三
罕	罕	一二五
罝	罝	一三五

字	楷定	頁
帥	帥	一五〇
帤	帤	一五九
㡉	㡉	一六〇
帕	帕	一六九
帣	帣	一八六
帟	帟	二〇六
皅	皅	二一七
保	保	二五七
俅	俅	二七四
俊	俊	二七七
俘	俘	二九一
侅	侅	二九四
俟	俟	三〇二
俣	俣	三〇三
俚	俚	三〇六

字	楷定	頁
侹	侹	三〇八
俌	俌	三二二
侅	侅	三二五
俜	俜	三二八
俠	俠	三二八
侊	侊	三二九
侸	侸	三二九
侳	侳	三四一
佸	佸	三四四
侵	侵	三五三
便	便	三六一
俔	俔	三六四
侻	侻	三六七
俗	俗	三六八
使	使	三七一

字頭	隸定	頁碼
伶	伶	三七二
俟	佚	三七七
俆	俆	三七八
佚	佚	三九一
俄	俄	三九一
侮	侮	三九二
俙	俙	三九四
俑	俑	三九八
促	促	三九九
係	係	四〇〇
俘	俘	四一一
㑭	㑭	四三〇
俇	俇	四三三
侣	侣	四三三
侲	侲	四三三
𥝌	𥝌	四三九
毖	毖	四八七
重	重	五三〇
衽	衽	五七二
衭	衭	五七四
袂	袚	五八〇
衸	衸	五八三
衯	衯	五九〇
衾	衾	六〇四
袓	袓	六〇五
𧛎	𧛎	六二三
耇	耇	六四九
耉	耉	六五〇
孝	孝	六五七
眉	眉	六七二
屑	屑	六七三
屓	屓	六七五
屍	屍	六八二
屋	屋	六八四
屏	屏	六八五
咫	咫	六八九
尾	尾	六八九
俞	俞	七〇〇
彤	彤	七〇二
欽	欽	七九二
欣	欣	七九四
欲	欲	七九九
欻	欻	八一一
歞	歞	八二一
昹	昹	八二三
厥	厥	八三四

【十劃】

字頭	隸定	頁碼
疾	疾	一五
病	病	二二
疴	疴	二四
疧	疧	二七
痩	痩	三一
㾈	㾈	三六
痀	痀	三七
疽	疽	四〇
痂	痂	四四
痁	痁	四六
疻	疻	五〇
疺	疺	五六
痘	痘	五八

⿸疒彖	⿸疒宋	六二
瘕	瘕	六二
疿	疿	六三
⿸疒舌	⿸疒古	六九
冣	冣	七七
冢	冢	九一
最	最	一〇九
罛	罛	一二八
罟	罟	一二八
罜	罜	一二九
罠	罠	一三〇
⿱罒包	⿱罒包	一三三
⿱罒至	⿱罒至	一三五
罝	罝	一三五
覂	覂	一四四

⿰巾叚	帔	一七〇
帬	帬	一七三
帙	帙	一八二
帤	帤	一八三
席	席	一九六
⿰巾絲	⿰巾茲	二〇五
⿰巾風	⿰巾風	二〇六
帢	帢	二一〇
⿰日巴	⿰日巴	二一七
㡀	㡀	二一八
倩	倩	二九一
倓	倓	二九二
倭	倭	三〇一
健	健	三〇四
倞	倞	三〇四

倨	倨	三〇五
俺	俺	三〇六
倬	倬	三〇七
倗	倗	三〇八
俶	俶	三一二
⿰亻茷	供	三一九
倫	倫	三一九
俱	假	三二〇
倚	倚	三二二
倢	倢	三二五
侍	侍	三二五
敳	敳	三四五
借	借	三五二
候	候	三五六
俾	俾	三六九

倪	倪	三七〇
倌	倌	三七六
伸	伸	三七八
倍	倍	三七九
倀	倀	三八二
俴	俴	三八三
佀	佁	三八七
倡	倡	三九〇
俳	俳	三九〇
侮	侮	三九二
傷	傷	三九三
倄	倄	三九六
例	例	四〇〇
偕	偕	四一九
倠	倠	四一九

值	值	四一九
倦	倦	四二一
偶	偶	四二三
倅	倅	四二四
倜	倜	四二五
佾	佾	四二五
倒	倒	四二五
𥝌	𥝌	四三九
眞	真	四四二
堖	堖	四六四
幷	并	四八〇
屔	坭	五〇七
殷	殷	五五二
衮	衮	五六七
袗	袗	五六九

袍	袍	五七六
衹	衹	五七八
袪	袪	五七九
袂	袂	五八〇
袥	袥	五八三
袉	袉	五八四
袑	袑	五八六
袁	袁	五九一
被	被	六〇四
衾	衾	六〇四
衷	衷	六〇六
袓	袓	六〇六
袢	袢	六〇七
袒	袒	六一〇
裛	裛	六一二

衰	衰	六一五
袚	袚	六二三
袨	袨	六二五
耆	耆	六四八
耇	耇	六五一
毨	毨	六六三
毦	毦	六六四
展	展	六七三
屓	屓	六七五
屒	屒	六八〇
屖	屖	六八〇
屍	屍	六八二
屛	屛	六九八
屐	屐	六九八
朕	艐	七〇六

舫	舫	七一〇
般	般	七一二
兌	兑	七五一
㝵	㝵	七七三
覓	覓	七七九
欯	欯	七九一
欦	欦	七九二
㰮	㰮	七九九
𧈫	𧈫	八〇一
𡵂	𡵂	八〇四
欲	欲	八〇九
歐	欧	八一〇
欬	欬	八一〇
𣢗	𣢗	八一二
㳄	次	八二九

【十一劃】

[illegible] 二七
疵 二七
痒 三〇
痎 四七
痔 四七
痏 五〇
痍 五四
痕 五六
痋 五六
痑 六七
冕 九九
㒼 一一九
[illegible] 一二六
罛 一二八

罟 一二八
罠 一三〇
[illegible] 一三三
罝 一三五
帶 一六〇
常 一七〇
帴 一七四
帷 一八〇
帳 一八〇
[illegible] 二〇五
晈 二三五
敝 二三五
[illegible] 二七八
偰 二九一
傀 二九四

偉 二九五
[illegible] 二九七
偲 三〇七
徛 三一一
偓 三一八
偕 三二〇
[illegible] 三二〇
倢 三二五
側 三三六
偁 三四二
假 三五二
候 三五六
便 三六一
偆 三六七
偭 三六七

偞 三七二
偋 三七八
偄 三七九
偊 三八〇
偏 三八一
[illegible] 三八八
偽 三八八
[illegible] 三九一
傞 三九一
偃 三九五
偶 四二三
停 四三六
偵 四三七
匙 四六三
頃 四六四

堖	堖	四六四
𠦝	卓	四六六
𧥣	從	四七八
虚	虘	五〇六
蚭	蚭	五〇七
眔	眔	五〇八
望	朢	五二五
𧘝	𧘝	五七六
𧘦	𧘦	五八二
袳	袳	五八九
𧘂	袁	五九一
袷	袷	五九六
袾	袾	六〇六
袢	袢	六〇七
裂	裂	六〇九

袺	袺	六一二
𧙓	𧙓	六二三
𧜟	𧜟	六二四
耆	耆	六四九
者	者	六五〇
毬	毬	六六五
屑	屑	六七三
屝	厞	六八二
屠	層	六八一
屐	屐	六九八
俞	俞	七〇〇
船	船	七〇一
舳	舳	七〇三
舸	舸	七一九
兜	兜	七五五

視	視	七六八
現	覞	七八四
欯	欯	七九一
欲	欲	七九七
杴	杴	七九九
𣤂	𣤂	八〇四
𡵰	𡵰	八〇四
欷	欷	八〇五
㰳	㰳	八〇七
欶	欶	八〇八
欱	欱	八〇九
歐	歐	八一〇
㰣	㰣	八一一

【十二劃】

寐	寐	五

病	病	九
痛	痛	二一
痡	痡	二四
𤵸	𤵸	二八
痟	痟	二九
痒	痒	三〇
痤	痤	三九
痎	痎	四七
瘃	瘃	四八
痕	痕	五六
痙	痙	五六
𤵰	𤵰	五八
痦	痦	五八
瘕	瘕	六三
痥	痥	六七

字頭	隸定	頁碼
託	託	七八
冕	冕	九九
最	最	一〇九
䍙	䍙	一二六
罙	罙	一二六
罜	罜	一二九
䍌	䍌	一三四
詈	詈	一四一
幅	幅	一六〇
幝	幝	一七四
幒	幒	一七五
⿰巾俞	⿰巾俞	一八一
⿰巾前	⿰巾前	一八二
帮	幇	一八三
幏	幏	一八四
幃	幃	一八六
⿰巾盾	⿰巾盾	一九八
幏	幏	二〇四
⿱敄巾	⿱敄巾	二〇五
黹	黹	二一七
優	俊	二七七
傑	傑	二七七
倩	倩	二九一
傛	傛	二九三
傀	傀	二九四
俟	俟	三〇二
傲	傲	三〇五
偏	偏	三一一
備	備	三一一
偓	偓	三一八
倫	倫	三一九
併	併	三二一
傳	傳	三二一
俹	侳	三四一
偁	偁	三四二
傆	傆	三四七
侵	侵	三五三
傍	傍	三五九
⿰亻疾	⿰亻疾	三九三
倄	倄	三九六
傔	傔	四三四
停	停	四三六
虛	虛	五〇六
聚	聚	五一九
臮	臮	五二〇
重	重	五三〇
量	量	五三五
裁	裁	五六七
衺	表	五六九
被	被	六〇四
裕	裕	六〇八
裂	裂	六〇九
補	補	六一〇
裎	裎	六一一
裋	裋	六一四
裞	裞	六二三
⿰衤延	⿰衤延	六二四
袤	袤	六二五
耋	耋	六四七
毬	毬	六六五

毳 毳 六六五	屆 屆 六七九	屟 屟 六八三	尿 尿 六九三	屐 屐 六九八	服 服 七一七	艇 艇 七二〇	兟 兟 七六一	視 視 七六八	覙 覙 七七四	覘 覘 七七六	覎 覎 七七七	覞 覞 七八五	覞 覞 七八五	欽 欽 七九〇
𣢘 𣢘 七九二	款 款 七九六	欲 欲 七九七	欻 欻 八〇〇	欷 欷 八〇五	𣢞 𣢞 八〇七	欶 欶 八〇八	歠 歠 八〇八	欬 欬 八一〇	欿 欿 八一二	欺 欺 八一六	飲 飲 八一八	㵐 㵐 八二四	盜 盜 八二五	㵥 㵥 八二七
𣢾 𣢾 八二八	【十三劃】	寐 寐 五	寣 寣 八	寎 寎 九	瘏 瘏 二八	瘲 瘲 二八	瘀 瘀 三四	瘁 瘁 三八	痱 痱 三八	痳 痳 四七	痔 痔 四七	瘻 瘻 四七	痹 痹 四八	瘃 瘃 四八
瘍 瘍 五〇	瘍 瘍 六二	罨 罨 一二四	罩 罩 一二七	罪 罪 一二七	罧 罧 一三〇	罬 罬 一三三	罯 罯 一三四	署 署 一三八	置 置 一三九	罭 罭 一四三	幋 幋 一五九	幎 幎 一七五	幍 幍 一七九	幏 幏 一七九

幕	幕	一八〇
幏	幏	一八四
飾	飾	一八五
幐	幐	一九八
⿰巾家	⿰巾家	二〇四
晳	晳	二三六
僎	僎	二七四
傪	傪	三〇六
俺	俺	三〇六
僩	僩	三〇七
偲	偲	三〇七
倬	倬	三〇七
傭	傭	三一二
僁	僁	三一四
偫	侍	三二一

備	備	三三一
傾	傾	三三六
傆	傆	三四七
僅	僅	三五六
傳	傳	三七三
傿	傿	三八〇
偏	偏	三八一
僄	僄	三九〇
儋	儋	三九一
⿰亻卻	⿰亻卻	三九一
傷	傷	三九五
催	催	三九八
傴	傴	四一四
僂	僂	四一四
僇	僇	四一五

像	像	四二〇
傮	傮	四二三
倠	倠	四三三
債	債	四三五
僦	僦	四三六
裁	裁	五六七
裹	裹	五七〇
⿰衤隶	⿰衤隶	五七三
⿰衤全	⿰衤全	五七三
裯	裯	五七八
裾	裾	五八四
裔	裔	五八九
裶	裶	五九五
裨	裨	六〇七
裼	裼	六一一

裝	裝	六一三
褢	褢	六一三
裺	裺	六一五
褚	褚	六二一
衺	衺	六二五
耆	耆	六四八
毨	毨	六六三
⿰角毛	⿰角毛	六六四
屏	屏	六八五
艅	艅	七二〇
⿰米見	⿰米見	七八四
現	現	七八四
欽	欽	七九〇
⿰或欠	⿰或欠	七九二
⿰鬲欠	⿰鬲欠	七九四

儆 儆 三一二
僾 僾 三一三
僁 僁 三一四
僟 僟 三一四
偏 偏 三一九
偕 偕 三五二
僖 僖 三六六
偭 偭 三六七
僕 僕 三七二
傳 傳 三七三
僚 僚 三七九
僭 僭 三八〇
僞 偽 三八八
僐 僐 三九〇
儌 儌 三九二

儥 儥 三九四
僔 僔 四二〇
僊 僊 四三〇
僰 僰 四三〇
僥 僥 四三三
傔 傔 四三四
僦 僦 四三六
僧 僧 四三七
聚 聚 五一九
徵 徵 五二二
朢 望 五二五
監 監 五三九
褕 褕 五六八
⿰衤建 ⿰衤建 五七三
褘 褘 五七四

𧘸 𧘸 五七九
⿰衤毒 ⿰衤毒 五七九
褎 褎 五七九
褍 褍 五八七
複 複 五八八
褆 褆 五八八
裻 裻 五八九
褊 褊 五九六
裂 裂 六〇九
裏 裏 六一三
褐 褐 六一四
褗 褗 六一五
製 製 六二三
臺 臺 六四七
壽 壽 六五一

⿺毛隹 ⿺毛隹 六六二
⿰卓毛 ⿰卓毛 六六三
⿰羽毛 ⿰羽毛 六六四
屟 屟 六八三
屢 屢 六八六
屈 屈 六九一
艐 朕 七〇六
兟 兟 七六一
規 規 七七一
覞 覞 七八六
歈 歈 七九三
⿰卣欠 ⿰卣欠 七九四
歌 歌 七九八
歂 歂 七九八
歍 歍 七九九

僨 僨 四三五
價 價 四三六
徵 徵 五二三
襁 襁 五七一
禱 禱 五七九
褎 褎 五七九
裹 裹 五八〇
褱 褱 五八七
襐 襐 六〇五
褫 褫 六一〇
緢 緢 六六三
屢 屢 六六九
層 屠 六八二
層 層 六八六
履 履 六九四

艘 艘 七〇六
艎 艎 七二二
覣 覣 七七〇
覞 覞 七七〇
親 親 七七一
覩 覩 七七四
覢 覢 七七七
靚 靚 七八二
歔 歔 七九二
歌 歌 七九八
歀 歀 七九九
歋 歋 八〇〇
歊 歊 八〇〇
歈 歈 八〇一
歎 歎 八〇二

欸 欸 八〇四
歐 歐 八〇四
歔 歔 八〇四
歒 歒 八〇五
歗 歗 八一六
歆 歆 八一七
盜 盜 八二五

【十六劃】

瘽 瘽 二五
瘵 瘵 二五
癇 癇 二六
瘲 瘲 二八
瘻 瘻 三三
瘯 瘯 三七
痙 痙 三九

瘜 瘜 四一
瘧 瘧 四五
癉 癉 四八
瘺 瘺 四八
瘕 瘕 六五
瘛 瘛 六七
瘉 瘉 七〇
瘳 瘳 七一
罷 罷 一二九
罽 罽 一三三
罵 罵 一四一
罯 罯 一四一
罬 罬 一四二
羅 羅 一四四
幘 幘 一六九

字頭	隸定	頁碼
幦	幦	二〇五
幟	幟	二〇六
幧	幧	二〇六
錦	錦	二一四
黺	黺	二五〇
儒	儒	二七六
儌	儌	三〇五
儐	儐	三一七
儕	儕	三一九
僅	僅	三五六
儀	儀	三五九
僭	僭	三六七
儗	儗	三八一
儔	儔	三八三
僻	僻	三八六
儌	儌	三九二
𠐊	𠐊	四三二
冀	冀	四九三
量	量	五三五
䙙	䙙	五七一
褸	褸	五七二
褧	褧	五七八
裿	裿	五七九
裹	裹	五八〇
褱	褱	五八〇
褰	褰	五八六
褒	褒	五八七
複	複	五八八
𧛔	𧛔	五九四
褊	褊	五九六
襐	襐	六〇五
褿	褿	六一二
褔	褔	六一四
裺	裺	六一五
衰	衰	六一五
褮	褮	六二三
裹	裹	六二四
薹	薹	六四七
壽	壽	六五一
𣯍	𣯍	六六二
㲕	㲕	六六四
氅	氅	六六五
親	親	七七一
覭	覭	七七一
覞	覞	七七四
覞	覞	七七五
䚗	䚗	七七九
䚃	䚃	七八〇
靚	靚	七八二
親	親	七八二
歔	歔	七九二
歎	歎	七九三
款	款	七九六
歖	歖	八〇二
歐	歐	八〇四
潚	潚	八〇五
歙	歙	八一一
飲	飲	八一八
飲	飲	八一八

【十七劃】

字	頁
寱	九
寣	一〇
癇	二六
⿸疒發	二七
⿸疒晉	二八
⿸疒斯	三一
⿸疒爲	三一
癘	四五
⿸疒童	四九
癉	五七
癃	六五
癆	六九
⿱罒黽	一二四
⿱罒異	一二六
罩	一二七
罾	一二七
罽	一二八
罿	一三三
罻	一三三
⿱罒惪	一四四
⿱執巾	一五八
⿰巾監	一七五
幬	一七九
⿰巾幾	一八四
幐	一九八
幞	二〇七
曉	二一六
⿰日番	二一六
敝	二四九
僮	二五七
僚	二九六
儠	二九八
儦	二九八
僓	三〇一
僑	三〇二
儋	三一九
儲	三二一
儥	三五五
償	三五六
優	三六五
億	三七〇
傞	三九一
儡	四一五
倦	四二一
⿰亻尌	四三二
冀	四九三
臨	五四三
豎	五四四
軀	五五一
褕	五六八
⿰衤楙	五七一
⿱殹衣	五七二
襥	五七六
襑	五八七
褶	五八七
⿰衤畾	五八八
褻	五九四
襡	五九五
襌	五九六

字	頁
襄	五九六
褻	六〇五
襔	六一〇
褚	六二一
襚	六二三
襖	六二五
乾	六六三
𦿁	六六三
亶	六六三
飥	六六四
𧰃	六六四
屨	六九七
覞	七七一
覞	七七五
覯	七七六

字	頁
覰	七七八
覬	七八〇
覭	七八五
歟	七九二
歛	七九三
歗	八〇一
歔	八〇四
歜	八〇五
歊	八〇六
歉	八〇九
歕	八〇九
𣤊	八一〇
羨	八三四

【十八劃】

字	頁
寱	九
癅	三八
癑	五四
瘳	七一
罾	一二七
罽	一二八
罶	一二九
署	一三八
罬	一四二
覆	一四五
𢢔	一八四
憧	二〇六
噭	二三七
儇	二九二
儦	三八二
儔	三八三
僨	三九四
軀	五五一
褺	五六八
襘	五七七
襜	五八二
襗	五八三
襛	五八九
襡	五九五
雜	六〇八
𣯫	六六四
氅	六六五
毳	六六五
屩	六九八
兢	七四七
覵	七七四

【二十九劃】

𤻮 𤻮 𤻮 三六

【三十一劃】

𩰫 𩰫 𩰫 一三七

甲六九〇 說文 㝱寐而有覺也 从宀从疒夢聲 此从茻从廾 象人依牀而睡 㝱之初文 丙子有夢丁妣于汅其用 乙一四二八

前六·三二·二 前八·五·三 前八·一三·二 後一·六·四 後二·三·一八 林二·二九·九

簠文六〇 簠雜六五 多鬼夢叀疒見多鬼夢叀言見 粹七七八 燕六七六 佚九一六 庫一二一

三 丁未卜王貞多鬼夢亡來媗 辭義與夢字相同 今列為夢字或體 鐵一二一·三 王夢兄戊汅从不隹囚 鐵一一三·四 王夢婦好

不隹䖍 鐵一一七·一 中大一四五 餘一·一 拾一〇·七 前四·一八·三 貞亞多鬼夢亡疒 前

五·一四·四 王夢𣪕 不隹囚 前七·三三·一 戩三四·七 戩三九·六 佚一七四 佚六一一

甲二五 菁五·二 [illegible]父 見合文一二 【甲骨文編】

甲690 1128 3080 3516 乙1106 1277 1428 4119 5394 6310

6371 6408 6638 6707 7357 7482 7771 7809 7829 7868 珠513

514 515 519 965 佚62 98 187 344 505 611 914 佚

916 續4·14·6 續5·17·2 續5·21·6 6·22·1 徵4·6 4·7 11·65 12·40 12·60

京1·21·4 4·7·3 天84 85 鄴31·7 新1628 鄴三35·2 35·16 六中145

六曾14 續存815 817 855 粹778 新1171 1628 【續甲骨文編】

禪國山碑 靈夢啟讖 【石刻篆文編】

[illegible]王存乂韻 㝱 【汗簡】

◉許 慎 □寐而有覺也。从宀从疒。夢聲。周禮以日月星辰占六㝱之吉凶。一曰正㝱。二曰咢㝱。三曰思㝱。四曰悟㝱。五曰喜㝱。六曰懼㝱。凡㝱之屬皆从㝱。莫鳳切。【説文解字卷七】

◉丁 山 周禮,「太卜掌三夢之灋:一曰致夢,二曰觭夢,三曰咸陟。」又,「占夢掌其歲時,觀天地之會,辨陰陽之氣,以日月星辰占六夢之吉凶:一曰正夢,二曰噩夢,三曰思夢,四曰寤夢,五曰喜夢,六曰懼夢。」釋文夢作𦵧云,「本多作夢。」孫詒讓正義曰「夢正字當作㝱,𦵧即㝱之俗;經凡㝱字皆叚夢為之,占夢釋文載或本作㝱,則用正字。」説文,「□寐而有覺也,從宀,從疒,夢聲。」又曰,「□不明也,從夕,瞢省聲。□目不明也,從苜從旬。苜,目不正也,從丫從目。」蔑從苜從戍,而金文或從□作□(免卣),或從□作□(師遽尊),或從□作□(□生敨),卜辭或從□作□(殷契一第四十九葉),或從□作□(殷契六第七葉),或從□作□(殷契五第卅九葉);以蔑之偏旁變化測□(殷契八第五葉),右之□可斷其為𦱊之最初形;其左□可斷其為□之最初形。許君言「□,倚也,人有疾病象倚箸之形」。墨經言「夢,卧而以為然也」。倚箸而卧,神有所遇,恍兮忽兮,其見有物,則㝱從爿從𦱊𦱊亦聲,形誼已箸,奚用從宀哉?夢從𦱊,不明之誼亦足,奚用從夕哉?竊疑𦱊瞢古今字,□即㝱之初形矣。何以徵之?辭曰:

「庚辰卜貞多鬼□不至囚」(後編下第三葉)

「庚辰卜貞多鬼□叀疾見」(徵文・禨事六十五版)

「卜貞多鬼□叀言見」(同上)

「貞多□叀見」(同上)

「貞□多鬼□㠯疾」(殷契四第十八葉)

鬼□猶言「多畏㝱」,是周禮所占之「懼夢」也。□一作□,此𦱊之特變;然以卜辭文法比勘,不得謂□另是一字。□之變化,形亦不齊,有作□(藏龟百廿一葉)者,有作□(徵文・人名第六版)□(徵文・典禮第廿八版)者,其辭或曰:

「乙己卜貞賔王□葡口隹口」(藏龜第二葉)

「貞王□畢不獲囚」(殷契五第四葉)

「庚子卜賔貞王□白牛隹囚」(徵文・人名第六版)

此㝱見事物而卜其吉凶者也。

「辛巳卜貞□亞雀□若」(殷契八第十三葉)

「貞王㝱帚好不隹蠥」（藏龜百十三葉）

「辛未卜𡧊貞王㝱兄戊口从不隹囚」（藏龜百廿一葉）

「辛亥㞢壬子王亦㝱尹㞢之囗囗」（殷契七第卅三葉）

「囗囗㞢辛亥王㝱我□□」（同上）

此寢見人而卜其吉凶者也。餘若：

「丙寅卜㱿貞吕㞢于眔于之㝱」（殷契六第九葉）

「囗囗之㝱囗囗不若」（殷契六第卅二葉）

「壬午卜王囗貞囗㝱」（藏龜廿六葉）

「貞王㝱之」（藏龜百十七葉）

「囗午卜囗貞王㝱隹囚」（藏龜百四十八葉）

「丁囗囗貞王㝱不□」（藏龜百六十五葉）

「貞王㝱之囗」（戩壽堂文字第卅四葉，第七版）

「貞𡧊亏隹㝱」（徵文・禨事百零八版）

「貞王㝱亾其人來」（徵文・人名第七版）

則或事物不記徒卜寢之吉凶。至于：

「癸丑卜㱿貞，旬亾囚。王固曰，求之㝱父，甲寅，允之來娃」（後編下第五葉）

「王固曰，求之㝱父，其來娃」（菁華第六葉）

寢父應作人名解。尚書序言，「高宗夢得説，使百工營求諸野，得諸傅巖，作説命三篇。」今偽説命曰，「王宅憂，亮陰三祀，夢帝賚予良弼，其代予言。」殷本紀亦謂，「武丁夜夢得聖人，名曰説，以夢所見視群臣百吏，皆非也。于是廼使百工營求之野，得説于傅險中，舉以為相，殷國大治。」寢父豈猶伊尹之稱保衡，師保之稱保父，亦傅説之尊稱歟？若然，則殷之名臣見於卜辭者，伊尹咸戊而外，得説而三矣。【説𡘋・附録二　歷史語言研究所集刊第一本第二分】

◉孫海波　㝱字从疒从眉省，當寫作㝱。以聲類求之，當即許書之寢，或叚眯字為之。先民信鬼，夢厭亦以鬼神當之，夜眯不詳，故其字从爿示牀形，从鬼示鬼神之意。篆文作寐，米眉音近通假也。【卜辭文字小記　考古社刊第四期】

◉馬叙倫 吳穎芳曰。通核寢部。從宀者。宿之例。從疒者。人倚牀之象。並之未聞成字。故但從寢省說也。然寤寐寐寎寣五文亦可說從宀從疒與寢同例。不知孰先成孰轉成。許君但因欲並轄寢寱等故。統為同屬。若必執定寢文成而諸字從之。亦未識許君之意者也。鈕樹玉曰。韻會作從宀從爿從夢。朱文藻曰。周禮太卜所掌者三夢。二曰。觭夢。占夢所掌者六夢。三曰。思夢。是鉉本不誤。沈濤曰。廣韻引寐而有覺。周禮以日月星辰占六寢之吉凶。一曰。正夢。無所感動。平安自寢。二曰。愕寢。愕而寢。三曰。思寢。覺時所思。念之而寢。五曰。寤寢。覺時所道之而寢。五曰。喜寢。喜悦而寢。六曰。懼寢。恐懼而寢。王筠曰。寢從疒。疒部曰。倚也。玉篇。疒。女卮切。又音牀。故凡從爿之字。嚴可均斷為即此疒字也。疒篆當作[illegible]。故隸直其曲而為爿。玉篇寢部但從爿不從疒也。二徐皆斷之為疒。又說曰。疒者。倚也。而其誤遂成矣。太卜釋文作𥧲。誤字。丁山曰。甲文有[illegible]。即寢之初文。倫按本書無爿字。而從爿得聲者。則有壯牂牀牄狀將戕斨醬諸文。爿為之初文。已見牀下。寢部所屬之字。有不當從寢者。如寱寐二字尤明也。倫謂寢當從寣省。當以寣為部首。今為淺人所改耳。詳寱字下。寢非疾也。不當從疒。或以為寢如今所謂心理變態。故為疾也。若謂夢必卧於牀。不悟古今牀異。而㑊字止從人在囟上也。且古人席地而坐。牀所以倚身。故舜在牀琴。非若今所謂卧牀也。倫謂變態心理為病。恐造字時未必知。古之牀固異於今之牀。然詩載寢之牀。而傳言假寐者。即莊子齊物論所謂隱几而卧也。且造字時有先後。㑊為先造之字。寣為後造之字。由㑊為會意而寣為形聲可決也。字造於以牀為卧具之後。則無此嫌矣。或曰。從宀。從爿。夢聲。倫謂會意兼聲。實無此法。且從爿已是。何必復從宀也。丁舉甲文三字。如所釋不譌。則從[illegible]聲。以其所舉第二文證第一文。則[illegible]蓋從人[illegible]聲。[illegible]為眉之異文。眉夢同為邊音。是[illegible]亦形聲字也。愈知寢不從疒。而從宀無所取義。則從寣省明矣。尚書。汝乃是不蘉。釋文。徐莫剛反。又武剛反。馬云。勉也。錢大昕以本書無蘉字。經典止書一見。而蘉從侵無義。疑即寢字。故訓為勉。借寢為勉。釋詁。孟。勉也。莊述祖謂蘉即寢字。

俞先生樾據隸釋載冀州從事張表碑云。蘉疾而終。證莊說是。然亦疑與經義不合。倫謂集韻類篇寢或作𥧲。即本太卜釋文。吳承仕謂蘉𥧲皆亦朝寢之譌體。倫以為蘉是寱之省變。𥧲則寢之省變。以此證知寢本作寱。故變省為蘉。而書借為勉也。或省作寢。然則寢寱直是一正一重。後人誤分為二字耳。漢碑以蘉為寣。蓋漢時已譌寱為寢耳。倫疑此部本是寣部。寢為所屬之第一字。今失其部首。而說解卧也從爿寣聲。亦挩傳寫遂以凡寣之屬皆从寣屬於寢下而易寣為寢矣。寐而覺者也校語。或字林文。許當以聲訓。從宀從疒夢聲。亦由失部首後望文為解。周禮以下校語。廣韻所引者全文。今本乃為唐人所删。非二徐妄節也。本部屬字皆當從寣省。慧琳一切經音義一引倉頡。寢。想也。急就篇但作夢。傳寫省之。

𡪢　寐

解字六書疏證卷十四】

◉徐錫臺　，此字左从疒，右从豉（頍），或从敃，當即𤸬或𤺺字，屬於夢病也。見殷墟卜辭云：「癸丑卜，㞢貞：龍亡囚，王固曰：有殺有𤺺（夢），甲寅允有來嬉又告曰，有往芻自盜十人有二。」（菁三）【殷墟出土疾病卜辭的考釋　中國語文研究第七期】

◉許　慎　病卧也。从㝱省。寑省聲。七荏切。【説文解字卷七】

◉馬叙倫　嚴可均曰。廣韻四十七侵引作𡪢。按寑省者。省宀非省文也。鈕樹玉曰。韻會引無病字。玉篇注。𡪢。卧也。引論語寢不言。五經文字。寢。注云。卧也。字林作㝲。卧也。以㝲為病。據此疑病字後人因字林加。下文寐亦訓卧。並非病也。㝲𡪢蓋古今字。徐灝曰。此即寑之異文。㝱與寤寐等字皆從寢得義。而寑反從㝱省。可疑。倫按古者言寢疾。猶今言卧病。而寢非病也。此當是㝱之初文。非寢卧之寢字也。寢卧字當作𡪤。從爿。𡪤聲。今變為寢。寢蓋㑆之轉注字。㑆音心紐。寑音清紐。同為舌尖前音。㑆聲幽類。寢聲侵類。出侵又對轉也。寢從𡪤得聲。𡪤蓋卧室之名。語原然也。今捝𡪤字。而譌以㝱之異文當𡪤字。蓋傳寫捝譌。説解病卧也當作病也卧也。病也蓋字林文。以古言寢疾。誤立此義。寢與㝱皆無病義也。卧也則𡪤字義。然亦非本訓。餘見㝱下。【説文解字六書疏證卷十四】

乙一〇四六　前六・二九・二　前六・二九・四或从屮　佚一四八　前二・五・二或从广　乙九〇七〇或从口　庫一八一　陳一二九【甲骨文編】

乙1046　佚148　徵 8・102【續甲骨文編】

泰山刻石　夙興夜寐【石刻篆文編】

立王存乂切韻　古孝經【古文四聲韻】

◉許　慎　卧也。从㝱省。未聲。蜜二切。【説文解字卷七】

◉葉玉森　古人以木為枕。之異體作。人或女在室內就枕。即謂之㝥寐。或木亦聲耳。【殷虛書契前編集釋

卷二】

寤

◉馬叙倫 鈕樹玉曰。繫傳挩卧也二字。倫按卧本監護之護本字。謂合目而無聲曰卧者。借卧為寐。同為邊音也。此以假借字釋本字也。詩皆言寐。關雎。寤寐求之。毛傳。寐。寢也。氓。夙興夜寐。箋。早起夜卧。小弁。假寐永歎。箋謂不脱衣冠而寐曰假寐。正義引左傳。坐而假寐。則左傳猶言寐不言卧。墨子經始言。卧知。無知也。孟子莊子均言。隱几而卧。荀子解蔽言。心卧則夢。是春秋戰國開始謂寐為卧。據荀言尤可明寐不當從㝱省。甲文☐☐☐三形。羅振玉釋寐。從㝱省。木聲。倫謂寐自得從木為聲。且甲文十二支之未亦有作☐字者。未木實一字也。然從☐☐何以見其為㝱省。倫疑此三字皆是庥字。或是從寣省妹聲。為寐之異文。寐為瞑之同邊音轉注字。【説文解字六書疏證卷十四】

◉許 慎 ☐寐覺而有信曰寤。从㝱省。吾聲。一曰晝見而夜㝱也。五故切。☐籀文寤。【説文解字卷七】

◉馬叙倫 徐元杜曰。有疑欠字之誤。謂欠伸。信同伸。田吳炤曰。鍇本有作省。省字涉下㝱省而譌。信當依韻會引及玄應引倉頡篇覺而有言曰寤作言。左定八年傳季寤字子言。亦可證也。倫按寐覺而有言曰寤。不可通。玄應引倉頡作覺而有言曰寤。無寐字較安。然覺時自有言。亦仍不可從。倫謂有省字皆譌羨。下文寐下曰。寐而未厭。鍇本及玉篇皆作寐而厭也。疑此文寐字緣彼而羨。彼文未字緣此而羨。許書寤字或本在㝱下也。覺而未言曰寤。正今所謂睡醒時也。故詩關雎言。寤寐求之。傳言。寤。覺。呂氏春秋離俗。惕然而寤。徒夢也。史記趙世家。簡子疾。七日而寤。皆覺義也。詩。終風。寤言不寐。義亦明白。重考槃之獨寐寤言。自以發聲借為寱耳。然疑挩本訓。今存校語耳。宀部。害。寤也。蓋害從寣省吾聲。而寤為害之異文。從寣省吾聲。一曰以下校語。

☐倫按鍇本篆從廾。以籀文牆證之。當從爿。此篆當從☐作。【説文解字六書疏證卷十四】

◉宋鎮豪 甲骨文☐字从☐从☐从☐。☐象居住建築之形，即宀。☐又可作☐（《乙編》8808、《前》7·3·1），李孝定先生以為「當是床之初文，横之作☐，上象床板，下象足桄之形」。此説得之。甲骨文☐均直作，與横書的☐没有什麼區别，大概出於古人的書法習慣或視物角度的不同。然則☐若☐固當為床的象形。

又☐字所从的☐，甲骨文專有其字，即可字。辭云：

可。（《甲》3326）

不可。（《甲》3324）

貞，其可。（《乙》5678）

叀可用於宗父甲，王受又又。弜用父甲。（《金》202，即《合集》40982）

據《説文解字》云：「可，肎也，从口ㄛ，ㄛ亦聲。」段玉裁注：「口氣舒。」又《説文解字》云：「丂，氣欲舒出ㄅ，上礙于一也。」段玉裁注：「ㄅ者，氣欲舒出之象。」ㄛ與丂乃正反之形，意義相同。《説文解字》云：「ㄛ，反丂也，讀若呵。」朱駿聲《説文通訓定聲》云：「ㄛ，反丂也，讀若訶。按：氣之舒也，从反丂，指事。」可的本義應是以口舒氣之象。甲骨文□是個象意字，从人从口，意之所屬在口，意思是人口呵吸喙息，即顏師古所謂：「息，出入氣也。」後世可字所从ㄛ以及丂、呵、訶，均指息氣之義，亦均從甲骨文□字演衍而來。又《廣雅・釋詁二》有歌，「息也。」王念孫云：「歌為喘息之息。」此猶見可字原義。可最早是象人口呵吸喙息之意，後引伸出止息、休息之義，又因呵吸喙息足以静心舒意，遂引出合意之義。故《荀子・正名》云：「則不可道而可非道。」楊倞注：「可謂合意也。」上舉可字三例甲骨卜辭，似乎均用「合意」的衍義。

甲骨文□、□、□三形既辨，下面對□試加考釋。

□是個象意兼聲字，象一人卧於居室的床上息氣呵吸，字从□从□从可，可亦聲。以此相求，或即後世寤字的初形。《説文解字》云：「寤，寐覺而有言曰寤。从㝱省，吾聲。一曰晝見而夜㝱也。□，籀文寤。」又《説文解字》云：「㝱，寐而覺者也，从宀从爿，夢聲。」段玉裁注：「宀者，覆也；爿者，倚著也；夢者，不明也。」朱駿聲以為：「夢者，人精神所寤。」准此，寤字从宀从爿从夢，夢亦寓意於人，从吾，亦聲。這與甲骨文□字从宀从爿从可，可象人口喙息之意，可亦聲，意義相合。所謂「寐覺而有言曰寤」，與甲骨文□所从可為「人口呵吸喙息」義亦相近。□與寤，從字義、字形上是解釋得通的。不同的是，甲骨文□是象意兼聲字，而寤乃是形聲字。前者从可聲，後者从吾聲；可古韻屬歌部開口一等，溪紐；吾古韻屬魚部開口一等，疑紐；可、吾兩字均為舌根音，聲音相近。古代魚、歌兩部每相通借，如《爾雅・釋詁》云：「吾，我也。」吾在魚部，我在歌部，是其證。寤字實是從甲骨文□演化而來，由甲骨文的象意兼聲字轉變為形聲字。

寤字或作㝇，《説文解字》云：「㝇，寤也，从宀，吾聲。」朱駿聲云：「當為寤之或字。」《詩・周南・關雎》云：「寤寐思服」，毛傳：「寤，覺也」；《廣雅・釋詁四》云：「㝇，覺也。」王念孫云：「㝇與寤同。」㝇是寤字的存聲而省形。

甲骨文□即寤或㝇的初形，本義是人卧室內床上呵吸喙息。這個字並不如上述貝冢茂樹、伊藤道治先生所説「作動詞用」。

甲骨文寤的詞性是為時間副詞。⊘用作時間副詞的寤字，後世借作晤，據《説文解字》云：「晤，明也，从日，吾聲。《詩》曰，晤闢有摽。」段玉裁注：「晤者，啟之明也。……㝱部之寤，皆訓作覺，覺亦明也，同聲之義必相近。……『晤闢有摽』《邶風》文，今詩作寤，……晤其假借之字也。」又《廣雅疏證・釋詁四》以朏、曙、曉、晤、旭等字相屬，訓為「明也」，王念孫云：「晤之言寤也，《說文》晤，欲明也。……寤與晤通。」可見，寤用來表示時間，是指天欲明之前，而後世則轉以晤表示欲明之時，以指太陽未出前的一段時間。寤被晤所借代，其間是有軌迹可案的。

寤本義是人卧室內床上呵吸喙息，暗寓似醒非醒之意，後則用來表示天欲明而人尚未起之時，《漢書・董仲舒傳》云：「朕夙寤晨興」，顏師古注：「夙，早也；寤，寐之覺也；興，起也。」這裏猶見寤字含有天亮以前雖醒而未起的意思。寤是來自殷人生活習慣的用語，因習以為常，故又被取用為表示夜間後半段特定時間的專字。寤指天欲明之時，但仍屬夜間，古謂「日照晝，月照夜」，凡日出之前均屬夜間，或統稱為「夕」，而其間又細分出若干時段，寤時即是其中的一段。因此上述甲骨卜辭的驗辭記寤時下了一會雨，又記當天夜間就雨止，這在語法邏輯上是講得通的。

寤時既然是指下半夜至天明之間的時間，以意度之，或當後世的鷄鳴時，《詩・鄭・女曰鷄鳴》云：「女曰鷄鳴，士曰昧旦。子興視夜，明星有爛。」鷄鳴時當下半夜，天晦暗而未曉，《敦煌曲・白侍郎作十二時行孝文》云：「夜半子，鷄鳴丑，平旦寅。」鷄鳴時約當今之夜間，至三點鐘前後，離天亮還有一段時間，這正與甲骨文寤時相當。以鷄鳴記時起於春秋時代（《左傳・成公十六年》有「鷄鳴而食」），在這之前，殷代是以寤時稱之，這也是一代習俗之使然。【釋寤 殷都學刊一九八四年第四期】

𡪢

◉許　慎　𡪢楚人謂寐曰𡪢。从㝱省。女聲。依倨切。【說文解字卷七】

◉馬叙倫　倫按𡪢音微紐。𡪢從女得聲。女音娘紐。皆邊音也。故寐轉注為𡪢。當從㝱省女聲。字蓋出字林。【說文解字六書疏證卷十四】

寐

◉許　慎　寐寐而未厭。从㝱省。米聲。莫禮切。【說文解字卷七】

◉孫海波　前編卷六第三十五葉「王固□」，又卷八第五葉三版「己□至□□□鳴□」，十三葉二版「辛巳卜貞亞雀故余刀若」，後編卷上第六葉四版「叚鼎亳於□」，卷下第三葉十八版「庚辰卜貞多鬼不至囚」，諸字奇詭難識，余於文編收入坿録中矣。今細諦此字从广从眉，當寫作[illegible]，以聲類求之，疑即許書之寐。說文：「寐，寐而厭也。」徐鉉曰：「寐則神遊，神為陰氣所猒不得出也，有若鬼神，其實非也，故人寐卧手住心胸上則多厭也。」莊子曰「今夫已陳之芻狗，復取之遊，居

寱　寎　⿱宀⿰爿水

寢臥其下不得㝱必且眯焉」是也。又山海經有「食之不眯」，假借眯字為之也。按西山經郭注引周書「服之不眯」，不眯即不厭之義。莊子天運「彼不得夢，必且數眯焉」，司馬彪曰「眯厭也」。俗以厭夢若有鬼神，故別作魘字。卜辭後編卷下第三葉十八版文云「庚辰卜貞多鬼㝱不至囚」，猶言多鬼眯不至，足見先民信鬼，夢厭亦以鬼神當之。夜眯不祥，故其字从爿，示牀形，从爿，示鬼厭之意。眉米音近相通，故篆書作[篆]，从㝱省米聲。變象形為形聲，是猶薦之篆文从米，其一例矣。【卜辭文字小記　考古社刊第四期】

◉馬叙倫　鈕樹玉曰。繫傳作寐而厭也。玉篇作𥨈。寐而不覺曰𥨈。嚴可均曰。厭。俗作魘。倫按米字誤羨。當從㝱省。米聲。玉篇作𥨈。蓋本許書。則此疑或文也。傳寫挩正文耳。字蓋出字林。【說文解字六書疏證卷十四】

◉許　慎　[篆]孰寐也。从㝱省。水聲。讀若悸。求癸切。【說文解字卷七】

◉馬叙倫　劉秀生曰。水聲在灰部。悸從季。聲亦在灰部。故㝱從水聲得讀若悸。周禮考工記輈人。輈注則利準。注。故書準作水。釋名釋天。水。準也。白虎通五行。水之為言準也。水準並以聲訓。山海經海內西經。鵪。注。音竹筍之筍。禮記檀弓。有鐘磬而無簨簴。儀禮既夕注。引筍虡。肉部。臇。從肉。雋聲。或從火巽聲作熼。左定十四年。於越敗吳於檇李。公羊穀梁作醉李。詩芄蘭。垂帶悸兮。釋文。悸。韓詩作萃。隼聲如旬。旬聲如巽。巽聲如雋。雋聲如率。率聲如悸。是其證。倫按⿱宀⿰爿水蓋腄之轉注字。⿱宀⿰爿水音羣紐。腄音禪紐。古讀歸定。定羣同為濁破裂音也。從㝱省。水聲。【說文解字六書疏證卷十四】

◉許　慎　[篆]臥驚病也。从㝱省。丙聲。皮命切。【說文解字卷七】

◉馬叙倫　王筠曰。寎病一字。倫按廣雅。寎。病也。寎蓋病之俗字。臥驚二字因寣字訓而誤羨。【說文解字六書疏證卷十四】

◉許　慎　[篆]瞑言也。从㝱省。臬聲。牛例切。【說文解字卷七】

◉馬叙倫　倫按惠棟謂俗作囈。檢玄應一切經音義廿一引三倉。寱。謊言也。本書。謊。夢言也。瞑言也非本訓。字從㝱省。臬聲。【說文解字六書疏證卷十四】

寣 

 𡫿火滑切見説文【汗簡】

◉許　慎　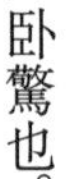卧驚也。一曰小兒號寣寣。一曰河内相評也。从𡫿省从言。火滑切。【説文解字卷七】

◉馬叙倫　鈕樹玉曰。玉篇作小兒啼寣寣。則號當是嗁。一曰河内相評也鍇本無。玉篇亦無。江沅曰。此今江浙人謂眠一覺為一忽之忽字也。惠棟曰。俗以睡一覺為一寣。非也。王筠曰。朱筠本無此篆。倫按道光象山縣志。暫睡而覺曰𢡖。音忽。或作瘖。瘖即寣之譌。杭縣謂睡而失覺曰失忽。蓋此字本義也。卧驚也者。𡫿字義。𡫿音明紐。寣從言得聲。言音疑紐。同為邊音也。一曰小兒嗁寣寣。蓋借為咺。一曰河内相评也。乃詠字義。此皆校語。字從𡫿言聲。此蓋字林字也。【説文解字六書疏證卷十四】

◉施謝捷　釋甲骨文字「寣」、「瘖」及相關問題

（一）

甲骨文中有一字作「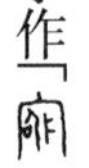」形，過去不識，《甲骨文編》將它歸於附録，宋鎮豪先生認為「」字從下列三形：

分別是「宀」、「爿」、「可」，其中「可」亦作聲符使用，進而將「」釋為「寣」字。最近還有人把它釋為「寎」。

我們知道，「可」字在甲骨文中作「」、「」、「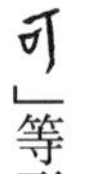」等形，與宋氏自「」字中分析出的所謂「可」字不類。因此，我們完全有理由否定釋「寣」和「寎」二説，此二説在字形上並没有切實的依據來支持。

在商代金文中有這樣一個字，作

諸形，雖還不為人所識，但其結構與「」很近似。我們認為，「」字結構可作如下分析：

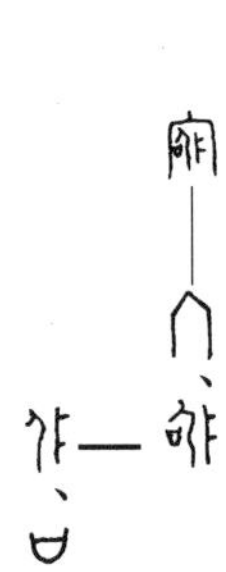

分別由「宀」、「疒（爿）」、「口」三字會合而成。因此，我們可以把「」隸定為「宨」或「痁」。

《説文》：「口，人所以言、食也。」又，「言，直言曰言，論難曰語。从口，辛聲。」人之「口」是可以發言的器官，「口」與「言」關係

密切，反映在漢字構造上，常常是「口」與「言」作為文字的形符時可以互為通用，如「詠」《說文》重文作「咏」，周金文中作「□」；「謨」、「謀」、「信」等字，《說文》古文分別作「暮」、「𠮢」、「㐰」等；「訊」字，殷商甲骨文中作□，周金文中作「□」、「□」、「□」等形，均从「口」作，後世改从「言」。這些都是「口」、「言」作形符能通用之例證。另外，在古文獻中也有類似的例子，高明先生曾作過較詳細的論述，此不贅。

因此，我們可以把「□」字釋為「寣」，從漢字演變規律來看，是完全合適的，「寣」字演變過程如下：

□→□→□→寣

《說文》：「寣，卧驚也。一曰小兒號寣寣，一曰河内相評也。从㝱省、从言。」又：「㝱，寐而覺者也。从宀、从爿(疒)、夢聲。」結合甲骨文「□」形，我們認為「寣」字本來不應是許慎所說的「从㝱省」，而是一個从「宀」、「爿(疒)」、「言」三字的會意字。這樣認識，也完全能把「寣」字解釋通。其言「卧驚」，大概是指在睡夢中驚懼而發聲，所以「寣」字从言。甲骨文作「□」，从「口」道理與从「言」是一樣的。又《說文》「一曰河内相評也」，段玉裁注謂：「評者，召也。今字作呼。相召曰寣。……河内人語如此。」知「寣」至遲在許慎所處的那個時代為「河内」這一地區的俗語，而殷商王朝的中心地區如殷墟(今安陽市)、牧野等，都在後來所謂「河内」這一區域内，對於我們把「□」釋為「寣」字，也是一個很好的佐證。這樣的話，「寣」這個詞的出現時代，至少可以上溯到殷商時期。

既釋出了「□」即「寣」字。下面我們再來討論它在甲骨刻辭中的用法。「寣」字，在甲骨文中暫只發現一例，其辭說：

癸丑卜，王貞，旬，八[日]此字原漏刻，今據辭例補庚申寣，允雨，自西，少；夕，既(暨)。五月。

癸亥卜，王貞，旬，八日庚午又兄(祝)方曰才(在)……

癸……王……九……羌。六月。

……旬。甲子兄(祝)……方……月。

癸酉卜，王，旬，四日丙子夕，雨，自北。丁……雨，……日陰。庚辰……

癸巳卜，王，旬。二月。四日丙申昃，雨，自東；小采，既(暨)。丁酉，至東……月。

……王……告……卜……比……少。《合集》7·20966

辭中「寣」，宋氏釋「寤」，失之。但他據辭倒認為此字「必屬時間副詞無疑」，則是很正確的。此辭中，「寣」與「夕」、「昃」所處地位相同，分別說「八日庚申寣」、「四日丙子夕」和「四日丙申昃」，可證。「寣」、「夕」、「昃」的用法也應相類，作為時間副詞處理是完全可以的。在甲骨文中還有與此片相類似的刻辭：

癸亥卜，貞，旬，乙丑夕，雨。丁卯夕雨。戊小采日，雨，風。己明，㕚(啓)。

……大……隹自北。 《合集》7・21016

癸未卜，貞，旬。甲申夕，允雨……雨……十二月。

今日方其征，不征。祉(徙)雨，自西北，少。

癸丑卜，貞，旬。甲寅大食，雨，[自]北。乙卯小食，大㕚(啓)。丙辰中日，大雨，自南。

癸亥卜，貞，旬。一月。昃，雨，自東，九日辛未大采，各云，自北，雷，祉(徙)大風，自西，刜云，率雨，毋蕭日……一月。

癸酉卜，貞，旬。二月。

癸巳卜，貞，旬。二月。之日巳……祉(徙)雨，少。

……大采日，各云，自北，雷，隹幺(玆)雨，不祉(徙)，隹毋…… 《合集》7・21021

其中與上引「寣」地位相當的有「夕」、「小采」、「明」及「大食」、「小食」、「中日」、「昃」、「大采」等，都是已知的時間字，因此我們完全可以肯定甲骨文中「寣」字，也是一個時間副詞。只有這樣理解，才能合符甲骨刻辭辭例。

明確了「寣」字在甲骨文中用為時間詞，接下來我們再考察它在殷商時期究竟代表哪一段時間。《廣雅・釋詁四》：「寣，覺也。」王念孫以為即覺悟，與「寤」、「害」同義。《廣韻・没韻》：「寣，睡一覺。」音「呼骨切」。《集韻・没韻》：「寣，《博雅》：覺也。」亦「呼骨切」。《龍龕手鏡》：「寣，音忽，睡覺也。」因知「寣」隱含有「明」的意思，以音推求，蓋相當於後世的「昒」，與「寣」同音。《説文》：「昒，尚冥也。」且「早」、「昒」、「昧爽」、「睹(曙)」、「晢」、「昭」、「晤」等相次排列，知「昒」所代表的時間與「昧爽」相近。後世「昧爽」也作「昒爽」，《漢書・郊祀志上》「冬至昒爽」，顏師古注曰：「昒爽，謂日尚冥，蓋未明之時也。」同《説文》「昒」釋合。宋氏把「寣」釋為「寤」，謂其用相當於「晤」字，而「晤」之時天已亮，據《説文》可知。這一情況，宋氏也已覺察，故仍將「寤」定為下半夜至天明之間，則是可取的。然則，我們有理由認為甲骨文中「寣」字，指的是早晨「尚冥」，天色欲明而「未明之時」。借用「寣」來指這一段時間，不能排除與「寣」字本義没有關係，這跟甲骨文中借用「大食」、「小食」，文獻中借用「人定」、「鷄鳴」等為時間詞，應是一樣的道理。

宋氏在釋含有「寣」字的甲骨刻辭時説：「根據寤的甲骨文辭例，驗記既記八日庚申的寤時果然從西面下了一會兒雨，又記在當天夜間停止，那麼寤時也應在夜間。」這裡首先誤解了「少」的用法，釋為「一會兒」，實際上，「少」指的是雨量的大小或多少，甲骨文中有辭説：

丙午卜，今日丙此字原倒書雨。 大采，雨，自北；徙……少雨。 《合集》7・20960

甲子卜，翌丙雨。 乙丑昃，雨，自北，少。 《合集》7・20967

可以參證。 又上引《合集》7・21021中「少」也與這裡的用法相同，且同版有「丙辰中日大雨自南」，「大」顯然跟「少」相對，亦可為證。 宋氏後來大概發現了這樣解釋的不妥。 改釋為「這條卜辭記驗謂第八天庚申日的寤時，果然從西面下起小雨，直到天亮前纔止。」其推理仍存在明顯的邏輯錯誤，此不贅述。

綜上所論，我們將甲骨文中的[甲骨字形]釋為「寣」，在文字結構上是能説得通的，它在甲骨刻辭中用為時間詞，指天色欲明而未明之時，相當於後世的「昒」。 含有「寣」字的刻辭可以這樣理解：在某年五月癸丑日後第八天庚申日「寣」時果然從西面下起了小雨，直到當天的「夕」時天氣纔轉好。（《説文》：「暨，日頗見也。」則這里的「夕」可能指傍晚時分，《説文》：「夕，莫也，从月半見。」又：「莫，日且冥也。」可證。）據此可以推測，庚申日的小雨似乎從早晨的「寣」時開始，一直下到「夕」時，幾乎整一天。

（二）

甲骨文中還有一字作「[甲骨字形]」形，《甲骨文編》釋為「⿰爿卜口」，另有學者釋為「疴」，均不確。

「[甲骨字形]」與「[甲骨字形]」所从「[甲骨字形]」形構相同，僅一正一反之別。 據此，我們可以把「[甲骨字形]」隸定為「疕」或「𤵸」，釋之為「⿸疒言」。「⿸疒言」，《説文》失收。《玉篇》：「⿸疒言，多睡病也。」音「呼骨切」。《廣韻・没韻》：「⿸疒言，睡多。」亦「呼骨切」。「⿸疒言」在甲骨文中亦僅一見：

癸卯卜，貞，旬。 四月。 乙巳雨，[甲骨字形]。

癸丑卜，貞，旬。 五月，庚申⿸疒言，允雨，自西，夕，既（暨）。 《合集》7・20964

值得注意的是，含有「⿸疒言」的刻辭與前引含有「寣」的刻辭內容幾乎完全一樣，因而我們認為「⿸疒言」與「寣」的用法也應是一致的。「[甲骨字形]」釋為「⿸疒言」，與前引釋為「寣」的「[甲骨字形]」二字後世音完全相同，從文字的演變方面來看，它們很可能本來就是一字異體。《説文》：「寣，卧驚也。」桂馥《義證》説「卧驚也者，《玉篇》⿸疒言下云多睡病也。」將「寣」、「⿸疒言」聯係起來考察，是很有見地的。 馬叙倫《説文解字六書疏證》「寣」下引道光《象山縣志》：「暫睡而覺曰惷，音忽，或作⿸疒言。」並謂：「⿸疒言即寣之訛。」我們根據「⿸疒言」、「寣」二字在甲骨文中的用法以及字書對二字的訓釋，把它們看成一字異構應是可以的。 類似這種現象，在古文字及後世文字中也存在，如「索」與「⿱宀糸」，「求」與「⿱宀求」等，是其例。 還有「病」與「寎」二字。《説文》：「病，疾加也。」又：「寎，卧驚病也。」《廣雅・釋詁一》：「寎，病也。」馬叙倫謂「寎蓋病之俗字」，王筠也曾説「寎，病一字」。 這情形與「⿸疒言」、「寣」是完全一樣的，可證。

因此，我們可以這樣認為，甲骨文中「」與「」本為一字異構，後來分別作「⿸疒吉」和「⿱宀⿰爿吉」，意義上微有差異，但也沒有完全從意義上將二者區分使用。在甲骨刻辭中，「⿸疒吉」與「⿱宀⿰爿吉」的用法完全一致，也為時間副詞，所指時間也相同。【釋甲骨文字「⿱宀⿰爿吉」、「⿸疒吉」及相關問題　考古與文物一九九三年第一期】

疒

甲一三四　丁山釋疾　說文疒倚也　人有疾病　象倚箸之形　甲一八一　甲一五〇九　疒口　甲三〇七八　甲三〇八〇　王㾓疒隹㞢□　乙七三八　乙二二四一　乙二二〇三　㞢疒齒　乙六三八五　㞢疒自隹㞢巷　乙六四三〇　乙六八四九　朱書　鐵五・三　□申卜貞蜀囚㞢疒旬㞢二日蜀允囚百日㞢七旬㞢□蜀允㞢疒　拾一〇・五　貞疒止隹㞢囚　拾一〇・六　爻馬亡疒　前四・三二・二　前五・二〇・三　前五・四四・二　子漁其㞢疒　後二・一一・八　婦好不征疒　林一・六・七　鄴初下・四二・一九　鄴二下・三七・一六　粹一二六八　福二六　佚五六五　佚九六五　輔仁一七　燕六三九背　燕八六三　【甲骨文編】

疒女戹切　【汗簡】

汗簡　【古文四聲韻】

◉許　慎　疒倚也。人有疾病。象倚箸之形。凡疒之屬皆从疒。女戹切。【說文解字卷七】

◉馬叙倫　鈕樹玉曰。玉篇引箸作著。病下有也字。沈濤曰。玉篇尚有疒字。云。籀文。是古本有重文。翟云升曰。當作聲。廣韻。女戹切。又仕莊切。王筠曰。朱鈔本作。連而不斷。葉氏本則作。知小徐據本作。孫詒讓曰。毛公鼎。旻天畏。當為疾之異文。疑從之。為尪之古文。與疒同。羅振玉曰。詩雨無正。旻天疾威。即毛公鼎之旻天畏。象矢箸人腋下。倫按此篆必譌。以於金甲文皆無證。而於六書亦無可附也。玉篇列籀文作疒。蓋出字林。本書古籀皆呂忱加也。然疒字亦不可解。倫謂蓋之譌。甲文亦作。因譌為。又譌為疒。以為偏傍。則省為。變為耳。字孫謂從。是也。下文瘽之籀文作瘽。正從。其明證也。師敨齊疾鐘皆作。即。與大形

疾

近而非大。以足之長短為別也。其旁之尢乃大字。大人一字。尢為奇踦之初文。亦跛之初文。從尢象一足跛曲形。跛者倚人而行。故疒從尢而倚於大。會意。毛公鼎大作尢。似弓矢者。乃夫字。大夫亦一字也。矢夫古書每相亂。金文亦然。羅以為矢箸人為疾。非也。若矢箸人為疾。刀箸人何嘗不可為疾。且於字形。大乃在尢一臂之下。豈矢獨中於臂下而後為疾。況疾本不必由矢而致乎。倫謂疒本是尢者倚人而行。倚也之訓。必有所受。女戹切之音。亦有所來。借以為疾病之偁。由病者無力自行。亦倚於人。故今戲劇中凡病者出塲。皆有一人扶之而行。从示其為病者也。女戹切音在娘紐。病從丙得聲。丙兩一字。兩音來紐。古讀並歸於泥。病音並紐。蓋由丙在幫紐。而丙音入幫紐者。由泥轉明而入幫耳。然由明入並為近。故病音入並紐。疾從爿得聲。爿為牀之初文。牀音牀紐。古讀歸定。並定同為濁破裂音。然則疾病之音皆由疒轉。益明初借疒為疾病字也。倚也鍇本作痾也。本書無痾。此蓋字林訓。王筠謂痾當為疴。則或為倚之譌。人有疾病。象倚箸之形。呂忱或校者改之。人有疾病下當有捝文也。本部屬字皆從疒之假借義。【說文解字六書疏證卷十四】

乙二二九　說文　疾病也　从疒矢聲　卜辭疾病之疒作疾　受兵傷之疾作疾　象人腋下箸矢之形　非从矢得聲　乙三三五　乙六四

疾目不喪明　乙三八三　乙八八八九　後二·三五·二　【甲骨文編】

乙35　383　8889　粹1568　甲134　181　250　1640　2121　3145　3367

3516　乙738　745　777　930　960　1187　1394　1847　1907　2810

4511　4540　4938　5192　5587　5839　6344　6385　6462　6524　6700

6819　6849　6879　7150　7163　7231　7304　7310　7488　7543　7568

7797　7877　7913　8068　8069　3403　8713　8720　8721　8728　8816

8854　8862　8893　8898　8997　9067　珠268　269　271　340　516

1395 福26 佚123 373 389 524 525 565 675 716 921
965 續1·28·6 3·34·5 4·11·1 4·15·1 4·29·1 5·5·4 5·7·2 6·8·7
掇118 徵8·28 10·28 10·29 10·30 11·62 11·65 京3·21·4 4·7·4
4·13·2 録280 547 558 841 904 鄴361 鄴三381 摭104
105 108 東方1867 六中104 142 六清4 續存739 820 外15 摭續
321 粹1267 1269 新1648 3007 3148 乙632 6412 珠321 甲3280
乙964 2244 2340 2592 3795 4529 5001 6446 8075 珠304
佚96 續3·7·9 續5·32·1 徵2·27 續6·14·6 徵4·57 4·58 4·89
古28 録587 588 誠465 續存833 新1640 3844 【續甲骨文編】

疾 从大从矢 毛公㾓鼎 㰜天疾畏 上官鼎 【金文編】

3·106 繇杏匋里迲疾 3·556 豆里疾目 4·2 侸疾攸戠 4·5 侸疾□□ 4·4 侸疾攸戠 9·87
萏疾 【古陶文字徵】

〔六八〕【先秦貨幣文編】

布空大 豫伊 【古幣文編】

八五：二六 宗盟類參盟人名 九二：三二 【侯馬盟書字表】

139 218 221 223 245 【包山楚簡文字編】

疾 日甲一四二 十三例 秦一七 二十五例 日乙一五七 【睡虎地秦簡文字編】

2643 1182 0600 0552 0856 2885 2812 0466 3966 4125 1433

2153 1428 1542 【古璽文編】

王疾之印 陳疾 疾閭成印 魯去疾印 炅疾已 【漢印文字徵】

泰山刻石 臣去疾 祀三八山碑 民無疾苦 【石刻篆文編】

疾 疾見說文 【汗簡】

◉許 慎 病也。从疒。矢聲。秦悉切。古文疾。籀文疾。【說文解字卷七】

◉吳大澂 愍天疾畏。臤即敃。愍之省文。說文。敃。彊也。愍。痛也。从大从矢。當即古文疾字。詩。旻天疾威。箋云。疾。猶急也。畏。有威可畏也。猶盂鼎言畏天畏也。【毛公鼎釋文】

◉王國維 臤天畏。吳中丞讀為旻天疾威。。古文医字。說見上。疑疾之本字。象人亦下箸矢形。古多戰事。人箸矢則疾矣。【毛公鼎銘考釋 王國維遺書】

◉王國維 案从嗇省。从廿。廿。古文疾。童下云。廿。古文以為疾。竊下云。廿。古文疾。【史籀篇疏證 王國維遺書】

◉羅振玉 象矢著人肞下。毛公鼎愍天疾畏之疾字作。博古圖載齊侯鎛亦有字。與此正同。知此亦疾字也。說文解字。疾病也。从疒矢聲。籀文作。古文作廿。此从段注本。他本古文與篆文無異。段據集韻類篇改。案疾古訓急。詩召旻箋。左氏襄十一年傳注。訓速。國語周語及齊語注。史記樂書正義。荀子臣道篇注。最速者莫如矢。故从人旁矢。矢著人斯為疾患。故引申而訓患。淮南說山訓注。及管子小問注。訓苦。荀子大略篇注。其去大著疒殆為後起之字。於初形已失矣。【殷虛書契考釋卷中】

◉王 襄 古疾字。段茂堂先生云矢能傷人。此疾字从人从矢。文曰。凡疾四日。為卜疾病之事。【簠室殷契類纂正編】

卷七】

◉葉玉森　森按□所从之□。仍為交字。非矢。契文之□予釋仁。謂一小人在大人胑下。寓提攜扶持之意。乃仁之真諦。篆从二人。仁誼不顯。説詳殷契鈎沈。因思造字之始。既制一正誼之字為□。同時復制一反誼之字為□。象一交脛人衺卧於一大人足下。雖未施以扑教。如□效字誼。而疾惡之意已顯。疾即仁之反誼。也□之初訓。必為荀子大畧篇疾惡之疾。即今文嫉。病亦人所疾惡者。故引申為病為患為苦。因客氣中人急疾乃成疾。釋名。故又引申為急。【説契　學衡第三十一期】

◉高田忠周　今審此篆形。明从大从矢。他器作□者。小□即矢之省也。古文矢字作□。亦小變作□。遂與□字相涉。宋人皆不識古文。轉寫訛失。□亦為□也。旻天疾畏。已為詩語。況字从矢。此為疾字。不容疑焉。疾字雖訓病也。籀文作□。从㿝省从廿。竊字解曰。廿古文疾。廿即二十字。與疾古音轉通。然則疾字或作□者。以㿝為義。於病義殆遠矣。爾雅釋言。疾壯也。莊子徐无鬼篇云。百工有器械之巧則壯。李頤注。壯猶疾也。壯或通作莊。莊訓嚴也。嚴有急意。廣雅釋詁一。疾急也。即疾字从㿝从大。皆依轉義為形者。非最古字明矣。或云。此大即□省文。其形大字而其義即尢字。尢者尳也亦疾也。唯愚謂古疾病之疾。與敏疾之疾不同。□是敏疾本字。从大矢聲。□疾同聲。故通用字也。又見大部。若夫央字从大从□。大人在冂内之意。作二大義全失矣。又泰字作□。泰大通用。大作□為籀文。亦變作□。如劉所云。而作□者。一大一小。非重形非竝形。斷非籀文結體之例也。齊侯鎛云。毋疾毋已。疑借疾為失。失疾古音同部也。【古籀篇三十七】

◉高田忠周　毛公鼎。敃天□畏。按。此詩愍天疾畏是也。然字从大从矢矢亦聲。與从疒矢聲不同。愚竊謂。古疾病之疾。與敏疾之疾不同。其義病也。故从疒矢聲。其義壯也敏也。故从大从矢。矢者速也。聲以兼意。兩字並矢聲。故多借疾為□。疾專行而□遂隱矣。然則爾雅釋詁。疾壯也。廣雅釋詁。疾急也。禮記樂記。奮疾而不拔。月令。征鳥厲疾。玉藻。疾趨則欲發。左襄五年傳。而疾討陳。論語。不疾言。此等疾字皆元當作□。或云。疾惡義即疾字轉義。【古籀篇三十九】

◉高潛之　□古文疾字。見於竊字及籀文童字之下。而疾字下無之。段本以意改疾下古文為□。蓋取急速之誼。象鳥飛凡急。僅見兩翼之形。月令所謂征鳥厲疾也。引申有為極為惡為病之誼。朱駿聲謂疾字當訓急速。从矢疒聲。形聲互易。勝於許氏舊説矣。古文草字作□。其首蓋即从□。而説文以為从卅。又曰卅年為一世而道更也。夫□之與卅。絶不相同。許氏不至攸繆若此。不知何人肊説加入。革與疾古本同音。故疾病亦曰病革。革更為一音之轉。物極則更。故革从廿而有變改之誼。它如芇平也。𦱡相當也。滿字从之。並有盈誼。字首蓋皆从廿。廿極也。非从二十併之廿。與羊角之丫也。燕字之首作廿。蓋亦借廿。象籥口之形也。【釋廿　讀説文別釋】

◉商承祚　（疾）甲骨文作□。羅師謂象「矢箸人肊下。毛公鼎『愍天疾畏』之疾字作□與此正同。……案疾古訓急訓速。最速者莫如矢。故从人旁矢。矢箸人斯為疾患。故引申而訓患。其去大箸疒。殆為後起之字。於初形已失矣。」古鉢與篆文同。古匋文作□與此近。段氏謂「籀文作□。从廿。古文疾。竊篆下曰。『廿古文疾。』童篆下曰。『廿古文以為疾。』此廿為古文疾之明證。而集韻類篇皆曰『廿古文疾。□籀文疾。』此丁度所見不誤之明證。其曰籀文作□又作疾者。乃當時已有誤本同今本。而因併入之。又譌古為籀也。」故删疾入廿。其實□□□廿皆古文。體有繁簡。段氏補廿是。而删疾非也。今兩體皆存入。【説文中之古文考】

◉馬叙倫　李杲曰。古匋作□。從矢不從矦。倫按此從□爿聲。□省譌為矦。非古文矦字也。匋文蓋又其省者。或從大爿聲也。古文當作籀文。疳之籀文作□。癃之籀文作□。可證也。

□　倫按□之譌也。或從□省。爿聲。爿音牀紐。故疾音入從紐。同為濁破裂摩擦音也。為□之轉注字。□音泥紐。古讀從牀皆歸於定。定泥同為舌尖前音也。字見急就篇。餘見疒下。上官鼎作□。

□　倫按籀文當作古文。四篇㲋之古文作□。王筠謂此與㲋之古文或本係一字。是也。古文經傳中㲋字如此作。又借以為疾耳。四篇作□者。傳寫之譌。此籀字又與上古文疾之古字互譌也。【説文解字六書疏證卷十四】

◉楊樹達　胡君依丁山之説釋□□為疾字，義則是矣。余去秋以來，三治甲文，釋此字為疒。所以然者：説文七篇下疒部云：「疒，倚也，人有疾病，象倚箸之形。」甲文从人倚爿，與説文解義相合，此一證也。篆文疒字右方横畫乃人字之省變。説文載疾字古文作□；厂亦是人字之譌。國差甔有□字，其所从疒字與古文疾字同。玉篇疾或作㑵，亦从人作。今甲文从人，與古文疾字及金文玉篇偏旁相合，此二證也。甲文有□字，其字从爿从攵，余釋為痛。甲文有□□□三字，余釋為哺晡脯字，字皆从攵，不从甫。校以説文，爿當為疒字之省，此三證也。疒既象人有疾病倚箸之形，自含疾義，疒疾文雖小異，義實無殊，以之讀卜辭諸文，固無礙隔也。【讀胡厚宣殷人疾病考　積微居甲文説】

◉魯實先　□字象以矢加人之形，示疾病之義，當為从子疾省聲，乃疾與㑵之古文。以人與子俱象人形，故小篆之㑵从人而卜辭从子，以疾从矢聲，故卜辭省疒。説文云「㑵毒也」，「疾病也」，是二字聲同義近，其初本出一源，其後亦相互通用。【姓氏通釋

東海學報第一期】

◉李孝定　孔（廣居）氏之言是也，疒疾當為古今字，古文衍化，往往於象形會意之本字另加聲符，疒字契文作疒，象人有疾病，偃臥牀笫之形，説文訓倚，恍惚猶見本誼；疾字从疒，从矢，矢乃後加聲符；籀文𤕫，乃智字，許君誤入疾下，孔君乃引六書統之説解之，稍誤。朱氏之説，則稍有可商，訓疾速之字，契文作疾後下・三五・二即金文此字，象矢着人腋下，會意，謂其來之疾也；與訓病之疾，本非一字，惟矢中人，即有創病之義，與疾病之義近，且疾之隸體作疾，與疒之隸體作疾，其形亦不甚相遠，後世遂以疒之後起字之「疾」，兼晐「疾病」、「疾速」二義而「疾」亡矣，非疾之本義當訓急速也。【金文詁林讀後記卷七】

◉于省吾　甲骨文和周代金文均有疒、疾二字。羅振玉謂：「象矢著人肊下，毛公鼎愍天疾畏之疾字作疾，與此正同。知此亦疒字也。……最速者莫如矢，故从人旁矢。矢著人斯為疾患，故引申而訓患訓苦。其去大著疒，殆為後起之字，於初形已失矣」（增考中七五）。按羅氏對于疒、疾二字的説解，辨別不清。其實，疒為疒病之疒，甲骨文作疒，象人臥牀上。疾象矢著肊下，矢亦聲，係會意兼形聲字。依據上述，則疒與疾之本義有別，但也有時通用，甲骨文的「囚凡又（有）疾」（綴合三六四），他辭皆作「囚凡有疒」；毛公鼎的「敃天疾畏」，詩雨無正作「昊天疾威」，是其證。

在此附帶説明一下雨疒之解。甲骨文「今夕其雨疒」之占屢見，又有「疒雨亾匄（害）」（前四・九・七）之占。此外，雨疒二字合文作雨疒（乙二八一四、七T一六）。胡厚宣同志謂：「雨字疑用為動詞，與降同意，雨疒猶言降疒」（《商史論叢・殷人疒病考》）。按胡説非是。甲骨文習見降囚、降畋、降若之貞，降字無一作雨者。雨疒之疒應讀作急。《詩・召旻》的「昊天疾畏」，鄭箋謂「疾猶急也」。《左傳襄十一年》的「晉不吾疾也」，杜注謂「疾，急也」。此例典籍常見，不備列。甲骨文的雨疒和疒雨，是説雨勢的迅急，與降疒無涉。又春秋時器弓鎛的「齊侯左右，母疾母已」，母讀毋，疾也應讀為疒訓急。這是説，齊侯左右輔助之臣，毋急，不可隣于操切，毋已，不可有所懈殆。由此可知，古文字中的疒與疾，雖然本義有別，但由于音同相假，有時不僅均用作疒病之疒，也均用作急速之急。秦漢以來以疾代疒，疾字通行而疒與疾則廢而不用。【釋疒、疾　甲骨文字釋林】

◉戴家祥　 㽙盤。疾君之孫郤畋尹者旨㽙。　按晚周文字从疒从矢，本會意字。唐韻矢讀式視切，審母脂部。疾讀秦悉切，從母至部。許以形聲為説，未可遽信。【金文大字典中】

痛 封八五 【睡虎地秦簡文字編】

◉許　慎　痛病也。从疒。甬聲。他貢切。【説文解字卷七】

◉馬叙倫　倫按痛音透紐。疾音古在定紐。同為舌尖前破裂音。轉注字也。字見急就篇。【説文解字六書疏證卷十四】

病 法六八　七例　封八五　三例　日乙一八八　二十二例 【睡虎地秦簡文字編】

2039　以璽文「病己」知此是病字 【古璽文編】

张去病　李病己　公孫去病　王病己印　周去病印　臨去病　東門去病　李病己　臣去

病　吳去病印 【漢印文字徵】

古孝經　古老子 【古文四聲韻】

◉許　慎　病疾加也。从疒。丙聲。皮命切。【説文解字卷七】

◉朱芳圃　余謂𣲄，病之初文也。説文疒部：「病，疾加也。从疒，丙聲」。字象𠘧卧爿上，爿即床之初文，寢榻也。意謂人病卧床不起，由於有物附身作祟。左傳襄公十年：「晉侯……及著雍，疾。卜，桑林見。」杜注：「祟見於卜兆。」昭公元年：「寡君之疾病，卜人曰：『實沈、臺駘為祟。』」史記趙世家：「晉景公疾，卜之，大業之後不遂者為祟。」臺駘，地示也，實沈，大業，人鬼也，桑林，物魅也。可證古人以為疾病之生，由於有物附身作祟，故造字作𠘧卧爿上以象之。

病對轉魚，孳乳為痡，説文疒部：「痡，病也。从疒，甫聲」。又孳乳為寎，㾓部：「寎，卧驚病也。从㾓省，丙聲。」對轉魚，孳乳為悑，心部：「悑，惶也。从心，甫聲。怖，悑或从布聲。」又孳乳為怲，心部：「怲，憂也。从心，丙聲。」為妨，女部：「妨，害也。从女，方聲。」【殷周文字釋叢卷中】

◉馬叙倫　倫按病音並紐。痛從甬得聲。甬音喻紐四等。古讀歸定。並定同為濁破音。轉注字也。疾加也非本義。亦非本訓。字見急就篇。【説文解字六書疏證卷十四】

◉周鳳五　上節曾經屢次引用疠字。此字簡文不止一見，從疒，方聲；或從爿，作𤕫，二者為同字異構，猶上節的瘻與瘦。

⿰爿方字與疾病有關，此已由上節釋⿰爿蒦所引簡文得證，這裏更引用幾個例子：

（一）207簡：「東周之客譻鄖歸胙於蒧郢之歲，遠柰之月癸卯之日，苛光以長則為右（鳳按，當為左之誤）尹邵㫋貞，⿰爿方腹疾，以少氣，尚毋有咎。占之，貞吉，少未已。」

（二）221簡：「東周之客譻鄖歸胙於蒧郢之歲，夐月己酉之日，郙𦎫以少寶為左尹邵㫋貞，既有⿰爿方，⿰爿方心疾，少氣，不納食。」

（三）249簡：「大司馬邵𢝊救郙之歲，夏层之月己亥之日，觀義以保豢為左尹邵㫋貞，以其有⿰爿童⿰爿方，上氣，尚毋死。義占之，恆貞，不死。」《包山楚簡》讀⿰爿方作傍，但無論讀傍為「倚傍」或「旁側」，恐怕都難以讀通以上的簡文。尤其例（二）「既有⿰爿方，⿰爿方心疾」，若讀作「既有傍，傍心疾」，後一句還勉强可通，至於「既有傍」則實在不成文句。而例（三）「以其有⿰爿童⿰爿方」，讀作「以其有⿰爿童傍」，似乎也不恰當。

按，⿰爿方字既然與疾病有關，且从方聲，循音、義加以推求，應當就是「病」字。病从丙聲，古音方與丙皆屬並紐陽部，从方與从丙的字往往互通，如《左傳・隱公八年》「鄭伯使宛來歸祊」，《公羊傳》與《穀梁傳》「祊」作「邴」；《儀禮・士冠禮》「加柶面枋」，《鄭注》：「今文枋為柄」；又《少牢饋食禮》「覆之南柄」，《鄭注》：「今文柄為方」；仿字《說文》小篆从方而籀文从丙，皆其例證。

⿰爿方讀為「病」，於簡文三例皆通讀無礙。例（一）略謂：「苛光用長則為左尹邵㫋占卜，因左尹腹部患病，呼吸不暢，希望沒有大礙」；例（二）略謂：「郙𦎫用少寶為左尹邵㫋占卜，因左尹患老毛病，病在心臟，呼吸不暢，吃不下東西」；例（三）略謂：「觀義用保豢為左尹邵㫋占卜，因左尹罹患重病，胸口氣逆梗塞。希望能夠不死。」這裏以重病解釋「⿰爿童⿰爿方」，⿰爿童从爿，童聲，與「重」同音，先秦古籍重、童通用之例習見，如：《詩經・小雅・巧言》「既微且尰」，《說文》引作「瘇」，籀文也从童作「⿸疒童」；又《豳風・七月》「黍稷重穋」，《周禮・內宰》重作「穜」；《禮記・檀弓下》「鄰重汪踦」，《鄭注》：「重，皆當作童。」以上是重、童兩字通用的例證。例（三）為「卜筮祭禱類」的最後一簡，也就是左尹邵㫋生前卜問病情休咎的最後一簡。此時他病入膏肓，危在旦夕，這點可以由他卜問時只是提出「尚毋死」（但願不死）推知。在此之前，他卜問時說的是「尚毋有咎」，語氣顯然輕鬆得多。由「尚毋死」一語可知簡文「⿰爿童⿰爿方」讀為「重病」，不僅符合文字通假條例，更契合左尹邵㫋病情的演變，應可成立。當然⿰爿童也不妨釋瘇，《說文》七下疒部云：「瘇，脛氣腫。」但如此一來病情似乎太輕。邵㫋的症狀可以借用《史記・扁鵲倉公列傳》加以說明：

齊王故為陽虛侯時，病甚，衆醫皆以為蹷，臣（淳于）意診脈以為痺。

根在右脅下，大如覆杯，令人喘，逆氣，不能食。

齊王幸得倉公投以火齊粥治癒，邵㫋則不幸「尚毋死」而不得，終告不治。

㾝字讀為「病」，用以釋讀上述與疾病有關的三枚竹簡固然可通。另外還有兩簡內容與疾病不相干，但讀為病也無不妥帖，如下：

（四）151、152簡：「左駐番戌食田於邙域□邑城田一素畔畝。戌死，其子番步後之。步死，無子，其弟番黜後之。黜死，無子，左尹士命其從父之弟番鄯後之。鄯食田，疠於責，骨儥之。」

（五）158簡：「畢得、廁為右弁於莫囂之軍死㾝□。」

例（四）所載是有關土地繼承與債權的記事。左駐番戌生前食田於某邑，戌死，其子番步繼承。步死，無子，由其弟番黜繼承。黜死，無子，左尹士出面主持由番黜的堂弟番鄯繼承。番鄯繼承以後，因為負債，手頭頗為困窘，便將田地出售。簡文「疠於責」即「病於債」，亦即受困於債。病解為「困也」或「憂也」或「患也」均無不可，均為先秦文獻所習見。例（五）文字簡略不易理解，揣測其大意，略謂畢得與畢廁二人在莫囂軍中任右弁之職，因病死亡。「死㾝」讀為「死病」，似亦文從字順，可以成立。【包山楚簡文字初考　王叔岷先生八十壽辰論文集】

◉曾憲通　占辭反復出現「疾難瘻」、「疾變，有㾝」、「疠遞瘻」、「疾變，㾝窔」以及「㾝有𤺊」等語，其中「㾝窔」及「㾝有𤺊」則是病情惡化的具體表現，故略為之申說。

按「㾝窔」、「㾝有𤺊」二㾝字皆為疠之訛體，簡文爿旁作[illegible]或[illegible]，疒旁作[illegible]或[illegible]，形體十分接近，故常寫混。如疾（簡207、218、239、245）或作𤵸（簡236）；瘻（簡240、243、245、247）或作𤸰（簡236、243）；疠（簡243）或作㾝（簡207、218、247、250）。疠字，周鳳五以為病之異體，屬丙、方聲旁通用之例，故簡250之「𤸱㾝」亦即瘴病，（參上引周文）。窔字从穴交聲。《説文》：「窔，窅窔，深也。」又「窅，冥也。」《廣韻・嘯韻》：「窔，隱暗處。」隱暗處即深幽之處，藥力不可及，即所謂病入膏肓。【包山卜筮簡考釋（七篇）　第二届國際中國文字學研討會論文集】

 1591  0470【古璽文編】

◉許　慎　㾐病也。从疒。鬼聲。詩曰。譬彼㾐木。一曰。腫𤸇出也。胡罪切。【説文解字卷七】

◉馬叙倫　桂馥曰。一曰腫旁出也者。釋木。瘣。木苻婁。郭云。謂木病尪傴癭腫無枝條。倫按詩小弁。譬彼壞木。疾用無枝。釋文。壞。説文作瘣。云。病也。毛傳。壞。瘣也。謂傷病也。四篇。腫。癰也。此下文。癰。腫也。然則腫旁出即瘫潰也。然此校者依郭說加。瘣義止為病耳。瘣疾聲同脂類。蓋轉注字。瘣壞之語原似出於鬼。鬼為匕之轉注字。同為舌根音也。褱裹亦轉注字。而今上海謂人死曰壞脫哉。壞當作鬼。可證也。爾雅釋詁釋文引字林。痕。病也。或字林尚有重文作瘣。然畏鬼一字。則瘣痕亦一字。此字當出字林。古鉨作瘣。【說文解字六書疏證卷十四】

痾

痾 籀韻 痾 籀韻 【古文四聲韻】

◉許　慎　痾病也。从疒。可聲。五行傳曰。時即有口痾。烏何切。【說文解字卷七】

◉馬叙倫　王筠曰。洪範五行傳作痾。漢書五行志作痾。倫按痾從可得聲。尫之音得於尢。尢為跛之初文。尢痾音同影紐。可皮聲同歌類。是痾為尫為轉注字也。字蓋出字林。【說文解字六書疏證卷十四】

痡

◉許　慎　痡病也。从疒。甫聲。詩曰。我僕痡矣。普胡切。【說文解字卷七】

◉吳其昌　疒鐵·二六·三 疒前·五·一四·四 疒後·二·二〇·五 疒戩·三四·七 疒燕·四〇九……等狀，亦象疾病之人肢體拳攣差牙之態也。然其父父之形，已與卜辭之「父」字無別，或竟即從「父」字。從「父」從「人」，義固得相通耳。然則此字如以篆文寫之，則乃从「爿」从父者，實當作疒矣。按：「父」，又即「甫」也。凡古文作「父」者，後世恆易作「甫」，此通俗常識，故不煩證。然則疒字後世自可易寫作痡矣。考說文解字疒部：「痡，病也。从疒甫聲。詩曰：我僕痡矣。」爾雅釋詁亦云：「痡，病也。」韓詩傳並同。今卜辭中疒字義正為病，適與雅詁密合，知疒即「痡」之本字矣。今悉索萬餘甲骨，此字奚翅百十餘見，除去複見者，及殘存單文獨字無可推考者不計外，其餘疒字數十見分厠于種種不同辭句之中，求其能一義通貫而絕無絲毫抵忤者，亦惟有以「病」義訓疒耳。如云「又疒」者凡一見，鐵·二六·三。謂有病也。云：「㞢疒」者凡七見。鐵三、前二、後一、續一。「㞢」猶「有」，疏具前。亦謂有病也。云：「凡㞢疒」者凡十見，鐵二、前四、後一、林一、續二。謂凡有病也。云：「其㞢疒」者凡六見，前四、後一、燕一。謂其有病也。【殷虛書契解詁】

◉馬叙倫　倫按詩卷耳。我僕痡矣。毛傳。痡。病也。爾雅釋詁。痡。病也。孫炎注。人疲不能行之病。是痡為疲之古同雙脣音轉注字。然字不與疲次而音在滂紐。與痛同為次清破裂音。疑痡為痛之轉注字。亦病之同雙脣音轉注字。偽泰誓。毒痡四海。痡止當訓病。詩之痡亦病也。【說文解字六書疏證卷十四】

瘽　瘵　瘨

◉郭沫若　𤺺當是从𤺛夢省父聲之字，與𢑚祟連類，當含惡意，殆即痡之緐文。説文：「痡病也，从疒甫聲。」父甫古乃同音字。【卜辭通纂】

13【包山楚簡文字編】

◉許　慎　瘽病也。从疒。堇聲。巨斤切。【説文解字卷七】

◉馬叙倫　倫按瘽音羣紐。與病同為濁破裂音轉注字。【説文解字六書疏證卷十四】

◉許　慎　瘵病也。从疒。祭聲。側介切。【説文解字卷七】

◉馬叙倫　徐鍇曰。郭璞曰。江東呼病曰瘵。田吳炤曰。鍇本作病劣也。玉篇廣韻並無劣字。倫按爾雅釋詁郭注。江東呼病曰瘵。東齊曰瘼。玄應一切經音義引三倉解詁同。方言。瘼瘦病也。秦曰瘨。此下文瘨瘼皆訓病也。瘵音照紐。古讀歸端。與瘨雙聲。瘵聲脂類。瘨聲真類。脂真對轉。或瘨之轉注字。瘵瘽聲同真類。則瘵瘽亦轉注字。詩瞻仰釋文引字林。瘵。側例反。病劣也蓋字林文。或字出字林也。【説文解字六書疏證卷十四】

◉許　慎　瘨病也。从疒。真聲。一曰。腹張。都秊切。【説文解字卷七】

◉馬叙倫　鈕樹玉曰。鍇本張作脹。説文無脹。五音韻譜作張。桂馥曰。一曰腹張者。本書。瞋。起也。倫按瘨字今作癲。廣雅釋詁。瘨。狂也。急就篇。癲疾性理顛倒矣。御覽七五二引莊子。陽氣獨上則為顛病。然詩雲漢。胡寧瘨我以旱。召旻。瘨我饑饉。箋並曰。病也。方言以瘼瘨同訓。急就以瘼與瘧瘚為類。下文。瘚。逆氣也。則莊子所謂陽氣獨上為顛病。是瘚之類。與詩用瘨字義皆不合。詩四月。亂離瘼矣。桑柔。瘼此下民。毛傳。瘼。病。方言。瘼。病也。東齊海岱之間曰瘼。瘼音明紐。與病同為雙脣音轉注字。謂瘨為病。是秦地方言。而瘨瘚聲為脂真對轉。蓋狂疾為瘨。乃借瘨為瘚。此字次瘵瘼之間。當以止訓病也為本義。為瘵之脂真對轉轉注字。或曰。急就以癲為狂疾。玄應一切經音義引聲類。瘨。風病也。風病也為本義。秦謂病曰瘨。聲借也。【説文解字六書疏證卷十四】

瘼 瘼

◉許　慎　瘼病也。从疒。莫聲。慕各切。【說文解字卷七】

◉馬叙倫　倫按瘼病今俗言毛病。瘼病同雙脣音轉注字也。亦與痡為轉注字。玄應一切經音義引三蒼解詁。今江東呼病皆曰瘵。東齊曰瘼。字亦見急就篇。松江石本作痳。乃麻之譌。麻乃傳寫者以鄉音易字。【說文解字六書疏證卷十四】

𤵸 𤵸

◉許　慎　𤵸腹中急也。从疒。丩聲。古巧切。【說文解字卷七】

◉馬叙倫　鈕樹玉曰。繫傳作腹中急痛。廣韻同。田吳炤曰。當無痛字。玉篇無。倫按段玉裁錢坫並以𤵸為今江浙所謂絞腸痧字。則當有痛字。然此字林訓或校語。或此字出字林也。【說文解字六書疏證卷十四】

𤵸 秦768　左水𤵸　【古陶文字徵】

◉劉樂賢　《秦代陶文》拓片769號「左水𤵸」，末字，袁仲一先生《秦陶文字録》15頁釋為「疚」。按此字所從不是久而是丩。例如「收」字，睡虎地秦簡作收，銀雀山漢簡《孫臏兵法》作收（參見《秦漢魏晋篆隸字形表》218頁）。其所從之「丩」皆與此字所從之「丩」同。𤵸字見于《說文解字》疒部。【秦漢文字釋叢　考古與文物一九九一年第六期】

𤸃 𤸃

𤸃 𤸃　𤸃　師𤸃簋　【金文編】

◉許　慎　𤸃病也。从疒。員聲。王問切。【說文解字卷七】

◉馬叙倫　桂馥曰。此頭眩病字。王筠曰。今語頭運是也。倫按字蓋出字林。【說文解字六書疏證卷十四】

癇 癇

◉許　慎　癇病也。从疒。閒聲。户閒切。【說文解字卷七】

◉馬叙倫　鈕樹玉曰。一切經音義十二引作風病也。玉篇注。小兒瘨病。倫按病也者。廣雅同。然本部自𤵸字以下皆非通義。或謂癇音匣紐。𤸃音喻紐三等。同為次濁摩擦音。轉注字。玉篇不引說文而自為注。蓋別本聲類。玄應一切經音義十。聲類。今謂小兒瘨曰癇。聲類用當時語。癇非小兒瘨病專名。倫謂今人病頭𤸃。亦有偶發頭風者。則此說可立也。或謂癇從閒得聲。閒從月弦之本字即恆者為聲。古恆音當如弦。故古書以弦為恆。而弦從玄得聲。玄聲真類。歺部。殙。從歺。昏聲。昏得聲於民。民聲亦真類。是其語原同也。則癇非頭風病。當以小兒瘨為本義。或瘨之轉注字也。【說文解字六書疏證卷十四】

⿸疒出 

◉許　慎　⿸疒出病也。从疒。出聲。五忽切。【説文解字卷七】

◉馬叙倫　錢坫曰。女出病或即此字。倫按十二篇。娗女出病也。章炳麟謂即千金方所謂陰挺出。字次姝下。章説蓋得之。然與此音似不相屬。或出屯為一字。屯音知紐。古讀歸端。娗音定紐。端定同為舌尖前破裂音。故以病則從疒作⿸疒出。以專為女病。故轉注從女作娗。字或出字林。【説文解字六書疏證卷十四】

疵 

疵　日甲一四二　二例

日甲七〇背　三例

日甲　七二背　七例【睡虎地秦簡文字編】

閻疵之印

陳疵之印

王疵

張疵

請疵之印

趙疵

盬疵

張疵【漢印文字徵】

古老子【古文四聲韻】

◉許　慎　疵病也。从疒。此聲。疾咨切。【説文解字卷七】

◉馬叙倫　倫按王隱晉書。趙孟面有疵黯。又曰。賈后眉後有疵。國策齊策。齊貌辨之為人也多疵。注。闕病。據晉書似疵即今所謂痣也。國策注闕病。未詳。玄應一切經音義引字林。疵。才雌反。【説文解字六書疏證卷十四】

癈 

癈出證俗古文【汗簡】

證俗古文【古文四聲韻】

◉許　慎　癈固病也。从疒。發聲。方肺切。【説文解字卷七】

◉馬叙倫　倫按九篇。廢屈頓也。頓。下首也。是屈頓謂屈傾下。故字次痽下。痽。屈從上傾下也。廢為固病。謂肢體殘毀者。其音與癈同原。本訓病也。呂忱加固疾也。字見急就篇。皇象本作廢。則傳寫易之。【説文解字六書疏證卷十四】

瘏　瘲　㾕　⿸疒或

瘏

 2921 【古璽文編】

◉許　慎　瘏病也。从疒。者聲。詩曰。我馬瘏矣。同都切。【説文解字卷七】

◉馬叙倫　倫按爾雅釋詁。瘏。病也。孫炎注。馬疲不能進之病。郭璞非之云。人病之通名。而説者便謂之馬病。失其義也。倫謂瘏痡疊韻轉注字。字或出字林。【説文解字六書疏證卷十四】

瘲

 3·1032　獨字　説文瘲病也　此省从从　 鐵雲　103·2　【古陶文字徵】

◉許　慎　瘲病也。从疒。從聲。即容切。【説文解字卷七】

◉馬叙倫　段玉裁曰。廣韻集韻將容切皆不收此字。蓋與瘛為二病。王筠曰。玉篇。瘛瘲。小兒病。然瘛字遠隔在後。則此一字為病名也。朱駿聲曰。瘲之言縱。瘛之言掣。蘇俗所謂驚風。倫按字見急就篇。【説文解字六書疏證卷十四】

㾕

 史㾕　【漢印文字徵】

◉許　慎　㾕寒病也。从疒。辛聲。所臻切。【説文解字卷七】

◉馬叙倫　徐鍇曰。字書。寒禁也。王筠曰。玉篇音山錦切。與今人口語合。倫按字蓋出字林。【説文解字六書疏證卷十四】

⿸疒或

◉許　慎　⿸疒或頭痛也。从疒。或聲。讀若溝洫之洫。吁逼切。【説文解字卷七】

◉馬叙倫　沈濤曰。玉篇引也作兒。劉秀生曰。或聲古在影紐。洫從血聲在曉紐。影曉皆喉音。故⿸疒或從或得聲讀若洫。詩文王有聲。築城伊淢。釋文。韓詩淢作洫。門部。閾。從門。或聲。古文從洫聲作𨵒。並其證。倫按頭痛也蓋字林訓。或字出字林也。【説文解字六書疏證卷十四】

八五：五　宗盟類參盟人名【侯馬盟書字表】

◉許　慎　痟酸痟。頭痛。从疒。肖聲。周禮曰。春時有痟首疾。相邀切。【說文解字卷七】

◉馬叙倫　丁福保曰。慧琳音義七十六引。首病也。倫按列子黃帝釋文引作痟。疼痛也。痟瘠同為次清摩擦音。轉注字也。字蓋出字林。【說文解字六書疏證卷十四】

疕　說文所無　昆疕王鐘　【金文編】

秦1010　都船　工疕　【古陶文字徵】

8【包山楚簡文字編】

疕　封五二　【睡虎地秦簡文字編】

2670　1780　4056【古璽文編】

臣疕【漢印文字徵】

◉許　慎　疕頭瘍也。从疒。匕聲。卑履切。【說文解字卷七】

◉高田忠周　按从疒从匕。甚顯然者。唯說文疒部。有疕無疕。此亦逸文也。【古籀篇三十七】

◉鄧爾雅　新獲卜辭「庚戌卜王疕」，疑從疒之字，上有橫畫，象枕，此或是疾病名，故卜之也。《說文》有疕字作疕，「頭瘍也」。《集韻》「頭痛也」。《周禮・天官・醫師》「疕瘍者造焉」。或象頭痛臥牀之形耶？《古籀補》收玉璽文有「疕」字，作疕，別有璽文作疕者，亦畧近似，疕，說文作疕。【跋董作賓新獲卜辭寫本】

◉馬叙倫　鈕樹玉曰。韻會作酸痟也。桂馥曰。集韻引無頭字。一切經音義十八引倉頡。疕瘕。秀也。嚴可均曰。周禮醫師注。疕。頭瘍也。與此同。鍇本作酸痟也蓋涉上痟字之說解而誤。倫按當作病也。頭瘍也蓋字林訓。字見急就篇。昆疕王鐘疕字強運開釋。古鉨作疕。【說文解字六書疏證卷十四】

瘍

瘍　一：五四　宗盟類參盟人名□瘍【侯馬盟書字表】

2663　1784　0792　2106　2650　2652　1213　4019【古璽文編】

◉許　慎　瘍頭創也。从疒。昜聲。與章切。【說文解字卷七】

◉馬叙倫　鈕樹玉曰。玉篇韻會引同。繫傳作頭痛也。非。段玉裁曰。頭字蓋賸。上文。疕。頭瘍。則見瘍不專在頭矣。鄭注周禮。身傷曰瘍。以別於頭瘍曰疕。許則疊韻為訓。疕則呼瘍。他瘍不得呼疕也。檀弓曰。身有瘍則浴。王筠曰。廣韻引創作瘡。乃以今字改之也。倫按晉書音義引字林。頭瘡也。音羊。則鍇本及廣韻引作頭瘡也者。字林文。創也以聲訓。是許文。【說文解字六書疏證卷十四】

痒

◉許　慎　痒瘍也。从疒。羊聲。似陽切。【說文解字卷七】

◉高田忠周　按右形匩字明晳。而說文無匩。匩疑匡字異文。金文雎字作遈。遈即往字。㞷羊聲通。故匡亦作匩。徃或从匡聲也。然則。如此篆亦痒字異文。从匡聲與从羊聲同。銘意似叚借為臧字者。【古籀篇三十七】

◉馬叙倫　桂馥曰。字林。痒。病也。王筠曰。檀弓釋文。瘍音恙。本又作痒。字林。痒。病名也。倫按痒瘍聲同陽類轉注字。字蓋出字林。瘍也上當有病名二字。字林每言名也。凡字出字林者。當並有此二字也。先出通義。後增特訓。【說文解字六書疏證卷十四】

𤸞

◉許　慎　𤸞目病。一曰惡气箸身也。一曰蝕創。从疒。馬聲。莫駕切。【說文解字卷七】

◉馬叙倫　鈕樹玉曰。玉篇引身下無也字。創下有也字。廣韻引同玉篇而目譌作曰。繫傳箸作著。桂馥曰。目病也者。謂目生眵也。俗謂之𤸞䁾。一曰惡气箸身者。顏注急就篇。注者。注易之疾。一人死。一人復得氣相貫注也。廣韻。𤸞。牛馬病。馥謂牛馬多因箸注而病。一曰蝕創者。廣韻。𤸞。創也。錢坫曰。廣雅。𤸞。創也。今麻風病字耳。倫按目病者。蔑字義。蔑𤸞雙聲。目部。蔑。目眵也。眵下曰。一曰蔑兆。兆讀若瞽。是蔑兆即𤸞䁾也。一曰惡气箸身者。桂謂即注病之注字。是也。二篇。𨓰。從辵。馬聲。讀若住。蓋有從疒馬聲之字。今亡。而校者注其義於此下。錢謂𤸞為麻風病字可從。此病亦箸注而然。或為麻木之麻本字。一曰蝕創者。鍇本在馬聲下。於義不明。亦無可證。兩一曰以下文皆校語。字或出

㾷 𤸃 疦 瘖

字林。【說文解字六書疏證卷十四】

◉許　慎　㾷散聲。从疒。斯聲。先稽切。【說文解字卷七】

◉馬叙倫　鈕樹玉曰。韻會聲下有也字。桂馥曰。今東齊謂之沙。沙即㾷之聲轉。倫按方言。東齊聲散曰㾷。秦晉聲變曰㾷。則此當作聲散也。今杭縣亦謂語言聲散曰沙。沙㾷音同心紐。木部。析。破木也。轉注為斯。斤部。斯。析也。分離曰㪔。析斯㪔音同心紐。語原然也。許當止訓病也。呂忱加聲散也。或許作散也。以聲訓。故呂加聲散也。慧琳音義十九引倉頡。㾷。病也。東齊謂聲散曰㾷。【說文解字六書疏證卷十四】

◉許　慎　𤸃口咼也。从疒。爲聲。韋委切。【說文解字卷七】

◉馬叙倫　段玉裁曰。口部。咼。口戾不正也。此亦疊韻為訓。朱駿聲曰。此言病中風者。與咼不同。倫按咼是嘔聲。音與今紹興讀歪字同。咼下口戾不正也者。乃字林訓。蓋晉時已以為口戾不正之名。故此亦訓口咼也。蓋亦字林文。口戾不正為病。今杭縣謂之歪嘴。故從疒。許當以聲訓。或止訓病也。【說文解字六書疏證卷十四】

◉許　慎　疦𤸃也。从疒。決省聲。古穴切。【說文解字卷七】

◉馬叙倫　鈕樹玉曰。廣韻引作為也。譌。嚴章福曰。疑當作叏聲。倫按此今杭縣所謂缺嘴之缺本字也。從叏得聲之字。多有缺義。語原同也。口缺亦不正。然與𤸃異。蓋本訓病也。𤸃也校語。或字林文。廣韻。疾。瘡裹空也。義由此引申。字蓋出字林。【說文解字六書疏證卷十四】

 甲三〇八〇　疑即說文之瘖字　不能言也　王⿸厂音𦘒不佳𠙵【甲骨文編】

 2942  2140  0474  2150  1032  2014  2017【古璽文編】

◉許　慎　瘖不能言也。从疒。音聲。於今切。【說文解字卷七】

◉孫詒讓　說文無此字（⿸厂音）。以㾮作雁例之。疑即瘖之省。【古籀拾遺卷下】

◉高田忠周　孫氏詒讓云。説文無㾙字。以雁作雁例之。疑即瘖之省。此説為是。此銘。雁受之雁作[古文]。ㄏ厂相近。況大鼎雁字一作[古文]一作[古文]。[古文]正與此㾙字合。而雁即从隹从人瘖省聲。此篆明顯無疑者也。説文。[篆文]不能言也。从疒音聲。禮記王制。瘖聾跛躃。釋文。啞也。晉語。嚚瘖不可使言。史記扁倉傳索隱。瘖失音也。然瘖者音之疾也。从音聲。實包會意。又徐籀莊説。㾙古文歆。歆字从欠。説文云。神食氣也。此从厂者。厂广古通。禮記郊特牲。蕭合黍稷。臭陽達于牆屋。厂牆屋之象。此説殊迂。唯瘖歆並音聲。通用不妨。姑附記之。又按。説文。疾。古文作[古文]。金文作[古文]。亦疒或省作厂之證。亦何疑邪。【古籀篇三十七】

◉馬叙倫　鈕樹玉曰。韻會作不能言病。倫按史記刺客傳。吞炭為啞。索隱。啞謂瘖病。倫謂此即今謂口不能言曰啞之啞本字。瘖啞雙聲。故得借啞為瘖。埤蒼作瘂。知啞非瘖而後作者也。説解本作病也。失音不能言也。失音句蓋字林文。急就篇。疝瘕顛疾狂失響。顏注。失響。失音不能言也。然則蒼頡或無此字。古鉨作[古文][古文]。【説文解字六書疏證卷十四】

癭 [篆文]

◉許　慎　[篆文]頸瘤也。从疒。嬰聲。於郢切。【説文解字卷七】

◉馬叙倫　沈濤曰。莊子德充符釋文御覽七百四十引皆作瘤也。蓋古本如是。莊子釋文又引字林作頸瘤也。則今本乃涉字林而誤。丁福保曰。慧琳音義五十四引瘤也亦頸腫也。二徐并為一訓。倫按下文。瘻。頸腫也。頸腫者。今言羊脖子病。與癭不同。莊子德充符。甕㼜大癭。言癭狀如甕㼜也。今謂瘤者正如此。然瘤疽癧癰瘜五文隔在痱下。而瘻獨與癭次。疑瘤也當作瘻也。癭瘻蓋轉注字。癭音影紐。瘻音來紐。得轉注者。如安之從女得聲而入影紐矣。古以此借癭為瘤耳。不然。癭為瘤之轉注字。以癭瘻為頭頸之病。故超次於此。本訓病也。呂忱加瘤也。或字出字林。則本訓病名。文增瘤也以釋之。校者加亦頸腫也。唐人刪節如此文。【説文解字六書疏證卷十四】

瘻 [篆文]

◉許　慎　[篆文]頸腫也。从疒。婁聲。力豆切。【説文解字卷七】

◉馬叙倫　鈕樹玉曰。繫傳韻會作頭腫也。沈濤曰。一切經音義十八引作頸腫病也。段玉裁曰。頸腫即釋名所謂癰喉。氣著喉中不通。畜成癰也。錢坫曰。此瘰癧字。倫按段説是也。此今所謂羊脖子病也。與瘰癧異。玄應一切經音義引字林。力句反。頸腫也。蓋本訓病也。頸腫也字林文。字見急就篇。【説文解字六書疏證卷十四】

□3·809 王疚 【古陶文字徵】

◉許 慎 疚顫也。从疒。又聲。于救切。【說文解字卷七】

◉顧廷龍 □疚。說文顫也。周王疚。按十鐘山房藏鉢有與此同文者。【古匋文舂録卷七】

◉屈萬里 (第二○四○片)□，與□當為一字：象人仰卧牀上，有手撫摩其腹之狀。蓋疾病之名；當是瘕之初文，古文四聲韻瘕字作□，筆畫雖小有訛變，猶與甲骨文相近。【殷墟文字甲編考釋】

◉馬叙倫 嚴可均曰。此與頁部煩之重文作疣者得為重文。徐灝曰。呂覽盡數。處腹則為張為疛。高注。疛。跳動腹疾。疛即疚字。從又之字多互從寸也。跳動正與顫義近。倫按此今言病寒發斗之斗本字。通俗文。四支寒動曰顫頂。頂為尤之異文。借字耳。字從寸得聲。寸為肘之初文。肘音知紐。以同清破裂音轉入端紐。故今音如斗。此本作病也。或字出字林。則作病名。顫也者。呂忱增釋之也。顫音照紐三等。與知同為舌面前音。古讀知照同歸於端。顫從亶得聲。亶音端紐也。是其語原同。顫為今所謂摇頭病。疚則四支摇動。疾狀同而病理異耳。今篆從又者。本從九作。九為肘之最初文。金文九多作□。因譌為又。或謂若然。則嫌與疛同。此則當知造字非一時，後作疛字者。不知疚本從九。而九為寸之初文也。【說文解字六書疏證卷十四】

◉李孝定 □按説文。「疚。顫也。從疒又聲。」又「疛。小腹病。從疒肘省聲。」疚疛當是一字。古文從又從寸每得通作。且二者聲近韻同。其義亦相關也。呂覽盡數篇。「處腹則為張為疛。」高注。「疛。跳動腹疾。」許訓疚為顫。正與高注跳動義合。契文□字隸定之。正當作疚。象人卧床上。從又象有手撫其腹。與許訓小腹病正合。從又會意兼聲也。屈氏釋瘕。於義雖是。形不合。⊘王氏釋疢。是以契文□字所從人形。既屬之爿為疒。又屬之又為及。蓋偏旁分析未精之故也。【甲骨文字集釋第七】

◉胡厚宣 與針刺的殷字(□)和灸疗的痳字(□)有關係的還有一個疛字。如武丁時卜辭説：

今日□龍。(二九六四)

□亦作□，如武丁時卜辭説：

丙辰卜，㱿，貞帚好□征龍。(甲二○四○)

□與□乃是一個字。字王襄釋疢(見所著簠室殷契徵文考釋，一九二五年)，屈萬里釋瘕，(見所著殷虚文字甲編考釋，一九六一年)，李孝定釋疚疛(見所著甲骨文字集釋，一九六五年)，馬薇廎釋疾(見所著薇廎甲骨文原，一九七一年)。我同意李氏釋疚，並從徐灝說(見所著說文解字注箋)釋疛。疛，說文「心腹病」(從段氏說)。呂氏春秋先己「府腫」，玉篇引作「疛腫」，高注：「疛，腹疾也。」字正象一人因病仰卧床上，另人以手按摩腹部之形。【論殷人治療疾病之方法 中國語文研究第七期】

瘀

◉許 慎 瘀積血也。从疒。於聲。依倨切。【說文解字卷七】

◉馬叙倫 鈕樹玉曰。韻會作積血病。倫按本作病也。積血也蓋字林訓。廣雅釋詁。瘀。病也。左傳釋文引三倉。瘀。於庶反。字見急就篇。【說文解字六書疏證卷十四】

疝

◉許 慎 疝腹痛也。从疒。山聲。所晏切。【說文解字卷七】

◉馬叙倫 嚴章福曰。鍇本作腸痛。疑本作小腸痛。徐灝曰。釋名。心痛曰疝。疝。詵也。氣詵詵然上而痛也。陰腫曰隤。氣下隤也。又曰。疝亦言詵也。詵詵引小腹急痛也。案疝當以陰腫為本義。小腹急痛因而上連於心。故曰。心痛曰疝。顔師古注急就章。疝。腹中氣疾上下引也。是也。倫按許訓病也。呂忱加腹痛。字見急就篇。【說文解字六書疏證卷十四】

疛

◉許 慎 疛小腹病。从疒。肘省聲。陟柳切。【說文解字卷七】

◉馬叙倫 鈕樹玉曰。廣韻上聲引病作痛。去聲注。心腹疾也。段玉裁曰。小當作心。隸書形近而譌也。玉篇。疛。心腹疾也。詩小弁。我心憂傷。惄焉如擣。傳。擣。心疾也。釋文。擣。本或作⿸疒壽。韓詩作疛。義同。翟云升曰。類篇引作小腹病。張文虎曰。毛傳擣心疾也者。猶易林云胷春。非小腹病。玉篇。疛。心腹病。呂氏春秋。身盡疛腫。則疛是小腹疾。小字與立心形近譌為心。宜以說文正之。詩擣字或作⿸疒壽。韓詩作疛。蓋⿸疒壽之壞文。非其義。許書疛篆次疝⿸疒巤二文間。自是腹病。倫按詩之擣字自如張說。唯張謂韓詩作疛為⿸疒壽之壞文。非是。⿸疒壽俗疛字耳。寸為肘之初文。肘𠷎聲同幽類。壽從寸𠷎聲也。是毛韓皆作疛而借為擣。我心憂傷惄焉如擣。言憂思之忽起忽落如擣之上下耳。不然。不得言如擣也。玉篇以疛為心腹疾者。蓋兼毛許兩訓。故以⿸疒壽為疛之重文。不可據也。況呂氏春秋言。處腹則為張為疛。明疛止屬腹也。高注。疛。跳動腹疾。然呂書又有身盡疛腫之說。據玉篇引。今書譌為府。則疛非跳動。乃是今所謂脹也。疑疛即脹之初文。脹字古書借張字為之。疛張音同知紐。語原本一也。至為疛之疛。疑本作疚。故高注以為跳動腹疾。或呂本止作為張。校者以他本作

為疛者注之。傳寫如今文耳。許止訓病也。今存字林文或校語耳。字見急就篇皇象本。今譌作疚。【說文解字六書疏證卷十四】

◉蕭　璋　按廣韻四十四有引作小腹痛，毛詩作擣，解為心疾。小雅小弁：「我心憂傷，惄焉如擣。」毛傳云：「擣，心疾也。」高誘又訓為跳動。【釋至　國立浙江大學文學院集刊第三集】

◉齊文心　疛，本是一種疾病的名稱，《說文》「疛，小腹病」。甲骨文中用作病名之例，見甲2040。在甲骨文中除表示疾病外，絶大多數情況下用作人名，如綜述圖版23·4。族名，如：「辛巳卜，貞令[illegible]𠂤旃圃𠂤疛族？五月」。山東博物館藏骨。和地名。如：續3·7·9。疛其人是疛族和疛地的首領，受殷王之封並在殷朝任職。如：寧1·596。疛有向殷王進貢羌奴的義務，卜辭有：

(20) 癸未卜，㱿，貞疛氏羌？　一　（正）（丙568）

王占曰：其〔氏〕。　（反）（丙569）

(21) 癸未卜，㱿，貞疛氏羌？　二

貞疛不其氏羌？　（正）（丙507）

王占曰：其氏。　（反）（丙571）

(22)〔癸〕未卜，㱿，貞疛氏羌？　三（正）

王占曰：〔其〕氏。（反）（丙573）

以上都是貞問疛是否向殷王進貢羌奴的卜辭。

疛地還不斷發生羌奴逃亡的事件，如卜辭：

(23) 癸卯卜，㱿，貞〔旬〕〔亡〕〔禍〕？王占曰：有祟。〔甲〕〔辰〕〔大〕掫風，之夕〔𡆥〕，〔乙〕〔巳〕〔疛〕〔㚔〕羌五〔人〕，〔五〕〔月〕〔在〕〔𩫏〕。（佚386、鄴初下24.2）

(24) 癸卯卜，爭，貞旬亡禍？甲辰大掫風，之夕𡆥，乙巳〔疛〕㚔〔羌〕五人，五月在〔𩫏〕。（菁3、通430）

(25)〔癸〕〔卯〕〔卜〕，□，〔貞〕〔旬〕〔亡〕〔禍〕？〔甲〕〔辰〕大掫風，〔之〕〔夕〕𡆥，乙巳疛㚔〔羌〕〔五〕人，五月在𩫏。（續5·32·1）

這三條卜辭都是殘辭，可以互補。(24)、(25)兩條卜辭互補，已見郭老的《殘辭互足兩例》。郭沫若：《古代銘刻匯考》，一九三三年。

現根據(23)又可將後兩條卜辭各補充一個「羌」字。

擻，于省吾先生認為擻通驟，大擻風即「大驟風，猶今言大風暴矣」。于省吾：《雙劍誃殷契駢枝三編》三頁，一九四二年。以上三條卜辭都是癸卯日的卜旬之辭。卜辭的大意是：癸卯日占卜，貞人某問，今後十天之內有無災禍？王視兆判斷說：有禍祟。甲辰日有大驟風，當晚天氣惡劣，第二天乙巳疛地有五個羌奴逃亡。這是五月在𩫖地占卜的。從這三條卜辭看來，在𩫖地占問疛地之事，並記下疛地發生的事情，可知疛地為𩫖區的一個具體地點，也靠近羌族地區。因此，我們可以得出這樣的結論：疛地是一個獵捕羌奴並向殷王輸送羌奴的據點，階級鬥爭相當激烈。【殷代的奴隸監獄和奴隸暴動——兼甲骨文「圉」、「戎」二字用法的分析　中國史研究一九七九年第一期】

◉温少峰　袁庭棟　《說文》：「疛，小腹病也。」《玉篇》：「疛，心腹疾也。」《呂氏春秋·盡數》：「形不動則精不流，精不流則氣郁，郁處頭則為腫為風，……處腹則為張為疛。」注：「疛，跳動，皆腹疾。」由是知「疛」即腹部之病，疛字正象病人卧床，以手按摩其腹部之形，釋為「疛」，形義俱合。卜辭云：

(88) 丙辰卜，殻貞：帚(婦)好疛，征(延)？龍(寵)？《甲》二〇四〇

(89) 貞：疛，其隹囚(咎)？《庫》一八〇三

以上二辭與前引(18)辭均為有關「疛」即腹症之辭。腹部疾病的主要表現是腹痛，包含之內容甚多，殷人尚未能仔細區分。【殷墟卜辭研究——科學技術篇】

⿸疒奰

◉許　慎　⿸疒奰滿也。从疒。奰聲。平祕切。【說文解字卷七】

◉馬叙倫　桂馥曰。廣韻。奰。气滿。本書奰讀若詩曰不醉而怒謂之奰。奰當作⿸疒奰。錢坫曰。玉篇云。說文音備。倫按十篇。懣。煩也。悶。滿也。憒。懣也。懣悶憒⿸疒奰語原一也。⿸疒奰為病耳。此滿也以聲訓。字或出字林。【說文解字六書疏證卷十四】

⿸疒付

◉許　慎　⿸疒付俛病也。从疒。付聲。方榘切。【說文解字卷七】

◉馬叙倫　倫按俛病也者。或謂如今患頭俯而不能仰者。語原即俯也。或謂俛為校者注以釋字音者也。若謂俛病則是曲脊病。此下文痀字義。⿸疒付痀聲同矦類。或為痀之轉注字。然古書無以⿸疒付為曲脊者。方言。凡物生而不長。東陽之間謂之⿸疒付。此乃今所謂短也。本字為耑。⿸疒付為借耳。故倫取前說焉。然亦疑⿸疒付為疛之重文。傳寫誤於⿸疒奰下。校者謬注音義。呂氏春秋情欲。

身盡府腫。蓋即疛之誤。或借字也。【説文解字六書疏證卷十四】

□ 47【包山楚簡文字編】

◉許　慎　𤺊曲脊也。从疒。句聲。其俱切。【説文解字卷七】

◉馬叙倫　倫按本作病也。呂忱加曲脊也。【説文解字六書疏證卷十四】

◉周寶宏　《考古》一九八二年六期載集安縣文物保管所張雪巖《吉林集安縣發現趙國青銅短劍》發表劍上銘文照片，並釋為：十七年相邦陽安君邦石庫工師吏棻朝治吏疱教劑。其中疱字原銘作「□」形。按：此字當釋為「痀」字。包字見于《説文》：「□，象人裹妊，巳在其中，象子未成形也。」又《説文》：「勹，裹也，象人曲形，有所包裹。」包，睡虎地秦簡作□形（見張世超先生、張玉春先生撰集《秦簡文字編》），馬王堆漢墓帛書作□、□形，銀雀山漢墓竹簡作□形（以上俱見《漢語大字典》字形組編《秦漢魏晉篆隸字形表》）。從上列秦簡漢簡漢帛書包字形體看，包字从勹从巳，而劍銘之□字所从之□形从口从□，與包字从勹从巳完全不同，因此此字不可釋為疱字。長子狗鼎銘狗字□（《古文字研究》十三輯），句監鼎句字□形（見《古文字研究》十九輯），以上句字旁皆作□形，與劍銘□字所从之□旁相同。據此可知劍銘之□字當釋為痀，痀字見于《説文》，在銘中用為人名。【讀古文字雜記九則　于省吾教授百年誕辰紀念文集】

□ 賈瘚【漢印文字徵】

◉許　慎　瘚屰气也。从疒。从屰。从欠。居月切。□瘚或省疒。【説文解字卷七】

◉馬叙倫　鈕樹玉曰。韻會作逆气也。從疒。欮聲。按欮即瘚省。不得反以為聲。王筠曰。朱文藻本篆作□。玄應引上气疾也。蓋庾注。倫按鍇本作欮聲。是也。鉉以為欮為或體不得為聲。故改為從屰從欠。其實欮為气逆。偶然之事。瘚是气逆不下成病。語原於欮。猶欮音亦原於屰耳。許書本倉頡及訓纂。二篇無欮。許不得加。二篇瘚字從欮。許不得改。呂忱則據他書增欮為或體。其實非一字。今説解曰。屰气也。與九篇欬下曰屰气也無别。而今之病瘚者。固不必欬也。蓋此本訓病也。屰气也呂忱所加耳。倫謂欮本是欬之同舌根音轉注字。從欠。屰聲。知者。屰亥同舌根音。尚書厥字。史記皆作其。書泰誓。厥類惟彰。墨子非命引作其行甚彰。淮南時則訓。爨其燧火。高注。其讀荄備之荄也。孟子萬章之亥唐。抱樸子

瘁 痱 瘤

道民作期唐。易明亮。箕子之明夷。釋文。箕。劉向作荄。是欸荄音通之證。當入欠部。訓荄也。瘚字見急就篇。【說文解字六書疏證卷十四】

◉高田忠周 按此欮即瘚字也。依經傳文字例元叚借為闕字。⊘然愚竊謂。空闕闕隙。正字當為缺字。說文。𦈢器破也。从缶夬聲。小爾雅廣詁。缺隙也。是也。缺欮同音。故借闕為缺。闕从欮聲。古元當借欮為缺也。又古字。省文叚借之例。當以夬為之。【古籀篇二十二】

◉陳夢家 欮是說文瘚的或體。說文曰:「瘚弋也。」【西周銅器斷代(六) 考古學報一九五六年第四期】

瘁

◉許 慎 瘁气不定也。从疒。季聲。其季切。【說文解字卷七】

◉馬叙倫 倫按十篇。悸。心動也。則瘁悸之語原同也。或為一字異文。本訓病也。气不定也呂忱加之。或此字出字林。【說文解字六書疏證卷十四】

痱

◉許 慎 痱風病也。从疒。非聲。蒲罪切。【說文解字卷七】

◉馬叙倫 倫按風俗通義。今人卒得鬼痱。殺雄雞以傅其心上。桂馥謂鬼痱者。此人謂之鬼風。皮膚小起。癢不及搔。如桂說。乃今杭縣所謂風斑。如風俗通言。乃今所謂瘔子。風斑則皮肉隆起而平。大或如小錢。瘔子如今夏季所發痱子。或白或赤。此音蒲罪切。則音如瘔。然字次瘖上。則以風斑為是。古書於痱病。如靈樞言身無痛者。四肢不收。智亂不甚。其言微知可治。甚則不能言。不可治也。則如今所謂白瘔。而賈誼言辟者一面病。痱者一旁痛。則又為一病。漢書灌夫傳所謂即陽病痱者也。顏師古注。痱。風病也。同言風病。然非今所謂風斑也。蓋皆以方俗語音相通用。今不能定其孰為本字。如灌夫傳似字當為痺。而今上海謂夏季所發痱子音亦蒲罪切也。爾雅釋詁。痱。病也。此訓風病也。蓋字林文。或字出字林。王筠據鍇本篆作𤵽。【說文解字六書疏證卷十四】

瘤

瘤 崔希裕纂古【古文四聲韻】

◉許 慎 瘤腫也。从疒。畱聲。力求切。【說文解字卷七】

◉馬叙倫 倫按諸書皆以瘤為瘻瘤。故玉篇列腫也瘜肉也二義。聲類。瘤。瘜肉也。其實此贅瘤字。為疣之聲同幽類轉注字也。瘤下諸文若痤訓腫疽訓癰癱訓腫。然皆為病名。非泛謂膚肉隆起也。特瘻瘻瘤痤癰疽皆膚肉隆起。故皆以腫訓之耳。然字出許書者。止當訓病也。廣雅釋詁。瘤。病也。腫也蓋字林文。玄應一切經音義引三倉。小腫也。廣韻。瘤。肉起病也。又云。赤瘤腫病也。出文字集略。文字集略阮孝緒譔。見隋書經籍志。出文字集略者非謂瘤字。蓋謂赤瘤腫病之説也。【説文解字六書疏證卷十四】

◉楊樹達 按謂血氣留止而成腫也。説文十三篇下田部云：「留，止也。」七篇下网部云：「曲梁寡婦之笱謂之罶，謂所以止魚也。」罶之止魚，猶罝之遮兔矣。【積微居小學金石論叢】

痤 李痤 【漢印文字徵】

◉許 慎 痤小腫也。从疒。坐聲。一曰。族絫。臣鉉等曰。今别作瘯蠡。非是。昨禾切。【説文解字卷七】

◉馬叙倫 嚴可均曰。左桓六年傳。不疾瘯蠡。釋文引説文作瘰。瘯瘰。皮肥也。鍇本族絫下有病字。恐尚有脱。沈濤曰。據左傳釋文引。是陸所見本有瘯瘰二篆。鈕樹玉曰，蓋陸誤及他書為説文。一切經音義廿引無小字。韻會作一曰族累病。王念孫曰。瘯蠡之急言即為痤。爾雅。痤。接慮。李注。接慮急言之亦近於痤也。王筠曰。小徐作族累病。非是。族絫即痤之長言。與蒺梨一例。陸引作瘯瘰皮肥也。字皆從疒。不知以他書當説文邪。抑為説文學者所坿益邪。倫按本作病也。小腫也蓋字林訓。一曰族絫。二王説是。【説文解字六書疏證卷十四】

◉楊樹達 按説文十三篇下土部云：「㘴，止也。从留省，从土。土，所止也。此與留同意。」按㘴从留省，與留同意，故痤與瘤亦同意。【積微居小學金石論叢】

◉湖北省文物考古研究所 北京大學中文系 ［一九］此字从「爿」从「㘴」。馬王堆雜占書「㘴(坐)昜(陽)」又作「㘴昜」，信陽楚墓竹簡二二一號「一絵痤裀」即「一錦㘴(坐)茵」(《文物參考資料》一九五七年第九期)，「㘴」當是「坐」字古體。簡文有「爿」、「爿」二偏旁，與疾病有關之字多从「爿」旁，疑即「疒」之省體。但是這兩個偏旁有時又混而不分，如簡文常見的从「爿」从「廈」的一個字，偶而也从「爿」(見六四號簡)。釋文中凡與疾病有關之字一律寫作从「疒」。《廣雅·釋詁》：「痤，癰也。」【一號墓竹簡考釋 望山楚簡】

疽

疽 林罕集【古文四聲韻】

◉許　慎　疽癰也。从疒。且聲。七余切。【説文解字卷七】

◉馬叙倫　鈕樹玉曰。韻會作久癰也。沈濤曰。後漢書劉焉傳注一切經音義九及十及十八及二十皆引作久癰也。倫按徐鍇引管子曰。無赦者。痤疽之礦石。呂氏春秋盡數。幸水之所多疽與痤。是痤疽異病。然莊子列御寇。破癰潰痤者。御覽七三三引痤作疽。痤音從紐。疽音清紐。皆舌尖前破裂摩擦音。或是轉注字。或以病狀相似。故其名相近。語原然也。本訓病也。久癰也或大癰也之譌。或本作病名癰也。傳寫捝病字。而名字亦譌捝成久。此皆字林文。字見急就篇。【説文解字六書疏證卷十四】

◉楊樹達　按呂氏春秋知士篇注云：「阻，止也。」一切經音義二十三引白虎通云：「罝，遮也，遮取兔也。」【積微居小學金石論叢】

◉曾憲通　關於⿸疒⿱虘又字，周（鳳五）文從「尚𢇍⿸疒⿱虘又」一語揣測此字很可能是形容疾病痊癒的用語，並從字之結構从疒从又虘聲，以聲韻推求，認為就是瘥字。這是很正確的。下面略作補充：

從形體結構分析，⿸疒⿱虘又當是疽字的繁構。《説文》逹古文作𨖷，𨑥籀文作遽，可見虍乃贅符。𠭥亦且之繁化，如虢季子組段組作⿰糸𠭥，中山王嚳鼎、壺之祖均作⿰礻𠭥，皆其例。而「且」之作虘，更是楚系文字所習見，如《爾雅·釋天》「六月為且」，長沙楚帛書作虘；組綈之組，仰天湖楚簡作⿰糸虘或⿰糸⿱虘又；連詞之且，包山簡作虘。《汗簡·且部》引王庶子碑且正作虘。準此，可知⿸疒⿱虘又即疽之繁形，其作⿰爿⿱虘又者，乃疒旁之寫訛，宜視為訛體，並非同字異構。

從聲韻考察，疽瘥二字並為從母，但疽在魚部、瘥屬歌部。上古魚歌非常接近，二者通轉之例甚多。【包山卜筮簡考釋　第二屆國際文字學研討會論文集】

⿸疒麗

◉許　慎　⿸疒麗癰也。从疒。麗聲。一曰。瘦黑。讀若隸。郎計切。【説文解字卷七】

◉馬叙倫　倫按錢坫謂戰國策秦策面目犂黑字當作此也。十篇。黔。黎也。鍇本作黧也。然本書無黧字。且黎民字可用黧。瘦黑字不可用黧也。癰瘦字皆從疒。而黑從鹵得聲。其轉注字作黸。音皆來紐。錢説似可從。然癰也疑當作腫也。癰瘤音皆來紐。或癰為瘤之轉注字。莊子之宗麗。即爾雅之宗廇。是其例證也。不然。則為癰之轉注字。癰音影紐。癰音來紐。

亦猶瘻瘻之轉注。安之從女得聲矣。或癰也傳寫涉上文疽字説解而誤衍。轉捝本訓矣。一曰瘦黑。校語。讀若隸者。劉秀生曰。麗聲在來紐。隸從柰聲亦在來紐。故癧從麗聲得讀若隸。【説文解字六書疏證卷十四】

癰

 3·1008 獨字 顧廷龍謂即癰字 漢書(景祐本)鄭崇傳 發疾頸癰  3·1009 同上【古陶文字徵】

 一五六：一九 十三例 委質類被誅討人名鄆癰  一五六：二〇 四例  三：二五【侯馬盟書字表】

 癰 封八六【睡虎地秦簡文字編】

 1121 貨幣文雝作，以是知此為癰字  3801  0478  2016  0479【古璽文編】

 魏癰  癰猛【漢印文字徵】

◉許　慎　腫也。从疒。雝聲。於容切。【説文解字卷七】

◉楊樹達　按癰从雝聲，雝从邕聲。説文十一篇下川部云：「邕，邑四方有水自邕成池也。从川，从邑。」詩魯頌泮水箋云：「辟廱者，築土雝水之外，圓如璧，四方來觀者均也。」國策齊策云：「宣王因以晏首壅塞之。」高注云：「壅，蔽也。」淮南子主術篇注云：「壅，塞也。」一切經音義二十引通俗文云：「齆鼻曰齆。」説文四篇上鼻部云：「齆，病寒鼻窒也。」【積微居小學金石論叢】

◉馬叙倫　翟云升曰。韻會引作邕聲。倫按四篇。腫。癰也。似為疊韻轉注字。然倫謂腫為通名。此及腫下皆以聲訓。而癰是癰疽字。且疑許於此止訓病也。腫也或字林文。字見急就篇。【説文解字六書疏證卷十四】

瘜

◉許　慎　寄肉也。从疒。息聲。相即切。【説文解字卷七】

◉馬叙倫　鈕樹玉曰。一切經音義二引寄作奇。蓋譌。丁福保曰。慧琳音義二十六及七十二引奇肉也。蓋古本如是。奇肉謂奇異之肉。倫按沈濤據玄應音義二引作奇肉。十八引作寄肉。御覽三百七十五引亦作寄肉。證寄肉是。而作奇者乃傳寫之譌。是也。寄肉謂寄生之肉。肉部腥下曰。星見食豕。令肉中生小息肉也。是腥瘜為轉注字。雙聲也。然倫以為腥是膫之轉注字。肉中小息肉即瘜字義。寄肉是病狀。故從疒。以其狀類星之箸天。蓋語原即星也。玄應引三蒼。瘜。惡肉也。然

許當止訓病也。寄肉也字林文。【説文解字六書疏證卷十四】

◉施謝捷　甲骨文裏的一個「从自从肉」的字，見於下揭一卜辭：

貞：婦好□，唯出疾？《合集》13633

辭中「□」字，《甲骨文編》隸定作「⿱自肉」，並謂「从自从肉，《説文》所無」；王國維疑此字為鼻液之「涕」字；最近劉昭瑞有專文考釋此字，他認為此字「上从自，即鼻，下所从乃肉的初文，肉旁有點狀物，象肉的血液或表示肉的氣味」，「以鼻就肉而嗅之，會肉臭之意。」因而將「□」釋為《説文》从肉生聲的「胜」字初文，在卜辭中有「過誤」、「災異」之義，另將「出」釋為「有」，認為卜辭是卜問婦好有災禍是否患病。

我們認為，上引諸説除《甲骨文編》把「□」隸定為「从自从肉」字而外，釋「涕」或釋「胜」二説，都與甲骨文「□」字形構相悖，實際上並没有充分的根據，顯然不可信。至於「出」字，原拓本非常清晰，劉昭瑞釋「有」，是不正確的。因此對甲骨文「□」字有重新考釋的必要。

《説文》：「自，鼻也。象鼻形。」又在「皇」(小篆作上从自下从王形)字下説：「自，讀若鼻。」知「自」、「鼻」二字音義相同，「鼻」應是「自」的後起分化字。「自」有鼻義，傳世文獻中並無用例，僅見於甲骨文：

貞：有疾自，唯有害？

貞：有疾自，不唯有害？《合集》11506

辭中「疾自」即指患鼻疾。後來「自」「鼻」二字各有專用，「自」字逐漸失去了其所表達的本義「鼻」，所以另外在「自」字上增加聲符「畀」造成新的一個形聲字「鼻」，專門表達本義，遂使「自」「鼻」成為兩個音義均不相同的字。因此，我們以為甲骨文裏的「□」字从自从肉，象鼻中有息肉並滴血之形，釋為「⿰月鼻」字初文，應該没有問題。況且甲骨文裏的「劓」字，从刀从自，一般釋為「劓」字初文，跟我們釋「□」為「⿰月鼻」字，情形非常相似。

「⿰月鼻」字，《説文》未收，《方言》卷十三：「⿰月鼻，⿰月息也。」郭璞注：「謂息肉也。」《集韻》去聲至韻：「⿰月鼻，⿰月息肉。」息肉之「息」，本或作「瘜」，《説文》：「瘜，寄肉也。从疒，息聲。」《玉篇》：「瘜，寄肉也。亦作⿰月息。」《廣韻》入聲職韻：「瘜，惡肉。」又「⿰月息，⿰月息肉。」《集韻》入聲職韻：「瘜、⿰月息，《説文》：寄肉也。或从肉。」顯然應把「瘜」、「⿰月息」當作一字異體看待，猶如「痞」或作「脴」(詳上《釋「痞」》)、「疹」或作「胗」(《説文》)、「瘠」「⿸疒朿」或作「膌」「脨」(《説文》、《集韻》入聲昔韻)，例相同。「瘜」「⿰月息」从「息」得聲，而「息」又从「自」得聲；「⿰月鼻」从「鼻」得聲，《説文》「自，讀若鼻」，因此「⿰月鼻」與「瘜」、「⿰月息」也應是一字異體，甲骨文裏作「□」，應該是一個會意兼形聲字，从肉从自，自亦聲。

文獻中「瘜」一般寫作「息」，《素問・病能》：「夫癰氣之息者，宜以針開除去之。」注：「息，死肉也。」與稱「寄肉」、「惡肉」義相涵。瘜肉，亦叫鼻肒、鼻痔，《方書》：「鼻肒曰瘜肉，亦謂之瘜菌。」《瘡瘍全書・瘜肉》：「鼻孔中瘜肉，名曰鼻痔，皆由六氣七情所感而生。……若生下入鼻內，名曰瘜肉，窒塞不通。」所述「瘜肉」之症狀，與甲骨文作「[illegible]」形者正相吻合，亦可作為我們釋「[illegible]」為「膞」、「瘜」、「腮」的有力證據。驗諸上舉《合集》13633辭「[illegible]」與「疾」並見一辭，把「[illegible]」釋為瘜肉的「瘜」，同樣非常合適。「婦好[illegible]」，即指婦好鼻中生瘜肉，文例與習見之「王疾」相似。至於「唯出疾」，頗費解。武威漢代醫簡中有治瘜肉方，特録於此：（原文通借字、異體字徑改作通行字）

鼻中當腐血出若膿出去死肉，藥用代茼茹、巴豆各一分，並合和，以絮裹藥塞鼻，諸息肉皆出；不出，更飲調中藥，藥用亭歷二分、甘遂二分、大黄一分，治合和以米汁，飲一刀圭，日三四飲，瘜出乃止；即鼻不利，藥用藜蘆一本、亭歷二分、付子一分、皂莢一分，皆並㕮咀合和以醇醯漬，卒時去滓，以汁灌其鼻中。

「唯出疾」之「出」，或與「諸息肉皆出」、「瘜出乃止」等「出」同用。甲骨卜辭中「出」「疾」並見於同一辭者，在目前僅檢得下列二例：

己酉卜，賓貞：有疾[illegible]，出？ 《合集》18654正

貞：邛方☐疾於祖☐

☐曰：其出疾☐吉唯有由□往☐ 《合集》8549正，反

「出」究竟該作何解，尚待進一步研究。 【甲骨文字考釋三篇 南京師範大學學報一九九五年第四期】

◉許慎 癬乾瘍也。从疒。鮮聲。息淺切。 【說文解字卷七】

[illegible] 114 【包山楚簡文字編】

[illegible] 1027 [illegible] 1028 【古璽文編】

痂 㾌

 解疥 【漢印文字徵】

◉許　慎　疥搔也。从疒。介聲。古拜切。【説文解字卷七】

◉馬叙倫　沈濤曰。文選登徒子好色賦注御覽七百四十二皆作疥。瘙也。禮記内則釋文引。疥。瘙瘍也。是古本作瘙不作搔。陸所據本並有瘍字。許書無瘙字。當是二徐本奪。左昭廿年傳正義仍引作搔。乃假借。非正字。王筠曰。説解當作搔瘍也。瘙字緣疥從疒而亦從疒。春秋繁露五行順逆篇。民病疥搔。字與許同。是也。倫按搔瘍也蓋字林文。謂疥為瘍之一種。而疾須搔刮者也。許當止訓病也。字見急就篇。【説文解字六書疏證卷十四】

◉許　慎　痂疥也。从疒。加聲。古牙切。【説文解字卷七】

◉馬叙倫　嚴章福曰。鍇本作乾瘍也。上文。癬。乾瘍也。疑當作疥也。與此互譌。癬後即疥。故知癬為痂。翟云升曰。乾瘍也癬字注。繫傳誤。王筠曰。鍇本作乾瘍也。是。急就篇。痂疥並舉。知非一物。徐灝曰。顔注急就篇。痂。創上甲也。疥字疑涉上文而譌。當作介。倫按廣雅釋詁。痂。創也。創謂瘡也。義與急就合。此訓疥也者。疥痂為雙聲疊注字。顔謂創上甲。徐謂疥當作介。均非也。徐鍇瘡生肉所蜕乾為痂者。字借為瘢。瘢從般得聲。般音并紐。痂音見紐。同為清破裂音。痂聲歌類。瘢聲元類。歌元對轉也。痂疥者今杭縣紹興所謂隔老瘡。即疥搔之音變也。癬則有不須搔抑者。且瘍狀亦異。嚴欲以疥訓癬。不可從。字見急就篇。【説文解字六書疏證卷十四】

瘕 㾎

 石經多士　僖公篇瑕作[illegible]　从玉叚聲　金文叚同此　从疒知為瘕字　借作殷　殷字重文　【石刻篆文編】

 籀韻　 籀韻　【古文四聲韻】

◉許　慎　瘕女病也。从疒。叚聲。乎加切。【説文解字卷七】

◉馬叙倫　段玉裁曰。女字必是衍文。詩思齊。厲假不瑕。箋云。厲假皆病也。正義引説文。瘕。病也。是唐初本無女字。史記倉公傳。潘滿如小腹痛。臣意診其脈曰。遺積瘕也。女亦薄吾病甚。臣意診其脈曰。蟯瘕也。瘕蓋腹中病。沈濤曰。據倉公傳。是瘕亦得專屬女矣。玉篇訓為久病。則女字或久字之誤。洪頤煊曰。山海經南山經。麗麐之水多沛育。佩之無瘕疾。郭注。瘕。蟲病也。左昭元年傳。是謂近女室。疾如蠱。則瘕是女病也。倫按瘕古音如古。即蠱病之蠱本字。十三篇。蠱。腹中蠱也。晦淫之所生也。然蠱為固之轉注字。詳蠱字下。蓋借為瘕。左傳言疾如蠱。非即蠱也。亦瘕非女病也。蓋瘕本止訓病也。呂忱知瘕即左傳之所謂蠱。而以傳有近女室之文。遂誤加此訓。瘕蓋今所謂鼓脹病。慧琳一切經音義引倉頡。瘕。腹中病也。字亦見急就篇。【說文解字六書疏證卷十四】

癘 日甲 五二背 法一二一 五例【睡虎地秦簡文字編】

◉許　慎　癘惡疾也。从疒。蠆省聲。洛帶切。【說文解字卷七】

◉馬叙倫　鈕樹玉曰。韻會蠆作厲。沈濤曰。詩思齊正義引癘。疫疾也。或作癩。是古本不作惡疾。并有重文從賴。桂馥曰。惡疾也者。字林同。段玉裁曰。古義謂惡疾。包內外言之。今義別作癩字。訓為惡瘡。翟云升曰。韻會引作惡瘡疾。徐灝曰。古所稱惡疾。蓋大風瘻癩之類。非尋常疥癩也。萬古重脣音轉為邁。故癘用為聲。鍇本厲省聲鉉本蠆省聲並非。倫按以癘為惡瘡者。借為癩也。癘癩雙聲。倫謂古書以疫癘並言。癘即今所謂痢疾也。故詩正義引作疫疾也。公羊莊廿年傳。大瘠者何。痢也。注。民病疫也。痢為癘之雙聲轉注字。猶烈山氏或作厲山氏矣。至莊子天地所謂厲之人夜半生其子。遽取火而視之。汲汲然惟恐其似己也。則如今人有癩病者。其身面膚色不純。或白或黃或黑。杭縣俑為癩花兒。故以為醜。字當作癩。癘次癬疥之後。瘧痁之前。明是疫疾。說解本作病也。呂忱加惡疾也。校者加疫疾也。一曰惡瘡也。傳寫省并如今文。字見急就篇。【說文解字六書疏證卷十四】

◉許　慎　瘧熱寒休作。从疒。从虐。虐亦聲。魚約切。【說文解字卷七】

◉高田忠周　按說文。𤼶下童下並云廿為古文疾。而疾亦有作𤕫者。然則此篆从疾甚明。而此疾疑借為疒籀文。又下作𢑚。當為虐省。此即瘧字異文無疑。說文。瘧寒熱休作。从疒虐。虐亦聲。周禮。秋時有瘧寒疾。銘咎字亦作㾭。並為惡病義。爾雅釋詁。咎病也可證。然云母咎母瘧。謂侯氏家門平安無事。免惡疫災害也。【古籀篇三十七】

◉陳邦懷　𤕫此字从𠂇。蓋𠂇之省。从虍蓋虐之省。其文當釋作㾪。乃虐之初字。墨子經說下云。智者病之。之於㾪也。畢注曰。㾪即瘧省文。燉煌石室唐寫本。食療本草。蕪荑條云。和沙牛酪療一切㾪。㾪。瘧字也。墨子及唐寫本食療本草。㾪字皆从虎。不从虐。以卜辭互證。知為初字而非省文矣。【殷虛書契考釋小箋】

◉馬叙倫　沈濤曰。左昭廿年傳正義引作熱寒并作。惠棟曰。宋本正義仍作休作。寒休則熱作。故曰。熱寒休作。知并字非也。鈕樹玉曰。韻會作寒熱體作病。蓋休譌為体。後人又改為體也。嚴可均曰。從虐虐亦聲。當作虐聲。倫按瘧皆寒先熱後。當從鍇本作寒熱休作病。然此蓋字林文。本訓病也。急就篇顏師古本作瘧。皇象本止作虐。則此字出字林。【説文解字六書疏證卷十四】

◉温少峰　袁庭棟　卜辭中有疾病之名作〼、〼，陳邦懷先生謂：「此字从〼，蓋〼之省。从〼，蓋虎之省。其文當釋為㾐，乃虎之初字。《墨子・經説下》：『智者病之，之于㾐也。』畢注曰：『㾐即瘧省。』敦煌石室唐寫本《食療本草・蕪荑條》云：『和沙牛酪，療一切虐。』」（《殷虚書契考釋小箋》）陳説可從。《説文》：「虐，熱寒休作。」《周禮・天官・疾醫》：「秋時有瘧寒疾。」《禮記・月令》：孟秋之月，「寒熱不節，民多瘧疾。」至今仍稱為瘧疾。卜辭云：

(156)己亥卜，争貞：畢㞢(有)㾐(瘧)，弓(勿)柰(祟)？㞢(有)勾？亡勾？十月。（《天》八四）

此辭記畢(人名)得了瘧疾，卜問是否有鬼神作祟？要不要舉行勾求福祐的祭祀？

(157)乙丑[卜]，殻貞：王㾐(瘧)，不隹[辥(孽)]？（《七》X六）

此辭與前引(22)辭乃殷王患瘧疾之後，卜問是否病情惡化，招致禍孽？

(158)己巳卜，貞：㞢(有)㾐(瘧)，王𡲧？八月。（《甲》一一二八）

此辭乃是殷王患瘧疾後，卜問小便是否正常之辭。很可能殷王原有泌尿科疾病，現又患瘧疾，耽心出現並發症，故有此卜問。【殷墟卜辭研究——科學技術篇】

痁

◉許　慎　痁有熱瘧。从疒。占聲。春秋傳曰。齊侯疥。遂痁。失廉切。【説文解字卷七】

◉馬叙倫　吳穎芳曰。瘧有日發及隔日之異。有字未詳。或是有熱無寒之瘧。臧琳曰。左昭廿年傳。齊侯疥遂痁。顏氏家訓書證及左傳正義均辨其字當作痎。按今人病疥亦多寒熱交作。俗呼為瘡轉變成瘧。熱所固有。若作痎字。為二日一發瘧。謂三日之中歇二日一發也。瘧有頻日發者為輕。間日一發稍重。二日一發雖愈為最重。若謂痎而痁。是重者轉輕矣。邵瑛曰。周禮疾醫。夏時有痒疥疾。是夏陽溢於皮膚。故有此疾。其體未有不焦熱者。靈樞瘧論。瘧有風寒暑熱溼食瘴邪八種。六書故。癉瘧。但熱不寒。蓋瘧固有熱而不寒者。則由體焦熱而遂成為熱瘧。於事情事理未嘗不順。於遂字文義亦得。倫按病有細菌為之。菌異故病殊。疥瘧異疾。疥不致遂痁。倫疑齊侯病欬而遂為有熱無寒之疾。此今所謂肺炎。乃重病也。

故為諸疾憂。疥欬雙聲得通假耳。肺炎有熱而無寒。近於有熱無寒之瘧。故以為痁。說解有熱下蓋捝無寒二字。此字林文。字或出字林也。【說文解字六書疏證卷十四】

痎

◉許 慎 痎二日一發瘧。从疒。亥聲。古諧切。【說文解字卷七】

◉馬叙倫 鈕樹玉曰。左昭廿年傳釋文引作兩日一發之瘧也。沈濤曰。顏氏家訓書證引作二日一發之瘧。翟云升曰。類篇引二日作一日。非。倫按字蓋出字林。【說文解字六書疏證卷十四】

痳

◉許 慎 痳疝病。从疒。林聲。力尋切。【說文解字卷七】

◉馬叙倫 沈濤曰。一切經音義廿引作小便病也蓋古本如是。痳與疝病不相同。本部訓疝為腹痛。釋名釋疾病。疝。詵也。詵詵然上入而痛也。淋。懍也。小便難懍懍然也。是疝痳為二病。古今無異。今本作疝也。誤。丁福保曰。慧琳音義四十三引小便也。考聲類。小便數也。玉篇。小便難也。可證今本作疝病。誤。倫按疝蓋隸書復舉痳字草書而譌者。病下捝也字。小便病也疑本作小便數也。呂忱本聲類加之。字見急就篇。【說文解字六書疏證卷十四】

痔

◉許 慎 痔後病也。从疒。寺聲。直里切。【說文解字卷七】

◉馬叙倫 倫按本訓病也。後病也蓋字林文。字見急就篇。然顏師古本作瘼。依義顏本是。【說文解字六書疏證卷十四】

痿

◉許 慎 痿痹也。从疒。委聲。儒隹切。【說文解字卷七】

◉馬叙倫 鈕樹玉曰。宋本及五音韻譜痺作痹。是也。繫傳韻會作痺疾。恐非。倫按痿蔫菸同語原也。痿從委得聲。委音影紐也。此音儒隹切者。委從女得聲也。爾雅釋草釋文晉書音義引字林。痺也。人垂反。慧琳一切經音義引倉頡。痿。不能行也。字亦見急就篇。餘詳痹下。【說文解字六書疏證卷十四】

痹

3·901　獨字　3·902　同上　3·903　同上　3·904　同上　3·905　獨字　【古陶文字徵】

◉許　慎　痹溼病也。从疒。畀聲。必至切。【說文解字卷七】

◉馬叙倫　鈕樹玉曰。繫傳溼作濕。倫按本訓病也。溼病也蓋字林文。上文。痿。痹也。王筠謂素問痹論痿論各為篇。古多痿痹連言。因痺而致痿也。倫謂玄應一切經音義引倉頡。手足不仁也。病狀有似於痿。然痿之語原與蔫菸同。史記五宗世家。端為人賊戾。又陰痿。漢書膠西王傳。陰痿。一近婦人。病數月。晉書。南陽王模世子保，痿疾不能御婦人。宋書。明帝晚年不能御内。此蓋痿之本義。若痹則素問云。風寒溼三氣襍至而合為痹也。其風氣勝者為行痹。寒氣勝者為痛痹。溼氣勝者為箸痹也。風痹蓋如今手足中風不能行動者。寒痹或如今關節炎致痛而不能行動者。然則痹狀故非一而或可愈惑不可愈。不若痿之不可愈者。自為異疾。徒以痹亦或致不能行動。故古多痿痹連言。然則上文痿下痹也之訓。蓋非許文矣。字見急就篇。古匋作。【說文解字六書疏證卷十四】

痺

◉許　慎　痺足氣不至也。从疒。畢聲。毗至切。【說文解字卷七】

◉馬叙倫　徐鍇曰。今人言久坐則足痺也。錢坫曰。今人所謂足氣病。倫按此素問所謂溼氣勝者為箸痹也。今俗亦謂足氣病為溼氣病也。詩巧言。既微且尰。借微為痹。痺痹則雙聲轉注字也。如徐說則似今所謂腳麻。麻痺同為雙脣音。玉篇作足氣不至轉筋也。今人有受寒或久坐而足如拘繫不得轉動者。杭縣謂之別筋。亦與此音近。或當作此字。若然。則痺痹病異而語同原。此字或出字林。【說文解字六書疏證卷十四】

瘃

◉許　慎　瘃中寒腫覈。从疒。豖聲。陟玉切。【說文解字卷七】

◉馬叙倫　倫按本作病也。今捝。中寒腫覈。蓋字林文。此字或出字林。【說文解字六書疏證卷十四】

瘺

◉許　慎　瘺半枯也。从疒。扁聲。匹連切。【說文解字卷七】

◉馬叙倫　倫按半枯也或有捝字。古書止作偏。或此字出字林。【說文解字六書疏證卷十四】

249【包山楚簡文字編】

瘇時膧切【汗簡】

說文【古文四聲韻】

◉許　慎　瘇脛氣足腫。从疒。童聲。詩曰。既微且瘇。時重切。瘇籀文从尣。【說文解字卷七】

◉王國維　案許引既微且瘇。今詩作尰。爾雅釋訓。亦云尰足為尰。尰即瘇之省。【史籀篇疏證　王國維遺書】

◉馬叙倫　鈕樹玉曰。韻會引無足字。倫按此蓋今紹興所謂流火病也。玄應一切經音義引通俗文。腫足曰瘇。此脛氣下疑有捝文。蓋亦為字林文。許當止訓病也。

瘇　沈濤曰。爾雅釋訓釋文。瘇。本或作尰。同。並籀文瘇字也。玉篇亦云。籀文作尰。或作尰。是古本尚有重文尰篆。汗簡引說文瘇作瘇。是古本尚有重文古文瘇字。倫按篆當作瘇。玄應一切經音義引古今字詁。瘇。今作尰。同時腫反。籀文下捝瘇字。从尣校者加之。【說文解字六書疏證卷十四】

◉許　慎　㿯跛病也。从疒。盍聲。讀若脅。又讀若掩。烏盍切。【說文解字卷七】

◉馬叙倫　桂馥曰。跛當為疲。集韻作疲。一切經音義曰。病短氣曰㿯。讀若掩者。集韻。㿯與痷同。廣雅。痷。病也。玉篇。痷殜。半卧半起病也。王筠曰。上文六篆皆足病。則跛字不誤。劉秀生曰。盍聲在匣紐。脅聲在曉紐。曉匣皆喉音。故㿯從盍聲得讀若脅。口部。嗑。從口。盍聲。讀若甲。釋名釋形體。甲。闔也。與胷脅背相會闔也。周禮射鳥氏。則以並夾取之。注。夾讀為甲。白虎通五行。夾者。孚甲也。言萬物孚甲種類分也。釋名釋形體。脅。挾也。在兩旁臂所挾也。盍聲如甲。甲聲如夾。夾聲如脅。是其證。掩從奄聲。亦在喉音影紐。故㿯從盍聲又得讀若掩。左昭廿七年傳吳公子掩餘。史記吳世家刺客傳竝作蓋餘。昭九年傳。蒲姑商奄吾東土也。定四年傳。因商奄之民。墨子耕柱。周公旦辭三公處於商蓋。韓非說難。周公旦將攻商蓋。商蓋即商奄。蓋亦從盍聲。竝其證。倫按廣雅釋詁。痷。蹇也。錢坫以為痷即㿯也。然則㿯訓跛病。蓋為蹇之轉注字。蹇音見紐。㿯音影紐。同為清破裂音也。玄應謂病氣曰㿯。則集韻作疲病為長矣。倫謂痷蓋奄之後起字。奄則從尣不從大也。此訓跛病也。當作跛也病也。跛已為足病。不得復曰跛病矣。跛也者。此讀若掩之義而字當作奄。𤺊其借也。奄盍聲同談類也。病也者。𤺊之本義。則玉篇所謂半卧半起。玄應所謂病短氣。今杭縣謂勸而思卧而不就寢曰打嗑銃。字當作此𤺊也。然有不因勸而然者。則謂疾也。此今言厭倦之厭本字。【說文解字六書疏證卷十四】

疻 疻

疻 3·957 獨字【古陶文字徵】

疻 疻 法八七 三例【睡虎地秦簡文字編】

◉許　慎　疻毆傷也。从疒。只聲。諸氏切。【說文解字卷七】

◉馬叙倫　段玉裁曰。毆傷也上當補疻痏二字。漢書薛宣傳。廷尉引傳曰。遇人不以義而見疻者。與痏人之罪鈞。應劭曰。以杖手毆擊人。剥其皮膚。腫起青黑而無創瘢者。律謂疻痏。急就篇顔注曰。毆人皮膚腫起曰疻。毆傷曰痏。則應注律謂疻下捝去其有創瘢者謂痏六字。倫按毆傷非許文。字見急就篇。古匋作□。【說文解字六書疏證卷十四】

◉阜陽漢簡整理組　疻痏，音只(zhī)委(wěi)。《急就章》顔師古注：「毆人皮膚腫起曰疻，毆傷曰痏。」按此兩句系當時法律用語。《漢書・薛宣傳》應劭注曰：「以杖手毆擊人，剥其皮膚，腫起青黑而無創瘢者，律為疻痏。」【阜陽漢簡《蒼頡篇》　文物一九八三年第二期】

痏 痏

痏 痏　封三五　四例　痏 法八七　三例【睡虎地秦簡文字編】

◉許　慎　痏疻痏也。从疒。有聲。榮美切。【說文解字卷七】

◉馬叙倫　鈕樹玉曰。漢書薛宣傳蕭該音義引作病也。沈濤曰。文選嵇康幽憤詩注引作瘢也。疑此當作疻痏。瘢也。倫按疻者。疻下隸書復舉字誤入者也。痏者。此下隸書復舉字也。也上蓋捝一以聲訓之字。音義引病也蓋瘢也之譌。選注引瘢也。校語。或字林文。字見急就篇。【說文解字六書疏證卷十四】

◉張麗君　痏(wěi)，《說文》：「痏，疻痏也，從疒有聲，曰痏，瘢也。」《漢書・薛宣傳》：「遇人不以義而見疻者，與痏人之罪鈞，惡不直也。」顔師古注引应劭曰：「以杖手毆擊人，剥其皮膚，腫起青黑而以無創瘢者，律謂疻痏。」顔師古在給《急就篇》作注時，認為應劭注釋論脱，疻、痏注云：「毆人皮膚腫起曰疻，毆傷口痏，蓋應注『律謂疻』下，奪去六字，當作其『有創瘢者謂痏。』」清代段玉裁、朱駿聲亦同意師古之見，認為疻、痏有别，疻輕痏重。例句「遇人不以義見疻者，與痏人之罪鈞」便可説明。《説文》中「曰痏，瘢也。」瘢，即瘢痕，指毆傷創口留下的痕迹。那麽「瘢」，是否就是「痏」的本義呢？不妨再看看例句。

〈1〉止血出者，燔發，以安（按）其痏。（《五十二病方·諸傷》）

〈2〉久傷者，荠（韲）杏䨪〈覈（核）〉中人（仁）以职（胑）膏弁（拌），封痏，蟲即出。（《五十二病方·諸傷》）

此兩例中的「痏」，據馬王堆漢墓帛書整理小組的考注，均指創傷的「傷口」，受傷血出，當然是皮破有傷口，所以要用頭髮灰敷壓止血，傷口久不愈合，還要用职（胑）膏（即油脂膏）將傷口塗敷封住，使其愈合。

毆人有傷口，古代争鬥使用刀、劍、矛、箭、戟等器械，中傷人亦有傷口；受到毒蛇猛獸的咬嚙也有傷口，對這些外傷的治療，《五十二病方》中亦有記載：

〈3〉禺（遇）人毒者，取麋（蘼）蕪本若□荠一□□□□□□□□傅宥（痏）。（《五十二病方·諸傷》）

〈4〉蚖：齏（韲）蘭，以酒沃，飲其汁，以宰（滓）封其痏，數更之，以熏□。（《五十二病方·諸傷》）

例〈3〉中的「遇人毒」，是指遭受别人施放毒箭之類而造成的烏喙中毒。烏喙，烏頭的别名，《神農本草經》陶弘景注：「烏頭兩歧共蒂，狀如牛角，名烏喙。」又云：「八月采搗，笮莖取汁，日煎為射罔，獵人以傅（敷）箭射禽獸，中人亦死，宜速解之。」例〈4〉中的「蚖」，是一種毒蛇，《名醫别録》：「蚖，蝮類，一名虺，短身土色而無文。」此處指被毒蛇咬傷。可見「痏」既可指毆傷創口，又可指金槍利器刺中、射中的傷口；毒蛇猛獸咬破的傷口。而《五十二病方》又是現存見於文字記載的最早醫書。據此，我認為「痏」的本義當為「創口」、「傷口」。古代「創」、「瘡」通用，「瘡」既可指癰疽之類的病疾，又可指外傷，如「金瘡」。「痏」之義便擴大了，可泛指創傷，瘢痕，癰瘡。如：

〈5〉若其五縣游麗辯論之士，街談巷議，彈射臧否……所好生羽毛，所惡成創痏。（《文選·張衡·西京賦》）

〈6〉乃有播埃塵於白珪，生瘡痏於玉肌，訕疵雷有，攻伐獨立。（《抱樸子·擢才》）

〈7〉而可以為無下患者，豈特瘡痏之於指乎？（方孝孺《遜志齋集·指喻》）

〈8〉本經言其主治惡瘡火瘍，則腸中瘡痏自除矣。（章太炎《醫論集》）

例〈5〉為創傷，例〈6〉為瘢痕，例〈7〉為瘡傷，例〈8〉為瘡癰，均為人體的災難，與疾病有關，故《説文》分析「痏」的結構時説：「從疒有聲」，由此還可用來比喻人生疾苦、災難。

〈9〉 廟謨顛倒四海搖，五十年來作瘡痏。（元稹《長慶集·連昌宮詞》）

用針刺的方法治病，在我國已有幾千年的歷史，《韓非子·喻老》中就有這樣的記載：「(疾)在肌膚，針石之所及也。」《淮南子·説山》「病者寢席，醫之用針石，巫之用糈藉，所救鈞也。」上古文字少，因「痏」是創口、傷痕之義，古代醫學上便借用來作針刺術語，針刺是在人體某一部位扎針，針刺入人體便有入口處，也就是針孔，只是古代的九針比當今銀針粗糙，那麼針孔也就大一些，可以説是創口，故稱「痏」。

〈10〉 積(癩)，先上卵，引下其皮，以砭(砭)穿其(隋〈脽〉)旁；□□汁及膏□，撓以醇□。有(又)久(灸)其痏，勿令風及，易瘳。（《五十二病方·積(癩)》）

〈11〉 刺澀者，必中其脈，隨其逆順而久留之，必先按而循之，已發針，疾按其痏，無令其血出，以和其脈。（《靈樞·邪氣臟腑病形》）

〈12〉 補須一方實，深取之，稀按其痏，以吸出其邪氣；一方虛，淺刺之，以養其脈，疾按其痏，無使邪氣得入。（《靈樞·終始》）

十分明顯，例〈10〉、〈11〉、〈12〉中的「痏」是針孔（例〈10〉的「砭」即砭石、砭針，古代用來刺破皮膚，治癰疽、除膿血的工具）。而針孔所在部位，便是針刺部位，在針灸學上稱為「穴位」，「痏」又由此引申為「穴位」。如：

〈13〉 温瘧汗不出，為五十九痏。 風水膚脹，為五十七痏。（《靈樞·四時氣》）

〈14〉 所謂五十九刺者，兩手外內側各三，凡十二痏，五指間各一，凡六痏，足亦如是；頭入髮一寸傍三分各三，凡六痏；更入髮三寸邊五，凡十痏；耳前後□下者各一，項中一，凡六痏；巔上一，囟會一，髮際一，廉良一，風池二，無柱二。（《靈樞·熱病》）

例〈13〉是説：患温瘧不出汗，治療它有五十九個穴位，患風水病皮膚浮腫，治療它有五十七個穴位。例〈14〉的「十二痏」，是指兩手外側的少澤、鄭衝、商陽，內側的少商、中衝、少衝等十二個穴位；……巔頂一穴，囟會一穴，前髮際一穴，後髮際一穴，廉泉一穴，風池二穴，無柱二穴。 共計五十九穴。「痏」表示穴位，除了上述所言與針刺的關係這條意義上的原因外，我們認為還有一條重要原因，那就是聲韻上的關係。「痏」、「位」古音韻屬匣紐二字可相通假。

以上「痏」的意義，無論怎樣引申，均為名詞。 再由針刺穴位引申為針刺的數量，這一用法在《黃帝內經》的「素問」與「靈樞」中均有不少。 如：

〈15〉陽明令人腰痛，……刺陽明於䯒前三痏。……足少陰令有腰痛，痛引脊內廉，刺少陽於內踝上二痏。（《素問・刺腰痛篇》）

〈16〉取之於其天府、大杼三痏。（《靈樞・刺節真邪》）

例〈15〉中的「䯒」，《甲乙經》作胻，「䯒前」，即「足三里」穴；「內踝上」就是「復溜穴」，前面既言刺入某穴位，後面的「三痏」、「二痏」，當然就是針刺的次數了。例〈16〉是說取「天府」，「大杼」兩個穴位，各刺三痏，「痏」也是「次數」之義。「痏」與數詞結合，構成數量詞充當句子的補語，補充說明針刺的多少，這個量詞無疑動量詞。【針灸量詞「痏」、「壯」考釋　古漢語研究一九九三年第一期】

◉許　慎　𤻲創裂也。一曰疾𤻲。从疒。巂聲。以水切。【說文解字卷七】

◉馬叙倫　王筠曰。疾𤻲蓋誤倒。玉篇。一曰疾也。倫按廣雅釋詁。𤻲。裂也。此訓創裂而字須承痏。疑為今杭縣謂創裂曰豁開之豁本字。豁音火滑切。實劃之聲轉。本書讗讀若畫可證。字當从疒雋聲。又疑𤻲為疻之聲同支類轉注字。創裂也蓋字林文。或字出字林也。一曰疾𤻲。王說是也。校者記異本。【說文解字六書疏證卷十四】

◉許　慎　㾆皮剥也。从疒。冄聲。赤占切。𤵸籀文从𠬝。【說文解字卷七】

◉馬叙倫　席世昌曰。小徐有讀若柟又讀若柤。桂馥曰。鍇本有讀若柟又讀若祖。劉秀生曰。冄聲古在泥紐。襜從詹得聲。古在透紐。透泥皆舌音。故㾆從冄聲得讀若襜。爾雅釋器。衣蔽前謂之幨。釋文。幨。本作襜。方言四作袡。八部。詹。多言也。言部。䛁䛁。多言也。耳部。耼。耳曼也。聸。垂耳也。詹與䛁耼與聸俱轉注。竝其證。倫按冄詹聲皆談類。故㾆可讀若襜也。柤字本書無之。祖音澄紐。古讀歸定。定泥同為舌尖前音。故㾆亦得讀若祖。皮剥也者。當作病也。或此字出字林。

𤵸　嚴可均曰。𠬝者。𠬝之或體。即尸部𠬝下所云或从又者也。朱駿聲曰。𠬝聲也。𠬝音耎。冄耎雙聲。倫按𠬝冄雙聲。故㾆轉注為𤵸。篆當作𤵸。籀文下捝㾆字。從𠬝二字校者加之。【說文解字六書疏證卷十四】

癑　癑

◉許　慎　癑痛也。从疒。農聲。奴動切。【説文解字卷七】

◉馬叙倫　桂馥曰。一切經音義十八。疼又作痋胗二形。聲類作癑。王筠曰。案此則説文無癑。後人以聲類加之。倫按蓋呂忱據聲類加也。癑音泥紐。痋音定紐。虫蟲一字。蟲農聲皆侵類。轉注字也。痛也以聲訓。【説文解字六書疏證卷十四】

痍　痍

痍　法　二〇八　三例　痍　封三三　【睡虎地秦簡文字編】

◉許　慎　痍傷也。从疒。夷聲。以脂切。【説文解字卷七】

◉馬叙倫　倫按矢部。𥏫。傷也。人部。傷。創也。然𥏫從矢無傷義。傷從𥏫得聲。蓋僵之轉注字。詳傷字下。傷痍之傷。字當為刅。其轉注字作創。通俗文。體創曰痍。釋名。痍。侈開皮膚為創也。然則與瘍為音同喻紐四等轉注字。痍聲脂類。痕聲真類。脂真對轉。亦轉注字。今以金傷為痍。後世分別之。玄應一切經音義引三倉。痍。傷也。慧琳一切經音義引倉頡。痍。傷也。許當以聲訓。傷也蓋字林文。【説文解字六書疏證卷十四】

◉施謝捷　甲骨文裏有一個「從疒從尸」的字，見於下揭卜辭：

唯□止(趾)？　《合集》13691

《甲骨文編》誤把它與下二「止」字合為一字，摹作□，歸在附録；《甲骨文編》附録上十八3254號。徐錫臺等把它釋為「疛」，以為「從疒從乃」。徐錫臺《殷墟出土疾病卜辭的考釋》，香港中文大學《中國語文研究》第七期。

我們認為，此字應該隸定作「𤵛」，舊釋「疛」並不可信。在甲骨文、金文等古文字材料中，「尸」字一般寫作□、□、□等形，參高明《古文字類編》48頁。與「□」所從「尸」相同；而「乃」字寫作□、□、□等形，參高明《古文字類編》370頁。與「尸」的差異是顯而易見的，二字絶無混同之例。因此，把「□」釋為「疛」字，僅從字形結構看就没有任何根據。

「□」字，應是一個從疒從尸聲的字，因聲求之，當即「痍」字初文。《禮記·喪大記》：「男女奉尸夷于堂」，鄭玄注：「夷之言尸也。」陸德明《釋文》：「夷，尸也。」且甲骨文及金文等古文字裏，「夷」字幾乎全部作「尸」，二字往往通用不别，戴家祥、姚孝遂先生有詳説。説詳戴家祥《辨字小札》，《社會科學戰綫》1984年第3期；姚孝遂、肖丁《小屯南地甲骨考釋》102頁，中華書局，1985年8月。可見我們把「□」字釋為後世的「痍」字，符合文字發展的規律，應該没有問題。

《說文》：「痍，傷也。從疒，夷聲。」《公羊傳・成公十六年》：「敗者稱師，楚何以不稱師，王痍也。王痍者何，傷乎矢也。」陸德明《釋文》：「痍，傷也。」《釋名・釋疾病》：「痍，侈也。侈開皮膚為創也。」玄應《一切經音義》卷二引《通俗文》：「體創曰痍。」睡虎地秦簡《法律答問》：「可(何)如為大痍？大痍者，支或未斷，及將長令二人扶出之，為大痍。」《睡虎地秦墓竹簡》241—242頁，文物出版社，1978年11月。知「痍」作為疾病名，指體創外傷。

甲骨卜辭有稱「唯疾」、「惠疾」例，如：

貞：[glyph]亏(孽)，唯疾？　《合集》13845

己亥，貞：王惠疾？　《粹》722

乙巳卜，貞：惠疾？　《英》2085

與「唯[glyph]趾」文例相似。又有「疾止(趾)」例，如：

貞：疾趾于妣庚御？　《合集》13689

辛未卜，亙貞：疾趾？　《合集》13687

☐疾趾，唯有咎？　《拾》10・5

□午卜，殻貞：有疾趾，唯黃尹害？　《合集》13682

貞：不疾趾？十二月。　《合集》13692

與「[glyph]趾」文例亦相同，且「不疾趾」與「唯[glyph]趾」的構成形式更是相似。然則把「[glyph]」釋為「痍」字初文，從甲骨卜辭文例來看也很合適。「唯痍趾」中的「痍」跟上舉「疾」用法相同，位於名詞「趾」之前，當是動詞。睡虎地秦簡《封診式・奪首》：「甲，尉某私吏，與戰刑(邢)丘城。今日見丙戲旞，直以劍代痍丁，奪此首，而捕來詣。」《睡虎地秦墓竹簡》256—257頁。其中「痍」也作動詞，是其比。

綜上所述，甲骨文裏的「[glyph]」應釋為「痍」字初文，「痍趾」當指脚趾受傷，與「疾趾」文例相同。至於二者的具體涵義，可能還是有區別的。【甲骨文字考釋三篇　南京師範大學學報一九九五年第四期】

瘢

瘢 封六〇 【睡虎地秦簡文字編】

◉許 慎 瘢痍也。从疒。般聲。薄官切。【說文解字卷七】

◉馬叙倫 王筠曰。玉篇作創痕也。徐灝曰。釋名。瘢。漫也。生漫故皮也。一切經音義三引倉頡。瘢。痕也。痍字蓋涉上文而誤。倫按痍字蓋痍下隸書復舉字傳寫譌入。許當以聲訓。今捝一字耳。【說文解字六書疏證卷十四】

痕

◉許 慎 痕胝瘢也。从疒。艮聲。户恩切。【說文解字卷七】

◉馬叙倫 鈕樹玉曰。韻會引作瘢也。從疒銀省聲。恐非。徐灝曰。文選司馬相如賦蜀父老注引三蒼解詁曰。胝。躪也。躪皮厚如繭謂之胝。創瘢相類。故古以瘢胝竝言。肉部腄下鍇本作跟胝也。即胝之本義。此説解不必有胝字。韻會但云瘢也。倫按瘢從般得聲。般音奉紐。痕音匣紐。皆次濁摩擦音。故得轉注。慧琳一切經音義廿九引倉頡。瘢。痕也。晉書音義引字林。瘡斑也。户林反。則瘢也本作瘡瘢也。傳寫譌瘢為斑耳。此字林文。胝下捝也字。胝也者。校者加之。【說文解字六書疏證卷十四】

痙

◉許 慎 痙彊急也。从疒。巠聲。其頸切。【說文解字卷七】

◉馬叙倫 鈕樹玉曰。宋本作痙。嚴可均曰。宋本作痙。此脱一畫。王筠曰。當依急就篇王氏補注引作中寒體彊急也。倫按此言筋脈不能屈申字。杭縣謂之內筋。本訓病也。今捝。【說文解字六書疏證卷十四】

痋

◉許 慎 痋動病也。从疒。蟲省聲。徒冬切。【說文解字卷七】

◉馬叙倫 吳穎芳曰。動字未詳。沈濤曰。一切經音義七及十四十八引。痋。動痛也。今之疼字即痋之俗。丁福保曰。慧琳音義七十三引作疼。動痛也。倫按釋名。疼。痹也。下里間音騰。痹當是瘽之譌字。動痛也當作動也痛也。皆以聲訓。瘽痋為痛苦之痛本字。虫蟲一字。則虫聲可也。【說文解字六書疏證卷十四】

 蘇瘦  王瘦  滕瘦之印 【漢印文字徵】

 華嶽碑 【古文四聲韻】

◉許　慎　瘦臞也。从疒。叜聲。所又切。【說文解字卷七】

◉馬叙倫　鈕樹玉曰。玉篇引作癯也。說文無癯字。倫按瘦為瘠之轉注字。見膌字下矣。亦臞之轉注字。臞得聲於䀠。䀠目一字。目叟聲同幽類也。此字或出字林。【說文解字六書疏證卷十四】

 秦1390　咸沙里疢 【古陶文字徵】

 焦疢  韓去疢印  趙遂疢  司馬去疢 【漢印文字徵】

 疢丑刃切竝見說文 【汗簡】

 說文 【古文四聲韻】

◉許　慎　疢熱病也。从疒。从火。臣鉉等曰。今俗別作疹。非是。丑刃切。【說文解字卷七】

◉馬叙倫　鈕樹玉曰。韻會作從火從疒。嚴可均曰。火亦聲。錢坫曰。汗簡引說文有古文疢。今捝。倫按左哀五年傳。二三子間于憂虞。則有疾疢。釋文。疢。本或作疹。詩小弁。疢如疾首。釋文。疢。又作疹。詩傳言疢。止疾病通名。而字或作疹。疹為胗之重文。訓脣瘍也。是借字也。倫謂疢從疒火聲。或閔省聲。火聲而讀良忍切脂真對轉也。閔讀若粦。聲同真類。熱病也者。蓋謂中熱而病。此蓋字林文。或謂熱病也當作熱也病也二訓。則熱也字林文。未詳借為何字。疢音徹紐。古讀歸透。蓋痛或癑疷之同舌尖前音轉注字。字見急就篇。【說文解字六書疏證卷十四】

◉許　慎　癉勞病也。从疒。單聲。丁榦丁賀二切。【說文解字卷七】

◉馬叙倫　王筠曰。釋詁。癉。勞也。瘽。病也。而詩大雅板。下民卒癉。傳云。癉。病也。正義。癉。病。釋詁文。釋文。癉。沈本作瘽。本書不收瘽字。是許據本作癉也。顧釋詁分之許合之者。凡詩書言癉。未有真是疾病者也。倫按素問黃疸曰。疸。勞也。山海經西山經。服之已癉。郭注。疸。黃𤺺病也。漢書藝文志。癉十二病方四十卷。顏注。癉。黃病。此皆明癉𤺺一字。𤺺又疸之或體也。今音丁榦切正與疸同音。其丁賀切與瘏同為舌尖前破裂音。詩書借癉為瘏耳。或以歌元對轉借為疲。勞病也當作勞也病也。勞也者。字林文或校語。字見急就篇。【說文解字六書疏證卷十四】

疸

◉許　慎　疸黃病也。从疒。旦聲。丁榦切。【說文解字卷七】

◉馬叙倫　桂馥曰。方書。疸有五。黃胖。黃疸。酒疸。穀疸。女勞疸。倫按疸癉雙聲亦叠韻轉注字。黃病也蓋字林文。字見急就篇。顏師古本作癉。【說文解字六書疏證卷十四】

㾜

㾜 3·377　關里㾜【古陶文字徵】

㾜 1972　㾜 1707　㾜 2260【古璽文編】

◉許　慎　㾜病息也。从疒。夾聲。苦叶切。【說文解字卷七】

◉馬叙倫　王筠曰。鍇本作病小息也。玉篇又收瘱字。云。病少氣。然則小息即少氣之謂也。倫按十二篇㛍下曰。一曰息也。一曰少氣也。皆㾜字義也。然則此當作病也小息也。少息也蓋字林文。【說文解字六書疏證卷十四】

痞

◉許　慎　痞痛也。从疒。否聲。符鄙切。【說文解字卷七】

◉馬叙倫　嚴可均曰。御覽七百卅八引作入病也。入疑內之譌。玉篇。腹內結病。沈濤曰。御覽七百卅八引作腹病也。劉秀生曰。否聲古在幫紐。鄙從啚得聲。亦在幫紐。故痞從否聲得讀若鄙。書堯典。否德忝帝位。史記五帝紀否作鄙。論語雍也。予所否者。論衡問孔。否作鄙。莊子大宗師。不善少而否老。釋文。否。本作鄙。竝其證。倫按本作病也腹內痛也。腹內痛也蓋字林文。【說文解字六書疏證卷十四】

◉施謝捷

甲骨文裏有一個「從疒從不」的字，見於下揭卜辭：

貞：☐弗[疒不]？

貞：⊠其[疒不]？　　《合集》808正、反

王□（占？）曰：吉。勿疾。

辭中「[疒不]」字，過去或釋為「不疾」二字合文，或徑釋為「疾」。

我們認為，「[疒不]」字若釋為「不疾」二字合文，則上舉《合集》808辭的「弗[疒不]」與「其[疒不]」相應地讀為「弗不疾」與「其不疾」。遍檢有關疾病的卜辭，「不疾」連言者確實存在，但不常見，如：

貞：不疾？　　《合集》13814

甲辰，貞：□毋⊠不疾？十月。　　《合集》19941

是其例。而作「弗不疾」與「其不疾」者，至今尚未尋得一例，且「弗不」兩否定詞連言亦不見於其它內容的卜辭。因此，舊釋「[疒不]」為「不疾」合文，施諸卜辭，與文例不合，顯然是值得懷疑的。至於徑釋「疾」，與「[疒不]」的形構不符，也不可信。

「[疒不]」字「從疒從不」，可以隸定作「[疒不]」，是一個以「不」作為聲符的字，即後世的「痞」、「疷」等字的初文。《說文》不部：「否，不也。從口，從不，不亦聲。」口部重出「否」字，無「不亦聲」三字。《廣雅·釋詁》：「否，不也。」王念孫《疏證》謂否、不為「一聲之轉」。又《說文》一部：「丕，大也。從一，不聲。」知「否」「丕」二字均從「不」得聲，把它們看作「不」的後起字大概没有問題。甲骨文中無「否」「丕」二字，且習見的處於命辭辭尾的「不」字是否可用作句末疑問語氣詞，目前還存在不同的看法，這裏暫不討論。在西周青銅器銘文中，「不」字用作「否」或「丕」倒是確實有的，如《五祀衛鼎》：

正迺訊厲曰：「女（汝）賈田不？」厲迺許曰：「余審賈田五田。」　　《銘文選》1·198

其中「不」相當於「否」，為句末疑問語氣詞，又《虢季子白盤》：

不顯子白，壯武於戎工，經維四方。　　《銘文選》1·440

《頌鼎》：

頌敢對揚天子不顯魯休。　　《銘文選》1·434

「不顯」即「丕顯」，《尚書·康誥》：「惟乃丕顯考文王克明德慎罰，不敢侮鰥寡。」《左傳·僖公二十八年》：「晉侯三辭從命，曰：『重耳敢再拜稽首，奉揚天子之丕顯休命。』」例同。可見我們將甲骨文從「不」聲的「[疒不]」字釋為「痞」、「疷」的初文，是完全有可能成立的。再說漢字中用「不」「否」「丕」作為聲旁的字，只要它們的形符相同（或相類），即常常被視作一字異構。《說文》木部：「桮，㔶也。從木，否聲。[匚否]，籒文桮。」戰國時期的文字中寫作「杯」。《集韻》平聲灰韻：「桮，《說文》：㔶也。蓋今飲器。或作

鈲、杯、盃、鉌、𠥻、𠥻。」又平聲脂韻：「坯、坏，瓦未燒。或從不。」(《說文》土部作「坏」。現在簡化字裏「好坏」的「坏」跟「坯」的異體「坏」是兩個來源不同的「同形字」。)「伾，……或作伓。」「頶、頛，短須髮貌。或省。」「豾，貔也。……或作豩、狉。」又上聲旨韻：「嚭、噽，《說文》：大也。引《春秋傳》吳有太宰嚭。或從丕。」更是我們釋「□」字為「痞」、「疷」的有力佐證，「□」字後世作「痞」或「疷」形，完全符合文字本身的結構規律。

下面我們從文獻和甲骨卜辭辭例兩方面來考察「□」(痞、疷)的用法。

《說文》：「痞，痛也。從疒，否聲。」小徐本作：「痞，病結也。」《玉篇》：「痞，腹內結病。」《廣韻》旨韻：「痞，腹內結痛。」沈濤《說文古本考》謂：「《御覽》七百三十八疾病部引《說文》：『痞，腹病也。』蓋古本如是。……今人猶言腹中疒結為痞。」《廣雅·釋言》「痔、癋，痞也」，王念孫《疏證》謂：「《說文》：痞，結痛也。字或作脴，通作否，《釋名》云：脴，否也。氣否結也。《素問·六元正紀大論》云：寒至，則堅否腹滿痛急下利之病生矣。」《難經·藏府積聚》：「脾之積名曰痞，氣在胃脘，覆大如盤，久不愈。」楊玄藻注云：「痞，否也。言否結成積也。」「疷」字《說文》無，《玉篇》：「疷，癥結痛也。」《類篇》：「疷，結病。」可見「痞」「疷」二字義相涵，無疑為一字異體，亦可改換形旁作「脴」，通作「否」。又《集韻》旨韻：「痞、痞，腸中結病。或作痞。」則「痞」又可寫作「痞」，將聲旁「否」改作「啚」亦符合形聲字的結構規律，《說文》中的「嚭」字，漢隸中作「罘」(徐鉉說)，西周《兮甲盤》銘中作「嚚」；「鄙」；《莊子·大宗師》「不善少而否老」的「否」字，陸德明《釋文》謂「否，本作鄙」，均可證。至此，我們知道了甲骨文的「□」字，後世除作「痞」、「疷」二形外，還可以寫作「脴」、「痞」等形，亦可通作「否」，專指「腹內結病」言。今則「痞」行於世而「疷」、「脴」、「痞」等棄而不用。

既明「痞」指腹內結病，是一種專病名，驗諸前舉《合集》808辭，「弗□」、「其□」即「弗痞」、「其痞」，與一般有關疾病的卜辭文例也相吻合。如：

丙申卜，弗疾？

丙申卜，其疾？　　《合集》33112

戊寅卜，㞢貞：王弗疾，有禍？

貞：其疾？七月。　　《合集》6

貞：王弗疾目；

貞：王其疾目。《合集》456

辭中「弗疾」與「其疾」對貞，或「弗疾目」與「其疾目」對貞，文例跟「弗痞」與「其痞」對貞相同。又如：

☐其疛，贏？《合集》13863

辭中「疛」，原作[illegible]，亦可寫作[illegible]、[illegible]等形，或釋為「疚」，此釋「疛」從王宇信說。《說文》：「疛，小腹病。」《玉篇》：「疛，心腹疾也。」《呂氏春秋・盡數》「處腹則張為疛」，高誘注：「疛，跳動腹疾。」知「疛」亦為專門之病名。言「其疛」，文例與「其痞」更是完全一樣。再如：

庚戌卜，亙貞：王其疾骨？

庚戌卜，亙貞：王弗疾骨？

王占(?)曰：勿疾。《合集》709

命辭中「其疾骨」與「弗疾骨」對貞，占辭曰「勿疾」，構成跟前引《合集》808辭的命辭中「弗痞」與「其痞」對貞，占辭曰「吉。勿疾」，亦非常相似。

通過以上討論，我們認為甲骨文裏「從疒從不」的「[illegible]」字，舊釋為「不疾」合文事實上並無足夠的證據；而釋為「痞」(也作「痉」、「胚」、「痞」等形)的初文，無論從文字本身的構形規律，還是從有關的甲骨卜辭文例來看都很合適。

在甲骨文裏，有關腹疾的記載除上文所舉的「痞」及「疛」外，還有「腹不安」、「疾身」等，如：

癸酉卜，爭貞：王腹不安，亡徙？《合集》5375

「腹」字作「從身复聲」形，「腹不安」，或為一種較輕的腹部疾患。又如：

疾身，唯有害？《合集》13666

疾身，不唯有害？

貞：御疾身於父乙？《合集》13668

「害」，從裘錫圭釋。「身」作[illegible]，亦可作[illegible]，象人大腹形。「疾身」亦當與腹疾有關。另還有下列一卜辭：

貞：疾[illegible]，贏？《合集》13673

「疾」後一字，象以手(又)按腹形，不識。此字也可能是「身」的加旁字。由此可見，腹疾為殷商時期的常見病，在當時，人們對此疾已經有較多的了解，並能進行初步的區分。【甲骨文字考釋三篇 南京師範大學學報一九九五年第四期】

𤺄

◉許　慎　𤺄脈𤺄也。从疒。易聲。羊益切。【說文解字卷七】

◉馬叙倫　錢坫曰。國語稱疾辟易。漢書。欒平矦訴病狂易。倫按玉篇作脈病也。疑此𤺄字乃隸書復舉字譌乙於下。轉捝病字耳。或𤺄為病之譌字。古讀病音近恙也。然此蓋呂忱據方言加。或字出字林也。【說文解字六書疏證卷十四】

㾕

◉許　慎　㾕狂走也。从疒。术聲。讀若欻。食聿切。【說文解字卷七】

◉馬叙倫　段玉裁曰。欻當作歘。今欠部作欻譌。鈕樹玉曰。李注文選赭白馬賦引說文。欻。有所吹起也。則字本作歘。玉篇欻有呼昊切一音。廣韻去聲入聲並收。入聲錫音呼昊切。與㾕音合。字書無歘。劉秀生曰。术聲在沒部。欻讀若忽。忽從勿聲。亦在沒部。故㾕從术聲。得讀若欻。倫按廣雅釋詁。㾕。狂也。是。此作狂走也。乃走部趫字義。术矞聲同脂類。蓋語原同也。㾕為𤺄之轉注字。𤺄音喻紐四等。㾕讀若欻。音在曉紐。同為次清摩擦音。㾕音食聿切。在牀紐。古讀歸定。古讀喻四亦歸定。說解當作𤺄也或病也。狂走也校語。或字出字林也。讀若欻者。㾕從术得聲。术音牀紐三等。然從彐得聲。而殺從三得聲。音入審紐二等。審曉同為次清摩擦音。故又轉入曉。或由喻四轉曉也。颰從术得聲。音亦曉紐。其例證也。【說文解字六書疏證卷十四】

疲

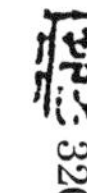 3203　唐蘭釋疲　【古璽文編】

◉許　慎　疲勞也。从疒。皮聲。符羈切。【說文解字卷七】

◉馬叙倫　鈕樹玉曰。韻會作勞力也。倫按十三篇。券。勞也。疲券歌元對轉轉注字。勞也蓋字林訓。許當以聲訓。或訓病也。止觀輔行記引倉頡。疲。嬾也。【說文解字六書疏證卷十四】

◉王獻唐

印文第二字，各家譜録、如吉金齋古銅印譜、擷華齋印譜、伏盧藏印等，所收鉨文，每有是體。羅氏古鉨文字徵，疑未能釋，入附

録中，案即疲字也。説文，剥取獸革者謂之皮。皮金文作□叔皮父敦，石文作□石鼓文，布文作□皮氏幣，鉩文作□周氏古鉩印景，籀文作□。□象皮尾，以手剥之，故下從手。上作□作□作□，與革之從□相同，則象獸首。説文所引古文作□，更象獸首雙角，其義一也。今此鉩文□下，與金文布文皮字類同。惟彼從手，此從寸，手寸通用。鉩文皮字，及此疲字，見於鉩文者，皆作寸，知金文篆文從手，鉩文從寸，各有系屬也。其上從□，為古文自字。

皮字從自，與從□從□義同，皆以標示獸首。方言，獸之初生謂之鼻，以鼻代首，猶以角代首，既可變□從角，亦可變口從自。以是兩周皮字，亦有數體。一從□、一從□，一從□。從□見石鼓文及叔皮父敢等，當為西土一支。籀文亦出西土，字作□，書體略同，可證也。從□見説文古文。從自見東方出土鉩文，知為東土一支。説文甓訓柔韋，古文作□，皮下從人，為熟皮匠。又㞏下云，柔皮也，字作□。甓字古文皮不從手，知可省手。㞏字從皮，皮作□，又知可省獸首。因時改易，本無定程。東土皮之從自，正無足異。若是□□既為皮，從□為疒，正當釋作疲字矣。【周邙疲玉鉩考　那羅延稽古文字】

●許　慎　𤵸瑕也。从疒。朿聲。側史切。【説文解字卷七】

●馬叙倫　王玉樹曰。説文同部之字以義為次弟。連類而書之。假令𤵸訓瘕。則當刊於瘕篆後矣。今與瘕字遠隔。承培元曰。𤵸。瑕病也。當以瑕連篆讀。上文。疵。病也。疑許本𤵸疵合一。引左傳不汝𤵸瑕也。後人分之。故瑕病義不可通。倫按廣雅釋詁。𤵸。病也。則鍇本作瘕病也者。當作瘕也病也。一訓校者或吕忱文也。字或出字林。𤵸皆疵之轉注字。𤵸從朿得聲。朿音精紐。疵從此得聲。此音亦精紐也。此從匕得聲。匕朿聲又同脂類。古借濟為泲水字。即以濟為越渡字。則𤵸疵古音並同於濟。玄應一切經音義引古文官書。疵𤵸今誤為瘵才雌反。鍇本朿下捝聲字。【説文解字六書疏證卷十四】

●許　慎　疧病也。从疒。氏聲。渠支切。【説文解字卷七】

●馬叙倫　朱文藻曰。鍇本作病不翅。鍇曰。見詩也。詩小雅。之子之遠。俾我疧兮。似即鍇説見詩也。詩毛傳云。疧。病也。未嘗云病不翅。鈕樹玉曰。韻會作病不翅。倫按不翅二字疑是校語。羽部。翅。重文作𦐖。校者以為不𦐖字當作不疧。故記之也。傳寫譌入正文。鉉以為病不𦐖不可解。或知其為校語。故删之。詩無將大車。祇自疧兮。白華。俾我疧兮。爾雅釋詁。疷。病也。詩釋文。作底。爾雅釋文作疷。五經文字。疷。巨支切。病也。見爾雅。是詩與爾雅三疷字。自唐以來岐出。唯字當作疷。疷訓病也。音在羣紐。或瘽之雙聲轉注字邪。或此為胝之異文邪。胝從氐得聲。氏從氏得聲也。字次疨下。或為疨之聲同脂類轉注字邪。【說文解字六書疏證卷十四】

疲

◉許　慎　病劣也。从疒。及聲。呼合切。【說文解字卷七】

◉馬叙倫　倫按徐鍇曰。本草苟杞療虛疲病。謂疲疲無氣力也。如本草說。是病虛名為疲也。然倫疑疲為病劣。言病象日壞。即禮記亥子之病革矣之革本字。本訓病也。病劣也校語。或字林文。或本作病也劣也。字或出字林。古鉩字強運開釋。【說文解字六書疏證卷十四】

◉李亞農　契文中字頗多，不知其為何字。遍索刻辭，找到了兩種異體，一個不從又而從木作(乇·乙六三二)，另一種作(乇，乙三七九四)從人從又。始悟字應釋為疲。說文云：「病劣也。」集韻云：「音急，義同。」

乙巳疲達……(續·五·三二·一)

「疲達」殆即迅速撻伐的意思。

庚申，亦㞢設，㞢萑，疲卒羌或。(乇·甲二四一五)

癸未卜，㱿貞：疲以(用的意思)羌。(乇·乙三七九五)

上引兩疲字，皆迅速意。【殷契雜釋　考古學報第五冊】

◉饒宗頤　「己酉卜，穷貞：㞢(疲)出。」(續編五·六·九)按「㞢疲」為成語。說文：「疲，病劣也。」段注：「劣猶危。」集韻：「音急，義同。」是「㞢疲」謂有危急之事。以方劣，書以示警也。【殷代貞卜人物通考】

◉徐錫臺　、，從此字結構分析，第一個字右從疒，左從及，而不從又，故其不當釋成疚，而應釋為疲字。「疲」字，如唐韻、集韻：「並呼切音欲」；說文：「病，劣也」；廣韻：「呼盍切音歛胞疲」。第二個字右從疒，左從𡕒，亦是疲字。「疲」字的用法，見殷虛卜辭云：「丙辰卜，㱿貞：帚(婦)好疲祉(延)龍(𤸇)」(甲二四〇)。【殷墟出土疾病卜辭的考釋　中國語文研究第七期】

瘷

◉許　慎　瘷劇聲也。从疒。殹聲。於賣切。【説文解字卷七】

◉馬叙倫　嚴可均曰。説文無劇字。小徐作病也。按當言病聲也。酉部。醫。一曰。殹。病聲。翟云升曰。當作病劇聲。鉉鍇兩本各有奪耳。倫按翟説是也。玉篇作呻聲。廣病作病聲。病劇聲者。蓋字林文。倫疑瘷為吚之轉注字。今病人輒呼此音近艾耳。【説文解字六書疏證卷十四】

癃

𤸇同成　陳𤸇　𤸇弘【漢印文字徵】

◉許　慎　癃罷病也。从疒。隆聲。力中切。𤸇籀文癃省。【説文解字卷七】

◉王國維　𤸇案漢曹全碑。稟賜𤸇盲。用此字。【史籀篇疏證　王國維遺書】

◉馬叙倫　鈕樹玉曰。韻會引作罷也。玉篇。病也。倫按罷借為疲。論語。欲罷不能。謂欲疲不能也。疲病也當作疲也病也。罷也校語。癃即今言龍鍾也。蓋老衰之病。後漢書光武紀注引倉頡。癃病也。字亦見急就篇。

𤸇倫按省字校者加之。【説文解字六書疏證卷十四】

疫

疫　日甲三七背　三例【睡虎地秦簡文字編】

◉許　慎　疫民皆疾也。从疒。役省聲。營隻切。【説文解字卷七】

◉楊樹達　説文七篇下疒部云：「疫，民皆疾也，從疒，役省聲。」釋名釋天云：「疫，役也，言有鬼行役也。」徐鍇説文繫傳亦云：「鬼神在其閒，若皆應役然也。」按劉徐之説不經，不足辨矣。今謂役之為言易也，古音役易同在錫部。易者，延也。詩大雅皇矣篇云：「施於孫子。」鄭箋云：「施，猶易也，延也。」爾雅釋詁云：「弛，易也。」郭注云：「相延易。」書盤庚中篇云：「暫遇姦宄，我乃劓殄滅之，無遺育，無俾易種於兹新邑。」此言毋使延種於新邑也。左傳隱公六年云：「商書曰：惡之易也，如火之燎於原，不可鄉邇，其猶可撲滅。」此謂惡之延易如火之燎於原也。國策秦策云：「此二國者，非無大功也，没利於前而易患於後也。」謂没利於前而延患於後也。東觀漢記卷十三載杜林疏云：「見惡，如農夫之務去草焉，芟夷蘊崇之；絶其本根，勿使能殖，畏其易也。」言畏其延易也。此皆易訓延之例證也。國語魯語上記子叔聲伯之言曰：「夫苦成叔家欲任兩國而無大德，其不存也，亡無日矣。譬之如疾，余恐易焉。」後漢書鄧訓傳注引東觀漢記云：「吏士嘗大病瘧，轉易至數十人。」此二文皆謂疾病延易，延易即今語之傳染也。病以延易而民皆疾，故謂之疫矣。

疾疫之生，後世尚有明其故於鬼神者，劉熙徐鍇之類是也。制文者早知其緣於延染，吾先民文治之卓，此可以窺見一斑矣。

【釋疫　積微居小學述林】

◉馬叙倫　鈕樹玉曰。韻會引作民皆疾疫。倫按役亦得殳聲。是疫不必役省聲也。倫謂疫即古所謂注病之注本字。知者。孤注字。當作投。莊子達生。以瓦注者巧。呂氏春秋去尤注作投。字書無投字。本善。豉。遥擊也。投即豉字。猶住從豈得聲而今作住矣。豉亦從殳豈省聲也。豈省之字。隸變多作主。故豉譌為投。豉為殳之轉注字。殳豈同為舌面前音也。注亦當從豈得聲。注住語原同也。本書無逗字。而逗亦實為從辵豈聲。可參證也。殳之轉注為毀。故疫亦得借注為之。説解本訓病也。呂忱加病流行民皆疾曰疫也。集韻引字林。病流行也。今皆有捝譌耳。【説文解字六書疏證卷十四】

◉温少峰　袁庭棟　甲文有「伇」字，余永梁謂：「案此役字，從攴從人，與《説文》古文同。《説文》：『役，戍邊也，從殳從彳。伇，古文役，從人。』篆文從殳之字，卜辭及古金文均從攴，故役從殳亦攴之變，如殺字籀文亦從殳也」（《殷虚文字考》）。其説是。卜辭有「疒役」之詞，《甲骨文字集釋》謂「似當讀為疫」，甚確。卜辭云：

(145) 甲子卜，㱿貞：疒役（疫），不祉（延）？

貞：疒役疫，其祉（延）？　（《乙》七三一〇）

此辭卜問疫病是否漫延，是有關傳染病的最早的記録。《説文》：「疫，民皆疾也。」《釋名》：「疫，役也，言有鬼行疫也。」我國古代將多種傳染病統稱為疫，因不明其病因，乃稱其「有鬼行疫」也。

(146) 貞：王役（疫）？　（《存》一·一三三六）

(147) 甲戌卜，㱿貞：王不役（疫）？才……　（《後》下二六·一八）

此二辭乃是以卜問的方式，診斷殷王是否染上傳染病之辭。

(148) 乎（呼）比（祉）役（疫），正？　（《乙》三四二九）

「比」讀為「祉」，祭名。《説文》：「祉，以豚祠司命，《漢律》曰：『祠祉司命。』」此辭之「正」，與前引(28)辭之「疫隹有不正」之「正」，均訓為「治」。故此辭之大意為：呼令舉行祉祭以禳除疫病，能使疫病得治嗎？而(28)辭卜問疫病是否無法得治？則可能是對傳染病的漫延無能為力時的卜問了。

(149) 丙子卜，𡆥貞：卯（御）役（疫）？　（《前》六·一二·四）

在殷人眼中，疫病為鬼神所致，故此辭卜問是否舉行御祭以禳除也。

甲文中又有二「𤵸」字，舊不釋。按此字從爿即疒，從殳即殳，可隸定為「疫」。卜辭云：

(150) ☐子卜：钔(御)……𤵸(疫)……女……(《乙》八八七三)

此辭已殘，當是卜問是否舉行御祭以除疫病之辭。【殷墟卜辭研究——科學技術篇】

瘛 其毋瘛 【漢印文字徵】

◉許　慎　瘛小兒瘛瘲病也。从疒。恝聲。臣鉉等曰。說文無恝字。疑从疒从心契省聲。尺制切。【說文解字卷七】

◉馬叙倫　徐鉉曰。說文無恝字。疑從疒從心契省聲。嚴可均曰。恝疑忿之重文。嚴章福曰。疑當作從疒從心㓞聲。倫按恝字見孟子。本書無恝者。倉頡訓纂二書中無此文也。小兒瘛瘲病也字林文或校語。本作訓病也。字見急就篇。【說文解字六書疏證卷十四】

痑 187 【包山楚簡文字編】

痑 籀韻 【古文四聲韻】

◉許　慎　痑馬病也。从疒。多聲。詩曰。痑痑駱馬。丁可切。【說文解字卷七】

◉馬叙倫　嚴可均曰。引詩校者依篆改。口部引作嘽。蓋從彼移。王筠曰。此蓋三家詩。倫按詩四牡傳曰。嘽嘽。喘息之皃。本書口部。嘽。喘息也。然則痑嘽為轉注字邪。倫疑痑為癉之雙聲字。此引詩痑痑駱馬。今詩作嘽。漢書地理志沛郡有鄲縣。孟康音多。史記司馬相如傳。壇以陸離。漢書壇作痑。此上久癉疸轉注。是其例證。馬病也者。附會詩義為說。非本義。亦非本訓。或此字出字林。【說文解字六書疏證卷十四】

◉許　慎　痥馬脛瘍也。从疒。兌聲。一曰將傷。徒活切。【說文解字卷七】

◉馬叙倫　段玉裁曰。將疑當為捋。捋痥疊韻。承培元曰。鍇本作持傷。持傷猶鬥傷。翟云升曰。將持並譌。當作捋。捋字見廣韻引字林。㾓之或體也。集韻。㾓。刺也。王筠曰。將傷㾓傷均難解。上文。馬脛瘍也。玉篇廣韻皆作馬脛傷也。或者一曰㾓傷是校語。而又有偽。如脘下舊云脯之例乎。倫按豈為馬脛傷而特造㾓字乎。倫謂此脱之異文。如胗之或作疹。膌之或作瘠耳。一曰將傷者。王説可從。字蓋出字林。【説文解字六書疏證卷十四】

𤻲 𤻲

𤻲 療 竝碧落文【古文四聲韻】

◉許　慎　𤻲治也。从疒。樂聲。力照切。療或从尞。【説文解字卷七】

◉馬叙倫　劉秀生曰。樂。廣韻盧各切。聲在來紐。勞聲亦在來紐。故𤻲从樂聲得讀若勞。𤻲或從尞聲作療。詩陳風衡門。可以樂饑。釋文。樂。本作𤻲。韓詩作療。肉部膫從肉尞聲。或從勞省聲作膋。小雅信南山。取其血膋。膫下引作血膫。左昭七年傳。隸臣僚。服注。僚。勞也。樂聲如尞。尞聲如勞。是其證。倫按治下蓋本有病字。周禮瘍醫注。止病曰療。然許當以聲訓。治病也或字林文。慧琳一切經音義引蒼頡。療。病銷𤻲也。則許蓋訓銷也。𤻲鑠蓋同語原矣。

療倫按尞樂雙聲。故𤻲轉注為療。玄應一切經音義引三倉。療。治病也。蓋三倉本作𤻲。慧琳引作𤻲。可證也。傳寫以字林字易之。或從上當有𤻲字。【説文解字六書疏證卷十四】

◉劉　桓　甲骨文有[𢆶木人又](甲九四)，舊無確釋。字的一端從[𢆶木]，即樂；另一端[人又]象一隻手取一人之形。[人又]形頗難隸定。從全字來看，此字應是𤻲之初文。

此字實為會意字，其一端作樂，實即藥字，蓋最初音樂之樂與表示喜悦之樂，以及藥物之藥皆不甚别，均寫作[𢆶木]。殷代已知用藥物治療疾病，不但古書有「若藥不瞑眩，厥疾不瘳」的記載，在殷代考古中亦曾發現藥的實物。字的另一端作[人又]，其「人」應是患者，「又」則係醫者之手。《山海經・海内西經》載：「開明東有巫彭、巫抵、巫陽、巫履、巫凡、巫相。(郭璞傳：皆神醫也。《世本》曰，巫彭作醫，《楚辭》曰，帝告巫陽。)夾窫窳之尸，皆操不死之藥以距之(為距卻死氣求更生也)。窫窳者，蛇身人面貳負臣所殺也。」透過神話傳説的迷霧，我認為此字字義與這段文字記述是一致的，均表現了上古的巫為人治病的情景。上古時代巫醫不分，巫對病人既施以巫術及其他治療手段如按摩等，又往往用藥物為主要治療手段。[𢆶木人又]字正象巫運用其巫術與藥物給人治病之形，故當是𤻲之初文。【殷契偶札　于省吾教授百年誕辰紀念文集】

⿸疒古

◉許　慎　⿸疒古久病也。从疒。古聲。古慕切。【説文解字卷七】

◉馬叙倫　沈濤曰。一切經音義廿四引作痼。病也。乃傳寫奪久字。文選劉公幹贈曹丕詩注引。久也。則奪病字。痼即⿸疒古之別體。玉篇。痼。久病也。⿸疒古同上。古本當有重文痼篆。王筠曰。此字不次。小徐在瘀下。亦不次。癈下固病也。小徐作痼病。何不使之類列乎。且玄應音義廿四。⿸疒古。久病也。説文。痼。病也。是謂説文作痼不作⿸疒古也。然竊疑癈下之固字為是。⿸疒古字乃後增也。倫按字蓋皆出字林。玄應於⿸疒古下不言説文。蓋用字書未檢説文也。【説文解字六書疏證卷十四】

瘌

◉許　慎　瘌楚人謂藥毒曰痛瘌。从疒。剌聲。盧達切。【説文解字卷七】

◉馬叙倫　王筠曰。方言。凡飲藥傳藥而毒。南楚之外謂之瘌。北燕朝鮮之間謂之癆。東齊海岱之間謂之瞑。或謂之眩。自關而西謂之毒。瘌。痛也。鉉本增曰字於痛上。是讀方言不了也。倫按本部瘆瘀瘌癆之説解皆可疑。瘌癆似皆別有本義本訓。今皆以方言説之。此説解即去曰字亦不安。蓋毒即關西謂痛也。楚人謂藥毒曰瘌。則是痛在藥矣。癆下曰。朝鮮謂藥毒曰癆。鍇本作朝鮮謂飲藥毒曰癆。詞義方明。然則此説解當曰楚人謂飲藥毒曰瘌。其實此二字説解中藥下當如方言增一而字。義更明白。然倫謂癘為瘌疾之瘌本字。瘌為惡疾之本字。故今字作癩也。癆亦當是如今所謂癆病字。或為瘵之轉注字。方言用其同音耳。不然。則關西謂之毒不亦當作疷痔邪。字或出字林。【説文解字六書疏證卷十四】

癆

◉許　慎　癆朝鮮謂藥毒曰癆。从疒。勞聲。郎到切。【説文解字卷七】

◉馬叙倫　鈕樹玉曰。廣韻引謂下有飲字。倫按本訓捝失。所存者字林文或校語耳。慧琳一切經音義二引倉頡。癩。痛也。蓋倉頡本作癩。傳寫者以今字易之。【説文解字六書疏證卷十四】

瘥

◉許　慎　瘥瘉也。从疒。差聲。楚懈切。又才他切。【説文解字卷七】

◉湖北省文物考古研究所　北京大學中文系　「瘥」字从「疒」「䖒」聲，簡文屢見。「䖒」从「虘」聲，「虘」、「差」古音相近。《説文》「⿰差鹵(鹺)」，……从鹵，差省聲。……沛人言若虘。」《周禮·天官·酒正》「盎齊」鄭玄注「盎……如今酇白矣」，陸德明《釋文》：「酇白即今之白醝酒也。宜作醝。作酇，假借也。」案此「酇」字本應作「鄌」。《説文》：「鄌，沛國縣。从邑，虘聲。」小徐本加「今酇縣」三字。《史記·蕭相國世家》「封為酇侯」，集解：「孫檢曰有二縣，音字多亂，其屬沛郡者音嵯……舊字作鄌。」可證「虘」聲與

「差」聲音近。「虘」从「且」聲。馬王堆一號漢墓遣策一一〇號有「助酒」，一六九號有「沮酒」，皆當讀為「醝酒」。「槎」、「楂」二字古通。「楂」的聲旁「查」本作「柤」，也是从「且」聲的。從以上諸例看，簡文「⿸疒虘」字應即「瘥」之異體。讀如「嵯」的酇縣在沛國，讀「鹺」若「虘」的是沛人，馬王堆漢墓也在古楚地，似乎「虘」、「差」音近主要是楚國的方言現象。從這一點看，把望山楚簡的「⿸疒虘」釋為「瘥」，也是很合理的。《説文》：「瘥，瘉也。」【一號墓竹簡考釋　望山楚簡】

◉湖北省文物考古研究所　北京大學中文系　一號墓竹簡在講到𢽤固的疾病時，常常説「⿺辶桀（速？）⿸疒虘」、「遲⿸疒虘」。「⿸疒虘」或作「䖯」。六七號簡説：「己未又（有）間，辛、壬䖯。」考釋〔五〇〕説「䖯」从「虘」聲，「虘」、「差」古音相近，簡文「⿸疒虘」和「䖯」都應該讀為「瘥」。雲夢秦簡《日書》甲種《病》有「庚、辛病，壬有間，癸酢。若不酢，煩居南方」等語；乙種《有疾》有「丙、丁病，戊有間，己酢。不酢，煩在北」等語（《睡虎地秦墓竹簡》釋文注釋一九三、二四七頁）。此以「間」、「酢」對言，跟六七號簡以「間」、「䖯」對言同例。「酢」从「乍」聲。古代「虘」、「乍」、「差」音近可通。《玉篇·魚部》以「鮓」、「䰼」為「鮺」的異體。《文選》卷二《西京賦》「柞木剪棘」，李善注「柞與槎同」。《玉篇·木部》「槎」「亦與查同」。「查」本作「柤」，《玉篇》以為是「樝」的異體。可見秦簡《日書》的「酢」也應該讀為「瘥」，與望山楚簡可以互證。【一號墓竹簡考釋補正　望山楚簡】

⿸疒衰

◉許　慎　⿸疒衰減也。从疒。衰聲。一曰耗也。楚追切。【説文解字卷七】

◉馬叙倫　鈕樹玉曰。耗當作秏。戚學標曰。衆經音義引説文。⿸疒衰。減也。禮記。年五十始⿸疒衰。又耄注。古文毫耄二形。今作秏。此一曰秏。即毫字。倫按。減也上有病字。或本訓⿸疒衰也。今捝。存者字林文或校語。⿸疒衰瘥音同穿紐二等。聲同歌類。轉注字也。一曰耗也者。校語。消耗字即⿸疒衰也。字見急就篇顏師古本。皇家本作衰。則此字或出字林。【説文解字六書疏證卷十四】

瘉

◉許　慎　瘉病瘳也。从疒。俞聲。臣鉉等曰。今別作愈。非是。以主切。【説文解字卷七】

◉馬叙倫　病字蓋上文⿸疒衰下減也上之捝文。⿸疒衰從衰得聲。衰音心紐。瘉音喻紐四等。同為次清摩擦音轉注字也。【説文解字六書疏證卷十四】

瘳 □

□ 瘳 日乙一〇八【睡虎地秦簡文字編】

□ 瘳奉私印 □ 瘳皮戎印 □ 瘳國 □ 昪瘳 □ 瘳長公 □ 瘳福【漢印文字徵】

◉許　慎　□疾瘉也。从疒。翏聲。敕鳩切。【說文解字卷七】

◉葉玉森　□　孫詒讓氏釋□□為瘳。謂八命曰瘳。說文疒部。瘳。疾瘉也。从疒。翏聲。翏从彡。此似从羽省半而到之者。契文舉例上十二。又釋將為古文爿之變體。名原下十頁。孫氏別釋□□為疥。謂說文疒部。疥。介聲。又八部。介畫也。从人。从八。此从□即介字。或作□者。其變體。契文舉例上廿六。胡光煒氏釋癘。謂亡□即亡癘。引齊國伍鎗毋咎毋癘。癘作□為證。甲骨文例。森按。孫氏釋瘳近是。惟泥篆文强為之說。則不可得塙詁。予曩謂□□乃古文牀字。□□象一病人新瘉。就牀起立。手足腰膂無力之狀。瘳象也。其作□□形者。予玩辭意。仍當釋瘳。蓋人旁有水點。意謂病瘉之人已能起立。宜沐浴也。卜辭之□。羅振玉氏謂象人立於盤。四旁有水。乃浴字可證。殷契鉤沈。又按。□亦作□形。□亦作□形。从□與从□同象。人從水點與否。乃繁省之别。當為一字。卜辭介作□□□□等形。而□字之旁從則有作□□□□等形者。似與介形迥異。釋疥更未安。貞瘳乃其一瘳為要事。有亡固所宜貞。疥則微痾。有亡又安用卜。近賢猶多从孫氏說釋疥。且有謂小點象疥甲形者。故復贅言。惟此字是瘳非瘳尚難決定。卜辭有奇字。如「□」後下第二十二葉之九者亦終不可釋也。

近讀丁山氏釋□歷史語言研究所集刊第一本第二分一文。合瘳疥為一。與予意同。惟謂竝疾字。引秦兩詔權量刻辭。丞相斯去疾。疾从人作□為證。且謂□本象大版亦象斧依。所从之小點皆象血液。人體流血倚版寢息。此□之全形。亦疾之初文。予按。丁氏釋疾。其說較新。惟謂小點象人體流血。則創象。非疾象。詁形尚未透澈。丁氏又續作釋□一文。謂□□竝寎字。其所引第一辭云「庚辰卜貞多鬼□不至囚。」後下第三葉之十八。謂卜多畏夢也。桉。卜辭言「甶鬼」「甶多鬼」者。屢見鬼字。應否釋畏為一疑問。第二辭云「庚辰卜貞多鬼□甶□見。」徵文雜事第六十五版。而丁氏又釋上一字為夢。下一字為疾。似矛盾矣。【殷虛書契前編集釋卷一】

◉馬叙倫　鍇本作疾病瘉也。蓋本作瘉也病減也。傳寫誤耳。本部說解多言病少言疾也。瘉音喻紐四等。然從俞得聲。俞從舍得聲。舍音審紐三等。瘳音徹紐。同為舌面前音。轉注字也。古讀穿徹皆歸於透。則瘳與瘥瘨亦轉注字。【說文解字六書疏證卷十四】

癡　癡

𤻮

癡　日甲四七背【睡虎地秦簡文字編】

◉許　慎　癡不慧也。从疒。疑聲。丑之切。【説文解字卷七】

◉馬叙倫　嚴章福曰。後漢高士傳。嚴光曰。矦君房素癡。今小瘥耳。則非不慧明甚。桂馥曰。玉篇。癋。癡也。瘌同上。北山經。單張之山。有鳥焉。名曰白鵺。食之可以已瘌。又曰。決決之水多人魚。食之無癡疾。則癡乃癋病。本書譺儗立訓騃。乃不慧也。倫按。急就篇。痂疕疥癘癡聾盲。雖顔注亦曰。癡。不慧也。然字介於疥癘聾盲之間。似非不慧。不慧自是儗字義也。玉篇以癡訓癋。而急就癋癡不為類列。則急就癡字或瘲之譌。王筠謂本部列字多無倫次。或後人亂之。倫疑此字失次而説解原文已挩。後人以今義補之。故在部末。玄應一切經音義引倉頡有騃癡。【説文解字六書疏證卷十四】

冂　⺆

⺆　汗簡【古文四聲韻】

◉許　慎　冂覆也。从一下垂也。凡冂之屬皆从冂。臣鉉等曰。今俗作冪。同。莫狄切。【説文解字卷七】

◉吳大澂　冂古文以為冕字。盂鼎。【説文古籀補卷七】

◉劉心源　(盂鼎)冂。冕省。井侯尊亦云。冂衣市舄。【奇觚室吉金文述卷二】

◉林義光　説文云。冂。覆也。从一下垂。按。古作冂盂鼎以為絅字。説文云。冂邑外謂之郊。郊外謂之野。野外謂之林。林外謂之冂。象遠界也。同古文冂。从口。坰冂或从土。按。古同字作同尤尊彝。从冂。而盂鼎絅衣作冂。是冂冂無別。冂實即冂字。郊坰之坰。詩爾雅皆作坰。當以坰為本字。【文源卷三】

◉高田忠周　吳大澂古籀補載此篆(冂)云。古文以為冕字。按。吳考是。此謂省文叚借。猶霸字作雨。季字作禾耳。説文。冂。覆也。从一下垂。此為造字時叚借。所謂象形叚借。猶借三造气字也。【古籀篇十七】

◉商承祚　冂象以巾覆酒尊之上。乃周禮天官冪人「掌共巾冪」之冪之本字。後世作幕羃冪。則皆借字也。【甲骨文字研究下編】

◉馬叙倫　鈕樹玉曰。繫傳從冂下有作字。衍。徐灝曰。冖又作冪。説文無冪字。冪即幎也。巾部。幎。幔也。幔。幕也。帷在上曰幕。與覆義同。冖幎幕一聲之轉。冂象巾覆物形。倫按。冖冃月一字也。皆冠之初文。冠之始作但以布帛之類幕於首耳。此象形之文。從一下垂也校者改之。許止曰象形耳。覆也以聲訓。語原同也。【説文解字六書疏證卷十四】

冠 冠

◉楊樹達　鼎銘云：「昜女𢀓一卣，冂衣，市舄，轙車馬。」冂字舊皆釋為冕，余按冕為弁冕，冕衣不辭，疑冂乃冋字，冋衣即褧衣也。《說文》衣部云：「褧，檾衣也，詩曰：衣錦褧衣，示反古。从衣，耿聲。」《禮記·中庸》引詩字作絅。冟字《說文》从冖，而金文虎冟字常見，毛公鼎彔伯𢦚𣪘吳彝諸器皆从冋作，冖可作冋，知冋亦可作冖，蓋二字在金文中以形近可互通也。克鼎云：「易女叔市，參冋。」師酉𣪘云：「新易女赤市，朱黃，中絅，攸勒。」此銘之冋衣，即克鼎之冋，師酉𣪘之中絅也。中絅說詳孫仲容《克鼎釋文》，見《籀廎述林》柒之拾弍下。【全盂鼎三跋　積微居金文說】

◉高鴻縉　說文。冂。覆也。从一下垂也。莫狄切。

又冃。重覆也。从冂一。讀若艸苺苺。莫保切。

又冃。小兒及蠻夷頭衣也。从冂。二。其飾也。莫報切。

又冒。冢而前也。从冃。从目。𡇒古文冒。莫報切。

雷浚說文外編曰。帽。說文無帽字。又通作冒。

按。冂、冃、冃、冒、帽，五形一字。且由古文胄字作𠕬。知冒即帽。又由冠字从冂。知冖即帽。由大盂鼎知冂即帽。說文覓字曰。突前也。莫紅切。知冃即帽。說文曰部有𠕹字。說曰。犯而見也。从冃。从見。没黑切。知冃即帽。又王筠以為冒𠕹一字。𠕹没即冒昧。𠕹死即冒死。干𠕹即干冒是也。【中國字例二篇】

◉唐　蘭　冂衣市舄　冂《說文》：「覆也，」莫狄切。《廣韻·二十三錫》引《文字音義》說「以巾覆」，與幎(覆也)幦(車覆軨也)鼏(鼏蓋)羃(覆巾)等字同音。此處用作蓋在頭上的頭巾，演化為冃字、冃字，冃就是冒(帽)字，又音轉為冕字，從免聲。【論周昭王時代的青銅器銘刻　古文字研究第一輯】

◉許　慎　冠 絭也。所以絭髮。弁冕之總名也。从冂。从元。元亦聲。冠有法制。从寸。徐鍇曰。取其在首。故从元。古丸切。

【說文解字卷七】

 冠軍令印　 冠仁之印　【漢印文字徵】

◉林義光　寸非法制義。从寸之字古多从又。象手持冖加元之上。元。首也。【文源卷八】

◉郭沫若　字難識，疑是冠之異文，叚為干，古干戈二字每相將。【伯晨鼎　兩周金文辭大系考釋】

◉馬叙倫　元大人天一字也。人自有手。何必又從一手。倫謂冠若弁冕之總名。則為冂之後起字。冂為冪之初文。冪之轉注字為幔。冠幔聲同元類。然則冠之聲即冖之轉。以冂為幕義所專。乃加寸元以明此乃持而箸於首之物。不然。則字本作冠。從寸。完聲。金甲文宀冂二字每相似。故傳寫為冠耳。此動詞。為冠禮之冠。冂音明紐。冠從完得聲。完從元得聲。元音疑紐。明疑同為邊音。故古借以為冂耳。絭也以聲訓。所以絭髮弁冕之總名也皆字林文。字林每言總名也。从冂以下疑亦呂忱或校者改之。字見急就篇。【說文解字六書疏證卷十四】

◉丁　山　莞,甲骨文作(林二·一四·一三)象人頭戴芇形。當是冠字本字。蓋下从冃,象帽子;其上象今平劇武將冠上所插的雉鷄翎。戰國齊策六,田單攻狄,不克。齊嬰兒謠曰:「大冠若箕,脩劍柱頤,攻狄不能,下壘枯丘。」大冠若箕,當是古代大將的華冠。武人戴插雉尾的華冠,由甲骨文字看,當是由殷商時代留傳下來的。此字晚周或書為,隶變為莞,許慎不達莞字本誼,硬將莞上雉尾變為从艸,訓曰,「,艸也,可以作席,从艸,完聲」。又曰,「完,全也,从宀,元聲。古文以為寬字」。其實完字,即是不插雉尾的冠,本誼亦非「全也」。莞、貫、串聲韻俱近,卜辭所見的莞方,可能即詩大雅皇矣所謂「串夷載路」的串夷。其地應與宗周接壤,或在渭汭附近。【商周史料考證】

◉高　明　冦人

「冦人」,有的同志釋作「尉人」,并認為『尉』當與『尉』同。由此引申『尉人』可能是『右尉』的部下,也就是列侯家的衛士」。馬雍:《軑侯和長沙國丞相》,《文物》1972年9期。最近見到此二字刻文的摹本,我認為應釋「冠人」。冠,小篆作,《説文·冖部》冠字條。隸書作冦、冦、冦、冦、冠等,皆與此刻文相似或相同。如魏孝昌二年《元珽墓誌》:「拂冦應命」(趙萬里:《漢魏南北朝墓志集释》圖版158。以下簡稱《集釋》),魏武泰元年《元均之墓誌》:「弱冦之季」(《集釋》圖版88),這兩種字形,均承小篆,當為本字的正體。此外還有幾種別體,如有時把「元」符誤寫成「示」,寫做「冦」或「冦」。如魏武泰元年《元子永墓誌》:「冦軍將軍」(《集釋》圖版167),東魏武定四年《元融妃盧貴蘭墓誌》:「冦冕海內」(《集釋》圖版150);或把「示」符誤寫為「衣」,如魏正始三年《元思墓誌》:「弱冦从政」(《集釋》圖版155)。也有時把「寸」符誤寫作「刂」,如隋大業七年《宮人郭氏墓誌》:「冠蓋連陰」(《集釋》圖版538),同年《宮人陳氏墓誌》:「弱冠飛聲」(《集釋》圖版539)。此一別體因將「寸」符誤為「刀」符,致有誤「冠」為「初」者,如《淮南子·泰族訓》「聘納而取婦,初絻而親迎」,王念孫《讀淮南子雜志》已糾其謬。從以上列舉的部分材料就可以看出,由于形符誤變的原因,自漢代以來,冠字在隸書中同時流行好幾種形體,此俑鞋底隸刻「冦人」,當為「冠人」無疑。

「冠人」是古文獻中「官人」或「倌人」的借字。冠、官、倌,古音相同,屬雙聲疊韻,可互為假用。如隋大業十二年《李元暨妻鄧氏墓誌》：「冠冕婢聯」（《集釋》圖版507・2），開皇九年《□真暨妻王氏墓誌》則作「官冕婢聯」（《集釋》圖版380）；魏孝昌二年《寇偘墓誌》：「冠冕百辟」（《集釋》圖版256・2），唐貞觀二十二年《曲阜憲公孔穎達碑》則作「百寮官冕」（《金石萃編》卷四十七），這都是官冠互用之證。

「官人」，據賈誼《新書》卷八《官人》云：「王者官人有六等：一曰師、二曰友、三曰大臣、四曰左右、五曰侍御、六曰廝役。」賈誼所謂「官人」，悉指在朝任職的各級官吏，其中包括公卿將帥和下級僕役。這種看法一直到唐代仍然如此。顧炎武《日知録》卷二十四《官人》云：「《昌黎集・王适墓誌銘》：『一女憐之，必嫁官人，不以與凡子。』是唐時有官者，方得稱官人也。」

孫詒讓《籀廎述林》卷二《官人義》對官人別有一種解釋。他説：「官人在士大夫下，廑高于庶人一等，且與使吏同稱，是官人即庶人在官者無疑。」同時認為「倌人即官人」，「蓋官本為官府百吏之大名」，「官人」則是「無專官，亦無專職，故凡布幕具，沐浴汲水，陳牲膳鹿諸勞辱事無不役之也」。

孫詒讓混淆了兩個問題：第一，誤把「官人」解釋為「庶人在官者」的專稱，第二顛倒了文獻中關于「官人」與「倌人」的通假關係。如果要解釋馬王堆一號漢墓冠人俑的含意，必須弄清「官人」與「倌人」兩個辭義的區別和「官人」與「倌人」的通假關係。

在《荀子》書中的《榮辱》、《王霸》、《君道》、《彊國》、《正論》等篇都提到「官人」，楊倞注：「官人，群吏也」，或謂「官人，列官之人也」。應當説楊倞的解釋是正確的。《左傳》襄公十五年：「楚公子午為令尹，公子罷戎為右尹，蒍馮為大司馬，……養由基為官厩尹，以靖國人。君子謂楚于是呼能官人。官人國之急也，能官人，則民無覦心。」由此可見，自先秦以來，官府群吏統稱「官人」，這是毫無異義的。

「倌人」與「官人」不同，《説文・人部》：「倌，小臣也。从人官聲，《詩》曰『命彼倌人。』」段注：「小臣，蓋謂《周禮》小臣上士四人，太僕之佐也。」

小臣是閹人。但按周官之例，稱士者不必皆非閹人。《周禮・夏官・序官》云「上士四人」，并未明言是閹，鄭玄亦無注。同書《天官・序官》説：「內小臣，奄上士四人」，鄭注：「奄稱士者異其賢」，此即奄可稱士之一例。賈疏在此條下云：「案《詩》巷伯奄官也，注云巷伯，內小臣。小臣于宮中為近，故謂之巷伯。必知巷伯小臣為一人者，以其俱名奄。」《國語・晉語》：「飲小臣酒亦斃」，韋昭注：「小臣官名，掌陰事陰命，閹士也。」小臣是閹，《晉語》韋注和《周禮》賈疏皆言之極明。可知在《周禮》中，小臣和內小臣都是閹士，不過具體職務稍有一些區別，即小臣是大僕的屬官，王的閹侍，內小臣是王后的閹侍。

從上引材料分析，「官人」和「倌人」代表兩種不同的含意，「官人」是群吏的統稱，「倌人」是小臣或內小臣，是閹士。

在把「官人」與「倌人」的區别搞清楚以後，二者的關係就比較容易了解了。官、倌二字在古代是可以通用的，文獻中記載的「官人」或「倌人」，皆可包括兩種含義，辨别他是指群吏的統稱，還是指具體的官職——小臣，要依據他具體從事的職務加以分析。

小臣的具體職務，《周禮・夏官・小臣》説：「小臣掌王之小命，詔相王之小灋儀，掌三公及孤卿之復逆，正王之燕服位。王之燕出入，則前驅。大祭祀，朝跨，沃王盥。小祭祀，賓客饗食賓射，掌事如大僕之灋。掌士大夫之弔勞，凡大事，佐大僕。」內小臣的職務與小臣相似，區别在於內小臣是侍王后。如《詩經・鄘風・定之方中》：「命彼倌人，星言夙駕。」毛傳謂「倌人主駕者」，鄭玄从其説。《説文・人部》倌字下亦引此詩為證，可知「倌人」為小臣，其説當可靠。官、倌通假，可舉二例為證：

《荀子・君子》：「足能行，待相者然後進，口能言，待官人而後詔。」楊倞註：「官人，掌喉舌之官也。」

《穆天子傳》卷四：「官人進白鵠之血以飲天子，以洗天子之足。」

傳天子之命和洗天子之足都是小臣所做的事情，以上二處引文作「官人」，顯系「倌人」之假，本義是指小臣，非指官府群吏。孫詒讓雖然看到有些文獻所載「官人」多從事勞辱之役，不類公卿大夫之職，因此把他們誤解為「庶人在官者」。他的錯誤，主要是没有辨清二者的關係，把作小臣解的「倌人」通通當作群吏統稱的「官人」，即所謂「倌人即官人」。其實恰恰相反，有些文獻中所載之「官人」，正是「倌人」的借字。

「官人」與「倌人」的區别和官、倌二字通用的關係既已搞清，那麽長沙馬王堆一號漢墓出土刻有「冠人」二字的男立俑，究竟是哪一種呢？按照通常的道理，它當是表示該俑的具體官職，而不是群吏的統稱，所以説「冠人」只能假為作小臣解的「倌人」，而不可能是假為群吏統稱的「官人」。此二俑出在軑侯妻的墓中，確切的解釋，當是軑侯妻的內小臣。

按照通常的情況分析，一般墓內殉葬的東西，基本上是仿照墓主生前的實際生活來隨葬的，「冠人」既是「倌人」，是軑侯家內的閹士，為此，必須進一步考察漢初的列侯宫廷究竟有無宦官。

先就漢初的王國情況來看，《史記・漢興以來諸侯王年表序》：諸侯「置百官宫觀，僭于天子」；《漢書・諸侯王表序》：「藩國大者跨州兼郡，連城數十，宫室百官，同制京師。」在漢初諸侯王割據的局面下，各王國不僅「宫室百官，同制京師」，其宫廷內侍，也略同于天子。例如傳世的封泥，有「齊宦者丞」、「齊宦者長」、「齊御府印」、「楚永巷印」(以上均見周志輔《續封泥考略》卷一)。「御府」、「永巷」曾見于《漢書・百官公卿表》和《續漢書・百官志》，皆屬宦者之官。西漢諸侯王使用宦官，是不需多加考證的。

漢初列侯情況，與王國大體相似。列侯使用宦官，在文獻中也有迹可尋。如《漢書・高惠高后文功臣表》：平陽懿侯曹參的第六世孫曹宗,「征和二年,坐與中人姦,闌入宮掖門,入財贖,完為城旦。」《漢書·百官公卿表上》顏注:「中人,奄人也。」這說明漢武帝時,平陽侯家里是使用宦官的。太子之妃亦可稱中人,如《漢書·李广傳》:「(李)敢有女為太子中人,愛幸。」曹宗「坐與中人姦」,有罪,此中人顯然不是平陽侯之妃,當為顏師古所講的「奄人」。 漢初列侯使奄,是沿襲戰國上卿的制度而來,如孟尝君家里就曾使用奄士,《韓非子·外儲說右上》言之甚明。 俞偉超同志在討論該墓出土的帛畫時,曾根據《儀禮·士喪禮》和《禮記·喪大記》等篇的鄭注,考證為軑侯之妻招魂者「是軑侯的內小臣」。俞偉超:《座談長沙馬王堆一號漢墓·關于帛畫》,《文物》1972年9期60頁。 這一意見符合當時的制度,同時說明軑侯家內是有閹士的。

大抵到了西漢後期,由于削藩政策的結果,王侯勢力逐漸縮小,列侯宮廷恐怕就不能再使用宦官了。《漢書·王莽傳上》:「莽復乞骸骨,哀帝賜莽黃金五百斤,……置使家,中黃門十日一賜餐。」顏注引苏林曰:「使黃門在其家中為使令。」王莽當時為新都侯,哀帝派宦官在其家中為使令,這是對王莽的特殊恩賞,說明到了西漢末年,列侯使用宦官只是極個別的偶見之事了。

漢初在賈誼、晁錯建議文、景二帝實行削藩政策之前,諸侯王和列侯的政治、經濟力量,都比武帝以後要強,王國和侯國的官制,類似漢朝廷。馬王堆一號漢墓殉葬冠人俑這一事實,就部分地反映了這種情況。 【長沙馬王堆一號漢墓「冠人」俑 考古一九七六年第四期】

◉劉彬徽等 完,冠字。 桂疑讀作獬,《淮南子·主術》:「楚文王好服獬冠,楚國效之。」 【包山楚簡】

 寧滬一·三四〇 从宀从取 說文所無 地名  寧滬一·五一七 【甲骨文編】

 王冣之印  趙冣  張冣私印  封冣私印  林冣 【漢印文字徵】

 義雲章 【古文四聲韻】

◉許 慎 積也。从冂。从取。取亦聲。才句切。 【說文解字卷七】

◉馬叙倫 鈕樹玉曰。博雅訓同。玉篇廣韻竝無。蓋後人習用最。古冣最蓋通。倫按。諸家斷斷然辯冣最音義之異同。然未嘗致思於二字之冓造也。冖冃一字。冣最皆得聲於取。則形音無辨矣。唯冣訓積也而最訓犯而取也。故若其義甚別。然積也是聚字義。而鍇本最下有一曰會。雖非許文。蓋古或以最為聚。故玉篇。最。齊也。聚也。而公羊隱元年傳。會猶最也。

詫

何注。最。聚也。最之為言聚。若今聚民為投最。史記殷本記。大最樂戲於沙丘。徐廣曰。最。本作聚。以音言之。冣聚音近。而傳記作最者。明最亦從取得聲。故得借最為聚。今最下訓犯而取也者。非其本訓。蓋本以聲訓作取也。詳最字下。昔人謂古書冣最多相亂。其實則一字而以時方不同。遂致異音。倫以撮得最聲。而撮為爪之轉注字。則最當是今所謂帽冣之冣本字。最從取聲取從耳得聲。耳音日紐。古讀歸泥。冖冃一字，音皆明紐。明泥同為邊音。則最為冂之轉注字。周禮太宰注。凡簿書之最目。劉欲與楊雄書。欲得其最目。十三篇。凡。最括也。凡本帆之初文。而訓最括。故後人箸書有凡例。凡目。凡目即最目。緣凡音奉紐。古讀歸竝。最為冃之轉注字。冃音明紐。竝明同為雙脣音。又凡聲侵類。最從取得聲。取聲侯類。東侯對轉。故叢從取聲而入東類。同從凡聲。亦在東類。此凡最所以通假也。最目猶今人所謂總目。即籠罩全書之目也。史記周勃傳。言切最者。猶言切為冠矣。此又於義以明之也。如此則形聲義備明。而譌誤可白。諍辯可息矣。從冖。取聲。篇韻無冣字。而蔡湛碑。三載勳冣。或此乃最之隸省。然不妨為異文也。字或出字林。【說文解字六書疏證卷十四】

◉于省吾　甲骨文早期地名的㝡字作，凡三見：「才㝡」(寧滬一・五一七)，「才㝡卜」(寧滬一・三四〇，又庫一八二六，文殘)。㝡字舊不識，甲骨文編謂「說文所無」。按㝡即說文冣字。說文：「冣，積也，从冖取，取亦聲(才句切)。」又說文：「最，犯而取也，从冃从取。」段注：「冣之字訓積，最之字訓犯取，二字義殊而音亦殊。」按說文冣字从冖乃宀之形譌。从冖與从宀本來有別，而晚周古文和漢代金文有時混同不分。例如古鉨文安字从宀也从冖，富字从宀也从冖。至于漢代金文，从宀與从冖有時互用不分，詳續金文編和漢印文字徵的宀、冖兩部。總之，㝡字譌作冣不始于說文，而當始于晚周。㝡字从宀訓聚，宀係古文宅字(詳釋宅)。聚積物品于宅內，于義尤為符恰。【釋㝡　甲骨文字釋林】

◉許　慎　奠爵酒也。从冖。託聲。周書曰。王三宿三祭三詫。當故切。【說文解字卷七】

◉馬叙倫　鈕樹玉曰。韻會作奠酒爵也。繫傳無王字。韻會引亦無。沈濤曰。書顧命釋文引作奠爵也。是古本無酒字。韻會廿二禡引亦無之。是鍇本未嘗誤衍也。王筠曰。集韻引無酒字。倫按。書偽孔傳曰。王三進爵之祭酒三奠爵也。鄭玄本作宅。承培元說。倫謂詫從冖託聲而訓奠爵酒也。不可得義。徐鍇謂爵有冪冒之也。此附會從冖之說也。祭時即有冪。已早去。況奠爵謂置爵於所當祭者。謂三詫為之去冪亦不可也。蓋鄭本宅字為長。宅猶奠也。此校本作詫。蓋字本作詫。從宀不從冖也。字譌而義不可得。故謬以經義釋之。蓋為字林文。字亦或出字林也。或謂詫音端紐。端見同為清破裂音。是詫為冠

之轉注字。則不擬冠亦不從冖也。或謂古讀蓋如罩。今言卓箸即最箸也。卓託音同端紐。託為最之轉注字。王筠校鍇本及朱筠本無此字。【說文解字六書疏證卷十四】

冃莫矛切【汗簡】

◉許　慎　冃重覆也。从冂一。凡冃之屬皆从冃。莫保切。讀若艸苺苺。【說文解字卷七】

◉馬叙倫　徐灝曰。冃與冃形聲義皆近。疑本是一字。因所屬之字或從冃或從冃。故各為部首耳。饒炯曰。冃當作冃。象頭衣之形。冖冃冃本一字。倫按。饒說是也。冂者初加於首之服。止以布巾覆之而已。故冣字從之。及制為冃。則音義仍於冂。而形異矣。然亦不過縫合與否耳。讀若艸苺苺者。鍇本作讀若苺苺之苺。疑本作讀若原田苺苺之苺也。劉秀生曰。苺得每聲。每得母聲。冃本音如冒。皆在明紐。故冃得讀若苺。釋名釋親屬。毋。冒也。目部。瞐。低目視也。從目。冒聲。禮記玉藻。視容瞿瞿梅梅。梅即瞐之聲借。是其證。讀若句原在莫保切下。疑鉉本本無。朱筠本及王筠據本無此字。錢坫據本作一聲。【說文解字六書疏證卷十四】

甲三九一六　後二·一〇·二　菁一〇·二　金五三　續三·二八·六口字倒書　京都三〇一六【甲骨文編】

甲3916　後下10·2　菁10·2【續甲骨文編】

同　沈子它簋　宅簋　矢方彝　矢尊　同簋　同卣　師同鼎　永盂　同姜鬲　不嬰簋　元年師兌簋　鄭同媿鼎　幾父壺　同自簋　散盤　姑□句鑃　中山王嚳壺　盗壺【金文編】

3·368　楚亭衢□里同【古陶文字徵】

〔二五〕〔二二〕〔四〕〔三九〕〔一八〕〔四二〕〔二〇〕〔三六〕〔三六〕〔三九〕〔一八〕〔一九〕〔一九〕〔七四〕〔六八〕〔一九〕〔七〕〔二〕〔四〕〔二二〕【先秦貨幣文編】

布方 同是 晉襄 布方 同是 晉洪 仝上 布方 同是 晉高 仝上 仝上 晉祁 布方 同是 晉祁 仝上 仝上 布方 同是 晉祁 仝上 仝上 布方 同是 冀靈 刀弧背 右同 冀靈 布方 同是 典一三四 仝上 典一三五 布空大 亞二・一一二 刀弧背 右同 典一一二三【古幣文編】

127 220【包山楚簡文字編】

同 秦一七五 三十三例 秦一五一 三例【睡虎地秦簡文字編】

出內(?)[空]—(甲7—18)【長沙子彈庫帛書文字編】

2186 1618 2733 4499 3082 0674 0403【古璽文編】

吳同私印 韋同之印 杜同 陳同之印【漢印文字徵】

石碣遊車 遊馬 既同 開母廟石闕 同心濟𪓐【石刻篆文編】

同出天台碑【汗簡】

古孝經 道德經【古文四聲韻】

◉許　慎　同合會也。从冂。从口。臣鉉等曰。同。爵名也。周書曰。太保受同。嚌。故从口。史籀亦从口。李陽冰云。从口非是。徒紅切。【説文解字卷七】

◉馬　昂

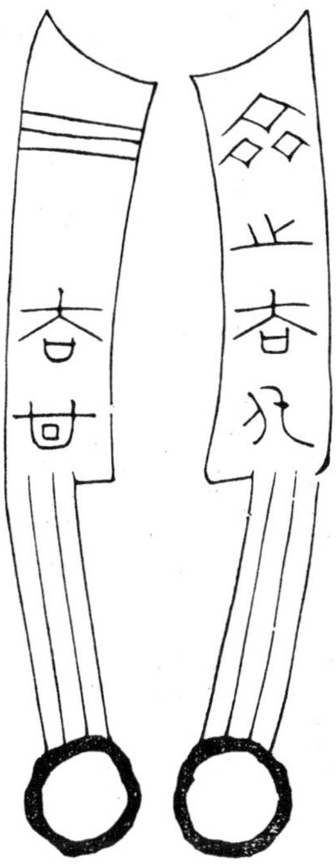

又背文二字曰合同。

按。□為同字之殊體。説文。共。同也。从廾。謂兩手同舉也。通拱義。廾即□之省。古文如字作□。从廾。其為同義甚明。○亦即同字。故古文文字作□□。謂書同文也。此貨曰合同者。即和合之謂也。

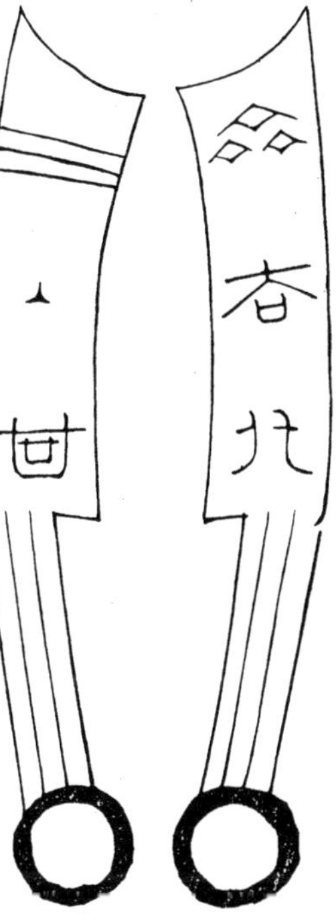

又背文一字曰同。

按。前合同字作□从○。此作□。乃內外皆同也。説文訓廿為二十。并誤。【貨布文字考卷一】

◉劉心源　鄭同媿鼎同。説文冂部作同云。从冂。从口。以冂口會意。苗仙麓云。冂聲。此从凡。非冂字。邑頌鼎佩字作□受冊佩㠯出與説文佩字互譌。知凡即凡字。説文二部凡作□云。最括也。从二。二。偶也。从乃。乃。古文及。案説解與篆形不相應。此必有譌。如是。□許豈得收入二部云从二乎。案風从凡。古文風作□。从凡。略與凡近。同文舉要凡作凡。猶能識古文也。矢人盤有兩凡字。前云凡十又五夫。言矢人稽田界者如義祖等凡十五人。後云凡散有司十夫。言散氏稽田界者如戎段父等凡十人。釋者多不知是凡字。向無頌鼎佩字為證。不幾長夜乎。余又㠯同之从凡者證之。如矢人盤。封于同道。石鼓文。吾馬既同。吾本作避。各家皆讀我。詳樂石文述。同姜鬲作同。皆从凡。不从𠔼。即㠯銅从同者證之。如梁山鋗作銅銅二斗鋗。安成鼎作銅安成家銅鼎。亦不从𠔼。惟會稽刻石。人樂同則之。同作同。知小篆改从𠔼。許氏據㠯為說。究非古也。蓋同从凡口會意。凡者多也。凡亦聲。與風鳳芃等字一類矣。凡字入二部。當作凡。云。最括也。从二从八。八。別也。物類一則約二則紛。別其紛㠯歸於要。故為凡。【奇觚室吉金文述卷一】

◉孫詒讓　又有云「同」者,如云:「乙酉卜貝雀弗其囚凡」、五十二之二。「癸亥貝率不其囚凡」、百廿六之三。「丙寅□囚凡」又云「卯□囚凡」,二百六之四。「凡」即「同」之省。詳《釋地篇》。此云「卜同」,疑亦眔占相同之意。

「癸亥卜立其凡佳」、八十四之四。「□不其征凡」、百廿之二。「丁未卜㱿貝甶凡」、百六十三之一。「辛亥卜凡或秅來」、百七十七之三。「申卜凡矦叀歸」,二百六十八之四。「凡」疑是「同」之省文。《説文·𠔼部》:「同,合會也。从𠔼,从口。」金文䀠敨「王同三方」同作凡,亦省口,與此合。散氏盤凡作凡、寰盤丹作凡,與此亦相近,并存以備攷。此云「凡或國」、「凡矦」、又云「征凡」、「甶凡」,猶前云「甶立正昌方」。則「同」當為國名。《公羊·成二年傳》:「蕭同姪子」,何休註云「蕭同國名」。《史記·晉、齊世家》同並作桐。是「同」即蕭,為商同姓國,《史記索隱》引《世本》,蕭,子姓。或即此也。又有云:「壬戌卜方其凡」,二百卅七之一。則當為會同之「同」。猶《詩·常武》云:「徐方既同」,與國名義雖異,而文可互證矣。又有云「卜同」者四事,非國名,詳前《釋卜事篇》。又百十一之一云「戊□凡」,二百廿三之三云「貝□凡□」,七十二之一云「己□卜貝好凡之疥」,亦並似非國名,附識于此。【契文舉例卷上】

◉林義光　説文云。同。合會也。从𠔼口。按古作同同尊彝戊。作同鄭同媿鼎。作同散氏器。从口凡。與咸从口戌同意。【文源卷十】

◉高田忠周　説文。同訓合會。稍缺妥當。但亼口為合。凡口為同。兩字義近。其義元謂衆口同和。所謂異口同音。相和相叶也。轉為凡合同合會之義。許氏同收于凡部。非。今正移之。易𧝓卦。同人親也。此稍本義也。【古籀篇四十八】

◉鮑　鼎　鄭君媿鼎。同釋文作同。賸稿。古籀補。皇華紀程。亦皆釋同。題名及目録誤作君。【窓齋集古録校勘記】

◉郭沫若　同字,同卣作同,不嬰毁作同,姑馮句鑃作同,所从𠔼字二直均上出,从同之字亦如是。【黄君毁　兩周金文辭大系考釋】

◉強運開　□張德容云。說文。□。从冃口。合會也。小異。運開按。同敔及鄭同媿鼎均作□。與鼓文合。【石鼓釋文】

◉楊樹達　《說文》七篇下冃部云：「同，合會也，从冃，从口。」按冃訓重覆，與口字意不相會，無由成合會之意。《段注》云：「口皆在所覆之下，是同之意也。」江沅《說文解字音韻表》引段氏說云：「口言不一，冃而合之，說會意。」《江氏書凡例》云，凡疏中不言沅案者，皆先生所自注，或先生所說也。樹達按：段氏兩說皆強為傅會，略無理致，蓋許君說形差誤，故義不能合也。今尋甲文同字作□後編卷下拾之弍，字从凡，不从冃。金文同卣、不嬰毁、鄭同媿鼎、姑鵬句鑃亦然。按《說文》凡訓最括，引申有皆字之義，此與口字義會，且與咸僉皆諸文組織相似，其形是也。二篇上口部云：「咸，皆也，悉也。从口，从戌。戌，悉也。」凡口為同，猶悉口為咸也。五篇下亼部云：「合，亼口也。从亼口。」凡口為同，猶亼口為合也。又云：「僉，皆也，从亼，从吅，从从。」按吅从二口，从从二人，凡口為同，猶二人二口亼合為僉也。四篇下□部云：「皆，俱詞也，从比，从□」，按□者鼻也，比為反从，亦二人也，凡口為同，猶比□為皆也。古人制字，因義賦形，形與義未有不密合者。說者失其形，則義具而不知其源；失其義，則形孤而無所麗。《說文》解有字不从肉而从月，㝵字不从貝而从見，此失其形者也；訓反為覆，訓丞為奉，此失其義者也。其以冃口解同，乃失其形，有㝵之類也。劉心源說金文，謂同字當从凡，見《奇觚室吉金文述》壹卷貳拾葉下《鄭同媿鼎跋》。善矣。余今以甲文同字亦从凡，更取同之義類字咸合僉皆四文之構造申證其說云爾。【積微居小學述林】

◉李孝定　同字甲骨金文皆从「□」、不从「冃」，篆始譌「□」為「冃」；□為槃之初文，用為最括之辭乃叚借，說者以同咸並舉，以說「同」字會意之指，是取「□之叚借義，恐未必然；「同」字何以取□口為義，蓋未易言也。【金文詁林讀後記卷七】

◉王　輝　戎大同，永追汝　同為合聚之義，《詩・吉日》：「獸之所同」，《呂氏春秋・精諭》：「天符同也。」丕字郭釋從，非是。叔向父毁、伯匕鼎、杞伯鼎永都作丕，此銘則永、丕并見。永，遠也。此言戎合聚兵力，遠追不其。伯氏言此，意在告誡不其敵甚強大，不可輕視。【秦銅器銘文編年集釋】

◉曾憲通　□星唇不同。乙七・二九。疑是「同」字，因絹裂而變形。李學勤釋作公。【長沙楚帛書文字編】

◉黃盛璋　「同」(□)即「銅」字，最早銅皆稱金，而黃金前必加「黃」字，後始以金稱黃金，而另用「同」字表銅。齊洹子孟姜壺：「用鑄爾差銅」，郭沫若釋為「銅」字而下注「鍾」，一器字從金從□，另一器則從金從□，都無法確定就是「銅」字，曾侯乙墓相當戰國早期，遣策常用黃金表銅，如「黃金之盾、二戈」，「黃金之勒」，未用「銅」字，信陽楚墓遺策有「二銅，純有蓋」(簡2—014)，緊接其前有「湯鼎」，「盧(炉)」「鍬鼎」，此字極像「銅」字，但實從「□」，上端缺一橫不相連，遺策「金玏」、「金足」等仍用金表銅。包山楚墓遺策「食室之金器」(簡251)、「□之金器」(簡252)皆指銅器，「金比」(簡253)即銅匕；遺策數見「赤金」之器，而同出竹簡以黃金稱金，或簡稱金，則赤金當指銅，總之未用「銅」字。直至壽縣出土楚王熊悍鼎「戰獲兵銅」，為「銅」字首見於楚器。濟南市博物館藏「平阿左同戈」，齊最早用「同」字表銅。上海博物館藏長子盉有「受左吏奉銅、銅婁口」，兩用「銅」字，而皆從金旁，不加金旁以「同」表銅，最早唯齊平阿戈及此器。【戰國祈室銅位銘文破譯與相關問題新探　第二屆國際中國文字學研討會論文集】

青　青

乙一九六八　卜辭青用為㲄　昔祖丁不黍隹青　乙二〇二三　卌青　乙二八三三　貞𢀛　青于父乙　乙三〇六三反　大青　乙四六九四反　出于大甲祖乙祖辛叀新青　乙六四三七　一青　乙六四七八　乙六五八〇　乙七〇〇八　乙七五〇八反　後一・五・一　一羊一青　後二・四一・五　三青　林一・一二・一七八青　八青　京都二二八三　粹五〇三　六青　珠一　珠六八三　師友一・一九　明藏五四七　京津六〇九四青　京津一一〇四　明一七五一　明二〇二二　存一九六七　存下二七五　摭續五八　京都七二五

【甲骨文編】

粹1268　【續甲骨文編】

◉許　慎　青幬帳之象。从冂。㞢。其飾也。苦江切。【說文解字卷七】

◉林義光　今字以穹為之。天為穹蒼。氈帳為穹廬。是也。穹隆疊韻。是穹音亦轉如空。青遇韻空東韻雙聲對轉。古作虢叔殷匜㲄字偏旁。象形。【文源卷四】

◉唐　蘭　青或變為南

右青，亦即南字。孫詒讓釋南，栔文舉例上三七。學者從之，而不知其本為青字也。據卜辭，方向之南，本無正字，借青為之。後世形聲俱變，遂歧為二字耳。

余為此說，似頗詭異，然有確證三，非故求新誕也。請實我言如下：一曰，以形體演變證之。卜辭青字形體雖繁，要以作

□形者為最原始。其演變之大畧如次：

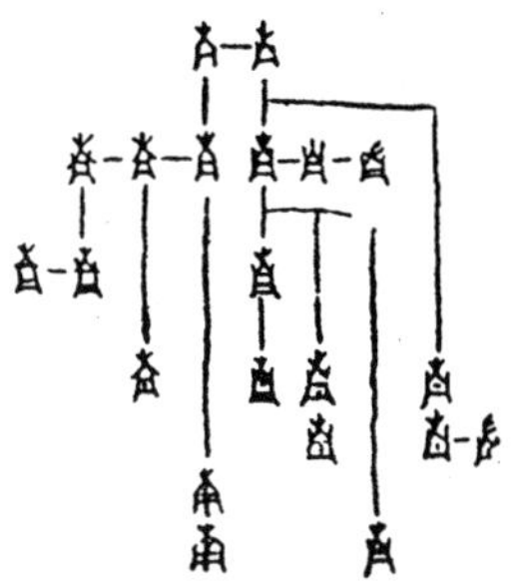

由此可見□為原始形；卜辭□字甚多，大抵從□或□，亦可為證也。

說文：「□幬帳之象，從青，𡳿其飾也。」按□小篆作□，□小篆作□，依此例，是小篆之□，即古文之□矣。

二曰，以偏旁證之。卜辭□字習見。孫詒讓釋𣪊，甚是。自王國維改寫為𣪘，遂無人能識矣。□字實從殳青聲。

三曰，以卜辭用法證之。卜辭用此字，凡有二義，一為方向之名，即後來析為南字者。其一則所祭品物之名，例如：「一青」、「二青」、「三青」、「五青」、「八青」、「九青」、「十青」之類，當讀為「穀」。古者叚青為穀，或又叚𣪊為之，變為形聲字，則為從禾𣪊聲之穀字矣。

以字形言之，卜辭南方之字，本作□，實即青字；以偏旁所從言，可寫為𣪘形之□實即𣪊字；以假借言，前人所誤認為「八南」、「九南」者，實為「八穀」、「九穀」；則卜辭此字應釋為青，可無疑焉。

說文以青為「幬帳之象」，而於南下云：「屮木至南方有枝，任也。從宋羊聲。」二說均與字形不合。□與幬帳之形，既殊；𣪊字從殳擊青，與殸之從殳擊聲，鼓之從殳擊壴，同例，可證青可用為樂器之屬而非幬帳也。至南字本即青字之歧出，在漢時小篆變作□，許氏遂誤認為從宋羊聲耳。說文今本篆作□，或作□者，並誤。又古文□實即□之誤。林義光文源據金文作□，林又引□形乃萳字之誤。解為「𡴘之古文，木柔弱也。□象形」。亦涉附會，蓋據說文羊聲之說，僅改宋為□耳。

郭沫若作釋南，甲骨文字研究上第十三葉。舉骨文金文南字以明不從宋與羊聲，其說甚是。然其謂：「由字之形象而言，殆鐘鎛之類之樂器」，則非也。郭氏所列四證，惟第一證以豰殸二字，與𣪘字相比較者為確實可信，然只能證為樂器，無以定為鐘鎛也。其第二證引詩鼓鐘云：「鼓鐘欽欽，鼓瑟鼓琴，鐘磬同音。以雅以南，以籥不僭。」及文王世子「胥鼓南」，以明南為樂器名。此事友人羅庸氏及余皆疑之。蓋鼓鐘之詩，既有鐘磬琴瑟之音，則雅南安知其不為雅詩與南詩之樂耶？文王世子僅言鼓南，亦安知其非所鼓之樂名也。今姑不論此，而假定二書所言，確是樂器，亦無由定為鐘鎛之類。且鼓鐘欽欽，明己有鐘，若南為鐘鎛，則疊床架屋矣。其第三證以大林之林為即南，則僅聲相近而無所據。第四證謂「□蕾叀等字當讀林聲，以聲類求之，當即古之鈴字，其字亦正象鈴形」。又謂南為「□之形音之畧變」，最為舛誤。㐭南截然二形，不容相混。□字出公伐郐鐘，鐘之真偽，尚不可知，其字則決非㐭或南。且即使□即南字，亦安可據後代一孤文，以為祖禰，而反謂商代所書盡為變體耶？按郭氏此釋，其尤要者為第四證，而以此證為最錯誤。其第三證必有待於第四證之成立，故亦不足據。僅據前二證，則決不能定為鐘鎛矣。

余謂南本即青，青者瓦製之樂器也。何以言之。青之動詞為殻，象以殳擊青，而殻之孳乳字為㱿，猶声之動詞為殸，而殸之孳乳字為磬也。磬為石器，㱿為瓦器，故以石缶為形也。從青孳乳者尚有觳字，知青非角器者，觳字本作般也。詳後釋般。說文「㱿未燒瓦器也。從缶殻聲。讀若筩莩」。則以㱿義如坏，坏，瓦未燒也。許氏既不知角義而訓為幬帳，亦無怪其訓㱿如坏，失其本義矣。漢時讀㱿如莩，㱿得讀若莩，猶莩得讀若殍也。莩缶聲相近，易離九三：「不鼓缶而歌」，詩宛邱：「坎其擊缶」，瓦缶為樂器，其來甚久，㱿即缶耳。以器盛酒漿言之，為缶；以樂器言之，則當以青若㱿為正字也。

以字形言之，□字上從□，象其飾，下作□形，殆象瓦器而倒置之，口在下也。其中空，故擊之硞然，說文青苦江切。殸然，《說文》殻從上擊下也。可以為樂也。上古匋樂甚多，如敲，土鼓，塤等皆是。銅器盛行後，匋樂漸廢，循至鼓缶之俗，只存於秦地，後人遂只知其所鼓者為缶，為盆，為缶，而青㱿之名俱湮晦矣。夢坡室獲古叢編禮器下□父乙爵鄒適廬跋云：「曾見殷墟所出匋器有作□形者中空，上有柄，内范四字，與甲骨文同。」又云：「四字中有□字，疑即器名。」按：銘四字鄒未詳述，謂殻為器名，殆難置信。又鄒氏不甚能別真贗，所謂銘四字，恐是偽作。

青字假借為方向之稱，其音變而為「那含切」者，古從殻得聲之字，多轉入侯韻，楚人謂乳曰穀；穀有「奴豆」一切，與「南」音極近也。以形體言，則自□而變為□；以訓詁言，則作□□等形，漸專施於南方；以聲音言，又變為「那含切」，於是，南字，形音義具備，與其所從出之青字全異。研究數千年前之古文字，其為事至艱。青南本一字，釋青則遺南，釋南又遺青。孫詒讓釋□為南，□為殻，雖似分析不精，實則不誤。後人以釋殻為非，於是「㪇」字遂不可識矣。郭沫若以卜辭之「八青」，「九青」，為「八南」，「九南」，又以「南」為鈴，為鐘鎛之屬，所以獻於祖廟者。不知卜辭言「㞢於且辛八青」，㞢即右或侑，所侑者必食品而非器物也。卜辭又言「宰㞢一牛，㞢青」，「□牛一青」，「一羊一青」，「十豖㞢青」，「卯一牛㞢青」，「□一犬一青，來三豖三羊，青二，卯十牛，青一」，「卯十牛，三青」，由此可知「青」多與牛羊豕同用，必讀為穀乃合，古侑牲以黍稷也。讀「南」不可解。若如郭說，則牲與鐘鎛同獻，尤不可通。故必知卜辭之青字，用途有二：一假為祭物，即後世之「穀」；一假為方向，即後世之「南」。然後可無凝滯耳。

青所以假借為方向者，青者穀也，善也，古人喜南而惡北，蓋緣日光之故也。郭沫若氏謂「鐘鎛南陳，故孳乳為東南之南」，亦非是。鐘鎛後起，四方之名先出也。【殷虛文字記】

◉郭沫若　第一二六八片「丁酉卜𡝩帝青。丁酉卜王帝……癸卯卜其脤。」

𡝩即要字，小篆作□，《說文》又引古文作□，从幺與小篆同，从女與彼古文同，疑彼之□實□之譌也。「要帝青」者，要殆假為郊，青讀為豰，謂郊祀上帝以豰也。青舊釋為南，于用為祭牲之事苦難解。近時唐蘭始改釋為青，而讀為穀。今案：釋青是，而讀穀則未為得。如「㞢侑于祖辛八青。九青于祖辛」，通一五九。說為八穀九穀既不辭。如「癸未卜帚鼠㞢侑妣己青犬。帚鼠㞢妣庚羊犬」，庫一六〇六。青犬與羊犬對文，則青當是動物名。更有一例曰「𤉲九牢，卯三青」，堂野前氏藏骨。與卯牛卯羊之例同，尤足證青之必為動物。由上諸證，余改讀之為豰。豰者《說文》云「小豚也，从豕殸聲。」殸則「从殳青聲」，故青可假為豰也。段玉裁云「《左傳》晉有先縠，字彘子，蓋縠即豰字。《釋獸》曰『貔、白狐，其子豰』，異物而同名也。」今卜辭既每以青為牲而與羊犬同列，自當是小豚，而非白狐子矣。

卯青之辭尚有一例，曰「庚戌卜爭貞𤉲于西，□一犬、一青，𤉲四犬、四羊、青二，卯十牛、青一」。庫一九八七。□𤉲卯均用牲之法，而青與犬羊牛同用。又于犬羊牛之外，無與豕豚同用之例。此均青當為豰之證。【殷契粹編考釋】

◉唐　蘭　第六十三片甲

甲兆面

貞今
峕（春）王
弓从
兕
乘

乙灼面

五
殸

此貞王從某人之辭。王從𡈼乘者王以𡈼乘為從也。

余按。郭訂正較余舊讀為優，惟尚須略加修正。卜辭云牢㞢一牛㞢青，前一·二·二。是青與牛同稱，云一羊一青，後上五·一。是青與羊同稱，云十豕㞢青，庫一七七三。是青與豕同稱，云一犬一青，庫一九八七。是青與犬同稱，然則青或殸，乃畜子之通稱，不僅小豕也。《莊子·駢拇》「臧與穀」，崔注：「孺子曰穀。」《方言》八：「爵子及雞雛皆謂之鷇。」《廣雅·釋親》：「豰子也。」

是青聲有乳子之義。【天壤閣甲骨文存考釋】

◉馬叙倫　徐鍇曰。幬音稠。單帳也。㞢象其幄上飾形。非之字。錢坫曰。今人云腔子字如此。倫按。說解中㞢其飾也。王筠已疑之。倫謂青非幬帳。而說解曰幬帳已不可。況曰幬帳之象。則上必有捝文矣。自周伯琦以來。說者每以為青即幢之古字。蓋徒以音近而已。若然。則亦可謂幬之古字也。要之皆於㞢字不能悉其聲義何原耳。鍇謂㞢非之字。由從之則不得其聲也。倫謂蓋從冂𡈼省聲。𡈼音匣紐。以同舌根音轉入溪紐為苦江切。玉篇又音口握切。則音如殼。疑此乃帽腔。猶鞔之為履空矣。今人言殼子亦如腔子。腔子亦呼匡子。亦可證也。形聲。【說文解字六書疏證卷十四】

◉于省吾　郭前後說並誤。唐前說是也。惟以義證不備。後又改從郭說。實無定見。郭所引堂野前氏藏骨。𡦹九牢。卯三□。見珠六八三。□字與青形有別。存疑可也。庫一九八七。庚戌卜。争貞。來于西。□一犬一青。來四豕四羊青二。卯十牛青一。歷史博物館藏骨有辭云。丁子卜。㝐貞。來于王亥十青。卯十牛三青。告。其从𡈼乘正下𠂤。按一青。青二。青一。十青。三青。均與牲數相參錯。如讀青為𣫞。𣫞亦牲也。同為一牲。栔文無如此再三複舉之例。金六二三。貞。來于王亥五牛新青。新青即新𣫞。猶他辭言新鬯新黍矣。新鬯習見新黍。見栔一二六。鬯黍與𣫞可言新。牲類無言新之理。前一・十・二。㞢于且乙。牢㞢一牛㞢青。四・四四・四。㞢青。七・一・一。貞。方帝。卯一牛㞢青。戩二五・八。來四羊四豕。卯四牛四⧄一青。後上五・一。一羊一青。余所藏明義士墨本有辭云。貞。吴以二青于父□。後下四一・五。三青。續一・一九・五。來三青。菁八。⧄十羊十豕五青乎來。王漢章氏藏栔有五㱿之辭。㱿即青。林一・一二・一七。九青于且辛。㞢于且辛八青。佚四六一。九青。上文所引歷史博物館藏骨有十青之語。栔文稱㞢青一青二青三青五青八青九青十青。青均應讀為穀。穀者百穀之總名。經傳習稱五穀。周禮膳夫。凡王之饋食用六穀。大宰。三農生九穀。詩大田。播厥百穀。易離彖傳。百穀草木麗乎土。說文。穀續也。百穀之總名也。從禾𣪊聲。栔文五青或作五㱿。㱿與穀但省禾耳。山海經南山經。其祠之禮毛。用一璋玉瘞。糈用稌米。一璧。稻米。白菅為席。注。糈祀神之米名。稌稻也。中山經。其祠毛。用一雄鷄祈。瘞用一珪。糈用五種之精。楚辭離騷。懷椒糈而要之注。糈。精米。所以享神。栔文言𣈅米或系米。乃以米祀神之證。其言㞢青即侑穀。新青即新青。其用牲時亦每雜以若干穀。米與穀雖有精粗之別。而均可為祭品一也。山海經稱糈用五種。穀類尤繁。栔文言十青。謂十種之穀也。其言朿三青。五青乎朿。朿四豕四羊青二。朿于王亥十青。是均於穀言朿。禮記郊特牲。取膟膋燔燎注。與蕭合燒之。亦有黍稷也。蓋此類也。【釋青　雙劍誃殷栔駢枝三編】

◉平心　栔文常見□字，初釋南，後改釋青。青諸家或讀為五穀之穀，或訓為㲉𣫞，或詁為畜子。考卜辭恆言卯青若干，卯義為殺；用青有至十數者，是青不能讀穀。卜辭或言卯新青若干，㲋與小畜似不能以新舊言。以契文與經籍互證，疑青即臧穀之穀。《莊子·駢拇》：「臧與穀二人相與牧羊，而俱亡其羊」，《荀子·禮論》：「君子以倍叛之心接，臧㝅猶且羞之。」按穀、㝅與臧對文，實即臧獲，本指俘虜，轉義為奴隸。崔、楊訓為孺子小兒，義不可通。凡從㱿(實從青)得聲之字多有幼小義，㝅、穀、鷇、豰等字皆是。而古代奴隸每與幼小義相因。與君子對稱之小人初義為臣宰，後為賤民通稱，小人與孺子義亦相通。童豎指小兒言，而臣妾亦稱童(僮)豎。少年本指孺子言，而周末秦漢間奴隸賤民間或亦稱少年(說詳《秦漢刑徒奴隸考》)，㝅、穀訓小兒，又訓奴虜，情形正相彷彿。

卜辭言卯青、㞢青、尞青，皆謂用俘虜奴隸獻祭。

契文又言新青，新不能讀為新舊之新，新青與《頌鼎銘》之新造聲義俱通(說詳《釋新》)，造從告聲，與青音近，從造之簉訓卒，卒即隸人，是造亦當為奴虜類。新青與新造之新本指鬼薪(新)，鬼薪得名於鬼親，即《小盂鼎銘》「以(與)親從商」之親及《師酉𣪕銘》與諸夷並稱之新，其後新或親由族名變為俘虜奴隸共名。《詛楚文》：「幽約敹戜」，敹戜即新馘。《逸周書·世俘》：「乃以先馘入，燎于周廟」，古先與新通，有姺一作有㜪，是其證，先馘自是敹戜；先馘燎于周廟，與卜辭尞(燎)新青，事可互證。

青又稱區，古音區、青皆侯部字，喉、牙二紐聲亦相轉，故青即區。《小盂鼎銘》：「凡區以品」，區即俘虜。《師袁𣪕銘》：「毆孚(俘)士女羊牛」，毆俘連文，可見區與俘獲義近。《穀梁傳》隱五年：「苞人民、毆牛馬，曰侵」，苞讀俘，毆當是敺之譌，苞(俘)與毆(敺)對文，與《師袁𣪕銘》同。《左傳》昭七年：「吾先君文王作僕區之法」，注：「僕區，刑書名。」《釋文》引服虔云：「僕隱也。區匿也，為隱匿亡人之法」。按服訓非是，僕與區並為奴虜名，僕區之法當即管制奴隸之刑律。

青、區與獲義既從同，聲亦相近。古音獲讀見母，隸魚部，得與區、青互通，《莊子》之臧穀與《荀子》之臧㝅，即羣書之臧獲。

總之青與獲、區、造(䢜)初義為俘虜，轉義為奴隸，卜辭言卯五青，即殺五名俘虜或奴隸，言㞢十青，即以十名俘虜或奴隸獻祭，餘類推。【甲骨文金文劄記　華東師範大學學報一九五八年第三期】

◉饒宗頤　于氏讀「青」為「穀」，謂九青猶周禮大宰之九穀，說亦可通。惟穀數無稱五十之理，故不如讀為豰。說文：「豰，小豚也。」爾雅釋獸：「貔白狐，其子豰。」狐之子亦可稱豰，是豰又為幼畜之通名，不限于豕也。故知「一犬一豰」，即謂大犬一與幼犬一，「牛十青一」，謂大牛十與小牛一，此契文以專名為通名之例。玉篇豰下注：貔子也。字或作㺍，从犬，則為後起字。【殷代貞卜人物通考】

◉李孝定　栔文作諸形。除與牲名並見者外。餘均假為方名之南。諸家說此者不一。其辭詳六卷南字條下。茲不

復贅。前寫南字條時偶佚于說。故補之於此。其與牲名並見者。當讀為㱿。唐氏後說是也。廣雅釋親。「㱿。子也。」說文。「㱿。乳也。」是則㱿之引申義當有乳子之義。初生之子也。卜辭青字每與牛羊犬豕並見。蓋凡牲之乳子並得稱㱿也。于氏从唐氏前說讀為穀。謂用牲者每侑之以穀也。說非人祭祀所以悅鬼神。其所以為祭之法。必與人類之生活習慣相類。犧牲玉帛。人之所好也。故以事鬼神。先民之於犧牲。每燔燹以為食。故祭祀亦有燔燹之儀。黍稷百穀。所以實籩豆。故卜辭恆言「𤼷黍」。「𤼷米」。𤼷之所从即為「豆」字。蓋既炊之後。貯以籩豆。故鬼神得享其馨香也。既未聞人類燔燹黍稷以為食。斷無燔燹百穀以事鬼神之理。于氏引郊特牲鄭注以證其燔燹黍稷之說。考鄭氏此注。蓋因上文「既灌然後迎牲。致陰氣也。蕭合黍稷。臭陽逢於牆屋。故既奠。然後焫蕭合羶薌。」為言。上文鄭注云。「灌謂以圭瓚酌鬯始獻神也。已乃迎牲於庭殺之。天子諸侯之禮也。奠謂薦孰時也。⊘蕭薌。蒿也。染以脂含。定按。「含」疑「合」之字誤。黍稷燒之。詩云『取蕭祭脂』。羶當為馨聲之誤也。」鄭氏此注蓋緣經文「蕭合黍稷」一語而誤。按。蕭合黍稷所以為奠。鄭云「奠薦孰時也」是也。即炊黍稷。實諸籩豆以為祭也。必以蕭合黍稷者。蕭者薌香蒿。周人尚臭之意也。經文固未言「焫蕭合黍稷」也。而下文則明言焫蕭合羶薌而不及黍稷。明祇是以蕭染脂燒之。所焫固不及黍稷也。此正鄭氏所引詩「取蕭祭脂」及下文「取膟膋燔燎」之義。詩及此經下文同亦不及黍稷也。說文無焫字。郊特牲陸釋文曰。「焫。如悅反。與爇音義並同。」按。說文「爇。燒也。」為焫之本字。鄭氏徒取「蕭合黍稷」一語而忽「既奠然後」之辭。不知「蕭合黍稷」與下文「蕭合羶薌」實乃截然二事。前者取其馨香。後者取其助燃而已。實互不相涉也。孔疏亦沿鄭注之誤。茲不具論。禮記禮運。「其燔黍捭豚。」經文雖明言「燔黍」。而鄭氏注則云「中古未有釜甑。釋米捭肉加於燒石之上而食之耳。今北狄猶然」。與郊特牲注異。蓋鄭氏亦知黍稷不可以燔而後食。(此經上文言「夫禮之初始諸飲食。」)故其言如此。而郊特牲則言「蕭合黍稷」。鄭君不察。故其言又如彼耳。今按。禮運注之說是。又卜辭有「卯三青」一辭。于氏知卯之不可施于百穀。遂謂是辭青字作□。與青形有別。當存而不論。實則從「一」與它文從「一」者固無殊異。特一作空廓。一作實筆。古文衍變此例多有也。且它辭言「束子王亥十青卯一十牛三青。」就文法言。卯之一字亦兼晐十牛與三青言之。倘謂卯之字義僅及於牛。則此三青姑不論其為穀若牛子者將何以處之。燹之乎。抑𤙭之乎。青既言卯。則必為牲名可知。且卜辭薦新之祭必具舉穀名於侑祭時。當無混言八穀九穀之理。且「一穀」之辭又將何以解之。何不逕舉穀名。如薦新之祭之所偁乎。總上所論。卜辭青字之與牲名同見者。當如唐氏後說讀為㱿。解為牲子。至究為何牲。則視其上言犬豕牛羊為別。言新青者。猶言初生之犢。若羔也。餘詳前六卷南字條下。請參看。【甲骨文字集釋第七】

◉唐　蘭　青字作□當即□之變，□加兩點，□變為井。青讀如穀，《詩·甫田》：「以穀我士女」，毛傳：「穀善也。」【論周昭

王時代的青銅器銘刻　古文字研究第一輯】

乙1579　1941　2446　2452　5011　6405　6419　6921　珠166　766　福　20　佚596　續4·45·7　5·10·3　6·11·3　徵1·3　1·4　凡22·2　六中41　書　1·5·G　粹611　805　819　820　新521　【續甲骨文編】

94　257　【包山楚簡文字編】

冡犯之印　【漢印文字徵】

◉許　慎　覆也。从冃豕。莫紅切。【説文解字卷七】

◉林義光　冃豕非義。古作邵王敦盞字偏旁。象豕首多毛覆蔽之形。説文云。。王女也。从艸冡聲。按。經傳無冡字。覆冒之義皆以蒙為之。古作。亦與蒙形近。蒙本義當為覆。王女即女蘿。爾雅謂之唐蒙。此疊韻語。陽東韻轉。無本字。【文源卷四】

◉丁　山　《卜辭》常見字，其辭曰：

「貞今□□从侯虎伐方，受之義」。(《殷契》四第四十四葉)

「☐貞令旃从侯寶☐。」(《殷契》七第卅一葉)

「貞令侯歸。」(《徵文》人名四十九及五十版)

「辛巳卜貞王亩伐☐受☐。」(《戩壽堂文字》十三葉第五版)

「貞今夕雨。」(《藏龜》百葉)

侯連文，當是殷時侯國之名。王國維疑「與《毛公鼎》字，《虢季子白盤》字，《召伯虎敢》字，殆為一字；其字前人皆釋為庸，疑即邶鄘之鄘。商器中屢見北子(即邶子)又有鄘侯則邶鄘固殷之舊國矣。」(《戩壽堂殷虛文字考釋》)山按：邶鄘立國，誠在殷世，然庸許君言「从用从庚」與形絶遠，从从與形尤不倫，前人釋為庸非也，王君謂一字亦非也。《卜辭》亦作□（《殷契》六第六十葉），下或从□，蓋簴簾之類，疑是器物之名，□象其柄，所謂「太版為業，業象樂縣」，亦象器縣也。其為何字？不敢肊斷。然□象帷幕交覆，中施皇邸之形，則碻然明白。《周禮・天官》「幕人，掌帷幕幄帟綬之事，凡朝覲會同軍旅田役祭祀共其帷幕幄帟綬」，鄭玄注：「王出宮則有是事。在旁曰帷，在上曰幕，幕或在地展陳于上，皆以布為之，四合象宮室曰幄，王所居之帷也。」又「掌次，掌王次之法，以待張事，王大旅上帝，則張氈案，設皇邸」，鄭衆注：「皇羽覆上，邸後版也。」鄭玄注：「張氈案以氈為牀于幄中，後版，屏風歟？」古者天子有事于外，必設帷幄，帷幄之中，必施屏風，□中之□正象後版屏風之形；其外之□，正象帷幕在地施展于上之形；當即冡之初字。許君説「□覆也，从冃豕」，豕字無義可説。亥古文作□，《卜辭》一作□（《殷契》三第三葉）□（《殷契》八第一葉），家从豕，《卜辭》一从□作□（《殷契》一第卅葉），□之與□相去幾何？竊疑冡本作□或省其下為□，後世一誤為□，再誤為□；于是後版屏風之意失矣。冡幏古今字。《法言・吾子》「震風淩雨，然後知夏屋之為帡幪也」，注云：「帡幪，蓋覆也。」蓋覆者，幪誼之引申；帡幪者□形之初誼，許君以覆訓冡，得其最初引申誼，究非□之本訓也。冡孳乳為蒙，《方言》《小爾雅・廣詁》俱云：「蒙，覆也。」《論語・季氏》「夫顓臾，昔者先王以為東蒙主」，《魯頌・閟宮》「奄有龜蒙，遂荒大東」，《毛傳》及孔注皆曰「蒙山」，《漢書・地理志》謂「在泰山蒙陰縣西南」。蒙陰因蒙山為名，其地又遠在泰山之旁，與卜辭所稱「冡今夕雨」不合，當非冡侯之故都。冡侯故都，疑即汳水南大蒙城。《括地志》：「宋州北五十里大蒙城，即景亳，湯所盟地，因景山以為名。」景亳，酈道元《水經注》疑即「蒙亳」，皇甫謐亦曰「蒙為北亳」，北亳即《地理志》之山陽郡薄縣，臣瓚注云：「薄，湯所都。」闞駰《十三州志》云：「景亳湯都也。」《皇覽》亦謂，「薄城北郭東三里平地有湯冡。」則漢之薄縣，碻湯之故居。《史記・殷本紀》：「帝盤庚之時，殷已都河北，盤庚渡河南，復居湯之故居」；其在《紀年》則謂「盤庚自奄遷于北蒙曰殷」，《項羽本紀》索隱引汲郡古文亦曰：「盤庚自奄遷于北蒙」，北蒙北亳豈一地乎？按莊十二年《左傳》：「宋萬弒閔公于蒙澤，公子御説奔亳」，杜注云：「蒙澤宋地，梁國有蒙縣，蒙縣西北有亳城。」《十三州志》以薄城為貫城，亦云：「在蒙縣西北」，則蒙自為蒙，亳自為亳，北蒙之北，實以別于東蒙，蒙亳之稱，亦以其境地阢連輥而為一矣。蒙本近亳，而亳則王城，故得卜其雨否？辭又言，「从冡侯虎伐□方。」□方，葉玉森疑「與□為一國，□从茁从人，或古雲夢之夢」（《殷契鉤沈》）。山按：葉釋是也。□方，即曹之鄸邑。《春秋》昭二十年，「曹公孫會自鄸出奔宋」，杜注，「鄸，曹邑。」《寰宇記》，「濟陰乘氏縣西北有大鄉城，曹之鄸邑也。」《山東通志》亦曰，「鄸城在曹州府荷澤縣西北三里。」曹之南鄙，即宋之北鄙；鄸在陶丘之東，而蒙在商丘之北，自鄸至蒙，不過二百里，以蒙伐鄸，亦不過兼日之程。公孫會自鄸奔宋易，而商自商丘代鄸，則必道出于蒙；以冡侯伐鄸之事考之，知□必汳水南之大蒙城矣。蒙去商丘僅五十里，是在天子縣內。《王制》，「天子縣內，方百里之國九，七十里之國二十有一，五十里之國六十有三」，又曰，「公侯田方百里，天子三公之田視公侯」，冡君稱侯，豈商初之公卿乎？抑河亶甲遷相後新建諸侯乎？此雖非所知，然梁

國郡蒙縣即𡨄侯故都，𡨄即汲郡古文所稱北蒙也則無疑。【釋𡨄　歷史語言研究所集刊第一本第一分】

◉郭沫若　隺字王國維釋風，謂「从隹从凡，即鳳字，卜辭假鳳為風」。《戩釋》六・十。案此字从冃从隹，並非从凡。卜辭凡字作月，乃盤之初文，其它鳳字可證，與此从冃作者迥然有別。又此字有與鳳字同見於一片者，《鐵》・二六〇又《明》・二一四六，二片俱殘，僅存二字。亦不得為風。余謂此當是冡字之異，《說文》「冡，覆也，从冃豕」。字今作蒙。冃豕為蒙，冃隹亦蒙意也。字每與風雨同見，必假為天象字無疑；余意蓋假為雺若霧。《書・洪範》「曰雨、曰霽、曰雺」，《傳》云「蒙陰闇」，疏云「『曰雺』，兆氣蒙闇也」，又云「雺聲近蒙，《詩》云『零雨其蒙』」。均以蒙釋雺，今書竟作蒙，乃衛包所改。音近可通。《史記・宋世家》引作霧。卜辭隺字殆兩用，其言「雨隺」「風隺」者，如《詩》之「零雨其蒙」。其單見者，蓋用為霧。【卜辭通纂】

◉馬叙倫　沈濤曰。華嚴音義上引說文曰。蒙謂童蒙也。蒙即冡之假借。從艸者為王女。經典借用為童蒙蒙覆字。慧苑此引亦即此字之一訓。朱駿聲曰。依冡字例。當从冃豵省聲。倫按。从冃。豕聲。今篆闕一筆耳。豕聲矦類。東矦對轉。故冡聲入東類。然亦冂冃之音同明紐轉注字。亦最之聲同矦類轉注字。古官名冡宰。言諸宰之冠也。【說文解字六書疏證卷十四】

◉李孝定　[glyph]字从隹从冃。說文所無字。象以物覆隹之形。乃會意字。以象意字聲化之例推之。當解云「覆也。从冃隹。冃亦聲」。與許書七卷冃部之冡同意。其聲亦當相同。今書逕收作冡。稍有未安。當隸定作隺。讀為冡。於義乃合。舊釋風。以為[glyph]之或體。非是。藏二六〇・四辭殘餘「[glyph][glyph]」一文。其義雖不完。然可證其決非一字。字在卜辭為天象字。郭釋冡讀為霧。可从。【甲骨文字集釋第四】

◉李孝定　說文「冡。覆也。从冃豕。」契文从冃隹。舊多釋為鳳之異文。假為風。惟甲文鳳字皆从凡。作月。而此字皆从冂。無一作月者。足證其誤。葉氏舉「大[glyph][glyph]」一辭。謂[glyph]是風字之異。說非。「大[glyph]風」與「大[glyph][glyph]」並是紀天象之辭。然風[glyph]不必同字。猶言「大雷雨」或「大雷風」。風雨豈亦同字乎。陳氏釋隺。讀為霿。亦有未安。隺字从工。古金文从工之字。如同冘央之屬。皆从工。無一从冃者。足證二者之非一字。且陳氏說隺為雨止雲散。是與攺義相近。卜辭中每多隺攺對貞之辭。如陳氏言則將無以為解。郭釋冡。讀為雺或霧。以讀陳文所舉諸辭。如續・六・一一・三、後・下・二五・六、續・四・三六・八、前・六・五一・六等辭。莫不怡然理順。如粹・八一九云「旬日其雨其于丙辰隺不雨」。蓋謂丙辰僅有霧而不雨。如讀為霿。則其意將為「丙辰雨止雲散不雨」。上言「雨止」而下言「不雨」。不亦緟複無理邪。通讀諸辭。實以郭說於義為長也。即如陳氏之言。亦當釋為隺。讀為暀。不當讀霿。本書已於四卷隹部收此作隺。其字主於冃。依例應入冃部。以為从冃隹會意。說文

所無。以其形音義與許書冡字並近。故更收作冡。以為隺字重文。【甲骨文字集釋第七】

◉胡厚宣　卜辭字从冃从虎，即是虎字，亦即是《說文》的冡字。

《說文》：「冡，覆也，从冃豕。」段玉裁注：「从冃豕會意。」冃即冃冒，亦即帽。但从冃豕是會什麼意呢？豕是一種家畜，从新石器時代原始氏族社會，就已經為人類所馴養，豕的用處，是供給食肉，其形象肥胖笨重，并不雅觀。冡字从冃豕會意，無論說是蒙豕以帽，或帽子上以豕為裝飾，都不近情理。所以林義光說，冡字从「冃豕非義」。朱駿聲則為之勉強解釋，說「依冡字例，當从豵省」。但豵字是不到一歲的小豬，又或言豕生三子為豵，从豵會意，也難以講通。

今以甲骨卜辭虎字證之，知其字當从冂从虎。古文虎字作，豕字作，字形相似，容易混淆。《說文》冡字从豕，疑當為从虎字之誤。看後引1、2兩辭，豸、虎同版，虎字所从之虎字作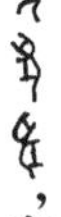，豸字所从之豕字作，一個是大頭張口長尾，一個是小頭尖口短尾，兩字不同，但字形相似。《說文》冡字所从之豕字實當作虎，冡字則當作虎。甲骨卜辭中的虎字，即是《說文》的冡字。

冡字《說文》从冃，冃即冃，冃即冒，所以冡冒音義相通。徐灝說，「冡冒雙聲，義亦相近，故冡謂之冒，冒亦謂之冡。」冒之義又為蒙。《一切經音義》十三說，「冒，蒙也。」《漢書·食貨志》說，「廉耻相冒」，又《地理志》說，「宻侈貪冒」，顏師古注并云，「冒，蒙也。」《漢書·王商傳》說，「冒城」，郭璞曰，「冒，蒙覆也。」蒙之義亦為冒。《周禮·方相氏》說，「蒙熊皮。」鄭玄注，「蒙，冒也。」《呂氏春秋·知接》說，「蒙衣袂。」高誘注，「蒙，冒也。」《左傳》襄公十四年說，「蒙荆棘。」杜預注，「蒙，冒也。」冡冒相通，冒之義亦為蒙，蒙之義又為冒，所以冡字又即是蒙字。

古冡字即今蒙字。段玉裁說，「凡蒙覆僮蒙之字，今字皆作蒙，依古當作冡，蒙行而冡廢矣。」桂馥說，「冡通作蒙。」邵瑛說，「冡，今經典通用蒙字。」朱駿聲說，「冡，經傳皆以蒙為之。」王筠說，「冡，經典借蒙為之。」

甲骨卜辭中的虎，即《說文》的冡，也即是今天的蒙字。

殷武丁時卜辭說，

1. 甲戌卜，豸虎〔隻〕艮。

2. 甲戌卜，〔豸〕虎〔不其〕隻艮。（孟廣慧舊藏）

3. ……辰卜，〔豸〕虎不其隻〔艮〕。《續存》上763。

1、2兩條卜辭，是一版龜腹甲的頭部，兩辭左右對貞。1辭占正面，大意說，甲戌日占卜，豸這個人，要蒙着虎皮，以為偽裝，領頭去進犯敵人，問能夠抓住俘虜麽？2辭占反面，大意說，甲戌日占卜，豸這個人，要領頭，有所進犯，問不能夠抓住俘虜麽？

兩辭都是第一卜。

3辭一片，看字體事類，可能與1、2辭一片為一版之折，可惜已經不相連屬。內容一樣，也是說某辰日占卜，問豙這個人，要蒙着虎皮，以為偽裝，領頭去打衝鋒，不能夠抓住俘虜麽？

甲骨卜辭稱作戰的勇士，蒙着虎皮，偽裝以向敵人進犯為⿱冖虎，即蒙，這和古代文獻所稱蒙皋比，蒙虎皮，載虎皮，包虎皮，以虎皮表兵衆，以虎皮佩劍刀，身穿虎皮衣袴的說法，是完全相符的。

蒙者冒也。乃勇士出征，披虎皮偽裝，以冒犯敵人之義。蓋古代作戰，以虎皮表軍衆，以虎皮包兵甲，戰士戰馬也都蒙以虎皮。即是統治階級宮庭的武衛，像虎士，虎臣，虎賁，亦皆以虎字為名，身上穿着虎皮衣袴，腰里用虎皮系着刀兵。還有統治階級出獵，前面有蒙着虎皮的皮軒車，後面隨着身披虎皮的獵手，獵手上身穿着斑文的虎皮衣，下身穿着白色的虎皮袴。凡這些披戴的偽裝，都是使用虎皮以逞其凶猛，所以⿱冖虎从虎字。

以虎皮偽裝，謂之為蒙。如戰士戰馬，凡是披虎皮偽裝，以出征作戰，都以蒙字稱之。就是方相氏偽裝，蒙熊皮謂之蒙，蒙玄衣朱裳，謂之蒙，蒙諆頭戴面具，亦謂之蒙。獵手蒙鶡冠鶡尾，亦皆謂之蒙。而前驅蒙着虎皮的皮軒車，則謂冒，冒蒙也，也即是蒙。這便是古文獻蒙字，也就是甲骨卜辭中⿱冖虎字的真實意義。

由甲骨卜辭看來，殷武丁時有武將名叫豙，也常見于殷金文。他是一個在殷王武丁以下地位相當高的奴隸主，能夠統率軍隊，常常手持大刀率領師旅去征伐西北的苜方。在西北征伐羌人，得到了大批戰俘，還要向殷王貢獻，或者用以祭祀先王。殷王武丁又曾親自連卜三次，問豙是否能夠抓得住蕉族的俘虜，可以想見其威武的程度。

豙這個武將，凡是參加征伐，經常身着虎皮為偽裝，以威嚇敵人，這即是所謂⿱冖虎。豙在殷王朝經常擔任着通過征伐以攫俘虜奴隸的任務，所以卜辭中多次貞卜豙是否有所俘獲。

我國古代史上，有着不少關于驅獸作戰的傳說。如黃帝與蚩尤作戰，據傳說黃帝和蚩尤，雙方面都訓練一批虎豹熊羆之類的猛獸，以參加戰爭。周武王伐紂，稱其士兵為虎賁，又稱之為虎旅，都是以虎為名。至于殷紂的士兵，則又往往以「歸獸」「猛獸」或「虎豹」「犀象」以稱之。一直到漢朝的王莽，因為復古，出師時也要驅使一些猛獸虎豹犀象之屬以助武威。

關于古代這類驅獸作戰的傳說，從前有不少學者解釋為并非真是驅猛獸作戰，乃是教士卒習戰，以猛獸之名名之。但由前引⿱冖虎字蒙字看來，乃是勇士作戰蒙猛獸之皮以為偽裝，情況非常明白。像關于蚩尤的傳說，就正是說的身披獸皮頭戴牛角，偽裝而觝人。又如南北朝的宋慤作戰時，也正是把人偽裝成獅子，并非真是說的猛獸和獅子。

這種僞裝猛獸以衝鋒作戰，便是甲骨卜辭中所説的㝠，也就是古文獻上所謂蒙。

最有興趣的是，1973年4月，在北京舉行的「墨西哥歷代文化藝術展覽」陳列有三至九世紀在波吶帕克瑪雅人關于勇士和戰俘的一幅壁畫。俘虜們散髮光身，屈服卧倒于地上，勇士們則手執刀兵，挺身而立于俘虜之前，頭戴凶猛的獸頭帽，身披斑文的虎皮衣，就連脚上也包着一塊老虎皮，僞裝成一種極爲凶惡可怕的樣子。地上砍下了俘虜的人頭，有的人頭還掛在勇士的胸間，勇士是貴族，戰俘是奴隸，階級對比，非常鮮明。階級殘害的場面，活靈活現。勇士們用虎皮僞裝的情形，栩栩如生。用它來説明甲骨卜辭中的㝠字，那就再適當没有了。【甲骨文㝠字説　甲骨探史録】

◉孫常叙　《説文》「冡，覆也。从冃豕。」許君把它列入冃部，學者説它會意。徐灝《説文解字注箋》説「冡、冒雙聲，義亦相近。故冡謂之冒，冒亦謂之冡。」《周禮》「方相氏掌蒙熊皮。」鄭注「蒙，冒也。」冃部曰「冒，冡而前也。」今以「冒」「矛」同音，「雺」「蝥」並从「矛」聲，都是幽部之字；而鄭玄曰「雺聲近蒙」，陸德明曰「蝥亦音濛」。把這些現像綜合起來，可以看出：「冡」當是从豕冃聲之字，冃幽東音變而入東韻，並不是會意字。

甲骨文从⌂之字，除□外，還有一個□字。這個字諸家多以爲「圂」。按「圂」字从「囗」，「像豕在囗中」，卜辭自有「圂」字作□□。从⌂和从囗不同，釋「圂」之説是不可信的。同時，也不能把它和从⌂之□相混。因爲⌂和「交覆深屋」之形是不相同的。

□應該是冡的初文。

我們在研究□字的過程中，已經知道：⌂就是《説文》之冃的本形，它與「冒」「矛」同音，是幽部字；从林和从木可以是同一字的緐音；幽部明母字，如「雺」，可以音轉入東而讀爲「蒙」。而从冃，作爲「蒙」的聲符的「冡」也在東部。這些事實對□字共同起作用，它們使我們不能不得出這樣的結論：□就是《説文》冡字的初文，在字形結構上是从豩冃聲，是形聲而不是會意。甲骨文⌂是它的聲符，小篆从豕是甲骨文从木之省。

知甲骨文□爲从林⌂聲之「冡」，則《甲骨文合集》第四册，第1319頁，第9062、9063、9064、9065正諸片的□□由於□从⌂聲，它當是與「盤蝥」同音的雙音節詞。《説文》「蝥，盤蝥，毒蟲也，从虫般聲。」「蝥，盤蝥也。从虫敄聲。」「蝥」从「敄」聲，「敄」从「矛」聲；「矛」與「冃」(冒)古音同在幽部明母，而⌂乃冃之初文，因知「般□」有「盤蝥」之音。

以幽轉入東，「雺」音爲「蒙」例之，「般□」不僅就是「般冡」，而且由於後一音節對前一音節的影響，致使「般」由元轉東，發生韻尾同化，變「般冡」爲「蠭蒙」、「逢蒙」。

《孟子·離婁下》：「逢蒙學射於羿。」趙歧云：「羿，有窮后羿。逢蒙，羿之家衆也。」《春秋傳》曰：「羿將歸自田，家衆殺之。」趙注所據，《左傳》。《左傳》襄公四年：「《夏訓》有之曰：『有窮后羿……將歸自田，家衆殺而烹之。』」孔穎達《正義》說：「《孟子》云，『逢蒙學射於后羿，盡羿之道。思天下唯羿為愈己，於是殺羿。』則殺羿者逢蒙也。」

「逢蒙」是有夏時人。而「逢蒙」為「般冡」音變。「般冡」卜辭作「般[字形]」。般因於夏。卜辭「般冡」作為人名，非有夏之遺族，亦承其命名之遺俗也。【釋[字形]——兼釋各云、盤[字形] 古文字研究第十五輯】

◉智龕　此布右首一字作[字形]，從冖從下。《說文》：「冖，覆也。從一下垂也。莫狄切。」今俗作冪。又《說文》：「冃，重覆也。從冖一。莫保切。」此兩字形狀接近，讀音相似，在一般情況下可以通用。《說文》：「[字形]，彘也。竭其尾，故謂之豕，象頭四足而後有尾。讀與豨同。[字形]，古文。」《說文》：「[字形]，覆也。從冃豕。莫江切。」按《汗簡》豕作[字形]，亥作[字形]或[字形]。豕、亥兩字在六國文字中形式相同。《說文》：「[字形]，古文亥為豕，與豕同。」故亥、豕古文為同一字。《汗簡》：[字形]為蒙字，注：「出朱育集字。」此字從冃從亥與從冃從豕同，朱育集字假冡為蒙字。《說文》：「[字形]，王女也，從艸冡聲。莫江切。」《爾雅·釋草》：「蒙，王女。」注：「蒙，女蘿別名。」郝懿行義疏引錢大昕曰：「女蘿之大者名王女，猶王彗、王芻也。」按女蘿即松蘿。《廣雅·釋草》：「女蘿，松蘿也。」植物名(Usnea longissima)，屬地衣類，產深山中，全體絲狀，常自樹梢懸垂。

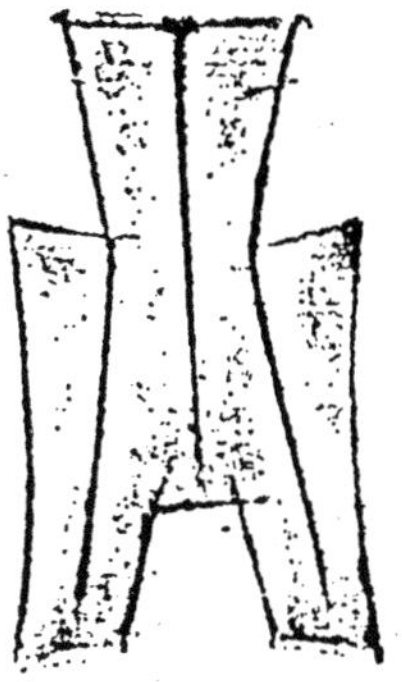

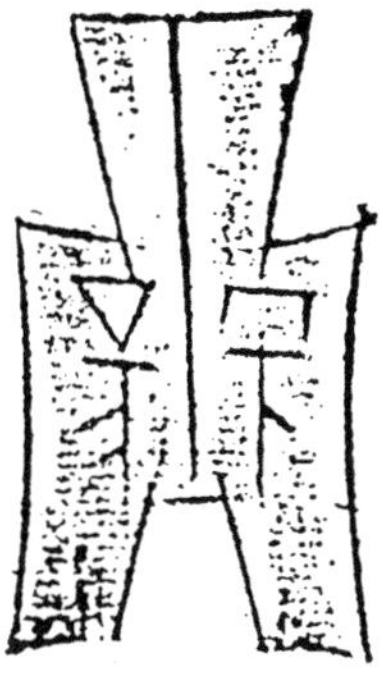

此布[字形]字之下為「亥」字，甲骨文字多作此形：[字形]（佚36）、[字形]（甲2414）、[字形]（鐵121·3）。從冖與從冃同，從亥與從豕同，故此

字乃從冃從豕，就是《說文》之「冡」字，假為蒙；其左一字為「昜」，假為陽，古幣文字習見。此布面文為「蒙陽」兩字。

蒙陽為蒙澤之別稱。《左傳》莊公十三年：「宋萬弒(宋)閔公于蒙澤。」即其地。故城在今河南省商丘縣東北，為殷之北亳地，春秋時屬宋，漢置蒙縣，晉時為石勒所陷，遂廢。布文「蒙陽」當屬戰國魏地，為以前譜録所未見，彌足珍貴。【「蒙陽」布　中國錢幣一九九〇年第三期】

◉湖北省文物考古研究所　北京大學中文系　此字下從「豕」上從□，即「冃」字，四九號、六一號、六二號諸簡「冠」字作□，仰天湖四號簡「緄(冒)」字作□，彼此可以互證。戰國陶文「冡」作□，亦從「冃」。「冡」即蒙覆之「蒙」的本字。【二號墓竹簡考釋　望山楚簡】

冃

□　冃莫報切【汗簡】

◉許　慎　□小兒蠻夷頭衣也。从冂。二。其飾也。凡冃之屬皆从冃。莫報切。【說文解字卷七】

◉林義光　古作□陳曼匿曼字偏旁。象形。今字作帽。說文云。□。重覆也。从冂一。讀若艸苺之苺。按。曼字本从冃。古亦作□曼龔父盨。从冃。是冃冃同字。帽幽韻苺之韻亦雙聲旁轉。【文源卷一】

◉馬叙倫　鈕樹玉曰。韻會兒下有及字重二字。桂馥曰。通鑑注引作小兒蠻夷蒙頭衣。徐灝曰。冃疑是象形文。倫按。篆當作□。象形。小兒六字校語。鍇本有及字尤明也。本以聲訓。今挩矣。【說文解字六書疏證卷十四】

◉于省吾　唐蘭云。早期卜辭有□方。晚期則恆見伐□。字或為□□□等形。疑為一國。□者從人戴□。□則□之變也。□當即說文冃字古文之□。□則即說文死字古文之□。其用為祭法之岗。當讀為詩生民載燔載烈之烈。其用為國名之岗若茵。則當讀為列。天壤閣考釋四十。陳邦懷釋□字云。此字當即說文解字□字所從之□字。惜聲誼不可考耳。考釋小箋二六。按唐說誤矣。芮亦作岗茵。下均从丙。前四・一・五。丙寅之丙作□。商器□父丙觶。丙作□。與岗肯下从冃冃有別。卜辭晚期於芮每言伐言征言祉言步。如藏四・四。王于來屯晉伐□。拾四・十五。令豖伐□。續五・三十・十二。令豖正□。六・二四・八。余祉□。甲二・十四・六。令豖步□。其為方國之名。自不待言。陳邦懷以為即說文□字所從之□。頗具見地。惟說文□之籀文作□。林義光謂□即□之變。按林說未知然否。存以待考。卜辭用為祭法之□。亦作□□形。惟前一・四・七有□字。上有□字。下有方大丁三字。辭已不完。吳其昌疑為□之殘文。解詁二續六四零。是

□ 冕

也。卜辭芇與肯字多就祭上甲言之。即芇字所从之芇。芇同肯。象以羊角為飾之帽形。說文。冃小兒蠻夷頭衣也。段玉裁云。冃即今之帽字也。後聖有作。因冃以制冠冕。而冃遂為小兒蠻夷頭衣。按段說是也。許氏蠻夷頭衣之說。當有所本。卜辭肯字。以羊角形為帽飾。當係古代蠻夷所戴之帽形。芇字，既孳變為矛。以當經典之髳髦。則肯字之音。必亦讀如冒矛毛。斷可識矣。釋名釋形體。髦冒也。覆冒頭頸也。廣雅釋器。髦毛也。釋名釋兵。矛冒也。刃下冒矜也。文選枚叔七發。冒以山膚注。冒與芼古字通。是冒與矛毛為音訓之證。前四・十九・三。才三月。甲㒸。芇祭上甲。六・五九・三。才十月二。酌肯祭上甲。六・六一・一。甲㒸卜。貞。王窋肯。旬亡尤。孫氏甲骨文編合摹肯旬作□。入于坿録。失之。後上二十・十三。才十月又二。甲申。肯酌祭甲。上二一・三。其肯。又才十月。酌肯祭上甲。明七八九。才十二月。甲午。肯祭上甲。芇肯均應讀為詩閟宮毛炰胾羹之毛。傳。毛炰豚也。炰同炮。詩瓠葉。炮之燔之傳。毛曰炮。說文。炮毛炙肉也。漢書楊惲傳。亨羊炰羔注。炰毛炙肉也。即今所謂燋也。由是可證用牲之禮。毛而炰之曰毛。卜辭之肯。即就毛炰為言。要之。因芇字之形譌為矛。而知其當於經傳蠻夷之髳髦也。因芇字之音讀為髳髦。而知肯字之當於經傳用牲之言毛炰也。【釋肯　雙劍誃殷契駢枝續編】

◉李孝定　于氏釋冃是也。于謂上象羊角之飾。今吾湘小兒頭衣常繡作諸獸頭形。多作虎頭。上出兩耳。謂可辟邪。與契文此字狀極相似。可為于說旁證。至□字疑為冕免之異構。與金文作□者相似。象人戴冠免之形。曰免。音亦相近也。篆文免作□。即由□形省變。省□為□。後又增冃作冕。已為後起形聲字矣。【甲骨文字集釋第七】

◉許　慎　□大夫以上冠也。邃延。垂瑬。紞纊。从冃。免聲。古者黄帝初作冕。亡辡切。□冕或从糸。【說文解字卷七】

◉强運開　□免敢。容庚金文編據魏三體石經古文作□。篆文作□。定為免字。並云。說文敓去。段氏訂入兔部。非是。運開按。从□从人。蓋象人冠冕之形。或即古文冕字也。【說文古籀三補卷八】

◉郭沫若　免字原作□，與三字石經《春秋》「既免牲」古文作□，篆文作□者同。余謂乃冕之初文，象人箸冕之形。【免毁　兩周金文辭大系考釋】

◉馬叙倫　鈕樹玉曰。繫傳邃作遂。韻會紞纊亦作纊紞。沈濤曰。御覽六百八十六引古者作昔者。倫按。免聲當作兔聲。冕為冂曰冒之轉注字。亦兜之轉注字。冕從兔得聲。兔聲魚類。而兔之茂文作㲋。聲入矦類。兜聲矦類也。兜之異文為兜。讀若瞀。聲入魚類。此可證之於音者也。兜下曰。兜鍪。首鎧也。然本書。鍪。鍑屬也。則兜鍪即兜冕。鍪為借字。荀子禮論。薦器則冠有而無縱。淮南氾論。古者有鍪。高注。鍪。頭箸兜鍪帽。言未知冠制。皆以鍪為冒。音同明紐假借也。冒為冂之後起字。以冂為冪。則增目以明之。目以表面。亦謂唯目不冢耳。島夷誌略。假里馬打男女髡頭。以竹布為桶樣穿之。此明證帽之初制。以布蒙首。如戴桶於首。然必露其目而後能行動。金文魯公伐郐鼎冕字作[glyph]。公伐郐鐘作[glyph]。冒即[glyph]之變。其初蓋有如桶形而有兩孔以露其目之象形文。以變為篆文而有所疑。則變孔為目耳。書顧命。一人冕執劉。一人冕執戈。一人冕執瞿。一人冕執鈗。此皆執兵器以宿衛者。豈有冠垂瑬紞纊之冕之理乎。明是首鎧也。禮記禮運。冕弁兵革藏於私家。非禮也。明冕是首鎧。故不藏於私家也。大夫以上冠者。此兒字義。蓋文者所冠為兒。武者所冠為冕。甲文有[glyph]。其上從[glyph]蓋即弁字。弁冕本為一物。以文武而異。文者加飾耳。說解挩本訓。大夫以下十二字。蓋呂忱或校者所加。古者以下亦校語也。禮記郊特牲釋文引字林。亡辯反。【說文解字六書疏證卷十四】

◉戴蕃豫　□壬[glyph]卜方罙□又㞢來嗀自西囗貞旬亡囚(前七卷卅七叶一版)。[glyph]疑冕之初文。【殷契亡囚說　考古社刊第五期】

◉高鴻縉　按金文[glyph]字見《免簋》。原象人戴冕形，由物形[glyph]生意，故為冠冕之冕，名詞。金文又有異文作[glyph]，見《公伐徐鼎》，从[glyph]，面聲。三體石經免，古文作[glyph]，篆文作[glyph]，俱从人戴冕形。《說文》奪之，漢人誤書作免，後人(或即許氏)推補篆文亦遂譌作[glyph]矣。免自借用為脱免字，久而不返，乃又加曰(帽之初文)為意符作[glyph]。《說文》「[glyph]，大夫以上冠也，邃延，垂瑬，紞纊。从冃，免聲。古者黃帝初作冕。[glyph]，冕或从絲作。亡辯切。」知字由免加曰，在許氏以前也。【中國字例二篇】

冑　冑

[glyph]冑　孫詒讓釋冑之變體　豦簋　甲冑干戈　[glyph]㦰簋　俘戎兵豚矛戈弓備矢裨冑　[glyph]盂鼎二　[glyph]伯晨鼎　[glyph]冑匜　[glyph]中山王嚳壺　身蒙夲冑　【金文編】

[glyph]二〇〇：二六　宗盟類參盟人名　【侯馬盟書字表】

[glyph]崔希裕纂古　【古文四聲韻】

◉許　慎　冑兜鍪也。从冃。由聲。直又切。[glyph]司馬法冑从革。【說文解字卷七】

◉劉心源　(伯晨鼎)[glyph]。余釋蜀。非。案豦彝。錫[glyph][glyph]干戈。阮氏釋衮冕干戈。衮字不合。當是裨。冕字亦非。乃冑之象形字也。冕制上施木板。前後邃延。其頂平覆。不得鋭出三枝。惟冑為首鎧。今之鋈頭。正是鋭枝上出。[glyph]从[glyph]从[glyph]即冒从

即首。古文作。此省。皆合此作。省冂耳。【奇觚室吉金文述卷十六】

◉孫詒讓（盂鼎）字即胄字。从由从冃不省。與前䖒彝甲胄字作正同。又前伯晨鼎亦有此字作。則又省冃。三之二。並可與此互證。詳拾遺。毛詩魯頌閟宮云。貝胄朱綅。傳云。貝胄。貝飾也。此文與彼正合。【古籀餘論卷三】

◉高田忠周 按孫說至塙可從。但李少温謂與缶同字。其說非是。說文。胄。兜鍪也。从冃。由聲。司馬法。胄从革作。說文亦誤。由者元同卤。與果字頭同意。而此作。與下篆作。皆兜鍪徽識之形。胄字本象形。音與由同。小篆依誤為从由聲者作。古形全失。李氏有疑。亦有理矣。【古籀篇十七】

◉丁佛言 小盂鼎。此字舊釋冕。非。案。當是胄。象鍪如覆釜中鋭上出。象蒙首形。今所謂兜鍪也。古兜鍪皆兼面具施之。故衹露目。古文完全象形。小篆當為从目由聲。許氏謂从冃誤。【說文古籀補補卷七】

◉葉玉森 ☐在☐衣逐☐在五月

森桉。盂鼎克作。散氏盤作。从攴。詩清人。高克好利。釋文本作尅。尅即古文克。卜辭之異體作。並象一人戴胄持干或戈形。从並象胄。其胄上之飾。許書謂胄从月由聲。由並非聲。即胄之古象形文。【殷虚書契前編集釋卷二】

◉商承祚 說文「胄。兜鍪也。从冃。由聲。䩜。司馬法。胄从革。」案。此未箸或作。知亦古文也。一切經音義十六。胄。「古文軸同。」結構不同。偏旁則同。荀子議兵篇。「冠軸帶劍。」注。「軸與胄同。」太玄經爭次七。「爭干及矛軸。」并从古文軸。金文䖒段。「甲胄干戈。」作。小盂鼎作。𨋾侯鼎作。象鍪。即冃。下从目。示蒙首僅見目狀。篆文省目。與𨋾侯鼎省冃同。冃以革為之。故从革作也。【說文中之古文考】

◉馬叙倫 沈濤曰。左僖廿二年正義御覽三百五十六皆引。胄。兜鍪。首鎧也。初學記廿二引首鎧謂之兜鍪。亦曰冑。段玉裁曰。兜部。兜。兜鍪。首鎧也。古謂之胄。漢謂之兜鍪。今謂之盔。⊘葉玉森曰。由非聲。即胄之象形。倫按䖒敢。干戈。孫詒讓釋甲胄干戈。是也。侯鼎作。盂鼎作。倫謂此篆之由即之譌。冃又冂之異形。實象形也。蓋冃之上有飾者。其形猶可於今戲劇中將兵者之冠見之。其與公伐郘鼎之所從之。公伐郘鐘之所從之。特有飾無飾之殊。而與亦有目無目之異。實皆一字殊形。冃音明紐。轉並紐為弁。同為雙脣音也。並澄同為濁破裂音。轉入澄紐為胄。冒胄又聲同幽類也。鍪聲亦幽類。故古借鍪為胄。兜鍪也字林訓。見一切經音義引。亦疑此字出字林也。餘見冕下冒下。

䩜　此篆出字林。見玄應一切經音義引。從革。由聲。冑之轉注字。由音喻紐四等。古讀歸定。古讀澄紐亦歸定也。【説文解字六書疏證卷十四】

◉高鴻縉　按□非古今之古。乃冑之頂形也。故冑字倚□。畫冑頂形。由文□生意。故為介冑之冑。名詞。篆文由冒變為□。意無別。【中國字例二篇】

◉朱德熙　裘錫圭　在討論□字之前，我們先研究一下相邦賙的名字的寫法。「賙」字在圓壺銘裡出現了兩次。23行寫作□，與方壺銘和鼎銘的寫法相同。15行寫作□，與兆域圖寫法相同，下半从「目」不从「貝」。不過這一點區別並不重要，因為「貝」和「目」在戰國文字裡常常混用，這個字在陶文和侯馬盟書裡就有寫成從「貝」的：

□《古陶文孴録》6·3下

□《侯馬盟書》35·8

《古陶文孴録》和《侯馬盟書》都把這個字釋為「貯」，相邦賙的名字也有人根據15行的寫法釋作「貯」。我們認為釋「貯」的説法有困難。第一，金文「宁」字作□，□字所从的□下邊缺一筆，不能是「宁」字。第二，釋為「貯」字，没有辦法解釋□為什麼能寫成□。第三，□和□所从相同，應該有統一的解釋。釋□為「宁」，没有考慮到這一點。

我們認為□很可能是「冑」字，方壺銘26行「身蒙甲冑」的「冑」字作□，下邊也从「人」。如果省去□下的□，就跟□字很相近了。按照這種分析，□字上方所从的□也應該代表「冑」字。因為「冑」和「周」古音相近，所以把□字所从的□換成□以取其聲。

以上主要是考釋文字，至於「百僚竹冑無疆」一句到底是什麼意思，現在還難以確定。訊鞫的「鞫」《説文》作「簕」，从「竹」聲。「竹冑」可能當讀為「鞫囚」。銘文蓋謂百僚訊囚無有界畔，濫施刑罰，先王日夜不忘此事，故大去刑罰以憂民之不幸。一説「竹冑」當讀為「祝壽」或「祝禱」。【平山中山王墓銅器銘文的初步研究　文物一九七九年第一期】

◉李孝定　□此字釋「冑」，確不可易。下从目，古文偏旁从目之字，多以代首，丁佛言氏謂兜鍪皆兼面具施之，故祇露目，以説此字固極洽，然施之它字則不可通矣。　𤔲彝「□冑」，當釋為「甲冑」，上文从衣从「丁」，「丁」即甲骨文「十」字，亦即篆文「□」字所从也。【金文詁林讀後記卷七】

◉徐錫臺　「□」，即冑字，冑，戰時所著之冠，以禦兵刃者。「叀二冑」，即兩頂以禦兵刃的帽子。【周原出土卜辭試釋　古文字論集(一)】

●劉彬徽等　䡈，簡文作。䡈，胄字古文。胄，頭盔。【包山楚簡】

冒　九年衛鼎　【金文編】

136　138　【包山楚簡文字編】

冒　秦一四七　语一一　【睡虎地秦簡文字編】

董冒　田冒　【漢印文字徵】

詛楚文　外之則冒　改氒心　【石刻篆文編】

冒　【汗簡】

義雲章　同上　【古文四聲韻】

●許　慎　冃冢而前也。从冃。从目。莫報切。古文冒。【說文解字卷七】

●林義光　从目有所蒙。古作自作㥯仲尊彝㥯字偏旁。【文源卷六】

●商承祚　說文「冒。冢而前也。从冃目。。古文冒。」案。囧。當从古文目作。此寫誤。冈。嚴可均謂古冃字。不知何據。【說文中之古文考】

●馬叙倫　鈕樹玉曰。繫傳冢作冢。韻會引作蒙。沈濤曰。文選顏延之撰陵廟作詩注引。冒。覆也。蓋古本尚有此一解。倫按。胄字小盂鼎作。䖍敢作。甄侯鼎作。其所從之為飾。而即冒也。本訓冢也。呂忱或校者加冢而前也。選注引覆也者。冂字訓。餘見冕下胄下。

趙宧光曰。從囚譌。當從古文目字作。張文虎曰。疑從眔省。隸書网作罒。又省米作。省圄為囚。倫按。此篆之變譌。鍇本重三作重二。或無此字。【說文解字六書疏證卷十四】

●楊潛齋　卜辭言「母㠯」(《菁華》頁四)。舊無解者。陳君邦懷與余共析其疑義如左。

□即冒字。《説文・冃部》：「冒，冢而前也。从冃，从目。」卜辭□字，若分析其偏旁，與冒全同，特移易其位置耳。□乃冒字初文。

許君訓冒為冢而前，殊與卜辭字形不相應。《釋名・釋喪制》：「以囊韜其形曰冒。覆其形，使人勿惡也。」其説得之。若更詳其制，則《儀禮・士喪禮》有云：「冒，緇質，長與手齊，經殺掩足。」鄭注云：「冒，韜尸者，制如直囊。上曰質，下曰殺。質，正也。其用之先，以殺韜足而上。後以質韜首，而下齊手。上玄下纁，象天地也。」按鄭注禮經，言以質韜首，不及露目。卜辭□字特著之。此今日治禮説者，所宜知者。

至冒之等級，則《喪大記》有云：「君錦冒、黼殺、綴旁七。大夫玄冒，黼殺，綴旁五。士緇冒，經殺，綴旁三。」其通制：「凡冒，質長與手齊，殺三尺。」

冒母即婺女。《史記・天官書》：「北宮，婺女，其北織女。」卜辭言冒母，即婺女也。知其然者，冒與婺古音同隸明紐，而其字亦可通。《尚書大傳・三》：「古之人衣上有冒而句領者。」鄭康成《注》云：「冒，覆項也。」冒亦作務：《荀子・哀公》：「古之王者，有務而拘領者矣。」楊倞注云：「務讀為冒。」此冒與婺亦可通之證。

然則女何以稱母？《左傳・昭公十年》：「有星出于婺女。」杜注云：「星占：婺女為既嫁之女，織女為處女。」陳邦懷云：「按婺女為既嫁之女，故卜辭曰冒母。」

冒母昃即婺女側。陳邦懷云：「昃疑讀為側。冒母星位在北宮，故下句云：『亦有出虹自北。』此又冒母即婺女之旁證。」

【釋「虹」「冒母」　華中師范學院學報一九八三年第一期】

◉孫常叙　壹、釋□為「冒」補證

隸□為冒，管先生書重在語法，未暇申其字説。陳先生《徵存》盛贊楊君「□母，應釋冒母，冒與婺古音同部，冒母即婺女也」，以為「精確不刊」；而未言兩家所以釋□為冒之理。

□是古冒字。這一判斷，我們是從以下四事得出與管、陳、趙三先生相同的結論的。但是，我們認為□不叚為「婺」，這一點，又是我們和陳趙兩先生大不相同的。

一、從字形結構上證□為冒

《説文》「□，突前也。從見冂。」《繫傳》除此字外又有□字。云「犯而見也，從同從見也」。徐鍇曰，「義同于冒。」《玉篇》見、冃兩部都寫作覓，其義都是「突前也」。《一切經音義》卷四六「覓死」、卷五三「覓突」，都引《説文》「覓，突前也。」田吳炤《説文二徐箋異》說小徐□字「犯而見也」是淺人據上文□說解增之耳。冐當即見部之冐。《玉篇》二字說同，可證即是一字。□□為一字，則□□為一字。王筠《說文句讀》也說「竊疑冃月蓋同字，古人作之有繁省耳。以冐冐二字推之可見。」

《說文》「冒，从冃从目」，九年衛鼎「冒」作□。以□與□同字例之，則其从□者作□，與□之从□从□相同。

從九年衛鼎□到秦詛楚文□，都與小篆相同，□都不在□中。這一點並不能否定□之為□。

甲骨文字去「圖畫文字」未遠，用形象寫詞法寫詞時，重在表意，有些字所用的事物形象，取意即可，並不定位。例如：

□前八・一四・二　□拾一四・二

□珠四七〇　□京津二二一八

□後二・一八・八　□拾九・一六

就字形所用的物象來說，兩形一上一下和兩者一方包括另一方，雖然結構安插不同，可是在寫詞上還是同一字的或體。

從這看來，□和□是同一字的繁簡，□和□是□和□的古體，□和□，在□同于□的基礎上，與□□、□□、□□一樣，是同一詞，同一寫詞方法，在位置所用物象上，產生的差異。因此說把□隸定為「冒」是合乎規律的。

二、從殷虛出土實物證□為冒

一九三四至一九三五年，梁思永先生在發掘安陽侯家莊1004號墓時，發現大量青銅胄。這些殷代頭盔是和戈矛等武器放置在一起的。它們的形制大體近似。盔前可齊眉以護額，上可保頂以護顱，左右和後部向下伸展，用以護耳護頸，頭盔頂部有向上豎立的銅管，可用之以裝置飾物。

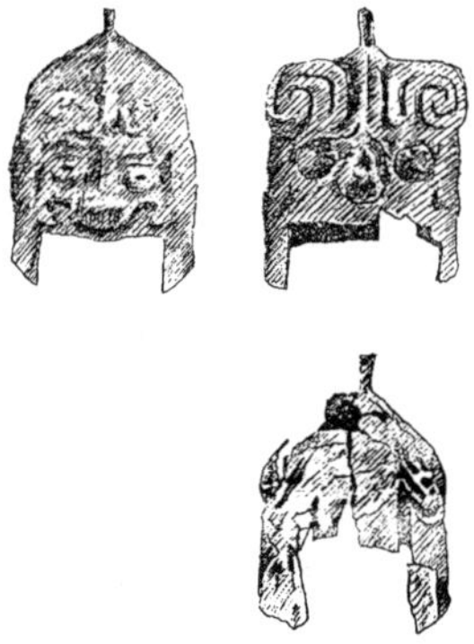

安陽殷墟出土青銅胄據《考古學報》一九七六年第一期圖版三選摹

殷代青銅胄的盔體正面形象與卜辭□字所从的□相同。試比較□□，可知□字所从之□是通過筆劃反映出來的實物表象輪廓，是根據表象的形象特點勾勒出來的「寫意」「略畫」。[glyph]的上部[glyph]形是殷胄盔體用以齊眉覆額護頭部分，左右兩脚下垂的[glyph]，突出它兩側護耳的部分。從殷墟實物看殷墟文字，可知[glyph]字所从之[glyph]正是胄的盔體形象。

殷周胄字也説明這一事實。

三、殷周「胄」字所反映的盔體形像、性質和作用

《甲骨文合集》第十二册4542頁第36942片

丙午[glyph]才伎貞王其乎□

征執[glyph]人方[glyph]焚□□

弗每才正月隹來正人[方]

此片即《殷虛卜辭綜述》圖版貳壹哲庵藏拓選録之二——《哲庵》315，陳夢家以[glyph]為胄（《綜類》305頁）。[glyph]即[glyph]，象首鎧頭盔之形。

周金文胄作[glyph]小盂鼎　[glyph]䜌作文母毁　[glyph]豦毁

侯馬盟書胄作[glyph]

中山王嚳方壺胄作[glyph]

《説文》「胄，兜鍪也，从冃由聲。」「甲骨文由字作[glyph]，古字作[glyph]」（于省吾《甲骨文字釋林》六十九頁），殷周胄字也正是从[glyph][glyph]聲的。

[glyph]與[glyph]有別，[glyph]聲即由聲。聲符下，用以表示所屬物類的形符[glyph][glyph][glyph]與[glyph]都是它盔體之形，與[glyph]相同。

《一切經音義》卷四六「冕死」引《國語》「戎狄冒没輕儳」，賈逵曰，「冒没，猶輕觸也。」按韋昭《國語解》作「夫戎狄冒没輕儳」，云「冒，抵觸也」，明是賈逵之説。可知冕與冒同。中山王器[glyph]字[glyph]下从[glyph]，其義與《説文》[glyph][glyph]同，从目，从見，从人，都作為條件，用以説明[glyph]的性質和作用。

四、「胄」與「兜鍪」——「兜鍪」之「鍪」古與「冒」同音

[glyph]即冒，而冒與務、鍪同音。

《荀子·哀公篇》魯哀公問舜冠於孔子。……孔子對曰：「古之王者有務而拘領者矣。」楊倞注：「務，讀為冒。」並引《尚書大傳》曰，「古之人衣上有冒而句領者。」鄭康成注云：「……古之人，三皇時也。冒，覆項也。句領，繞頸也。」《禮記·冠義》篇目，孔疏引《（尚書大傳）略説》稱「周公對成王云，『古人冒而句領』，注云，『古人謂三皇時，以冒覆頭，句領繞頸。』」《北堂書鈔·冠》引

作「周公曰，『古之人有冒皮而句領者。』」辭句雖略有出入，然而「冒」字不異。可見《荀子》「務而拘領」之「務」是以同音詞的關係借以寫「冒」的。

《淮南子・氾論訓》就用這一事情作為文章開頭，說：「古者有鍪而綣領以王天下者矣。」（《初學記》引「鍪」下有「頭」字。）高誘注，「鍪頭著兜鍪帽。」又在以「瞀」寫「冒」的基礎上，以「兜鍪」之「鍪」寫「冒」了。

兜鍪之鍪是就「胄」的盔體說的，是就「冒」與「胄」的音義關係立名的。

胄，从由得聲，古音在幽部。幽部字多轉入侯部。胄自幽入侯是為兜字。《說文》「胄，兜鍪也。」「兜，兜鍪，首鎧也。」馬叙倫《說文解字六書疏證》卷之十六云「兜、胄實一字。兜音端紐，胄音澄紐，古讀歸定。端定皆舌尖前破裂音也。聲亦侯幽相近。」《左傳・僖公二十二年》「邾人獲公胄，縣諸魚門。」杜氏注云：「胄，兜鍪。」《正義》曰：「書傳皆云『胄』，無『兜鍪』之文。言兜鍪，舉今以曉古，蓋秦漢以來語。」這個意思在《書・說命中》「惟甲胄起戎」，《費誓》「善敹乃甲胄」，《正義》裡也一再申說，說：「經傳之『文』無鎧與兜鍪，蓋秦漢已來始有此名。《傳》以今曉古也。」「經傳皆言甲胄，秦世已来始有鎧，兜鍪之文。」「兜鍪」是「胄」的後起之名。

這個後起之名，既與詞的發展有關，又和語音音變相連。如前所說，「冒」是與「務」同音的。「務」从「敄」聲，而「敄」是从「矛」得聲的。在古音都是幽部之字。在語音變化中，它也不例外，它們和「胄」一樣，也都有从幽入侯的音變。例如「矛」在幽部，而从「矛」得聲之「敄」在侯部，而从「敄」得聲之字却又分別見於幽、侯兩部：「蝥」「瞀」在幽部，而「敄」「務」「婺」「霧」「鍪」等字在侯部。「冒而句領」被寫作「務而句領」，說明「冒」已被讀作「務」，它也有自幽入侯的現象。

「兜鍪」一詞，從文字所反映的語音來看，當是「胄」「冒」兩字自幽入侯之後，前者音變為「兜」，後者音變為「鍪」，以附註物類的造詞方法而造成的。「鍪」起着變了的「冒」的作用。《荀子・禮論》「薦器則冠有鍪而毋縰」，楊倞注，說：「薦器，謂陳明器也。鍪，冠捲如兜鍪也。縰，韜髮者也。《士冠禮》，『緇纚廣終幅，長六尺。』謂明器之冠也，有如兜鍪加首之形，而無韜髮之縰也。鍪之言蒙也，冒也，所以冒首，莫侯反，或音冒。」是為「鍪」「冒」關係之證。

貳、

一、冒母不是婺女

釋為冒，是可信的。

在這一點上，儘管陳、楊兩先生和魯實先不同，可是他們却又在籠統的天象觀念中，把之看作「女宿」之「女」，與

魯氏殊途同歸，得出相似的結論。魯氏釋□為宦，讀宦如貫，以□為女，視為婺女之女。説：「夫女為北方之宿，則所謂『自東宦女』者，易言之，即自東方貫于北方也。」濟齋則以為：「□母，應釋冒母，冒與婺古音同部，冒母即婺女也。」陳君贊同楊君之説而又有所發展。他在反對因為「卜辭女母二字時見互用」而主張「冒母可讀婺女」之説的同時，却又提出「冒母之母實有意義」之説。根據《左傳》「有星出於婺女」杜注引《星占》「婺女為即嫁之女，織女為處女」之文，説：「婺女為既嫁之女，女既嫁，生子為母，故卜辭曰冒母。」又認為「冒母昃」當以三字為句，讀為「冒母側」，説：「冒母星位在北宫，故下句云『亦有出虹自北。』此又冒母即婺女之旁證也。」

「宦」和「冒」是兩個根本不同的字。儘管在釋□上魯、陳兩家有這樣分歧，可是在□和□的關係上，却又都歸之於北官婺女。這個星象觀點使兩家之説在這段卜辭中遇到了困難。

這段卜辭記事很明確，事在「八日」，其時有「昃」，其天象「有出虹自北飲于河」。它所記的乃是白晝之事，這是無可懷疑的。試想：光天白日，其時非夜，其日非蝕，而婺女之星晝見，這是一種什麼現象？

五官(《史記・天官書》作宫。依錢大昕説改)座位：東官蒼龍，南官朱鳥，西官咸池，北官玄武，四官二十八舍衆星分在黄道左右，都不是周極星，無在北者，在北者只有中官。因此，北官衆星，以斗、牽牛、婺女、虚、危、營室、東壁(隨縣出土的二十八宿圖作西縈、東縈)為代表，南中時，都在南空。「北官」所在之處並不是以天北極為中心的南北之「北」。這樣，不但「貫女」不能「貫于北方」，而且「亦有出虹自北」也不可能就是出于「冒母」(婺女)之「側」。如果説「冒母」為北，那「冒母昃(婺女側)」豈不成了北方之側？北方的旁側，這又是何方？難道它還是北方？

釋□為冒，無疑是正確的。但是，以「冒母」為婺女，以北宫(應作北官)為北方，以「亦有出虹自北」為「冒母即婺女之旁證」則是令人難以置信的。【釋□□——兼釋各云、般□　古文字研究第十五輯】

◉何琳儀　□則母母敱敢□冒天霝室

第四字原篆作「□」，曹錦炎釋「冒」(見《通釋》)，語焉不詳，今試作説明。此字左上从「□」，由三部分組成：上从羊角形，下从人形。中間所从「□」旁，亦見甲篇「□」(敎)字偏旁。故「□」可隸定為「□」，與甲骨文「□」非一字而莫屬。「□」之釋讀頗為分歧，然多讀脣音，如釋「蒙」(葉玉森)、「髳」(于省吾)、「冕」(李孝定)等。而諸家以「□」旁為「冃」(「帽」之初文)，則無疑義。考慮「□」左下从「目」，右从「支」，疑「敱」之初文。《類篇》「敱，抵也。」典籍則以「冒」為之。《國語・周語》中「夫戎翟冒没輕儳」，注「冒，抵觸也」。然則「□天霝」自應讀「冒天命」。意謂「抵觸天命」。由戰國文字「敱」的確認，亦可推溯甲骨文「□」應釋

「冒」。　【長沙帛書通釋校補　江漢考古一九八九年第四期】

◉戴家祥　《説文》七篇「冒，冡而前也，从冃从目。」按：冒字从冃从目，冃亦聲，當為帽之古文。《釋名》「帽，冒也。」《説文》本作冃。徐鉉曰：「今作帽，帽名。猶冠義取蒙覆其首。」金文作，上象蒙首之帽，下以目代表頭，如胄字結構。《史記・絳侯世家》「薄太后以冒絮提文帝」。注：「晉灼曰：『《巴蜀異物志》謂頭上巾為冒絮』。」是冒帽通用之證。衛鼎用作人名。　【金文大字典中】

最

最 日甲五　五例　通撮　旦而—之　日甲五六背　秦一四　二例　【睡虎地秦簡文字編】

蠻最衆　繇最衆　臣最衆　趙最衆　【漢印文字徵】

最　【汗簡】

◉許　慎　最犯而取也。从冃。从取。祖外切。【説文解字卷七】

◉馬叙倫　鈕樹玉曰。韻會作犯取也。從冃。取聲。五經文字作犯而取。玉篇。齊也。聚也。段玉裁曰。鍇本有又曰會三字。韻會引無之。此淺人所增也。丁福保曰。慧琳音義廿九引總計也。从冃取。總計乃鍇本又有會義。實冣字義。慧琳誤加於最字。倫按鍇本於本部又出一冡字。訓犯而見也。從曰。從見。犯而見與犯而取同有犯而二字。而上文冒下訓冡而前也。句法又同。其有譌誤可知。最從冃取聲。乃冃之轉注字。見冡字下。絶無犯而取義。玉篇有聚也一訓。疑本作取也或聚也。以聲訓。犯下捝也字。或而也之譌。犯也乃冒下之一訓。漢書賈山傳。忠臣之所以蒙死而竭知也。顏注。蒙。冒犯也。東方朔傳。故伊尹蒙恥。顏注。蒙。冒也犯也。鍇本又曰會者。校者據公羊隱元年傳加之。文選過秦論注引字林。才句切。餘見冣下冡下。【説文解字六書疏證卷十四】

网

甲三一一二　乙三九四七反　前六・三八・一　後二・八・一二　乙五三二九　佚四六〇　佚七〇二　明藏一九八　明一五八三　庫六五三　庫七三七　京都二一一一　【甲骨文編】

网 與兩為一字𧊒盨鼎　㪉簋　宅簋　盠駒尊　守簋　𫫚簋　大簋　函皇父盤

中山王兆域圖 兩堂間　九年衛鼎 二兩二字合文　【金文編】

◉許 慎 再也。从冂。闕。易曰。參天网地。凡网之屬皆从网。良獎切。　【説文解字卷七】

◉林義光 古作大敦。作㪉敦。从二丙相合。象二物相合。各有邊際也。或作小臣夌尊彝錫鼎馬兩。誤以丙為之。説文云。二十四銖為兩。从一网。网。平分也。网亦聲。按。即网字。上加一者。猶作。作。作。各見本條。非字有異也。古作洹子器。　【文源卷三】

◉高田忠周 説文。网。再也。从冂从从。闕。按。从一其義闕也。入部曰。从。二入也。网从此。二入即再也。朱氏駿聲云。按一其介也。疑象權衡形。左右相比。故為二。兩篆説解。网平分也。或曰。从从从再省。會意。存參。易説卦。參天网地而倚數。注。耦也。經傳皆以兩為之。又按。書牧誓序。戎車三百兩。風俗通。車有兩輪。故偁為兩。亦皆借兩為网。而車网字。俗从車作輛。非。　【古籀篇十七】

◉朱芳圃 説文网部：「网，再也。从冂。闕。」按：𫫚省去其頭為网。本義當訓耦。《易·説卦》：「參天兩地而倚數。」韓注：「兩，耦也。」《周禮·天官大宰》：「以九兩繫邦國之民。」鄭注：「兩猶耦也。」兩原作网，今字兩行而网廢矣。許君訓再，引伸之義也。　【殷周文字釋叢卷中】

◉高鴻縉 徐灝曰。网兩古今字。林義光曰。网象二物相合。各有邊際也。又謂兩即网字。按徐林説是也。輕重單位之名乃借意。非本意也。网當為兩物之通象。故以入指事狀詞。　【中國字例三篇】

◉沈鏡浩 早期金文車字作或，象形。從字形看，當時的車制是雙輪獨輈。由于獨輈車是必須由兩匹馬同時駕輈才能保持車的左右平衡，所以在獨輈上駕有一衡，衡的兩邊各備一軛，用來套馬。一衡兩軛是獨輈車的特點。在西安張家坡第二號車馬坑出土的兩輛西周初期的馬車，就是雙輪獨輈車，其形制跟早期金甲文字完全一樣(參閲孫機《從胸式系駕法到鞍套式系駕法》，《考古》1980年第5期)。秦始皇陵出土的秦代銅車馬，形制也是雙輪獨輈，不過它的衡上備有四軛，用左右各兩匹共四匹馬駕輈，即所謂驷。這當然比用兩匹馬進步，但它的原型還是雙輪獨輈。這表明，獨輈車在我國古代曾經長期使用過。就西周初期的生產力水平而言，當時畜養的馬匹肯定遠遠不如戰國、秦朝時多，因此可以確認，當時用來駕一輛車的馬匹主要是以起碼的雙馬為主。西周早中期記載周王或諸侯大臣賞賜部下物品的大量銘文，凡賞賜馬匹的絕大多數作「錫馬网」，可以證明。當然也有少數是賜馬四匹、十匹甚至三十匹的，這當不是一輛車用的馬匹。根據它們都是「兩」的倍數，可以推知它們是若干輛車使用的馬匹數。因此，由于車制的緣故，在當時車和馬之間就産生了一種內在的聯繫，即一輛車必須有兩匹馬。兩匹馬在一定意義上就代表了一輛車。那麽，駕一車的雙馬為什麽不用二而用兩來指稱？這可以從金文「車」字的變化來解釋。

金文[古文字]字後來省作[古文字]形或[古文字]形，篆文作[古文字]。《説文》「車，輿輪之總名」，「象形」；段注「謂象雙輪一軸一輿之形」，又説「此篆横視之乃得」。古人在簡化車字時選取了最能代表車輛特徵的部分，即輿（用以載人）、軸（用以傳動）、輪（用以行走），省去了次要的駕馭部分即轅、衡、軛，極其恰當。其實這省去部分並没有真的廢棄，而是轉化成了另一個字。若把省去的[古文字]横過來，即成[古文字]形，很明顯，它就是兩字。兩字早期金文作[古文字]（小臣宅毁），正是[古文字]之形變，字象一轅一衡兩軛。《説文》兩字篆文作[古文字]，正與金文同。所以兩乃古代車（[古文字]）字的一部分，其本義也當是指車。《小盂鼎》「孚（俘）車十兩」，這裏的兩即是用了本義，意謂「俘車十車」。「孚車十兩」這種句法，與商末周初甲金文所習見的「錫……玉十玉」（乙亥毁）、「田七田」（矞鼎）、「羊卅八羊」（小盂鼎）等句法相仿，不過把後一重復的名詞改成另一個意思相同的字而已。例如「錫……玉十玉」，在後來也作「錫……玉五珏（珏一作瑴，據《蒼頡篇》）」（鄂侯鼎）。《説文》「珏，二玉相合為一珏」，所以珏也是玉的意思；同樣，「孚車十兩」之「兩」也應是車的别稱無疑。有人把兩釋讀為「輛」，以為是輛的假借，此説欠妥。按：輛是表示車的專用量詞。漢語中專用量詞的出現較晚。商末周初，量詞大多是物名詞的簡單重復，如「玉十玉」、「田七田」、「羊卅八羊」等；也有少數例外，如朋、鈞、瑴等出現也較早，但較大規模使用量詞則是秦漢以後。周初時，兩之本義即是車。輛是後起字，故《説文》無此字。所以《小盂鼎》中的兩不能説是輛的假借，而正是用了本義。

雖然兩和車字同出一源，字義相通，但由于所從之部不同，後來在字義上也就逐漸發生變化。西周時代，由于馬都用來駕車，《曲禮》正義：「古人不騎馬，故經典無言騎者。」因此當時馬和車總聯系在一起；而獨轅車又必須用雙馬，于是從雙軛之形、表示一輛車的兩字逐漸就用來表示駕一輛車的雙馬了，本義反而漸漸湮没。駕一輛車的雙馬用兩來表示，不僅有數量上的意義，而且還深刻體現了當時在車和馬之間存在着的一種相互依存、密不可分的關係。因為兩從[古文字]字的一部分變來，本義是車；又因從雙軛，表示雙馬，因此就有雙重意義。「錫馬兩」不僅僅是指賞賜一般數量意義上的兩匹馬，而且是比較確切地表達了這是用來駕一輛車的馬匹，内涵十分清楚。數字「二」不具備能反映車和馬之間這種特殊關係的條件，因此它讓位于兩，不被用來表示馬匹的數目，是很自然的。可以認為，兩作為數詞就是從這裏開始。

由于兩是指必然成雙的馬匹，于是人們就把這一點引申開去，把凡是天然成雙或被認為是必然成雙的東西都用兩指稱。

㒳

徐灝《説文解字箋注》「㒳」字下注：「凡雙行者皆曰㒳，故車㒳輪，帛㒳端，履㒳枚，皆以㒳稱。」這樣㒳的使用范圍擴大了，並且和二有了分工。但是這種分工並不嚴格。有人認為上古時代，㒳和二的分工十分嚴格，㒳只能表示天然成雙或被古人認為成雙的事物，甚至和「二」「毫無共同之點」(王力《漢語史稿》248頁，中華書局1980年6月新一版)。這種看法偏頗了。已故洪誠先生曾從先秦文獻中引了大量材料，證明㒳(兩)和二在先秦就可以互用(洪誠《王力〈漢語史稿〉語法部分商榷》，《中國語文》1964年第二期)。徵之金文也如此。到西周中葉，㒳作為基數詞就不再限于專門指馬，也不限于天然成雙或必然成雙之物。周厲王時《函皇父盤》「㒳罍㒳壺」，東周齊國器《洹子孟姜壺》「㒳壺八鼎」，這裏的㒳(兩)和二無多大區別，另一方面，成雙之物也並非一定寫成㒳。東周朱國器《邾公牼鐘》「鑄予龢鐘二堵」。這裏的「堵」應是成雙之物。《周禮・小胥》「凡樂懸鐘磬，半為堵，全為肆」，是則堵為肆之半，一肆為兩堵。但銘文不作「㒳堵」而作「二堵」，可見㒳和二的分工在春秋時就並不十分嚴格。【説「㒳」 中國語文一九八四年第五期】

两 函皇父鼎 函皇父簋 洹子孟姜壺 【金文編】

〔二三〕 〔四〕 〔十〕 〔二三〕 〔三七〕 〔四三〕 〔四〕 【先秦貨幣文編】

圓 半兩 晉永 仝上 陝咸 仝上 圓 半兩 陝咸 仝上 仝上 圓 半兩 陝咸 圜 重一兩十四珠 按汗簡引石經作㒳 展啚版肆貳9 圜 重一兩十二珠 仝上8 圜 重一兩十二珠 展啚版肆貳10 仝上 亞六・二七 圜 重一兩十四珠 亞六・二八 圜 重一兩十四珠 亞六・二八 布圓(三孔)𠂤傷背 典五〇七 按中山王墓兆域啚兩坐間兩字作㒳 仝上 典五〇八 布圓(三孔)上専背 亞四・七二 布圓小(三孔)　背 典四九一 布圜大(三孔)下印陽背 亞四・七一 仝上 下専背 亞四・七二 布圜大(三孔)　背 亞四・十三 【古幣文編】

111119237【包山楚簡文字編】

兩　秦七三　三例　通輛　車牛一　秦七二秦一三〇　六例效三【睡虎地秦簡文字編】

詛楚文　兩邦㠯壹【石刻篆文編】

兩兩見石經【汗簡】

古老子汗簡義雲章汗簡義雲章【古文四聲韻】

◉許　慎　兩二十四銖為一兩。从一。㒳。平分。亦聲。良獎切。【説文解字卷七】

◉馬叙倫　鈕樹玉曰。繫傳作從一從㒳。兩。平分也。倫按。兩由或而譌。非從一㒳也。此字當删。或本為㒳之重文。校者加二十四銖為兩。即㒳字義。㒳下曰。再也。從冂闕。此有平分二字。下文。㒳。平也。則二字説解互有譌矣。字見急就篇。急就本作㒳。傳寫者易之。齊侯壺作。凾皇父敢作。【説文解字六書疏證卷十四】

◉陳　直　一三七四A條　它韋沓一兩直八百五十　韋是皮臂韝，它為衪字假借。《廣雅》作衪字解，一兩是一付，《居延簡》稱「犬絑一兩」「私絑一兩」的極多。全簡大義，是皮衪臂韝一付，勞氏原釋，一兩作一南，便不可通。【《居延漢簡甲編》釋文校正　考古一九六〇年第四期】

◉朱芳圃　《説文》㒳部：「兩，二十四銖為一兩。从一、㒳；㒳，平分也。㒳亦聲。」按許説乃後世之制，非造字時之朔義也。兩即一㒳之合文，結構與一白為百相同。《廣雅·釋詁》：「兩，二也」，此本義也。孳乳為緉，《説文》糸部：「緉，履㒳枚也。一曰，絞也。從糸，兩，兩亦聲。」【殷周文字釋叢卷中】

◉張光裕　《説文》有「㒳」、「兩」二字，許慎説：「㒳，再也；从冂，从从，从丨。」易曰：「叁天兩地。」又：「兩，二十四銖為一兩，从一㒳。㒳，平分也。㒳亦聲。」

其實㒳和兩原是一字，「㒳」加上一横只是文字增繁的現象，和不、丌示、丙等的演變是同樣的道理。我們可舉金文的㒳字作為證明：

宅簋敔簋守簋凾皇父簋

揆諸各器銘文的意義,「兩」只是數量字,由函皇父毁的「兩」字更可證明「㒳」「兩」本來是相同的,以兩為二十四銖的解釋只是後起的字義。《説文》把「㒳」、「兩」分而為二,也許是許氏有見及㒳本為初字,所以别為解釋了。「㒳」下段氏曾為它們作了很好的注釋,他説:

再部曰:再者,一舉而二也。凡物有二,其字作㒳不作兩。兩者二十四銖之偁也。今字兩行而㒳廢矣。

《廣雅·釋詁》四云:

再,二也。

《儀禮》書中屢稱「再拜」、「再拜稽首」的「再」也是取「二」之義,因此凡物有二都可名之曰「㒳」。而二十四銖的「兩」字只是戰國晚年金屬圜幣固定以後的產物。至于㒳的本義,很多人會因為《禮記·雜記》所載:「納幣一束,束五兩,兩五尋。」鄭注云:「十個為束,貴成數。兩,兩者合其卷,是謂五兩。八尺曰尋,五兩五尋,則每卷二丈也,合之則四十尺,今謂之匹,猶匹偶之云與。」便把布帛兩端對卷認為即「兩」字的象形,而重量單位的稱兩,也只是沿用布匹的單位而已。固然,《左昭廿六年傳》説:「夏,齊侯將納公,命無受魯貨。申豐從女賈,以幣錦二兩,縳一如瑱,而適齊師。謂子猶之人高齮,能貨子猶,為高氏後,粟五千庾。高齮以錦示子猶,子猶欲之。齮曰:『魯人買之,百兩一布,以道之不通,先入幣財。』子猶受之。」「幣錦二兩」、「百兩一布」已經是以兩為布帛單位,但在昭公廿六年以前的文獻,我們却再找不到類此的用法。細看金文中所有的兩字都是訓作「再」義,例如:

錫小臣宅畫干戈九,昜金車,馬㒳。(三代六·五四 宅簋)

自豕鼎降十又一,毁八,兩鑐,兩壺,琱孎。(三代六·五四 函皇父毁)

宅簋是成王時器,函皇父毁是厲王時器(據《大系考釋》斷代),在西周的載籍裡,我們也找不到束帛單位有稱「兩」的證明,因此布帛兩端相卷稱「兩」之義至多只能產生在春秋早期或以後,而「㒳」的本義原先只是象二物並見的象形兼會意字,布帛之「兩」乃本義的引申借用而已。【先秦泉幣文字辨疑 中國文字第三十六册】

◉商承祚 兩 此簡凡五見,皆作窐,下從之手,似是稱具,用以為飾。兩即一雙,一兩和緌之間的字,都是説明緌的質地或顏色的語詞,如絲紝指明其質地為絲帛屬。【信陽長臺關一號楚墓竹簡第一組文章考釋 戰國楚竹簡匯編】

◉于省吾 《説文》:「从,二入也。㒳从此,闕。」又:「㒳,再也,从冂,闕。易曰,參天㒳地。」又:「兩,二十四銖為一兩,从一㒳,㒳,平分也。㒳亦聲。」有關㒳字的解釋,《説文段注》:「凡物有二,其字作㒳,不作兩。」朱駿聲《説文通訓定聲》:「从冂,从从,—其介也,疑象權衡形,左右相比,故為二。」林義光《文源》謂㒳「从冂、从从、从—」。又謂「从二丙相合,象二物相合各有邊際也」。至于兩字的解釋，《說文段注》：「按兩者㒳黃鍾之重，故從㒳也。」王筠《說文句讀》謂兩「從一㒳」，「合㒳為一也」。按《說文》以从為「从二入」，以㒳為訓再之專字，以兩為銖兩之兩的專字，均出諸臆測，令人難以置信。至于後世各家解說也均妄加附會，無一是處。

㒳與兩本屬同字。在古文字中，于某字上部之有平橫者，往往又加一短橫。比如：不字作也作、言字作也作，雨字作也作、辰字作也作，此例常見，無須再引。從用法來看，函皇父簋「兩鑘兩錞」、齊侯壺「兩壺八鼎」之兩字均作，而戰國圜幣「重一兩十四銖」、「重一兩十三銖」、「重一兩十二銖」之兩字均作，由此可見，㒳與兩本為一字，《說文》誤分為二。秦漢以後兩行而㒳廢。至于前文所引《說文》的从字，在古文字中只一見于商器亞父丁盉（三代十四·六），作从，本象雙軛形（詳下文）。《古文四聲韻》上養引《古老子》的兩字作，乃从字的形譌。

我認為，兩字的初文作，乃截取古文字車字的部分構形而為之。甲骨文和早期金文中的車字，本為全體象形，今分別擇録于下：

（一）甲骨文

一、（藏一一四·一）

二、（南明六四一）

三、（續存上七四三）

四、（珠二九〇）

五、（佚九八〇）

（二）早期金文（商和西周初期）

一、（車方彝，遺五〇五）

二、（苦買車觚，遺三五一）

三、（亦車簋，美一六二）

四、（亦車戈，代十九·二五）

五、（卬父簋，代六·二九）

六、（㕑尊，代十一·二九，輦字所从之車，下同）

七、□(作肇卣，代十三·七)

以上所列各種車形，甲骨文第一、二、三字在衡上均有雙軛。第四、五字均不从从，為省體。早期金文的車和从車的字均有雙軛，但第一、二、三字的輈、衡、軛與甲骨文的第三字的構形相仿。此外，甲骨文第一、二字的輈、衡、軛作□形，金文第四個字上部的輈、衡、軛作□形，金文第七字的雙軛頂已不越出衡上而作□形。以上的幾項分析，都為證明兩字是由車字分化的局部而準備了初步條件。

《說文》車之籀文作𨏖，𨏖即□字之形譌。段玉裁說文注據譌變的字形，而以為「從戈者，車所建之兵莫先於戈也。從重車者，象兵車聯綴也。重車則重戈矣。」殊誤。

依據前文所引古文字車字的初文，其從□，中象車箱，左右象雙輪。至于其餘部分，以前的文字學家不明古代車形實際制度，因而說解多誤。例如，王筠《說文釋例》之分析□形，以為：「中一之連于右者輈也。右之一軛也。軛下似人字者，兩馬也。」孫詒讓《籀廎述林·籀文車字說》：「其中畫特長夾于兩輪與軸午交者輈也。輈曲為梁形，前出而連於衡，故右為□形；長畫與輈午交者衡也；兩旁短畫下岐如半月者軏與軛也。蓋衡縛於輈，軏縛於衡，而軛又縛於軏。」林義光《文源》把□形部分的「—」定為輈，「一」定為軛，「从」定為軥。以上各種說法均有舛牾。今據考古發掘中所見先秦馬車的實例辨釋如下。

從本世紀三十年代在殷墟發掘商代車馬坑以來，所見到的先秦馬車數以百計。其保存最完好者，為安陽孝民屯南地一九七二年發掘的商代後期馬車(《安陽新發現的殷代車馬坑》，載于《考古》一九七二年四期，圖一、圖二、圖版貳、叁)，長安張家坡第二號車馬坑的西周早期馬車(《灃西發掘報告》圖九十八，圖版壹零肆)，三門峽市上村嶺虢國墓第一七二七號墓的春秋早期馬車(《上村嶺虢國墓地》圖四〇，圖版陸捌)等為代表。由實際的馬車與古文字車字初文的字形相對照，可以確定□中間的長直劃為輈，也就是轅。《說文》：「轅，輈也。」「輈，轅也。」劉寶楠《論語正義·衛靈公》的「在輿則見其倚於衡也」，訓為「衡之言横也，謂横於車前」，是正確的。

車字初文于衡上所著之从，前引王筠說以為象兩馬，未免荒謬。考古發掘的先秦馬車，均于衡之兩側各縛一軛，或木質，或包以銅飾，作□、□形。西周金文中軛字屢見，均作□形。其上部有作半圓形小環，以便縛之于衡上。《說文》戹字作□，乃由□形所演變。又《說文》厄字作□，實際上是由同一構形譌化所致。戹為車器，故加車傍而孳乳為軛，俗體作軶。西周金文中有關賞賜車馬所提到的「金戹」(彔伯簋)，即指附有銅飾之軛。《考工記·輈人》鄭注：「軛者戹馬頸不得出。」殷虛車馬坑中出土的銅軶,有直接壓在馬頸上的實證(見石璋如《殷虛最近之重要發現——附論小屯地層》,載于《中國考古學報》第二册)。軶之作用既為扼于馬頸,故戹字又引伸為一般的扼制之義。《莊子・馬蹄》「夫加之以衡扼」,即以扼為軶。軶有木製者,故字又多作枙。典籍中又稱軶為鬲或槅。《考工記・車人》的「凡為轅鬲長六尺」,鄭注:「鬲為轅端壓牛領者。」《説文》:「槅,大車枙。」《釋名・釋車》:「槅,枙也,所以扼牛頸也。馬曰烏啄,下向叉馬頸,似烏開口向下啄物時也。」《詩・韓奕》「鞗革金厄」,毛傳:「金厄,烏蠋也。」按蜀、豕二字音近相通,烏蠋即烏啄。可見鬲、槅與烏啄、烏蠋均為軶之異稱。又鬲與搹、槅、搤、扼、軶等字由于音近或音同相假,故典籍中多通用。總之,車字初文之作,以為象縛于衡上的雙軶,這是没有疑問的。

林義光《文源》誤認為象軥。《説文》訓軥為「軶下曲」,又訓軥為「軶軥」。以考古實物驗之,則軶作形,兩足向上彎曲,本象軥形。這和前文所引早期金文第五、六車字的雙軶作或形,其下足形均向上翹,可以互相驗證。

先秦馬車均為單輈,非如後世均為雙轅,故于輈前縛横木為衡,衡上縛以叉馬頸為軶。《急就篇》的「蓋轑俾倪枙縛棠」,顔注也謂「枙在衡上」。由此可知,軶乃著于衡,而非直接著于輈。《説文》謂「軶,轅前也」,語意含混。後世文字學家不知古代車形實際制度,或合衡、軶為一物。例如,《論語》「在輿則見其倚於衡也」,包注:「衡,軶也。」《小爾雅・廣器》:「衡,軶也。」段玉裁既倡「軶木上平而下為兩坳」之臆説,故于《説文》軶字注謂:「曰轅前者,謂衡也。自其横言之謂之衡,自其扼制馬頸言之謂之軶。」王筠《説文句讀》也謂衡、軶為「一物二名也」。林義光《文源》以輈前横木為軶,實緣此而誤。

通過以上論述,車字初文的形制既明,可以進一步探索兩字造字之所本。甲骨文尚未見兩字,金文兩字作,其所从的,即由甲骨文車字上部的形所演成,本象輈及衡。(見前文所引盉銘)象雙軶形。前引早期金文車字上部有的作形,即兩字作形的由來。前引甲骨文的車字,有的作、形,已把車字的上部和下部分離為二。此外,特別引人注意的是,早期金文的車字還有幾個部分分化的例子,比如:

一、(鼎,故宮藏器)

二、(瓿,故宮藏器)

三、(輪鼎,録遺二九)

四、(觚,録遺二九六)

五、(炎棥甗,《寧壽鑑古》十二・十二)

以上第一例子左作半車形，原篆右上輪與左下輪相距約有二寸。這個字形雖然很奇特，但也可以證實車字已經有了分化。第二個例子只有雙輪與軸、轅。第三、四兩個例子均有單一的車輪，即後世輪字的初文。第五個例子省掉車字的下部而只存其上部的形，乃是向「兩」字演化的雛形。因此可以斷定，兩字和輪字一樣，都是由車字的局部分化而獨立的。

兩字既由古文字中的車字分化而來，那末，有無其他旁證呢？我的答覆是有的。例如：甲骨文的來字作，《說文》孳乳作棶，則成為「从禾來聲」的形聲字（詳《甲骨文字釋林・釋具有部分表音的獨體象形字》）。又甲骨文有字，唐蘭同志謂：「當是弦字，象形，後乃變為弦，更變為弦矣」（《殷契卜辭》釋文三三）。這是對的。按與均為獨體象形字，後世分化為兩個偏旁的棶與弦。這就是由車字分化出「兩」字的有力旁證。

兩的初文既象車轅前部衡上著以雙軛，據此可以推求兩字的造字本義。考古發現的商代車馬坑中，一車附有二馬或四馬。至于西周則多用四馬。然而衡上之軛則左右各一，並無例外。春秋戰國之際的隨縣曾侯墓中出土竹簡記載，當時一車又有用六馬者，凡二驌、二驂、二騛。驌字典籍通作服。《易・繫辭傳》的「服牛乘馬」，《說文》引作「犕牛乘馬」。驌之通服，猶犕之通服。《詩・大叔于田》：「兩服上襄，兩驂雁行。」鄭箋：「兩服，中央夾轅者。雁行者，言與中服相次序。襄，駕也。上駕者言為衆馬最高也。」「二騛」之騛應讀作騑，猶典籍的飛字往往作蜚，是其證。《說文》：「騑，驂旁馬。」是二騑又在二驂之兩側。在戰國時，已有二服與二驂二騑六馬共駕。在秦代則「數以六為紀，乘六馬」（見《史記・秦始皇本紀》），成為通制。總之，無論二馬、四馬、六馬，其衡上之雙軛只駕二馬，即所謂「兩服」。

兩之初形，本象縛雙軛于衡，引伸之則凡成對並列之物均可稱兩。故《周禮・大宰》「以九兩繫邦國之民」，鄭注：「兩猶耦也。」《易・說卦傳》「參天兩地而倚數」，鄭注：「兩，耦也。」徐灝《說文段注箋》：「凡雙行者皆曰兩，故車兩輪、帛兩端、屨兩枚皆以兩偁。……今直用為一、二之數，非古義也。」徐氏指出兩與二古義有別，是對的，但以「故車兩輪」為言失之。函皇父簋及齊侯壺銘，所稱「兩罍」「兩壺」，均指一對而言。《說文》訓兩為再，失之。

典籍中的兩與麗每通用。《詩・干旄》：「素絲組之，良馬五之。」毛傳：「驂馬五轡。」孔疏引王肅說：「古者一轅之車，……夏后氏駕兩謂之麗。」《小爾雅・廣言》：「麗，兩也。」按麗、兩雙聲，均屬來母三等。兩訓耦，麗也訓耦者，《周禮・夏官序官》「駑馬麗一人」和《校人》「麗馬一圉」鄭注並謂：「麗，耦也。」《漢書・揚雄傳》：「麗鉤芒與驂蓐收兮。」顏注：「麗，並駕也。」按麗之釋為耦，耦與兩同訓。兩之初文為並軛，並軛之引伸義為並駕，故「駕兩謂之麗」。

金文中車亦稱「兩」，如盂鼎銘「孚（俘）車十兩」。《書・牧誓序》「武王戎車三百兩」，偽傳：「車稱兩。」孔疏引《風俗通》說：

㒼 㒼

「車有兩輪故稱為兩，猶履有兩隻亦稱為兩。」並非確詁。車之稱兩。乃起源于車上重要部分衡上所縛的雙戹，以其能駕雙馬而行駛，故一車得稱「一兩」。此猶一車用兩服兩驂凡四馬，四馬稱「乘」，故一車亦謂之「一乘」。《儀禮・聘禮》的「乘皮設」鄭注：「物四曰乘。」《儀禮・鄉射禮》鄭注：「乘矢四矢也。」賈疏：「凡物四皆曰乘。」也如凡成對之物均可稱「兩」。這都是由具體的駕車之馬數引伸為泛稱的物數。

綜括上述，《説文》訓从為「从二入」，訓㒳為再，以為「从冂」，而均闕其造字本義。又訓兩為重量之兩，以為「从一㒳」，「㒳亦聲」。許氏所釋，無一是處。他既不知从字與二入無涉，又不知㒳與兩本為一字。自來文字學家有的阿附許説，有的別立新説，意見紛歧，令人困惑莫解。本文一方面從早期古文字中一些車字的構形加以辨析，然後再以車字幾個具體的分化獨立者為憑依，又舉出其它獨體分化字為佐證，以闡明兩字的由來。另一方面以近年來出土商和西周車的形制為考驗，而尤其注意的是車上的輈、衡、軛三個部分，因為瞭解這三個部分不僅可以糾正舊説之不盡可信，而且又是兩字起源的實物證據。至于舊説以「車有兩輪故稱為兩」，應改為「車有兩軛故稱為兩」。因此可知，凡成對之物而稱之為兩者，乃兩字的引伸義，但舊説只知其然而不知其所以然。

在此附帶加以説明：一九三九年我在輔仁大學任教時，俞敏同志和我説，「兩」字來源于「夏后氏駕兩謂之麗」。我認為頗有見地，但單憑這句話也不能解決「兩」字構形的起源。近年來，我才見到早期古文字的車字有幾個分化獨立的例子，因而寫成此文。【釋兩　古文字研究第十輯】

◉戴家祥　圅皇父盤中的㒳字，在殷鼎等器中作兩，是㒳兩古本一字之證。【金文大字典下】

㒼㒼　㒼　㒼簋【金文編】

◉許　慎　㒼平也。从廿。五行之數。二十分為一辰。㒳。㒼平也。讀若蠻。母官切。【説文解字卷七】

◉林義光　即滿之古文。盈溢也。从二入。二入盈溢之象。芇聲。【文源卷八】

◉高田忠周　説文。㒼。平也。从廿。五行之數。二十分為一辰。㒳。㒼平也。讀若蠻。廣雅釋詁。㒼。當也。周禮鼈人司農注。互物謂有甲㒼胡。朱氏駿聲云。今以皮冒鼓曰㒼。言平帖無縫也。此字疑从从芇聲。

芇。説文無之。葢疑㒼省文。㒳省當為巾。又此㒼字。當讀為滿。滿。充也。當也。廣雅。㒼。當也。正滿字義。與

此文可互證矣。【古籀篇十七】

◉朱芳圃 𦾔象獸宰殺後，從胸前擘開，析為兩半之形。兩半分量相等，故引伸有平義。孳乳為䜌，《說文》目部：「䜌，平目也。从目，𦾔聲。」【殷周文字釋叢卷中】

◉李孝定 金文𦾔字下所从作「」，與「网」作「」者微異，小篆始作从「网」，未知其義，許訓平，蓋以其从「网」也。清儒治說文者，均宗許說以五行十二辰之說解𦾔字，造字之初，未必即有五行十二辰之說也；徐灝段注箋以廿网為㒼，㒼者滿也，說𦾔即滿字，雖亦肊解，轉覺清新可喜。金文𦾔為人名，無義可求。【金文詁林讀後記卷七】

网 

 甲2957  乙5329  佚702【續甲骨文編】

 网 戈网甗  戈网卣  仲网父簋  𠫑卣  伯罠卣【金文編】

〔一九〕〔一九〕【先秦貨幣文編】

 罔 日乙一九 通網 置穽— 秦五 通妄 鬼害民—行 日甲二四  為三五 二例  秦五 二例  日甲八五背

 日甲二四背【睡虎地秦簡文字編】

 公罡彊【漢印文字徵】

 禪國山碑 网不被澤  開母廟石闕 于胥樂而罔極   石經多士 罔顧于天顯民祇 說文网或作罔 古文與此同 敦煌本及日本唐寫本尚書皆作宂【石刻篆文編】

 冈  网亡兩切  冈【汗簡】

 古老子  華嶽碑  汗簡    並崔希裕纂古【古文四聲韻】

◉許　慎　网庖犧所結繩以漁。从冂。下象网交文。凡网之屬皆从网。今經典變隸作罒。文紡切。罔网或从亡。䍏网或从糸。冈古文网。网籀文网。【説文解字卷七】

◉柯昌濟　𠂭即古文冈字。亦即網之古文。象網形。【仲𠂭父敢　韡華閣集古録跋尾】

◉高田忠周　許所云未悉盡也。蓋冈字元作网𠂭二形。从冂。所以覆冒。即漁者所用故交目亦細也。又从ㄦ。雙植也。又即與𠂭同意。即田獵所用。故交目亦疏也。但古字唯當以网兼之。而或省亦作冈耳。又説文罟。网也。从网。古聲。段氏云。易曰。作結繩而為网罟。以田以漁。是网罟皆非專施於漁也。罟實魚网。而鳥獸亦用之。葢識网罟元同義。後世其用殊。其字亦分别。罟為形聲字也。説文罶罽下並曰魚网也。罛下曰。魚罟也。罜下曰。罜麗小魚罟也。其字當作网。从冂。又罯下曰。兔罟也。罝下曰。兔网也。羅下曰。以絲罟鳥也。其字當作𠂭𠂭。从ㄦ。而後字形字義劃然矣。【古籀篇十七】

◉羅振玉　𠂭象張网形。【殷虛書契考釋卷中】

◉商承祚　冈説文。网。庖犧所結繩以漁。从冂。下网交文。㓁。古文网。案。甲骨文作𠂭𠂭。正象交网。此㓁疑非古文。而為篆文之或體。玉篇网𦊆㓁下云。同上。罔下云。古文。汗簡亦僅收籀文网。不收古文㓁。可證㓁之非古文。而後人誤注也。石經古文作㓁。从宀。【説文中之古文考】

◉郭沫若　第一五九四片「……貞罬」　罬字象投網之形，殆即網之異文。【殷契粹編考釋】

◉聞　宥　[甲骨文]此字《類編》録為宰，未言其義。陳氏邦懷《殷虛書契考釋小箋》釋為寤，謂寤寤同義；寤晝見而夜夢也，宰從午與之相合。説至迂曲。宥按：此字在卜辭中為地名，如曰「壬寅王卜貝(貞)其田于宰，往來亾𢦏」(《殷虛書契前編》卷一第三十一葉)。「辛丑卜貝(貞)王其田宰，亾戈」「王其田宰若」(《後編》卷上第十三第十四葉)。「癸丑卜乙王其田宰，□日亡」(《龜甲獸骨文字》卷一第八葉)。是也。其字當為网之别搆，《説文》：「网从冂，下象网交文。」古文宀冂不分，第以交覆為義，(金文如散氏盤宰作[金文]，受尊寶作[金文]，父乙觚守作[金文]，永宮高宮作[金文]，皆不從宀；其他亦多作[金文]。蓋平作之為冂，折作之則為[金文]，更鋭其頂則為[金文]而遂與[金文]形近矣。古文點畫小異者極多，漢儒膠滯，乃必欲分為二部。)故卜辭从冂；(正始三字石經网之古文正從宀)。[甲骨文]土則象其縱横交午之文，與𠂭同意。在辭中又實孳乳為羅字，《汗簡》所出古文羅字為[古文]；與此全同，可為碻證。郭書所集，其形似他書者，或不可憑，此獨殊異，定有所本；按之文字孳生之義，亦正有理。《説文》：「羅，以絲罟鳥也，从网从維，古者芒氏初作羅。」芒氏之説，雖不可稽，然初民以佃漁為活，捕鳥之具，當已夙有，若車蓋之維，則後來服用大備時方始有之，不應以草昧之名，從文明之字，此按之事理而可決者也。且即从維，亦與罟鳥之義未合。此蓋古文之网，既有作网作𦉪諸體，而其義亦兼通捕魚捕鳥諸事，一形數讀，為事不便；後世分析漸細，乃綴隹以別之，而綴者不察，誤將㐅糸兩體並存，遂成羅字。此觀於网之或體，更有䋄字，既象交文，又復从糸，重累為之，並無意義，可知誤存者不僅羅之一字已也。千載譌文，得此而釋。【殷虚文字孳乳研究 東方雜誌第二十五卷第三號】

◉馬叙倫 鈕樹玉曰。韻會漁下有也字。廣韻引作庖犧所結以佃以漁也。沈濤曰。御覽八百卅四引以漁上有以田二字。倫按。說文蓋本作器也。象形。或以聲訓。庖犧八字明是校語。从冂乚字亦呂忱或校者所加以釋象形也。世本。庖犧臣芒作网。然則网之音蓋即得於芒之所為邪。甲文作⊠⊠。䋄字偏傍則作⊠。此蓋本作⋀。象捕魚網形。字見急就篇趙孟頫正書本。松江石本作罔。顏師古本作網。皆傳寫易之。【說文解字六書疏證卷十四】

◉李孝定 按說文「网庖犧所結繩以漁。从冂。下象网交文。罔网或从亡。䋄网或从糸。㓁古文网。网籀文网。」栔文同。但無从亡為聲符者。郭謂从𠬞若ㄚㄚ者。亦网字異說。是也。辭云「□巳网其隻獲□巳网不其隻」。乙・二九〇四。字从𠬞與它辭不从𠬞者辭例全同。如云「辛丑卜王翌壬寅我网□隻允隻」。甲編二九五七。「壬戌卜㱿貞取豕𢀛网麋于𦾔」。乙・五三二九。「网隻」。佚・七〇二。可證也。許書古文作㓁。與三體石經古文同。殆六國古文金文网字偏旁作⊠ 兮甲盤䌄字偏旁 ⊠ 鄭簋嬰字偏旁亦同。【甲骨文字集釋第七】

◉于省吾 甲骨文網字習見，有的从糸作𦋺，也省作𦋺，舊均不識。甲骨文稱：「至（致）𦋺羊〇叀𦋺豕。」綴合四七〇。按這段甲骨文以致𦋺羊和叀𦋺豕對貞。致𦋺羊，是指送來田獵用網取得的野羊言之。又𦋺字上从⊠即網字的初文，下从糸即糸字的省文。甲骨文𢆶字習見，下从糸，也多省作𢆶。金文孫字習見，多从系，但敔簋、格白簋、王孫鐘、姑□句鑃等器均从糸。因此可知，𦋺字所从的糸，乃糸字的省體，至為明確。𦋺即網字，从糸网聲，小篆作網，又加亡為聲符。

第三期甲骨文稱：「于叀𦋺㫃〇其𦋺㫃，才宰〇于𠈌𦋺□㫃。」（粹一一九六）此骨上下文已殘。叀、宰、𠈌三者都是地名。㫃字典籍通作偃。《說文》訓㫃為「旌旗之游」，「讀若偃」，段注：「今之經傳皆變作偃，偃行而㫃廢矣。」《論語・顏淵》的「草上之風必偃」，皇疏：「偃，卧也。」集解引孔注：「偃，仆也。」偃之訓卧訓仆都是卧倒之義。古代的狩獵捕獸，樹網叫作張或立，網仆叫作偃。《管子・形勢》：「獸厭走而有伏網罟，一偃一側，不然不得。」尹注：「偃側猶倚伏也。」按一偃一側是形容野獸陷入網罟之中，網罟已經偃仆，而獸仍向旁側挣扎。總之，前引三段甲骨文，是占卜在哪个地方網獸之辭。𦋺㫃即網偃，指網的偃仆以獲獸言之。【釋「𦋺㫃」 甲骨文字釋林】

◉李孝定　《金文編》及《金文詁林》，並收「□」為网字，考諸銘意，□或為人名，或為族徽，未能由銘意證其必為网罟字，而甲骨文网字作□或□，交目之狀甚顯，與此稍異。又古器紀數之「五」作□，亦有作□者，則與此全同，紀數之「五」，例為假借，豈古文即假「网」為「五」乎？疑未能明也。【金文詁林讀後記卷七】

◉張在明　劉夫德　五、□（网）

《史記》：「昌意，降居若水。」《呂氏春秋・古樂》說他「生自若水」。若水，一說在四川西部，即今雅礱江（《漢書・地理志》）；一說在寧夏固原（《水經注》）《太平御覽》引「若水」作「弱水」，弱水在《禹貢》中屬雍州。「弱水即西，涇屬渭汭，漆沮即從，灃水攸同」，弱水、涇水、漆水、沮水、灃水，大致是從西往東，可見弱水在涇水之西。《禹貢》先言弱水，後言河水，又導河起于積石，西不及河源，可知弱水遠于積石而又不應遠于河源。《漢書・地理志》：「臨羌……西有弱水、昆侖山祠。」可知秦漢時相傳甘青之際有弱（若）水，昌意所降即應為這裏。因為仰韶文化并未深入川西地區，而甘青一帶的仰韶文化馬家窑類型與中原地區的廟底溝類型有直接的發展和繼承關系。昌意的月族文化降居這裏以後，得到充分發展。這裏出土的彩陶上飾滿了月紋飾和象征月的蟾蜍紋飾。這些月紋飾上多飾网狀。

《漢舊儀》：「顓頊氏有三子，生而亡去為疫鬼，……一居若水，是為罔兩蜮鬼。」「蜮」，是蟾蜍屬，月的象征。《說文》：「臣鉉等人曰，今俗作古獲切，以為蝦蟆之別名。」《周禮》中主掌去鼃黽的蟈氏，故書作蜮，司農注：「蜮，蝦蟇也。」「鬼」，《詩》：「為鬼為蜮」，鬼也蜮屬，同是月的象征。《說文》：「人所歸為鬼，從人，田象鬼頭，鬼陰氣賊害從厶，凡鬼之屬皆從鬼。」所謂鬼頭即月的形象，馬家窑類型的彩陶上常可見到圓形月面中畫一個十字，成鬼頭紋。原始人認為人死後要返回自己的氏族圖騰，月族的人死後要返回自己的月圖騰，并且能象月亮那樣長生不死，這就是鬼的本義，原是緣月而起。「兩」，又作㒳。《說文》：「㒳，再也，從冂，從从，從丨。《說文解字注》：「再者，一舉而二也。凡物有二，其字作㒳不作兩，今字兩行而㒳廢矣。」又說：「从，二人也，㒳從此」，中間的一縱道，「二人之介也」。㒳的本意應指月的「兩半」，《易》說卦注曰：「兩，耦也。」《春秋元命苞》：「顓頊並干」，從二人大概就是「並干」的意思，也就是二人相向而立，《說文》：「並，竝也」，《儀禮》：「二以竝」。作為月的「兩半」的「朋」字，也有「二人」之義，即《淮南子、地形訓》所謂「有神二人連臂，為帝候夜」。「為帝候夜」正是指月。

「罔兩蜮鬼」中的「兩」、「蜮」、「鬼」既然都是指月，可知「罔」也應是指月。罔通網，在仰韶文化廟底溝、馬家窑等類型象征月的圖案上，絕大多數飾以網紋，這網也代表月，推想其本意或是象征月的朦朧。網字在甲骨文中與在仰韶文化陶器上的网紋沒有什麼區別，因此，可以認為一些單純的網圖案就是網字的初文。

茲舉數例與甲骨文中網字加以比較：

采自《考古》1979年1期圖版叁，寶鷄白首嶺遺址出土。

參《廟底溝與三里橋》圖版。

采自考古發掘報告《西安半坡》。

采自馬家窑類型彩陶紋飾。

明藏一九八。

《殷墟書契後編》二·八·一二。

【仰韶文化中的幾個字　文博一九八七年第六期】

罨 

◉許　慎　罕也。从网。奄聲。於業切。【說文解字卷七】

◉馬叙倫　桂馥曰。玉篇。罨。罕也。以網魚也。廣韻。罨。鳥網。風土記。罨如罒從而小。斂口。從水上掩而取者也。倫按。罕為捕鳥器。則罨以取魚或罯字義。罨罯雙聲。然許止訓网也。或以聲訓。或此字出字林也。【說文解字六書疏證卷十四】

□ 抱罕護軍長史 【漢印文字徵】

□ 祀三公山碑 醮祠希罕 【石刻篆文編】

◉許 慎 □网也。从网。干聲。呼旱切。【説文解字卷七】

◉馬叙倫 段玉裁曰。吴都賦注曰。罼罕皆鳥網也。按罕之制蓋似畢。小網長柄。故天官書曰。罕車。倫按。金文有□。劉心源謂其□即罕。然則□即畢字。蓋音轉耳。篆文形譌為罕。罕為捕鳥器。故廣雅釋器曰。罕。率也。十三篇。率。捕鳥畢也。率從行糸聲。無捕鳥義。其音心紐。罕音曉紐。同為次清摩擦音。古借率為罕。畢音幫紐。轉脣齒音入非紐。非曉同為次清摩擦音。故罕音入曉紐耳。【説文解字六書疏證卷十四】

◉李孝定 説文「罕网也。从网干聲」。栔文□字羅氏釋畢。學者多从之。或疑卜辭有「□虎」。虎犬非可畢者。胡師小石因讀⿱罒⿱丩十為彈。引楚辭「羿焉彈日」為證。謂⿱罒⿱丩十虎者射虎也。自胡師此説出。以讀卜辭泰半可通。學者又翕然宗之。然後下・四一・十二・一辭上言阱下言⿱罒⿱丩十。夫阱者利生獲。既獲之後。復安用畢。更安用彈乎。唐氏據孫氏之説釋此為罕。而讀為禽。二者祇是一字。後始歧而為二。以讀諸辭。無不允當。其説塙不可易。罕禽古當同讀。及後音義歧異。乃於⿱罒⿱丩十罕上加今為聲符耳。罕之為禽猶含从今聲。凾之俗體作肣。亦从今聲。可證也。惟唐氏謂罕為干之蜕變。則有可商。干為盾之别名。與毌單諸字同源。與訓网之罕實截然二物。罕之从干者。實由象网匡廓形之「U」與柄形之「丨」所蜕變。本非从「干」。篆變近「干」。許君遂謂「干聲」。然不謂「从干」也。唐氏竟謂干罕一字。則所謂執干戈。猶矛盾也。以衛社稷者。豈效命疆場。亦執田網以从事乎。罕所以捕鳥獸。其捕獲之事為動詞之禽。今作擒。其捕獲之物則謂之禽。古飛走皆可稱禽。增之犬旁則為狩古作獸。與獸。而其始皆由罕字所衍化者也。今借為希罕字。【甲骨文字集釋第七】

◉戴家祥 □父丁觶 字上从田，象張网之形，下从Y，與金文干字作Y形近。疑□即罕字古文象形字。《説文》网部「罕，网也。从网干聲」。【金文大字典下】

◉許 慎 □网也。从网繯。繯亦聲。一曰。綰也。古眩切。【説文解字卷七】

◉馬叙倫 桂馥曰。聲類。⿱罒繯。以繩係取獸也。戰國策。人有置係蹄者而得虎。延叔堅注。係蹄。獸絆也。馥謂⿱罒繯即係蹄。一曰綰也者。本書。綰。絹也。絹當作繯。倫按。從网繯聲。⿱罒繯即國策所謂係。係音匣紐。與繯同為舌根音。與繯雙聲。

故策借係為之。策所謂蹄。非蹏也。乃罟之借字。下文。罟。兔网也。莊子。蹄者所以得兔。是其證也。繯亦聲者。校者改之。玄應一切經音義引三倉。罥。古文作羂。同古法反。謂取獸繩也。然則三倉作罥。豈本書亦作罥而羂為重文邪。抑古文謂古本邪。則作罥者傳寫易之。【說文解字六書疏證卷十四】

◉徐中舒 本應作，象連環形，因契刻之便，改圓環形為方形。字正象圈套纏絡鳥足形，故乃羂之本字。《說文》：「羂，网也。从网繯，繯亦聲。一曰綰也。」《說文》篆文乃後起之形聲字。典籍或假絹為之。《周禮・翨氏》注：「置其所食之物於絹中，鳥來下則掎其脚。」據雝雍字所從之考察，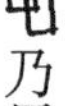乃馬尾絲結成之圈套，以為捕鳥之用。

三期 甲三九一五 從羂上有，疑為羂之異構。【甲骨文字典卷七】

䍙

䍙 畬卣【金文編】

◉許 慎 䍙网也。从网。每聲。莫桮切。【說文解字卷七】

◉馬叙倫 鈕樹玉曰。玉篇廣韻皆曰雉网。倫按。䍙音明紐。蓋网之同邊音轉注字。【說文解字六書疏證卷十四】

䍐

◉許 慎 䍐网也。从网。巽聲。思沇切。逸周書曰。不卵不䍐。以成鳥獸。䍐者。羂獸足也。故或从足。【說文解字卷七】

◉馬叙倫 䍙從每得聲。每民一字。民音轉入心紐。與巽雙聲。豈轉注字邪。

鈕樹玉曰。繫傳逸下有也字。非。羂作罥。足下無也字。倫按。鍇本篆下有巽或從足巽。是也。逸周書以下校語。今周書文傳解作不𪓐不卵以成鳥獸之長。倫按。䍐當是跳或蹲之轉注字。與巽異字。【說文解字六書疏證卷十四】

冞

◉許 慎 冞周行也。从网。米聲。詩曰。冞入其阻。武移切。冞或从𥤍。【說文解字卷七】

◉馬叙倫 鈕樹玉曰。韻會無行字。戚學標曰。詩殷武。冞入其阻。釋文。毛。深也。鄭。冒也。說文從网米。云。冒也。蓋冒形近周。校者歎文不備。於周下綴行字。段玉裁曰。當作网也。詩釋文引作冒也。乃涉鄭箋而誤。循上下文皆网名。篇韻皆云。冞。罟也。沈濤曰。詩釋文引作冒也。六書故言鄭箋訓冒與說文合。則戴所見本亦作冒。古本蓋如是。江沅曰。

此引詩後人所加也。詩。突入其阻。傳曰。突。深也。為本書突下所本。其字當式針反。箋云。冒也。與陸氏所見說文同。為此字所本。其字面規反。陸氏釋文應分別其字。分載其音。而乃毛鄭同作宷字。毛鄭同音面規反。致毛詩古字付諸不可識。說文古義付諸不經見。至釋文引說文亦有詩曰罙入其阻六字。則淺人依俗本說文羼入。許在鄭前。無由早見作罙之詩。況突下已徑引毛詩乎。翟云升曰。集韻引作用也。王筠曰。疑毛詩本作罙。故傳訓深。罙古作突。說文。突。深也。恐即本之毛傳。鄭所據本作罙。故以為罙之省。而說之曰冒也。明是兩字。音義俱別。許在鄭前。何以豫同鄭改乎。說文所引之詩。疑為後人據箋加之。冒也之說。亦後人以鄭箋易之。玉篇。罙。罾也。即本之說文。倫按。許書蓋本無此字。呂忱加之。周為冒譌。行字如戚說。冒也以聲訓。以音求之。為网及罞之同邊音轉注字。甲文有□。從网。□聲。亦此轉注字。古書眉壽或作麋壽。可證也。

倫按。桂馥據本作或從㝱省。然罙為网類。不得從貞或㝱。亦不得從𠧪。當是罙之譌體。【說文解字六書疏證卷十四】

汗簡【古文四聲韻】

◉許　慎　罩捕魚器也。从网。卓聲。都教切。【說文解字卷七】

◉馬叙倫　詩南有嘉魚釋文引字林。罩。竹卓反。捕魚器也。則此字或出字林。【說文解字六書疏證卷十四】

◉許　慎　罾魚网也。从网。曾聲。作縢切。【說文解字卷七】

◉馬叙倫　許當訓网也或器也。或以聲訓。魚网也蓋字林文。或字出字林也。【說文解字六書疏證卷十四】

罪　秦一七五　六十八例　日甲一四六背　效三五　十二例　【睡虎地秦簡文字編】

罪出尚書【汗簡】

古老子　古孝經　古文【古文四聲韻】

罽　罛　罟

◉許　慎　罪捕魚竹网。从网非。秦以罪為辠字。徂賄切。【説文解字卷七】

◉馬叙倫　嚴可均曰。非聲。末句校語也。出文字音義。王筠曰。魚有何非而网之哉。當增聲字也。倫按。非罪聲同脂類也。此罾之同舌尖前破裂摩擦音轉注字。非飛一字。而龔從飛異聲。蓋飛之轉注字。異聲之類。今言是非者。非借為否。否聲亦之類。然則古讀非如否。聲在之類。罾聲蒸類。之蒸對轉也。竹网二字鍇本無者。鈕樹玉謂蓋挩。是也。然非許訓。本部諸文之為器。固不皆以繩結也。字見急就篇。以為辠字。辠從辛自聲。自聲脂類也。【説文解字六書疏證卷十四】

◉許　慎　罽魚网也。从网。厠聲。厠。籀文鋭。居例切。【説文解字卷七】

◉馬叙倫　嚴可均曰。厠籀文鋭校語。倫按。罽聲脂類。蓋罪之轉注字。魚网也字林訓。或字出字林也。【説文解字六書疏證卷十四】

◉許　慎　罛魚罟也。从网。瓜聲。詩曰。施罛濊濊。古胡切。【説文解字卷七】

◉馬叙倫　翟云升曰。御覽引無魚字。倫按。罛罽音同見紐。蓋轉注字。罛罟亦然也。魚罟當無魚字。鍇本作魚网。蓋字林文。【説文解字六書疏證卷十四】

0424　1729　0923　0708【古璽文編】

石碣乍邍　㦰㦰逌罟【石刻篆文編】

◉許　慎　罟网也。从网。古聲。公戶切。【説文解字卷七】

◉張燕昌　鄭云。罟亦作罔。並音古。【石釋文釋存】

◉趙烈文　爾雅鳥罟謂之羅。郭注。謂羅絡之。此言以罟羅絡於□。櫐杜棫檄楉之樹以張鳥。故下云。鳴□亞若。闕文當是禽字無疑。【石鼓文纂釋】

◉强運開　張德容云。説文作罟。解云。网也。小徐本网下重文注云。籀文作冂。王氏筠疑其非是。改篆為网。容按。小徐原本必是籀文。从冂與鼓文合。運開按。張説是也。攼兮甲盤𠭯盧作。曶鼎罰作。散氏盤㓁罰字作。又剛字

罶 □

作□。皆可證网篆古籀作□也。【石鼓釋文】

◉馬叙倫　石鼓作□。古鉨作□。□從網省。【説文解字六書疏證卷十四】

◉許　慎　□曲梁寡婦之笱。魚所留也。从网留。留亦聲。力九切。□罶或从婁。春秋國語曰。溝罛䍡。【説文解字卷七】

◉馬叙倫　翟云升曰。御覽引魚所留也作魚罶也。王筠曰。寡婦之笱本之釋器。此古諺也。徐灝曰。爾雅作嫠婦。郭注。毛詩傳曰。罶。曲梁也。謂以薄為魚笱。按嫠婦疑罶簿之聲轉。倫按。爾雅釋訓。凡曲者為罶。釋器。嫠婦之笱謂之罶。詩。魚麗於罶。傳。曲梁也。寡婦之笱也。將二義合一。然曲梁即曲罶。梁罶雙聲。三篇笱下曰。曲竹捕魚笱也。凡從丩得聲之字往往有曲義。語原然也。而木部朻樛實轉注字。並音吉虯切。然則釋詁謂曲者為罶。而釋器謂嫠婦之笱謂之罶。罶之於笱。猶樛之於朻。御覽八百三十四引纂文。⿱罒卯。揚州謂魚罶也。吳人謂之笱主。⿱罒卯當作⿱罒丣。即罶字。猶騮之或作駵矣。亦可證也。罶為笱之轉注字。笱罶亦疊韻也。從网。留聲。字或出字林。不然。本訓捝矣。存者字林文或校語。

□　留婁音同來紐。故罶轉注為䍡。罶䍡簍籔同語原也。春秋八字校語。【説文解字六書疏證卷十四】

罜 □

◉許　慎　□罜麗。魚罟也。从网。主聲。之庾切。【説文解字卷七】

◉馬叙倫　罜麗疊韻連語。疑為罩之緩言。或謂或窶之緩言。罜麗二字蓋並出字林也。【説文解字六書疏證卷十四】

䍦 □

◉許　慎　□罜麗也。从网。鹿聲。盧谷切。【説文解字卷七】

◉陳邦懷　□前編卷四弟九葉

箋曰。此字從网從鹿省。當為麗字。説文解字麗。罜麗也。從网鹿聲。卜辭麗字乃從网鹿省聲。省鹿作□。猶籀文⿱麤土字從麤省作⿸鹿⿰比比也。此條新補當附考釋网字條後。【殷虛書契考釋小箋】

◉李孝定　説文「麗。罜麗。从网鹿聲。」朱駿聲説文通訓定聲曰。「小魚罟也。魯語『水虞於是禁罝麗。』罝者。罜之譌字。」主且聲同。罝罜自得相通。麗為魚罟。當仍由麋罟一義所引申。引申之義專行。遂別造「罞」字以當之。絜文从网。當从网声會意。非徒以声為聲也。以其本義之湮。許君遂以為从鹿聲耳。【甲骨文字集釋第七】

◉徐中舒　□一期　鄴一・二九・六　從网從□，□為麋頭，麋為鹿屬，故此字會以网冒挂鹿頭捕獸之意，當即《説文》之麗字。

□或省作□、□，同。【甲骨文字典卷七】

罧

□ 籀韻【古文四聲韻】

◉許　慎　罧積柴水中以聚魚也。从网。林聲。所今切。【說文解字卷七】

◉馬叙倫　鈕樹玉曰。繫傳柴下有木字。譌。段玉裁曰。毛詩爾雅音義皆云字林作罧。不云出說文。疑或取字林羼入。王筠曰。聚字當依說文韻譜作取。倫按。罧以木為之。魚入之即不能出。亦所以捕魚。故從网。【說文解字六書疏證卷十四】

罠

◉許　慎　罠釣也。从网。民聲。武巾切。【說文解字卷七】

◉馬叙倫　沈濤曰。御覽八百卅四引作畋也。蓋古本如是。爾雅釋器。彘罟謂之羉。釋文。羉。本或作罠。釣也。彘非可釣之物。乃後人據今本說文改。非陸氏原文。廣雅。罠。兔罟也。劉逵吳都賦注。罠。網也。皆為畋獵之用。倫按。本訓捝矣。釣魚以綸。不聞以網。古今所同。此又止言釣也。必有捝文。爾雅釋器釋文引字林。釣也。則此字林訓。然疑本作釣魚繁也。此緡字義。廣雅釋罠為兔罟。檢甲文有□。從网下兔。亦可作□。故誤為罠。呂忱不知其為网下兔。故以同音之緡之義釋之。倫謂此是罝之初文。釋器。彘罟謂之羉。本書無羉字。甲文有□□□□諸文。王國維釋羉。是也。兔罟作网下兔。彘罟作畢中豕。冓造法同。但於義當為動詞而非名詞。甲文之□。從兩手持畢以掩豕。可證也。倫且疑□非從网。亦從□也。此類本是禽之異文。後乃各因其事而為名。浸且以動詞為名詞耳。禽字本非今聲。詳禽字下。篆譌以後。因原字之聲而讀為今聲。從今得聲之念。音入泥紐。然則禽之古音或在疑紐。泥疑同為邊音。音轉為羉。遂造從网䜌聲之字。䜌從言得聲。言音亦疑紐。轉來紐為羉。而古讀來歸泥。泥微同為邊音。故罠音入微紐。而字亦譌為從网民聲矣。【說文解字六書疏證卷十四】

羅

□乙四五〇二　象网中有隹　羅之初文　方國名　旨弗其伐㞢蠱羅　□乙四八四二　□乙五三九五【甲骨文編】

□甲265　□2270　□2360　□乙814　□4218　□6469　□7590　□7810　□9003　□佚519　□

572 錄637 743 744 789 天25 60 摭續125 新1448 1449 4497 粹1107 1240 【續甲骨文編】

5·367 東武羅 3·954 獨字 【古陶文字徵】

〔五三〕 〔八三〕 〔三六〕 〔二〇〕 〔三六〕 〔三六〕 〔二〇〕 〔三七〕 〔三二〕 〔四二〕 〔二〇〕 〔二〇〕 〔二五〕 〔七八〕 【先秦貨幣文編】

22 24 26 93 【包山楚簡文字編】

羅 日乙二二三 二例 日乙一七 【睡虎地秦簡文字編】

0456 1768 3818 【古璽文編】

羅侯司馬 張羅 張羅 羅□印信 羅□ 【漢印文字徵】

羅 羅出華岳碑 【汗簡】

華嶽碑 王庶子碑 雲臺碑 竝同上 華嶽碑 【古文四聲韻】

◉許　慎　以絲罟鳥也。从网。从維。古者芒氏初作羅。魯何切。【說文解字卷七】

◉羅振玉　說文解字。羅。以絲罟鳥也。从网。从維。卜辭从隹在畢中。與网同。篆書增維。於誼轉晦。又古羅離為一字。離从隹从离聲。古金文禽作王伐無侯鼎。下从。知即。而移中之隹於旁。又於上加。許君遂以為离聲。方言離謂之羅。始以羅離為二字。後人遂以為黄倉庚之名及別離字。而離之本誼晦矣。【殷虚書契考釋卷中】

◉商承祚　羅師釋羅。說文解字羅。以絲罟鳥也。从网。从維。古者芒氏初作羅。象張網。象鳥形。丨象柄。于誼已明。後世增系。復倒書之。誼轉晦矣。又古羅與離為一字。離篆文从□。即□之變也。其从□□者。以文觀之。亦是羅字。象鳥正視之形。【殷虛文字類編卷七】

◉陳夢家　丁丑卜今日戈(雉)𨾴。丁丑卜戈𨾴。(庫方一〇一四)

乙亥卜員王𦤎。今日乙亥罗戈。(庫方一〇九四)

其罗。(後下一六・六)

此𨾴字象大(即人)雙手張網于上以羅隹，乃羅字象形；《詩・兔爰・正義》引李巡曰「鳥飛張網以羅之」，《爾雅・釋器》「鳥罟謂之羅」是也。俗語謂「天羅地網」，天羅即張網于空中也。卜辭或省隹作罗，亦羅字。《説文》增系為羅，仍象以網羅隹，惟依小篆整齊之例，凡所網之物皆在網下，故隹亦在網下。又《説文》新附罹字，从心从罹，經典用作羅，可證羅从系从罹，不从維。【《史字新釋》補證　考古社刊第五期】

◉馬叙倫　翟云升曰。從維維亦聲。王筠曰。世本。庖犧臣芒作羅網。商承祚曰。卜辭有□□□諸形。□象張网。□象鳥形。|其柄也。即羅字。後世增系。復倒書之。誼轉晦矣。又古羅與離為一字。離字從离。离篆作□。即□之變也。倫按。羅離非一字。甲文諸形。並是禽字。則不得加糸為羅。豈明既禽而以糸糸之邪。則為動詞而非名詞。此訓以絲罟鳥。亦當為動詞。然网羅皆名詞也。詩言。雉罹于畢。罹為羅之譌文。此以羅所以捕鳥。故即以羅為動詞。則門無門馬之例也。羅從网𦄂省聲。古鉩羅字作□。而古匋有□字。吳大澂釋羅。然實從系蒦聲。蒦從又。萑聲。萑聲元類。對轉歌為羅。説解蓋以聲訓。或作器也。今捝。以絲罟鳥也。蓋本作罟也。以絲网鳥也。以絲网鳥也望文為説。此字林文或校語也。古者七字亦校語。字見急就篇。【説文解字六書疏證卷十四】

◉張秉權　□，象以網罟鳥，乃羅字，《説文》七下网部：「羅，以絲罟鳥也，从网从維，古者芒氏初作羅。」

出蠱羅，在此版係西方地名，或省稱羅：

乙卯卜，争貞：旨戈羅？

貞：旨弗其戈羅？(乙編五三九五)

或省稱蠱，乃人名，當是該部落的首領：

允隹蠱至？

不隹蠱至？(乙編一九六五十六六五九；丙編待刊)【殷虛文字丙編考釋】

罬 罬

◉許　慎　罬捕鳥覆車也。从网。叕聲。陟劣切。輟罬或从車。【說文解字卷七】

◉馬叙倫　鈕樹玉曰。鍇本鳥譌作魚。韻會引作罔名。捕鳥覆車也。倫按。罔名捕鳥覆車也字林文。字林每言名也。字或出字林。

輟鈕樹玉曰。玉篇廣韻並無此重文。車部有輟。不應重出。疑後人增。朱駿聲曰。古書或借輟為罬耳。【說文解字六書疏證卷十四】

罿 罿

◉許　慎　罿罬也。从网。童聲。尺容切。【說文解字卷七】

◉馬叙倫　罬音知紐。罿音穿紐三等。同為舌面前音轉注字也。故罬轉注為罿。詩兔爰釋文引字林。上凶反。【說文解字六書疏證卷十四】

罦 罦

◉許　慎　罦覆車也。从网。包聲。詩曰。雉離于罦。縛牟切。罦罦或从孚。【說文解字卷七】

罦 乙4380　罦 6694【續甲骨文編】

◉葉玉森　罦　說文罦覆車也。从网包聲。詩曰雉離于罦。或體作罦。森桉。毛本作于罦。許君謂抱為捊之或體。則罦亦當為罦之或體。从孚。即捊省。从包。即抱省。爾雅。罬謂之罦。篆文罬作罬。疑即契文罦之譌變。契文捊作孚。象一人抱子上舉形。則罦亦象抱網上舉形。故知即初文罦字。罦之本誼。郭璞曰施罥較塙。許君覆車之説未可據也。【說契　學衡第三十一期】

◉馬叙倫　爾雅釋器。罬謂之罦。罦或作罦。罦從孚得聲。孚從㸒得聲。㸒音幫紐。罦從包得聲。包音亦幫紐。罬音知紐。皆清破裂音。故罬轉注為罦。罦轉注為罦。鍇本作覆車网也。蓋本作网也。覆車也。覆車也字林文。然网上疑有捝字。或作网名捕鳥覆車也。【說文解字六書疏證卷十四】

罻 罻

◉許　慎　罻捕鳥网也。从网。叞聲。於位切。【說文解字卷七】

◉馬叙倫　鈕樹玉曰。繫傳及韻會引作捕魚网。非。倫按。罻叞音同影紐。或轉注字。影知幫皆清破裂音。蓋叞罬皆為捕鳥

器。或皆為轉注字。此字或出字林。【説文解字六書疏證卷十四】

罯 𦊈

罯 3·1320 獨字 【古陶文字徵】

罯 繹罘 罯 罘夜張印 【漢印文字徵】

◉許 慎 𦊈兔罟也。从网。否聲。臣鉉等曰。隸書作罘。縛牟切。【説文解字卷七】

◉孫詒讓 (兮甲盤)古啚與否通,後晉邦盦「都啚」作□者省否,三之三。此啚字疑罯之異文。【古籀餘論卷三】

◉戴家祥 (□)此字从网从啚,許書所無。以聲類互易求之,殆罯字也。《説文》:「罯,兔罟也。从网,否聲。」古匋文作罘,古鉢文作罘,古音否啚同部。《釋名·釋言》:「否,鄙也。」《釋州國》:「鄙,否也。」《書·堯典》:「否德忝帝。」《史記·五帝本紀》作「鄙德。」《論語·雍也》:「予所否者。」《論衡·問孔》引作「予所鄙者」。《莊子·大宗師》:「不善少而否。」《釋文》:「本作鄙。」晉邦盦都鄙作「者否」。是从啚即从否之證。又《説文》:「罦覆車也。」引《王風·兔爰篇》:「雉離於罦。」《爾雅·釋器》:「罬謂之罦,覆車也。」《禮記·月令》:「罝罘羅網畢翳。」《淮南·時則訓》亦同。《呂覽·慎人篇》:「編蒲葦結罘網。」《莊子·胠篋篇》:「削格羅落罝罘之知多則獸亂於澤矣。」《釋文》:「罘又作罦。」又《爾雅》:「𦊈罟謂之罿。」郭注:「罿幕也。」《釋文》:「本或作罠。」罿罠幕一聲之轉,是罦罦罠罿罯罘罯即一字之聲類反易例也。【釋甫 清華國學論叢第一卷第四期】

◉馬叙倫 沈濤曰。後漢書寇榮傳注引作兔网也。戴家祥曰。甲文有□。蓋即罯字。書堯典。否德忝帝位。史記五帝紀作鄙德。晉邦盦都鄙作者否。是其例證。倫按。轉注字也。罦罯同音。蓋亦轉注字。而語原皆演於网矣。此字或出字林。【説文解字六書疏證卷十四】

◉于省吾 前八·七·三。叀右隻罯。叀左隻吉。按此二語上下對貞。係卜田狩左右獲之事。叀讀惠。乃發語詞。右獲罯與左獲吉反正為義。罯字舊無解。以音義求之。應讀為易否泰之否。金文兮甲盤有罯虘。乃地名。王國維兮甲盤跋云。罯字雖不可識。然必為从冈啚聲之字。虘則古文魚字。以聲類求之。罯虘疑即春秋之彭衙矣。按王説是也。罯从啚聲。與否字同音。左襄三十一年傳。以議執政之善否。淮南子人閒。故善鄙不同。善否即善鄙。書堯典。否德忝帝位。史記五帝紀。否德作鄙德。莊子大宗師注。不善少而否老。釋文。否本亦作鄙。釋名釋言語。否鄙也。釋州國。鄙否也。栔文及西周金文鄙字通作啚。是均罯可讀否之證。易師初六。否臧凶。釋文。否惡也。太玄積初一。冥積否注。否不善也。易否六二。

𦊾 □　罝 □

小人吉。大人否。遯九四。君子吉。小人否。此與契文。叀右獲罯。叀左獲吉。均屬對文。可資互證。【釋罯　雙劍誃殷契駢枝三編】

◉戴家祥　□□□□□□□□□（王初各伐厥□于罯虘）各讀為格殺之格，古器物銘文屢見。《說文》：「一擊一刺曰伐。」甲骨文、古金文作□，像以戈貫人形。「罯」字不見於許書，孫詒讓云：「古啚與否通，晉邦盦『都啚』作『者否』，此『罯』疑『罟』之異文。」（《古籀餘論》卷三）家祥按：孫說是也。《書・堯典》「否德忝帝位」，《史記・五帝本紀》引作「鄙德忝帝位」。《論語・雍也》「予所否者」，《論衡・問孔》引作「予所鄙者」。《莊子・大宗師》「不善少而否」，《釋文》「本作鄙」。古音「否」「鄙」同部，故《釋名・釋言》「否鄙也」，《釋州國》「鄙否也」。「罟」之別體作「罯」，以字例言，聲類互易字也。【兮伯吉父盤銘考釋　華東師範大學學報一九五五年第一期】

◉李孝定　說文「罟。兔罟也。从网否聲。」契文从网啚聲。當即罟字。戴于二氏之說皆是也。卜辭假為善否之否。其本義不可知。兔罟為罟之說。當是後起形聲字。猶麋罟為罞豕罟為羉。並屬後起。契文有□□□諸字。乃諸義之初文。並會意字也。金文作□兮甲盤。【甲骨文字集釋第七】

◉許　慎　□罟也。从网。互聲。胡誤切。【說文解字卷七】

◉馬叙倫　𦊾音匣紐。罟音奉紐。同為次濁摩擦音。故罟轉注為𦊾。廣雅釋器。𦊓。罟。兔罟也。𦊓即𦊾之俗書也。𦊾罟同為舌根音。而捕魚鳥異器。則語原然也。【說文解字六書疏證卷十四】

◉許　慎　□兔网也。从网。且聲。子邪切。□罝或从糸。□籀文从虘。【說文解字卷七】

◉羅振玉　□象兔在罟下。王氏國維謂即爾雅釋器兔罟謂之罝之罝。【殷虛書契考釋卷中】

◉商承祚　□卷一第十一葉　□卷四第五十葉　□卷五第十四葉　□同上　□後編下第十七葉　祚案。爾雅釋器兔罟謂之罝。此从网兔。當為罝之初字。說文从网且聲。且殆从兔之譌。又誤象形為形聲矣。【殷虛文字類編第七】

◉葉玉森　□□□□　爾雅兔罟謂之罝。諸家釋一二兩文為罝。似塙。殷虛卜辭第一千三百七十三版。「缺卜王令缺□缺□兔冬。」又第二千二百九十五版。「缺風缺不缺□。」兩辭中之□□疑竝罝之變體。省网為□。知商世已然。散盤之□从□。有由來已。【說契　學衡第三十一期】

◉馬叙倫　罝音精紐。而姐音亦精紐。淮南謂姐曰社。則古或讀罝如社。社音禪紐。禪奉匣同為次濁摩擦音。則罝得與罟罜為轉注字也。兔网也蓋字林文。字或出字林。【説文解字六書疏證卷十四】

◉李孝定　説文罟訓兔罟。罝訓兔网。栔文此字从网兔。其為捕兔之具自無可疑。商説其意是也。惟逕斷為罝之本字則似未安。【甲骨文字集釋第七】

◉陳秉新　甲骨文有字，商承祚先生以為即《説文》訓「兔网」之「罝」，這是對的，冤是初文，象以网獵兔形，本義當為獵兔，罝是後起的形聲字。《國語·魯語》上「獸虞於是乎禁罝羅」，舊注以「兔罟」訓「罝」，以「鳥罟」訓「羅」，均不確。「罝羅」在這裏是獵兔、獵鳥的意思。卜辭有貞問「㲋冤」之例，「㲋冤」就是獵豕、獵兔。那麽，《孟子》的「雉兔」當與《國語》的「罝羅」、卜辭的「㲋冤」同例，本當作「雉冤(罝)」，是獵鳥、獵兔的意思。【從古文字學與訓詁學的關係談訓詁學的發展　文物研究第三期】

◉裘錫圭　《小屯南地甲骨》730號有如下一條三、四期卜辭：

其田㲋，以，亡𢦏(災)。

《類纂》把「以」下一字隸定為「⿱罒疋」(1101頁上欄)，可從。(合)28825有如下一條三期殘辭：

……王其田……以……

「以」下一字似亦當隸定為「⿱罒疋」。其下部應是「疋」之變體。我曾懷疑殷墟甲骨文的字可能是「疋」的異體(《論「歷組卜辭」的時代》，《古文字研究》第6輯279頁)，如果把它倒過來，就跟上舉之字的下部頗為相似了。《合》10207正面有如下一條一期殘辭：

貞：呼……虎……

「呼」下從「网」之字，下部稍殘，但可以看出也是從「疋」的，《類纂》把这一例收入「⿱罒冒」字條(225頁上欄。《摹釋》也釋此字為「罝」)，是不妥當的。

「⿱罒疋」顯然是從「网」「疋」聲的一個形聲字，結合字形和辭義來看，應是一種田獵用网之名(《合》10207一例似用為動詞或人名)。这個字跟《爾雅·釋器》「兔罟謂之罝」的「罝」字大概是一字的異體。「且」、「疋」二字的韻母在上古都屬魚部。「且」是清母字，「疋」是生母字，聲母的讀音在上古也相距不遠。「疋」、「足」本由一語分化，「足」是精母字，聲母跟「且」就很接近了。所以「罝」跟「⿱罒疋」是一字異體的可能性是很大的。

第一期卜辭中屢見一個從「网」從「兔」的字，王國維釋為「罝」(《甲骨學文字編》7·15下)，當可信。这是「罝」的表意初文，「⿱罒疋」和「罝」都是它的後起形聲字。「冤」和「⿱罒疋」的關係，跟甲骨文中「罞」的表意字「」(從「网」從「麋」頭會意)和形聲字「⿱罒冒」(「矛」「目」

𦌾　𦌾

二字古音陰入對轉)的關係相類。【殷墟甲骨文字考釋　湖北大學學報一九九〇年第一期】

◉許　慎　𦌾牖中网也。从网。舞聲。文甫切。【說文解字卷七】

◉馬叙倫　鈕樹玉曰。韻會引作罟屬。非。倫按。諸從网之字皆為捕魚及鳥獸之器。𦌾獨訓牖中网。段玉裁以為似网而非网也。似网而非网。安得從网。雖本部之字。或有從畢。而以象形文形近。變為篆文。遂皆為网。然皆為捕魚鳥之器也。若牖中之似网者。則絶不相倫。安得蒙之以网。且牖中之网即樓也。諸家以楚詞招魂之网軒説之。辭賦中多比方。不得據為定説。倫謂牖中网為樓及櫺字義。𦌾音微紐。樓櫺音皆來紐。古讀歸泥。微泥同為邊音。古或借𦌾為樓耳。𦌾為网之轉注字。亦或為舞之轉注字。從舞。网聲。於音皆合也。牖中网非本訓。或此字出字林。甲文有□。高田忠周釋𦌾。則此字古矣。或曰。甲文有□字。王國維謂爾雅釋器麋罟謂之罞之罞。此蓋罞□之轉注字。皆邊音也。【說文解字六書疏證卷十四】

◉李孝定　□乙・四三八〇　金祥恒續文編七卷二九葉上收此作罯。其説未聞。殆以罯之或體作罦。从孚。而孚从子从爪。與此所从□字形近乎。

說文𦌾。牖中网也。从网舞聲。契文从网从□。象人投网之形。當即𦌾之初文。其字本非从□。舞之古文。惟□形近篆變作𦌾耳。就字形但當隸定作⿱罒殳也。高田氏釋此為𦌾。可从。馬氏謂□為「有無」之「無」之本字。説非。「有無」之「無」無本字也。字與网之異構⿱罒殳字之構造法同。惟彼字辭例與网字同而𦌾則為方國之名。辭云「辛巳卜㱿貞乎雀伐𦌾。」乙・四三八〇。「貞我用𦌾□孚。」乙・六六・九四。字當即俘之初字。謂用𦌾方之俘也。此字許訓牖中网。當為後起之誼。【甲骨文字集釋第七】

◉朱歧祥　1445.□　从人持网，隸作⿱罒大。或隸作𦌾。《說文》：「牖中网也。」字後期復增隹作□，象人用網捕鳥。卜辭用為外族族稱，始見第一期甲骨文。由《合集6959》見同卜日的貞辭，謂殷將領雀連續討伐秦，亘和⿱罒大，是以⿱罒大的地望當距秦地不遠，而秦又見與周方《乙7312》、杞《前2・8・7》、澅《林2・20・9》同辭，值殷西南，約處陜西岐山附近。由此亦概見⿱罒大地的方向。

《合集6959》辛巳卜，㱿貞：呼雀𦎫秦。辛巳卜，㱿貞：雀得亘，𢦏□。辛巳卜，㱿貞：呼雀伐□。

⿱罒大為西南弱族，武丁曾派遣雀大敗其部衆。

《合249》辛巳卜，㱿貞：呼雀伐□。

《庫1750》☐㱿貞：我𢦏⿱网大。

殷王復親自率兵追捕⿱网大人，用為祭奠的人牲。⿱网大族自此滅亡，不再見於殷卜辭中。

《庫1094》乙亥卜貞：今日乙亥王辜⿱网大，𢦏。

《乙6694》☐貞：我用⿱网大俘。【殷墟甲骨文字通釋稿】

署 署

署 署 雜四一 十三例 署 雜三四 【睡虎地秦簡文字編】

署 曹署之印 署 筥署 【漢印文字徵】

◉許　慎 署部署。有所网屬。从网。者聲。徐鍇曰。署。置之。言羅絡之若罘网也。常恕切。【説文解字卷七】

◉馬叙倫　鈕樹玉曰。韻會引同繫傳。唯所下無也字。一切經音義引作部署也。倫按。説解有校語羼入。又挩譌也。字從网。依大例。网屬即其訓也。今曰部署有所。似先以後世官署之義為説。而接以网屬。於辭不相連貫。又無一曰以別之。以此明之也。檢國語魯語。文公欲弛孟文子之宅。對曰。夫位。政之建也。署。位之表也。署所以朝夕度君命也。此官署之義所託始。然署對位言。與楚語位宁有官司之典正同。是署即禮記曲禮天子當宁而立之宁。爾雅釋宮。門屏之間謂之宁。釋名釋宮室。宁。佇也。將見君所佇立定氣之處。義與孟子之言合。詩著。俟我于著乎而。毛傳。門屏之間謂之著。著與署皆從者得聲。本書木部楮或作柠。亦其例證。然十四篇。宁。辨積物也。象形。實為儲物之器。詳宁字下。非門屏之間義。倫謂八篇。屠。刳也。從尸。者聲。高田忠周謂古勹人二形易掍。倫謂散盤有☐。章炳麟謂是屠宰之屠。是也。而尸部所屬有屒屋。皆以房室為義。然則屠亦不從尸。而實即門屏之間謂之宁之本字。詳屠字下。署則罟之同次濁摩擦音轉注字也。史記項羽本紀。梁部署吳中豪傑為摎尉侯司馬。部為罟之借字。部署即罟署。猶网羅耳。此説解本作网也。從网者聲。呂忱加网屬於网也下。或許以聲訓。校者以网屬無徵。乃據史記加部署也之訓。又不明部署之義。則各有所也以説之。各有上尚有挩文。唐人刊節或傳寫挩譌。遂如金文矣。字見急就篇。【説文解字六書疏證卷十四】

◉睡虎地秦墓竹簡整理小組　署，崗位。《史記・秦始皇本紀》集解引如淳云：「律説，論決為髡鉗，輸邊築長城，晝日伺寇虜，夜暮築長城；城旦，四歲刑。」本條垣即築城，守署即伺寇虜。【睡虎地秦墓竹簡】

罷　法一三三　【睡虎地秦簡文字編】

臣罷軍　趙罷　郭罷軍印　仲罷軍印　公罷章印　傅罷　【漢印文字徵】

◉許　慎　遣有辠也。从网能。言有賢能而入网。而貫遣之。周禮曰。議能之辟。薄蟹切。【説文解字卷七】

◉馬叙倫　鈕樹玉曰。韻會而作即。翟云升曰。六書故作能聲。能本音耐。當作從能能亦聲。倫按。遣有辠也非本義。亦非本訓。罷為熊羆之羆本字。從能。网聲。當入能部。遣有辠者。即史所謂罷免也。罷免皆借為挩。史偁奪官是也。或借為挩。史偁解官是也。罷免皆脣音。免本即兔字。敓挩與兔皆雙聲。史又作貶。貶從乏得聲。乏亦脣音也。此説解疑亦有羼譌。本作從网能聲。校者不得其聲。妄删聲字而增言有賢能以下云云。於言字及鍇本之解下有是也二字。可證明是校語矣。字見急就篇。顔師古本作羆。或急就本作羆。傳寫易之。而此字出字林邪。【説文解字六書疏證卷十四】

置　秦一八九　十例　法二七　四例　日甲三〇背　日乙八六　雜六　二例　【睡虎地秦簡文字編】

定置　杜可置印　王幸置印　藐其置　吴可置　高置　李可置　【漢印文字徵】

天台經幢　竝雲臺碑　崔希裕纂古　【古文四聲韻】

◉許　慎　赦也。从网直。徐鍇曰。从直。與罷同意。陟吏切。【説文解字卷七】

◉孫詒讓　「率□才□逐」，百六十之三。「」當即「置」字。《説文・网部》：「置，赦也，从网直。」此上从即网，二百四十六之三云「其□□禽入囧曰其网口」，网亦作，可證。下从，即直字，與德字偏旁正合。【契文舉例卷上】

◉商承祚　爾雅釋器，「兔罟謂之置。」此从网兔，當為置之初字，説文「从网且聲」，且必兔形傳寫譌誤，遂為形聲字矣。【殷虚文字研究】

◉馬叙倫　王鳴盛曰。鍇本作直聲。是也。朱駿聲曰。字亦作罬。廣雅釋詁。罬。置也。倫按。王説是也。故植之重文作櫃。赦也以聲訓。赦音審紐三等。置音知紐。皆舌面前音也。然非本訓。置從网。當為网屬。倫謂蓋罬之雙聲轉注字。廣雅之罬。即罬之譌。字見急就篇。【説文解字六書疏證卷十四】

◉唐健垣　□：置

甲文置字異形包括：

a□　b□　c□　d□　e□　f□　g□　h□　i□　j□

各形向來未識，於甲骨字典中或列為符録，或暫楷定為不同字。1980年裘錫圭氏首先指出□是置字，上串之□字，裘氏以為是聲符，亦作義符，指所置物之底部，其作□者，裘氏以為是「之」字，用作音符。

健垣按：裘氏定字為置，可從。但以□為物件之下部，又以□為聲符「之」，則非。我以為□（止）是聲符。□字象兩手持一樸柱（棒）植於架上，古代之建鼓（楹鼓），乃大形雙面鼓，鼓建於柱上，而使用時柱植於架，甲骨文□字正象建鼓在架之形，當定作「庸」，本義為「建鼓」（詳下）。

建鼓以柱貫木框，為防鼓框從柱頂滑落，則在柱上端打一小洞，洞中横插一小木條，鼓框承於木條上，□字在□下有一横畫，正象柱上之小木條，即是說，□是音符「止」，並不从「□」。十象柱及横木條。

明乎此，則上述置字異形乃一一可解。c形為省略，d形省兩手，e形从單手植柱於架，下从示，表示置樂器的目的在祭禮，f形省去柱及架，下從示，g形省去柱，而架子形變成「丙」字，正同於金文□象鼓在架，亦同於甲文商字之□，象鐃在架。h形僅存架及音符「止」，i形添手持棒，以示置樂器而繫之，j形添小點，表示打出樂音。

以小點表示樂音之甲文尚有「康」字□，字象鼗鼓，鼗鼓舞為康樂之活動，又如「言」字作□，象口吹洞簫（《爾雅》云大簫謂之言），吹出樂音，彭字之作□，其小點豈非亦表示鼓音？

《呂氏春秋・疑似篇》：「置鼓其上。」卜辭亦言置鼓：

7. □壴于大乙　（人文2269）

8. ……□鼓……　（後下14・15）

9. 其□□（庸）壴于既卯　（寧1・73）

10. 貞……隹（惟）□（竽）□　（庫413）

11. 貞其□新□（竽）陟告于且乙　（佚存832）

其它用置字之例多涉及大樂器如：

健垣按：大笙謂之竽，雲南少數民族之竽其竹管有高達十多呎，不便手持而須置於地者，商代之大竽可能有插座，故言置，言裝置也。

商代之詔樂典禮涉及不少樂器及酒肉食具彝器，故舉行詔樂叫做(置)：

12. 其(詔)于□(祊)出百羌，卯十……　(佚存413)

按：粹518云「詔庸」商器己酉彝亦云「尊宜于詔，奏庸……」(薛氏卷2)【卜辭中有關樂舞文字考釋　第四屆中國文字學全國學術研討會】

罯

◉許　慎　罯覆也。从网。音聲。烏感切。【説文解字卷七】

◉馬叙倫　廣韻。罯。魚網。餘見罨下。【説文解字六書疏證卷十四】

詈

石經無逸　小人怨女詈女【石刻篆文編】

◉許　慎　詈駡也。从网。从言。网辠人。力智切。【説文解字卷七】

◉馬叙倫　嚴可均曰。网辠人下當有脱文。鈕樹玉曰。韻會無此三字。倫按。詈蓋從言网聲。网音微紐。故詈音入來紐。古讀來歸泥。微泥同為邊音也。當入言部。此謾駡字。或從吅。言聲。詈字見郾王鋸。言音疑紐亦邊音也。或曰。駡也者。謑字義。古今多言訢詈。即訢謑也。詈從网。謑省聲。或譎省聲。為罶羅等之轉注字。鍇本作從网言。蓋挩聲字。网辠人校語。又有譌也。慧琳一切經音義引倉頡詈亦駡也。【説文解字六書疏證卷十四】

罵

5・384　瓦書「四年周天子使卿大夫……」共一百十八字【古陶文字徵】

一八五：一　委質類　參盟人名【侯馬盟書字表】

籀韻【古文四聲韻】

◉許　慎　罵詈也。从网。馬聲。莫駕切。【説文解字卷七】

◉馬叙倫　吳楚曰。以网加馬於詈人之義何涉。而下文即羈篆。則詈非駡之本義。駡當為馬絡頭。而羈則並其足而縶之。使不得行。故為羈係之羈。倫按。詈人字從网不得義。而罵字秦以前書中不見。始見史記高帝紀。疑本從吅馬聲。譌亥為罵。隸書网字作罒。形與兩口相似。而篆書遂作罵矣。或從詈省馬聲。為詈之轉注字。詈音來紐。古讀歸紐。罵音明紐。同為邊音也。或為网之古同明紐轉注字也。或從馬网聲。借為詈或謾字。其本義亡矣。或為羈之初文。玄應一切經音義引倉頡。罵。詈也。餘詳罵下。【說文解字六書疏證卷十四】

羈

甲677　1790　1927　1997　粹247　1589　新4149　新4498　【續甲骨文編】

婁羈　王羈　【漢印文字徵】

羈　【汗簡】

部昭卿字指　古文　【古文四聲韻】

◉許　慎　馬絡頭也。从网。从馬。馬。馬絆也。居宜切。羈或从革。【說文解字卷七】

◉孫詒讓　「甲申□□□」、四十三之四。「□寅卜貝今□立彡歸七月」，百五十二之一。此當是「羈」字。八之二有「乙□其冈雀」五字，亦此字之闕文。前一字从，从馬有鬣。後一字从，則與豕字略同。《說文·网部》：「羈，馬落頭也，从网、馽，馽絆也。或作羈，从革」。此从网，从馬，象形。此即「羈」之省。「羈歸」謂羈旅得歸也。【契文舉例卷下】

◉葉玉森　說文「羈，馬絡頭也」。張遷碑「西羈六戎」。羈即羈，从系與篆異。後編卷上第二十三葉有字與漢碑合，乃知隸文易革為系，猶得古意。【殷契鉤沈】

◉馬叙倫　沈濤曰。左僖二十四年正義引。羈。馬絡頭也。又曰。馬絆也。是馬絆乃一訓。非解馬也。一切經音義十五引革絡馬頭曰羈。翟云升曰。左僖廿四年傳疏引馬絆也作馬絆紲係也。高田忠周曰。骨文有字。左僖廿四年傳。臣負羈絏。字亦作羈。正與此合。馬象絆足與絡頭甚乖。○原在上如此。後誤以为网。漢張遷碑。西羈六戎。倫按。下文羈或從革。馬絡頭以革為之。似网而非網。不得從网也。且此字先當決定其為名詞或動詞也。說解曰。馬絡頭也。雖非許文。而謂羈為馬絡頭之具甚明也。左僖廿四年傳。臣負羈絏。是羈絏皆所負之物也。此又羈必為名詞之證也。馬部。馬。絆馬也。从馬。○其足。春秋傳曰。韓厥執縶前。莊有可謂未聞縶馬足使不動。徐灝謂絆馬不必專在足。韓厥執唇亦執其韁轡。倫謂本書馬一歲者字作馬。從馬。一絆其足。讀若弦。馬後左足白者字作馬。從馬。二其足。讀若注。絆馬字作馬。從馬〇其足。讀若輒。倫以為讀若弦者。字當作馬。從馬。〇聲。讀若注者。字當作馬。從馬。丨聲。讀若輒者。字當作馬。從馬。象形。乚象馬絡頭也。然其義當為絆馬。是動詞也。然此字骨文作冊糸。漢碑作羈。其從羈者即馬字。易乚為糸耳。其從冊者。蓋為馬絡頭之象形字。變為篆文。又經轉寫。遂譌成冊。又譌為网。此蓋其轉注字。則羈仍是名詞也。然輒音知紐。知見同為清破裂音。故羈音入見紐。輒從耴得聲。耴耳一字。詳耴字下。耳聲之類。之脂通轉。故罵入脂類。然亦疑馬從馬從糸。乚為糸之異文。而馬音即得於糸。或馬為初文。羈其轉注字。從馬。糸聲。馬之本音如糸。糸系一字。而系音入匣紐。故羈從之得聲。音入見紐。同為舌根音也。糸聲支類。故廣韻羈聲在支部。或曰。冊糸。從糸。冊聲。羈為馬絆。即馬絡頭。從馬。糸聲。羈讀若輒。音在知紐。古讀歸端。冊即册字。音在穿紐二等。古讀歸透。端透同為舌尖前破裂音。册聲支類。故廣韻羈在支部。羈為羈之轉注字也。馬絡頭也非本訓。從馬當作馬聲。馬馬絆也校語。

羈 翟云升曰。一切經音義十五引作革絡馬頭曰羈。倫按。此蓋罵下校語。此罵之後起字。當為從革罵聲。字見急就篇。急就本作罵。傳寫易之。【說文解字六書疏證卷十四】

◉郭子直 罵 羈「史羈」 小篆作罵，《說文》：「罵，馬絡頭也。从网从馬；馬，馬絆也。罵或从革作羈。」七下网部。今隸省作羈，《玉篇》正文作羈，重文列《說文》馵。本銘作罵，馬下加幺，正象絆馬腿形，可證小篆之馬乃其簡化。秦簡隸書同此作羈。《漢故穀城長蕩陰令張君（遷）表頌》「西羈六戎」仍作羈，是傳承秦簡的寫法。【戰國秦封宗邑瓦書銘文新釋 古文字研究第十四輯】

◉徐中舒 從廌廌從糸，糸象絡形，則羈象以糸絡廌之形；或從牛牛從糸，則象以糸絡牛之形。皆會羈縻之意，乃罵（羈）之初文。【甲骨文字典卷七】

◉徐　鉉 罭魚網也。从网或。或聲。于逼切。【說文解字卷七新附】

罳 罳

◉徐　鉉　罳罘罳。屏也。从网。思聲。息兹切。【說文解字卷七新附】

罹 罹

罹 3·959　獨字　説文新附【古陶文字徵】

◉徐　鉉　罹心憂也。从网。未詳。古多通用離。呂支切。【說文解字卷七新附】

襾 襾

襾 襾火下切【汗簡】

襾 汗簡【古文四聲韻】

◉許　慎　襾覆也。从冂。上下覆之。凡襾之屬皆从襾。呼訝切。讀若晋。【説文解字卷七】

◉林義光　象蓋覆之形。與古襾聊虜匜鑄字偏旁。字形近。疑古當作襾。作襾叔皮父敦。作□其次句鑃。作□邾公華鍾並鑄字偏旁。【文源卷三】

◉馬叙倫　王筠曰。小徐無讀若晋句。晋即晉字也。彼注曰闕。可知自故書殘闕讀者自加之也。若許自定為闕。則是無音無義矣。無音安得有字同其讀乎。徐灝曰。冂象覆巾。復有物以加於上。迨如士喪禮所云。鬲冪用疏布久之。鄭注謂以蓋塞鬲口之類。既巾冪之。又以蓋塞之也。俗謂物從上按下曰襾。蓋古語。倫按。從上按下曰襾。為抑字義。初文為印。此字於形不可得義。古書或金甲文中亦無此字。據讀若晋。而亞部晋字作晉。於鐘之□及於方鼎之□。其卂即亞之省。倫謂此亞之譌文。故其音由相傳而知讀若晋也。晋為春夏之夏本字。音在匣紐。故此音轉入曉紐。同為次濁摩擦音也。今音依駕切入影紐者。古讀曉歸影也。亞音亦影紐。而為家之初文。見家字下。家音見紐。同為清破裂音也。【説文解字六書疏證卷十四】

覂 覂

◉許　慎　覂反覆也。从襾。乏聲。方勇切。【説文解字卷七】

◉馬叙倫　嚴可均曰。韻會引無反字。徐灝曰。許訓反曰覆。言覆即不必言反。下文。覆。覂也。正與此互訓。漢書武帝紀。

泛駕之馬。師古曰。泛。覂也。字本作覂。亦其證。小徐無反字。大徐誤衍。倫按。從亞。乏聲。蓋廢之轉注字。广部。廢。屋頓也。廢覂音同非紐。然亦疑即乏字。【說文解字六書疏證卷十四】

覈 覈

禪國山碑 國史瑩覈等 【石刻篆文編】

◉許 慎 覈實也。考事。襾笮邀遮。其辭得實曰覈。从襾。敫聲。下革切。覈覈或从雨。【說文解字卷七】

◉馬叙倫 嚴可均曰。後漢書和帝紀注文選長笛賦注一切經音義七及十二引作考實事也。此作實也考事。誤倒。沈濤曰。古本蓋作考實事也。今本考事以下十二字當是庾注語。後人妄以竄入正文。遂將正文考事二字刪去。王筠曰。當作考事實也。襾笮以下十二字似庾注。張文虎曰。玉篇亦作考事實也。田吳炤曰。韻會引鍇本同鉉。則是鍇本舊不誤。倫按此竅之異文。本訓邀也。呂忱或校者加考事以下十二字。考事得實曰覈。此詥字義。音同匣紐。古借覈為詥耳。慧琳一切經音義九十七引作凡考事於襾笮之處。邀遮其辭得實覈也。知此文傳寫多譌誤矣。

覈 沙木曰。從雨。義無所取。鈕樹玉曰。玉篇廣韻並無。一切經音義引有。王筠曰。汪刻小徐本無此字。朱筠本亦無。玉篇亦不收。恐係後人竄入。玄應雖云覈又作覈。然引說文在下。此正如霸字譌為覇矣。【說文解字六書疏證卷十四】

覆 覆

覆 从辵 中山王譽壺 五年覆吳 復字重見 【金文編】

覆 封七 通複 —衣 封二二 封一三 【睡虎地秦簡文字編】

衰覆遠印 【漢印文字徵】

覆 【汗簡】

古老子 竝裴光遠集綴 【古文四聲韻】

◉許 慎 覆覂也。一曰蓋也。从襾。復聲。敷救切。【說文解字卷七】

◉馬叙倫 鈕樹玉曰。韻會一曰句在復聲下。倫按。覆為𡨦之異文。字見顏氏家訓引蒼頡篇。然則𡨦字出字林矣。【說文解

字六書疏證卷十四】

◉蔡哲茂　吳匡　比較「[glyph]」、「[glyph]」、「[glyph]」、「[glyph]」諸字，[glyph]為基本部分，舟旁有一小撇，可能是指事符號。故張持平氏以為：

「舟下的短劃，前人多未作解，我以為此劃是個指示符號，一如古文上下[glyph][glyph]中的短劃一樣，表示舟在水上行時翻了，古人以為翻船為『覆』，故洀，就是覆的會意字。」

《說文》覆下云：「覂也，從襾復聲。」黄侃氏在《說文同文》云：「覂同覆。」《古文四聲韻》覆字作「[glyph]」，比較上列四個金文和覆、覂、及[glyph]字可推知，金文此字最初以「[glyph]」表示舟在水上，舟旁小劃表示動態的指事符號，表示舟翻覆，所以此小劃不可省略，後來省略水旁成「[glyph]」，又要表示動態再加上辵成「[glyph]」，或為了有別於舟字加上宀成[glyph]，（金文中常見一字加上宀，意義不變，如般又可作[glyph]，裡又可作[glyph]）《說文》中的覂字很可能就是由[glyph]加上廿而來，覆字可能就是[glyph]再加上復聲，而《古文四聲韻》的覆字作[glyph]，爻應即[glyph]之訛變。

古書講到覆舟之事如下：

《孔子家語・五儀》：「水所以載舟，亦所以覆舟。」

《韓非子・安危》：「覆舟之下無伯夷。」

《竹書紀年》帝相二十七年：「澆伐斟鄩，大戰於濰，覆其舟滅之。」

《楚辭・天問》：「覆舟斟鄩，何道滅之。」

《禮記・月令》：「命舟牧覆舟，五覆五反。」

金文「逆覆」一辭，《周禮》或作「復逆」，或分言「逆」、「復」，如：

《夏官・太僕》：

「太僕掌正王之服位，出入王之大命，掌諸侯之復逆。」

《夏官・小臣》：

「小臣掌王之小命，詔相王之小法儀，掌三公及孤卿之復逆。」

《夏官・御僕》：

「御僕掌羣吏之逆及庶民之復，與其弔勞。」

覆本來是説舟在水上翻覆，後來引申為反覆之意，也就是説覆成了返還的意思。

《天官・宰夫》：

「宰夫之職，掌治朝之法以正王及三公六卿大夫羣吏之位，掌其禁令，叙羣吏之治，以待賓客之令，諸臣之復，萬民之逆。」

《天官・司書》：

「以逆羣吏之徵令。」

「復逆」的解釋，鄭玄注如下：

「鄭司農云：『復謂奏事也，逆謂受下奏也。』」（《太僕》注）

「鄭司農云：『復，請也。 逆，迎受王命者。』宰夫主諸臣萬民之復逆，故詩人重之曰：「家伯維宰」，玄謂復之言報也，反也。反報於王，謂於朝廷奏事，自下而上曰逆，逆謂上書。」（《宰夫》注）

鄭注引鄭司農兩處解釋不同，因此唐孔穎達疏云：

「先鄭彼注與此不同者，先鄭兩解，故彼後鄭不從，至此注先鄭于義是，故後鄭從之此説，先鄭云『復謂奏事』即彼後鄭云『復謂朝廷奏事』一也，此先鄭云『逆謂受下奏』即彼後鄭云『自下而上曰逆，逆謂上書』。 亦一也。」

按金文中有中再彝，其銘文云：

「中再乍又寶彝，用鄉王逆⿰彳彡。」

四版《金文編》仍列之於⿺辶舟字下作⿰彳彡，「逆⿰彳彡」與前舉之「逆⿺辶舟」意義顯然相同，馬叙倫氏曾有詳考，其云：

「倫案《小臣宅彝》銘末曰：『其萬年用鄉王出入。』辭例與此同，彼作用鄉王出入者，鄉讀為賓相之相，鄉王出入謂相王出入也。《周禮・太僕》之屬有小臣掌王之小命詔相王之小法儀，掌三公及孤卿之復逆，正王之燕位服，王之燕出入則前驅。是其證也。 此言用卿王⿰彳屰⿰彳从，⿰彳屰即逆字，逆謂迎也。 逆從疑即逆復也。 鄭玄注復逆曰：『鄭司農云：「復謂奏事，逆謂受下奏」』，倫謂逆謂受下奏，是下奏即是羣臣之所奏白，迎羣臣之所奏故曰逆，復者猶今言答復，即羣臣之所奏復下而行之，故曰復。 復者行故道也，義取於是，逆謂受其請，从謂从其請也。 鄭司農以復為奏事，非也。 後鄭于《宰夫》『諸臣之復，萬民之逆』注曰：『復之言報也，反也。 反報於王。』義雖可通，然倫謂以羣臣之奏上之王曰逆，以王可其奏者復之羣臣曰復，復正《史記》《漢書》所謂報可也。 至《宰夫》『掌諸臣之復，萬民之逆。』《御僕》『掌復逆羣吏庶民之奏耳』，復猶報可，故此曰從，此言相逆從，不及命詔出入，疑中再乃御僕也。」

馬氏對《周禮》中「逆」「復」解釋，引中再彝的「逆⿰彳彡」為證，引證精詳。 但周禮中逆復的復是作反覆的「覆」字解釋，復可通覆，詳見《古文通假會典》768頁（高亨纂，齊魯書社）。而中再彝的□字非从字，此字似□（大保簋）字，故四版《金文編》列於「遊」字下，可能是另起的覆字，待考。【釋金文□、□、□、□諸字 盡心集】

巾

□前七·五·三 □京津一四二五 【甲骨文編】

□録135 □前7·5·3 【續甲骨文編】

□巾 與市為一字 曶壺 赤巾幽黄 □元年師兌簋 錫乃祖巾五黄 【金文編】

□巾 【汗簡】

□古老子 【古文四聲韻】

◉許 慎 巾佩巾也。从冂。丨象糸也。凡巾之屬皆从巾。居銀切。【說文解字卷七】

◉林義光 象佩巾下垂形。古作□偏旁。同。【文源卷一】

◉高田忠周 說文。巾。佩巾也。从冂。丨象系也。儀禮士冠禮。沐巾一。注。所以拭汙垢。周語。静其巾羃。注。所以覆尊彝。風俗通愆禮。巾所以飾首。又方言。蔽厀。魏宋南楚之間謂之大巾。又周禮巾車注。巾猶衣也。然巾義廣矣。而字依佩巾義製之。故象有系也。【古籀篇十七】

◉馬叙倫 王筠曰。本部字皆言從巾。實則從巾之正義者。自帣至帑七字而已。幣字不能入帛部。故附此。幅幌則遠。帶幘稍近。自帔至幠大抵下垂之物。巾下垂。故從此義也。其中帍幓幘為一類。帖帙為一類。幇幟當與飾幔為類。今本次序似不合。自幃至帗。大抵以布為之者。字形則布從巾。字義則巾從布。諸字轉從布義矣。而帚席帗則又以艸為之者也。幩與帑又各為類。自布至幦。自為一類。部末幗字。已見存疑。大抵種族之多莫多於此部矣。倫按。巾為布之初文。本象形作□或□。今杭縣謂紙之裁餘者曰紙巾。而拭面之布謂之首巾。皆可以實物證也。篆文變□為巾。乃似於北方拂塵土之器矣。遂無以統部中所屬諸文。而致王疑矣。説解佩巾也非本訓。从冂丨象糸也亦呂忱或校者改之。巾音見紐。以同清破裂音轉注為布。故今用布字。布為巾之轉注字也。字見急就篇。【說文解字六書疏證卷十四】

◉楊樹達　貞松堂集古遺文陸卷拾柒葉上載師兑𣪘數器，其第壹第貳兩器銘文並有云：「易錫女乃且祖巾，五黄，赤舄。」按金文記賜物，絶未見有以巾為錫者，惟曶壺蓋云：「錫女𩰫鬯一卣，玄衮衣，赤巿，幽黄，赤舄，攸勒，䜌旂，用事。」貞松堂集古遺文補遺上叁玖葉下。有赤巾之文，似足為此銘之證。然以他器校之，赤巾明謂赤巿，彼器若非誤文，則古人以巿巾形近，任意作之，不得引彼以證此也。巾非錫物，而此銘字明作巾。余以聲類求之，巾蓋旂之假字也。尋旂字今通讀陰聲渠希切，乃後世之變音，其字本從斤聲，古音與斤同。知者，詩小雅庭燎篇以旂與晨煇為韻，煇從軍聲，古讀如暈，周禮假煇為暈，可證。左傳僖公五年童謡以旂與晨辰振賁焞軍奔為韻，是其證也。巾與旂古音同，故銘文假巾為旂也。古器銘記錫旂者至夥，有單云錫旂者，牧𣪘是也。有云錫䜌旂者，頌鼎休盤揚𣪘豆閉𣪘寰盤及上舉曶壺蓋是也。有云朱旂者，毛公鼎是也。此皆器銘以旂為錫物之例，其他例尚多，不勝舉證也。至善鼎云：「錫女乃祖旂，用事！」全盂鼎云：「錫乃祖南公旂，用獸！」獸即古狩字。與此銘云「錫女乃祖巾」者句例全同，此巾當讀旂之確證矣。【元年師兑𣪘跋　積微居金文説】

◉高鴻縉　按。字原象布巾下垂之形。不當从冂有系。徐灝曰。巾以覆物。⊘亦用拭物。⊘因繫於帶。謂之佩巾。⊘由幕義引申之。則凡覆蓋包裹。皆謂之巾。故頭巾謂之幅巾。衣車謂之巾車。書帙謂之巾箱。⊘亦如以巾拭物曰巾。是也。又从巾之字。與从衣之字多相通。如常或作裳。帬或作裠。【中國字例二篇】

◉林潔明　師兑簋錫乃且巾。曶鼎賜赤巾。他器均作賜巿。未嘗以巾為賜物者。楊樹達因疑巾假為旂。按巾仍當釋為巿。巿。説文曰。「韍也。上古衣蔽前而已。巿以象之。从巾象連帶之形。」又稱韠。説文「韠。韍也。」釋名釋衣曰。「韠蔽也。齊人謂之巨巾。」蓋巿為巾之一種。形義俱近。故巾巿或通用不別。且金文賜物。每巿與黄同賜。曶鼎亦然。因不得謂巾叚為旂也。又帥字从巾。毛公鼎帥字作帥。彔伯簋作帥。則知金文巾巿形近。每不甚分別也。【金文詁林卷七】

◉李殿魁　冬一：（鐵一三九・一，佚八三二，存一・一四九八，南無四六二〇）

冬一　辛酉卜出貞其巾　新宗陟告祖乙

巾字，孫詒讓契文舉例貞卜篇，引此片隸作「不」字；商承祚殷契佚存考釋頁九十三，八三二片隸作「巿」，無解。胡厚宣南無摹

帉

作「𠀠」；島邦男殷虛卜辭綜類一書，一二三、一七八、三六二、四一五等頁，數引列此條，均寫作「帉」。今細察拓本，孫氏之隸作「不」字，或因藏龜舊拓不清，誤認為「不」，實則該字除上半模糊難以確認外，而下半「巾」則甚清晰，並非不字筆勢也。商氏作「帉」，亦是添足之舉。今察佚存八三二片，字作「巾」，並無「⺌」之痕跡。唯一令人不解者，即胡厚宣之摹本作「𠀠」、「𠀠」之與「巾」，相距甚遠，何可混同？周先生跋謂：「胡氏摹録時，我也在場……」，足見胡氏當日確係親摹手撫無誤，然則何以有此差誤？竊意摹録過多，難免掉以輕心，不遑細審原片，遽爾寫下，以致與原片大有出入；或亦因此而使島邦男氏過録此片時，採胡氏目擊之上半，而驗以拓本清晰之下半，乃作折中之書定，而成上半作「甘」，下半作「巾」之「帉」。綜類録列「帉」字凡兩條，一為本辭，一為京二七四六作「帉」之殘辭，別無他辭可供比勘。金先生續甲骨文編卷二頁十七列「帉」字，注續存一四九八。【冬飲廬藏甲骨文字考釋 中國文字第三十册】

◉李孝定 金銘以巾為所錫之物，諸家頗疑之，楊樹達氏讀斤為旂，並引小雅及左氏傳，證旂之古讀當从斤，其說雖是，然金銘錫旂者極多見，何以此必作「巾」，林潔明氏以「巾」「市」二字，形義並近，因以「市」字讀之，其義較勝。【金文詁林讀後記卷七】

◉許 慎 帉楚謂大巾曰帉。从巾。分聲。撫文切。【説文解字卷七】

◉馬叙倫 本訓挩矣。此校語也。方言。蔽膝。江淮之間謂之褘。或謂之祓。魏宋南楚之間謂之大巾。倫謂此取謂大巾。蓋蔽膝之俗名。蔽膝即市。字或作祓。古者衣蔽前而已。以其廣大故謂之大巾。此布帛所為。以裹被形體。非為拂拭之用者也。方言又曰。幪。巾也。大巾謂之帉。幪即此下文之幏。此訓蓋衣也。則亦布帛所為之廣大者。幏音明紐。帉音微紐。同為邊音。或轉注字。或同語原也。是皆不從拂拭之巾。而從布帛之巾。唯禮記內則。左佩紛帨。鄭注。紛。帨。拭物之佩巾。釋文。紛。或作帉。然佩於身而拭物者無取於廣大。蓋如今手帕之類。其音由巾而變。巾分聲同真類也。然帉字本書所無。蓋即古文之幬字義。古借帉為之。帉即帉字。【説文解字六書疏證卷十四】

帥

帥 从阝非从𠂤 五祀衛鼎
帥 牆盤
帥 史頌簋
帥 史頌鼎
帥 弔向簋
帥 番生簋
帥 井人妄鐘
帥 秦公簋
帥 師望鼎
帥 單伯鐘
帥 虢弔鐘
帥 彔伯簋
帥 師虎簋
帥 毛公㾓鼎
帥 晉公盦 【金文編】

 一六：三　宗盟類序篇不帥從【侯馬盟書字表】

 帥　日甲七  日乙一九【睡虎地秦簡文字編】

 讀為帥　一又咎(丙1:3—4)　戲一☒旻㠯匿(丙5:1—4)【長沙子彈庫帛書文字編】

 石碣乍邍　帥皮阪口  素下殘石【石刻篆文編】

◉許　慎　帥佩巾也。从巾𠂤。所律切。帨帥或从兑。又音稅。【說文解字卷七】

◉羅振玉　帥即率。帥彼阪口猶詩言率彼中陵矣。又古金文帥字从𠂤。若毛公鼎。井人鐘虢叔鐘叔向敦皆然。師字則从𠂤。截然不同。篆文帥師兩字均从𠂤。誤矣。【石鼓文考釋】

◉高田忠周　說文。帥。佩巾也。从巾。𠂤聲。或作帨。从兑聲。段氏云。帨。今音稅。此二篆今人久不知為一字矣。召南傳曰。帨。佩巾也。後世分文析字。帨訓巾。帥訓率導。訓將帥。而帥之本義廢矣。若率導將帥字。在許書作逹。作衛。而不作帥與率。六書惟同音叚借之用最廣。此說至精矣。但說文云。帥字从𠂤為聲。必當有誤。今見此篆左旁作𠂤。與𠂤迥別。𠂤為𠂤省。而鼓文陂阪字及凡从𠂤者。皆作𠂤。又金文𠂤字。絕無作𠂤者也。又師字為从𠂤者。而金文皆作師。無一作師者。即知帥巾字古正文不从𠂤明矣。因謂帥是籀疊。師虎敦作帥為正文。𠂤即申之省。又紳之叚借。佩巾系于紳者。从紳以為會意。𠂤為疊形。虢叔大林鐘作𠂤可證。又為手形。井人鐘作又可證。合𠂤亦省。虢尗編鐘𠂤是也。省𠂤為𠂤。虢尗鐘是也。𠂤與𠂤稍近。於是乎譌為𠂤。然古人形近者多通用。故帥亦或可作帥耳。【古籀篇十七】

◉强運開　佩巾本字作帥。叚借作率。帥率古多通用。周禮樂師故書帥為率。聘禮古文帥皆作率。韓詩帥時農夫。毛詩作率。詩率彼淮浦率彼中陵。與鼓文帥彼阪□句法正同。【石鼓釋文】

◉馬叙倫　鈕樹玉曰。韻會𠂤下有聲字。翟云升曰。鍇本有聲字。是。倫按石鼓文帥字作帥。邾人鐘作帥。秦公敢作帥。皆不從𠂤。倫謂從巾申聲。申音審紐二等。故帥音入審紐二等。申聲真類。故帥聲入脂類。脂真對轉也。帥以㧚手。鄧廷楨說。帥飾轉注字。飾音審三。帥注申得聲。申音亦審三也。佩巾也非本訓。許當以聲訓。或如廣雅訓巾也。

帨　翟云升曰。繫傳兑聲是也。倫按。兑聲脂類。脂真對轉。故帥轉注為帨。曹憲文字指歸。帥。佩巾也。或作帨。則曹所見為說文字林和合之本。【說文解字六書疏證卷十四】

◉楊樹達　帥字説文作𨓦，説文二篇下辵部云：「𨓦，先道也。」經傳多作帥。周禮春官樂師云：「燕射，帥射夫以弓矢舞。」儀禮聘禮云：「帥大夫以入。」皆其例也。【史頌𣪘跋　積微居金文説】

◉于省吾　金文「𠂤」字習見，左旁都从「𨸏」或「𠂤」。「𨸏」是「𠂤」字的初文，其演變之跡，是由「𠂤」變作「𨸏」，再變則作「𨸏」或「𠂤」。周代金文加上形符巾旁，才變成形聲字之帥。漢隸帥字从「𠂤」與从「𠂤」互見（孔靇碑从「𠂤」，劉熊碑从「𠂤」）。六朝以後，帥字行而帥字廢。又帥字卜辭都作「𠂤」，早期金文也作「𠂤」，稍晚則加「見」旁作帥。但是，金文「帥」字左旁全从「𠂤」，没有一個从「𠂤」的；金文師字左旁全从「𠂤」，没有一個从「𠂤」的，可見古文字的「𠂤」與「𠂤」迥然有別。【殷代的交通工具和馹傳制度　東北人民大學人文科學學報一九五五年第二期】

◉龍宇純　金文帥字常見，今就金文編所收者迻録如下：

一、虢叔鐘作帥，師望鼎、單伯編鐘同。

二、史頌簋作帥，史頌鼎、叔向簋、秦公簋同。

三、番生簋作帥，井人鐘作帥，同。

四、毛公鼎作帥。

五、晉邦盦作帥。

六、師虎簋作帥。

七、彔伯簋作帥。

金文各體雖然互有不同，總括的看，可以説他們在結構上都分兩部分：左半的𠂤、𠂤、𠂤、𠂤、𠂤和右半的巾、巾、巾，左半和小篆的𠂤相當，右半和小篆的巾相當。金文帛字作帛大簋，布字作布彔卣，説文説帛布二字都从巾，可見金文大部分帥字右旁所從即是巾字，與小篆同（右旁從巾或巾的仍是巾字，説見後）。但是，𠂤字或从𠂤的師字、追字、官字和歸字都常常見到，他們的形狀如下：

一、𠂤字作𠂤盂鼎、作𠂤善夫克鼎、作𠂤𠂤鼎、作𠂤仲𠂤父鼎、作𠂤績公壺。

二、師字作師毛公鼎、作師仲師父鼎、作師師㝨簋、作師大簋、作師師遽單。

三、追字作追頌鼎、作追仲追父簋、作追郳公𨱇、作追盧鐘、作追周公簋。

四、官字作官頌鼎、作官無叀鼎、作官師𡘋父鼎、作官傳卣、作官上官登。

五、歸字作□彔伯簋、作□矢簋、作□貉子卣、作□𦿵簋、作□令鼎。

顯然這些𠂤字和金文帥字右旁所從的不是一字。

金文帥字左旁所從的到底是什麼字，一時雖不能認定，但是我們却可以看出：師虎簋帥字左旁的□與彔伯簋、虢叔鐘帥字左旁的□和□，無疑是「一與二」的關係，而其餘史頌簋、番生簋、毛公鼎等帥字的左旁與彔伯簋、虢叔鐘帥字左旁，只是「一聯一斷」的不同而已。確定了他們之間的關係，便不難作進一步的追究了。

案：金文户字作□，或作□，門字作□，或作□。户與門的關係是「一與二」的。師虎簋□字所從的□與户字形同；彔伯簋、虢叔鐘帥字的□或□，也正是兩扇户的樣子。户字是金文中唯一和□字所從的□形相同的，其他連形近的也没有了。我們自不妨認定金文□中的□就是户字。□或□可能是二户的繁縟重疊，如同敗字又作贁一樣，可能就是門字，不過門為兩扇相對，通常寫着二户相向的樣子，這裏或者因為字形勻稱或其他緣故而把二户重疊了起來。其他從□的則是把二户寫連起來了的。

那麼金文帥字不能是形聲字了。因為倘若所從為户，户與帥的聲母雖然可以用「所字從户聲」來解説，但韻母上一個魚部一個微部，就絲毫不相干了。又倘若所從為門，門與帥的韻母雖然可以解釋為微部和文部「陰陽對轉」（案：其實所謂帥字古韻在微部，是依小徐繫傳𠂤聲訂定的，金文既不從𠂤，他是否在微部，根本成了問題。）聲母上一個明母一個審母可又隔遠了。

二文相合之字，不為形聲，即為會意。帥字當是會意字。

今案：禮記内則篇説：

子生：男子，設弧於門左；女子，設帨於門右。

鄭康成的注説：

表男女也。弧者，示有事於武也。帨，事人之佩巾也。

對於鄭氏的解釋，我們不知道他是否聽過這一習俗，或者見過這一習俗。但是拿金文帥字和禮記這一記載作一比較，尤其盦邦簋的帥字作□，可以説是特别表示出巾懸於門右的樣子，我們不禁要相信，金文帥字是從巾在門右會意的。

現在，我們對於金文帥字又或從□和□的道理，也可以明白了。□和□部是巾字，□原當作□，點以表示懸巾之處。文字中由點變為横畫的例子甚多，如同朱字，毛公鼎、頌鼎、番生簋、彔伯簋都作□，小篆作□；木字末距悍作□，小篆作□；[宀丂]字乃孫作且己鼎作□，䖒鐘作□。並其例。□上斜小畫也是表示懸巾之處的。字作□為□或□的繁文。

更進一步，我們又可以說，小篆帥字左半從𠂤，是由於金文的𠂤與小篆的𠂤形近的緣故變來的。因為從𠂤的只有帥一字，而從𠂤的字，如說文中有從𠂤的師字、官字、追字、歸字、旹字，從旹的辥字，和從辥的薛字、辭字、孽字、蠥字、櫱字、嶭字、孼字。金文裏另外有餗字和䢔字等，可以說相當的多。在文字的簡單化、一律化的趨勢下，𠂤便被𠂤字同化了。帥从𠂤从巾不能說為會意，後人便只好用形聲來解說了。

自來古韻學家對於帥字的古韻，總是根據小徐繫傳「帥从𠂤聲」，把他訂在𠂤聲同部。如段氏六書音均表繫帥聲於𠂤聲之下，即其例。然而𠂤聲之說既不足恃，自當另作討論。

案：說文說帥帨為一字，前引禮記內則所記之事與金文帥字形相吻合。而所用為帨字，更可見帥帨確為一字，關於帥字的古韻問題，當然可以就帨字去追究的。

兑聲之字古韻在祭部，詩野有死麕篇說：

舒而脫脫兮，無感我帨兮，無使尨也吠。

帨與脫、吠葉韻，可證明帨字確在祭部，那麼帥字古韻亦當在祭部了。

不過，問題似不如此簡單，我們知道，除去字書而外，經傳中凡佩巾字用帨，而凡帥字都是用為將帥或帥導之義，前者音始銳切，後者音所類，所律二切。二字不僅意義不同，讀音亦迴異，根據說文所說，經傳中的帥字為衛或達的借字。那麼問題來了。原來率聲之字古韻不在祭部，他們是屬於微部的。帥帨二字，一個借為達，一個不借為達，是不是表示帥和帨的讀音根本便不相同呢！

對於這一問題，我的答覆是：帥和帨既確然是一個字。原來帥字一定讀與帨字相同。他們所以然在經傳中的用法如此劃然不紊，讀音亦迥然不同，一定是因為帥字被借為衛或達字以後所演成的現象。在文字裏很可以找到一些相同的例子。如同巨與矩本來是一個字，但是在經傳裏，凡規矩字只用矩，而巨字只用為巨大或庸巨之義。他們的讀音，矩字廣韻在麌韻，俱雨切；巨字在語韻，其呂切，也不相同。又如金文裏母和毋為一字，說文卻分母為母子字，毋為禁止之詞。聲音上毋讀武扶切，母讀莫后切。根據武扶切的音讀，毋字古韻應屬魚部。而詩經母字與之部字葉韻，古韻則在之部。又如求字，說文說是裘的象形字，然而求字在經傳裏始終只作求索講，衣裘字則永遠用裘。廣韻雖然二字同讀巨鳩切。詩經韻裏求字總是與幽部字葉韻，裘字則總是和之部字葉韻。這些同樣的例子，充分告訴我們：帥帨二字一個借為達，一個不借為達，那是不足成為問題的。因為那純然是一種習慣，沒有道理可講。問題只在於祭部的帥字可否假借為微部的衛或達字了。

這一點，下列幾種情形足資證明那是可以的。

第一，詩經小雅小弁篇說：

菀彼柳斯，鳴蜩嘒嘒。有漼者淵，萑葦淠淠。譬彼舟流，不知所屆。心之憂矣，不遑假寐。

以嘒、淠、屆、寐葉韻。嘒字古韻在祭部，淠、屆、寐三字古韻在微部。又大雅瞻卬篇說：

瞻卬昊天，則不我惠。孔填不寧，降此大厲。邦靡有定，士民其瘵。

惠與厲、瘵葉韻。惠字古韻在微部，厲、瘵二字古韻在祭部。以上是葉韻中祭、微二部互有接觸的證據。

第二，說文肉部說：

䏈，血祭肉也。从肉，帥聲。膟，䏈或从率。

膟字从率，也是以率為聲的。又經傳中蟋蟀字說文作𧍒，云「从虫，帥聲」。與䏈或作膟相同。以上是諧聲中祭、微二部發生關係的明證。尤其正是率聲和帥聲有關的絕好證據。

第三，說文耳部說：

聉，無知意也。从耳，出聲。讀若孽。

出聲古韻在微部，孽字古韻在祭部。又口部說：

啐，小飲也。从口，率聲。讀若叡。

叡字古韻在祭部。以上為讀若中祭、微二部互有接觸的明證。

現在，我把對於帥字古韻的意見扼要寫出：那個作佩巾講的帥字古韻當與帨字同在祭部。不過，假如要把那作為衛或達借字的帥字訂在微部，那又是另外一件事了。【說帥 歷史語言研究所集刊第三十本下册】

◉高鴻縉 字意原為拭用之巾。故倚𦥑（兩手）畫丨（巾之垂）形。由物形丨生意。故為拭巾。名詞。甲文前七・二一・四片曰。翌丙戌帥。用為動詞。蓋即拭也。周人加巾為意符作帥。小篆譌變从𠂤。其意遂不可說。帥。後人通借以代率。故有帥師將帥等意。拭巾之意。後人又造帨字。以還其原。女子常佩帨。所以備拭帨。亦原為名詞。而可用為動詞。禮經有帨手字。注。帨。拭也。【中國字例二篇】

◉林潔明 金文字不从𠂤。作帥。高田忠周疑帥本不从𠂤。而以為金文帥所从之𠂤即𠂤之省。其說頗覺牽附。高鴻縉氏則據井人鐘帥作帥。而以為字从兩手𦥑从丨（巾）。本義為拭巾。按。帥字作帥。僅井人鐘一見。餘皆作帥或帥。从𦥑

蓋形稍變耳。高氏據孤證為說。未免以偏概全。龍宇純師説帥之形音義。徵諸經藉。論證詳審。誠確不可易之說。【金文詁林卷七】

◉于省吾　甲骨文叚字作[glyph]、[glyph]、[glyph]、[glyph]、[glyph]等形，也作[glyph]或[glyph]、[glyph]。至于从言作[glyph]，孫詒讓釋為謝字的反文（舉例下一·六）。其从言和不从言者，羅振玉都釋為謝（增考中五八）。其不从言者，葉玉森疑是爰字（鈎沈九），郭沫若同志疑是汎之古文（通考七四六），唐蘭同志釋為尋字（天考四二）。按各家所釋，均不可據。

甲骨文[glyph]字象兩手執席形。其席紋從二層以至五層，多少無定，這是從正面看，如從側面看，則作丨形。金文帥字習見，左旁都从[glyph]或[glyph]。叚是帥字的初文，其演化規律是由[glyph]變作[glyph]，再變則作[glyph]或[glyph]，周代金文加上形符的巾旁，才變成形聲字之帥。漢隸的帥字从昌與从𠂤互見。六朝以後帥字行而帥字廢。又甲骨文和早期金文的師字都作𠂤，較晚則加巿旁作師。足徵古文字的昌和𠂤迥然有別。今將甲骨文叚字的用法分别加以闡述。

一，叚為祭名。史記周本紀的「其罰百率」，集解引徐廣曰，「率即鍰也。」戴震謂「鍰當為鋝」（考工記圖）。按金文鋝字均作寽，从金作鋝乃後起字。説文謂「寽讀若律」。廣雅釋言謂「律，率也」。玉篇謂「鋢同鋝」。寽率雙聲，故通用。甲骨文用作祭名之叚應讀作酹，酹从寽聲，與叚音近相假。字林謂「以酒沃地曰酹」。按沃地謂以酒灌地。甲骨文的叚祭習見，今擇録數條于下：

一、辛丑卜，貞，𠂤氏（致）羌，王于門叚（後下九·四）。

二、丁卯，王其叚牢𠈇，其宿（粹一一九九）。

三、癸丑貞，叚桒禾于河（南北明四五三）。

四、壬□兇□貞，其叚，告龜于□甲（南北明四六七）。

五、辛丑貞，叚來于夒，雨（粹三〇）。

六、囚其𠭘，桒年于□（粹八五三）。

七、貞，其叚，叀翌日丁（甲一二六八）。

以上七條的叚或𠭘字均應讀為酹，酹祭指灌酒于地以降神言之。

二，叚舟。甲骨文叚舟之叚也作𠭘。叚或𠭘與帥率古字通。叚舟之叚應讀作率。詩綿的「率西水滸」，毛傳謂「率，循也」。説文謂「循，順行也」。率舟是説舟在水中順流而行。今録甲骨文有關叚舟之例于下：

一、乙亥卜，行貞，王其叚舟于河，亡巛（災）（前二·二六·二）。

二、□丑卜，行貞，王其𣪊舟于滴（漳），亡𡿧。才八月（後上一五・八）。

以上兩條的𠬝舟，是指商王順水而行舟言之。【釋𠬝　甲骨文字釋林】

◉李孝定　高田氏謂金文帥字左旁从「申」，可商，無論[glyph]之非「申」，即令果是「申」字，亦不能傅會為紳也。于省吾氏混「帥」與甲文之[glyph]為一字，亦涉牽傅，帥字旁从，以作[glyph]為正體，僅井人鐘一器作[glyph]，不能與卜文[glyph]字混為一談也。龍氏取内則之文，證帥為懸巾於户，於義為長。【金文詁林讀後記卷七】

◉白玉峥　[glyph]簠室殷契類纂列為存疑字三・十四，殷虚文字類編釋爰四卷六頁，甲骨文編列為附録五九，校正甲骨文編同二四九頁，續甲骨文編釋爰四・二五。甲骨文字集釋斥唐蘭釋爰之説為非，並謂唐説見集釋一〇三五頁，今檢該所鈔録之唐説，並無説解[glyph]文之文，其餘各卷亦未見釋[glyph]之文。殷虚卜辭綜類與[glyph]列為同字九七。殷虚文字前編集釋釋爰：「與[glyph]為同字，象兩手援一物形，當應釋爰，即古文援」七・一五。甲骨文原釋爰，謂「一人在後握棒，一人在前引棒牽引。牽引之義也」六二一頁。殷虚文字丙編考證隸作爰，無説五三一頁。甲骨文字釋林釋帥，云：「金文帥字習見，左旁皆从[glyph]，周代金文加上形符的巾，才變成[glyph]，漢隸作帥，與帥互見，六朝以後作帥。帥、帥皆𩫖」二八一頁。

校：前編集釋从類編之説釋爰，甲骨文原釋其結體為：一人在後握棒，一人在前引棒，乃襲衍羅振玉説，殊為嚮壁。釋林釋帥説，校之金文，其説不謬，惟與[glyph]、[glyph]、[glyph]、[glyph]、[glyph]等並皆釋帥，説則未當。檢金文編共輯録帥字凡十三文七・三八，字皆从[glyph]，僅師虎簋之文簡作[glyph]，無一从[glyph]、[glyph]或[glyph]、[glyph]等者，所論不確。惟釋[glyph]為帥之初文，不僅有據，且頗新鮮。但其字何以如此結體，則未之説。

察其結體，蓋从二[glyph]重疊，从丨。[glyph]釋爪，象覆手之形，已是定論。若據其結體隸古定之，則其字當作[glyph]。[glyph]、説文既未收録，傳世之字書亦未之見，不僅其形流失，抑其音義亦皆不傳。而説解契文之學者，又多與[glyph]、[glyph]或[glyph]、[glyph]等文字定為一字，惟其字何以如此結體，高笏之先生據名拭巾之帨為説，謂其从之[glyph]為「兩手」，丨為「巾之垂」中國字例二・二四四。字在契文甚為稀見，據綜類所録，僅見四辭，兹迻録於左：

14. 𡆥辛卜㱿貞：王乎収[glyph]白出牛，允正。（乙五三二八）（圖十六）

貞：勿乎収[glyph]白出牛，不其正。

15. 翌丙戌，[glyph]。（前七・二一・四）（圖十七）

16. 貞：[glyph]不因……辛囧壬午王……（佚五七七）（圖一）

桉：右第十六辭據綜類九十七頁迻寫，綜類兩録本辭，其一作「辛四壬午王貞𠂤不因」四〇，其二則如右録，一人之著作，何其無定準邪？

據右録四辭推察，其詞性宜為名詞，釋帥可取。說文：「帥，从巾𠂤聲。」又「𠂤，小𠂤也，象形」。考小𠂤（堆）之𠂤，契文作𠂤，與此之所从異，惟徵諸金文帥字之所从，則說文帥字所从之𠂤，乃篆書之譌誤，帥字原不从𠂤也。再就契辭辭義推勘，帥，宜為人（地）之名，或官職之稱。據通志氏族略謂：「帥，以官為氏者。」其在殷時，或為官職之稱歟？辭稱「帥𠂤」，帥，宜為官職；𠂤，宜為一方之伯長。然其為殷時一方之領導者，當無可疑也。惟其究為方國，抑或氏族部落之領導者，則緣辭例有限，無由確知其實矣。【𠂤不因說　中國文字新十七期】

◉戴家祥　帥字經典用作將帥，如易師卦，「長子帥師。」用作先導，如儀禮聘禮「帥大夫以入」。金文帥字左旁皆从𠂤，或从𠂤，象手執丨形。說文三篇：「尹，治也，从又丨，握事者也，[古文]，古文尹。」丨和[古文]皆為權力之象徵物。金文帥字加巾旁，巾為[古文]之省。古文美惡不嫌同名，一個字常兼有相反兩種含義。帥的本義是將帥、先導，反義是遵循。禮記王制「命鄉簡不帥教者以告」，注「帥，循也。」前漢書循吏傳「蕭曹以寬厚清静為天下帥」，注「帥，遵也。」金文帥多與井連用，用作動詞，其對象是「先王」和「皇祖考」的「明德」「威儀」以及「字誨」，井為刑的本字，刑者法也。刑訓效法，帥義遵循，理所當然，不可懷疑。說文七篇：「帥，佩巾也。」這是許慎把巾看作頭巾之巾所造成的誤釋。佩巾的本字當是从巾兑聲的帨字。【金文大字典上】

⿱埶巾 ⿱埶巾

◉許　慎　⿱埶巾禮巾也。从巾。从執。輸芮切。【說文解字卷七】

◉馬叙倫　段玉裁曰。篆當作⿱埶巾。從巾。埶聲。鈕樹玉曰。篇韻皆作⿱埶巾。廣韻與摯鷙同音。則執聲不誤。倫按。段謂⿱埶巾恐亦帨之或體。是也。兑埶聲同脂類。蓋轉注字。禮巾也者。謂行禮所佩者也。蓋字林文。字或出字林也。【說文解字六書疏證卷十四】

◉徐中舒　[甲骨文]一期　南明六一〇　從𠬪從[甲骨文]，[甲骨文]象席形。疑為[甲骨文]⿱埶巾之異構。【甲骨文字典卷四】

◉徐中舒　[甲骨文]一期　佚八三一　從[甲骨文]從[甲骨文]，象雙手捧帛以為獻神之祭或聘饗贄見之禮。[甲骨文]象帛幅之形，丨為其側視形；[甲骨文]象雙手捧持之形。本應横書作[甲骨文]或[甲骨文]，因契刻行款之便，改作竪書。《說文》：「⿱埶巾，禮巾也。从巾从執。」《說文・女部》又有𡠗字，為動詞。《說文》：「𡠗，至也。从女，執聲。《周書》曰：『大命不𡠗。』讀若摯，同。一曰，《虞書》：『雉𡠗。』」𡠗即贄。【甲骨文字典卷七】

帗 帗

◉許　慎　帗一幅巾也。从巾。犮聲。讀若撥。北末切。【說文解字卷七】

◉馬叙倫　段玉裁以為幅為布帛廣也。一幅巾者。巾廣二尺二寸。其長當亦同也。桂馥王筠以為首巾。倫謂方言。蔽膝江淮之間或謂之袚。本書袚下曰。蠻夷衣。一曰。蔽膝。其實蠻夷中有原始民族。其衣止蔽前。蔽前則及膝而已。義無二也。袚為市之轉注字。市即象一幅巾繫於要。然則袚帗一字。一幅巾自謂兩邊無所去者。即楚謂之大巾。帗帉古同為雙脣音。是轉注字也。莊子達生。開之操拔彗以傳門庭。拔彗並舉。或以為拔即內則左佩紛帨之紛。所以拭者也。倫謂拔借為帗。所以蔽前受垢。今傭保所服。而杭縣謂之圍身裙者也。亦可為帗帉一物之證。一幅巾也者。蓋字林文。或此字出字林也。讀若撥者。詳四篇跋下矣。鍇本下有字字。此讀若或後人加也。【說文解字六書疏證卷十四】

帇 帇

◉許　慎　帇枕巾也。从巾。刃聲。而振切。【說文解字卷七】

幋 幋

◉許　慎　幋覆衣大巾。从巾。般聲。或以為首鞶。薄官切。【說文解字卷七】

◉馬叙倫　嚴可均曰。文選思玄賦注韻會十四寒引並作或以為首飾。鈕樹玉曰。韻會作覆衣大巾也。鞶作幋。戚學標曰。首鞶當為首幋。翟云升曰。後漢書儒林傳注引無大字。倫按覆衣大巾也者。蓋幪字義。亦非本訓。幋幪音同明紐。故古借幋為幪。或以為首幋是本義。首幋者。以巾盤於首。今新疆甘肅四川俗皆以巾盤首。是也。以帶盤於要曰鞶。以巾盤於首曰幋。語原同也。故知此是本義。然是校語也。【說文解字六書疏證卷十四】

帤 帤

◉許　慎　帤巾帤也。从巾。如聲。一曰幣巾。女余切。【說文解字卷七】

◉馬叙倫　王筠曰。此作幣巾。小徐作幣布是。皆非也。幣字乃敝巾二字之誤合為一。下又增巾字。小徐又誤為布。翟云升曰。集韻引幣巾作幣也。案當作敝布。倫按方言。幪。巾也。大巾謂之帉。嵩嶽之南陳潁之間謂之帤巾。亦謂之幪。帉音微紐。帤音娘紐。幪音明紐。同為邊音。是轉注字也。巾帤也。蓋本作帤巾也。帤為隸書後舉字誤乙於下耳。一曰幣巾者。王說是。翟說亦可從。此校語。【說文解字六書疏證卷十四】

幣

◉許　慎　幣帛也。从巾。敝聲。毗祭切。【說文解字卷七】

◉馬叙倫　幣帛音同並紐。幣為帛之轉注字。古以玉貝為貨幣。璧即幣之先造字。後用布帛。則有幣字。語原一也。字見急就篇皇象本。顔師古本作敝。玉海作弊。【說文解字六書疏證卷十四】

幅

幅　日甲一三背　通富　賜某大━【睡虎地秦簡文字編】

◉許　慎　幅布帛廣也。从巾。畐聲。方六切。【說文解字卷七】

◉馬叙倫　此布之轉注字。幅音非紐。古讀歸幫。布音幫紐也。布之初文作。象幅形也。故即借以名布帛之廣。漢書食貨志。布帛廣二尺二寸為幅。此校者所加或字林文。許蓋以聲訓。字見急就篇。【說文解字六書疏證卷十四】

㡃

◉許　慎　㡃設色之工。治絲練者。从巾。巟聲。一曰。㡃隔。讀若荒。呼光切。【說文解字卷七】

◉馬叙倫　鈕樹玉曰。韻會隔下有也字。無讀若荒三字。段玉裁曰。一曰㡃隔當作一曰㡃句隔也。倫按。考工記之㡃氏。猶後世之潢匠。未詳其本字。爾雅釋言。蒙。荒。奄也。郭注。奄。覆也。玉篇。㡃。幏也。隔也。然則設色之工治絲練者非本義。亦非本訓。㡃得聲於亡。亡幏古音同在明紐。蓋轉注字。一曰隔也者。謂如後世所謂㡃子。亦大巾也。亦或㡃為幕之轉注字。此校語。字蓋出字林。【說文解字六書疏證卷十四】

帶

5·410　獨字【古陶文字徵】

帶　日甲一三　二例

日乙一五　二例

日乙一二五【睡虎地秦簡文字編】

帶方令印

帶恭之印

馬帶

帶氏

帶當

許帶

耀帶私印

門帶之印

茅帶私印
【漢印文字徵】

古老子

周書大傳【古文四聲韻】

◉許　慎　帶紳也。男子鞶帶。婦人帶絲。象繫佩之形。佩必有巾。从巾。當蓋切。【説文解字卷七】

◉馬叙倫　鈕樹玉曰。繫傳無子字。嚴可均曰。革部云。男子帶鞶。婦人帶絲。與此正同。鍇本作鞶革鞶絲。與内則廣韻合。小徐廣韻所據本或改就内則耳。御覽六百九十六引此正作男子鞶帶婦人絲帶。鍇本作從垂巾。據篆體當增㐁字。沈濤曰。御覽六百九十六引佩必有巾作帶必有巾。莊有可曰。帶本兼象市佩與帶之形。一象帶横也。八左右佩也。（字形）又市頭肩形也。高田忠周曰。金文無帶字。倫按。金文師奎父鼎之（字形）。頌鼎之（字形）。頌敢之（字形）。吳大澂釋帶。羅振玉釋黹。王國維釋頌鼎之（字形）為兩已相背之黻。倫以為其形於黹為最似。爾雅釋言孫注曰。黻謂刺繡為己字相背。以青黑綫繡。然繡於何物邪。倫謂繡於蔽前之市。下文。市。韠也。上古衣蔽前而已。市以象之。五篇。韠。韍也。所以蔽前。以韋。下廣二尺。上廣一尺。其頸五寸。韍者。市之轉注字。黼黻音皆非紐。而黻之與韍。所殊者從黹與或從韋而已。實一字異文。市為黻韠之最初文。毛公鼎頌壺作（字形）。正象下廣二尺上廣一尺其頸五寸之形。以圖形之。（字形）其狀也。其上出者。蓋為帶結。傳所謂帶有結也。最初以獸皮為市。故字或從韋作韍。以為蔽前之衣。故或從衣作袚。後易以帛而加刺繡。故從黹作黻。黻之為物。今猶見於紹興之鄉俗。余家故紹興。族中男女率猶繫此於衣裳之外。但今以為受垢之用。亦不盡然者。余族諸父事農者皆不衣衫袍。弔慶酬酢則服一長襖至厀。而加一新黻。其製類婦人之裙。而加网飾。其形為（字形）。是帶之初製。所以繫市。市音幫紐。帶音端紐。同為清破裂音。是帶音由市而轉。帶市初本相連。故字作帶。其後衣服之制漸備。而仍佩市以為飾。且天子諸侯大夫異制矣。帶亦别於市而自為一物。金文無帶字其以此耶。或帶之初文本作（字形）。象形。形誤為卌。與四十字作卌者相疑。因加市以定之。故如今篆。則為從市卌聲之形聲字矣。紳也非本訓。男子八字校語。象繫佩之形佩必有巾從巾亦校者改之。字見急就篇。【説文解字六書疏證卷十四】

◉李平心　彝銘常見赤（字形）市，或省作（字形）市，（字形）之繁文作（字形）。兹引録錫（字形）市之辭如下：

王曰：閑，易（錫）女（汝）戠衣、（字形）市、䜌旂，用併乃且（祖）考事。（豆閉𣪘銘）

王乎（呼）乍（作）命内史册命利，曰：易（錫）女（汝）赤（字形）市、䜌旂，用事。（利鼎銘）

王乎（呼）史季册令（命）望：死嗣（尸司）畢王家，易（錫）女（汝）赤（字形）市、䜌，用事。（望𣪘銘）

令女（汝）足周師嗣歠（林），易（錫）女（汝）赤（字形）市，用事。（免𣪘銘）

舀，令（命）女（汝）更乃且（祖）考嗣卜事，易（錫）女赤（字形）□市、□旂。（舀鼎銘）

王易（錫）赤（字形）市、玄衣、黹屯（純）、䜌旂。（南季鼎鼎銘）

賜女(汝)赤[日木]市、䜌旂，𨗳(訊)訟，取遺五寽。(揚𣪘銘)

王曰：截，易(錫)女(汝)戠(織)玄衣、赤◎市，䜌旂、楚走(走)馬。(截𣪘銘)

易(錫)戠衣、赤8市，曰用嗣乃且(祖)考吏(事)，乍(作)嗣土(司徒)。(曶𣪘銘)

◎象環形，故宋代薛尚功釋環，清代金石學家多從其説，但金文自有環字作睘，且環市之制於古無徵，郭沫若先生辨之甚明。

近代金文學家考釋◎字説甚紛歧，吳大澂云：「◎古韐字，從市從環形，許氏説制如榼缺四角，此從◎，正象四角橢圜形，後人改從合，合◎形相近也。」郭沫若先生云：「余謂◎當是韐之初文，象形，段為韐，其作[日木]者，則韐之初文也。《説文》：『韐，士無市，有韐，制如榼，闕四角，爵弁服，其色韎。賤，不得與裳同，從市合聲。韐，韐或從韋。』《詩·小雅·瞻彼洛矣》：『韎韐有奭，以作六師』，《毛傳》云：『韎韐者茅蒐染韋，一入曰韎，韐以代韠也。』鄭箋云：『韎者茅蒐染也，茅蒐，韎聲也。韐，祭服之韠，合韋為之。』茅蒐所以染絳者，與◎市多言赤色正相應，許説韐非市而賤之，然字既從市，自當為市屬之一，且徵之《小雅》，足知其制亦不賤，疑是戎裝之韠，所以起軍事者。」于省吾先生説◎即□字，古宮雝字從此，◎或□即雍之初文，雍讀緼，◎市即「玉藻」之緼韍。李旦丘先生釋◎為紓。諸家各有所見，迄今尚無定論。

我曾懷疑◎即吕字，古代吕與甫通，金文邵作䈬，而膚與甫通，彝銘之◎市或即古文之黼黻。但不久我就覺得這個假定很難成立。金文吕字均作○○，没有作◎的，□字于省吾先生釋為雍之初文，近是，與◎恐怕也是兩個字。黼黻是古代禮服上繡飾之文，與◎市無關。《爾雅·釋言》：「黻黼，彰也」，衣服上黹以黼黻，是用以彰顯威嚴的，黼黻即是衣飾之文章。《詩·終南》：「黻衣繡裳」，黻與繡實為互文。黼黻與輔弼同聲，義必相近，黼黻為衣裳之副飾，並非衣裳本身。且黼訓白與黑相次，黻訓青與黑相次，黼黻當是雜色之繡文，與彝銘言赤◎市不合。黻與祓、韍、紱雖為同聲字，義則有別，有時黻借為祓，而它與黼連言，仍當視作獨立辭彙。

有一次我温習金文，屢見錫截市之語，根據古代經師讀帶為戴的例證，忽然悟到截即古帶字，而◎市就是截市，8為帶之象形字，截為帶之形聲字。經過了兩年多的反復證明，最後斷定釋◎、截為帶，是不錯的。

古音截在之台部，帶在脂祭部，二部清代古韻學家或説不可通。但《詩·楚茨》婦與尸、歸、遲、弟、私叶，《桑柔》疑與資、維、階叶，《我將》之與威叶，《酌》嗣與師叶，《左傳》成四年引「史佚之志」異與類叶，昭三年引「讒鼎銘」怠與世叶，凡此均可反證之脂不通之説實在不足信。

帶與載雖不同部(最早或同部)，但同屬端透定紐，聲類既同，易於通假。《禮記・玉藻》：「天子素帶朱裏終辟，而素帶終辟，大夫素帶辟垂，士練帶率下辟，居士錦帶，弟子縞帶。」《釋文》：「帶音戴」，這是從𢦏聲(實從才聲)之字與帶相通的確證。帶與戴不但聲音可通，義亦相近，《荀子・正名》：「乘軒戴絻」，《說文通訓定聲》引一本作「帶絻」，帶與戴本可通作。

古器《齎母鬲銘》：「王乍(作)⿰阝孳⿱齊鼎齎母寶隮彝，⿰阝孳舊釋為⿰阝孚，我以為這是從𢆶得聲之字(𢆶子皆聲)讀為𩛥。《玉篇》：「𩛥，設食也」，𩛥或作䬣、𩚍，凡祭必設食；𩛥與⿱齊鼎連文，⿱齊鼎讀「我將我享」之將，二字皆有祭祀之義。與《沈子它毀銘》𩛥卿聲義俱通這也足徵𢆶可讀載。

《師𠭰毀銘》：「東𢦏內外」，孫詒讓讀為董裁是對的。郭沫若先生說：「案𢦏字從市𢦏聲，𢦏即載市之載之異作。」𢦏與⿰𢆶巿同從市，我以為都是帶字； 帶與市是不可分離的。董裁與督帥亦為一聲之轉，帥與帶裁古讀同紐，例得相通，今人謂率領為帶領，帶即相當於古之帥。

金文之載市舊無確解。孫詒讓云：「載從韋從𢦏，以聲類推之，當與纔相近。《說文》系部『纔，帛雀頭色，從系毚聲』，以載為纔猶經典通以纔為才也。𢦏從才聲。纔，《禮經》作爵，《士冠禮》：『玄端爵韠』，注：『士皆爵韋為韠』，引《玉藻》曰：『韠君朱，大夫素，士爵韋』。韠市即『禮經』之爵韠。」孫氏又引汪中《經義知新記》，謂：「《周頌・絲衣》：『載弁綵綵』，載即爵字，聲之誤，謂亦足備一義。」「載從𢦏聲，與載聲母同」，這個解釋自然言之成理。但考之古制，釋載市為爵韠，與彝銘所載錫命服之事似乎不合。《禮記・玉藻》：「韠，君朱，大夫素，士爵韋」，足證爵韠為士服，彝銘載受天子錫命者多為諸侯上卿大夫，不至以爵韠相賜。誠然，諸侯大夫在齊時是可以服爵韠的，《玉藻》又云：「齊則綪結佩而爵韠」，鄭注：「爵韠，爵色之韋為韠也，士之服，但齊則雖諸侯大夫亦服之也」，但錫命服當不會以齊服為賜。金文常見以赤市、赤𢆶市、幽夫(黝市)為賞賜衣飾，赤與幽才合乎命服之色。《玉藻》：「一命緼韍幽衡，再命赤韍幽衡，三命赤韍葱衡」，赤韍即金文之赤市，幽衡之幽與幽夫(市)之幽同訓黝。衡金文作黃，是佩玉之飾。在彝銘中，黃(衡、珩)屢與載市同錫。古者佩玉有綬以上系於衡，衡上復有綬以系於革帶，衡(黃)與帶實不可分離。

《禮記・內則》：「端韠(市)紳」，《說文》：「市象連帶之形」，可見帶市關係之密切。金文載𢆶與市連言，並非無故。載實受義於韠(市)，與顏色無關，故字從韋，又或從市作𢦏，與𢆶之繁文作⿰𢆶巿意義相同。《叔夷鎛鐘銘》：「命女裁差卿」，裁借為職，差讀左，是說命叔夷任左卿之職。裁也是帶字。古帶或以革製，或以絲製，故裁與載、𢦏都是一字。《夒毀銘》：「王令夒在市、旂」，按郭沫若先生之說，在也是載的聲假字，在市亦即帶市。

既明載、𢦏、裁即古帶字，就可以進一步討論⊗字。

以字形言，⊗象雙帶之形，這是合於古代服制的。古人佩帶，一以束衣，一以佩玉，故《説文》訓帶為從重巾，紳亦訓重。《禮記・雜記》：「公襲朱緑帶，申加大帶於上」，《玉藻》：「凡帶必有佩玉。」宋聶崇義《三禮圖》云：「革帶鉤䚢，大帶練紕。」宋陳祥道《禮書》説：「《內則》曰：『男鞶革』，《莊子》曰：『帶死牛之脅』，《玉藻》曰：『革帶博二寸』，《士喪禮》曰：『韐帶用革，笏插於帶之右旁』，然則革帶其博二寸，其用以繫佩韍，然後加以大帶，而佩繫於革帶，笏搢於二帶之間矣」。朱駿聲説：「按帶有二，大帶以束衣，用素若絲，革帶以佩玉、用韋，鞶字從革，當以革帶為正，故馬腹帶亦曰鞶。」孫詒讓説：「人服有二帶，大帶謂之紳，革帶謂之鞶，通言之，革帶亦或謂之大帶。」凡此，都説明⊗為帶之象形。我又疑再字本受義於⊗(帶)，《説文》：「再，一舉而二也」，《玉篇》：「再，兩也」，《廣雅》：「再，二也」；再與載同在端定紐之部，帶既可讀戴，再⊗聲義自相通，⊗正象重兩之形。⊗為帶，還可以找到旁證。予小篆作⊗，實象垂帶而厲之形，《論語》：「朝服拖紳」，《説文》引作「紽紳」。予古讀定母，與拖紽同聲，拖紳即予之本義。《説文》訓予為推予，實非其朔，予當是紓之本字。《説文》：「紓，緩也」，舒從予，亦訓緩，帶有餘則寬緩。《穀梁傳》文十八年：「一人有子，三人緩帶」，注：「緩帶者，優游之稱也」，帶寬緩則態度從容。寬緩、從容、優游並有綽有餘裕之意，惟有餘始能與人，故予有施與義。

帶為古人服飾中很重要的一種，《禮記》、《呂氏春秋》等書屢言冠帶，是帶與冠並重。《左傳》桓二年：「袞冕黻珽、帶裳幅舄、衡紞紘綖，昭其度也。」正因帶關係禮數，故常用為賞賜之物。錫鞶帶之文始見於《周易》，這是大家都知道的。《穆天子傳》：「天子乃□之人□吾黄金之環三五，朱帶貝飾三十，工布之四□，吾乃膜拜而受。」《戰國策・趙策》：「武靈王遂賜周紹胡服，衣冠具帶、黄金師比。」《説苑・奉使》：「文侯曰：『子之君長大，孰與寡人？』倉唐曰：『君賜之外府之裘，則能勝之，賜之斥帶，則不更其造。』」彝銘常載錫載市、赤⊗市、⊗市之辭，實以帶與市為命服不可缺少之物。

市與帶連言，在古籍中也可找到例證。《禮記・玉藻》：「紳韠結三齋」，紳韠就是帶市。《國語・晉語》：「端委韠帶，以隨宰人」，《穆天子傳》：「天子大服冕禕，帔帶搢曶，夾佩」，韠帶帔帶即是市帶。市《易》作紱，《詩》作芾，《論語》《左傳》作黻，《國語》作韠，《禮記》作韍與韠，《方言》作袚，《乾鑿度》作茀，《逸周書》、《白虎通義》作紼，《廣雅》作緷，與《穆傳》作帔，並字異而聲義俱同。這些字王念孫在《廣雅疏證》以為都是蔽膝的合音。(《疏證》未舉《國語》之韠與《穆傳》之韍。)《白虎通義・紼冕篇》所謂「紼者蔽也」，正是這個意思。

《易・訟》上九：「或錫之鞶帶，終朝三褫之」，鞶帶虞翻訓為大帶，鄭玄訓為佩囊之帶，然褫訓奪衣，《象》曰：「以訟受服，亦不足敬也」，是明以鞶帶為命服，凡此均與鄭、虞之説不合。我以為《訟》上九之爻辭與《師》九二「在師中吉，无咎，王三錫命」為對文。《周語》：「襄王使太宰文公及內史興賜晉文公命，……三命而後即冕服。」「王三錫命」，即賜三命之服；或「錫之鞶帶，終朝三褫之」與「王三錫命」正好相反，即是屢次被褫奪命服。故鞶實即市鞶帶，即《周語》之韠帶，《穆天子傳》之帗帶，亦即《內則》之韠紳，鞶與韍、祓、帗、市、韠、紼並一聲之轉。《禮記・內則》：「男鞶革，女鞶絲」，鄭訓鞶為小囊，盛帨巾者，而按服虔、杜預之説，鞶為大帶。其實鞶就是蔽膝，《方言》：「蔽膝江淮之間謂之褘」，褘正是芾，古男女都以為服。《爾雅・釋器》：「婦人之褘謂之縭」，郭注：「即今之香纓也。」郝懿行《義疏》：「褘者《説文》以為蔽膝，《方言》以為褘，即襜也；《釋名》云：『韠，所以蔽膝前也，婦人蔽膝亦如之』，是婦人之褘即蔽膝，郭以為香纓誤矣。」按郝駁郭注之説甚確。褘與帨蓋即一物，《詩・野有死麕》：「毋感我帨兮」。帨即女之縭，亦即是褘，帨為巾，褘亦訓佩巾；鞶古與鞶通，《易・訟》鞶帶，《後漢書・鄧禹傳論》注引作幋帶。幋也屬於巾類，是幋、鞶與褘、帨異名而同實，故《法言》鞶帨連言。《易・訟》之鞶帶，除訓為市（芾、韍、祓、韍、帗、韠、縪、紼、茀……）帶外，別無更好的解釋。

因帶與市相連，二者在名稱上相混是不足為奇的，鞶為蔽膝，又訓大帶，正如紼為蔽膝，又訓綷。《詩・小雅・瞻彼洛矣》：「韎韐有奭」，傳：「韎韐者茅，蒐染韋也，一曰韎韐，所以代韠也。」「韎韐者，茅蒐染也，茅蒐，韎韐聲也，韎韐祭服之韠，合韋為之。」疏：「韎韐者，衣服之名，奭者赤貌，傳解言奭之由，以其用茅蒐之草染之，其草色赤故也。」又曰：「茅蒐韎韐聲也，言古人之道茅蒐，其聲如韎韐，故名此衣為韎韐也。」又曰：「士朝服謂之韠，祭服謂之韎韐，駁異義云：『有韎韐無韠，有韠無韎韐』，是韎韐以代韠也，其體合韋為之，此韎韐是蔽膝之衣耳。」按《廣韻》：「韎韐，大帶。」根據古代經典與彝銘文例，疑《毛詩》傳箋疏義與《廣韻》之説各得其半，韎韐當即芾帶，「韎韐有奭」，奭訓赤，與金文赤帶市之文相合。

《穆天子傳》述穆王以朱帶賜人，《禮記・玉藻》與《雜記》並記朱緑帶，是古代帶有飾以朱色者，朱與赤色澤相近，帶可以朱，亦必可以赤：《詩經》、《周易》、《禮記》等書皆言赤芾、赤紱、赤韍，帶與芾相連，以同色為宜。陳祥道《禮書》説：「古者裼衣象裘色，韠屨象裳色，而革帶與韠其用相因，則革帶豈亦與韠同色歟？」今證以彝銘，陳氏的推論是對的。據此，彝銘之赤市，讀為赤帶芾，我想是不錯的。【甲骨文金石文劄記（一）　華東師範大學學報一九五八年第一期】

◉朱德熙　裘錫圭　楚簡屢見帶字。信陽簡寫作：

202　207

商承祚《戰國楚帛書述略》釋作絺，甚是。仰天湖簡亦有絺字，寫作：

所从之帶下端不从巾，當是譌變之體，據簡文文義，可以確定是䌙字，説詳下。

䌙21　䌙22

古代的帶有三類。一是革帶，以皮革制成，用以繫韠佩。《禮記·玉藻》：「韠下廣二尺，上廣一尺，長三尺，其頸五寸，肩，革帶，博二寸。」鄭注：「頸，中央。肩，兩角。皆上接革帶以繫之。肩與革帶廣同。凡佩繫於革帶。」二是大帶，以素、練、錦、縞等物剪裁而成，用以束衣。《國語·魯語下》「卿之內子為大帶」，《玉藻》「大夫大帶四寸」，又同篇「天子素帶，朱裡終辟」，鄭注：「謂大帶也。」又同篇：「大夫素帶，辟垂。士練帶，率，下辟。居士錦帶，弟子縞帶。並紐約用組。」三是緄帶，編織而成。《後漢書·南匈奴傳》：「童子佩刀緄帶各一」，注：「緄，織成帶也。」《説文》糸部緄下云「織帶」，段玉裁據《後漢書》及《文選·七啟》注於「織」字下補「成」字。並云：「凡不待翦裁者曰織成。」

以上三類帶均見於楚簡。仰天湖21號簡（圖一）云：

圖一

□䌙又（有）玉鐶紅縷

䌙上一字殘泐，從剩餘的幾筆看，當是革字。玉字或據摹本誤釋為辛，但照片此字很清晰，形體和8號簡玉字全同，可以肯定是玉字。玉下一字當釋鐶。此字所从之衣亦省去上部，與信陽簡褻襄諸字同。由於所从的衣字垂筆上有一短横，與羊字形似，所以有人曾誤釋為鐔。

古代佩玉以組綬繫於革帶。《玉藻》：「天子佩白玉而玄組綬，公侯佩山玄玉而朱組綬，大夫佩水蒼玉而純組綬，世子佩瑜玉而綦組綬，士佩瓀玟而緼組綬，孔子佩象環五寸而綦組綬。」簡文「玉鐶紅縷」當讀為「玉環紅組」，説的正是革帶上的玉佩，與典籍記載相符。

仰天湖22號簡（圖二）：

圖二

一縷（組）䌙

又信陽202簡（圖三）：

圖三

一組帶，一革皆又鈎

「一革」承上文省帶字，當指革帶。仰天湖簡的纏紳顯然就是信陽簡的組紳，由此也可以證明仰天湖纏下一字確為紳字。《詩·邶風·簡兮》：「有力如虎，執轡如組」，毛傳：「組，織組也。武力比於虎，可以御亂，御衆，有文章，言能治衆，動於近，成於遠也。」組與織義近，簡文組帶當即《後漢書》之緄帶，亦即《説文》所謂「織成帶」。

信陽207簡（圖四）：

圖四

……一素緙帶又□鈎黃金與白金之舄……

緙字从糸，而且「緙帶」前冠以素字，可見此簡所記之帶斷非革帶。《原本玉篇》：「緙，口革反。埤倉：緙、繬、致、紩也。」又繬字下云：「所棘反，廣雅：繬，縫也。繬，合也。埤倉：緙，繬也」。《廣韻》麥韻「楷革切」下「緙，紩也，又織緯」。《説文》糸部：「紩，縫也。」據此，緙帶當是縫制而成之帶，即古籍所謂大帶。緙帶又見於望山楚簡（圖五）。緙字形體與信陽簡相同。緙字殘泐，但細審照片仍可看出是緙字。

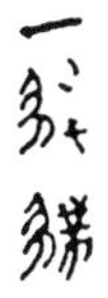
圖五

革帶兩端交接處用帶鈎相連，大帶據《禮記》則用組紐（《玉藻》：「並紐約用組」），簡文云「有鈎」，可見緙帶也有用帶鈎的。

【信陽楚簡考釋　考古學報一九七三年第一期】

◉商承祚　革紳。緙紳，亦見信陽長臺關竹簡。紳，即帶，革紳乃以皮革製成，用以繫韠佩。《禮記·玉藻》：「韠，下廣二尺，上廣一尺，長三尺，其頸五寸，肩、革帶，博二寸。」注：「頸，中央。肩兩角，皆上接革帶以繫之，肩與革帶廣同。凡佩，繫於革帶。」緙帶，用緙絲法織成之帶。【江陵望山二號楚墓竹簡遺策考釋　戰國楚竹簡匯編】

◉王　輝　帶字原作□，陶正剛「暫隸定為帶」，按帶字前此金文未見，漢印帶字作□、□、□（《漢印文字徵》七·二二），字形相近，以漢印上推，□為帶字當無疑問。【秦銅器銘文編年集釋】

◉裘錫圭　「張文」（二七頁）和「李文」，都把鐘銘記天子賞賜子犯車服那一句中「衣裳」之下的那兩個字，釋為「黼黻」。不過「張文」在「衣裳」與「黼黻」之間加了頓號，「李文」則不加頓號，將全句標點為：「王錫子犯輅車四馬，衣裳黼黻，佩。」古書中所謂「黼黻」，指禮服上繪繡的花紋，並非一種具體的物品，不能與「衣裳」和「佩」等並列。如要將「衣裳」之下二字釋作「黼黻」，就只能像「李文」那樣標點，將它看作說明衣裳的花紋樣式的一個詞。但是我們認為這兩個字根本就不應釋讀為「黼黻」。

第二字在原銘文中本作「巿」。《說文・七下・巿部》：「巿，韠也。上古衣蔽前而已，巿以象之。天子朱巿，諸侯赤巿，大夫葱衡。从巾，象連帶之形。……韍，篆文巿从韋从犮。」「巿」和「韍」是同字異體，所指之物亦稱蔽膝，屬於禮服之列。古書中有借「黻」為「巿」（韍）之例，但一般不借「巿」（韍）為「黻」。鐘銘的「巿」，用的應該是本義，為天子所賜車服中之一項。

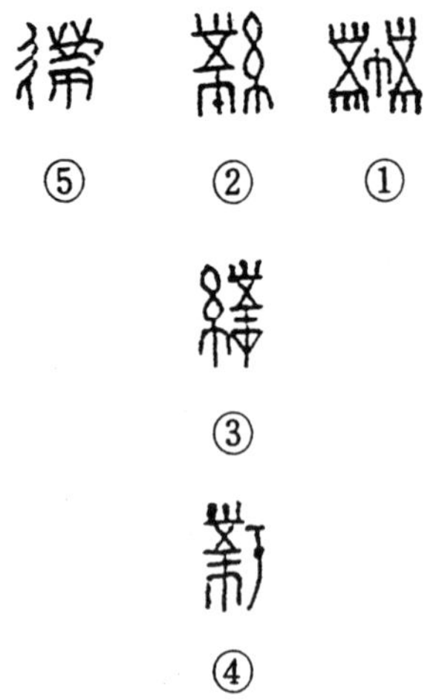

圖三

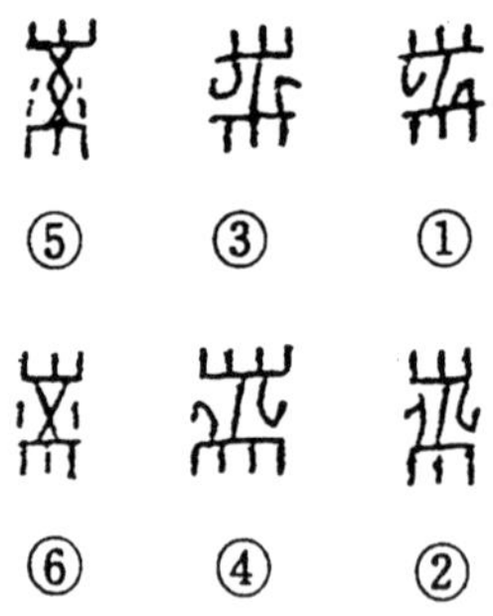

圖四

「巿」上一字，中从「巾」；兩側的兩個偏旁，寫法基本相同，顯然是同一個字（圖三・1）。這個字有些像「黹」字，張、李二文大概就是因此而釋「巿」上之字為「黼」的（一般認為金文「黹」字多應讀為「黼」，參看《金文編》五五三頁）。其實這個字的中段作「五」字形，

幘 帕

與甲金文的「𢂇」字有明顯區別(圖四・1、2為甲骨文「𢂇」字，分別見《甲骨文合集》二八一三四、二八一三五。圖四・3、4為金文「𢂇」字，見《金文編》五五三頁)。而且甲骨文中已有在此字中段兩側加短豎而成之字(圖四・5、6，分別見《合集》二六八七九、二八〇三六)，可見其淵源有自，與「𢂇」決非一字。

另一方面，這個字的上段和中段，與六國文字的「帶」字的上部則極為相似。六國文字的「帶」一般加「糸」旁而作「䌖」(參看朱德熙、裘錫圭《信陽楚簡考釋(五篇)》中的「革帶、緙帶、組帶」篇，《朱德熙古文字論集》六七—六八頁)。圖三所引2、3、4三字，皆見六國璽印(分別見《古璽彙編》一八三四、二八七一、三〇九九)。2無疑是「䌖」字，3也有可能是「䌖」字。4是一個从「帶」之字，究為何字，待考。2、4兩字「帶」旁的上部和3的右旁的上部，其寫法都與鐘銘「巿」上之字兩側所从之字的上、中段相合。圖三・5是信陽楚簡的「䌖」字(參看上引朱、裘文)。「帶」字上部所含的「五」字形，在楚簡「䌖」字中已有所簡化。如將鐘銘「巿」上之字的左右兩個偏旁減為一個，並省去此偏旁的下段而將原居中央的「巾」旁移至其下，就成為六國文字的「帶」字了。所以我們將這個字釋為「帶」。在古代，巿和佩都繫於帶。從這一點看，將這個在鐘銘中介於「衣、裳」和「巿、佩」之間的字釋為「帶」，也是非常合理的。

〔附注〕

「張文」指張光遠《故宮新藏春秋晉文稱霸〈子犯和鐘〉初釋》，刊臺北《故宮文物月刊》十三卷第一期。

「李文」指李學勤《補論子犯編鐘》，刊《中國文物報》一九九五年五月二十八日　【也談子犯編鐘　故宮文物月刊第十三卷第五期】

◉許　慎　幘髮有巾曰幘。从巾。責聲。側革切。【說文解字卷七】

◉馬叙倫　翟云升曰。繫傳有幘也二字是。幘當作蹟。倫按。本作幘。責也。幘為隸書復舉字。責也以聲訓。髮有巾曰幘蓋字林文。或校語。幘所以覆頪。亦首巾也。今江北婦人多以青布覆髮而結於後。古之遺俗矣。幘音照紐。幋音明紐。然從般得聲。般音幫紐。古讀照歸端。幫端同為清破裂音。是或轉注字。或語原然也。字見急就篇。【說文解字六書疏證卷十四】

◉許　慎　帕領耑也。从巾。旬聲。相倫切。【說文解字卷七】

◉馬叙倫　鈕樹玉曰。玉篇帶下次帆字。訓衣領耑。並無帕字。廣韻亦無。則帕蓋帆之譌字。王筠曰。部末有帆。訓領耑也。段玉裁謂篇韻皆有帆無帕。集韻乃兼有之。蓋當删帕而以帆處其次。筠謂說文帕字之次與玉篇帆字之次正相當。二篆相似。

則帕為幗之譌可知。既譌之後。校者見不譌之本。而不敢輒改。故附之部末。相倫切亦未必出自唐韻。不然。廣韻承唐韻之後而反無之乎。倫按。領耑謂衣領之上即繞領也。今呼領頭。亦曰領子。呂氏春秋離俗。丹績之袧。高注。袧。纓也。朱駿聲謂袧即帕之別體。是也。古書多以繞訓纓者。纓借為約。約訓纏之訓繞也。然則帕即繞領。此字不誤。帕領聲同真類。語原同領。亦可證也。餘詳帬下。【說文解字六書疏證卷十四】

帔

◉許　慎　帔弘農謂帬帔也。从巾。皮聲。披義切。【說文解字卷七】

◉馬叙倫　方言四。帬。陳魏之間謂之帔。自關而東或謂之襬。帔從皮得聲。皮音並紐。帬音羣紐。同為濁破裂音。故帔得借帬字為名。而帬非帔也。説解捝本訓。或字出字林也。餘詳帬下。【說文解字六書疏證卷十四】

常

常　不从巾　陳公子甗　尚字重見【金文編】

3·1276　獨字　3·1278　同上【古陶文字徵】

199　244【包山楚簡文字編】

常　日乙二三　十二例　通裳　衣—　日甲一三　日乙九五　日乙二四二【睡虎地秦簡文字編】

王史常喜　任常憙　段常便印　李常喜印　宋常【漢印文字徵】

祀三公山碑　常山相【石刻篆文編】

常　常【汗簡】

竝古老子　同上　王庶子碑　古尚書【古文四聲韻】

◉許　慎　常下帬也。从巾。尚聲。市羊切。裳常或从衣。【說文解字卷七】

◉郭沫若　乃常之異文，説文，「常，下帬也，从巾尚聲。裳，常或从衣。」此从巾从㡀省。蓋常若裳乃形聲字，此乃會意字。

【曾伯霥簠　兩周金文辭大系考釋】

◉馬叙倫　朱駿聲曰。常裳二字。經傳截然分用。併不通借。疑常訓旗。裳訓下帬。宜各出為正篆也。倫按古書以常為旗幟之義者。蓋借為旗或幟也。常音禪紐。古讀歸定。旗音羣紐。同為濁破裂音也。幟音穿紐三等。常幟同為舌面前音也。下帬也非本訓。許當以同聲之字為説。吕忱以方言帬陳魏之間謂之帔。故增下帬也而不徑以帬也為訓也。帬常古同為濁破裂音轉注字。字見急就篇。

倫按鍇本作俗常從衣。然則此字出江式增邪。急就篇有常又有裳。蓋本並作常。傳寫者易之。古鉩作。【説文解字六書疏證卷十四】

◉劉　節　常字鼎銘作崇，其非从示可知。古文从尚之字每作，《汗簡》卷中之一。而尚字从巾，故崇字所从之尒，蓋巾字之别構也。由是推證他器之常字从者，非示字，乃巾字也。常即烝嘗。【壽縣所出楚器考釋　古史考存】

◉商承祚　常，即裳，《説文》：「常，下帬也。从巾，尚聲。裳，常或从衣。」又衣：「上曰衣，下曰裳。」一緂裳，是一件色彩鮮艷的下裳。【信陽長臺關一號楚墓竹簡第二組遣策考釋　戰國楚竹簡匯編】

◉袁國華　《包山楚簡》圖版一五二第六行「棠」條下共收三字，除第三字見簡222的「」字為从「示」的「棠」字外，其餘簡203的「」，與簡214的「」，字皆不从「示」乃从「巾」。「包山楚簡」「示」「巾」二字字形相近，而寫法稍異，「示」字置於字的下半部，書體或作五筆作，或作四筆作，其中四筆的寫法與「巾」字字形頗易混同。戰國楚簡文字的「巾」字亦作四筆，或作；或作；或作。「示」「巾」兩字寫法分别在於「示」字二畫必然斷開，「巾」字一筆而成，這是辨别楚簡文字「示」「巾」二字的重要筆畫。簡203、214的「」「」二字實从「巾」，故應入十一畫「常」條。由簡文的詞例看，「包山楚簡」「常」字與从「衣」的「裳」字可通用，簡199的「裳」字作；簡244作。各字句例：

簡203：「舁石被常之祭」。

簡214：「遐石被常之敓」。

簡199：「石被裳以訓蘢為左尹舵貞」。

「常」、「裳」簡中用作人名。【《包山楚簡》文字考釋　第二屆國際中國文字學研討會論文集】

◉詹鄞鑫　舊注屢見「八尺為尋，倍尋為常」語，偶見「丈六尺曰常，半常曰尋」的説法(《儀禮·公食大夫禮》注)。這類説法在于闡明「常」與「尋」的换算關係，並不意味着「常」源于「尋」的兩倍或「尋」源于「常」的一半。「尋」的來源已述于前，至于「常」的來源，則早已隱晦而不為人知，本文試作一些探索。

劉熙《釋名·釋兵》云：

車戟曰常，長丈六尺，車上所持也。八尺曰尋，倍尋曰常，故稱常也。

劉熙認為「常」是車戟的名稱，其長一丈六尺。這似乎透露出度量單位「常」的來源。然而他又認為車戟之所以叫「常」，是由于它的長度與「常」相等。那么，「倍尋曰常」的「常」的起源仍然是一個謎。

用車上的兵器作為度量單位的習慣，在《周禮》中有明確的記載。《冬官考工記》云：

車軫四尺，謂之一等。戈柲六尺有六寸，既建而迆，崇于軫四尺，謂之二等。人長八尺，崇于戈四尺，謂之三等。殳長尋有四尺，崇于人四尺，謂之四等，車戟常，崇于殳四尺，謂之五等。酋矛常有四尺，崇于戟四尺，謂之六等。

又《考工記·廬人》記載：

戈柲六尺有六寸，殳長尋有四尺，車戟常。酋矛常有四尺，夷矛三尋。

在這兩段話中，「常」與「尋」、「尺」一樣，都是長度單位，而不是車戟的名稱。不過，它表明古人曾習慣于用車上的器物作為高度的等級標志，計有車軫、戈、人、殳、車戟、酋矛、夷矛七個等級，从四尺的車軫開始，每級遞增四尺。我們知道，古代的車上還常常樹立旌旗，既然車厢和人都可作為高度的級別單位，可想而知，旌旗的旗桿也完全有可能成為高度的單位。考之于古文獻，車上的旌旗正好稱為「常」。「常」字从巾尚聲，許慎誤以為是「裳」的異體，其實，从巾的「幟」、「幖」、「幡」、「帔」、「帘」、「帗」、「帾」、「𢄼」、「幢」等都是旗幟的名稱，「常」的本義應該也是旗幟的名稱。《周禮》有「大行人」之職，其職提到「建常九游」，鄭注：「常，旌旗也。」又有「司常」職，其職為「掌九旗之物名，各有屬以待國事，日月為常，交龍為旂，……」《序官》云：「司常，主王旌旗。」又有「巾車」職，其職「掌公車之政令，辨其用與其旗物」，其中「王之五路（路即輅，指王車，下同），一曰玉路，建大常十有二游，以祀」，鄭注：「大常，九旗之畫日月者。」前引《司常》「日月為常」者，即指「九旗之畫日月者」。所謂「建大常」，就是把稱為「大常」的旌旗樹立在稱為「玉路」的王車上。从以上材料看，「常」有廣狹二義，廣義之「常」是九種旗幟的統稱，狹義的「常」則特指九旗中的日月旗。這些旗都是建樹在車上的旌旗。春秋時代主帥的戰車上必有旌旗，故《左傳·成二年》記晉國主帥郤克的御者張侯語：「師之耳目，在吾旗鼓，進退从之。此車一人殿之，可以集事。」看來，「常」的本義當指旌旗，通常樹立在車上，故《釋名·釋兵》云：「常，九旗之名。」天子所建日月旗之稱為「大常」，則是用「大」字以區別于一般的「常」。「常」既是車上所立之物，自然也與車上的戈、殳、戟、矛等一樣，成為高度的等級標志，並由此發展為長度單位。

「尋」「常」都是度量單位，後來合稱為「尋常」，猶言「尋尺」、「咫尺」、「尺寸」等，都用于比喻不長的、小的事物，再引申，則表示「很一般」的意思了。【近取諸身 遠取諸物——長度單位探源 華東師範大學學報一九九四年第六期】

帬 帬 封六八 帬 封五八【睡虎地秦簡文字編】

帬 裴光遠集綴【古文四聲韻】

◉許 慎 帬下裳也。从巾。君聲。渠云切。裠帬或从衣。【說文解字卷七】

◉馬叙倫 王筠曰。下裳乃帬之別名。與常下帬也當解為在下之帬者不同。帬即今之雲肩。六朝謂之訶梨子者也。方言。繞衿謂之帬。郭注。俗人呼接下。江東通言下裳。正與許合。其為下曰裳之別名者。則方言有帔襬二字。顏注急就篇。帬即裳也。一名帔。一名襬。可證。釋名。帬羣也。聯接羣幅也。緝下。橫縫緝其下也。惟裳又橫縫緝其下。繞領則衆葉瓜分。不可橫緝矣。知其所云亦是裳也。段玉裁改下裳為繞領。不思古不名帬。帬篆蓋六朝後增也。玉篇巾部次弟與說文異者絶少。惟帉作帤。無帞幡二字。帬字在後增俗字中為異。疑常下云下帬也帤下云幡也。是以今字説古字。後人補此二字。即幡下云。書兒拭觚布也恐亦本在帤下。既補幡篆。即割取以為注。故成文義。而帬之下裳也即放常之下帬也以為訓。則不成文矣。帬為後人之名。蓋兼上下。而裳不兼上。是以云下以別之。常常居下。經典灼然。豈嫌於旗常常在上而別之乎。今云下裳。是不詞也。倫按下裳之名塙為可疑。王謂帬是漢人之名。釋名所釋。即是裳義。是也。方言。繞領謂之帬。王以為今之雲肩。倫考清代漢女結婚時服緋衣緋帬。衣外加如今杭縣所謂背心上海所謂馬甲北方謂之崁肩漢時謂之兩襠者而長與膝齊。名為霞帔。領子之下。霞帔之外。後加雲肩。倫謂雲肩當作帔肩。杭縣稱為披肩。謂之雲肩者。今其狀有二種。一如木葉相連。其狀也。其一為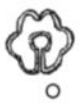。中加刺繡。其各耑之長。掩肩而下。前可及胷。名雲肩者。雲實帞之聲轉借字。霞帔當作襬帔。襬帔以同聲為連語。實一物也。其物均與裳異。而皆繞領而下。故曰。繞領謂之帬。倫謂方言此二帬字及本書帔下之帬字。皆帞之借。旬帬聲皆真類也。帞音心紐。心非皆次清摩擦音。故帞轉注為帔。而帞之音蓋受於□。旬□皆次濁摩擦音也。領耑所以□頸。故謂之帞。帔為繞領而下者故謂之帔。凡器物之名。可於其語原明之。如此者箸於前後者多矣。然則漢時或帞帔同物。或以同用而為一名。後世乃為異物異名也。然則諸家皆以帞為帗之譌。而王堅辨於下裳者皆可以無疑矣。下裳也或本作裳也。下字涉上文常下下帬也而誤衍。字見急就篇。

裠　鈕樹玉曰。繫傳帬上有俗字。倫按鍇本作俗從衣作。是後起字。出江式古今文字者與。【說文解字六書疏證卷十四】

◉商承祚　帬，為裠之異體。裠，今之披肩，又謂下裳，即今之裙。【江陵望山二號楚墓竹簡遺策考釋　戰國楚竹簡匯編】

◉尹盛平　「般𧘝」，般與盤同。𧘝，吳方彝作𢅁，從𠆧斤聲。毛公鼎作𣂚。踵事增繁。彔伯𢦚簋作𣂚，師兑簋作𣂚，其實皆為一字。是象形兼會意字，像衣上披肩之形。從斤聲，應為帬之古文。《說文》：「帬，繞領也」，即今日之披肩。帬、斤今古同屬真韻，故得相通。其字從束，像披肩束繫之形。盤帬，謂其形圓如盤。【西周微氏家族青銅器羣研究】

帴

◉許　慎　帴帬也。一曰帗也。一曰婦人脅衣。从巾。戔聲。讀若末殺之殺。所八切。【說文解字卷七】

◉馬叙倫　嚴可均曰。鍇本作讀若椒樧之樧。說文有茮無椒。茮樧見茱字下。此云末殺。蓋漢人常語。漢書谷永傳。末殺炎異。注。末殺。埽滅也。桂馥曰。一曰婦人脅衣者。左宣九年傳。衷其衵服。解作脅衣。字或作襪。楊慎曰。襪。女人脅衣也。古今注。謂之腰彩。劉秀生曰。帴從戔聲。戔聲在從紐。殺聲古在心紐。心從皆齒音。故帴從戔聲得讀若殺。文選蜀都賦注引淮南子。飛鳥鎩羽。許慎曰。鎩。殘也。史記五帝紀。汝能庸命踐朕位。書堯典。作汝能庸命巽朕位。釋名釋天。巽。散也。物皆生布散也。方言之。散。殺也。東齊曰殺。戔聲如巽。巽聲如散。散聲如殺。是其證。倫按。八篇。襸帴也。音昨牢切。與戔雙聲。又音七刃切。音入清紐。從戔得聲之淺入清紐。考工記鮑人。則是以博為帴也。鄭衆注。帴讀為翦。翦音清紐。是帴音古或讀入清紐。亦得與襸轉注。綫入心紐。殺音審紐。同為次清摩擦音。然則轉音讀如綫。故可讀若末殺之殺。帬字亦㡊之借。字書無以帴為裳者。一曰帗也者。帗音敷紐。帴讀如綫。與帗同為次清摩擦音。故古或借帴為帗。然亦疑帗為帴譌。一曰婦人脅衣者。未詳。錢坫謂帴讀若末殺之末。婦人脅衣今云末胷也。朱珔謂此為時俗名目。恐未足據證耳。一曰以下十字及讀若句皆校語。字或出字林。【說文解字六書疏證卷十四】

幝

◉許　慎　幝惣也。从巾。軍聲。古渾切。褌幝或从衣。【說文解字卷七】

幒 □

◉許　慎　□⿰巾軍也。从巾。悤聲。一曰帙。職茸切。□幒或从松。【說文解字卷七】

◉馬叙倫　⿰巾軍音見紐。幒音照紐。古讀照歸端。見端同為清破裂音。⿰巾軍從軍得聲。軍從勻得聲。勻音喻紐四等。幒從悤得聲。悤音心紐。心與喻四同為次清摩擦音。故⿰巾軍轉注為幒。一曰帙者。未詳。疑幒音照紐三等。帙音澄紐。同為舌面前音。古或借幒為帙。字蓋出字林。

□　方言四。褌。陳楚江淮之間謂之⿰巾松。⿰巾松從松得聲。松音邪紐。悤從心得聲。音當在心紐。心邪同為舌尖前摩擦音。故幒轉注為⿰巾松。然⿰巾松得聲於公。公音見紐。故⿰巾軍亦得轉注為⿰巾松。【說文解字六書疏證卷十四】

⿰巾監 □

◉許　慎　□楚謂無緣衣也。从巾。監聲。魯甘切。【說文解字卷七】

◉馬叙倫　邵瑛曰，⿰巾監襤一字。衣部。襤。無緣也。倫按。字蓋出字林。餘詳襤下。【說文解字六書疏證卷十四】

◉周寶宏　著名的中山國守丘刻石第一字作□形，黄盛璋先生《平山戰國中山石刻初步研究》見(《古文字研究》八輯)釋為監，並分析其結構為「左从『臣』，从皿，右从童，即『監』字……確定此字是否為『監』，關鍵在右邊所从之『□』，與『監』字右邊『人』不同。按趙器原氏壺有『□十六斤』，與此相似，而用作『重』字，兩字下皆从『巾』，其上所从，應是从『辛』省。从結構分析，兩字都是『童』字……从『童』與从『人』同意，所以此字可確定為『監』字」。按：查原(當作帍)氏壺童字原作□形，黄盛璋先生所摹之形體不符原形，因此以此形作為釋□字旁為童是不可信的。既使是童字旁，中山石刻此字也不能釋為監字，因為古文字中監字未見从童者。古璽文有□(《古璽彙編》1409)、□(2718)字，劉釗先生《古文字構形研究》(吉林大學博士學位論文)釋為常字、脪字。□从白从□，□即市字，市、巾相通，巾字作□形當是由巾字作巾形演變而來。故守丘石刻□字旁可釋為帛字。帛、巾二字在作形符時可通用，因此守丘石刻□字當隸作⿰臣帛，釋為⿰巾監，原字應是从帛、監省聲。⿰巾監字見於《說文》。【讀古文字雜記九則　于省吾教授百年誕辰紀念文集】

幎 □

◉許　慎　□幔也。从巾。冥聲。周禮有幎人。莫狄切。【說文解字卷七】

◉王　襄　□古幎字。許說幔也。从巾冥聲。周禮有幎人。今本作幂。段懋堂先生云。俗作冪。桉。禮記禮運。疏布以冪。作冪。又禮器。疏布鼏。作鼏。儀禮公食禮。鼏若束若編。亦作鼏。疑幎之本字作幎。或作幂。譌作冪或冪。此作□。象以巾覆尊之形。冪人注。以巾覆物曰冪。凡覆之物為尊則作□。鼎則从鼎作鼏。說文鼏字殆即幎之異文。【簠室殷契類纂卷七】

◉羅振玉 宓象巾覆尊上。乃禮注覆尊巾之冪之本字。後世用冪則借字也。今則借字行而本字廢矣。【殷虛書契考釋卷中】

◉郭沫若 冪卽彝銘錫車輿時所常見之「虎冟」字，余釋為冪，今得其證矣。古者凡尊彝瓶壺籩豆簠簋之類皆有冪，車之蓋亦謂之冪，今此單獨以冪為錫，殆是帷帳之類也。【守宮尊 兩周金文辭大系考釋】

◉馬叙倫 冥從冂得聲。冂為冃冃之異文。亦冪之初文。冂所以覆首。是為語原。其後凡從上覆下者音從於冂。或改從冂為聲。鬩鼏是也。酉為鼏之異文。與幎異字。【說文解字六書疏證卷十四】

◉李孝定 卜辭云「戊子其幎重[glyph]用十月。」後・下・十九・四。「貞幎三牢萷彘一牛。」佚・九六四。幎亦用牲之法。其義不詳。左襄三十一年傳。「圬人以時塓館宮室。」注。「塗也。」然則卜辭之幎蓋謂以牲血塗物而祭。猶後世之釁歟。是則未可塙知也。【甲骨文字集釋第七】

◉吳振武 在出土的齊國官璽和封泥中，五見「宔図」一官：

(1) 郲(夜)宔図鉨(璽) 《璽匯》45・0245(附圖1)

(2) 武強宔図鉨(璽) 同上58・0336(附圖2)

(3) 鉛閩(門)宔図 同上54・0312(附圖3)

(4) 口閩(門)宔図 同上58・0334(附圖4)

(5) 武平宔図 《鄭庵所藏泥封》24下(附圖5)

按照我們的理解，璽文「宔図」似跟《周禮》中的「冥氏」一職有密切關係，或即相當於《周禮》中的「冥氏」。為便於討論，我們先來看一下《周禮》所記冥氏的職掌和前人對冥氏之「冥」的解釋。《周禮・秋官》：

冥氏：掌設弧張。為阱獲以攻猛獸，以靈鼓歐之。若得其獸，則獻其皮、革、齒、須、備。鄭注：「弧張，罿罦之屬，所以扃絹禽獸。」孫詒讓《正義》：「此注『張』上疑衍『弧』字。《廣雅・釋詁》云：『張，施也。』凡網羅之屬，並為機軸張施之，故即謂之張。《楚辭・九章》『設張闢』，王注亦以張謂罻羅是也。《輈人》注云：『弧，木弓也』，則是機弩之類。弧與網羅不必並設一處。此『設弧張』與下『為阱獲』文相對，弧張阱獲各為二物，注並釋之，似微誤。……『若得其獸，則獻其皮革齒須備』者，謂獻之司裘、掌皮、玉府諸官，以備國用也。」古官璽中有「北宮皮官」(《璽匯》368・3998)，參朱德熙、裘錫圭《戰國銅器銘文中的食官》，《文物》1973年12期61頁。可知冥氏是管捕捉禽獸的。那麼冥氏之「冥」和捕捉禽獸在意義上有什麼關係呢？鄭玄謂此「冥」字讀如「冥方之冥」，是「以繩縻取禽獸之名」(《秋官・叙官》注)。孫詒讓曰：「段玉裁云：『冥方即算法之方冪也。《釋文》曰：「冥，又莫歷反。」此音當專屬後説(振武按：指鄭玄説)。』案：段説是也。依後鄭讀，則冥與《天官》『冪人』之冪字同。賈疏謂『後鄭亦取音同，以繩縻取禽獸，冥然使不覺』失其讀矣。云『以繩縻取禽獸之名』者，《廣雅·釋詁》云：『冪，覆也。』《說文》糸部云：『縻，牛轡也。』後鄭意此冥為冪之借字。取禽獸當掩覆羈縻之，故謂之冪，與本職注『扃絹禽獸』之義略同。」（《周禮正義》卷65）按，新莽銅嘉量銘文中表示底面積的「冪」字皆作「冥」（《中國古代度量衡圖集》126），是「冥」、「冪」古通。「冪」古訓覆。《周禮·天官》中有「冪人」，鄭注：「以巾覆物曰冪。」《儀禮·既夕禮》：「冪用疏布」，鄭注：「冪，覆也。」从冥氏的職掌看，鄭玄認為這個「冥」字應讀作當覆講的「冪」是合理的。

按字形分析，過去顧廷龍先生在《香録》中把它隸定作「⿱冖土」是正確的。「冖」字小篆作几，西周金文作冂，金文冂字，1959年版《金文編》列在卷7「冖」字條下（433頁），1985年新版則改歸卷5「冂（同）」字條下，並注曰：「楊樹達疑冂乃H字，H衣即褧衣，今《禮記·中庸》、《玉藻》字皆作絅。」（374頁）按，這一改動並不妥當。雖然各家對此字作了不少討論，但仍無一致意見。把它釋為「冂」，證據也不充分。如果跟小篆比較的話，釋「冖」顯然比釋「冂」合理，而且在銘文中也可以講通。大盂鼎和麥尊所記賞品有「冖衣市舄」，覆尊則是「冖衣臣妾貝」。舊因將「冖」和「衣」連讀，以為即《詩經》中的「褧衣」（《衛風·碩人》、《鄭風·豐》，古書褧或作絅）。唐蘭先生晚年主張「冖」和「衣」分讀，並把「衣」譯為上衣，「冖」譯為蓋巾、罩巾，謂：「冖，蓋在頭上的蓋巾，音覓。《說文》：『覆也。』《廣韻·錫部》引《文字音義》：『以巾覆。』此與『幎，覆也』，『幦，車覆軨也』，『鼏，鼏蓋也』，『冪，覆食巾』等字同音，義也相近。」又謂：「冖音覓，是幎字的原始象形字。《說文》：『冖，覆也，从一下垂。』《玉篇》說：『以巾覆物。』……冖是罩在衣上的大巾，即絅，當然，也可以蒙在頭上，所以在衣之前。舊讀為冕是錯的。《小爾雅·廣服》：『大巾謂之幎。』」（《西周青銅器銘文分代史徵》253、105頁）唐先生的說法較可取。都跟⿱冖土字所从的冂旁同。「⿱冖土」字雖不見於後世字書，但从它的結構和它在官名中多跟図字相連的情況看，似應分析為：从「土」从「冖」，「冖」亦聲。在璽文中讀作「冪」。

《說文》無「冪」字。過去的文字學家多認為當覆講的「冪」字就是見於《說文》巾部的「幎」字，其正字則是《說文》立為部首的「冖」（卷7）。

可見，⿱冖土字所从的「冖」，跟當覆講的冥氏之「冥（冪）」音義皆合。至於从「土」，可以有兩種解釋。一種解釋是可能跟冥氏「為阱獲以攻猛獸」有關。設置陷阱自然要跟土打交道，故字从「土」。另一種解釋是這個字可能跟當塗講的「塓」字有關係。《說文》土部新附：「塓，塗也。从土，冥聲。」鄭珍曰：「塓字見《左氏傳》，據《魏都賦》：『葺牆冪室』，劉注引《左傳》『圬人以時冪館宮室』，『冪，塓也』，知古本是冪。冪即《禮》經及《說文》幎字。」段氏云：「《周禮》注：『以巾覆物曰幎。』塗塈曰冪者，亦謂冡其上是也。欲與巾幎字別，俗因改从土。《廣雅》又作摸，从手。」（《說文新附考》）《廣雅·釋宮》：「摸，塗也。」王念孫《疏證》：「襄三十一年《左傳》：『圬人以時塓館宮室』，杜注云：『塓，塗也。』（振武按：《釋文》：塓，莫歷反。）塓與摸同。張載《魏都賦注》引《左傳》

作幂，云：『幂，幔也。』塗與覆，義亦相近。故覆謂之幔，亦謂之幎……；塗謂之墁，亦謂之塓。」或許宔字就是「塓」字的古體，在璽文中正可讀作「幂」。

在本文開頭所引的四璽一封泥中，宔、冢二字均連文，根據我們上面的討論，把它看作跟《周禮》「冥氏」一官相當，大概是可以講通的。

〔附圖〕

1

2

3

4

5

幔 幔

◉許　慎　幔幕也。从巾。曼聲。莫半切。【說文解字卷七】

◉馬叙倫　幎幔幕並雙聲轉注字。廣雅釋詁幎幔並訓覆也。王念孫謂幎幔語之轉。慧琳一切經音義二曰。幔。倉頡篇作幰。則本書不得無幰。而幔字或出字林。或此下本有重文作幰。倉頡本作幔。傳寫者以字林字易之耶。【說文解字六書疏證卷十四】

幬 幬

 幬　不从巾　彔伯簋　𠷎字重見　 从韋　伯晨鼎　幬較【金文編】

◉許　慎　幬禪帳也。从巾。𠷎聲。直由切。【說文解字卷七】

◉劉心源　𠷎幬省。爾雅幬謂之帳。説文作幬云。單帳也。【奇觚室吉金文述卷四】

◉孫詒讓　(周韓侯白晨鼎)韓。龔謂即説文巾部之幬。得之。幬較者。廣雅釋詁云。幬。覆也。蓋以韋冡覆較之外。故字從韋也。【古籀拾遺卷下】

◉高田忠周　説文。幬。禪帳也。从巾。𠷎聲。隸變作幬。或作幗。幗。纂要。在上曰帳。在旁曰帷。單帳曰幬。荀子禮論。菲帷幬尉。詩小星。抱衾與裯。以裯為之。然作𢄙者。亦實裯異文。用為幬也。又轉義。廣雅釋詁。幗。覆也。考工記輪人。欲其幬之廉也。注。幔轂之革也。又左襄二十九年傳。如天之無不幗也。禮記喪大記。大夫殯以幬。注皆訓覆。叚借為翿。後漢班固傳。撫鴻幢。注。幢謂之幬。此説原之朱氏駿聲。【古籀篇十七】

◉馬叙倫　沈濤曰。類聚亦左御覽六百九十九引禪此單。錢坫曰。本書無𠷎。倫按八篇。襌。衣不重。禪帳即幔。幔幬聲同幽類。故幔轉注為幬。考工記輪人。路其幬之廣也。注。幬。幔轂之革也。禪帳也非本訓。或字出字林。【説文解字六書疏證卷十四】

◉戴家祥　考工記輪人：「欲其幬之廉也。」鄭玄注：「幬，幔轂之革也。」韋革同義。字之表義用革者，亦或更旁从韋。説文三篇革部韗或作韗，玉篇四二三韇或作韥，是其證。【金文大字典下】

㡘 㡘

◉許　慎　㡘帷也。从巾。兼聲。力鹽切。【説文解字卷七】

◉馬叙倫　徐鍇曰。今俗作簾。【説文解字六書疏證卷十四】

帷

帷【汗簡】

碧落文 説文【古文四聲韻】

◉許 慎 帷在旁曰帷。从巾。隹聲。洧悲切。古文帷。【説文解字卷七】

◉馬叙倫 㡘從兼得聲。兼音見紐。帷從隹得聲。隹音照紐。古讀歸端。端見同為清破裂音。是轉注字也。帷幕雖有在上在旁之殊。蓋後世始為分別。其實皆是襌帳。上文。幬。襌。帳也。幬從𠃬得聲。𠃬音襌紐。帷音喻紐三等。襌與喻之。同為次濁摩擦音。是幬帷亦轉注字。在旁曰帷字林文。見玄應一切經音義引。本訓挩矣。字見急就篇。

王筠曰。此譌系也。當為幃之古文。玉篇。匩。亦古幃字。倫按匩。從匚。韋聲。當入匚部。古文經傳以為帷字。【説文解字六書疏證卷十四】

帳

帳下行事【漢印文字徵】

◉許 慎 張也。从巾。長聲。知諒切。【説文解字卷七】

◉馬叙倫 帷從隹得聲。隹音照紐三等。帳音知紐。同為舌面前音。轉注字也。帳聲陽類。幕聲魚類。魚陽對轉轉注字也。字見急就篇。【説文解字六書疏證卷十四】

乙2036 7156 7422 珠531 佚964 掇400 鄴三50·5 新2727 新3430【續甲骨文編】

幕

姑幕丞印【漢印文字徵】

◉許 慎 帷在上曰幕。覆食案亦曰幕。从巾。莫聲。慕各切。【説文解字卷七】

◉郭沫若 𩕗卽幕之異文。周禮天官「幕人掌帷幕幄帟綬之事」,注云:「在旁曰帷,在上曰幕。幕或在地,展陳於上。帷幕皆以布為之。」本銘所言𩕗當是展陳於地者。儀禮聘禮「管人布幕於寢門外」,其例也。故字从㘝。古文席。【守宮尊 兩周金文辭

㠲 㠲 㡜 㡜 㡏 㡏

大系考釋】

◉馬叙倫　鈕樹玉曰。繫傳無覆食六字。有案爾雅三字。韻會引作案爾雅覆食亦曰幕。沈濤曰。御覽七百引覆上有蒙之二字。王筠曰。按爾雅三字蓋繫傳語。爛捝在此耳。丁福保曰。慧琳音義卅八引帷在上曰幕。猶覆也。从巾。莫聲。倫按猶覆也及案爾雅三字皆校語及繫傳文甚。明。然帷在上曰幕乃字林訓。見玄應一切經音義引。字或出字林。【説文解字六書疏證卷十四】

◉商承祚　幗,《玉篇》卷二十八釋作幕。此簡的赤綿之幗,是指幗為赤色,裏面以綿鋪之,故曰錦幗,不作赤色的綿來解釋。【信陽長臺關一號楚墓竹簡第二組遺策考釋　戰國楚竹簡匯編】

◉許　慎　㠲㡜裂也。从巾。匕聲。卑履切。【説文解字卷七】

◉馬叙倫　王筠曰。似當云。㠲㡜。裂也。朱珔曰。急就篇。㠲㡜囊橐不直錢。二字連讀。聲轉。倫按古文。㡜。殘帛也。㠲㡜疊韻。蓋轉注字。裂也者。八篇。裂。繒解也。與殘帛義合。蓋即布匹之機頭。而急就與敝並言。彼敝字借為㡀也。㡜裂也當作㡜也裂也。裂也蓋字林文。裂下繒餘也是此義。裂㠲或轉注字。或同語原也。【説文解字六書疏證卷十四】

◉許　慎　㡜殘帛也。从巾。祭聲。先列切。又所例切。【説文解字卷七】

◉許　慎　㡏正耑裂也。从巾。俞聲。山樞切。【説文解字卷七】

◉馬叙倫　段玉裁曰。耑當作褍。衣部。褍。衣正幅也。桂馥曰。正疑當作匹。李燾一本作繒耑裂也。廣韻。㡏。裁殘帛也。類篇。㡏。帛邊也。倫按㡜音先例切在心紐。又音所例切。為審紐等。與㡏雙聲。而廣韻訓裁殘帛也。是轉注字。左傳紀子裂㡏字子帛。則桂説是。明非衣正幅為帛耑也。字蓋出字林。【説文解字六書疏證卷十四】

帖

◉許　慎　帖帛書署也。从巾。占聲。他叶切。【説文解字卷七】

◉馬叙倫　沈濤曰。九經字樣作帛署書也。今本誤倒。王筠曰。鍇本有署謂檢署也句。或挩臣鍇曰。或是庾注。倫按木部。檢。書署也。則此作帛書署也不譌。署為寧之借字。書署蓋俗名。書署猶書套矣。檢為木所為。今之書夾板也。帖則帛所為。正今之書套也。然此非本訓。【説文解字六書疏證卷十四】

帙

◉許　慎　帙書衣也。从巾。失聲。直質切。袠帙或从衣。【説文解字卷七】

◉馬叙倫　帖音透紐。帙從失得聲。失音審紐。古讀歸透。是帖帙為轉注字。帙為書衣。益明帖之為今書套矣。今名已裝表之碑板文字曰帖。亦可證其名所由來也。帙纏蓋同語原。書衣也非本訓。

袠　慧琳一切經音義引倉頡。袠猶纏也。蓋倉頡本作帙。傳寫易之。【説文解字六書疏證卷十四】

幡

◉許　慎　幡幡幟也。从巾。前聲。則前切。【説文解字卷七】

◉馬叙倫　嚴可均曰。説文無幟。段玉裁曰。幡幟。旛識之俗字也。倫按五篇。箋字與此轉注。音皆精紐。或箋為簡之轉注字。箋表字當作幡也。此今之所謂書籤字也。幡幟也當作幡也幟也。幟字出字林。見史記高祖紀索隱引。此字蓋出字林。【説文解字六書疏證卷十四】

徽

◉許　慎　徽幟也。以絳徽帛箸於背。从巾。微省聲。春秋傳曰。揚徽者公徒。許歸切。【説文解字卷七】

◉馬叙倫　鈕樹玉曰。繫傳韻會徽微並作徽。箸作著。繫傳公徒下有若今救火衣然也。韻會無然也二字。嚴可均曰。左昭廿一年傳釋文。徽。引説文作徽。云。識也。桂馥曰。幟徐鍇韻譜作識。段玉裁曰。以絳徽帛箸於背。當作以絳帛箸於背。徐灝曰。鍇本有若今救火衣然也。疑是鍇語。倫按幟也字林訓。識也亦或非本訓。此上文幡下文幖皆訓幟。不得此獨訓識。且古書借識為幟。而識則為知之轉注字。許維有以假借字釋本字之例。然識為幟之假借字。非徽之假借字也。疑陸引作識者。乃傳寫之異。本徽從微得聲。幡得聲於歬。歬先為轉注字。古蓋讀前如先。先從人得聲。人音古讀歸泥。微泥同為邊音。先音心紐。徽音曉紐。又同為次清摩擦音。蓋轉注字也。以絳徽帛箸於背。當作以絳帛箸於背曰徽。此校語。鍇本若今救火衣然也句本承此下。亦校語也。字或出字林。【説文解字六書疏證卷十四】

幖

◉許　慎　幖幟也。从巾。㬥聲。方招切。【說文解字卷七】

◉馬叙倫　幖音非紐。幟音曉紐。同為次清摩擦音轉注字。幟也字林文。見韻會引。此字或出字林。【說文解字六書疏證卷十四】

帎

◉許　慎　帎幡也。从巾。夗聲。於袁切。【說文解字卷七】

◉馬叙倫　桂馥曰。幡當為繙。王筠曰。糸部。繙。冕也。借冕為帎。此云。帎。幡也。借幡為繙。倫按。帎幡聲同元類轉注字。系部繙冕也玉篇作冤也。如本書或繙為弁之轉注字。如玉篇。則為幡之異文。字或出字林。【說文解字六書疏證卷十四】

幡

幡出天台碑【汗簡】

天台經幢【古文四聲韻】

◉許　慎　幡書兒拭觚布也。从巾。番聲。甫煩切。【說文解字卷七】

◉馬叙倫　鈕樹玉曰。廣韻韻會引無也字。玉篇。闕。嚴可均曰。說文無拭。當作刷。沈濤曰。御覽三百四十一引。幡。幟也。是古本有此一解。翟云升曰。集韻引觚布也下有一曰幟也。王筠曰。觚者。柧之借字。幡即內則所謂紛帨也。倫按。書兒拭觚布亦即幡。然幡是拭名泛名也。此蓋字林文。或校語。幟也是字林訓。此旛字義。或幡為旛之異文。古借為帨字。猶借帉為帨矣。字或出字林。【說文解字六書疏證卷十四】

㡊

◉許　慎　㡊制也。从巾。剌聲。盧達切。【說文解字卷七】

◉馬叙倫　段玉裁曰。制當作拂。玉篇作拂也。朱駿聲曰當訓㕞也。倫按。制借為㕞。今人通言拂拭。即以拂為拭。說文無拭。㕞即拭也。㕞音審紐。制音非紐。同為次清摩擦音也。然此非本訓。或字出字林也。剌聲當為刺聲。篆當作㡊。形近而譌。玉篇作㡊。可證也。此蓋飾之轉注字。字或出字林。【說文解字六書疏證卷十四】

幟 幟

◉許　慎　幟拭也。从巾。韱聲。精廉切。【說文解字卷七】

◉馬叙倫　嚴可均曰。拭當作啟。倫按拭也非本訓。且拭是動詞。若作拭也當作拭巾也。字出字林。廣韻引字林。幟。幖幟記。韻會引字林。幟。幖識也。倫謂如廣韻之會引字林訓。則為葥之音同精紐。轉注字。如此訓。則為㓨之轉注字。㓨從刺得聲。刺音清紐。同為舌尖前破裂摩擦音也。亦飾之轉注字。幟得聲於韱。韱音心紐。飾音審紐三等。同為次清摩擦音也。倫謂字林有二訓。幖識其次訓。蓋古或借幟為葥。【說文解字六書疏證卷十四】

幝 幝

◉許　慎　幝車弊皃。从巾。單聲。詩曰。檀車幝幝。昌善切。【說文解字卷七】

◉馬叙倫　鈕樹玉曰。弊當作敝。說文無弊。嚴可均曰。詩杕杜釋文引作車敝也。段玉裁曰。古本當作巾敝皃。故從巾。詩以為車敝字。倫按。段說似可從。然韓詩作䌵。本字疑當為袒。衣部。袒。衣縫餘也。單旦羨聲皆元類。毛韓皆借字。借幝為袒。猶癉疸之轉注矣。車敝皃非本義。亦非本訓。或字出字林也。幝當是㓨之轉注字。幝音穿紐三等。與刺同為次清破裂摩擦音也。幝即今杭縣所謂雞毛幝帚之幝。【說文解字六書疏證卷十四】

幏 幏

◉許　慎　幏蓋衣也。从巾。冡聲。莫紅切。【說文解字卷七】

◉馬叙倫　篆當作幏。蓋衣也非本訓。或字出字林。方言廣雅皆曰。巾也。疑幏為冂為幕之初文之轉注字。鍇本聲下誤演也字。【說文解字六書疏證卷十四】

幏　幏　秦九一【睡虎地秦簡文字編】

幭 幭

◉許　慎　幭蓋幭也。从巾。蔑聲。一曰。禪被。莫結切。【說文解字卷七】

◉馬叙倫　王筠曰。蓋幭是覆語。抑或幭是衍文。倫按疑本作幭蓋巾也。幭是隸書復舉字。捝譌耳。或本作幭幏也。蓋字涉上文幏下蓋衣也而誤衍。又捝幏字。幭幏雙聲轉注字。猶蟲號蠛蠓矣。【說文解字六書疏證卷十四】

◉朱德熙　遣策裡有一個寫作「𢧵」、「𢧵」等形的字：

素信期繡檢(奩)𢧵一，素周掾(緣)，繻緩緰(絲)飭(飾)　(256)

素長壽繡小檢(奩)𢧵一，赤周掾(緣)(257)

右方二巾、沈(枕)、𢧵(258)

我們曾把此字釋作「戴」，「考釋」釋作「載」，都是錯的。這個字在三號墓遣策裡寫作「𢧵」，馬王堆帛書本《周易》用為「蔑」字。由此可知「𢧐」當是「蔑」或「薎」的省體，「𢧵」應該釋為「幭」。古書「幭」或作「薎」(見《禮記·曲禮》)，與「𢧵」很相似，只是所从「目」形前者在「戈」上，後者在「戈」下，「目」上之「 」後者簡化為「 」而已。《說文·巾部》「幭，蓋幭也」，《廣雅·釋器》釋「幭」為「幞」，即覆物、包物之巾。墓中出土的九子奩和五子奩外都裹着繡花絹夾袱，這就是簡文所謂「幭」。【馬王堆一號漢墓遣策考釋補正 文史第十輯】

◉許 慎 幠覆也。从巾。無聲。荒烏切。【說文解字卷七】

◉馬叙倫 覆也非本訓。亦或字出字林也。爾雅釋詁。幠。大也。是幠亦大巾也。釋詁注引詩遂幠大東。今魯頌幠作荒。荒當作㡆。㡆幠雙聲。是為轉注字。幠與幎幕等字。亦得轉注。【說文解字六書疏證卷十四】

飾 詛楚文 飾甲底兵 【石刻篆文編】

飾 雲臺碑 【古文四聲韻】

◉許 慎 飾㕞也。从巾。从人。食聲。讀若式。一曰襐飾。賞隻切。【說文解字卷七】

◉馬叙倫 段玉裁曰。又部曰。㕞。飾也。二字轉注。飾拭古今字。許有飾無拭也。一曰襐飾者。衣部。襐。襐飾也。急就篇。襐飾刻畫無等差。漢平帝后傳。令孫建世子襐飾將醫往。問疾。顏注。襐飾。盛飾也。一曰。襐。首飾也。在兩耳後。刻鏤而為之。莊有可曰。飤聲。飭字同。王筠曰。玄應曰。飾從巾。飤也。然則當作從巾飤聲。管禮耕曰。從巾。飤聲。食部。飤。糧也。從人食。唐韻疾吏切。嚴可均苗夔均謂食亦聲。飭蝕餳三字從之。是飤本食聲。飾從飤聲讀若式。猶飭從飤聲讀若拭矣。倫按飤聲也。讀若式者。飤得聲於食。食音牀紐三等。式音審紐三等。同為舌面前音也。周禮司尊彝。注。涚。拭勺而酌也。釋文。本作飾。云。或作拭。管子輕重。桓公使八使者式璧而聘。式即飾之借。是其證。一曰襐飾者。後人以襐下說解加之。飾與帥帨音皆審紐。蓋轉注字。字見顏師古本急就篇。【說文解字六書疏證卷十四】

幃 幃

幃 伯晨鼎 【金文編】

◉許　慎　幃囊也。从巾。韋聲。許歸切。【説文解字卷七】

◉孫詒讓（周韓侯白晨鼎）韣疑為韔之省文。竊謂此當為幃字。説文。幃。囊也。從巾。韋聲。此巾上又從口者。古籀文字多增益形聲。不足異也。【古籀拾遺卷下】

◉高田忠周　説文引爾雅襴襴禨禨。今本繹訓作洄洄。釋文本作幱。幱與此篆相合。即幃字異文也。即知幃襴通用字。而幃或作幱。襴亦當有作褘者。説文。褘。蔽厀也。从衣。韋聲。韋圍同聲也。朱駿聲云。按祭服曰。韍曰韠。戎服曰韐。通名曰褘。實非是。褘之訓蔽厀者。襴叚借為韠也。析言。褘即韠。與韍有別。韠本義通名也。統言。韠韍同義。故韠亦為戎服之名耳。釋名。韠所以蔽膝前也。婦人蔽膝亦如此。此為字之正者。方言。蔽膝謂之褘。或謂之大巾。穆天子傳。天子大服冕褘。皆與許氏同。此為字之叚借也。又爾雅。婦人之幃謂之縭。以幃為褘。實為韠。是褘亦當借為韠之理也。【古籀篇六十七】

◉馬叙倫　玄應一切經音義引倉頡。幃。嗛也。然則幃非囊也。或幃本義為囊。而倉頡借為帷。故訓嗛也。此行當以聲訓。囊也呂忱加之。然字亦見急就篇。而顏師古本松江石本並作韋。則蒼頡或本作韋。傳寫者易以幃字。而幃字出字林耶。餘詳幐下。【説文解字六書疏證卷十四】

◉李孝定　幃下引高田氏説曰：「説文：『褘，蔽厀也。』……褘之訓蔽厀者，襴假借為韠也。」説頗迂曲，韠韍之為蔽厀，乃戎服，許君但言褘為蔽厀，不言褘為戎服，蓋為蔽厀則同，而褘不必為戎服，故亦不必讀褘為韠也。【金文詁林讀後記卷七】

◉戴家祥　幃釋幃是也。幃帷聲同。説文：「帷，在旁曰帷，从巾，隹聲。」古文作匿。从匚，韋聲。唐韻隹讀職追切。照母脂部。韋讀宇非切，喻母脂部，同部諧聲字也。衛風氓「漸車帷裳」，儀禮士昏禮賈疏作「漸車幃裳」。釋名釋牀帳：「帷，圍也，所以自障圍也。」【金文大字典下】

帣 帣

◉許　慎　帣囊也。今鹽官三斛為一卷。从巾。𢍏聲。居倦切。【説文解字卷七】

◉裘錫圭　居延簡有「帣」字：

入帣七枚　燧長安國受尉　（275・1，《甲》1456）

《居》6259誤釋此字為「幕」，《甲》已改正。「帣」字見於《説文・巾部》：

帣，囊也。今鹽官三斛為一帣。

破城子出土的兩枚吏卒稟名籍的散簡，有表示糧食數量的「卷」字：

卒陳偃　粟一卷三斗三升　（57・19，《居》3222）

士吏尹忠　糜一卷三斗三升，自取。又二月食，糜一卷三斗三升，卒陳襄取。　（57・20，《居》3306，《甲》608）

第一簡的「卷」字《居》未釋。第二簡的「卷」字，《居》和《甲》都誤以為「小石」合文。居延簡所記吏卒月食量多為「三石三斗三升少」，有時也作「三石三斗三升」，如180・3＋180・2（《居》5276）。由此可知上引兩簡的一卷應該相當於三石。《説文》説鹽官以三斛為一帣，用帣裝糧食也應以三斛為標準。把上引兩簡的「卷」讀為「帣」，顯然是非常合適的。

破城子出土的48・12號簡正面記「▨三石四斗一升為大石卌二石五升」（《居》5831），反面有如下兩行殘文：

▨一卷安（？）蔡（？）

▨□□賈（？）二卷安（？）蔡（？）　（《居》5836）

這兩個「卷」字似乎也應該讀為「帣」，大概也是裝糧食用的。破城子還出了只存「四卷」二字的一枚殘簡（234・20，《居》3563）。地灣曾出過幾枚記出卷給北部、南部候長的殘簡：

▨□以候□□出二卷給北部候長・出二卷以給▨　（433・8，《甲》1837）

二卷以給北部候長　▨　（232・18，《甲》2465）

▨北部候長・出二卷以給南部候長　（232・33，《甲》1271）

這些簡的「卷」字可能都應該讀為「帣」。

敦煌簡也有以帣表示糧食數量的例子：

敦煌彊利裏張廣成車二兩　粟十二卷□二石稌一斗後（？）卌四石二斗三升少以稟卒凡卅一石六斗六升大卩　（《流》稟給類4）

「粟十二」下一字上部从「𠔉」很清楚，下部可能是「巾」，也可能是「巳」。即使是「卷」字，也應該讀為「帣」。

敦煌還出了下引一簡：

入□□□三升卩　布單卷（帣）百五十二支（枚？）　車十六兩　粟米五百六石六斗六升大　（下略）　（沙畹書406，據《敦煌漢簡

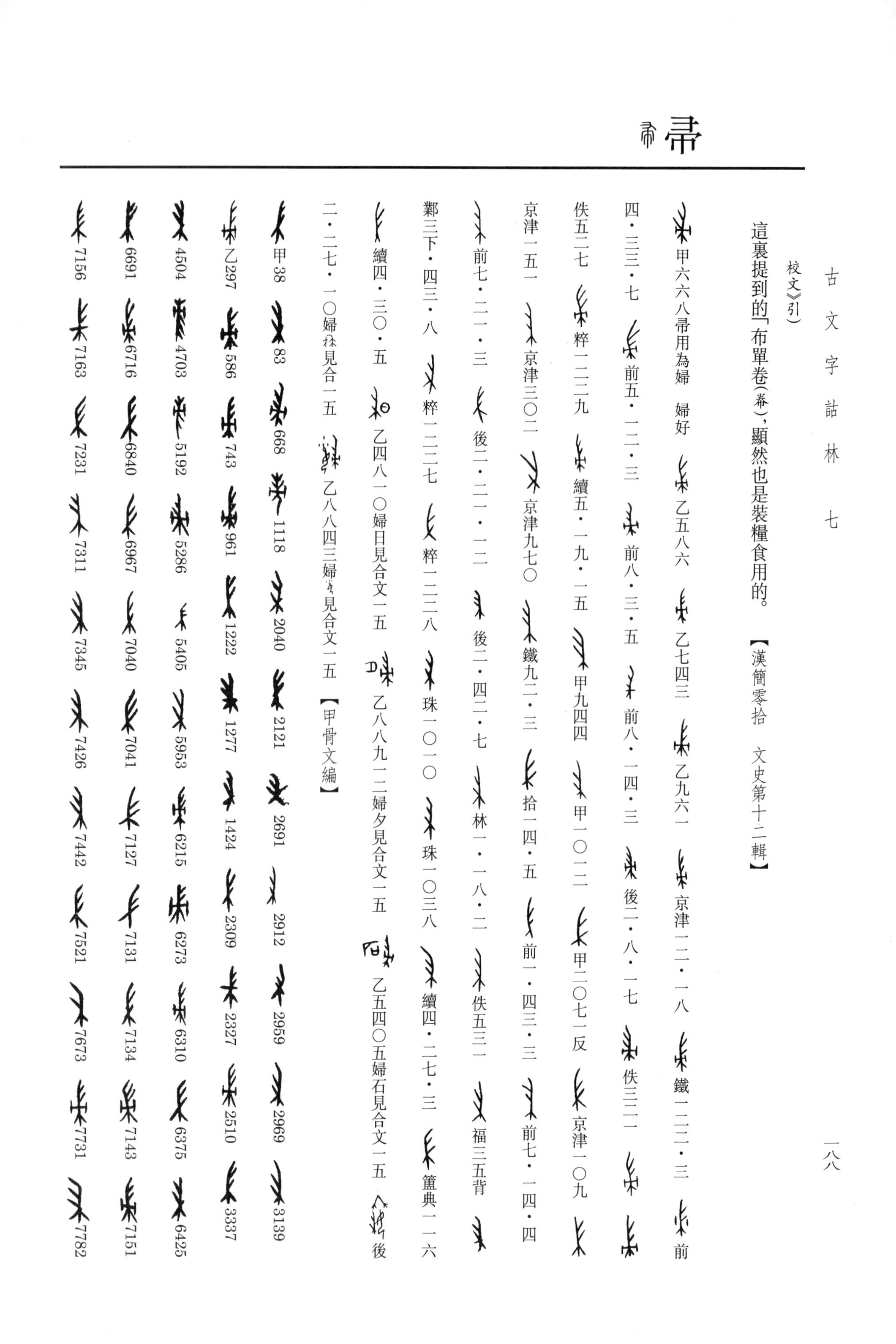

校文》引）

這裏提到的「布單卷(帣)」，顯然也是裝糧食用的。【漢簡零拾　文史第十二輯】

帚

甲六六八帚用為婦　婦好　乙五八六　乙七四三　乙九六一　京津一二一八　鐵一二二・三　前四・三三・七　前五・一二・三　前八・三・五　前八・一四・三　後二・八・一七　佚三二一　佚五二七　粹一二二九　續五・一九・一五　甲九四四　甲一〇一二　甲二〇七一反　京津一〇九　京津一五一　京津三〇二　京津九七〇　鐵九二・三　拾一四・五　前一・四三・三　前七・一四・四　前七・二一・三　後二・二一・一二　後二・四二・七　林一・一八・二　佚五三一　福三五背　鄴三下・四三・八　粹一二二七　粹一二二八　珠一〇一〇　珠一〇三八　續四・二七・三　簠典一一六　續四・三〇・五　乙四八一〇婦日見合文一五　乙八八九一婦夕見合文一五　乙五四〇五婦石見合文一五　後二・二七・一〇婦林見合一五　乙八八四三婦□見合文一五【甲骨文編】

甲38　83　668　1118　2040　2121　2691　2912　2959　2969　3139

乙297　586　743　961　1222　1277　1424　2309　2327　2510　3337

4504　4703　5192　5286　5405　5953　6215　6273　6310　6375　6425

6691　6716　6840　6967　7040　7041　7127　7131　7134　7143　7151

7156　7163　7231　7311　7345　7426　7442　7521　7673　7731　7782

7799 8462 8505 8695 8698 8704 8711 8712 8713 8728 8730

8794 8815 8816 8819 8820 8821 8843 8854 8877 8888 8893

8894 8896 8898 8997 8998 9085 珠7 168 371 516 523

524 620 1324 福4 31 35 零23 佚15 23 67 159 321

379 418 527 531 556 649 762 967 997 998 1000 續

1·8·8 1·39·4 1·44·6 1·53·1 1·53·2 2·28·4 3·26·3 4·25·1

4·25·2 4·25·3 4·25·4 4·25·6 4·26·1 4·26·2 4·26·4 4·27·1

4·27·2 4·27·3 4·27·4 4·27·5 4·27·8 4·28·1 4·28·2 4·28·3

4·28·4 4·29·1 4·29·2 4·29·3 4·30·2 4·30·3 4·30·5 5·5·3 5·

19·15 6·7·10 6·24·9 掇116 444 徵3·34 3·202 3·237 5·6 8·40

8·41 8·43 8·49 8·101 8·108 8·109 8·111 8·113 8·114

8·115 8·116 8·117 8·118 8·120 8·121 8·122 9·30 11·89 11·

100 11·103 京1·39·3 2·20·5 3·14·2 3·15·1 3·18·1 3·18·2 4·

23·2 凡4·3 14·1 鄴40·5 天72 87 88 91 六中115 六清22 外319

六雙2 2 續存48 63 317 1025 1041 1043 摭續298 粹506 748

1226 1230 1241 1244 新1981 3013【續甲骨文編】

帚 孳乳為歸 女歸卣 女宼方彝 天黿帚槇鼎 㚔父乙尊 帚女簋 孳乳為婦 比簋 伯婦

【金文編】

◉許　慎　帚糞也。从又持巾埽冂內。古者少康初作箕帚秫酒。少康。杜康也。葬長垣。支手切。【說文解字卷七】

◉薛尚功

帚女兹乙

曰乙者。商君之號。兹女者。蓋女子之作是器以享於考。詩曰。誰其尸之。有齊季女。蓋女亦預祀事也。帚者。許慎云。箕帚也。昔呂公息女願為高祖箕帚妾。曲禮有曰。納女於天子曰備百姓。於國君曰備酒漿。於大夫曰備埽灑。鄭康成以謂酒漿埽灑。婦人之職也。【歷代鐘鼎彝器款識法帖卷五】

◉孫詒讓　「𪓐癸丑㕘□壴于」、三之一。「女□囗侶昔」、五十三之一。「貝㕘乎壴□其□」、七十三之二。「𪓐癸亥子□」、七十八之四。「貝𪓐十申㕘□」、八十六之四。「己亥□余□及受□□才□」、百廿二之三。「亥卜貝」、二百廿四之三。「□卜㕚貝□」，二百四十七之一，又有云「帚好」者八事，詳《釋卜事篇》兹不重出。「」即「帚」字。《說文·巾部》:「帚，糞也。从又持巾埽冂內。」此文「」唯一見，餘並省冂作「」。又宲校文義，當叚為「歸」字。金文女歸卣作，與此同。【契文舉例卷下】

◉林義光　象帚形。持之。古作。多父盤婦字偏旁。【文源卷六】

◉高田忠周　說文所以糞也。从又持巾埽冂內。古者少康初作箕帚秫酒。段氏云。糞當作𡊄。𡊄訓埽除也。是糞𡊄音義近而通用耳。然又謂說文帚下說解有誤。夫埽地除薉。帚彗可以行之。布巾不可以行之。而帚字从巾。甚為乖理。今審此篆及卜辭篆文。帚斷不从巾。此即蕭象形。蕭可以製帚。故从蕭為形意本。又从冂為地界意。又唯以蕭象形。為帚義者。

此謂省文叚借也。若夫字从巾者。帚為手之疌巧也。从又持巾。又㕞為飾也。又持巾在尸下也。尸為屋省。與帚埽義。有細粗之別。帚字固不當从巾也。又埽下曰棄也。亦與糞也同意。从土从帚。帚亦聲也。然其行事曰掃。其行事之具曰帚。此許氏之分別也。但為丨為土。皆同意。已从丨又从土。為重複矣。丨亦作坰可證也。因謂帚埽實元同字。作埽者从坰省。其義元謂埽地除薉。轉埽地除薉之具。亦曰帚。即一義之引伸耳。又埽字俗从手作掃。漢印已有之。从又又从手為複。亦當證帚埽元同字耳。【古籀篇八十一】

◉羅振玉　卜辭帚字从[glyph]。象帚形。[glyph]其柄末。所以卓立者。與金文戈字之[glyph]同意。其从一者。象置帚之架。埽畢而置帚於架上倒卓之也。許君所謂从又。乃[glyph]之譌。从巾乃[glyph]之譌。謂冂為門內。乃架形之譌。亦因形失而致誤也。凡卜辭中帚字皆假為歸。【殷虛書契考釋卷中】

◉孫海波　甲骨文作[glyph]，象埽除器之形。浸假為歸，藏龜三十六頁四版：「帚弃奴。」又假為婦，比𣪕：「伯帚。」【甲骨金文研究】

◉商承祚　金文作[glyph]（女歸卣）。說文帚。「糞也。从又持巾埽冂內。」此从[glyph]。象埽竹。[glyph]其柄末之鐏。所以卓立地上者。冂乃置帚之架。象埽畢到植于架上之形。小篆以帚形誤又。鐏形誤巾。架形誤訓冂內，失之彌遠矣。【甲骨文字研究下編】

◉葉玉森　森曩疑為殷代娣媵之禮。殷契鉤沈。繼思卜辭之帚好即歸俘。帚嬟寫本第五十版即歸埶所俘者。為女則于俘字易女旁。所執者為女。則於執字增女旁。此一例也。若歸姘歸婐一作歸井歸果。疑井即井方。果亦地名或國名。來歸者為男俘或不分男女性。則作歸井歸果。來歸者為女俘。則增女旁作歸姘歸婐。此又一例也。【殷虛書契前編集釋卷二】

◉郭沫若　（第一二二六片）帚乃婦省，婦好乃武丁之婦，名常見，每有從事征戰之事。【殷契粹編考釋】

◉郭沫若　帚固箕帚字，然見於卜辭者均非本字本義，羅振玉釋為歸，以嫁適之意解之。然卜辭自有歸字作歸，「歸帚二字用法迴乎不同」，董氏已言之。其用歸者如

「辛卯卜㠯貞：翌甲午王涉歸。」前編五・二九・一。

「貞翌辛卯王勿涉歸。」續編三・三九・三。

「丙寅卜㱿貞其歸若。」續編四・三五・一。

「貞勿歸于商。　貞歸。　貞勿歸。」續編三・一三・六。

「貞勿令沚䀠歸。　貞令沚䀠歸。　六月。」林二・五・六。

「辛未卜㝗貞：今日令方歸。　□月。」前編五・二九・二。

「貞令[字形]侯歸。」續編三・一三・二以下二片。

「貞勿令[字形]歸。」前編四・四三・五・又同六・一四・一。

「貞勿乎呼歸。五月。」續編三・三八・六。

「貞王歸。」同三・三九・一。

凡此均是歸字，義亦是歸，用例多見，然無一例用帚字以代者，而用帚字之例尤為多見，亦未見有用歸字以代者。

用帚之例，除見於骨臼刻辭者外，今就其辭之完整者，揭之如次：

一、言受黍年者：

（一）「乙丑卜[字形]貞：帚妝魯于黍年。」續編四・二五・二・佚存五三一。

（二）「貞：帚妝黍受年。」續編四・二五・三。

（三）「辛丑卜㱿貞：帚妝乎黍于商。」同・二・六・一。

（四）「貞：翌辛丑乎帚妝黍于㱿。」同・二六・二。

（五）「甲□卜韋貞：帚妝受黍年。」同・二六・四。

（六）「帚妝受黍年。」佚七六二。

（七）「□口卜[字形]貞：帚妝年萑。」林二・一三・一二。

（八）「貞：帚妝黍萑。」續編四・二五・四。

（九）「帚井黍不其萑。」後編下・四〇・一五。

二、言儐御者：

（一）「貞御帚井于母庚。」鐵二一・〇・一。

（二）「貞于甲介御帚好。」林一・二一・三。

（三）「貞御帚好于妣甲。」同・二二・一一。

（四）「貞御帚好于高。」續編四・三〇・三。

（五）「御帚好于父乙。」前編一・三八・三。

（六）「□寅卜韋貞：嬪帚孜。　貞弗其嬪帚孜。」同七・二七・四。

（七）「□寅卜㝵貞：御帚嫫于母□。」　同七・一七・二。

（八）「甲申卜御帚鼠妣己二牡牝　妣己帚鼠一牛御。　一牛一羊御帚鼠妣己。」　前編一・三三・七。

三、言征伐者：

（一）「貞勿乎帚妝伐□方。」　續編四・二六・三。

（二）「乙丑卜，卜穷貞：王叀帚好令正征夷。」　佚存五二七。此辭重一卜字。卽示穷為卜人。與通纂別二上野甲骨第五片同。

（三）「甲申卜㱿貞：乎帚好先収人于龐。」　前編五・一二・三。

（四）「乙酉卜㝵貞：乎帚好先収人于龐。」　同七・三〇・四。

四、言田遊者：

（一）「貞乎帚妝田于穴。」　前編二・四五・一。

（二）「貞翌丁己乎帚好往于□。」　續編三・三九・二。

五、言生育者：

（一）「帚井毓。」　戩三五・四；續四・二六・六；佚九六七。

（二）「辛丑卜亘貞：王固，曰好其㞢有子，御。

辛丑卜㱿貞：帚孜㞢子。二月。」　通纂別二中村獸骨。

（三）「貞帚嫫㞢子。」　前編三・三三・八。

此等辭例均屢見，此外尚多有，然此中帚字無一例可以釋為歸，亦無一例有作歸字者。通案諸例，凡「帚某」均當為人名，就中如言儐御例第八，帚鼠與妣己同御，假為禦。說文：「禦，祀也。」而參錯出之，除說為人名外，斷無第二種說法。知帚鼠為人名，而言㱿放例第十三亦有帚鼠，則同言㱿放之帚妝、帚孜、帚數、帚飲等均人名矣。凡帚下所系之字大抵从女，其或不从女者多是省文，如妝之省作井，嫫之省作茉，羅釋為婐果誤。是也。又與生育之事有關，則帚某必係女字矣。女字之上通冠以帚，則帚乃婦之省文矣。帚某之位甚尊，生時可參預兵食行政之權，死後與妣母同列於祀典，是知必殷王之妃嬪矣。殷王之妣母以甲乙稱，而妃嬪則以姓字著，足證甲乙乃廟號而非生名，妃嬪無專廟，僅附祭於母妣父祖，故無廟號。以上所舉例均武丁時所卜，其卜人之由㱿韋𢀛㝵穷亘等，均武丁時人，儐御第五例之父乙卽武丁之父小乙，第一例之母庚卽小乙之配妣庚，武丁以後人所偁。則帚妝帚孜帚數帚飲帚致帚鼠等均武丁之婦也。此等婦名僅見於武丁一代，蓋為其子者追祀之時已改偁廟號。武丁之配所知者有妣

辛、妣癸、妣戊，不知於此等婦名孰當於孰矣。【骨臼辭 殷契餘論】

◉馬叙倫 周伯琦曰。從又。下象帚形。鈕樹玉曰。韻會內下有也字。莊有可曰。又持巾為帚。即古埽字。巾從重巾。象形。王筠曰。從又持帚埽冂內。泥字形而説之。又婦於帚不以巾為之也。乃解之曰。少康初作箕帚。可謂迂曲矣。竊意巾象衆艸之形。尚恐無以見意。乃加又字於上也。帚彗同物。韻會引説文。彗。從又持甡。甡。古丰字。丰訓艸盛。則甡亦象衆艸之形也。羅振玉曰。卜辭帚字作[glyph][glyph][glyph]象帚形。个其柄。或從一。者。象置帚之架。埽畢置帚於架也。高田忠周曰。婦鼎[glyph]即蒲字。王彗也。帚從[glyph]與一而為形也。不從又巾。金文每作[glyph]。[glyph]。即[glyph]之省。倫按莊説是也。今杭縣埽器有以竹者。有以蔞者。皆以竹為柄。而束竹或蔞於其一耑。唯以蔞者。其束處又横以竹管之如一形者。[glyph]正蔞帚形也。婦鼎之[glyph]。其所從之[glyph]。則象竹埽具之形。蓋初即以竹為埽具也。或如高田説。象王彗形。帚則以手持[glyph]。明是埽而非埽具。乃動詞而非名詞也。當為會意。而其音蓋即得於[glyph]。今本書無[glyph]字。彗帚一字。彗聲脂類。帚聲幽類。而歸婦並從帚得聲。而歸聲入脂類。婦聲入之類。嚴可均謂脂從之轉可通幽。然則因時空之異而異讀耳。帚當入又部。為彗之重文。糞也非本訓。从又七字呂忱或校者改之。古者以下校語也。餘詳埽下。字見急就篇。女歸卣作[glyph]。【説文解字六書疏證卷十四】

◉楊樹達 前編四卷一葉之六云：「戊辰卜，𡧊貞，勿至㐭帚娘子子。」郭沫若云：帚字羅振玉一律釋為歸，案其下大抵乃从女之字，實當讀為婦，婦某乃人名也。通纂二之六四。樹達按：卜辭云：「乙丑卜，貞，帚爵育子，亡疒？」又云：「乙丑，貞，帚爵育子，亡疒？」胡厚宣殷人疾病考六葉下引盧静齋藏片。按文以帚爵與育子連言，知帚確當讀為婦也。【卜辭求義】

◉唐 蘭 [glyph]前四·三三·七片、戩四八·三片、續二·二八·四片 庚辰貞寧叀㐭帚不才兹…… [glyph]粹五九〇片 癸丑卜，貞甾㞢皇龍从帚西及。

右帚字，作[glyph][glyph][glyph][glyph]諸形者最多，今不悉録。其作[glyph]及[glyph]者，舊不釋，今以卜辭歸作[glyph]證之，知實亦帚字也。

説文：「帚糞也。從又持巾，埽冂內。」帚而從巾，事本可疑，故戴侗以為象手持帚形也。然小篆之[glyph]，乃[glyph]形之譌，則從又，初亦無據也。羅振玉謂「卜辭帚字从[glyph]象帚形，[glyph]其柄末所以卓立者，與金文戈字之[glyph]同意，其從一者，象置帚之架，埽畢而置帚於架上，倒卓之也」。考釋。按羅説亦誤。卜辭戈字作[glyph]，金文大抵作字，與卜辭[glyph]之必從[glyph]作者迥異，且一帚也而必卓立何為哉？凡為架者，將以盛器，[glyph]以盛矢，是也。今[glyph]字之一，在[glyph]之中，如何能盛？凡此皆臆説之遠於事實者也。余謂卜辭作[glyph][glyph]者，帚之初文，與[glyph][glyph]等字相近，實象植物之形。爾雅釋艸：「葥王蔧。」注：「王帚也。似藜，其樹可以為埽彗，江東呼之謂落帚。」是帚字之形正象王帚一類之植物，以其可為埽彗，引申之，遂以帚為埽彗之稱，習久忘本，遂不知帚字之木象樹形矣。[字形]象帚形，其或作[字形]者，字體之增繁，猶庚字作[字形]，或作[字形]耳。並見金文。古文字，凡直垂之筆，恆增一横畫，如[字形]為[字形]是。横畫或變為一，如[字形]為[字形]是。知一為繁畫，本無意義也。其作[字形][字形]等形者乃譌體，猶[字形]譌[字形]，[字形]譌[字形]也。葉玉森反謂「譌[字形]為[字形]，復誤省作[字形]」，揅契枝譚。誠所謂大惑終身不解者。

自孫詒讓謂卜辭叚帚為歸，學者多從之。董作賓謂歸為歸回，帚為餉遺餽送之義。按歸當為從帚𠂤聲，與帚殊字，孫説誤也。歸餽聲近，帚既非歸，安能讀餽，董説亦誤也。卜辭云：「帚好㞢有子」，讀為歸好有子，餽好有子，寧非笑譚。

卜辭之帚，以辭例推之，當讀為婦。匋齋吉金録載比毁一・四九葉，以白帚為伯婦，是帚可讀婦也。卜辭每言帚……[字形]，㚶，殷契卜辭七二三片云：婦……[字形]，㚶，是尤帚叚為之明徵也。曩閲郭沫若卜辭通纂，於其讀帚為婦，深契余懷。郭氏由「钔帚[字形]匕己」一辭，悟帚[字形]之為人名，雖誤謂帚妣同御，見通纂攷釋及古代銘刻彙考續編六葉。於理解卜辭文法為小疵，其結論則殊正確也。

卜辭叚帚為婦，習用於人名，⊘然亦有但用為公名者，如「多帚」，佚三二一片。「三帚」，前一・三〇・五片。即多婦與三婦也。亦有但稱帚而不舉其名者，如：「钔帚於□丁」前五・二九・五片之類，帚即婦也。

殷虚甲骨中，別有記事之辭，不關貞卜者。凡用[字形]之祭，多刻於骨臼，或甲骨之背面。董作賓之「帚矛説」，郭沫若之「骨臼辭」，均研究此問題者。二氏研究之當否，余別有論列。其所祭之示，亦有帚名，如：

帚井示　帚⿰女豊示亦作帚豐示　帚臺示　帚[字形]示　帚[字形]示或作[字形]示　帚[字形]示　帚良示　帚妹示　帚貝示　帚喜示　帚婺示

帚龐示　帚杳示　帚杏示　帚羊示　帚汝示　帚婕示　帚楚示　帚柜示

以帚井為最多，帚井即帚姘，凡此帚字，亦均叚為婦也。

甲骨所載帚字，並讀為婦。又㚇字卜辭作寖，㥄字或作㑴，是又讀帚如侵也。今音帚婦侵迥異，在甲骨則相通叚，可知商時此三字之音尚未甚變，其距離不甚遠也。諧聲之字，以㚇為最多，與帚音近者，只一埽字，婦字則更無同音者。余意㚇乃其本音，帚婦皆其變音，㚇帚聲近而變，帚婦則韻近而變也。

[字形]前八・九・一片癸酉卜，歸　[字形]前五・三一・五片貞弓□歸□幸。

右歸及𩰪字，當為一字之異構，卜辭從帚從㚇每通也。此字羅釋彗誤，蓋帚與㚇之繁文。

卜辭㚇作[字形]，𩰪作[字形]，其帚旁小點，蓋像塵土，帚以去塵土也。其後從土，説文：「埽棄也，從土，從帚。」又：「墁地也，從

上侵省聲。」埽墁亦一字。【殷虛文字記】

◉李孝定　說文。「帚糞也。从又持巾埽冂內。古者少康初作箕帚秫酒。少康。杜康也。葬長垣。」箕帚秫酒了不相涉。雖曰相傳並為少康所作。故並及之。意者古或有以秫稭為帚者矣。因帚及秫。又因秫及酒耳。是亦可為唐說之一旁證。字象植物之形之說。蓋無可疑也。吾湘今猶編秫稭為帚。卜辭皆叚為婦。無用其本義者。蓋箕帚瑣務不煩載諸卜辭也。金文作　女歸卣　母戊卣　父乙尊　歸女簋　比簋。【甲骨文字集釋第七】

◉商承祚　帚，《玉篇》卷十三：「俗帚字」，此為草帚，故从艸，與箕相為用，亦腐朽無存。【信陽長臺關一號楚墓竹簡第二組遺策考釋　戰國楚竹簡匯編】

◉徐中舒　四期　屯南五〇二　象帚形。古以某種植物為帚，今猶編秫稭為之。《說文》：「帚，糞也。从又持巾埽冂內。」《說文》以帚从又持巾，又為甲骨文帚字上部之　所譌，巾為甲骨文帚字下部之　所譌。甲骨文或增　、　者乃繁畫。【甲骨文字典卷七】

席

甲1066　1167【續甲骨文編】

9·18　口公席【古陶文字徵】

席　雜四　二例　日甲一五七背　四例　日甲三一背【睡虎地秦簡文字編】

王席　席徵卿印　執席　東門席　吳席【漢印文字徵】

席【汗簡】

林罕集　說文　古孝經【古文四聲韻】

◉許　慎　席籍也。禮。天子諸侯席有黼黻純飾。从巾。庶省。臣鉉等曰。席以待賓客之禮。賓客非一人。故从庶。祥易切。古文席从石省。【說文解字卷七】

◉林義光　說文云。席籍也。从巾。庶省聲。按古作　。歸夆敦借為庶字。从厂。从　。从衣。从巾。即藉之古文。　象物形。厂藉之。衣巾亦所以藉也。席與藉古同音。説文云。石山石也。在厂之下。口象形。按古作[glyph]父辛尊彝。或作[glyph]魯大司徒匜礪字偏旁。[glyph]即[glyph]之省。藉也。象物有所藉形。=厚之象。見竺字條。石席藉古並同音。尉與叚同有藉義。今言慰藉假借。借即藉之俗字。而皆从[glyph]。[glyph]古作[glyph]。段敦段字偏旁。亦[glyph]之省也。各見本條。从石之字多以山石為義。乃以借義轉注。【文源卷六】

◉羅振玉　[glyph]説文解字席从巾庶省。古文作[glyph]。从石省。案。从石省之説難通。古但象形作[glyph]耳。卜辭作[glyph]與[glyph]。同象席形。【殷虚書契考釋卷中】

◉孫海波　[glyph]後下・三六・五説文云：「藉也，天子諸侯席有黼繡純飾，从巾，庶省聲。古文席从石省。」按甲骨文作[glyph]，不从厂，象席有紋理之形。【甲骨金文研究】

◉商承祚　[glyph]説文「席。籍也。天子諸侯席有黼繡純飾。从巾庶省。㐁。古文席。从石省。」案[glyph]象席而有織文。厂。室屋也。非从石省。甲骨文作[glyph]。【説文中之古文考】

◉馬叙倫　鈕樹玉曰。韻會引作石聲。沈濤曰。御覽七百九引作藉也。是古本。孔廣居曰。席古音祥龠切。轉去則祥豫切。正譜庶聲也。倫按庶從光得聲。黄亦從光得聲。音在匣紐。席音邪紐。邪匣同為次濁摩擦音也。故席從巾庶省聲。禮天子以下十一字校語。庶省下當依鍇本補聲字。席為[glyph]之轉注字。亦簟之轉注字。三篇㐁之古文之作[glyph]讀若三年導服之導。實讀為禫。㐁下有一曰竹上皮者。實㐁字義。形音相近。譌以㐁因合為一字。見㐁字下。導從道得聲。道從首得聲。首庶音同審紐。故[glyph]轉注為席。導簟音同定紐。故㐁復轉注為簟。字見急就篇。

[glyph]王煦曰。廣雅。㐁。席也。㐁即因之譌。宋保曰。石聲。石庶席並同部。詩邶風柏舟石與席韻。拓重文作摭。是其證。王筠曰。禮圖之筵。正作因形。羅振玉曰。甲文作[glyph]。象形。石省之説雖通。吳國傑曰。[glyph]為茵之初文。象形。厂非石省。所謂純飾也。正明其為席。而異於茵也。李杲曰。書契作[glyph]。象形。疑此為宿古文之譌。宿字書契作[glyph]。又作[glyph]。此譌人為厂。倫按古文自謂古文經傳也。古文經傳中席字如此。然因不從巾。而[glyph]為初文席字。則是㐁為象形兼聲字。背於六書大例。當是從[glyph]石省聲。為席之轉注字。猶摭之轉注為拓矣。吳説亦通。篆蓋本作[glyph]。韓非十過所謂縵帛為茵蔣席額緣者也。象形。【説文解字六書疏證卷十四】

◉楊樹達　粹編六二二片云：「己酉，易日？」又云：「△[glyph]△入。」樹達按：粹編六二三片云：「辛酉，卜，王入？癸亥，易日。」六二六片云：「庚寅，卜，王弜入，戠？忒不易日。」二辭皆以王入與易日連文，此辭云易日，又云入，知入亦謂王入，特骨脱折文失

幐　⿰巾奮　⿰巾盾

去耳。[glyph]為古席字，與入字義不相承貫，夕與席古音同，席蓋假為夕也。【卜辭求義】

◉劉彬徽等　笮，讀如席。縞席，以縞緣邊之席。【包山楚簡】

◉戴家祥　[glyph]衛鼎𢃢𦯬　說文七篇：「席，籍也。禮，天子諸侯席有黼繡純飾。从巾庶省。[glyph]，古文席从石省。」按甲骨文庶字作[glyph]，从石从火，庶从石，故席和[glyph]从庶省與从石省同。金文[glyph]字从厂與[glyph]同，當亦是石之省，[glyph]即席字異體。[glyph]字从[glyph]，象篋席；[glyph]字从巾，為毯席，後又加艸旁作蓆。唐蘭曰：「𢃢當即席字，通蓆。爾雅釋詁『蓆大也』……『席𦯬』是大索。」陝西省岐山縣董家村新出土西周重要青銅器銘辭的譯文和注釋，文物一九七六年第五期。【金文大字典上】

◉許　慎　幐囊也。从巾。朕聲。徒登切。【說文解字卷七】

◉馬叙倫　朱駿聲曰。字亦作袋。幐袋一聲之轉。如縢或作黛縢或作蚮也。倫按方言七。幐。儋也。注。今江東呼儋兩頭有物為幐。王筠謂此別一義。倫謂以郭注所言。合以漢書外戚傳顏注。方底。盛書囊。形如今之算幐。殆如今行腳僧所擔者也。方言以儋訓幐。疑借幐為籯。此訓囊也。朱以為即袋之本字得之。幐從朕得聲。朕從灷聲。灷。金文作[glyph]。或作[glyph]。[glyph]從廾得聲。廾。從十。八聲。為博之轉注字。廾音轉入非紐。故送從心得聲。送音心紐。非心同為次清摩擦音也。廣雅釋器。幃為之幐。此上文曰。幃。囊也。幃音曉紐。亦次清摩擦音。是幐幃為轉注字。【說文解字六書疏證卷十四】

◉許　慎　⿰巾奮以囊盛穀。大滿而裂也。从巾。奮聲。方吻切。【說文解字卷七】

◉馬叙倫　今北平杭縣謂囊滿而裂曰崩。似當作此字。然崩破同為雙聲。其語原同。破亦可謂崩也。倫謂膹實⿰巾盾之聲同脂類轉注字。今南北率以麻織為囊以盛米穀。故此從巾。說解捝本訓。今存校語。字或出字林。【說文解字六書疏證卷十四】

◉許　慎　⿰巾盾載米齡也。从巾。盾聲。讀若易屯卦之屯。陟倫切。【說文解字卷七】

◉馬叙倫　劉秀生曰。盾聲屯聲均在痕部。故⿰巾盾從盾聲得讀若屯。論語子罕。循循然。孟子明堂章指作恂恂然。目部。旬。從目。勻聲。或從旬聲作眴。䈞。⿰巾盾也。所以藏米也。⿰巾盾䈞知紐雙聲。轉注字也。此字疑出字林。【說文解字六書疏證卷十四】

◉許　慎　𢁉蒲席齡也。从巾。及聲。讀若蛤。古沓切。【說文解字卷七】

◉馬叙倫　劉秀生曰。及聲古在見紐。蛤從合聲亦在見紐。故𢁉從及聲得讀若蛤。革部。𩊚。從革。及聲。讀若沓。手部。撘。從手。沓聲。讀若眔。木部。搭。從木。荅聲。讀若遝。是其證。倫按。𦸬為宁之轉注字。宁叕一字。叕篆作[illegible]。蓋以布於其四緣箸繩而可以收放之物。如今北平瓦匠用以取土蓋屆者也。象形。是宁與囊為一類之物。故幨𢄼次於幐下。𦸬本以麻織物為之。故𢁉從巾。其後或以蒲織物為之。故此訓蒲席𦸬也。則為今南北通用之蒲包矣。然此非本訓。或字出字林也。𢁉從及得聲。及音羣紐。𢄼從盾得聲。盾音牀紐。古讀歸定。定羣同為濁破裂音，是轉注字也。及合聲亦談類。故𢁉讀若蛤。然亦校語也。【說文解字六書疏證卷十四】

◉許　慎　幩馬纏鑣扇汗也。从巾。賁聲。詩曰。朱幩鑣鑣。符分切。【說文解字卷七】

◉馬叙倫　此𢅮之聲同其類轉注字。字蓋出字林。【說文解字六書疏證卷十四】

◉許　慎　𢅮墀地。以巾撋之。从巾。夒聲。讀若水温𩅦也。一曰。箸也。乃昆切。【說文解字卷七】

◉馬叙倫　鈕樹玉曰。說文無撋。玉篇廣韻亦無。夒當是𢝊之譌。古文昏也。莊子徐無鬼作郢。釋文云。郢。漢書音義作懮。服虔云。懮。古之善塗墍者。音混。段玉裁曰。撋蓋手部之揗。今之抆字。揗者。撫也。夒當作𢝊。古文婚字。車部。𨎥。以為聲。亦讀若閔。漢書楊雄傳。𢅮人亡。則匠石輟斤而不斲。今誤作獿。莊子釋文又作懮。錢坫曰。讀若水温𩅦者。詩。塞向墐户。墐亦塗也。𩅦字從難。難字從堇。與謹之從堇同。劉秀生曰。鈕樹玉朱駿聲皆謂讀若温。𢝊。古文婚。昏聲昷聲皆在痕部。史記屈賈列傳。蒙世之温蠖。索隱。温蠖猶惛憒也。是其證。倫按夒當作𢝊。鈕說是也。墀地以巾撋之。字林文或校語。字或出字林也。讀若水温𩅦者。當如錢說。𢅮從𢝊得聲。𢝊從舜得聲。舜音端紐。故𢅮讀若𩅦。𩅦音泥紐。端泥同為舌尖前音也。𢅮幩聲同真類轉注字。幩即今束布於木之一端以拭地之物。上海謂之拖糞。蓋塗幩之譌也。一曰箸也未詳。亦校語然鍇本作著也。疑蕡也之譌。蕡也蓋本訓。校者謂異本也。【說文解字六書疏證卷十四】

帑

帑府【漢印文字徵】

◉許　慎　帑金幣所藏也。从巾。奴聲。乃都切。【說文解字卷七】

◉林義光　從巾非義。古作□虡帑器。从才省。番生敦以十為在。實才字。奴聲。才者在之聲借。【文源卷十一】

◉馬叙倫　沈濤曰。後漢書桓帝紀注引。帑者金布所藏之府也。鄭宏傳注引同。是古本幣作布。藏下當有之府二字。者字則引者所是也。鄧禹傳注御覽百九十一又引作金帛所藏。帛字亦通。無之府二字乃節引。一切經音義七引亦有之府二字。幣字同今本。十二引奪之字。白帖十一引幣作布。亦無之府二字。初學記居處部引同白帖。左文六年傳正義引同今本。王筠曰。金幣所藏也。從巾。乃許君無可如何而作是說也。帑藏之名。經典無證。蓋直是漢起。說文拈字自漢巴太守張納碑始以為帑藏之帑。許不用經義而用時義。殆由其字從巾故乎。朱駿聲曰。帑本訓裹金帛之囊。倫按漢書匈奴傳。虛費府帑。後漢書桓帝紀。嘉禾生大司農帑藏。鄧積傳。轉運之費。空竭府帑。鄭宏傳。人食不足。而帑藏殷積。東觀漢記。更始至長安。御府帑藏武庫如故。檢此諸帑字。凡言府帑者。義當為幣。帑藏與武庫對文者。義亦得為幣。若室竭帑藏帑藏殷積。則可釋為藏幣之所。帑藏猶府庫矣。然字從巾。決非府庫之義。五經文字曰。字林以帑為帑藏之帑。帑音儻。廣韻引通俗文。庫藏曰帑藏。通俗文者。阮孝緒七録謂河北李虔所造。而顏氏家訓謂世間題云。河南服虔子愼造。又謂殷仲堪已引服虔俗說。然則即非漢人所作。而晉世已傳其書。而呂忱說與之合。蓋即本諸彼文。忱晉初人。或通俗文自為服虔作。而漢末已有此說也。倫謂以乃都切之音求之。蓋幰之轉注字。依此說解。則為庶之轉注字。庶帑聲同魚類也。庶則庤之轉注字。庤為藏物之所也。或曰。帑為布之聲同魚類轉注字。古以布為幣也。字或出字林。【說文解字六書疏證卷十四】

布

布　䀠卣　䀠尊　守宮盤【金文編】

〔一八〕〔五二〕〔七八〕〔二〕〔七二〕〔一九〕〔一八〕〔二〇〕〔一九〕〔一九〕【先秦貨幣文編】

布方分布倒書　典一五四　仝上　亞四・五二頁【古幣文編】

布 秦六七 二十四例 法一八四 十例 【睡虎地秦簡文字編】

謝布 布昌私印 柏布宣印 藺布 【漢印文字徵】

詛楚文 邵礬布愍 【石刻篆文編】

◉許 慎 枲織也。从巾。父聲。博故切。【説文解字卷七】

◉郭沫若 𧴪殆貝布之布之本字,從貝帛聲,兮甲盤省作貟。【芇伯殷 兩周金文辭大系考釋】

◉郭沫若 貟與芇伯殷之𧴪為一字,余意即貝布之布之本字。【兮甲盤 兩周金文辭大系考釋】

◉柯昌濟 貧古布字。説文。布。枲織也。左傳。衛文公大布之衣。古時布帛當貨幣。故从貝。【𩾉鼎 韡華閣集古録跋尾】

◉馬叙倫 鍇本作枲織曰布。是也。此校語。本訓捝矣。布為象形文之轉注字。布古音蓋同。後以時空關系變為二音。巾音見紐。布音幫紐。同為清破裂音也。布帛亦轉注字。帛音竝紐。竝幫同為雙脣音也。後乃分為枲織曰布絲織曰帛耳。字見急就篇。睘卣作。【説文解字六書疏證卷十四】

◉楊樹達 周金文存弍卷叁肆葉下載公貿鼎,銘文云:「叔氏吏使貧安㠱伯,賓貧馬轡乘。公貿用△休𩾉,用乍寶彝。」按貧為人名,其字從貝從父,説文未見。以字形言之,疑是泉布之布本字也。泉布字經傳通作布,乃假布帛之布為之,此字從貝,乃與泉布之義相合。銘文云:「公貿用△休𩾉,」知其人字公貿,蓋泉布為貿易所需,故名字義互相應合如此。詩衛風氓云:「抱布貿絲」,是其證也。按古幣貨布錢文,亦作布字,不作本字,賴有此器存其文,雖所用非本義,猶得於其字之形聲及名字之相關得其始義,或亦考文者所樂聞歟!此器著録者通稱貿鼎,今依銘文改題公貿鼎云。【公貿鼎跋 積微居金文説】

◉李平心 金文有貟字,亦作𧴪,舊釋帛;又有晦字,舊讀如字,釋為田畝(晦)之畝。但以文義考析,頗不妥貼。試引含有貟、晦二字之銘辭加以研究。

《兮甲盤銘》:「淮尸(夷)舊我貟晦人,母(毋)敢不出其貟、其賨。」

《師寰𣪘銘》:「淮尸(夷)繇我貟晦臣,今敢博厥衆叚,反厥工吏,弗遺我東域。」

《乖伯𣪘銘》:「王命益公征眉敖。益公至告。二月,眉敖至見,獻𧴪。」

《召伯𣪘銘》:「公□瞏用獄諫為白。」

「貟晦人(臣)」如讀為「帛畝人(臣)」,「毋敢不出其貟其賨」如讀為「毋敢不出其帛其責」,義不可通。「獻𧴪」如讀為「獻帛」,

辭雖可通，但究與古代賦貢制度有出入。「公□賸用獄讀為白」之白，讀為黑白之白或布帛之帛，義均不明，以彝銘及古籍推證，白即貞之省文。凡此諸字關係古代社會經濟制度甚大，不可不作進一步探討。

郭沫若先生於貞晦二字提出過一個遠勝舊說的考釋：

「貞與乖伯𣪘之賁為一字，余意即貝布之布之本字。晦當讀為賄，《一切經音義》四『賄古文晦同』，正從每聲，《儀禮・聘禮記》：『賄在聘于賄』，注云：『古文賄，皆作悔。』知賄與悔通，則知晦與賄通矣。布帛曰賄，故此貞晦連文。『貞晦人』者猶古言賦貢之臣也。」

由於此說的啓發，我考定貞(賁、白)當讀賦貢之賦，亦即夫布、裏布之布。郭先生謂貞賁即貝布之布之本字，其説碻不可易。惟布與賦古本一字，貞從貝白聲，與賦從貝武聲，聲義無別。《書・多方》：「越惟有胥伯小大多正，爾罔不克臬」，胥伯《尚書大傳》引作「胥賦」，胥伯、胥賦正相當于《毛公鼎銘》之楚賦。伯既與賦通，貞自可讀賦；賦當為後出字。至於晦字郭先生讀賄亦碻，以古代文獻比證，與貞連文之晦當讀「實畝實籍」之畝、「萊夷作牧」之牧。自漢代以來，經師於《詩・韓奕》之畝及《書・禹貢》之牧均不得其解，今以彝銘類證，可知畝、牧皆與古代賦貢租税制度有關。

《説文》貝部：「賦斂也」，攴部：「斂收也。」《廣雅・釋詁》：「賦税也。」是凡征斂財賄租税，統謂之賦。廣義言之，「賦者歲入之總名也」。《周禮・大宰》：「以九賦斂財賄，一曰邦中之賦，二曰四郊之賦，三曰邦甸之賦，四曰家削之賦，五曰邦縣之賦，六曰邦都之賦，七曰關市之賦，八曰山澤之賦，九曰幣餘之賦。」九賦亦見「司會」，相當於「司書」之九政。《漢書・食貨志》説周法云：「有賦有税，税謂公田什一及工商虞衡之入也，賦共車馬甲兵士徒之役，充實府庫賜予之用，税給郊社宗廟百神之祀、天子奉養、百官禄食、庶事之費」。《刑法志》亦云：「有税有賦，税以足食，賦以足兵。」賦與税對文則異，散文亦通，古代有田賦、軍賦、車賦、丘賦諸征，皆取諸民，以供國用。賦有差等，故《荀子・王制》、《富國》謂之等賦，所謂「相地而衰政，理道之遠近而致貢」即是等賦，《書・禹貢》九州之賦劃分級別，也屬於等賦。

古者賦與貢義相因，凡自上税下為之賦，自下獻上謂之貢。惟施受不嫌同辭，故賦亦兼貢義。《國語・魯語》：「處大國之間，繕貢賦以共從者」，《穀梁傳》莊二十九年：「民勤於財，則貢賦少」。《書・禹貢》序：「定其貢賦之差」，皆以貢賦連言，依王念孫父子之説，古書凡二字平列，詁訓必同。

賦與布古音義俱通。《詩・蒸民》：「明命使賦」，《毛傳》：「賦布也」，《呂覽・慎大》：「賦麓臺之錢」，注：「賦布也」，《廣雅・釋詁》與《小爾雅》《廣詁》並訓賦為布。

《孟子・公孫丑》：「廛無夫里之布，則天下之民，皆説(悦)而願為其民矣。」《周禮・閭師》：「凡無職者出夫布」，《載師》：「凡宅不毛者有里布。」《孟子》之夫里之布即《周禮》之夫布、里布，而里布實即里賦。《國語・魯語》：「賦里以入，而量其有無」，與《孟子》、《周禮》義可互證。《管子・霸形篇》：「市書而不賦」，《戒篇》：作「市正而不布」，亦可證布、賦為一事。先鄭讀布為「抱布貿絲」之布，後鄭讀為泉布之布，疑非是。作名詞用之布古有三義，一為布帛，二為泉布(蓋得名於農具錢鎛)，三為賦税(布賦聲義俱通)。里布、夫布蓋即廛税、丁税，納税以泉布計，故稱布。《管子・山至數篇》與《輕重甲篇》皆言「邦布之籍」，孫詒讓以為邦布即《周禮・閭師》之夫布，亦即《載師》之里布。今按《管子》之邦布與《周禮・外府》之邦布同指邦國泉幣，與夫布、里布有別。江永云：「凡居廛之民，不問其有職無職，而皆使出夫布，亦不問其毛與不毛，而皆使出里布，此為額外之征」，蓋《周禮》所述賦税與古制頗有出入。

知布即賦，則郭沫若先生謂貝即布之本字，實極精當，同時亦可證貝即賦之初文。

貝既是賦字，《乖伯毁銘》「獻貝」之貝與《召伯毁銘》「為白」之白自亦當讀賦(説詳後)。

晦重文作畂，自來皆訓步百為晦，或讀為畎晦、壠晦，惟除此二義外，晦(畂)尚有貢賦租税之義，惜自漢以下經師訓詁均昧於此旨。《詩・韓奕》：

「實墉實壑，實畂實藉」。

如從箋義，讀畂如字，殊與藉義不稱，墉、壑耦文，則畂、藉當亦對文。藉訓税，則畂自與賦税義相近，猶《兮甲盤銘》貝晦人與《師寰毁銘》貝晦臣之晦與貝(賦)義相近。

晦，郭沫若先生讀賄，按《儀禮》古文賄皆作悔，有、賄古音當在明母。賄，《爾雅》、《詩・毛傳》、《説文》並訓財，故《左傳》、《國語》、《周禮》皆以財賄、貨賄連言。《周禮・大宰》：「以九賦斂財賄」，鄭注：「財泉穀也」，《禮記・坊記》：「先財而後禮」，注：「財幣帛也」，郝懿行謂財實泉帛穀粟之通名，賄《玉篇》訓贈送財，《聘禮》注亦謂予人財為賄，《左傳》屢以贈賄連文。《穆天子傳》：「賄用周室之璧」，賄即是賜。故賄兼財貨賜贈二義，引申為貢物。《國語・魯語》：「使各以其方賄來貢」，《晉語》：「遠人以其方賄歸之」，韋注：「各以居之方所出貨賄為貢也。」貢物為賄，則貢獻亦得稱賄。貢與贈賜義相因，孔子弟子端木賜字子貢(贛)，是其證。賄與貢為同義辭無疑。《説文》：「貢獻功也」，《廣雅・釋詁》：「貢税也」，訓財貨與贈賜之賄亦當有獻功納税二義。彝銘貝(賦)、晦(賄)連言，《大雅》畂、藉對文，並可證晦(畂、賄)義與貢税相通，所以《兮甲盤銘》所謂「淮尸(夷)舊我貝晦人」，《師寰毁銘》所謂「淮尸(夷)繇我貝晦臣」，與《國語・吳語》諸稽郢所謂「越國固貢獻之邑也」語義頗相近。

幏

《兮甲盤銘》:「毋敢不出其貟其責」,貟與責即是賦與職(説詳《釋責》)、《乖伯毁銘》「獻貟」,讀為獻賦,亦可明異姓諸侯與周室之主從關係。《召伯毁銘》:「穈用獄諫為白」,意即僕庸罪隸為賦,由此可以想見周代奴隸刑徒的剩餘勞動為維繫國家財政所必需。

《書·禹貢》:「萊夷作牧,厥篚檿絲」,偽《孔傳》:「萊夷地名,可以放牧」。王引之云:「萊夷作牧,言萊夷水退,始放牧也」。今按作牧與放牧義别。《禹貢》言萊夷、嵎夷、和夷、西戎皆指四裔言。萊夷非地名,實乃族名,所居在今山東膠東,其地非游牧之區,萊人亦非游牧之族。訓牧為放牧,與下文「厥篚檿絲」文義亦不相屬。古牧與坶通,《詩》、《書》牧野古文作坶野,《水經注》作晦野,是其證。《禹貢》之牧當讀晦(賄),亦可讀賄,作訓為,故《史記·夏本紀》改作牧為為牧,「萊夷作牧」與《召伯毁銘》「穈用獄諫為白(賦)」文例相同,意即萊人獻貢,所貢者為檿絲。牧與篚為雙聲,篚與貢為互文,亦可證牧(晦、賄)有貢義。《禹貢》通篇以叙述賦貢租税為主,「萊夷作牧」反應了古代統治集團剥削少數民族的血腥史實。衹以歷代經師不達作牧本義,遂使古代賦貢制度湮没不彰。

以兮甲盤及師寰毁二器銘辭與《詩》、《書》之文比證,考其辭義,不難看出淮夷是被周室榨取奴役的民族。淮人不斷「反叛」,正是對於周朝統治集團的武裝反抗。這是研究古史必須弄清楚的問題。【甲骨文金石文劄記 華東師範大學學報 一九五八年第三期】

◉戴家祥 貿鼎 叔氏□□使貸安㠱伯 一九二九年,余作貟字説,刊於國學論叢二卷一號,云古金文貿鼎有貸字,從貝父聲,亦許書所無,前儒並未釋。今以貝巾更旁例之,殆即布之别構。許君於貝部:「賨,南蠻賦也,從貝宗聲。」應劭風俗通云:「盤瓠之後,輸布一匹二丈,是為賨布。」賨為布名,字亦從貝,幣、布、帛,從巾不從貝,誼自可尋。【金文大字典上】

◉許 慎 㡧南郡蠻夷賨布。从巾。家聲。古訝切。【説文解字卷七】

◉馬叙倫 鈕樹玉曰。韻會引作㡧屬。鍇本作㡧屬蠻夷賨布也。桂馥曰。寰宇記引作南郡蠻夷布也。漢志。南郡夷道。有蠻夷曰道。風俗通。槃瓠之後。輸布一匹二丈。是謂賨布。廪君之巴氏。出幏布八丈。沈濤曰。後漢書南蠻傳注引作南蠻夷布也。御覽七百八十五通典百八十七引作南郡蠻夷布也。蓋古本無賨字。郡字亦衍。倫按鍇本㡧字蓋涉上文布字説解而譌衍。㡧字則郡之譌。上捝南字。字或出字林。【説文解字六書疏證卷十四】

幧

◉許　慎　幧布。出東萊。从巾。弦聲。胡田切。【説文解字卷七】

◉馬叙倫　鈕樹玉曰。玉篇布下有也字。王筠曰。鍇本有幧縣在東萊句。蓋庾注也。魏書地形志。惤下注曰。有弦城。然則縣本名弦。弦縣出布因加巾為幧。後遂以為縣名。後漢以來地志變為𢺳惤㤳三形。皆譌也。倫按賨㟁二字因蠻夷之語而為之名。如幧布出東萊之幧而名曰幧。則幧必因縣出此布而即以為名。然中國出布之地多矣。安得一一以其地名而造布名。此蓋幧縣出此布。無以為名。號為幧布耳。且幧縣在東萊。以本書説解中同此例者推之。此是字林文。隋書經籍志。字林七卷。晉弦令呂忱悏。晉書地理志幧縣屬東萊。而後漢書郡國志有惤矦國。則後漢幧字作惤。惤尚未為縣也。然則晉時以縣出布而改為幧。幧者。蓋惤地私造之字。猶挈令之有絥字。忱為幧令。故録其字。【説文解字六書疏證卷十四】

帑

◉許　慎　帑髳布也。一曰。車上衡衣。从巾。敄聲。讀若頊。莫卜切。【説文解字卷七】

◉馬叙倫　桂馥曰。髳布也者。如今之油布。可以禦雨。車上衡衣當依鍇本作車衡上衣。段玉裁曰。集韻引此字。不云出説文。王筠曰。小徐此字在部末。或是後人據大徐本增入。徐灝曰。廣韻作髮巾也。是。髳布蓋涉下幦篆而誤。荀子。古之王者有務而拘領者矣。務即帑之借。謂以巾覆髮也。一曰車衡上衣。即五楘梁輈之楘。故廣韻曰。輹上絲。倫按徐據廣韻作髮巾。倫謂此髳布之譌。髮巾之義。上文有幘字。同物異名。其音必近。帑幘音遠。帑同音近。荀子之帑。乃借為冃。猶以鍪兜訓冑也。冃而拘領。疑如今舊俗風帽然。實即冒字。帑與幦為發聲。蓋轉注字。故幦亦訓髳布。髳布即今之油布。雨時所以冒車者正用此布。疑古止以髳布為冒車之用。亦或專為避雨之用。故名其布曰帑。一曰車衡上衣。校語。讀若頊者。劉秀生曰。敄從矛聲在蕭部。頊從玉聲在屋部。屋蕭旁對轉。故帑從敄聲得讀若頊。莊子天地。頊頊然不自得。釋文。頊。本作旭。吕氏春秋權勳。中山之國有厹繇者。注。厹繇或作仇酋。厹部。厹。篆文從足柔聲作蹂。柔亦從矛聲。是其證。髳布也非本訓。或帑幦二字出字林。【説文解字六書疏證卷十四】

幦

◉許　慎　幦髳布也。从巾。辟聲。周禮曰。駹車大幦。莫狄切。【説文解字卷七】

⿰巾耴

◉許 慎 ⿰巾耴領耑也。从巾。耴聲。陟葉切。【説文解字卷七】

◉馬叙倫 倫按此⿰巾旬之譌文。校者據異本。故在部末。餘見⿰巾旬下。【説文解字六書疏證卷十四】

幢

◉徐 鉉 幢旌旗之屬。从巾。童聲。宅江切。【説文解字卷七新附】

◉郭沫若 「三軍徒⿸㫃迵」⿸㫃迵从㫃迵聲，殆幢之古文，周禮地官稍人「作其同徒輂輦」，彼「同徒」即此「徒⿸㫃迵」，殆猶師旅、師旟之謂也。舊或解周禮之同為「終十為同」，本銘可證其非是。【叔夷鐘 兩周金文辭大系考釋】

幟

◉徐 鉉 幟旌旗之屬。从巾。戠聲。昌志切。【説文解字卷七新附】

帟

◉徐 鉉 帟在上曰帟。从巾。亦聲。羊益切。【説文解字卷七新附】

幗

◉徐 鉉 幗婦人首飾。从巾。國聲。古對切。【説文解字卷七新附】

幧

◉徐 鉉 幧斂髮也。从巾。喿聲。七摇切。【説文解字卷七新附】

帒

◉徐 鉉 帒囊也。从巾。代聲。或从衣。徒耐切。【説文解字卷七新附】

帊 籀韻【古文四聲韻】

◉徐鉉 帊帛三幅曰帊。从巾。巴聲。普駕切。【說文解字卷七新附】

◉徐鉉 幞帊也。从巾。菐聲。房玉切。【說文解字卷七新附】

◉徐鉉 幰車幔也。从巾。憲聲。虛偃切。【說文解字卷七新附】

市 市 篆文从韋从犮 作韍俗作紱 經典作黻 又作芾 說文所無 盂鼎 冂衣市舄 市 免簋 市 趩簋 市 師酉簋 市 師奎父鼎 市 師𩛥鼎 市 趞曹鼎 市 揚簋 市 師嫠簋 市 豆閉簋 市 休盤 市 㝬季鼎 市 番生簋 市 頌壺 市 頌簋 市 頌鼎 市 克鼎 市 柳鼎 市 毛公厝鼎 市 趞簋 𢼄 从攴 四年㾓簋 虢敄【金文編】

市 市方勿切【汗簡】

◉許慎 市韠也。上古衣蔽前而已。市以象之。天子朱市。諸侯赤市。大夫葱衡。从巾。象連帶之形。凡市之屬皆从市。分勿切。韍篆文市。从韋。从犮。臣鉉等曰。今俗作紱。非是。【說文解字卷七】

◉吳大澂 市許氏說。韠也。象連帶之形。篆文市。从韋从犮。盂鼎。【說文古籀補卷七】

◉商承祚 說文「市。韠也。上古衣蔽前而已。市以象之。……从巾。象連帶之形。韍。篆文市。从韋从犮。」案既出篆文韍。則市為古文也。金文與此同。【說文中之古文考】

◉馬叙倫 鈕樹玉曰。繫傳大夫上有鄉字。蓋卿之譌。龔橙曰。篆當作巿。誤說從象連帶。倫按示𣪘爵有□。蓋即市也。象形。韠也从下訖之形並非許文。蓋呂忱或校者改增。餘見帶下。毛公鼎作市。頌敢作市。

韍 倫按市音如犮。故轉注從犮得聲作韍。古者剥獸皮而衣之。故從韋。從韋從犮四字校者加之。篆文者。見上字下。鍇本有俗作紱。今據鉉本有臣鉉等曰。今俗作紱。非是。則鍇本挩臣鍇曰三字耳。【説文解字六書疏證卷十四】

◉陳夢家「金文之市從一從巾，一象大巾上的博帶，此字有許多不同的寫法或稱名。

(1) 市 《説文》曰：「韍也，上古衣蔽前而已。市以象之。天子朱市，諸侯赤市，大夫葱衡。從巾，象連帶之形。」

(2) 韠 《説文》曰：「韍也，所以蔽前者。」《釋名·釋衣服》曰：「蔽也，所以蔽膝者也。婦人蔽膝亦如之。齊人謂之巨巾，田家婦女出自田野以覆其頭，故以為名也。」《禮記·玉藻》作此。

(3) 韍 《説文》以為(1)之篆文。《禮記·玉藻》作此。

(4) 芾 見《詩·侯人》《采芑》《采菽》《斯干》，皆假作(1)。

(5) 袚 《説文》曰：「一曰蔽膝。」亦見《方言》卷四。俗字之紱從此出。

(6) 紼 《白虎通·紼冕篇》假作(1)。

(7) 茀 《易·乾鑿度》假作(1)。

(8) 褘 《説文》曰：「蔽膝也。」《方言》卷四曰：「蔽膝，江淮之間謂之褘?(郭注：音韋或暉。)或謂之袚，魏、宋、南楚之間謂之大巾，自關而西謂之蔽膝，齊魯之郊謂之衻。帬，陳魏之間謂之帔，(郭注：音披。)自關而東謂之襬。(郭注：音碑。)

(9) 衻 《方言》卷四。

(10) 襜 《説文》曰：「衣蔽前。」《爾雅·釋器》同。《釋名·釋衣服》曰：「韠又曰跪襜。」

(11) 巾 《曶壺》「赤巾、幽黄」和《元年師兑毁》「易女乃且巾、五黄」，皆假巾為(1)。

(12)—(14) 大巾、臣巾、蔽膝 見上所引《釋名》及《方言》。

以上(1—7)皆衍畢音，是命服的專稱。(8—14)皆是不同方言中民間之所服，其中音披音碑依然保存(1)的古音，由此可見官服與民服在名稱上可以有所不同，而在功用上是同一的。它們最早應是皮革制成的，故字從韋。《玉藻》注云：「韠，以韋為之。」《玉藻》曰：「韠，下廣二尺，上廣一尺，長三尺。其頸五寸，肩革帶博二寸。」《説文》略同。而《禮記·雜記下》曰：「長三尺，下廣二尺，上廣一尺，會去上五寸。紕以爵韋六寸，不至下五寸，純以素，紃以五采。」【西周銅器斷代 考古學報一九五六年第四期】

◉史樹青

第二簡

市佑之一綻衣，繸純綯縞之綪。句后

市字是黼的古字，詩經唐風揚之水：「素衣朱襮」，爾雅釋器：「黼領謂之襮」，孫炎曰：「繡刺黼文以褗領」，清郝懿行爾雅義疏以為「褗即緣也」。黼文的形狀向來都以為如斧形，尚書益稷：「宗彝、藻、火、粉、米、黼、黻、希、繡」，傳：「黼若斧形，黻為兩已相背」。這種說法，是值得考慮的。我們根據考古學上的材料，可以看到戰國時代絲織物的花紋，有些是黼紋。見新建設一九五四年第三期，郭寶鈞：輝縣發掘中的歷史參攷資料，圖版貳之一（即輝縣出土器物圖案第二十三頁漆棺花紋），又考古學報第六册九十二頁易縣燕下都平瓦花紋，都是絲織物的黼紋圖案。【長沙仰天湖出土楚簡研究】

◉戴家祥　說文七篇：「市，韠也。上古衣蔽前而已，市以象之。」其後形聲相益，孳乳寖多，有芾、韠、韠、韍、紱、黻、胈、紼諸形。其實皆形聲加旁更旁字也。禮記玉藻：「韠，君朱、大夫素、士爵韋，圜殺直。天子直，公侯前後方、大夫前方挫角，士前後正。韠，下廣二尺，上廣一尺，長三尺，其頸五寸。」金文屢云「錫某韍市」，儀禮特牲饋食禮：「某服皆玄冠、緇帶、緇韠。」知韍市即緇韠也。大盂鼎：「錫女汝鬯一卣，冕衣市舄。」小雅車攻曰：「赤芾金舄。」知市舄即赤芾金舄之約舉也。

說文艸部無芾字。玉篇一二八芾音方味、方大二切，小貌。考芾蔽聲同，蔽芾為同聲聯緜字。召南「蔽芾甘棠」，小雅「蔽芾其樗」，古本或止作蔽市。後之作書者，因上文蔽字而加旁从艸。亦猶說文「櫱艸旋貌」。詩曰「葛藟櫱之」，今本毛詩召南作「葛藟縈之」，从糸、不从艸。論語微子：「遇丈人以杖荷蓧。」陸明德經典釋文所見本蓧作條。知作蓧者乃後人承上文荷字，而加旁从艸。蔽市之作蔽芾，其例亦猶是也。莊子宥坐篇：「于是乎腓無胈。」天下篇：「腓無胈脛無毛。」說文：「腓，脛腨也。」小雅采菽云：「赤芾在股。」杜元凱注左傳：「韋韠，以蔽膝者也。」桓公二年。腓也、股也、膝也字皆从肉，即市之所蔽處，由是更旁从肉，而寫作胈。

釋名釋衣服：「韍，韠也。」鄭玄玉藻注：「凡韠以韋為之必象裳色。」韋革同物，玉篇四二三鞁亦作韍，鞸亦作韠。故韠亦或作韠。孔穎達左傳正義云：「以其用絲，故字或有為紱者。」桓公二年。韍之為紱亦猶𩏒之或體作緞說文五篇韋部韡之或體作紳玉篇四二三也。古音畢讀卑吉切，幫母至部。犮讀蒲撥切，並母祭部。弗讀分勿切，幫母脂部，幫並皆重唇聲。脂至祭韻近，三部通韻，故白虎通以「紼冕」為紱冕。

韐

癲盨號攸 癲盨「王乎史年册易□□號攸、攸勒」，柳鼎「易女赤市，幽黃，攸勒」。𢻫和市皆為賞賜之物，當為異體字，𢻫字从攴。乃是从下文攸字的攴旁類化來的。【金文大字典中】

韐 說文或从韋 衛盉 【金文編】

◉許 慎 韐士無市有韐。制如榼。缺四角。爵弁服。其色韎。賤不得與裳同。司農曰。裳。纁色。从市。合聲。古洽切。韐。韐或从韋。【說文解字卷七】

◉吳大澂 古韐字。从市从重環形。許氏說。制如榼。缺四角。此从□。正象四角橢圜形。後人改从合。□□形相近也。揚敦。【說文古籀補卷七】

◉馬叙倫 顧廣圻曰。司農曰三字疑衍。纁裳經有明文。不得以為司農所說。且若指鄭衆。何以不言鄭。亦不當稱司農也。桂馥曰。晉書音義引字林。韐士服。制如榼。四角疑脱缺字。類篇引司農上有鄭字。然本書於前人惟賈逵稱官。尊師也。今稱司農。疑後人所增也。承培元曰。司農六字汪本繫傳無。倫按市音非紐。古讀歸幫。韐音見紐。幫見皆清破裂音。市古音如犮。則入並紐。轉脣齒音入奉。韐從合得聲。合音匣紐。奉匣皆次濁摩擦音。然則市轉注為韐耳。古未必以此別大夫以上與士也。且韐形如榼缺四角蓋晉時制。榼為椑之轉注字。椑之初文。即卑字所從之□。但□為□之譌。然不必無若此形者。言如者。近之而已。使近榼形。亦無甚殊於市也。疑漢晉時賤者服此。而方言呼為韐耳。【說文解字六書疏證卷十四】

◉戴家祥 韐說文·七篇「韐，士無市有韐，制如榼，缺四角，爵弁服其色，韎賤不得與裳同。司農曰：裳纁色。从市合聲。韐，韐或从韋。」玉篇、廣韻韐皆作韎韐，廣韻釋作「韋蔽膝」，集韻釋作「士服制如韍」。韐(韐)與市(韍)物相同，都指一種寬大的帶子，詳見釋市。只是由於等級差別在顏色和形制上稍有區分而已。【金文大字典下】

帛

帛 前二·一二·四 地名 【甲骨文編】

帛 前 2·124 【續甲骨文編】

帛 大簋　召伯簋二　舍父鼎　萬簋　魚顛匕　九年衛鼎　帛轡乘又朏　帛金一反　以帛為白　者減鐘　不帛不羊　㫃伯簋　茁敖至見獻帛貝　帛貝二字合文　【金文編】

帛　封二二　封八二　【睡虎地秦簡文字編】

3495　1140　【古璽文編】

帛武　【漢印文字徵】

石碣汧殹　黃帛其鱮　借帛為白　【石刻篆文編】

帛　【汗簡】

汗簡　【古文四聲韻】

◉許　慎　帛繒也。从巾。白聲。凡帛之屬皆从帛。旁陌切。【說文解字卷七】

◉阮　元

周帛女鬲　博古十九　法帖十六

帛女作齊鬲

帛女即伯女。左隱二年傳。紀子帛。公羊穀梁作子伯。史記伍子胥傳。伯嚭。論衡作帛喜。齊讀為齋。【積古齋鐘鼎彝器

款識卷十六】

◉羅振玉 箋曰。古文白帛同字。西清續鑑卷十七載鎛鐘銘曰。不帛不羊。不帛不羊即不白不垟。此古白帛同字之證。古采色字多取義於染絲。如紫絳絑之類。帛亦其比矣。【石鼓文考釋】

◉高田忠周 按説文。帛繒也。从巾白聲。帛即黑白正字。而白為魂魄本字。轉為虚白之偁。與帛字遂混矣。夫帛。純白清絜之物也。故轉為黑白義。而从白亦當兼意。朱駿聲云。字亦作帕。左形右聲。左閔二傳。大帛之冠。注。厚繒也。虞書。五玉三帛。鄭注。帛所以薦玉。周禮太宰。六曰幣帛之式。注。幣帛所以贈賓客者。假借為帕即縰。釋名釋衣服。帕腹。横帕其腹也。又為白。禮記玉藻。大帛不緌。此非借而轉義也。亦當證上所云愚説耳。【古籀篇十七】

◉强運開 帛潘云即白字。⊘運開按。説文。帛繒也。从巾白聲。段注云。糸部曰。繒帛也。聘禮大宗伯注皆云今之璧色繒也。璧色白。是帛訓白色之義也。故叚作白字。【石鼓釋文】

◉馬叙倫 倫按金文及石鼓文皆以帛為白黑之白字。此帛得聲於白也。白部白下有古文帛作白。而金文白字多作白。甲文作白白二形。倫謂白部所屬之字多從日光之白。而白當作白或作白白。乃與今杭縣凡絲緜一斤為一裹者相似。蓋七十者可以衣帛之帛本字。象形。帛字從之得聲。帛則布之轉注字。故錦字從之。字見急就篇。餘見巾下。大敨作帛。甲文作帛。【説文解字六書疏證卷十四】

◉戴家祥 ⿱白貝兮甲盤 毋敢不出其⿱白貝 諦審此文上半从白，與古金文伯叔之伯正同，以聲義求之，吳式芬攈古録釋⿱白貝，于形郅確。眉敖𣪘「眉敖至巠獻⿱帛貝」與此文「毋敢不出其⿱白貝」文義相應。帛，从白得聲，故偏旁白帛同諧。小雅六月「白旆央央」，爾雅釋天孫炎注引作「帛旆英英」；左傳隱公二年「紀子帛莒子盟于密」，公羊穀梁帛作伯。又定公二年「分康叔以大路少帛」。史記衛世家集解引賈逵注同。王引之經義述聞云：案少帛，蓋即小白。逸周書克殷解「縣諸小白」，孔晁注，「小白，旗名」。按戰國策秦策「大敗秦人於李帛之下」，史記作李伯，伍子胥列傳伯嚭，吳越春秋作白喜，論衡作帛喜，古白伯本一字，是白帛亦一字也。禮記玉藻「大帛不緌」，鄭玄云：「帛當為白。」史記孔子世家，子思之子孔白，字子上，史記孔光傳作孔帛。並白帛通叚之證，細繹⿱白貝⿱帛貝二字，當即帛之或作。眉敖𣪘从巾从貝，白聲，表義符號重複字也。⿱白貝字从貝白聲，表義符號更旁字也。商周時代由於商品經濟的發展，幣帛自實用價值逐漸分離為等價交换之中間媒介物，所以通貨物易有無。其方式分别為綣布、圭璧、金貝。韓非子内儲説上，「管子曰：布帛盡則無以為幣」，此綣布之幣也。吕覽制樂篇，「幣帛以禮豪士」，高誘注，「幣，圭璧」，此圭璧之幣也。古金文君侯賞功臣「貝幾朋」或「金幾鈞」，此金貝之幣也。篆文从巾白聲之帛，總綣布之屬言之。金文易巾為貝者，則總圭璧貝貨之屬言之。釋玄應一切經音義卷十四，幣，古文作贅，古文四聲韻十四祭引茅君傳幣作贅。古金文貿鼎有貧字，亦許書之所無，前儒並未釋，今以巾貝互易例之，殆即布之別構。許君於貝部賨字云：「南蠻賦也，从貝宗聲。」應劭風俗通云：「盤瓠之後，輸布一匹二丈是為賨布。」亦見後漢書南蠻西南夷傳。賨本布名，字則从貝。是帛幣布三字由从巾更旁从貝者，至東漢之世猶未終止。翁祖庚釋畺，攈古録卷三之二師寰鼎。孫詒讓釋貫，古籀餘論卷三第三六葉。吳愙齋釋員，説文古籀補卷六第五葉。强運開釋貢，説文古籀三補卷六第五葉。並非。【貞字説　國學論叢二卷一號】

◉陳連慶　「淮夷舊我貞畝人」一語，《師寰𣪕》作「淮夷繇我貞晦臣」。「繇」字是「舊」字的假借，「貞(帛)畝人」與「貞畝臣」同義。「貞」字即「帛」字的或體，《兮伯𣪕》作「賁」，可證。貞畝人或貞畝臣，説明淮夷與周有貢納關係。這里的「貞(帛)」指紡織，「畝」指農耕，「帛畝臣」即所謂耕織之臣，紡織所出稱為「帛」，農耕所出稱為「責」，故上文説「淮夷舊我帛畝人」，下文即云「毋敢不出其貞、其責」。「帛」字針對「貞」字，「積」字針對「畝」字。文意前後相關，絲絲入扣。郭氏讀「貞」為「賄」，以布帛為「賄」的內容。根據他的解釋，帛字雖能講通，積字卻無着落。戴氏雖讀「貞晦」為「帛畝」，但未解釋貞、畝與其貞、其積的關係，終屬相隔一間。所以，淮夷對西周的貢納，實包括「帛」、「積」兩種，「積」是粟米之征，「帛」是布帛之征。考淮夷族之從事紡織，其來已久。《尚書禹貢》云：「海岱及淮惟徐州，厥貢淮夷蠙珠暨魚，厥篚玄纖縞。」楊樹達謂：「銘文所謂『帛』，即《禹貢》玄纖縞之類也。」《禹貢》的作成年代，不一定早，而《禹貢》的記事卻不失為較早的傳説。《睘卣》：「王姜令乍(作)冊睘安尸(夷)伯，尸伯賓睘貝布。」郭氏定此器在成王之時。可見在周初夷人已善于紡織，且用以饋贈周天子的使者。【兮甲盤考釋　吉林師範大學學報一九七八年第四期】

◉黄盛璋　「執白宮」：第二字朱、裘無釋，張釋為「藝旦宮」，按《侯馬盟書》有「弗執弗獻」，「執」字皆如此作，釋「藝」字是不對的。第二字上所從為「白」，亦見《侯馬盟書》，決知非「旦」，應是「帛」字簡作。「執帛宮」與「正奎宮」分列左右，右為「執帛宮」，而左為「正奎宮」，「奎」從「大」、「圭」；當讀為「珪」，「正」讀為「整」，「玉」、「帛」相對，「執帛」與「整奎」也相對，「白」必是「帛」字無疑。

「執帛」是官名，《史記・曹相國世家》：「於是乃封參為執帛」，《集解》：「孤卿也，或曰楚官名」，《漢書・曹參傳》顔師古注引鄭氏曰：「楚爵也」，接着曹參又因軍功「遷為執珪」，《集解》引如淳曰：「《呂氏春秋》：『得伍員者位執珪』，古爵名」，執珪又見《戰國策・楚策》，確為楚官爵名，鄭氏謂執帛為楚爵名，當是據執珪推斷，圖中內宮垣外四宮並列，「大將宮」為官名之宮。「執帛」亦為官名。整奎當即等於執珪，如此三宮皆為官名，宿宗宮不應例外，看來四宮皆為大臨宮，方各百尺，皆小於堂，當皆為大臣陪葬而設，猶如後世帝王陵大臣陪葬之制。【中山國銘刻在古文字語言上若干研究　古文字研究第七輯】

錦　錦

◉湯餘惠　關於簡文中「帛裏」一詞，「帛」或讀如本字，我們不傾向於此種看法。帛裏似應讀為白裏，是就複裏的顏色為言。白、帛古本同音，古書及古、文字資料中不乏二字通假之例，如

帛魚鱳＝（《石鼓・汧殹》）

黃帛其鱗（同上）

帛命入敝（魚鼎匕）

都是借「帛」為「白」（或伯）的。而且，古書及地下古文字資料中凡言及衣物之裏的，其辭例亦有規律可循，不妨也舉幾個例子：

1. 虎冟熏裏，（毛公鼎）
2. 虎冟窠裏（录伯簋）
3. 紡衣緑絸（裏）（仰18號簡）
4. 緑衣黃裏（《詩・邶風・緑衣》）

例3、4的「緑」和「黃」自不必説，例2之「窠」即「朱」字繁文，例1之「熏」假為「纁」。《爾雅・釋器》：「一染謂之縓，再染謂之赬。三染謂之纁。」纁是絳紅色。然則上舉各例用在「裏」字之前的一個字，均表顏色而不涉及所用質料。疑心簡文的「二紡紳，帛裏，組繸」與上同一語例，是説紡紳襯有白色的複裏，并附有系結佩玉之類物品的紐帶。【楚器銘文八考　古文字論集（《考古與文物》叢刊）】

錦　法一六二　四例【睡虎地秦簡文字編】

◉許　慎　錦襄邑織文。从帛。金聲。居飲切。【説文解字卷七】

◉馬叙倫　鈕樹玉曰。韻會邑作色。嚴可均曰。事類賦注引文下有也字。段玉裁曰。許以漢注釋古。謂若今之襄邑織文也。翟云升曰。類聚引作金也。作之用切重。其價為金。故制字從帛與金也。此見釋名。讀引也。倫按許亦當以聲訓。而其義當為織帛。書禹貢。厥篚織貝。鄭注。貝。錦名也。倫謂貝借為帛。織帛即錦也。漢於襄邑有服官。故呂忱或校者舉以為注。字見急就篇。【説文解字六書疏證卷十四】

◉商承祚　紟，為錦之初字。紟縧，即錦襚。【信陽長臺關一號楚墓竹簡第二組遣策考釋　戰國楚竹簡匯編】

◉劉彬徽等　綌，讀如錦。【包山楚簡】

京津四八三二　京津四二〇〇　白犬　佚四二七　佚九六二　甲四五六　白牛　甲三九三九　白兕　甲八一七　地名　于白東𡆥　京津五二八一　乙五三九九　摭續六四　白豕　鐵四三·一　與百通用　賁白人即百人　前二·二九·三　白鹿　後二·四·一一　白用為伯　兕伯　後二·二四·九　□伯　後二·二五·一三　京津三〇七八　㞢伯　乙八六八八　牛距骨刻辭　白麓　明藏一七五　伯冏　明藏四四七　白黍　林二·一一·一六　立吏于西奠玟伯　林二·一五·一四　掇一·三九七　王其□下方伯于自辟　粹一一八〇　伐歸伯受祐　存下五九八　白䌛　見合文二二【甲骨文編】

甲733　816　1978　2416　3939　乙409　866　1654　2156　2871　2948　3387　3449　4279　4538　5253　5305　5399　8688　8809　8858　9085　珠571　佚106　427　627　962　佚966　續5·61　續1·8·8　1·15·1　5·15·7　5·26·8　6·19·12　徵3·34　4·6　11·94　11·127　京4·17·1　天90　誠152　六中108　六清116　外350　續存2358　外20　141　426　摭續64　122　粹79　329　1180　1190　1316　新905　2064　2123　2124　2217　3024　3078　4186　4200　4202　4379　5281【續甲骨文編】

白　叔卣　賞叔鬱鬯白金　作冊大鼎　公賞作冊大白馬　孳乳為伯盂鼎　伯盂　師旂鼎　小臣謎簋

矢簋 宅簋 猷伯簋 彔伯簋 強伯簋 強伯作井姬鼎 伯晉鼎 趞曹鼎 師酉簋 大
鼎 公貿鼎 㫚鼎 師嫠簋 格伯簋 克鐘 不嬰簋 虢季子白盤 魯伯愈父鬲 魯伯
盤 杞伯簋 【金文編】

刀直 白人 冀平 仝上 晉原 仝上 晉交 刀直 白人ヲ 冀靈 刀直 白刀 冀靈 刀直 冀靈
刀弧背 冀滄 刀直 成白範 冀靈 刀大齊厺化背十白 典九六四 仝上 典九六九 刀弧背 成白十 典一
○六五 刀直 成白 典一一八一 刀直 成白 典一一八二 刀直 成十白 典一一八三 刀直 白人 典一一八六
刀直 白刀 典一一八七 仝上 典一一八八 刀直 白刀 典一一八九 刀直 典一一九○ 仝上 典一一九
一 刀直 成白 亞五・六八頁 【古幣文編】

一五六：一九 二十五例 通伯 委質類伯父 【侯馬盟書字表】

233 257 276 【包山楚簡文字編】

白 秦三四 十例 日甲 五七背 四例 日甲 五八 三例 【睡虎地秦簡文字編】

玫敷之青木赤木黄木—木墨木之精(乙5—30) 【長沙子彈庫帛書文字編】

0591 【古璽文編】

白水左尉 白水弋丞 白毋智印 白武之印 白台胡 張震白箋 白鱗 【漢印文字徵】

白石神君領 陽識 泰山刻石 因明白矣 石經僖公 晉白字印范 禪國山碑 白雉 【石刻篆文編】

白見石經亦伯字　白見說文【汗簡】

汗簡　汗簡　並古老子　汗簡　同上　並崔希裕纂古【古文四聲韻】

◉許　慎　白西方色也。陰用事。物色白。从入合二。二。陰數。凡白之屬皆从白。旁陌切。古文白。【說文解字卷七】

◉馬　昂　又背文一字曰白。

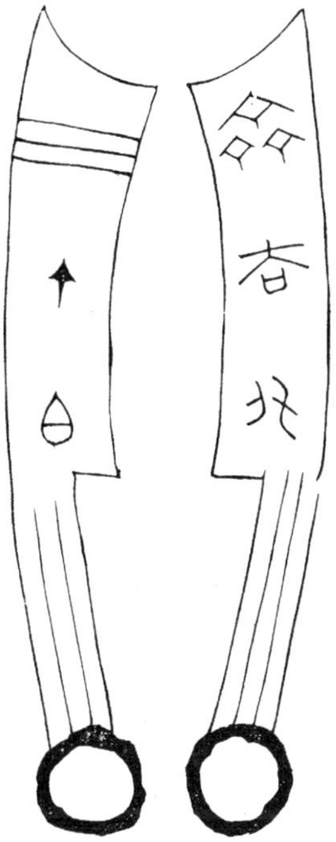

按。白說文謂从入合二。此識曰白。蓋亦合貨之意。或取白為明質與。識日字者同。【貨布文字考卷一】

◉吳大澂　古文以為伯字。盂鼎。石鼓文以為白假借字。【說文古籀補卷七】

◉羅振玉　說文解字白从入合二。古文作。古金文與此同。亦作盂鼎。但多借為伯仲字。【殷虛書契考釋卷中】

◉徐協貞　古白字。亦方名。為白方。从人字。山海經所謂白民國也。白民國或即白氏。魏書。白氏為氏之一種。自汧渭至於巴蜀。種類實繁。潛夫論謂姮姓白狄。即此種軼。春秋有白乙丙。戰國有白圭。殆為白方後之留於中原者。【殷契通釋卷一】

◉葉玉森　白為國名或地名。他辭云「☐亥卜亘貞亀☐爵☐俘白」。卷五第五葉之二。與「戊辰卜韋貞爵俘亀」藏龜第二百四十一葉之三辭例同。亀爵白並國名或地名。【殷虛書契前編集釋卷四】

◉高田忠周　白。古魂魄字。說文。魄陰神也。从鬼白聲。左昭七年傳。人始化曰魄。淮南説山訓。魄問於魂。注。魄。陰神。魂。陽神。又主術訓。地氣為魄。夫白為陰氣。故从入合二。二者。陰數也。即地也。下也。亦入也。魂為陽氣。故从二。二即上也。陽也。天也。以象昜氣上升。禮記祭義。魄者。鬼之盛也。注。耳目之聰明為魄。遂泥神鬼之義。字亦加鬼為魂魄字。所以孳乳益多也。又魄有虛明義。故轉為明白。莊子人間世。虛室生白。崔注。白者。日光所照也。又荀子王霸。仁人之所務白也。注。白。明白也。之類是也。【古籀篇三十】

◉商承祚　許(慎)訓固謬。林(義光)說亦非。殆象天將曉日欲出。故从日而銳其頂。以喻其光色之白也。金文皆如此作。而用為伯仲之伯。伯者始也。故相通叚。【甲骨文字研究下編】

◉高鴻縉　按應即貌之初文。象人面及其束髮形。面字作。倚文畫物類。意只謂中有目者是面。不連束髮。故與別。自借為黑白之白與伯仲之伯。乃又加人為意符於其下作。戰國秦人又加豹省聲作貌。其作頟者。為純形聲字。應較晚出。至今人謂白為朝日之有光形。故曰東方發白。又或以白原為伯之初文。象大拇指上端。皆臆說也。【中國字例二篇】

◉郭沫若　金文凡伯仲王伯之伯均作白。說文云：「白，西方色也。侌用事物色白。从入合二，二侌數。」然金文白字除白侯父盤作稍呈異形之外，餘均作。僅或長或短，或正或衺而已，均無所謂「从入合二」之痕跡。余謂此實拇指之象形。易咸之初六「咸其拇」，馬鄭薛虞皆云「拇足大指也」。說文「拇將指也」，左傳定十四年「闔廬傷將指，取其一屨」，注云：「其足大指見斬遂失屨。」是將指乃大指之別名也。鄭玄持異說，其注大射禮「設決朱極三」云：「三者食指、將指、無名指，小指短不用」，是以中指為將指，蓋不免出於千慮之一失。段玉裁牽許以就鄭，云「合三經而言之，手以中指為將指，為拇，足以大指為將指，為拇，此手足不同稱也。」此實不經，亦非洨長之意也。拇與白同屬脣音，古音之魚二部亦每通韻，是則拇白一音之轉也。拇又名巨擘，擘白亦一音之轉也。拇為將指，在手足俱居首位，故白引伸為伯仲之伯，又引伸為王伯之伯。其用為白色字者乃叚借也。白侯父盤之亦正拇指之象於指端着爪甲耳。要之，許書說白為「西方色」云云，實亦出於傅會。金文用白為白色義者罕見，作冊大鼎云「公賫賞作冊大白馬」，僅此而已。【金文餘釋・釋白　金文叢考】

◉吳其昌　按「白」之稱，確已見於殷代，然而與孟子萬章、周禮大宗伯、禮記王制等所述五等爵公、侯、伯、子、男之「伯」，則絕不相蒙也。公、侯、伯、子、男五等，不特殷代無之，宗周一代亦絕無之；彝器及真周書，但有侯、甸、男、衛而已。殷代契文中之「白」蓋與周初大盂鼎銘之「……邦嗣亖白。……夷嗣，王臣十又三白」之「白」語最相近；蓋其義但指一羣之長而已。金文「白」又作(攈二二・五二白侯父盤)，乃像大指翹立之形。人類翹立大指，是長之表示矣(詳金文氏族疏證)。故「白」義為羣衆之最長，如斯而已。【殷虛書契解詁】

◉徐　復　說文。部首白。西方色也。侌用事物色白。从入合二。二。侌數。旁陌切。此字疑之者頗多。王菉友曰。白从入合二。與白色無涉。

按古鐘鼎文多作。無从入二作者。再查白之古文。亦非从入二。朱駿聲曰。青黃赤黑。皆舉事以形之。白字何獨為會意。入二意亦紆曲不憭。蔣驥曰。字从日。上象日未出初見微光。按日未出地平時。先露其光。恆白。今蘇俗語昧爽曰東方發白是也。字當从日。——指事。訓太陽之明也。皓皡的等字。亦皆从日訓白。莊子人間世。虛室生白。崔注。白者。日光所照也。知北游。若白駒之過隙。釋名謂白駒。日也。章太炎氏亦主此說。按朱氏此說。振振其辭。足以使人驚服。唯細加研究。知為郢書燕說之類。查六書本義云。白為米粒果蓏核仁也。說文。皀部下云。穀之馨香也。象嘉穀在裹中之形。匕所以扱之。或說。皀。一粒也。是皀之上體白。正象米粒。即白字也。白者。西方之色。故取象於穀之成熟矣。（再查皃下云。頌儀也。从儿。白象人面形。可證白之一字。無會意之可言明矣。）【小學折中記　金陵大學文學院季刊第二卷第一期】

◉唐桂馨　按許說拘於五行。祇為白之後起義。而从入合二為白之義終未明。竊謂當从古文疏解之。。器也。如今之照像鏡。箱中有光外射。所謂虛室生白是也。象器身。上下之小畫。象光外射也。再以㝗字証之。益明白之所以為白也。【說文識小録　古學叢刊第三期】

◉馬叙倫　倫按呂氏春秋士節注。白。明也。詩東方明矣。今杭縣謂天明曰東方發白。東方發白者。日光見於地上也。白日一字。故下文皎曉皦皠諸文皆為日部昭皡諸文之轉注字。皡又為皋之後起字。日光或明。皆引申義。金文日字有作者。甲文有作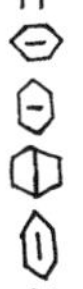者。日體本圓。童子所識。而作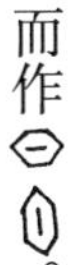。明其光芒刺目。視之則然也。今白音旁陌切而日音人質切音聲並遠者。日下曰。實也。以聲為訓。而實從貫得聲。貫母一字。錢大昕謂母古音如滿。滿音明紐。日音古在泥紐。明泥皆邊音也。白滿則同為雙脣音。抑倫以為母得聲於貝。貝音幫紐。以同清破裂音轉入見紐耳。書禹貢。厥匪織貝。借貝為帛。明白貝古同聲。以此相明。白日一字而聲轉耳。借為黑白之白。金文皇字多作。其白字上出者不一。亦象日出時光芒灼然也。許說青白字皆非本義。或非本訓。陰用車服色白二陰數九字尤為校語之明證。字見急就篇。【說文解字六書疏證卷十四】

◉楊樹達　爾雅釋詁曰：「伯，長也」。說文八篇上人部云：「伯，長也。从人白聲。」詩周頌載芟曰：「侯主侯伯。」毛傳云：「伯，長子也。」按古以伯仲叔季為長幼次序之稱。仲之言中，季之言穉，說文言之。叔之言少，段氏言之。獨伯之為長，自來無明之者，今謂伯之為言霸也。伯从白聲，猶从霸也。七篇上月部云：「霸月始生，魄然也。承大月二日，承小月三日，从月䨣聲。」周書曰：「哉生霸。」蓋月之始生者謂之霸，子之始生者謂之伯。造文者引天象於人事也。哉生霸之字經傳多作魄。許君亦以魄釋霸。蓋魄从白聲，白霸古音同，故用字者假魄為霸也。五伯為諸侯之長，此伯之引申義也。或作五霸，乃假霸為伯也。用字時之通假，大可證造字時之通假矣。詩甫田序正義引尚書「中候霸免篇」，鄭注云：「霸，猶把也，把天子之事也。」其説非也。禮記鄉飲酒義曰：「月者，三日則成魄。」正義云：「前月大，則二日生魄，前月小，則三日生魄。」白虎通日月篇曰：「月三日成魄，八日成光。」書康誥曰：「惟二月哉生魄。」馬融注云：「魄，朏也。謂月三日始生兆朏，名曰魄。」此與許君説皆謂月初生明為霸也。漢書律曆志曰：「死霸，朔也。生霸望也。」孟康注云：「月二日以往，明生魄死。故言死魄。魄，月質也。」此與戴記白虎通許馬諸説違異者，乃劉歆之説也。以造文時用始生為義，通伯於霸之説衡之。則戴記諸説是，律曆志之説非也。【釋伯　積微居小學述林】

◉朱芳圃　按朱（駿聲）説非也。此字初文作□，中□象火盛，外□象光環，省作□。義當訓明，荀子儒效篇：「則貴名白而天下治也。」楊注：「白，明顯之貌」；榮辱篇：「身死而名彌白」，楊注：「白，彰明也」，是其證也。引伸為色素之名，釋名釋采帛：「白，啓也，如水啟時色也。」

經傳稱禹曰伯禹，益曰伯益，本字皆當作白，義與王亥王季之偁王相同。春秋元命苞：「伯之為言白也，明白于德也。」其潤飾以儒家之言，與王訓「盛德之至故曰王天下」相同。【殷周文字釋叢卷上】

◉林清源

銘在內，二字，可隸定為「白析」。劉心源云：「陳壽卿器，內銘三字，蝕一字。白，姓；析，名。析，龍龕手鑑音科。」（奇觚10・9・1），惟據銘拓觀之，銘但二字而已。「白」未必為姓氏字，為侯伯字或伯仲字之可能尤大。【兩周青銅句兵銘文匯考】

◉裘錫圭　古籍中有「殷人尚白」（《禮記・檀弓上》）之説。據説尚白馬是殷人尚白的表現之一。《禮記・明堂位》：「夏后氏駱馬黑鬣，殷人白馬黑首，周人黃馬蕃鬣。」鄭玄注：「順正色也。……殷黑首，為純白凶也。」同書《檀弓上》：「殷人尚白……戎事稱翰，牲用白。」鄭玄注：「翰，白色也。《易》曰『白馬翰如。』」對殷人尚白之説，現代學者往往致疑。如金祥恆先生在《釋赤與幽》一文中，據殷墟卜辭卜問的用牲毛色有很多種類的現象疑「殷尚白」之説非事實（載《中國文字》第八期）；黃然偉先生且有殷人尚白説質疑的專文（載《大陸雜志》31卷一期，文未見）。殷人尚白之説究竟有沒有真實性，是一個相當復雜的問題，目前恐怕很難得出公認的結論。但是殷人的重視白馬，在殷墟卜辭裏卻是確有證據的。

殷人實際使用的馬當然不會限于白馬一種。在跟使用馬匹有關的卜辭裏，可以看到赤馬、駁、騽、騖等多種表示不同毛色的馬名（參看王宇信《商代的馬和養馬業》，《中國史研究》一九八〇年一期一〇〇—一〇一頁）。但是殷人最重視的則是白馬，這可以從一些卜辭裏清楚地看出來。

殷人在占卜「取馬」、「以馬」、「來馬」等事時，一般不指明馬的毛色，例如：

(1) 己子(巳)卜：雀取馬，以。　乙四七一八，合集八九八四

(2) [□□卜]䇂以馬自䇂。十二月。允以三丙。　續五・四・五，合八七九七正。

(3) □辰卜古鼎(貞)：乎(呼)取馬于𡆥，以。三月。

(4) 甲申卜㱿鼎：以馬。　乙七六四七，合八九六一正乙。

(5) 不其以馬。　乙七六七六，合八九六一正甲。

(6) 癸未卜亙鼎：妻來我馬。七T，合九一七二正。

(7) 古來馬。

(8) 不其來馬。　乙五三〇五，合九四五正。

唯有「白馬」卻在這類卜辭裏屢次出現，例如：

(9) 鼎(貞)[illegible]乎(呼)取白馬，以。　乙五三〇五，合九四五正。

(10) 甲辰卜㱿鼎：奚來白馬。王固(繇?)曰吉。其來。

(11) 甲辰卜㱿鼎：奚不其來白馬。五[月]。　丙一五七，合九一七七正。

(12) 鼎：戠不我其來白馬。五[月]。　掇二一二四，合九一七六正。

(9)與上引(7)、(8)二辭同版。英三三六正(庫四二六)有如卜一條殘辭：

(13) 鼎：𡚸弗☐白馬☐。

大概也是關于「來馬」或「以馬」的卜辭。

在為馬的「災禍」、死亡等事占卜時，一般也不指明馬的毛色，例如：

(14) 鼎(貞)：我馬㞢(有)[illegible]，隹(唯)囚(憂)。

(15) 鼎：我馬[illegible]，不隹[囚]。　合二〇一，合一一〇一八正。

(16) 甲午卜：王馬尋駒，其禦于父甲亞。　録三一二，合三〇二九七

(17) 鼎：馬不𢀛(殟)。　京津一六八六，合一一〇二四。

(18) 〼馬其𢀛。　零拾一四〇，合一一〇二三。

在這類卜辭裏出現的指明毛色的馬名，確鑿無疑的也只有白馬：

(19) 丙午卜鼎(貞)：隹(唯)子弖𧊒(害)白馬。　北大藏于省吾先生舊藏甲骨墨本一·三二。

(20) 丙午卜爭鼎：七白馬𢀛(殟)，隹丁取。二月。　甲三五一二，合一〇〇六七(合三〇二〇十一一〇四八為同文卜辭)。

上舉二辭的卜日皆為丙午，字體也極相近，有可能為同時所卜。此外只有合一三七〇五殘辭「〼王〼爻馬亡疾」中的「爻馬」，也許可以讀為「駁馬」。

以上所說的情況可以清楚地看出，殷人對白馬的確特別重視。更有意思的是，殷人還屢次為將要出生的馬崽是不是白色的而占卜，例如：

(21) 甲申卜：馬隹(唯)白子。

(22) 小⿰馬匕子白。不白。　續五·二六·八，合三四一一。

(23) 〼王：小⿰馬口〼白。　林一·一四·一九

(24) 〼騂子白。不。十一月。　菁一一·八，合三四一二。

(25) □□卜□⿰馬囟子白。　屯南二六五〇

(26) 丙辰卜□鼎(貞)：𡨦□馬子白〼。　合五七二九。

(27) ⿱隹馬毓(育)白。　乙一六五四，合一八二七一

(28) 不其白。　乙一六九七，合一四七五一正。

(22)的「⿰馬匕」當是「牝馬」之「牝」的專字，也可能就是「匕(牝)馬」的合文。(23)的字體與(22)極相近，疑所卜是一事，「⿰馬口」即「⿰馬匕」之殘文。(24)的「騂」、(25)的「⿰馬囟」都應該是一種馬名。前一字也見于合一一〇五一的一條殘辭：「癸酉，王：騂〼」。其字體與(24)極相近，疑所卜亦為一事。(26)的「𡨦□馬」當指取自𡨦之馬，參看上文所引的第(3)辭。(27)、(28)從字體、行款看似為對貞之辭，但合一八二七一與一四七五一兩片卜甲的斷處不接。合七八五〇(簠、雜94)有「不其白」一辭，疑亦與馬之生育有關。(27)的第一字，甲骨文編釋為「騽」(三九八頁)，可从。但文編將此辭的「白騽」二字連讀，則是不對的。爾雅釋畜：「驪馬黄脊，

騮。」說文：「騮，馬豪骭也。」唐蘭先生認為卜辭「騮」字的解釋當从爾雅。殷人希望騮馬也生白子，其崇尚白馬的心情躍然可見。至于殷人是否如明堂位所說，特別崇尚黑首白馬，已不可考。

最後，附帶解釋一條可以與上引占卜馬崽是否白色之辭相比照的卜辭：

(29) 丁亥卜□(王?)：子白羌毓(育)，不□(其?)白。　京津二〇六四，合三四一〇

卜辭或言「㚔白人」，姚孝遂先生認為『白人』當指其膚色而言」。上引卜辭裏的「子白羌」疑指商王之子所「幸」的白皮膚的羌族女子。有一條卜旬之辭的驗辭說「之日子羌女老」(合二一〇二一)；「子羌女」與卜辭的「子白羌」可能是一類人。上辭可能是在「子白羌」即將生育時卜問所生之子的膚色是否白色的卜辭。如果上面的解釋大致不誤的話，白羌究竟屬于古代的哪一個種族，殷王室血統中是否可能含有少量白種的成分，就都是可以研究的問題了。【從殷墟甲骨卜辭看殷人對白馬的重視　殷墟博物苑苑刊(創刊號)】

◉朱　楨　(三)白色人牲及白色人種問題

商代用為祭牲的除牛、羊、豕、犬等家畜外，還有用人牲的。卜辭中常見的人牲有「羌」、「南」等。而且，不僅畜牲有白牲，人牲中也有些許白牲信息的透露。如：

□醜卜，□貞：燎白人？　(鐵53·4)

燎白人？　(南誠43·1)

此處「白人」有兩種解釋的可能：一為「白」地或「白」部族方國之人，或奴隸或俘虜。此意義上的「白人」如同用為人牲的「羌人」一樣。一為膚色白皙之人，或即白種人。此意義上的「白人」當如用作祭牲的「白牛」、「白羊」、「白豕」一樣。姚孝遂先生即持第二種觀點，認為「『白人』當指其膚色而言。」姚孝遂：《商代的俘虜》，《古文字研究》第一輯，中華書局1979年版。但是，是否有第三種解釋的可能呢？即白種人居地稱「白」，其族名也稱「白」？

另外，卜辭中還有「白羌」之用為人牲的材料，如：

戊子卜，賓貞：惟今夕用三白羌于丁？用。十二月。　(契245)

三白羌用于丁？　(續2·16·3)

……白羌……　(存2·19·5)

關于這兩條卜辭，更有爭議。或釋「白」如「百」，或讀如字「白」。如徐中舒等認為「白」字除作地名、人名、神名、顏色外，還作數

詞用，同「百」，所舉之例即釋《續》2・16・13之「三白羌」作「三百羌」。徐中舒主編：《甲骨文字典》，四川辭書出版社1988年版。又如王慎行也釋此辭「三白羌」人和「三百羌」。王慎行：《卜辭所見羌人考》，載其論文集《古文字與殷周文明》，陝西教育出版社1992年版。瞿潤緡、姚孝遂却都認為「白」字當如字讀，即釋用「三白羌」(三個白羌人)。瞿潤緡：《殷虛卜辭考釋》，引自李孝定《甲骨文字集釋》。姚孝遂：《商代的俘虜》，《古文字研究》第一輯，中華書局1979年版。其實，甲骨文「白」、「百」二字字形絶不相混。甲骨文中既有「百」字，又何須借「白」作「百」呢？查此條卜辭原字，「三白羌」之「三白」作三[白]，為二字左右析書，與卜辭中習見之數字三百作上下合文也迥別。又前引瞿潤緡文中有「十白豕」的辭例。我們未見所引原辭全辭及出處如何。若果引不誤，則也是「白」字如字讀之力證。如「白」讀「百」，「十百」即是「千」，卜辭中有數詞「千」而未有「十百」之例。因此，我們認為，還是讀作本字為是。即「三白羌」，指三個白膚色的羌人。「三白羌用于丁」即是將三個白膚色的羌人用作人牲祭祀以丁為廟號的先祖。「白羌」、「白人」之用為祭牲，正如「白牛」、「白羊」、「白豕」一樣，當是基于「殷人尚白」、「殷牲尚白」的宗教觀念。那麽，就存在着這樣一個問題，這「三白羌」究竟是從普通羌族人中選出的三個膚色較白的作牲呢？還是本來就存在着一支白色皮膚的羌部族？抑或上古之時已有白色人種已居住于殷商王朝疆域鄰近不遠的地方而與殷人發生了某種關係？

裘錫圭在其文中列舉了下辭并加以分析，也提出了問題：「己亥卜，□(王？)：子白羌毓(育)，不□(其？)白。(京津2064，合3410)『子白羌』疑指商王之子所『幸』的白皮膚的羌族女子……上辭可能是在『子白羌』即將生育時卜問所生之子的膚色是否白色的卜辭……如果上面的解釋大致不誤的話，白羌究竟屬于古代哪一個種族，殷王室血統中是否可能含有少量白種人的成分，都是可以研究的問題。」裘錫圭：《从殷墟甲骨卜辭中看殷人對白馬的重視》，《殷墟博物苑苑刊》創刊號，中國社會科學出版社，1989年版。以上這些問題，都涉及到了上古民族的種屬問題。

1934年底到1935年底，考古學家們在安陽殷墟侯家莊西北岡進行了三次發掘，出土了殷代祭祀坑中的370多具人體頭骨(現藏中國臺北)。這為人類學家研究殷代人種問題，提供了豐富的第一手材料。對這些被殺祭的人牲，或認為是奴隸，或認為是戰俘。除大陸學者韓康信、潘其鳳認為殷代民族體質仍是單元系而非異種系外，韓康信、潘其鳳：《殷代人種問題考察》，《歷史研究》1980年第2期；《古代中國人種成分研究》，《考古學報》1984年第2期。中外學者大都認為這些頭骨所代表的族群是異種系。如李濟李濟：《安陽侯家莊商代顱骨的某些測量特徵》(英文版)，《中央研究院院刊》第一集，1951年6月；《安陽發掘與中國古史問題》，《中央研究院歷史語言研究所集刊》第四十本下册，1969年11月楊希枚楊希枚：《河南安陽侯家莊殷墟所出顱骨的初步報告》(英文)，中國東亞學術研究計劃委員會年報第五期，1966年6月；《河南安陽殷墟墓葬中人體骨骼的整理與研究》，《中央研究院歷史語言研究所集刊》第四十二本，1970年2月等都曾測量、類

皎

比分出組種而持異種系説。美國學者孔恩(C・S・Coon)也認為殷代祭祀坑頭骨屬多元族群,白種、黄種、黄白混血種或至今難以確定種系等。這些頭骨類型中有長顱型的現代華北人種,有寬顱型的類蒙古型,也有北歐人種型。C.S.Coon(孔恩):「The Story of Man,pp.331—332,1954;An Anthropo—Geographic Excurision Around the World,Human Biology,Vol,30,pp.29—42,1958.美國當代體質人類學權威豪威爾士(Howells,W.W.)據此更進一步論證:「歐洲也還不是白種人唯一的家園。……俄羅斯和中亞也是老白種的領域……東亞,正如蝦夷人顯示的那樣,必然曾一度有過而現在卻被蒙古人種(體質)掩没的一種極重要的古老的白種族群。」Howells,W.W.,Mankind in The Making, 1936.

其實,古代文獻中已有白種人出現的端倪,如《山海經・海外西經》:「白民之國,在龍魚北,白身披髮。」披髮而膚色白皙,自然是白種人無疑了。考古發掘中也有可輔證的材料。如1985年在陝西省扶風召陳村發現一尊高鼻深目的玉雕小人(此物現存召陳村文管處),高鼻深目,也正是白種人的外貌特征。周人將其雕刻成小俑,説明此種白人已與殷王朝西部民族關係密切。因此有些學者推斷:在殷周時期,誕生成長于中亞的一支白種人(伊蘭族?)游牧民族曾游牧到中國的陝、甘北部一帶,通過鬼方、羌方等周邊民族與中原政權發生關係;或曾經由黄河上、中游及蒙古高原地帶深入中原地區,與殷王朝發生直接聯系,在河南境内留下了他們的足迹。羅益群:《殷商時期白種人在中原的足迹考》,《河北學刊》1985年第4期。

由此再回過頭來看看卜辭中用白人為牲之辭。可知所用「白人」、「白羌」當是指白色皮膚的白種人。他們所居之地在卜辭中稱「白」,他們所代表的部族也名「白」。「白羌」或是「白種人」與羌人的混血種,或是殷人心目中已把「白人」當作羌人的一種,皆是由其膚色白皙而定部落、種屬之名。白種人與中原王朝的商民族發生戰争,于是,殷人把在戰争中俘獲的白種人作為祭祀神靈的人牲。由此也可推知,卜辭中「子白羌育」和「婦白」當指商王室求取於白種部族的美女為諸婦者。裘氏所疑殷王室血統中有白種成分是有道理的。除白色人種外,當時邊境游牧部族中肯定還有其他異色人種,如黑色人種。楊希枚:《論漢簡及其他漢文獻的黑色人問題》,引自陳紹棣《楊希枚先生傳略》,《中國史研究》1990年第3期。而殷人不及其他,只在卜辭中提及白種人,記載與白色人種的交往情況,也當是「殷人尚白」觀念在其行為中的表現。【殷人尚白問題試證 殷都學刊一九九五年第三期】

 崔希裕纂古 【古文四聲韻】

◉許慎 皎月之白也。从白。交聲。詩曰。月出皎兮。古了切。【説文解字卷七】

曉 皢 晳 晳 皤 皤

◉馬叙倫　此昭皢等字之轉注字。亦皦之轉注字。詩月出皎兮。今詩作皦。釋文。皦一本作皎。是其證。月之白也非本義。亦非本訓。下文晳皤皠皚皅皦皛諸文説解同此。字或並出字林也。【説文解字六書疏證卷十四】

◉許　慎　曉日之白也。从白。堯聲。呼鳥切。【説文解字卷七】

◉馬叙倫　倫按此皎之疊韻轉注字。日之白也非本訓。【説文解字六書疏證卷十四】

◉許　慎　晳人色白也。从白。析聲。先擊切。【説文解字卷七】

◉馬叙倫　倫按晳從白與人無干。倫謂曉之同次清摩擦音轉注字。晳音心紐。曉音曉紐也。【説文解字六書疏證卷十四】

◉許　慎　皤老人白也。从白。番聲。易曰。賁如皤如。薄波切。䪻皤或从頁。【説文解字卷七】

◉楊樹達　説文七篇下白部云：「皤，老人白也。从白，番聲。引易曰：賁如皤如。」按番聲及音近之字多含白義。禮記明堂位曰：「夏后氏駱馬黑鬣，殷人白馬黑首，周人黄馬蕃鬣。」蕃鬣，白鬣也。此一事也。玉篇云：「𪖀，白鼠也。」此二事也。爾雅釋畜云：「青驪繁鬣，騥。」繁鬣，白鬣也。明堂位蕃鬣及此皆王引之説，見經義述聞卷十五及卷二十八。此三事也。爾雅釋艸云：「蘩，皤蒿。」孫炎注云：「白蒿也。」詩豳風七月傳云：「蘩，白蒿也。」説文一篇下艸部云：「蘩，白蒿也。从艸，緐聲。」蘩蘩字同。此四事也。説文四篇上目部云：「眅，多白眼也。从目，反聲。」此五事也。又云：「辧，小兒白眼視也。从目，辡聲。」此六事也。【説皤　積微居小學金石論叢】

◉馬叙倫　沈濤曰。易賁卦釋文引作老人皃。文選關雍詩注後漢書班固傳注亦引作皤。老人皃也。是古本作皃不作白也。御覽三百八十八行作老人色也。色亦皃字之譌。翟云升曰。六書故引作老人髮白也。倫按白當作皃。此額字義。皤為白之音同竝紐轉注字。

䪻　倫按額皤非一字。此當入頁部。【説文解字六書疏證卷十四】

皠

◉許　慎　皠鳥之白也。从白。隺聲。胡沃切。【説文解字卷七】

◉楊樹達　説文七篇下白部云：「皠，鳥之白也，从白，隺聲。」胡沃切。按隺聲字多含白義。二篇上牛部云：「犨，白牛也，从牛，隺聲。」五角切。十篇上馬部云：「騅，馬白頟，从馬，隺聲。」下各切。四篇上鳥部云：「鶴鳴九皋，聲聞於天，从鳥，隺聲。」下各切。按隺訓高至，許君取詩鶴鳴九皋聲聞於天為説，蓋以高至為義，然鶴色多白，亦兼受義於白也。四篇上羽部云：「翯，鳥白肥澤貌，从羽，高聲。詩曰：白鳥翯翯。」胡角切。九篇上頁部云：「顥，白貌，从頁，从景。楚辭曰：天白顥顥。南山四顥，白首人也。」胡老切。白部又云：「皢，日之白也，从白，堯聲。」呼鳥切。翯顥皢音並同。司馬相如大人賦云：「吾乃今日目覩西王母皠然白首。」太玄五內次七云：「枯垣生莠，曤頍內其稚婦。」曤疑當為皠之或作。五篇上竹部籗或从隺作篧，是其比也。【釋皠　積微居小學述林】

◉馬叙倫　倫按此附會白鳥翯翯之説也。皠為皓皞之雙聲轉注字。【説文解字六書疏證卷十四】

皚

◉許　慎　皚霜雪之白也。从白。豈聲。五來切。【説文解字卷七】

◉馬叙倫　鈕樹玉曰。文選劉公幹詩注引皚霜雪之皃。初學記引作皚霜之白者也。沈濤曰。文選北征賦注引皚霜雪白之皃也。後漢書張衡傳注引作皚皚霜雪之貌也。倫按皚蓋晤之雙聲轉注字。亦得與皠為根次濁音轉注。【説文解字六書疏證卷十四】

皅

◉許　慎　皅艸華之白也。从白。巴聲。普巴切。【説文解字卷七】

◉馬叙倫　鈕樹玉曰。繫傳無之字。倫按艸華之白者蓋皣字義。皅為皤之同雙脣音轉注字。【説文解字六書疏證卷十四】

皦

古老子【古文四聲韻】

◉許　慎　皦玉石之白也。从白。敫聲。古了切。【説文解字卷七】

◉馬叙倫　倫按此皦之後起字。見敫字下。亦皎之雙聲轉注字。【説文解字六書疏證卷十四】

𡭴 □

◉許　慎　□際見之白也。从白。上下小見。起戟切。【說文解字卷七】

◉馬叙倫　龔橙曰。際見之白非本形。倫按際見之白也當作際也白皃。見之二字涉下文而譌衍。轉捝皃字。亦或見為皃譌也。際也者。隙字義。白皃為本義。然實白之異文。蓋本作□或□也。白音並紐。轉滂紐而以同次清破裂音轉入溪紐耳。或曰。從□。即白字。金文皇字作□。可證也。小聲。小音心紐。從𡭴得聲之虩入曉紐。心曉同為次清摩擦音也。今𡭴音入溪紐者。以同為次清音轉入溪紐耳。然則𡭴為虩之同次清摩擦音轉注字。【說文解字六書疏證卷十四】

◉唐桂馨　按。□即白字。上下之八。則器內之光由隙射出之狀。𡭴即隙之本字。【說文識小録　古學叢刊第三期】

◉于省吾　卜辭□字亦作□□□等形。羅振玉云。象日光輝四射之狀。後世篆文將此字所从之□。引長之而作□。上又增聿。形義全晦。於是許君遂以隸畫部。而為與夜為界之説矣。增訂考釋中五。葉玉森云。疑即周禮眡祲掌十煇之煇。乃暈之古文。日光炁也。□並象日旁雲氣。四面旋捲。若軍營圍守者然。鉤沈甲。按羅葉二說。但憑臆測。於字形嬗變之迹。殊有未符。□當即後世𡭴字。説文。𡭴際見之白也。从白。上下小見。徐灝段注箋云。𡭴隙古今字。際見之白。孔隙漏光也。明吳元滿六書總要曰。从日。上下指光芒之狀。是也。按徐引吳說。最為精塙。如金文皇字。矢作丁公𣪘作□。召卣作□。仲年父𣪘作□。豐兮𣪘作□。彔伯𣪘作□。上畫繁省無定。均象日光外射形。説文古籀補七十二引古鉨文。𡭴作□。金文虩字所从之𡭴。毛公鼎作□。秦公𣪘作□。弓鎛作□。均不从白。凡古文字所从之點。其橫點與豎點同。其點之部位。變化靡定。如後上七・十三有□字。前四・十三・三作□。栔文習見之字。如彭作□亦作□。派作□亦作□。㚖作□亦作□見簠室類纂存疑五五。又如亥字作□亦作□。冘字作□亦作□。彔字作□亦作□。然則點之形勢。縱橫之。上下之。左右之。周圍之。變動不居。惟施所宜。由□形之變為□。在偏旁中。或以限於地位。在獨體中。或以書寫之順便。在分期中。或以時閒之較晚。如前六・五五・四。□祖乙。□字从𡭴作□。前二・十八・三。氵𡭴亡巛。為弟五期卜辭。氵𡭴字从𡭴作□。中从□。乃日形之稍變。非白字。蓋𡭴字古文从日。小篆譌為白。若謂栔文从白。金文譌為日。小篆又由日譌為白。殊不爾也。亦有在偏旁中而其點仍有在日之周圍者。如粹四九九。叀□彭。□字从𡭴作□。又四九七及四九八均有□字。上半稍殘。下从𡭴作□□形。金文□黃𣪘。□字舊不識。當亦𡭴字。中从日作□。剌作兄日辛卣。日作□。䄷伯匜。䄷字从日作○。是其證。然則𡭴字之演變。由□□而□而□而□而□。其為𡭴字。殆無可疑。𡭴之本形。象日光四射。後世假灼焯爍為之。容光必照。故𡭴之引伸義為隙孔為空閒。卜辭𡭴及氵𡭴字。上下文多已殘闕。前四・八・六。□𡭴。未識何義。前二・十八・三。氵𡭴亡巛。四・八・五。𡭴凡。佚存七五零。□酉𡭴。止雨□。柏根氏舊藏甲骨文字二。甲午㝮。㵧㝮並應讀作遡遊之遡。从㝮从朔之字音近相借。說文。虩易履虎尾虩虩。从虎㝮聲。今易履九四。虩虩作愬愬。又易震。震來虩虩。釋文。荀作愬愬。愬遡古通用。文選七命。遡九秋之鳴飈注。愬與遡同。經傳遡亦作泝。左哀四年傳。吳將泝江入郢注。逆流曰泝。說文。㴑逆流而上曰㴑洄。重文作遡。然則遡亡巛者。謂汎舟遡遊亡巛也。溯凡者。凡應讀盤。謂遡遊盤樂也。卜辭囚凡習見。郭沫若讀為遊盤。通纂攷釋一六九。是也。卜辭亦稱旬凡。即徇盤。詳駢枝釋㳄。遡盤遊盤徇盤。其辭例文義並相仿也。【釋㝮　雙劍誃殷契駢枝續編】

◉許　慎　皛顯也。从三白。讀若皎。烏皎切。【說文解字卷七】

◉馬叙倫　沈濤曰。文選陶潛還江陵夜行塗口詩注引通白日皛。皛明也。然他注所引皆同今本。倫按白日一字。日固有明。然一白與三白無異。抑豈天地間有三白哉。自是白之茂文耳。㿟鼎[illegible]字。從二白。集韻。㿟音帛。白色也。與白同。則三白與二白皆白之茂文明矣。此讀若皎。明是皦下讀音。捝譌於此。文選潘友仁關中詩注引倉頡。明也。【說文解字六書疏證卷十四】

㡀　㡀匹曳切【汗簡】

[illegible] 汗簡【古文四聲韻】

◉許　慎　㡀敗衣也。从巾。象衣敗之形。凡㡀之屬皆从㡀。毗祭切。【說文解字卷七】

◉丁佛言　[illegible]古匋　[illegible]古匋　[illegible]古匋同上。二字。吳愙齋均以為蔽省。【說文古籀補補卷七】

◉馬叙倫　鈕樹玉曰。廣韻作㡀。引衣敗作敗衣。朱駿聲曰。上下四注於六書為指事。謂破痕也。本訓敗巾。徐灝曰。戴侗曰。此字從巾。𠔁象其文。故黼黻字皆從之。亦得為敗敝壞之義。灝按㡀蓋古幣字。從巾從𠔁。𠔁古文別。束帛分別之意。非象其文也。𠔁亦聲。饒炯曰當曰敗也。本通謂敗曰㡀。不專言衣之敗。㡀敗義難狀。故從巾而象之。以指其事。倫按廣雅釋詁。㡀。敗也。則此本訓敗也。以聲訓。衣字涉下文象衣敗之形而譌演。象衣敗之形亦校者改之。蓋本作𠔁聲。𠔁為八之茂文。甲文敝字作[illegible]。其㡀字從巾八聲。可證也。徐謂㡀為幣之古字可從。禮言納幣即納布也。以麻皮為幣。蓋未明織布時之俗。古讀㡀如敗。故從八得聲。敗敝則轉注字。衣敝縕袍字作敝是也。此巾布之轉注字。【說文解字六書疏證卷

十四】

◉李家浩　（羅福頤《漢印文字徵》新版12、15下）　（同上，10、19上）

第一字當釋為「嫳」，《萬象名義・女部》「嫳」字即從「敝」可證。漢印此字用為人名。春秋時齊國有人名「盧蒲嫳」，見《左傳》襄公二十七年、二十八年，昭公三年。「盧蒲」是復姓，「嫳」是名。可見古人確有以「嫳」字作為名字的。上引第二字是「憋」字。「敝」字作為偏旁時寫作「敞」，與「軒敞」之「敞」同形，這種習尚一直保留到唐代。下面舉幾個字作為例子：

㢢（弊）　（齊隽敬碑）

瞥（瞥）　（唐李從證墓志）

幣（幣）　（唐濟瀆北海壇祭器碑）

蔽（蔽）　（唐敦煌寫本《六韜》）

此外，《萬象名義》所收從「敝」之字多數也寫作「敞」如：邑部「鄨」，女部「嫳」，手部「撆」，廾部「弊」、足部「蹩」、死部「獘」、艸部「蘻」、「蔽」，金部「鐅」，水部「潎」，犬部「獘」，鳥部「鷩」，虫部「蟞」，黽部「鼈」，貝部「贅」，巾部「幣」等字。由此可見梁布這個字當是「㡀」字而非「尚」字。《古文四聲韻》卷四祭韻「獘」字下引《古老子》作

《汗簡》卷中之二「弊」字作，與此當是一字。這種寫法當是由幣文「㡀」字變而成。「米火小」三字形近易混。金文裏有一個從「尾」從「小」的字：（曾子㞕瑚，郭沫若《兩周金文辭大系圖録考釋》4・209上）此當即《説文》古文「徙」字所從出。《説文》古文「徙」字作，《汗簡》卷上之一辵部從「辵」作，前者訛「小」為「米」，後者訛「小」為「火」，與此同例。

由於幣文「㡀」字這種寫法與「尚」字相近，所以在戰國文字裏「尚」字作為偏旁有時與「㡀」相混，如下引古璽「堂、党」二字所從「尚」的上部即寫作「小」字形：

：高堂賕（市）鉩（陳介祺《簠齋手拓古印集》19上）

：党亳（？）（《秦漢印統》8・33）

為了避免與「㡀」字相混，戰國文字常常在「尚」字上加一個聲符「上」，例如

（《文物》1979年1期20頁圖22）

（羅福頤《古璽文字徵》附33下）

□(同上)

前面我們已經説過,(1)、(2)「㡀」字所處的語法位置與(3)、(4)「釿」字相同,應該是貨幣的名稱。因此,幣文「釿」字當讀為「幣」。「幣」從「敝」得聲,而「敝」又從「㡀」聲,故「㡀」可讀為「幣」。(1)「正㡀」與(2)「半㡀」對文,過去認為「正」用為「整」。「梁整幣百當寽」,意思是説一百枚「整幣」相當一寽。「梁半幣二百當寽」,意思是説二百枚「半幣」相當一寽。(1)至(4)四種梁布的實測重量,列舉如下:

(1) 10.82——16克(王毓銓:《我國古代貨幣的起源和發展》35頁,科學出版社,1957年。)

(2) 7.03克(陳仁濤:《金匱論古初集》101頁,香港亞洲石印局,1952年。)

(3) 17.4——28.02克

(4) 7.21——15.05克

(3)是二釿布,(4)是一釿布。(1)的重量與(4)相近,而(2)的重量只有(4)和(1)的一半。可見一枚「整幣」就是一釿,一枚「半幣就是半新釿。釿與寽的比值是100:1。(參看林巳奈夫:《戰國時代の重量單位》,51:2,1968年3月,日本京都。)

在戰國貨幣文字裏,「幣」或借「比」字為之。

楚國有如下兩種布幣的面文:

(5) 㫋比坣(當)忻(釿)。(劉心源《奇觚室吉金文述》19·5—7,見376頁圖三·1)

(6) 四比坣(當)忻(釿)。同上,12·10下,圖三·2

「比」字原文作□。按戰國古璽有如下一個字:□(霦)(陳介祺《簠齋手拓古印集》24下)。所從「炏」旁與此字字形很相似,而實際上並非一字。根據古文字來看,此字舊釋為「比」是正確的。(參看《古錢大辭典》下編23頁「殊布當十化」條下。)金文「比」字作□(《金文編》460)。

《説文》「比,密也。二人為從,反從為比」。我們知道,在古文字裏字的正反區別並不十分嚴格。東周青銅器裏有一種扁形壺,自名為「鈚」,從「金」從「比」聲,例如:□(喪史賓鈚,容庚《商周彝器通考》下圖800,羅振玉《三代吉金文存》18·14),有時加「皿」旁:□(蔡侯紳盤,「紳」字從裘錫圭先生釋。安徽省文物管理委員會、安徽省博物館《壽縣蔡侯墓出土遺物》圖版10·2,圖版33·3),有時又寫作從「缶」或從「卤」:□(孟城鈚,《商周彝器通考》下圖801,《三代吉金文存》18·14),□(引甗,《博古圖》10·37)。上引後三例「比」旁都朝左作如「從」字形。1978年故宫博物院流散文物展覽展出山西省文物管理委員會搜集的一件戰國銅扁壺。扁壺頸部有銘文六字,自名為「鐴」：

「土匀(軍)面(稟)，四斗鐴。」

裘錫圭先生認為「釶、鍦、鉳、𨪿、鐴」等器名字都應當讀為「椑」。《廣雅・釋器》：「匾榼謂之椑。」(未刊)古代「比」、「卑」二字音近可通，如《詩・大雅・皇矣》：「克順克比」，《禮記・樂記》引作「克順克俾」。可見上引諸扁壺用作器名的字確實從「比」。楚布「比」字也是朝左寫的，並在二「匕」的上部各加一短横，與下列諸字在直畫的上部加一短横屬於同一現象：

(光)(《金文編》540)

(禹)(《古璽文字徵》14・4)

(𣅀)(同上14・2)

《汗簡》卷中之二「比」字作，(《古文四聲韻》卷三旨韻「比」字下引《古老子》與此同。)也是在二「匕」的上部各加一短横，與楚布「比」字同。《汗簡》「必」字又寫作，《說文》古文「比」作，此二字當是由楚布「比」字這種形體訛變而成。「比、幣」二字古音極近，可以通假，如《方言》十一「蚍蜉」，郭璞注：「𧉈浮二音。亦呼蟞蜉。」是其證。據(5)(6)文義看，「比」字應當讀為「幣」。

(5)「㫗」字原文作：(a)，右旁很像是「木」字，但從以下三點看，這個字實非「木」字。(一)「木」作為偏旁往往寫在左邊，這個偏旁寫在右邊。(二)楚布此字有時省去左旁(見b)，說明右旁是主要部分，如果釋為「木」字，無法讀通幣文。(三)《遺篋録》3・5下著録一枚與(5)同樣形態的布幣，(見376頁圖四，《古錢大辭典》上編22頁著録一枚與《遺篋録》相同的布幣，面文筆畫稍有出入。圖四即采自《古錢大辭典》。此布左邊第一字上部作斜筆，疑與右邊「堂」字上部「八」公用。《商周金文録遺》96・541著録一件所謂的「鍵」，上有銘文二字，合文作，以「安」字的「广」(即「宀」)旁兼充「還」字的「辵」旁，與b字上部斜筆兼充「堂」字上部左斜筆屬于同一現象。)此字省作(b)，與「木」字迥異，足證(a)的右旁不是「木」字。漢印「郭」字作(《漢印文字徵》6・26下)，「孛」旁是一個從「子」從「巿」聲的字。印文「巿」旁亦寫作似「木」非「木」之形，與楚布(5)第一字右旁相近，疑(b)即「巿」字，而(a)是一個從「巿」聲的字。舊或釋(a)為「㫗」，(參看《古錢大辭典》下編23頁「殊布當十化」條下。)當然不一定對，但「㫗」也是一個從「巿」聲的字，為了行文方便起見，姑且從舊釋把幣文(a)寫作「㫗」。按從「巿」之字多有大義。《左傳》宣公十二年：「拔㫗投衡」，杜預注：「㫗，大旗也。」《管子・揆度》「焚沛澤」，尹知章注：「沛，大澤也。」《淮南子・天文》「賁星墜而勃海決」，高誘注：「勃，大也。」《集韻》：「綍，大索也。」(5)「㫗比」與(6)「四比」對言，當猶梁布「誇釿」之意，疑「㫗」或「巿」亦作「大」解。「㫗比當釿」，即一枚大幣相當一釿。「四幣當釿」，即四枚小幣相當一釿。於此可見(5)與(6)的比值是1:4。據實測：

(5) 31——37克　(6)7.5克（汪慶正：《十五年以來古代貨幣的發現和研究中的若干問題》，《文物》1965年1期，30頁。）

兩者重量的比例也是基本符合的。

前面曾提到《遺篋録》著録一枚與(5)同樣形態的布幣，此布面文「比」字作「匕」（見圖四）。「比」與「匕」古通，如「妣」或作「处」，「庇」或作「庀」，是其例。此「匕」字亦應當讀為「幣」。

「匕」字又見於下録貨幣：

(7) 陽匕。（奥平昌洪《東亞錢志》3・11）

(8) 菌（？）匕。（《中國古代貨幣發展史》104頁）

(9) 市東少（小）匕。（「市」字從裘錫圭先生釋。同上，51頁）

(10) 市南少（小）匕。（《東亞錢志》2・118上——119上，丁福保《古錢大辭典》1229號，圖五）

(11) 市西少（小）匕。（《東亞錢志》2・119上）

(12) 市中少（小）匕。（《東亞錢志》2・117下，《古錢大辭典》797號）

(7)「陽」字或寫作「昜」（見《東亞錢志》3・10下）。古代「陽」、「唐」二字音近，常常通用。據文獻記載，先秦以「陽」或「唐」為地名的有多處（「唐」，也有作「鄅」的，如晉公𥂴銘文稱其祖先為「鄅公」。先秦以「陽」或「唐」為地名的大概見於下列記載：1.《水經・濟水注》引《竹書紀年》：「梁惠成王五年，公子景賈帥師伐鄭，韓明戰於陽，我師敗逋。」此「陽」在今河南長垣西北。2.又《濟水注》引《竹書紀年》：「鄭侯使韓辰歸晉陽及向。二月，城陽、向，更名陽為河雝，向為高平。」《史記・趙世家》裴駰《集解》引《紀年》「陽」作「河陽」。其他在今河南孟縣西。3.《史記・晉世家》：「成王立，唐有亂，周公誅滅唐，……於是遂封叔虞於唐。唐在河、汾之東，方百里，故曰唐叔虞。」「唐」在今山西翼縣西。4.《戰國策・韓策三》：「公仲珉使韓侈之秦，請攻魏。韓侈在唐，公仲珉死。」此「唐」在今河南洛陽東，見顧觀光：《七國地理考》卷六。5.又《齊策二》：「薛公使魏處之趙，謂李向曰：『……齊必緩。緩必復與燕戰。戰而勝，兵罷敝，趙可取唐、曲逆……』」此「唐」亦見於《趙策一》，《戰國縱横家書》二十一章作「陽」。其地在今河北唐縣東北。據以上五個「陽」或「唐」的地望看，除5外，其它四個都是鑄造「陽匕」這種形態布幣的地區，所以「陽匕」布的鑄造地點難以確定。）(7)「陽匕」之「陽」的地望因此難以確定。(8)「菌」（？），地名，其地不詳。(9)至(12)「市東」、「市南」、「市西」、「市中」，分別指市場的東邊、南邊、西邊和中間地區，或許是市府所屬鑄錢作坊的地點。(9)至(12)的「匕」字或作，這種寫法與下録「匕」字同：

（中㭉父匕，《文物》1964年7期21頁圖6）

（蚰匕，《三代吉金文存》18・30上。《三代吉金文存》原名為「魚鼎匕」。按「鼎」字原文作，此即「顛」字。關於戰國文字中的「真」字，另有

說。）我們知道「匕」或寫作如「人」字形，則下列貨幣文字最後一字也可以得到正確的認識：

圖三

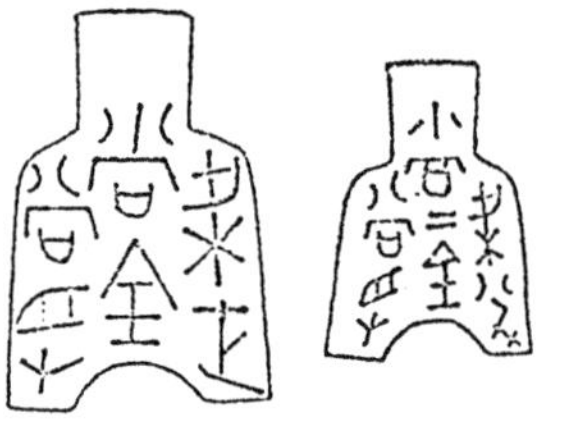

圖一

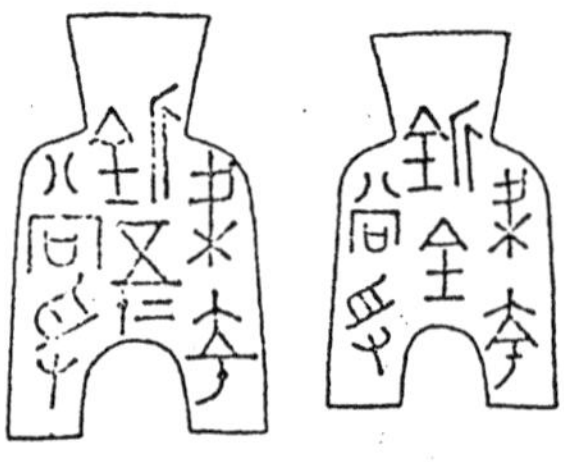

圖二

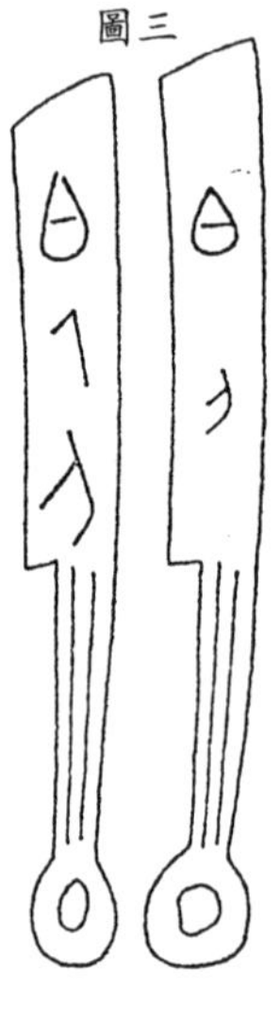

圖六

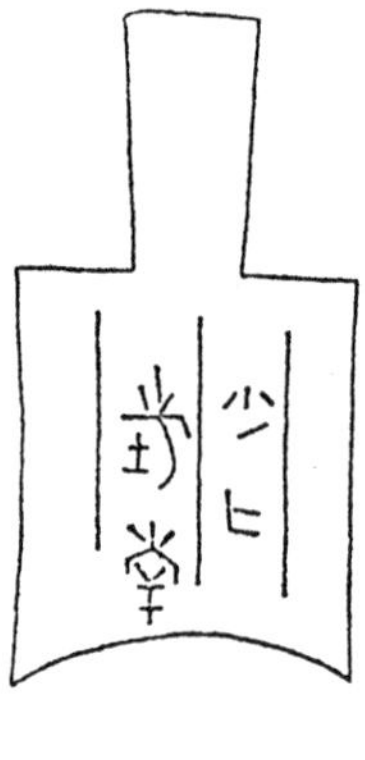

圖五

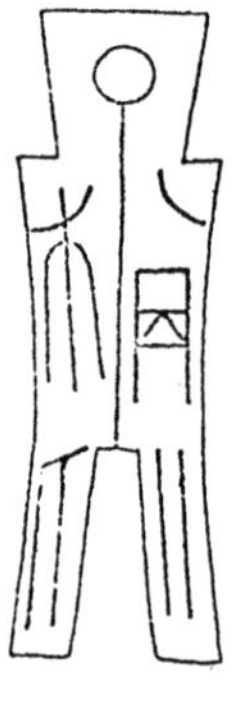

圖四

(13) 言(圁)昜(陽)亲(新)匕。（《東亞錢志》5・69下。見裘錫圭先生《戰國貨幣考[十二篇]》，《北京大學學報》哲學社會科學版，1978年2期，75頁。）

(14) 言(圁)昜(陽)匕。（同上，5・69上）

(15) 言(圁)匕。（同上）

(16) 白(柏)人匕。（《古泉匯》亨14・7下，見376頁圖六・1）

以上諸「匕」字舊釋為「化」，似不可信。在刀幣中，我們還常常見到如下一種面文：

(17) 白(柏)匕。（《古錢大辭典》1186—1189號，圖六・2）

「白」下一字舊釋為「人」。按此字與(16)「白人」下的「匕」字相同，而與「人」字有別，似釋為「匕」字較確。「柏匕」應該是「柏人匕」之省，與「圁匕」即「圁陽匕」之省同例。此外，下面所録貨幣文字的最後一個字也應該是「匕」字：

(18) 王匕。（《文物》1965年1期）

(19) 明匕。(《古錢大辭典》上249頁)

(20) 一匕。(同上，上181頁)

以上所録布、刀和圓錢諸「匕」字，似都應當讀為「幣」。【戰國貨幣文字中的「㡀」和「比」 中國語文一九八〇年第五期】

 拾六·一一 地名 王其剄敝萑  後一·一〇·二  簠游一二二 王狩敝 从㡀省  京津四四五四  存下八一一

 林二·二四·三  前六·一一·四 敝彔 見合文三〇 【甲骨文編】

 續5·21·7 徵12·77 【續甲骨文編】

 敝 秦一五 二例  秦一〇四 二例  日甲五背 【睡虎地秦簡文字編】

 張敝 【漢印文字徵】

 詛楚文 唯是秦邦之羸衆敝賦 【石刻篆文編】

 敝必曳切見石經說文亦音曳步切  【汗簡】

 石經又說文 【古文四聲韻】

◉許 慎 帗也。一曰。敗衣。从攴。从㡀。㡀亦聲。毗祭切。【說文解字卷七】

◉羅振玉 說文解字。敝。帗也。一曰。敗衣。从攴。从㡀。㡀亦聲。此从㡀省。【殷虚書契考釋】

◉葉玉森 卜辭有字。地名。余釋敝彔合文。即敝。本辭之敝鹿拾·六·十一當為同地。叚鹿作彔。于古有徵矣。【鐵雲藏龜拾遺考釋】

◉商承祚 又㡀「敗衣也。从巾。象衣敝之形。」此象以攴擊巾而敝之形。㡀又敝之專字。敝行而㡀廢矣。【甲骨文字研究下編】

◉馬叙倫 鈕樹玉曰。繫傳㡀上無從字。桂馥曰。帗當為韍。韍所以蔽前。王筠曰。敗衣當從慧苑引作衣敗為敝。朱駿聲曰。

㡀敝二字説解當互易。章炳麟曰。敝即㡀之後出字。㡀本敗衣。引申為帗者。衣敗則組裂不齊。布帛初成。亦幅耑不齊。故義同矣。倫按帗也非本義。一曰敗衣涉上文㡀下説解而誤羨敗衣二字。校者因加一曰。或㡀下本作敗也一曰敗衣。彼捝此演也。敝為敗之轉注字。雙聲亦疊韻也。左僖十年傳。敝於韓。即敗於韓也。敝字雖見急就篇。然顔注敗衣則㡀字訓也。疑急就本作㡀。傳寫易之。秦詛楚文作。甲文作。【説文解字六書疏證卷十四】

◉裘錫圭　《説文·七下·㡀部》:「㡀,敗衣也。从巾,象衣敗之形」。「敝,帗也。一曰敗衣。從㡀,從攴,㡀亦聲。」殷墟甲骨文有「敝」無「㡀」。敝字作等形(《甲骨文編》337頁「敝」字、636頁「敝録」合文),左旁可以省作「巾」。從甲骨文字形看,「敝」字顯然象擊巾之形,巾旁小點表示擊巾時揚起來的灰塵。從「攴」從「巾」,擊巾的意思已能表示出來,所以巾旁小點有時被省去。由此可知《説文》「敝」字的解説是有問題的,「帗」或「敗衣」不可能是「敝」的本義。至於「㡀」字,它有可能實際上是省「敝」而成的;也有可能是以巾上有塵來表示破舊的意思的,雖然跟「敝」字左旁同形,但所取之義並不相同。如果後一種推測屬實,當破舊講的「敝」字就應該是假借來表示「㡀」字的意義的。

在漢字發展的過程裏,如果一個字有了比本義更為常用的引申義或假借義,往往在這個字上加注意符,分化出一個字來表示本義。例如「溢」是表示「益」字本義的分化字,「暮」是表示「莫」字本義的分化字,「燃」是表示「然」字本義的分化字。我們認為「撆」應該是表示「敝」字本義的分化字。

《説文·十二上·手部》:「撆,别也。一曰:擊也。从手,敝聲。」《廣雅·釋詁三》和《字林》(《晉書音義·中》引)都訓「撆」為「擊」。「撆」的「手」旁也可以寫在左邊。《文選·五十一·四子講德論》「故膺騰撇波而濟水」句李善注:「《説文》曰:撆,擊也。撆與撇同。」同書卷七《甘泉賦》「浮蠛蠓而撇天」句李注:「張揖《三蒼注》曰:撇,拂也。」這個字也可以寫作「襒」。《史記·孟子荀卿列傳》:「(鄒衍)適趙,平原君側行襒席。」《索隱》:「按《字林》曰襒音匹結反,韋昭曰敷蔑反。張揖《三蒼訓詁》云:襒,拂也。」《索隱》所引張揖語與上揭《文選》注所引張揖語應為一事,一作「襒」,一作「撇」,當是由于所據之本不同。《索隱》所引「襒」字之音,亦即「撆」字之音(此音《廣韻》作普蔑切,《集韻》作匹蔑切)。「撆」還可以假借「蔽」字來表示。《史記·刺客列傳·荆軻傳》:「太子逢迎,卻行為導,跪而蔽席。」《索隱》:「蔽音匹結反,蔽猶拂也。」《集韻》屑韻匹蔑切「撆」小韻以「蔽」為「撆」之或體。《史記會注考證》解釋《孟子荀卿列傳》「襒」字説:「《文選》注引《説文》『撆,拂也』(引者按:《説文》訓「撆」,訓「拂」的是張揖《三蒼注》),《刺客傳》『蔽席』,三字通用」。「撆席」的意思就是打掉或拂去席上的灰塵。「撆」字之義與甲骨文「敝」字字形所示之義相合,無疑就是表示「敝」字本義的分化字。

《說文・十一上・水部》:「潎,於水中擊絮也。从水,敝聲。」「潎」和「敝」(撆)顯然是同族詞。

注釋家多訓「撆」為拂。《說文・十二上・手部》:「拂,過擊也。」《說文通訓定聲》解釋說:「按:隨擊隨過,蘇俗謂之拍也,與拭略同。」古書「拂」字舊或訓「擊」,訓「拭」,訓「去塵」(參看《經籍纂詁》「拂」字條),與「撆」字之義極為相近(《集韻》屑韻蒲結切「撆」小韻所收「撆」字亦訓「拭」)。「撆」(匹結切)和「拂」上古同聲母,「撆」屬月部,「拂」屬物部,韻亦相近。這兩個詞也有可能是同族詞。【說字小記 北京師範學院學報一九八八年第二期】

新4632 前4・38・7 【續甲骨文編】

黹 乃孫作且己鼎 弔黹甗 九年衛鼎王大黹 㝬簋 簧黹朕心 曾伯霥匿元武孔黹 𤔲乳為黼 孫詒讓謂黹屯即書顧命黼純之省 謂以黼文為玄衣之緣也 頌鼎 錫𠃬玄衣黹屯 頌壺 頌簋 師𡘇父鼎 袁盤 訇簋 趞鼎 無叀鼎 弭伯簋 𡚬簋 休盤 即簋 輔師𠭯簋 此鼎 【金文編】

黹竹几切 【汗簡】

◉許慎 黹箴縷所紩衣。从㡀。丵省。凡黹之屬皆从黹。臣鉉等曰。丵。衆多也。言箴縷之工不一也。陟几切。【說文解字卷七】

◉劉心源 無叀鼎黹相承釋帶。徐籀莊釋黹。說文黹箴縷所紩衣。今女工刺繡謂之針黹。它器作。即黹。【奇觚室吉金文述卷二】

◉劉心源 (寰盤)从。即。从冂即。是黹字更無疑也。【奇觚室吉金文述卷十八】

◉孫詒讓 (宰辟父敦)說文黹部黹。箴縷所紩衣。從㡀丵省。凡金刻黹字如伯姬鼎作見本書。頌鼎作。寰盤作並見阮款識。周寶父鼎作見吴録。形並明晢。其上作丵者。丵省也。其下作者。㡀也。此敔三器作諸形者。筆畫少有減省耳。【古籀拾遺卷上】

◉高田忠周　□字鐘鼎器銘所見甚多。而各家釋文無定。或云東帶。或云帶束。劉氏心源云。□為帶甚明。吳氏古籀補雖無此篆。以下篆為裳字。知亦帶字説也。獨孫詒讓古籀拾遺云。此二字吕釋為帶束。宣和圖及薛釋並从之。惟孫氏續古文苑周舞専鼎銘釋為黹屯。讀屯為純。以字形覈之。孫釋是也。説文。□箴縷所紩衣。从㡀丵省。凡金刻黹字。如伯姬鼎作□。頌鼎作□。寳父鼎作□。形並明晢。其上作□者。丵省也。其下作□者㡀也。黹屯。即書顧命黼純之省。古文多省形用聲。然亦有省聲用形者。如高克尊既生霸霸省作雨是也。黼純。謂以黼文為玄衣之緣也。此説精詳。可以解千歲之疑矣。若夫論篆形。字元从巾。作□亦其異體耳。又上形象箴縷所紩文。非丵字。唯黹㡀同意。故許謂為㡀字之系非。今正直為巾系。虞書曰。絺繡。以絺為黹。絺即希字。【古籀篇十七】

◉郭沫若　「玄衣黹屯」語亦見休盤、頌鼎、師奎父鼎、袁盤等銘，舊釋□為黹，形雖近似，苦無確證。王國維説為「兩已相背之黻字」。今案新出⿰黹虘毁「⿰黹虘」字作□，乃⿰黹盧之異文，則釋黹無可易矣。【無叀鼎　兩周金文辭大系考釋】

◉强運開　□頌敢　□師奎父鼎　□袁盤　□青妃敢　□□敢。以上各器銘文皆曰玄衣□屯。吳書釋作帶裳。蓋誤。容庚金文篇釋為黹字。以字形審之是也。運開按。黹屯即黼純。説文。黹鍼縷所紩衣也。从㡀丵省。象刺文也。王國維以為即兩已相背之黻字。似尚不塙。蓋黹屯連文。黹實為黼之省字。書顧命篾席黼純註。黑白雜繒緣之。儀禮士冠禮。服纁裳純衣。註。純衣。緣衣也。又既夕。緇純。是則玄衣黹屯者。即玄衣黼純。謂衣之有緣飾者也。□曾伯霥匿。哲聖元武。元武孔□。與青妃敢之□形極相近。舊釋為業不塙。蓋亦為黼之省字。黼甫同音。古相通叚。甫訓為大。謂元武孔大也。武黼韻亦相叶。□霥夔。哲聖元武孔□。句法文義與前匿同。蓋亦黹之筆跡小異者也。【説文古籀三補卷七】

◉馬叙倫　鈕樹玉曰。韻會丵下有象刺文也四字。王筠曰。衣蓋衍文。或也字之誤。衣部。襹。紩衣也。其詞重紩。如此文則重衣矣。襹即黹之累增字。倫按王謂黹為襹之初文。是也。玉篇引作鍼縷所黹紩文也。蓋當作黹鍼縷所紩文也。黹為隸書復舉字。今北平呼補衣為黹衣。正謂以箴縷紩衣。然字不從㡀。甲文有□。金文頌鼎有□。頌敢則□□互出。師奎鼎作□。明象刺繡之文。故倫以為黹為□之譌。古以鹿皮為禮。取其美也。緼以布帛。未明織帛為錦。則以鍼縷紩之為文。如獸革之斑。□字。袁盤作□。害敢作□。伯姬鼎作□。昔人所謂兩已相背者。即□□□諸形。其實皆放獸革之文而已。□□則象布帛及鍼紩之刑。今杭縣所謂納繡者。殆繡之初範。以其最似黹也。黹雖以布帛為質。然既成黹。即不見其質。故黹為象形。黹為刺繡之刺本字。箴縷所紩文非本訓。鍇本黹省下有象刺文也。蓋本作從巾象形。校者加此四字。今作從㡀丵省。又為後校者所改矣。曾伯霥匿作□。霥夔作□。【説文解字六書疏證卷十四】

◉楊樹達　帶字阮伯元釋為業。孫仲容古籀拾遺中卷廿捌葉云：「說文、汗簡、古文四聲韻及金刻業字無作此形者，其字與宰辟父敦黹純黹字正同，此當亦即黹字，其讀當為希。」樹達按：孫說是也。此字與頌鼎、師奎父鼎、寰盤諸黹字形皆大同。抑尤有可證者，黹字與下句克狄淮夷夷字為韻是也。蓋此文午、武為韻，模部。黹夷為韻，微部。湯行方為韻，唐部。鏞匠為韻，模部。行梁亯為韻，唐部。考壽為韻，幽侯合韻。彊亯為韻，唐部。蓋全文自天錫之福一句外，無句不韻，若是業字，於韻不諧，此足證知孫說之審核矣。【曾伯霥簠跋　積微居金文說】

◉屈萬里　按：諸家把黹字解釋為刺繡，都是受了說文的影響。孫詒讓說金文裏的「黹屯」，就是尚書顧命裏的「黼純」，這一說本來不錯。但，孫氏竟忽略了顧命裏的黼純，乃是指席子的邊緣而言，而席子是無法加以刺繡的。黼純固然有在裳上的，但金文裏既常見「玄衣黹屯」的話，可知這黼純也可以在衣上。至於黃氏，他既把黹誤釋為帶，其說自無足取。那麼，從顧命的資料看來，這關鍵並不在是不是刺繡的問題，而應該是花紋問題。

王静安以為黹就是黻字，象兩己相背之形。他又說黹字常和屯連文，以為是「謂黻純也」。這話雖然大致不錯，但「黼純」何以能作「黻純」？「兩己相背」，到底是什麼形狀？王氏却沒有說明。

說到這裏，我們不能不檢討一下黼和黻兩個字。

解釋黼，黻二字的文獻，可以分作兩部分：其一，是就它們的色彩來說；另一，是就它們的形狀來說。就色彩來說的，以為黼是白黑相間的花紋。這一說始見於周禮的考工記。考工記畫繢之事說：

白與黑謂之黼。

詩毛傳(見小雅采菽「玄衮及黼」和大雅文王「常服黼冔」傳)和說文都承用了這一說法。而且，後來凡是用色彩來解釋黼字的，都無異說。

說黻字的色彩的，也始見於考工記的畫繢之事；說：「黑與青謂之黻。」詩毛傳(見秦風終南「黻衣繡裳」傳)和說文，也同樣地承用了考工記之說。這也是後來一般人都採用的說法。但却有一個異說，那就是高誘注淮南子說林篇所說的：「青與赤為黻。」他注呂氏春秋季夏紀，也說：「黑與赤謂之黻」。高氏的這一異說，不知是他自己記憶偶誤，還是另有所承？不過，照理說，高誘的說法應該也是本於考工記的。

就形狀方面說的，都說黼是斧形。如：

斧，謂之黼。爾雅釋器。

黼文如斧形。尚書臯陶謨(僞古文本益稷,下同)正義引孫炎説。

白與黑謂之黼,斧形也。桓公二年左傳杜注。

黼者,織為斧形。漢書賈誼傳「美者黼繡」顔師古注。

黻,則是兩己相背之形。如:

黻,謂兩己相背。尚書臯陶謨正義引孫炎説。

黻,兩己相戾。桓公二年左傳「火龍黼黻」杜注。

黻文如兩己相背。爾雅釋言「黼黻,彰也」郭注。

黻為兩己相背。尚書臯陶謨「黼黻」僞孔傳。

説黼是斧形,本來没有異説。但孫穎達解釋所謂「斧形」,却另有説法,尚書臯陶謨正義説:

蓋半白半黑,似斧刄白而身黑。

孔氏所以這樣説,可能是由於他没見過以斧形為花紋的物事之故。

至於解釋黻為兩己相背之形的,不同的意見就多了。漢書韋賢傳:「黼衣朱紱。」顔師古注説:

朱紱,為朱裳畫為亞文也。亞,古弗字也。

按:韋賢傳的「朱紱」二字,當是本於周易困卦九二爻辭「朱紱方來」;這裏的紱字,應該就是韍字,也就是蔽膝。顔氏把它解作黻,以為是朱裳上所畫的花紋,雖然與漢書的本義不合;但,以紱為黻,却也是有旁證的。文選潘安仁楊荆州誄:「亦朱其紱」,李善注説:

毛萇詩傳曰:「諸侯赤黻。」黻與紱古今字同。

可見黻和紱可以通假。顔氏以亞形花紋來解釋紱字;顯然地,他是把亞當作了兩己相背戾之形。桂馥的説文解字義證,引述了顔氏此注之後,却説:「據此知兩己之誤也。」這一論斷,恐未必和顔注的意見相符。

阮元則以為「兩己相背」應該作「兩弓相背」。阮氏揅經室集(卷一)有釋黻一文,説:

説黻者曰:「兩己相背戾。」而自古畫象則作亞形。明兩弓相背戾,非兩己相背戾也。兩弓相背,義取于物,與斧同類;兩己之己何物耶?

徐灝又以為當作亞形。他在説文解字注箋黻字下説:

黻，古文作市，卽蔽前之韠；此以其刺繡而从黹也。兩己相背，蓋作⿰己己形，而刺繡於其間。市有朱赤之色，則黑與青其圻鄂之緣歟？⿰己己正象韠形。

後來王元稺、池伯煒，都有釋黻之作(兩文都見於説文解字詁林所引。)。王氏支持阮氏的説法，池氏則仍主兩己相背之説。直到現在為止，對於黻的形狀問題，還没有定論。

甲骨文和金文裏，只有黹字，没有黼、黻兩字。从黹的字，甲骨文中没見過；在金文裏，只見過⿰黹處(見⿰黹處毁，三代吉金文存卷九第四葉)和⿰黹丵(見鄭興伯鬲，愙齋集古録第十七册)兩個字。⿰黹丵字不可識；⿰黹處，當是説文的䵼字。説文説：

䵼，合五采鮮色。从黹，虘聲。詩曰：「衣裳䵼䵼。」

按：「衣裳䵼䵼」，今本詩經曹風蜉蝣篇作「衣裳楚楚」。可知从虘、从處，都和楚同聲；也可知⿰黹處䵼是同字異體。但今本説文的「合」字，經典釋文引作「會」。會是繪的意思；今本説文，恐怕是傳寫之誤。䵼是畫成的五采鮮色，這和考工記「白與黑謂之黼，黑與青謂之黻」，同樣地只就色采來説，而没説到它們的形狀。這給人們一個啓示，那就是最早出現的黹字，當是某種花紋的象形字，後來加上甫、犮、處等注音的偏旁，用來表示同一花紋的不同顏色。

説文用「箴縷所紩衣」解釋黹字。徐鉉注黹字的音是「陟几切」，當是從紩字來的。我覺得這個音和義，都是後起的。黹字最初的聲音，當和黼相同。這不但有尚書顧命篇的「黼純」和詩小雅采菽的「玄衮及黼」兩個黼字，就是金文中常見的「玄衣黹屯」的黹字，可為的證；從曾伯霥簠中黹字的押韻看來，更可以斷定。唐蘭説曾伯霥簠的黹字，和「尸」字為韻，他因而認為應讀作陟几切(説見前)；其實是不然的。曾伯霥簠開頭一段的原文是：

隹王九月，初吉庚午。曾伯霥悊聖元武，元武孔黹。克狄淮尸(夷)，印燮繁湯。金衡錫行，具既卑方……

從文義來看，這段話的開頭兩句，是記時日。以下二句，是泛説曾伯霥的聖明與英武。克狄淮夷以下，是敘述他的實在功業。由此看來，「曾伯霥悊聖元武，元武孔黹」二句，必須連讀，文氣纔能貫串。從押韻的情形來看，這段話也顯然地是開頭的四句一韻(首句不押韻)，以下湯、行、方……一韻(尸字也不押韻)。所以，尸字根本不是韻脚，自然不會和黹字為韻。由此説來，這裏的黹字，應該和午、武同韻，也是無可否認的。黹字既和午、武同韻，黹屯又和黼純相同，那麼，黹字應該讀為黼的聲音，當可確定。我在作曾伯霥簠考釋一文(見中央研究院歷史語言研究所集刊第三十三本)時，曾經認定黹字應和黼同音，但那時所説的理由，却不够詳細。現在再疏通證明如上。

前面説過，黹當是某種花紋的象形字；這從甲骨文和金文中黹的字形看來，當可斷定。後來，加上甫、犮、處這些注音的偏旁之後，本來是表示同一花紋的不同顔色；但是，後世解説的人，却把黼黻兩字説成兩種不同形狀也不同顔色的花紋。把黻字説為「兩己相背之形」，還保持了原義（説詳後）；説黼字為「斧形」，當是由「甫」的聲音附會而來。而古代實在没有用斧形作為衣物之花紋的，（後世附會之説，自不必論。）於是孔穎達不得不説為「似斧刃白而身黑」。這充分地表露出來孔氏理屈辭窮的窘狀。

殷周時的席子和衣服，由於質料易朽，現今已無法看到。但，那時代的陶器和銅器，有些還保持着「兩己相背之形」的花紋。這種花紋，有的簡單，有的複雜，有的變幻多端，乍看不易辨認；而仔細分析起來，却仍然可以看出來它的本來面目。簡單的像李濟之先生殷虚器物甲編中所著録一件殘陶：

（見原書圖版伍拾叁頁之18）

這一陶片的花紋，可以一望而知是「兩己相背之形」。稍微把花紋變得活潑一些的，如⿰扌冉簋：

（見容庚武英殿彝器圖録六一頁）

這是一般人所謂「雲紋」的，而實際上是略帶波磔的兩己相背之形。和此相似的另一變體，像曾太保盆的花紋：

（見容庚頌齋吉金圖續録第四八圖）

這也是一般人所謂「雲紋」的，可是和𣏟簋的花紋一作比較，就可知它仍是由兩己相背之形演變而來。

彝器中的花紋，也有作兩己相向之形的，如西清古鑑所著録的周仲姬敦：

（見原書卷二十八第六葉）

這種花紋，如果做得活潑一些，就成了武英殿彝器圖録所著録的鈎連雷紋瓿的形式：

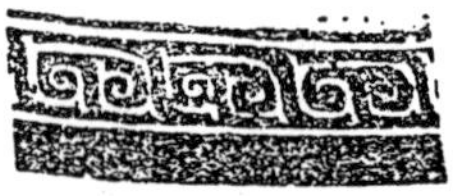

（見原書一三四頁）

以上兩種花紋，應該是兩己相向之形；但如果説它們是兩己相背之形，似乎也可以説得過去。

比較複雜的形式，例如武英殿彝器圖録所著録的亞醜方鼎的花紋：

（見原書第四頁）

更複雜些的，例如同書所載鉤連雷紋兩耳瓿的花紋：

（見原書一四五頁）

這兩種被一般人稱為雷紋的花紋，實際上前者是互相鉤連的兩己相背之形，後者除了兩己互相鉤連之外，中間又夾雜着小的兩己相向(或說是兩己相背)之形。從上述的情形看來，當可以斷定，所謂「兩己相背之形」的黻字，它的花紋，應當是上面所舉的那些形式。顔師古、阮元、徐灝等的說法，雖然都不够正確，但已相差不遠。王静安說黹卽黻字，雖然對了；但他没說明黹何以是黻而不是黼，又没說明「兩己相背之形」究竟是怎樣的花紋，所以也還有一間之差。

黹、黹、黹等字形中間的花紋，顯然地是象徵兩己相背、或互相鉤連之形；但它們上下的四直筆或三直筆是象徵什麽呢？我以為那是象徵上下邊緣之外的飾紋。我們既然見不到殷周時代的衣服和席子，現在仍以古器物為例。西清古鑑中周蟠虺瓿的花紋是這樣的：

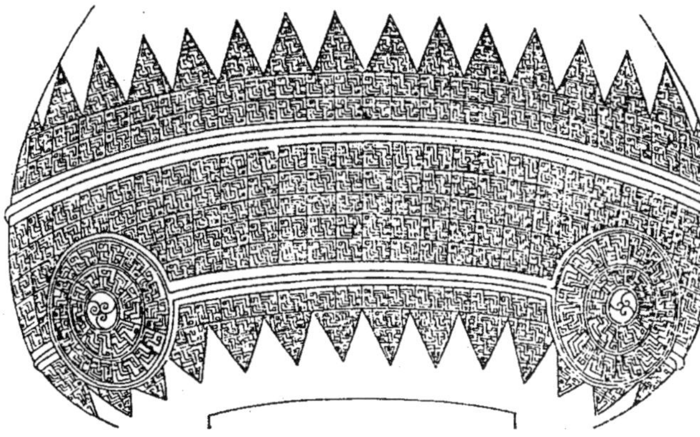

(見原書卷三十四第十五葉)

這瓿的花紋，雖然不是兩己相背之形，但還保留着「己」形的遺痕。而邊緣上下的尖形飾紋，似乎就是黹字上下三出或四出之形所象徵的物事。所以我認為黹字是這種花紋的象形字。它的音讀，被黼字保存下來；它的意義，被黻字保存下來。黼和黻都是後起的字；它們産生的時代，雖難確知，但似乎不會早到春秋以前。【釋黹屯 歷史語言研究所集刊第三十七本】

◉張亞初 「黹」字在文獻上訓為刺繡，引申之，則有盛美之意。曾伯霥簠「元武孔黹」，此「黹」字即訓盛美。【周厲王所作祭器㝬簋考 古文字研究第五輯】

◉李孝定 黹字象繡文，釋黹無可易。強氏讀黹屯為「黼純」，其説亦是，曾伯霥簠以「黹」與「武」相叶，是其明證，如字讀之，則不諧矣。屈萬里氏謂「最早出現的黹字，當是某種花紋的象形字，後來加上甫犮處等注音的偏旁，用來表示同一花紋的不同顔色。」其説甚是；惟黹但象所制圖案，其花紋未必相同，从甫、从犮、从處，則後起之顔色差別字耳。屈氏又論「合」、「會」二字，則有可商，合、會均象器蓋相合之物，作名詞者其字今作盒，作動詞用合、會二字亦同義，今本説文不誤也。屈氏逕謂黹之讀陟几切，當為後起，其初讀當如黼，較強氏説又進一境；其説曾伯霥簠銘文韻讀，及黹為兩己相背之形製，引證美備，説無可易。【金文詁林讀後記卷七】

◉湯餘惠 西周金文「玄衣黹屯」一語習見，黹字作□（頌鼎）、□（頌壺）等形，由此可以推知甲骨文舊所不識的□（《乙》8187）、□（《乙》8287）也應釋作「黹」。《説文》謂黹字「象刺文也」，甚是，从上引甲骨文兩例看，字中間所从正是古器物常見的云雷紋，而上下的直筆，屈萬里謂「象徵上下邊緣之外的飾紋」。可信。「黹」為刺繡花紋的象形字，甲骨文省寫又作□（《合集》8284）、□（《掇二》71），陳夢家先生隸定為□，不够準確。甲骨文又有□（《前》4·38·7）、□（《新》4632），寫法與金文「黹」略同，王國維釋「黻」；李孝定釋「黹」，謂即「黻」字初文。按這兩例不過是□的草率簡易的寫法，王、李二氏的見解無疑是正確的。

商代甲骨文黹字的用法有二：

A方國名。

癸未卜，穷貞：王㞢於□？（《前2·21·2》）

丁未卜，㱿貞：□受年？

貞：□不其受年？三月。（《乙》7019）

「穷」和「㱿」都是商王武丁時期貞人，前條卜辭占卜商王武丁是不是要到「黹」那裏去；後條卜辭卜問「黹」是否能得到好收成。「黹」大概是商王武丁治下的諸多方國之一。

B作形容詞用，義為「美」。

䵼 䵼

丙辰卜，王：朕[glyph]羌不[glyph]？[glyph]？（《前》4・38・7）

李孝定謂：「『不黹』為成語，其義不詳。」按黹字本義為刺繡花紋，就屬性言光彩鮮麗，作用於人的感官則令人賞心悅目，字義引申當有「美」義。乃孫作祖乙鼎「黹餗匚穷」，曾伯簠「元武孔黹」，均為明證，這條卜辭中的「不黹」意思是「不美」，猶如它處卜辭之言「不吉」、「不若」，大約是占卜是否要對羌奴實行[glyph]刑的。

甲骨文還有如下幾條卜辭：

戌[glyph]其侯……（《寧滬》1・508）

叀甲？

[glyph]又戋？（《人》2100）

卯卜：帚[glyph]㞢子？（《粹》1243）

體會辭義，這三條卜辭裏的舊所不識的字，前兩條殆用為方國名稱，後一條用為婦名，疑心也是黹字。跟前考各例相比，大體無別，惟字中作交紋形與云雷紋小異。兩側加[glyph]或[glyph]應屬飾筆，和基本構形不相干，所以很可能都是「黹」的異文。

商周古文黹字形體既明，再看晚周私名璽中的以下各印：

事[glyph](1834)　屏[glyph](2871)

下池[glyph](4060)　孫[glyph](1560)

末尾一字寫法大同小異，疑从糸、从黹，當隸為「[糸黹]」。黹旁寫法和前考甲骨文合，應即前形的變體，古文字从糸、从衣每通用，「[糸黹]」有可能就是《說文》「[衣黹]」之異構。《玉篇》：「黹，丁雉切，紩也。或作[衣黹]。」「[糸黹]」和「[衣黹]」大約都是「黹」的後起增旁字。【略論戰國文字形體研究中的幾個問題　古文字研究第十五輯】

◉戴家祥　[glyph]師𩛥鼎䵼屯　金文恒言「黹屯」，如師奎父鼎、寰盤、頌鼎、休盤等等，此銘作「䵼屯」，䵼當為黹字繁體。「黹屯」，書顧命作「黼純」，黼从甫聲，甫且韻同，疑䵼字从且，為聲符加旁字。詳見釋黹。【金文大字典下】

[glyph]　䵼　从且　師𩛥鼎　錫女玄衮䵼屯　【金文編】

[glyph]　䵼音楚見義雲章　【汗簡】

黼 

 古毛詩【古文四聲韻】

◉許　慎　䵉合五采鮮色。从黹。虘聲。詩曰。衣裳䵉䵉。創舉切。【說文解字卷七】

◉郭沫若　䵉當即說文黹部之䵉，云，「合五采、鮮皃、从黹虘聲。詩曰衣裳䵉䵉。」語在曹風蜉蝣，今詩作楚。【䵉殷　兩周金文辭大系考釋】

◉馬叙倫　倫按頌敢師坴父鼎寰盤青妃敢害敢。玄衣屯。強運開以為即書顧命之黼屯。是也。謂玄衣而繡緣之。故䵉下諸文皆從黹。䵉者。黹之轉注字。䵉音穿紐二等。古讀歸透。黹音知紐。古讀歸端。端透皆舌尖前破裂音也。今杭縣繡事有穿花之名。字當作䵉也。合五采鮮色者。詩蜉蝣釋文引合作會。廣韻引作會五綵鮮皃。蓋本作鮮皃會五采色也。然均非本訓。疑字出字林也。善克夫鼎市參同。吳大澂釋為黼市。強運開謂從即甫字。若然。則是從黹省父聲也。【說文解字六書疏證卷十四】

◉唐　蘭　（牆盤）䵉疑通租。《說文》：「田賦也。」《詩·鴟鴞》：「予所蓄租」，《韓詩章句》：「租，積也。」【略論西周微氏家族窖藏銅器羣的重要意義　文物一九七八年第三期】

◉裘錫圭　烈祖文考弋竆授牆爾䵉福　大意說：希望祖考把你們的好福氣傳授給牆。「䵉」是「䵉」的異體，古通「楚」（《大系考釋》119頁）。《戰國策·秦策》高注釋「楚服」為「盛服」。「䵉福」疑即大福之意。【史牆盤銘解釋　文物一九七八年第三期】

 續3·31·3【續甲骨文編】

 黼　不从甫　頌鼎　黹字重見【金文編】

【石刻篆文編】

◉許　慎　黼白與黑相次文。从黹。甫聲。方榘切。【說文解字卷七】

◉鄒壽祺　

陳邦福按孫詒讓名原云古黼黻相儷。金文作。其文恆見。阮文達定為古文黻。金文有字亦恆見。或省作。又省作非。宋人多釋為析字。今審之實四斧相背也。爾雅孫炎注云。黼文如斧形。蓋半白半黑似斧。刃白而身黑。郭注及偽孔

黻　黻

傳説並略同。蓋黻為兩弓相背。黼為四斧相背。其例正合。【商析子孫父己觶　夢坡室获古叢編】

◉馬叙倫　倫按黼黻字皆市之音同非紐轉注也。後以繡色分別之。遂若異義矣。今於金甲文止見𢇁字。亦可證也。王國維以𢇁為黻字。蓋泥於兩己相背之舊説耳。昔人更有以周禮司几筵。設黼依。禮記明堂位作斧依。爾雅釋器。斧謂之黼。遂謂黼為文象斧形。黻為兩己相背。兩己相背乃兩弓相背即弗字。以合黼黻二字之音者。以金甲文證之。並無弓斧之形也。白與黑相次文非本訓。或字出字林也。黻下同。【説文解字六書疏證卷十四】

乙3443【續甲骨文編】

品式石經　咎繇謨　黼黻【石刻篆文編】

◉許　慎　黻黑與青相次文。从黹。犮聲。分勿切。【説文解字卷七】

◉孫詒讓　𠁣古章黼黻相儷黻，金文作亞形，其文恆見，宋人多釋為亞字，説文亞部作亞，與亞形别。凡金文攷釋家誤釋者，略箸一二，不復駁論也。阮文達定為古文黻，據漢書韋賢傳顔師古注云：「紱畫為亞文，亞，古弗字也。」謂亞當為𢎗字。古畫黻作𢎗，形為兩弓相背。正爾雅孫炎郭璞注，書益稷偽孔安國傳兩己相背之誤，其義致塙。蓋亞。即所謂兩弓相背者，瑑畫相屬，象弓體之往來，非真畫為弓形也。至亞字從横視之，各自成兩弓相背形，實則含有四弓形，詘曲相聯屬，此原始象形黻字，與十二章繪畫之形正同者也。

金文又有𠁣字，亦恆見，或省作𠁣，又省作非。宋人多釋為「析」字，蓋據説文鼎部「鼎」字説解，然古字書無此字。今案之實四斧相背文也。爾雅孫炎注云：黼，「文如斧形，蓋半白半黑，似斧刃白而身黑。」郭注及書偽孔傳説並略同。蓋黻為兩弓相背，黼為四斧相背，其例正合。金文之「𠁣」即黼形也。凡斧皆一刃，旁出而為銎以箸於柯，今古銅斧有存者，尚可見其大略。詳程易疇通藝録。古畫斧之形，蓋當為𠂇，虢季子白盤戉字作𢦏，𠂇戉卣戉形作𠂇，龜甲文戉字作戉。斧戉形略同，可以互證。篆文約略寫之則為𠃌，或趣便省之則為𠃌，更省之則為𠂇。是其曲畫上下出者，即刃也。直畫旁豎者，即柯也。𠂇者上下各一斧，同柯連理，左右相背，合而成𠁣，則成四斧。猶之亞字左右二弓，直列相背。上下兩弓，横列亦相背。是亞雖云兩弓，而從衡通共，僢而同柢，亦可謂之四弓。𠁣為四斧亦然，兩文比例正同。古尊、彝、盤、盂之屬，外容突為𢎗文，亦多為是兩形，盤屈ㄐ互，这遣滿體，今謂之蟠螭雲回形。諦案之内實函無數𠁣亞文，足以證義。後世通行黼黻字，而原始象形文，遂不可復識矣。【名原

䊀　黺　人

卷上】

◉商承祚　卷四第三十八葉

祚案。王徵君說此殆是黹字。所謂兩己相背者形當如此。師奎父鼎作。頌敢器作。舊釋作帶。與此畧同。多與屯字連文。謂黹純也。【殷虛文字類編卷七】

◉許　慎　䊀會五采繒色。从黹。綷省聲。子對切。【説文解字卷七】

◉馬叙倫　嚴可均曰。廣韻十八隊引作會五彩繒也。綷省聲當作卒聲。説文無綷字。倫按玉篇引色作也。䊀為𪓐之轉注字。𪓐得聲於且。且音清紐。䊀音精紐。同為舌尖前破裂摩擦音也。繒色蓋鮮皃之譌。本與𪓐下同訓鮮皃會五采色也。傳寫捝耳。字蓋出字林。【説文解字六書疏證卷十四】

◉許　慎　黺衮衣山龍華蟲。黺。畫粉也。从黹。从粉省。衞宏説。方吻切。【説文解字卷七】

◉馬叙倫　鈕樹玉曰。繫傳作衮衣山龍華蟲粉米也畫粉也。段玉裁曰。尚書山龍華蟲不與粉相屬。許書恐轉寫有奪誤。臧禮堂曰。衞宏説即古文尚書訓旨皋陶謨黼黻之文。王筠曰。益稷作服一節。説文解其字無不謬者。惟玄應引繪字與尚書合。可知其他皆妄人所改。故遇此等字皆引他説。不解許説。以其非許説也。羣書亦未有以黺為畫者。倫按黺從黹分聲。亦黻之雙聲轉注字。原訓已捝。今存者校語。黺畫粉也校語之明證也。衞宏説蓋呂忱所引。字或出字林。【説文解字六書疏證卷十四】

甲七九二　人尸夷通用　甲八五四　甲二〇〇五　甲二九四〇　朱書　乙一九三八反　鐵一九一・一

前二・一五・三　前二・四〇・七　前三・三一・二　後一・一七・一　菁五・一　菁六・一　林

一・九・一二　戩一二・一二　戩二六・八　戩四一・六　粹一〇八九　貞乎伐舌人　佚五二七　燕四

甲二七九 人方 見合文二五 【甲骨文編】

甲68 279 2123 2798 3659 乙118 1277 1938 4550 4934 5582
6404 6451 6533 6581 6672 6696 7575 7645 7797 7818 8068
8421 8896 9085 珠8 172 193 290 458 524 575 777
781 867 1183 1186 1192 福10 佚19 續3·4·4 佚41 佚51 續3·33·1
佚154 487 642 675 726 898 佚982 續5·11·1 續1·10·3 1·10·6 續
1·18·8 徵3·70 續1·37·1 1·47·2 1·52·2 2·27·3 2·27·4 2·28·5 2·
30·10 續3·29·1 徵8·114 續3·37·1 4·29·1 5·13·7 續5·17·8 6·16·8 續5·24·
1 5·36·9 6·17·5 掇38 徵2·23 2·27 2·33 2·34 4·30 5·5
5·24 8·94 9·9 9·21 9·27 9·46 9·47 9·48 9·49 京1·4·
3 3·14·2 凡1·1 古2·6 2·9 録589 611 636 638 天42 95
誠368 370 龜卜1 31 57 六清106 外351 六束67 六曾17 續存707
796 1591 1592 外28 34 107 摭續153 粹31 36 46 412 519
1160 1183 1184 1185 1187 1198 1217 新649 1619 1620 2346
2992 5080 5495 5552 【續甲骨文編】

人 般甗 令簋 矢簋 矢尊 天君鼎 盂鼎 井侯簋 龖簋 師酉簋 善鼎

弔趯父卣 柞鐘 猷簋 克盨 克鼎 散盤 井人妄鐘 追簋 王人

甗 兮甲盤 穌甫人匜 為甫人盨 鈴鎛 王孫鐘 洹子孟姜壺 取它人鼎 郤䜌尹鉦

曾姬無卹壺 君夫人鼎 中山王𡢁鼎 中山王𡢁壺 中山王𡢁兆域圖 樊夫人龍嬴匜 盂鼎 乃辟

一人 一人二字合文 師𩰫鼎事余一人 毛公𢒫鼎 死毋童余一人才立又虔夙夕叀我一人 矢尊 今我隹令女二人亢眔矢二人

二字合文 【金文編】

3·195 蒦圆匋里人慜 3·225 蒦圆匋里人㝵 3·227 蒦圆匋里人孨 3·314 易里人 3·315 易里人

隻 3·197 蒦圆匋里人造 3·229 蒦圆匋里人賓 3·142 蒦圆南里人 3·497 王卒左衜䣄圆中岳里人曰㝵

3·488 子袶里人僉 3·611 豆里人□郡 6·166 獨字 3·455 匋里人安 3·250 蒦圆匋里人宔

3·609 豆里畐𣪊𤻲人 3·61 東古棱之圖里人毫 3·156 蒦圆南里人 3·207 蒦圆匋里人乘 【古陶文字徵】

〔一二〕【先秦貨幣文編】

布尖 雚人晉朔 布尖 雚人晉原 刀直 白人𠃌冀靈 刀大齊厺化背十人 此類刀背文有十土十上十工十吉等字 故

依人字之正体隸定 不作化字看 魯濟 刀大安昜之厺化背 典一〇四〇 【古幣文編】

六七：二 十例 內室類宗人兄弟 六七：三 九例 六七：六 二例 六七：四二 六七：五二 【侯馬盟書

字表】

5 80 【包山楚簡文字編】

人 法五 二百四十八例 通㑊 根田—邑 為六 日乙 一七 一百三十四例 日甲 四二背 二十四例 秦二〇一

【睡虎地秦簡文字編】

卉木民—（甲5—29）、民—弗智戠（甲12—18）【長沙子彈庫帛書文字編】

4511 4696 【古璽文編】

騎千人印 陷陳募人 張它人印 桑吳人 虞區人 妾異人 脜異人 廖人私印 尹外人印 公孫塗人 【漢印文字徵】

鄭季宣碑陰領 素下殘石 君夫人 石碣吳人 吳人憖亟 石經僖公 晉人秦人圍鄭 天璽紀功碑 尉番約等十二人 唐公房碑領 禪國山碑 神人授書 【石刻篆文編】

人 人 【汗簡】

古孝經 汗簡 古老子 華嶽碑 並雲臺碑 王存乂切韻 並籀韻 並王存乂切韻 【古文四聲韻】

◉許　慎　天地之性最貴者也。此籀文。象臂脛之形。凡人之屬皆从人。如鄰切。【説文解字卷八】

◉馬　昂　按隸變作人。古通仁。象果實凡子之心蕙形。試以蓮子之心驗之。其義自見。蓋保其可與天地參。亡其則絕無生意矣。嘗見古本仲景方書作桃人杏人而不作仁字。可知仁本人字也。【貨布文字考卷一】

◉王國維　□說文解字人部。人。天地之性最貴者也。此籀文象臂脛之形。案。殷虛卜辭及古金文皆如此作。籀文承之。許君獨言籀文者。前乎史篇者許未之見故也。此字篆文亦用籀文。篆之同於籀者多矣。許皆不著。此獨著者何也。曰。以別於几之本於古文奇字也。□下云。古文大。□下云。籀文大。因篆文有異作且均為部首字。不能不著其所本也。【史籀篇疏證　王國維遺書】

◉羅振玉　□亦人字。象跽形。命令等字從之。許書之□。今隸作卩。乃由□而譌。【殷虛書契考釋卷中】

◉高田忠周　按說文□天地之性最貴者也。此籀文象臂脛之形。此謂籀文作□。與古文作□少異也。然其□即象臂與脛亦相同。故云爾也。按人字象立人側視形。首身手足皆具。而大字象立人正視形。大義無可象。故借人形為之。所謂天大地大人亦大之意也。大也故具全形。有兩手兩足也。人字自避於大。故略以作□。□即□之半體也。造字者之用意可見矣。【古籀篇三十一】

◉商承祚　金文人作父戊卣作□。人作父己卣作□與此同。案說文大「天大地大人亦大。故大象人形。古文大（段本作□）也。」又人「天地之性。人最貴者也。此籀文象臂脛之形」。又儿「古文奇字人也。象形。孔子曰。『在人下，故詰屈。』」今以甲骨文證之。皆是一字。視觀不同。寫法不同。後人不明。遂分為三字矣。作□者。象人跽形。說文皆誤訓「瑞信」及「節制」。乃因整齊失其形故也。【甲骨文字研究下編】

◉郭沫若　人字原作□：下多兩點，金文中每每有此事，非重文，亦非字畫。余曩釋為仁，或釋為尸，均非。【井人妄鐘　兩周金文辭大系考釋】

◉唐　蘭　凡是□形常作□變作□，這是象足形的，所以從□和從□是通用的。凡是人形常作□或□，象他站在地上，所以□和□、□、□和□通用，而□和□也通用。⊘凡人形可加足形而作□，所以從□和從□通用，後來□變□，所以說文把許多人形的字截歸□部，這是錯誤的。⊘可見凡人形下的足形是不得分裂的。【古文字學導論】

◉孫海波　按甲金文象人側立之形。又人□□□四字，古文並是一字，而許君析之為四，皆列部首，實有未安。【甲骨金文研究】

◉馬敘倫　鈕樹玉曰。玉篇引無此籀文三字。吳穎芳曰。臂脛形指古文。□即人字。•象首。⌒象兩臂。人象兩脛。此籀文作□。大之半也。段玉裁曰。性古文以為生字。孔廣居曰。篆當作□。象人側立形。龔橙曰。器銘作□。篆誤□。誤說此籀文象臂脛之形。倫按人作戉卣作□□。散盤作□□。追敢作□。兮甲盤作□。鮇甫人匜作□。王人甗作□。

甲文作……。唯齊鎛作……。與此近。蓋如人作父戊卣之……。象人側立形也。此政齊之耳。說解本作仁也。象形。今文為吕忱所增改。又失本訓。蓋忱及見史籀篇之殘存者。籀篇中人字如此作。倉頡因之不改者也。十篇……下曰。籀文大改古文。然本書本於倉頡。倉頡本於籀篇。豈僅此二字可指目邪。無亦以人有異文作……。而……亦或作……邪。字見急就篇。

【說文解字六書疏證卷十五】

◉王慎行　早期或較為早期的人、大、女、卩這四種形體，因為都起着表示人形及其姿態的作用，其意義相近，所以用人形構成文字的偏旁時，它們彼此可以代用；即有些古文字偏旁從人、從大、從女或從卩互作無别。筆者在研究古文字形體時，曾將字形通轉的這一普遍規律歸納出二十二例，名之曰「古文字義近偏旁通用例」，王慎行：《古文字義近偏旁通用例》(待刊)。在古文字中，人、大、女、卩這四種義近偏旁通用之例，詳參下表所示。

例字 / 所从	光	鬼	鄭	奚	競	幾	須	寐	羸	兄	併	允
从人	父庚鼎	甲3343	鐵172·4	京津453	宗周鐘	㠱仲簋	乙872			鐵121·3	京津1684	石鼓文
从大	商器觚文			甲783	堅尊	幾父壺	摭續190				存下31	
从女	宰甫簋	乙8400	菁1·1	後2·33·9				前6·29·2	羸氏鼎			不娸簋
从卩	矢方彝	京津2852	鐵115·3					乙1046	羸季簋	戩2·7		

從表中所列字例足以證明，古文字偏旁從人、從大、從女、從卩，因義近有時是互相通用的。蓋自秦始皇統一文字以後，漢字的偏旁基本趨於固定，從而原為孳乳的異體字，遂逐漸減少。「有的只保存了其中一種形體，另一種被淘汰；也有的由於字義的引申，分離為兩個不同的字」。高明：《古體漢字義近形旁通用例》(香港中文大學《中國語文研究》季刊，1982年第4期，第19—50頁)。但是，它們這種孳生關係並没有完全消滅，不僅在古文字中有所保存，而且漢字經過隸變以後，在先秦兩漢的文獻和字書中，尚殘存其孑遺，許多從人、從大、從女、從卩的不同偏旁之字，在當時卻仍作為同字使用，有下列字例可證：

侈＝奓　《集韻・上紙》：「侈，敞尒切。《説文》『掩脅也，一曰奢也，大也』；或作奓。」《説文・人部》訓「侈」的另一義為「奢」，而《奢部》又謂「奢」之籀文作「奓」，是許慎以異部同文輾轉為注，亦可證侈、奓為一字。《西京賦》云：「有馮虚公子者，心奓體泰。」《薛注》：「言公子生於貴戚，心志奓溢，體安驕泰也。」未曾云奓即侈字；李善《注》引《聲類》云：「奓，侈字也。」蓋自《聲類》作者李登始定其為一字之異體，此乃許慎侈、奓一字説之所本。

羍＝全　《説文・羊部》：「羍，小羊也，讀若達同」；又云：「全，羍或省。」《段注》謂：「按此不當從入，當是從人；大，人也，故或從人。羊有仁義禮之德，故從人。」

任＝妊　《説文・女部》：「妊，孕也。」《漢書・叙傳》：「初劉媼任高祖而夢與神遇」，《廣雅・釋詁》王念孫《疏證》謂：「任與妊通。」

僚＝嫽　《説文・人部》：「僚，好貌。」《詩・陳風・月出》：「佼人僚兮」，陸德明《經典釋文》：「僚，本亦作嫽」；《集韻・上筱》：「僚，或作嫽。」

姷＝侑　《説文・女部》：「姷，耦也。從女，有聲，或從人作侑。」《集韻・去宥》：「姷，或從人。」

㑵＝嫉　《説文・人部》：「㑵，妎也，從人，疾聲，一曰毒也；或從女作嫉。」

鄢＝傿　《集韻・上阮》：「鄢，地名，在鄭；或作傿。」「鄢」字所從之「阝」，即「邑」，小篆作[篆文]，《説文》謂：「從口，從卩」；甲骨文作[甲骨文]（菁2・1），亦從卩。既然人與邑在偏旁中可以互代，則從人與從卩亦可通用。

通過對古文字和隸變後的漢字中從人、從大、從女、從卩諸字例的綜合考察，可證它們作為偏旁使用時，因為都表示人形的各種姿態，故每每互通無別。【從人形古文字零釋　殷都學刊一九九一年第一期】

◉陳秉新　卜辭「人方」之人確是人字。此一人方，亦見於殷末𨟻作母辛卣、文父丁簋、小臣艅尊、作册般甗。周金文及後世典籍作尸或夷者，乃音之轉，人與尸為日審旁紐、真脂對轉，人與夷為日喻旁紐、真脂對轉。故古稱夷人，絶無敵意。合集三七八五二片云：

〔乙〕亥，王〔卜〕……自今春至……〔秋〕，人方不大出？王固曰：吉。十二月，遘且乙彡，隹九祀。

所記為征人方前一年事。𨟻作母辛卣有派人偵察人方行動（「令望人方𡧍」）的記載，説明當時人方勢力相當强大，使殷商統治者時時提防，以至由殷王率兵親致討伐。人方是對東夷族各方國的統稱。從卜辭可知，殷商晚期，人方勢力中心已轉移到安徽鳳陽一帶。【殷虚征人方卜辭地名匯釋　文物研究第五輯】

◉戴家祥　器銘「人方」，指殷末周初未被征服之某一部落，其地域似在山東江蘇某地。器銘有云「鬲百人」，「執訊廿又三人」，人字作單位數詞解。器銘中稱「一人」者，為當時之最高統治主，左傳襄公十三年「一人刑善，其寧惟永」。杜預云：「周書呂刑曰：一人，天子也。」禮記大傳「一人定國」，鄭玄注「一人，謂人君也。」其次為「寡人」，邶風燕燕「先君之思，以勖寡人」，鄭箋「莊姜自稱也。」孟子梁惠王上「寡人之民不加多」。孟子公孫丑下「得道者多助失道者寡助」。皆諸侯對人自謙之稱也。其中有云「聖人」者，易乾卦文言「聖人作，而萬物覩」。論語述而：「聖人，吾不得而見之矣，得見君子者，斯可矣。」皆指道德知慧最高境界之人格。又有所謂「文人」者，周書文侯之命「追孝於前文人」，大雅江漢「秬鬯一卣，告於文人」。毛傳「文人，文德之人也」。其泛指被統治階級者曰「民人」「人民」「庶民」，論語先進「有民人焉有社稷焉」。孟子盡心下「諸侯之寶三：土地、人民、政事」。與庶民同義。庶，衆也。殷虚卜辭有「呼衆」云云。左傳僖公十七年「男為人臣，女為人妾」。又哀公三年「人臣隸圉免」，與「人鬲」同義，乃戰俘奴隸、罪犯、奴隸之同義語，為商周王朝社會階級之最低下者。其稱「晉人」「秦人」「邑人」「散人」者，言其人之所隸屬關係，猶今人之著國籍户籍者。又有著其專業職稱者「車人」「關人」等。猶言「匠人」「輪人」「商人」是也。唐韻人讀「如鄰切」，日母真部。【金文大字典上】

3【包山楚簡文字編】

禪國山碑　神僮　【石刻篆文編】

◉許　慎　僮未冠也。从人。童聲。徒紅切。【説文解字卷八】

◉馬叙倫　翟云升曰。一切經音義廿四引作幼也。倫按字見急就篇。然疑急就故書止作童。傳寫者以字林字易之。此訓未冠也者。當作未冠者也。即字林訓耳。若許有是文。當作童也。以聲訓矣。音義引者校語。僮為穀之東矦對轉轉注字。【説文解字六書疏證卷十五】

甲936　1021　乙1172　1654　3294　4934　5276　5695　6389　7781　7782　珠524　續1·40·6　徵2·57　凡4·2　録272　379　649　新117　859

1313 1877 2178 3919 【續甲骨文編】

保 大保簋 保卣 盂鼎 𠂇盤 保子達簋 𤕌盤 師𩛥鼎 縣改簋 㝬鐘

㝬簋 克鼎 格伯簋 弔向簋 毛公𢉩鼎 秦公簋 鄀嫛簋

無子匠 楚子匠 褱鼎 郘王峕 子仲匜 邾公華鐘 者減鐘 寡兒鼎 子璋鐘

沇兒鐘 簷平鐘 王子申盞盂 齊陳曼匠 陳侯午錞 陳逆簋 王孫昇鐘 蚩子臣匠

蔡侯龖盤 姑□句鑃 子保觚 曾子斿鼎 中子化盤 曾大保盆 攻敔臧孫鐘 王孫壽甗 其

次句鑃 㚃鼎 从玉 叔卣 𣎵鼎 矢方彝 萁方鼎 毛弔盤 [illegible]鎛 夆弔匜

大保鼎 大保爵 [illegible]卣 保攸母簋 䓣鼎 作冊大鼎 齊侯敦 司寇良父簋

鄦侯簋 陳侯因資錞 說文古文保作𠈃 中山王譽鼎 中山王譽壺 从缶 十年陳侯午錞 保有齊邦 【金文編】

5·330 保𠱠津 9·9 保方 【古陶文字徵】

244 249 【包山楚簡文字編】

保 封八六 【睡虎地秦簡文字編】

漢保塞近羣邑長 漢保塞烏桓率衆長 保虎圈 建明德子千億保萬年治無極 【漢印文字徵】

開母廟石闕 永歷載而保之 祀三公山碑 永保其年 石經無逸 胥保惠 說文古文作𤓽𠈃 汗簡引弟一文云亦孟字

又引尚書作保石經作保　以為寶字　金文作保保　【石刻篆文編】

保 保 𤓯保亦孟字 【汗簡】

𤓯 說文 保 古老子 保 保 並同上 保 古老子 保 同上 保 保 呆 並崔希裕纂古 【古文四聲韻】

◉許　慎　保養也。从人。从𤓯省。𤓯。古文孚。博袌切。呆古文保。保古文保不省。【說文解字卷八】

◉劉心源　保从任。說文。任。保也。左傳不能保任其父之勞。故古文保从任。西亯鎗永保用之。齊侯敦永保用之。汗簡人部引古尚書保作保。又引石經保作保。皆如此也。攈古二之一太保彝作𤓯。【奇觚室吉金文述卷一】

◉劉心源　呆。說文保古文作𤓯。即此。而孟下古文亦作𤓯。考古刻保字皆从孚。知保古文當作孚。此銘是也。陳逆簠子子孫孫羕保。與此正同。【奇觚室吉金文述卷七】

◉吳大澂　保小兒衣也。从人抱子。丿象保衣之形。周書曰。若保赤子。小篆作緥。叔向父敦。【說文古籀補卷八】

◉高田忠周　說文保養也。从人从𤓯省。蓋𤓯亦聲也。古文作𤓯。亦作保不省。又孚。卵孚也。从爪从子。古文作𤓯。从爪从𤓯。𤓯古文保。又緥小兒衣也。从糸保聲。俗字作褓。吳大澂云。凡保皆緥字也。从人抱子。丿象保衣之形。周書曰。若保赤子。小篆作緥。此說稍有理矣。保字作𤓯者。最古文也。丿者抱攤之意。作丿者其省略。而意無異也。亦與亥或作𤓯之乚同意。亥下曰。二。古文上字。一人男一人女。乚象裹子咳咳之形。是也。鳥之嫗伏與人之𤓯子相同。故孚字从𤓯鳥之卵孚。以爪反覆其卵。故字亦从爪。造字之意歷歷可見。而𤓯字或省作孚。孚下之子非子孫之子也。从呆省也。𤓯字亦變作保。加人。右旁呆亦非𤓯之省也。呆保同字也。至作㻄者。始从𤓯人會意。其為後出字可知耳。又保字古當兼緥字。以衣抱兒必後世之事。即保養之一耑也。緥字亦出于後世可知矣。但書召誥。夫知保抱攜持厥婦子云云。此即緥字之意。是古字之存者也。吳氏楚說文染指曰。人部保養也。从人𤓯省聲。又出俘篆云。軍所獲也。从人孚聲。楚按。从𤓯省與从孚同。而保為養。保為軍所得。兩義大反。此無理之尤也。不應造字矛盾若此。今案。保俘實一字也。古保寶同音通用。易繫辭傳。聖人之大寶曰位。一作大保。是其證。左氏春秋經。齊人來歸衛俘。傳作衛寶。公羊穀梁經傳皆作衛寶。是俘字即保字。經借保為寶。其字作俘即作保也。經意決不以為俘獲之俘矣。保篆从孚。於義甚精。爪部孚云。卵孚也。从爪从子。一曰信也。重文𤓯云。古文孚从𤓯。𤓯古文保字。此正與保篆說解相印合。鳥之抱子。誠一不二。故又為孚信之孚。保字从人孚。正康誥所謂如保赤子者也。保俘今形雖稍異。要皆从孚耳。安得析為二字哉。𤓯為古文保。加爪作孚。則為古文孚。是又二篆互相轉注之意。決不得分二字二義也。然則經傳俘俘獲多矣。豈意無其字乎。曰有之。是捊字之叚借也。手部。捊引取也。詩釋文取作埾。埾與聚同義。引取而聚之。正捊獲之義也。捊獲敵人及重器。貴在多得。故用引聚之義。捊字亦作裒。周易謙卦象傳曰。君子以裒多益寡。鄭康成荀卿蜀才本裒皆作捊是也。捊多非取引聚之義而何取乎。孚从爪子。以爪抱子而人引手取之。俘獲當作捊獲。不可易矣。今訂俘字當為保字重文。云保或作俘。捊下當云引堅也。一曰軍所獲也。引春秋傳以為俘馘以證叚借之恉。則砉然理解。不相蒙冒矣。按此亦一說。或可為是。併録備參云。【古籀篇三十一】

◉葉玉森　□森桉。予曩疑卜辭之□與□為一字。説文𤓰古文孚。保古文保。从孚。又捊之或體作抱。釋名。抱。保也。是捊保古誼相通。卷七第二葉一版「癸丑卜𢦏貞□叚服苦方」。辭中之□象一大人抱子形。乃古捊字。卜辭叚作俘。又卷五第二十七葉二版「庚戌允其循于□叚五月」。辭中之□即保字。且辛父庚鼎保作□。季保敦作□。並从人从子。卜辭亦叚作俘。殷契鈎沈。又□酉彝之□。則當讀為俘。與卜辭同。本辭俘于母辛上有闕文。殆為之俘。猶云獻俘也。商器屢見「□」「□」形。舊釋子孫。實即卜辭□字。當釋俘。予既釋□為俘。因悟□父丁爵之□舊釋八子。實即八俘。説文八別也。象分別相背之形。八與分古聲誼並通。古即叚八為分。曰八俘即分俘。因分俘而鑄器以彰榮典紀武功也。又悟商器之□舊釋析子孫。考觶文作「□」「□」。父癸舉則作□。从□乃□字之譌變。仍當讀八俘。即爵文□繁變之式。由□而變為□。再變為非。為□省。為□。□之形誼乃全晦。諸家釋□為析。為黼形。孫詒讓氏説。為俎形几形。王國維氏説。為非為斧扆形。丁山氏説。皆非。至丁山氏謂□為古國名。即冀字。郭沫若氏亦謂為古代國族之名號。且謂抱子形為天黿。即古之軒轅氏。則更誤會矣。【殷虚書契前編集釋卷一】

◉郭沫若　「周公子明保」：周公即周公旦，明保乃魯公伯禽也。此器上偁明保下偁明公，知明保即是明公，下明公毁上偁明公下偁魯侯，知明公即是魯侯，周公之子而為魯侯者伯禽也。得此知伯禽乃字，保乃名，明者蓋封魯以前之食邑，猶康叔封衛以前偁康侯也。彝器中有康侯丰鼎即康叔器。即以本銘而論，明保受王命在八月甲申，越六十日始至成周，於成周滯留一二日復言「歸自王」，則知明公不在王所。而所在地隔成周頗遠，此亦足證明保之必為伯禽，蓋伯禽封於魯復兼任王朝卿士，總攝百揆，亦猶衛康叔之為周司寇也。且明保之名于典籍中亦有徵。左傳定四年言封魯公曰「命以伯禽而封於少皞之虚」，封康叔曰「命以康誥而封於殷虚」，封唐叔曰「命以唐誥而封於夏虚」。正義引劉炫云，「伯禽猶下『命以康誥』，是伯禽為命書。」此説至當。今知伯禽名明保，乃知伯禽逸篇文有竄入今書洛誥者。其「王若曰：公，明保。予沖子」一節正是成王呼伯禽名而誥命之之辭，與康誥之

「王若曰：孟侯，朕其第，小子封」為例正同。說詳青研上六一頁以下。【令彝　兩周金文辭大系考釋】

◉郭沫若　「目□稻粱」與史免簠曾伯霥簠叔家父簠之「用盛稻粱」同例。弭仲簠云「用盛秫稻穛粱」，亦同。□與盛必同意，蓋即俘若俘之異文。從□者，乃奇文人也。說文分俘俘為二字，以俘為保之古文。余意實孚之後起字，蓋由孚而采，更益之以人，則為俘若俘也。與保同音，例可通假，俘保不必即是一字。本銘□字正當讀為保。【叔朕簠　兩周金文辭大系考釋】

◉唐　蘭　□後下三一·五片　……仔□王……　右仔，即保字。前一形作□者，習見古金文，前人未識，余謂即俘字古文，召誥曰：「夫知保抱攜持厥婦子」，抱者褢於前，保者負於背，故□字象人反手負子於背也。保字孳乳為緥，是為兒衣，襁緥者古亦以負於背。今日人猶如此。則□即保字無疑焉。無識者見周以前金文，多有奇詭之形，遂以為非文字，而強名之曰圖繪，不知古代文字，本用圖畫以表達，苟是圖繪而非文字，則即無文字矣。即如此字，在金文中作□□等形，龔字作□□等形，是皆非文字矣。然何以解卜辭之有□及□字耶？推此以言，□象人形，而非大字，□象子形，而非子字，此言誠澈底，然必所研究者，非代表中國語言之文字，我方能承認，否則適成其為夢讝耳。故學者當戒不知而作。

□字書之不便，因省而為□，更省則為□。卜辭作□形者習見，舊誤釋為匕巳二字，或又釋「仔克也，從人子聲」之仔，亦非。孫海波釋保，是矣。然謂「從呆省」，孫引拾九·五□字，謂「從□與金文同」。今按原書作□，殆非仔字。又謂「保養也從子立人側」，皆非也。□即□之省，金文作□者，多一飾筆耳，更進作□，則飾兩筆矣。其作□者，殆又從玉，為保玉之專字耳。史記周本紀：「展九鼎保玉。」

說文：「保養也，從人從采省，采古文孚。」按孚又從古文□，是互相從矣。失之。禮記內則：「保受，乃負之」，注：「保，保母也。」負子於背謂之保，引申之則負之者為保，更引申之則有保養之義。然則保本象負子於背之義，許君誤以為形聲，遂取養也之義當之耳。

詩敬之：「佛時仔肩」，傳：「仔肩克也」，箋：「仔肩任也。」說文録此仔字，以為從人子聲，殊誤，仔即保字也。蓋後人不知仔即保字，因讀為子聲耳。保自有任義，周禮大司徒：「使之相保」，注：「猶任也。」【殷虛文字記】

◉商承祚　□□說文「保。養也。从人从采省。采。古文孚。□。古文保。俘。古文保不省。」案甲骨文作□□。金文鄘侯殷作□。司寇良父壺作□。大保殷作□。或從玉作□齊鎛□國差甔皆與此異。春秋莊六年左氏經。「齊人來歸衛俘。」杜云。「公羊穀梁經傳皆言衛寶。此傳亦言寶。惟此經言俘。疑經誤。」正義云。「案說文保从人采省聲。古文保不省。然則古字通作寶。或俘字與俘相似。故誤作俘耳。」案孔說是也。甲骨文俘作□。與俘形近易誤。汗簡有□字。注云寶。見石經。

乃借字。今石經保作[字形]。【說文中之古文考】

◉馬敘倫　嚴可均曰。鍇本及左莊六年傳疏引作從人采省聲。鉉删聲字。非。采古文孚校語也。沈濤曰。九經字樣引。保。養也。從人從子從八。從子從八無義。當是據誤本耳。王筠曰。玄應音義六及廿三皆引說文。一曰當也。本部。任。保也。女部。嬣。保任也。即當義。左襄二十一年傳。其子黶不能保任其父之勞。況祥麟曰。篆當作[字形]。象背負子。翟云升曰。當作⿻子八聲。⿻子八古文保。龔橙曰。當作[字形]。篆誤。[字形]象負子。吳大澂曰。叔向敢作[字形]。從人抱子。丿象保衣之形。丁福保曰。慧琳音義卅九引。養也。從人。采省聲。林義光曰。保即緥之初文。倫按保為負之初文。養也非本義。亦非本訓。甲文有[字形][字形]。毛公鼎作[字形]。盂鼎作[字形]。秦公敢作[字形]。齊曼簠作[字形]。姑□句鑃作[字形]。皆從人而負子於背。丿其緥也。[字形]則省丿。而反其手以承子。或[字形]為[字形]之省。於六書皆指事也。唯司寇良父敦作[字形]。鄘侯敢作[字形]。與此篆同。則從人⿻子八聲。蓋[字形]之轉注字也。字見急就篇。玄應引者校文。齊鎛作[字形]。國差𦉜作[字形]。任保之合文也。養也實任字義。

[字形]錢坫曰。此當作采。王筠曰。⿻子八乃會意兼指事。從子。八象抱子之形。此篆當删。而子部⿻子八下之古文孟當改為古文保。龔橙曰。⿻子八象[字形]子。倫按從子八聲。故白家父作孟姜敦孟字作[字形]。八在子上。⿻子八為孺孤㝅之轉注字。今人呼孺子為寶寶。寶即⿻子八⿻子八也。八聲幫紐。故呆音幫紐。孤㝅音皆見紐。幫見同為清破裂音也。亦孟之轉注字。孟從皿得聲。皿音敚紐。古讀歸明。幫明同為雙脣破音也。父丁爵之[字形]。即此異文。葉玉森釋為八俘。不悟甲文借好或保為俘。猶古文經傳借俘為保。而好保非俘字。若[字形]本無俘形。雖金甲文有省保為[字形]。甲文有徑以[字形]為俘者。若金器書[字形]字者。蓋周官所謂保氏也。

[字形]王筠曰。采為古文孚。則保定為古文俘。倫按此俘之或體。從人。采聲。下文。俘。軍所獲也。從人。孚聲。孚實采之省。采。從爪。⿻子八省聲。古文經傳以俘為保。不省二字校者加之。【說文解字六書疏證卷十五】

◉陳夢家　所謂三公之大保的職位與召公大保在周初的顯赫，已如上述。但西周之初另有一種職事，其官稱也是保。

保侃母易貝，揚姛休，乍寶𣪕。　雙劍I,1·12

王姛易保辰母貝，揚姛休，用乍寶壺。　三代12·12·4

保攸母易貝于庚姜，用乍旅彝。　三代6·45·5

古女子之名稱某母，故上述三器的保而名某母者，明其人為女子，而她們受賞于庚姜等人，亦屬于君后之類。《禮記·內則》：「保乃負之。」注云：「保，保母也。」《後漢書·崔實傳》注云：「阿保，謂傅母也。」而阿字《說文》作娿云：「女師也。讀若阿。」《說文》:「姆,女師也。从女,每聲。讀若母。」《士昏禮》《內則》作姆,《公羊傳》襄三十傳「母一本作姆」,是姆,母也。是保母。而上述三器的某母也可讀作某姆。卜辭保字象人背負小子而以手向後托子之形。亦即抱的象形,而音與負同。

由上所述,可知師保之保最早是以女子擔任的保姆,漸發展而為王室公子的師傅。至周初而為執王國大權的三公。政治上的大保與保已成為一專由男子擔任的官職,而維持較古意義的保母之保仍同時存在,亦同時並見於一個時期的金文內。

【西周銅器斷代(二) 考古學報第十册】

◉李孝定 諸家釋「保」,是已;而其説或未可盡信。字實象人負子於背之形。⊘其字初與圖畫相類,後因從形聲字之例類化,分人形與子形為二,而於「子」下存一斜畫者,手形之遺也。再後則為𠈃,「子」之左下,方復增一畫,又次則為𠈃,「子」下二畫左右對稱,凡此均文字孳乳,與初形無涉也。其字又或增「玉」若「貝」者,以「保」「寶」音近通用,涉「寶」字而誤增,前人或以保任通訓,遂謂「保」或從「任」作,此誠辭也,造字之初,寧知後世訓詁家言哉?十年陳侯午錞保字作𠈃,又从「缶」,更為涉寶而誤之明證矣。或謂从「缶」為後增聲符,説亦可通。【金文詁林讀後記卷八】

◉周名煇 子部𤓽畬君鬲子孫永用。古子孫字。蓋讀如巳。强氏定為子字。今考定為保字古文。假借為子孫之子。

名煇案。𤓽與子。古文相通假。則是也。强氏以𤓽𤓽為一字。則誤矣。尋説文子部云。孟。長也。从子皿聲。𤓽古文孟。案𤓽當是𤓽之譌敓。金文子仲匜銘陳子匜銘諸文可證。此古文𤓽𤓽二字相假之例證也。説文人部云。保。養也。从人从𤓽省。𤓽。古文孚。𤓽。古文保。又爪部云。孚。卵孚也。从爪从子。𤓽。古文孚从𤓽。𤓽。古文保。此𤓽本為古文保字之實證也。其與子相通假。不但形近。聲理亦通。保孚二字。古音同在幽部。子字古音在之部。幽之近旁轉。【新定説文古籀考卷下】

◉徐中舒 𠈃一期乙七七八一從人從子子,象人負子之形。《説文》:「保,養也。从人,采省聲。」甲骨文保與毓字從順立之子者形近易溷,如𠈃前一·三八·四、𠈃粹四〇一並宜釋毓讀作后,或釋作保,誤。甲骨文保之偏旁人、子皆平列,而毓之偏旁人則位於子之上。更為避免二字混淆,或於子下加點畫以别之,如周原甲骨保作𠈃川大H11:50、金文保或作𠈃保卣𠈃司寇良父簋是也。【甲骨文字典卷八】

◉戴家祥 説文八篇「保,養也。从人,从采省聲。采,古文孚;𤓽,古文保;𠈃,古文保不省。」王箓友云:人部保之古文𤓽,玉篇見𠈃字注中,而出諸子部。其序在「孟」之下「孽」之上,是知説文𤓽字本在子部,後人迻之人部,而子部未删。或又不知,而改其説曰「古文孟」。吾懷此疑久矣,得玉篇乃敢自信,甚快也。保乃會意兼指事字,从子八,象抱子之形,非七八之八。説文釋例。

按卜辭金文無𤔲采等字，而有从爪从子之孚字，與从人从子之保字。竊疑孚保抱古本一字，初文止作孚，其後形聲相益則分為采、𤔲、保諸形，説文三篇：「孚，卵孚也。从爪从子。一曰：信也。采，古文孚从𤔲，𤔲，古文保。」方言八：「北燕朝鮮洌水之間謂伏鷄曰抱。」孚字从爪抱子，即母鷄伏卵之會意字。其訓「信也」為符之通假字，説文：「符，信也。」从「八」為後起加旁字，王氏目為抱子之形是也。變為形聲。則寫作捊，說文捊引取也。聲符更旁則寫作抱。說文捊或從包。唐韻孚讀「芳無切」，滂母魚部，包讀「布交切」，幫母宵部，聲韻俱近，故飽字或體作𩚇，說文五篇食部。罦字或體作罬。說文七篇网部。楚辭九歌「揚抱拊鼓」，王逸注：「枹，一作桴。」一切經音義二引詔定古文官書枹桴二字同體。呂氏春秋本味篇「其君令烰人養之」，高誘注：「烰，猶庖也。」集韻下平五肴脬通作胞泡，同聲通假，孚亦讀寶。寶从缶聲，缶讀「方九切」，幫母幽部，幽宵聲近，故詢或作詾。說文三篇言部。説文七篇：「宲，藏也，从宀，𤔲聲。𤔲，古文保，周書曰『陳宲赤刀』。」今周書顧命作「陳寶赤刀」。許氏云：「寶，珍也。从宀、从王、从貝，缶聲，寚，古文省貝。」宲寶不但聲同韻同，而且義同，其為一字明甚。春秋經莊公六年「齊人來歸衛俘」，公、穀及左傳均作「衛寶」。金文保多作𠈃，作保者極少見，从人，象懷抱形。禮記文王世子：「保也者，慎其身而羽翼之，而歸諸道者也。」釋名釋姿容：「抱保也，相親保也。」故引申之又有安義。周頌烈文「子孫保之」，鄭箋：「子孫得傳世而安居之。」又載見「永受保之」，鄭玄亦訓保為安。儀禮士冠禮「永乃保之」，「永受保之」，康成謂：「永，長也。保，安也。」周書君奭「保乂有殷」，小雅南山有臺「保艾爾後」，金文作「保辪」，辪乂聲同。金文「保有齊邦」，保聲同寶，猶周頌桓云：「保有厥王。」金文「邾邦是保」，猶小雅瞻卬之「保其家邦」，「保其家室」也。金文「保受天子綰命」猶召誥「保受王威明德」禮記內則「保受乃負之」。傳注皆云：「保，安也。受，成也。」

前人不知孚、抱、保、寶古本一字，於經傳每有誤解或曲解，例如易大有六五「厥孚交加如，威如，吉」，孚讀寶，則文從字順矣。商書盤庚中「以不浮于天」承上篇「天其永保命于兹新邑」而言，與微子「天毒降災荒殷邦」文異而義同，謂不見保於天也。僞孔傳不知讀浮為保，而訓為行，則失其義矣。

金文有大保𣪘、大保盆等器，大保，官名，置於西周早期，召公奭曾為此官，散見召誥、顧命等篇，文王世子云：「入則有保，出則有師」，似為監護幼主之官，春秋後，不見此職。

金文屢見𠈃字，劉心源云：保從任，説文任，保也。左傳「不能任其父之勞」，故古文保從任。西𩫖鐈「永𠈃用之」。齊侯𣪘「永𠈃用之」。汗簡人部引古文尚書保作𠈃，又引石經保作𠈃，皆如此也。攈古録二之一太保彝作𠈃。奇觚室吉金文述卷一第十五葉。林義光文源卷八馬叙倫讀金器劍詞第三十葉從之。按𠈃即寶字之別體，从玉，保聲，劉謂从任非是。説文七篇宀部：

「寶，珍也。从宀从玉从貝，缶聲。寚，古文寶，省貝。」古者貨貝而寶龜至周而有泉。商書盤庚中曰：「具乃貝玉」，貝與玉在商周已具有貨幣職能，可作為財富貯藏手段，故寶字从宀。宀者，交覆深屋也。卜辭作宝。貯貝玉于交覆深屋之下，在六書為會意。金文或體作宲，仲盤周窸鼎姞留母鼎。从宀，缶聲，在六書為形聲。注音更旁。字又作宲，說文：「宲，藏也。从宀，呆聲。呆，古文保。周書曰：陳宲赤刀。」今本顧命作「陳寶赤刀」。玉篇一三八：「宲，藏也。或作賲。」從貝，保聲。金文邾叔鐘「永賲用亯」正同玉篇或作。形聲更換，字亦作珤。玉篇七：「珤，補抱切。聲類云：古文寶字。」古文四聲韻上聲三十三皓引「古文尚書寶作珤」。穆天子傳云：「百姓珤富。珤富者，賲富也。」貝玉同義，保缶同聲。唐韻保讀「博袍切」，幫母幽部。缶讀「方九切」。不但同部，而且同母。金文亦或作𩐨，陳侯午錞。从保，从缶，保之作𩐨，亦猶紘之或體作䡏，說文六篇員部。迕之或體作啎，說文十四篇午部。左右兩旁皆聲符也，在六書為變例。保寶兩字不但聲同韻同，而且義同。左傳昭公十八年子太叔曰：「寶以保民也。」易繫辭下曰：「聖人之大寶曰位。」陸元朗經典釋文云：「孟本作保。」史記周本紀：「展九鼎保玉。」集解引「徐廣曰：保一作寶」。金文「永保用之」王孫鐘國佐𦉜齊侯毁夆叔匜其次句鑃亦作「永寶用之」。孫叔師壺厚氏匜。「永保用亯」邾公華鐘齊仲姜鎛亦作「永寶用亯」。杞伯毁牧師父毁鄀公鼎不𡢁毁仲師父鼎𥘅伯匜。齊縈姬盤作「永𥨍用亯」，从宀、从玉、保聲、葆从保聲，故字亦通寶。周書金縢「無隊天之降寶命」，史記魯周公世家作「葆命」。又留侯世家「取而葆祠之」，集解引「徐廣曰：史記珍寶字皆作葆」。明夫保缶音聲訓詁之表裏關係，則知𥨍為寶之別體，从玉不从任。

黿叔止白鐘　子₌孫₌永賲用享　「永保用之」為金文恆語。保作㑅象人負子於背之形。金文用作持而不墜之義。「永保用之」或作「永寶用之」。說文七卷：「寶，珍也。从宀，从玉。从貝缶聲。」會意兼形聲，金文用作珍藏毋失之義。保寶古文音同義近，故金文通用。古籍上也有通用之例，如易繫辭傳「聖人之大寶曰位」一作「大保」。這種通用，使得兩字在形體上也產生了同化，如保字或从玉作𤥝，再从宀作𥨍或从貝作賲。

師𩞁鼎　用乃孔德琛屯　琛，疑𤥝之省。金文保字有作㑅者，如叔卣、矢方彝等。此乃省人旁，王移至左旁。師𩞁鼎「孔德琛屯」，釋「保」予辭例亦順。故琛為保之異文。【金文大字典上】

仁

仁　前二·一九·一【甲骨文編】

仁　中山王譻鼎　亡不逹仁【金文編】

一：三六 二例 宗盟類參盟人姓氏 【侯馬盟書字表】

180 【包山楚簡文字編】

仁 秦九五 二例 法六三 為三六 【睡虎地秦簡文字編】

4508 4507 3292 4879 【古璽文編】

綏仁國丞 昭仁里附城 仁昌 翟仁 廣仁印 奚仁之印 寇仁之印 杜子仁印 睩仁私印 樂仁私印 笵仁私印 程問仁印 【漢印文字徵】

韓仁銘領 天璽紀功碑 才仁中平 【石刻篆文編】

仁 【汗簡】

古孝經 竝王存乂切韻 【古文四聲韻】

◉許　慎 親也。从人。从二。臣鉉等曰。仁者兼愛。故从二。如鄰切。古文仁从千心。古文仁或从尸。【說文解字卷八】

◉丁佛言 古鉢仁人。說文仁古文作。愚案。古仁忍似為一字。蓋不忍即仁。釋名。仁忍也。此從刃從心。即之反文。許氏謂從千心。與尸下曰或從尸。均誤於形似。說致費解。【說文古籀補補卷八】

◉葉玉森 孝經仲尼尸。尸古夷字。漢書樊噲傳。與司馬尸戰碭東。注。尸讀與夷同。山海經非人羿莫能上。今本作仁羿。竝夷羿之譌。蓋仁夷古通叚。卜辭之疑即仁之初文。篆從二人。仁誼不顯。此象一小人在大人臂亦下。隱寓提攜扶持之意。乃仁之真諦。卜辭叚仁為夷。曰鬼夷方。即易爻辭詩大雅之鬼方。竹書紀年之西落鬼戎。【殷虛書契前編集釋卷七】

◉强運開 古鉢余。說文古仁字從千從心。此亦古仁字也。【說文古籀三補卷八】

◉商承祚　□□說文「仁。親也。從人從二。忎。古文仁。從千心。𡰥。古文仁。或從尸。」案甲骨文鉨文作仁。與篆文同。弟一文從千。無所取義。夷考匋文金文人字有作亻形者。誤之而為千矣。從心者。孟子「仁人心也」義也。弟二文從尸。象人卧。與仁形小異。又用為夷。見金文。【說文中之古文考】

◉馬叙倫　嚴可均曰。小徐及通論引作二聲。古文仁作𡰥。辵部遲或作遟。蓋取𡰥聲。漢書以𡰥為古夷字。皆仁從二聲之證。朱士端曰。緯書解字多主會意。許所不用。春秋元命苞云。仁字二人為仁。言不專於己。念施與也。說文鍇本作從人二聲。勝鉉本也。鄧廷楨曰。仁親疊韻。龔橙曰。□見汗簡。即□。篆省。作仁。誤說從二。丁福保曰。慧琳音義廿七引說文。從二。人聲。言行無二曰仁。唐蘭曰。仁是代表二人。為象意字。顧實曰。二者。重文之記號也。與㚇字同例。倫按徐鍇宋保以為二亦聲。戚學標以為人聲。朱駿聲苗夔以為人亦聲。倫謂二為地之初文。而數名之二。字形亦同。若從數名之二而二人為仁。則無如尼之從匕之為尠切乎。且□□㐺𠈌不皆從二人尤為象意乎。尋二仁音皆日紐。是從二得聲也。今蘇州紹興讀二音如膩。日部之暱。黍部之黏和。音皆娘紐。古讀日歸泥。泥娘同為邊音。而古今言親暱。暱訓日近。和為相箸。仁訓親也。此語原同也。仁即親暱之親本字。故仁訓親也。以假借字為釋也。鄭記中庸注。仁讀如相人偶之人。相人偶正謂親暱也。下文古文仁作忎。從心。千聲。千親音皆清紐。而千從人得聲。亦可證也。仁之為義。止明相親。仁義之仁。本字為恕。由是益明字從二聲。不從二為義也。若從二人。止為二人。無餘義也。言行無二曰仁。校語。慧琳所引。明係譌本。龔據汗簡作□者。□即尼字。尼為仁之初文。尼篆作□。乃會子依其所生意。故義為親也。尼二音同泥紐。故轉注字從人二聲為仁。字見急就篇。古鉨仁□□□。甲文作□。

忎　段玉裁曰。從心。千聲。倫按千從十人聲。仁人音同日紐。故古文經傳借忎為仁。千聲作忎也。從忎校語。

𡰥　王筠曰。篆當作□。□非尸字。乃卧人耳。朱周章曰。𡰥乃夷下之古文。當為淺人所竄入。丁佛言曰。古鉨作□。許誤為從尸。倫按卧人正是尸字。王說誤矣。此仁之異文。甲文人字有作□者。王人甗人字作□。政齊之乃為□耳。古鉨作□。或從尸校語。【說文解字六書疏證卷十五】

◉容谷　一九二三年出版的《殷墟文字類編》(商承祚編，羅振玉考釋)卷八第一葉釋右第三行第一字為「仁」，一九三四年孫海波編《甲骨文編》及該書一九六四年增補版俱著録此字為「仁」。

目前，國內外見之于著録的甲骨文片中，「仁」字僅此一例。然前人對此早已置疑。

一九三三年出版的葉玉森《殷虚書契前編集釋》卷二第三四葉著録此條卜辭如下：

一　右行　癸未☐」方于☐⺈二⺈上不完，似非仁字☐不晰馬商氏誤録作馬一」馬廿丙之」☐月在臭丫」不完

葉書指出卜辭中「⺈二」字偏旁「⺈」形不完整，以此疑非仁字。查原圖，「⺈」右上角可見部分仍有一筆「⺈」，但葉書未深究。

一九四七年一月二十九日《大公報・文史周刊》上于省吾《釋人尸仁𡰥夷》比葉書說得決斷。他說：「商承祚《殷虚書契類編》第八有『仁』字，系誤摹。」他並斷言：「初本無仁字，後世以人事日繁，用各有當，因別制仁字。仁德之仁，至早起于西周之世。」

郭沫若、王國維、楊樹達等人考釋與著録卜辭的著作，俱未提及此字。一九五九年臺灣出版的金祥恆《續甲骨文編》及一九七一年東京出版的島邦男《殷虚卜辭綜類》增訂本，俱未收録此字。是知彼等俱不承認此字為「仁」。

以上二說，孰是孰非？除就該字形體作深入考究外，還應對該條卜辭作一番綜合考察。

這條卜辭雖然缺漏較多，但可明顯看出，是一則以犧牲祭祀的記録。用作犧牲的，除「馬廿」外，尚有「馬一」。「馬」上一字不晰，「ㄡ」明顯，仔細辨認該字不晰部分，該字當為「ㄡ」，即「又」。據此，則「又」上之「⺈二」，當為與「馬一」並列用作犧牲者。

「⺈二」字中的「⺈」確實不完整，右上角一筆若與此為一字，則此字很可能為「羌」（羌），或「兕」（兕）。「⺈二」非一字，而是「羌一」或「兕二」兩字，與「馬一」結構相同。

卜辭中多有「用羌」的記録。如：

羌十人用。（《殷虛文字甲編》二一二四）

用六羌。（《殷虛書契前編》一·九·六）

射𠂤以羌一于父丁。（《明義士舊藏》六二六）

三百羌用于丁。（《殷虛書契續編》二·十六·三）

先用三牢、羌于酌。（《殷契佚存》一九九）

用羌，即在祭祀中將羌族俘虜殺之以為犧牲。「羌」在這時與其他用作犧牲的祭品是同列的。「[illegible]」（或「[illegible]」）與以下「[illegible]」似皆為俘虜氏族名稱。

若「𡰥」為「仁」字，則此條卜辭將不可解。

楊榮國引《商書·太甲下》「懷于有仁」一語，作為卜辭已有「仁」字的佐證。但《太甲》晚出，今本已經清代學者考定為偽書，不足為憑。

阮元《〈論語〉論仁論》云：

仁字不見于虞、夏、商書及《詩》三頌、《易》卦爻辭之內，似周初有此言，而尚無此字。其見于《毛詩》者，則始自《詩·國風》「洵美且仁」，再溯而上則《小雅·四月》「先祖匪人，胡寧忍予」，此「匪人」「人」字，實是仁字，即人偶之意，與《論語》「人也，奪伯氏邑」同。蓋周初但寫人字，周官禮後始造仁字也。

阮元此論，是符合實際的。容庚《金文編》收金文一萬八千多字，其中即無「仁」字。《毛公鼎》有「[illegible]」，是「一人」二字合文；《矢尊》有「[illegible]」，是「二人」二字合文，與「仁」字皆無涉。《說文》：「仁，親也，從人，從二。」慧琳《一切經音義》卷二十七「仁」注引《說文》：「從二，人聲，言行無二，曰仁。」這一具有抽象含義的「仁」字，不可能出現于《太甲》，也不可能出于商代卜辭。【卜辭中「仁」字質疑　復旦大學學報一九八〇年第四期】

◉銀雀山漢墓竹簡整理小組　〔二〕仁，讀為「仞」，充滿之意。「仁」、「仞」二字音近相通。前第一篇（守法、守令）中，仞尺之「仞」亦作「仁」。《韓非子·外儲說左下》記管仲答桓公問，有「墾草仞邑，辟地生粟」之語。仞邑，《管子·小匡》作「入邑」，《呂氏春秋·勿躬》作「大邑」，《新序·雜事》作「𦨶邑」。疑「𦨶」為「仞」字之譌，「入」、「大」為「人」字之譌（「人」、「仁」同音）。【銀雀山漢墓竹簡】

企

前五・二七・六　前五・二七・七　甲一〇一一　佚六三四　佚八一八　京津二八四八　京津二一八四九　存九九〇　存二二七〇　摭續五九　庫一〇九一　陳三一　【甲骨文編】

甲1011　佚634　818　續存1270　摭續57　183　【續甲骨文編】

說文　說文　【古文四聲韻】

◉許　慎　舉踵也。从人。止聲。去智切。古文企从足。【說文解字卷八】

◉羅振玉　說文解字。企舉踵也。古文作。從足。卜辭與篆文同。【殷虚書契考釋卷中】

◉馬叙倫　段玉裁曰。從人止。不當有聲字。從人止者。取人延竦之意。鈕樹玉曰。韻會引作舉踵望也。有望字非。踵當作歱。龔橙曰。古文當為。篆加止以為別。丁福保曰。慧琳音義一百引。舉踵而望也。倫按甲文作。亦作。羅振玉釋企。倫謂即伯致敢字所從之。實之異文。企為起之轉注字。從人。止聲。甲文之乃其字也。廣雅釋詁。企。立也。本書。起。能立也。詩衛風。企予望之。謂我立而望之也。企起音同溪紐。聲同之類。故相轉注。說解舉踵也者。字林文。見文選欲逝賦注引。此字或出字林。慧琳引作舉踵而望。蓋校者依詩義加。【說文解字六書疏證卷十五】

◉蔡運章　四、企二石久宜酒食

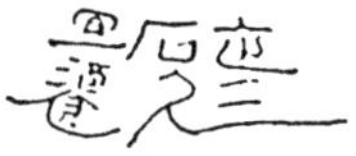

《報告》說：M7062：19號陶瓮上刻有「……宜酒食」諸字，前四字未釋。我們仔細審視拓本，認為這條陶文應為豎寫三行，共七字，當釋為：「企二石，久宜酒食。」這裏的「企」，通作豉。企，與跂同。《史記・韓信盧綰列傳》：「跂而望歸」，《索隱》曰：「跂音企，起踵也」；《文選・江賦》：「渠黄不能企其景」，李善注：「企，與跂同」，是其例證。跂與豉皆讀支得聲，故「跂」亦可通作「豉」。因此，我們認為「企」當是「豉」的假借字。豉，乃敊字別體。《說文・尗部》云：「敊，配鹽幽尗也，從尗，支聲。豉，俗敊，從豆。」又云：「尗，豆也，尗象豆生之形也。」段玉裁注：「《廣雅・說飲食》曰：『寢、醧、郁膵，幽也。』幽與郁同義，以豆郁之，

其味苦。《招魂》曰：『大苦鹹酸，辛甘行些。』王云：『大苦，豉也。辛謂椒姜也，甘謂飴蜜也。』言取豉汁調和以椒姜鹹酢，和以飴蜜，則辛甘之味皆發而行也。《釋名》曰：『豉，嗜也，五味調和，須之而成，乃可甘嗜，故齊人謂豉聲同嗜也。』按《齊民要術》說，作豉必室中温暖，所謂幽尗也。云食經作豉法，用鹽五升，所謂配鹽也。」由此可見，豉是用豆配以五味調料腌制而成的一種食品，它與我們今天吃的豆醬類似。洛陽西郊漢墓M3083：9號陶壺上粉書「鹽飫百石」，M3001：38號陶壺上朱書「鹽飫萬石」四字（《洛陽西郊漢墓發掘報告》），洛陽燒溝漢墓金：29號陶壺上書寫「飫一鍾」三字。洛陽區考古發掘隊：《洛陽燒溝漢墓》表二六，科學出版社，1959年。這裏的「飫」都是豉字的別體。陳直：《洛陽漢墓群陶器文字通釋》，《考古》1961年第11期。《史記·貨殖列傳》有「鹽豉千盒」，《漢書·食貨志》說：「長安樊少翁賣豉，號豉樊。」這說明「豉」是漢代人們愛吃的一種食物，故有長安樊少翁賣豉致富的事迹。因此，這條陶文的大意是說，豉二石，最宜于酒食的意思。【洛陽西郊漢墓陶器文字補釋　中原文物一九八四年第三期】

仞

◉許　慎　仞伸臂一尋。八尺。从人。刃聲。而震切。【說文解字卷八】

◉馬叙倫　段玉裁曰。此解疑非許之舊。沈濤曰。一切經音義一引作謂申臂一尋也。十二引無謂字。然亦無八尺二字。一尋即八尺。不必再言八尺矣。鈕樹玉曰。八尺二字後人加之。方言。秦晉梁益之閒。凡物長謂之尋。周官之法度。廣為尋。然則申臂一尋。猶伸臂一度耳。王紹蘭曰。八尺仍是說尋。尚未說仞。繹其文義。明有奪也。王筠曰。八尺二字注語也。尋下云。度人之兩臂為尋。八尺也。於彼已明。此不須言。倫按諸度量之名皆假借。仞亦當然。則仞自有本義。或據漢書孟喜傳。孟喜不肯仞。以為認識字。倫謂認識即知識也。認以脂真對轉借為知耳。或認為知之轉注字。仞其異文。然倫亦疑仞為仁之音同日紐轉注字。亦或為忍之異文也。說解捝本訓。據玄應引。此明是校注語也。字蓋出字林。【說文解字六書疏證卷十五】

◉王　輝　我們認為「仞」就是取人的高度作單位來度高、度深的，詞義來源就是「人」。如今天人們還常說：「這坑有一人多深」，「這牆差不多有二人高」。這裏的「人」就是以身高作為一個度量單位，等于古代的「仞」。這是一種簡便的測量高深的方法，而且常給人一種形象、直觀的感覺，《禮記·祭義》說古代有公桑蠶室，「築宮仞有三尺」，是說宮不到一人半高，就顯得很矮小。

表示度量單位的仞，是取人高作單位，《說文》「夫」下說：「人長八尺」，《考工記》也說：「人長八尺，崇于戈四尺，謂之三等。殳長尋有四尺，崇于人四尺，謂之四等」；又，「加軫與轐焉，四尺也，人長八尺，登下以為節」；《廬人》也說：「酋矛常有四尺，夷矛三尋。凡兵無過三其身，過三其身，弗能用也。」《考工記》是春秋末年的作品，這裏所説「人長八尺」，《説文》説是「周制」，陶方琦也説周制八尺為仞，其説甚確。仞為八尺説即源于此：「人長八尺，崇于戈四尺」。「殳長尋有四尺，崇于人四尺」。「夷矛三尋」即等于「三其身（身高）」，這與《夏本紀》説禹「身為度」一樣，是以「人」「身」作為一個度量常數來衡量它物的。同時，這種正好説明「人」「尋」的尺度完全相同，不過它們的使用是有區别的：站立的「人」是用來度量「崇」的，伸展兩臂的「尋」是用來度量「長」的。這也完全符合我們今天所知道的同一人的高度與其伸展兩臂的長度完全相等的科學原理，而這一原理早已被古人發現了並使用到生活實踐中去了。

這種表示一個人身高的度量單位：人，在我們所見到的古書上一般卻寫作「仞」，其實這是文字功能再分配的結果，而在地下文字資料和早期載籍上「人」與「仁」及「刃」「仞」等字常常通用。

人和仁上古音完全相同，人和仞、刃聲母相同，韻部也極近，人、仁上古韻在真部，仞、刃在文部，它們可以通用假借。銀雀山竹書《兵令》篇有「前唯（雖）有千仁之溪」，《群書治要》引此文「千仁」作「千刃」，馬王堆漢墓帛書《老子甲本・德經》：「九成之臺，作于羸土。百仁之高，臺（始）于足下」；嚴遵本《老子》作「百仞之高」；而馬王堆漢墓帛書《老子乙本》作「百千之高」，「千」通仁，《説文》「忎，古文仁，從千心作（按，應為從心千聲）」，甲文全部和金文大多數「年」為從禾人聲（如《甲》2827、《乙》6422、《召卣》二），而篆文年以「千」為聲。「千」字甲文原也是借「人」表示，後來為了表示區别，才在垂畫中間加「・」和「一」，例之以甲文「三千」合文（如《前》7・2・3）、「四千」合文（如《鐵》258・1），亦可知「千」就是借人為之。又，雲夢秦簡《為吏之道》有「根（墾）田人邑」，睡虎地秦墓竹簡整理小組注讀「人」為「仞」；銀雀山竹書《王兵》篇「得地而不能仁」，銀雀山漢墓竹簡整理小組讀「仁」為「仞」。説明「仁」「刃」「仞」「人」「千」通用。【説「仞」　考古與文物一九八九年第六期】

◉詹鄞鑫　「仞」是測量高度或深度的單位。《禮記・祭義》：「古者天子諸侯必有公桑蠶室，近川為之，築宫仞有三尺。」《儀禮・鄉射禮》：「旌各以其物。無物，則以白羽與朱羽糅杠，長三仞；以鴻脰，韜上二尋。」「杠」指旗桿。關于「仞」的長度舊説不一，或以為七尺，或以為八尺，又偶見五尺六寸之説。考其語源，仞之言人也。「仞」作為高度單位，來源于以人高為度。人高雖因人而異，大致合古制七至八尺，本是一個模糊的度高單位，與今語比擬樹高「約兩人高」之類説法相似。古書中的「仞」也多用于形容山高水深，如《書・旅獒》：「為山九仞，功虧一簣。」《呂氏春秋・仲春紀・功名》：「善釣者，出魚乎十仞之下，餌香也。善弋者，下鳥乎百仞之上，弓良也。」又《戰國策・楚策》稱蜻蛉在樹上的高度是「四仞之上」，黄雀在樹上的高度是「十仞之上」，黄鵠飄摇的高度是「百仞之上」，《説林》稱「鳳皇高翔千仞之上」，《列子・湯問》稱太形王屋二山「高萬仞」。凡此皆為虛擬而非實指。前引《禮記》「築宮仞有三尺」者，猶言築牆比人高三尺左右，與「十一尺」的含義是有別的。

《說文》：「仞，伸臂一尋八尺。」人們往往據此誤以為「仞」也源于伸臂度量之法。清人程瑶田《通藝録》認為「仞」與「尋」都是伸臂度量的單位，「尋」表示横向張臂，臂平而直，故「尋」長八尺；「仞」表示縱向張臂，兩臂因側身而呈弧形，故「仞」比「尋」稍短為七尺。段玉裁對此説非常稱贊。其實測量高度最方便的方法是用身高比擬，程氏所説純屬臆測，不合常理。許氏用「伸臂一尋八尺」釋「仞」，意謂「仞」的長度相當于伸臂八尺之「尋」，既没有「仞」比「尋」短的意思，也不意味着「仞」與「尋」無別。我們知道，正常的成人舒張兩臂的寬度正好等于本人的身高，所以就長度而言，「仞」與「尋」相當，都合古制約八尺。但兩者的來源不同，「尋」為舒臂量度，「仞」為以身高量度。舒臂用于量度物寬，可以反復量到盡頭，所以「尋」數多為實數，如《考工記·匠人》「堂脩七尋」之類；身高用于比擬物高，只能目測，難以實測，所以「仞」數多為虛數，如「十仞」「百仞」「千仞」「萬仞」之類。古語云「度廣為尋」，「度深曰仞」，其「廣」「深」之别正由于舒臂横量與身高縱測之不同而形成的。【近取諸身　遠取諸物——長度單位探源　華東師范大學學報一九九四年第六期】

仕

仕　仕斤戈　【金文編】

三代下　3·22　【古陶文字徵】

1463　【古璽文編】

◉許　慎　仕學也。从人。从士。鉏里切。【說文解字卷八】

◉馬叙倫　鈕樹玉曰。韻會作士聲。錢坫曰。學也者。非以學訓仕。古十五入學。四十乃仕。倫按一篇。士。事也。詩文王有聲。武王豈不仕。毛傳。仕。事也。四月。盡瘁以士。箋。仕。事也。左宣二年傳。宧三年矣。服注。宧。官。學士也。論語。仕而優則學。學而優則仕。仕學對文。則仕非學也。凡諸士字皆借為事。士大則一字。見士字下。高田忠周謂仕為士之後起字。倫謂乃宧宰之轉注字。見宧字下。亦疑此字出字林。【說文解字六書疏證卷十五】

佼 佼

◉許 慎 佼交也。从人。从交。下巧切。【説文解字卷八】

◉馬叙倫 段玉裁曰。管子明法。羣臣皆忘主而趨私佼。訓交。錢坫曰。佼即人相交好字。史記趙世家。齊之事王宜為上佼。朱駿聲曰。與姣同字。倫按當從鍇本作從人交聲。錢朱二説皆通。朱為長。字疑出字林。【説文解字六書疏證卷十五】

僎 僎

◉許 慎 僎具也。从人。巽聲。士勉切。【説文解字卷八】

◉高田忠周 按𠨍𠨍从尸从目从丌字形甚顯。然字書所無。因謂古文尸人通用。又頁省作百。百省作目。亦為恆例。此畀蓋即真。亦顨省。又从人為僎字。僎亦字書所無。當僎異文。説文。𠨍二卩也。从二卩。即僎具之意。巽具也。从丌从𠨍。𠨍亦聲。僎具也。从人巽聲。此𠨍巽僎三字音義皆同。蓋元同字無疑。又頭。選具也。从二頁。選具即僎具也。顨。巽也。从丌从頭。頭𠨍古音同部。易巽卦。説文作顨。顨巽亦元同字。然僎亦當異文作僎耳。【古籀篇三十一】

◉馬叙倫 錢坫曰。廣韻同遵。此訓具也。似後人改之。朱駿聲曰。僎即巽之或體。倫按具也者巽字義。蓋非本訓。或字出字林也。僎為𠨍之後起字。九篇。𠨍。二卩也。巽從此。羅振玉據甲文作𠨍。易襍卦傳。巽。伏也。又為順為讓為恭。謂𠨍從二人跽而相從之狀。即巽之古文。倫謂巽從𠨍得聲耳。𠨍為順逆順從之順本字。從二卩。卩為跽之初文。即十四篇之巳字也。𠨍義失而僎作。今並失僎義。通以順字代之矣。儀禮鄉飲酒。遵者降席。注。今文遵為僎。禮記少儀。介爵酢爵僎爵皆居右。注。古文僎作遵。二篇。遵。循也。循。順也。孟子。遵海而南。謂順海而南。今北平指示行道者。猶曰順到某處走。是遵𠨍其語原同。𠨍亦即遵服之遵字也。古音蓋如遵矣。當作遵也。以聲訓。【説文解字六書疏證卷十五】

俅 俅

◉許 慎 俅冠飾皃。从人。求聲。詩曰。弁服俅俅。巨鳩切。【説文解字卷八】

◉馬叙倫 鈕樹玉曰。繫傳作載弁俅俅與今詩合。韻會引載作戴。倫按從人求聲無冠飾義。冠飾蓋旒字義。此説解有捝譌。詩絲衣傳曰。俅俅。恭慎皃。則此蓋本作順皃一曰冠飾。爾雅釋訓。俅俅。服也。服也者。謂恭慎也。俅次僎下。或為僎之轉注字。俅音羣紐。僎音牀紐。古讀歸定。定羣同為濁破裂音也。或曰。俅祈雙聲。此是求請之求本字。倫謂求請為祈之引申義。亦或為俅之引申義也。【説文解字六書疏證卷十五】

佩 頌鼎 頌簋 頌壺 善夫山鼎 𤸇簋 王對𤸇懋錫佩 𤸇鐘 【金文編】

佩 日甲一四六 【睡虎地秦簡文字編】

笵佩私印 郭佩 萇佩私印 王子佩印 車珮印信 【漢印文字徵】

◉許　慎　𠈣大帶佩也。从人。从凡。从巾。佩必有巾。巾謂之飾。臣鉉等曰。今俗別作珮。非是。蒲妹切。【說文解字卷八】

◉吳大澂　大帶佩也。小篆從人从从巾。頌鼎。【說文古籀補卷八】

◉馬叙倫　鈕樹玉曰。韻會引同繫傳。但從巾上多故字。沈濤曰。初學記廿六引。佩。從人。凡聲也。佩必有巾。從巾。古音皆重脣。佩音如缶。故從凡得聲。不然。從凡何所取義。文選張平子四愁詩注引作佩巾也。乃梧引耳。桂馥曰。御覽引作大冠帶佩也。嚴可均曰。御覽六百九十二引作佩必有巾故從巾。從人從凡。當作從人凡聲。倫按鍇本無佩字。此隸書複舉字而譌乙於下者也。大帶也者。此韠或市之義。古或借佩為之。從人從凡從巾者。當作從人帆聲。路史後記引何承天纂文。伏羲後有佩氏用氏。用為凡之象形文。亦帆之初文也。今本書無帆字耳。佩必有巾下校語。釋名釋衣服。佩。倍也。言其非一物有倍貳也。有珠玉。容刀有帨。巾有觿之屬也。然則佩不必從巾而為動詞也。然則從人而帆聲亦益明矣。從人蓋猶從手矣。字見急就篇。頌鼎作。車中鐘作。【說文解字六書疏證卷十五】

◉李學勤　「盂以多旂佩鬼方……」一句：前人已指出當與《逸周書・世俘》有關文句對看。「旂」訓為旗；如把「佩」作佩帶解釋，在鬼方的人身上佩帶若干面旗，很難說通。況且《世俘》云：「甲寅，謁戎(伐)殷於牧野，王佩赤白旂。」以武王之尊，和鬼方戰俘一樣佩旂，更不合情理。按《釋名》說：「佩，倍也。」「佩」、「倍」、「背」、「負」等字音近可通。《世俘》又說：「大師負商王紂縣首白旂，妻二首赤旂」，懸掛紂王和妲己等二女之首的赤白二旂，也就是武王所負的赤白旂。因此，鼎銘這一句是說盂用若干面旂懸掛起斬獲的鬼方人的首級，背負而入南門。【小盂鼎與西周制度　李學勤集】

◉戴家祥　說文八篇：「佩，大帶佩也。从人、从凡、从巾，佩必有巾，巾，謂之飾。」桂未谷曰：御覽引作：「大冠帶佩也。」廣韻：「佩玉之帶也」。禮曰：凡帶必有佩。馥案：詩「雜佩以贈之」，傳云：「珩璜琚瑀衝牙之類。」玉藻「古之君子必佩玉」，又云：「天子佩白玉，公侯佩山元玉，大夫佩水蒼玉，世子佩瑜玉，士佩瓀玫。」从人、从凡、从巾，佩必有巾，巾謂之飾者，初學記引云：佩从人凡聲也。說文義證。按唐韻凡讀「符咸切」，并母侵部，佩讀「蒲妹切」，并母脂部。凡佩同母諧聲。如云：「从人、从凡、从

儒 

巾」，則尚未得其聲也。【金文大字典上】

范去儒【漢印文字徵】

婁壽碑額【石刻篆文編】

儒 儒【汗簡】

王庶子碑 王存乂切韻 碧落文【古文四聲韻】

◉許　慎　柔也。術士之偁。从人。需聲。人朱切。【說文解字卷八】

◉馬叙倫　段玉裁曰。柔也以疊韻為訓。曾釗曰。易。需。須也。凡人躁則急不能待。柔則從容自持。儒從需聲。殆以聲載義者也。需與柔為雙聲。凡從需之字。臑訓臂羊矢。臂羊矢。肉之柔者也。襦訓短衣。衣之近身而柔者也。繻訓繒。繒。帛之柔者也。至如嬬為女弱。孺為幼弱。濡為小弱。些有柔義。徐浩曰。人之柔者曰儒。荀子偹身。偷儒轉脱。楊注。儒謂懦弱畏事。玉藻注。舒懦者。釋文懦又作儒。是其證。倫按術士之偁校語。儒士術士皆説士之謂也。周禮大司徒。儒以道得民。又曰。聯師儒。然大司徒之屬有師氏保氏。無儒氏。儒即保氏。儒柔古音蓋同。然柔得聲於矛。矛音明紐。儒得聲於需。需得聲於而。而須轉注字也。須從彡得聲。彡毛一字。毛音亦明紐。保音幫紐。幫明同為雙脣音。故得借儒為保。猶儒柔之轉注矣。保氏掌養國子以道而教之六藝。是後世所謂教官。莊子天下所謂治道方術者也。淮南鴻烈以儒墨名法凡今所謂諸子之學皆謂之儒。由皆以其學説傳道於人也。然則儒本非術士之偁。柔也以聲訓。儒與孺蓋一字。或與嬬一字。而周官借為孺字。故此訓柔也。【説文解字六書疏證卷十五】

◉徐中舒　一期京二〇六九　從大從或，象人沐浴濡身之形，為濡之初文。殷代金文作父辛鼎，與甲骨文略同，周代金文譌作孟簋、白公父簠，至《説文》則譌作從雨從而之篆文需。上古原始宗教舉行祭禮之前，司禮者須沐浴齋戒，以致誠敬，故後世以需為司禮者之專名。需本從象人形之大，因需字之義別有所專，後世復增人旁作儒，為緟事增繁之後起字。【甲骨文字典卷八】

靡俊丞印　州俊印信　趙俊印信　張俊之印　趙俊　徐俊私印【漢印文字徵】

開母廟石闕　少室石闕　丞漢陽冀祕俊【石刻篆文編】

俊【汗簡】

義雲章【古文四聲韻】

◉許　慎　材千人也。从人。夋聲。子峻切。【説文解字卷八】

◉馬叙倫　鈕樹玉曰。玉篇引作才過千人也。桂馥曰。集韻引作才千人也。倫按本以同聲之字為訓。今捝。但存校語耳。下文傑字説解鍇本有才過萬人也。此本無之。明其為校語而删之矣。可證也。【説文解字六書疏證卷十五】

侯傑之印【漢印文字徵】

傑【汗簡】

義雲章【古文四聲韻】

◉許　慎　傲也。从人。桀聲。渠列切。【説文解字卷八】

◉馬叙倫　錢坫曰。傲也當作勢也。鍇本作埶也。乃勢譌為勢。又誤為埶耳。田吳炤曰。材過萬人也五字或淺人據他書增入。以合俊字例。非原有也。倫按千人曰俊雖見淮南泰族訓。然淮南及春秋繁露並謂萬人為英。淮南以十人為傑。春秋繁露以百人為傑。劉董先後而其説不同。蓋英豪俊傑本謂才力過人者耳。後乃别之。英豪本書自有本義。傑字亦當然也。此訓勢也仍疑非本義。傑聲脂類。俊聲真類。脂真對轉。蓋轉注字。【説文解字六書疏證卷十五】

僤

◉許　慎　僤人姓。从人。軍聲。吾昆切。【說文解字卷八】

◉馬叙倫　鈕樹玉曰。段玉裁云。此字必淺人所增。廣韻此字魂韻兩見。云。女字。又姓。出纂文。此誤讀廣韻也。廣韻詳於姓氏。故采自纂文。非謂其字出纂文也。王筠曰。說文解之以姓者。必上古帝王之姓。且必言其所由。豈有無義之字可以為姓乎。雖有無義之字。必地名也。姓非其比。倫按姓皆評自古之方言。女部所列姓亦有自無本義者。若黄帝居姬水以為姓虞舜居堯墟以為姓者。實非先有姬姚二字而黄帝虞舜以為姓也。黄帝虞舜因其姓以名其所居之地耳。如今北平石駙馬大街姚家胡同之類也。而其姓姬也姚也。則後世評其臣與兆之音而加以女旁。其臣與兆之音所由來。自有其意義。而今不可知矣。明古代女生為姓之義。即女性中心時代之制度。不然。黄帝以來有六書方法所冓造之文字。然黄帝時始作象形之文。猶無形聲之字。而姬字屬於形聲。豈是黄帝自造以為其姓哉。僤不從女與姬姚為異。疑後世雖有以此字為姓者而其本義則非姓也。字蓋出字林。【說文解字六書疏證卷十五】

伋

許伋　東門伋印【漢印文字徵】

◉許　慎　伋人名。从人。及聲。居立切。【說文解字卷八】

◉馬叙倫　段玉裁曰。以人名為解。亦非例也。古人名字相應。孔伋字子思。仲尼弟子燕伋字子思。然則伋字非無義矣。人名二字非許書之舊也。荀卿曰。空石之中有人焉。其名曰觙。其為人也。善射以好思。觙與伋音義相近。王筠曰。衆經音義引作伋伋行急也。然恐是彶下之訓。誤彶為伋耳。今本人名二字。亦殊不成訓義。桓十六年左傳急子。邶風新臺序作伋子。則伋急同義。鄧廷楨曰。說文每字必先釋其本義。此全書之通例也。惟人部伋伉二字。但曰人名。僤字但曰人姓。仔字但曰婦官。而無本訓。夫上古因生以為姓。則字專為姓而作者不必别有本義。故僤但曰人姓。猶可說也。若名字婦官。則指字以命名。非因名而制字。當各有其本義。不得但以名字婦官為訓。蓋有奪屚矣。倫按名伋字子思者。疑借伋為急也。伋之本訓亡矣。或伋為急之異文。人名非本訓。或字出字林。【說文解字六書疏證卷十五】

伉

伉吳　單仁伉印【漢印文字徵】

 伯

◉許　慎　人名。从人。亢聲。論語有陳伉。苦浪切。【說文解字卷八】

◉馬叙倫　鈕樹玉曰。繫傳作。段玉裁曰。人名非例也。左成十年傳。不能庇其伉儷。杜注。伉。敵也。陳伉論語作亢。鄭注。子禽。與爾雅亢鳥嚨故訓相合。洪亮吉曰。疑當作高亢也。又人名。江沅曰。此字蓋後人加。僖廿八年左傳。以亢其讎。亢為敵義。不必作伉也。鄧廷楨曰。敵也蓋伉之本義。王筠曰。下文。健。伉也。犬部。犺。健犬也。則此當云健也。論語有陳伉。後人增以為人名之證。李枝青曰。此訓人名及伊下偰下偓下及女部娀字以下十七文。其訓皆非本義。凡字各有本義。人名特假借耳。健字下伉也。則伉有本義。許蓋自失之。倫按陳伉字子禽者。借亢或伉為远。二篇。远。獸迹也。伉儷字當作炏丽。今言伴侶也。左傳借伉為炏。聲同元類也。伉義如王說。此即易亢龍有悔之亢。為健之同舌根音轉注字。亦係之聲同陽類轉注字。此康健之康本字。【說文解字六書疏證卷十五】

後二・四・一一　卜辭用白為伯　重見白下【甲骨文編】

白之重文【續甲骨文編】

伯　不从人　魯伯愈父鬲　白字重見【金文編】

趙伯　異長伯　郭翁伯印　陳長伯　涫于長伯　伯臨【漢印文字徵】

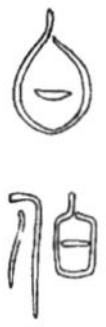石經僖公　曹伯襄復歸于曹　汗簡引石經作云　白見石經亦伯字為說文白之古文　非石經之白伯【石刻篆文編】

伯出義雲章【汗簡】

古孝經　古老子　崔希裕纂古【古文四聲韻】

◉許　慎　長也。从人。白聲。博陌切。【說文解字卷八】

◉强運開　古鉩荀伯伊之鉩。伯字反文。【說文古籀三補卷八】

◉董作賓　白字在甲骨文中，涵義有三：一曰「色」，二曰「地」，三曰侯伯之「伯」。侯伯字，假白為之，仍作白。在殷商時代，有「方

伯」有「伯」，伯有兼稱國及人者，有但稱國或但稱人者一如侯。亦稱「多伯」，亦如多侯之稱「諸侯」然。

白作白色之白。

白作地名。

白字，除上之二義及不可屬讀之殘辭外，多數均極顯明為侯伯字。茲分別舉例證之。

甲，方伯

方伯之名見於禮記王制：「千里之外設方伯」又曰「天子使其大夫為監，監於方伯之國」。此傳說中之周制，方伯蓋為諸侯之長。殷之方伯，見於卜辭者，一曰盂方白，二曰人方白，三曰□方白。

（一）盂方白

☐貞旬亡𡆥，☐弘吉，在三月甲申，祭小甲　☐隹王來正盂方白㞢。（後上・十八・六）

☐甲辰𦞅祖甲，王來正盂方白。（後上・十八・七）

☐□九☐酒，朕☐從多田盂方白☐祭于☐。（後上廿・九）

丁卯王卜貞□□九□余其從多田於多白，正盂方白，叀衣。翌日步囗又自上下於𣪊示餘受又，不𡇒𢦔，☐於茲大邑商亡徭在𡆥。☐弘吉，在十月，遘大丁，翌。（三・二・二九五）

☐於㝬録，隻白兕。☐於☐。在九月，隹王十祀。王來正盂方白凵。（見上白兕條）

（二）人方白，☐祖乙伐☐人方白☐（明義士藏人頭骨殘辭）

（三）□方白，貞王其□□方白□於止若。（三〇・一六八二）

㞢為盂方伯之名。□為□方伯名。人方伯，白字下殘，其記名與否已不可知。前二例皆在第五期帝乙帝辛之世。後一例約在第二期。可見方伯之名，殷代確已有之。

乙，伯

伯之見於卜辭中者，其例畧同於侯，可証伯與侯，皆為殷代封爵。更分述之：

一、兼舉伯之國名及人名者：

昜白㚔　☐爯册，王戠，昜白㚔戠。（前五・十一・六）

辛巳卜，㱿貞：甶昜白㚔從。（前四・三四）

此昜伯名㾜凡兩見。武丁時人。

宋白歪　己卯卜，王貞：鼓其取宋白歪鼓囚，古朕事。宋白歪从鼓。二月。（佚一〇六）

二、但稱伯及國名者：

兒白　☐東畫告曰：兒白☐（後下・四・十一）

己未☐侯☐兒白其☐。（鐵二五一・一）

兒疑即春秋郳國。

𢼄白　巳亥卜，在長貞：王亞其从𢼄白伐☐方，不𡿧𢦏。在十月又☐。（前二・八・五）

𣪘白　辛酉卜，☐貞：𣪘白☐父丁☐（前一・二六・五）

羊白　丁卯卜貞：奚羊白，盄用於丁。（後下・三三・九）

三、但稱伯及人名者：

白㝛　☐酉☐曰白㝛同人其眉。（後下・二五・七）

壬子卜，白㝛其用。七月。（前三・一・一）

白絣　曰从。乙亥：光執白絣，祀。（前四十九・七據葉釋）

白弔　☐白弔☐（前六・六七・六）

以上三類，總計兼舉國名及人名者二，舉國名者四，但稱人名者三，凡卜辭十二見，不同名者九。

丙，多白

卜辭每於人之衆多者，冠以多字。如「多后」指許多君后，「多子族」指許多子族，其餘如「多尹」、「多亞」、「多田」、「多衛」等。為例甚多。伯之多者，亦稱「多白」。

余其从，多田於多白，正盂方白𡿧。（畧見七盂方白條）

☐戍王卜貞九

☐多囚于多白正盂☐𢦏田告於兹大邑☐。（三二・〇二三五）

右二版皆發掘新得者，前後兩見「多白」，皆正盂方時之辭，本屬一事兩次記之。疑盂為「方伯」甚強大，故征伐之時，須多田與多伯，從王師一致聲討之。

伯與侯，均為殷代封建之制，似已毫無疑義，其侯與伯，釐然有別，稱伯者不稱侯，稱侯者亦不稱伯，非如春秋時代侯伯名義，可相淆亂。【五等爵在殷商　歷史語言研究所集刊第六本第三分】

◉楊樹達　爾雅釋詁曰：「伯，長也。」說文八篇上人部云：「伯，長也，从人，白聲。」詩周頌載芟曰：「侯主侯伯。」毛傳云：「伯，長子也。」按古以伯仲叔季為長幼次序之稱，仲之言中，季之言稺，說文言之；叔之言少，段氏言之。獨伯之為長，自來無明之者。今謂伯之為言霸也，伯从白聲，猶从霸也。七篇上月部云：「霸，月始生魄然也，承大月，二日；承小月，三日。从月，䨣聲。周書曰：哉生霸。」蓋月之始生者謂之霸，子之始生者謂之伯，造文者引天象於人事也。哉生霸之字經傳多作魄，許君亦以魄釋霸。蓋魄从白聲，白霸古音同，故用字者假魄為霸也。五伯為諸侯之長，此伯之引申義也，或作五霸，乃假霸為伯也。用字時之通假，大可證造字時之通假矣。詩甫田序正義引尚書中侯霸免篇鄭注云：「霸猶把也，把天子之事也。」其說非也。

禮記鄉飲酒義曰：「月者，三日則成魄。」正義云：「前月大，則二日生魄；前月小，則三日生魄。」白虎通日月篇曰：「月三日成魄，八日成光。」書康誥曰：「惟二月哉生魄。」馬融注云：「魄，朏也，謂月三日始生兆朏，名曰魄。」此與許君說皆謂月初生明為霸也。漢書律歷志曰：「死霸，朔也，生霸，望也。」孟康注云：「月二日以往，明生魄死，故言死魄。魄，月質也。」此與戴記白虎通許馬諸說違異者，乃劉歆之說也。以造文時用始生為義，通伯於霸之說衡之，則戴記諸說是，律歷志之說非也。今晨枕上始悟此義，疾起書之，以送此流離困頓之年焉。王靜安生霸死霸考亦從舊說，駁劉歆之說。【釋伯　積微居小學述林】

◉馬叙倫　倫按此或即今人呼所生為父之父本字。或與佰一字。下文。佰。相什佰也。孟子。或相什伯。漢書食貨志。有仟伯之得。皆用此字。字見急就篇。古鉨作。【說文解字六書疏證卷十五】

◉郭沫若　金文凡伯仲王伯之伯均作白。說文云：「白，西方色也，侌用事，物色白，从入合二，二侌數。」然金文白字除白侯父盤作稍呈異形之外，餘均作，僅或長或短，或正或衺而已，均無所謂「从入合二」之痕跡。余謂此實拇指之象形。易咸之初六「咸其拇」馬鄭薛虞皆云：「拇，足大指也。」說文「拇，將指也」，左傳定十四年「闔廬傷將指，取其一屨」，注云：「其足大指見斬遂失屨。」是將指乃大指之別名也。鄭玄持異說，其注大射禮「設決朱極三」云「三者食指、將指、無名指，小指短不用」，是以中指為將指，蓋不免出於千慮之一失。段玉裁牽許以就鄭，云「合三經而言之，手以中指為將指，足以大指為將指，為拇，此手足不同稱也」。此實不經，亦非洨長之意也。拇與白同屬脣音，古音之魚二部亦每通韻，是則拇白一音之轉也。拇又名巨擘，擘白亦一音之轉也。拇為將指，在手足俱居首位，故白引伸為伯仲之伯，又引伸為王伯之伯。其用為白色字者乃叚借也。白侯父盤之亦正拇指之象、於指端着爪甲耳。要之，許書說白為「西方色」云云，實亦出於傅會。金文用白為白色義者罕見，作冊大

鼎云「公貣賞作册大白馬」，僅此而已。【金文餘釋・釋白　金文叢考】

◉石志廉　楊桂榮　（九）商《叡己觚》

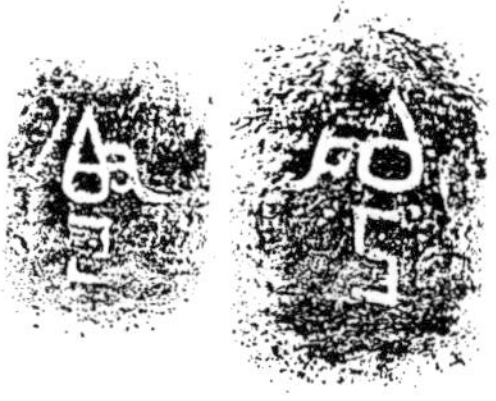

高圈足內有鑄銘陰文「叡己」兩字，所不同者，一件「叡己」二字為正書，一件「叡己」二字為反書，這種例子也是不多見的。

⊘叡亦可書作敀，即伯字。此叡（敀）字為所見金文中之最早的敀字，戰國銅量器和鉢印均有敀字，與此相同。【中國歷史博物館所藏部分商代青銅器　中國歷史博物館館刊一九八二年第四期】

◉李孝定　楊樹達氏以「哉生霸」之義說伯字，說雖可通而鄰於迂曲，金文「伯仲」字、「生死霸」字均屢見，無一混用，明二字有別也；郭沫若以「白」為拇指，引申而有「長」義，說較通達。【金文詁林讀後記卷八】

◉戴家祥　㚖 鄭伯鬲　鄭㚖遇母鑄其羞鬲　馬叙倫曰：吳式芬引徐籀莊說「伯从女从白，長女之謂」。㚖字說文所無，徐說無據。若然則為伯字異文。說文人部之儒，即女部之嬬，而女部姷或作侑，人部之𠋻亦或作嫉也。讀金器刻詞一三一葉卿伯鬲。按馬說是也。金文齊子仲姜鎛保吾子姓，作「保盧子性」，漢碑姒皆作似，是其證。【金文大字典上】

仲

甲398　1203　1264　1295　1436　1481　3031　乙4471　4626　8727　8755　8767　8776　8897　9006　9078　佚348　880　續1・14・6　掇416　徵4・10　8・94　12・69　古2・8　鄴45・5　新677　錄910　龜卜24　六清79　外415　續存65　642　1083　1220　1795　1802　粹412　879　新492　1432　1558　2028

中 3023 【續甲骨文編】

中 仲 不从人 散盤 中字重見 【金文編】

中〔四〕初中(中)中(仲)有别。後相混。古幣文借仲為中。如中都。中〔六七〕中〔六七〕中〔六七〕中〔三五〕中〔四七〕中〔六七〕【先秦貨幣文編】

中 2686 不从人，與散盤仲字同。中 4508 中 2709 中 3379 【古璽文編】

仲 胡仲之印 仲 仲罷軍印 仲 綦毋次仲 仲 仲常 中 莊中子 【漢印文字徵】

中 仲 石經無逸 自殷王仲宗 甲骨文金文以中為仲 中正之中作中 此借中為仲 【石刻篆文編】

中 古孝經 【古文四聲韻】

◉許 慎 仲 中也。从人。从中。中亦聲。直衆切。【説文解字卷八】

◉吳大澂 中 伯仲之仲古作中。仲皃敦。【説文古籀補卷八】

◉羅振玉 中中中中中 此伯仲之仲。古伯仲但作白中。然與中正之中非一字。説見一部中字注。後人加人以示別。許書列之人部者非初形矣。【殷虚書契考釋卷中】

◉馬叙倫 王筠曰。從人。中聲。倫按此蓋兄弟之兄本字。金甲文伯仲字止作中。借中為兄弟之兄之偁。後乃加人字定之。形聲。説解當曰。從人。中聲。字見急就篇。古鉩作仲。【説文解字六書疏證卷十五】

◉白玉崢 甲骨文字之中，有中、中、中或作中三形；兹將三形見於契文之辭例，條述於後，以窺各形之字義：

一、中：見於契文者，多屬殘辭，義意晦澀，兹録諸較完整者數條，藉資探索：

……於中叶朕？…… 林一・七・六

……於中土來？ 文六六

……中餘不潛？ 前七・九・四

……即中？……　前六・五・五
癸酉貞：方大出，立中於北土？　存二・八〇三
庚申卜，王：矦其立朕中人？　人二六八又二六九例同
己巳卜，王貞：中其執畀妣壬？六月允執。　存二・三二〇
□午卜，亩大中析舟？　鄴三・三九・三
又籀廎先生所引(鐵)二〇〇・三版「中母」之辭，其見於他辭者，或作「中母」
辛丑卜，其钟中母己？　乙四五〇七
辛丑卜，中母钟小宰？　乙八八一六
二、中：見於契文者，辭誼甚顯，有為伯仲之誼者，如：
□酉卜，中宗祖乙歲？　存一・一八〇二
……中子㕣……受祐？　粹四〇八
戊寅卜，王貞：受中商年？一月。　前八・一〇・三
在叡餗，隻中田？　寧一・三三一
朿中田。　乙四四七一
有為中正之誼者，如：
中日啟？　存二・八七
亦或為人名，如：
甲子婦笅示三屯　小叡中　後下二七・一〇
乙丑婦笅示一屯　小叡中　存一・六五
三、中：見於契文者，義至衆多，其為中正之誼者，如：
中日大啟？　甲一五六一
旬亡祟，王疾首，中日雪。　前六・一七・七
庚寅雨，中日既。　人三一一四

丙子，王立中……亡風、昜日。 金六七七

其為地名或國族名者，如：

中示趄 前四·三七·三

丙申卜，貞：中馬左右，中人三百？六月。 前三·三一·二

其為人名者，有史官，如：

……屯乙十中 存一·二五(六元四重)

有貞人，如：

癸酉卜，中貞：四牛？ 後上二六·二

戊申卜，中貞：王穵祉亡尤？ 文四三二(存真二·四重)

□辰卜，中貞：今夕亡囚？ 金三六

壬午卜，中貞：曰：其狩？九月。 金一二二

據彥堂先生考證，中為第一期時之貞人(見甲骨學六十年八〇頁)，然與本辭同版之貞人，有第二期之大；是貞人之服務於王朝者，不因王之存否，而為之出處也。亦有小臣，如：

乞自嵒二十屯，小臣中示茲。 前七·七·二

丙子，小臣中…… 前四·二七·六

小臣中。 六束十三

綜上所録諸辭觀之，中、中、中三字之用，不若羅氏所云者，其義互通者正多。【契文舉例校讀 中國文字第三十四册】

◉徐中舒 仲 一期五四〇五 卜辭用中為仲，然亦有從人從中作仲者，與《說文》篆文略同。《說文》：「仲，中也。从人从中，中亦聲。」【甲骨文字典卷八】

甲五六四伊尹　甲七四四　甲八二八　伊奭即伊尹之别稱　後一・二二・一　後一・二二・二　後一・二二・一〇　後一・二六・一〇　後二・二二・二　戩九・二　佚二一〇　佚三七四　佚九一三

明藏四九三　伊丁　明藏四九七　其取伊丁人　粹一九四　京津三二九八　京津三九五三　京津三九五五

寧滬一・二三七　前八・一二　菁一一八　戩九三　京都二九九八　【甲骨文編】

甲214　562　828　佚114　210　211　387　407　802　913　續3・47・5

徵4・1　録184　359　鄴32・8　六束78　145　東方13　續存451　1729　摭續201　粹151　194　195　196　540　828　新2450　3298　3955　【續甲骨文編】

伊　史懋壺　伊簋　伊生簋　【金文編】

伊　編一四　二例　【睡虎地秦簡文字編】

伊宮私印　伊憙之印　伊長孫　伊壽王　【漢印文字徵】

開母廟石闕　【石刻篆文編】

伊出碧落文　【汗簡】

石經　碧落文　竝王存乂切韻　【古文四聲韻】

◉許　慎　殷聖人阿衡。尹治天下者。从人。从尹。於脂切。古文伊从古文死。【説文解字卷八】

◉林義光　説文云。殷聖人阿衡。尹治天下者。從人尹。按一人之名無專制字之理。伊尹生於伊川空桑。本以伊水為姓。伊為姓。故從人。猶姬姜之字從女也。尹聲。尹臻韻伊微韻雙聲對轉。古作史懋壺。伊尹二字即伊音之反切。伊尹名摯。

相承舉姓不舉名耳。【文源卷十一】

◉商承祚 □說文「伊。殷聖人阿衡。尹治天下者。從人從尹。□。古文伊。從古文死。」案甲骨文作□□。金文同。此從□當為□之寫誤。【說文中之古文考】

◉馬叙倫 鈕樹玉曰。韻會衡下有也字。段玉裁曰。殷上當有伊尹二字。嚴可均曰。小徐云。俗本有聲字。誤也。余謂當作尹聲。章炳麟曰。伊尹蓋古官名。非一人之名也。魏志。杜恕上書曰。陛下驗伊尹作迎客出入之制。又曰。伊尹之制與惡吏守門。所言伊尹。指目中書監令諸官。若是人名。必不得舉以相況。伊尹者。謂主事之卿。漢時得周鼎。曰。王命尸臣。官此栒邑。尸臣猶伊尹。尹為尸之孳乳。倫按說解挩本訓。今存者校語。伊尹一字。見尹字下。字見急就篇。史懋壺作□。伊敦作□。甲文作□□□。

□嚴章福曰。鍇本有死亦聲。𠈌從死聲。並不兼義。蓋校者加也。翟云升曰。當作死聲。倫按此與唸吚或作唸尸同。周鼎之尸臣。借尸為尹。尸為死之初文。音在心紐。尹音喻紐四等。同為次清摩擦音也。古文經傳中尹字作豙。從豙得聲。豙音審紐。亦次清摩擦音。故伊轉注為𠈌。從古文死校者加之。【說文解字六書疏證卷十五】

◉楊樹達 戩壽九葉之二云：「其射三牢叀伊。」王國維云：伊謂伊尹。他辭云：「癸酉，卜，貞，大乙伊，其」下缺。後編卷上廿二葉。伊與大乙並言，當為伊尹之略矣。戩釋廿下。後編上卷廿二葉之一云：「癸巳，貞，又彳伐於伊，其又大乙彡，其三丂，卯牢。」王國維云：伊即伊尹。集林九之十下。【卜辭求義】

◉陳夢家 舊臣中之最重要者是伊尹。在文獻記録上，在卜辭上，他都是最顯赫的。據君奭，伊尹為湯時臣。除此以外戰國典籍記載伊尹的尚有以下四項：(1)伊尹為有華氏之媵臣。見孟子萬章上、墨子尚賢下、呂氏春秋本味篇、楚辭天問等處。(2)伊尹為成湯之小臣。見天問、墨子尚賢下、呂氏春秋尊師篇。(3)伊尹名摯。見天問、墨子尚賢中、孫子用間篇。(4)伊尹可以單稱為伊。尚書序「伊尹作伊訓」即伊尹之訓。叔尸鎛亦稱伊尹為伊。就卜辭來説，亦稱伊尹為伊、尹伊、伊奭。伊是其私名，尹是其官名。卜辭的黃尹、黃奭，即詩頌之阿衡、保衡。阿保是其官名，而黃或衡是其私名。與此同例。殷本紀説：「伊尹名阿衡。」商頌長發毛傳云：「阿衡，伊尹也。」混伊尹與阿衡、保衡為一人，是不對的。古黃、衡相通，阿衡即卜辭之黃尹。【殷墟卜辭綜述】

◉于省吾 陳邦懷同志引「又彳伐於伊，其又大乙，彡」(後上二二·一)之貞，謂「此辭乃卜伊尹從祀成湯」。又引詩長發的「實維阿衡，實左右商王」，屈原天問的「何卒官湯，尊食宗緒」為證(徵存下二二)。按陳説甚是，但漏引卜辭的「伊㝌」。

第三期甲骨文稱：「貞，其卯羌，伊㝌○王其用羌於大乙，卯叀牛，王受又。」(粹一五一)按伊乃伊尹的省稱，這也是伊尹配祀成湯之貞，可以補充陳說。第一期甲骨文貞人名的賓字作㝊。㝊字有時也作動詞用，例如：「咸㝊於帝」、「咸不㝊於帝」（丙三九）。是其證。甲骨文中期以後，㝊字用作動詞者均作𡧊。在上述之外，甲骨文稱：「癸丑卜，上甲𢦏，伊𡧊。」（南北明五一三）這是說，用歲祭於上甲，伊尹配享。由此可見，伊尹不僅從祀成湯，也從祀上甲。此外，甲骨文有「伊其𡧊」、「伊弜𡧊」和「伊𡧊」之貞，也都是指配享言之。【釋「伊𡧊」 甲骨文字釋林】

◉姚孝遂 肖 丁 伊尹不是先王，但卜辭對於伊尹的祭祀非常隆重，其地位之尊崇，是超乎尋常的。且伊尹之祭日均於「丁」，種種跡象顯示，僅僅以「舊臣」來看待伊尹是不夠的。這一問題牽涉到對商王廟號的理解，我們對張光直先生所提出的有關問題是重視的。但是，這裏牽涉到商代的婚姻制度，王位繼承制度等一系列重大問題。對卜辭所反映的某些有關現象，目前還難以作出完滿的解釋。

2342

「丑貞，王祝伊尹，取祖乙魚，伐告於父丁、小乙、祖丁、羌甲、祖辛」

伊尹在此次祀典中居於非常突出的地位，此一現象是值得重視的。

1110

(3)「甲寅貞，伊戉莤团日」

(4)「甲寅貞，伊戉莤大丁日」

(5)「丁丑貞，其又酌伊戉」

這再一次證明，伊尹的「法定」祭日是「丁」

978

「丁酉貞，又於伊丁」

此與明續493同文。祭日為丁，又稱「伊丁」，當是廟號。

2567

(8)「丁丑貞，多寧以鬯又伊」

3033

(2)「癸亥卜，又于伊尹丁，叀今日又」

3035

(3)「癸亥卜，祝于祖丁」

(4)「……卜，翌甲又于伊(尹)丁」

3035第(4)辭「尹」字已殘，但仍有殘劃可辨。「伊尹丁」前所未見，當與「伊丁」同。

1007

「……雚於伊奭」

「……雚」可補足為「⿱罒丂雚」。卜辭多見「⿱罒丂雚於伊奭」的占卜：

粹828：「……⿱罒丂⿰雚凡伊奭一小宰」

郭沫若先生謂：「……⿰雚凡為伊尹之配……此蓋殷人神話，或者以伊尹之配死而為風師也。」此說難以為據。卜辭亦見「其桒雨於伊奭」(明續422)。「⿱罒丂風」、「桒雨」之對象或神或祖，不必是風師、雨師。

卜辭常見「伊宾」。「宾」為配享之意。所「宾」者多為囲、大乙：

明續513：「癸丑卜，囲伐，伊宾」

粹151：「……王其用𢆶於大乙，卯叀牛，王受又」

「貞，其卯𢆶，伊宾」

屯南1088、2417、2838皆有「伊宾」。【小屯南地甲骨考釋】

◉戴家祥　說文八篇：「伊，殷聖人阿衡，尹治天下者，从人尹聲。𢎘古文伊，从古文死。」殷虛卜辭曰：「癸巳卜，又𠂇於伊，其𡆥大乙彡日。」殷虛書契後編卷上第二十二葉。又曰：「癸酉卜，貞大乙伊其……」下闕見仝上。以大乙與伊並言，伊即伊尹也。齊侯鐘：「虩虩成湯，有嚴在帝所敷受天命，剋伐夏司，敗厥靈師。伊小臣隹補，咸有九州，處禹之都。」薛尚功歷代鐘鼎彝器款識法帖六。周書君奭、商頌長發亦以伊尹與成湯並言，呂氏春秋本味篇云：「有侁氏女子採得嬰兒於空桑之中，獻之其君，其君令烰人養之。察其所以，曰：其母居伊水之上。」畢沅曰：「以其生於伊水故名之曰伊尹。」鄭玄君奭注云：「伊尹名摯。」長發箋訓「阿」為倚，訓「衡」為平，謂：「伊尹，湯所依倚而取平。」是伊尹姓伊，名摯，其官為尹。後人尊而不名，稱之為「伊尹」為「阿衡」，為「保衡」，皆以其官名之也。傳世卜辭金文中，伊字作伊同篆文，未見有从死聲者，唐韻伊讀「於脂切」，影母脂部，尹讀「余準切」，喻母文部，脂文陰陽對轉，影喻聲近，故伊得諧尹聲。死讀「息姊切」，心母脂部。同部亦可諧聲。惜無實例可資說明耳。金文伊

為人名，左傳襄公廿六年宋有寺人伊戾。【金文大字典上】

◉許　慎　偰高辛氏之子。堯司徒。殷之先。从人。契聲。私列切。【説文解字卷八】

◉馬叙倫　倫按偰蓋契之後起字。説解脱本訓。或本作人名。高辛氏之子堯之司徒殷之先也。字蓋出字林。【説文解字六書疏證卷十五】

 工倩私印　 李倩私印　 生兔倩　 訾中倩【漢印文字徵】

◉許　慎　倩人字。从人。青聲。東齊壻謂之倩。倉見切。【説文解字卷八】

◉馬叙倫　鈕樹玉曰。韻會引作人美字也。五音韻譜作美字。倫按人字或人美字也皆非本訓。人字蓋謂東方曼倩。然疑東齊壻謂之倩是本義。倩為壻之轉注字。倩音清紐。壻音心紐。同為舌尖前音也。然東齊句亦是校者引方言以證之也。其本訓挩矣。蓋婧之異文。或曰。倩為有才之偁。女部。婧下。一曰。有才也。即倩字義。周禮天官序官鄭注。胥讀如諝。謂其有才智。然周禮胥字乃借為書。言部。諝。知也。又㥠字義。胥青同為舌尖前音。故東齊謂壻為倩。此胥青聲通之證。則鄭謂有才者。倩字義。知也者。㥠字義。東方朔字曼倩。倩即取有才義也。字見急就篇。【説文解字六書疏證卷十五】

 綎伃姜娋【漢印文字徵】

◉許　慎　伃婦官也。从人。予聲。以諸切。【説文解字卷八】

◉馬叙倫　段玉裁曰。婦官上當有倢伃二字。鄧廷楨曰。説文每字必先釋其製造之本義。此全書之通例。此訓婦官即漢之婕妤。字亦作倢伃。漢書外戚傳。倢伃視上卿。韋昭注。伃。助也。乃以疊韻為訓。本書倢字解云。佽也。佽訓便利也。於倢箸其義而不云婦官。則此訓婦官為不例。蓋有奪漏矣。倫按唐寫本切韻殘卷九魚引同。婦官名倢伃始於漢。豈因官名而特製伃字乎。且倢伃連緜為名。而倢字遠次於佽佴之後。倢訓佽也。佽訓便利也。是倢為疌之後起字。以義為連緜邪。以音為連緜邪。檢伃音喻紐四等。而速音心紐。心與喻四同為次清摩擦音。古多以速訓疌。則伃或倢之轉注字。婦官也校語。

伀　儇　倓

此字或出字林。【説文解字六書疏證卷十五】

◉許　慎　志及眾也。从人。公聲。職茸切。【説文解字卷八】

◉馬叙倫　鈕樹玉曰。繫傳志上空一字。王筠曰。蓋立字也。倫按經記無用此義者。錢坫謂謚法解。立制及衆曰公。禮運。天下為公。淮南子。與民同出於公。當用此字。然則伀及公之俗字耳。徐灝謂爾雅謂夫之兄為兄公。釋文作伀。音鍾。云。今本作公。釋名。兄伀。言是所敬忌。見之怔忪自肅齊也。俗或謂舅曰章。又曰伀。亦如之也。章伀一聲之轉。伀者。兄公之合聲。倫謂此今謂年老者曰公或曰翁之本字。然仍疑其因俗為之。且乎夫兄為兄公。或為仲之疊韻轉注耳。本訓公也。校者及加立制及衆曰伀也。傳寫捝譌。字或出字林。【説文解字六書疏證卷十五】

◉許　慎　慧也。从人。睘聲。許緣切。【説文解字卷八】

◉馬叙倫　倫按十篇。慧。儇也。儇從睘得聲。睘從袁得聲。袁音喻紐三等。慧音匣紐。喻三與匣同為次濁摩擦音。是儇慧轉注字也。史記貨殖傳。民俗懁急。徐廣曰。懁音絹。一作惠。音翾也。論語衛靈公。好行小慧。鄭注。魯讀慧為惠。是其例證。從睘得聲之字如還訓疾走。獧訓疾跳。懁訓急。則儇之為慧。今人所謂急智。然慧者。思索敏捷。則與急疌之語原蓋同也。字或出字林。【説文解字六書疏證卷十五】

3616曾伯簠燮作[illegible]，所从與此同。【古璽文編】

魏率善倓邑長　【漢印文字徵】

◉許　慎　安也。从人。炎聲。讀若談。徒甘切。倓或从剡。【説文解字卷八】

◉馬叙倫　按十篇。憺。安也。憺倓雙聲亦疊韻。是轉注字也。玄應一切經音義引倉頡倓。恬也。【説文解字六書疏證卷十五】

佝 

 後二・二一・一【甲骨文編】

許慎 佝疾也。从人。句聲。辥閏切。【説文解字卷八】

王國維  此从人从句，即佝字。《説文》：「佝，疾也。」【觀堂書札 中國歷史文獻研究集刊第一集】

馬叙倫 倫按疾也者。借疾為疌也。佝訓疌也者。借佝為疌。疌音從紐。佝音邪紐。同為舌尖前音也。佝蓋姁之異文。甲文作。【説文解字六書疏證卷十五】

楊樹達 太平御覽八十三引古本紀年云：「沃丁絢即位，居亳。」今本紀年云：「沃丁名絢。」按甲文未見絢字，殷虚書契後編下卷廿壹葉壹版云：「△△卜𡴀貞，佝△伐△。」按佝與絢聲類同，佝疑即沃丁之名。佝下缺字當是祭名，伐下缺字當是幾人字，此以卜辭文例推知之。【竹書紀年所見殷王名疏證 積微居甲文説】

傛 

許慎 傛不安也。从人。容聲。一曰。華。余隴切。【説文解字卷八】

馬叙倫 按不安也者。蓋搈字義。十二篇。搈。動搈也。亦或為搈之異文。或为伀之異文。傛從容得聲。容從公得聲。公為公之異文也。或为僷之音同喻紐四等轉注字。故字相次。一曰華者。當作一曰傛華。漢書外戚傳。傛華視真二千石。或曰。華當作僷。然校語也。字蓋出字林。【説文解字六書疏證卷十五】

僷 

許慎 僷宋衛之間謂華僷僷。从人。葉聲。與涉切。【説文解字卷八】

馬叙倫 倫按方言二。奕。僷。容也。凡美容謂之奕。或謂之僷。宋衛曰僷。陳楚汝潁之閒謂之奕。然則此本作宋衛之閒謂美曰僷。華字涉上文傛下一曰傛華而譌。又衍一僷字。此字蓋出字林。【説文解字六書疏證卷十五】

佳 

 杜印佳君  王典佳印  邗佳  郭佳私印 【漢印文字徵】

許慎 佳善也。从人。圭聲。古膎切。【説文解字卷八】

馬叙倫 倫按韓非解志戰國策中山策皆以清麗連文。玉篇引楚詞。妒佳冶之芬芳。古書多以嘉為佳。而嘉多訓美。疑佳當為美義。故次僷下。廣雅釋詁。佳。好也。好佳同為舌根音。或轉注字。金文每言。【説文解字六書疏證卷

十五】

侅

◉許　慎　奇侅。非常也。从人。亥聲。古哀切。【説文解字卷八】

◉馬叙倫　倫按淮南兵略訓。明於星辰日月之運。刑德奇實之數。背鄉左右之便。此戰之助也。漢書藝文志五行家有五行奇胲用兵二十三卷。五音奇胲刑德二十一卷。史記倉公傳。受其脈書上下經五卷診奇咳。均奇胲或奇實或奇咳連文。則此是五行家書中術語。淮南注史記集解均以奇秘為釋。然則奇侅即奇怪。蓋頦之異文。故次佳下。非常即謂醜。醜字從鬼。鬼者。奇怪之怪本字。字或出字林。【説文解字六書疏證卷十五】

傀

傀【汗簡】

朱育集字【古文四聲韻】

◉許　慎　偉也。从人。鬼聲。周禮曰。大傀異。公回切。傀或从玉。裹聲。【説文解字卷八】

◉馬叙倫　嚴可均曰。周禮大司樂。大傀異災。當依小徐本補災字。沈濤曰。玉篇瓌下引説文云。與傀同。大也。是古本尚有大也義。莊子列御寇。達生之情者傀。釋文引司馬彪注。傀。大也。倫按下文。偉。奇也。奇為之轉注字。人跛一足。故奇有不耦之義。二足不同。故奇有怪異之意。皆自奇為跛足引申。偉訓奇也。傀訓偉也。則傀亦奇義。故周禮曰大傀異災。鄭注。傀。怪也。鬼從匕兒聲。兒為奇怪之怪本字。而其語原同於奇。故九篇。魊。頭不正也。嵬。山石崔嵬高而不平也。畏鬼一字。十四篇。鍡。鍡鑸。不平也。隈。水曲也。四篇。觼。角曲中也。亦明其語原同矣。然則傀無大義。莊子傀字借為慧也。或古以訓傀。故誤為大。或大也者。夰字義。夰音亦見紐。與傀又聲同脂類也。此為兒之後起字。莊子列御寇釋文引字林。偉也。公回反。則偉也字林文。或字出字林也。

朱駿聲曰。瓌為瑰之或體。徐灝曰。傀瓌當是二字二義。倫按當入玉部為瑰之重文。然玉篇引聲類。傀。傀字。則疑此重文本作傀。呂忱援聲類加之。【説文解字六書疏證卷十五】

 秦君偉印  李偉功印 【漢印文字徵】

  並崔希裕纂古 【古文四聲韻】

◉許　慎　偉奇也。从人。韋聲。于鬼切。【説文解字卷八】

◉馬叙倫　沈濤曰。文選魏都賦注引。偉。大也。翟云升曰。文選文賦注引作猶奇也。奇也是。大也別義。倫按周禮大卜。觭夢。杜子春曰。觭讀為奇偉之奇。史記魯仲連傳。好奇偉俶儻之畫策。均以奇偉連文。莊子大宗師。偉哉夫造物者。詳義亦謂奇異。傀偉疊韻轉注字。字見急就篇。奇也非本訓。【説文解字六書疏證卷十五】

◉蔡運章　二、虞偉二石

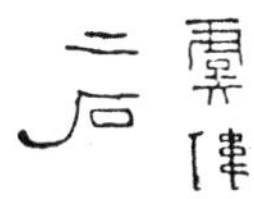

在M3025:4號陶壺上刻寫有「虞偉二石」四字。「虞偉」：虞，《禮記·喪服小記》載：「報葬者報虞」，鄭氏注：「虞，安神也。」《儀禮·既夕禮》有「三虞」，鄭氏注：「虞，喪祭名。」偉，《報告》未釋。我們認為當是偉字的俗體。偉字的这種寫法，是因為刻字者為了簡便，將其右旁中間的上下兩豎筆連貫起來，省寫為一筆的緣故。例如，戰國印文衛字省寫作衛（高明：《古文字類編》118頁），其中「韋」旁上下兩豎筆的寫法與此相同，是其佐證。偉、饋為雙聲字（上古同讀喉音，匣母字），故「偉」可能是「饋」的假借字。饋，《周禮·天官·膳夫》載：「凡王之饋食用六穀」，鄭氏注：「進物於尊者曰饋」。《儀禮·士虞禮》説：「特豕饋食」，賈公彥疏：「饋猶歸者，以物與神及人皆言饋。」《集韻》説：「饋，餌名，屑米和蜜蒸之。」由此可見，「虞饋二石」就是祭典死者所用的食品二石的意思。【洛陽西郊漢墓陶器文字補釋　中原文物一九八四年第三期】

 王斌私印  宋斌印信  王斌 【漢印文字徵】

◉許　慎　份文質僣也。从人。分聲。論語曰。文質份份。府巾切。彬古文份从彡林。林者。从焚省聲。臣鉉等曰今俗作斌。非是。【説文解字卷八】

◉馬叙倫　鈕樹玉曰。僣譌。當依繫傳作備。沈濤曰。一切經音義十二引。份份。文質備也。蓋古本重一份字。倫按論語集解引包注孔注並云。文質相半之貌。鄭玄注亦曰彬彬。褋半貌也。此作僣也。疑借僣為楷。或其譌也。文質楷正謂文質褋半。是備字或為校者所改。故玄應引及顔師古注漢書序傳皆曰。文質備也。然文質份從人分聲。絶不見文質之義。況言褋半邪。此翂字義耳。或曰。此辩字義。九篇。辩。駁文也。份音非紐。古讀歸幫。辩音幫紐。故乃借份。為辩。倫謂辩翂語原同耳。或轉注字也。然則份之本義亡矣。倫疑此佖之同雙脣破裂音轉注字。字或出字林。

彬翟云升曰。當作緂省聲。張文虎曰。從彡林會意。林者六字非許文。倫按從彡以下校語也。彬。從林。彡聲。乃森之轉注字。森音審紐。彡音亦審紐也。彡森聲亦同侵類。轉非紐讀若份。非審同為次清摩擦音。故古文經傳借為份字。

【説文解字六書疏證卷十五】

◉商承祚　彬説文「份。文質。備也。从人分聲。論語曰。『文質份份。』彬。古文份。从彡林。林者。从焚省聲。」案今論語作彬。古文也。「林者」二字。小徐本無之。校議亦以為衍文。是也。【説文中之古文考】

僚

尞之重文【續甲骨文編】

◉許　慎　僚好皃。从人。尞聲。力小切。【説文解字卷八】

◉羅振玉　爾雅釋詁。寮。官也。釋文字又作僚。左氏傳文七年穀梁傳莊十六年國語魯語注並云。同官曰寮。儀禮士冠禮注。同官為僚。是寮古通僚。説文有僚無寮。於僚訓好皃。而卜辭及毛公鼎番生敨皆有寮字。今人每以文字不見許書者為俗書。是不然矣。卜辭又省宀作尞。漢祝睦碑尞屬欽熙。魏元丕碑酬咨羣尞。是漢魏間尚叚尞為寮也。【殷虚書契考釋】

◉馬叙倫　倫按此姣好之轉注字。姣僚聲同宵類。古讀宵歸幽。好聲幽類也。字或出字林。【説文解字六書疏證卷十五】

佖

◉許　慎　佖威儀也。从人。必聲。詩曰。威儀佖佖。毗必切。【説文解字卷八】

◉馬叙倫　鈕樹玉曰。韻會引作有威儀也。段玉裁曰。詩小雅賓之初筵。威儀怭怭。傳曰。怭怭。媟嫚也。許所校作佖佖。

自奪媟嫚二字。朱駿聲曰。詩之怭怭。重言形況字。媟嫚之皃。未必為佖字本訓。俞樾曰。此密邇之密本字。漢書楊雄傳。駢衍佖路。顔注。佖。次此也。次此即密邇之義。左文十七年傳。以陳蔡之密邇於楚。杜注。密邇。比近也。國語魯語。以魯之密邇於齊。吳語。妮以下密邇於天子。韋注。密。比也。邇。近也。訓密為比。即佖之義矣。廣雅釋詁。頻。比也。釋訓。頻頻。比也。然則詩之佖佖猶頻頻。頻頻故為媟嫚。法言學行。頻頻之黨。李注謂黨比游晏。詩人所刺威儀佖佖。即此意也。雷浚曰。本詩上文威儀幡幡。毛傳。幡幡。失威儀也。疑許意謂佖佖猶幡幡。故即用上文毛傳曰。失威儀也。今奪失字不可通。倫按比部比。密也。比為伴侶之伴本字。二人相伴。故有密邇之義。然則俞先生説未極成也。九篇邲字實從必聲。然邲訓宰之也。義不經於經記。詩淇澳。有匪君子。釋文。匪。韓詩作邲。美皃。桂馥謂邲即此佖也。倫謂有邲邲二字。形音皆近。韓詩訓邲為美。蓋是邲字。邲佖一字。佖次僚下。本義為美。或美之轉注字。美音微紐。古讀歸明。佖音並紐。同為雙脣音也。説解挩本訓。或此字出字林。【説文解字六書疏證卷十五】

㑺

 㑺 廟㑺鼎 【金文編】

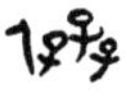 3・302西蒦圖王㑺 王豆 【古陶文字徵】

◉許　慎　具也。从人。孨聲。讀若汝南潺水。虞書曰。旁救㑺功。士戀切。【説文解字卷八】

◉馬叙倫　嚴可均曰。潺。鍇本作潺。説文俱無。鈕樹玉曰。玉篇亦無潺字。漢書地理後漢書郡國兩志汝南亦無潺水。此字蓋譌。説文述下引書旁述孱功。則救字誤。鍇本作方鳩。蓋本今書改。沈濤曰。文選魏都賦經引。㑺。具也。又曰。㑺。取也。蓋古本之一訓。朱駿聲曰。水經注涪縣有潺水。字作潺。㑺義與僎略同。倫按㑺頭同音士戀切。顨巽一字。巽下曰。具也。此訓具也即巽字義。㑺孱疑是一字。十四篇。孱。迮也。二篇。迮。起也。此下文。作起也。㑺音牀紐。二等。迮音照紐二等。同為舌尖後音。作音精紐。㑺從孨得聲。孨音清紐。精清同為舌尖前音。然則㑺蓋作之轉注字。書之旁救㑺功。謂作功也。如作為詐之異文。則為迮之轉注字。讀若以下蓋校者所加。王筠謂潺蓋汝南小水。故不箸於地志。名無正字。相傳呼為㑺水。故許即以正讀也。倫謂此校者汝南人耳。【説文解字六書疏證卷十五】

◉戴家祥　廟孱鼎　廟孱作鼎　字从尸孨，古文从尸與从人通，孱即㑺字。金文用作人名。【金文大字典上】

儠

◉許　慎　長壯儠儠也。从人。巤聲。春秋傳曰。長儠者相之。良涉切。【説文解字卷八】

◉馬叙倫　鈕樹玉曰。廣韻引壯作狀。段玉裁曰。儠儠。長壯皃。辭賦家用獵獵字當作此。倫按廣雅釋詁二儠。長也。本書。巤。髮鬣鬣也。髮鬣鬣蓋謂毛髮之長。儠訓長者語原同邪。或長壯儠儠也者。鬣字義。儠之本義亡矣。或為𡿺之異文也。此字蓋出字林。【説文解字六書疏證卷十五】

儦

◉許　慎　儦行皃。从人。麃聲。詩曰。行人儦儦。甫嬌切。【説文解字卷八】

◉馬叙倫　倫按此因詩行人儦儦而訓為行皃。非本義。行皃者。當是𨒪字義。二篇。𨒪。輕行也。詩載驅毛傳。儦儦。衆皃。然儦次傉儠倭僓之間。不當獨涉於衆多之義。艸部艸多之義。字多脣音。然則詩之儦儦蓋借字也。儦之本義亡矣。字或出字林。【説文解字六書疏證卷十五】

儺

◉許　慎　行人節也。从人。難聲。詩曰。佩玉之儺。諾何切。【説文解字卷八】

◉馬叙倫　鈕樹玉曰。玉篇及詩竹竿釋文引作行有節也。此作人譌。倫按鍇本作行有節也。是也。詩竹竿毛傳。儺。行有節度。然倫謂儺為倭之轉注字。倭從委得聲。委從女得聲。詳委字下。女音娘紐。儺音泥紐。皆鼻尖前邊音。爾雅釋訓孫注。委委。行之皃。委為移之轉注字。而孫炎謂行之皃者。字當作旖。或作倭。漢費汎別碑。君有逶迤之節。逶迤即委佗也。是儺倭義同之證。詩隰有萇楚。猗儺其枝。傳。猗儺。柔順也。文選江賦。隨風猗萎。猗萎即猗儺。是又倭儺轉注之可證者也。然則行者節度。是毛就經立義。儺之本義當為柔順。今捝本訓。或字出字林也。【説文解字六書疏證卷十五】

◉予　向　儺之舊訓。著於經典。而古印文⿰宣隹字。從宣从隹。為從來古今字書所未見。亦漢魏以來諸儒與治經之士未有道及之者。今於金石文字殘賸之餘。爬羅剔抉。欲求國故。發見新誼。非援有確證。詎容置喙。然心知之。隱默而不言。亦非讀書所宜爾。古印文儺。即論語鄉人儺之儺字。孔注驅逐疫鬼也。譙周注。儺却之也。以葦矢射之。呂覽。季冬命有司大儺。注今人臘歲前一日。擊鼓驅疫。謂之逐除。釋文曰。儺魯讀為獻。亦讀為莎。周禮春官司尊彝。獻尊為犧。亦為莎。又讀儀。書民獻有十夫。大傳作民儀。犧莎儀並歌部。獻儺古同聲。故儺讀獻。此儺字之著於經傳。兼以聲韻言儺字者也。

儺。説文行有節也。詩竹竿佩玉之儺。傳云行有節度。假借為逐疫之儺。形容狀貌。悦樂和聲。言有禮節。非同荒誕。

其意良美。禮緯云。顓頊有三子。生而亡去為疫鬼。一為瘧鬼。一為魃鬼。一居宮室區隅。善驚人小兒。於是乃令方相氏掌蒙熊皮。黄金四目。玄衣朱裳。執戈揚盾。率百隸而時儺。以索室驅疫。國儺有三。季春儺陰氣。仲秋儺陽氣。季冬送寒氣。鄉儺惟季冬乃及庶人。國儺用牛羊。鄉儺用雞犬。禮郊特牲。鄉人禓。鄭注曰。禓或為獻。或為儺。正韻禓音陽。逐强鬼也。儺本為魓字之假借。說文魓。見鬼驚詞。汴見鬼而驚駭。其詞曰魓。魓為奈何之合聲。凡驚詞曰那者。即魓字。詩小雅桑扈受福不那。說文那作儺字。左傳棄甲則那。亦是奈何之合聲。驅逐疫鬼。擊鼓大呼。似見鬼而逐之故曰魓。此言儺字之誼。魓則其正字耳。

說文鶪或从隹。金翅鳥也。郝氏懿行云。木難似難鳥所為。文選樂府詩注。木難金翅鳥沫所成碧色珠。鳥為長尾禽之總名。隹為短尾鳥之象形。此鳥名為難。本从鳥。今之難易字作難。難與儺同。見於周禮春官占夢。遂令始難毆疫。注謂執兵以有難却也。以難為之。禮月令。季春命國人儺。以畢春氣。又季冬命有司大難。旁磔出土牛。以送寒氣。均以難為儺。難說文古文作雝。與古印文雝字相近。難从隹从堇。說文。堇黏土也。从黄省。金文齊太僕歸父盤。殳季良父壺。均从黄。師𤊽敦。艱字作□。从黄从□。說文艱。土難治也。契文□□□等字。猶為習見。籀文艱作囏。从喜省。說文喜。樂也。从壴从口。壴說文陳樂立而上見也。注謂凡樂器有虡者豎之。其顛上出。可望見。如詩禮所謂崇牙。厂部曰山厂。岸上見也。亦謂遠可望見。故从山豆。豆者豎也。草木初生則見其顛。今樹字周禮注。多用尌字。又侸說文立也。从人豆聲。讀若樹。見殷契文。或省人作壴。即樹也。後世為僕豎之豎。卜辭又有𡔷從女。殆與从人之侸同。此難字古文作雝。由𡔷省而為艱字之从喜。又从喜省而為壴。展轉歧異。或有然耶。

茲古印文雝。从宣从隹。宣字彙補云。且宣與俎豆同。見字學指南。殷契文鼓作鼔。从宀从壴。正與古印文合。宀說文交覆深屋也。象上阜高突。其下窪可藏身之形。與禮緯所云居宮室區隅。及索室驅疫之誼為近。隹集韻尊綏切。觜平聲。與崔同。高大也。亦作嶉崒隹。又祖誄切音澤。與摧同。山貌。莊子齊物論。山林之畏隹。郭注大風所扇動也。劉注山林偎僻角尖處。風所不到也。李軌讀為諸鬼切。又音觜上聲。其誼皆足形容宮室之高大。雖偎僻角尖之處。無不索而驅之。古印文宣首作□。為曲頭形。與夭同。夭笑貌。論語夭夭如也。似从敳省之豈字。詩飲酒樂豈。今多作愷。豈。還師振旅樂也。一曰欲也登也。為庶幾之詞。又引伸為疑詞。與那為奈何合聲及詩阿那那作儺之誼尤近。又周禮瓬人豆中縣。本瓦器。虘說文古陶器。注瓦器也。木豆謂之梪。竹豆謂之籩。豆从□象形。上一象幎。下一象丌。祭統曰。鐙豆下跗。古文作□。□形象幎。首作曲形。或象虍頭之省。从瓦器之虘省形。或儺獻聲同。集韻獻尊名。飾以翡翠。鄭司農說本作犧。

或作戱同。戱亦从虘。詛或有取於此。未可知已。唐韻儺古文䰻。廣韻𠾂。諾何切。玉篇除疫也。與儺同。又古印文字𨚗从邑。又單印單訢人姓名。均儺字之異體。从單增省。與古印文雔字。又多不同。漢印有長生安單祭尊之印。良里單印。千歲單祭尊。萬歲三老單。又單司平印。單字在官印中習見。皆當作儺字。說文單。大言也。書呂刑明清于單辭。又洛誥乃單文祖德。馬注信也。禮記祭義歲既單矣。注單殫同。盡也。然字書亦無云單作儺者。惟此一古印文雔字。與殷契周金俱合。可資左證。得一新解。知為儺之古文無疑。因見古今文字之蛻變。六國為甚。讀周秦諸書。能多集晚周之金文。庶有裨於參攷矣。

王氏静安言古文之學。萌芽於乾嘉之際。其時大師宿儒。祖述宋人。略加銓次。而俗儒鄙夫。逞其私臆。至莊述祖。龔自珍。陳慶鏞之徒。而古文之厄極矣。羅氏雪堂。亦言許君生炎漢之季。所見古文。捨壁中書而外。不能如今日之博。自不能無疏失。殷周文字。漢儒已不能明。故鄭君說經。乃多異義。往往不及杜子春注本為分明。吴氏奕雋說文蠡說。言周禮注難却之難。杜子春曰難讀為難問之難。劉昌宗於周禮注。依杜音乃旦反。是。郊特牲之鄉人裼爾雅釋訓祖裼。肉祖也。裘單曰裼。禮玉藻裘之裼也。見美也。从衣从易。與鄭注禓从示从易說不同。說文難古文䳡。从隹亾䧴。首與易字相近。金文難字从隹。作乙乙形。與不𡢁敦師酉敦。易作𠃓𠃓。尤為相似。疑難易之專字。隹本作易。或與从隹混合。今經典从或體。假借為難易之難。或阸難之難。或詰難之難。當從漢碑之譌始。儺實無驅逐疫鬼之誼。特以其聲合耳。邵氏瑛羣經正字。言經典省借難字。儺之本字當作魌。猶為未確。是未即古文雔字為深攷耳。

周禮經文中多古字。人所盡知。變說文古文雔為難。尤所易忽。廣韻𠾂與儺同。說文所無。汗簡𠾂釋艱。出王庶子碑。鄭氏子尹疑為不完。非是。艱或難之訛。古印文有單字。與堇同。單疑儺之初字。單从風作䬃。字从單省。从鬼从堇。誤單為𦰩。猶為後起。殷契下辭曰。壬子旅貞王賓𢍰亾囚。又𢍰字同。羅氏雪堂殷考。謂不能指其為人名。為祭名。因附於祭名缺佚之下。其與單字形尤為相近。殷人尚鬼。因有𢍰祭。周惡殷頑。又為毆疫。獸戰从單。古獸狩本為一字。以田獸習戰陳與逐疫如毆獸。當無以異。獸字从犬。雔字从隹。隹即禽也。鷹隼搏擊。亦與犬類。儺字之誼。此殆最古。徐鍇傳云。歲終大儺。侲子口呼魖魖也。後漢禮儀志。先臘一日大儺。選中黄門子弟。十歲以上。十二以下。百二十人為侲子。皆赤幘皁製。執大鼗以逐疫。百官和歌為樂。儺禮節文。漢代猶盛。漢印中之單字。於字書雖亦無證。要之古文留存。時有未泯。錢氏汗簡跋云。說文九千餘字。古文居其大半。引據經典。皆用古文。又云後人妄指說文為秦篆。別求所謂古文。而古文亡矣。然商周文字。至許君已千餘年。固不能無後世詭更之失。而許書之傳。至今又二千

倭　倭

僓　僓

年。又不無傳寫校改之譌。非有近今出土之古文。以證許書所出之古文。亦無由發古代經籍之精蘊。豈僅區於古文字之異同云哉。

坿印拓四　周秦印三　漢官印一

漢官印　單司平印　史書無攷　可補職官

晚周六國文字印　雔　一字

單印　人名

單訢　人名

【釋儺　中和月刊第一卷第十二期】

◉許　慎　倭順皃。从人。委聲。詩曰。周道倭遲。於為切。【說文解字卷八】

◉馬叙倫　丁福保曰。慧琳音義九十七引。亦東海中國也。二徐本無此句。備考。倫按順皃疑非本訓。或字出字林也。漢書地理志。樂浪海中有倭人。後漢書東夷傳。倭在韓東南大海中。依山島為居。廣韻收之。訓慎皃。戈訓東海中國。【說文解字六書疏證卷十五】

僓　5·14咸亭涇里僓器【古陶文字徵】

僓　權僓信印　僓　張僓之印【漢印文字徵】

◉許　慎　僓嫺也。从人。貴聲。一曰。長皃。吐猥切。又魚罪切。【說文解字卷八】

◉馬叙倫　倫按易繫詞。夫坤僓然示人簡矣。馬融曰。僓。順也。韓康伯曰。僓。柔皃。蓋坤為順。坤惟順乾。故曰。僓然示人簡矣。然則僓之本義為順也。是僓為儺之轉注字。僓聲脂類。儺得聲於堇。堇聲真類。脂真對轉也。漢書東方朔傳。遺蛇其迹。注。遺蛇猶逶迆。倫謂遺蛇亦即委佗。則貴委聲通。僓為倭之轉注字之證也。嫺也者。嫺蓋簡易之簡本字。呂

忱或校者以易義為說。非本義。一曰長皃未詳。或鬢字義。蓋校語。字或出字林。【說文解字六書疏證卷十五】

◉唐　蘭　⿰亻⿱𡴀貝　郭沫若同志疑饋字，在讀法上是很對的。⿰亻⿱𡴀貝即僓字，從人⿱𡴀貝聲。⿱𡴀貝字從貝𡴀聲，𡴀為𠂤的繁體，金文追字往往從𡴀(余義鐘和陳肪簋)可證。𠂤本農具，上面或有刺，故宮博物院藏有兩器，𡴀像其形，我在《中國古代社會使用青銅農器問題的初步研究》一文已講過了。《說文》說「𡴀危高也，從𠂤屮聲」是錯的。歸本從帚𠂤聲，歸貴聲同，(《釋名·釋言語》「汝潁言貴聲如歸往之歸也」)，所以貴的別構可以從𡴀聲。新出𤞷駿觥蓋銘說：「只𤞷駿弟史遻(遺)馬弗十。」作遻即遺字可證。僓字在這裏讀如：饋、餽、歸和遺，古書多通用，當為饋贈的意思。這裏說有僓是被饋贈。【論周昭王時代的青銅器銘刻　古文字研究第一輯】

僑 𠈁

僑　法五五　通嬌　—丞令可毆　【睡虎地秦簡文字編】

0308【古璽文編】

馬適僑印

粟僑

趙僑

陳僑印信　【漢印文字徵】

◉許　慎　僑高也。从人。喬聲。巨嬌切。【說文解字卷八】

◉馬叙倫　倫按高也以聲訓。僑蓋即驕傲之驕本字。為傲之同舌根音又聲同宵類轉注字。猶驕驐之轉注矣。【說文解字六書疏證卷十五】

俟 俟

脩躬德以俟賢世興顯令名存　【漢印文字徵】

◉許　慎　俟大也。从人。矣聲。詩曰。伾伾俟俟。牀史切。【說文解字卷八】

◉馬叙倫　段玉裁曰。當是詩吉日傳有俟俟大也之文而許從之。倫按蓋大之轉注字。大音定紐。俟音牀紐。古讀歸定也。然亦疑大也非本義。俟為佁或竢之異文。下文佁讀若騃。騃亦從矣得聲也。字或出字林也。【說文解字六書疏證卷十五】

[seal]1270 [seal]2010 [seal]2806【古璽文編】

◉許　慎　侗大皃。从人。同聲。詩曰。神罔時侗。他紅切。【説文解字卷八】

◉馬叙倫　鈕樹玉曰。今詩思文作侗。毛傳。痛也。與説文恫訓合。倫按莊子山木釋文引字林。侗。大皃。則此字蓋出字林。侗為大之同舌尖前破裂音。猶注字也。猶迵達之轉注矣。達之異文亦作达也。皃當作也。【説文解字六書疏證卷十五】

◉許　慎　佶正也。从人。吉聲。詩曰。既佶且閑。巨乙切。【説文解字卷八】

◉徐協貞　[glyph]應為佶。詩既佶既閑箋。壯健貌。音義俱變矣。[glyph]應為姞。集韻。極乙切。音佶。姓也。又吉。極乙切。音佶。本作姞。姓也。二條均以姞為姓。而不知姞為吉从女字。姞姓即是吉姓。【殷契通釋卷二】

◉馬叙倫　倫按此本詩六月傳文為訓。非本義也。倫疑佶為頡之異文。亦或姞之異文。字蓋出字林。古匋作[glyph]。【説文解字六書疏證卷十五】

◉許　慎　俁大也。从人。吳聲。詩曰。碩人俁俁。魚禹切。【説文解字卷八】

◉馬叙倫　倫按詩簡兮毛傳。俁俁容皃大也。然大也者。蓋顒字義。俁為吳之後起字。或娛之異文。【説文解字六書疏證卷十五】

[seal]仜　縣改簋【金文編】

◉許　慎　仜大腹也。从人。工聲。讀若紅。户工切。【説文解字卷八】

◉高田忠周　[glyph]舊皆釋左字。文義可通。然各家本明从人从工。非左反文也。説文。仜大腹也。从人工聲。讀若紅。字亦作肛胮肨。叚借為龓。廣雅釋詁。仜。有也。即説文龓。訓兼有也是也。銘意亦疑同此。又或叚借為工為功。期有功於縣。白室家之意也。【古籀篇三十一】

◉郭沫若　从字孫詒讓釋任。案上壬字作[glyph]、與此从工作者有異，疑是仜字。廣雅釋詁：「仜，有也。」王念孫以仜為仁字之誤，恐非。有縣伯室亦謂為縣伯之內助。【縣妃𣪘　兩周金文辭大系考釋】

僤　僤

◉馬叙倫　倫按十篇奚亦訓大腹。奚仜音同匣紐。然奚實媛之初文。則大腹也蓋仜字義。四篇。隹。鳥肥大隹隹也。隹亦從工得聲。是其語原同也。即今倥字。【説文解字六書疏證卷十五】

◉戴家祥　字从人从工，説文八篇：「仜，大腹也。从人，工聲，讀若紅。」朱駿聲曰：字亦作肛、作胮、作䏔，廣雅釋詁二：「胮肛，腫也。」琕蒼：「肛，腹脹也。」「䏔，腹滿也。」説文通訓定聲。器銘「乃仜楷伯室」，仜當訓有，廣雅釋詁二：「仜，有也。」周書立政「乃有室大競籲」，「有室」，蓋謂卿大夫也。唐韻仜讀「户工切」，匣母東部。【金文大字典上】

東僤祭尊　成僤之印　【漢印文字徵】

◉許　慎　僤疾也。从人。單聲。周禮曰。句兵欲無僤。徒案切。【説文解字卷八】

◉馬叙倫　鈕樹玉曰。今考工記作彈。倫按詩桑柔。逢天僤怒。毛傳訓厚。與本書亶下訓同。倫謂亶亦無厚義。亶僤與多。同為舌尖前音。本書奢之重文為奓。即奢之轉注字。奢又轉注為䵎。然則訓厚也者。奢或奓或䵎字義。此訓疾也者。癉字義。僤次健上。僤健同為濁破裂音。又聲同元類。或轉注字。亦或亶之轉注字也。字蓋出字林。【説文解字六書疏證卷十五】

健　健

◉許　慎　健伉也。从人。建聲。渠建切。【説文解字卷八】

倞　倞

甲三九三九　地名　牛頭刻辭　【甲骨文編】

新3395　【續甲骨文編】

◉許　慎　倞彊也。从人。京聲。渠竟切。【説文解字卷八】

◉馬叙倫　倫按彊為勥省。或以聲訓。倞為健之音同羣紐轉注字。字或出字林。【説文解字六書疏證卷十五】

傲　傲見尚書【汗簡】

古尚書　汗簡【古文四聲韻】

◉許　慎　傲倨也。从人。敖聲。五到切。【説文解字卷八】

◉馬叙倫　段玉裁曰。此當與下文倨篆連屬。下文仡篆當與健倞連屬。蓋此部經傳寫失其舊者多矣。翟云升曰。一切經音義廿二引作不恭敬也。倫按十二篇。嫯。侮傷也。義與此同。蓋異文。傲為倨之同舌根音轉注字。玄應引者校語。【説文解字六書疏證卷十五】

◉許　慎　仡勇壯也。从人。气聲。周書曰。仡仡勇夫。魚訖切。【説文解字卷八】

◉馬叙倫　倫按仡音疑紐。與伉健倞同為舌根音。相轉注也。勇壯也當作勇也壯也。皆非本訓。或字出字林也。鍇本气下有聲字者。蓋本作從人气。挩聲字。校者明其為气聲也。故注聲也二字。傳寫誤入正文。【説文解字六書疏證卷十五】

◉許　慎　倨不遜也。从人。居聲。居御切。【説文解字卷八】

◉馬叙倫　桂馥曰。遜當為愻。倫按倨音見紐。本訓。或字出字林也。【説文解字六書疏證卷十五】

儼　不从人　曲禮儼若思　釋文云　本亦作嚴　號弔鐘　皇考嚴在上　嚴字重見【金文編】

紀儼私印【漢印文字徵】

説文　古老子【古文四聲韻】

◉許　慎　儼昂頭也。从人。嚴聲。一曰。好皃。魚儉切。【説文解字卷八】

◉強運開　虢叔鐘。其嚴在上。叚為儼字。【説文古籀三補卷八】

傪

李傪私印　【漢印文字徵】

◉許　慎　好皃。从人。參聲。倉含切。【説文解字卷八】

◉馬叙倫　錢坫曰。義與詩摻摻汝手同。鈕樹玉曰。疑傪同摻。故訓好皃。人手二部多通。如儐或作擯。是也。倫按本書如此例者不勝舉。許本倉頡及揚雄訓纂而作是書。漢書藝文志。揚雄取其有用者順續倉頡作訓纂。又去倉頡中復字。然則必無一義而同聲不同形之字。蓋此類異文。蓋出三倉中之滂喜及聲類中呂忱據增耳。然亦不易別舉其孰為許書原有者矣。【説文解字六書疏證卷十五】

俚

◉許　慎　聊也。从人。里聲。良止切。【説文解字卷八】

◉馬叙倫　沈濤曰。漢書季布傳注。晉灼引許慎云。俚。賴也。蓋古本如是。孟子盡心。稽大不理於口。注。理。賴也。理即俚之借字。聊賴一聲之轉。方言三。俚。聊也。今本蓋用方言改許書耳。玉篇既以賴訓俚。又引説文作聊。恐非顧氏原文。倫按賴聊俚音皆來紐。聊賴皆以聲訓。一訓蓋出字林。或字出字林也。晉灼引許慎者。顯為説文者也。孟子之理借為賴。故注曰。賴也。賴為利益之利本字也。季布傳。其畫無俚之至。亦借俚為賴。俚蓋悝之異文。十篇。悝。啁也。啁當為惆。惆。失意也。今人言無聊。亦作無俚。皆謂失意也。玄應一切經音義引倉頡。國之下邑曰俚。【説文解字六書疏證卷十五】

伴

◉許　慎　大皃。从人。半聲。薄滿切。【説文解字卷八】

◉馬叙倫　倫按此今體胖之胖本字也。【説文解字六書疏證卷十五】

俺

汗簡　【古文四聲韻】

◉許　慎　大也。从人。奄聲。於業切。【説文解字卷八】

◉馬叙倫　倫按蓋奄之後起字。【説文解字六書疏證卷十五】

僩 栗僩私印【漢印文字徵】

◉許　慎　僩武皃。从人。閒聲。詩曰。瑟兮僩兮。下簡切。【説文解字卷八】

◉馬叙倫　鈕樹玉曰。繫傳捝聲字。左昭十八年。撊然援兵登陴。杜注。撊。勁忿皃。説文無撊。當同僩字。倫按僩次伴俺之下。詩淇奥毛傳。僩。寬大也。荀子榮辱。塞者俄且通也。陋者俄且僩也。愚者俄且智也。通塞僩陋智愚相對為文。則僩似以訓大為長。六篇。橌。大木皃。蓋同語原。僩伴聲皆元類。或轉注字。今訓武皃者。惠棟謂後人所加。或曰。僩嫺一字。此字或出字林。【説文解字六書疏證卷十五】

伾 伾堪私印　伾 救伾【漢印文字徵】

◉許　慎　伾有力也。从人。丕聲。詩曰。以車伾伾。敷悲切。【説文解字卷八】

◉馬叙倫　倫按此訓本詩魯頌駉毛傳文。非本義。伾音敷紐。古讀歸滂。滂並同為雙脣破裂音。疑伾為伴之轉注字。伴音並紐也。毛晃禹貢指南引字林。伾。山一成。伾蓋即伾譌。然山一成者。坏字義。此蓋一曰下文。六經正誤引字林。伾。父之反。或字出字林也。餘詳偲下。【説文解字六書疏證卷十五】

◉許　慎　偲彊力也。从人。思聲。詩曰。其人美且偲。倉才切。【説文解字卷八】

◉馬叙倫　鈕樹玉曰。韻會彊作強。嚴可均曰。詩盧令釋文引作強也。韻會十灰引作強力也。孫星衍曰。當作勥也。倫按此蓋論語勇而無禮則葸之葸本字。上文。伾。有力也。伾音敷紐。偲從思得聲。思音心紐。心敷同為次清摩擦音。然則伾或偲之轉注字。彊力也或勥也非本訓。或字出字林也。【説文解字六書疏證卷十五】

◉許　慎　倬箸大也。从人。卓聲。詩曰。倬彼雲漢。竹角切。【説文解字卷八】

◉馬叙倫　鈕樹玉曰。韻會箸作著。玉篇。明也。大也。桂馥曰。詩倬彼甫田釋文引作大也。王筠曰。箸字句。朱駿聲曰。當訓大也。箸明者。焯字義。倫按此訓本詩樸棫傳文。傳止曰。大也。釋文引此亦作大也。詩雲漢釋文曰。倬。王云。大也。然則箸大自如王説為二訓也。字或出字林。【説文解字六書疏證卷十五】

侹

◉許 慎 長皃。一曰。箸地。一曰。代也。从人。廷聲。他鼎切。【説文解字卷八】

◉馬叙倫 許槤曰。陸若璿曰。地疑也字之譌。桂馥曰。一曰箸地。吾鄉謂倒地卧為侹。一曰代也者。方言三。侹。代也。江淮陳楚之間曰侹。一曰代也者。借為當。今頂冒字以頂為之。倫按二篇之廷。為廴之轉注字。廴為長道。此訓長皃。語原同也。或長皃乃廷字義。侹為娗之異文。或侹為代之同舌尖前音轉注字。一曰代也者。校者記異本。一曰箸地者。陸説可從。蓋倬下説解中箸也誤羨於此。今杭縣謂人卧直而死轉者曰挺死屍。然不必箸地也。豈此本義謂直卧邪。若然。則語原然矣。【説文解字六書疏證卷十五】

倗

前四・三〇・二 从 與金文同 甲三一四二 甲三二八八 續三・四七・一 射倗 衛官名 燕六五六

【甲骨文編】

徵10・124 京4・18・4 【續甲骨文編】

倗 説文 輔也 从人朋聲 金文以為倗友之倗 經典通作朋具之朋 而專字廢 㠱壺 㠱作倗生歙壺 格伯簋 格伯取良馬乘於倗生 倗卣 倗尊 倗伯簋 倗仲鼎 盠駒尊 盠曰王倗下不其 楚簋 仲倗父 倗史車鑾 伯康簋 用饗倗友 趞曹鼎 伯旅魚父匜 弔妣簋 祈伯簋 克盨 多友鼎 杜伯盨 弔多父盤 倗友鐘 王孫鐘 嘉賓鐘 从㫃 窑弔簋 于窑弔倗友 【金文編】

◉許 慎 輔也。从人。朋聲。讀若陪位。步崩切。【説文解字卷八】

◉劉心源 倒倗字。凡貝朋字古刻作拜三家彝。叔弓鎛造而。剌寅簋逌馭人。豐姑鼓敨友。多父盤友。並倗字。説文鳥部鳳古文作云。象形。鳳飛羣鳥從㠯萬數。故㠯為朋黨字。人部。倗輔也。即朋字。或㠯倗為俗體。不知古文已有之。如即朋。所從之即人亦之變。此銘從。為之倒。從亻反人字也。蓋㠯倗為貝朋

字。詩菁菁者莪箋。古者貨貝。五貝為朋。易損崔憬注。雙貝曰朋。食貨志注兩貝為朋。一說未知孰是。【奇觚室吉金文述卷二】

◉羅振玉　貝五為朋。故友倗字從之。後世友朋字皆假朋貝字為之。廢專字而不用。幸許君尚存之於說文解字中。存古之功可謂偉矣。古金文中友倗字多與卜辭合。望敔作□。彈鼎作□。【殷虛書契考釋卷中】

◉強運開　□王孫鐘。及我倗友。容庚云。說文。倗。輔也。從人朋聲。金文以為倗友之倗。經典通作朋貝之朋。而專字廢。其說甚是。按。倗篆下段注云。周禮士師。掌士之八成。七曰為邦朋。注曰。朋黨相阿使政不平者。故書朋作傰。鄭司農讀為朋友之朋。鳥部朋下曰。鳳飛羣鳥相從以萬數。故以為朋黨字。蓋朋黨字正作倗。而朋其叚借字。是段氏亦知倗為朋友之正字矣。運開按。金文朋貝作□。象母貝之形。朋友作□。從□。即從人。自小篆加人於左作倗。許又讀若陪位。倗朋轉似有別。隸變作□。楷又作朋。於是朋友朋貝皆作朋。許書復以朋為古鳳字。遂至三字混合為一。不有吉金文字。又孰從而辨正之也。【說文古籀三補卷八】

◉馬叙倫　桂馥曰。本書。鄘讀若陪。王筠曰。許收倗字。似采之周禮故書。周禮士師。七曰為邦朋。注。故書朋為傰。則篆當為傰。說解當同崩聲。漢書王尊傳。南山盜帥傰宗。足徵漢有傰字也。況管子版法。練之以散羣傰署。已先見乎。蘇林漢書注曰。傰。音朋。用司農音也。晉灼則曰音陪。陪尾亦作倍尾。知古字相通。是晉用說文音也。劉秀生曰。讀若陪者。詳六篇鄘字下。倫按杜伯簋作□。倗伯敔作□。甲文作□。皆從人從□。叔妣敔作□。格伯敔作□。皆從丮從□。倗女鼎作□。從走之初文從□。又有□□文。亦從初文走從□。□為易十朋之龜之朋。亦即漢書食貨志注所謂兩貝為朋。詩菁菁者莪箋所謂五貝為朋之朋。而非鳳鳥之□也。此不作傰者。自有倗字。即本於金文。不能私易也。周禮故書作傰者。後人因其聲如崩而增山耳。唯許所據倉頡或訓纂字已作倗。從鳳鳥之□。其實倗訓輔者。此為朋友之朋本字。而朋友者。字皆假借。以粟易布。或以貨易物。貿易有無。相得其利。故友者。有也。倗者。輔也。輔當為俌。俌者。今俗所謂幫助之幫本字也。倗為荷貝以為交易。而友為甲乙之手相付。見叉字下。故遂為朋友字。而友之音即得於又。倗之音亦得於□。名之由來。固每每然。倗字如金甲文。於六書為會意。若如此篆。或為從人朋聲。乃負之轉注字。古音同在並紐也。倗保同語原。字或出字林。【說文解字六書疏證卷十五】

◉李孝定　治說文者多以此為朋友之本字。不知此仍朋之異文也。蓋朋象朋貝。亦即頸飾。倗則象人着頸飾之形。其實一也。朋之與倗。猶賏之與嬰也。朋友為五倫之一。其字無由以象形會意出之。作朋作倗皆假借貝字。蓋亙古無正字者。至□字郭沫若亦釋倗。見前四卷朋下。略有可商。蓋以小篆言之。字當釋嬰也。朋之與賏。倗之與嬰。其始雖祗是一字。然其後已分衍為二。令即以今字釋古字。則此數字固當分隸。不能抿為一談也。説詳一卷玨字。四卷朋字條下。請參看。金文作□王孫鐘□倗尊□□杜伯盨□趞曹鼎□倗仲鼎□芇伯簋。與契文同。許訓輔乃由頸飾義所引申。蓋頸飾環繞與夾輔之義近也。

【甲骨文字集釋第八】

◉張日昇　李氏之言誠為創新。然有數事似不可解。彝器銘文中倗朋分用不混。朋為朋貝之朋。倗為倗友之倗。或為專名。毫無一字異文之跡象。李氏又謂朋友為五倫之一。其字無由以象形會意出之。然則父母等字並皆亙古未有正字。而以同音叚借者耶。至謂頸飾引申為夾輔之義。亦甚牽強。竊疑母貝並系為朋。人之相交相從相連結如貝之串系。故為倗。從人從朋。朋亦聲。古籍以朋代倗。而倗友之專字廢。倗篆作□。有類鳳形。故許書誤以朋為鳳之古文。實則朋黨本字為倗。朋亦倗之叚借字。【金文詁林卷八】

◉于省吾　甲骨文朋貝之朋作□或□，象兩串穿貝形。又𠣞字作□或□，從貝從勹。商器𠣞尊作□。西周金文以𠣞為朋友之朋，作□、□；□等形。説文：「倗，輔也，從人朋聲，讀若陪位。」其實，倗字的古文本作𠣞，以勹為音符，説文譌為人，文字學家遂不知其非。古讀勹如憑。漢書周緤傳的「皆更封緤為鄘城侯」，顏注：「呂忱音陪，而楚漢春秋作憑城侯，陪憑聲相近。」王念孫謂：「服膺之為馮膺，猶伏軾之為馮軾，伏琴之為馮琴，茵伏之為茵馮也。」（讀書雜志餘論文選）按勹為伏之本字，古無輕脣音。故讀伏如憑（古也省作馮）。兩字既系雙聲，又係之蒸對轉。然則𠣞之從朋勹聲，是由於象形字附加音符而變為形聲字。關於𠣞字的甲骨文已多殘缺，只有「己丑卜，方貞，令射𠣞衛。一月」（續三・四七・一），文尚完整。典籍皆借朋為𠣞，又每訓朋為羣為輩。射𠣞之𠣞應讀作朋。是説王令司射的朋輩從事保衛。【釋勹、𠣞、𠣞　甲骨文字釋林】

◉李孝定　象人佩頸飾形，其始當與「嬰」為一字，「嬰」所佩者為「賏」，而此所佩者為「珏」耳。説詳前「嬰」字條下。張日昇、林潔明兩氏於予舊説，頗致疑義，考鄙説以倗為朋之異文，説稍未的，然謂朋之與倗，亦猶賏之與嬰，朋、賏並為頸飾，則實不誤。又謂朋友之義，蓋亙古無正字者，以倗字象人佩頸飾，用為倗友字乃假借，亦與「□」象手執斧，用為「父母」為假借者相同，凡文字之不能以象形、會意表示者，先民則以假借為之，至形聲字出，則無意不可表達，非謂五倫之字，皆亙古無正字也。有一字於此，自古迄今皆用假借，而未以形聲別造新字，則謂之亙古無正字，不亦宜乎？【金文詁林讀後記卷八】

◉徐中舒　□一期續三・四七・一　從人從□朋，象人以貝玉為頸飾之形。殷代金文有□母鼎、□父丁鼎、□父乙盤，舊釋子荷貝形，實為飾貝玉於頸之逼真描繪。

□傓

甲骨文□字即其形之簡化。《説文·貝部》有賏字，説解謂「頸飾也」。知古有以貝玉之屬為頸飾之俗，而朋字與賏字初本一字，見卷四鳥部朋字説解。《説文》：「倗，輔也。從人，朋聲。」輔義蓋由頸飾引伸。【甲骨文字典卷八】

◉劉　釗　《文編》附録一一一第11欄有字作「□」，按字從倗從土，應隸作□，釋作「倗」。金文倗字作「□」、「□」，或從土作「□」。戰國文字增土旁以為繁飾者多見。金文朋字或作「□」，與「□」所從之「□」形同。倗字見於《説文》人部。【璽印文字釋叢（一）　考古與文物一九九〇年第二期】

◉黄錫全　《甲骨文編》附録下一二二有字作□、□。舊不識。我們認為，此形從大從朋，即倗字合書形。甲骨文朋字作□、□、□，倗作□、□等。金文倗作□、□、□，或合書作□、□。古文字中人與大形可互作。如甲骨文併字作□也作□。金文幾字作□（□伯毁），也作□（幾父壺）。□、□均象人形，只是側立正立之别，作為形符意義相同，故可互作。合書之例（或借筆）古文字中也常見。如甲骨文娥字作□，又合書作□，姌字作□，又作□，四千作□，五千作□，金文無疆作□（郜伯祀鼎）、公子作□（曹公子戈）、孝孫作□（鄦侯毁）、五朋作□（□卣二）、百朋作□（□鼎）、古璽佝作□等。因此，倗可從大作□、可合書作□。《汗簡》鳳字作□，當是□與□合書之形，本即倗字，如同古匋倗作□。《説文》鳳字古文一形作□，實為□或□等譌變之形，即倗字。卜辭的□似借為鵬或鳳字。【甲骨文字釋叢　考古與文物一九九二年第六期】

◉戴家祥　按説文八篇：「倗，輔也，從人朋聲。」按金文朋字作拜，象兩系貫貝之形，用作貝的單位數量詞，加旁從人用作朋友的正字。易兑卦「君子以朋友講習」，孔穎達疏「同門曰朋」。地官大司徒以保息六養萬民，「五曰聯朋友」，鄭注「同師曰朋」，聲符更旁則寫作傰，秋官士師掌士之八成。「七曰為邦朋」。鄭玄曰：「朋黨相阿，使政不平者，故書朋作傰。」鄭司農讀為朋友之朋，倗亦通傰，管子曰「練之以散羣傰署」，尹注：「傰，猶曹也。」段注説文云：「皆即倗字也。」古人亦有以朋為名者，戰國策「韓公仲朋」，亦有朋姓者，漢書王尊傳「南山羣盜倗宗等數百人」。唐韻朋讀「步崩切」，並母蒸部。崩讀「北滕切」，幫母蒸部，韻同聲近。【金文大字典上】

◉許　慎　□熾盛也。从人。扇聲。詩曰。豔妻傓方處。式戰切。【説文解字卷八】

◉馬叙倫　田吳炤曰。韻會引鍇本引詩與鉉本同。倫按今詩十月之交作煽。毛傳。煽。熾也。爾雅釋言。煽。熾也。是熾盛也當作熾也火盛也。火盛即熾。而熾為煽字義。今本書無煽字。諸家以煽為傓俗字。非也。傓從人。不得為火盛也。傓之本義亡矣。疑此字出字林。【説文解字六書疏證卷十五】

儆 㒌

□儆 不从人說文儆戒也 中山侯鉞 以儆氒衆 敬字重見 □从心 中山王嚳壺 以憼嗣王 【金文編】

◉許 慎 儆戒也。从人。敬聲。春秋傳曰。儆宮。居影切。【說文解字卷八】

◉丁佛言 □古鉢。緜儆稷。許氏說儆戒也。此从敬省。【說文古籀補補卷八】

◉馬叙倫 倫按儆蓋憼之異文。古鉩作□。【說文解字六書疏證卷十五】

俶 □

◉許 慎 俶善也。从人。叔聲。詩曰。令終有俶。一曰。始也。昌六切。【說文解字卷八】

◉強運開 □寡子卣。䡴不叔策乃邦。不叔猶言不善。與俶訓善同意。蓋叔即俶字之藉字也。運開又按。□□二篆形近。經典多訛。□為□。如詩不弔昊天。神之弔矣。左傳若之何不弔。穆為不弔。皆是叔字之誤。又秦盄龢鐘篆文作□。薛尚功誤釋為盄。可為□□致訛之證。【說文古籀三補卷八】

◉馬叙倫 倫按善也之訓。本詩關雎毛傳。然彼文作俶。十一篇。俶。清湛也。引申得有善義。此音穿紐三等。善音禪紐。同為舌面前音。亦得借俶為善。善也或以聲訓。或以假借訓假借字也。俶。蓋惄之異文。詩崧高。有俶其城。毛傳。俶。作也。倫亦疑俶為作之轉注字。作從乍得聲。而乍音在從紐。宋從尗得聲。而宋音亦從紐。作音精紐。而從尗得聲之茮亦在精紐。則或古音俶作同也。作詐一字。莊子齊物論。其名為弔詭。章炳麟謂天下篇之諔詭即弔詭。蓋弔本即金文中伯叔字之作□或□者也。然則俶詭即詐偽。一曰始也者。本詩既醉毛傳。蓋借俶為迮。古書言作始即起始也。【說文解字六書疏證卷十五】

傭 □

◉許 慎 □均直也。从人。庸聲。余封切。【說文解字卷八】

◉馬叙倫 段玉裁曰。均下奪也字。玉篇廣韻均作均也直也。倫按古書多言傭任。或言傭保。此下文。任。保也。保為負戴之負本字。則傭任為人傭負擔之事也。倫謂傭即史言傜役之傜。古言傭。或言傜。或言役。音皆喻紐四等。蓋轉注字。本書無傜。傜即傜也。禮記王制。注。不給其傜役。玄應一切經音義亦引孟氏曰。傭。役也。謂役力受直曰傭。又引蔡邕勸學注。傭。賣力也。此訓均也直也。均也蓋後人以詩節南山傳文加之。此引申義。直也上疑有捝文。亦非本訓。【說文解字六書疏證卷十五】

僾

◉許　慎　僾仿佛也。从人。愛聲。詩曰。僾而不見。烏代切。【説文解字卷八】

◉馬叙倫　鈕樹玉曰。韻會不引詩。倫按仿佛也者。七篇。㬈。埃㬈。日無光也。僾㬈疊韻。埃㬈猶僾㬈也。詩静女。僾而不見。今本作愛。毛傳。愛。蔽也。朱駿聲曰。薆之借字。蓋古於有蔽曰愛。聲轉為遏。語原為旡也。僾佛聲同脂類。轉注字也。仿佛也當作佛也。或此字出字林。【説文解字六書疏證卷十五】

仿

仿 161【包山楚簡文字編】

◉許　慎　仿相似也。从人。方聲。妃罔切。㑂籀文仿从丙。【説文解字卷八】

◉王國維　説文解字人部。仿。相似也。从人方聲。㑂。籀文仿从丙。案。周禮枋字木部亦从丙。【史籀篇疏證　王國維遺書】

◉馬叙倫　鈕樹玉曰。韻會也作皃。倫按相似也者字林文。見文選寡婦賦注引。然此像字義。仿當訓佛也。

㑂倫按丙方同脣音聲又同陽類。故仿轉注為㑂。從丙二字校者加之。【説文解字六書疏證卷十五】

佛

佛 程佛之印【漢印文字徵】

◉許　慎　佛見不審也。从人。弗聲。敷勿切。【説文解字卷八】

◉馬叙倫　鈕樹玉曰。繫傳及類篇韻會引審作諟。是也。文選靈光殿賦甘泉賦注引亦作諟。舞賦注引作審。蓋後人轉改。桂馥曰。長門賦注引作見不諟也。甘泉賦注引作彷佛相似視不諟也。沈濤曰。文選海賦注引作髣髴見不諟也。舞賦注引作彷佛見不審也。龔橙曰。佛即㚕。倫按文選西京賦注潘安仁悼亡詩注引作仿佛相似見不諦也。寡婦賦注引字林。佛。不審也。列子黄帝釋文引字林。仿佛。見不審也。然則此字林訓。説解本作諦也諟也視不審也。傳寫各本互譌耳。相似二字則本仿下説解。以文言仿佛。遂並舉二字之訓。其字或作彷佛或作髣髴者。蓋注者各從本文也。仿佛音同敷紐轉注字。其義為有蔽。從人者。蓋人相蔽也。文選注引倉頡。佛鬱。不安皃。笙賦注引字林。佛鬱。不安皃。然疑倉頡本作㚕。㚕佛一字。傳寫者以字林字易之。然則㚕字出字林矣。㚕佛如為一字。則仿佛以變聲連語。或借佛為仿也。若為有蔽義。則仿佛即怳惚之轉注字。或其本字。眛昒仿佛同語原矣。【説文解字六書疏證卷十五】

傈

◉許慎 傈聲也。从人。悉聲。讀若屑。私列切。【說文解字卷八】

◉馬叙倫 劉秀聲曰。悉聲在心紐屑部。屑從佾聲。亦在心紐屑部。故傈從悉得聲。得讀若屑。爾雅釋言。傈。聲也。釋文。傈。音屑。字又作僁。漢書武帝紀。屑然如有聞。屑即傈之借。是其證。倫按聲也者。本爾雅為訓。玉篇作小聲也。尸部。屑。動作切切也。切切猶傈傈。七篇。糏粲。散之也。蓋糏粲為散米之聲。亦即小聲也。然則聲也者。糏字義。傈從人。不得為聲義也。蓋屑之雙聲轉注字。字或出字林。【說文解字六書疏證卷十五】

僟

僟 仲僟簋 【金文編】

◉許慎 僟精謹也。从人。幾聲。明堂月令。數將僟終。巨衣切。【說文解字卷八】

◉馬叙倫 段玉裁曰。僟謹雙聲。王筠曰。玉篇作精詳也。徐鍇曰。幾近詞也。切也。故為精詳。是當作精詳也。朱駿聲曰。此僟察本字也。倫按精謹也疑當作謹也精詳也。謹也以聲訓。或僟為謹之轉注字。不然。則為傈之轉注字。僟音羣紐。然從幾得聲。幾從戍得聲。戍音心紐。傈音心紐。心審同為次清摩擦音也。字蓋出字林。仲僟敢作𠎬。【說文解字六書疏證卷十五】

佗

6·99 呂佗 【古陶文字徵】

161 【包山楚簡文字編】

1175

2542

1585

1556

0076 【古璽文編】

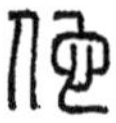
呼佗塞尉

梁佗

許佗之印

壽佗

段干佗

胡佗之印

趙佗 【漢印文字徵】

古孝經 【古文四聲韻】

◉許慎 佗負何也。从人。它聲。臣鉉等案。史記。匈奴奇畜有橐佗。今俗譌誤謂之駱駝。非是。徒何切。【說文解字卷八】

◉強運開 齊矦敢。它=匜=。佗不从人。它字重文。【說文古籀三補卷八】

◉馬叙倫　鈕樹玉曰。韻會一引同。一引作彼之稱也。段玉裁曰。負字淺人增之。倫按負何也當作負也何也。負也校者加之。韻會一引作彼之稱也亦校語。字見急就篇。譌作他。佗為何之聲同歌類轉注字。古鉨作□。【説文解字六書疏證卷十五】

◉李裕民　□《侯馬盟書》委質類一九四：一一。

左旁為它，《它毁》作□；右旁為人，與同片盟書伐字偏旁作□同，隸定為佗。《説文》：「佗，負何也。从人，它聲。」盟書佗心為參盟人名。【侯馬盟書疑難字考　古文字研究第五輯】

甲69　2407　2430　2465　2513　2701　2873　2883　3656　乙3174　6548　8896　9073　珠363　1233　卜63　佚48　62　255　261　266　284　369　406　續1·7·5　4·11·5　4·48·10　6·9·6　6·10·5　徵1·11　1·27　1·80　7·13　12·21　京2·13·2　2·20·1　凡9·2　22·1　録78　鄴三44·7　誠458　摭58　續存456　637　1754　2173　外3　89　摭續106　粹728　770　1440　新4002【續甲骨文編】

何　象人荷物之形　説文　何儋也　何尊　子何爵　十六年戟何【金文編】

3·340　楚章櫨里何　3·431　西酷里陳何　3·668　北里何【古陶文字徵】

2198　2547　2985【古璽文編】

徐何　張何　張何印　趙毋何　皮何傷【漢印文字徵】

品式石經咎繇謨　禹曰何　石經汧殹　可𠂤櫜之　古文不从人【石刻篆文編】

何碧落文【汗簡】

古孝經 碧落文 雲臺碑 【古文四聲韻】

◉許　慎　何儋也。从人。可聲。臣鉉等曰。儋何即負何也。借為誰何之何。今俗别作擔荷。非是。胡歌切。【説文解字卷八】

◉強運開　石鼓何字皆省作可。【説文古籀三補卷八】

◉郭沫若　(第一三八三片)卜人⿱戈儿董作賓謂稟辛康丁時人,唯彼釋⿱戈儿為尢,或釋為戌,均非是。字乃何荷之古文,象人荷戈形,後變為形聲字之何,再變為假借字之荷。卜辭每借為河字,而河字又或作浇,从水,以此為聲。例均見上。

(第七九一片)「甲子卜貞⿱戈儿茲,从縱雨。(右行)翌日乙……茲……」此⿱戈儿荷字乃假為河。河茲每連文,上廿三、五一、五三、五六諸片,均其證。河亦作浇,从此,見下第八三四片。」

(第五四三片)乃稟辛康丁時卜人。案此即金文中所習見之「荷戈形」也。當是何荷之古文。舊釋為尢,不確。今隸定為⿱戈儿字。」【殷契粹編考釋】

◉郭沫若　珂字與《同毁》泀字右旁相同,舊釋為何,是也。余意古何歌實本一字,从人可聲與从欠哥聲,無别。【何毁　兩周金文辭大系考釋】

◉馬叙倫　鈕樹玉曰。韻會可聲下有一曰誰也。沈濤曰。一切經音義三。説文何。古文柯同。胡歌反。則古本當有重文柯篆。王筠曰。鮑孫二本擔作儋。倫按鍇本有一曰誰也者。本書。誰。何也。然誰何也者。何借為訶也。此後人不知誰為誰訶字。而今言誰何者。乃嗃之借字。徒見誰下曰何也。故增之。字見急就篇。古鉨作何。【説文解字六書疏證卷十五】

◉李孝定　按説文「何儋也从人可聲」。此字栔文當以作佚・六二新・四〇〇二為最初形。象人負可柯之初字之形。可亦聲。其作乙・九〇七三甲編・二七〇一者。則為何之異構。象人負戈形。戈亦聲。以字嫌於伐。伐象戈刃加人頸。从戈之何。則象戈柲加人肩。故衍及篆隸。从可之何獨行。而从戈之何遂廢。孫海波文編收此入附録。三七葉下。金祥恒續文編八卷三葉收此作何。惟二書皆兼收作諸形者。是尢何不分也。當釋尢。即儋之象形初文。儋則後起形聲字。説見五卷尢下。尢何雖同義。其字之取象亦極近。惟何象以可或戈斜加諸肩而以手持其一耑。尢則象以柲兩耑貫物。平加諸肩。此其異也。金文作戊箙父癸卣父乙卣。容氏金文編。亦收入附録。附録上十葉下。【甲骨文字集釋第八】

◉張秉權　金氏《文編》,另行列此字於「疑」字之後而未解釋,李氏《集釋》,於何字之下未收此形,按此字象人有所荷負而側顧之形，亦當釋為何字，第二、三期卜辭中，何是貞人的名字，但在第一期卜辭中，卻不是貞人，饒氏《通考》以為何是經歷武丁祖甲廩辛等的三代元老。然卜辭中的人名，既係官稱，並非私名，則隔代同名，事屬可能，所以第一期武丁時代的何，與第二、三期祖甲，廩辛庚丁時代的何，亦未必同是一人。【殷虛文字丙編考釋】

◉白玉崢 □……崢按：□字之人名，其見于卜辭者，在第一期武丁時，稱為「子何」，如：

貞：令畢……允子何？　乙六五四八

勿令畢……允子何？　乙四九五一

見於第二期及文武丁時者，與第三期之貞人名同單稱為「何」，如：

□□卜，旅貞：令何……衛？　《文》五九〇

丁未卜，鼎：何□告(王)？　《乙》九〇七三

亦有地名，或方國名「何」者，如：

丁巳卜，爭貞：乎取何芻？

勿乎取何芻？　合二二三

壬戌卜，行貞：今夜亡囚？在何。　《前》二·四·八

見于第一期者，字作□；見于第二期者，字作□。字之結體雖異，然其為地名、或方國名，則又一也。

屈先生于釋□一文中，曾詳舉□字之結體，共得二十三文不同之例字；並謂：「□(後下二二·三)字雖無同版的其他形狀可以互證，但它既象荷戈之人的側視形，又是第三期貞人。再以□，□兩字證之，它和□是一個字，也無疑義。」按：□字王襄氏釋戍，殊非。屈先生釋何，甚是。惟謂與第三期之貞人□為一人，在未有更堅強之證明前，未敢苟同。蓋其字又見于第一期武丁時之卜辭，且亦為人名，如：

貞：□挈羌？　乙六八八三

貞：□不其挈羌？　乙二六五九

貞：□挈羌？　合二四一

貞：□弗其？……　殷古一三·一

就右辭例之，其與同期名□者，顯然為二人，是□與□字，固皆為何字，或同為第三期之貞人歟？又《前編》卷六(二〇·

七)有□字，惟辭殘片碎，賸留只字，無由推證其為何義矣。

甲骨文字中，又有□(拾一〇・十二)、□(前六・一〇・六)、□(摭續一〇六)、□(續一・一五・一)、□(金六一六)諸字，孫海波氏作甲骨文編，列為不識之字，分入附録三一、三七、四八、五一、五六、七七諸頁，疑均何字之異構。【契文舉例校讀　中國文字第三十四册】

◉周清海　甲骨文的「何」字變體很多，通常作□□二形。郭鼎堂殷契粹編頁七九說：「當是何，荷之古文」，是對的。

這個字從□從□，可以和「河」字相比較。甲骨文「河」字作□□，金文作□，所以□和何字的□相同，是柯的初文。字像人荷柯形，本義是儋。

□字的演變應如下圖：

□ □ 古文字所無 何

正如保字由□變作□。古文字裡為了填補空虛，往往增加「口」形，這只是為了美觀的關係，沒有任何意義。正如周字，甲骨文作□□，金文作□；魚和魯相通：「貞：其雨，在甫魯？」後上三一・三「貞：今……其雨，在甫魚？」前四・五五・六。□和□是一字：「庚辰貞：日又□，其告于大乙，用牛九，在□？」粹五五「辛巳貞日又□，其告于父乙？」後上二九・六。「□」和「□」就是「戠」字，「戠」和「食」音同，「日又戠」就是「日有蝕」。所以由□變作□，增加「口」作□，從字形上說，是合理的。

「何」字在甲骨文裡只用作人名：如

龜甲一・三〇：「癸酉卜□貞：旬亡𡆥？」

甲二五二六：「丁丑卜，□貞：今夕雨？」

合二二四：「丁巳卜，爭貞：乎取□芻？勿乎取□芻？」

「何」字的本義，被保留在說文和經典裡。說文：「何，儋也」；詩商頌玄鳥：「殷受命咸宜，百禄是何」，左傳引作「荷」；長發：「何天之休」，「何天之龍」，毛傳：「何，任也」，鄭箋：「謂擔負也。」

從甲骨文的「何」字作□形，明白了何訓「儋」的原因，後世作「荷」，是「何」的假借。【古文字的考釋與經典的訓讀　中國文字第三十九册】

◉馬承源　作器人宗小子名何，作□。說文「何，儋也」，徐鉉以為「儋何即負何」。這個字象人有所負何的形狀，就是何字。

儋

【何尊銘文初釋　文物一九七六年第一期】

◉商承祚　石碣汧殹：「可以橐之。」可讀何，古文不从人。《左傳》昭公七年：「嗣吉何建」，釋文：「本或作可建。」昭公八年「若何不弔」，釋文：「本或作可。」襄公十年「則何謂正矣」，釋文：「何或作可。」何為負何之本字，後以可為可否字，遂以何代可，以荷蕖之荷而為負何字矣。【《石刻篆文編》字說　中山大學學報一九八〇年第一期】

◉裘錫圭　在漢字發展的過程中，把合體表意字的一個偏旁略加改造，使之轉化成聲旁，從而把原來的表意字改變成形聲字的現象，是頗為常見的。例如「何」字本作，象人荷物形。後來象所荷之物的形加「口」而成「可」，「何」字就由表意字轉化成從「人」「可」聲的形聲字了。又如「昃」字本作等形，以象人形的「大」旁和「日」旁的相對位置表示出日已西斜的意思。後來「大」被改為形近的「夨」，「昃」字就由表意字轉化成從「日」「夨」聲的形聲字了。類似的例子還可以舉出很多，另詳他文。【釋「勿」「發」　中國語文研究第二期】

◉徐中舒　一期乙八八九六象人荷戈之形。商代金文有父乙卣、戊簋、父癸卣、器文諸形，甲骨文為上列諸形之簡化，為荷儋字初文。《說文》：「何，儋也。从人、可聲。」【甲骨文字典卷八】

共儋　馮儋　高儋　成儋　耳儋　【漢印文字徵】

◉許慎　何也。从人。詹聲。都甘切。【說文解字卷八】

◉馬叙倫　倫按金文有甲文有。高田忠周釋儋。倫謂蓋初文從丮象有所何。儋從詹得聲。詹從产得聲。見詹字下。夏敬觀謂产聲當在元類。則儋與佗何為歌元對轉轉注字。然儋聲端紐。佗音定紐。同為舌尖前破裂音。則儋為佗之轉注字也。【說文解字六書疏證卷十五】

供

5483【古璽文編】

道德經　王存乂切韻【古文四聲韻】

◉許慎　設也。从人。共聲。一曰。供給。俱容切。【說文解字卷八】

◉馬叙倫　王筠曰。一曰供給也似與設義無别。或後人增也。倫按設也非本義。供為共之後起字。共即今謂横闗對舉曰杠之杠初文。故供次儋下。一曰給也者。龔字義。三篇。龔。給也。此校語。字或出字林。【説文解字六書疏證卷十五】

◉朱芳圃　□平元五一　按上揭奇字，象人坐而兩手奉瓮，當為供之初文。説文人部：「供，設也。从人，共聲。一曰，供給。」考設訓施陳，義與供給相因。【殷周文字釋叢卷中】

◉夏　渌　《金璋》六六九加四六六，卜辭似可綴合。金四六六有□字，當讀「供」。

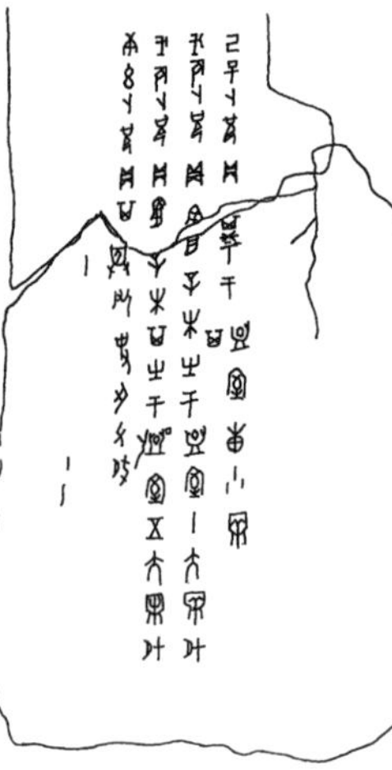

A 六六九　B 四六六

「庚午卜祝貞：其□（供）□史□子？七月」（金璋六六九加四六六），卜辭文句可綴合，折縫大體相同，但不能完全吻合，因出土以前即已斷折為二，經三千年地下不同地質條件影響，産生不同的變形所致。卜辭中戊辰、己巳、庚午連續三天由卜人祝卜的，内容和祭祀有關。

□字僅此一見，從囚從廾，象兩手舉囚之形。□《殷契粹編》一五八二作□，郭老考釋隸定作囚，謂置人於囚籠之形。殷商奴隸王朝，以奴隸為商品，奴隸既是朝貢的財物，又是娱神獻祭的供品。甲骨文□、□、□、□、□、□等形，原為將人置囚籠作貢品，供品之形，讀貢和供。□為□繁文異體，加収表示供獻的動作。

□、□、□、□、□、□、□皆為典型的「凶」字。象人陷於深井或面臨坎穽，表示環境險惡。陷入囹圄與囚籠，也是凶事，兩字形近，音義又復相通，卜辭中就混為一字，讀凶讀貢，完全靠上下文决定，過於簡略的句子後人往往難以辨清。【學習古文字隨記二則　古文字研究第六輯】

偫

◉許　慎　待也。从人。从待。直里切。【説文解字卷八】

◉馬叙倫　鈕樹玉曰。韻會作從人待聲。桂馥曰。文選曹子建贈丁翼詩注引。待也。一曰具也。一切經音義十二引作待也。儲偫。具也。十三引作儲偫。具也。亦待也。丁福保曰。慧琳音義五十四引蓋一曰以下之奪文。倫按下文。儲。偫也。文選西京賦注引。儲。具也。倫謂具也者。古或借儲為貯。儲偫音同澄紐轉注字。待也以聲訓。偫儲為峙躇之異文也。從人。待聲。字蓋出字林。

【説文解字六書疏證卷十五】

儲

儲宰私印　【漢印文字徵】

◉許　慎　偫也。从人。諸聲。直魚切。【説文解字卷八】

◉馬叙倫　沈濤曰。文選西京賦注引。儲。具也。一切經音義十引。儲。偫也。稸也待也。十二及十三引。儲。偫。具也。羽獵賦注引。儲偫。待也。左太仲詠史詩注引。儲。蓄也。倫按蓄也者。貯字義。具也者。亦貯字義。待也者。借待為偫。

【説文解字六書疏證卷十五】

備

備　彧簋　俘戎兵豚矛戈弓備矢裨冑　義如箙　元年師旋簋　備于大左　義如服　洹子孟姜壺　用璧玉備一嗣又用璧　二備　義如佩　中山王譽鼎　雩人斂斆備恁　【金文編】

213　【包山楚簡文字編】

朱德熙釋備、見李家浩《戰國𠨘布考》31　欽敬隹—(甲10—24)、山陵—𡵂(乙5—9)　【長沙子彈庫帛書文字編】

侯備私印　【漢印文字徵】

天璽紀功碑　【石刻篆文編】

備並古論語　備　備　【汗簡】

古孝經　天台經幢　古論語　說文　王庶子碑　【古文四聲韻】

◉許　慎　慎也。从人。𦯧聲。平祕切。古文備。【說文解字卷八】

◉劉心源　備。人名。備从女。說文備古文作。是也。【奇觚室吉金文述卷十】

◉強運開　子備造戈。僃从女。【說文古籀三補卷八】

◉商承祚　說文備。慎也。從人𦯧聲。𠈓。古文備。案金文洹子孟姜壺作。此從則之寫譌也。【說文中之古文考】

◉馬叙倫　鈕樹玉曰。華嚴經音義七十五引作具也。倫按慎也者。當為具也。經記無以慎訓備者。具譌為俱。又譌為慎也。廣雅釋詁三。備。具也。然亦非本義本訓也。儲備同為濁破裂音。蓋轉注字。齊侯壺作。

朱駿聲曰。或曰。攵聲也。倫按齊侯壺作。商承祚謂蓋由此譌也。朱說亦可從。攵從久得聲。久備聲同之類也。子戈字。強運開釋備。蓋從女備聲。備之後起字。【說文解字六書疏證卷十五】

◉楊樹達　銘文云：「于南宮子用璧二備，玉二嗣。」王靜安《釋珏朋》云：「古者玉亦以備計，即珏之假借，璧二備即二珏也。」余謂王說非是。古人玉以珏計，璧則絕無以珏計者。蓋珏象玉之相連，璧為大玉，不得以系相連束也。愚謂此備字乃琲之假字。《說文》珏部云：「琲，車笭間皮篋也，古者使奉玉以藏之。从車珏，讀與服同。」琲讀同服，而服備古音同，字多通用，故銘文假備為琲也。【洹子孟姜壺跋　積微居金文說】

◉高　明　「山陵備衇」；字過去釋㑪或釋僚，均不確，此字《中山王鼎》寫作「」，乃備字之古體。備後一字嚴一萍釋盛，此字從血不從皿，當為衇字，也作脈，即山脈之脈，「山陵備衇」，謂山陵俱已通貫相聯。【楚繒書研究　古文字研究第十二輯】

◉曾憲通　□敬佳備　乙一〇・二四　此字舊釋為㑪，但帛書另有恙字作，與此字右旁不類，總是疑問。朱德熙先生釋為備字。𦯧字本象矢箙之形，齊侯壺備字作，所从之𦯧，尚存古意。戰國時期上端變得像羊頭，下端變得近似女字，如子備璋戟備字作，𦯧字兩側各加兩點作為飾筆。這就從形體的演變上講清了楚國簡帛文中𦯧字作的構形。中山譽鼎備字作，再次證明𦯧字下端增飾之說。朱先生指出：帛文「山陵備岻」之備讀為崩，「□敬佳備」之備與敬讀為儆文義相協，而江陵望山楚簡的備玉，則應讀為佩玉。【長沙楚帛書文字編】

◉劉彬徽等　備，簡文作，《汗簡》作，朱德熙先生釋作備（參閱李家浩《戰國郘布考》，《古文字研究》第三輯），於此讀作佩。【包山楚簡】

 位

◉朱德熙等　「玉」上一字簡文作[?]，今釋作「葡(葡)」。下文此字增「人」旁，今釋作「備」。三體石經《春秋·文公元年》「服」字古文作[?]，實即「葡」字，因古音相近假借為「服」。齊侯壺「備」字作[?]，字形并與簡文相近。簡文「葡」字兩側增加四點，乃是譌變之體，與仰天湖二五號楚墓二一號、二三號簡「綁」字作[?]（《考古學報》一九五七年第二期）、信陽楚墓一〇一號簡「殍」字作[?]同例。「葡」、「佩」古音極近，「葡玉」、「備玉」皆當讀為「佩玉」。信陽二〇七號簡云「……一素緙帶，又(有)□鈎，黄金與白金之舃(錯)，亓(其)□……」「其」下一字左側半殘，似「玉」旁，右側作[?]，亦是「葡」字。「其瑚」二字承上文緙帶而言，明指帶上之佩。望山二號墓五〇號簡有「一革綁(帶)，備(佩)」」，即一套附於革帶的佩玉，可與此互證。信陽簡的「瑚」當是佩玉之「佩」的專字。此墓二八號簡有「緰玉」，「緰」應是「瑚」的異體。齊侯壺銘云：「于上天子用璧、玉備一嗣(另一器無『一嗣』二字)。于大無嗣折，于大嗣命用璧、兩壺、八鼎。于南宮子用璧二、備玉二嗣、鼓鐘一肆。」二「備」字并當讀為「佩」。「佩玉」就是「玉佩」，所以都用「嗣」為量詞(楊樹達讀此『嗣』為『笥』，見《積微居金文説》五四頁)。與簡文寫法相同的「備」字又兩見於長沙楚帛書。關於帛書「備」字的討論，詳另文。【一號墓竹簡考釋　望山楚簡】

◉戴家祥　郘𨟭尹鉦　[?]至劍兵　[?]字稍有殘泐，容氏金文編置諸坿録，或釋儆或釋佩，皆未確。今以字形審之，左从人，右从[?]，與齊侯壺備字偏旁相似，字當釋備。器銘云「[?]至劍兵」，「至」當讀致。易繫辭上「備物致用」，孔穎達疏：「謂備天下之物，招致天下所用。」備劍兵猶左傳襄公九年云「備甲兵」秦風小戎序云「備其兵甲以討西戎」也。備儆同義，單言之曰備或曰儆。累言之則曰儆備，左傳成公十六年「退舍於夫渠不儆」，杜注：「宋師不儆備。」又云「申宮儆備」，杜注：「申飭宮備。」是其證。【金文大字典上】

立之重文【續甲骨文編】

位　不从人　頌鼎　即位　立字重見【金文編】

224【包山楚簡文字編】

4247　4248【古璽文編】

□高位私印　□韋位私印【漢印文字徵】

□祀三公山碑　神熹其位　□泰山刻石　皇帝臨立　立位一字【石刻篆文編】

□古孝經　□天台經幢　□汗簡【古文四聲韻】

◉許慎　□列中庭之左右謂之位。从人立。于備切。【説文解字卷八】

◉劉心源　（頌鼎）立讀位。濳研堂聲類三引周禮小宗伯神立注。故書位作立。鄭司農云。立讀為位。古者立位同文。春秋書公即位為即立是也。【奇觚室吉金文述卷二】

◉吳大澂　□古位字。頌鼎。王各大室即立。立當讀位。【説文古籀補卷八】

◉丁佛言　□古鉢王位信鉢。位字反文。从□。□即立。古鉢及齊刀文往往如此。【説文古籀補補卷八】

◉郭沫若　衺从衣立聲，立古文位，則衺即坐位字之本字也。【伯晨鼎　兩周金文辭大系考釋】

◉唐蘭　第七十片甲

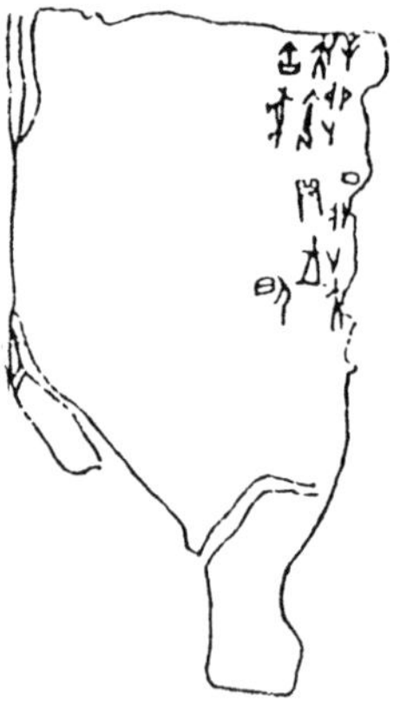

辛卯卜　位令　缶豖。

丁卯卜位　貞，王　□。

□亦作□，卜人名，疑在董所定二二期。其字為卜辭奇字之一，前人未見釋者，余謂當即位之本字。以字形言，此本即大字而特箸其一手，如金文矩字作□或作□，從□者即□，亦即□也。後世□字不傳，而其形變譌為□，古文從□與從□同，如□即□，□即□，（㹜即庚字，董作賓以㹜為狄字，大誤。）則□自得譌為□，即後世之位字矣。金文尚以立為位，□字象人立於地，則位之從人，實為複重，為□之誤體無疑。金文有䢔尊，（殷文存上二六。）其字作□，前人釋班釋辨並未確。余由卜辭□或作□（後下十九·四），悟□可作□，其譌為□，又變□為□。如□為□，□為□，□為□之類。遂作此形，實仍是竝字。此正□誤為□之鐵證。【天壤閣甲骨文存考釋】

◉馬叙倫　鈕樹玉曰。繫傳立下空一字。王筠曰。汪本朱筠本立下皆空一格。蓋是聲字。許蓋以位為立之分別文也。徐灝曰。立位同字。沈濤曰。玉篇引作列中庭之左右曰位。倫按周禮小宗伯。掌神位。注。故書位作立。鄭司農曰。古者位立同字。古文春秋經公即位作公即立。是位為立之後起字。此當作從人立聲。本作列也。以聲訓。列中庭之左右謂之位明是校語矣。【説文解字六書疏證卷十五】

◉張政烺　謂从立胃聲。字書不見，當是位之異體。金文以立為位，立字出現早，含義多，讀者歧異，不免混淆，故以胃為聲符加于立字之旁，遂產生此从立胃聲之形聲字。【中山王嚳壺及鼎銘考釋　古文字研究第一輯】

◉劉彬徽等　□，讀如位。《周禮・春官・肆師》：「凡師甸用牲於社宗，則為位」，孫詒讓云：「位與『辨方正位』同。」【包山楚簡】

◉黃盛璋　（三）□（□），此字最難辨認，而又最為關鍵，它决定此器用途和名稱，左從「立」，明確無疑，右從為「身」，《古璽彙編》4498、4257、4497、4496、4461等「身」字，特别是《包山楚簡》簡213的「身」字極為相近，可以確定是「身」，但它上面還有一個○，加在身上，合為一字，乃表人頭部與身相合，顯然就是人，從人從立，恰為「位」字。位為神主之位，今稱為牌位，作為祭祀對象之代表或象徵物，最早稱主，設於祭桌、供案上，合之稱「示」。「示」原象祭桌丅，共上置主，「主」、「示」原為兩字，所象不同，但由示上置主，每主代表一固定鬼神對象，廣義之「示」已包括共上之主在内，丅上加一短横或點為𠂉、示，即表主在祭案之上，故甲骨文即以一示表一祖先，王有位，鬼神亦有位，以人推神，故神主亦稱位。此小銅器正名就是「銅位」，這是銘文自名的，不須再命名，《中山王方壺》：「遂定君臣之位□」，「位」字從「胄」，或亦表人身上戴由即胄，下從「月」即「肉」，銘文於右上角加「○」以示和日月之「月」區别，三晉文字亦常加短劃。但古文字用「月（肉）」表動物之身軀中部，包括人在内，如「胃」字即於「月（肉）」上加□表胃在人身之内，而「象、兔」等則於「月」上加頭，下加足以為區别，此於「月」上加「胄」，可能也用以表人，以代替「位」字所從之人旁，和此銘於身上加○表頭合而為「人」旁，同一表達法，「□」舊皆隸定從「胃」，因銘中尚有「胄」字，與此不同作，但皆上從「由」，僅寫法稍變幻而已，此明上從「由」，下從「月」，三晉「吉日劍」「胃」作「□」，楚帛書作□，《包山楚簡》大量「謂」全作「胃」，上從□、□小篆作□，上皆來自人胃之象形，隸、楷書簡化為□，但皆封閉，此則上部伸出很長，乃來自胄頂上有長柄，「胄」原象胄即頭盔形而置於「目」形上，如大盂鼎、𢦏毁、豦毁、胄毁、侯馬盟書中諸「胄」字，下全從「目」，上從胄形，有□、□、□□，中山王方壺、圓壺改從「人」代「目」，上從□、□。《包山楚簡》改下從「月」（肉），小篆作胄為隸、楷書所本，上從胄形雖變化非一，但上皆伸出來自胄頂之柄，伸出與封閉是區别「胄」和「胃」字的决定性證據，這就確定中山王方壺之「位」字是從「立」

從「胄」，而「胄」象徵人，和此銘「位」字從「立」從「身」，也象徵人，皆用以代「位」字所從人旁，由於此字關係此銅器的名稱和用途，極為關鍵，而又出於傳統文字體系之外，用傳統之概念、知識基礎分析，是認不出此字的，唯一可以比對、互證的就是中山王方壺銘的「位」靖構造，而過去皆以為從胃，而又不明「位」何以從此，故不避繁瑣，把銘文「位」字講死，以免日後懷疑和無謂糾葛。

（二）銅位

位即神主，今稱為「牌位」，人有位，由人推之鬼神，亦設位作為祭祀對象，原稱為主，置于祭案或供桌之上，合稱為示，示（丅）原象祭案、供桌，置主于上，以祭祀祖先神鬼，因而合祭案與共上之主可總稱為示，亓、示即表于丅、丌置主，每示代表一具體祖先神鬼，甲骨文祀多少示即表示祀多少祖先，而宗廟之「宗」即从「宀」从「示」，表設示祭祀祖先之專門建築。但「主」與「示」自來分為二字，單獨之「主」只能稱主或位，不能稱「示」，而「示」也不能單獨表主，甲文示作丅、亍、示，而主作[illegible]、[illegible]，分別象祭案上置主，和神位之象，至今甲骨文學者皆合「示、主」為一字。我在《宗廟的起源與示、主、宔、祏、匚、且（祖）的源流演變》已詳論諸字來源與其區別，這裏所要闡明的，即主來自祖，由籠統、混沌而無區別的原始宗教崇拜，進化為單一、特定、有血統關係的祖先祭祀。祖原用石，主有石有木，而木在石後，《穀梁傳文二年》「為僖公主」，注：「主益神所憑依，共狀正方，穿中央達四方，天子長尺二寸，諸侯長一尺」，戰國及以後稱為位，《周禮肆師》：「凡師甸用牲于社、宗則為位」，民間仍有用石，許慎《五經要義》：「今山陽民俗，祭皆以石為主。」

《淮南子時則訓》：「立春之日，修除祠位，幣禱鬼神，犧牲用牡」，祠是民間奉祀祖先以外的鬼神之處，亦稱為神叢或叢祠，《史記陳涉世家》：「又間令吳廣之次所旁叢祠中」，《集解》：「張晏曰：『叢，鬼所憑焉，《墨子》：建國都必擇木之修茂者以為叢位』，叢位即叢祠中之神位。上引《淮南子》實本《管子四時》：「修除神位，謹禱幣梗」，故「祠位」即表祠中之神位，可見民間之祠中皆設有神位，本銘中之「同（銅）位」，即祈室中之神位，而以銅為之。原物不傳，現所見者僅為刻銘部分，以外還有無其他東西，全不可考，姑依銘文自稱，名為銅位。祈室為民家之祀室，蓋規模最少，與公衆而獨立的叢祠或祠不能相比，神位不能很大，可以理解。【戰國祈室銅位銘文破譯與相關問題新探 第二屆國際中國文字學研討會論文集】

續三・四七・七　誠四一二　林二・一・一二　京津一〇二五　【甲骨文編】

賓之重文　【續甲骨文編】

儐　不从人　守簋　賓馬兩金十鈞　孫詒讓曰　賓即禮經之儐也　覲禮郊勞賜舍侯氏　皆用束帛乘馬儐使者　賓字重見　【金文編】

◉許　慎　儐導也。从人。賓聲。必刃切。擯儐或从手。【說文解字卷八】

◉強運開　使夷敨。夷賓馬兩金十鈞。孫詒讓云。賓即禮經之儐。覲禮郊勞賜舍侯氏皆用束帛乘馬儐使者。運開按。凡儐之見於金文者。皆省作賓。吳書謂古文以為賂字。非。大敨。大賓象割寵馬兩賓賸割寵帛束。與孫氏引禮經束帛乘馬儐使者之說相合。【說文古籀三補卷八】

◉孫海波　卜辭屢見王賓連文，羅振玉先生曰：「卜辭稱所祭者曰王賓，祭者是王，則所祭者乃王賓矣。周書洛誥：『王賓殺禋咸格』，猶用殷語。前人謂王賓，賓異周公者，失之。」郭沫若先生非之曰：「從止則當為儐導之儐。說文：『儐，導也，從人賓聲。』擯，儐或從手，止乃趾之初文，從示前導也，故賓當為儐若擯之古字，譌變而為㝉，說文以冥合說之，形義具失矣。是故王賓者，王儐也。禮運：『禮者所以儐鬼神』，即卜辭所用賓字之義。」(卜辭通纂攷釋)按郭說甚塙。龜甲獸骨文字卷二第一葉十三版文云：「□貞王，□□亾尤。」字從賓從人，即儐字。蓋賓字之本義為儐，從人者即所孳乳，儐所以接賓以禮也。故禮運：「禮者所以儐鬼神，又山川所以儐鬼神也。」接賓以禮曰儐，是儐有敬事之意，故亦訓敬。卜辭賓字之用有三，王賓之賓從止，卜賓貞之賓作，乃人名，賓客之賓亦作，皆與王賓字别。茲録各辭于後：

丙申卜貞叀賓為

丁酉卜貞叀賓為　同見前五・三十・四

貞勿為賓

夷賓為　同見後下・十・十一

勿為賓　又下・十・十二

乙丑卜貞我叀賓為

丁未卜貞我為圖

[卜]㱿貞國叀賓為　同見下・十・十三

丁卯□□貞我叀賓為

乙丑□□貞我叀賓為

丁未卜㱿貞我為賓

丁未卜㱿貞勿為賓

乙丑卜㱿貞我勿為賓

丁卯卜㱿貞我勿為賓　此一版明義士藏

以上諸辭,云我為賓,我勿為賓,猶言我其為客,我其弗為客,賓即賓客之義也。【卜辭文字小記　考古社刊第三期】

偓 

◉馬叙倫　鈕樹玉曰。韻會作道也。倫按嬪儐一字。【説文解字六書疏證卷十五】

◉徐中舒　一期續三・四七・七　甲骨文賓儐嬪為一字。【甲骨文字典卷八】

◉許　慎　佺也。从人。屋聲。於角切。【説文解字卷八】

◉馬叙倫　錢坫曰。鍇本作古仙人名也。依義當與僊仙字為類。不應在此。疑本云偓促也。後人改之。嚴可均曰。立聲。竣。偓竣也。佺疑竣之譌。王筠曰。嚴説是也。或偓下自有訓義。不止偓佺一解。故偓佺但見於佺下也。偓下之説後人不瞭。遂改易之。仙字説文本無。玉篇引聲類云。仙。今僊字。倫按偓佺仙人見劉向列仙傳。然偽書不可據。神仙字始見莊子天地。彼文云。千歲厭世。去而上僊。彼義自有託會。況曰去而上僊。則僊當作䙴。本書。䙴。升高也。與詩賓之初筵屢舞僊僊者義同。且在宥又有僊僊乎歸矣。義亦然矣。莊子有真人。本書。真人僊人變形而登天也。然亦非本訓。而字作僊不作仙。漢書藝文志。神僊者。所以保性命之真而游求於其外者也。荀悦申鑒。或問神僊之術。字亦作僊。不作仙。桓譚新論作仙。或後人所改。釋名釋長幼。老而不死曰仙。仙。遷也。遷入山也。故其制字人旁作山也。是則仙為漢末俗字。讖緯之書與太平道有密切關係。太平道與神仙家亦然。緯書釋字多言會意。漢末太平道盛行。蓋仙字即出於是時。而劉曰。仙。遷也。猶以僊説仙也。則神僊字無論本書及許書蓋皆作僊不作仙。此作仙。明不出於許矣。是則偓佺二字自有本義。此為治神僊家言者所加。嚴謂佺當作竣。立部。竣。從立。夋聲。老子。未知牝牡之合而全作。釋文。全。河上作峻。一本作朘。峻朘皆從夋得聲。是全夋聲相通之證。蓋夋音清紐,全音從紐。同為舌尖前破裂摩擦音也。竣下曰。偓竣也。正與佺下曰偓佺同。明

佺　㒆　仢　儕　倫

偓佺即偓竣。佺為竣之轉注字。而偓與竣亦轉注字。偓聲脂類。竣聲真類。脂真對轉也。今江寧謂蹲地曰屋在塊。音如烏。即偓字也。偓佺二字蓋出字林。【説文解字六書疏證卷十五】

◉許　慎　佺。偓佺。仙人也。从人。全聲。此緣切。【説文解字卷八】

◉許　慎　㒆。心服也。从人。聶聲。齒涉切。【説文解字卷八】

◉許　慎　仢。約也。从人。勺聲。徒歷切。【説文解字卷八】

◉許　慎　儕等輩也。从人。齊聲。春秋傳曰。吾儕小人。仕皆切。【説文解字卷八】

◉高田忠周　宣十一年左傳。吾儕小人。蓋亦齊字轉義。古唯當作齊。莊子漁父。以化於齊民。李注等也可證。从人猶𡠗从妻。均皆古今字耳。【古籀篇三十一】

◉方濬益　（儕孫盤）又僖公二十三年傳。晉鄭同儕。注。儕。等也。禮記樂記。故先王之喜怒皆得其儕也。注。儕猶輩類。【綴遺齋彝器款識考釋卷七】

郭倫印信　呂倫之印　相倫　季倫　李倫　尹倫　【漢印文字徵】

禪國山碑　植生之倫【石刻篆文編】

王存乂切韻【古文四聲韻】

◉許　慎　倫輩也。从人。侖聲。一曰道也。田屯切。【説文解字卷八】

◉馬叙倫　倫按倫即種類之類本字。倫從侖得聲。侖類音同來紐。倫聲真類。類聲脂類。脂真對轉也。輩也非本訓。一曰道也者。詩正月。有倫有脊。毛傳。倫。道。脊。理也。然詩倫或借為呂。侖呂音同來紐。或借為道。倫道音同定紐也。此校語。字見急就篇。【説文解字六書疏證卷十五】

侔 侔

◉許　慎　侔齊等也。从人。牟聲。莫浮切。【説文解字卷八】

◉馬叙倫　倫按齊等也字林文。見玄應一切經音義引。廣雅釋詁。侔。齊也。周禮考工記輪人注。侔。等也。是齊等也當作齊也等也。齊也者。當作儕也。侔蓋倫之轉注字。倫從侖得聲。侖音來紐。侔音明紐。古讀來歸泥。明泥同為邊音也。字蓋出字林。【説文解字六書疏證卷十五】

偕 偕

偕　偕　秦九二　三例　偕　法五　偕　法一二　三例　【睡虎地秦簡文字編】

◉許　慎　偕彊也。从人。皆聲。詩曰。偕偕士子。一曰俱也。古諧切。【説文解字卷八】

◉馬叙倫　偕鈕樹玉曰。韻會及詩北山釋文引並作強也。翟云升曰。繫傳從人皆皆亦聲當作從人皆聲。倫按彊也以雙聲為訓。彊從畺得聲。畺偕音同見紐也。詩北山。偕偕士子。毛傳。偕偕。強壯皃。即借偕為彊。一曰俱也者。是本義。偕俱音同見紐轉注字。儕偕聲同脂類轉注字。偕倫脂類對轉轉注字。【説文解字六書疏證卷十五】

俱 俱

俱　不从人　㝬鐘　南尸東尸俱見廿又六邦　具字重見　【金文編】

俱　俱長孫　俱　鞏俱歸　【漢印文字徵】

◉許　慎　俱偕也。从人。具聲。舉朱切。【説文解字卷八】

儹

◉許　慎　儹最也。从人。贊聲。作管切。【説文解字卷八】

◉馬叙倫　儹倫按儹次俱下併上。不得訓最。最也者以聲訓。儹即易説卦傳幽贊於神明之贊本字。亦即儐儹之贊本字。國語晉語。韓宣子贊授客館。周語。太史贊王。皆謂陪伴也。字當作儹。儹為扶之聲同元類轉注字。【説文解字六書疏證卷十五】

倂

◉許　慎　倂並也。从人。並聲。卑正切。【説文解字卷八】

◉劉心源　併俗依博古圖釋繼。案叔弓鎛　命於外内之事。晉敢　五色亦此字。攷説文　相從也。从从幵聲。一曰从持二為并。許之前解則从　从　。後解則从　从二。古刻从　。　即小篆變作从者。从井乃其聲也。小篆則變从幵从　即丮。古刻揚字凬字執字埶字亦从　。見於本銘及叔弓鎛。手持之義在在與説文合。是并字也即併。説文併。竝也。【奇觚室吉金文述】

◉馬叙倫　扶讀若伴侶之伴。錢坫謂此伴侶本字也。漢書地理志。牂柯郡同竝縣。顔注。竝音伴。蓋此古音如鼻。亦竝紐也。故此竝相通假。而今遂易其義矣。伴侶不止一人。然必二人以上方為伴侶。故字從二人或二夫或二元耳。【説文解字六書疏證卷十五】

傅

傅　中山王嚳鼎　隹傅佋氏㞢【金文編】

傅　秦五三　四例　通摶　入而—者之　日甲六八背　雜三三　二例　日甲一五四背【睡虎地秦簡文字編】

齊中傅印　傅鄉男印□　傅戰司馬印　傅捐之印　傅禄　傅齊臣　傅藉　傅得之印　傅賞之印　傅為　傅胡放印　傅勳之印　傅罷　傅長史　傅闌　臣傅丘【漢印文字徵】

漢張勿石【石刻篆文編】

◉許　慎　傅相也。从人。尃聲。方遇切。【説文解字卷八】

伩

◉丁佛言 [glyph]師龢父敢蓋。[glyph]同上器文。【說文古籀補補卷八】

◉周名煇 [glyph]善夫克鼎錫女田於[glyph]原。吳窓齊釋作博。⊘今考定乃傅字。名煇案。[glyph]偏旁未見互用之例。或以為陳字。亦不類。此篆从自專聲。隸定當作陣。尋說文中、則[glyph]自有與人偏旁相通之例。如自部陟古文作𠊊。則从人矣。由是以推。知陣即傅字。說文人部云。傅相也。从人專聲。孟子云。傅說舉於版築之間。張守節閻若璩並以傅在今山西平陸縣東三十五里。乃虞國虢國之界。是傅巖傅原字作傅。乃假借字。从自作陣。則其地名之本字矣。故王國維以此銘之陣原。即詩之溥原。說詳金文釋地。【新定說文古籀考卷下】

◉許　慎 [glyph]惕也。从人。式聲。春秋國語曰。於其心伩然。恥力切。【說文解字卷八】

◉馬叙倫 疑伩乃憑式之式本字。為俛之轉注字。禮記曲禮。尸必式。正義。式謂俛下頭也。釋名。軾。式也。所伏以式敬者也。後漢書張湛傳注。軾謂小俛也。【說文解字六書疏證卷十五】

俌

◉許　慎 [glyph]輔也。从人。甫聲。讀若撫。芳武切。【說文解字卷八】

◉馬叙倫 俌匍一字。倫按俌蓋傅之異文。爾雅釋詁釋文引字林。音甫。字蓋出字林。【說文解字六書疏證卷十五】

◉戴家祥 [glyph]中山王譻鼎　佳俌㑋氏從按俌、䩉、輔古本一字。⊘俌之詞義為頤，頤為人之形體，故其字表義从人。又因其為人體之頭面，故又可以表義从面。易艮之六五曰：「艮其輔。」虞翻曰：「輔，面頰骨上頰車者也。」頰車、牙車、輔車，詞根都為車字，故其表義又可更旁从車。許氏分而為三，大誤。鼎銘「佳俌㑋氏從」，俌當讀傅。齊風南山「葛屨五兩」，鄭箋：「喻文姜與侄娣及傅姆同處。」是其證。左傳僖公廿八年「鄭伯傅王」，杜注：「傅，相也。」傅輔字同。易泰卦象曰「輔相天地之宜」，鄭注：「輔相，助也。」說文：「傅，相也。」【金文大字典上】

倚

[glyph]137反　[glyph]184【包山楚簡文字編】

[glyph]1232　[glyph]3878【古璽文編】

靳倚相　謝倚相　樂倚相　倚成　倚廣印　妾倚精【漢印文字徵】

倚出彌勒像記【汗簡】

◉許　慎　依也。从人。奇聲。於綺切。【説文解字卷八】

◉劉彬徽等　倚，借作掎。《國語・魯語》：「掎止晏萊焉」，注：「從後曰掎。」《漢書・敘傳》：「劉秀逐而掎之」，注：「偏持其足也。」掎執，偏執。【包山楚簡】

乙四七六一　前六・三四・一　前六・三四・二　前七・二・三　續一・五二・六　粹一二四六　燕二〇一【甲骨文編】

乙4761　續1・52・6　粹1246【續甲骨文編】

依　李旦丘釋从立與从人同意　伯晨鼎　虎幃冟依　禮記明堂位　天子負斧依　釋文本作扆　斧依應即虎扆　扆乃依之別構【金文編】

依　秦一九八　二例　日甲　一九背【睡虎地秦簡文字編】

馬依私印【漢印文字徵】

雲臺碑【古文四聲韻】

◉許　慎　倚也。从人。衣聲。於稀切。【説文解字卷八】

◉李旦丘　今按袞字从立。困難正在這立字上，若把立字的本體弄清楚，則問題即可迎刃而解。

從古文的構成原理説起來，从立與从人，應當同意。因象人正面站在地上，而伸其兩手於左右之形，而則象臂脛之形。同象人形，故从立之字亦可从人。例如：

竢　説文段注云：經傳多叚俟為之，俟行而竢廢矣。

竚　或作佇。

蹊　或作傒。

聆鵯　或作伶俜。

从立與从人之字既然可通，則[glyph]當即[glyph](前，第六卷，第三十四頁，第二片)。[glyph]為甲骨文依字。說文云：「依，倚也。从人衣聲。」許氏所云，殆其引申之誼，至其朔誼，當如儀禮的注解所言。儀禮覲禮云：「天子設斧依于户牖之間。」注：「依如今綈素屏風也，有繡斧文所以示威也。」又禮記明堂位：「天子負斧依。」釋文本作扆。今按衺字象人在衣中有所遮蔽之形，則屏風當為其朔誼。又以屏風係置於户牖之間者，故又指户牖之間。說文云：「扆，户牖之間謂之扆，从户衣聲。」【釋依　金文研究】

◉徐中舒　伍仕謙　宫堂圖中㤥后地位應在王后之上。凡王后堂、大夫人堂，口堂皆眂㤥后。㤥同依，此从心者，其意當與恃同。《詩·蓼莪》：「無父何怙，無母何恃。」《廣雅·釋詁》：「依，恃也」，怙亦恃也(見《毛詩》鴇羽傳)。㤥后，猶言母后。【中山三器釋文及宫圖說明　中國史研究一九七九年第四期】

◉李孝定　按說文「依倚也从人衣聲」。字象人體着衣之形。「倚也」其引申義也。其本義當為動字即「解衣衣人」之第二「衣」字之義也。【甲骨文字集釋第八】

[glyph] 仍

[glyph] 仍出說文【汗簡】

[glyph] 古老子　[glyph] 雲臺碑　[glyph] 唐韻【古文四聲韻】

◉許　慎　[glyph]因也。从人。乃聲。如乘切。【說文解字卷八】

◉馬叙倫　倫按仍因也本爾雅釋詁文。或曰。因也當作捆也。乃扔字義。十二篇。扔。捆也。仍蓋偁之轉注字。小爾雅廣言。仍。再也。再乃聲同之類。偁從爯得聲。爯從再得聲。見爯字下。是仍偁得轉注也。或曰。仍次佴佽之上。佴訓佽也。佽訓便利也。便利與因仍義近。仍蓋佴之雙聲轉注字。仍孫或謂之耳孫。是其例證也。倫謂因也以聲訓。此因循之循本字。論語。仍舊貫。又曰。因不失其親。又曰。殷因於夏禮。二因字皆仍之借也。是其例證。【說文解字六書疏證卷十五】

佚

◉許　慎　佚便利也。从人。次聲。詩曰。決拾既佽。一曰。遞也。七四切。【説文解字卷八】

◉馬叙倫　桂馥曰。一曰遞也者。廣雅釋詁三。佽。代也。倫按便利也當作便也利也。利也者。見詩車攻毛傳。便當作使。字之譌也。使也是本義。一曰遞也者廣雅作代也。義皆謂齎送。本書。齎。持遺也。然齎無遞送義。次齊音通。證屢見前。持遺蓋即佽字引申之義。佽為齎送之齎本字。亦孟子速於置郵之置本字。【説文解字六書疏證卷十五】

佴

3665　3561　0590【古璽文編】

佴長孺【漢印文字徵】

◉許　慎　佴佽也。从人。耳聲。仍吏切。【説文解字卷八】

◉戴家祥　弭叔盨　叔作叔班旅盨　字舊釋弭。按金文卜辭弓作，或作。師湯父鼎「象弭」作，此从，古文人。字應釋佴。⊘爾雅釋言：「佴，貳也。」郭璞云：「佴次，為副貳。」攷小雅車攻「決拾既佽」，夏官繕人注引作「抉拾既次」。佽為次之加旁字，許君因佴字从人而寫成佽。唐韻佴讀「仍吏切」，日母之部。【金文大字典上】

倢

◉許　慎　倢佽也。从人。疌聲。子葉切。【説文解字卷八】

侍

陶文編　8・59【古陶文字徵】

侍　封六一　二例【睡虎地秦簡文字編】

5266【古璽文編】

李侍郎印　王侍親印【漢印文字徵】

袁敞碑 黃门侍郎 【石刻篆文編】

侍石經 【汗簡】

古孝經 石經 雲臺碑 【古文四聲韻】

◉許 慎 侍承也。从人。寺聲。時吏切。【説文解字卷八】

傾

古老子 【古文四聲韻】

◉許 慎 傾仄也。从人。从頃。頃亦聲。去營切。【説文解字卷八】

◉馬叙倫 鈕樹玉曰。韻會作從人頃。桂馥曰。仄當為□。本書。□。傾頭也。朱駿聲曰。與頃一字。倫按頃之後起字也。或曰。此𠤎之後起字。【説文解字六書疏證卷十五】

側

側 無重鼎 訇簋 【金文編】

側見史書 【汗簡】

汗簡 崔希裕纂古 古史記 【古文四聲韻】

◉許 慎 側旁也。从人。則聲。阻力切。【説文解字卷八】

◉丁佛言 □無專鼎。原書附録。疑為古側字。【説文古籀補補卷八】

◉戴家祥 □無叀鼎 官司□王遉□虎臣 鼎銘□字从□，从鼎，自顧亭林、王漁洋、程穆倩、翁方綱以下焦山鼎銘考乃至晚近治金文學者，皆釋側字。⊘楊樹達謂字象二人就器相對之形。實為公卿之卿字也。積微居金文餘説卷二第二六八葉無惠鼎跋。然卜辭金文卿作□，从□，从□。□象兩人相向形，即向之本字。□字从古文□，不能牽強附會。鼎銘：「官司□王遉□虎臣。」□字雖奇詭不可識，然字之从「工」得聲者，俱有大義。遉字从辵，貞聲，貞義為正。洪範「無反無側」，偽孔傳訓側為「不正」。

然則「逌側虎臣」似指正職武臣與非正職武臣而言，猶三軍之有偏帥也。段紹嘉讀側為特，文物一九六〇年二期陝西藍田縣出土弭叔等彝器簡介。亦非。【金文大字典上】

◉許　慎　□宴也。从人。安聲。烏寒切。【説文解字卷八】

◉許　慎　□靜也。从人。血聲。詩曰。閟宫有侐。況逼切。【説文解字卷八】

□ □付　散盤　我既付散氏田器　□鬲攸比鼎　□㽙鼎　□曶鼎　□永盂【金文編】

□3·975　獨字　□3·976　同上　□3·977　同上【古陶文字徵】

□91【包山楚簡文字編】

□付　封一二【睡虎地秦簡文字編】

□李付　□付朐【漢印文字徵】

□跗【汗簡】

◉許　慎　□與也。从寸持物對人。臣鉉等曰。寸。手也。方遇切。【説文解字卷八】

◉林義光　古作□曶鼎。从□。象手形。【文源卷六】

◉馬叙倫　龔橙曰。付當作□。誤説從寸持物以對人。當並□。倫按與也者。畀字義。⊘付叏一字。或曰。付為俛之轉注字。俯之初文也。從人。寸聲。寸九一字。【説文解字六書疏證卷十五】

◉温少峰　袁庭楝　此字(□)从□从□，在古文字偏旁中，□、□可以通用，□、□可以通用，故此字完全可以隸化為「付」，即是「拊」字初文。又，甲文之「□」字《甲骨文字集釋》釋為「及」，誤。此字亦是「付」之異體，「拊」之初文。甲文「及」字均作「□」，象以手在人後捉其下肢之形，與「□」字象以手从人前撫其小腹之形迥别，二者不可混。《説文》：「拊，揗也，从手付聲。」「揗，摩也。」《漢書・吳王濞傳》：「因拊其背」，顏注：「摩揗之也。」《漢書・外戚傳上》：「主拊其背曰：行矣。」顏注：「撫拊之也。」古籍中拊撫二字通用。《詩・小雅・蓼莪》：「拊我畜我」，《漢書・梁竦傳》作「撫我畜我」。《荀子・富國》：「拊揗之」，注：「拊與撫同」。由是可知「□」即「付」，也即後之「拊」字，其義為撫摩，正與甲文中以手按摩病人下腹之形義密合。卜辭云：

(196)貞疛付(拊)，龍(寵)？　(《乙》二三四〇)

(197)弓(勿)疛付(拊)？　(《乙》八〇七五)

我們在前面已經討論，疛在甲文作□，乃是小腹痛或心腹之疾，此二辭以「疛拊」連文，正是以按摩之術治療腹疾之意，是殷人已用按摩法治病的可靠記載。【殷墟卜辭研究——科學技術篇】

◉楊樹達　按：持物對人，説殊未洽。寸者，手也。以物與人必以手，故字从人寸耳。人為主名，寸為官名。【文字形義學】

◉劉彬徽等　(151)付，據簡34，「付」又寫作□。【包山楚簡】

◉許　慎　□使也。从人。甹聲。普丁切。【説文解字卷八】

◉吳闓生　(農卣)甹傳同字。説文。傳。使也。【吉金文録卷四】

彭君俠印　畢俠君印　李俠之印　【漢印文字徵】

◉許　慎　□俜也。从人。夾聲。胡頰切。【説文解字卷八】

◉馬叙倫　倫按俠蓋協助之協本字。史言任俠。謂任助人也。俠以武犯禁者。以力助人也。或曰。俠為挾之異文。字見急就篇。【説文解字六書疏證卷十五】

儃

◉許慎　儃儃何也。从人。亶聲。徒干切。【說文解字卷八】

侁

趙侁【漢印文字徵】

◉許慎　侁行皃。从人。先聲。所臻切。【說文解字卷八】

◉劉心源　侁且。先祖也。集韻侁或作佬。說文侁。行皃。案行皃當从彳取義。後人誤从人也。【奇觚室吉金文述】

◉馬叙倫　沈濤曰。一切經音義七引。侁侁往來行皃也。亦行聲也。倫按行皃蓋失字義。侁為跣之或體。故次儃下。儃為但之異文。但為袒之異文也。玄應引者校語。字或出字林。【說文解字六書疏證卷十五】

仰

詛楚文　親卬不顯　古文不从人　卬仰一字【石刻篆文編】

仰出華岳碑　仰魚兩切　仰【汗簡】

王庶子碑　同上　華嶽碑　雲臺碑【古文四聲韻】

◉許慎　仰舉也。从人从卬。魚兩切。【說文解字卷八】

◉馬叙倫　龔橙曰。仰。卬之俗。倫按玄應一切經音義八引作舉首也。為儼之雙聲轉注字。或如龔說。蓋卬或書之與从形相混。故加人傍耳。【說文解字六書疏證卷十五】

侸

鐵一七二·四　从人。从壴　羅振玉以為即說文之侸字　玉篇有此字云　侸　時注切　說文作侸立也　今作樹　鐵一一五·三　其自南㞢侸　侸或从卩作⿰壴卩　含有災害之意　唐蘭云　⿰壴卩字當讀如囍　鐵一八二·三　旬㞢希其自西㞢來⿰壴卩　鐵二七二·二　乙六四〇四　庫一二一三　多鬼夢亡來⿰壴卩　甲二一二三　或从女　甲二三三九　鐵一一三·三　鐵一七八·一　

餘三・一 前三・二四・四 前七・二・四 王固曰嬉 前七・一八・三 㞢希其㞢来嬉 前七・三一・三 之二日㞢来嬉 前七・四〇・二 王固曰㞢希丙其㞢来嬉三日丙申允㞢来嬉自東 菁一・一 其㞢来嬉 菁六・一 林一・二二・一〇 佚三八六背 佚五一九 續四・三三・四 簠人一一〇 明二三六六 京津一一八四 京津一一八六 掇一・二二〇 粹一一三〇 粹一一三七 不隹嬉 燕三八六 寧滬二・二九 庫五五四 㞢来嬉 京都九三四B 【甲骨文編】

甲2123 3056 乙751 931 972 1134 2285 2452 3064 3387 6202 6565 6711 珠189 1003 1006 1182 佚60 386 519 819 續4・30・8 4・31・1 4・31・3 4・31・4 4・31・6 4・32・1 4・32・2 4・32・3 4・32・5 4・33・1 4・33・2 6・21・4 掇210 徵2・52 2・58 4・103 4・104 4・106 4・107 4・110 4・111 京2・1・4 2・27・3 3・11・2 3・12・3 3・12・4 3・13・4 古2・6 2・8 2・9 誠392 續存117 498 605 1597 粹1130 1136 1144 1179 1245 1283 新1181 1190 乙2244 5261 【續甲骨文編】

42 【包山楚簡文字編】

◉許 慎 侸立也。从人。豆聲。讀若樹。常句切。【説文解字卷八】

◉孫詒讓 「」百七十二之四，下有「貝乎服昌方。」五字，似與此文不相屬疑即「侸」字，《説文・人部》：「侸，立也。从人，豆聲，讀若樹。」此从人，从壴者，以讀與樹同故。豆、壴通用。又或為「僖」之省，《説文・人部》：「僖，樂也，从人，喜聲。」亦通。廿七之一有「」

儽 [字形]　侳 [字形]

字，二百卅之一有「[字形]」字，似从壴、从収，《說文》所無。上下文並闕，文義亦無可考。【契文舉例卷下】

◉羅振玉　説文解字侸。立也。從人豆聲。讀若樹。案。以讀若樹觀之。則當从壴聲。此作[字形]者。从人从壴。古从木之字或省从[字形]。如焚亦从[字形]作[字形]。杞亦从[字形]作[字形]。麓亦从[字形]。故[字形]亦作[字形]。知[字形]即樹也。故或省人。此為後世僕豎之豎字。卜辭又或从女。殆與从人之[字形]同。【殷虚書契考釋卷中】

◉商承祚　祚案。段先生曰。侸。玉篇作⿰亻壴云。今作樹。廣韻曰⿰亻壴。同尌。蓋樹行而侸尌豎廢。並⿰亻壴亦廢矣。今以卜辭觀之。則⿰亻壴又侸豎之初字也。【殷虚文字類編卷八】

◉商承祚　[字形]龜甲獸骨卷一第二十一葉　祚案此字與集韻同。又疑為侸之異體。【殷虚文字類編卷十二】

◉馬叙倫　高田忠周曰。篆當作⿰亻豈。從人。豈聲。作豆者省聲。倫按玉篇正作⿰亻豈。甲文作[字形][字形]。此即今言住宿之住本字。故訓立也。然甲文又作[字形][字形]。則為嬉之異文。立也乃尌字引申義。【説文解字六書疏證卷十五】

◉許　慎　[字形]垂皃。从人。纍聲。一曰嬾解。落猥切。【説文解字卷八】

◉馬叙倫　鈕樹玉曰。解。玉篇引作懈。錢坫曰。今人謂意態嬾散曰儽垂。是古有此語矣。王筠曰。老子王弼本儽儽兮若無所歸。何上本作乘乘兮。乘乘即垂垂之譌。如史記引尚書以訓義改本文也。倫按垂皃非本義。白虎通。鄭人謂孔子儽儽然若喪家之狗。蓋喪家之狗奔走而不得飽息。言其徒憊耳。廣雅釋詁二。儽。嬾也。釋訓。儽儽。疲也。戰國策趙策。趙主父使惠文王朝羣臣。而自從旁窺之。見其長子儽然也。禮記玉藻。喪容纍纍。注。羸憊貌也。儽羸雙聲。是儽之義為羸也。四篇。羸。瘦也。蓋謂疲憊之瘦。一曰嬾懈者。蓋本訓嬾也。儽嬾音同來紐轉注字。懈字校者加之以為釋者也。垂皃乃本訓挩失校者所加。上下文皆不言皃也。【説文解字六書疏證卷十五】

◉許　慎　[字形]安也。从人。坐聲。則卧切。【説文解字卷八】

◉馬叙倫　朱駿聲曰。侳即坐之絫增字。周雲青曰。唐寫本唐韻卅九引説文。每也。有也。蓋古本有二訓。倫按唐韻引有也蓋有奪字。每也即坐字義。倫按侳為儽之轉注字。儽聲脂類。侳從坐得聲。坐聲歌類。老子王弼本儽儽兮若無所歸。河上本作垂垂兮。垂聲亦歌類。是河上本即借垂為侳。疒部痤下一曰族絫。王念孫謂族絫急言之即痤。然則古讀纍聲如羸。本書無螺字而虫部蝸。蝸羸也。玄應一切經音義廿三引作螺也。沈濤謂螺即羸之俗。莊子釋文引三倉。蝸。小牛螺也。蓋蝸

即今之螺。蓋纍聲如羸。羸聲如蝸矣。羸蝸聲皆歌類也。【説文解字六書疏證卷十五】

偁

乙六三九九 从再省 人名 乙七七九三 乙八七六六 前七・三七・一 後二・三〇・八 續四・三一・五 寧滬一・五〇九 甲二七五二 或从卩 【甲骨文編】

偁 省爪父己 中偁父乙罍 父癸爵 父甲爵 偁缶簋 或者鼎 【金文編】

◉許 慎 偁揚也。从人。再聲。處陵切。【説文解字卷八】

◉羅振玉 説文解字。偁。揚也。从人再聲。此从再省。知者。卜辭中再亦省作冉矣。又此字疑與再為一字。舉父乙爵。偁字作。亦省爪。【殷虚書契考釋卷中】

◉陳邦懷 箋曰。偁字所從之為古舉字。説見後再字條。爾雅釋言。偁。舉也。郭注引尚書。偁爾戈。偁有舉誼。故其文從古舉字。【殷虚書契考釋小箋】

◉馬叙倫 鈕樹玉曰。篆當作。倫按甲文有即稱字。從秝。偁聲。則偁即偁字。從人。冉聲。益明再從爪冉聲矣。偁敢作。或者鼎作。舉父乙爵作。甲文作。【説文解字六書疏證卷十五】

◉屈萬里 (第一六八九片)當與字同。羅振玉釋為再，甚碻。説文：「再，並舉也。」本辭字從雙手。並舉之誼尤顯。【殷虚文字甲編考釋】

◉李孝定 按説文。「偁揚也。从人。再聲。」字當以菁華所見二文作者為正體。象人以手有所再舉之形。作者人形與所挈之物已析而為二。亦猶之作。此文字化過程常見之現象也。作者又偁之省文。偁再當為一字。陳氏从薛尚功説釋為舉。非是。前於四卷再下既辨之矣。請參看金文作或者鼎偁缶簋父己爵父癸爵父甲爵。【甲骨文字集釋第八】

◉李孝定 偁字从，冓字作字，从兩相對，疑象魚形，偁象手挈魚，故訓舉、訓揚，冓則兩魚相遇也。【金文詁林讀後記卷八】

◉戴家祥 段玉裁云：凡手舉作再，偁揚字作偁，銓衡當作稱，今通用無別。説文解字四篇注。邵瑛證之曰：如禮記檀弓「其仁不足稱也」，「其知不足稱也」。祭統「自名，以稱揚其先祖之美」，表記君子「稱人之美則爵之」，國語周語「君子不自稱」之類。又如禮記坊記「善則稱人，過則稱己」，「善則稱君，過則稱己」，論語季氏：「君稱之曰夫人，夫人自稱之曰小童。」正字並當作偁。説文解字彙經正字。按偁稱初文止作爯,从爪、从冓省,象以手抓物形,引伸為人事之表揚擡舉,故表義从人,隨着社會之進步發展,商品經濟的發展,勞役地租為實物地租所取代,於是有分秒必究的稱量工具出現。說文七篇禾部:「稱,銓也。从禾,爯聲。春分而禾生,日夏至,晷景可度,禾有秒,秋分而秒定,律數十二秒而當一分,十分而寸,其以為重,十二粟為一分,十二分為銖,故諸程品皆从禾。」此言稱之所以更旁从禾也,唐韻爯、偁、稱皆讀「處陵切」,穿母蒸部,同聲必然同義,故知偁稱皆爯之孳生字也。

【金文大字典上】

伍 雜三六 七例 雜三七 法九六 五例 【睡虎地秦簡文字編】

0135 【古璽文編】

伍博 伍永之印信 伍崇私印 【漢印文字徵】

◉許慎 伍相參伍也。从人。从五。疑古切。【說文解字卷八】

◉馬叙倫 鈕樹玉曰。韻會引作從人五聲。倫按伍什佰蓋計口之專字。唐蘭以為伍代表五人。什代表十人。乃象意字。尋十若為數名之十。因得與人比類合誼。若五是枑之初文。詳五字下。則不得與人比類合誼也。即使比類合誼。其義非相什佰也。若謂五借為亖。則會意字殊無此例。且佰字從百。百本為一白合文。而白乃自之異文。而鼻乃初文也。借以為十百字。更安能與人比類合誼而為相什佰之義乎。知其說非矣。相參伍也亦非許文。蓋本作五也。以聲訓。什百佰下亦然。字亦見急就篇。【說文解字六書疏證卷十五】

什

什 雜三六 【睡虎地秦簡文字編】

并古老子 【古文四聲韻】

◉許慎 什相什保也。从人十。是執切。【說文解字卷八】

◉馬叙倫 徐灝曰。鍇本獨此不言十聲。以伍佰二篆例之。亦當云十聲。玄應一切經音義引三倉。什。十也。聚也。襍也。

佰 佸 佮

亦會數之名也。又謂資生之物也。字見急就篇。【説文解字六書疏證卷十五】

佰 佰為一四 通陌 千—津橋 佰 法六四 【睡虎地秦簡文字編】

佰 魏率善氐佰長 佰 新西河左佰長 【漢印文字徵】

◉許 慎 佰相什伯也。从人百。博陌切。【説文解字卷八】

◉馬叙倫 嚴可均曰。伯當從鍇本依佰。鈕樹玉曰。玉篇引作相什佰也。倫按佰字見急就篇。然顔師古本作伯。高誘淮南地形注。常山人謂伯為元。伯即今所謂陌也。急就亦以為阡陌字。則故書當作伯。皇象本作佰者。傳寫者易之。此字蓋亦出字林。【説文解字六書疏證卷十五】

◉銀雀山漢墓竹簡整理小組 〔四〕其侍佰人之北炤人之【□□□□□】以得囚請 宋本作：「笞人之背，灼人之脅，束人之指，而訊囚之情。」簡文「佰」字當讀為「拍」，《説文》：「拍，拊也」，《廣雅・釋詁三》：「拍，擊也。」【銀雀山漢墓竹簡】

◉許 慎 佸會也。从人。昏聲。詩曰。曷其有佸。一曰。佸佸。力皃。古活切。【説文解字卷八】

◉馬叙倫 段玉裁曰。一曰六字鍇本及玉篇廣韻俱無。鈕樹玉曰。韻會有之。倫按示部禬祮言部譮語皆為轉注字。則此亦儈之轉注字。本書無儈字耳。一曰義未詳。疑仡字義也。字或出字林。【説文解字六書疏證卷十五】

◉睡虎地秦墓竹簡整理小組 佸，即佸字，《詩・君子于役》：「牛羊下佸。」韓詩云：「佸，至也。」此字或釋為倄，讀為依。【睡虎地秦墓竹簡】

◉許 慎 佮合也。从人。合聲。古沓切。【説文解字卷八】

陳二三　京都二一四六 【甲骨文編】

敚 召尊　召卣　衛盉　牆盤　瘐匕　瘐簠　散盤　牧師父簋 【金文編】

一：五三　宗盟類參盟人名迷敚 【侯馬盟書字表】

石碣馬薦　敚=雉□ 【石刻篆文編】

◉許　慎　敚妙也。从人。从攴。豈省聲。臣鉉等案。豈字从敚省。敚不應从豈省。蓋傳寫之誤。疑从耑省。耑。物初生之題尚敚也。無非切。【説文解字卷八】

◉劉心源　敚。姓。武父。字。敚即微。國名。微子所封。見尚書孔傳。後以為氏。左傳魯有微虎。【奇觚室吉金文述卷八】

◉林義光　按从攸从耑端省。攸者。修之古文。見攸字條。治也。凡微妙者。得其端而後可治。攸與抽古同音。疑亦抽之聲借。古作　散氏器。【文源卷十】

◉丁佛言　古鉥敚□。許氏説敚妙也。徐鉉疑从耑省。案古耑字本作　。當云从耑不省。耑。物初生之題也。其義為發端。凡物發端皆敚。惟敚故妙。敚訓妙最為精切。古鉥命魚敚豪。敚字反文。【説文古籀補補卷八】

◉強運開　薛尚功作放。誤。運開按。石刻有重文。説文敚眇也。从人。从攴。豈省聲。鉉等曰。豈字从敚省。敚不應从豈省。疑从耑省。耑。物生之題尚敚也。段注云。眇。各本作妙。今正。凡古言敚眇。即今之微妙字。眇者。小也。引伸為凡細之偁。微者。隱行也。按弟六鼓有微字。此鼓復見敚字。足見微敚二字之義各别也。又按。耑生敳耑字作　。是徐鉉敚从耑省之説為可信也。攷散氏盤敚武父兩敚字作　。均與鼓文相近。可以為證。【石鼓釋文】

◉馬叙倫　戴侗曰。唐本説文敚在耑部。曰。敚。見其端也。桂馥曰。妙也。李善文選文賦注引同。本書無妙字。翟云升曰。從耑省。倫按妙也當作少也。少為小之後起字。而沙之異文也。少也猶小也。後人加女旁耳。或此字出字林也。然少也者。耑字義。敚為段敳之異文。從殳。　聲。　為耑之異文。耑生敳作　。散盤敚字偏傍作　。皆不從人。耑生即論語之微生。禮記樂記。端如貫珠。史記樂書引端作段。段端形聲稍遠。段　形近。　端音近。則段為　譌。亦可為　從　得聲之證。段　一字。猶　一字也。耑音轉為敚者。史記黔布傳。而王幾是乎。徐廣曰。幾。一作豈。本書豈之轉注字為𪙊。亦從幾得聲。耑音端紐。以同清破裂音轉入見紐。其音如幾。豈從□得聲。由見而以同舌根破裂音轉入溪紐。故豈音墟喜切。又以同舌根音轉入疑紐。則敳音五來切。又以同舌根音轉入曉紐。則徽音許歸切。由疑紐而以同為邊音轉入微紐。故此音無非切。當入殳部。散盤作□□。敚叔敨作□。古鉨作□□。石鼓作□。【說文解字六書疏證卷十五】

◉高鴻縉　□應从攴□會意。□為髮字之最初文。象人戴髮形。攴。小擊也。从又(手)卜聲。髮既細小矣。攴之則斷而更敚也。於是隱行之微。从敚从彳。敚亦聲。□變為□。形亦小異。□既為髮字之最初文。後人加彡(毛飾)為意符作□。後又加犮為音符作□。隸作髮。楷作髮。痕跡顯然。□。說文曰□。長髮猋猋也。从長从彡必凋切又所銜切。形變而說歧也。且據从髟之字如鬢頰耳間髮也鬏用梳比也等字推之。髟為髮之次初文無疑。說解云云殆其借用之誼。又必凋切。所銜切。一字兩音。中必有誤。今查犮音與必音為雙聲。犮韻與銜韻為陰陽對轉。古或髟音必銜切。與髮音之方伐切者相為母子歟。又查甲文有□及□兩字。見殷虛書契前編卷二第七八兩頁。惜均為地名。無由證其意。金文長字作□。見𡨦長鼎。作□。見庶長畫戈。鼎文即借古髮字為之。人髮最長。人髮有一人長。馬尾亦長。但馬尾無一馬長。戈文从□。从止會意。止。足也。髮垂至足。其長審矣。由此更足以知□之為髮。而□从攴髮。會細眇之意。亦得佐證。且□字變為□。變為□。變為□。變為隸楷之□。亦有線索。【散盤集釋】

◉唐　蘭　此𡵂字與下長字不同。𡵂字是徽的本字，象人背上有帛幅形。敚字从攴从𡵂，微字从彳敚聲，後代更造徽、徽等字。《文選・東京賦》注：「徽與揮古字通」，揮伐即奮伐。《說文》：「揮，奮也」，「奮，翬也。」《詩・殷武》：「奮伐荊楚。」【略論西周微史家族窖藏銅器群的重要意義　文物一九七八年第三期】

◉李孝定　敚隸人部，从□从攴，不知其義。六書故第八引唐本說文，敚在耑部，耑者，物初生之題，其義較勝。金銘「敚」為氏族名，無義可求。高鴻縉氏謂敚所从之□。為髮之最初文，象人戴髮形，按□象人戴髮，即「長」字，本義為髮長，引申以為凡長之稱，與此所从□有別，此多一橫畫，而彼則否，多一橫畫則為耑省矣。今長字亦有一橫畫，乃譌變。【金文詁林讀後記卷八】

傆

◉許　慎　傆黠也。从人。原聲。魚怨切。【說文解字卷七】

◉馬叙倫　朱駿聲曰。黠讀為儇。倫按錢大昕段玉裁皆謂此即論語鄉原之原本字。朱謂黠讀為儇者。黠以同舌根音借為儇也。本書。儇。慧也。方言。黠。慧也。黠固無慧義也。荀子非相。鄉曲之儇子。正謂黠者也。與鄉原義合。則傆儇為同舌根音兼聲同元類轉注字也。倫又疑傆為願之異文。鄉原字即儇也。古借原為之耳。字蓋出字林。【說文解字六書疏證卷十五】

作

鐵八一・三　卜辭用乍為作　重見乍下【甲骨文編】

乍之重文【續甲骨文編】

作　不从人　頌鼎　乍字重見　或从攴　姞氏簋　仲鑠盨　郙王劍　虢文公鼎【金文編】

作　秦四九　九例　秦五〇　七例　日甲二　八例　為二四　為二九　二例　日甲一五六　二例　日乙六　九例　日乙一二〇【睡虎地秦簡文字編】

作令唐印　作農私印　作未央　作瓚印信　作丕私印【漢印文字徵】

泰山刻石　作制明法　少室石闕　將作掾嚴壽　開母廟石闕　將作掾嚴壽　祀三公山碑　將作掾王笧【石刻篆文編】

作出華岳碑　作荆山文【汗簡】

古孝經　同上　華嶽碑【古文四聲韻】

◉許　慎　作起也。从人。从乍。則洛切。【說文解字卷八】

◉葉玉森　□孫詒讓氏釋乍。栔文舉例下十六。王襄氏釋斥。類纂。森按。予于舊箸說契中曾引申孫氏之說曰。□之變體較多。如□□□□□□□。並應釋乍。即作之古文。他辭云「貞猷歸其□叀」。藏龜第八十一葉二、三。□與遽伯睘敦同。「甲午貞其令多尹乍王寷。」殷虛文字第二十五葉之十三。乍與日辛卣同。「弗乍茲邑囚。」徵文雜事第七十六版。乍與番君鬲父丁彝同。其增丰丰者乃繁文。如云「貞余其乍邑」。卷四第十葉之六。「□貞乍王寷于□。」又第十五葉之五。曰作邑曰作王寷辭句竝同。則乍或从丰丰。或省。固是一字。量侯敦之乍从木。疑即由丰譌變。【殷虛書契前編集釋卷一】

◉馬叙倫　翟云升曰。鍇本作乍聲。是也。倫按起也者。本詩無衣毛傳文。實迮字義。作蓋詐之異文。故次傆下。作為借之轉注字。猶齰齚之轉注矣。字見急就篇。【說文解字六書疏證卷十五】

◉金祥恆　其乍，考釋云：「古文乍字倒文」，非是。楊樹達卜辭求義云：「☐𣪘貞洹其乍茲邑囚，乍讀為作，為也」，是也。葉玉森說契云：「乍乍乍，孫籀廎釋乍為乍，即古文作。諸家疑之。」首釋乍為乍者，孫詒讓也。其或作乍，葉玉森云：「孫釋至塙。有增丰丰者，予認為繁文。如前編卷四第十葉，『余其乍邑』即卜作邑也。又第十五葉『貞乍王寷于(缺)』，即卜作王寷也。量侯敢之乍，从木，疑即由丰譌變。」葉氏之說是也。然無確證，茲舉殷虛書契續編卷六，第十七頁第一片：

甲午貞：其令多尹乍王寷？

與殷虛書契前編卷四，第十五頁第五片：

𣪘貞：乍王寷于□？

「乍(作)王寷」之作，一作乍，一作乍，蓋其證也。郭氏卜辭通纂第五二六片(殷契續存上六二八)：

乙酉卜，内貞：子商戈土其方？四月。

丙戌卜，内：我乍土其方？乍。

郭氏考釋云：「乍字，余疑封之異，言乙曰破之，丙日封之也。封之者，謂繕完城郭。」郭氏之說非也，乍蓋作之繁文。別作[glyph]者，如戰後寧滬新獲甲骨集第三八三片卜：

亥，其[glyph]于盂☐

其[glyph]，从[glyph]从夂，乃攸字。金文姑氏簋(三代吉金文存卷七，四八葉第三)：

姑氏自攸(作)為寶障毀，其年子=孫=永寶用

其[glyph](作)从攴，與甲文同。金文作寶鼎作寶彝等之作多書乍。而姑氏簋从攴，與甲文作多書乍而此偶書从攴从[glyph]其理同。

或作[glyph]，如戰後京津新獲甲骨集第三五片：

☐于其[glyph]唐，不叀

殷契粹編八三五片：

于翊日壬迺[illegible]唐，不冓大風？

其[illegible]，郭氏考釋云：「[illegible]，疑即小篆㩪字。說文云傾也。」郭氏說非。[illegible]蓋[illegible]之省。乃攸(作)也。殷契粹編一八二片：

叀小乙[illegible]美唐，用。

小屯甲編二五四六十二五八三十二六七〇

叀[illegible]公[illegible]豐唐于□，又足，王受又？

「[illegible]美唐」「[illegible]豐唐」與「[illegible]唐」，僅於唐上加一形容詞美豐而已。故推知[illegible]為乍，乃[illegible]之省。或从行作[illegible]。如殷虛書契前編卷六，第二十六頁第二片

東平[illegible]。【釋[illegible]　中國文字第十九册】

◉唐健垣　14乙篇一行　[illegible]雨是[illegible]

第一字李師棪齋釋風，第二字商氏釋帝，嚴先生讀作「風雨是於」，云「鄂君啓節作[illegible]同」。

余謂當讀風雨是作，雖帝王世紀云庖犧氏風姓，亦不可附會為風帝是作也。

或曰：「繒書『作』字數見，形作[illegible]，與此不同也。」按據照片，則乙篇七行之作字形作[illegible]，多出一點，古文字筆畫變化甚大，尤以列國時為甚。繒書之時代當甚晚。古代以乍為作字，金文多作[illegible]形，然亦有變為[illegible]及[illegible]者(詳見金文編卷十二)，其末筆向上彎，小篆乍字形如[illegible]，則向下彎。繒書此字末筆向下，正同。繒書作[illegible]，三横平列在一直畫之右，大豐簋之[illegible]，𡕀鼎之[illegible]，皆相似，可見讀「是作」無可疑。【楚繒書文字拾遺　中國文字三十輯】

◉彭明瀚　按卜辭辭例和語法，這條卜辭中的「作」當為祭名。魯、彭二氏都認為「作」即《尚書·顧命》「秉璋以酢」之酢，這還不能使人明了。《說文解字》云：「酢，醶也，從酉乍聲。」「醶，酢漿也。」段注云：「凡味酸者皆謂之酢。」從這里看不出酢有祭祀義。孫星衍認為：「酢，《說文》本字作醋，以假借字。」他不贊同「酢」有祭祀義的說法。《十三經注疏》此條下注云：「報祭曰酢。」但卜辭中自有「報」字，作「[illegible]」，有報祭義。如：

(2) □申卜賓貞，其耏，報于河……　《卜》371

(3) □未貞，其有報于父丁。　《粹》368

(4) 辛巳卜，㱿貞，我報大甲、祖乙十伐、十宰。　《乙》3153

(5) 癸酉卜争貞，來甲申酌，大報自上甲，五月。　《陳》21

既然作祭不是「酢」，又是一種什麼樣的祭祀呢？要弄清這個問題，得先看一組有關「作祭」的卜辭：

(6) 乙亥卜賓貞，作。大御自上甲。　《後》下6·12

(7) □子卜，王……作，大御自上甲。　《摭續》276

(8) 貞，作，御婦好？　《乙》4626

(9) 辛亥貞，作，燎，受禾？　《卜》2357

(10) 貞，作，告疾于祖辛，足？　《京》1651

(11) 丙申作土丁。　《乙》466

上面一組與「作」有關的卜辭大致可分為二類，第(6)～(10)條中作後跟御、燎、告等祭儀和先王、祖名，可以概括為「作＋祭儀＋先王（祖、妣）名」式；第(11)條中作後跟祖名，可以概括為「作＋祖名」式，這兩式又可以合并為「作＋（祭儀）＋先王（祖、妣）名」式，這種句式中的「作」與第(2)、(5)條中的「酌」相似，當為祭名，而用「始也、起也、為也」等都解釋不通，應讀為《詩·蕩》「侯作侯祝」之「作」。《十三經注疏》「侯作侯祝」條下注云：「作，祝詛也，側慮反，注同本或作詛。」疏曰：「詛者，用豕、犬、雞三物告神而要之，祝，無用牲之文，蓋口告神而祝詛之也。皆是情不相信，聽以明神，若有犯約，使加之凶禍。」唐陸德明《經典釋文》此條下注同。朱駿聲《説文通訓定聲·豫部第九》「作」字條下有一義項：「假借，為詛。」他認為「作」和「詛」之間是一種假借關係。

【卜辭「作祭」考　殷都學刊一九九〇年第二期】

◉曾憲通　其實，甲骨文的「乍」字已有多種不同的形體，要瞭解「乍」字的初形朔誼，必須從全面分析這些不同的形體入手，弄清諸形體之間的內部關係及其演變規律。《甲骨文編》共收「乍」字29文，大體有如下四種寫法：

在以上四種形體中⊘，便可發現甲骨文的「乍」字明顯地包涵着ヒ和ㄴ兩個部件，ヒ的變體有ヒ、ヒ、ヒ、ヒ、ヒ等形，ㄴ的形狀則隨ヒ之變ヒ而有凵形的寫法。將ヒ同ㄴ比較，還可以顯示「ヒ」是更為重要的構件，因為當ヒ與其它部件結合的時候，「ㄴ」往往可以省略（如乍、乍、乍、乍等），而「ヒ」則是始終不可缺少的。這樣，從乍同其它部件的結合上，我們可以進一步區分出ヒ和ㄴ這兩個基本構件的主次關係來。

在青銅器銘文中,「乍」字是最常見的。據第四版《金文編》所收,「乍」字多達130個,其中以「□」形尤為多見。但其基本形仍然與甲骨文一樣,由□和□所構成,如□(乙亥鼎)、□(遽伯簋)、□(鼒訇君鼎)、□(白者君鼎)、□(䢅伯匜)及□(耒距㤘)等。它們與甲骨文的□和金文的□,從下圖可以看出其前後遞嬗的關係來。

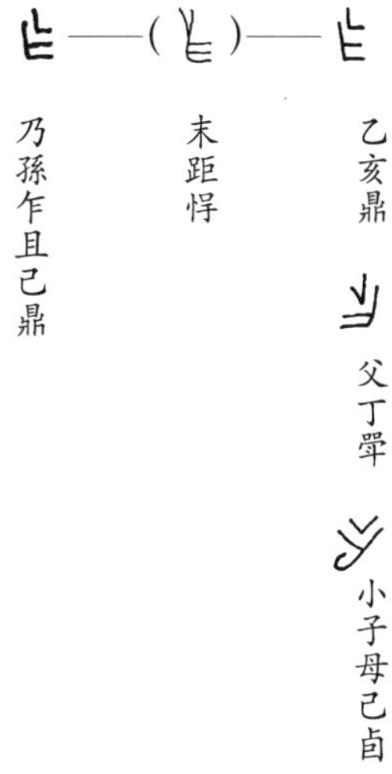

從這裏可以看到,金文乍字別體雖多,但其發展脈絡卻有條不紊,可說是萬變不離其宗的。從甲骨文、金文「乍」字的基本構件分析,其初形當作□或□,字當從□、□會意,而□更是「乍」字原始構件的主體。不過這個主體構件決非象人伸足而坐之形,其取象很可能與古代耒耜有關。

《甲骨文編》收録從耒的耤(耤)字共二十一文,如□(《甲》3420)、□(《乙》1111)、□(《乙》4031)、□(《前》7153)等,均象人側立秉耒而耕之形,是個典型的會意字。其中從耒的偏旁,大抵有如下五種寫法:

Ⅰ:□(《乙》7396)、□(《京都》705)、□(《佚》700);

Ⅱ:□(《後》2·28·16)、□(《甲》3420)、□(《前》6·17·5);

Ⅲ:□(《甲》1369)、□(《乙》13154)、□(《乙》3155反)、□(《乙》3212)、□(《乙》3295)、□(《乙》3983)、□(《乙》4306)、□(《乙》8151)、□(《前》6·17·6)、□(《乙》7808);

Ⅳ:□(《乙》4057)、□(《前》7·15·3)、□(《存》1013)、□(《乙》1111);

Ⅴ:□(《菁》11·19)。

商代金文中有耒的象形文作

□父己觶

□父乙爵

父己觶的耒字同甲骨文偏旁第Ⅰ式，父乙爵同第Ⅲ式。西周令鼎：「王大藉農于諆田」，藉字作所從耒旁之𠃌，同甲骨文偏旁第Ⅱ式。由此看來，甲骨文的耒偏旁Ⅰ（力）、Ⅱ（𠃌）、Ⅲ（𠃌）式與古金文的象形文及偏旁非常吻合。其Ⅳ、Ⅴ二式作𠃌及𠃌者，亦當是力、𠃌、𠃌諸形的省變，但無論如何變化，其象形意味仍未盡失，蓋上象耒柄，下象歧頭之耜，耒耜間的橫木則或正或側，或有或無。而無橫木之𠤎（或ㄋ），與𠤎（或ㄋ）的主體構件「𠤎」尤為密合，可證乍的初文𠤎確是從耒形取象的。至于𠤎上之ㄥ，疑是以耒起土時隨庛而起的土塊，鄭玄謂庛為「耒下前曲接耜」者，「讀為棘刺之刺」。按耒乃發土的農具，耜刺入土，土塊便隨前曲之庛而起，故土塊呈「ㄥ」作屈起之形，是符合以耒耜起土的實際情況的。因知以耒起土是「乍」字的本義，引申而為耕作、農作之作。【「作」字探源——兼談耒字的流變　古文字研究第十九輯】

軍假司馬　【漢印文字徵】

假出林罕集字　【汗簡】

古文說文並籀韻　【古文四聲韻】

◉許　慎　假非真也。从人。叚聲。古疋切。一曰。至也。虞書曰假于上下。古頟切。　【說文解字卷八】

◉睡虎地秦墓竹簡整理小組　〔四〕假門，讀為賈門，商賈之家。　【睡虎地秦墓竹簡】

◉馬叙倫　桂馥曰。非真也者。疑後人加。古無言真假者。但曰實曰偽。左襄十八年傳。使乘車者左實右偽。是也。一曰至也者。本書。假山也。倫按桂說是也。古言誠詐誠偽實偽即真假也。然實亦借字。而假則作之轉注字。聲同魚類也。假借為引申義。墨子尚賢。此非實愛我也。假藉而用我也。是其證。一曰至也者。校語。字見急就篇。　【說文解字六書疏證卷十五】

籀韻　【古文四聲韻】

侵

◉許　慎　借假也。从人。昔聲。資昔切。【説文解字卷八】

菁一・一　从牛从曼　侵字異文　舌方出㑴我示爨田七十人　菁一・一　或从帚　土方征於我東啚𢦏二邑　舌方亦㑴我西啚田　菁二・一土方㑴我田十人　拾五・一二　方國名㑴方　【甲骨文編】

乙1417　8319　珠328　458　佚160　續5・11・5　佚379　866　續5・12・4　續5・20・9　6・16・3　徵839　8・44　8・48　京4・9・4　録651　649　天42　續存1280　【續甲骨文編】

侵　鐘伯侵鼎　【金文編】

吕利戠伐　此即侵字。侵伐故从戈。丙一一・二　【長沙子彈庫帛書文字編】

王不侵印　不侵之印　趙不侵印　召侵私印　王孫侵印　孫不侵印　【漢印文字徵】

石經僖公　衛人侵狄　【石刻篆文編】

崔希裕纂古　【古文四聲韻】

◉許　慎　㑴漸進也。从人又持帚。若埽之進。又。手也。七林切。【説文解字卷八】

◉林義光　按人與又不共持帚。侵。迫也。象埽者持帚漸進侵迫人也。【文源卷八】

◉唐　蘭　右帰或作㑴字，羅振玉釋牧。殊誤。説文無㑴字，而有駸字。卜辭㑴字當與駸相近。自字形言之，當是象以帚拭牛之意。而自象意聲化例言之。則當讀為從牛帚聲（或曼聲）。卜辭帰㑴二字，蓋叚借為侵，云「帰我西啚田」，「㑴我示爨田七十人」（「七十」二字依郭沫若説）者，侵我西鄙田，侵我示爨田七十人也。穀梁隱五年傳云：「苞人民，毆牛馬，曰侵。」是侵或掠人也。卜辭以土方之𡉚（征）與舌方之帰並言。則帰即侵字之借無疑。羅氏誤釋為牧，因以此諸辭入於芻牧類，遂使重要商史湮晦不彰，

殊可惜也。【殷虚文字記】

◉孫海波 □按从又𠬶，若埽之進之意已明，加人則贅，是侵下應出古文𠬶，而侵非初體也決矣。攷說文从𠬶之字凡九：艸部蓡下云：「覆也，从艸，侵省聲。」宀部寑下云：「卧也，从宀，侵聲；𠬶籀文侵省聲。」示部祲下云：「精氣感祥也，从示，侵省聲。」木部梫下云：「桂也，从木，侵省聲。」馬部駸下云：「馬行疾也，从馬侵省聲。」系部綅下云：「綘綫也，从系侵省聲。」水部浸下云：「浸水也，出魏郡武安東北入呼沱水，从水侵省聲。」㾔部寑下云：「病卧也，从㾔省侵省。」是明古本有𠬶字，而說解俱云从侵省不云从𠬶者，或古文𠬶字，洨長偶遺之耶？抑三代古文，洨長未之見耶？【卜辭文字小記 考古社刊第三期】

◉馬叙倫 于鬯曰。此蓋籀文。古㑴字但作㑴。從人。從帚。巾部。帚。從又持巾。埽冂內。以巾象帚。非巾幣字。是帚既從又。𠬶復從又。則重複矣。故疑為籀文。水部。濅下曰。𡨦。籀文侵字。此語是非相參。其以𡨦為籀文。是也。其不以侵為籀文。非也。𡨦侵皆從𠬶。則同為籀文耳。倫按漸進也當作漸也進也。漸也者。浸字義。進也者。□字義。侵。從人。𠬶聲。蓋𠬶之後起字。𠬶與埽一字。召伯虎敢嫚氏。從女。𡨦聲。又作□。從土𡨦聲。或從宀埽聲。是其證。𠬶。從又。帚聲。實帚之後起字。埽從帚得聲。而聲在幽類。幽侵對轉。故侵聲入侵類。侵音清紐。埽音心紐。清心同為舌尖前音。則侵埽之音同出於帚明矣。史記田蚡傳。貌侵。韋昭曰。侵。短少也。又醜惡也。倫按醜惡也者。借侵為醜。醜帚聲同幽類。亦可證也。甲文有□□。从稭字金文作□證之。則是梨之初文。倫以此推之。古之埽字本從人持埽具。象埽地形。則侵字蓋由本作□或□而譌。其變省則為帚為彗。□為□省。□亦□省。皆埽具也。今失□字。乃以帚彗為埽具之名。而侵亦失其本義矣。此篆當從人𡨦省聲。又持帚以下，呂忱或校者所改增也。鍇本會意二字蓋本在繫傳臣鍇按史記封禪書曰稍侵尋漸進之意也下。傳寫跳誤於臣鍇上耳。慧琳音義四引倉頡侵犯也。字見急就篇。鍾伯侵鼎作□。【說文解字六書疏證卷十五】

◉李孝定 卜辭叚𠬶㑴為侵。𠬶㑴重文。說詳𠬶㑴條下。金文作□鍾伯侵鼎。與小篆同。【甲骨文字集釋第八】

◉李 零 戠同侵，《易・謙》：「利用侵伐。」這幾句，「侵伐」與「攻城」，「聚衆」與「會諸侯」，「刑首事」與「戮不義」都是意思上有關聯的話。「首」字殘，一般都釋為「百」，筆畫與百不合，今從商承祚釋「首」。【長沙子彈庫戰國楚帛書研究】

◉戴家祥 說文八篇：「侵，漸進也。从人又持帚，若埽之進，又，手也。」小徐繫傳作：「若埽之進也，會意。」段玉裁云：漸當作□，□，進也。侵之言駸駸也。水部：「浸淫隨理也。」浸淫亦作侵淫。又侵陵亦漸逼之意，左傳曰「無鐘鼓曰侵」，穀梁傳曰「苞人民毆牛馬曰侵」，公羊傳曰：「觕者曰侵，精者曰伐。」又穀梁傳：「五穀不升謂之大侵。」說文解字注。唐韻侵讀「七林切」，清母

侵部。【金文大字典上】

儥 君夫簋 【金文編】

●許　慎　儥賣也。从人。𧶠聲。余六切。【說文解字卷八】

●劉心源　儥篆與筠清館敢蓋文同。其器文作□。辵旁从□。即說文睦之古文□也。讀賣等字从之。加言為讀。即讀省加彳為德。實遺字。古彳辵通用。說文。遺。媟遺也。㠯為黷字。此銘當是睦。或是儥。則即覿字也。古籀補釋德為聽。蓋不知□即𧶠也。【古文審卷八】

●劉心源　(君夫敢)儥。說文作□。云見也。小徐本如是。大徐本作賣也。即鬻字。然小徐云儥。周禮借為貨。𧶠字音育。若果訓𧶠。正是貨𧶠字。小徐即不得云借。是知訓見為本義。即覿之正字也。大徐本譌為𧶠。於是新附乃有覿字矣。此銘儥求乃友正是覿字義。許印林釋為招。引薛書跋周召夫尊□為召㠯證之。不知薛氏所引尚書乃宋人誤讀古文者雜集為之。汗簡且不收入。可㠯知其謬矣。且古文雖甚奇奧。亦究有形意之可揣。从屮从□何㠯為召。今㠯宗周鐘盂鼎中鼎麦鼎𩰫鼎友史鼎曶鼎揚敢豆閉敢互相參斠。知□碻是省字。說文作□。近人釋相且有不能兼通者。何有於召乎。省詳𠭯比鼎。此儥从□。即古文睦字。【奇觚室吉金文述卷四】

●郭沫若　儥字周禮以為鬻字，說文訓見段玉裁謂即覿字。此「儥求」連文當讀為續述，「續述乃友」猶師奎父鼎言「用嗣乃父官友」。【君夫段　兩周金文辭大系考釋】

●馬叙倫　鈕樹玉曰。韻會作見也。倫按嚴可均鈕樹玉段玉裁均以為當作見也。儥為覿之本字。承培元以為見是覿之泐文。徐灝以為鍇改也。倫謂賣當作𧶠。𧶠也以聲訓。或乃校者注以釋音者。而本訓亡矣。鍇本作見也者。本書無覿。而易春秋禮記論語皆有之。爾雅釋詁。覿。見也。呂忱或校者據雅文加之。或此字出字林也。儥蓋覿之異文。皆嵛睦之後起字。周禮司市釋文引字林。他竺反。【說文解字六書疏證卷十五】

●李孝定　說文「儥」字訓賣，或本訓見，清儒治說文者聚訟莫決，今以君夫簋銘「儥求乃友」證之，訓見於義為長，劉心源氏之說是也。【金文詁林讀後記卷八】

候 候

償 償

僅 僅

候 法二〇三 三例 通候 者— 法二〇三 【睡虎地秦簡文字編】

邦候 都候之印 夕陽候長 集降尹中後候 漁陽長平候 候印 【漢印文字徵】

汗簡 【古文四聲韻】

◉許 慎 候伺望也。从人。侯聲。胡遘切。【説文解字卷八】

◉馬叙倫 嚴可均曰。説文無伺字。當作司。下文。伏。司也。言部。言相説司也。見部。覹。司也。覗。司人也。沈濤曰。玉篇引伺望下有周禮有候人五字。王筠曰。伺字當絶句。俞樾曰。候為矦之後起字。經傳司望之義。字皆作矦。倫按玉篇引周禮五字或顧氏所加。或校語未誤入正文者。故經後校者删之矣。伺望也當作司也望也。然皆非本訓。字蓋出字林。候為矦之後起字。【説文解字六書疏證卷十五】

◉陳 直 附五條 地節四年十月張長安世 張字為候字之誤釋，候長為官名，安世為人名。居延漢簡釋文五一四頁，有「☐長安世自言當以令秋射」殘簡文，與本簡之候長安世，蓋為一人。若照本編原釋，張長安為人名，世字則孤立無解；張長為人名，安世為字，居延各簡中，又無人名下再加字之例。【《居延漢簡甲編》釋文校正 考古一九六〇年第四期】

償 不从人 曶鼎 賞字重見 【金文編】

朱償 【漢印文字徵】

◉許 慎 償還也。从人。賞聲。食章切。【説文解字卷八】

◉馬叙倫 倫按償為賞之後起字。六篇。賞。賜有功也。以貝易其功。是償還之義也。慧琳一切經音義八十引倉頡篇。償。當也。倫疑倉頡字本作賞。傳寫以字林字易之。此字或出字林也。故訓還也。【説文解字六書疏證卷十五】

靡僅印信 【漢印文字徵】

代

◉許　慎　材能也。从人。堇聲。渠吝切。【説文解字卷八】

◉丁佛言　古鉢。僅緥利鉢。【説文古籀補補卷八】

◉馬叙倫　嚴可均曰。鍇本作才能也。華嚴經音義十五引作纔能。按目部。瞀。財見也。叀部。𡴀。財見也。古書才材財纔通用。沈濤曰。北藏本華嚴經音義十五引作纔也。南藏本作纔能也。衍一能字。倫按玄應一切經音義引字林。僅。財能也。則此字林訓。字亦或出字林也。材能猶纔能。然似非本義。古鉩作。【説文解字六書疏證卷十五】

7·7代市【古陶文字徵】

61【包山楚簡文字編】

代　秦七九　十四例　日乙四二【睡虎地秦簡文字編】

代馬丞印　代郡農長　遠代　㞑代之印　臣代　解之代印　郭代　王代客印　翁代　勒代　董代　張代【漢印文字徵】

石碣吳人　勿竈勿代【石刻篆文編】

古老子【古文四聲韻】

◉許　慎　更也。从人。弋聲。臣鉉等曰。弋非聲。説文忒字與此義訓同。疑兼有忒音。徒耐切。【説文解字卷八】

◉馬叙倫　沈濤曰。玉篇曰。天工人其代之。今奪。倫按蓋顧氏自引。或校者所增而為後校者所刪矣。代從弋得聲。弋音喻紐四等。使音審紐。同為次清破裂音。弋吏又聲同之類。轉注字也。今言更易為代者。使之引申義。或迭字義也。字見急就篇。石鼓作。【説文解字六書疏證卷十五】

◉黄盛璋　戈銘隸定如下：

六年郊相？吏微，左庫

工師(合文符)公孫(合文符)涅、治吏息撻齊(劑)

第三字明顯從戈從邑，乃是「𨚗」，即「代」。古文字從「弋」往往從「戈」，一直到西漢篆、隸仍然多見。如「貸」漢初隸書實從伐，見臨沂漢簡《孫子》21、馬王堆《老子》乙243下。江陵鳳凰山10號漢初墓出土「鄭里廩薄」記貸各户種子，25簡貸皆從伐。此墓主張偃死年為漢文帝後元四年，隸書「貸」字從「伐」，至少秦已如此，武威漢簡醫方「代赭」，「代」字亦上從「伐」從「貝」，與漢初墓同，足以證明秦漢不論篆書、隸書均通行貸字從「伐」不從「代」。⊘此字從「戈」從「邑」作為地名，乃是代，其字亦見於平首方足布，舊讀為「戈邑」，李家浩同志在《戰國𨚗布考》指出此字可能是「𨚗」，而讀為「代」。

「弋」是「代」的初文，最初只有「弋」，加形旁「木」、「人」、「邑」等旁都屬後起，初文的「弋」就是象木橛形，《說文》「弋，橜(橛)也，象析木衺鋭者形」，甲文有幾種不同寫法，皆象削木棍析其首而邪鋭為1形，用以扶地或物。《左傳·襄公十七年》：「以杙抶其傷」，從字形上可以看出「弋」即木橛，原以木為之，故無須加木，「杙」為後起，因弋後來引伸推廣，其意不限於橛，故須加形旁以為區別。如《說文》：「隿，繳射飛鳥也。」《廣韻》「或作弋」，用弋以射鳥，故後加「佳」旁。段注：「經傳多假弋為之」，裘錫圭同志在《釋柲》附《釋弋》一文中已列舉甲文中各種「弋」寫法與用例，並指出所引卜辭的弋字都是動詞，並且往往在兩個人名或國族名之間，它們似乎都應該讀為替代的「代」，其格式多為「令×代×」，或「乎×代×」，並引曾運乾《尚書正讀》、《立政》：「式商受命」讀「式」為「代」，《尚書多士》：「非我小國敢弋殷命」，這個「弋」字很可能讀「代」(以上見《古文字研究》第三輯)。【新發現之三晉兵器及其相關的問題　文博一九八七年第二期】

儀 傍 佁

儀

儀 不从人 虢弔鐘 義字重見 【金文編】

天璽紀功碑 典校皋儀 【石刻篆文編】

◉許 慎 儀度也。从人。義聲。魚羈切。【説文解字卷八】

◉陳邦福 此字當釋義。儀之省。説文我部義。己之威儀也。卜辭義下从子。即禮記蛾子時術之誼。又書文侯之命云。王若曰。父義利。鄭注。義讀為儀。論語八佾篇云。儀封人。鄭注。儀。衛邑。【殷契辨疑】

◉馬叙倫 鈕樹玉曰。韻會作從人義。義亦聲。翟云升曰。類篇引度也上有容也二字。王筠曰。鍇本從人從義義亦聲。誤增也。淮南俶真訓。不可隱儀揆度。此用儀之本義也。倫按從人。義聲。儀次似上。而訓度也者。詩柏舟。實維我儀。毛傳。儀。匹也。倫謂儀即今言比擬之擬本字。國語楚語。其智能上下比義。比義即比儀亦即比擬也。是其證。然實似之轉注字。似從㠯得聲。㠯音喻紐四等。儀從義得聲。義從羊得聲。羊音亦喻四也。易繫詞傳易有太極。是生兩儀。兩儀謂一二象。國語周語。丹朱馮身以儀之。儀之謂像之也。儀為似像之義。故引申為儀表儀容。十三篇。義。己之威儀也。即儀字義也。度也者。非本義。亦非本訓。類篇引作容也者。蓋校者依廣韻釋詁加之。【説文解字六書疏證卷十五】

傍

◉許 慎 傍近也。从人。旁聲。步光切。【説文解字卷八】

◉馬叙倫 沈濤曰。文選邱希範發漁浦潭詩注引作附也。蓋古本一曰以下之奪文。倫按鍇本有臣鍇曰近之也。其語不知所指。豈釋附也之義邪。倫謂傍即仿之異體。故字次儀似之間。亦像之疊韻轉注字。選注引附也者校語。【説文解字六書疏證卷十五】

佁

佁 □佁鼎 遞盂 从台 佁伯簋 伯康簋 用夙夜無佁 伯晨鼎 佁乃且考 帚訇君鼎 齊鞄氏鐘 於佁皇且文考 簷平鐘 佁樂其大西 王孫鐘 余恁佁心 南彊鉦 余以政佁徒 鄧公簋 佁乍彝公 胸簋 佁乃且考事 从立从佁 陳侯因資錞 保佁超文 從心 郘王義楚耑 永保佁身 【金文編】

 一九四：一 宗盟類參盟人名石似□ 【侯馬盟書字表】

 136 【包山楚簡文字編】

 2916 0175 【古璽文編】

 似 【汗簡】

 古老子 朱育集字 【古文四聲韻】

◉許 慎 㠯象也。从人。㠯聲。詳里切。 【説文解字卷八】

◉孫詒讓 「㠯」字恆見，或反書作「㠯」，同。如云：「貝皋弗其㠯立馬」、一之一，「馬」字下半闕。「辛未卜㠯父京它」、十四之四。「己卯至㠯□又工又似『父壬』二字」、卅五之二。「女戊㠯帚忿」、五十三之一。「卜戈貝□㠯多百」、百十八之一一。「貝禽弗其㠯」。又云「貝㠯」、百十九之一，又二百十七之一亦有「弗其㠯」三字。「叀不其㠯□」、百四十之一。「卜自㠯立馬」、百四十三之一。「貝㐱自氏牛弗其㠯」、百七十八之三。「己□皋不其㠯」、百八十七之三。「□塞□三百□允㠯□□人立□」、百八十八之三。「甲申卜亘貝自豕㠯□」、百九十六之三。「戊申卜於弗其㠯我中女癸」、二百之三。「立貝㠯哭」、二百七十二之一。「壬申其㠯」，二百七十二之三。又二百十之四，亦有㠯字上文闕。此當為「佀」字。《説文・人部》：「佀，象也。从人、㠯聲。」此从㠯即㠯字，《已部》：「㠯，用也。从反巳。」此即反巳之形。从乁即人之省。古佀、㠯聲同字通。此文疑皆當讀為㠯。《小爾雅・廣詁》云：「㠯，用也。」凡云「其㠯」、「弗其㠯」、「不其㠯」者，猶言用與不用也。「㠯多百」者言用馘首之多。百、首同詳前。「㠯人」者用其人也。「㠯□又工」者言用而有功也。又、有，工、功，並同聲叚借字。 【契文舉例卷下】

◉容 庚 㞢乃似之繁文。从立。猶下文世之从立作𡖊。續也。通嗣。 【陳侯因𬁡錞 善齋彝器圖録】

◉馬叙倫 鈕樹玉曰。繫傳韻會作㠯。象肖也。六書故云。㠯唐本作㠯。段玉裁曰。象也當作像也。鍇本作象肖也。非。倫按似像音同邪紐轉注字。段説是。鍇本作象肖也。蓋本作象也肖也。故戴侗謂唐本作象也用也。用即肖之譌耳。然肖也是校語。 【説文解字六書疏證卷十五】

◉楊樹達 説文八篇上人部云：「似，象肖也，从人，以聲。」詳里切按此據小徐本，大徐本止云象也，然禮記哀公問云：「寡人雖無似也，」鄭注云：「無似猶言不肖。」亦以肖訓似。似肖為通訓，肖字當有，大徐奪去，非也。象肖二字同義連文，象當讀如唐人詩「生兒不象賢」之象，有云象當為一讀者，非也。余按清儒疏釋説文諸家，皆未能申明許訓。今謂：似者，謂子貌似其父母也。知者：許君以肖訓似，而肖下云：「骨肉相似也，不似其先，故曰不肖也。」肖為骨肉相似，不肖為不似其先，知似當為骨肉相似似其先也。此以許君説解證知之者一也。似字从人為義，人類彼此相類似之事最常見者，孰有過於子似其父母者乎？此據字形考之人事證知之者二也。禮記雜記下篇云：「見似目瞿。」鄭注云：「似謂容貌似其父母也。」按鄭注哀公問既以肖訓似，而於此又釋似為容貌似其父母，則鄭君立義與許君同可知。惟雜記謂人子見他人容貌似己之父母者而目瞿，此似字為引申義，然以引申義推本義，則似為子似父母，了無可疑，此參稽鄭君經注證知之者三也。列子力命篇云：「佹佹成者，俏成也，初非成也。」張湛注云：「俏，似也。」釋文云：「與肖字同。」又楊朱篇云：「人肖天地之類。」肖釋文作俏。按肖或从人作俏，似字从人，與俏字同。肖為骨肉相似，知似亦當為骨肉相似也。此以俏似字形相類證知之者四也。【釋似　積微居小學述林】

◉屈萬里（第三〇〇四片），疑與一一三三之及三三三二之為一字；以三三三二之辭證之，蓋某侯國君長之名也。此字隸定之當作佀，即似字；作乃其繁文。【殷墟文字甲編考釋】

便

便　唐蘭釋為便　从人从　為古文鞭　象手持鞭　鞭人之背形　當是鞭的原始字　𠑷匜　【金文編】

5·365　闌陵居貲便里不更牙　【古陶文字徵】

便　語一　三例　通鞭　以若—毄之　日甲四八背　【睡虎地秦簡文字編】

便安里附城　陶便私印　櫟便上印　冀便世　張便私印　楊便　段常便印　石便上印

王便之印　關便　塈便私印　左便印　【漢印文字徵】

◉許　慎　安也。人有不便。更之。从人更。房連切。【説文解字卷八】

◉馬叙倫　鈕樹玉曰。繫傳韻會作從人更。按更從丙聲。鄭注考工記便讀如併。則便當從更聲。人有不便之説疑出李陽冰。徐灝曰。從人。更聲。更從丙聲。與便為雙聲。倫按集韻引楊承慶字統。便。人有不善。更之則安。故從更從人。疑此由

任

校者不明古音校字統增改。亦或字統亦本字林也。唐人傳寫又有删捝。然安也疑非本義。孟子。為便嬖不足使令於前與。便嬖連文。蓋便為嬖之同脣音轉注字。安也引申義。本訓捝矣。字見急就篇。【説文解字六書疏證卷十五】

甲八八九 人名　甲三一〇四　乙四六六七　乙五二五五　乙八一三二　續四·二八·四　粹一五四五B　存下三〇八　存下三二〇　存下四九五　天八七甲　後一·六·八　後一·六·九【甲骨文編】

任 任氏簋　从貝 中山王譽鼎 使智社稷之賃【金文編】

5·472 獨字　5·373 任巨利【古陶文字徵】

任 秦一九六 十例　秦一二五　法一四五【睡虎地秦簡文字編】

2558　2559　3944【古璽文編】

任永睦之印　任蓋都印　任彊　任駿　任款　任讓印信【漢印文字徵】

古老子　同上　竝籀韻【古文四聲韻】

◉許　慎　符也。从人。壬聲。如林切。【説文解字卷八】

◉馬叙倫　沈濤曰。一切經音義六及廿三玉篇皆引作保也。符字譌。倫按鍇本作保也。未譌。任為儋之轉注字。儋聲談類。任從壬得聲。壬從十得聲。詳壬字下。十聲亦談類也。孟子公孫丑。門人治任將歸。趙注。任。擔也。禮記祭義。班白者不以其任行乎道路。注。任。所擔持也。國語晉語。任大惡之。注。任。荷也。荷借為何。本部。何。儋也。此皆任為擔何之義之證。古之擔何皆以肩背。故此訓保也。女部。妊。孕也。今杭縣謂婦人有身曰擔身。此語原然也。任為壬之後起字。字見急就篇。古鉨作。【説文解字六書疏證卷十五】

◉丁　山　尚書的「侯甸男」，白虎通通爵篇引作「侯甸任」；嫁娶篇又曰：「男者，任也，任功業也」，蔡邕獨斷也説：「男者，任也，立功業以化民，其地方五十里。」男之與任，不過今古異文爾。因此，甲骨文的「多田亞任」，决可當以尚書金文所謂「侯甸男」。

尚書禹貢「二百里男邦」，史記夏本紀引作「任國」，過去經學家總認為是今古異文，——今文本作任，古文本作男。茲驗以甲骨文「多田亞任」，與令彝銘的「侯田男」異文，我認為任本商制，男乃周名。推此言也，一部五經異義所傳説的今文家與古文家紛歧錯綜的制度，都該自「商周易禮而王」方面重行檢討其是非。【説多田亞任　甲骨文所見氏族及其制度】

◉李孝定　卜辭雖殘泐。然以字形大小度之。其所缺甚少是之當作仜。郭氏釋任不誤。字正从人壬聲也。郭氏説此辭云。「此田字殆是官名。周禮地方有場人也。亞乃官名。」見粹考二〇七葉上。而於任字無説。丁氏謂任即當於後世之男。其説甚是。據此謂殷王畿有田亞任三服亦是。然不能謂王畿千里之內舍此三服之外即無他服之存在。蓋吾人所見之材料尚少。但可據已有之材料以證其有。不可因未見某種資料而遂必其無也。金文作任任氏簋。甲編三一〇四乙編四五二九續四·二八·四天·八七並有任字。作仜或仜續·四·二八·四辭云。「貞乎共取冎任伐[字形]己酉卜㱿貞勿乎共取冎任伐弗其[字形]。」言冎任殆猶它辭言某侯某伯之意與。【甲骨文字集釋第八】

◉裘錫圭　古代「男」、「任」二字音近相通。丁山根據史記夏本紀把禹貢的「男邦」引作「任國」，白虎通爵把酒誥的侯甸男衛引作侯甸任衛，以及漢代人多以「任」為「男」的聲訓字等現象，認為卜辭「多田亞任」的「任」，就是「侯甸男」的「男」。我們同意他的意見。

用來指一種身份的「任」字，除見於上引(4)「以多田亞任」外，還見於很多條卜辭，例如：

(61) 〼丑〼多任〼　（京津七九九）

(62) 貞：今萅以文取[字形]任亞。（零拾四九）

(63) 丁巳卜史貞：乎任肉虎亞。十月。（後上六·八）

(64) 甲辰卜王：雀隻（獲）侯任（才）方。（掇二一一五）

(65) 甲辰〔卜〕王：雀弗其隻侯任才方。（懷四三四）

(66) 貞：而任霻畀舟。（乙七七四六）

(67) 貞：乎取[字形]任。（乙五二五五）

(68) 貞：乎取[字形]任於冕。（乙七四三八）

(69) 貞：乎[字形]取囚任。（天八七，合七八五九正）

(70) 〔□□卜〕㱿貞：乎[字形]取囚任伐，以。

(71) 己酉卜殼貞：弓(勿)乎朿取囚任伐，弗其以。(續四・二八・四)
(72) 己巳卜王貞：史其執𡆥任。六月。允執。(合五九四四)
(73) ☒𠂤𠂤出任嗇眔唐。
(74) 貞：弓令旨從𠬝𠂤出任嗇☒(丙五二五)
(75) 丁卯卜：曰黑(原倒刻，並有劃痕)任出正歸(原倒刻)，允正。
(76) ☒歸，(原倒刻)人口正黑(原倒刻，並有劃痕)任。(甲三一一〇四)
(77) 辛亥卜：令𢀛乎比𡆥戈𢀛囚土石(？)奠名任。(安明二四三二)
(78) 辛酉卜貞：其乎折任冓□☒母若弗每。才三月。(甲八八九)

以上所引各辭，除最末一辭屬黃組外，幾乎都是一期卜辭(少數可能晚到祖庚時期)。

由于「任」的字義不象「田」、「牧」、「衛」那樣明確，任這種人的性質也就不大容易確定，他們似乎不象是商王派駐在某一地方的職官，因為「任」這種稱呼雖然常常冠有地名(包括國名)，卻没有象「田」、「牧」、「衛」那樣在地名前加「在」字的例子。(66)提到「而任䨻」，同時期卜辭裏又有「而白(伯)黽」(乙二九四八)，所以任大概也不會是侯、伯一類諸侯。禹貢僞孔傳説：「男，任也，任王事者。」上引逸周書孔注之説略同。也許任大概也不會是侯伯一類諸侯。禹貢僞孔傳説：「男，任也，任王事者。」上引逸周書孔注之説略同。也許任本是侯、伯一類諸侯的，率領人專門為王朝服役的一種職官。「而任」是「而伯」委派的任，(64)(65)的「侯任」則是某個侯所委派的任。後來他們之中大概也有一部分人演變成為諸侯，所以「任(男)」也變成一種諸侯的稱號。

上引(64)(65)卜問雀能否捕獲「在方」的侯任，(72)卜問史能否拘執𡆥任，可見任有叛逃現象。這也許是由於讓他們擔任的王事太繁重而引起的。【甲骨卜辭中所見的「田」、「牧」、「衛」等職官的研究　文史第十九輯】

 倪

 明四二一【甲骨文編】

 趙倪私印【漢印文字徵】

 崔希裕纂古【古文四聲韻】

◉許　慎　譬諭也。一曰間見。从人。从見。詩曰。俔天之妹。苦甸切。【說文解字卷八】

◉馬叙倫　鈕樹玉曰。繫傳諭作論。譌。韻會引作從人見聲在一曰句上。沈濤曰。詩大明正義引作論也。蓋傳寫奪一論字。釋文引作譬譬也。毛居正以為諭字之偽。桂馥曰。一曰聞見者。當為閒俔。爾雅釋言。閒。俔也。郭云。左傳謂之諜。即今之細作。馥按淮南齊俗訓譬俔之見風。無須臾之間定矣。船上候風羽謂之俔。能諜知風信者也。承培元曰。詩大明。俔天之妹。韓詩作磬。毛傳。俔。磬也。以今言釋古言也。許云譬。以文言狀俗語也。周人言磬。猶楚人言羌。雙聲字也。各本譬下有諭字。葉錢影鈔本皆無。王筠曰。如桂說則當作一曰俔閒也。豈訛而後倒乎。朱駿聲曰。一曰是本義。閒見者於老隙中乍見之意。倫按譬諭也當作譬也諭也。然皆非本義。疑與覞一字。詳覞字下。一曰閒俔者。後人據釋詁文增之。或本作一曰面見也。譌為聞見。篆文聞面相似也。面𥌖也當作靦也。謂俔即靦也。疑此字出字林。甲文有。蓋即此字。【說文解字六書疏證卷十五】

石碣乍邍　為所斿𢝊　張德容曰　以說文璿之籒文作𤪌證之　則憂可作𢝊　錢大昕曰　斿𢝊即游優　與優游誼同　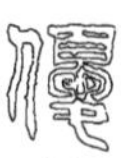開母廟石闕　悳洋

溢而溥優【石刻篆文編】

優【汗簡】

義雲章【古文四聲韻】

◉許　慎　饒也。从人。憂聲。一曰倡也。於求切。【說文解字卷八】

◉郭沫若「斿𢝊」，錢大昕云：「斿𢝊即游優，與優游義同。」案乃因與下文「𩐈導」為韻，故倒言之也。【考古編・石鼓文　郭沫若全集】

◉馬叙倫　朱駿聲曰。倡也本訓。饒也者。假借為瀀也。田吳炤曰。鍇本有又俳優者即釋倡也。校語。倫按優為僖之轉注字。優音影紐。僖音曉紐。古讀歸影也。倡也是本義。校者記異本。鍇本蓋本無一曰倡也四字。故校者注此四字耳。饒也蓋字林訓。慧琳音義四十一引倉頡。優。樂也。文選上林賦注引三倉。優。樂也。字亦見急就篇。【說文解字六書疏證卷十五】

僖 僖

◉商承祚 第六簡

☑又⿰亻惪於船與宮室，虘又□□☑

⿰亻惪，第三六及三七簡又作⿰亻㥑，為一字。《説文》：「㥑，愁也。从心，从頁。」此从人，則為優字。【江陵望山一號楚墓竹簡疾病雜事札記考釋 戰國楚竹簡滙編】

僖王存乂切韻 僖石經 【古文四聲韻】

◉許 慎 僖樂也。从人。喜聲。許其切。【説文解字卷八】

◉唐 蘭 ⿰壴人鐵一七二・四片 ⿰亻壴，即僖字，羅振玉釋侸，非也。古從壴之字，後多從喜，⿰亻壴即僖，與娭即嬉，固無殊也。孫詒讓云：「⿰壴人即侸字，説文人部『侸，立也，從人豆聲。讀若樹』。此從人從壴，即以讀與樹同，故豆壴通用。以喜作歖，嬉作娭例之，又或為⿰亻壴字之省。」孫氏猶豫於兩説之間，羅氏蓋襲用其前説耳。然自文字學言之，孫氏後説，實遠優於其前説也。

説文：「僖樂也。從人喜聲。」無⿰亻壴字。玉篇：「⿰亻壴時注切。説文作侸，立也。今作樹。」此蓋因壴字轉為中句切，而隨以俱轉耳。尌本由壴得聲，故⿰亻壴樹之聲得相近，然⿰亻壴侸固非一字也。後人既不知⿰亻壴僖一字，見⿰亻壴從壴聲，與侸讀若樹相近，而⿰亻壴侸字形亦相近，遂肊謂⿰亻壴即侸字矣。【殷虚文字記】

◉馬叙倫 段玉裁曰。此義少用。其字隸變為僖。莊有可曰。蓋謂民樂也。朱駿聲曰。即喜字。因以為謚。故從人。倫按僖蓋嬰之轉注字。聲同之類。食部。饎或作䬣。是其例證。然甲文有⿰壴人。或作⿰人壴。豈喜固一義轉注字也。見喜字下。衛聚賢謂娭為戰時敵方擊鼓者。其職為女。故字從女。倫謂此訓樂也者。樂為豈之轉注字。豈為鼓鐘之鼓初文。此以聲訓。亦足以證義。蓋嬉從女喜聲。為娭之轉注字。娭從奴之初文。從豈會意。聲即得於壴。嬉者。古之樂人。即今言戲劇之戲本字。嬉即杭縣所謂戲子也。僖其異文耳。【説文解字六書疏證卷十五】

◉李孝定 按説文「僖，樂也。从人喜聲」。古文喜樂字皆取樂器以見意。壴為鼓之象形。壴喜一字。樂為琹之象形。即以為喜樂字。郭沫若氏此説是也。見前康字條下引。此从人从壴。當即僖字。唐説是也。羅氏並壴⿰壴人⿰壴人⿰壴人四形皆釋為侸。匪唯釋字有誤。於偏旁分析之法亦未精矣。今從唐氏之説。分收作壴僖鼓嬉四字。孫氏文編金氏續文編並承羅氏之誤。收僖娭鼓三形作侸。卜辭僖字僅一見。且係殘文。不詳其義。【甲骨文字集釋第八】

偆

◉許　慎　偆富也。从人。春聲。尺允切。【説文解字卷八】

◉馬叙倫　倫按富也之義未見於經記。春秋繁露。春之為偆也。偆者。喜樂之貌也。偆從春得聲。春為屯之後起字。才屯一字。才喜聲同之類。是偆為僖之轉注字。老子。衆人熙熙。如登春臺。春臺即偆臺。猶今言戲臺矣。偆倡音同穿紐。亦轉注字。字蓋出字林。【説文解字六書疏證卷十五】

俒

◉許　慎　俒完也。逸周書曰。朕實不明。以俒伯父。从人。从完。胡困切。【説文解字卷八】

◉馬叙倫　段玉裁曰。逸周書謂漢時七十一篇之周書也。今大戒解有朕實不明句。本典解有今朕不知明德所則。政教所行。字民之道。禮樂所生。非不念而知。故問伯父。許所據未知即此否也。江沅曰。當作從人完聲。倫按江説是也。完也以聲訓。廣韻訓全也。王筠據以謂俒為完之絫增字。然完為院之初文。不當從人。疑有本義而今失之。逸周以下十二字校語。亦或字出字林也。【説文解字六書疏證卷十五】

儉

儉　封二七　通險　山|不能出身山中　【睡虎地秦簡文字編】

涼儉印信　虞儉　【漢印文字徵】

古老子　王庶子碑　【古文四聲韻】

◉許　慎　儉約也。从人。僉聲。巨險切。【説文解字卷八】

◉馬叙倫　倫按約訓纏束。儉約字當為歛。今謫為斂。此訓約也者。古書通假之義。蓋亦非本訓也。今言省儉者。實鎌之引申義。聲同談類。故古通以儉為鎌。儉或為俒之同舌根音轉注字。或別有本義而今失之。【説文解字六書疏證卷十五】

偭

籀韻　【古文四聲韻】

◉許　慎　偭鄉也。从人。面聲。少儀曰。尊壺者偭其鼻。彌箭切。【説文解字卷八】

◉馬叙倫　嚴可均曰。鍇本及廣韻卅三線引作禮少儀曰。按當作禮曰。許書引禮無出篇目例。彼時月令未入記中。故偁明堂

 俗

 俗 俞季鼎   師晨鼎  五祀衛鼎  永盂  駒父盨  毛公𪓐鼎 俗我弗作先王憂 義如欲 【金文編】

 俗 語一 五例 通容 寬—忠信 為一二  語三 【睡虎地秦簡文字編】

 方俗司馬 【漢印文字徵】

 古孝經  古老子  碧落文  崔希裕纂古 【古文四聲韻】

◉許 慎 習也。从人。谷聲。似足切。【說文解字卷八】

◉張之綱 孫(詒讓)讀俗為欲。下俗字同。荀子解蔽。由俗謂之道盡嗛矣。朱駿聲謂此叚為欲。是其證。【毛公鼎斠釋】

◉馬叙倫 倫按習也者。以聲訓。古亦借習為俗也。管子。藏於官則為法。施於國則為俗。漢書地理志。好惡取舍動靜無常隨君上之情欲謂之俗。周禮大宰注。禮俗。昏姻喪紀舊所行也。字見急就篇。毛公鼎作。【說文解字六書疏證卷十五】

◉楊樹達 又云：「俗我弗作先王羞」，俗字孫詒讓讀為欲，按孫讀非也。愚謂俗當讀為裕。《方言》卷三云：「裕、猷，道也。東齊曰裕，或曰猷。」按道與導同，謂誘導，裕我即誘導我也。《書·康誥》云：「乃由裕民，由裕與猷裕同。惟文王之禁忌，乃裕民。」銘文言裕我，猶《書》云由裕民與裕民矣。【毛公鼎再跋 積微居金文説】

◉戴家祥 按釋名釋言語：「俗，欲也。俗人所欲也。」孝經「移風易俗」，邢昺疏引韋昭云：「隨其趨舍之情欲，故謂之俗。」荀子王制「諸侯俗反」，俗反讀欲反。後漢書班彪傳李賢注：「隨君上之情欲謂之俗。」師訇𣪘「俗女弗以乃辟圅於囏」，周書康誥「裕乃身不廢在王命」。唐韻俗讀「似足切」，邪母侯部，欲讀「余蜀切」，喻母侯部。谷讀「古録切」，見母侯部。裕讀「羊戍切」，喻母侯

部，皆同部通假字。孫説至確。楊樹達釋「俗我」為「裕民」，積微居金文説卷一第三十一葉毛公鼎再跋。蓋拘執方言「裕猷道也」一文之過也。【金文大字典上】

俾　不从人　國差𦉜　卑旨卑瀞　卑字重見　【金文編】

6·152　獨字　【古陶文字徵】

263　【包山楚簡文字編】

◉許　慎　益也。从人。卑聲。一曰。俾。門侍人。並弭切。【説文解字卷八】

◉吳大澂　鞞古文以為俾字。使也。周書曰。罔不率俾。史頌敦曰。帥鞞。許書陴古文作。陴字重文。【説文古籀補卷八】

◉馬叙倫　莊述祖曰。一曰俾門持人者。門當為鬥。侍當為持。挾下曰。俾持也正用此義。王筠曰。疑説解有缺脱。俾倪疊韻。蓋連緜字。俾下當云。俾倪。益也。倪下當云。俾倪也。𨸏部。陴。城上女牆俾倪也。是增益於城牆之上者也。字又作埤堄睥睨。説文無堄睥二字。土部。埤。增也。增。益也。是俾埤同訓。後人因埤作堄。因睨作睥也。史記信陵君傳。俾倪故久立。以義言之。當作睥睨。徐灝曰。釋詁。俾。拼。抨。使也。此乃俾之正訓。益則埤䵨裨之義。龔橙曰。一曰俾門持人。當作俾兒。此本義。益也假借。倫按衣部。裨。接。益也。會部。䵨。益也。䵨埤陴一字。見䵨字下。益也之義自陴為城上女牆而引申。俾倪疊韻。三篇。敕。敓也。敓。敕也。轉注。莊子天下。而不敖倪於萬物。敖倪即敕敓之譌與借也。亦敕敓連文。彼義為敓敗。字故從攴。此從人而俾倪為轉注字。疑俾為頓之異文。經記用為使義者。婢字之引申義也。一曰門侍人者。門字或譌。蓋自為一義。侍人與婢義合。亦捭字義。或曰。宋書有閤婢。門侍人即閤婢。然是校者加之。玄應一切經音義引三倉。俾倪。城上小垣也。又引字林。俾倪。傾側不正也。傾側不正。正頓字義。然則此挩本訓。而字林尚有一訓也。急就篇。蓋槮椑挩戹縛棠。顏師古本作俾倪。【説文解字六書疏證卷十五】

◉何琳儀　詛楚文：「唯是秦邦之羸衆敝賦，鞈輸棧輿，禮介老，將之以自救方毆(也)。」「」，舊釋「傳」、「使」、「傻」等，均非是。

倪　億

按，「□」應隸定為「俾」。「卑」，甲骨文作「□」（《前編》二·八·四「韗」字偏旁），金文作「□」、「□」（《金文》〇四七〇）。其字从「田」从「支」。詛楚文「□」旁亦从「田」从「攴」。不過二者共用「丨」形而已。六國文字「卑」稍有譌變，如「□」（《中山》三一）、「□」（《中山》八三）、「□」（《侯馬》三一二）等。但《侯馬》也確有从「田」从「攴」的「□」、「□」，也有从「田」从「又」的「□」、「□」。後者可與三體石經《無逸》「□」互證，且與詛楚文形體最近。依此類推，《璽彙》三六七七「□」亦應釋「卑」，古姓氏，見《風俗通》。

金文「卑」多讀「俾」，詛楚文「俾」則讀「卑」。「禮俾」乃「卑禮」之倒文，《史記·魏世家》：「卑禮厚幣，以招賢者。」亦作「卑體」，《漢書·兒寬傳》：「卑體下士，務在於得人心。」詛楚文「禮卑介老」猶言「以禮待介老」。【戰國文字通論】

◉戴家祥　說文八篇：「俾，益也。从人，卑聲。一曰：俾，門侍人。」按許氏釋俾有兩義，一、為「裨」之借字，衣部「裨，接益也」。國語晉語「裨輔先君」，韋昭注：「裨，補也。」廣韻上平五支：「裨，補也；增也。」又音陴。陴讀「符支切」，並母支部，補讀「博古切」，幫母魚部，幫並皆唇音字，魚支韻近，裨補一語之轉。漢書董仲舒傳：「小所為屑屑，夙興夜寐務法上古者，又將無補與？」顏師古集注：「補，益也。」是其證。二曰「俾，門侍人」。侍，讀「侍坐」之侍。論語公冶長「顏淵季路侍」，皇疏：「卑者立卑者之側，曰侍。」左傳昭公廿五年「公果公賁使侍人僚祖告公」，釋文「侍人，本亦作寺人」。穀梁傳襄公廿九年：「閽，弑吳子餘祭，閽，門者也。寺人也。」左傳僖公二年有齊寺人貂，僖公廿四年有寺人披。釋文「寺，本又作侍」，寺人者，內小臣閽者也。此蓋俾之本義。性別更旁，字亦作婢，俾之與婢亦猶侲之或體為娠，姓之或體為性也。【金文大字典上】

◉許　慎　□倪，俾也。从人。兒聲。五雞切。【說文解字卷八】

◉馬叙倫　倫按史記信陵君傳。公子引車入市。侯生下見其客朱亥。俾倪。故久立與其語。李隱出於俾倪下。是以俾倪屬上讀。正義謂不正視也。則以倪為睨。然以義詳之。蓋非睥睨也。倫疑倪為類之轉注字。詳類字下。或曰。與婗一字。即孺子謂之兒之本字。若然。是倪為婗之後起字。𡿺之異文矣。字見顏師古本急就篇。【說文解字六書疏證卷十五】

□億　不从心从人　命瓜君壺　旂無疆至於萬億年　【金文編】

□建明德子千億保萬年治無極　【漢印文字徵】

億 億竝尚書 【汗簡】

汗簡 古尚書 並籀韻 【古文四聲韻】

◉許慎 㥜安也。从人。意聲。於力切。【説文解字卷八】

◉馬叙倫 倫按億訓安者。國語晉語。億寧百神。注。億。安也。然億安音同影紐。或晉語借億為安。或億為侒之轉注字。安也當作侒也。【説文解字六書疏證卷十五】

◉林潔明 説文。億。安也。从人意聲。金文字不从心从人。按説文心部意下曰。「滿也。从心。啻聲。一曰十萬曰意。」金文正用為萬意本字。億本義廢而後世叚為萬意字耳。【金文詁林卷八】

甲六八 卜辭用吏為使 重見吏下 【甲骨文編】

史之重文 【續甲骨文編】

使 不从人 ⿰黹侖鎛 事字重見 从辵 中山王譽鼎 使智社禝之賃 【金文編】

5·384 瓦書「四年周天子使卿大夫……」共一百十八字 【古陶文字徵】

使 雜四二 十一例 秦一〇九 三例 法一八〇 七例 【睡虎地秦簡文字編】

使馬 魯常使印 王使胡傷 【漢印文字徵】

詛楚文 使其宗祝 石經僖公 齊侯使國歸父來聘 古文不从人 吏字重文 【石刻篆文編】

使 使亦事字見石經 【汗簡】

古老子 華嶽碑 崔希裕纂古 古老子 華嶽碑 籀韻 【古文四聲韻】

◉許　慎　使伶也。从人。吏聲。疏士切。【説文解字卷八】

◉馬叙倫　鈕樹玉曰。集韻類篇韻會引並作令也。倫按使乃今言官吏之吏本字。然古即以史為治事者之偁。史吏則轉注字也。後乃作使字耳。字見急就篇。【説文解字六書疏證卷十五】

◉李孝定　絜文不从人。吏事字重文。金文䧹鼎使字亦以事字為之。作𠬪。與卜辭同。【甲骨文字集釋第八】

◉徐中舒　（𠬪）從又持𢆉，又或作𠬞奴，𢆉或作中、𢆉、丫等形，象干形，乃上端有杈之捕獸器具。古以捕獵生産為事，故從又持干即會作事之意。史、事、吏、使初為一字，後世漸分化，意義各有所專。【甲骨文字典卷八】

◉戴家祥　𢓊乃使之異構。古字彳、亻往往可以交換。如集韻侊、侊為一字，佫、狢為一字，中山王譽方壺使又作迲。金文从辵字可省作彳，故使、迲、使均為同字。參見人部使字。【金文大字典上】

僕

◉許　慎　僕。左右兩視。从人。癸聲。其季切。【説文解字卷八】

◉馬叙倫　段玉裁曰。僕乃複舉字之未刪者。徐灝曰。䀠部。䀠。左右視也。僕與䀠義同音近。承培元曰。僕是揣度義。説文雖別有揆字。乃後人所加。倫按左右視乃睽字義。僕或為睽之異文。或其本訓亡矣。廣雅釋言。隻。顧也。曹憲音逵。徐灝疑隻為奊之誤。朱駿聲以為奊亦作隻。玉篇以奊為古僕字。或僕為奊之轉注字邪。字蓋出字林。【説文解字六書疏證卷十五】

伶

建伶道宰印【漢印文字徵】

◉許　慎　伶弄也。从人。令聲。益州有建伶縣。郎丁切。【説文解字卷八】

◉馬叙倫　鈕樹玉曰。韻會引無有字。亦無伶倫人名也句。王筠曰。伶倫人名也或庾注。所以解弄字也。鄧廷楨曰。伶弄雙聲。倫按弄也非本義。亦非本訓。詩車鄰。寺人之令。韓詩作伶。云。使伶也。是伶為使之轉注字。使從吏得聲。吏令音同來紐。玄應一切經音義引三倉。伶俜。猶聯翩也。亦孤獨貌也。急就篇。冷切切。王應麟曰。一作伶。益州六字校語。【説文解字六書疏證卷十五】

◉張日昇　倫當讀作令長之令。漢書百官公卿表。縣令長皆秦官。掌治其縣。後漢書光武紀注。「前書曰。令長皆秦官也。萬户以上為令。不滿萬户為長。」若讀為命令。則與文例相違。【金文詁林卷八】

儷

◉許　慎　棽儷也。从人。麗聲。呂支切。【說文解字卷八】

◉馬叙倫　王筠曰。棽儷也於從人之意未合。於全書大例未合。恐非許書之舊。朱駿聲曰。此即丽之或體。倫按林部。棽。木枝條棽儷也。然儷從人必非木枝條棽儷義。儷即伉儷之儷。丽之後起字也。以字次求之。或伶之轉注字。音同來紐也。棽儷也非本訓。或字出字林也。【說文解字六書疏證卷十五】

傳

後二・七・一三　佚七二八【甲骨文編】

佚728【續甲骨文編】

傳　傳尊　傳卣　散盤　从辵　王命傳賃節　傳𠨘尊【金文編】

香録　附30　傳从人專聲專从寸叀聲此从人叀聲亦傳字　香録　附30【古陶文字徵】

120【包山楚簡文字編】

傳　秦四六　四例　秦八九　十一例　秦一一九　四例　語八【睡虎地秦簡文字編】

0203【古璽文編】

傳亭　傳符子印章【漢印文字徵】

傳【汗簡】

華嶽碑　竝籀韻　華嶽碑【古文四聲韻】

◉許　慎　遽也。从人。專聲。直戀切。【說文解字卷八】

◉羅振玉　師田父尊亦作。與此同。【殷虛書契考釋卷中】

◉馬叙倫　倫按二篇。遽。傳也。遽音羣紐。傳音澄紐。皆濁破裂音。是轉注字也。以人故傳從人。以行故遽從辵。甲文作

□。傳尊作□。傳卣作□。散盤作□。【說文解字六書疏證卷十五】

●高鴻縉　傳銘文作□。傳从人專聲。此从人□聲。□必與專同音。从二叀聲意必與竺近。竺。厚也。从二竹聲。疑□即敦厚之敦之本字。【散盤集釋】

●李孝定　傳轉亦由專得義。匪唯以之為聲也。專為紡專為陶鈞皆運轉不息者。乘轉傳者亦類之也。疑即與專同字。古从又者或緐而从□或又離而从□也。金文作□傳專□傳卣□散盤□龍節从辵蓋傳遽之義也。【甲骨文字集釋第八】

●嚴一萍　□　4傳　龍節之傳作「□」，與此字及第七行三十四字形同。左傳國語皆曰：「以傳召伯宗」，注皆云：「傳，驛也」。段玉裁曰：「傳者如今之驛馬。」【楚繒書新考　中國文字第二十六册】

●李孝定　散盤傳字作□，其下从「=」，高鴻縉氏以為从「二」，似有可商。此似古文簡化慣例，如六國文字馬或作「□」，簡其下筆作「=」，傳字右下从「又」，或从「止」，簡之亦得作「=」，亦猶後世重文作「=」之比耳，非从一、二之「二」也。【金文詁林讀後記卷八】

●唐　蘭　余謂此器為乘傳及宿止傳舍者所用，當即名為傳。傳者專也。《說文》：「專，六寸簿也。」嚴可均《說文校義》云：「《後漢書·方技傳》序有挺專之術，《離騷經》作筳篿，即箅篿，竹部箅長六寸，計歷數者是也。」此器正與箅篿相近，可為嚴說佐證。然則傳車之所以稱傳，正緣使者之持專或傳也。《周禮·掌節》云：「凡通達於天下者，必有節，以傳輔之。」注云：「輔之以傳者，節為信耳，傳說所齎操及所適。」《司關》云：「凡所達貨賄者，則以節傳出之。」注云：「商或取貨於民間，無璽節者，至關，關為之璽節及傳，出之，其有璽節，亦為之傳，傳如今移過所文書。」《司關》又云：「有外內之送令，則以節傳出內之。」注云：「有送令謂奉貢獻及文書以常事往來，環人之職所送迎，通賓客，來至關則為之節與傳以通之。」凡此所謂傳，當如文書，其用較廣矣。然如《漢書·平帝紀》注如淳引《律》：「諸當乘傳及發駕置傳者，皆持尺五寸木傳信，封以御史大夫印章，其乘傳，參封之。參，三也。有期會，累封兩端，端各兩封，凡四封也。乘置馳傳五封之，兩端各二，中央一也。軺傳兩馬再封之。一馬一封也。」《古今注》：「凡傳皆以木為之，長五寸，書符信於上，又以一版封之，皆封以御史印章，所以為信也。如今之過所。」尚可知傳為乘傳車者所用。又如《文選·册魏公九錫文》：「今更下傳璽，其上故傳，武平侯印綬。」李善注云：「應劭《風俗通》曰：『諸侯有信，乃得舍於傳。』故既下新傳，命上故傳及印綬也。」尚可知傳為宿止傳舍者所用。然則車曰傳車，舍曰傳舍，信曰傳信，此器之當稱為傳，乃無可疑也。

後世傳之用既不專於傳車傳舍，遂與用於門關之符節無別。《史記·孟嘗君列傳》：「更封傳變姓名以出關。」《漢書·文帝紀》：「除關無用傳。」寧成傳：「詐刻傳出關歸家。」皆傳之用於門關者也。《漢書・文帝紀》注引張晏曰：「傳，信也。若今過所也。」又李奇曰：「傳，棨也。」《說文》：「棨，傳信也。」按鄭注《司關》及《古今注》亦俱以過所況傳。《御覽》引《釋名》：「過所，至關津以示之。或曰傳。傳，轉也，轉移所在識以為信也。」則徑以過所為傳。過所蓋漢末時語，若棨傳自有別。《漢書・韓延壽傳》「建幢棨」，注：「有衣之戟也。」《匈奴傳》云：「棨戟十。」明與傳本非一物也。

此器之作虎形者，出於壽縣楚墓。又諸器銘文之書法，並與傳世楚器合，其為楚之故物無疑。則所謂王命者，楚王之命也。王命限於傳車傳舍之用，則當為早期之傳信。其如籌策者為傳之本制，殆猶是戰國早期物。其作虎形者，已變初制，當為較晚之器。其銘文分勒兩器蓋所以杜詐偽者。平面而薄，殆所以「傳著約束於文書」者，然則此為符傳相合之先導矣。日人住友氏藏六國時錯金虎符，著録於《泉屋清賞》銘可見者兩行，一行有半字五，一行為一[glyph]二字，[glyph]字諸符習見，舊釋為乘，今無其字，余謂當為乘，从大登木，木字變易為來耳。銘云一乘，亦是發傳車者而已變為虎符矣。傳世又有熊符（見《三代吉金文存》卷一八），銘云「亡縱一乘」，又有豕符，見同書稱為齊馬節，《貞松堂吉金圖》卷中稱為馬節，銘云「齊節大夫□五乘」，一乘五乘，亦俱是發傳車也。《周金文存》卷六下有馬符，《三代吉金文存》稱為騎□馬節，《衡齋金石識小録》稱騎遽馬節。銘曰「騎遽侯」，遽字舊不識，故鄒安以為逌竹二字，而孫壯以為遽，余謂字从[glyph]，以[glyph][glyph]變為[glyph][glyph]例之，知是叀字，則遽當即遄，亦即傳，騎遽即騎傳，矦當是候館也。《三代吉金文存》又有雁符一與鷹符二。其銘文不盡可識，而其第一字皆為遄亦即傳也。則此三符亦皆用於傳車者。然此諸器皆不如此王命傳之作虎形者之雄偉，其器形既競趨新異，其字體亦較此為晚，蓋六國後期之器歟？熊豕馬鷹之符皆有一穿或兩穿，殆以釘固著於文書者。凡此皆上有殊於使邦國之龍虎人諸節，而下亦異於發兵之虎符，蓋其流為後世稱為合同之龜魚諸符，遂專為門關譏察之用矣。

春秋時傳遽之制蓋已大備，此為戰國初期楚器，已發見者即有七事，可見彼時交通之繁。而傳之初制僅一簡質之銅籌，即可藉以發車馬，徵飲食，可知彼時人尚質樸，不虞奸詐也。後世傳與符混，失其舊制，由此器銘始可考見，則此傳實我國古代交通史上一重要材料也。【王命傳考　唐蘭先生金文論集】

◉戴家祥　[glyph]字从辵从䡄。䡄字从ㄗ或从[glyph]字當釋傳，說文四篇：「叀，專小謹也。从幺省，中財見也，中亦聲。」又八篇人部「傳，遽也。从人，專聲」，唐韻叀讀「職緣切」，照母元部。傳讀「直戀切」，不但同部而且同母。大雅江漢「告成于王」，鄭箋：「克勝，則使傳遽告功于王。」陸德明經典釋文云：「以車曰傳，以馬曰遽。」周禮秋官行夫「掌邦國傳遽之小事」，鄭注：「傳遽，若今時乘騎驛而使者也。」車馬以供行走，故加旁从辵。【金文大字典下】

倌　价　仔

16【包山楚簡文字編】

3580【古璽文編】

◉許　慎　小臣也。从人。从官。詩曰。命彼倌人。古患切。【説文解字卷八】

◉丁佛言　古鉨倌。【説文古籀補補卷八】

◉馬叙倫　鈕樹玉曰。韻會作從人官聲。沈濤曰。龍龕手鑑引有一曰夙駕四字。今奪。承培元曰。詩定之方中。毛傳。倌人主駕者。乃望文生義也。王筠曰。小臣。祇是臣之小者。周禮小臣。掌王之小命。倫按從人官聲。倌蓋官使之官本字。或傳之聲同元類轉注字。【説文解字六書疏證卷十五】

◉許　慎　善也。从人。介聲。詩曰。价人惟藩。古拜切。【説文解字卷八】

◉馬叙倫　倫按善也者。本詩板毛傳文。非本義。倫疑价倌音同見紐。亦轉注字也。今言介紹者是此字。【説文解字六書疏證卷十五】

珠五二四　説文仔訓克　卜辭仔子同用　此辭云　己卯卜殻貞壬父乙婦好生仔　生仔猶言生子也　甲九三六　甲一〇二一　乙六三八九　大甲子　鐵一五·二　拾九·五　後二·一四·八　後二·三一·三　京津一一七　掇二·一〇　京津二〇六四　甲三五一〇　簠地五七　林一·三·五　鐵二四五·一　燕七四四　乙一六五四　庫一五九三　象抱子形　據殷虛文字記摹　【甲骨文編】

仔　癸爵　且辛父庚鼎　【金文編】

6·144稟匋仔　9·37社仔　【古陶文字徵】

𠈰

◉許　慎　仔克也。从人。子聲。子之切。【說文解字卷八】

◉高田忠周　按古籀補亦收此篆。吳氏釋為師云。與師字所从𠂤同。非。𠂤與二臣迴別。詳見師下。而如此篆右明从子。與𠂤全異。左旁从重臣。與䐓字或作同。尸亦人也。故尸臣通用。與僕字古文作𦡕同。然則此篆亦為仔字無疑。周頌。佛時肩仔。傳。克也。箋。任也。蓋任事克勝。即臣僕之本分也。故字从人或从臣。與僕𦡕同意。殊从重臣者。亦與蹭作䑖同意也。吳氏之妄。不須辨耳。或云此亦保字義。然銘義人名。固不可定矣。【古籀篇三十二】

◉馬叙倫　鈕樹玉曰。韻會引作仔肩克也。非。倫按詩周頌。佛時仔肩。毛傳。仔肩。克也。箋。仔肩。任也。而許以克訓仔。未詳。或非本訓。或字出字林。甲文有。又有字。葉玉森謂與且辛父庚鼎保作者同。皆保之省。倫謂詩之仔字傳訓克。箋訓任。以箋為長。任謂負擔。則此實保之異文。字或出字林。【說文解字六書疏證卷十五】

◉張日昇　按字从𦣞从子。說文所無。高田忠周釋仔。謂僕古文从臣。从𦣞若臣。與从人同意。其說非是。金文及甲骨文僕字無从臣者。疑𦡕乃後起字。且从臣與从𦣞是否同意亦屬可疑。【金文詁林卷八】

◉林潔明　說文。「仔。克也。从人子聲。」按仔與保實為一字。唐蘭説詳保字條下。癸爵尤象人負子之形。金文編此字可刪。【金文詁林卷八】

◉戴家祥　說文八篇：「仔，克也。从人，子聲。」按周頌敬之「佛時仔肩」，毛傳：「仔肩，克也。」鄭箋：「仔肩，任也。」段玉裁謂克，勝也。勝與任義似異而同。釋詁云「肩，克也」，許云：「克，肩也。」然則「仔肩」絫言之耳。說文解字注。林潔明謂仔與保實為一字，金文編此字可刪。金文詁林五零四四葉。按唐韻仔讀「子之切」，小徐繫傳「則欺切」，精母之部。保讀「博袌切」，幫母幽部，之幽雖云韻近，然而聲紐絶遠，林說非是。【金文大字典上】

佚　說文送也　從人关聲　呂不韋曰　有侁氏以伊尹佚女今經典作媵　左僖五年傳　以媵秦穆姬　楚辭天命　媵有莘之國　媵　說文所無　說文賸一曰送也　賸字重見　又通媵　媵字重見　又通塍　塍字重見　季宮父作中姊婚姬佚匜　豆閉簋　用佚乃且考事　從女作媵匜君壺【金文編】

◉許　慎　𠈰送也。从人。灷聲。呂不韋曰。有侁氏以伊尹佚女。古文以為訓字。臣鉉等曰。灷不成字。當从朕省。案勝字從朕

徐 偋 伸

聲。疑古者朕或音佚。以證切。【說文解字卷八】

◉劉心源 㑞或釋供。非。此字從火乃古文火字。詳太保鼎汗簡人部引。義雲章丞作㑞即此。【奇觚室吉金文述】

◉馬叙倫 段玉裁曰。本書奪灷字。凡許引呂氏春秋皆直書呂不韋曰。此與爝下是也。惡其人也。莊述祖曰。逸周書。王用有監。朋憲朕命。朕當作訓。古文訓作㑞。故譌為朕。洪頤煊曰。訓當是引字之誤。周禮春官。瞽矇。鄭注。無目眹謂之瞽。釋文。眹。本作眲。眹眲同聲。訓引又因字形相近而譌。倫按㑞為送之異文。詳六篇送下矣。或曰。此傳之轉注字。㑞音喻紐四等。古讀歸定。傳音澄紐。古亦歸定也。段玉裁邵瑛王筠以為媵之古字亦通。本書無媵。㑞即媵也。急就篇作媵。蓋本作㑞。傳寫者以通用字易之。呂不韋以下校語。季宮父作中姊媵姬㑞簠作[illegible]。豆閉敢作[illegible]。【說文解字六書疏證卷十五】

◉李學勤 匜的作器者名儯，即㑞字，《說文》云古文以為訓字。㑞字現代已不使用，為了便于徵引，這件匜可名為訓匜。【岐山董家村訓匜考釋 古文字研究第一輯】

徐

公徐𠀅 【漢印文字徵】

◉許 慎 徐緩也。从人。余聲。似魚切。【說文解字卷八】

◉許 慎 偋僻窶也。从人。屏聲。防正切。【說文解字卷八】

◉馬叙倫 沈濤曰。荀子榮辱篇注引。偋。窶也。是古本無僻字。段玉裁曰。玉篇。偋。僻也。韻會引說文。偋。窶也。二書各舉許書之一義。倫按本作僻也窶也。偋僻以聲訓。窶也呂忱列異訓也。字或出字林。【說文解字六書疏證卷十五】

◉許 慎 伸屈伸。从人。申聲。失人切。【說文解字卷八】

◉馬叙倫 段玉裁曰。疑此字不古。古但作詘信。或用申為之。以屈伸訓伸。亦非說解之例。錢坫曰。後人所加。王筠曰。段謂此字不古。然𠎤字從之得聲。倫按顏氏家訓引字林。伸。音辛。此字蓋出字林。【說文解字六書疏證卷十五】

0003【古璽文編】

◉許　慎　伹拙也。从人。且聲。似魚切。【説文解字卷八】

◉馬叙倫　段玉裁曰。廣韻作拙人。當是説文古本。此今粗笨字也。倫按伹徐竝音似魚切。疑轉注字。彼訓緩也者。乃徐之引申義。或曰。伹當依玉篇音七閭切。或如廣韻七余切。倫謂拙也非本義。或非本訓。或此字出字林也。【説文解字六書疏證卷十五】

◉許　慎　㒟意膬也。从人。然聲。臣鉉等曰。膬耎。易破也。人善切。【説文解字卷八】

◉馬叙倫　沈濤曰。玉篇引尚有一曰意急而懼也。一曰戁也。今奪。倫按㒟偄為儒之轉注字或異文也。意膬猶今人謂意志薄弱。然本蓋作偄也。意膬也乃校語。玉篇引意急而懼也。亦校語。蓋更釋意膬者也。一曰戁也即戁字義。㒟戁古音同。皆在泥紐。本書然或作戁。是其例證也。倫謂玉篇所引二一曰皆校語。彼校本已譌入正文。今本舊本尚未譌入。故為校者删之也。【説文解字六書疏證卷十五】

◉許　慎　偄弱也。从人。从耎。奴亂切。【説文解字卷八】

◉馬叙倫　王筠曰。從人。耎聲。倫按㒟偄同為邊音轉注字。偄為耎之後起字。亦儒之異文。左僖二年傳釋文引字林。儒。弱也。字或出字林。【説文解字六書疏證卷十五】

倍成延【漢印文字徵】

詛楚文　而兼倍十八世之詛盟【石刻篆文編】

古老子【古文四聲韻】

◉許　慎　倍反也。从人。咅聲。薄亥切。【説文解字卷八】

◉馬叙倫　倫按倍為負之轉注字。倍音竝紐。負音奉紐。古讀歸竝也。書禹貢。主於陪尾。史記夏本紀作倍。漢書地理志作負。是其證也。倍亦為保之轉注字。同為破裂雙脣音也。保為人負子。故倍引申有加倍之義。易説卦。巽為近。利市三倍。墨子經上。倍為二也。漢書高帝紀。讎數倍。是也。倍次傿上。許亦以為加倍義。故次偄下傿上。反也者以聲訓。反讀為反正為乏之乏。乏為正之後面也。古書或借倍為反。【説文解字六書疏證卷十五】

傿

傿陵丞印　傿陵馬丞印【漢印文字徵】

◉許　慎　傿引為賈也。从人。焉聲。於建切。【説文解字卷八】

◉馬叙倫　段玉裁曰。引猶張大之。賈者。今之價字。引為賈所謂豫價也。後漢書崔寔傳。寔從兄因傅母入錢五百萬。得為司徒。及拜。帝顧謂親幸曰。悔不小靳。可至千萬。注。靳或為傿。説文。傿。引為價也。錢坫曰。此靳借字。故後漢書曰。悔不少傿。朱駿聲曰。字誤作傿。方言。傿。益也。倫按傿益音同影紐。故方言以益釋傿。周禮縫人。喪縫棺飾焉。注。故書焉為馬。此焉馬交譌之證。然鹽鐵論刀耕。工則飾罵。王紹蘭謂罵當為隅。方言。隅。益也。倫謂今市物所謂碼價與實售異者。即鹽鐵論所謂飾罵。方言所謂隅益也。然罵隅均當為目。價目與書目同也。飾其目則增益其價也。然則此俗由來已久。字皆作馬音。馬目音同明紐也。可知隅非譌字。鹽鐵論作罵。亦馬聲。此訓引為賈者。引傿以同喉音為訓。後漢書作靳。靳引聲同真類。靳音見紐。傿音影紐。同為清破裂音。故得通借。故桓帝曰。悔不少傿。與飾價者義異。然從人焉聲而訓引為賈也。蓋今俗所謂掮客也。故從人。或曰引為價也者。校者所以釋引字者也。或曰。引為價也當作引也偽賈也。偽賈即今所謂碼價也。倫又疑傿為㬅之轉注字。故本書㬅讀若傿也。偽價也則方言之傿字義。本書挩偽字。然從人焉聲。亦不見偽價之義。傿為倍之同雙脣音轉注字。偽價蓋引申義。亦或傿為偽之譌。【説文解字六書疏證卷十五】

僭

僭　僭見尚書【汗簡】

◉許　慎　僭假也。从人。朁聲。子念切。【説文解字卷八】

◉馬叙倫　沈濤曰。玉篇引作儗也。下文。儗。僭也。則是互訓。今本作假。乃形近而譌。玉篇又有書曰天命不僭六字。今奪。倫按廣雅釋詁。假。僭也。僭。儗也。而詩抑。覆謂我僭。箋訓不信。左昭元年傳。楚又行僭。廿五年傳。以卜為信與僭。僭吉。杜注皆謂不信。廿年傳。外寵之臣。僭令於鄙。杜注。詐為教令於邊鄙。又昭八年傳。君子之言。信而有徵。

儗

小人之言。僭而無徵。亦以信僭對文。而從朁得聲之譖與讒轉注。今言譖讒。皆謂溢惡之言。即背於事實者也。然則僭訓不信。義與詐近。假為詐之轉注字。是今訓假也不為譌矣。然字不與詐次。本部字次失倫者固多。然大致不亂。蓋本訓儗也。字林作假也。倫謂僭儗即今言嫌疑之本字。故儗下曰。僭也。嫌僭侵談近轉。故得借嫌為僭。亦或嫌為僭之轉注字。嫌從兼得聲。兼聲之字如廉溓皆音在來紐。或古讀嫌音在來紐。古讀來歸泥。泥疑同為邊音。故嫌轉注為儗。而儗訓僭也。詐謂非誠。僭為似是。故有僭亂僭妄之意。糣之從朁得聲。亦由語原然矣。【說文解字六書疏證卷十五】

◉許慎 儗僭也。一曰相疑。从人。从疑。魚已切。【說文解字卷八】

◉馬叙倫 嚴可均曰。韻會引作相儗也。朱駿聲曰。疑聲。王筠曰。韻會引一曰相儗也。則是儗人必於其倫之意。蓋亦一義。倫按儗人必於其倫。此儀字義。說見儀下矣。儗為僭之轉注字。故史記貨殖傳。卓王孫田池射獵之樂。儗於人君。蘇秦傳。疑於王者。則省為疑。一曰四字校者加之。據辭可知。【說文解字六書疏證卷十五】

偏

偏將軍理軍　偏將軍印章　偏將軍印　偏將軍印　偏將軍印章　杞乇偏　高偏　竇偏　【漢印文字徵】

祀三公山碑　偏雨四維　偏為徧誤　【石刻篆文編】

偏華岳碑　【汗簡】

古老子　雲臺碑　【古文四聲韻】

◉許慎 偏頗也。从人。扁聲。芳連切。【說文解字卷八】

◉馬叙倫 倫按頁部。頗。頭偏也。頗音滂紐。偏音敷紐。古讀歸滂。是偏為頗之轉注字。字見顏師古本急就篇。皇象本作徧。【說文解字六書疏證卷十五】

倀

163【包山楚簡文字編】

讀為長 一曰青榑(乙4—12)【長沙子彈庫帛書文字編】

◉許　慎　狂也。从人。長聲。一曰仆也。褚羊切。【說文解字卷八】

◉馬叙倫　王筠曰。此義字多作猖。倫按此蓋狂易之狂本字。狂也或非本訓。或字出字林也。詩防有鵲巢傳。侜張。誑也。本書譸下引周書。無或譸張為幻。譸張即侜張。侜張即侜倀。皆以同舌面前音連文。則此狂也當為誑也。然亦疑詩借倀為譸。一曰仆也者。葉鈔本作什也。田吳炤謂仆頓也。於倀義為近。葉鈔誤。倫謂倀僵聲同陽類。朱駿聲疑借為僵。是也。此校語。【說文解字六書疏證卷十五】

◉蕭　璋　倀與棖又聲同而義亦皆相應。倀之有頓觸義，倀訓為仆，仆有頓觸義，見四篇上頓字。猶棖之訓有刺撞義。杖之為棖，猶無相之為倀。禮記仲尼燕居云：「譬猶瞽之無相與倀倀乎其何之。」棖之為法，猶無法之為倀。荀子修身篇：「人無法則倀倀然。」【釋至　國立浙江大學文學院集刊第三集】

◉曾憲通　□倀曰青榑　甲四・一二　錫永先生説：「倀為長幼之長的異文，在兄弟行居長，故加人旁意符，說明其字非長短之長。屭羌鐘『入長城』、玉佩銘『明則長』、古璽『長均』、『長逾』等皆从土作㙊。狂義之訓，虎倀之讀，皆為後起。」商先生的意思是：長幼之長作倀，从人从長會意；長短之長作㙊，从土(實从立)从長。但江陵楚簡長字作□或□，作□者乃倀字，如倀䍜、倀翆等，義為長短之長。又銀雀山漢簡《孫臏兵法・十陳》有「水陳者，所以倀固也」。倀在此為永久之義，表時間之長短。可見从人之倀，亦有用作長短者。再如中山王壺「退與諸侯齒㙊於逾同」，齒㙊是按年齒序列以别長幼，可見从立之倀亦有用作長幼的。因此，把帛文之「倀」看作假借字似比會意字更為合理。【長沙楚帛書文字編】

儚

◉許　慎　惛也。从人。薨聲。呼肱切。【說文解字卷八】

◉馬叙倫　王筠曰。儚懜相近。懜。不明也。倫按儚蓋懜之異文。或惛也為懜之義。儚之本義亡矣。字或出字林。【說文解字六書疏證卷十五】

儔  侜  俴  佃 

 儔竝出林罕集綴【汗簡】

 朱育集字【古文四聲韻】

◉許　慎　儔翳也。从人。壽聲。直由切。【説文解字卷八】

◉馬叙倫　桂馥曰。本書。翳。翳也。朱駿聲曰。玉篇。儔。侶也。字從人。疑當訓儕輩為合。倫按儔翳本爾雅釋言文。此翳字義。儔為今言儔伴字。古書借曹為之。詳曹字下矣。字蓋出字林。壽聲當作𠷎聲。【説文解字六書疏證卷十五】

◉許　慎　侜有廱蔽也。从人。舟聲。詩曰。誰侜予美。張流切。【説文解字卷八】

◉馬叙倫　鈕樹玉曰。繫傳廱作壅。説文無壅。倫按有廱蔽者。翳或幬或裯之義。此亦非本訓。或字出字林也。侜儔同為舌面前音。聲又同幽類。是轉注字也。本書。裯或作𧝓。左宣十四年傳申舟。呂氏春秋行論作申周。此舟聲周聲壽聲相通之證。【説文解字六書疏證卷十五】

◉許　慎　俴淺也。从人。戔聲。慈衍切。【説文解字卷八】

◉馬叙倫　倫按淺也以聲訓。詩。俴駟孔羣。韓傳。駟馬不箸甲曰俴。然似此非俴義。或謂不箸甲。但被以巾。則帴字義也。古淺竊聲同。故淺毛謂之竊毛。此字從人。蓋盜竊之竊本字。餘見虦下。【説文解字六書疏證卷十五】

 佃　與甸為一字　魏三字石經侯甸　古文作佃　克鐘  格伯簋  揚簋   柞鐘  柳鼎【金文編】

 2542  2543  2541【古璽文編】

 石經君奭　屏侯甸　金文作【石刻篆文編】

◉許　慎　佃中也。从人。田聲。春秋傳曰。乘中佃。一轅車。堂練切。【説文解字卷八】

◉高田忠周　朱氏駿聲云。據許説則从車省人聲。非是。今依此銘。甸佃元同字。中佃即叚借義或轉義也。段氏佃字注云。

左傳哀公十七年。渾良夫乘衷甸兩牡。杜曰。衷甸。一轅卿車。許所據作中佃。引傳而釋之者。孔穎達曰。甸。乘也。四丘為甸。出車一乘。故以甸為名。蓋四馬為上乘。二馬為中乘。容許意同。今傳作甸。許氏作佃。然佃甸元同字愈顯矣。人在右亦在左。均皆同意無異。而最古文唯有田一字而已。又依匍字作。此亦甸字無疑。格白敦甸字作。亦同矣。【古籀篇三十二】

◉方濬益　(克編鐘)佃字亦見揚敨。説文。佃中也。春秋傳曰。乘中佃一轅車。今左傳作衷甸。杜注。衷甸一轅卿車。【綴遺齋彝器款識考釋卷一】

◉强運開　克鐘。錫克甸車馬乘。按。古佃甸為一字。説文。佃。中也。从人田聲。春秋傳曰。乘中佃。中佃。一轅車也。左哀十七年傳。渾良夫乘衷甸兩牡。杜曰。衷甸。一轅卿車。許所據作中佃。又按。魏三字石經矦甸古文作佃。皆佃甸古通之證。【説文古籀三補卷八】

◉馬叙倫　沈濤曰。龍龕手鑑引。佃。一轅車。古卿車也。佃之為中。義無可考。鈕樹玉曰。玉篇。田也。下引説文同。唯春秋作左氏。左哀十七年傳釋文引車下有也字。廣韻引車下有古輕車也四字。一切經音義十三引作乘中佃謂一轅車也。今左傳作乘衷甸。莊有可曰。甸之俗字。雷浚曰。此義可疑。恐是涉下中字而誤。容庚曰。佃甸一字。魏三字石經。矦甸。古文作矦佃。倫按中也當依玉篇作田也。以聲訓。傳寫譌為中耳。春秋以下校語。春秋玉篇作左傳。一轅車見杜注。可證也。佃從人田聲。與車無涉。蓋甸之異文。金文甸字皆作。可證也。字蓋出字林。【説文解字六書疏證卷十五】

◉高鴻縉　按此一字分化為二字。三體石經甸字古文作(戰國末年齊魯文字)。則是移人於左始於周末。不始於秦也。偏旁字變為。説文解其構造曰。从田包省。形變而説歧也。其本意應為農吏。从田人會意。田亦聲。堂練切。如揚簋(大系考釋以為厲王時器)。官(管)司量田。甸即佃。即田人。即農吏也。又穀梁桓十四年傳。甸粟而納之三宮。注。甸。甸師。掌田之官也。【散盤集釋】

㐰

◉許　慎　小皃。从人。囟聲。詩曰。㐰㐰彼有屋。斯氏切。【説文解字卷八】

◉馬叙倫　承培元曰。漢書刑法志鰓鰓焉之鰓或作諰或作偲。小心皃。偲即㐰之譌。倫按詩正月。佌佌彼有屋。毛傳。佌佌小也。爾雅釋訓。佌佌瑣瑣。小也。釋文。佌。説文作㐰。㐰瑣竝訓小。瑣亦從小得聲也。㐰訓小也。蓋即今廣州呼小子曰葸宰之葸本字。字蓋出字林。【説文解字六書疏證卷十五】

侊

◉李學勤　（二八）、偲戈：見周文圖三，無確切出土地點。這是一件典型的巴蜀式戈，屬於我們所劃分的Ⅳb式。援上鑄有文字一行，試釋為：

囟(偲)命曰：獻與楚君監王孫袖。

巴蜀式戈有古漢字的極其少見，過去知道的祇有兩件郗並果戈，一藏於上海博物館，一為北方的出土品。湖南的這件戈，銘文可讀，內容有關楚與巴蜀的關係，十分珍貴。

囟，人名，字從「囟」，即「思」字所從，故讀此字為「偲」。【湖南戰國兵器銘文選釋　古文字研究第十二輯】

◉許　慎　小皃。从人。光聲。春秋國語曰。侊飯不及一食。古横切。【說文解字卷八】

◉馬叙倫　鈕樹玉曰。集韻類篇引飯作飲。食作餐。繫傳飯作飰。俗。食下有是侊侊然小也。非。此注疑全經後人改。玉篇作侊飯不及壺飧。注。侊。大也。大飯謂盛饌。廣韻引侊飯不及壺湌。則飧乃湌譌。今越語作觥飲不及壺飧。侊字不應訓小。蓋涉上文而譌。壺或譌為壹。後人因改為一。此當是侊大也。侊飯不及壺餐。嚴可均曰。從光之字皆訓大義而此云小。未審也。桂馥曰。食餐皆當作飧。翟云升曰。小皃當作大皃。繫傳是侊六字後人加。倫按本訓挄矣。或字出字林也。【說文解字六書疏證卷十五】

◉朱芳圃　案光聲之字，雖多訓大；然光聲之轉，如孤，寡，煢，鰥，則多獨義。獨則兼大小而言，猶小而無窮曰無，大而無窮亦曰無也。今湘人謂祇有此，率曰侊，讀為gon。無菜助餐曰侊飯，無菜佐飲曰侊酒，正與越諺相合，是古語猶存於今日者也。侊當訓小，信有徵矣。

越語：諺有之曰：觥飯不及壺飧。列子說符篇云：見而下壺餐以餔之。張湛注曰：餐音孫，水澆飯也。則句踐之引諺言，當謂吞侊飯，不及水澆。(今湘人讀為dau，曾運乾喻母古讀考謂喻母四等字，古讀舌聲定母。如尚書，皋陶，離騷，說文引作皋繇。今證以方音，亦覺可信。)飯之猶愈，以喻獨有越，不如兼吳也。壹飧當作壺飧，於義為長。列子作壺餐，係假借字。諸家詮釋，繳繞不清，均失之。【釋侊　中山大學語言歷史研究所周刊第六十九期】

佻

◉許　慎　佻愉也。从人。兆聲。詩曰。視民不佻。土彫切。【說文解字卷八】

◉馬叙倫　倫按愉也以聲訓。愉從俞得聲。俞音古在定紐。佻從兆得聲。兆音澄紐。古亦歸定也。詩鹿鳴。視民不恌。毛傳。恌。愉也。左昭十年傳引詩作佻。爾雅釋言。佻。偷也。本書無偷。故此訓愉也。昔人以此為輕佻字。倫謂輕佻字即女部之媮。今字作偷。佻為今言偷竊之偷本字。詩。視民不恌。張衡西京賦恌作偷。是其例證。亦為盜賊之盜本字。盜音定紐。佻音透紐。同為舌尖前音。佻之本音亦定紐也。周語。佻天以為己力。即盜天之力為己力也。今人言偷竊者當作佻俴。盜竊本一義。後人乃以中出曰竊外為盜別之。俴音從紐。古讀從歸定。是佻俴為轉注字也。【說文解字六書疏證卷十五】

僻

 258【包山楚簡文字編】

◉許　慎　僻避也。从人。辟聲。詩曰。宛如左僻。一曰。从旁牽也。普擊切。【說文解字卷八】

◉馬叙倫　鈕樹玉曰。韻會作辟也。沈濤曰。一切經音義十一引作辟也。蓋古本如是。僻為邪僻正字。王筠曰。僻避一字。此以重文為説解也。鍇本作辟。非。倫按王説可從。辟為璧之異文。從口。㦒聲。二篇。避。回也。通。回避也。回借為違。違。離也。一曰從旁牽也者。蓋避之引申義。國語晉語。以傳召伯宗。遇大車當道而覆。立而避之。曰。避傳。對曰。傳為速也。若竢吾辟之。則加遲矣。不如捷而行。桂馥曰。辟傳者。使其從旁牽也。然此是校語。僻字蓋出字林。【說文解字六書疏證卷十五】

伭

◉許　慎　伭很也。从人。弦省聲。胡田切。【說文解字卷八】

◉馬叙倫　鈕樹玉曰。繫傳作佷也。説文無佷。朱駿聲曰。古文玄省聲。翟云升曰。當作𢆯聲。𢆯古玄字。弦亦從𢆯。不必弦省。倫按很也蓋以聲訓。本義未詳。或字出字林。【說文解字六書疏證卷十五】

◉于省吾　述作兄日乙尊有𢆶字。金文編纵字注云。説文所無。按𢆶即伭字。説文。伭很也。從人弦省聲。應作從人玄聲。凡説文所云某省聲者多不可據。蓋必有所由得聲之聲母存在於其閒。而後可云從某聲。既由某聲母得聲。雖不言省可也。【釋伭　雙劍誃古文雜釋】

伎

◉許　慎　與也。从人。支聲。詩曰。籒人伎忒。渠綺切。【說文解字卷八】

◉馬叙倫　鈕樹玉曰。繫傳作一與也。非。王筠曰。朱筠本與上空一格。徐灝曰。古傳注未聞有訓伎為與者。書泰誓。無他技。釋文。技。本亦作伎。倫按詩瞻卬。籒人忮忒。毛傳。忮。害也。此次伭下。與也必非本義。鈕引繫傳作一與也。蓋本作一曰與也。本訓亡矣。疑伎為妓之異文。玄應一切經音義引倉頡。伎謂藝能也。急就篇。倡優俳笑觀倚庭。玉海倚作伎。或曰。伎次伭下。蓋忮之異文。字或出字林。【說文解字六書疏證卷十五】

侈

王侈　逄侈私印　叜侈【漢印文字徵】

詛楚文　宣奓競從【石刻篆文編】

侈出史書【汗簡】

古史記　李商隱字略　竝崔希裕纂古【古文四聲韻】

◉許　慎　掩脅也。从人。多聲。一曰奢也。尺氏切。【說文解字卷八】

◉馬叙倫　鈕樹玉曰。韻會引作奢泰也。朱駿聲曰。一曰奢也者。即奢字義。奢之重文作奓也。倫按衣部。褿。帴也。巾部。帴。一曰。婦人脅衣。掩脅疑即婦人脅衣。則褿字義。褿一音在從紐。一音在清紐。侈音穿紐。清穿同為次清破裂摩擦音也。則古或借侈為褿。或掩脅也為掩也脅也二義。國語吳語。夾溝而𢉩我。𢉩我似即掩或脅之義也。然侈從人無此義。蓋均非本訓。或字出字林。集韻類篇引字林。侈。汏也。五音集韻引字林。大也。疑侈與奓一字。或與郊一字。【說文解字六書疏證卷十五】

佁

◉許　慎　癡皃。从人。台聲。讀若騃。夷在切。【說文解字卷八】

◉馬叙倫　倫按此今言癡呆之呆本字。【說文解字六書疏證卷十五】

◉戴家祥　字从人从台，字當釋佁。說文：「佁，癡皃。从人，台聲。讀若騃。」管子侈靡篇「佁美然後有輝」，尹知章注：「佁，深思皃。」按佁始皆从台聲，从人从女，性別更旁字也。集韻上聲六止，始、乱、乨、迨、㐌同字。金文（一）為作器者名，（二）叚為司，鉦銘㠯徒即司徒,子中匜作𤔲徒。(三)𣪕為嗣,𣪕銘「用㠯乃祖考事」,猶左傳哀公二十年云「嗣子不廢舊業」也。(四)𣪕銘「用夙夜無㠯」,鼎銘「勿或能㠯」,㠯當讀已。唐韻佁讀「夷在切」,喻母之部。已讀「羊已切」,不但同部而且同母。同聲必然同義,魏風陟岵「夙夜無已」,鄭箋:「夙早。夜莫也。無已,無解怠。」唐韻嗣讀「祥吏切」,邪母之部,文選七發注引聲類佁讀「嗣理切」,與嗣同部又同母。故佁嗣互通。羅振玉但知㠯為嗣之借字,永豐鄉人稾丙第一卷第六葉㠯白口𣪕蓋跋。而不知其為佁之本字,不失其一隅之見,故亦標而出之。

䈞字从奴从台,字當釋佁。說文八篇人部:「佁,癡皃。从人,台聲,讀若騃。」廣韻上聲十五海:「佁,癡也。」台臺聲同,唐韻台讀與之切,喻母之部,臺讀徒哀切,定母之部,上古音喻四歸定。故从台與从臺同。廣雅釋詁一:「儓,臣也。」方言三:「南楚凡罵庸賤謂之田儓,或謂之西服。」字亦同嬯。集韻上平十六咍:「嬯,鈍劣皃,或从人。」說文:「嬯,遲鈍也。」同聲通叚,或借用臺。左傳昭公七年楚芋無宇云「僚臣僕,僕臣臺」,服虔注:「臺給臺下徵名也。」孟子萬章下:「蓋自是,臺無餽也。」趙岐云:「臺,賤官,主使令者。」商周之世,臣僕奴隸被列在低下階級,且被視為愚騃無知者,故常以醜名詈之。佁嬯儓䈞皆一語之演變耳。【金文大字典上】

𠋫

◉許　慎　𠋫。驕也。从人。蚤聲。鮮遭切。【説文解字卷八】

◉馬叙倫　鈕樹玉曰。繫傳驕上缺一字。蓋即𠋫字。連上讀也。玉篇。驕也。段玉裁曰。𠋫字乃複舉字之未刪者。王筠曰。驕蓋是嬌癡之嬌。説文無嬌字也。倫按此今言風騷之騷本字。即嬌媚之嬌字。驕也以聲訓。字蓋出字林。【説文解字六書疏證卷十五】

僞

僞　法五五　七例　效三四　秦一七四　雜三二　日甲三〇背【睡虎地秦簡文字編】

僞奴【漢印文字徵】

天台經幢【古文四聲韻】

◉許　慎　僞詐也。从人。爲聲。危睡切。【説文解字卷八】

◉丁佛言 古鉢姊偽偽字反文。【説文古籀補補卷八】

◉馬叙倫 倫按江沅嚴章福朱駿聲皆以為當訓作也。此作為字。不悟僞譌一字。譌為詐之轉注字。僞亦作之轉注字。作為字乃為之重文古文經傳作 者也。字見急就篇。古鉩作。【説文解字六書疏證卷十五】

◉楊樹達 説文八篇上人部云：「僞，詐也。从人，爲聲。」按三篇下爪部云：「爲，母猴也。其爲禽好爪。」好爪者，言其喜動作屑屑，故為引申爲作爲之爲，又引申為詐僞之僞，又引申爲僞言之譌，皆受義於母猴之爲。

爲古韻在歌，對轉寒則爲蝯。説文十三篇上虫部云：「蝯，善援禺屬。从虫，爰聲。」按九篇上由部云：「禺，母猴屬。」蝯孳乳為諼，三篇上言部云：「諼，詐也。从言，爰聲。」

僞諼皆訓詐。言部云：「詐，欺也。从言，乍聲。」按以僞譌諼字例求之，詐蓋受義於狙。説文十篇上犬部云：「狙，玃屬。從犬，且聲。」又云：「玃，大母猴也。」且聲乍聲古音為平入，且，模部，乍，鐸部。故二字多通作。四篇下歺部殂或从古文死从乍，是也。狙引申為動作之作，又引申為詐僞之詐矣。狙作古音本同，自作字失其本音，後人別制做字當之，今音狙做尚相近也。

母猴謂之爲，又謂之蝯，又謂之狙。引申之，動作謂之爲，又謂之作。更引申之，詐僞謂之僞，又謂之詐，又謂之諼，僞言謂之譌。字義同，則其孳乳之故不得不同矣。【釋僞 積微居小學金石論叢】

◉許 慎 隋也。从人。只聲。以豉切。【説文解字卷八】

◉馬叙倫 鈕樹玉曰。隋字譌。當依小徐作惰也。玉篇引作憜。亦非。説文無憜。倫按惰字是。伿蓋懈之轉注字。聲同支類也。【説文解字六書疏證卷十五】

◉許 慎 務也。从人。句聲。苦候切。【説文解字卷八】

◉馬叙倫 鈕樹玉曰。繫傳作覆也。誤。翟云升曰。務也當作愗也。鄧廷楨曰。佝務疊韻。倫按務也以聲訓。説文無愗。疑佝與耇或姁為一字。鍇本覆也蓋霿也之譌。或曰。此即荀子儒效溝愗之溝。楚詞九辯作怐。玉篇引楚詞正作佝。【説文解字六書疏證卷十五】

僄

◉許　慎　僄輕也。从人。票聲。匹妙切。【說文解字卷八】

◉馬叙倫　沈濤曰。史記高祖紀索隱引。僄。疾也。又引方言。僄。輕也。是今本乃後人據方言改耳。漢書高帝紀僄字作慓。亦訓疾也。今說文心部慓正訓疾也。或謂史記僄乃慓之借。然司馬貞引說文訓疾。方言訓輕。同作僄字。則所據本自作疾不作輕也。倫按女部。嫖。輕也。僄蓋嫖之異文。僄之訓輕語原為票。票為火飛也。疾謂捷速。此趬字義。語原亦票也。僄亦得為趬慓之異文。荀子議兵。輕利僄遬。僄為疾義也。字蓋出字林。【說文解字六書疏證卷十五】

倡

◉許　慎　倡樂也。从人。昌聲。尺亮切。【說文解字卷八】

◉馬叙倫　翟云升曰。史記陳涉世家索隱引作首也。別義。倫按倡為昌之後起字。索隱引者校語。首也者。或為一倡而三歎之引申義。或借倡為產。同為舌面前音。猶借創為產矣。玄應一切經音義引倉頡。倡。俳也。又引能也優樂也諧也。又引字林。樂也。然則樂也字林訓。許蓋以聲訓也。字亦見急就篇。【說文解字六書疏證卷十五】

俳

◉許　慎　俳戲也。从人。非聲。步皆切。【說文解字卷八】

◉馬叙倫　倫按戲也非本義。蓋借為僖。亦非本訓。非音非紐。古讀歸幫。幫影同為清破裂音。則俳為優之轉注字。僖音曉紐。非曉同為次清破裂音。亦僖之轉注字。亦疑俳為今言優人扮演之扮本字。玄應一切經音義引倉頡。俳。戲也。又引。俳。嘯也。文選上林賦注引三倉。俳。倡也。字亦見急就篇。【說文解字六書疏證卷十五】

僐

◉許　慎　僐作姿也。从人。善聲。常演切。【說文解字卷八】

◉馬叙倫　鈕樹玉曰。玉篇注同。繫傳姿下有態字。恐非。倫按蓋作姿一本作態。校者旁注態字傳寫誤入也。此今言扮演之演本字。作姿也非本訓。或字出字林也。【說文解字六書疏證卷十五】

儳

◉許　慎　儳儳互。不齊也。从人。毚聲。古咸切。【說文解字卷八】

◉馬叙倫　倫按儳蓋孱之轉注字。孱音穿紐二等。儳音牀紐二等。皆舌尖後音也。儳互不齊也非本訓。或校語。或字出字林也。或儳互不齊為孱字義。此字本義亡矣。或字當讀上咸切音入禪紐。與僖為轉注字。【說文解字六書疏證卷十五】

佚

◉許　慎　佚　佚民也。从人。失聲。一曰。佚。忽也。夷質切。【説文解字卷八】

◉馬叙倫　倫按佚民也非本義。亦非本訓。孟子。遺佚而不怨。則佚為逸之轉注字。或失之後起字。一日佚忽也者。言部。詄。忘也。心部。忘。忽也。此詄字義。校者加之。或謂異本也。然皆非本訓。玄應一切經音義引倉頡。佚。愓也。又引三倉。佚亦逸字。【説文解字六書疏證卷十五】

俄

◉許　慎　俄　行頃也。从人。我聲。詩曰。仄弁之俄。五何切。【説文解字卷八】

俄出碧落文【汗簡】

◉楊樹達　俄　説文八篇上人部云：「俄，頃也。从人，我聲。」按詩賓之初筵箋云：「俄，傾貌。」説文十篇上馬部云：「騀，馬搖頭也。从馬，我聲。」廣雅釋詁二云：「俄，衺也。」知我聲字多含傾邪之意。【積微居小學金石論叢】

傜

◉許　慎　傜　喜也。从人。䍃聲。自關以西。物大小不同謂之傜。余招切。【説文解字卷八】

◉馬叙倫　鈕樹玉曰。繫傳作善也。蓋譌。玉篇。役也。姚文田曰。喜當是遠之譌。嚴可均曰。此繇役字。喜也乃䍃字義。倫按嚴説是也。傜為傭之轉注字。糸部。繇。隨從也。蓋此字之引申義。自關以西物大小不同謂之傜者。錢坫謂今方言云。傜。衺也。自關而西物細大不純者謂之傜。喜當是衺之譌。衺者。今九章筭術有衺分之術也。如錢説則方言借傜為衺。衺分今作差分。此差字義。校者加之。【説文解字六書疏證卷十五】

㑋

◉許　慎　㑋　徼㑋。受屈也。从人。卻聲。其虐切。【説文解字卷八】

◉馬叙倫　王筠曰。此乃説解既脱。獨存所引子虛賦也。㑋㑋一字。倫按字盖出字林。【説文解字六書疏證卷十五】

傞

◉許　慎　傞　醉舞皃。从人。差聲。詩曰。屢舞傞傞。素何切。【説文解字卷八】

◉馬叙倫　鈕樹玉曰。詩賓之初筵釋文引皃作也。嚴可均曰。説文無屢字。當作婁。詩釋文。屢。本作婁。僛下同。倫按傞為舞皃。醉字蓋校者加之。或字林文。或傞僛二字皆出字林。【説文解字六書疏證卷十五】

僛

◉許　慎　醉舞皃。从人。欺聲。詩曰。屢舞僛僛。去其切。【說文解字卷八】

◉馬叙倫　沈濤曰。詩賓之初筵釋文引作醉舞也。蓋奪一皃字。許書傳寫奪一也字。王筠曰。朱筠本屢舞僛僛下空二格。徐灝曰。傞傞僛僛皆舞皃。許云醉舞者。緣詩辭飲酒而言耳。倫按廣雅釋訓。傞傞僛僛。舞也。蓋傞傞是本字。傞從差得聲。差從𠂢左聲。為𠂢之轉注字。𠂢為不相值也。不相值者。參差之義。舞時之狀。僛僛傞傞。故傞從差得聲。語原然也。今杭縣謂不政齊猶曰僛僛傞傞。傞從差得聲。差音穿紐。古讀歸透。僛音溪紐。透溪同為次清破裂音。是轉注字也。然倫疑僛傞之合音即舛。故舞字從舛得聲。餘見舞下。【說文解字六書疏證卷十五】

侮

粹一三一八【甲骨文編】

侮　說文古文从母作　中山王嚳鼎　佳傅侮氏𠂤　義如姆【金文編】

侮【汗簡】

古孝經　古老子　古尚書　說文　籀韻　崔希裕纂古【古文四聲韻】

◉許　慎　傷也。从人。每聲。文甫切。古文从母。【說文解字卷八】

◉商承祚　說文。「侮，傷也。从人每聲。侮。古文。从母。」案古文每母通用。漢書五行志。「慢侮之心生。」从古文侮。【說文中之古文考】

◉馬叙倫　沈濤曰。一切經音義廿五引作愓也。謂輕愓。愓乃傷之譌。其卷一引。侮。傷也。謂輕傷翫弄也。輕傷乃輕傷之誤。是亦作傷不作傷之證。今本傷字誤。段玉裁曰。徐鍇云。侮。慢易字也。翟云升曰。一切經音義引作傷也。倫按侮蓋敏之異文。敏當從又。今誤從攴。敏疾義乃勉字。或侮為侑之聲同之類轉注字。故次傞下。儀禮聘禮記。賄在聘于賄。注。古文賄皆作悔。是其例證。

徐灝曰。母聲。商承祚曰。漢書五行志。慢侮之心生。倫按當作古文侮。校者改之。【說文解字六書疏證卷十五】

◉陳長安　該字頭部為「」，乃是「人」字，下部為「」，當是「每」字，「每」、「母」古通用。該字从人从母，依其字形來看，象一人站在一女子頭上，有欺辱女子之意，當釋為「侮」字。

傸　傷

《説文》:「侮,傷也。从人,每聲。」《左傳·昭公元年》:「不侮鰥寡。」杜注:「侮,凌也。」《禮記·曲禮》:「禮不踰節,不侵侮,不好狎。」鄭注:「侮,輕慢也。」可見「侮」確有「凌辱」「輕慢」之意。又《廣雅·釋詁四》:「侮,婢也。」《方言卷三》:「侮,奴婢賤稱也。……秦晉之間罵奴婢曰侮。」郭璞注:「侮,言為人所輕弄也。」可知古代秦晉一帶,把處在社會下層被壓迫、被奴役的奴婢,統稱為「侮」,蓋取其為人所輕弄、凌辱之義。【中山王墓妤蚉壺銘中的「」字小議　中原文物一九八五年第三期】

◉戴家祥　説文八篇:「侮,傷也。从人,每聲。古文从母。」鼎銘「隹俌侮氏從」,張政烺趙誠二君皆讀侮為姆。古文字研究第一輯。按讀姆是也,古字从女表義者亦或更旁从人。娒或作侮,俟或作娭,漢書五行志引劉向説云「慢侮之心生」,陳平傳「大王資侮人」,顔師古集注:「侮,古侮字。」又張良傳「嫚娒」字更旁从女,師古亦曰:「娒,古侮字。」集韻去聲五十侯:「姆,女師也。或從每,亦作母。」儀禮士昏禮「姆纚笄宵衣,在其右」,鄭玄注:「姆婦人年五十,無子出而不復嫁,能以婦道教人者,若今乳母矣。」侮姆皆母之加旁字。唐韻母姆皆讀「莫后切」,明母侯部,侮讀「文甫切」,明母魚部,侯魚韻近,故侮亦通姆。【金文大字典上】

◉許　慎　傸妎也。从人。疾聲。一曰毒也。秦悉切。傸或从女。【説文解字卷八】

◉馬叙倫　倫按妎傸聲同脂類。蓋轉注字。毒也之義未詳。【説文解字六書疏證卷十五】

傷　為二九　三例　通易　貿——　法二〇二　日乙一二〇　法二〇二　二例　【睡虎地秦簡文字編】

2549　2548　【古璽文編】

傷以豉切見史書　【汗簡】

古史記　【古文四聲韻】

◉許　慎　傷輕也。从人。易聲。一曰交傷。以豉切。【説文解字卷八】

◉馬叙倫　鈕樹玉曰。韻會引無一曰四字。沈濤曰。一切經音義三引傷亦輕也。王筠曰。與敡同。倫以敏侮例之。王説是。説者本作易也。以聲訓。校者加交易也。捝本訓後。以別義為本訓。校者據一本尚存交易二字者注之也。交易字為叏。見叏字下矣。侮傷轉注字。侮從每得聲。每民一字。民音心紐。傷音喻紐四等。同為次清摩擦音也。古鉨作。【説文解

字六書疏證卷十五】

俙 俙

◉許　慎　俙訟面相是。从人。希聲。喜皆切。【説文解字卷八】

◉馬叙倫　徐鍇曰。面從相質正也。説文疑曰。訟字誤。倫按訟蓋俙之譌。俙為複舉字。面相是也未詳。【説文解字六書疏證卷十五】

僨 僨

僨　僨　封八四【睡虎地秦簡文字編】

◉許　慎　僨僵也。从人。賁聲。匹問切。【説文解字卷八】

◉高田忠周　按勹亦人字。奔賁古通用字。説文䭪異文作饙餴可證。然則此為僨字異文無疑。説文。僨僵也。从人賁聲。古文或借奔為之。易渙。奔其機。又列子仲尼篇。先亟奔佚。注。僵仆也。此亦僨字應从奔聲之證。而僨訓僵。字从勹。與匍匐字同意明矣。【古籀篇三十二】

僵 僵

僵古老子　僵石經　僵義雲章【古文四聲韻】

◉許　慎　僵僨也。从人。畺聲。居良切。【説文解字卷八】

◉馬叙倫　嚴可均曰。爾雅釋木釋文。一切經音義十三廿二引及小徐本作偃也。沈濤曰。一切經音義九及廿二引作却偃也。十三又有却偃之也。當是古本之一訓。王筠曰。當訓偃也。謂却偃之也。謂却偃之也。蓋庾注。倫按。僨從賁得聲。賁音幫紐。僵音見紐。同為清破裂音。故僵轉注為僨。如玄應引則本訓偃也。校者加却偃之也。僵也者。呂忱列異訓。或校者記異本也。僵偃亦同清破裂音轉注字。【説文解字六書疏證卷十五】

仆 仆

仆籀韻【古文四聲韻】

◉許　慎　仆頓也。从人。卜聲。芳遇切。【説文解字卷八】

◉馬叙倫 沈濤曰。詩賓之初筵釋文。文選西都賦上林賦注。一切經音義各卷所引皆同。惟玄應書三及十六及二十引作仆。頓也。謂前覆也。十三引。仆。頓也。謂覆也。廿二引。仆。前覆也。僵謂却偃。仆為前偃覆。蓋古本作仆。頓也。一曰前覆也。倫按。頓也者。借頓為傎。傎為顛仆之顛本字也。此非本訓。吴越春秋要離曰。臣迎風則偃。皆風則仆。此下文。偃。僵也。今杭縣謂僵尸。言仰卧者也。然雖有俯仰之殊。而皆為傾覆於地。故傎仆為同雙脣音轉注字。傎音滂紐。仆音非紐。古讀歸幫也。蕭該音義引字林。仆。疋豆反。又疋住反。則字或出字林。【説文解字六書疏證卷十五】

偃

9·69 昃偃【古陶文字徵】

偃 封五六【睡虎地秦簡文字編】

扈偃 賈偃之印 袁偃 郭偃之印 芒偃之印 諸葛偃 靃偃之印【漢印文字徵】

古老子【古文四聲韻】

◉許 慎 偃僵也。从人。匽聲。於幰切。【説文解字卷八】

◉馬叙倫 偃音影紐。僵音見紐。同為清破裂音轉注字。字見急就篇。【説文解字六書疏證卷十五】

◉丁佛言 古鉨。偃。或从力。古與堰壓並通。【説文古籀補補卷八】

傷

傷 雜二七 五例 通殤 外鬼—死為祟 日甲七五 法四三 二十例 日甲七四 法一三四 三例【睡虎地秦簡文字編】

烏傷空丞印 傷禁之印 胡何傷印 章傷 兒毋傷 毋傷 陳毋傷 庋何傷 毋傷 孔去傷 肥奚傷 傷咸私印 杜何傷 臣何傷 郁傷虎印 公孫去傷 周傷已印 毋傷

倄

長毋傷【漢印文字徵】

古孝經　古老子【古文四聲韻】

◉許　慎　傷創也。从人。𥏻省聲。少羊切。【説文解字卷八】

◉馬叙倫　桂馥曰。韻會引徐鍇本作⿱𠂉昜聲。本書無⿱𠂉昜字。孔廣居曰。説文有⿱𠂉昜無𥏻。而觴傷皆云⿱𠂉昜省聲。可疑。鈕樹玉曰。繫傳作⿱𠂉昜是也。從⿱𠂉昜省者。省矢為𠂉也。倫按。傷為僵之疊韻轉注字。創也者。即創字義。字見急就篇。【説文解字六書疏證卷十五】

◉劉彬徽等　剔，讀作傷。簡文中傷均作此形。【包山楚簡】

◉許　慎　倄刺也。从人。肴聲。一曰。痛聲。胡茅切。【説文解字卷八】

◉馬叙倫　吳穎芳曰。顔之推説蒼頡倄字。訓詁云。痛而呼也。音羽罪反。今北人痛則謼之。聲類音于來反。南人痛或謼之。此二音隨其鄉俗。竝可行也。案肴音於顔氏二音皆不近。頗疑倄字不從肴。從肴即有字。賄從有聲。羽罪反之音頗合。即刺也之訓與痏同義。次説同誧。痛呼也。語轉呼于來切。與誒相通。又轉為賀。梁武帝呼賀賀。是也。則倄本有一字。倄亦本有一字。譌倄為倄。説解及音切皆不合矣。鈕樹玉曰。繫傳及類篇引玉篇注竝作刺也。毛本作刺也。非也。顔氏家訓曰。蒼頡篇有倄字。訓詁云。痛而謼也。羽罪反。今北人痛則呼之。聲類音于來反。今南人痛或呼之。按廣韻上聲駭有倄。痛而叫也。于罪反。正合蒼頡篇。則音胡茅切。然段玉裁曰。玄應音義曰。痏痏。諸書作侑。通俗文。于罪切。痛聲曰痏。此條合之字義皆無不合。其言諸書作侑。蓋倉頡訓詁亦在其中。借侑為痏。皆有聲也。顔氏家訓之倄。當是侑之譌。江沅曰。據玄應音義。則字當作侑。家訓倄字為侑之譌。侑即痏字。其音羽罪反。即史書所謂安偉也。王筠曰。桂馥謂刺也。當作刺也。刺。戾也。然小徐本倄在傷上。則當是擊刺之刺。刺而後傷也。下文一曰痛聲。亦因痛而傷也。小徐作毒之。非也。顔氏家訓引蒼頡篇音羽罪反。聲類音于來反。桂改來為耒。蓋是。然此二音皆與肴聲不合。蓋變音也。今北人痛聲皆如胡茅切。尹桐陽曰。王念孫謂家訓之倄為侑之形誤。是也。説文倄下一曰痛聲。胡茅切。玉篇音訓與説文同。皆無羽罪于來之音。據僧秖律十三音義云。痏。諸書作侑。引通俗文。侑。于罪反。痛聲曰侑。于罪與羽罪同音。然則羽罪反之倄字。乃侑之誤。侑痏皆從有得聲。與貨賄之賄音相近。故倉頡訓詁侑音羽罪反。聲類音于來反。考廣韻。倄。胡茅切。

侉 侉

痛聲也。又于罪反。痛而叫也。則其譌由來久矣。倫按。鍇本痛聲作毒之者。蓋鍇本無痛聲之義。其作毒之者。校者記一本剌也作毒之也。知者。七篇。瘌。楚人謂藥毒曰痛瘌。以此知此剌也不譌。鍇本作剌為譌矣。剌也者。蓋有捝文。而剌為瘌之爛文。説解既有捝誤。莫能是正矣。段玉裁引搜神記十四云。聞呻吟之聲曰。咰咰宜死。呻吟之聲曰咰咰者。今人有所痛苦呼阿咰咰。是也。莊子人間世。是以人惡有其美也。有。一本作育。是其例證。如玄應書。則呼痛之聲。無其本字。痏侑皆以音借。諸家謂蒼頡字本作侑。然本書侑為姷之重文。若倉頡字本作侑。本書當為正文。重乃呂忱所增也。以決知顔引蒼頡作倄。非為侑譌。其作侑者。轉是僞字。或為音借。此字從肴得聲。合以胡茅切為正。蓋瞀之轉注字。漢書東方朔傳。上令倡監榜舍人。舍人不勝痛。呼瞀。服虔曰。瞀音瀑。鄧展曰。音瓜瓝之瓝。顔師古曰。鄧音是也。痛切而呼叫也。與田蚡傳呼報者音義皆同。一曰。鄧音近之。瞀自寃痛之聲也。舍人榜痛呼瞀。今人痛甚則呼阿瞀。音步高反。倫謂古呼阿瞀猶今人呼阿咰矣。步高反音在竝紐宵類。孫愐音蒲角反。在竝紐矦類。此音胡茅切在匣紐幽類。古幽宵為一類。幽矦得近轉。而竝紐為雙脣音。轉奉紐為脣齒音。奉匣則同為次濁摩擦音也。鄧展音瞀如瓜瓝之瓝。瓝字見爾雅釋艸。本書作瓟。從瓜。交聲。易繫辭傳。效法謂之坤。蜀才本效作肴。肴交瀑瓝聲竝宵類。瞀下曰。大呼也。今人痛甚大呼曰阿咰。是其證矣。蒼頡音羽罪反。聲類音于來反。音皆喻紐三等。喻三亦次濁摩擦音也。肴音匣紐。得轉喻三。侑痏皆從有得聲。有音喻三。故古書多以侑痏為倄。不獨肴有形近也。然于來切全是有聲。有從肉得聲。肉音日紐。古讀歸泥。古讀來亦歸泥也。桂馥謂來當作耒。耒音亦來紐。而耒罪則聲同脂類。是則音聲轉變。有途可測。倄之非譌。愈益明矣。

【説文解字六書疏證卷十五】

◉許　慎　侉備詞。从人。夸聲。苦瓜切。【説文解字卷八】

◉馬叙倫　吳穎芳曰。集韻又何佐安賀二切。即倄字羽罪反之轉音。訓以痛呼。鈕樹玉曰。類篇引同。宋本及集韻引備作憊。是也。桂馥曰。備當作憊。小字本李燾本徐鍇韻譜竝作憊。段玉裁曰。爾雅毛傳皆言夸毗體多柔。然則侉即夸毗字乎。倫按。玉篇曰。奢也。又安賀切。痛呼也。倫謂奢也乃夸字義。或侉為夸之後起字。痛聲也與此上文倄下一曰痛聲義同。疑倄下一曰痛聲即此下説解。備詞與痛評形近。因譌為憊詞耳。本書説解中凡言某詞者亦非常例。其為有譌甚明。或此憊詞本倄下一曰痛聲之譌而後誤迻於此下。轉捝此字本訓。此字不見經記。未能定其本義。若為痛呼之詞。則或倄之同舌根音轉注字。【説文解字六書疏證卷十五】

催

[古文字形] 催見義雲章 【汗簡】

[古文字形] 義雲章 【古文四聲韻】

◉許　慎　[篆文]相儔也。从人。崔聲。詩曰。室人交徧催我。倉回切。【說文解字卷八】

◉馬叙倫　鈕樹玉曰。玉篇作相擣也。鍇本亦作擣。此誤。嚴章福曰。崔聲當作嵟省聲。本書無嵟。朱駿聲曰。催即摧之或體。倫按。本書。摧。擠也。擠。排也。抵。擠也。抵擣音同端紐。此蓋當訓抵也。催為相抵。故引申為催促為催迫。然相擣也非本訓。或字出字林也。【說文解字六書疏證卷十五】

◉陳漢平　宋代《博古圖録》三・一六、《薛氏》九・一三、《嘯堂》一五録有所謂中偁父鼎鼎銘。鼎銘記載周王征伐南淮夷之事，銘中人名「仲[古文字形]父」舊釋為「仲偁父」，所釋非是。

按仲字後一字在人之稱謂中為男子之氏。據宋代夏竦纂輯之《古文四聲韻》，書中崔字作[古文字形]（《王存乂切韻》），催字作[古文字形]（《義雲章》），所收《義雲章》一體正與[古文字形]字右文相同。此字左文從人，故字當釋為催，此人之名當讀為「仲催父」。

叀中鐘銘又有[古文字形]字，舊不識。鐘銘曰：「省[古文字形]匡寇。」此字與仲催父鼎銘催字形同，同為一字，字為動詞，亦當釋催。鐘銘此句當讀為「省催匡寇」。

又古代崔、衰字通用，此字或可釋(亻衰)。志此存疑。【古文字釋叢　出土文獻研究】

◉高　智　十四，包山楚簡有字作「[古文字形]」(77)、「[古文字形]」(132反)、「[古文字形]」(141)、「[古文字形]」(166)、「[古文字形]」(193)五形，《包山楚簡》放於未隸定字表中。我以為此字都從「[古文字形]」形，上「[古文字形]」為「崔」，《古文四聲韻》、《汗簡》均作「[古文字形]」形。「衰」作「[古文字形]」、「[古文字形]」形，「[古文字形]」亦本為「衰」，是「[古文字形]」之省形，「[古文字形]」正象人之衰瘦之意。上從「[古文字形]」為人，下從「刖」似以刀削斷其腿肉。【《包山楚簡》文字校釋十四則　于省吾教授百年誕辰紀念文集】

俑

◉許　慎　[篆文]痛也。从人。甬聲。他紅切。又余隴切。【說文解字卷八】

◉馬叙倫　段玉裁曰。與心部恫音義同。禮記孟子之俑。偶人也。俑為偶之假借字。如喁亦禺聲而讀魚容切也。錢坫曰。公羊傳。哭君成踊當作此。倫按。痛也。蓋以聲訓。或恫字義。俑為偶之東侯對轉轉注字。【說文解字六書疏證卷十五】

伏 史伏尊 【金文編】

伏 日乙一四七 二例 【睡虎地秦簡文字編】

伏治之印 伏午 伏侵私印 伏農私印 伏昌之印 【漢印文字徵】

伏 伏 伏出碧落文 【汗簡】

李商隱字略 雲臺碑 崔希裕纂古 古老子 王存乂切韻 華嶽碑 碧落文 古尚書 【古文四聲韻】

◉許　慎　司也。从人。从犬。臣鉉等曰。司今人作伺。房六切。【説文解字卷八】

◉馬叙倫　丁福保曰。慧琳音義六引作伺也。犬伺人也。故從人從犬。倫按。王筠謂經典中伏字未有涉及犬者。倫謂鍇本作從人犬伺人也。伺人也三字慧琳引。乃在伺下也下為校注語。後人不審伏字之所從得聲。故移於下。其實伏從人獲省聲。為勹之轉注字。獲音匣紐。故伏音轉入奉紐。同為次濁摩擦音也。司也者。㲋字義。或曰。㲋之轉注字。字見急就篇。【説文解字六書疏證卷十五】

◉戴家祥　説文八篇：「伏司也，从人从犬。」徐鉉等曰「司，今人作伺」，段玉裁云：司者，臣司事於外者也。司，今之伺字，凡有所司者，必專守之伏伺，即服事也。引伸之為俯伏，又引伸之為隱伏。説文解字注。唐韻「房六切」，並母幽部。【金文大字典上】

185 【包山楚簡文字編】

◉許　慎　迫也。从人。足聲。七玉切。【説文解字卷八】

◉馬叙倫　段玉裁曰。與趣音義略同。倫按玉篇催促二文相屬。今人亦催促連語。催促音同清紐。蓋轉注字也。然則促亦趣之聲同矦類轉注字。【説文解字六書疏證卷十五】

例

◉許　慎　例比也。从人。𠛱聲。力制切。【説文解字卷八】

◉馬叙倫　段玉裁曰。此篆蓋晚出。漢人少言例者。杜氏説左傳乃云發凡言例。例之言迾也。迾者。遮迾以為禁。經皆作列作厲。周禮司隸注。厲。遮例也。釋文。例。本作列。蓋比例字止作列。倫按。例蓋迾之異文。字蓋出字林也。【説文解字六書疏證卷十五】

係

5·473獨字　5·475同上　5·213宮係　秦615右司空係　秦618同上　秦848寺係　秦258獨字

5·474同上【古陶文字徵】

2912　从人从系，説文古文系作𢇁，从爪絲，璽文省一系。【古璽文編】

臣係　朱係　陰係　夏侯係　馮係　李係之印【漢印文字徵】

◉許　慎　係絜束也。从人。从系。系亦聲。胡計切。【説文解字卷八】

◉馬叙倫　沈濤曰。一切經音義十二及十六及廿二引同。其三及十八引作結束也。倫按。係為奚之異文。詳奚字下。絜束也當作絜也束也。然皆非本義。亦非本訓。絜束皆繫字義也。字見急就篇。古鉨作係係。【説文解字六書疏證卷十五】

◉饒宗頤　按系字象繫繩于人頸，隸定當為㒸，蓋即縶本字，故亦作𢇁（前編二·一九·一）。从系从丮，可讀為傚。集韻：「傚，執事者。」故㒸有執事之義。辭云「氏王㒸」，謂致王事也。與習見之「古王事」語例相類。又見「雀氏石系」語（屯乙四六九三甲尾）。石讀為祏，猶言雀致祏事，祏事謂祭事，如詩「祀事孔明」出祀事。【殷代貞卜人物通考】

◉姚孝遂　「𡟗」即女性的「係」。孫海波甲骨文編六〇四頁以為「母它」的合文；陳夢家卜辭綜述四九一頁讀作「它母」，以為是「先妣之私名」，都是錯誤的。

「𡟗」字僅見于乙四六七七。其辭作「匕辛𡟗」，同版卜辭尚有「母庚豭」、「母庚三牢」，均為用牲以祭先妣之占卜。

「𡟗」字所從之系，乃象繒繳形，與系、丝諸字所從之系或幺同，不是「它」字。男俘為「係」，女俘為「𡟗」，均象用繒繳加以束縛。左傳襄公十八年「乃弛弓自後縛之」，就是戰爭中利用繒繳以縛系俘虜的明確記載。【商代的俘虜　古文字研究第一輯】

◉于省吾　甲骨文係字(本應作係，由于相沿已久，仍寫作係)作、、、等形，舊不識，甲骨文編入于附録。說文：「係，絜束也，从人系聲。」按許氏既誤以从系為从系，又誤以會意為形聲。至于訓係為絜束乃引伸義，並非本義。甲骨文係字象用繩索以縛係人的頸部。甲骨文羌字也作或，象羌人頸部被縛係形。左傳僖二十五年的「限入而係輿人」，孟子梁惠王的「係累其子弟」，係均就縛係言之。至于甲骨文系字作𢆶或𢆶，與係字有別。

甲骨文的字後世分化為係，說文譌作係。古文字从幺的字也作糸。古文字从幺或糸的偏旁有分有合。例如卜辭訊字作，乃字的省文，象反縛形。西周金文作也作。又周代金文彝字習見，早期通常作，晚期有的作或。以上二字所从的幺或糸有分有合，這就是字分化為係或係的有力的佐證。

甲骨文係字文多殘缺，今録其詞句較為完整者于下：

一、☐十羌☐(續二·一八·七)。

二、弓(南北明三一〇)。

三、辛亥卜，穷貞，㠯正化氏王〇辛亥卜，穷貞，㠯正化弗其氏王(乙四六〇六)。

四、貞，雀氏石(地名，乙一二七七稱「牧石象」)〇雀不其氏石□(乙四六九三)。

以上各條都屬于早期卜辭。第一、二兩條的係字作動詞用，指縛係言之。第三、四兩條的係字，指被縛係的俘虜言之，係字已由動詞轉化為名詞。氏字應讀作致。其言王係者，以別于其它貴族的俘虜。甲骨文動詞當作名詞用的習見。例如「其氏王係」(乙五三九五)，「其克氏執」(南北坊五·三七)，是其證。總之，係字的初形作，是古代統治階級令其爪牙，用繩索綁在俘虜或罪人的頸上，牽之以行的一種很殘虐的作法。【釋係　甲骨文字釋林】

伐

前七·一五·四　前七·三五·一　後一·一七·三　後一·一八·三　後一·二一·六　後一·二二·一　粹一三六　明藏七·九　鄴一下·三三·八　掇一·二五二　掇一·三八八　掇一·四五〇　甲二二七七　甲二三三五　戬六一三　粹一七　甲一二·九〇　甲一四九〇　安八·一〇　京都三四〇　京二三一九　拾三·一六　前一·一八·一　前一·二二·一　前二·八·五　林二·二

五·六　續一·二七·三　佚一三一　燕八八　燕三三四　京津四八三三　佚五八〇　佚一八二
存二三二八　摭續一四一　簠帝一三七　甲三六五九　佚九三五　形與戍同伐慮　鐵二〇九·二　此亦伐
字　象人持戈正面而立之形　鐵二五四·二　餘四·一　後一·二二·六　乙一五一二　存下二二四　【甲骨
文編】

甲183　262　293　332　361　400　408　522　531　556　574
635　690　1290　2277　2335　3365　3536　3659　3913　乙178　493
745　1002　4667　6310　6408　6419　6459　6469　6546　6694　6733
6742　7259　7299　7312　7348　7509　7741　7741　7746　7774　7818
8009　8024　8462　8660　9042　珠170　183　193　394　465　481
630　631　954　962　1054　1188　1189　零21　佚5　17　19　23
51　131　132　383　387　533　580　673　862　889　924　935
945　979　982　續1·28·9　1·32·3　1·36·5　1·47·5　2·7·2　2·17·1
2·31·2　3·1·1　3·2·1　3·2·3　3·4·1　3·4·4　3·5·1　3·6·6　3·
7·9　3·9·1　3·11·2　3·12·4　3·12·6　3·13·4　4·28·4　6·3　6·22·5
掇450　徵3·70　3·137　3·184　8·27　9·1　9·3　9·4　9·5　9·6

9·8　9·9　9·11　9·14　9·21　9·22　9·24　9·25　9·26　9·27

9·28　9·29　9·30　9·33　9·35　9·36　9·37　京4·13·1　4·20·4

凡11·1　18·4　22·2　天29　67　鄴三34·7　東方3001　六清111外235　六束56

續存226　564　623　627　1516　書1·10·E　摭續141　粹76　183　440

801　1082　1152　新4501　4833　5005　【續甲骨文編】

伐　大保簋　康侯簋　令簋　小臣謎簋　明公尊　文父丁簋　過伯簋　麥鼎

鄘伯馭簋　彔卣　禽簋　䧹馭簋　牆盤　仲伐父甗　或簋　鄂侯鼎　㝬鐘　虢季子白盤

翏生盨　兮甲盤　不嬰簋　多友鼎　琱伐父簋　南疆鉦　【金文編】

4·55右宮馬伐　【古陶文字徵】

〔四〕　〔三六〕　〔六二〕　〔二二〕　〔三六〕　〔一〕　〔五五〕　〔六二〕　〔三七〕

〔二〇〕【先秦貨幣文編】

布空大　典六五二　仝上　典六五三　仝上　反書　典六五四　布空大　反書　典六五五　布空大　亞二·一一

五　【古幣文編】

一五六：一九　十八例　委質類被誅討人名閔伐　一九四：一三　一八五：七　一七九：一五　一五六：二二

二例　癹　【侯馬盟書字表】

伐 秦四 十一例 日乙一二八 法八四 三例 【睡虎地秦簡文字編】

利戩—（丙11:1—5）【長沙子彈庫帛書文字編】

王伐 【漢印文字徵】

詛楚文 伐威我百姓 石經僖公 晉人陳人鄭人伐許 【石刻篆文編】

伐 【汗簡】

古老子 義雲章 【古文四聲韻】

◉許 慎 擊也。从人持戈。一曰。敗也。房越切。【説文解字卷八】

◉吳大澂 古伐字。从戈从廾。象兩手執戈形。丁未伐商角。【説文古籀補卷八】

◉孫詒讓 「伐」皆作「」。如云：「丙戌卜戋貝今吞立从馬棄（一□我受之又」、二百四十九之二。「庚申卜戋貝乎昌方受之又」，二百五十之一。是也。又有代字文亦略同，詳《釋鬼神篇》。【契文舉例卷下】

◉羅振玉 伐。箋曰。此字橅本作。朱氏彝尊疑是伐字。張氏燕昌謂天一本作代。案。即伐。从人从戈。庚鼓𢧢字從戈。亦作。與此正同。師奎父鼎戈字作。惟鼓文戈字中直不曲屈。惟畧異耳。戈柄本直而非曲。【石鼓文考釋】

◉羅振玉 伐从人持戈。或从丮。與丁未角畢仲敢同。或从大。或从又。或又象人倒持戉。知人持戉亦為伐者。其文曰乎伐。曰貞乎伐方。以是知之矣。【殷虛書契考釋卷中】

◉高田忠周 按説文。擊也。从人持戈。一曰敗也。今見此篆實人荷戈之形也。人持戈者。𢦏字之謂也。要伐𢦏形義相近。又戍字从人从戈。説文作。金文亦同。人在戈下。所以守戍也。而如魯侯伐郤鼎作。與戍字殆無異。蓋後人寫字。專便急趨。任意結構。往往與六義乖。此字亦其一例耳。【古籀篇三十二】

◉方國瑜 伐戍為一字，自衛為戍，征人為伐，不必强分為二字；許分入「人」「戈」二部，段又以為形體有別，考甲骨金文，無拘於人在戈旁與在戈下者，則一字兩用無疑。然後世戍邊事繁，不能與伐字混，故定二字之形耳。【字説六則 師大國學叢刊一

卷一期】

◉陳　直　詩秦風。蒙伐有苑。毛傳云。伐。中干也。苑。文貌。又案。小爾雅廣器云。干。盾也。方言云。九盾自關而東或謂之干。周禮樂師有舞干。是干即盾。伐即干中。干為九盾之一。蓋為殷人舞干之祭無疑。【殷契賸義】

◉董作賓　伐為人荷戈形。乃征伐之意。亦為舞名。詩皇矣。是伐是肆。箋云。一擊一刺曰伐。山海經海外西經亦云。大樂之野。夏后氏於此舞九伐。則伐為舞名可知。商人使俘獲之羌人樂舞。以褁祭祀。並卜其所用人數。【釋羌　獲白麟解下篇】

◉吳其昌　伐為用人之祭。卜辭或云「伐廿鬯卅牢卅」，皆謂殺二十人與三十鬯三十牢同祭也。《左僖十九年傳》：「夏，宋公使邾文公用鄫子於次睢之社，欲以屬東夷。」《昭十一年經》：「冬十一月，楚子滅蔡。用隱太子於岡山。」杜注：「用之殺以祭山。」昭十年傳：「秋七月，平子伐莒取郠，獻俘，始用人於亳社。」杜注：「以人祭亳社。」東夷，小國。至春秋末葉尚保存殷舊俗，人祭之證也。【殷代人祭考　清華周刊文史專號第三十七卷第九、十期】

◉商承祚　案統觀卜辭之伐人。或省畧曰伐。若謂用人而祭。由二人至三十人。前·一·十八·四。無乃殘酷太甚。商世行政百官俱備。不能仍謂為野蠻時期。邾之用鄫子。楚之用隱太子。乃對待敵人殘暴行為。不能視為習尚也。羅師謂伐者殆以樂舞祭。斯為得之。二人三十人者。言其數。伐者詞之省也。【殷契佚存】

◉郭沫若　「伐若干人」，羅云「……伐當是武舞……」案伐當是中干之伐，謂干舞也。山海經海外西經「大樂之野，夏后啟於此舞九伐」，當與此同例，郭璞以九伐為馬名。非也。又墨子明鬼篇「吉日丁卯，周代祝社方」，「周代」當是「用伐」之譌。【卜辭通纂】

◉郭沫若　(第一一五五片)殷周古文伐字與戍字頗相亂，然亦有區別之處。伐象以戈伐人。戈必及人身。戍示人以戈守戍。人立在戈下。此其大較也。【殷契粹編考釋】

◉强運開　[illegible]說文。伐。擊也。从人持戈。一曰敗也。亦斫也。鼓文作[illegible]。正象立戈形。弟七鼓[illegible]字亦係从戈。與此正同。丁佛言古籀補補以為代之古文。似誤。然以筆畫論。右旁从弋固可讀為代字也。【石鼓釋文】

◉馬叙倫　鈕樹玉曰。韻會。敗也。下有亦斫也三字。倫按。戈部。戍守邊也。從人持戈。王筠據廣韻戍下云。從人荷戈也。謂伐為刺擊。當曰持戈。戍為守備。當曰荷戈。陳瑑亦持此說。金甲文伐字。甲文作[illegible]諸形。而[illegible]則為負戈。金文伐商角作[illegible]。畢仲敨作[illegible]。公伐郐鼎作[illegible]。宗周鐘作[illegible]。負敨作[illegible]。則負戈也。是則伐戍之分不在持負而以音别邪。然甲文有□□字。似負戈而實持戈以揮之象也。葉玉森以作曳兵狀及不從戈為疑。然觀字形實非曳兵狀。其所持者則戉也。蓋擊人固不必皆以戈也。蓋初文自以持負為别。其後書者以同從人從戈。不明字原。則隨意安置。故致不别耳。或昔人譌釋□為伐。以甲國而往戍乙國者。春秋傳中有之。固不必為伐也。一曰敗也者。以同雙脣音借為伐也。此亦斫也皆校語。字見急就篇。【説文解字六書疏證卷十五】

◉孫海波　説文云:「擊也,从人持戈。一曰敗也。」按甲骨金文皆象人負戈之形。又古伐戍一字,皆象人負戈。【甲骨金文研究】

◉胡厚宣　「伐」者,羅振玉以為武舞,商承祚从之,陳直以為舞干之祭,郭沫若以為干舞。今案卜辭中伐若干人多與卯若干牢對舉,伐羌若干多與卯牛若干對舉,伐人多與卯牝,若干伐多與若干牢若干宰對舉,則「伐」者似不能僅為伐舞而已也。吳其昌釋為用人之祭,斯則然矣。廣雅釋詁:「伐,殺也。」穀梁隱五年傳:「斬樹木曰伐。」管子霸形「伐鐘鼓之懸」,尹知章注:「伐謂斫斷也。」小徐本説文:「伐,一曰敗也,亦斫也。」蓋「伐」字正象以戈斫伐人頭之形。疑殷墟所發現之諸多人頭葬及無頭葬,皆即卜辭中之伐祭也。此言「㞢伐下乙」者,謂伐人以㞢祭於下乙也。【卜辭下乙説　國立北京大學四十週年紀念論文集乙編上】

◉李孝定　按。説文。「伐擊也。从人持戈。一曰敗也。」契文作□。象戈刃加人頸擊之義也。非從人持戈。契文有象人持戈作□者。羅氏亦釋伐。諸家多從之。字在卜辭為人名。與伐之用為征伐或殺人以祭者義别。當非一字。□疑為□之異構。當釋𢦏。契文伐戍之别誠如郭氏之言。陳氏謂伐象人負戈之形説非。□乃何之異構。見前。非伐字。伐則皆象戈刃加人頸以示擊義。不象人負戈也。卜辭恆言伐某方。征伐之義也。或言伐若干人。殺人以祭也。殷虛發掘所見王室大墓。其墓道中嘗見有排列整齊之人頭骨。為數頗多。舍殺人以祭外。此種現象實無由解釋。且後世文獻中復有相同之記載。固不能謂為野蠻而遂肊其必無也。金文伐作□大保簋□康侯啚簋□虢季子白盤□不嬰簋□南彊鉦。大抵與第五期契文相同。南彊鉦一文與篆文全同矣。又作□者。羅亦釋伐。非是。【甲骨文字集釋第八】

◉馬薇廎　卜辭常見「伐廿」、「伐三十人」或「伐卅羌」。⊘查(一)卜辭中有「甲辰貞侑伐於甲九羌卯牛」、「丁巳卜㝊貞御已伐於父乙」、「己亥㱿貞侑伐於寅父亦侑於蔑」及「癸巳貞侑□伐於伊其×大乙肜」等片,其中「伐于」二字形式同「侑于」、「御于」諸語,是祭之名,非殺之意可知;(二)如伐為殺意,則下必有受詞,而伐下有時無之。有時為人或為羌,絶無牲畜者。如果伐作殺解,必有伐若干牛,或伐若干牢,如卯若干牛,或歲若干牢者,何以無之?其非殺之意可知。

吴其昌謂伐為殺人以祭，但其舉之例皆為用而非伐。試觀其例：左僖十九年傳：「夏宋公使邾文公用鄫子於次睢之社，欲以屬東夷。」昭十一年經：「冬十一月，楚子滅蔡。用隱太子於岡山。」杜注：「用之殺以祭山。」昭十年傳：「秋七月，平子伐莒，取郠獻俘，始用人於亳社。」杜注：「以人祭亳社。」例中無一伐字，其何可作為「伐為殺人」之證乎。其謂伐廿即殺廿人之解釋，毫無根據。故羅董二氏伐為樂舞之説較為合理。

伐舞究為何種之舞，羅董二氏均無説明，無人能知之。依愚之臆度，戈謂擊兵，矛謂刺兵，一擊一刺為一伐。伐有四伐至九伐等名稱，大概是用戈矛之類的兵器，演擊刺之術也。可謂武器之舞，非干舞也。【釋伐　中國文字第二十册】

◉張日昇　説文云。「伐擊也。從人持戈。一曰敗也。」伐為擊殺則是。從人持戈則非。李孝定云。「契文作伐。象戈刃加人頸。擊之義也。非從人持戈。」甲骨文字集釋頁二六六一。其説不可易。説字者多從許書。是不辨戈之秘與刃也。征伐之義乃擊殺之引申。蓋與敵人爭戰。旨在殺戮使其降服也。契文或言伐若干人。即以殺頭之方式殺人以祭也。【金文詁林卷八】

◉劉敬揚　春秋時期晉區域內曾鑄行過一種面文為「伐」字的平肩弧足空首布，丁福保所編《古錢大辭典》録有四品，其字形分别為：伐、伐、伐、伐（《古錢大辭典》上編七十頁）。

舊釋「后」，作紀功勒銘於幣上解。《錢匯》謂：「古有勛勞曰勛伐，往往勒銘於鐘鼎。此或亦紀功者歟？」

近讀李家浩同志所作《戰國邙布考》（《古文學研究》第三輯一六〇——一六五頁）一文，頗受啟發。我以為，「郍」字如可能是「邙」字，那「伐」字更可能是「代」字，為春秋時期小國名。

甲骨文中常見有「代工方」、「代土方」等句，如：

乙巳卜，爭貞：乎多臣代工方，受……（《簠徵》五）

壬戌卜，㱿貞：三令我吏步代工方。（《殷古》一三·一）

庚申卜，㱿貞：今秋王省代土方。（《林》一·二七。一一）

……王代土方，受又佑？（《後上》一八·一）

「代工方」、「代土方」，諸家皆釋為「伐工方」、「伐土方」。

《信陽楚簡》中有「皆三伐之子孫」句，「三伐」即「三代」。「三代」見諸《論語·衛靈公》：「斯民也，三代之所以直道而行也。」《荀子·王制》：「道不過三代，法不貳後王。」《漢書·李廣傳》：「然三代之將，道家所忌，自廣至陵，遂亡其宗。」可知，「三伐之子孫」自當讀為「三代之子孫」。

《石鼓・吳人》起首有「吳人憐亟，翰夕敬□，䰍西䰍北，勿竈勿代」句，代字舊多釋伐，吳昌碩釋伏，郭沫若釋代，當以釋伐為是，「勿竈勿代」自當讀為「勿告勿伐」。

既然在古文字中代、伐二字有時可以互用，從釋地名的角度來考慮，空首布文「伐」自應釋讀為「代」。《善齋吉金録・泉録》收録有一枚平肩弧足空首布，其面文字形為，舊釋天干「戊」，不確；《先秦貨幣文編》録其在伐條下，似乎也稍欠妥當，從字形上看該字「人」旁從「弋」，應是代字。

代為春秋時期一個小國，公元前四五六年為趙襄子所滅。《史記・趙世家》：「簡子既葬，未除服，北登夏屋，請代王。使廚人操銅料以食代王及從者，行斟，陰使宰人各以枓擊殺代王及從官，遂興兵平代地。……遂以代封伯魯子周為代成君。」《史記・六國年表》：「襄子元年未除服，登夏屋，誘代王。以金斗殺代王、封伯魯子周為代成君。」至公元前二二八年秦將王翦攻破趙都邯鄲趙公子嘉出奔到代，趙之亡大夫共立嘉為代王。後六年（公元前二二二年），為秦所滅。代國地望在今河北省蔚縣東北代王城一帶。

因為空首布是春秋時期一種鑄幣，其最大特徵是「空首」，至戰國初遂演化為實首布，所以這種面文為伐自當讀代的空首布應為趙襄子滅代之前的代國所鑄。【春秋代布考　中國錢幣一九八四年第三期】

◉蔡運章　韓維亞　《中國錢幣》一九八四年第三期刊載《春秋代布考》一文，認為「伐」字平肩弧足空首布「應為趙襄子滅代以前代國所鑄」。該文列舉了大量例證，說明「代、伐二字可以互用」，這是無可非議的。但是，問題在於平肩弧足空首布的錢文「伐」是否「應釋讀作代，為國名，即春秋時期代國」？換句話說，這種貨幣是否為「代國所鑄」？本文僅就這些問題，提出不同意見，與該文的作者商榷。

「伐」字平肩弧足空首布為「代國所鑄」，缺乏更多的旁證。《史記・趙世家》載：趙簡子出，有「當道者曰：『主君之子將克二國於翟，皆子姓也。』簡子曰：『吾見兒在帝側，帝屬我一翟犬，曰及而子之長以賜之。夫兒何以賜翟犬？』當道者曰：『兒，主君之子也。翟犬者，代之先也。主君之子且必有代。及主君之後嗣，且有革改而胡服，並二國於翟。』……簡子卒，太子毋卹代立，是為襄子。趙襄子元年（公元前475年）……襄子姊為代王夫人。簡子既葬，未除服，北登夏屋，請代王。使廚人操銅料以食代王及從者，行斟，陰令宰人各以枓擊殺代王及從官，遂興兵平代地。……遂以代封伯魯子周為代成君。」由此可見，代為春秋時期的戎翟小國，公元前475年被趙襄子所滅，地在今河北省蔚縣東北代王城一帶。

必須指出的是，空首布是春秋時期我國最進步的貨幣形態之一，直到春秋中期前後，這種貨幣才在中原地區經濟文化先進的周、晉、鄭、衛等國得到較廣泛的流通。當時，北方的戎翟諸國大都還處於游牧生活狀態，他們的經濟文化水平遠較華夏諸國落後，目前還沒有任何材料能充分說明這些戎翟國家那時已經進入了金屬鑄幣階段。因此，春秋時期代國作為戎翟小國，它的貨幣形態怎樣？它是否已使用金屬鑄幣？它是否也鑄行空首布？這些問題在古文獻中都難以找到答案。同時，河北蔚縣一帶從未出土空首布特別是平肩弧足空首布的記載，更未見有出土「伐」字平肩弧足空首布的報導。由此可見，不論從文獻記載，還是地下的考古發現，都難證明「伐」字平肩弧足空首布確為「代國所鑄」。

「伐」字平肩弧足空首布是東周王畿內的鑄幣。我們知道，空首布大體可分為平肩弧足、斜肩弧足、聳肩尖足和平肩平足四種類型。以往平肩弧足空首布多出土在洛陽一帶，僅解放以來就出土十餘批，共約4000枚左右。這種錢文中可以確定為鑄造地名的有：周、鄩、京、沇、亳等，其地望也都在洛陽附近。因此，我們認為平肩弧足空首布當是春秋戰國時期周王畿內的鑄幣。同樣道理，斜肩弧足空首布是周、鄭、晉地區的鑄幣，聳肩尖足空首布是晉、衛地區的鑄幣，平肩平足空首布是楚國的鑄幣。特別重要的是，1975年5月，在洛陽市孟津縣常袋鄉劉家嘴村出土的336枚平肩弧足空首布中，有「伐」字空首布2枚(見圖)。由此可見，「伐」字平肩弧足空首布是東周王畿內的鑄幣，是可以肯定的。

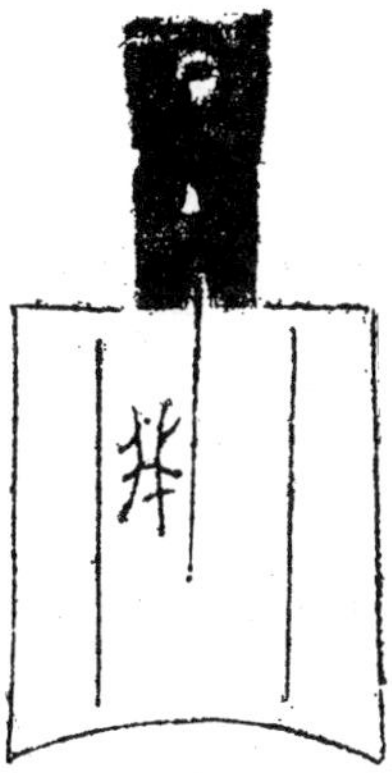
孟津縣常袋鄉劉家嘴村出土的"伐"字空首布

平肩弧足空首布的錢文「伐」字不是鑄造地名，它可能是吉語。我們知道，在各種空首布中，平肩弧足空首布出土的數量最多，錢面銘文也最豐富。據我的初步統計，這種錢文已多達二百種左右，其內容有數字、干支字、地名、吉語等。以往有人認為這種錢文絕大多數都是鑄造地名，凡是能和先秦地名對上號的，就輕易地認定這種貨幣是某國某地所鑄。例如，他們看到這種錢文中的「益」字，就說是齊國的「益都」所鑄(地在今山東益都北)；看到錢文中的「朱」字，就說是邾國所鑄(在今山東鄒縣東南)；看到錢文中的「鄪」字，就說是魯國的鄪邑所鑄(在今山東曲阜西南)。王毓銓：《我國古代貨幣的起源和發展》42頁，科學出版社，1957年。但是，在今山東境內從未有出土空首布的報導。同時，齊國是鑄行刀幣的地區，魯國是鑄行貝幣的地區，朱活：《魯幣管窺》，《史學月刊》1983年第3期。郝國的鑄幣雖然尚不清楚，但肯定不是鑄行鏟幣的。因此，目前錢幣學界大多數學者都不贊成這種說法。《春秋代布考》進一步采用「代、伐二字可以互用」的辦法，把「伐」字平肩弧足空首布定為「代國所鑄」，同樣是不足憑信的。如前所述，平肩弧足空首布是東周王畿內的鑄幣，但是春秋戰國時期周王畿的疆域狹小，如果説這種錢文絕大多數都是鑄造地名，在區區小周的范圍內，有一，二百個城邑都來鑄造錢幣，這是難以理解的。因此我們認為這種錢文絕大多數不是鑄造地名，它們很可能屬於吉語，「伐」字便是其中的一例。

《左傳·莊公二十八年》載「且旌君伐」，杜預注：「伐，功也。」《國語·周語》「吾有三伐」，韋昭注：「代，功也。」《尚書·大禹謨》「汝維不伐」，孔傳：「自功曰伐。」《論語·公治長》「願無伐善」，皇疏：「有善而自稱曰伐。」《荀子·臣道篇》「功伐足以成國之大利」，楊倞注：「戰功曰伐。」《漢書·項籍傳·集注》引張宴曰：「積功伐曰。」《小爾雅，廣詁》：「伐，美也。」關於空首布錢文中的吉語問題，詳見拙稿《空首布再探》(待刊)，這裏不再贅述。由此可見，我們把平肩弧足空首布錢文中的「伐」字釋為吉語，是較為妥當的。【《春秋代布考》商榷　中國錢幣一九八五年二期】

◉李　棪　「伐」字，習見。疑亦砍人頭作牲的方法。廣雅釋詁：「伐，殺也。」甲骨文伐字作伐，正象以戈穿過人的頸部之形。管子霸形：「伐鐘鼓之具。」注云：「伐，斫斷也。」尤近斬首之意。金文父乙鼎，父己鼎，父乙盉，父乙爵，父丁尊等，均有伐字，亦均象以鉞斫斷頭顱之形。茲舉一例：「王宓武丁，伐十人，卯三牢，鬯二卣。王宓武丁，伐十人，卯六牢，鬯六卣。」(前一·一八·四)所謂伐十人者，蓋斫十人之頭顱以作牲之意。【殷墟斫頭坑髑髏與人頭骨刻辭　中國語文研究第八期】

◉戴家祥　説文八篇人部：「伐，擊也，從人持戈，一曰：敗也。」李孝定謂卜辭伐作伐，象戈刃加人頸擊之義也，非從人持戈。甲骨文字集釋第二六六一葉。按小徐繫傳「敗也」下有「亦斫也」三字。管子霸形篇「伐鐘鼎之縣」，尹注：「謂斫斷也。」卜辭以伐為祭名，每云伐若干人，最多者「八月辛亥，允戈伐二千六百十五六人」。殷虛書契考釋下第四十四葉。伐祭者，斫頭為祭也。安陽武官村大墓發掘報告可見遺跡矣。墨子明鬼篇：「吉日丁卯周代祝社矛。」「周代祝」孫詒讓墨子閒詁校改為「用伐祀」。地官司救「凡民之有衺惡者，三讓而罰」：鄭玄云：「罰謂撻擊之也。」撻擊即扑罰。司市云「大刑扑罰」，注：「扑撻也。」罰伐二字不但同部，而且同母。小雅六月「薄伐玁狁以奏膚功」、「薄伐玁狁，至於太原」，虢季子白盤「薄伐玁狁，於洛之陽」，宗周鐘「戮伐厥都」，兮甲盤「敢不用命，則即並劓伐」，自毛鄭傳箋以來，説詩者均不明「薄伐」應作何解，今以金文證之，伐應讀罰。薄伐者，扑罰也，謂其罪大惡劇，刑應重於憲罰徇罰也。李説可供參考。【金文大字典中】

甲二〇四九 从彳 菁六・一 簠征四一 存七二二 【甲骨文編】

甲2049 續5・81 徵9・41 續存721 【續甲骨文編】

俘 不从人 師袁簋 孚吉金 孚字重見 【金文編】

◉許　慎　軍所獲也。从人。孚聲。春秋傳曰。以為俘聝。芳無切。【説文解字卷八】

◉劉心源　聤从耳。當是俘之異文。案。聝取二字皆从耳。爾雅疏伐執之曰取。説文聝。軍獲斷耳也。聤亦此義。【奇觚室吉金文述】

◉吳大澂　古俘字。从戈从爪。虢季子白盤。或從爪從𠂇。中●象貝。作兩手攫貝形。俘金之義。小篆从子。非是。師寰敦。【説文古籀補卷八】

◉羅振玉　説文解字。俘。軍所獲也。从人。孚聲。此从行省。不从人。古金文作貞敦師寰敦。省彳。吳中丞謂乃从爪。从𠂇。中●象貝。作兩手攫貝之形。疑小篆從子非是。今證以卜辭。正是从子。古金文从者。亦子字。吳説失之。【殷虚書契考釋卷中】

◉柯昌濟　聤字从耳从孚聲。疑即俘之異文。从耳。殆取俘虜取耳之誼也。【魯士聤父簠　韡華閣集古録跋尾】

◉葉玉森　丙寅□出貞□月之□用七月左行　余釋俘。用俘用艮。疑立僇人以祭。【鐵雲藏龜拾遺考釋】

◉張　鳳　假定此形為廣義的人形，此形在文繪中，兩肢一上一下無例外，而在甲文，金文，篆文中多有從此而得聲之字：又因用器時代及結構之異，而變作一與子字相似，實非子字者，吾人可於各字所從得聲求之，例如：

此非詩佛時仔肩之仔字　此非好歹之好字。

右甲文，均為俘字，人女互易，即孫詒讓所謂轉注字，卜詞「歸好」連言，例同「歸俘」。俘為二字之本義，後好字聲借而為好歹之好，另詳拙著法文甲骨刻字考異補釋説好一文。

吳大澂解兩手爭物，非是，孚字實从子字得聲之字。　俘與保輕重脣之異。　孟从呆聲。

右金文，從或得聲。在此可以看見消滅之跡。實省，故有作，有作者。

浮俘同聲。

說文「浮行水上也」。集韻「質入切，音執」非是！此實為游古文。

浮游疊均。

甲文作或。

右小篆，浮字已下字，或正或倒，其得聲都由浮字，聲音之傳變，其痕跡有可尋者。

浮Fou, Feou, Wou, Weou.

汙，游，毓，育　其聲由F，W消失(Atonie)而為Y，韻則或長或短，與ou因同韻。

總上集合各時代各書寫不同之諸字觀之，為呆省，並有孚音。況在本題所討論之字，在商器中兩肢一上一下，極有分明的別異，與普通作字者絕然不同。吾人之認識，當於羅振玉氏辨識子丑之，與辰巳之外，又從新認出有孚義，並有孚聲。不當從舊說解為「析子孫」者。又倘為「子抱孫」，先要證明且遍驗此人形，或他器中之側立人形，是否可以當子字解。又形作孫字解的證據，如果可以得到，那倒是子丑之子，辰巳之子，以外又得到第三個第四個子字的發明。

既認識為俘字，或孚字，在文字畫中作為俘虜的形像。其下的人形，用兩手向上以表意。在前俘形為實字，在後人形亦為實字，文字未完備時，僅能以實字示意，此乃為創作時困難之情狀。然以兩人相加，人與人間相互之關係遂見。其關係即為其作業，尤有兩手向上表示其所欲作之業，乃有下之圖繪：

觀於此圖，見圖中較大之人形，作上獻狀，又知較小之人形，為俘形。乃從經籍中求當時作器之背影，有如前述之告成例。紀庸例與自矜例，又於經籍中求故實，有策勳，飲至，獻俘，獻馘事，準此，則此兩人形所表示之意，為獻俘意無疑矣。【解　國立暨南大學文學院集刊第一集】

◉葉玉森　孫詒讓氏釋子契文舉例。森桉。卜辭十二支之子悉作等形。巳則作等形。不相溷也。其云某者頗似人名。往者曾從孫詒讓氏說。强讀為子。說見殷契鉤沈。繼思竝俘省。其所從之為孚省。卜辭有若干字。或作。決其非巳者。應竝讀為俘。乃仔之又省也。曰某。或某者。某字即被俘者之地名或國名。如卜辭云「□辰卜貞俘雔不作[亻亘]不囚」。卷四第二十九葉之四。即卜問雔之俘不使作[亻亘]復不囚之。以示寬大也。

「貞俘漁或作魚亡其从」。後上第二十七葉之二。即言漁之俘不使作從。猶云不作佂也。「貞乎俘漁之于祖乙」。卷五第四十四葉之四。即命以漁之俘獻祖乙廟也。「乙丑俘卜貞俘乎出」。卷八第十葉之一。即卜問之俘命出境也。「乙丑卜內貞俘戈方」。卷五第十三葉之一。即言之俘戈傷國人也。「己卯卜貞令犬翼庚于隹卜俘于□多亞」。後下第四十一葉之九。全辭不易解而固言俘于也。「癸丑卜俘韋」。後下第十八葉之二。即卜之俘有畔違之虞。乃地名或國名。商氏釋毓。類編。非也。「六日戊子俘囚」。菁華第三葉之一。即言第六日戊子俘之人且囚之也。「丁酉卜□俘弓」。即卜俘弓人也。「丙申卜王令火戈俘」。卷八第三葉之一。即言王命焚戈國之俘也。「癸巳卜貞令畢俘歸六月」。卷六第五十二葉之一。即命畢二國俘人來歸也。「乙卯卜永貞畢弗其幸執俘」。甲骨文字二第十二葉之十三。即言畢國不執俘也。「王固曰之求五日俘羼囚」。藏龜第二百四十七葉之二。「乙卯卜𢦏貞俘羼不囚」。徵文雜事第五十七版。即卜羼之俘或囚或否也。「帚鼠俘」。徵文雜事第百版。即鼠方之俘來歸也。「俘囚」。卷七第二十四葉之一。即俘囚也。「俘艮」。寫本第三百七十六葉。疑盟省。即言于俘服之人而與之盟也。「丁酉卜𢦏貞今月俘亡不若」。卷五第二十葉之六。即卜今月之俘咸順也。「甲辰卜𢦏貞尹㠯俘」。卷七第四十三葉之一。尹。官也。疑守字。即卜設官以守俘也。至本辭「余弗其俘歸姪」。即言余弗往俘而來歸姪俘也。卜辭更有最奇之一語。如「癸酉余卜貞雹歸有俘」。後下第四十二葉之十一。許書捊抱餢飽孚䍚竝認為一字。孚包古音同。在第三部。故通叚。殷時雹字之音與俘字之音必諧。因貞雹而知有歸俘。固殷人迷信之一事。然以諧聲推證。亦可見卜法之一斑矣。

商器銘文中之即卜辭之。當讀為俘。近讀張鳳氏解。亦釋為孚。即俘。且謂子為呆省。至塙。爵文之即可證。又張氏謂商器之肢則一上一下。與普通之絕然不同。予桉。。父乙爵則作。。西彝之俘。偏旁亦作。。角之子則作。似人形之俘其肢。固不必一上一下。且可通用為子孫之子也。至爵文敦文之。之外繪圓形。乃匡廓之飾文。後變為。為。如爵文之。尊文之。似亞形。內之與〇內之亦同為俘字。亦有作倒形者。仍俘字。如爵文。一作可證。竝有作側面形者。乃之省變。如爵文。一作可證。【殷虛書契前編集釋卷一】

◉馬叙倫　鈕樹玉曰。宋本馘作聝。倫按。此孚之後起字。軍所獲也校語。或此字出字林。【說文解字六書疏證卷十五】

◉李孝定　說文「俘。軍所獲也。从人。孚聲。春秋傳曰『以為俘聝。』」字當為俘之本字。象以手逮人之形。增彳示於道中逮人。且增彳若行。古文亦習見。从人之俘。其初文當作。及後形離而為二。遂作俘矣。許云「孚聲」。失其朔矣。辭云「☐四日庚申。亦有來艱自北。子𣪘告曰『昔甲辰方征于𢀛。俘𢦏人十又五人。五日戊申方亦征。俘人十又六人。六月在☐。』」菁・六・一。𢦏正當釋俘。羅説是也。金文作𢦏師寰簋。【甲骨文字集釋第八】

但

拾一一一九【甲骨文編】

96【包山楚簡文字編】

譚但之印　晏但　小但　□但私印　嬴但【漢印文字徵】

◉許　慎　但裼也。从人。旦聲。徒旱切。【説文解字卷八】

◉馬叙倫　鈕樹玉曰。韻會引旦聲下有一曰徒也。倫按。鍇本有一曰徒者。聲類。徒。但也。徒但音同定紐。得相假也。校語。【説文解字六書疏證卷十五】

◉劉彬徽等　但，簡文作，簡97此字作旦。【包山楚簡】

傴

綦母傴【漢印文字徵】

◉許　慎　傴僂也。从人。區聲。於武切。【説文解字卷八】

◉馬叙倫　傴僂疊韻轉注字。而傴之音原於𠃊。禮記月令。句者畢出。萌者盡達。樂記作區萌。是其例證。蓋區為曲道。語原亦𠃊也。疒部痀為曲脊病。則傴亦痀之聲同矦類轉注字。以疾言從疒。以人言從亻耳。玄應一切經音義引字林。傴。一父反。【説文解字六書疏證卷十五】

僂

僂　為二三　日甲七〇背【睡虎地秦簡文字編】

僂弘信印　僂今之印　僂博　僂武【漢印文字徵】

◉許　慎　僂尪也。从人。婁聲。周公韈僂。或言背僂。力主切。【説文解字卷八】

◉馬叙倫　鈕樹玉曰。繫傳尪作厄。譌。尪當作尫。承培元曰。鍇本作尪也。尪為尢之譌也。田吳炤曰。韻會引作尫也。則小徐原本未誤也。倫按。尢為曲脛。痀為曲脊。雖同為曲而病非一。呂氏春秋　明理。盲禿傴尪。注。傴僂。俯者也。盡數。苦水所多尪與傴人。皆以傴尪為異病。尪也。蓋字林刊異訓。本訓捝矣。尪音亦影紐。則與僂同語原。周公以下校語。字見急就篇。【説文解字六書疏證卷十五】

◉許　慎　僇癡行僇僇也。从人。翏聲。讀若雡。一曰。且也。力救切。【説文解字卷八】

◉馬叙倫　鈕樹玉曰。玉篇引僇僇下無也字。段玉裁曰。一曰且也者。即今所用聊字也。倫按。漢書五行志引京房易傳。佞人祿。功臣僇。天雨血。此僇字或借為戮。或用此義。癡行僇僇猶今人言無聊。謂失意也。則為俚之轉注字。然癡行僇僇必非許文。或非本義。或與嫪一字。字或出字林。一曰且也。校語。【説文解字六書疏證卷十五】

仇

仇翁壹印【漢印文字徵】

◉許　慎　仇讎也。从人。九聲。巨鳩切。【説文解字卷八】

◉馬叙倫　鄧廷楨曰。仇讎疊韻。倫按。爾雅釋詁。仇。讎。妃。匹也。此以讎對訓仇。蓋仇之本義。猶今所謂對方耳。故爾雅釋仇為妃也。仇敵乃引申義。玄應一切經音義引三倉。怨耦曰仇。倫疑仇為配之轉注字。配為僕之初文。僕音竝紐。仇音羣紐。同為濁破裂音。配得聲於酉。酉九聲同幽類也。妃匹義亦引申。蓋由僕之女性者為妻妾。古之妻妾為陪寢者。配亦陪臣之陪本字也。【説文解字六書疏證卷十五】

◉許　慎　儡相敗也。从人。畾聲。讀若雷。魯回切。【説文解字卷八】

◉馬叙倫　沈濤曰。文選西征賦注引作壞敗之皃。蓋古本如是。寡婦賦注引作敗也。乃節引。今本相字尤屬無義。王筠曰。老子釋文引無相字。倫按相敗也。蓋字林文。字林每言相也。或此字出字林。西征賦注者蓋校語。淮南俶真。然而不免於儡身。注。身不見用儡儡然也。則與儽一字。為俚僇之轉注字。音同來紐也。【説文解字六書疏證卷十五】

咎

布方处　説文云　咎字省體　晉高　仝上　仝上　布方处　晉高　仝上反書　仝上　布方咎

晉浮　布方处　典九八　仝上　典一〇一　仝上处　典九九　布方　典補一二一九　仝上处　亞四·五頁【古幣文編】

235【包山楚簡文字編】

咎 日甲六　日甲八三背　九例　日甲四背　四例【睡虎地秦簡文字編】

衢又—（丙1:3—6）　又讀為晷　襄—天步（乙2—33）【長沙子彈庫帛書文字編】

2290【古璽文編】

行母咎【漢印文字徵】

竝古老子【古文四聲韻】

◉許　慎　災也。从人。从各。各者。相違也。其久切。【説文解字卷八】

◉阮　元　（咎父癸卣）説文云。咎。災也。从人。从各。各者相違也。此所異者。从人。从舛。从口。舛者。夕干相背。相違之意愈顯。此古文之僅存者。【積古齋鐘鼎彝器款識卷一】

◉阮　元　（齊侯甗）咎从疒者。義通疚。【積古齋鐘鼎彝器款識卷八】

◉吴大澂　或从疒省。齊侯甗毋咎母癘。【説文古籀補卷八】

◉吴式芬　（集咎彝）阮説咎義甚精。惟人不應以咎名。當是臯之借字。臯陶古作咎繇。【攈古録金文卷二之一】

◉孫詒讓　説文口部各。異詞也。从口。从夂。甲文各字作。又咎字从人。从各。金文咎字或作集咎彝。作咎作父癸卣。甲文有字。葢亦咎之異文。此皆以口為夂也。【名原卷上】

◉高田忠周　阮氏云。咎从疒者。義通疚。按。咎字轉義。爾雅釋詁。咎。病也。葢此義晚周文字。从疒作瘩也。此篆可證。

又轉為廣雅釋詁三。咎。惡也。方言十三。咎。謪也。【古籀篇三十二】

◉郭沫若　咎字原文半泐，呈形，國差𦉜「毋瘠毋疕」字作，知此必作，多一筆，連蝕花而為之。【𨟭盨　兩周金文辭大系考釋】

◉戴蕃豫　殷絜中吉語有亡𡆥。亡猷諸辭。猷字从𡆥，必先識𡆥字之形聲誼。然後猷字乃可得而醳。考𡆥字之見于卜辭者，簡體作，繁體作，其變也作，若，其省也作凵若。他若金文尊之，旅虎簋之，卣文之，戊辰彝之，王命明尊，疑並是𡆥之異文。徵諸舊醳凡有六說，華石斧釋卟四也，郭鼎堂氏釋卣五也，王國維氏疑與咎同六也。豫案卟字卜辭作。戩四七·四·云「鼎」，从口从卜，瑑畫明晳。卜古文作，此作者與說文合，此乃絜刻時絜乃偶上引耳。是卜辭本有卟字，與𡆥字有別，華商唐諸氏之說胥失之矣。凶字篆文作，與諸形相去甚遠。且葉氏既以𡆥為葉釋戾謂从户从大字偏旁矣，玆又以凶字釋之，其說實自相刺謬矣。郭說最辨，然考之故書疏記罕有以亡繇連文為休咎之徵者。唯王氏之說最為精當。考篇海「𡆥音臯」，龍龕手鑑「𡆥其九反」，古文四聲韻有字，从𡆥，夏氏書人多非之，然相承有𡆥字必無疑。从口从卜，卜象龜甲上兆裂縱横之形，□象兆域，後世謂之體。卜辭中之亡𡆥，速語也，釋臯不可通，當是咎之本字。荀子臣通篇「晉之咎犯」，左傳作「臯犯」，儀禮士昏禮「質明見於臯姑」，鄭氏注「臯古文皆作咎」，穆天子傳「咎氏燕晏飲母有禮」，咎氏即臯氏，是𡆥為本字，咎為後出，臯為假借，若然者，卜辭之亡𡆥即周易之無咎矣。亡咎之咎，故訓或為過，或為災，或為病，或為罪，或為屬，或為害，或為謗，要之，義文不可執一。故凡天象，水旱、禮祭、人事之屬，大而刑戮征伐，小而行止往來，靡非籍卟卜以定保咎，是以无咎之篇見於卜辭及周易者不一而足也。至言𡆥之辭例，間嘗綜覽殷絜，得十有九例。一曰亡𡆥，二曰有𡆥，三曰隹𡆥，四曰其𡆥，五曰□人名𡆥，六曰大𡆥，七曰在𡆥，八曰取𡆥，九曰亡𡆥若，十曰一人𡆥，十一曰出𡆥，十二曰其出𡆥，十三曰弗其𡆥，十四曰不其𡆥，十五曰不主𡆥，十六曰降𡆥，十七曰出𡆥，十八曰其有𡆥，十九曰作𡆥。殷絜亡猷之猷从𡆥，疑即𡆥之繁文。【殷絜亡田說　考古社刊第五期】

◉馬叙倫　桂馥曰。一切經音義九。說文。咎。災也。字體從人從各。人各相違即成罪咎。倫按此字自從人各聲。書序臯陶謨。釋文。臯。本作咎。臯各雙聲可證。七篇𥡴從咎得聲。讀若皓。亦其證。災也即災字義。咎從各得聲。各為來往之來本字。來災聲同之類。易言无咎。而甲文多言無災。亦言無。為求之異文。求從又得聲。又聲亦之類。古書或言無尤。尤聲亦之類。皆借為災矣。咎仇雙聲。蓋轉注字。鍇本作各聲。是。而鍇惑於人各相違之說以為會意。鉉因刪聲字。不悟人各云云校詞也。亦或鉉本自無聲。鍇因異本無聲字。故仍舊說。咎作父癸卣作。集咎敢作。【說文解字六書

仳

疏證卷十五】

◉饒宗頤　夅即夂。説文：「夂，行遲曳夂夂，象人兩脛有所躧也。」徲下云：「夂也。」復字从夂，云：「行遲也。」易・蹇卦：「往蹇來遲。」釋文云：「遲夂之意。」詩・南山：「雄狐綏綏。」玉篇引作「夂夂」。故卜辭成語之「又夅」，即謂行有所蹇阻不前。所云「亡之」，謂毋往也。屯乙八六九六亘「夅不」，義應同。間有用作動詞。如：「父乙夅婦好」(屯乙三四〇一)，亦有蹇阻意。或釋夅為咎，非是。【殷代貞卜人物通考】

◉李孝定　契文作[glyph]若[glyph]。金氏續文編收入八卷六葉下人部末以為説文所無字。按古文从口之字或从凵。其字只是抽象之符號省形而無音義。故或寫作凵。或寫作口。然既非口耳之口。亦非音圖之口。或又略去不用。如石或作[glyph]。或作[glyph]。或作[glyph]。可或作[glyph]。或作[glyph]。或作[glyph]是也。或又省而不用。此字从人从夂。或从各。當即許書之咎字。辭云「辛亥已[glyph]匕之倒文隹口处辛亥庚匕隹口处」。其義不詳。乙・一一七四。金文作[glyph]咎卣[glyph]咎尊[glyph]集咎簋。容氏金文編收作偺。按。字只从一人。仍是咎字。與契文略同。【甲骨文字集釋第八】

◉屈萬里　唐蘭釋囚為卣，而讀為咎(天釋一一葉)。按：卜辭無咎字，而周易則咎字習見；疑囚、𡆥皆咎字，殃咎之意也。【殷墟文字甲編考釋】

◉許進雄　S 0042　第一期　右腹甲

☒二月。

□戌卜，☒祖乙☒夂☒

夂於卜辭有災禍作祟之意，其字象人為足所踐踏，可能是咎(卜辭作[glyph])的異體。【懷特氏等收藏甲骨文集】

◉劉彬徽等　[夂九]，讀如咎。【包山楚簡】

◉許　慎　仳別也。从人。比聲。詩曰。有女仳離。芳比切。【説文解字卷八】

◉馬叙倫　疑與𠨖一字。別也或以聲訓。非本義。詩。中谷有蓷。釋文引字林。仳。父几扶罪二反。蓋字出字林。【説文解字六書疏證卷十五】

倃

◉許　慎　毀也。从人。咎聲。其久切。【説文解字卷八】

◉馬叙倫　王筠曰。段玉裁謂咎倃一字。是也。小徐本咎倃相連。恐係後人增入。但玉篇已有之。倫按。戴侗以為咎慦倃一字。倫按。倃本咎之重文。故鍇本相連也。毀也乃咎下一訓。傳寫譌迻倃於咎下。校者因移毀也為之説解。下文倠。仳倠。醜面。仳倠連文亦可證也。【説文解字六書疏證卷十五】

倠

◉許　慎　仳倠。醜面。从人。隹聲。許惟切。【説文解字卷八】

◉馬叙倫　鈕樹玉曰。玉篇引面下有也字。倫按。女部。婎。一曰。醜也。頁部。顀。出頟也。疑倠婎一字。醜面及醜皆顀字義。説解似亦非許原文。或此字出字林。古鉨作。【説文解字六書疏證卷十五】

◉湯餘惠　燕私名璽有以下各字：

a　(2807)　(2832)　(2510)

b　(3568)　(0880)　(3957)

上引各字右旁是相同的，疑為「隹」之省變。古璽脽字从隹作（《璽》1745），與此形近；金文或作（吳季良父壺難字所從），當即其形所從出。燕文字字體方正，筆勢多取方折，故作如上各形；倘若此考不誤，那麽例a可釋為「倠」。《説文》：「倠，仳倠，醜也。」例b應即維字古文。【略論戰國文字形體研究中的幾個問題　古文字研究第十五輯】

值

説文【古文四聲韻】

◉許　慎　措也。从人。直聲。直吏切。【説文解字卷八】

◉馬叙倫　鈕樹玉曰。韻會引直聲下有一曰逢遇也。段玉裁曰。措當依韻會引作持也。詩陳風宛丘。值其鷺羽。傳。值。持也。顧廣圻曰。黄公紹每取他處為説文。此即節取毛傳。許言措也。乃今措也之措。與毛傳不相涉。繫傳自作措。倫按本書。措。置也。置亦從直得聲。故此訓措也。然疑非本訓。持也以聲訓。鍇本一曰逢遇者。校語。字或出字林。【説文解字六書疏證卷十五】

◉殷滌非　羅長銘　德，舊釋德。王孫鐘有德字，又另有德字，可見不是一個字，這個字當讀爲值，是當差的意思。【壽縣

出土的「鄂君啟金節」 文物一九五八年第四期】

侂

◉許 慎 寄也。从人。厇聲。厇。古文宅。他各切。【説文解字卷八】

◉馬叙倫 段玉裁曰。與託音義皆同。倫按。蓋一字。字或出字林。厇古文宅。鉉以鍇語加之。【説文解字六書疏證卷十五】

僔

◉許 慎 聚也。从人。尊聲。詩曰。僔沓背憎。慈損切。【説文解字卷八】

◉馬叙倫 鈕樹玉曰。繫傳沓作噂。非。段玉裁曰。口部。噂。聚語也。詩曰。噂沓背憎。此復引詩作僔。云。聚也。謂聚人非聚語。蓋三家詩駁文。兼引之耳。嚴章福曰。引詩校者依篆改耳。倫按本書。蓴。叢艸。叢聚皆從取得聲。尊叢雙聲。取從耳得聲。本書。茸。艸茸茸皃。茸茸即叢叢。是其語原同也。僔蓋聚之轉注字。亦疑聚也即聚字義。古借僔為聚耳。僔蓋蹲之異文。【説文解字六書疏證卷十五】

像

天—是愳(甲10—26)【長沙子彈庫帛書文字編】

◉許 慎 象也。从人。从象。象亦聲。讀若養。徐兩切。【説文解字卷八】

◉馬叙倫 段玉裁曰。當依韻會引作似也。從人。象聲。劉秀生曰。鍇本作讀若養字之養。像。從人。象聲。象養聲同唐部。故像從象聲得讀若養。水部。潒。從水。象聲。讀若蕩。淮南俶真訓精神訓。抱德煬和。注云。煬讀供養之養。象聲昜聲竝如養。是其證。倫按。像似音同邪紐轉注字。或曰。此今人所謂式樣字。倫謂式樣即似像之引申義。像即式樣之式本字也。式從弋得聲。弋音喻紐四等。像從象得聲。象音邪紐。邪紐之音自喻四分。古讀皆歸於定也。【説文解字六書疏證卷十五】

◉嚴一萍 金文師湯父鼎象作，與此近。商氏亦釋像。説文：「像，象也。从人从象。」段玉裁改作「似也」。説文繫傳：「尚書曰崇德象賢，乃審厥象，本皆作此，作象字假借也。楚辭曰：像設君室，靜閑安似而設之也。又韓子曰：象南方之大獸，中國人不識，但見其畫，故言圖寫似之為象。」段玉裁曰：「雖韓非曰人希見生象也，而案其圖以想其生，故諸人之所以意想者，皆謂之象。然韓非以前，或衹有象字，無像字。韓非以後，小篆既作像，則許斷不以象釋似，復以象釋像矣。」徐灝箋曰：「古無像字，假象為之。韓非之言，足證周秦間尚無像字，此漢世所作也。」今繒書有之，諸家所疑周秦間無像字者，誤矣。案象為本字，孳乳為像。段氏據韻會所引改説文「象也」之訓為「似也」，可从也。【楚繒書新考　中國文字第二十六册】

◉何琳儀　[glyph]，諸家多隸定為逸，非是。于豪亮隸定為像，《中山三器銘文考釋》，載《考古學報》一九七九年第二期一一一頁。可从。按，象和兔的區別主要在尾部，即前者下垂，後者上翹：

[glyph]長沙帛書　[glyph]中山王圓壺

[glyph]石鼓　[glyph]秦子矛

中山王三器中豕和象的尾部相同，均下垂：

[glyph]大鼎　[glyph]方壺　[glyph]圓壺　[glyph]圓壺

豕、象與兔尾部區別，在殷周古文中就涇渭分明，而在戰國古文中也維妙維肖地保存了這些象形文字的主要特徵。然則本銘[glyph]隸作像，殆無疑義。需要説明的是本銘像與大鼎[glyph]，兆域圖[glyph]均从象的歧異現象如何解釋？其實圓壺與其他同出各器異體互見的例證俯拾皆是，參《中山王礜器文字編》恖、夜、賙、道、賃、寧等字下。因此，[glyph]或作[glyph]並不足為奇。像即像。鄂君啟節德作德，三晉兵器侖或作侖，温縣盟書徒作徒，《説文》役古文作役，古尚書偃作偃，很作很小林信明《古文尚書の研究》六四、八五頁。等，「彳」和「亻」互作的例證在後世碑文和字書中更是不勝枚舉。《廣雅·釋詁》三：「像，效也。」《書·舜典》注：「像，法也。」【中山王器考釋拾遺　史學集刊一九八四年三期】

◉曾憲通　[glyph]天像是惻　乙一〇·二六　《説文》：「像，象也。从人从象。」段玉裁註以為古或衹有象字，無像字。後小篆既作像，則許斷不以象釋似，復以象釋像。因改「象也」為「似也」。徐灝亦斷言「像」字為漢世所作。今以帛書證之，知戰國時已有像字，但帛文像字仍讀為象。【長沙楚帛書文字編】

[glyph]倦出尚書【汗簡】

[glyph]古尚書　[glyph]汗簡【古文四聲韻】

傮

◉許 慎 倦罷也。从人。卷聲。渠眷切。【說文解字卷八】

◉馬叙倫 王筠曰。倦與力部券同。丁福保曰。慧琳音義八十九及九十六引作疲也。倫按。罷也。當作疲也。本異耳。倦為券之異文。慧琳音義引倉頡。約也。疲倦歌元對轉轉注字。【說文解字六書疏證卷十五】

◉許 慎 傮終也。从人。曹聲。作曹切。【說文解字卷八】

◉馬叙倫 錢坫曰。今人謂事一終為一傮。聲同遭。倫按。終也者。借傮為匔。匔音照紐。傮音精紐。同為清破裂摩擦音也。傮當為儔之轉注字。聲同幽類。古書省作曹。此字蓋出字林。【說文解字六書疏證卷十五】

偶

 偶涂人印 【漢印文字徵】

 籀韻 【古文四聲韻】

◉許 慎 偶桐人也。从人。禺聲。五口切。【說文解字卷八】

◉馬叙倫 嚴可均曰。御覽三百九十六引作偶人也。韻會引作洞人也。皆誤。當作相人也。中庸。仁者。人也。鄭注。讀如相人偶之人。吳夌雲曰。舊板玉篇。偶。相人也。今本相作桐。蓋好事者轉改。顧廣圻曰。以次求之。桐字非譌。漢書江充傳。掘地求偶人。又云。得桐木人。是其證。與鄭注相人偶初不相涉。淮南繆偁訓。魯以偶人葬。高注。偶人。桐人也。道藏本淮南不譌。新刻亦改桐為相。桂馥曰。齊策有土偶人與桃梗相與語。趙策。土梗與木梗鬬。越絶書。桐不為器。但為俑。倫按。顧說長。疑本作木人也。玄應一切經音義引字林。偶。吾口反。合也。此字蓋出字林。合也為其一訓。蓋遇字義。【說文解字六書疏證卷十五】

弔

 甲一八七〇 貞人名 古弔叔一字  乙四八一〇  前一・三九・三  前三・三二・三  前五・一七・二  後二・一三・二  河六一〇  續六・二七・四  存一〇八〇  摭續一五五  無想三一八  京津一二九一

京津四八〇八　金六一六【甲骨文編】

弔　善也　引申而為有凶喪而問其善否曰弔　説文作　形體少譌　魏三字石經君奭　不弔　古文作　篆文作　尚不誤　後假拾也之叔為伯弔之弔　又孳乳淑俶　以為弔善之弔　説文亦解弔為問終　乃弔之本義廢　而人莫知弔之為矣　弔父丁簋　弔車觚　弔鼎

弔尊　作且乙簋　易𡗕簋　揚鼎　陵弔鼎　咢弔簋　弔咢父簋　寡子卣　弔宿簋

逐鼎　賢簋　公貿鼎　守鼎　趞簋　弔皮父簋　弔姬匠　舀鼎　禹弔盨　弔宝簋

師臾鐘　莆簋　弔尃父盨　弔倉父盨　昷弔盨　陳昉簋　昷弔匜

免簋　牧師父簋　禹鼎　弔向父簋　師寏父簋　弔攸簋　廣簋　司寇良父簋

弔姞盨　頌鼎　頌簋　頌壺　弔上匜　弔多父盤　鄭楙弔壺　鄭伯筍父鬲　弔五父盤　庚姬鬲　遣弔盨　蔡姞簋　師麻斿弔匡　善夫山鼎　此簋　弋弔朕鼎　虢弔鐘

商丘弔匡　鬳弔盨　虢文公鼎　陳公子甗　尹弔鼎　士父鐘　邵大弔斧　孫弔師父壺

弔簋　敓弔簋　鄭興伯鬲　吳王姬鼎　戒弔尊　弔狀簋　鑄子匠　鑄弔匠　鑰鎛　毛弔盤　夆弔匜　干氏弔子盤　邾弔鐘　留鐘　哀成弔鼎　齊陳曼匠　寏侯匠　曾

大保盆　弔□劍　量器文　戈文　弔龜且癸觚　弔龜二字合文　弔龜作父丙簋　弔龜戈

弔龜爵　爵文　弔龜鼎【金文編】

3370　與弔尊弔字同【古璽文編】

弔 弔 石經君奭 君奭不弔今本作弔 【石刻篆文編】

弔 弔 弔 弔 【汗簡】

弔 弔 竝華嶽碑 弔 弔 竝籀韻 【古文四聲韻】

◉許 慎 弔問終也。古之葬者。厚衣之以薪。从人持弓。會敺禽。多嘯切。 【説文解字卷八】

◉吳大澂 古文淑皆作弔。不从水。許氏說文解字有九月叔苴之叔。而無伯弔之弔。蓋自漢人借叔為弔。又誤弔為弔。而弔字之本義廢矣。濰縣陳氏藏觚文有尗字。此弔字之最古者。象繒弋所用短矢。以生絲繫矢而射。古者男子生。桑弧蓬矢六。以射天地四方。故弔字从人从弓繫矢。男子之所有事也。弔為男子之美稱。伯仲弔季為長幼之稱。引伸其義又訓為善。不弔即不善。此弔字之本義也。叔字从又从尗。以手拾尗。與伯弔之弔義不相類。吳尊叔金師龢父敢叔市周時已假借用之。漢人相因以叔為弔。又于經文不弔二字多誤為不弔。書大誥。君奭之弗弔天。多士之弗弔旻天。皆弔字之譌。小雅。不弔昊天。鄭云。不善乎昊天也。費誓無敢不弔。鄭云。弔猶善也。左傳哀公。誄孔子旻天不弔先。鄭注周禮大祝引作昊天不淑。王氏經義述聞以為弔淑二字古通。其實漢人誤弔為弔。因弔弔二字相近耳。邿人鐘顯淑文且皇考淑字作盄。邢敢不淑作不盄。許書皿部又別出盄字。从皿弔聲。薛尚功鐘鼎款識有盄龢鐘。疑皆盄字之誤。沇兒鐘郤王庚之叔子作𢘅。从皿从心。皆古文隨意增損。或同音相借字多變化。惟从水之淑不見于彝器款識。或隸書之俗字也。

【叔字說 字說】

◉高田忠周 鐘鼎最古文。尗字作尗。後變作尗。並象形也。轉義為小少之偁。經傳皆借叔為之。即伯叔之叔是也。其後以字義涉于人。更从人作俶。其實依此等古文。初先从人从尗省也。說文俶。善也。从人。叔聲。一曰始也。經傳多借淑為之。蓋人之始生也。其性善也。與尗之始生。耎少可好。相似矣。故鐘鼎文元以尗為之。或云俶淑訓始。少字假借義或然。古音相通。又俶。叚借為⿰山叔。公羊隱九年傳。俶。甚也。又為築。爾雅釋詁。俶。作也。廣雅釋詁。俶。動也。此俶與弔相合。張氏有所原可知耳。【古籀篇三十一】

◉容 庚 弔舊釋叔。吳大澂曰。象人執弓矢形。男子生桑弧蓬矢六。以射天地四方。故叔為男子之美稱。案。弔。善也。引申而為有凶喪而問其善否曰弔。說文作弔。形體少譌。魏三字石經君奭不弔。古文作弔。篆文作弔。尚不誤。後叚拾也之叔為伯弔之弔。又孳乳淑俶以為弔善之弔。說文亦解弔為問終。迺弔為善之本誼廢而人莫知弔之為弔矣。不弔。猶言不善。書。左傳皆言不弔。詩或言不弔。或言不淑。中谷有蓷淑與修歗為韻。則淑正當讀弔。韻補叔失照切。不知叔之為弔。乃多嘯切也。詩桑柔削爵濯溺人皆謂為閒句韻。而不知淑亦韻也。白虎通。釋名云。叔。少也。人皆謂叔少為雙聲而不知亦為疊韻也。漢儒注經多訓不弔為不淑。左哀十六年傳。哀公誄孔子云昊天不弔。周禮太祝先鄭注引作閔天不淑。則詩之作淑。疑漢以後人所改。【周叔單鼎　寶蘊樓彝器圖録】

◉郭沫若　叔字作□。羅說是也。此與己可為互證。字蓋从己。己亦聲也。己隹同在之部。音與幽部最相近。故叚借為叔。己復轉入宥部為繳。故叔又讀為弔。古書不淑與不弔兩通。揆其初字。固同為□或□之雖也。【釋支干己字　甲骨文字研究】

◉強運開　□寡子卣𩫏不叔策乃邦。不叔。猶言不善。與俶訓善同意。蓋叔即俶字之藉字也。運開又按。□□二篆形近。經典多訛□為□。如詩不弔昊天。神之弔矣。左傳若之何不弔穆為不弔。皆是叔字之誤。又秦盄龢鐘篆文作□。薛尚功誤釋為盄。可為□□致訛之證。【說文古籀三補卷八】

◉馬叙倫　顧炎武曰。人持弓會敺禽穿鑿。嚴可均曰。韻會十八嘯引作從人持弓。弓蓋往復弔問之義。則以陽冰語羼入。錢大昕曰。吳越春秋。陳音曰。弩生於弓。弓生於彈。彈起古之孝子。古者人民朴質。質。死則裹以白茅。投於中野。孝子不忍見父母為禽獸所食。故作彈以守之。為人子者既挾彈以防禽獸之害。則弔者各持弓以助敺禽獸矣。桂馥曰。酉陽雜俎。弔字矢貫弓也。龔橙曰。李登集古讀叔。此用夷為弔閒而省別。當並夷。倫按。繫傳祛妄篇。說文云。古者葬之中野。以弓驅禽獸。人遇弓為弔。蓋所引為校語也。金文叔娟鼎作□。叔龜尊作□。叔尊作□。近人釋弔。謂借為叔。倫觀金文弔字皆不從弓。與夷字所從之□同。實即夷字。借夷為叔季字。猶借叔為叔季字也。叔音審紐。夷音喻紐四等。同為次清摩擦音。甲文有□□。王襄釋弔。殷弔尊□字。殷弔冊□字。蔣善國釋弔。然與本書弦字蓋一字。弦不從矢。乃夫之譌。見弦字下。如吳越春秋釋弔從人持□。□即彈之初文。見雉字並雉豖字下。不從弓也。且陳音之說。於上古情狀不合。孔子言。喪欲其速朽也。緣上古生則居於巢穴。死則委之地上。固未知所謂葬也。故葬字初止作歺。後或作死。後加茻為聲作葬。因葬字從茻。而或不知茻字之為葬字所從得聲也。乃有古之葬者厚衣之以薪裹以白茅之說。即有其俗。亦為後起。知者。甲文不見𦵯字而有𦳝字。王國維釋葬是也。𦳝為形聲字。而葬字從死。死已為後起字。死下復箸初文地字之作一者。知必有從初文死字之作歺者而在一上。明初民止棄死者於地。任其自然消滅或為鳥獸所食而已。後以歺字疑於他文如丘立之類。因或作𦳝或作葬。則為形聲字。而茻爿聲同陽類。知茻亦為聲而非兼義矣。且古者葬死者於地。鳥獸從而食之。故有鳥葬之俗。因有以鳥獸食其親之屍為孝者。且有親老子孫祈而食之以為孝者。此俗猶有存於未開化之民族中。安得有不忍見其父母為禽獸所食之説。且亦安能旦旦而守之。即有之亦為一人偶然之事。而非風俗也。有此偶然之事而傳説附會。遂有陳音之説耳。且説解曰。問終也。禮記曲禮。知生者弔。知死者傷。則弔致於生者。非致於死者也。且許師賈逵。而史記宋世家集解引賈逵曰。問凶曰弔。左襄十四年傳。有君不弔。杜注。弔。恤也。恤謂存問。正與問凶義合。然則弔固不至於為死也。倫謂知生者弔。字當作賙。謂致贈也。如致襚是也。故周禮世婦注。王使往弔。正義謂致禮亦曰弔。今人於喪事致贈亦曰送禮。贈或以財。親戚則以死者所衣被。賙即論語君子周急不從富之周。本書無賙。賑即賙義。實轉注字。八篇裯讀若雕。然則弔固可借為賙矣。賙賑音皆照紐。古讀歸端。弔音端紐也。今説解蓋為後人所改矣。弔不限於問終。而衣部襚訓死人也。祱訓贈終者衣被曰祱。段玉裁疑祱字為後人所增。然彼曰贈終。此曰問終。詞例相同。其證一也。古之葬者厚衣之以薪。本易繫詞傳語。茻部葬下引之。上有易曰二字。然是校者所加。此用易傳語而不加易曰。若不補孝子不忍見父母為禽獸所食之意。而徑與從人持弓會敺禽相屬。實不可通。然去此九字尤不可通。知非許文矣。倫以為古書弔字即□字。亦即夷字。□借為叔。音在審紐三等。賙賑音均照紐三等。同為舌面前音。而夷音喻紐四等。喻四古讀歸定。夷弟一字。弟音即在定紐。端定同為舌尖前破裂音。賑從辰得聲。辰音禪紐。古讀歸定。則其通假之道可得也。字見急就篇。甲文有□。羅振玉釋弔。餘見隹下夷下。【説文解字六書疏證卷十五】

◉楊樹達　金文中常見□字，用為伯叔之叔，於是近日之治古文字學者，自吳大澂以下皆以此字當叔字。吳氏説文古籀補卷三云：「□，善也，伯叔長幼之稱也，象人執弓矢形。男子生，桑弧蓬矢以射天地四方，故叔為男子之美稱。」此欲以□之形明叔字之誼也。羅振玉云：「吳説似矣，而未盡當也。叔从□，象弓形，猶射之古文从□也；□象矰帶繳，矰為短矢，故但以□象之，其下屈曲者，繳也：此殆為隿射之隿之本字。許書之隿从隹弋聲，則後起之字，不如叔之合弓與矰繳之形，視而可識，察而見意也。至經典借弋為隿，於是後起之隿亦廢不用，而叔之本意，弋之初字，益塵霾不可知矣。」按羅氏疑□為隿之初字，然叔與隿音不相近也。余按：尚書君奭篇云「不弔昊天」，三字石經弔字古文作□，篆文作□，與金文形同，知金文之□實弔字，非叔字也。金文井人鐘克鼎卯毁並有□字，即説文五篇上皿部之盄字也。説文弔字不作□形，則與豆閉毁之□，叔龜毁之□同也。此皆金文□字即説文弔字之碻證也。夫吳氏生於清季，不及見近日出土之三字石經，誤説猶可言也。羅氏既見石經，乃公然襲吳氏之誤説，略不致疑，熟視石經之文字若無覩，何哉！

然則金文之用□為叔字者，何也？曰：此以音近假借也。左傳莊公十一年魯弔宋大水，襄公十四年魯弔衛侯出奔齊，其辭並云：「若之何不弔？」而成公二年晉弔衛穆公之卒，則云：「如何不淑。」哀公十六年左傳云「旻天不弔」，鄭衆注周官大祝引作「閔天不淑」。蓋古音弔在豪部，叔在覺部，二部音近，故字可通作。金文假弔為伯叔之叔，猶經傳弔與淑之通作也。伯叔之叔初無本字，金文假弔字為之，猶經傳假訓拾之叔為之也。同一假借字也，說者必信金文而疑經傳，惑之甚者也。近日治古文字學者，惟余亡友林君義光著文源，謂金文之□即說文之弔，其卓識過人遠矣。

然羅氏於金文之□，雖不知即說文之弔，而其析□字之形，謂□象弓形，□象短矢，□象繳之屈曲，則不易之說也。顧疑為隹字之初文，則非是。蓋隹字古音在德部，與叔字音相遠，不得相通假也。愚以聲類求之，□蓋繁之初字也。說文十三篇下糸部云：「繁，生絲縷也，从糸，敫聲。」四篇上隹部云：「隹，繳射飛鳥也。」繳與繁同。蓋矰繳所以射高，絲縷不長，無緣得鳥，長則必屈繞之以便於事。司馬談論六家要指云：「名家苛察繳繞。」所謂繳繞者，謂如繳之繞，此猶言蠭起，言雨集也，注家乃釋繳繞為纏繞，又或釋繳為煩，皆失之矣。□為繁字而必兼象弓與矰者，繁形必待弓與矰而後顯，猶眉之必待額與目而後顯也。若然，□為說文弔字，實為繁之初文，則弔繁實一字。二字皆在豪部，聲亦相近，繳今讀之若切，非古讀。異者，弔為象形，繁為形聲耳。至經傳弔問及許君送終之釋，乃弔字後起之義，非本義也。許君釋弔形為人持弓，亦誤說也。吳氏說□為人持弓，與許說弔字，其誤正同。余今根據石經，定金文之□即說文之弔，而弔字實繁之初文。至伯叔之叔，初無本字，金文假弔字為之，經傳假訓拾之叔字為之，同一借音，本無軒輊，不勞申金文而抑經傳，俟世之精於考文者論定焉。【釋□　積微居小學述林】

◉高鴻縉　□隹古今字。□象形。象矰繳及其弓形。託矰繳及其弓形以寄隹射之意。動詞。矰為短矢。繳為生絲縷。矰尾繫繳。以射飛鳥。矰傷其體。繳縛其翼。故易隹獲。惟矰既為短矢。則弓形自異於常弓。羅謂□象弓形雖臼想像。殆亦近是。惟此□射字。周人多借為(一)伯叔之叔。如免毁。井□即邢叔。叔向父毁。□向父即叔向父。幽大□即幽大叔。鯩縛皇祖聖□。即皇祖聖叔。紀公壺紀公作為子□姜。即紀公作為子叔姜之類是也。又借用為(二)俶。說文俶。善也。漢人多書為淑。淑。清湛也。淑同音通假代俶。故冒有善意。如詩。窈窕淑女。又遇人之不淑矣之類是也。如寡子卣。敦不□。即敦不俶(淑)。王孫鐘。□于威儀。即俶(淑)于威儀之類是也。惟此借為俶(淑)意之□。秦人譌書為□。漢人更譌書為弔。形既變易。音亦變為多嘯切。弔行而□廢。而人莫知其為一字矣。所喜者形音雖移。而漢人傳經猶能注明古之借意。如左傳哀公誄孔子。昊天不弔。先鄭注周禮大祝引作昊天不淑。詩小雅。不弔昊天。鄭箋云。不善乎。昊天也。漢人注經更有逕寫周之□為淑者。如曲禮。知死者傷。鄭注。說者有弔辭曰。皇天降灾。子遭罹之。如何不淑。曾子問。父喪稱父。母喪稱母。鄭注云。父使人弔之。辭曰。某子聞某子之喪。某子使某。如何不淑。母則若云。宋蕩伯姬聞姜氏之喪。

伯姬使某。如何不淑。此問終之辭也。亦即弔字之意。

自周人借□射字為(一)伯叔字。為(二)淑善字。秦漢之世乃叚繴弋之弋以代□射字。如詩。女曰雞鳴。弋鳧與雁。鄭箋。弋。繳射也。柔桑。如彼飛蟲。時亦弋獲。箋云。猶鳥飛行。自恣東西南北。時亦為弋射者所得。盧令序云。襄公好田獵。畢弋。毛傳。弋。繳射也。正義云。出繩繫矢而射鳥。謂之繳射也。論語。弋不射宿。孔曰。弋。繳射也之類是也。後乃復造隿為繳射正字。【中國字例二篇】

◉李孝定　說文「弔。問終也。古之葬者厚衣之以薪。从人持弓會敺禽。」此就小篆為言。蓋篆形从人从弓。故傅會說之耳。羅說謂蓋此所从之□為弓。□為繳。□為矢。繳矢似之。而□固人字非弓也。徐灝段注箋「疑从弟省聲」。可備一說。其字之初形朔誼不可深考矣。字古讀當與叔同。故不弔不淑通用。後世習用叔拾字。遂謂弔亦叔字。唐氏所說是也。金文作□頌鼎□頌簋□尹弔鼎□齊鎛□弔氏鐘□虢弔鐘□弔皮父簋□弔倉父盨□鄭□伯鬲□夆弔匜□曾大保盆。其字多見。形體略同。吳大澂容庚曰。「按弔善也。引申為有凶喪而問其善否曰弔。說文作□。形體少譌。魏三字石經君奭『不弔』古文作□。篆文作□尚不誤。後叚拾也之叔為伯弔之弔。又孳乳淑俶以為弔善之弔。說文亦解弔為問終。乃弔之本誼廢而人莫知弔之為□矣。」金文編八卷六葉。其說若謂弔善伯弔為弔之本誼。然亦未能究明其故。蓋其字象人身繞繳矢。訓伯弔訓弔善均不可解。徐灝謂从弟省聲則與伯弔義近。具說似較近之。栔文□字舊均从羅說釋叔入又部。非是。今改从唐說。容氏金文編廿七年重訂本已收□作叔入三卷。□作弔入八卷。卜辭言「弗弔」。前・三・三二・三。前・五・十七・二。其義似當訓善。【甲骨文字集釋第八】

◉周法高　弔字象人持矰繳之形。非弓矢形也。乃繳之本字。說文「繳。生絲縷也。从糸敫聲。」段注據李善文賦注引增「謂縷系矰矢而目隿躲也」十字。之若切。古音tjawk。弔。多嘯切。又都歷切。古音teaw及teawk。據周氏上古音韻表。繳弔二字皆隸藥部。宵部入聲。高鴻縉謂弔乃隿字古文。案說文。「隿。繳躲飛鳥也。从隹弋聲。」隿隸之部。古音riək。與弔繳韻部畧異。然亦同源字也。終不如以弔為繳之古文為直捷耳。【金文詁林卷八】

◉張亞初　劉　雨　(1)□或作□，方濬益釋尗、敊，認為「敊即尗字，古籀作重文者多矣」(綴遺6‘21敊敄父乙簋)。□字清人除吳榮光釋虎(虩)外(筠清2‘9商父乙彝)，諸家都釋為叔(如奇觚6‘24叔觚、窸齋13‘24叔尊等)，其後羅振玉、容庚從之。□字疑為□之省，在金文中，早期作□、□，後來統作□。□即□，□龜或作□龜可證，說詳弔龜條。

□作二弔形，二蟲之頭相向對稱，晚期多作此形，早期則通行單個的□，且早期蟲頭以填實者居多，晚期則以虛者為多，

佋 㑲

頭上有兩點，更為象蟲之形。

(2)弔為族氏名，「丁酉卜，吴貞，多君曰來，弔氏𠬝。王曰：余其啚，在十月」（後下13・2）可證。子組卜辭有「丁卯，子卜，弔歸」（庫1557）。所以，弔也可能是多子族的成員。第一期卜辭有：「貞子弗其凡虫疾」（前7・21・2）、「貞邻於兄丁」（前1・39・3）。弔與商王關係很密切。廩辛時期有卜人弔。

(3)與弔共存的族氏名有車、龜等。

(4)《西拾》五一簋銘作，寫法比較特殊，疑亦為弔字，附記於此。

【商周族氏銘文考釋舉例　古文字研究第七輯】

佋　與邵為一字　羅振玉云　說文廟佋穆　父為佋　南面　子為穆　北面　經典通作昭　周禮小宗伯　辨廟祧之昭穆　注　父曰昭　金文作邵　頌鼎　邵字重見　多友鼎　迺命向父𢻫【金文編】

◉許　慎　㑲廟佋穆。父為佋。南面。子為穆。北面。从人。召聲。市招切。【說文解字卷八】

◉馬叙倫　徐鍇謂說者多言晉以前言昭。自晉文帝名昭。故改昭穆為佋穆。段玉裁以為字始於晉。王紹蘭以劉向請雨華山賦。殊佋診賞。證漢時已有佋字。倫謂佋字即不自晉始有。然其義決非廟之佋穆。蓋昭穆之本字為昭㣎也。此字蓋出字林。卪部邵金文作毛公鼎周公敦。羅振玉謂即此佋字。字蓋出字林。【說文解字六書疏證卷十五】

◉丁佛言　古鉩。尚佋鉩。【說文古籀補補卷八】

◉戴家祥　說文八篇：「佋廟佋穆。父為佋，南面。子為穆，北面。从人。召聲。」段玉裁云：按此篆雖經典釋文時偁之，然此必晉人所竄入。晉人以凡「昭」字可易為曜，而昭穆不可易，乃讀為「上招切」，且又製此篆竄入說文。使天下皆作此。是猶漢人改蘭臺漆書以合己也。說文解字注。王紹蘭謂劉向請雨華山賦「殊佋診賞」，則漢時已有佋字，非晉人所製，此其明證。以其義與昭同，故經典假昭為佋。祭統曰：「夫祭有昭穆：昭穆者，所以別父子、遠近、長幼、親疏之序，而無亂也。是故有事於大廟，則羣昭，羣穆咸在，而不失其倫。」鄭注云：「昭穆咸在，同宗父子皆來。」祭統又曰：「凡賜爵：昭為一，穆為一，昭與昭齒，穆與穆齒。」注云：「昭穆猶特牲少牢饋食之禮衆兄弟也。」是子孫在廟亦有昭穆，故佋字从人，不从鬼从示。从人得兼死者之佋。从鬼、示不得兼生者之佋。段氏乃云：「从人何居？當删去。」斯為謬矣。說文段注訂補。金文佋字从人，召聲，其義為召，說文二篇：「召，呼也。」唐韻「直少切」，照母宵部，加旁作招，不同部，而且同母，更旁作詔，其義為告。王逸楚辭招魂序云：「招者召

㑗 僊

也，以手曰招，以言曰召」，同聲必然同義。故佋、昭、紹、邵義都相近。【金文大字典上】

◉許　慎　㑗神也。从人。身聲。失人切。【説文解字卷八】

◉馬叙倫　段玉裁曰。神當作身。㑗為身之今字。倫按。字蓋出字林。吕忱據廣雅加也。【説文解字六書疏證卷十五】

唐公房碑額【石刻篆文編】

仙　仙見碧落文【汗簡】

裴光遠集綴　華嶽碑又雲臺碑　碧落文　雲臺碑【古文四聲韻】

◉許　慎　僊長生僊去。从人。从䙴。䙴亦聲。相然切。【説文解字卷八】

◉馬叙倫　鈕樹玉曰。玉篇韻會引去下有也字。王筠曰。僊字説解後世語也。衹毛詩屢舞僊僊。一見此字。傳。數舞僊僊然。重言乃形況之詞。凡詩形容詞用本義者半。不用本義者亦半。賓筵其用本義者邪。徐灝曰。古無長生僊去之説。後人假借舞貌之僊為之。或作仙。倫按。莊子在宥。千歲厭世。去而上僊。或為此訓所本。然莊子有真人無僊人。其上僊字當作䙴也。在宥又曰。僊僊乎歸矣。僊僊為形容其歸之詞。蓋與毛傳之説為近。然則僊之本義非長生僊去。疑後人易之。或曰。漢書郊祀志有僊人羨門。藝文志有神僊家。桓譚新論有聖人形解僊去之説。許時已然。故説解如是。然仍不能為古義如是之證。玉篇引聲類。仙。今僊字。玄應一切經音義引作僊俗仙字。同私延反。蓋此字出字林。從人。䙴聲。與䙴一字。【説文解字六書疏證卷十五】

◉楊樹達　䙴訓升高，動字。僊从䙴者，古人謂僊去者為登天也。【文字形義學】

僰

僰道右尉【漢印文字徵】

◉許　慎　僰犍為蠻夷。从人。棘聲。蒲北切。【説文解字卷八】

◉葉玉森　卷六第五十三葉亦有「梵方」殘文。梵。國名。疑僰之初文。路史國名紀。謂僰侯國為商世侯伯。禮王制。西方曰棘。棘即僰省。古殆从林不从棘。又卷二第十六葉之林方。林疑焚省。殷契鉤沈。同卷第三十七葉五版之𣏟。卷六第五十三葉四版之𣏟。疑竝為焚之異體。【殷虛書契前編集釋卷四】

◉馬叙倫　嚴可均曰。説文無犍字。當作楗。龔橙曰。僰字見金器文。犍為蠻夷非本形。倫按。龔謂非本形者。以僰字之構造言。當别有本義。而僰之形不得為犍為蠻夷之義也。水經注。僰道縣本僰人居之。地理風俗記曰。夷中最仁。有人道。故字從人。倫檢漢書地理志犍為郡僰道。注。應劭曰。故僰矦國也。音蒲北反。後漢書郡國志。蜀郡屬國有邛僰。犍為屬國無僰。是僰於兩漢已為郡國。倫謂僰即周書王會卜人丹砂之卜。注云。西南之蠻。丹沙所出。亦即郭義恭廣志黑僰濮在永昌西南之僰濮。僰濮實重其音而異其字。然僰非為西南蠻夷專造之字。蠻夷之名。皆由重譯。僰者。蓋僕之轉注字。禮記王制。西方曰棘。鄭玄曰。僰當為棘。棘之言逼。使之逼寄於夷戎。此鄭不得僰字之音義而擅為説也。吕氏春秋恃君氏羌呼唐。離水之西。僰野人。高誘曰。僰人讀如匍匐之匐。高得其音而義無同。匐逼與棘。聲同之類。似棘聲不誤。然甲文有𣏟方。又有𣏟字。葉玉森謂是一字。又據路史國名記謂僰矦國。為商世矦伯。卜詞之𣏟方即僰國。古殆從林不從棘。倫謂僰為矦國者。即書微盧彭濮之國。據應劭説。即漢犍為郡之僰道。正西夷地。是僰濮實異譯耳。字實從人棘聲。從棘非荆棘之棘。乃𦍒之異文。𦍒為丵之茂文。丵為叢之初文。實與林森為一字。見丵字下。丵讀若浞。音在牀紐二等。故林之轉注字從足得聲作僰。而音入穿紐二等。同為舌尖後破裂摩擦音。然牀紐之音。古讀歸定。定並同為濁破裂音。得由定轉並而為蒲北切。丵聲矦類。矦東對轉。故從取得聲而轉注為叢。叢聲東類也。本書僕從人菐聲。而菐實當從収丵聲。亦或僕之異文。故從菐得聲之字亦皆在東類。轐為車伏兔。戴震謂與輹一字。輹從复得聲。复亦從畐得聲也。蓋轉注字。此又僰從丵得聲而可得蒲北切之證也。僰僕音同竝紐。明從丵得聲矣。丵林一字。故甲文或從林作𣏟。其作𣏟者。林從二木。木朩一字。朩篆作𣏟。亦可作𣏟。因誤作棘耳。不得從荆棘字者。棘音不得轉為林也。然倫亦疑荆棘之字本為策。而棘亦非朿之茂文。乃丵之異寄。由𣏟而變為棘。乃由象形文變為篆文故也。若然。則更無疑於丵聲矣。犍為蠻夷非本訓。玄應一切經音義引古文官書僰𩙽二形又作僰。或字林本官書加也。【説文解字六書疏證卷十五】

◉羅福頤　《漢書》卷二八上《地理志》犍為郡屬有僰道縣。注：莽曰僰治，應劭曰故僰侯國也，音蒲北反。《後漢書》卷三三《郡國志》益州犍為郡下有僰道縣。《晉書》卷一四《地理志》同。《宋書》卷三八《州郡志》益州犍為太守下有僰道令。注：漢舊縣。《南齊書》卷一五《州郡志》益州犍為下作僰道。《隋書》卷二九《地理志》雍州犍為郡下有僰道縣。注：後周置曰外江，大業初改曰僰道，置犍為郡。至《舊唐書》卷四一《地理志》，劍南道屬戎州下有僰道。注：漢縣，犍為郡治所，故僰侯國，梁置戎州也。

仚 僥 𠑽

《新唐書》卷四二《地理志》劍南道戎州屬有僰道縣。案《説文解字》人部有僰字，注：犍為蠻夷，从人棘聲。考火部無僰字。今由封泥證知漢志之僰乃僰之誤字，《後漢書》、《宋書》、《隋書》、《新唐書》各地志作僰為得，至《南齊書》、《舊唐書》地志之作僰者，乃沿前漢志之誤。【封泥證史録舉隅　文物一九八二年第三期】

仙　屵【汗簡】

◉許　慎　仚人在山上。从人。从山。呼堅切。【説文解字卷八】

◉馬叙倫　鈕樹玉曰。繫傳此字在僊下。韻會引作輕舉也。從人在山上。一切經音義十四引作人上山皃也。玉篇。輕舉皃。引説文。人在山上也。廣韻引亦同。倫按。仚僊皆次清摩擦音。倫謂蓋僊之後起字。從人。山聲。山音審紐。故仙音入曉紐。同為次清摩擦音也。玄應一切經音義十四引。仚。人上山皃也。亦古文危字。沈濤謂古本當有古文以為危字六字。今奪。倫謂玉篇。仚。五虧切。人在山上。今作危。是以為危字者。玉篇之説。校者以加於此也。【説文解字六書疏證卷十五】

◉强運開　古鈢屵。丁書入坿録引陳簠齋説。象杵形。當是古築字。疑古掌版築之官。案。古尚書危作岊。玉篇同。集韻作仚。此與岊極形似。或是古危字。運開按。説文人部有仚。从人在山上音。呼堅切。此正从人从山。象人在山上。古有仙姓。仚仙蓋同字也。【説文古籀三補卷八】

◉許　慎　僥南方有焦僥。人長三尺。短之極。从人。堯聲。五聊切。【説文解字卷八】

◉馬叙倫　鈕樹玉曰。韻會引作僞也。倫按。僞也未詳。南方以下似校語。字蓋出字林。【説文解字六書疏證卷十五】

◉許　慎　𠑽市也。从人。對聲。都隊切。【説文解字卷八】

◉許　慎　俇遠行也。从人。狂聲。居況切。【説文解字卷八】

◉馬叙倫　遠行也。疑當作遠也。行也。行也者。往字義。此或為往之異文。遠也未詳。字或出字林。【説文解字六書疏證卷十五】

伴 件罷【漢印文字徵】

伴 崔希裕纂古【古文四聲韻】

◉許　慎　伴分也。从人。从牛。牛。大物。故可分。其輦切。【説文解字卷八】

◉徐　鉉　侶徒侶也。从人。呂聲。力舉切。【説文解字卷八新附】

◉徐　鉉　侲僮子也。从人。辰聲。章刃切。【説文解字卷八新附】

◉高田忠周　又有一器。篆文作侲如下。劉心源云。古籀補釋作脤。按侯从乃即人。从疒即疾。夊非文。乃矢字。空其中者。矢即矢。合之為侯。此用為疾。䢋即祲字。又大敦此字作䢋侲。劉又云。據此篆形。當依古籀補釋作歸脤。蓋劉未能定也。今審篆形。厂與疒別。𠂤斷非矢字也。愚謂尸明是尸字。金文恆見。辰辰即辰字。與作辰辰略合。然是㕞字也。説文。㕞。伏皃也。从尸。辰聲。一曰屋宇。後義。謂叚借為宸也。而皆非銘意。銘當讀寢裖宮。説文。裖。社肉盛以蜃。故謂之裖。天子所以親遺同姓。以示辰聲。是也。今經傳作脤。以脣為之。脣裖與㕞皆辰聲字。故得通用也。然則吴氏釋脤為得。而未考脤即脣字。不免疏漏之譏矣。又方言。燕齊間謂養馬者為侲。又東京賦侲子萬童。薛綜曰。侲之言善也。善童幼子也。亦皆㕞字異文耳。【古籀篇三十六】

◉强運開　侲大敢。王在𨟭侲宮。説文新坿。侲。僮子也。从人。辰聲。運開按。説文。裖。社肉盛之以蜃。故謂之裖。天子所以親遺同姓。从示辰聲。春秋傳曰。石尚來歸裖。周禮大宗伯。以脤膰之禮。親兄弟之國。大行人歸脤。以交諸侯之福。裖或從肉。此則叚侲為裖。是古本有侲字矣。【説文古籀三補卷八】

◉林潔明　侲字説文所無。説文新附。侲。僮子也。从人辰聲。劉心源吴大澂並釋脤。劉氏謂即字从肉省。説文之裖。社肉

倅　傔

也。強運開釋為侲。假為祳。按字左旁的是从人。劉云从肉省。非是。當以強説為長。祳侲並从辰聲。自可通叚。至劉氏釋歸侲為宮名。取義歸祳之禮。説亦可从。【金文詁林卷八】

◉戴家祥　侲字説文所無，大徐新坿字云：「僮子也，从人辰聲。」揚子方言三：「燕齊之間，養馬者謂之娠，官婢女廝謂之振。」郭璞注：「女廝，婦人給使者亦名娠。」後漢書文苑列傳「虜儌侲」，李賢注引方言「侲，養馬人也」。玉篇二十三引方言「燕齊之間謂養馬者曰侲」。説文云：「官婢女隸謂之娠。」徐堅初學記引方言：「燕齊之間養馬者及奴婢女廝皆謂之娠。」侲娠性别更旁字也。同聲通假，字亦通振，文選西京賦「侲僮程材」，李善注引史記：「徐福曰海神云：若侲女，即得之矣。」而史記淮南列傳則本作「振女」。集解徐廣曰：西京賦「振子萬童」，今東京賦振作侲。唐韻侲振俱讀「章刃切」，照母文部。玉篇侲讀「之仁切」，照母真部，又音「之仞切」，照母文部，真文韻近，娠讀「失人切」，審母真部，亦同部字也。

𣪘銘「王在𧀼侲宮」，劉心源曰：或云「𧀼侲」即歸脤。奇觚室吉金文述卷十六第十六葉大鼎。吳大澂説文古籀補附録第八葉羅振玉貞松堂集古遺文卷九第一葉説文：祳，社肉，盛以蜃，故謂之祳，天子所以親遺同姓。从示，辰聲。春秋傳曰：「石尚來歸祳」。同。按蜃之本字為辰，象蚌殼形以蜃殼飾器盛祭社之肉，故曰脤。地官掌蜃「祭祀共蜃器之蜃」，鄭玄注：「凡四方山川用蜃器，春秋定公十四年，天王使石尚來歸蜃，蜃之器以蜃飾，因名焉。」春官大宗伯「以脤膰之禮親兄弟之國」，鄭玄注：「脤膰社稷宗廟之肉，以賜同姓之國。同福禄也，兄弟有共先王者。」左傳閔公二年「受命於廟，受脤於社」，杜預注：「脤，宜社之肉，盛以蜃器。」又昭公十六年「受脤歸脤」，杜注：「受脤，謂君祭以肉賜大夫，歸脤謂大夫歸肉於公，皆社之戎祭也。」脤祳表義更旁字。唐韻祳讀「時忍切」，禪母文部，金文則假侲為之。諸家讀「𧀼侲」為歸脤，精確可據。【金文大字典上】

◉徐　鉉　倅副也。从人。卒聲。七内切。【説文解字卷八新附】

◉銀雀山漢墓竹簡整理小組　倅，疑當讀為萃，止也，處也。萃險猶言據險，依險。【銀雀山漢墓竹簡】

持傔里附城

栒傔印信【漢印文字徵】

◉徐　鉉　傔從也。从人。兼聲。苦念切。【説文解字卷八新附】

倜

◉徐鉉 倜倜儻。不羈也。从人。从周。未詳。他歷切。【說文解字卷八新附】

儻

◉徐鉉 儻倜儻也。从人。黨聲。他朖切。【說文解字卷八新附】

佾

◉徐鉉 佾舞行列也。从人。㐾聲。夷質切。【說文解字卷八新附】

倒

籀韻【古文四聲韻】

◉徐鉉 倒仆也。从人。到聲。當老切。【說文解字卷八新附】

儈

◉徐鉉 儈合市也。从人會。會亦聲。古外切。【說文解字卷八新附】

低

鄒滕2【古陶文字徵】

◉徐鉉 低下也。从人氐。氐亦聲。都兮切。【說文解字卷八新附】

債

◉徐鉉 債債負也。从人責。責亦聲。側賣切。【說文解字卷八新附】

◉劉彬徽等 (160)䞍，責字，讀作債。【包山楚簡】

價　停　僦

◉徐　鉉　價物直也。从人賈。賈亦聲。古訝切。【説文解字卷八新附】

◉徐　鉉　停止也。从人。亭聲。特丁切。【説文解字卷八新附】

僦 籀韻【古文四聲韻】

◉徐　鉉　僦賃也。从人就。就亦聲。即就切。【説文解字卷八新附】

◉睡虎地秦墓竹簡整理小組　（二）僦（音就），《史記・平準書》索隱引服虔云：「雇載云僦。」《商君書・墾令》：「令送糧無取僦。」與本條相合。【睡虎地秦墓竹簡】

◉李　零　「賖」字的用法，其銘例亦見於鄂君啓節（舟節、車節同）：

大攻（工）尹脽台（以）王命＝（命，命）集尹怊楮、裁尹逆、裁敆（令）阢為鄗（鄂）君啓之賡（府）賖盥（鑄）金節。

銘文中的這個字也許應當讀為僦。《廣雅・釋言》：「僦，賃也。」《史記・平準書》索隱引《通俗文》：「雇載曰僦。」《商君書・墾令》：「令送糧無取僦。」《九章算術・均輸》：「一車載二十五斛，與僦一里一錢。」「僦」既可指雇用舟車載運，也可以指運費所值。而節銘所述正與舟車載運有關，釋為「僦」是比較合適的。

節銘「鄂君啓之府僦」是指鄂君啓之府的運費。節銘所述舟、車、擔徒的數量規定和換算方法，沿途驛站的招待規格，以及關税的征免等等，凡此均與運費的計算有關。

由這一釋讀，我們還聯想到楚王命節的讀法。現已發現的王命節，銘文皆作：

王命＝（命，命）遡（傳）賃一檐（擔）飤（食）之。

這是比舟節、車節規格要低的擔徒之節。銘文大義是，節奉王命，命沿途驛站給雇「擔徒」一名，供應飯食。睡虎地秦簡《傳食律》：「御史卒人使者，食粺米半斗，醬駟（四）分升一，采（菜）羹，給之韭葱。其有爵者，自官士大夫以上，爵食之。」所説「食之」與此同。

銘文中的「賃」應讀如本字，而不是「任」，它和鄂君啓節銘文中的「僦」正是相關之詞。【古文字雜識(兩篇) 于省吾教授百歲誕辰紀念文集】

伺曼私印【漢印文字徵】

天台經幢【古文四聲韻】

◉徐　鉉　伺候望也。从人。司聲。相吏切。自低已下六字。从人皆後人所加。【説文解字卷八新附】

◉徐　鉉　僧浮屠道人也。从人。曾聲。穌曾切。【説文解字卷八新附】

◉徐　鉉　伫久立也。从人。从宁。直呂切。【説文解字卷八新附】

◉丁佛言　伫古鉥。邯伫。伫古鉥。吳伫。伫古鉥。王伫。説文新附字。伫。久立也。亦从立。【説文古籀補補卷八】

◉徐　鉉　偵問也。从人。貞聲。丑鄭切。【説文解字卷八新附】

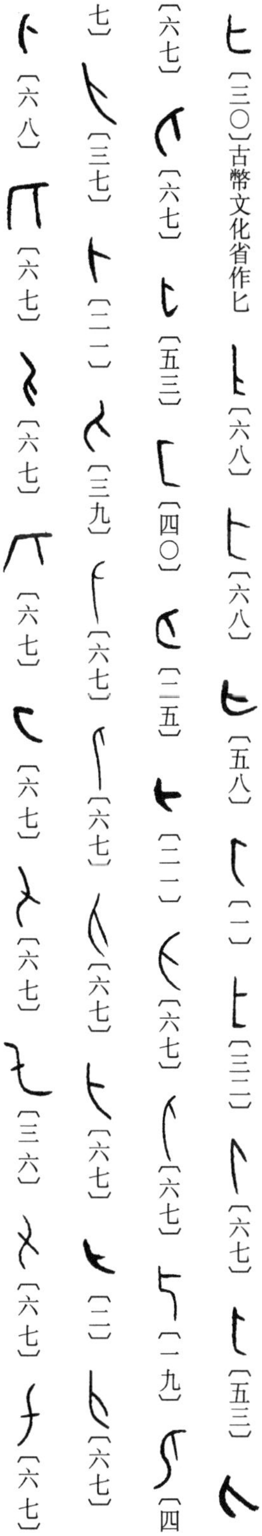

匕〔三〇〕古幣文化省作匕
〔六八〕〔六八〕〔五八〕〔二〕〔三二〕〔六七〕〔五三〕
〔六七〕〔六七〕〔五三〕〔四〇〕〔二五〕〔二二〕〔六七〕〔六七〕〔一九〕〔四
七〕〔三七〕〔二二〕〔三九〕〔六七〕〔六七〕〔六七〕〔六七〕〔二〕〔六七〕
〔六八〕〔六七〕〔六七〕〔六七〕〔六七〕〔六七〕〔三六〕〔六七〕〔六七〕

〔六七〕〔六七〕〔六七〕〔六七〕〔六七〕〔二〕〔四〕〔二三〕〔六七〕
〔六七〕【先秦貨幣文編】

匕火卦切　【汗簡】

竝義雲章　【古文四聲韻】

◉許　慎　ㄣ變也。从到人。凡匕之屬皆从匕。呼跨切。【説文解字卷八】

◉馬叙倫　王筠曰。篆當依部叙下篇作ㄩ。小徐到作倒。説文無倒。龔橙曰。變也是化義。古文殄作ㄣ即ㄣ。喻長霖曰。篆當作ㄣ。顧實曰。倒人為ㄣ。死也。倫按。人大一字。到大為ㄚ。到人為ㄩ。蓋異時所造。故無嫌耳。抑如幸㚔字所從之羊為到夫。大夫一字。干羊亦一字。然在㚔字中實為死義。而辛字所從之羊。則為逆順之逆義。篆文乃同形者。傳寫以為偏傍。故易其位置。其實逆順之字作ㄚ或ㄚ者。首向地而足向天也。㚔ㄣ之異文作ㄚ者。首向外而足向内也。倫則固區以別矣。倫以字音及死字及殄之古文作ㄣ及鬼字從此證之。知ㄩ本與尸一字。變也者。引申義。或改字義。尸音審紐。ㄩ音曉紐。同為次清摩擦音。故音轉耳。莊子外物。生不布施。施音亦審紐。而今俗偁募化。可證尸音自得轉為ㄩ也。尸為死最之最初文。死音心紐。亦次清摩擦音。伯匕鼎作ㄣ。【説文解字六書疏證卷十五】

◉楊樹達　説文八篇上匕部云：「ㄣ，變也，从到人。」呼跨切段注云：「到者，今之倒字，人而倒，變意也。」王筠説文句讀云：「變者，月令田鼠化為鴽之類。然史記封禪書曰：「天子以為化去不死」，當是許君之意所主，故曰从到人。」又説文釋例云：「人不可到，到之則是化去矣。孟子所謂『比化者無使土親膚』，化即匕也。」今按段氏人而倒示變意之説，殊為粗觕。王氏句讀兩説，前説於到人之形不合，非是；後説以封禪書之「化去不死」及孟子之「化者」證匕字之義，可謂當矣，而云「人不到，到之則是化去」，則強説也。今按史記封禪書云：「宋毋忌、正伯僑、充尚、羡門高，最後皆燕人，為方僊道，形解銷化。」又云：「李少君病死，天子以為化去，不死。」形解銷化，化去不死，此匕字之本義也。形从到人者，人字形象臂脛，乃戴天履地之形；ㄣ从到人，則示登天上升之意也。本部真字下云：「僊人變形而登天也。從匕目ㄴ，八，所以乘載之。」按真字从匕，解云變形，然則匕下訓變，正謂變形，从到人，正謂其登天也。以从匕之真字之説解釋匕字，既得其義，又得其形，殆匕字之碻詁矣。封禪書又云：「黃帝鑄鼎於荆山下，鼎既成，有龍垂胡𩑶下迎黄帝，黄帝上騎。黄帝既上天，百姓乃抱其弓胡髯號。」又云：「秦繆公病，臥五日，不寤，寤乃言：夢見上帝，上帝命繆公平晉亂，史書而記藏之府，而後世皆曰：秦繆公上天。」又云：「申公曰：漢主亦當上封，上封則能僊登天矣。」淮南子齊俗篇云：「今夫王喬赤誦子吹嘔呼吸，吐故納新，遺形去智，抱素反真，以游玄眇，上通雲天。今欲學其道，不得其養氣處神，而放其一吐一吸，時詘時伸，其不能乘雲升遐亦明矣。」此皆登天之説，可以證明許書真字變形登天之訓，即足明匕从到人之義者也。説文僊訓長生僊去，字从䙴聲，然䙴訓升高，知僊亦謂乘雲上升也。説具余釋一篇，見積微居小學金石論叢。

人死登天之説，今日人人知其不經，然古人思想所表現於文字中者實是如此，余意在求真，正不必為之諱也。匕字从倒人，意示登天，容或隱而不顯。然淮南子云乘雲，史記載黄帝上天之神話為騎龍，而真字下説解謂字从八，為僊人變形登天之所乘載，則視匕字之所示，更進一步説明所由登天之方式，益見具體矣。

孟子所云化者，趙歧釋為變化，實則化者即死者也。禮記曲禮下篇曰：「告喪，曰：天王登假。」登假即淮南所謂升遐，僊之與死，古人立言早無劃然之界域矣。

要之，反人為匕，到人為𠤎，皆與本形之人字義有關連，許君釋𠤎為相與比叙，説者疏釋𠤎變之訓為常言之變化，皆失其本形表義之故，故知其不然矣。【釋𠤎　積微居小學述林】

化

前五・二四・二　象人舉首凝思之形　貞人名　前六・二一・二　後二・一三・二　後二・二五・五　戩二七・一　戩二七・二　戩三三・四　戩三三・五　戩四五・八　鄴初下・三九・三　鄴初下・三九・四　京津三四五三　河八〇　寧滬三・二一三　存一五〇七　明藏三四〇　明藏三五六　粹一三七六　京都二五四〇　前七・一九・一　或从彳　【甲骨文編】

佚652　續4・23・1　4・47・4　4・47・5　4・47・7　4・47・10　5・27・8　5・28・4　5・28・12　6・20・4　徵9・52　凡22・4　録79　80　鄴39・1　39・3　39・4

[glyph]續存1507　[glyph]1532　[glyph]粹1376　[glyph]新3465　[glyph]3587　[glyph]乙2659　[glyph]3795　[glyph]6883　[glyph]甲2487　【續甲骨文編】

◉許　慎　𠤕未定也。从匕。吴聲。吴。古文矢字。語期切。【說文解字卷八】

◉孫詒讓　以[glyph]作[glyph]校之。疑[glyph]本从[glyph]。亦[glyph]之變體。自古文放失[glyph]之為[glyph]。人不復知而誤分為矣字。形讀殊別。一母所孳。竟成異族。【名原卷下】

◉羅振玉　[glyph]許書無此字。殆即疑字。象人仰首旁顧形。疑之象也。伯疑父敲疑字作[glyph]。正从此字。許君云疑從子止上。矢聲。語殊難解。【殷虚書契考釋卷中】

◉葉玉森　[glyph]从彳从[glyph]。殆狀一人扶杖行卻顧。疑象愈顯。伯疑父敦作[glyph]。亦增从[glyph]可證。[glyph]與[glyph]為一字。【殷虛書契前編集釋卷七】

◉郭沫若　[glyph]當是古疑字。象人持杖出行而仰望天色。金文伯疑父毁文作[glyph]，从辵與此从彳同意，牛聲也，秦刻詔版文歉疑作[glyph]，从辵省，(省彳存止)子聲也。小篆作[glyph]，雖稍譌變，亦从子聲。子聲，牛聲，與疑同在之部也。說文謂「从子从匕，矢聲」者，未得其解。形聲之字，例當後起，古文疑字自應作俣若[glyph]矣。【卜辭通纂】

◉孫海波　金文亞字之下，每綴以[glyph]形。劉心源釋吴，曰：「[glyph]即吴，古文矢字，見說文𠤕下。古器多有亞吴二字，或云吴亞，吴字或反或正，或旁有羨文，象矢脫手發出形。」按劉釋吴不誤，云或旁有羨文，象矢脫手發出形則非。卜辭作[glyph]，人名，或加[glyph]作[glyph]。前編卷七弟三十六葉二版：「貞今□□王固曰[glyph]丝三雨之日允雨三月。」三容先生釋[glyph]，續也，猶言[glyph]丝續有雨也。象人扶杖而立，裹衺岐路之意。知丨為杖形者，許書从[glyph]之字，古文皆作俣如。老，說文云：「考也，七十曰老，从人从毛，言須髮變白也。」卜辭作[glyph]，金文作[glyph](趩尊)[glyph](睘卣)[glyph](卿卣)，象老人俯背倚傴，扶杖而立之形。長，說文云：「久遠也，从兀从匕，亡聲；兀者，高遠意也，久則變匕，[glyph]者倒亡也。」卜辭作[glyph]，象長人持杖側立之形。畏，說文云：「惡也，从由虎省，鬼頭而虎爪，可畏也。」卜辭作[glyph]，金文作[glyph](盂鼎)[glyph](毛公鼎)，象巨頭人持杖而立，可畏也。所从之[glyph]皆杖形，即父支所从之卜。說文：「父，巨也，家長率教者，从又舉杖。」又「攴，小擊也，从又持卜。」卜亦杖形，即𠤕老長畏所从之丨其譌為[glyph]者，殆由形近致譌(匕與丫形相近)，再變从止，長庶畫戈長作[glyph]，齊鎛老作[glyph]，則又由[glyph]形緐媷，形愈變而本義愈湮。故許君於𠤕老長等字云从匕訓變，於畏云「从[glyph]象虎爪」，而不知𠤕初之从杖矣。【卜辭文字小

記　考古社刊第三期】

◉馬叙倫　鈕樹玉曰。玉篇作㑸。未定也。亦作疑嫌也。恐擬也。又古文矣。據此疑説文𠤕及注並從後人改。矢下無古文矣。又疑注云。從子止匕。矢聲。如有𥏼字。當云𥏼聲矣。然則當作𠤕。未定也。從匕。矣聲。王筠曰。桂馥段玉裁皆以未字為衍。引詩桑柔靡所止疑。儀禮士昬禮。疑立於席西。以相證。然如此則與變化意正相反矣。𥏼古文矢字。矢下無此古文。即云捝失。而矢字之首即鏃也。再加以ㄈ為複。即有之亦當是奇字。或後人所增也。翟云升曰。六書故引作語未語也。非。李杲曰。書契𥏼作。象左右顧未定。蓋即𠤕之古文。非矢之古文也。倫按。詩禮之疑。徐灝以為嶷之借。非也。定也乃引申義。𠤕從匕。匕為尸之異文。尸為死之初文。死者不可復生則定矣。倫謂𠤕為殬之異文。從匕。𥏼聲。𥏼為譌。疑從𠤕得聲。而依𠤕板作。可證也。𥏼古文矢字者。鍇本無文字。是也。此蓋由校者見𠤕疑音義皆同。而疑下言矢聲。故謬以為古矢字。而注於此也。未定也者。疑字義。沙木以𠤕為疑省。孔廣居以𠤕為疑之古文。皆由此誤以疑字義為訓也。疑從子𠤕聲。子一字。亦與己一字。己在腹中。生死不可知。故以為疑。蓋其語原亦𠤕也。【説文解字六書疏證卷十五】

◉李孝定　説文「𠤕。未定也。从匕。𥏼聲。𥏼古文矢字。」字象一人扶杖側顧。羅氏謂殆即疑字。以字形言於許書𠤕字為近。其義復相類。當以釋𠤕為是。字在卜辭多為人名。或又从彳。古文變化每多如此。表示行動之意者多增彳或行字。辭云「貞☐王固曰𠤕茲气雨之日允雨」前・七・十九・一・上言𠤕而下言允。可為字當釋𠤕之證。【甲骨文字集釋第八】

◉于省吾　𠤕乃疑字的初文。

甲、甲骨文：後下二五・五　明一九八五　前七・三六・二

乙、商代晚期金文：㠱𠤕父乙簋　母辛卣　亞合文觚

丙、周代金文：康侯簋(周初)　疑觶(周初)　齊史疑觶(周初)　伯疑父簋(西周)　大良造鞅方量(戰國)

丁、秦代金文：廿六年十六斤權　大騩權　廿六年槆量

戊、漢印和説文：張不疑印　董疑印　説文匕部　説文子部

以上所列甲條的字，羅振玉謂：「許書無此字，殆即疑字，象人仰首旁顧形，疑之象也。」按羅説是對的，但言「殆」，也非決定之詞。甲條的字，象右手持杖形。又字右從，乃表示執杖行動之義。郭沫若謂：「當是古疑字，象人持杖出行而仰望天色。」又謂：「小篆作，雖稍譌變，亦從子聲。子聲、牛聲，與疑同在之部也。」(通纂考釋三八〇)按郭氏因襲羅説，略有

改動。至於謂「從子聲」則是錯誤的。

又丙條的後兩個字應隸定作逬，均以牛為音符。說文的疑字，唐韻作「語其切」，江有誥諧韻譜以為之部的牛字古音「語其切」。由此可見，逬字以牛為聲符是明確的。

大良造鞅量的□字，其下部從□，乃止字的省文。其右旁譌為從子，已為秦漢以來疑字從子的開端。說文：「疑，惑也。從子止匕，矢聲。」說文繫傳：「幼子多惑也。」自小徐為此說，一些說文學家或加以阿附，或另立新解，莫衷一是。不煩詳舉。丙條的逬和逬均從牛，丙條的□字右從子，丁、戊兩條除𠤕字外，也均從子。由從牛譌變為從子，乃是疑字的癥結所在。其實，甲骨文的牛字作□者習見。甲骨文的牟字作□，為舊所不識。按說文牟字作□，已失初形；漢東牟丞印的牟字作□，猶為接近古文。牛與牟「之幽通諧」，故甲骨文牛、牟二字有時互用，例如：「黃牛」(粹五四五)也作「黃牟」(續二·十八·八，京津六三七)。又「幽牛」(粹五四九，郭沫若謂「幽通黝，黑也」)也作「幽牟」(明八二〇)，是其證。准此，則大良造鞅量的□字右旁開始從子，乃牟字的譌變，是顯而易見的。

說文：「𠤕，未定也。從匕(化)吴聲。吴，古文矢字。」段注：「匕、矢皆在十五部(脂)，非聲。疑、止皆在一部(之)，止，可為疑聲。匕部有𠤕字，未定也，當作從子𠤕省，止聲，以子𠤕會意也。」王筠說文句讀：「似當依玉篇篆作□。」按段、王之說均出于猜測，實則，𠤕字乃由前引甲、乙兩條中的□或□形所演化。因為其右旁所從的□或□均象杖形，它和西周早期金文考字之作□或□，其下部所從的杖形完全相同。考與老初本無别，後來分化為二字。西周後期金文的考字，其所從的丁已譌變作□形，因而形成考字；其所從的□已譌變作匕形，因而形成老字。至於西周後期金文的老字，殳季良父壺作□，兮仲鐘皇考之考作□。可見考、老二字仍然有時互用。至于老字所從之匕，恰好與說文𠤕字右旁作匕形相符(說文𠤕字從匕作□，乃本於小篆，金文中子化盤的化字右從匕)。但追溯其本源，則均為杖形的變體。至于說文𠤕字左旁從吴，乃由古文□形所譌變。」【釋「天」和「亞天」　社會科學戰線一九八三年第一期】

真 □

□真　伯真甗　□季真鬲　□叚簋　□真盤　【金文編】

□反字　5:3　真上牢　□上中關　1:25　同上　【古陶文字徵】

真 法四九 三例 為三 【睡虎地秦簡文字編】

九真太守 羊真 真固 救真私印 真宏私印 馮真賢 【漢印文字徵】

禪國山碑 文曰吳真□帝 【石刻篆文編】

真見說文 真 【汗簡】

古老子 碧落文 竝同上 竝雲臺碑 王存乂切韻 汗簡 【古文四聲韻】

◉許 慎 僊人變形而登天也。从匕。从目。从乚。音隱。八。所乘載也。側鄰切。古文真。【說文解字卷八】

◉徐同柏 (周伯貞甗)貞字貝下作。嚴凝之象。困學紀聞引韓非解老。周公曰。冬日之閉凍也不固。則春夏之長艸木也不茂。謂可發明貞固之說。觀此知貞訓正亦訓固。其義本如此耳。【從古堂款識學卷十六】

◉方濬益 (伯貨甗)壽卿釋為貞。今按。此文从貝。从匕。當是貨字之古文。儀禮聘禮記。多貨則傷於德。鄭注。貨。天地所化生謂玉也。故字从化。貝下為貝之象形。【綴遺齋彝器款識考釋卷九】

◉強運開 薛作真。鄭云即填字。楊升庵作填。趙古則作真。音填。有重文是也。今止見上半。此下當闕二字。【石鼓釋文】

◉商承祚 說文「真。僊人變形而登天也。从匕从目从乚。音隱。八所乘載也。。古文真。」案。音隱。乃後人旁注而誤寫入正文者。【說文中之古文考】

◉高淞荃 說文。真。僊人變形而登天也。从匕。从目。从乚八所以乘載之。此說非古誼也。今六經無真字。而从真之字如顛填闐瘨慎鎮之類則甚習見。可知真字自古有之。蓋顛字之本文也。顛字从頁。當為顛頂之誼。而顛倒之顛只當作真上从匕。為古文殄字之側形。說文。殄。古文作。與古文化之為同形。左右相反之文。側之則為。殄與顛音同而誼亦近。故取以為聲。下从。則倒首之字而省巛為川。从。匕聲。倒人。倒首。顛倒之誼甚明而音亦見。此碻然不易之說也。自經典借顛為之。顛頂與顛倒二誼通為一字。而真字之本義遂隱。許氏乃附會神仙。以从匕有變化意而解為變形。以从川為所乘而解以登天。而从目从乚。迄無可訓。疏謬甚矣。此說自於[illegible]始發之。與余意不謀而合。而猶未知倒人之為古文殄字。故游移而鮮據。若徐氏繫傳通論博取道家之言。暢發許義。其說愈紛而理愈疏矣。

毛詩衛風鬒髮如雲之鬒。說文或引作㐱。蓋真所从之匕為古文殄。故與㐱相通也。【說文別釋　古學叢刊第三期】

◉馬叙倫　鈕樹玉曰。文選謝靈運詩注引作仙人變形也。玉篇注。不虛假也。又仙人變形也。王筠曰。鍇本從匕目乚下有乚隱字也校語。翟云升曰。八所乘載。無關字義。八聲。于鬯曰。真即顛之本字。上從匕。下從𥄎。會顛義。𥄎字從巛而今作県。猶首字作𩠐而今作首矣。易鼎釋文。顛。倒也。頁部訓顛為頂。亦後義。非本義矣。謝彥華曰。真即顛頂之顛。古文。例如臣為頤之古文。頏為亢之或體。從頁者皆後出字。證以毛公鼎之[glyph]。左從[glyph]象手。右從[glyph]。即籀文真。上象髮。[glyph]則象一手自指其頂上也。倫按。說解自非本義。或有竄譌。而諸說真字者唯于為近理。然謂顛之本字及從匕從𥄎會意。非也。此非顛頂之類初文。乃顛到之顛本字。蓋從匕。𥄎聲。𥄎為到縣之到本字。亦顛到之顛本字。顛到音皆端紐。攷或言顛或言到。或連語為顛到也。蓋語原即為𥄎矣。然倫亦疑真或為𥄎之譌文。或為頁之到文而譌者也。如為頁之到文。則為𡿧之異文。死音脂類。真聲真類。脂真對轉。故音讀為異耳。死者。人不能立而到於地。故傎趨蹎皆從以得聲矣。許不知其譌而入之𡿧部。六經又無真字。於是神仙家言乘之而入矣。許蓋作天也。以聲訓。呂忱或校者遂以僊人變形而登天也說之。字見急就篇。石鼓文作[glyph]。

[glyph]鈕樹玉曰。繫傳真下有聲字。非。沈濤曰。汗簡卷中引作[glyph]。于鬯曰。此化之古文。非真之古文也。誤在化字之上。則在真字之下矣。後人因改説解為古文真耳。上從匕。諧化聲也。下從[glyph]。蓋貝字。金刻貝字有[glyph]諸體。皆與此相似。則[glyph]乃今之貨字也。倫按。此真之古文。從匕鼎。或貞聲。傳寫譌耳。六經無真字。則此字蓋不出古文經傳。

【説文解字六書疏證卷十五】

◉唐　蘭　《說文》曰：「真，僊人變形而登天也。从匕；从目，从乚，八所乘載也。」又曰：「[glyph]，古文真。」此字之義，歷來學者，咸所未悟。仙人之說，出自秦漢以後，真字雖不見經傳，然老莊已有之。又慎、填、鎮、顛等字，从真者至多，其字必至古。寧有造字之初，乃援仙人之說？此許氏之誤也。段玉裁注於此益為附會，至謂从匕目者，養生之道，耳目為先，耳目為尋真之梯級，乚讀若隱，仙人能隱形也。釋八所以乘載之，引《抱朴子》「乘蹻可以周流天下」。段氏經學大師，不謂無識至此也。近世學者乃頗悟許失，思立新解，如徐灝《說文段注箋》謂：「从匕疑當作匕，匕與比同，密也。从乚為矩，審度之也。从目，諦視之也。八，分別之也。皆審慎之意。」于鬯《說文職墨》謂：「蓋即顛之本字，上从匕，下从𥄎。𥄎字从巛而今作県，猶𩠐字从巛而隸亦作首也。」然類皆奮肊為說，殊無佐證也。林義光《文源》據金文有𡗝字，謂即真字，乃謂真即奠字，形譌分為兩字。其說亦非。曾侯鐘云「寘之於西膓」者，寘即奠之繁文，奠者置也，非寘字。

今按周代金文，自有真字，其字宋人已識之，後人反不知耳。南宮中鼎云：「䬥王应，在㚤隮真山。」真字第二器作□，第一器作□，蓋即上文而倒之，其例金文所習見也。宋人所釋真字，至確。然清末陳簠齋所得白真甗，其真字作□，與中鼎第二器相近。諸家考釋，咸不承用。徐同柏《從古堂欵識學》釋貞謂：「貝下作一，嚴凝之象。」吳式芬《攈古録》，吳大澂《窓齋集古録》，劉心源《奇觚室吉金文述》等，亦均釋為貞，不知貞本由鼎字變來，原不从貝，且亦不應从匕也。容庚以此字入《金文編》附録，較得闕疑之旨，然亦不知其即真字，本無可疑也。

中鼎為成王時器。白真甗以字體書法觀之，亦初周器。其真字从貝从匕，乃較早之字形也。真字當从貝不从目。其證有三，今臚舉之。秦雍邑刻石（即石鼓）云：「秦𣤶真□」，真字今傳世宋拓，僅存上半，而宋薛氏《鐘鼎欵識》則作□，蓋薛氏所據者為岐下翻刻本，雖多錯誤，其祖本確在傳世諸宋拓之前，故此真字尚全也。唐初雍邑刻石已出，李訓等所立碧落碑，頗采其字。碑云「真宰貞乎㝵壹」，真字作□，當即出雍邑刻石，可知薛氏《款識》非妄作也。然則真字本作□，又變則作□猶□變為□，更變為□，此一證也。《說文》真古文作□，昔人不得其解。于鬯曰：「下从□，蓋貝字。」殊有見地。然謂為貨之古文則誤。又謂「經書真字不見，安得有古文真字」，亦非。古文多假借，安知慎、顛等字，經文無叚真字者耶？然則□蓋□之誤形，六國古文本亦从貝。此二證也。《十六金符齋印存》有「馮真賢印」作□，與雍邑刻石相近。《續集漢印分韻》真字下有□、□、□等形，是漢以後作真字，猶多从貝。漢王莽作貨泉，而光武起於白水，時人謂貨泉者白水真人也。亦以貟為真，此三證也。

真本从貝而其後从目者，此文字變遷之通例。凡从貝之字，往往變為目，如昦變為昪（即具字），昪變為㝵，並其例也。由□而□，而□，增而繁也。由□而□，變而省也。□又變而為□乃作篆者取姿媚而屈曲其畫耳。後人不知真字从匕从貝。後又增丌。第據已變省之篆文，乃以為从匕从目从乚从八，無怪二千年來，莫得其解矣。

余謂真字本作□，當是从貝匕聲，匕非變匕之匕，實殄字古文之□也。真在真部，殄在諄部，真諄音相近。《詩·小宛》「哀我填寡，」毛傳：填，盡也。陳奐、胡承珙等均謂填讀為殄，是其例也。變匕之匕，古殆無此字。倒人為□，與倒大為屰同。□與□左右相反，實一字也。古僅有化字，兩人相逆，蓋象意而非形聲，故未必有變匕之匕字。變匕之匕，自來未有用者，《說文》匕部所从，除真及化外，僅有㲀字。而㲀實□之誤，與《說文》說長老二字為从匕同，實皆不从匕也。《說文》諧聲字大抵从化，僅一㲀字从匕聲，而其字亦僅見於《說文》，疑後世所增。不然，从化省聲，抑或誤文也。古無反文之說。凡字皆可反書之。後世字之方向既定，乃起反文之說，如反人為匕，反夭為夨，反司為后，反正為乏之類。時人以□專為殄，乃以匕為化，與之相反，其實古無此字也。許君既誤認真、𧴪諸字為从匕，為之特立匕部，而𠤎字乃僅存於殄字古文，後世乃僅知匕字而忽𠤎字，抑且不得其解。王筠《說文釋例》於𠤎云「蓋从倒人」，殊有卓見。然猶未了於𠤎□同為倒人之所以。朱駿聲《說文通訓定聲》補遺於𠤎云「疑从反匕」，更較透徹，顧亦不知古無變匕之匕，𠤎可寫作匕，實皆應讀如殄也。【釋真 唐蘭先生金文論集】

◉朱芳圃 按唐説是也。真即珍之初文。説文玉部：「珍，寶也。从玉，㐱聲。」考从真从㐱得聲之字，例相通用，詩大雅雲漢：「胡寧瘨我以旱」，釋文：「瘨，韓詩作疹」；周禮春官典瑞：「珍圭」，鄭注：「杜子春云，珍當為鎮，書亦或為鎮」；說文彡部：「㐱，稠髮也。从彡，人聲。詩曰『㐱髮如雲』。鬒，㐱或从髟，真聲」，是其證也。又貝與玉同為寶物，故字之从玉作者一从貝作，如説文玉部玩或體作貦。是真从貝，□聲，與珍从玉，㐱聲，音義悉同。由於真為借義所專，故别造珍字代之，真之初形本義，因之晦矣。【殷周文字釋叢卷下】

◉張日昇 金文編真下收□及□。一从貝。一从鼎。貝鼎古通用。□。徐同柏釋貞。方濬益釋貨。貞字从卜。古文字屢見。與□異。唐蘭謂匕非變化之匕。與殄字古文□為一字。可備一說。馬叙倫謂□下之□即蜃之初文。而釋為貞。非是。【金文詁林卷八】

化

乙1978 2268 2287 2302 4062 4606 4701 5967 6381 6393 6791 7150 7155 7204 7243 7288 7528 7764 7793 7846 8459 珠281 續存659 2215 2920 【續甲骨文編】

化 中子化盤 【金文編】

3·87 繇衢杏匋里化 3·260 杏蒦圓里匋化 3·463 杏匋里化 【古陶文字徵】

〔一七〕古幣文貨字省作化 〔六〕 〔四二〕 〔五二〕 〔二〕 〔三七〕 〔四二〕 〔三五〕

〔一三〕 〔四二〕 〔四〕 〔七〕 〔二〕 〔三九〕 〔一三〕 〔三七〕 〔二八〕 〔二〕

〔二三〕〔五三〕〔一三〕〔四七〕〔一九〕〔四二〕〔一四〕〔七〕〔二八〕
〔三九〕〔三五〕〔四二〕〔三七〕〔二〕〔三七〕〔三七〕〔一九〕〔一六〕〔三六〕
〔二三〕〔七〕〔二二〕〔六五〕〔三九〕〔二三〕〔二三〕〔二〕〔二〕〔二〕
〔四二〕〔一九〕〔二〕〔二〕〔二三〕〔四二〕〔二〕〔三五〕〔二〕〔二〕
〔一九〕〔一九〕〔二〕〔二〕〔二五〕〔一九〕〔二〇〕〔七〕〔五〇〕〔一
九〕〔五〇〕〔二〕〔二五〕〔三六〕〔四二〕〔四二〕〔一九〕〔二〕〔四二〕
〔三五〕〔二二〕〔三九〕〔二〕〔六七〕〔二〕〔一六〕〔六二〕〔六七〕〔二〕
〔六七〕〔三六〕〔一九〕〔六七〕〔三九〕〔一八〕〔三六〕〔三七〕〔六七〕
〔二〕〔一九〕〔一九〕〔六七〕〔三七〕〔二八〕〔三六〕〔三七〕〔一九〕
〔一九〕〔三六〕〔四二〕〔二〇〕〔三七〕〔四〕〔六七〕〔四〕〔二八〕〔三六〕
〔五〇〕〔六七〕〔二〕〔二五〕〔三六〕〔六七〕〔二三〕〔二二〕〔二九〕
〔三七〕〔三七〕〔六七〕〔三六〕〔六七〕〔二四〕〔二五〕〔二三〕〔五二〕〔五
〇〕〔四五〕〔五二〕〔二二〕〔三七〕〔二八〕〔五〇〕〔二三〕〔五二〕
〔二〇〕〔三六〕〔六七〕〔四〕〔四五〕〔二五〕〔六七〕〔六七〕〔二二〕
〔六七〕〔二五〕〔六七〕〔六七〕〔一九〕〔六七〕〔三六〕〔一九〕〔三九〕

【先秦貨

【幣文編】

刀大齊厺化　魯濟　仝上　刀大節𦽅之厺化　鄂天　園賹四化　魯掖　仝上　仝上　園賹六化　魯掖　仝上　刀大齊厺化　魯濟　仝上　仝上　園賹四化　魯濟　刀大齊厺化　魯濟　仝上　刀大齊厺化　魯長　刀大齊厺化　魯濟　刀大齊厺化　魯臨　刀大齊厺化　魯濟　仝上　仝上　仝上　仝上　刀大齊厺化背十化　魯掖　刀大齊厺化　魯掖　刀大齊之厺化　魯掖　刀大齊厺化　魯掖　刀大齊厺化　魚濟　刀大齊厺化　魯臨　刀大齊厺化　魯海　仝上　刀大節𦽅之厺化背十化　魯濟　刀大安昜之厺化　魯海　刀大齊厺化　魯濟　仝上　仝上　刀大節𦽅之厺化　魯海　刀大安昜之厺化　魯掖　刀大齊厺化背十𠂊　魯掖　省化字　仝上　仝上　仝上　仝上　刀直甘丹𠂊　冀靈　仝上　冀平　刀直白人𠂊　冀靈　刀直甘丹背　冀靈　刀弧背右𠂊　仝上　此例以證𠂊為化之省體　刀大齊造邦𡩥厺化　典八三九　布空大　亞二·一〇八　刀大齊造邦𡩥厺化　典八四一　仝上　典八四六　仝上　典八四九　仝上　典八五〇　仝上　典八五一　仝上背十化　典八五二　仝上　典八五三　仝上　典八五七　園賹化　展版肆貳　刀大齊之厺化　典八六九　刀大齊之厺化　典八七一　仝上背十化　刀大齊之厺化　典八七二　仝上　典八七七　仝上　典八七八　仝上　典八七九　仝上　典八八一　刀大齊厺化　典八九一　仝上　反書典八九二　仝上　背　典八九三　仝上背十化　典八九七　仝上　典九〇五　仝上　典九一三　仝上　典九二〇　仝上　典九三九　刀大齊厺化　典九四三　仝上　典九四五　仝上　典九五〇　仝上　典九五四　仝上　典九五七　仝上　典九

六二　仝上　典九六七　仝上　典九七五　刀大節𦤎之厺化　典九九〇　仝上　典一〇一〇　刀大節墨厺化　典
一〇一六　仝上　典一〇二二　仝上　典一〇二五　刀大安昜之厺化　典一〇四五　仝上　典一〇四六　刀大齊
造邦張厺化展版叁拾　刀大節𦤎之厺化　典一〇一三　園一ㄉ展版肆貳　園明ㄉ展版肆貳　園一ㄉ亞六・二九
園ㄉ一反書仝上　刀大齊之化背　典八八三　刀大齊厺化背十ㄉ典九〇五　仝上　典九〇六　仝上　典九〇八
刀直音昜ㄉ展版肆拾　刀直　音昜親ㄉ仝上　刀尖　亞五・三〇　刀尖倒書雙鈎　典五・三六　【古幣文編】

化尧　【漢印文字徵】

泰山刻石　化及無窮　開母廟石闕　□□弼化　【石刻篆文編】

化並出義雲章　【汗簡】

古孝經　古老子　並同上　雲臺碑　【古文四聲韻】

◉許　慎　化教行也。从匕。从人。匕亦聲。呼跨切。【説文解字卷八】

◉馬　昂

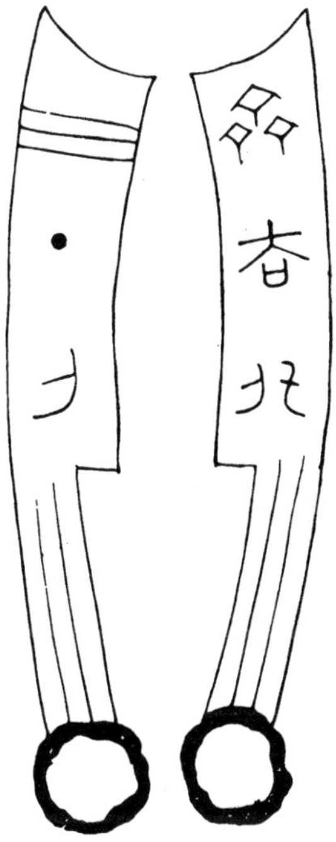

又背文一字曰化。

按。𠤎是古化字。从刀而屈服之。謂仁能化物也。古文貨用化。化作𠤎。刀布文識亦通貨。

右面文二字曰一化。

按。𠤎即古文化。通貨見齊合貨。背文貨即變化之謂也。笵形與前種如出一手。特小其制。是為直一小錢之剏。此為直一前貨為當十也。按。其形制使用之法已變革刀布之故。決非與魏趙之貨同出。其文仍沿化字。較與秦漢之制不同。因知此類特出於六王秦一之間也。【貨布文字考卷一】

◉劉心源　𡿺匕讀敏化。杞伯名𠤎。攈古録弟一敢器作𠤎。蓋作𠤎。弟二三敢器皆作𠤎。弟二敢蓋與此同。弟三敢蓋作𠤎。筠清館金石娷豆文與此同。但多萬年眉壽四字。【奇觚室吉金文述】

◉高田忠周　荀子七法篇。漸也。順也。靡也。久也。服也。習也。謂之化。不苟篇。神則能化矣。注謂遷善也。此為本字本義。與説文𠤎。教行也。从匕从人。匕亦聲。正相合矣。然亦按化未善人。以為善人。此猶少壯人匕為老成人也。匕字元以人為形。又从人作化。實亦複矣。知化字即匕字之轉出。最初唯當以匕兼化也。易繫辭傳。知變化之道者。禮記中庸。變則化。又樂記。百物化焉。素問五常政大論化不可代。注謂造化也。此等字義。雖言叚借以化為匕者。而亦元當同字之證矣。【古籀篇三十三】

◉馬叙倫　翟云升曰。當屬人部。朱駿聲曰。從人。匕聲。高田忠周曰。匕化一字。倫按。此蓋以已為變化義而作之字。從人。匕聲。説解教行也非本訓。教行蓋引申義。當入人部。字見急就篇。中子化盤作𠤎。【説文解字六書疏證卷十五】

◉李孝定　説文「化。教行也。从匕。从人。匕亦聲。」契文與篆文同。字在卜辭為方國之名。金文作𠤎中子化盤。【甲骨文字集釋第八】

◉朱芳圃　化象人一正一倒之形，即今俗所謂翻跟頭。國語・晉語：「勝敗若化」，韋注：「化言轉化無常也」；荀子・正名篇：「狀變而實無別而為異者謂之化」，楊注：「化者改舊形之名」，皆其引伸之義也。孳乳為傀，説文鬼部：「傀，鬼變也。从鬼，化聲。」為貨，説文貝部：「貨，財也。从貝，化聲。」徐鍇曰：「可以交易曰貨。貨，化也。」對轉元，孳乳為換，説文手部：「換，易也。

从手，奐聲。」為趄，說文走部：「趄，趄田易居也。从走，亘聲。」【殷周文字釋叢卷下】

◉戴家祥　唐韻化讀「呼跨切」，曉母魚部，換讀「胡玩切」，匣母元部，趄讀「丙元切」，匣母元部。魚元不能對轉，朱氏誤矣。【金文大字典上】

甲三五五　匕用為妣　甲四六〇　母妣庚　甲五五四　甲二四二六　妣母己　乙二一七四　乙三六〇七　乙三七二九反　乙三八二三反　鐵一九一·三　鐵一九四·三　鐵一九九·一　拾一·一〇　奉生于妣庚妣丙　前一·三五·五　前四·八·二　前八·一三·四　後一·二〇·一〇　後二·二九·一五　後二·三六·六　戩六·一三　明藏九五　明藏八六六　寧滬一·二一八　寧滬一·二二二　佚七六　佚一九二　佚五八七　福四　摭續一一三　乙四四七六　妣甲　見合文一二　乙九二二　妣乙　見合文一二　甲二四八　妣丙　見合文一二　乙八八九七　妣丁　見合文一二　乙四六八　妣戊　見合文一二　甲二六四七　妣己　見合文一二　甲二七九九　妣庚　見合文一二　前一·三七·五　妣壬　見合文一三　前一·三八·四　妣己　見合文一三　佚八七八　毓妣　見合文一三　乙五六四〇　多妣　見合文一三　甲二七九九　妣癸　見合文一三　甲二五〇二　妣辛　見合文一三　【甲骨文編】

甲460　571　690　2426　3045　乙1903　6313　6402　6469　6524　7544　珠7　341　福26　佚76　99　171　400　474　587　919　續1·35·1　續1·38·5　徵3·224　續1·38·6　徵3·223　續1·38·7　徵3·228　續1·39·2　徵3·226　續1·39·3

1·39·4 1·39·5 1·39·6 1·39·7 1·39·8 1·40·4 2·15·2 4·16·3

6·9·7 徵3·217 3·218 3·227 3·230 天28 摭87 【續甲骨文編】

匕 器名用以取飯 瘐匕 仲枏父匕 魚顛匕 𡥈乳為妣 豙妣辛簋 戈妣辛鼎 我鼎 曾伯文鐳

木工鼎妣戊 妣己觚 妣乙爵 妣乙二字合文 卣 妣丙二字合文 戊辰簋 妣戊二字合文 作妣己觶 妣己二字合文 妣己爵 妣辛爵 妣辛二字合文 【金文編】

布空大 豫伊 刀弧背 冀滄 仝上 倒書 刀弧背 冀滄 布尖 匕昜 晉原 布尖匕昜 晉太 布尖匕昜 晉高 仝上 刀弧背右匕 京德 仝上 刀弧背 冀滄 布空大小匕 豫洛 仝上 小匕 布空大小匕 豫洛 布尖陽匕 京朝 仝上 布尖昜匕倒書 冀靈 刀弧背倒書 冀滄 布尖昜匕倒書 亞三·一一 布尖昜匕倒書亞三·一一 仝上 正書 布空大小匕 亞二·一一八 布空大少匕 歷博 【古幣文編】

匕必履切 【汗簡】

◉許　慎　相與比敘也。从反人。匕。亦所以用比取飯。一名柶。凡匕之屬皆从匕。卑履切。【說文解字卷八】

◉羅振玉　說文解字妣。籀文作。卜辭多作。與古金文同。多不从女。惟義妣鬲召中鬲从女作妃。與許書籀文合。吳中丞說。古妣字與父相比。右為。左為。予案考妣之匕。引申而為匕箸字。匕必有偶。猶父之與母相匕矣。【殷虛書契考釋卷中】

◉高田忠周　說文相與比敘也。从反人。匕亦所以用比取飯。一名柶。按柶一名匕。初無其字。借匕為之。後遂不作專字。漢人寫經或借枇為匕。後人亦作枇。即枇之省也。謂為匕器專字。誤甚。或云古音匕四同部。飯匕義借匕為柶耳。又

鳥足與□字形似。故鳥字从匕。皆象形之叚借。銘即借為妣字。妣籀文作□。故妣省為□。要□比音義近。【古籀篇三十三】

◉聞宥　匕，柶類也，比于箸者，後世引申為比于父之妣。【殷虛文字研究】

◉郭沫若　匕廼匕柶字之引申。蓋以牝器似匕，故以匕為妣若牝也。【釋祖妣　甲骨文字研究】

◉郭沫若　匕之古文作□妣辛殷若入木工鼎妣戊即其形象也，匕之上端有枝者，乃以掛於鼎脣以防其墜。【金文餘釋之餘・釋毕氏　金文叢考】

◉商承祚　此本匕柶之初字。後借為考妣之妣。吳大澂謂。「古妣字與父相比。右為父左為□。」金文作□(妣辛殷)。□(戈妣辛鼎)。□(文妣辛爵)。已失其形。【甲骨文字研究下編】

◉吳其昌　□者从豕从匕。殷人造文，凡陽性之生物，則旁增「□」為「符徽」。陰性之生物，則旁摽「□」為符徽。「□」「□」皆象其生理體官別異之特狀也。以今隸寫之，則「□」作「土」，「□」作「匕」矣。百獸皆然，人亦不外，故得稱母為匕矣。金文龜絜，又皆以「□」為匕匙，匕首之匕，按匕匙及匕首之狀，正象陰性體官之形，故得以其名名之，而亦呼為「匕」矣。吳越方語至今呼「陰也」為「匕」，是其證。羅振玉氏以□□□□同為「牡」字，□□□□同為「牝」字；真達詁也。羅之言曰：「説文解字：『牡，畜父也。從牛，土聲。』此或从羊，或從犬，或从鹿。牡既為畜父則从牛，从羊，从犬，从鹿得任所施。」又曰：「説文解字：『牝，畜母也。从牛，匕聲。』母畜對牡而稱牝，殆猶母對父而稱『匕』。他畜亦有牝，故或从羊，或从豕，或从犬，或从馬。詩『麀鹿』之『麀』，乃牝之从鹿者；與羓豝犯駝諸字同。乃諸字皆廢而『麀』僅存，後人不識為牝之異體，而別構音讀，蓋失之矣。」按：羅説甚是。此字从豕从匕，乃牝豕也。「貞豝鬯于且乙」者謂以母牲香酒致祭于祖乙也。【殷虛書契解詁】

◉吳其昌　祖妣之匕則象人之側形，故其字為人字之反，而不為刀字之反，此點吾人不能不深切辯認。祖妣之匕，龜甲文作□或□，皆象人或鞠躬或匍伏之側形。其在金文，如二母父巳鼎，金文叢考册一頁六，貞松堂集古遺文補遺卷二頁十三。「之且乙妣乙」，「且巳妣癸」，二妣字均作□；妣辛殷，殷文存卷上頁十六。「之妣乙作□」；妣乙爵，殷文存卷下頁十七。「之妣作□」；武乙彝，舊名戊辰彝殷文存卷上頁十九。「妣戊之妣作□」⊘皆象人鞠躬之右側形。尚有陶齋吉金録妣己解等。如木工册鼎，殷文存卷一頁六。「妣戊之妣作□」；妣己觚，陶齋吉金録卷一頁八。「之妣作□」，及妣巳爵，殷文存卷下頁十九。「之妣作□」，⊘則象人鞠躬匍伏之左側形，左右側均不關宏指也。至于文妣辛爵殷文存卷一頁十七之「妣辛」合文作□，則妣字竟與小篆人傍之□無少異。已融化入人字矣。【金文名象疏證】

◉孫海波　撓鼎器也，象形。字通作柶。有柄中空，引申之訓雌，訓雄，獸母曰牝，鳥母曰雌，人母曰妣，古者士女且匕字對舉，取其相對之義。或曰且匕即陰陽二性之象徵，孳乳為妣。【甲骨金文研究】

◉曹詩成　1說文匕部匕字云：

匕，相與比叙也，從反人。匕亦所以用比取飯，一名柶。凡匕之屬皆從匕。

詩成疑器物之「匕」，當為象形，不應與比叙之「匕」並論。蓋古人造字，先具體而後抽象，先象形而後會意；「匕」，器物，豈得反從會意之「匕」而叚借乎？

2說文釋例云：

匕字蓋兩形各義，許君誤合之也。比叙之匕，从反人，其篆當作，部中皀匘卬卓艮从之；一名柶之匕，蓋本作，象柶形，與勺篆作相似，其物本相似也。

3說文通訓定聲云：

按此字象形。據比下古文作，知匕古文作，从倒干。

4說文部首訂云：

至若匕柶之匕，象匕形，以木為之……然則名柶之匕，有象柶正面形而作者，比下之古文其重二為之，是其證也。又曾伯雨露黎簠有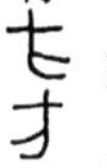二形，一左一右，皆象側面，與匕形相似。

由三家之說，知器物之「匕」，應屬象形，許氏實誤。然「匕」所象之形，三家各異：釋例謂「象柶」，定聲謂「象倒干」，部首訂謂「象正柶」，皆非。「柶」似「勺」，有斗，可以挹流質，「勺」之篆為「」，似「勺」中有物，「匕」之篆作「」，二畫相連，非「柶」中有物之象；又「匕」之古文作「」，尤與柶異。部首訂強以「柶之正面」釋之，亦覺不類。通訓定聲「倒干」之說，似近之，然于六書無所取義，故亦難從。詩成以「」「」二字，當象「叉」形，亦即古「匕器」之原形。其證有四：

（一）

5詩小雅大東：

有饛簋飧，有捄棘匕。

毛傳云「匕所以載鼎實」。大東又云：

有捄天畢，載施之行。

鄭箋云：「祭器有畢者，所以助載鼎實。」

6特牲饋食禮云：

宗人執畢先入

鄭注云：「畢狀似叉，蓋為其似畢星取名焉。」按人間有「畢器」，天上有「畢星」，其狀如叉，今觀「畢星」之圖（第一圖）實為確論。「畢」既似叉，則「匕」亦似叉。大東云「有捄棘匕」、「有捄天畢」，「有捄」二字，不應有二種意義。毛傳與上云「長貌」，與下云「畢貌」，而以「畢」為「掩兔之畢」，則「畢」呈網狀，與「長貌」之說，自相矛盾。故鄭箋不從，釋「畢」狀如叉，而以「畢」為「助載鼎實」之用，與「匕」之「載鼎實」者相近，則「匕」狀亦如叉，似甚可能。

7詩周頌良耜云：

殺時犉牡，有捄其角。

鄭箋云：「捄，角貌。」牛之兩角分歧，厥狀如叉，正與「畢」同，「有捄」為形容叉狀之辭，尤屬可據。「有捄棘匕」，即「其狀如叉之棘匕」也。

（二）

「匕」說文篆作「匕」，與「鳥」作「鳥」、「能」作「能」、「熊」作「熊」、「鹿」作「鹿」等字之足形相似。鳥獸以爪抓物，亦如人之以「匕」取物，故「匕」象其形。鹿之足分歧如叉狀，鳥能熊皆有爪，呈多叉狀，知「匕」亦叉之象形。

（三）

8周禮冬官考工記矢人云：

夾其陰陽，以設其比，夾其比，以設其羽。

鄭注云「比，謂括也」。

9說文矢部云：

矢，弓弩矢也，从入，象鏑栝羽之形。

段注云：「栝作括者，誤。栝謂儿也。」木部曰：「桰，矢桰檃弦處，歧其端以居弦也。」徐箋云：「上象鏑，下象栝，引而長之作矢，乃見其形。」「比」即「匕」之重文，可以互通，「栝」亦名「比」，蓋以其狀似叉，同于器物之「匕」也。

（四）

10易震卦云：

震驚百里，不喪匕鬯。

王注云「匕，所以載鼎實」。詩大東云：

有捄棘匕

毛傳云「所以載鼎實」。

11儀禮士昏禮云：

匕俎從設，北面載，執而俟。匕者逆退，復位于東門，北面，西上。

12儀禮公食大夫禮云：

雍人以俎入，陳于鼎南，旅人南面加匕于鼎，退。大夫長盥洗，東南，西面，北上……大夫既匕，匕奠于鼎，逆退，復位。

13儀禮士喪禮云：

陳一鼎于寢門外，當東塾，少南，西面。其實特豚，四鬄去蹄……覆匕，東柄……舉者盥，右執匕，卻之，左執俎，横攝之。入阼階前，西面錯。錯俎北面。右人左執匕，抽扃，于左手兼執之。取鼏，委于鼎北，加扃，不坐，乃朼載，載兩髀于兩端，兩肩亞，兩胉亞，脊肺在于中，皆覆，進柢，執而俟……主人拜賓如朝夕哭。卒徹，舉鼎，入升，皆如初奠儀。卒朼，釋匕于鼎，俎行，朼者逆退。甸人徹鼎。

14儀禮士虞禮云：

陳三鼎于門外之右，北面，北上。設扃鼏，匕俎在西塾之西……鼎入，設于西階前，東面，北上，匕俎從設。左人抽扃鼏。匕。佑食及右人載。卒，朼者逆退，復位。

15儀禮特牲饋食禮云：

主人降，及賓盥出。主人在右及佐食舉牲鼎，賓長在右及執事舉魚腊鼎。宗人執畢先入，當阼階南面。鼎西面錯，右人抽扃，委于鼎北。贊者錯俎加匕。乃朼。佐食升肵俎，鼏之，設于阼階西。卒載，加匕于鼎。

16儀禮少牢饋食禮云：

鼎序入，雍正執一匕以從，雍府執四匕以從，司士合執二俎以從，司士贊者二人合執二俎以相從入。陳鼎于東方，當序南于洗西，皆西面，北上，膚為下。匕皆加于鼎，東枋。俎皆設于鼎西，西肆。肵俎在羊俎之北，亦西肆。宗人遺賓就主人，皆盥于洗。長朼。

17禮記雜記云：

朼以桑，長三尺，或曰五尺。

鄭注云：「朼所以載牲體者。」孔疏云：「從鑊，以朼升入于鼎；從鼎，以朼載入于俎。」

詩成按：由上之記載，知「匕」之用途，為由鼎中取肉，加之于俎也。此雖禮經之文，實則古漁獵時代最簡單而最普偏之食肉方法。其法：將魚獸之全體或分體入「鼎」「鑊」中煮之，熟則以「匕」出之，置于「俎」上，以刀或手裂噉之。

18禮記檀弓杜蕢諫平公云「蕢也，宰夫也，非刀匕是共，又敢與知防」，史記項羽紀樊噲曰「人為刀俎，我為魚肉」，皆泛言「匕」「俎」為飲食之具，非專於宗廟祭祀見之也。「俎」為平面四足之小案，只可盛肉，不可盛汁，故此取肉之「匕」，以有銳鋒之義為最宜。既可刺肉，又可比去其汁。若「匕」為「勺」狀(見三圖)則取肉必帶汁，不便于「俎」上置之矣。

由以上四證，知「匕」之形似「叉」。其知之也，以字之源及漁獵時代食肉生活之需要，故曰「匕之初形」。其為用也，當遠在周人制禮之前。蓋周初已入高級農業時期，人類食物漸以穀蔬為主，「俎」上之肉，多設而不食，禮畢歸之于家，然古風猶存，太古之生活，尚可想見也。「匕」之質料為「桑」與「棘」。詩「有捄棘匕」，禮記「朼用桑」是也。【匕器考釋　史學年報第二卷第五期】

◉馬叙倫　鈕樹玉曰。韻會引用下無比字。嚴可均曰。一切經音義十四引作所以取飯也。無用比二字。孔廣居曰。匕既有兩義。意字亦有兩形。其訓比叙者當從反人之說作。卓卬二字從之。其訓取飯者。當從周伯琦反刀之說作。易匕鬯詩棘匕是也。鬯匙艮等字從之。今通為一字。疑非。況祥麟曰。匕柶字當作。王筠曰。匕字蓋兩形各義。許誤合之也。比叙之匕從反人。部中匙匘卬卓艮從之。一名柶之比蓋本作。象形。部中匙跂頃從之。龔橙曰。相與比叙無其義。字見金器銘。凡象形左右多任作。非從反人也。亦所以用匕取飯。此書奪飯匕之文而誤仞為一。王棻曰。匕箸從反刀。比叙從反人。匙鬯從反刀之匕。𠂤頃從反人之匕。許漏一字。倫按。此部實誤合反人之一名柶之匕及傾伏之傾初文與人之反文為一字。比叙者。諸家以為當從反人之。倫以為比叙之字。反人不足以見義。蓋實比字義。一名柶之匕者。易・震。不喪匕鬯。王注。匕所以載鼎食。正義。先儒皆云匕形似畢。但不兩岐耳。儀禮特牲饋食禮。宗人執畢。鄭注。畢狀如叉。然則匕之形蓋如今歐羅巴洲人食時所用之叉。篆蓋作。形與近也。傾伏之傾初文作。從人象伏而側其首。小篆作

𠤎。形亦與匕近矣。匕一名柶者。聲同脂類。故轉注為柶。𠤎可反之作𠃌。𠃌亦可反之作𠤎。此在金甲文中例證多矣。字見急就篇。【說文解字六書疏證卷十五】

◉楊樹達　說文八篇上匕部云：「匕，相與比敍也，从反人，亦所以用比取飯，一名柶。」王筠說文釋例云：「匕字兩形各義，許君誤合之。比敍之比从反人，柶則象形字，斷不能反人而為柶也。」朱駿聲說文通訓定聲補遺亦謂：「二義當異形，許君誤合之。」樹達按王朱二君謂訓柶者當別為一字，其說碻不可易矣，而於相與比敍之義未嘗致疑，猶未當也。竊謂：相與比敍之義，取以釋比可也，以之釋匕，則泛而不切。大抵變形之字與其本形義必相因，匕形從反人，而訓為相與比敍，與人字義全不相涉，非造文之始義也。愚謂：爾雅釋親云：「父為考，母為妣。」匕者，妣字之初文也。知者：說文十二篇下女部云：「妣，歿母也，从女，比聲。」籀文作妣。蓋初字止作匕，變體象形字也；繼加義旁之女為妣，象形增義旁字也；最後以匕比音近而字變為妣，則形聲字矣。此三文孳乳之次第，與鬲䰛甗三字相同，許君知鬲甗甗為一字，而不知匕與妣妣為一字，非也。此一證也。說文二篇上牛部云：「牝，畜母也，从牛，匕聲。」此由人旁推及獸。牝牡二字為對文，牝之从匕，與士為男子，牡从士聲者字例恰同：說文牡从土聲，今从段注引或說及王國維說。此二證也。說文十篇上鹿部云：「麀，牝鹿也，从鹿，牝省。」按許君不知匕妣為一字，故謂麀从牝省，其實麀即从匕，非从牝省也：此三證也。妣龜甲文皆作匕，不作妣；金文妣辛𣪕、戈妣辛鼎、木壬鼎、妣己觚、妣己爵皆作匕，作義妣鬲、召仲作生妣鬲、陳侯午𣪕皆作妣，而作妣者僅見於鄘侯𣪕一器，蓋妣為最後起之字也：此四證也。然則字何以从反人也？曰：凡圓顱方趾之類皆人也，然人之中有男女之別焉，造文者艱於𣠭構，小變人之形以表人類中之女，固事理之宜也。至禮記曲禮稱「生曰父曰母，死曰考曰妣」，許君從其義，釋妣為没母。其實匕妣之初義，第為別於雄牡之稱名，初無生死之別。曲禮所稱，乃後世文治大進以後分別之辭耳。蒼頡篇云：「考妣延年。」方言云：「南楚瀑洭之間謂婦妣曰母姼，稱婦考曰父姼」；此皆考妣不謂死者之證也。必謂妣為亡母之稱，亦將謂牝為已死之母牛乎？殆不然矣。【釋匕　積微居小學述林】

◉屈萬里　卜辭「于辛田，罕？王匕罕」甲編六七三。按：「王匕罕」當是記驗之辭。匕，當讀為比。史記呂后本紀：「又比殺三趙王。」索隱云：「比，猶頻也。」則「王匕罕」者，言王頻有擒獲也。【殷虛文字甲編考釋】

◉陝西省文物管理委員會　一九六二年十二月八日，據永壽縣文化館朱彥興同志反映，該縣好時河發現古銅器，並有銘文。經我會協同文化館丁志傑同志到該地作了調查了解。

好時河村，在店頭公社東北約十五公里的一個平川地中，與乾縣、武功、扶風、麟游各縣相毗連，距各縣約三十餘公里處，發現的銅器中有盂、鼎、匕及殘片等數種。

陝西永壽縣出土銅匕

匕：一件，完好。發現時原在鼎內，柄部平直，勺部內有銘文兩行，每行四字，共八字。中部為扁平長方形，中間有一條縱的凸起直楞，兩旁有兩條陰紋。柄部末端稍寬，面上有鳳鳥花紋，制作精巧，形式美觀。通長為25.8、頭寬5.1、厚0.2、字徑最大1.3釐米。勺部右邊較齊直，左邊較薄利，似經過長期使用過的。

銅匕銘文拓片

匕銘簡釋

這批器物中，只有兩器有銘文，盉上只有一個銘文殘劃，不知是什麼字。銅匕上有銘文八字，文為：

「中枏父乍
匕永寶用」

中枏父　為作器人名。銘文二行首字應是「匕」字。《說文》匕下釋文有「从反人，匕亦所以用比取飯」，段玉裁注：「匕，即今之飯匙也，少牢饋食禮注所謂飯橾也。」又：「又有名疏、名挑之別，蓋大于飯匙，其形制略如飯匙，故亦名匕，鄭所云有淺斗，狀如飯橾者也。」今此物形似勺而稍淺，與勺有別，既可橾飯，又可叉肉，與段氏注文略合。又《詩經・大東》及《易傳》注文謂：「匕，所以載鼎實是也。」此匕據發現人談，初出土時置于鼎內，與《詩》、《易》注文可互證。《説文》謂：「匕，一名柶」，段注謂：「柶，匕也，所以取飯。」又「匙，匕也」，段注謂：「其首蓋鋭而薄，故《左傳》，矢族曰匕。」此器頭部正是薄而鋭，形似箭簇。匕的制作質料有銅還有木，如段注「喪用桑為之，祭用棘為之」，可知匕還可因它的用途不同而質料也不相同，《詩經・大東》「有捄棘匕」，「捄」字在詩注中解為「曲貌」，也和此器形狀相符。又段氏注：「按禮經，匕有二，匕飯匕黍稷之匕蓋小，經不多見，其所以別出牲體之匕，十七篇中屢見。」从此器可作比證，但究屬飯匕抑屬牲體之匕，還待考證。

由這批銅器的形式花紋以及銘文上觀察，它的制作時代應當屬于西周中期以後。【陝西省永壽縣、武功縣出土西周銅器　文物一九六四年第七期】

◉李孝定　説文「匕相與比叙也。从反人。匕亦所以用比取飯。一名柶。」許君匕下二解。前一解與比字誼同。比从二人始得有「相與比叙」之義。此从一人。姑从許説。字實不从反人。説見下。安得有「相與」之誼乎。此蓋許君誤説。字當以弟二解為本誼。實為匕柶之象形字也。郭沫若云。「氏者余謂乃匙之初文。説文『匙。匕也。从匕。是聲。』段注云。『方言曰「匕謂之匙」。蘇林注漢書曰『北方人名匕曰匙』。玄應曰『匕或謂之匙』。今江蘇人所謂𣘻匙湯匙也。亦謂之調羹。實古人取飯載牲之具。其首鋭而薄。故左傳矢族曰匕。昭廿六年傳是也。劍曰匕首。周禮桃氏注是也。亦作鍉。玄應曰『方言作楏』」。今按。段説古匕。首鋭而薄。甚合實際。陶齋古金録卷三五十・五一圖二銅匕均犀鋭如戎器原誤屬勺。

二器大小相同，均長一尺三分

凡此均古匕形。匕之古文作人妣辛毀。若乀木工鼎妣戊即其形象也。匕之上端有枝者。乃以掛於鼎脣。以防其墜。誠觀下列二文。其插于鼎中之匕有枝之端均在上。可以為證也。

 引鼎（愙・三・一三）

 彝鬲（攈二之二・卅二）

古氏字形與匕近似。以聲而言則氏匙相同。是氏乃匙之初文矣。見金文餘釋之餘釋𠦑氏三四下至三六上。郭氏釋匕字象形之故至塙。契文作□□者實非人字。乃□之象形。上一畫作□□形者乃□端之枝所以懸之於鼎脣者也。卜辭皆假為祖妣字。以其音相同。篆變作□與反人相類。許君遂以「相與比叙」說之。所幸尚存弟二解。使郭氏得以參證古器物以證其初誼。許君存古之功為不可没矣。金文作□妣辛簋□戈妣辛鼎□禦文己鼎□木工鼎□妣己觚。均叚為祖妣字。郭氏餘釋之餘成於民國廿一年。晚於甲研者十三年。是郭氏為此後説時當已自棄其匕象牝器之前説矣。【甲骨文字集釋第八】

◉丁　驌　契辭中稱妣者干,以十干命名。諸妣所配之王名見下列。其中妣乙,妣丁為非周祭辭中之妣。王配以庚名者最多,皆見周祭歲祭辭,不必多贅。

妣	甲	乙	丙	丁	戊	己	庚	辛	壬	癸
王	示癸 卜丙 且辛 外壬		大乙		大丁 武丁 祖甲 武乙	中丁 且乙 且丁	示壬 且乙 且丁 羌甲 小乙	大甲 戊甲 武丁 康丁	大庚 大戊 且辛	中丁 武丁 文丁

近見島邦男綜類,將人二二九七辭寫為「癸亥貞又于二母:母戊𠭯甲母妣庚」,島邦于妣庚處加問號。按原辭為「三母」「母庚」。島邦以為二母,一即母戊,二即𠭯甲配庚也。此辭本奇詭,既稱三母,則母戊、母庚當不在其列,實為五母也。而又夾一𠭯甲,男女混雜,宜乎島邦之有疑也。按男女同見祭辭未嘗不有,如庫一九八八曰:「丙子卜漭钔于二妣己、于妣丁、子丁。」辭句構造與內容男女兼而有之,均與人二二九七辭同,故不宜為之更改也。

丁丑卜㝈貞子雍其钔王於丁□二妣己,𡗗羊三,𠕋羌十。(佚一八二)

按:□二妣己,隸應讀敹二,妣己。以平列文例讀,應為右姜二妣己。且丁二配一庚一己,二妣己之二可為第二名之妣己,對且乙妣己而言,亦可是「次」妣己對妣庚而言。妣己為右姜,是否妣庚較為重要?乙五四〇五:「戊午卜姜右(又)」,辭義未明。在此辭中讀之,當亦可作「敹二」與「羌十」,同為犧牲品也。□釋妻。此文首上只二歧,故有惑焉。【諸妣母　中國文字第三十三册】

◉石志廉　匕堤渠

銅質，方形，鼻紐，陽文三字，通高1.1釐米，長寬各1.5釐米，邊厚0.6釐米。首一字為匕，書作匕，與我館所藏戰國「匕陽」璽，書作「匕陽」的匕字寫法相同。匕即𨙸，戰國三孔布有「上𨙸陽」或「下𨙸陽」，其𨙸書作匕。𨙸亦即邶，戰國方肩方足布邶陰釿，其邶字書作匕。上𨙸陽或下𨙸陽又可解釋作上邶陽或下邶陽，邶陽為地名，上𨙸陽當在比水上游之北，下𨙸陽即比水下游之北。《漢書・地理志》南陽郡有比陽縣，以處于比水之陽而得名，在今河南省泌陽縣西，戰國時當屬楚。我館藏有漢代「比陽」大鐵犁。匕堤渠為戰國時邶陽地方掌管堤防河渠的水官所用之印。【館藏戰國七璽考　中國歷史博物館館刊一九七九年第一期】

◉姚孝遂　卜辭「匕」字除用作名詞乃祖妣之「妣」外，尚有一較為特殊之用法，即指某種狩獵之手段：

「于辛田，𢀛？王匕，𢀛。」　甲六七三

甲六七三與下列辭例是相當的：

「甫𢀛毘？丙子毘，允𢀛二百㞢九。」　前四・四・二

「今日王逐兕𩛥？允𩛥七兕。」　掇二・三九九

「匕」和「毘」、「𩛥」一樣，都應該是指某種狩獵的手段而言。「匕」字象這類的用法尚見于下列諸辭例：

「乙丑卜，王叀壬匕虎，𢀛？」　南明七三四

「叀匕，𢀛？」　寧滬一・二八三

「叀匕兕，𢀛？」　南輔八三

「癸卯卜，戊，王其匕虎，𠂤……」　粹一一四八

上述的這類「匕」字，當讀如「畢」。王筠《説文釋例》在説解「匕」字的時候，曾論及：「《詩》『有捄棘匕』，毛傳『匕所以載鼎實』，疏引《雜記》云：『匕用桑，長三尺。』《詩》又云『有捄天畢』，毛以為掩兔之畢；鄭以為助載鼎實，則亦是匕也。」王筠論「匕」「畢」典籍可通是對的。《詩・鴛鴦》：「畢之羅之」，毛傳謂：「畢所以掩兔也。」《國語・齊語》：「田狩畢弋」，韋注謂「畢」乃「掩

匙

𠤏

雉兔之網也」。實際上「畢」字的引申義，乃泛指掩捕禽獸而言。從以上所引的諸辭例來看，所「匕」的有「兕」，有「虎」，有「豕」，是不限于「雉兔之屬」，也不一定是以網。【甲骨刻辭狩獵考　古文字研究第六輯】

◉戴家祥  𧳜父乙彝　遘於匕戊歲　合文  𠨘其卣　遘于匕丙　合文　説文「匕，相與比敘也，从反人，匕亦所以用比取飯，一名柶。」王筠説文釋例，朱駿聲説文通訓定聲補遺皆有非議，謂「比敘」之比，與「匕柶」之匕，兩形各義，不容混淆。「比敘」之匕本作反人，經典借用此字為之。「匕柶」之匕，字本象形。許氏誤合為一，故其形義自相鑿枘。按鄭玄儀禮注，匕之用途，則在鼎中取肉，然後加之於俎。解放後陝西考古工作者發現一件西周銅匕，初出土時置於鼎內，與小雅大東毛傳、易震卦王弼注略同，形如短劍，其末刃薄而鋭。文物一九六四年七月份。左傳昭公廿六年：「匕入者三寸。」孔穎達疏：「今人猶謂箭鏃薄而長潤者為匕。」是匕為矢鏃也，故短劍又名匕首。柶，為取飯之器，其末刃平，猶今之飯掌。兩者形異而用同，許氏第言其用耳，故云：「匕，一名柶。」同聲通假，讀為祖妣之妣，匕妣唐韻俱讀「卑履切」，幫母脂部。籀文作𡚱，加旁从女。見説文十二篇女部。更旁从示，字亦作  齊鎛。聲符更旁，字亦作妣。唐韻比讀「毗至切」，並母至部。脂至韻近，幫並皆唇音字，故金文都以匕為祖妣之妣。唯微伯癲匕作「匕柶」之匕，其變例也。【金文大字典上】

◉許　慎　匙　匕也。从匕。是聲。是支切。【説文解字卷八】

◉馬叙倫　王筠曰。經注史漢皆無匙字。方言始云。匕謂之匙。則是前漢末年語。因造此字耳。實則匕匙一聲之轉。龔橙曰。左匕即飯匕形字。倫按。此從一名柶之匕也。匕柶之匕古音蓋如皐。或如比。音在並鼻並紐。故轉注為匙。匙從是得聲。是音禪紐。古讀歸定。並定同為濁破裂音也。字或出字林。【説文解字六書疏證卷十五】

◉許　慎　𠤏　相次也。从匕。从十。鴇从此。博抱切。【説文解字卷八】

◉馬叙倫　嚴可均曰。鴇從此。校語也。小徐本末有一曰十。按當作一曰什。許蓋言此字亦為相什𠤏之什也。翟云升曰。此捝誤之文也。龔橙曰。相次也無其義。倫按。鍇本有一曰什者。疑本作一曰十聲。校語也。以金甲文反正上下無定例言之。則𠤏或為什之異文。故説解曰。相次也。然非本訓。倫謂𠤏卓一字。卓。從匕。早聲。詳卓字下。早。從日。十聲。見早字下。甲從十得聲。詳甲字下。𠤏音幫紐。卓音知紐。同為清破裂音。本書雉下惟雉。鍇本作鴇雉。鴇雉即鵯雉。可證也。又疑從一曰柶之匕。十聲。為匕與匙之轉注字。十音禪紐也。字或出字林。餘見匙下卓下。【説文解字六書疏證卷十五】

伎

◉許 慎 頃也。从匕。支聲。匕。頭頃也。詩曰。歧彼織女。去智切。【說文解字卷八】

◉馬叙倫 鈕樹玉曰。類篇引無匕頭頃也四字。倫按。此訓頃也當作傾也。或頃也以聲訓。從傾之初文作者。支聲。之轉注字。音同溪紐。聲則支耕對轉也。釋名。䪈。恢也。恢廓覆髮上也。魯人曰頍。頍。傾也。以傾釋頍。是其例證。或曰。伎頍一字。從人也。匕頭頃也校語。字蓋出字林。【說文解字六書疏證卷十五】

頃

5·136 咸邑如頃 【古陶文字徵】

頃 秦二 六例 法六四 【睡虎地秦簡文字編】

頃園長印 頃憲私印 頃丘唯印 【漢印文字徵】

◉許 慎 頭不正也。从匕。从頁。臣鉉等曰。匕者。有所比附。不正也 去營切。【說文解字卷八】

◉馬叙倫 此後頁聲。當入頁部。為頍之轉注字。曲身矢首。故頃為頭不正。語原然也。字見急就篇。【說文解字六書疏證卷十五】

匘

匘 封五七 同腦 —角出皆血出 【睡虎地秦簡文字編】

◉許 慎 頭髓也。从匕。匕。相匕著也。巛象髮。囟象匘形。奴皓切。【說文解字卷八】

◉馬叙倫 鈕樹玉曰。韻會髓作髓。玉篇注。頭也。髓也。莊有可曰。按文當有𡿺字。巤字亦從之。說文脫也。本止作。象形。王筠曰。囟象腦形不可通。韻會引作囟象囟形。則尤不通。囟在外是骨。匘在內是髓。安得以囟象匘形。囟部已說曰象形。何事於此複出。故知皆不通也。案巛以象髮囟象匘形二句當作從𡿺二字。囟部之。即𡿺之譌。部中巤字即從𡿺。猶部有金文。部中之疏即從之也。乃巤下亦不言從𡿺。則以古文既譌。校者檢之不得。故觸處皆改之也。龔橙曰。𡿺見李登集古文。篆加。林義光曰。相匕於匘義不切。即人之反文。此篆當作。如人戴腦。於象形方合。丁福保曰。慧琳音義四引作從囟。從巛。巛象髮。匕者相著也。巛囟聲。十三引作頭中髓也。象形。從匕。𡿺聲。希麟續音義四引作從匕。從囟。小兒匘會也。從巛。巛像髮。匕謂相匕著也。倫按。以二徐本說解已略不同。慧琳希麟所引又復岐異如此。則此字說解之難明久矣。然慧琳一引𡿺聲。一引巛囟聲。是巛囟聲明是𡿺聲。傳寫誤析𡿺為巛囟耳。王筠證𡿺即囟部囟之古文。甚塙。倫謂頭中髓之字即囟。或作𡿺。囟之轉注字從𡿺毘聲作巤。詳巤字下。巤音來紐。⿰亻𡿺音泥紐。古讀來歸泥。是⿰亻𡿺巤音同矣。⿰亻𡿺。從人。𡿺聲。與兒一字。今吳縣上海謂小兒曰小囡。囡即⿰亻𡿺之俗字也。字或出字林。當入人部。【說文解字六書疏證卷十五】

●李學勤　《雜守》篇：

寇至，先殺牛、羊、鷄、狗、鳧、雁，毳，皆剥之，收其皮革、筋、角、脂、⿰𡿺刂、羽。

「⿰𡿺刂」即「腦」字，系馬王堆帛書《五十二病方》「⿱止𡿺」字的訛變。《封診式》簡《賊死》條則省作「⿱止𡿺」。【秦簡與《墨子》「城守」各篇　李學勤集】

●睡虎地秦墓竹簡整理小組　腦，簡文寫作⿱止凶，長沙馬王堆三號漢墓帛書《五十二病方》作⿱止𡿺，《說文》作⿰匕𡿺，《玉篇》云：「亦作腦。」《考工記》腦字作⿰𡿺刂，《墨子・雜守》作⿰凶刂，都是帛書寫法的訛變，參看孫詒讓《周禮正義》卷八十六。【睡虎地秦墓竹簡】

卬

2062【古璽文編】

卬爰　工師卬印　王卬之印　卬之印　毋蔓印【漢印文字徵】

詛楚文　親卬不顯　同仰　仰字重文【石刻篆文編】

●許　慎　卬望欲有所庶及也。从匕。从卪。詩曰。高山卬止。伍岡切。【說文解字卷八】

●馬叙倫　鈕樹玉曰。韻會引玉篇注望下有也字。韻會作匕卪。繫傳卬止作仰止。桂馥曰。庶當為度。廣韻。仰。望也。欲有所度。王筠曰。庶字是。吳麦雲曰。卬古偶字。象兩人相向。右旁卪形近而譌。如卿字本作[glyph]。從兩卪相對之卯聲。而左右兩卪正如兩人相對。故知卬字右旁亦本是人而譌為卪。辵部迎。逢也。謂彼來此往。道偶合誼。亦取兩人相向。故字從卬聲。林義光曰。卬當為迎之古文。丁福保曰。慧琳音義五十引作望也。欲有所庶及也。倫按。仰望之初文。當為從人而舉其首之形。今無其字而有仰儼。為形聲字。此自如林說。為迎之初文。從人。從伏地之伏。初文作[glyph]者會意。[glyph]者。外來之客。[glyph]者。主人伏地迎之也。漢書司馬相如傳。一坐盡傾。今日本舊俗猶然。客至。主人傾伏而迎。此諸夏遺風

也。望也者。仰字義。或以聲訓。欲有所度及也校語。字見急就篇。古鉥作□。秦詛楚文作□。【說文解字六書疏證卷十五】

◉強運開 □毛公鼎。用印邵皇天。叚印為卬。與仰通。□秦詛楚文。【說文古籀三補卷八】

◉李孝定 說文「卬望欲有所庶及也。从匕。从卪。詩曰『高山卬止』。」栔文□字。唐(蘭)氏說其形甚是。惜猶未達一間耳。字象一人立下一地也。一人跽於其側正望欲有所庶及庶及庶幾也段說是也之形。當釋卬。辭云「己卯卜貞𢦏人名从卬人名□疑䛐之異構當釋葬彝人名後・下・二二・四。【甲骨文字集釋第八】

◉楊樹達 匕从反人，从匕猶之从人也。卪為𠨊之初文，謂人足也。此字與企字義同。組織亦同。匕為主名，卪為官名。【文字形義學】

𠦝 □

□ 卓 九年衛鼎 □ 卓林父簋 【金文編】

□ 卓印安平 【漢印文字徵】

□ 說文 □ □ 並崔希裕纂古 【古文四聲韻】

◉許慎 𠦝高也。早匕為𠦝。匕卪為卬。皆同義。竹角切。□古文𠦝。【說文解字卷八】

◉孫詒讓 (孚林父敨)□舊釋為孚。吳榮光釋為仔。又云或釋作保省。今諦審之。疑當為卓字。石鼓文淖字作□。偏旁从□。與此相近。說文匕部。卓云早匕為卓。此上从□。即匕之反文。下从早。即早之省也。二吳舊釋並未塙。【古籀餘論卷二】

◉馬叙倫 孔廣居曰。從匕。早聲。□即比校之比。物相比則高者見也。龔橙曰。高也非本形。林義光曰。□即人之反文。從人。早聲。幽宵旁轉。倫按高也者。蓋以聲訓。實當作蹻。此字當如林說。為倬之初文。亦稺之初文也。當入入部。早匕以下校者改之。

□ 李杲曰。趠鼎趠字從□。與此略近。倫按。金文綽字偏傍有作□者。與此形似。【說文解字六書疏證卷十五】

◉高鴻縉 卓。特立也。从人反身。非人字。非妣字。人反身則立也。早聲。高也。是倬字意。詩曰。倬彼雲漢。與卓異字。

𥃩

艮 封五三 日甲四九 日甲四七 【睡虎地秦簡文字編】

◉許　慎　很也。从匕目。匕目猶目相匕不相下也。易曰。𥃩其限。匕目為𥃩。匕目為真也。古恨切。【説文解字卷八】

◉唐　蘭　菁十・九片

右艮字，舊誤釋為見，今正。見字當作等形，與此迥殊，猶欠作而旡作也。欠旡二字，前人辯之，亦不清晰。字或析書之，則為，㝵鼎限字偏旁作，與此正同，可為確證。惜卜辭殘缺，不能屬讀耳。

説文：「艮，很也。從匕目。匕目猶目相匕不相下也。易曰：艮其限。匕目為艮，匕目為真也」。按小篆見作，艮作，目形無别，許氏不得其説，故解為從匕目，又從而附會之耳。其實艮為見之變，見為前視，艮為回顧，見艮一聲之轉也。艮為回顧之義，艮顧亦雙聲也。易曰：「艮其背，不獲其身，行其庭，不見其人，亡咎。」艮其背者，反顧其背，彖傳引作艮其止，誤也。殆涉下文止其所也而誤。後世假借為很，為限，而本義湮晦矣。眼字從目艮聲，實艮之孳乳字，然訓目，不訓視。【殷虚文字記】

◉馬叙倫　鈕樹玉曰。繫傳很作狠。俗。沈濤曰。廣韻廿七恨引作限也。易傳曰。艮。止也。止即限義。許引易艮其限。正釋訓限之義。今本乃字形相近之譌。桂馥曰。曾見古銅印文曰。張青旨印。疑古有旨字。龔橙曰。金器銘作。與見當同。高田忠周曰。艮即眼之古文。倫按。限也以聲訓。艮見一字。金文見字。𤦒鼎作。匽侯鼎作。甲文作。倫謂從目。從傾伏之傾。初文作。故漢印字或作旨。青旨蓋即青眼也。音溪紐。故艮音入見紐。同為舌根破裂音也。目之音轉為𥃩者。蓋古讀目如攴。攴音滂紐。滂溪同為次清破裂音。故目轉注為𥃩。或古讀目本如艮。音轉入疑為眼。又以同為邊音。由疑明轉明為目。當入目部。从匕目以下蓋校者改之。或字出字林也。餘詳見勹下。【説文解字六書疏證卷十五】

◉李孝定　唐氏釋此()為艮。謂其義為反顧。較許説為長。可从。蓋字或析書。許君不得其解。故傅會説之耳。金文作與契文同。【甲骨文字集釋第八】

◉睡虎地秦墓竹簡整理小組　艮，疑讀為根。根本，疑即山根，醫書中對兩眼間鼻梁的名稱。一説，根本絶指眉毛的根斷絶，不能

从

再長。【睡虎地秦墓竹簡】

甲一〇三五 古从比同字 甲一二二四 甲二二七九 甲二三九五 乙四九三六反 乙五〇七五 乙五七四二 鐵六〇一 鐵一〇九・二 鐵一五七・三 鐵二四九・二 鐵二五三・二 拾一三・三 前一・四七・五 前四・三七・六 前五・三三・二 前五・三三・三 前七・六・四 前七・七・四 前七・二五・三 後一・一・四 後一・一七・六 後一・二七・二 後二・一四・一 後二・三八・一 林二・二五・一七 戩四・七 戩三三・一三 戩四五・一二 粹一〇六七 粹一一一三 佚三九二 佚八一八 燕一九七 燕一五六 明藏三八三 摭續二六九 京都二五二七 【甲骨文編】

甲252 357 379 380 436 507 778 1035 1118 1256 2119 2121 2335 2591 2830 2858 3038 乙745 1884 4932 5803 6408 6666 6684 6700 6733 6743 6888 7135 7161 7246 7290 7308 7342 7348 7393 7425 7647 7739 7741 7774 7818 7826 8075 8859 9067 珠19 163 177 182 183 277 293 306 340 483 571 610 624 632 779 905 1054 1187 1188 1194 1195 佚20 33 81 85 115 佚118 續1・14・1 佚196 375 382 392 444 533 544 558 580 581 668 836 873 900 936 979

990 續1·39·1 1·46·5 2·31·2 3·5·5 3·10·2 3·11·3 3·11·5

3·29·6 3·40·1 3·43·1 3·43·6 3·46·6 5·3·2 5·12·2 5·23·10

6·22·7 徵1·43 1·44 1·45 2·28 4·5 4·36 4·39 4·48 4·51

4·60 4·70 4·79 4·80 [illegible]·3 9·25 9·26 9·36 9·38 9·42

10·7 10·11 10·34 京1·24·2 2·18·4 2·20·4 2·21·4 2·24·3

4·1·4 4·17·1 4·25·1 凡5·1 録560 578 608 610 627 628

鄴41·5 天64 65 76 96 龜卜4 六中189 續存349 616 623 668

外30 453 書1·9·A 摭續1 141 粹57 366 680 744 791 813

924 934 976 1051 1067 1090 1100 1113 1154 新2180 2467

5278【續甲骨文編】

从 从鼎 辛棣角 任氏从簋 乍从簋 陳喜壺 从从反與比為一字 天作从尊 【金文編】

呂从印 公孫从印 【漢印文字徵】

從允兩體殘石从從 同字 從字重文 【石刻篆文編】

从才容切 【汗簡】

◉許　慎　相聽也。从二人。凡从之屬皆从从。疾容切。【說文解字卷八】

◉羅振玉　卜辭中从與比二字甚不易判。以文理觀之。此當為从字。【殷虛書契考釋卷中】

◉高田忠周　說文。从相聽也。从二人。又從。訓隨行也。从辵从从。从亦聲。然則銘意借从為從也。音通。又經傳皆借從為从。與此銘反。又說文。大徐本云从某。小徐本作從某。此亦從為正从為借。从從兩字。古來互通用也。愚亦謂从作二人相從形。至順正道也。故相聽而莫逆也。隨行義亦自存于此。疑古以从兼從。後人泥于行義。加辵以分別。在三代時从從古今字也。又反从為比。比亦从之深也。然已反之。固非理之正者。比黨即非正非順也。从比兩字之別。顯然可見矣。【古籀篇三十四】

◉葉玉森　王簠室釋从為比。比為从。實則同為一字。觀後編卷上第十七葉「戊午卜賓貞王从□貳伐土方受之□」。又「貞王从□□伐土方」。辭同可證。【殷契鈎沈】

◉郭沫若　(第五七片)「庚申卜殻貞：取椒汅、㞢有从雨。」从當讀為縱，「㞢从雨」謂有急雨，有驟雨也。【殷契粹編考釋】

◉馬叙倫　龔橙曰。相聽也非本形。倫按。相聽許也蓋字形文。字林每言相也。許當以聲訓。從人在人後。會意。【說文解字六書疏證卷十五】

◉于省吾　卜辭每言有。㞢从雨。或言。从雨。郭沫若云。从當讀為縱。㞢从雨。謂有急雨有驟雨也。粹考五七片。按郭說非是。从從古今字。禮記樂記。率神而從天。注。從。順也。孔子閒居。氣志既從。注。從。順也。書洪範。曰肅時雨若。偽傳。君子敬則時雨順之。卜辭言从雨即順雨。謂非暴雨霪雨。猶今俗所謂風調雨順之雨順也。前・三・二十・四。今夕奏無舞㞢从雨。五・三三・二。貞弓烄亡其从雨貞烄𡥈㞢从雨。後・上・二二・四。米于岳又从才雨。粹・五七。取汅㞢从雨。或言奏舞。或言舞。或言烄。或言米。或言取。均先舉行祭典而後言从雨。故知其所乞求者即順雨也。【釋从雨殷契駢枝續編】

◉董作賓　卜辭習見从字。一為隨从之義。一為卜得吉兆也。前者多在辭中。後者多在辭末。亦有僅書一从字者。洪範七稽疑。从與逆對舉。而皆以龜筮並从為言。可為卜辭簡明之注脚矣。【殷曆譜卷四】

◉楊樹達　殷契粹編玖貳肆片云：

不雨。弗禽。原釋坙，今改，下同。其从犬廿，从原作𠓛，今改。下同。禽又有狼？原釋狐，今改。兹兹用。弜弗从，允禽。

又玖貳伍片云：

王叀犬从，亡𢦏？其从犬，禽？……廿……亡𢦏？

余於一九五〇年六月一日撰釋从篇，謂此从字經傳皆作從，義訓逐，以易經屯卦六三爻辭「以從禽也」，孟子梁惠王下篇「從獸無厭謂之荒」為證，謂卜辭之从犬，猶彼二文之「從禽」「從獸」，乃狩獵逐犬之占也。頃來細繹諸辭，覺余前説有不可通者。何者？从犬若是逐犬，被逐之犬不能有定數，何得云「从犬廿」邪？玖貳伍片亦有殘文廿字，知彼片所云「叀犬从」「从犬」者，皆从犬廿之省文也。且觀甲文用逐字者，或云逐豖，或云逐馬，或云逐鹿，或云逐兕，或云逐兔，詳見釋追逐篇。未見有逐犬者，知此文之從犬不當以逐犬為義也。

胡厚宣戰後寧滬新獲甲骨集壹卷叁玖肆片云：

Δ酉卜，王圭往田，从來殺犬，禽？壬午卜，王圭田，亡𢦏？

又叁玖伍片云：

王叀磬犬卅从，亡𢦏？……田，禽？

又叁玖陸片云：

……叀宕犬先从，亡𢦏？

李亞農殷契摭佚續編第一片云：

辛亥卜，翌日壬，王其从在成犬，禽？弗每？悔亡𢦏？弘吉。在盂。

寧滬集叁玖伍片云：「从磬犬卅」，犬下記數字，與粹編玖貳肆片同。統觀上舉諸辭，皆云「从犬」，且其辭除寧滬集三九六片外，皆有「田」「禽」之字。吾人知狩獵必用犬，獸从犬，狩獵二字亦从犬，知諸辭犬字皆狩獵之所用以逐獸者，非狩獵之所逐，詳言之，犬乃工具，非對象也。由此知从字決不當為經傳訓逐之從，自當别求解釋也。

然則从字當作何訓乎？按廣韻去聲三用云：

從，疾用切，隨行也。

論語公冶長篇云：

子曰：道不行，乘桴浮於海，從我者其由歟！

按孔子謂「從我者其由」，謂弟子中之仲由可隨孔子行也。此從訓隨行之例也。中國文法有多數之外動字往往同一意義有正面反面兩種用法，甲隨乙行謂之從，如仲由從孔子，此正面用法也，反面言之，乙使甲從我行亦謂之從。漢書七十七卷何並傳云：

並自從吏兵追林卿，行數十里，林卿迫窘，廼令奴冠其冠被其襜褕自代，乘車從童騎，身變服從閒徑馳去。

並自從吏兵者，何並使吏兵隨並行也。林卿從童騎者，王林卿使童騎跟隨林卿也。甲文中亦有此用法，如殷虛書契前編柒卷拾捌葉壹版云：

王从墬乘伐下𠃉。

此言王使墬乘隨王行而往伐，非謂王隨墬乘行也。此種用法之從字，傳注家或訓為領。史記春申君列傳云：

吳之信越也，從而伐齊。

索隱云：「從音絶用反。劉氏云：從猶領也。」按史記文謂：吳信越，故從越伐齊，謂率領越國伐齊，乃越跟隨吳，非吳跟隨越也。以今日口語釋之，即「吳國帶了越國伐齊國」也。其事涉禽獸者，此從字或訓為牽。淮南子氾論篇云：

禽獸可羈而從也。

高注云：「從猶牽也。」甲文云「从犬」，自亦可釋為「牽犬」，史記李斯傳謂牽黃犬出上蔡東門，是也。但依語言習慣言之，釋為「帶領犬」，或「攜帶犬」，較為自然耳。今取寧滬集叁肆肆片之第一辭用口語譯之，則當為：

Δ酉這一天卜問：王出去田獵，帶領來殺地方的獵犬去，可以得獸否？

知來殺為地名者，寧滬集叁玖叁片云：

㞢往田于來殺。

以是知之。禽者，今字作擒。左傳襄公二十四年云：「收禽挾囚。」杜注云：「禽，獲也。」卜辭禽為問辭，故譯為「可以得獸否」也。辭云「來殺犬」，知來殺為地名，則「啓犬」「宕犬」「在成犬」之啓、宕與在成亦當為地名也。或云：成為地名，在成為在成地，説亦通。

上舉諸辭，細別之，可分為三類。寧滬集壹卷叁玖肆片之「从來殺犬」，摭佚續編之「王其从在成犬」，此貞問犬之彼此類別者也。粹編玖貳肆片之「其从犬廿」，寧滬集叁玖伍片「王叀啓犬卅从」，皆貞問用犬數目之多少者也。粹編玖貳伍片有廿字，亦同。「啓犬卅」雖亦記地名之啓，然主問者在用數之多少，不在地也。寧滬集叁玖陸片之「叀宕犬先从」，則是問用犬先後之次第，與上二事不同也。

訓逐之從，謂平聲疾容切，訓使人隨行之從，讀去聲疾用切，與縱音同。字同而義不同。上舉諸辭，訓逐則文頗難通，訓使隨行，訓率領，讀去聲之從，則皆豁然無礙，故今削去釋从篇舊稿，別撰此文云。

余寫成前文後數日，偶檢殷契摭佚續編，百二十四片乙辭云：

王其田，叀犬𠂤𠄌，禽，亡𢦏？

又丙辭云：

王其田，叀𠂤犬𠃌，禽，亡𢦏？

丙辭𠂤字不識，以前舉各片例之，蓋亦地名。乙片云犬𠂤，當為𠂤犬之誤倒，𠂤亦地名也。从字前文所舉諸片从字从二人作𠂆𠂆，此二片作𠂆者，乃𠂆𠂆字之省形也。余往謂甲文多省形，此又其一例矣。【釋从犬　積微居甲文説】

◉丁　山　从入。善齋藏甲尾。

从入十。院・3・0・0317・甲尾。

……十夕，小臣从氏。北大藏骨面。

「小臣从氏」的事跡，見于卜辭者，其要，如：

貞，叀熹令从𩏼周。後・下・37・4。

癸巳卜貞，乎从罙面𢀛。六月。續・5・6・5。

貞，令多子族从犬罙面𢀛，古王事。前・6・51・7。

癸亥卜，㱿貞，乎商从䀠。〇貞，乎商从䀠。前・7・19・4。

叀潷𢦏从，亡𢦏，㞢。粹・1561。

彝、松遺、4・41

這些从字，過去考釋者往往誤為隨從之誼，由甲尾和骨面刻辭證明，我們論定他也是氏族的徽識。从氏遺物，傳于今者，惟見一毁（羅氏集古遺文誤為彝）。从從古今字。从氏采地，疑當求諸從極之淵附近。山海經海內北經：「從極之淵，深三百仞，惟冰夷恆都焉。一曰忠極之淵。」從淵，當即漢書地理志代郡鹵縣下所謂：「從河，東至文安入海。」從河，水經濁漳水注謂之從陂，云：「衡漳又東北，右會桑社溝，溝上承從陂，世稱盧達從薄，亦謂之摩訶河。」從陂，當即從極之淵；從極之淵，當在今河北省阜城、武邑、景縣之間，近于清河的下游；酈氏水經注則移于河水發源的昆侖山之上，謬以萬里了。從陂，古入漳水，漳水，本商王的發祥地，小臣从之受封于從陂附近，蓋派他去看守北方的門户，未可等閒視之。自「令从古王事」的卜辭看，小臣从正是武丁時

代要人之一。【从氏　甲骨文所見氏族及其制度】

◉饒宗頤　比讀如詩皇矣「克順克比」之比,「克比」樂記作「克俾」。爾雅釋言:「俾職也。」郭注:「使供職。」釋詁:「俾,使也,從也。」郝疏:「從順使令。」故卜辭言「王比某」猶言「王俾某。」堯典:「有能俾乂。」史記作「使治。」王比某,即王使某也。又別一詞例稱:「王叀某比伐。」比又訓輔。(見易比卦)爾雅釋詁:「比,俌也。」比又通弼。皋陶謨:「弼成五服。」弼一作「邲」。故「叀某比伐」解為惟某相輔致伐,於義亦通,俾又可訓從。爾雅釋詁:「俾、拼、抨、使、從也。」是以「比」「从」兩字,每混不別,或訓王比之「比」為親,恐未確。【殷代貞卜人物通考】

◉屈萬里　說甲骨文者,率謂从比二字不分,甲骨文編,於比字下說云:「比从一字」。殷虛書契類編,及簠室殷契類纂,雖分別兩字,而所收之字,仍从比不分。是商孫諸家,亦未深辨。實則以字形言,二字雖間有相似者,然大都固較然甚明,以字義言,則尤如風馬牛之不相及也。

說文「从,相聽也。从二人。」又:「比,密也,二人為从,反从為比。」說文以匕為「从反人」,故「反从為比」者,亦即比从二匕,反人之說,當否今姑不論。然从、从二人,比、从二匕,則固斷然無疑也。卜辭人字作□(前二・五・一)□(前五・一二・三)□(前六・二・二)等形。甲骨文編收有□(前六・二・五)□(後上・一三・五)兩形。原辭皆殘,胥難定為人字。又收□(前七・三○・二)一形。固是人字,然細審前編原書,其形實作□,影印不甚清晰,遂誤摹作□形耳。故从字作□(前二・一九・四)□(前五・三三・三)□(前五・三三・二)等形。匕字作□(前一・三三・六)□(戩二三・一○)等形,故比字作□(前五・九・二)□(前七・三八・二)等形。人字斜丿,多上出豎畫頂端;間有設於頂端之下者,則其豎畫之下端必較直。匕字斜丿,多設於豎畫頂端之下,其豎畫之下端則較曲,於是从比兩字之形。亦隨之而異:此其大較也。人匕二字,其形不過毫髮之差;故从匕二字,所差亦僅刀筆偶失,从比遂淆。故遇字形上有不易分辨者,試就其義核之,固仍涇渭分明也。

按比者,親信之謂,此義古籍中最習用之,尚書盤庚:「汝萬民乃不生生,暨予一人猷同心;先後丕降與汝罪疾,曰:『曷不暨朕幼孫有比!』」偽孔傳云:「比,同心。」春秋昭公二十八年左傳,引詩皇矣「維比文王」之章(文王,今本作王季。按以左氏引本為長)而說「比于文王」云:「擇善而從之曰比。」書意乃責民衆之不親信盤庚,詩意則謂上帝親信文王也。推之詩小雅正月之「洽比其鄰」,乃謂親善其鄰,唐風杕杜之「嗟行之人,胡不比焉」。乃傷人之不見親耳。易比卦初六:「有孚,比之,無咎。」六二:「比之自內,貞吉。」六三:「比之匪人。」六四:「外比之。」九五:「顯比。」上六:「比之無首。」其比字胥當作親信解,於義乃安。而彖傳之釋是卦,曰:「地上有水比,先王以建萬國,親諸侯。」又周禮夏官形方氏:「使小國事大國,大國比小國。」(鄭注:「比猶親也。」）兩説尤無異為卜辭作注腳。謂予不信，請試徵之。

卜辭有曰比某人，或勿比某人者，皆卜其人之是否可親信也。後世枚卜之事，猶沿此習。辭云：「貞，王勿比沚戠？」（前一・四七・五）「癸亥卜，王貞，余比侯專？八月。」（前五・九・二）「己未卜，王其告，其比[illegible]侯？」（粹編三六七）前二例為第一期之辭，比字作[illegible]若[illegible]；末則第四期之辭，比作[illegible]，皆非從字，其語法猶詩之「比于文王」，周禮之「大國比小國」。此卜可親信沚戠，侯專，或[illegible]侯與否也，或置比字於句末，而義則無殊。如：「辛巳卜，㱿貞，叀早白𡗝比？」（前四・三・四）「勿隹沚戠比？」（前六・二五・七）「壬辰卜，㱿貞，沚戠爯册，王比？六月。」（殷契卜辭八五）等皆是。此皆一期之辭，而比字字形，皆不與从字相混，亦猶盤庚之「曷不暨朕幼孫有比」及詩皇矣之「克順克比」也。

以上所舉，皆泛卜親信某人之辭，又有卜可否親信某人以任某事者：「丙戌卜，𡆥貞，今春王比望乘伐下旨，我受㞢又？」（鐵二四九・二）「貞，今□比[illegible]侯虎伐[illegible]方，受㞢又？」（前四・四四・六）「貞，王比沚戠伐土方？」（後上・一七・六）「己亥卜，在[illegible]貞，王[illegible]亞，其比㕚白伐東[illegible]方，不𡆥𢦏？在十月又□。」（前二・八・五）此皆卜可否信任某人以伐某方之辭，其辭屬於一期及五期，而比字亦均不與从混。足證比从一兩字之分，自武丁以迄殷末，無不然也。世人既讀比為从，於右舉之辭，遂説為王从某臣伐某方，以為皆卜殷王親征之事，實則，殷王親征之辭，卜辭中固數見之，如「己卯卜，㱿貞，[illegible]方出，王自正，下上若？」（柏二五）「庚戌貞，叀王自正人方？」（粹編一一八五）「庚□□，叀国自正人方？」（粹編一一八六）王者征伐，其率有臣屬可知，然皆云「王自正」，不言从某人也。且就甲骨文中所表現之殷代文化程度言之，知殷人屬辭已優知尊卑之别，若必言王率臣屬征伐，亦當以「王率某」或「某从王」為辭，斷不應有王乃从臣之語。此可以質諸卜辭而無疑者也。天壤閣甲骨文存第六十三片辭云：「貞，今春王勿比望乘[illegible]。」唐立厂氏既釋比為从，蓋亦感於王从臣之語之費解，因謂：「此貞王从某人之辭王从望乘者，王以望乘為从也。」是乃易主動語氣為被動語氣，律以文法，終覺難安。按此乃王卜「可否信任望乘往伐下旨」之殘辭，倘以比字解之，則文從字順，無勞費辭矣。

此外，第一期中，又時見令某人或呼某人以比某人之辭。如：「辛丑卜，賓貞，令多𡚬比望乘伐下旨，受㞢又？」（後上・三一・九）「貞令令多子族比□眔[illegible][illegible]，𡆥王事？」（前六・五一・七）「壬子卜，賓貞，令戊比𠂤[illegible]？」（續五・三・二）「壬申卜，𡆥貞，令帚好比沚戠伐[illegible]方，受㞢又？」（粹編一二三〇）「己巳卜，㱿貞，勿圂圖好比沚戠[illegible]，下上若，受我囚？」（前四・三八・一）「貞乎商比養？」（前七・一九・四）此皆令某甲或呼某甲使其親信某乙之辭也。甲骨文中比字，其最習見之用法，略如上述。其形既與从殊，其義尤與从遠。諸辭以从字解之，率皆捍隔難通；以比字解之，則皆渙然冰釋。[illegible][illegible]等字之當釋為比，可無疑矣。

復次，更有一堅強之證據，足以明𠤎𠤎等字之必當釋比而決不當釋為从者。殷契粹編第九十二片辭云：「癸卯卜，戌，王其匕犬𠂤⿴？」此辭屬第四期。犬𠂤皆人名。匕本祖匕之匕，亦即比字之偏旁。此固決非人字，尤決不能讀為从。其用法既與比字相同，又為比字之偏旁而與比同聲，可以斷然知其乃假匕為比者。以此證之，蓋見𠤎𠤎等字之必當為比也。

甲骨文中从字，最習見之用法有二。有言从雨者。如：「往于河，亡囚从雨？」（鐵七〇·三）「貞，姣，㞢从雨？貞，勿姣，亡其从雨？」（前五·三三·三）「庚□卜，貞，乎㞢無（霹，雩）从雨？」（前六·二六二）「庚申卜，㱿貞，取河，㞢从雨？」（粹編五七）「乙未卜，□無，今夕囚从雨？」（殷契卜辭一三四背）郭沫若氏，讀从為縱。云：「㞢从雨，謂有急雨，有驟雨也。」（殷契粹編考釋第五七條）按殷虛書契續編卷四第二十二葉第四片辭云：「貞，亡其从雨？二月。」殷正建丑，其二月當夏曆之正月，在黃河流域，正瑞雪紛飛之時，即或降雨，亦皆霏霏如霧，決不至有急雨驟雨也。以此言之，从不讀為縱。竊疑此當為跟蹤之從。此類卜辭，多卜祈雨之事，㞢於此處為語辭，不讀作有無之有。㞢从雨者，言跟蹤即降雨，冀其所求之即應也。雨為動詞，可施於雨，亦可施於雪，若是，則此類語辭，可施諸冬夏而無不宜矣。

其次，从字之義，為「自」為「于」。如：

「乙酉卜，𠬝貞，往復从臬幸呂方？十二月。」（前五·一三·六）「貞，今春令𠂤田，从𢦏至于瀧，穫羌？」（前七·二四）「□□卜，韋貞，王往省（省）从西，告于大甲？」（後上·一·一四）「⿴之日王往于田，从𣪊京，允穫麋二，雉十，七月。」（續三·四三·五）「辛卯貞，从𣥌涉？辛卯貞，从獸㞢涉？」（粹編九三四）「癸丑卜，貞，𠂤往追龍，从朿西，及？」（殷契卜辭五九〇）上列諸辭，第一期及第四期並有之。从下之字，或為地名，或為方向，繹其語義，則「从𢦏至于瀧」之从，當訓為「自」；「往復从臬幸呂方。」及「从𣥌涉」「从獸㞢涉」諸从字，訓「自」訓「于」並通。（从𣥌涉，从獸㞢涉，兩从字作𠤎，有似於比。此為第四期之辭，第四期比字率作𠤎，仍有別也。）其餘諸从字，皆當訓「于」，殷契粹編第一〇一七片辭云：「翌日壬，王其𢓸于向，亡𢦏？从𠃬，亡𢦏？從捈，亡𢦏？」于、从二字互用，則从字可以訓「于」，尤不待煩言而解矣。

此外如「辛丑卜，㱿貞，夢兄戊□从，不隹囚？□月。」（鐵一·二一·三）「貞，子漁亡其从？」（後上二七·二）「丁未卜，賓貞，□方㞢□新家，今□□，王其从？」（後下三三·一）則从字似為聽从之義，惟辭多殘闕，義尚難定耳。【甲骨文「从」「比」二字解　歷史語言研究所集刊第十三本】

◎李孝定　說文「从。相聽也。从二人。」絜文亦从二人。惟反正無別。許書謂「反从為比」。證以卜辭。蓋未必然。竊疑絜文作𠤎𠤎者為比之初文。字非从二人。蓋从二匕取義。兼以為聲也。惟卜辭諸𠤎𠤎字以辭意求之。又當釋从。豈殷時即已誤掍耶。疑莫能明。存以俟考。本書仍从舊説。收从为从。至卜辭用从之義。董先生及于氏所説是也。丁氏所舉數辭之从釋為隨從字亦可通。金文作从从鼎、从宰椃角、从任氏从簋、从天作从尊與比掍。【甲骨文字集釋第八】

◉李　零　一九八一年陝西扶風下務子村出土了一件師同鼎。鼎銘是記西周夷王和厲王之際周、戎間發生的一場戰鬥。對這篇銘文，陝西周原扶風文管所《周原發現師同鼎》(《文物》1982年12期，下簡稱「扶文」)和李學勤《師同鼎初探》(《文物》1983年6期，下簡稱「李文」)已有考釋，可參看。本文則着重從軍事學的角度分析銘文，並對二文提出若干商榷。下分三段討論：

（一）巺畀是井(形)，師同从(縱)，折首執訊。

這是概述已經發生的戰鬥。扶文和李文都認為銘文第一句的頭兩字是謂語動詞，主語在另一器上，這裏只是銘文的後半篇；第二句的「从」字是一般的跟从之義，指師同从某人出征。但筆者考慮，銘文分鑄雖多見於鐘鎛，但彝銘極為罕見，從規模判斷，這裏所述只是周、戎間偶然發生的小戰鬥，而非出於王命的大舉征伐，故下文不言册賞，原銘恐怕是完整的，未必有複雜的背景交待。

這段話的解釋，關釋是「从」字。我理解，它並非一般的跟从之義，而是個專門的軍事術語，即古書表示追擊敵人的「縱」字。《司馬法・仁本》：「古者逐奔不過百步，縱綏不過三舍，是以明其禮也。」又同書《天子之義》：「古者逐奔不遠，縱綏不及。不遠則難誘，不及則難陷。」這兩段話都提到「縱」字。「縱」與「逐」(追擊)含義相近，但除追擊之義，還有跟踪的意思。(《淮南子・覽冥》：「縱矢躡風」，注：「縱，履也。」)「逐奔」是追臨陣潰逃之敵，「縱綏」是追撤退遠走之敵。(「綏」是退卻之義，《司馬法》逸文：「將軍死綏」，注：「有前一尺，無後一寸。」《左傳》文公十二年把雙方同時後撤叫「交綏」。)二者的距離限制也不一樣。古人反對「逐奔」、「縱綏」逾度，後人很難理解。《孫子・軍争》有「窮寇勿迫」一語，明人趙本學改成「窮寇勿追」。毛澤東詩詞「宜將剩勇追窮寇」，反用其典，所據似即趙注本。在後人看來，敵人跑了不追，豈有此理？但古人確實這樣講。因為當時作戰靠的是隊形即陣法，在運動狀態下很難保持協同，遇敵敗走，一窩蜂去追，會自亂陣腳，反為敵乘。《仁本》所説「百步」，參看《周禮・夏官・大司馬》述教戰之法，是隊列行進的基本節限，要立表為標志，「及表乃止」；而「三舍」，參看《左傳》，則是用來表示行軍的距離。古代行軍，常則速度為日行三十里，每到三十里要宿營，叫做「舍」(《左傳》莊公三年)。一般説，只要有三舍之地，雙方就脱離了接觸的可能。所以當時常有「退舍求平」的事。晉文公以「退三舍避之」報答楚成王(《左傳》僖公二十八年)，也是根據這一點。敵人遠走，緊追不舍，比「逐奔」危險更大。《孫子・軍争》説兩軍争利，日行百里(超過三舍)，只有1/3的人能到達，會使全軍覆没(「則擒三將軍」)；日行五十里(不到二舍)，只有1/2的人能到達，也會使先頭部隊陷敵(「則擒上將軍」)；日行三十里(一舍)，才能有2/3的人到達。這就是講高速行軍的危險。其常規速度比《左傳》所述還慢。

「从」讀為「縱」也見於下述二器：

(1) 不其簋：「戎大同(悀)，从(縱)追女(汝)……」

(2) 多友鼎：「……从(縱)至追博(搏)於世。」

這些銘文中的「从」都是指追擊敵人，而不是從征之義。【「車馬」與「大車」 考古與文物一九九二年第二期】

從

京津一三七二 【甲骨文編】

從 不从辵 彭史从尊 遽從角 遽從鼎 遽從簋 魚從盤 作從彝盤 䍙鼎 㝨尊

啟卣 師旂鼎 麥鼎 過伯簋 遇甗 㪤鼎 賢簋 宴簋 班簋 䊥馭簋

貞簋 史免匡 格伯簋 兮甲盤 多友鼎 𪎭鎛 曾伯從寵鼎 蔡公子從劍

尊 從鼎 麥盉 啟尊 散盤 攻敔臧孫鐘 从止 作從彝卣 九年衛鼎 中山王

嚳鼎 中山王嚳壺 中山王嚳兆域圖 从彳 芮公鐘 【金文編】

文字4·12 【古陶文字徵】

三：三 一百三十三例 宗盟類 而敢不盡從嘉之盟 內室類 敢不逵從此盟質之言 三：一 二例 二〇〇：一七 三例

一五六：一四 二例 八八：一 一六：九 一六：三八 二例 一五六：一八 九十四例 一五六：一五 十例 一：二三 八例 一：三二 五例 三：一 三例 九八：六 二〇〇：五四 一：一三

一：一八 【侯馬盟書字表】

138反　193【包山楚簡文字編】

從　语七　四例　通縱　皆—頭北　封五七　法一一六　九例　為四一　三例　日乙一五八　十二例　秦一〇一　六例　編五三　秦一八〇　九例　日甲一三〇　四例【睡虎地秦簡文字編】

土事勿—（甲13—2）【長沙子彈庫帛書文字編】

0996　1299　4340　2929　2345　0877　0943　0942　0453　3040【古璽文編】

市府寺從　馬從　楊從私印　張從容印　陳從　郭從　史從之印　綦母從印　臣從　曹從　從利　單從【漢印文字徵】

泰山刻石　⿺辶从臣思速　張表碑額　陽識　尹宙碑額　詛楚文　宣奓競從　從允兩體殘石【石刻篆文編】

從才用切亦移字【汗簡】

竝道德經　說文　林罕集　雲臺碑　汗簡　竝王存乂切韻　崔希裕纂古【古文四聲韻】

◉許　慎　⿺辶从隨行也。从辵从。从亦聲。慈用切。【說文解字卷八】

◉吳榮光　（商仲夷尊）古器凡言旅者。皆祭器。凡言從者。乃出行之器。如從鈃。從鐘。從彝是也。【筠清館金文卷一】

◉馬叙倫　翟云升曰。當入辵部。林義光曰。從即从之或體。倫按。隨行也即从字義。此增辵以見行意。猶印之增辵為迎矣。

後起字每然也。當入辵部。從辵。从聲。字見急就篇。疑急就本作从。傳寫者以通行字易之。【說文解字六書疏證卷十五】

◉劉彬徽等 坐，讀如從。【包山楚簡】

◉林清源 042 蔡公子從戈（邱集8312）

本戈初載於彙編730，拓片僅拓有銘部分。銘云：「蔡公子，從之用。」安徽金石16.6.2著録一「蔡公子劍」（邱集8601），與本戈銘文全同。劍銘第四字，徐乃昌釋為「永」（安徽金石16.6.2），然字實从辵从从，當釋為「從」。【兩周青銅句兵銘文匯考】

幷

甲二九八 甲七七四 地名 田並亡戈 乙三四二九 後二·三四·三 後二·三六·三 前四·四七·五 戩三三·一三 存一四六六 珠九一四 乙三三六二 乙四九三四 鐵五九·二 【甲骨文編】

甲298 774 乙3262 3429 4934 珠914 佚95 續5·18·7 續存1466 1916 新1415 【續甲骨文編】

并 中山王嚳鼎 昔者吳人并雩 【金文編】

5·387 秦詔版殘存「廿六年皇帝盡并兼」八字 5·398 秦詔版「廿六年皇帝盡并兼天下諸侯……」共四十字 秦1570 秦詔版殘存「年皇帝盡并兼天下」八字 6·145 獨字 【古陶文字徵】

121 135 153 【包山楚簡文字編】

并 法二二 四例 【睡虎地秦簡文字編】

1924 1925 【古璽文編】

并官武 【漢印文字徵】

泰山刻石 初并天下 祀三公山碑 蝗旱鬲并 詔權 皇帝盡并兼天下諸侯 石經君奭 屏字重文 【石刻篆文編】

林罕集 立雲臺碑 汗簡 【古文四聲韻】

◉許 慎 幷相從也。从从。幵聲。一曰。从持二為幷。府盈切。【説文解字卷八】

◉羅振玉 説文解字。并。相从也。从从。幵聲。一曰从持二為幷。徵之卜辭。正从二。與許書後説同。【殷虛書契考釋卷中】

◉馬叙倫 鈕樹玉曰。韻會引作從二人幵聲。一曰從持二干為幷。桂馥曰。一曰从持二為并者。當作从持二干為幷。此説與諧聲異。孔廣居曰。刑形邢等皆從幵諧聲。同母故也。若并之與幵。韻母皆別。自是會意。王筠曰。一曰从持二為并者。謂篆當作。乃會意。非形聲也。秦權銘作。秦量銘作。林義光曰。幵非聲。二人各持一干。亦非并義。秦權量作。從二人並立。二并并之象。倫按甲文作。克鼎字。孫詒讓釋姘。左方從。即古文并之變體。倫謂孫釋似未碻。倫謂幵音見紐。并音非紐。古讀歸幫。幫見皆清破裂音。幷自得以幵為聲也。然并訓相從。則為从之轉注字。求之音為遠矣。以秦權量文及甲文審之。疑從从井聲。九篇辟之轉注字作僻。從井得聲。而水經注。淇水又東北逕并陽城西。世謂之辟陽城。可證也。井音精紐。从音從紐。同為舌尖前破裂摩擦音。故从轉注為并。井并聲同耕類。又并從井得聲之證也。井篆不作井者。周公敢已然。一曰七字校語。由井聲譌為幵聲。傳篆文亦改從幵。校者不得其聲。謬為之説耳。字見急就篇。顔氏家訓引蒼頡篇亦有并字。【説文解字六書疏證卷十五】

◉容 庚 子□戈 援長四寸一分，胡長三寸一分，內長二寸四分。銘云「子□之用戈」五字，由援至胡。子字下似是并字。出於壽州。余嘗謂鳥書之體：一於原字之外，加一鳥或兩鳥以為紋飾，去其鳥紋，仍可成字者。一鳥紋與筆畫混合不易分離者。一筆畫作簡單之鳥紋者。此戈并字作一鳥，用字作兩鳥，戈字鳥紋與筆畫混合，子字之字筆畫作簡單之鳥紋，五字而四者備焉。【鳥書三考】

◉屈萬里　并，從羅振玉釋(殷釋中五三葉)。按：并，與併、竝通，合也；兼也。儀禮公食大夫禮：「二以竝。」鄭注：「竝，併也。」是謂二者相俱為并也。

并，地名，卜辭習見，殷王田獵區，多在今河南沁陽一帶，此并地疑亦距沁陽不遠。然則古傳說中十二州之并州，或與此并地有關也。【殷虚文字甲編考釋】

◉李孝定　說文。「并。相從也。从从。幵聲。一曰。从持二為幷。」絜文从「从」从「二」。或从「一」。象兩人相並之形。許書後說近之。卜辭云。「叀并鴇亡𢦏。」前·四·四七·五。「辛丑貞王令尖㠯子方方奠子并。」後·下·三四·三。「☐王令尖㠯子方乃奠于并。」後下·三六·三。「☐在并☐告允禽」續·五·十八·七。為方國之名。【甲骨文字集釋第八】

◉于省吾　說文：「并，相从也，从从幵聲。一曰，从持二為幷。」徐灝說文段注箋：「并不得用幵為聲。从持二干會意，於義為長。」林義光文源：「幵非聲，二人各持一干，亦非并聲。秦權量皇帝盡並兼天下，並皆作𠀤，从二人并立，二并之象。」按許氏分為兩種說法，徐氏以為會意，均誤。林說較優，但也不夠明確。甲骨文并字作𠀤、𠀤或𠀤。并字的造字本義，系於从字的下部附加一個或兩個橫劃，作為二人相連的指事字的標志，以別於从，而仍因从字以為聲(東耕通諧)。【釋古文字中附劃因聲指事字　甲骨文字釋林】

◉戴家祥　𠀤中山王嚳鼎　克并之至於含

人是人的象形字。从从二人。古文相同二部分的並重往往帶多的含義，如說文十一篇「𡿨，水小流也」，「巜，水流澮澮也」。七篇：「马，嘾也。艸木之華未發圅然。」「𢎘，艸木马盛也。从二马。」把比立的衆人連接起來，就有和合的意思，金文并从从从二，二為兩人相連的會意符號，兩人相連，表示和合，故廣韻：「并，合和也。」中山王嚳鼎的并字正是合并的并。「吳人并雩越」在吳王夫差二年，即公元前四九四年。【金文大字典上】

 比

 京都一八二一　比用為妣　庚申虫于比庚宰　 京津一二六六　卜辭比从同字　文見从下　王从望乘伐下危【甲骨文編】

 甲355　 379　 零44　 3118　續1·14·1　 徵462　 鄴三36·4　 摭續124　 269　 粹925

987　新5322【續甲骨文編】

比　比簋　比甗　鬲比盨　鬲攸比鼎　諶鼎　作其皇考皇母者比君鬻鼎　班簋　以乃師左比毛父【金文編】

3·763比逪　9·106十六年𨸏☐工帀比高☐【古陶文字徵】

布異𣏟比當忻　汗簡作𣏟　鄂天　仝上　皖宿【古幣文編】

253　254【包山楚簡文字編】

比　秦二一　十例　通庇　—臧　為二四　雜一七　九例　效二七　二例　法七五　三例【睡虎地秦簡文字編】

田比干　韓比彊　王比駕　江比干印【漢印文字徵】

開母廟石闕　比性乾坤【石刻篆文編】

比　比　比　比竝出裴光遠集綴【汗簡】

古老子　裴光遠集綴　竝同上　汗簡【古文四聲韻】

◉許　慎　𠘧密也。二人爲从。反从爲比。凡比之屬皆从比。毗至切。𣏟古文比。【說文解字卷八】

◉林義光　古作𠘧鬲比鼎。作曾鼎。从二匕。匕人之反文。象二人相比形。【文源】

◉高田忠周　說文。𠘧密也。二人為从。反从為比。古文作𣏟。葢匕為相與比序也。捨己附人之意。故从反人。从為相聽也。以道順從也。【古籀篇三十四】

◉楊樹達　篆必从反从者,从二人乃與从形不異,故反之以相避,其義固與从不別也。比以二人之義孳乳為媲:十二篇下女部云:「媲,妃也。从女,𣬈聲。」又為妃:女部云:「妃,匹也。从女,己聲。」第以二義孳乳者,其於人體則為腓:四篇下肉部云:「腓,脛腨也。从肉,非聲。」又為䠊:二篇下足部云:「䠊,跀也。从足,非聲。」於動物則為騑:十篇上馬部云:「騑,驂也,旁馬也。从馬，非聲。」又為犨：二篇上牛部云：「犨，兩壁耕也。从牛，非聲。一曰：覆耕種也。」覆耕種謂再種，仍二字之義也。其於器則為屝：八篇上尸部云：「屝，履屬。从尸，非聲。」又為扉：十二篇上户部云：「扉，户扇也。从户，非聲。」皆兩兩相从之物也。又為棐：六篇上木部云：：「棐，輔也。从木；非聲。」按所以為夾輔，亦二之義也。物二則不一，其泛以不一之義孳乳者，有斐⿱非毳⿱非土輩諸文。九篇上文部云：「斐，分別文也。从文，非聲。」八篇上毳部云：「⿱非毳，毛紛紛也。从毳，非聲。」十三篇下土部云：「⿱非土，塵也。从土，非聲。」十四篇上車部云：「輩，若軍發車百兩為輩。从車，非聲。」比之孳乳可說者略具於此矣。【說比　積微居小學金石論叢】

◉商承祚　甲骨文金文皆作[字形]。此當為[字形]之寫失。从一而連其首。有比聯義。與甲骨文并之作[字形]義同也。【說文中之古文考】

◉馬叙倫　龔橙曰。密也非本形。丁福保曰。慧琳音義九十一引作密也。其亦引作比。相與比叙也。从反从也。二人為从。反从為比。故云反从。二徐本以相與比叙也句竄入匕下。非是。葉玉森曰。从比一字。卜詞。戊午卜賓貞王[字形][字形]𢦔伐土方受之口。又貞王[字形][字形]𢦔伐土方。詞同可證。馮振心曰。此象二人竝立形。故古文從二大。以避與[字形]同形。故其體相反。倫按。密也以聲訓。二人為从反从為比上有捝文。慧琳引可證。然亦非許文也。比扶一字。知者。以形求之。比從二人。扶從二夫。夫大人皆一字也。則從夫猶從人矣。此古文作[字形]。從二大。亦猶二夫矣。以音求之。比扶皆竝紐也。以義求之。扶訓竝行也。此訓密也。密雖以聲訓。蓋今言親密。古言親比矣。扶讀若伴侶之伴。實即伴之初文。伴侶正是相併同行。密切親密之義由此而生也。此字以扶為正。會竝行之意。以異乎从之為隨行也。扶為從前或後正面視之之形。[字形]則從側面視之之形。要非一前一後也。史記匈奴傳索隱引蒼頡有比梳。字亦見急就篇。鬲攸比鼎作[字形]。鬲比簋作[字形]。

吳穎芳曰。比亦二人字。扶亦二人字。王筠曰。當作[字形]。故玉篇作芘。若如今形。無緣作芘也。倫按。[字形]從二大。猶二人也。若作[字形]。[字形]為何字乎。王以[字形]之古文作[字形]為比。非其例也。【說文解字六書疏證卷十五】

◉高鴻縉　金文有[字形]字。皆从□字之反書。非比字。（一）易比卦乃从卦。其卦爻辭皆就从字立言。（二）皆。古作[字形]。亦應从从。方言說文並言僉皆也。僉下从从。又毖。慎也。从比必聲。亦應从从。（三）大雅皇矣。克順克比。比於文王。比應為从。（四）論語里仁。子曰。君子之於天下也。無適也。無。莫也。義之與比。比應為从。與同是。（五）書盤庚。非汝有咎比於罰。比應為从。非因汝有咎从而罰汝也。後依非引申例借為

1．為(for)。·介詞。如孟子梁惠王上。願比死者一洒之。

2. 及。連詞。如孟子梁惠王下。比其反也。則凍餒其妻子。

又以同音通叚

1. 代甫。副詞。如論語先進。比及三年。左傳莊十二年。比及宋。

2. 代密。狀詞。如詩良耜。其比如櫛。論語為政。君子周而不比。小人比而不周。是也。

又曰說文从。相聽也。从二人。疾容切。

徐灝曰从。從。古今字。相聽猶相從。⊘從二人相隨即從行之義。按。動詞。甲金文或正書。或反書。皆是从字。周人或加辵為意符作□。隸作從或辶从。說文從。隨行也。从辵从。从亦聲。【中國字例四篇】

◉李孝定 許書「反以為比」之說固就篆體為言。然求之甲骨金文从比二字。其形體亦略同。固難確指某之必為「从」。某之必為「比」也。屈氏所舉諸例具泰半均可「从」「比」兩讀義皆順通。惟如「今春王比望乘伐下□」之辭。「王比」之上繫以「今春」果字當釋比訓為親信。則豈王之於望乘今春加以親信而於來春則否。又如「令帚好比沚□伐□方」之辭。某甲之親信某乙與否。實由某甲主之。似不當形。諸命令諸辭釋「从」則莫不辭從理順。「王从某某」者乃以某某為从。唐蘭天壤考釋六十三片之說是也。而諸辭屈氏均以「比」字讀之。似有未安也。【甲骨文字集釋第八】

◉張日昇 說文云「比。密也。二人為从。反从為比。□古文比。」段注云。「其本義為相親密也。餘義俌也。及也。次也。校也。例也。類也。頻也。擇善而从之也。阿黨也。皆其所引申。」段說甚是。然相隨从尚有親密意。今既反从為比。密意何來。且甲骨文及金文往往反正無別。許書反从之說。恐亦非古。比。古文作□。商承祚疑為□之寫失。从一而連其首。段玉裁謂「从二大也。二大者二人也」。段說是也。金文编附録上2130有□字。象二人攜手並肩相親密之形。此正比之古文。後世以□為从。以□為比。□行□廢。而密義之所由亦晦。李孝定謂古文从二大疑仍从之古文。比字疑當从二匕。甲骨文字集釋頁二六九三。其說非是。【金文詁林卷八】

◉劉 釗 《古璽文編》（以下簡稱《文編》）附録四九第2欄有下列諸字：

□(3068) □(3069) □(3066) □(3067)

此字還見於《古璽匯編》3057、5377號璽。上舉第三、四形體下部横劃為飾筆，金文及戰國文字中習見。

按字應釋「比」。

「比」字甲文作「□」或「□」，从二匕，匕聲。以往謂古「比」、「从」一字，實為失之。雖甲文「比」、「从」兩字形體有跨時期之相同處，但同時期內兩字形體區分嚴格，絶不相混。且甲文「比」、「从」兩字由其於句中用法尚可區分。即作介詞謂「从某(地名、方位)」或作形容詞謂「有从雨」者為「从」；作動詞謂「某(人名、族名)比某(人名、族名)」者為「比」。金文比字作「□」，與「从」字已不易分辨。戰國楚「橈比(幣)當釿」幣比字作「□」，上部已出現飾筆，《汗簡》中之一及《古文四聲韻》卷三旨部皆引有「比」字兩種形體：

A□　B□

其A式同於楚幣「比」字，即説文古文比字「□」形之由來，B式同於古璽「比」字。

自金文始，文字形體演變有一規律，即常在中直劃上加點，點又拉長為「一」，戰國文字又往往變為「∨」或「∪」。如官字所从之「𠂤」作□——□，自字作□——□——□等。比字由□至□復至□，正反映了這一規律。

又，侯馬盟書有姓氏字作下揭諸形：

A□　B□　C□　D□　E□

此字舊釋兟，實誤，按字也應釋比，B、C、D、E四式添加飾筆同於古璽，D式上下分離，乃割裂筆劃所致，戰國文字中習見，E式增加邑旁，為戰國地名姓氏用字之慣例。釋「□」為兟所以誤，可由侯馬盟書文字本身證之：(1)自甲文至小篆，先字一貫从止(或从之)从人，構形穩定不變。盟書凡从止，从之的字，止、之皆作「□」或「止」，从不作「□」形。「□」字由筆順看，是在「□」字上加飾筆「∨」而成，決非从止或之。(2)盟書本有先字，作「□」，被以不識字列入字表殘字類(3:19三例)，與「□」字區別至顯。

盟書「□」又可省作「□」，字應釋「匕」，「比」从「匕」聲，此當借「匕」為「比」。戰國文字中姓氏字借用者多見。如借脂為閭，借肖為趙等均其例。

古璽及盟書之「比」，皆應讀為姓氏之「比」。比為地名，在今山東淄博一帶，姓比乃以封地為氏。《史記》載殷有比干，可徵古有比氏。【璽印文字釋叢(一)　考古與文物一九九〇年第二期】

◉劉彬徽等　比，通作匕。【包山楚簡】

◉楊昇南　在古文獻中，「比」字是一個多義性的字，除有密，親等意外，還有輔佐義。爾雅釋詁「比，俌也」。「俌」即輔之本字，説文：「俌，輔也。」易比卦彖曰：「比，輔也。」孔穎達正義：「比者，人來相輔助也。」詩唐風杕杜「胡不比焉」，鄭玄箋云：「比，輔也。」證以卜辭，在所有關於這方面的刻辭中，都是商王或受商王令的王臣「比」諸侯，而無相反的例證。可見商王是這些軍事行動的主導者，諸侯是處於从屬的地位。

毖　北

商周軍隊，一般分成左中右三軍配置。據後世材料，中軍是主帥乃主力所在，據此，卜辭中的「王比某諸侯」，乃是諸侯以其國中的軍隊隨商王征伐而擔負着一個方面的戰鬥任務，或者如班毀銘文中的左、右翼。所以，卜辭中的「王比某諸侯」或「王令某（王臣）比某諸侯」從征，乃是商王或由其臣僚率領諸侯軍隊征討第三國。這反映了商王室控制着諸侯的軍權。【卜辭中所見諸侯對商王室的臣屬關係　甲骨文與殷商史】

◉戴家祥　説文八篇：「比，密也。二人為从，反从為比。」金文書寫形式尚未完全定型，正寫反寫不一定是兩種意義，如既有「作从毀」、又有「鑄比毀」；既有「比作寶障彝」，又有「从作寶鼎」，辭例完全相同，是其證也。金文比字在用法上也和从字完全相同，有作人名，如比甗等的比字，或為隨从，如班毀的比字，或為祭器的名稱，如內公毀的比字。【金文大字典上】

◉許　慎　慎也。从比。必聲。周書曰。無毖于卹。兵媚切。【説文解字卷八】

◉吳大澂　古毖字。慎密也。周書曰。汝劼毖殷獻臣。邵鐘曰。余事君。即劼毖。【説文古籀補卷八】

◉馬叙倫　朱駿聲曰。此今所用之密字也。倫按。廣雅釋詁。毖。比也。此本義也。毖為比之同雙脣破裂音轉注字。慎也者。呂忱以爾雅釋詁文加之。比聲脂類。慎聲真類。古或借毖為慎也。字蓋出字林。【説文解字六書疏證卷十五】

林一·二一·二　甲一六三六　甲三五〇六　乙一六三　乙四七八　鐵一〇三·三　拾六·一〇　北蔡　拾一一·一八　前二·八·七　前五·四七·一　前七·二六·四　後一·一一·四　後二·三·一六　後二·二四·一　菁二·一　菁六·一　林一·二一·四　戩二六·四　佚二〇〇　佚三七四　粹二二一　粹三六六　明藏七三二　寧滬一·三九七　鄴初下·三三·九　存下二三三　北示　乙四三二〇　林二·四·一九　北彔　見合文一六　【甲骨文編】

甲622　1636　3140　乙12　294　766　3212　4423　4733　5584　6241

6400 7135 7713 珠464 1390 佚200 226 374 388 575 佚956 續2·29·7 續2·30·3 3·41·6 5·23·10 續5·26·9 徵2·23 掇75 徵4·79 4·80 京2·18·4 古2·7 2·9 鄴三41·17 46·5 天55 東方S11 3001 六中90 188 外61 粹221 366 906 907 957 980 1217 新1384 2412 2915 【續甲骨文編】

北 吳方彝 師虎簋 趞曹鼎 休盤 同簋 克鼎 柳鼎 寰盤 趩鼎 孳乳為邶 邶伯卣 邶伯尊 邶伯鬲 邶伯鼎 邶子甗 邶子鼎 邶子盤 羿作邶子簋 邶子鼎 【金文編】

3·509 王卒左□圖北里□ 3·693 圖南北左里☐ 3·38 昌櫅陳圔北左里敀亳豆 3·668 北里何 3·660 北里壬 3·661 北里X 3·666 同上 3·56 陳☐昜北王□ 3·57 北左□敀亳□ 5·362 □陰居貲北游公士滕 5·384 瓦書「四年周天子使卿大夫……」共一百十八字 5·371 北園呂氏缶容十斗 6·197 獨字 5·175 北昜 5·227 北宮 秦986 北工 9·38 北巽 5·322 北司 秦987 同上 秦998 同上 秦1000 同上 秦989 北司 秦1003 同上 5·324 同上 秦994 同上 5·323 北司 文字3·10 獨字 【古陶文字徵】

〔一二〕 〔七九〕 〔四〇〕 〔一九〕 〔三五〕 〔二一〕 〔三五〕 〔二〇〕 〔三九〕

〔五〇〕 〔七五〕 〔六八〕 〔四七〕 〔一九〕 〔七八〕 〔三九〕 〔三五〕 〔一八〕

〔二〕 〔二〕【先秦貨幣文編】

布空大 豫伊 布方北屈 晉祁 仝上 布方北屈 晉交 布方北屈 晉祁 仝上 布尖北茲釿

京朝 布方北屈 晉高 仝上 布尖北茲釿 晉原 仝上 晉高 仝上 布方北屈 晉朔 布方北

亓邑 晉高 布方北屈 晉芮 布方北亓 晉高 布方屈北 典九二 布尖北茲釿 亞三·二三 仝上【古幣文編】

153【包山楚簡文字編】

北 封七九 四十二例 通背 頭— 封五七 法 七四 三十二例 日甲七七 十九例 日乙一五八 十四例

日甲六〇【睡虎地秦簡文字編】

乍☐—征(丙1:3—2)【長沙子彈庫帛書文字編】

0339 3998【古璽文編】

北地牧師騎丞 北宮晏印 北門賜【漢印文字徵】

石碣吳人 䵼西䵼北 夏承碑頌陽識 羣臣上醻題字 景君銘頌【石刻篆文編】

北【汗簡】

古孝經 汗簡【古文四聲韻】

◉許　慎　北乖也。从二人相背。凡北之屬皆从北。博墨切。【説文解字卷八】

◉方濬益（北伯鬲鼎）筠清館金文録此銘。釋北為丠。誤也。按。北字為二人相背之形。説詳前背父乙鼎銘。釋此曰北伯。自是國名字。又作邶。説文邶。故商邑。在河內朝歌以北。詩譜曰。自紂城而北謂之邶。漢書地理志集注。邶或作鄁。是邶之命名正以其在殷都之北。武王克商分紂城而封之者。特其事不詳。得此銘知其爵為伯。可補經傳之闕。【綴遺齋彝器款識考釋卷四】

◉吳大澂　北古北字。北屈幣。【説文古籀補卷八】

◉劉心源（北伯尊）路史國名紀有北古之侯國。黄帝遷蚩尤之黨於有北。詩。投畀有北。是其地。吳氏攈古録有北子彝。此偁伯爵之升降無定也。或曰北為邶省。説文。邶。故商邑。自河內朝歌㠯北是也。亦作鄁。誤作邶。【奇觚室吉金文述卷五】

◉高田忠周　按。説文。北乖也。从二人相背。會意。朱氏駿聲云。二人相比為从。二人相違為北。虞書。分北三苗。鄭注。猶別也。此為北字本義。叚借為背。爾雅釋訓。朔。北方色也。按。人坐立。多面明背闇。故以背為南北之北。又為敗北之北。漢書高帝紀。項羽追北。韋昭注。北。古背字也。此説為是。【古籀篇三十四】

◉王國維　彝器中多北白北子器。不知出於何所。光緒庚寅直隸淶水縣張家窪又出北伯器數種。余所見拓本有鼎一卣一。鼎文云。北伯作鼎。卣文云。北伯𢦏作寶障彝。北蓋古之邶國也。自來説邶國者。雖以為在殷之北。然皆於朝歌左右求之。今則殷之故虛。得於洹水。大且大父大兄三戈。出於易州。則邶之故地。自不得不更於其北求之。

余謂邶即燕。鄘即魯也。邶之為燕。可以北伯諸器出土之地證之。邶既遠在殷北。則鄘亦不當求諸殷之境內。余謂鄘與奄聲相近。書洛誥。無若火始燄燄。漢書梅福傳。引作毋若火始庸庸。左文十八年傳。閻職。史記齊太公世家。説苑復恩篇。均作庸職。奄之為鄘。猶燄閻之為庸矣。奄地在魯。左襄廿五年傳。魯地有弇中。漢初古文禮經。出於魯淹中。皆其證也。

邶鄘去殷雖稍遠。然皆殷之故地。大荒東經言。王亥託於有易。而泰山之下亦有相土之東都。自殷未有天下時已入封域。又尚書疏及史記索隱皆引汲冢古文。盤庚自奄遷於殷。則奄又嘗為殷都。故其後皆為大國。武庚之叛。奄助之最力。及成王克殷踐奄。乃封康叔於衛。封周公子伯禽於魯。封召公子於燕。而太師採詩之目。尚仍其故名。謂之邶鄘。然皆有目無詩。季札觀魯樂。為之歌邶鄘衛。時猶未分為三。後人以衛詩獨多。遂分隸之於邶鄘。因於殷地求邶鄘二國。斯失之

矣。【北伯鼎跋　觀堂集林】

◉商承祚　□此背之本字也。金文同作。又作□(傳卣)□(邶伯毀)。說文北。「菲也。从二人相背。」【甲骨文字研究下編】

◉強運開　□說文。北。菲也。从二人相背。段注云。乖者。戾也。此於其形得其義也。軍奔曰北。其引伸之義也。謂背而走也。韋昭注國語曰。北者。古之背字。又引伸之為北方。尚書大傳白虎通漢律厤志皆言北方伏方也。陽氣在下。萬物伏藏。亦乖之義也。【石鼓釋文】

◉唐　蘭　北字，許君之說，未嘗牽合北方之義，余以為實一義之引申。北字作□，象兩人相背，與□對文，□北即嚮背也。由相背之義，引申而有乖背及背面之義。由背面之義更引申之，乃有二義：一為人體之背，其後更從肉而為背字；又一則為北方。蓋古代建屋，皆南鄉，則南方為前，北方為後，「安得萱草，言樹之背」，屋之背為北堂也。人恆鄉南而背北，北方之名以是起矣。

依文字學之觀點言之，四方之名，均無專字，僅就他字引申或叚借為之，其發生必在既有此諸字以後。然方向之名稱，在原始語言中，或已發生，未必不在文字發生以前也。

如於語源方面作冒險之推測，則東西南北四字，似與日光有關。東西者，日所出入，日出而動，日入而棲息，故東動聲近，西與棲息亦聲近也。南方受陽光，故本曰□，□者穀也，善也。而北方則背陽光者也。

當文字發生之初，北方之字，固可以兩人相背之北，引申而為之，而東南西三方，則未有象之之術，故假借他字之聲以為之耳。【釋四方三名　考古社刊第四期】

◉馬叙倫　龔橙曰。菲也非本形。倫按。會意。從二人相背者。當作從人從□。此或非許文。吳尊作□。傳卣作□。【說文解字六書疏證卷十五】

◉高鴻縉　此乃違背之背。動詞。□為順從。□為相嚮。□為違背。皆取象於人。自後世借□為南北之北。通叚肩背之背以為違背。而肩背之背。說文解釋甚明。背脊也。从肉。北聲。與違背意別。【中國字例四篇】

◉馬承源　劍格北字結體像二人相背，非常清楚，劍首此字因上部已殘，不够清晰，下部作波曲形，裝飾趣味多一些，因此，應該以劍格上的北字為標准。【越王劍・永康元年群神禽獸鏡　文物一九六二年第十二期】

◉陳　槃　今淶水縣距殷都今安陽縣七百五十里。距紂城朝歌即衛都今淇縣東北則不下八百五十里矣。謂邶當在此。其可疑者三。一者與以上所論邶鄘衛三國同風接壤而距朝歌甚近之事實不合。二者與邶城邶水等遺址相去甚遠。三者康叔之封衛也。兼有三監。詳後。如邶在淶水。鄘復在魯。則康叔之封域方且千里。真孔沖遠正義所謂其廣延反過於周公矣。王氏此説。余固未敢以為然也。豈三監畔後。邶民被分割北徙而建國於此耶。果爾。則此淶水者。河內邶國之遷地。三監時之邶。則固不在此也。然此一可能性亦甚少。同上漢志引書序云。周公誅三監。盡巳其地封弟康叔。遷邶庸之民於雒邑。不云遷邶民於淶水。此其一。周室分割殷之遺民。為患其作亂。故所在皆由周之宗國加以統治。如分魯公以殷民六族。分康叔以殷民七族。分唐叔以懷姓九宗定四年左傳之類是也。邶國巳先畔於南。何以仍能建國於北。此其二。以此言之。則淶水殆不可能復有一邶國。殷之將亡也。微子大師少師並持其祭器奔周。殷本紀宋世家。樂毅之為燕將。其攻入臨菑也。盡取齊寶財物祭器輸之燕。史記樂毅傳。求之春秋。則以宗器賂遺大國之例。尤數見不鮮。參上壹貳楚都。然則今淶水所出土之北器。獨可視為非他處轉移至此者耶。是未始非一問題也。【春秋大事表列國爵姓及存滅表譔異第五册】

◉李孝定　契文亦从二人相背。此其本義。至方名之北。則係假借。唐氏謂為引申。似有可商。方名之字皆係假借。與其本義無涉也。金文作[glyph]吴尊[glyph]師虎簋[glyph]休盤[glyph]邶子簋[glyph]邶伯尊[glyph]克鼎。與契文小篆並同。文編八卷九葉北下收拾・十一・十八版一文作[glyph]。按。[glyph]疑與[glyph]為一字。[glyph]字。于省吾釋非。可从。拾・十一・十八辭云「☐王☐東[glyph]叒[glyph]」。與它辭「[glyph]叒」之辭例正同。非北字也。【甲骨文字集釋第八】

◉邶　笛　存二一・七五五：「辛亥卜：北方其出？」文例與遺一七五：「㠯方其出」、南明六一七：「刀方其出」、京四三七八：「方其出」相同，㠯方、刀方(刀可能為召之省)，方都是方國名，故北方也應為方國名，屯南一〇六六有「庚寅貞：王其正北方」之語，進一步證明北方除作方向外，在卜辭中也是方國之名。北作為國名，在金文中不止一次地出現，如北伯卣、北伯鬲、北伯尊、北伯鼎、北子鼎、北子盤等，此北與卜辭之北同一國名，即邶。關於邶的地望，説文：「故商邑，自河內朝歌以北是也。」史記周本紀正義引帝王世紀説：「自殷都以東為衛，管叔監之；殷都以西為鄘，蔡叔監之；殷都以北為邶，霍叔監之，是謂三監。」二説都認為邶位於殷都以北。歷來解釋説文者，都主此説，並認為邶在殷都附近。晚清以來研究金文者，也都主此説。惟王國維根據河北淶水有邶器出土這一事實，對邶之地望提出了不同的看法。他説：「彝器中多北白，北子器，不知出于何所。光緒庚寅十六年(一八九〇年)直隸淶水縣張家窪又出北伯器數種。余所見拓本有鼎一、卣一。鼎文云北伯作鼎，卣文云北伯戏作寶障彝。北蓋古之邶國也。自來説邶國者雖以為在殷之北，然皆於朝歌左右求之，今則殷之古虛得於洹水，大且、大父、大兄三戈出於清苑，則邶之故地自不得不更於其北求之。」(觀堂集林卷十五，北伯鼎跋。)王國維之説突破了傳統的看法，盡管有人非之，但證之卜辭，其說是很有見地的。因邶是商之敵國，又與商發生過戰爭，其地望不可能近在商之畿內，而應在商之北部邊陲以外。淶水距殷都八百餘里，其為邶之所在，是很有可能的。邶器得之淶水，與卜辭之有北方是可互相印證的，說明周之邶國是商邶方的延續。

關於西周之邶，史記周本紀引地理志說：「周既滅殷，分其畿内為三國，詩邶、鄘、衛是。邶以封紂子武庚；鄘，管叔尹之；衛，蔡叔尹之，以監殷民，謂之三監。」但前面所引帝王世紀則說：「殷都以北為邶，霍叔監之。」二者是不同的。比較起來，帝王世紀較為合乎情理。周設三監是為了監督紂子武庚，而周滅商後將商的故地封於武庚，周圍設邶、鄘、衛三國以監之，故不大可能將邶封於武庚，使武庚「以監殷民」。從卜辭也可看出，邶是殷的故國，不是周新封之國。殷滅亡後周利用其過去之敵國監督它，是很有可能的。當然後來邶又叛周，則另當別論。

通過上面之論述可以得出如下結論：

第一、邶在商畿外，不在畿內。

第二、邶是商代故國，不是西周所封。

第三、周是利用過去殷之敵國邶以監殷，非封武庚於邶。【卜辭考釋數則　古文字研究第六輯】

◉曹錦炎　甲骨文的北方名實為「伏」。

「北方曰伏」，除了見於甲骨文外，尚見於典籍，《史記·五帝本紀》司馬貞《索隱》引《尸子》曰：「北方者，伏方也。」北方何以名為「伏」？《尚書·堯典》說：「申命和叔，宅朔方，曰幽都。平在朔易，日短星昴，以正仲冬。厥民隩，鳥獸氄毛。」《爾雅·釋詁》：「朔，北方也。」《尚書》的這段話，《史記·五帝本紀》作：「申命和叔，居北方，曰幽都，便在伏物。」《索隱》注：「使和叔察北方藏伏之物，謂人畜積聚等，冬皆藏伏。」這裏把北方與冬季聯繫在一起。《呂氏春秋·有始覽》「北方曰寒風」，而甲骨文的北方「風曰役」正讀作「風曰冽」（詳于省吾《甲骨文字釋林》），寒、冽同義。甲骨文雖然没有四時之分，但殷人對自然現象是覺察得到的，因為冬季寒風凜冽，萬物皆藏伏，故稱北方為「伏」。【釋甲骨文北方名　中華文史論叢第三輯】

冀 

 冀 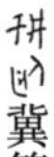冀簋  令簋 【金文編】

 冀州刺史  冀便世  冀丹支  冀王孫 【漢印文字徵】

開母廟石闕　少室石闕　丞漢陽冀祕俊　【石刻篆文編】

冀竝尚書　【汗簡】

貝丘長碑　古尚書　【古文四聲韻】

◉許　慎　北方州也。从北。異聲。几利切。　【説文解字卷八】

◉丁　山　上吾知其為保，下吾知其為異；合而觀之，謂為官名既無攷，謂為國號亦無徵，則前言一名而從二字者毋寧謂其一字；與其言「保異」合文，毋寧謂從保異聲，即冀之古文矣。何以徵之？説文言「冀，北方州也，從北異聲」；此因禹貢「九州攸同」及周禮「職方氏辨九州之國使同貫利」為説也。九州之説，不知誰始？史記嘗述鄒衍之説云：「中國於天下乃八十一分之一耳。中國名赤縣，州內自有九州，禹貢之序九州是也，不得為州數。中國外如赤縣州者有九，乃謂九州也。」河圖括地象亦謂「天有九道，地有九州，天有九部八紀，地有九州八柱」，九州之名，近世學者頗多疑其出於周末陰陽家，則北方州名，非冀之古義，亦晚周新説。楚辭九歌「覽冀州兮有餘，横四海兮焉窮」，冀州猶言中國也。淮南墬形訓「正中冀州曰中土」，高誘注：「四方之主，故曰中土。」山海經大荒北經「蚩尤作兵伐黄帝，黄帝乃令應龍攻之冀州之野」，周書嘗麥解則曰：「蚩尤逐帝，爭於涿鹿之阿，黄帝執蚩尤，殺之於中冀」，顧氏日知録因之謂「古之天子，常居冀州，後人因以冀州為中國之號」；故書皆稱中國為冀州，或曰中冀，或曰中土；則冀之為言中也，非北方州之名。史記孝武紀「冀至殊庭焉」，索隱曰：「冀漢書作幾」，易屯「君子幾不如舍」，釋文引子夏傳幾作近，中孚「月幾望」釋文稱京本幾亦作近，幾近雙聲而冀幾對轉，故爾雅李巡注訓冀曰「近也」。穀梁桓五年傳，「鄭同姓之國也，在乎冀州，於是不服，為天子病」，范寧注，「冀州則近京師，親近猶不能服，則疏遠者可知。」釋文曰，「冀州，言去京師近也。」楊士勛疏亦曰，「冀州者天下之中州，自唐虞及夏殷皆都焉，則冀州是天子之常居，以鄭近王畿，故舉冀州為説。冀之為言近也，言其近王城也。」王城者，四方之主，天下之中也；近乎中土謂之冀，亦不得以冀為北方州也。冀非北方州名，其字何以從北？北邶伯鬲作，傳卣作，形皆近（非字見曶鼎。）史記言「伯益之後，大駱生非子，周孝王時封為附庸，邑於秦」，敦文「非子」則作「北子」（舊説北讀為邶，誤。邶伯爵，非子爵）。春秋宣元年，「宋公陳侯衛侯曹伯會晉師於棐林，伐鄭」，左傳言「會於棐林」矣，又言「楚蔿賈救鄭，遇於北林」，北林當即棐林之誤（棐下之木漢儒因為林名而加）。上之，將謂北乎？抑非乎？則冀上之北，殆亦非之形譌。一省作，再省作；若省其中之作，謂冀字乎？謂𦥑省乎？書皐陶謨，「臣作朕股肱耳目，予欲左右有民，汝翼」，史記夏本紀「汝翼」則作「汝輔之」，楚語「求賢良以翼之」，韋注亦曰，「翼輔也」，天子輔翼，有三公，有四鄰，四鄰者，尚書大傳云：「前曰疑，後曰丞，左曰輔，右曰弼，天子有問無以對責之疑，可志而不志責之丞，可正而不正責之輔，可揚而不揚責之弼」（禮記文王世子疏引）；三公者，古周禮說「大師，大傅，大保無官屬，與王同職，故曰坐而論道」（五經異義引）。師保輔弼，左右天子，如車之輔，如鳥之翼，然則□本輔翼之專名，展轉省變，譌非為北，始有冀字；冀非從北也，保北聲近，北亦□之省誤（翼冀古通用，荀子修身，「行而供冀，非漬淖也。」楊注云，「冀當為翼。」是）。玴廷冀敨冀字作□，蓋又因□為形，以冀望為義，非所謂中冀中土冀近王城之冀；亦非予之所謂保異為冀也，保異為冀，冀者殷周間諸侯有國之名，亦非中土中國之號也。何以徵之？左傳僖二年，「晉將伐虢，使荀息假道於虞曰，冀為不道，入自顛軨，伐鄍三門，冀之既病，則亦唯君故。」杜注「冀，國名，皮氏縣東北有冀亭」，水經注「汾水又逕冀亭南」，下引京璠說亦曰，「今河東皮氏縣有冀亭，古之冀國所都也。」冀之立國，史無明文，羅泌路史國名紀附諸陶唐氏之後，以為其國始於堯舜之際，其說不根，其事難信。然以□□一字攷之，卜辭云，「貞異不其乎來」，「貞異□苦方」，異均似冀之省形；又以冀幾古常通用攷之，逸周書商誓言「幾耿肅執皆殷之舊官人」，幾當為冀，則冀實殷時國名。殷之舊國，若蒲姑昆吾密須甲父奄逢姺邳，至於周家，皆降為附庸，冀國之名，春秋之前，若書若詩，若王會並鮮稱道者；蓋其時位在附庸，不能朝覲，有事則附大國以聞已。冀之亡也，亦不知何時？僖廿五年左傳言「晉文公遷原伯於冀，趙衰為原大夫」，春秋之初，蓋已隨虞歸晉（顧棟高春秋大事表言「冀初併於虞，虞亡隸晉」是也）。入晉之後，初為郤芮食田，謂之冀芮，尋以謀弒文公，被奪；及「向季使，過冀，見冀缺耨，其妻饁之，敬，歸言於文公，以為下軍大夫。反自箕，襄公以一命命郤缺為卿，復與之冀」（僖三十三年左傳），冀遂長為郤氏食邑。食邑所在，必邱墓之所在也，以冀缺之墓，尋郤氏之邑必不遠也；以郤氏食邑，尋冀國故都亦不遠也。然冀缺墓元和郡縣圖志太平寰宇記，俱言在「和川縣南三十六里」。和川縣南即冀氏縣，元和圖志又言「冀氏和川，皆漢猗氏縣地」。猗氏縣漢書地理志屬河東郡而未詳其命名之由。惟孔叢子言「猗頓魯之窮士也，聞朱公富而往問術焉。朱公告之曰，『子欲速富，當畜五牸』，於是乃適西河，大畜牛羊於猗氏之南。十年之間，貲擬王公，以富興於猗氏，故稱猗頓」，則猗氏者固春秋戰國間之箸族，然而國語國策皆不言猗氏所在。猗氏豈冀氏之音轉乎？又考㓞□之器，出土之地，呂大臨考古圖嘗言「□父乙彝得於壽陽紫金山；其蓋得於維之硤石下」，維之硤石，今不可攷，或云，維係絳字傳刊之誤；則其蓋實出滑水上游，翼城縣境。壽陽縣寰宇記屬之河東道并州云，「本漢榆次縣地」，榆次縣地理志屬之太原郡云，「塗水鄉，晉大夫知徐吾邑，梗陽鄉魏戊邑。」梗陽涂水皆在今太原縣南，則紫金山，非鴈門附近之山而謂沁源縣境之山。沁源者沁水之源也，其地在翼城縣東北，而南與和川接壤。和川之南，即冀氏縣地，自冀氏至於沁源不過三百里，自沁源至翼城不過二百里許，使以冀郤墓之所在尋郤氏食邑為不誤，則沁源冀氏之間正冀國之野，使以冀從非而字通於翼之說亦不誤，則翼侯所都或即古冀國之故都(史記晉世家言「昭侯封成師於曲沃，曲沃邑大於翼，翼，晉君都邑也」，不言孝侯改絳曰翼，疑翼亦古名)，紫金山正冀國之望，□父乙彝正冀國遺物，□之為冀此其顯徵。冀東臨沁水，西濱汾河，此所謂兩河之間也。但爾雅則謂「兩河之間曰冀州」，呂覽有始亦曰，「兩河之間為冀州，晉也。」冀州之名，豈同於冀國乎？舊史又言，堯都平陽，舜都蒲阪，禹都安邑(尚書正義語)，「古帝王之都多在河東河北，故謂河北為河內，河南為河外」(史記正義語)，則冀距厤代帝王之都，遠者不過三二百里，近者不過百十里，冀在尚世，正在畿甸之內。即以「河亶甲居相，且乙遷於邢」言，自殷河北各都至於冀國之野，最遠不過五六百里，商頌曰，「邦畿千里，惟民所止」，則冀在殷世，亦不失為畿內大國。是冀之為名，亦以其地處中土，密邇王城，猶鄭之於周，自謂「在乎冀州」矣。京璠杜預竝以皮氏縣東北之冀亭當冀國之故都，不特失冀國所在，亦且失冀為中國之義。高誘注呂覽「兩河之間為冀州」云，「東至清河，西至西河」，郭璞注爾雅「兩河」云，「自東河至西河」；不特失冀州為中國之義，亦且失近乎京師之說。夏書曰，「惟彼陶唐，帥彼天常，有此冀方」，冀方者，冀國也，豈冀之立國遠在夏殷前世乎？吾說夏禮，杞不足徵也，吾說殷禮，有宋存焉，徵之彝器從□者之衆，則吾敢斷言冀為殷世之大國。

禮含文嘉「殷爵三等，周爵五等，各有宜也」，白虎通義，「殷爵三等，公侯伯也。」按呂覽，「紂為無道，殺梅伯而醢之，殺鬼侯而脯之，以禮諸侯於廟」，明堂位曰，「紂脯鬼侯」，楚辭亦曰，「梅伯菹醢」，是殷有侯伯也。惟公爵未聞。茲攷旂僕鼎銘：

「隹八月初吉，辰在乙卯，公錫旂僕，旂用作文父日乙寶尊彝，□」(窓齋三第十一葉)。所稱「公錫旂僕」公當謂冀君，則殷碻有公爵矣。鄭玄王制注言「公為殷之一等爵」，冀君稱公，其國亦必一等國矣。周之封建，「王者之後為公，及有功之諸侯，大者地方五百里；其次侯四百里；其次伯三百里；其次子二百里；其次男百里；所因殷之諸侯，亦以功黜陟之」(王制注)，則冀國公爵。地方五百里，正跨沁汾兩河之間。雖然，「諸侯稱王，見於古彝器銘識者亦不一二覯，徐楚之器無論已。矢伯爵也，散氏盤銘則謂之矢王；彔伯戎羌伯衺皆伯爵也，其作敨則竝稱『王若曰』。蓋古時天澤之分未嚴，諸侯在其國中，自有稱王之俗；即徐楚吳楚之稱王者亦皆沿周初舊制，不得盡以僭竊目之」(王國維集林補遺古諸侯稱王說)。則父甲鼎銘：

「唯正月既望癸酉，王獸於眡敽，王令□執龙休，善用作父甲𩱧彝，□」(窓齋六第八葉)。

師𡕰鼎銘：

「乙亥子錫小子𡕰，王商貝十倗，師𡕰用作父已寶尊，□」(奇觚室二第一葉)。

所稱「王獸於眡敽」，「王商貝十倗」，王皆冀君之稱，不得謂為殷周之天子；此冀爵之可攷者也。王制，「大國三卿，皆命于天子，下大夫五人，上士二十七人」，卿者卿士也。詩商頌，「降予卿士」，大雅「百辟卿士」，鄭箋「卿士，卿之有事者」；商周之間，故皆謂之「卿事」，毛公鼎「及兹卿事寮，太史寮」，卜辭「卜在隹，[glyph]卿事」（殷契二第二十三葉），「卿事」即命於天子之卿也。乙未敨銘：

「乙未卿事錫小子師貝二百，用作父丁尊敨，[glyph]。」（愙齋七第四葉）

則冀有卿士，且有小子諸官矣。小子者，周禮夏官云：「掌祭祀，羞羊肆，羊殽，肉豆，而掌珥於社稷，祈於五祀，凡沈辜侯禳飾其牲，釁邦器及軍器。」要而言之，但主祭祀之小事，未知鼎敨銘中所稱「小子」與周官之小子同否？此冀之職官可攷者也。亦有不箸作器之由與作器者之職，但曰「冀□作且□寶器」者：

「冀牧作且癸寶尊彝」（彝文。見殷文存上第十八葉）。

「冀[glyph]伯癸寶尊彝」（奇觚室十七第九葉）。

「冀叔父辛彝」（據古録卷二之一第八葉）。

「冀棘[glyph]作且辛彝」（觶文愙齋廿第十三葉）。

「冀[glyph]」（觚文。愙齋廿一第七葉）。

「冀逋」（彝文。據古録卷一之二第五一葉）。

冀下之牧，[glyph]叔，棘[glyph]，[glyph]，逋等字，疑皆冀君之名，曰「且□」「父□」「伯□」皆其先君之廟號。殷人死無謚，即以死日所逢之干支為廟號，後人祀之也即以其忌日，湯廟號太乙，以乙日祀，高宗廟號武丁以丁日祀，非因生之日為名，乃因忌日為廟號也（詳王國維殷禮徵文）。而吳大澂云：「父辛為父廟第八器，且癸為祖廟第十器」，以干支為大廟中禮器之號次，甚矣其謬也。冀之下亦有不箸作器者名，但紀其國名與先君廟號者：

「冀作父乙彝」（卣文。愙齋卷十八第十六葉）。

「冀父乙」（敨文。愙齋七第十八葉）。

「冀父丁」（敨文。愙齋七第十八葉）。

「冀父丁」（鼎文。殷文存上第九葉）。

「冀父己」（爵文。愙齋廿三葉）。

「冀父癸」（觶文。殷文存下第二十九葉）。

「冀父己母癸」（卣文。殷文存下第三十九葉）。

冀下或有作字，或省作字，與「冀牧作且癸彝」、「冀叔父辛彝」同一文例。亦有箸作器者名於上，而附國號於銘文末者：

「婦闌作文姑日癸尊彝，」(敔文。窓齋廿一第十葉)。

「商婦作彝，」(鼎文。殷文存上第九葉)。

「向作乃尊彝，」(卣文。窓齋十九第十四葉)。

「且母作乙尊彝，」(卣文。攈古録卷二之一第三十五葉。此銘疑當讀曰「冀作且母乙尊彝」)。

「女子小臣兄作己尊彝，」(卣文。攈古録卷二之一第七十三葉。此銘疑當讀曰「冀女子小臣作兄己尊彝」)。

「⿱皀巴婦屖彝，」(爵文。窓齋廿三第二十二葉)。

「作世婦尊彝，」(鼎文。窓齋三第五葉。此銘疑當讀曰「冀世婦作尊彝」)。

亦有「父□」「且□」與冀並列，其文左讀則「父□冀」，右讀則曰「冀父□」者，依卜辭自左向右讀之例，實同「冀作父□」者：

「父丁」(卣文。窓齋十八第十七葉)。

「文父丁」(尊文。窓齋十三第二十葉)。

「文子丁」(罍文。窓齋十三第二十二葉)。

「父戊」(角文。殷文存下第二十二葉)。

「且己」(角文。殷文存下第二十二葉)。

「父辛」(觶文。殷文存下第二十九葉)。

「父戊」(觚文。窓齋廿一第七葉)。

「母□」(爵文。窓齋廿三第五葉)。

「父己」(爵文。攈古録卷一之二，第廿二葉)。

凡此等形，皆在「且□」「父□」之上，釋以「析子孫」固不可通，即謂象尸祭之意，於辭亦不順，若謂即作器者之國名，所謂「以比其身，以重其國家」也，則無不涣然冰釋，自鼎彝銘識之通則攷之，亦可斷言為古國之名，其字即冀之初形也。

【說　歷史語言研究所集刊第一本第一分】

◉郭沫若　冀猶「小心翼翼」之翼，敬也。【令殷　兩周金文辭大系考釋】

◉馬叙倫　鈕樹玉曰。韻會引無州字。翟云升曰。九經字樣引作堯所都。異於餘州。故從北從異。龔橙曰。冀用北方造州名。不古。倫按此異同之異本字。而實此之轉注字。此音幫紐。冀音見紐。同為清破裂音也。異同即北从之引申義。北方州也

北 丠

疑校語。或字或字也。九經字様所引乃北方州以下文。口廷冀敦作。【說文解字六書疏證卷十五】

◉于省吾　第一期甲骨文稱：「貞，王㘥冀，其疒不龍。」(乙六八一九)冀字作，舊不識。又第一期甲骨文有「于礦」(乙四一二一)二字，文已殘缺。礦字作，舊也不知其从石从冀。冀字，商器冀簋作，周器令鼎作。又商器單冀簋的冀字作，攗古録(二之一)和金文編均誤釋為異。又上引商器冀字上部已變作。這和甲骨文字也作，叀字中从也作，其例正同。說文據已譌的小篆釋為：「冀，北方州也，从北異聲。」既誤認為从北，又割裂獨體字為形聲字。前引甲骨文的王㘥冀，義不可解，存以待考。至於其疒不龍之龍，應讀為寵。言其疾病不為鬼神所寵佑。總之，甲骨文冀與从冀之字各只一見，均為冀之初文。雖其造字本義還不可知，但冀字上部演變的特徵，和商周金文以及甲骨文其它文字偏旁相印證，是無有不符的。【釋冀　甲骨文字釋林】

◉唐　蘭　龔从䢅戠聲。䢅像人用雙手戴皿，冀像人雙手戴甾，當是一字。此當借為熾，《說文》：「熾，盛也。」【略論西周微史家族窖藏銅器羣的重要意義　唐蘭先生金文論集】

乙四三二〇　乙四五一八　勿于丘商　丘商即商丘　乙六六八四　鐵二〇二·四　前一·二四·三　前五·八·二　前五·九·一　前六·三五·五　後二·一五·一三　佚七三三　小丘臣　珠九九三　明藏三九五　【甲骨文編】

乙4320　4518　5265　6684　6713　6926　7119　7793　8498　8499　珠993　佚234　240　533　728　録640　六清57　外356　六束107　續存1366　粹918　新1503　粹1200　新1220　2916　3000　4896　5130　【續甲骨文編】

丘　商丘弔匿　子禾子釜　鬭丘戈　說文古文从土作　鄂君啟車節　昜丘　中山王嚳兆域圖　丘平者卌尺　【金文編】

3·618 丘齊辛里之喜 3·621 丘齊辛里公孫逋 3·624 丘齊平里王閒 3·620 丘齊辛里郗㕣心 3·625 丘齊□杉彫里□ 3·613 丘齊辛里王 3·629 丘齊衢匋里 3·636 丘齊匋裡衆 3·634 丘齊匋里王通 3·632 丘齊匋里王 3·637 丘齊匋里王 3·635 丘齊匋里□ 3·639 丘齊匋里安 3·43 陳□陵□丘□ 3·676 盧丘衢 3·779 巢丘 瘦雲42 汗簡引石經丘作 古璽文丘作 與此同 【古陶文字徵】

〔四七〕 〔一〕 〔三九〕 〔五五〕 〔四二〕 〔二〇〕 〔三六〕 〔四二〕 〔一〕 〔二〕 〔五二〕 〔三七〕 〔四二〕 〔四七〕 〔二八〕 〔四二〕 〔二〇〕 〔三六〕 〔二二〕 〔三八〕 〔一九〕 〔一九〕 〔三六〕 〔三六〕 〔二〇〕 〔三六〕 〔一九〕 【先秦貨幣文編】

刀大 齊夻化背一丘形見金文子禾子釜 典九一八 布空大 鄂君啟節丘字與此形近 典七五六 【古幣文編】

90 【包山楚簡文字編】

丘 封三二 六例 封四七 日甲二九背 二例 【睡虎地秦簡文字編】

4014 4012 4013 4010 2235 1476 0324 鄂君啟節丘作與此形近。 3307 5369 【古璽文編】

瑕丘邑令 牧丘家丞 即丘丞印 雝丘徒丞印 瀘左丘尉 留安丘印 蓋丘 梁丘相如 閭丘舜 閭丘固 閭丘少孺 【漢印文字徵】

石經僖公 衛遷於帝丘 說文古文作 汗簡引石經與此同 霍公神道闕陽識 王君神道闕 【石刻篆文編】

𡍮丠見石經　𠀉丠【汗簡】

丠汗簡　𡍮石經　𠀉崔希裕纂古　𠀉唐韻【古文四聲韻】

◉許　慎　丠土之高也。非人所為也。从北。从一。一。地也。人居在丠南。故从北。中邦之居。在崐崘東南。一曰。四方高中央下為丠。象形。凡丠之屬皆从丠。去鳩切。今隸變作丘。𡍮古文从土。【説文解字卷八】

◉孫詒讓　古文象形字，凡同物者，形多相邇。如屬「山」者，形並當與山略同是也。説文丘部「丠，土之高也，非人所為也。从北，从一。一，地也。人居在丠南，故从北。中邦之尻，在崑崘東南。一曰四方高，中央下為丠。象形。古文作𡍮，从土。依許後説則丠亦象形字，故金文子禾子釜作[glyph]，與北不相類。甲文有[glyph]字，以金文證之，當即「丠」之原始象形字。葢象山而小，猶𠂤為自之小者也。許説四方高中央下，正是[glyph]形之説解，而人居在丠南，从北之義，殆後起皮傅之説爾。【名原卷上】

◉王　襄　[glyph]古丘字【簠室殷契類纂正編第八】

◉高田忠周　説文。丠土之高也。非人所為也。从北从一。一。地也。人居在丘南。故从北。中邦之居。在昆侖東南。一曰。四方高中央下為丘。象形。𡍮。古文从土。許氏存兩説。而下説為是。要省山以為字形。與兩人相背之北。毫無涉也。然下文或作[glyph]。殆从北字。即知晚周有此異文。小篆从此耳。葢北丘古音同部。从北者當以取於聲音。人居在丘南説。牽強附會可嗤矣。風俗通山澤篇。堯遭洪水。萬民皆山棲巢居。故丘字。二人立一上。一者。地也。妄殊甚矣。書禹貢。是降丘宅土。傳。地高曰丘。周禮大司徒。丘陵墳衍。注。土高曰丘。皆本義也。易坎。山川丘陵。虞注。半山偁丘。字取於山形。為至當也。【古籀篇十三】

◉商承祚　𡍮甲骨文作[glyph]。正象兩丘形。金文子禾子釜作[glyph]。外筆寫析。已失丘形。商丘叔簠再變作[glyph]。遂誤為北。為小篆所本。失彌甚矣。石經古文作[glyph]。與此畧異。玉篇木收垩。王筠謂殆奇字。然無確據。【説文中之古文考】

◉孫海波　甲骨金文作[glyph]，象四方高中央下之形，許君引一曰之言是也。【甲骨金文研究】

◉馬叙倫　楊桓曰。丘。山之卑者也。象山無中峯之形。後人誤作從[glyph]從一。沉祥麟曰。篆當作[glyph]。徐灝曰。説解未塙。葢因字之上體與此同。遂誤仞為從北從一。按戴侗曰。[glyph]。小山。故其文似山而殺。是也。嶽。古文作[glyph]。其上即丘字。漢隸岳字作從[glyph]。岳形高峻。故以小山加於大山也。孫詒讓曰。依許後説。則丘亦象形字。故子禾子釜作[glyph]。與北不相類。甲文有[glyph]字。以金文證之。當即丘之原始象形字。許説四方高中央下。正是[glyph]形之説解。人居在丘南從北。殆後起皮傅之說。商承祚曰。甲骨文作[glyph]。正象形。子禾子釜作[glyph]。商丘叔簠作[glyph]。遂似從北。為小篆所本。倫按。今說解蓋非許文。本書無崐崘。水部河下作昆侖。則此為校語尤明。于鬯謂中邦之居在崐崘東南。蓋庾氏注文。不悟非止此而已。一曰四方高中央下為丘者阸字義。丘字見急就篇。

[glyph]鈕樹玉曰。玉篇。廣韻無。王筠曰。韻會引作[glyph]。邵瑛曰。玉篇以[glyph]為正字。[glyph]為重文。蓋由北省為北。李杲曰。古匋作[glyph]。省一。倫按。此丘之後起字。故又增土也。魏石經作[glyph]。益謬。依今字從土丘聲。古文下捝丘字。從土二字校者加之。【說文解字六書疏證卷十五】

◉張秉權　丘商，即大邑商，中商，或單稱商。乃殷之故都。杜預春秋釋地以為「宋、商、商邱三地一名」，卜辭丘商，後世稱為商邱，在今河南商邱縣，又卜辭另有宋地，亦有子宋與商（亦有子商）似非一地，或者宋與商相去不遠，殷亡國後，商與宋合併而稱為宋，又因她是殷商之後，所以宋亦稱商。【殷虛文字丙編考釋】

◉李孝定　說文丘。土之高也。非人所為也。从北从一。一。地也。人凥在北南。故从北。中邦之凥在昆侖東南。一曰。四方高中央下為北象形。[glyph]古文从土，絜文不从北。其字但較[glyph]字少一峯耳。丘之於山。𠂤之於𠂤。並為減體會意。𠂤𠂤二字之古文。特丘山二字之直當者耳。不謂山為丘之增體會意者。蓋不論語言文字中山均較丘為習見。山字必當早出也。商氏說丘字之義甚是。許說乃望文之訓耳。非人所為者。許書京下云「人所為絶高丘也」。謂丘乃出自天然也。金文作[glyph]商丘吊簠[glyph]子禾子釜[glyph]閵丘戈釜文於古為近。戈文則同於篆文矣。辭云「□巳卜貞丘出」藏・二二・四。「貞奠於丘紉」前・一・二四・三。似為方國之名。【甲骨文字集釋第八】

◉高鴻縉　丘。小山也。象二峯之形。比山少一峯。謂較小也。【中國字例二篇】

◉白玉崢　乙巳卜，𡆥貞：丘出鼎？　鐵二〇二・四

崢按：丘字，於甲骨文字中甚少，數十字中，大半為人名或地名，如：

小丘臣。　六清五七（佚五三三及外三五六重）

丙戌卜，貞：令般衣丘？　珠九九三

戊戌……在丘……？　文六四〇

「丘出鼎」之辭，在傳世之甲骨片中，除本片外，他片未之見；世之治斯學者，亦多未讚一字，而輕置一旁。有之，惟夫子（嚴一萍）於整理殷虛文字甲編及乙編二書時，得契有「侑鼎」之辭三版（夏商周文化異同考三九〇頁），而予考證之曰：「三版皆文武丁時

所卜，一、二兩辭之㞢，可作有無之有解，亦可叚作侑祭之侑，惟以第三辭，言『（㞢）於鼎』之語倒之，當卜侑祭於鼎。祭鼎而與王亥同貞，其為重器，若傳國之瓌寶可知。此文武丁時有祭鼎之祀，以證後世所傳殷受九鼎之說，殆為信史已。」考本版為武丁時物，而以之卜鼎之出否，九鼎之說，又有一證也。然此鼎究出於何丘？按甲文中以丘為地名者，有：

丘商　乙四五一八　乙五二六五

丘太　明二三二五

凡丘　乙七七九三

丘剎　乙七一一九

丘疇　南明三九五

或單名曰「丘」（粹九一八）。綜此諸丘，據倒逆之，非「丘商」，亦必為「丘太」，蓋墨子耕柱篇曰：「九鼎既成，遷於三國，夏后失之，殷人受之」；殷人受此九鼎，必以之置於京師，定時予以「侑祭」。載籍所記，殷曾八遷，然見於契文者有「大邑商」，有「丘商」等；王國維氏作殷都考，曾有「商邱」之都，此丘商，莫非商邱歟？是此「丘出鼎」之丘，乃即「商邱」也。又史記封禪書云：「宋太丘社亡，而鼎没於泗水彭城下」，宋為殷後，而此之「太丘」，殆亦契文之「丘太」矣。然則，九鼎之說，殆可徵信矣。【契文舉例校讀　中國文字第三十四册】

◉田倩君　丘與山不同，丘當為圓頂形。然殷代之丘字，以契刻刀痕所致，因現鋭峯。周金文丘字則無巒無峯，象兩禽獨足立地上狀，誠大不類丘之形狀也。至小篆，如兩人相背而立，迨至隸楷，益失其形狀，惟古文之丘如𡊤，頗象土丘之形。土丘不應作尖峯，因土不堅固，日夕被風雨剝蝕，常無鋭峯與棱角之存在也。【説丘　中國文字四十册】

◉張日昇　契文丘字作M。與子禾子釜同。非从北从一。當為丘之原始象形。孫詒讓謂蓋象山而小。猶𠂤為自小者。其説可从。【金文詁林卷八】

◉商承祚　[丘心]，簡文作[丘心]，从丘从心，即丘之別構。鄂君啟節作𡊤，亦从土。土阜謂之丘，甲骨文作M，後寫為𠀉，金文皆如此作，即小篆所本，《説文》丘之古文作𡊤，與所謂坐之古文𡋲，意義並無多大不同，而前者為地（一）下加土，實坐之別體，後人以兩人背坐地面為丘，兩人對坐地上為坐，強分為二。《説文》坐作坙，从丣，為𠂔之逐步寫訛。朱德熙釋此字為岳，謂岳智屨與上文新智屨對舉，岳可讀作舊。丘、舊古音都屬之部，聲亦近似，所以岳可能假借為舊。遣策所記名物，多為送喪之物，如以舊物送葬，非禮也，故不宜解釋為新舊的舊。【長沙仰天湖二五號楚墓竹簡遣策考釋　戰國楚竹簡匯編】

◉張松林

陶文第一字隸定為亳，第二字从甲骨文、金文、戰國文字和《古璽匯編》中諸代文字比較中可知為丘，合讀為亳丘。《說文解字》曰：「丘，土之高也，非人所為也。」後引申為墟等。但作為地名，近多被忽視。據《春秋左傳・魯成公元年（公元前590年）》載，魯作「丘甲」，鄭簡公28年（公元前538年）鄭作「丘賦」等，可知在春秋時期鄭國和魯國均曾用丘作行政區劃單位。關於丘之單位大小，《春秋左傳集解》注中記「九夫為井，四井為邑，四邑為丘」，又「丘十六井，出戎馬一匹，牛三頭。四丘為甸，甸六十四井，出長轂一乘，戎馬四匹，牛十二頭，甲士三人，步士七十二人，此甸所賦，今魯使丘出之……」「……今子產別賦其田，如魯之田賦。田賦在襄十一年。」此可看出，在春秋中晚期鄭國以丘作行政區劃單位，以計算軍役和田賦，其作用類似舊之保甲，故在鄭州至今仍遺有某丘之地名。【鄭州商城內出土東周陶文簡釋　中原文物一九八六年第一期】

◉林清源　187　卅四年邨丘令癸戈（邱集8400、嚴集7526）

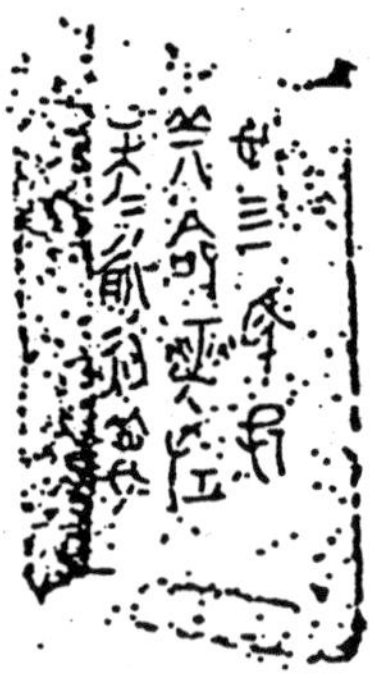

卅四年宍令戈

1971年湖北江陵拍馬山第5號墓出土，內末刻銘三行，原報告釋云：「卅三（四）年，我乒（丘）命（令）癸，左工帀（師）哲，冶慈」，初據辭例斷為三晉器，再據地名「我丘」定為魏器，再次則據墓棺形制及同出物擬定為魏惠王器。湖北省博物館等：「湖北江陵拍馬山發掘簡報」（考古，1993年第3期）。頁156、161。「我」字，劉彬徽反復勘驗原器，碻定作「[illegible]」形。此字黃盛璋隸定為「邨」，謂戈銘「邨丘」即「頓丘」，證云：

周將殷都附近封衛康叔，故頓邱屬衛，詩衛風「送於涉淇，至於頓丘」可證，但春秋末年已為晉有。水經注淇水引竹書紀年：「晉定公三十一年城頓邱」，戰國屬魏，戰國策燕策：「決宿胥之□，魏無虛，頓丘。」所以此戈為魏頓丘所造。魏有三十四年以上者僅魏惠王及安釐王，安釐王三十四年卒，次年即景湣王元年，「秦拔我二十城，以為東郡」，見史記魏世家。頓丘漢屬東郡，頓丘入秦應在是年，而三十五年前秦已取郢為南郡（公元前278年），此戈三十四年如為安釐王，可以解釋魏頓丘戈何以出土於江陵拍馬山5號墓，但該墓同出器物及棺的形制年代都較早，似不得晚至秦始皇時，故戈的年代仍以魏惠王三十四年（公元前337年）較為適宜。黃盛璋：「三晉兵器」，頁32—33。

「邨」、「頓」古音韻同聲近，可通。丘字甲骨文作「[glyph]」（乙4518），象兩丘峰形。戰國時丘字多累增土旁，如鄂君車節作「[glyph]」，中山王墓刻石文作「[glyph]」，皆與說文古文作「[glyph]」合。本銘下不从土，作「[glyph]」，釋為「丘」，無可疑也。

188　九年𢦏丘令痽戈（邱集8407、嚴集7532）

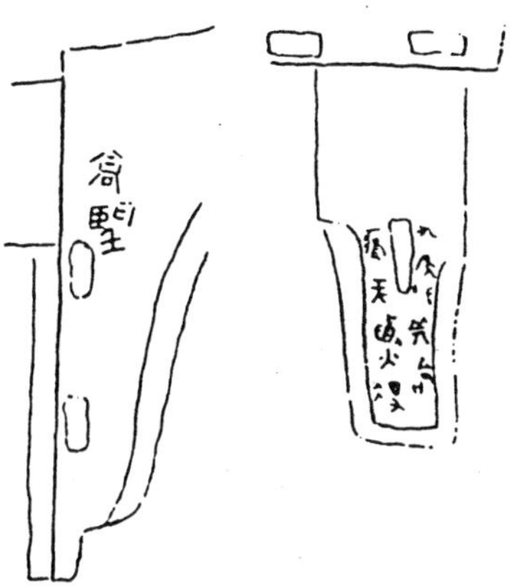
正面　背面

本戈兩面均有刻銘，正面銘於內末，分列兩行，自右行起讀，銘云：「九年𢦏丘命（令）痽、工帀（師）𠂤、冶淏。」背面銘「高望」二字，於援、胡之間，字體碩大，筆劃方折，與正面銘文風格不同，蓋非同時同地所刻。秦戈每於戈內另一面刻一地名，別無上下文，此類地名李學勤謂乃該器置用處之地名。李學勤：「戰國時代的秦國銅器」（文物參考資料，1957年第8期），頁38。本銘「高望」蓋亦屬此例。高望於漢時屬上郡，漢上郡來自秦上郡，而秦上郡係魏所獻者（參例196「六年上郡守疾戈」）。依辭例，「𢦏丘」為戈之鑄地，則「高望」當係置用地。黃盛璋云：「高望二字應是入秦以後所刻，蓋俘魏國兵器而撥給高望縣用的。」黃盛璋：「三晉兵器」，頁32。其說可從。「[glyph]」當釋為「丘」，已詳例187。「𢦏」字黃盛璋謂即戴國之戴，復云：

漢書地理志梁國下有「甾縣故戴國」，後漢章帝時改曰考城，故城在考城縣東南二十五里，此地戰國顯然屬魏。同書山陽郡有甾鄉縣，楚國有甾丘縣，都與戴國故地有關。以地理考之，山陽郡有單父縣：戰國時為魏地，而山陽郡又與梁國接境，所屬之甾鄉可以屬魏。至於甾丘當是楚、魏接境之地，其南為楚符離之塞(見楊守敬戰國疆域圖)，戰國疆界變化不定，戈銘之戈丘應即甾丘，那麼至少鑄此戈時甾丘是屬魏地。黄盛璋：「三晉兵器」，頁32。

據黄文所考，本戈為魏國器曾可論定。本戈之形制及銘文字體、辭例，皆與例187「卅四年邨丘令癸弋」相近。例187之時代，據前文所考蓋為魏惠王三十四年(公元前337年)，本戈之年代當與之相去不遠也。【兩周青銅句兵銘文匯考】

◉楊樹達 坵古文从土，謂古文丘字亦有从土者。丘字亦古文，非謂丘為小篆而坵為古文也。制字蓋丘在前，坵在後。以下，類此者倣此。【文字形義學】

◉徐中舒  一期 乙六六八四 象穴居兩側高出地面之出入孔之形。商人多穴居，甲骨文丘則以其地面形制表示其特點。《說文》：「丘，土之高也。非人所為也。从北从一，一，地也。人居在丘南，故从北，中邦之居在崐崘東南。一曰四方高中央下為丘，象形。古文，从土。」《說文》以丘非人所為，非是，說形亦不確。丘為居穴，由人為而成。又因丘多選擇高亢乾燥處鑿建，其出入之孔較高，引申之，土之高者亦稱丘。【甲骨文字典卷八】

◉陳偉武 《文字徵》第56頁「坐」字下：「 3·987，獨字。」今按，《說文》「坐」字古文作，與此異，此當釋丘。《陶文編》8·61録《鐵云藏陶》49·3，115·4作此形。正是釋丘。【《古陶文字徵》訂補 中山大學學報一九九五年第一期】

虛 

 虛 日甲五九 十四例  日甲五八 七例  日乙八九  日乙四一 【睡虎地秦簡文字編】

 5559 【古璽文編】

 朱虛  朱虛丞印  閭虛長公 【漢印文字徵】

 虛亦墟字出王存乂切韻 【汗簡】

  竝道德經   並王存乂切韻  同上 【古文四聲韻】

◉許　慎　[seal]大丘也。崐崘丘謂之崐崘虛。古者九夫為井。四井為邑。四邑爲丘。丘謂之虛。从丘。虍聲。臣鉉等曰。今俗別作墟。非是。丘如切。又朽居切。【説文解字卷八】

◉馬叙倫　丘虛音同溪紐。虛為丘之轉注字。大丘也蓋字林文。崐崘丘以下至謂之虛。于鬯以為庚注文。倫謂蓋亦字林文。朱文藻本丘謂之虛作丘為之虛。字見急就篇。【説文解字六書疏證卷十五】

王存乂切韻【古文四聲韻】

◉許　慎　屔反頂受水丘。从丘。泥省聲。奴低切。【説文解字卷八】

◉馬叙倫　鈕樹玉曰。韻會作從丘尼聲。倫按反頂受水丘必非許文。爾雅釋丘。水潦所止泥丘。釋文。依字又作屔。不言説文作屔。顔氏家訓書證。仲尼居三字之中。兩字非體。三蒼尼旁益丘。説文居下施几。使本書有屔。顔何以必標三蒼。將為行文之美邪。三蒼者。以漢之倉頡及楊雄訓纂賈魴滂喜合而為名。使字出蒼頡訓纂二篇。本書自不得無。陸何以不言説文。顔何以必標三蒼。豈此字出滂喜。而為呂忱所録邪。抑釋文依下捝一林字。陸所據本書而題為字林者也。從丘。尼聲。【説文解字六書疏證卷十五】

甲二八五八　卜辭用為縱雨之縱【甲骨文編】

㐺　妣㐺鼎【金文編】

㐺【汗簡】

◉許　慎　㐺眾立也。从三人。凡㐺之屬皆从㐺。讀若欽崟。魚音切。【説文解字卷八】

◉馬叙倫　説文疑曰。人三為衆。則从字當之仲切。何得更讀魚音切。錢坫曰。此左傳三人為衆字。朱駿聲曰。周語。三人為衆。偽泰誓。顯於西土。明著岐㐺。用為衆字。今本改作岐周。王筠曰。小徐無讀若句。謂讀若崟也。徐灝曰。此四字疑後人所加。饒炯曰。此即羣衆之羣本字。劉秀生曰。从會意字。本音蓋即如欽。雨部。⿱雨㐺。霖雨也。從雨。从聲。霖。三日以往。從雨。林聲。禮記月令。淫雨蚤降。鄭注。淫。霖也。雨三日以上為霖。今月令作衆雨。衆蓋⿱雨㐺譌。⿱雨㐺正字。

眾

淫借字也。周禮春官司服。𢈧衣服。夏官司兵。𢈧五兵。注並云。故書𢈧為淫。是其證。倫按本訓衆也。以後起字釋初文。衆立也者。蓋校者依字形為説耳。以周語證之。此明是衆之初文。从衆聲同侵類。則衆乃从之轉注字。饒謂𠂹即羣衆之羣本字。是也。羣為彝之轉注字。三羊為彝。即所謂獸之為羣也。是衆彝語原同也。聲轉入侵。而讀若崟。故為魚音切。自非古音。會意。【説文解字六書疏證卷十五】

◉邵笠農　乑。魚音切。與衆異。衆。之仲切。説文。乑。衆立也。从三人。玉篇。乑。衆也。按。訓衆立為專義。訓衆為廣義。泛言之則通。細別之則異。國語。人三為衆。女三為粲。按。三約多數。是言人多之意。故訓為衆義。非言人三合即成衆字也。人三之形。篆作𠂹。隸作乑。變作乑。音吟。俗變作众。又誤讀為衆。衆从乑。从目横之。指多人聚立之數目也。故説文云。从乑目衆意。若以乑為衆。則以姦為粲。可乎。乑與衆。姦與粲。各自為形。豈可因其義畧通遂混而同之。若如世俗之見。則霥為霖雨。霂為小雨。亦將以霥為霂而一之矣。【説乑　圜闇字説卷二】

◉徐中舒　四期粹一〇　從三𠆢人，與《説文》乑字篆文同，但實為从字之異體。見本卷从部从字説解。【甲骨文字典卷八】

甲三五四　𦣻衆　甲三八一　其喪衆　甲一三五三　甲一四三九　甲二二九一　衆人　鐵七二・三　鐵二二三・一　前一・一〇・二　前二・八・五　雉衆弗戈　前二・一八・二　前五・六・一　續二・二八・五　王大令衆人曰劦田　前六・六〇・一　前七・三〇・二　王大令衆人　後二・二二・二　後二・二七・一四　𦣻衆　後二・三五・一　後二・三八・九　林一・二〇・一四　乎衆人　林一・二四・一六　佚五　不雉衆　佚五一九　喪衆　佚五四九　粹一二二四　粹一一五三　京津一〇三二　寧滬一・一三五　寧滬一・三四八　明藏一九一　鄴三下・三四・九　□逆衆人得　鄴三下・三八・二　續三・三七・一　掇二・一六八　佚九二二　存下四七六　小衆人臣　乙一九八六　或从从　拾四・一六　京津一〇七四【甲骨文編】

甲 354　381　393　737　809　1353　1439　1707　2562　2572　2691

2695 3510 3538 珠788 1381 卜474 佚5 85 487 519 續2·28·5 3·37·1 3·40·4 掇410 徵4·62 5·5 11·80 11·126 京2·21·3 3·31·3 録603 天81 108 誠368 續存1013 外452 書1·10·E 摭續144 粹369 1082 1124 1150 1153 1158 1178 1287 新1030 4400 4573 佚549 【續甲骨文編】

衆 師旂鼎 師袁簋 舀鼎 中山王譽鼎 斳逹參軍之衆 中山侯鉞 以敬氒衆 【金文編】

3·369 楚亭衢關里衆 3·675 右敀☐衢榮里□衆☑ 3·636 丘齊匋 里衆 3·535 甗圖衆 3·534 同上 3·1311 獨字 3·1313 同上 3·537 甗圖衆 3·539 同上 3·1312 獨字 9·81 徐衆

【古陶文字徵】

一〇五：三 詛咒類衆人惌死 【侯馬盟書字表】

衆 秦七八 三例 法五二 四例 【睡虎地秦簡文字編】

可㠯聚—(丙11:2—4) 【長沙子彈庫帛書文字編】

4341 4115 4878 【古璽文編】

衆鄉國丞 漢保塞烏桓率衆長 郯護衆印 呂合衆印 徐衆 椑衆 田衆 紀衆 【漢印文字徵】

禪國山碑　今㽞瑞畢至　詛楚文　今又悉興其㽞　古文一體殘石　與衆異【石刻篆文編】

衆見説文【汗簡】

古孝經　古老子　同上　説文【古文四聲韻】

◉許　慎　多也。从㐺目。衆意。之仲切。【説文解字卷八】

◉趙烈文　□既簡左驂旛　首一字。潘作遡字。吴東發作六字。云。搨本六下八猶可辨。烈按。阮橅本已泐。明本亦然。然審泐痕非遡字。吴説尤臆。今闕之。第二字。孫作衆。吴東發云。䜌字。烈按。吴讀石鼓率以意增改。有楊慎之風。此蓋以就上文六字。其實皆嚮壁虛造而已。阮橅本內已泐下。頗分明。明搨亦然。定為衆字無疑。【石鼓文纂釋】

◉孫詒讓　「貝今□月𦂳米□」、七十二之三。「貝□䏌□□」、二百卅三之一。此亦「衆」之異文，變目為日，與前「衆」字異。金文曶鼎衆字作，與此同。

「貝立於羌□」、二百卅一之四。此「」以眔作偏旁較之，似即「㐺」字。《説文·㐺部》：「眾立也。从三人，讀若欽崟。」【契文舉例卷下】

◉強運開　趙古則作從。並案云。此字一作師。或又作衆。潘迪作衆。楊升庵作師。日下舊聞考以為師字。吴東發以為䜌字。張德容云。按。此上半泐甚。僅見下半數筆。殊未可臆定。吴説尤無影響。此據安本橅入定為衆字無疑。【石鼓釋文】

◉馬叙倫　鈕樹玉曰。韻會作從从從目目亦衆意。沈濤曰。汗簡一引衆字作。蓋古本篆體如此。隸變衆字上不從目。則今本從目者恐譌也。孔廣居曰。諸本篆作。惟汲古閣無之。漢碑亦有之。漢印亦多有之。則從罒可疑。或是囱省聲。王煦曰。从衆二字連文。疑古从衆音義並通。故周語曰。人之成衆。龔橙曰。多也非本形。倫按甲文作。師寰𣪘作。曶鼎作。倫謂從从昆省聲。昆。從日。比聲。比音並紐。或從日蚰聲。蚰蟲一字。蟲音澄紐。同為濁破裂音。而蟲聲侵類。故衆聲亦侵類。衆為之轉注字。為羣衆之羣本字。羣亦濁破裂音。以此明之矣。昆音轉入見紐。故衆音轉入照紐。古讀照歸端。端見同為清破裂音也。故金甲文多從日作。其或作者。傳寫誤耳。本書罤鰥二弟皆當從衆得聲。今皆譌從衆。罤弟字古書多作昆弟。鰥魚莊子逍遥遊作鯤。可證也。字見急就篇。然檢義實聚字之譌。此説解盡非許文。多也蓋吕忱或校者列異訓。衆意二字亦説解捝譌後校者不得其聲。謬以為會意而加之。汗簡引作者。蓋自从之譌。

【説文解字六書疏證卷十五】

◉陳夢家　「衆」字在卜辭中有不同的用法：

（一）名詞，在數詞前　衆一百

（二）名詞，在動詞後　喪衆、氐衆、雉衆

（三）形容詞，在名詞前　衆人

（四）形容詞，在詞組前　衆「戌㽙受人」

西周金文師旂鼎的「衆僕」同於（二）的用法，曶鼎的「衆一夫」同於（一）的用法，師寰毁的「衆𠬝」同於（三）的用法。説文「衆，多也」，但卜辭衆與多的用法不同：凡多數的人稱之前附加多字如「多臣」「多后」之類，決不加「衆」，而「多」亦決不作為名詞。卜辭的「衆一百」亦決非「人一百」，所以「衆」必須是一種身分。西周金文曶鼎「衆一夫」和另外「臣」三夫是所有者用來作為賠償物的，他們是奴隸。

卜辭的「衆人」常常受王的命令，或從事於「協田」，或徵集出征。卜辭有一次記載「我其喪衆人」，衆人似是屬於王或王國所有。【殷墟卜辭綜述】

◉高鴻縉　字原从日間三人。明見其人衆也。會意。並列。狀詞。周人或改日為目。亦取明見之意。後世或變作罛。更有譌作衆。其構造不可説。俗或省作㐺。説文分為二字。解众曰。衆立也。説不可曉。【中國字例四篇】

◉楊　寬　曶鼎載：「昔饉歲匡衆，厥臣廿夫，寇曶禾十秭。」又説：「匡稽首於曶，用五田，用衆一夫曰益，用臣曰疐，曰朏，曰奠，曰用茲四夫。」這裡把臣和衆同樣以夫來計數，而且同樣用作賠償物資，同樣屬於奴隸性質，但是臣的身份要較众低一等。【釋臣和鬲　考古一九六三年第十二期】

◉于省吾　楊先生原文把衆解釋為奴隸，而為什麽衆是奴隸原文並無説明。究竟衆的身份是奴隸或者是自由民，近年來學者們頗有争執，迄無定論。由於這一問題關係到商周社會性質，極為重要，所以在此也想略加説明。甲骨文中占卜出征或種田的時候時常提到衆，而甲骨文在祭祀時，殺戮各種各樣的戰俘以為人牲者習見選出，每次用人牲的數目，由一二以至幾十幾百甚至一千。但是，从没有殺過衆以當人牲，因此可見，衆是自由民，商王是不會隨意殺戮的。至於金文中往往以臣作為賞賜品，有的甚至作為交易品，可是，从没有以衆用來賞賜或交易的例子。

書盤庚稱，盤庚遷於殷，王命衆悉至於庭，王若曰：格女衆，予告女訓。如果衆是奴隸的話，則盤庚遷都決不會舍掉自由民而專事訓告奴隸；又盤庚對衆説：兹予大享於先王，爾祖其从與享之。這不僅説明盤庚與衆同一族類同一遠祖，而且，如果衆是奴隸的話，則盤庚大享先王，奴隸的祖先如何能夠與之合享呢。

楊先生引曶鼎以為臣與衆相較，臣的身份要比衆低一等，為什麼低一等，可能由於曶鼎先言衆而後言臣的緣故。按曶鼎第三段一開首説：昔饉歲，匡衆氒(厥)臣廿夫，寇曶禾十秭。匡指匡季言之，觀下文匡季也省稱為匡可知，匡季當是匡地的統治者，也是這一訟案被告的主犯。匡衆厥臣廿夫的厥字係指示代詞，指衆言之。這是説：匡季手下自由民(衆)所屬的奴隸廿夫，盜取曶禾十秭，可見衆是从犯，如果衆也是奴隸的話，臣既稱廿夫，則衆決不能没有數目的記載。下文叙曶控告匡季於東宮，追求寇禾的人犯，匡季不得不交出衆一夫和臣三夫，這也把衆和臣分得很清楚。至於為什麼不懲辦匡季本人，當係刑不上大夫之意。總之，商代的甲骨文和商周時代的金文以及早期典籍，一向没有把衆當作奴隸的事例。【關於「釋臣和鬲」一文的幾點意見　考古一九六五第六期】

◉張政烺　第二期卜辭：

惟暁田，亡災，以衆。弜以。　甲編三九三

翌日壬，王其以衆。　甲編一四三九

田省，以衆。　京津四五七三

這都是關於田獵的卜辭，以衆即使衆。這都是殷王親自出獵，如果這也算是巡狩，則是周禮所謂「行」了。【卜辭裒田及其相關諸問題　考古學報一九七三年第一期】

◉徐喜辰　在商代公社裏，除了氏族貴族奴隸主和受家長制形式剥削的奴隸外，還有為數衆多的公社農民。這在甲骨文裏叫做「衆」、「衆人」或「人」，在《尚書・盤庚》中則分别稱為「民」、「畜民」、「萬民」、「憸民」、「小民」或「農」等。

關於甲骨文中的「衆」、「衆人」和「人」的身分問題，陳夢家將三者異同作了一番分析後認為：「『人』和『衆人』比較接近」，而「衆」「必須是一種身分。西周金文《曶鼎》『衆一夫』和另外『臣』三夫是所有者用來作為賠償物的，他們是奴隸。」其實，卜辭中的記載，並非如此。甲骨卜辭既有「令衆」(《前》4・30・2)，又有「令衆人」(《續》2・28・5)；既有「乎衆戍」(《鄴三》43・6)，又有「乎衆人於□」(《京》1030)；既有「以衆」(《粹》1178)，又有「以衆人」(《南明》531)；既有「氐衆」(《前》5・20・5)，又有「氐衆人」(《存》3・377)等辭例。可見，甲骨卜辭中的「衆」和「衆人」是没有區别的，因而「衆」、「衆人」和「人」當為同一身分，也就是公社農民，是商族的族衆，是當時的平民階層，並非奴隸。

甲骨卜有云：

　　𠂤於□氏衆……宗……㞢……　（《京津》1074）

這段卜辭雖已殘缺，但還可以看出每當𠂤率「衆」出征之前，便要招集「衆」在某一先王的宗廟裏舉行㞢祭即侑告之祭。這就告訴我們，「衆」或「衆人」如果不是商族的族衆，怎麼能夠被率領去祭祀商王祖先呢？《尚書・盤庚》裏既然説盤庚的先王與「衆」的祖和父曾經同甘共苦，又説盤庚大享先王，「衆」的祖先也能合享，可知盤庚和「衆」必定有着血緣關係，當為同族。《左傳》僖公十年云：「神不歆非類，民不祀非族。」《荀子・禮論》云：「先祖者，類之本也。」韋昭注「其類維何」的「類」為「族」，都是説的神不享非其種類的祭典，民不祀非其族類的鬼神的定制。《盤庚》中還明白地指出：盤庚先後在天之神曾經譴責「衆」説，如果「衆」不與他們的幼孫合作，如果「衆」居心不良，上天就將要和「衆」的祖與父取得聯係，斷棄他們。這又證明「衆」或「衆人」是商王的族衆了。這一事實還可以從甲骨卜辭中得到進一步的證明。例如，

　　貞，我其喪衆人。　（《佚》487）

中的「我」是用以代稱商族或商王的，這條卜辭是卜問商族族衆在戰爭中是否會有損失的意思。如果這裏的「衆人」不是商族的族衆，而是奴隸，又怎能有「貞，弗其隻？貞，其喪衆？貞，弗其受㞢佑？貞，其㛸？」（《佚》519）之類的受到商王如此關注的卜辭出現呢？正是因為「衆」或「衆人」是商族的族衆，所以甲骨卜辭中又稱他們為「王衆」（《甲》1707）。甲骨卜辭云：

　　□□□，□□，□（王）大令衆人曰，劦田，其受年，十一月。（《續》2・28・5）

　　丁亥卜，令衆□田，受年。　（《京》1926）

　　貞，叀小臣令衆黍。　（《前》4・30・3）

　　丁未卜，𡧊貞，弜令𠂤氏衆伐𢀛方。　（《粹》1082）

　　己卯貞，令𠂤𠯑衆伐龍，𢦏。（《庫》1001）

可見，「衆」或「衆人」又是商代的農業生産和戰爭、戍衛的主要擔當者，所以商王對於他們非常關心和愛護。如云：

　　貞，□𢆶米衆。　（《鐵》72・3）

「米」，似當讀作「敉」或「侎」。《説文》云：「敉，撫也。」甲骨文中又有

　　……衆……立衆人。　（《綴》30）

　　□（辛）□（巳）□（卜），賓貞，立人，辛□（巳）□（卜），賓貞，勿立人。□（辛）□（巳）□（卜），□（賓）□（貞），惟翌甲申

立人。

辛巳卜，勿惟甲申立人。（《乙》6696）

等記録。這裏的「立」當讀為「涖」，義為臨，似有徵召會聚之義。「人」，與「衆」或「衆人」同一身分。這與《尚書・盤庚》的「命衆悉至於庭」、「其有衆咸（皆）造（至）」等十分吻合。商王既能與「衆」或「衆人」共同會聚，共同議政，那麽「衆」非奴隸則是非常明顯的。所以，甲骨卜辭中也就出現有貞卜「衆」或「衆人」是否有災害的記載。如云：

貞，衆㞢災，九月，□（才）漁。（《前》5・45・5）

1971年安陽小屯西地發掘的卜骨71ASTT1:8又有「邘衆於祖丁」的辭例，大意是説，為了免除「衆」的災害而祭祖丁。這都反映了「衆」、「衆人」或「人」是商王及其他奴隸主貴族需要的公社農民或戰士，才能進行這樣的占卜。【「衆」、「庶人」並非奴隸論補證 東北師範大學學報一九八四年第二期】

◉趙錫元 商代貴族稱呼本族基本群衆為「衆人」，有時也省稱作「衆」。「衆」字卜辭作□，從日從三人，三表示多數，三人代表多數人，象徵着在太陽之神光輝照耀下的廣大人民群衆，是頂天立地的人們。周武王滅商後，封召公奭於河北殷人故地，這就是燕國。燕與殷古音同，燕國的燕，周代青銅器銘文習見作□，从日从女，象徵着在太陽之神光輝照耀下的婦女，引申為閑適、安逸。這是母權制氏族社會的古老遺風的反映。所以日下女人，就是殷族族名的殷；日下多數人，就是殷族基本群衆的「衆」。後來歷史學家研究周初封國，不了解為什麽武王和周公派出的「三監」，其中之一駐在燕地稱邶；也不了解為什麽把那樣一個重要人物——召公封於燕這麽個不重要地區；更不了解為什麽這個地方叫作燕。其實道理很簡單，這地方原是殷人的發祥地，後來的大後方，必須派得力人物去統治。至於國名稱燕，是以地名為國名；而地名稱燕，則是以最初的族居地為地名。燕國的燕，最初寫作晏。後來習慣上作燕，很可能是源於殷人有燕卵所生的神話傳説。殷人是以燕子為圖騰的古老氏族，後來的燕國。不過是承襲了它原有的稱呼而已。

有的書上説：「卜辭裏面的『衆』字作日下三人形，形象地説明他們是在田野裏赤身露體從事耕作的奴隸。」這個説法是不足取的。从這個字的構造上既反映不出被壓迫被污辱的痕跡，也表現不出「赤身露體」的形象。如果説他們在日下聚會或从事某種活動，到有點相似，但這就不能證明他們是奴隸了。

衆人是殷人的族衆，在商代社會中，殷人內部一方面仍保存着以血緣關係為紐帶的族的組織形式。作為社會的基層組織，家族組織和大的宗族組織普遍地存在着。另一方面，在宗族和家族內部已經發生了階級分化，因此這種族的組織形式，已成為殷貴族少數特權分子對內維持秩序，榨取族衆剩餘勞動果實，對外保證統治，掠奪和奴役弱小的工具。特別是到商代後期，內部矛盾日益激化，上層貴族脱離群衆，完全不勞而獲，結果形成「小民方興，相為敵仇」，造成「殷其淪喪」的局勢。但是，直到商王受（紂王）滅國，殷人這種父權制家族公社組織依然没有被破壞，它甚至被繼續保存到西周時期。所以作為平民這樣一個階級，在整個商代始終没有形成，衆人仍然是父權制家族公社中的族衆。不過商代後期已正式跨入階級社會，不同於原始公社制後期的父家長制，而是如恩格斯所説的那種「在東方各民族中所見到的那種形式有所改變的家長制家庭公社。」是階級統治的一種特殊形式。這就是本文的結論。【再論商代「衆人」的社會身份　吉林大學社會科學學報一九八四年第四期】

◉裘錫圭　在卜辭裏，「衆」和「衆人」都很常見。有的學者認為二者的意義有别，但並無確據。我們同意大多數學者的意見，把它們看作同義的名稱。但是我們認為它們的用法有廣義和狹義兩種。下面先看一個廣義的例子：

(67) 壬寅卜賓貞：王往以衆黍於冏　前五・二〇・二

對上引這條卜辭存在着不同的理解。強調商代社會原始性的學者，認為這條卜辭説明商王還没有脱離生産勞動。主張衆是奴隸的學者，認為這條卜辭説明商王親自對奴隸勞動進行監督。還有一些學者認為這條卜辭反映了藉田之禮。我們認為最後一種理解是正確的。商王是有很大權力的君王，無論是古書記載，還是現代的考古發掘，都可以證明這一點。商王決不可能還没有脱離生産勞動，也不可能親自去監督奴隸去進行勞動。但是他完全有可能參加象周以後帝王所行的藉田之禮那樣的儀式性的農業生産勞動。

从卜辭看，商王親自參加的，往往是某地的農業生産。除上引(67)外，還有以下一些卜辭可以説明這一點：

(68) 己卯貞：在冏咼來告芀(?)王。

(69) 王弜（勿黍）。

(70) 壬辰貞：在冏咼來告芀，王其黍。

(71) 王弜黍。　摭續一〇六

(72) 才冏咼芀，王米。　安明二七二七

(73) 庚長卜賓貞：惠王□（字不識，象摘取穀物之實）南冏黍。十月。　合九五四七

(74) 庚寅貞：王米於冏，以祖乙。　粹二二七（屯南九三六同文）

(75) 乙未貞：王米，惠父丁(?)以，于冏米。　後上二五・七

(76) 己巳貞：王米冏，其登於祖乙。　甲九〇三（續二・五・七十粹二二八同文）

(73)的南冏當是冏的異名或其一部分。

周代國君親耕的藉田上的收獲，按理要用來祭祀，以表示對鬼神和祖先的恭敬。很多古書都談到這一點。楊寬先生在《藉禮新探》一文中已經作了詳細說明（《古史新探》二二二—二二四頁）。在商代，冏地的收獲也是經常被商王祭祀祖先的。除上引(74)(75)(76)之外，還有以下兩條卜辭可以説明這一點：

(77) □□卜争貞：□乙亥登□冏黍（于）祖乙。　合一五九九

(78) 己巳貞：王其登南冏米，惠乙亥。　後下二三・五（甲九〇三同文）

由此可見，商王的親自參加農業生產，跟周王的藉田確實是同性質的。

《藉禮新探》指出，在原始公社末期，各種重要的集體農業勞動開始時，一般都要由族長主持開始勞動的儀式，古代的藉禮就起源於此（《古史新探》二二五頁）。這是很正確的。商王顯然不會不率領本族人，而率領一大幫奴隸去舉行跟原始公社時期的習俗有密切聯系的藉禮。僅僅根據這一點，就可以肯定卜辭的「衆」不是奴隸。國語周語上説周王行藉禮時，「百吏庶民畢從」，「王耤一墢，班三之，庶民終於千畝」，「耨獲亦如之」。韋昭注「班三之」句説：「王一墢，公三，卿九，大夫二十七也。」主張「王以衆黍」反映藉禮的島邦男，據此認為衆就是「百吏庶民」，這是很有道理的。這種廣義的「衆」，意思就是衆多的人，大概可以用來指除奴隸等賤民以外的各個階層的人。

有的古史學者認為「衆」和「民」本來都是專指農業奴隸的名稱。其實「衆」和「民」不但不是專指奴隸的名稱，而且通常是把奴隸等賤民排除在所指對象之外的。童書業先生指出：「……一般言之，奴隸不在民之内，如周語子孫為隸，不夷於民，可證」（《春秋左傳研究》一三二頁）。其言甚是。《墨子・尚賢》上：「……國中之衆，四鄙之萌人聞之，皆競為義。」這裏所説的「衆」，連鄙人都排除在外。

附帶説一下，《詩・周頌》裏的《噫嘻》、《臣工》等農事詩所反映的，也應該是周王的藉田，即千畝上的勞動。有的學者解釋為大規模的奴隸勞動，並把《臣工》篇的衆人説成奴隸，是不妥當的。

下面再來看卜辭裏的狹義的「衆」。第一期卜辭所見的官職名裏有「小衆人臣」：

(79) 貞：惠尖呼小衆人臣。　存下四七六

這應該是管轄衆人的小臣，就跟見於它辭的「小多馬羌臣」是管轄多馬羌的小臣一樣。這種官職名裏的「衆人」，顯然不是泛指

「百吏庶民」，而是專指一種有確定身分的人的，我們稱之為狹義的衆。有一條卜辭講到有小臣命衆種黍：

(80) 貞：惠小臣令衆黍。一月。 前四・三〇・二（續三・四七・一同文）

這條卜辭裏的「衆」也應該指小臣所管轄的狹義的衆。

(79) 提到的𡧊是一期卜辭裏屢見的人名。有一條卜辭卜問是否他為小藉臣：

(81) 己亥卜貞：令𡧊小耤臣。 前六・一七・六（前六・一七・五同文）

「耤」字在卜辭裏多用其本義，當用來耕地講，例如：

(82) 貞：今我耤，受有年。 合九五〇七正

(83) 貞：呼雷耤於名。 乙八四一二（丙四九二同文）

(84) 丙辰卜争貞：呼耤於唯，受有年。 合九五〇四正

小耤臣應該是管理耕耤的小臣，就跟見於他辭的小刈臣是管理刈獲的小臣一樣。(79) 説「惠𡧊呼小衆人臣」，大概就是讓𡧊以小耤臣的身分召集小衆人臣帶領所轄衆人去從事耕耤勞役的意思。看來狹義的衆是為商王服農業生產勞役的主要力量。

除上引(67)(68)等辭外，還有不少卜辭講到命衆或衆人從事農業生產：

(85)□□卜貞：衆作耤，不喪☒。 旅順博物館所藏卜辭，據中國史稿第一册一八四頁轉引

(86) 丙戌卜賓貞：令衆□黍，受有（年）。 丙四九二

(87) 丁亥卜：令衆㚅田，受禾。 京都大學人文科學研究所藏甲骨文字1926

(88) 戊子卜：令衆田，若。 屯南三九五

(89) 癸己卜賓貞：令衆人□入羊方□[illegible]田。

(90) 貞：勿令衆人。六月。 甲三五一〇

(91) 辛未卜争貞：曰衆人□尊田☒ 甲骨文零拾九〇

(92) ☒（王）大令衆人曰㘡田，其受年。十一月。 續二・二八・五（前七・三〇・二等同文）

前七・三・二有如下兩辭：

(93) 己酉卜争貞：収衆人呼從受，凸王事。五月。

(94) 甲子卜呂貞：令受㽞田於□，凸王事。

(93)卜問「収衆人呼從受」，大概就是為了進行墾田之事。以上這些卜辭似乎跟王親耕之事無關，所提到的衆和衆人大概是狹義的。

卜辭裏還常常講到讓衆和衆人參加戰爭或作别的事。這些卜辭裏説的衆和衆人，究竟哪些是廣義的，哪些是狹義的，還有待研究。

在上古，「民」字也跟「衆」字一樣，有廣狹兩義。「民」本是對世間之人的泛稱。在《詩經》裏「下民」是跟「上帝」或「天」相對而言的（《大雅・蕩》、《大雅・十月之交》），「先民」指古代的聖哲（《大雅・板》、《小雅・小旻》），「厥初生民」（《大雅・生民》）、「民之初生」（《大雅・綿》）、「天生烝民」（《大雅・烝民》）等詩句裏的「民」，意義都跟「人」差不多。一般人只知道「民」的意思是庶民，是老百姓，這其實是「民」字的狹義用法。「民」字所以會有這種用法，顯然是由於在廣義的民裏，人數最多的就是老百姓。狹義的衆無疑也是廣義的衆裏面數量最多的那一種人。他們應該就是相當於周代國人下層的平民。

從卜辭看，衆經常為商王從事農業生産，參加戰爭，有時也從事田獵或其他工作。狹義的衆就是平民，廣義的衆在一般情況下也應該包括平民。所以商代平民所受的剥削大概是相當沉重的。他們雖然跟貴族階級有疏遠的血緣關係，但是實際上已經成為被剥削被統治的階級。有些平民由於統治者的提拔，或通過占有奴隸，可能會上升為剥削階級的下層，但是這種人的數量大概不會多。【關於商代的宗族組織與貴族和平民兩個階級的初步研究　文史第十七輯】

◉聶玉海　通過對《盤庚》三篇中記述的「衆」的身份和地位的分析，非常清楚的表明「衆」不是奴隸，那末「衆」是屬於商代奴隸制社會中哪個階級或階層呢？衆的成分比較複雜，其中絶大多數被置於以商王為首的各級官吏的統治之下，受奴隸主貴族的殘酷壓迫和剥削，但他們又有一定的社會地位，擁有數量不等的私有財産，是農業生産的主要承擔者，又能服兵役，是國家武裝力量的主要組成部分。因此他們並不是奴隸，而是屬於平民階層。他們與以商王為首的奴隸主貴族有着千絲萬縷的聯係，但也有矛盾和鬥爭。在一定時期，平民與貴族的矛盾上升為社會主要矛盾。可見，平民階層的社會地位頗為重要。但平民階層並不是穩定不變的，由於種種原因，他們不斷的朝兩極分化。其中極少數人日漸富有，上升為奴隸主，有的躋身於「在位」；多數人日趨貧困，其身份地位逐漸下降，有的淪為奴隸，有的步臨奴隸境地的邊緣。盤庚在講話時，把衆分為「在位」的和一般的兩種，這非常清楚的揭示了衆已兩極分化。文獻的記載與甲骨卜辭中的記述及考古發掘所得的材料都充分證實了這點。見朱鳳瀚《殷虚卜辭中的「衆」的身份問題》，《南開大學學報》1981年2期。張永山《論商代的「衆」人》，載胡厚宣等編《甲骨探史録》。關於考古發掘所得的材料見中國社會科學院考古研究所安陽工作隊《1969——1977年殷墟西區墓葬發掘報告》，《考古學報》1979年第1期。楊錫璋、楊寶成《從殷墟小型墓

葬看殷代的平民》《中原文物》1983年第1期。【試談《尚書・盤庚》中的「衆」　殷都學刊一九八六年第三期】

◉戴家祥　説文八篇㐺部：「衆，多也。从㐺目衆意。小徐繫傳作「衆多也从㐺从目，目衆意。」卜辭作品，金文作𠂢或作𠂢。國語周語：「人三為衆，成於三也。」是衆之初文止作㐺，作衆者。㐺之加旁字也。唐韻衆讀「之仲切」，照母冬部，許讀㐺「若欽山金」，韻在侵部。冬侵韻近，其為一字明甚，周頌臣工「命我衆人」，鄭箋云：「教我庶民」；儀禮喪服「為衆子」，鄭注「長子之弟及妾子」；禮記曲禮「典司五衆」，鄭注「衆，羣臣也」；荀子脩身篇「庸衆而野」，楊倞注「衆，衆人也」；淮南子脩務訓「不若衆人之有餘」，高誘注：「衆，凡也。」是衆為汎指詞，本無特定之階級地位。【金文大字典下】

聚 𦖞

 聚　為二　二例  日乙一三二【睡虎地秦簡文字編】

 可目—聚(丙11:2—3)【長沙子彈庫帛書文字編】

【古璽文編】

 長聚則丞印  皮聚  栗武聚  韓聚私印  趙聚【漢印文字徵】

 聚【汗簡】

 古老子  同上  王庶子碑【古文四聲韻】

◉許　慎　𦖞會也。从㐺。取聲。邑落云聚。才句切。【説文解字卷八】

◉馬叙倫　會也非本義。亦非本訓。聚從取得聲。取音清紐。從取得聲之菆鯫棷郰音皆照紐。諏在精紐。精照同為清破裂摩擦音。聚音從紐。冣從取得聲。亦在從紐。冣最一字。而最音則在精紐。禮記樂記。會以聚衆。注。聚或為最。古書多以最為聚。以此相照。聚為衆之轉注字。取從耳得聲。耳音日紐。古讀歸泥。从音魚音切。則在疑紐。泥疑同為邊音。是聚亦从之轉注字也。古從歸定，定泥同為舌尖前音故聚亦得從取為聲也。邑落云聚校語。今地名為聚或集者。本字皆邑也。字見急就篇。古鉩作𦖞。【説文解字六書疏證卷十五】

臮 □

◉許　慎　臮眾詞。與也。从㐺。自聲。虞書曰。臮咎繇。其冀切。𡚁古文臮。【説文解字卷八】

◉商承祚　説文「臮眾詞與也。从㐺。自聲。虞書曰。『臮咎繇。』𡚁。古文臮。」案此字玉篇未收。形聲義俱不可知。石經古篆文皆作□咎繇謨。臮益奏庶鮮食。今本作暨。此其寫譌。即此篆文所从之㐺亦由□而誤也。【説文中之古文考】

◉馬叙倫　鈕樹玉曰。韻會詞作辭。沈濤曰。廣韻六志引作衆與詞也。倫按蓋本衆也與也詞也三訓。唯衆也是本義。臮為聚之轉注字。自音亦從紐也。亦从之轉注字。从為羣衆之羣本字。羣臮音同羣紐也。字蓋出字林。

𡚁鈕樹玉曰。玉篇廣韻竝無。一切經音義引聲類云。暨。古文作臮。則臮不應更有古文。疑後人加。倫按汗簡所引衆字作□。則此與□一字。而皆臮之譌。其下作𡗜者□之譌耳。【説文解字六書疏證卷十五】

◉唐　蘭　臮伯　臮字舊不識，當即臮字，實即洟的原始象形字，《説文》：「洟，鼻液也，從水夷聲。」是後起的形聲字。□象鼻液（今作鼻涕）下流之形，《説文》臮字的古文作𡚁，就是□的形譌，自譌囟，八與𡗜字作𡗜的下半形似而譌。

【論周昭王時代的青銅器銘刻　古文字研究第一輯】

壬 □

□　徵4·47　【續甲骨文編】

□　壬他鼎切　【汗簡】

◉許　慎　壬善也。从人士。士。事也。一曰象物出地挺生也。凡壬之屬皆从壬。臣鉉等曰。人在土上。壬然而立也。他鼎切。

【説文解字卷八】

◉商承祚　□書契卷六第五十五葉　□後編下第六葉　此正象土上生物之形。與許書第二説相符。則此字當从土。不當从士。

【殷虚文字考 國學叢刊第四期】

◉郭沫若　壬字，余以為乃卜辭及銘彝中習見之□若□字之轉變，蓋即鑱之初文。史記扁鵲倉公列傳「鑱石撟引」，索隱云：「鑱謂石針也。」壬鑱同在侵部，當是古今字。【釋支干　甲骨文字研究】

◉馬叙倫　吳穎芳曰。善也未詳。恐為議之譌。謂廷評議事也。莊有可曰。當以物之挺生為本義。段玉裁曰。一曰。象物出地挺生也者。説象形。與前説從人士別。上象挺出形。下當是土字也。朱駿聲曰。從人立土上會意。挺立也。章炳麟曰。一曰象物出地挺生是本義。上象其題。下象土。聲義與耑中皆相近。唐蘭曰。甲骨文人形當作□。變作□。𡈼字甲骨文作□。從人在地上。倫按人士大一字。則從人士會意。不可得善義也。蓋非本義。亦非本訓。金文廷字偏傍。師酉敢毛公鼎作□。無叀鼎作□。秦公敢作□。井人鐘師望鼎聖字偏傍竝作□。甲文作□□□。皆從土。無一從士者。即此篆亦從土。然則從士之説。由説解中土字譌作士。校者因注士事也三字耳。一曰九字亦校語。今杭縣物申直曰挺出來。不得其字。蓋當作𡈼。管子同業。淫淫乎與我俱生也。注。淫淫。進貌也。呂氏春秋任地。不能使灌夷毋淫乎。注。淫。延生也。倫謂淫從㸒得聲。㸒從𡈼得聲。詳㸒字下。管呂書中之淫字皆𡈼之借。𡈼為物出地挺生。故呂言不能使灌夷毋𡈼乎。灌夷即爾雅之灌渝也。毋𡈼猶不生也。莊子達生。處乎不淫之度。與藏乎無端之紀對文。端借為耑。淫亦借為𡈼也。不𡈼亦謂不生。此亦𡈼為物出地之義之證也。然則説解本作挺也。以聲訓。呂忱或校者加謂物出地挺生也。从人士。一曰象形。傳寫捝譌。校者增益。乃如此文矣。字當從土人聲。齊侯壺□字即季字。從禾。𡈼聲。甲文有□□字。唐蘭釋聖。甲文有□。唐蘭釋㞷。可證也。然倫疑從生省。生𡈼聲同耕類。廷從𡈼得聲而音入定紐。𡈼從人得聲。人音日紐。古讀歸泥。定泥同為舌尖前音。通轉之迹最密。而生音審紐。古讀歸透。𡈼音正在透紐。然則𡈼為生之轉注字。善也者。善音禪紐。古讀歸定。𡈼音古或亦在定紐。蓋古或借𡈼為善。周禮夏官繕人。注。以勁訓繕。禮記曲禮。急繕其怒。注。繕或為勁。勁從巠得聲。巠亦從𡈼得聲。是其證。【説文解字六書疏證卷十五】

◉唐　蘭　□和□也通用，□□並「壬」字，由□受□。説文所釋並誤。

凡是□形常作□，變作□，這是象足形的，所以從□和從□是通用的。凡是人形常作□或□，象他站在地上，所以□和□，□和□通用，而□和□也通用。

凡人形可加足形而作□，所以從□和從□通用。後來□變□，所以説文把許多人形的字，皆歸□部，這是錯誤的。

【古文字學導論下編】

 徵

◉趙 誠 ，壬。或寫作，均象人佇立土丘之上有所企求之形。也有的寫作，左右無別。卜辭用作動詞，有希企、乞求之義，如「」……(乙五五八二)。壬的這種意義，或多或少包含着希望、盼望之義。可見甲骨文的壬和朢()在構形上雖然有差異，但也有某些相同之處。反映在由形表示的意義上雖然所指不同，但也存在着某些聯系。由此可以清楚地看到甲骨文字的構形系統和詞義，系統之間有着多麼微妙而又複雜的關聯。卜辭壬字的這種用義，後代基本上由企字來承擔。【甲骨文簡明詞典】

◉戴家祥 金文廷字作「毛公鼎，或作師酉簋，作秦公鼎，右半與壬形同，林潔明釋仕，非也。金文詁林一零六一。字當釋壬，説文八篇：「壬，善也。从人士。士，事也。一曰：象物出地，挺然也。」徐鍇繫傳曰：「人士為善，會意。一曰所言則从土。」徐鉉謂：「人在土上，壬然而立也。」按壬字下文从士，从土，區別不大，兩漢學者各執一詞，許氏難得折衷，姑兩存之。小徐宗前説，大徐宗後説。前者在六書為會意，後者為合體象形，唐韻壬讀「他鼎切」，透母耕部，挺讀「徒鼎切」定母耕部，韻同聲近。故云象物出土挺然也。【金文大字典上】

 徵 説文古文作 此不从攴 為宮商角徵之徵 曾侯乙鐘 【金文編】

 徵 為二〇 二例  秦一一五 【睡虎地秦簡文字編】

 蘇徵卿  席徵卿印  徵存之印  州徵史印  韓徵  林徵私印 【漢印文字徵】

 袁安碑 徵搴河南尹 【石刻篆文編】

 徵  徵並王庶子碑 【汗簡】

 王庶子碑  説文  並崔希裕纂古 【古文四聲韻】

◉許 慎 召也。从微省。壬為徵。行於微而文達者即徵之。古文徵。陟陵切。【説文解字卷八】

◉馬叙倫 吳穎芳曰。應云壬召為徵。脱召字。鈕樹玉曰。韻會引作從壬。微省。壬古徵字。行於微而聞達者即徵也。王筠曰。壬為徵下恐有闕文。集韻以壬為徵之古文。則此當云古文以壬為徵。徐灝曰。説解恐有後人改竄。丁福保曰。慧琳音

義三引作凡士行於微而聞於朝廷即徵。故從𡈼。微省聲。倫按召也者。本爾雅釋詁文。古書借徵為召。同為舌面前音也。蓋非本訓。徵為𡈼之轉注字。𡈼從人得聲。人音日紐。古讀歸泥。微音微紐。微泥同為邊音也。莊子天運。徵之以天。釋文。徵。古本多作徵。徽亦從微得聲也。說解當曰。𡈼也。從𡈼。微省聲。鍇本作𡈼。微省者。捝聲字。或為校者不明古音而刪改也。左傳釋文引三倉。徵縣屬馮翊。音懲。一音張里反。則字林每於邑部以外字下說解中闌入地名者。皆本三倉訓詁增。

𢼸 嚴可均曰。當作敳。從𡈼。敳省。水部。澂。小徐韻會引作敳聲。即此古文也。轉寫從㞢不可識。王筠曰。玉篇作敳。上半當不誤。篆蓋本作𢼸。敳省聲。集韻云。古作𢾅敳壬。惟未能辨𢾅為敳之譌。倫按或從徵省斉聲。斉譌為各耳。此徵之轉注字。微從微得聲。斉從文得聲。音皆微紐也。【說文解字六書疏證卷十五】

◉商承祚 說文。徵。召也。从壬从微省。行於微而聞達者即徵也。𢼸。古文。案。古文从各从敳省。各者異詞也。周禮宰夫。「掌百官府之徵令。」注。「別異諸官。以備王之徵召。」此从各。即取別異之意。嚴氏謂當作𢼸。非是。【說文中之古文考】

◉楊樹達 按許說从微从壬之義，牽強無理。朱駿聲謂此字當以明信應驗為本義，說亦未明。余謂徵字當以徵兆為本義。左傳昭公十七年曰：「冬，有星孛于大辰，西及漢。申須曰：彗，所以除舊布新也，天事恆象，今除于火，火出必布焉，諸侯其有火災乎。梓慎曰：往年吾見之，是其徵也。」杜注云：「徵，始有形象而微也。」史記項羽本紀曰：「初宋義所遇齊使者高陵君顯在楚軍，見楚王，曰，宋義論武信君之軍必敗，居數日，軍果敗。兵未戰而先見敗徵，此可謂知兵矣。」貨殖傳曰：「故物賤之徵貴，貴之徵賤。」又曰：「貴上極則反賤，賤下極則反貴。」按貴極反賤，賤極反貴，正所謂賤之徵貴，貴之徵賤者也。凡此三文皆用徵之本義者也。晏子春秋雜下篇曰：公謂柏常騫曰：子亦能益寡人之壽乎？對曰：能。公曰：子亦有徵兆之見乎？對曰：得壽，地且動。」素問天元紀大論曰：「陰陽之徵兆也。」徵兆連文，徵亦兆也。字从微者，徵兆為事物初見之端，隱微未顯，故从微也。易繫辭傳曰：「幾者，事之微，吉凶之先見者也。」杜預注昭公十七年左傳釋徵為「始有形象而微」，正其義也。從壬者，說文八篇上壬部云：「壬，善也，一曰象物出地梃生也。」徵兆象物之萌芽梃生，故从壬也。或曰：「徵从壬聲」，以雙聲為聲，說亦通。【釋徵 積微居小學述林】

◉裘錫圭 最近，劉楚堂在《牆盤新釋》裏把「𢓊伐」釋為「懲伐」，認為𢓊字「當為門字之右半」，「應系懲之古作，隸定為㞷，从彳、文、心，為後來增繁」（《殷都學刊》1985年第2期21頁）。劉氏認為𢓊是「門」之右半，不確；認為這個字就是「徵」所从的「㞷」，並把

「□伐」讀為「懲伐」，則極有見地。《說文·壬部》：「□（徵），召也。从微省，壬為徵，行于微而文達者即徵之。□，古文徵。」分析字形，極為牽強，顯然不可信。曾侯乙墓所出鐘磬銘文中，五音之「徵」用一個寫作□、□等形的字表示（《曾侯乙墓鐘磬銘文說明》，《音樂研究》1981年第1期17頁）。□、□和「徵」字小篆所从的□，應該是由□字的□、□、□一類寫法演變出來的，劉氏把□字隸定為「豈」是可从的。據此，甲骨文□字可以隸定為「𨑃」，金文□字可以隸定為「𨓂」。曾侯乙墓鐘磬銘文中的「徵」有時也寫作□，《說文》「徵」字古文的左旁就是由它偽變而成的。這可能是「豈」字的繁體，也可能是一個从「口」「豈」聲的字。「徵」跟「豈」的關係也可能有兩種。它有可能是「豈」的後起繁體，也有可能是一個由「豈」得聲的字。「徵」跟「𨑃」、「𨓂」的關係也可以這樣看。它可能是从「彳」「敳」聲的字（「敳」跟「徵」字古文「𢾚」應為一字，从「攴」「豈」聲），跟「𨑃」、「𨓂」是一字的異體；也可能是从「攴」「徨」聲的字，即「敳」的異體，而聲旁「徨」則跟「𨑃」、「𨓂」是一字的異體。如果不求精確，可以把「豈」、「𨓂」等字都看作「徵」的古字。因為「豈」、「𨓂」等字跟「徵」字即使不是一字的異體，至少也是通用字，「徵」字一直使用到今天，「豈」、「𨓂」等字卻早已停止使用，也可以說它們已經為「徵」字所取代了。金文裏有一個寫作□、□、□等形的字，學者多釋為「徵」（《金文詁林附録》1363—3079頁）。但是見於𪓐簋、趞簋、揚簋等器的「取□五寽」一語，在七十年代出土的楚簋銘中卻作「取□（遄）五寽」（《考古》1981年第2期130頁圖五）。看來這大概是一個跟「耑」有關的字（□旁所从的□可能是「耑」的省形），不能釋為「徵」。高田忠周在《古籀篇》裏認為圖式族名金文□跟石鼓文「作原」石的□是一個字。後者自鄭樵以來多釋為「遄」，因此他認為前者是「遄」的省文。把圖式族名金文「𨑃」釋為「遄」，是錯誤的。但是把這個字跟石鼓文□字聯繫起來，也許有道理。石鼓文□字近人也有釋作「徵」的，郭沫若《石鼓文研究》即采此説（《郭沫若全集》考古編第9册53頁）。又秦公簋有□字，舊有「歸」、「御」、「遄」、「徵」等不同釋法（《金文詁林附録》1333—1334頁）。它所从的□和石鼓文□字應該是一個字。這個字究竟是「𨓂」的異體，還是「遄」的異體，有待研究。

前面説過，在殷墟甲骨文裏「豈」、「𨑃」一般用作國族名。从有關卜辭看，其地域跟𢀛方，羌方相近（參看《綜類》11頁所録有關卜辭），當在殷都西北方向。古代在今陝西境內有以徵為名之地。《左傳·文公十年》：「秦伯伐晉，取北徵。」《國語·楚語》「秦有徵、衙」，韋昭注：「徵，衙，桓公之子景公之弟公子鍼之邑。」《漢書·地理志上》左馮翊徵縣下顏師古注：「徵音懲，即今之澄城縣是也。《左傳》所云取北徵，謂此地耳。」據清《一統志》，故城在今陝西澄城縣西南二十五里。商代的「豈」族，也許就居住在這一帶。《廣韻》蒸韻陟陵切「徵」小韻有从「邑」的「𨛖」字，下注「古國名」。《路史·國名紀己》把徵列在少昊后嬴姓國內，不知是否有所根據。見於圖式族名金文的「𨑃」，跟甲骨卜辭的「豈」、「𨑃」大概指同一個國族。見於一般金文的那些豈氏和𨓂氏是否都同出一源，它們跟見於卜辭的豈族究竟是什麼關係？這些問題還有待研究。《潛夫論·志氏姓》所列宋國子姓氏中有徵氏。《通志·

望

氏族略》「以名為氏」項下有徵氏，注曰「杜云理徵之後」。理徵是傳説中的商末賢臣。這些資料可供參考。

現在我們可以回到克鼎「井遣𤔲人」一語的解釋上來了。郭沫若認為「井、𤔲（引者按：即「𤔲」）、遉（引者按：即「遣」）均國族名（《大系考釋》122頁）。金文「遣」字的確往往用作族名。但是从克鼎銘下文緊接着就説「錫汝井人奔于量」來看，前面「錫汝井遣𤔲人𨷰」這句話裏的「井遣𤔲人」，似乎不大可能是指井人、遣人、𤔲人這三種人而言的。這裏的「遣」字更可能跟「井宇𤔲田」的「宇」字一樣，是用為動詞的。《周禮・地官・縣正》「各掌其縣之政令徵比」，鄭玄注：「徵，徵召也。」克鼎「遣」字似應讀為徵召之「徵」，「井徵𤔲人」就是井族所徵發的𤔲人。从鼎銘看，井人本身也被周王賜給克服「奔於量」的勞役（「量」疑當作為「糧」，是「糧田」的簡稱，詳另文），原來為井族所役使的𤔲人被轉賜給克為克服役，是很自然的事。【古文字釋讀三則　徐中舒先生九十壽辰紀念文集】

◉劉彬徽等　陞，簡文作、、、。《説文》徵字古文作，曾侯乙編鐘銘文徵字作、等形，與《説文》徵字古文之左旁相同。簡文所從之也與《説文》徵字古文左旁相近，省去口部，、，從升得聲，通作徵。《尚書・洪範》：「念用庶徵」，鄭注：「驗也。」【包山楚簡】

◉戴家祥　字上部應與「徵」字一樣，从微省，不是从山。集韻十六蒸徵，古作𢾅。省攴，應隸定為峉。惟下一筆在各字之下，因而寫成，與篆文徵異。戰國文字，筆劃多文飾。故字形難辨，此當為徵之省體無疑。曾侯乙鐘用作音名徵。【金文大字典上】

甲三一二二　人名　望乘　乙六七三三　前五・二〇・七　前六・八・一　前六・八・二　前七・四・三

後二・一八・一〇　林一・二四・一四　林二・五・五　戩一三・三　存六二三　存七〇二　明藏四九九　粹一一〇八　前一・一八・二　後一・一〇・三　乙七四五　或从人　乙八三八　乙六八八八

乙七四七三　乙七四八六　鐵二二二・一　鐵二二五・三　前七・三八・一　林一・二四・一五

林一・二六・二　京津一二六六　京津一三九〇　存六七六　粹一一一二　粹一一一三　佚五三三

佚八七五 佚九二九 珠一八五 燕七七〇 續三・一一・三 掇一・九一 寧滬一・四八 象人立土上

【甲骨文編】

甲2122 乙745 834 971 1747 2662 4531 4934 5744 6089 6700 6733 6888 7348 7486 珠183 185 340 484 1013 福12 佚32 533 638 654 726 875 945 979 續2・31・2 3・7・8 3・11・3 3・11・5 3・12・1 3・12・2 3・12・6 續3・42・5 6・25・7 續3・43・1 4・18・5 5・8・4 掇91 252 387 徵4・36 4・39 9・25 9・26 京4・25・4 天63 69 六清106 外351 續存609 623 644 外8 摭續141 粹1074 1108 1111 新1266 【續甲骨文編】

朢 說文古文省月作𦣠 保卣 在二月既朢 折觥 令作册折兄朢土于相侯 折方彝 臣辰盉 在五月既朢 臣辰卣 庚嬴卣 趩鼎 舀鼎 朢爵 作册䰧卣 不𡴄方鼎 䖒方鼎 員鼎 傳卣 𣄰伯簋 縣改簋 事族簋 朢簋 禹鼎 師朢壺 師朢鼎 師虎簋 大師虘簋 从亡 無叀鼎 隹九月既朢 望字重見 麓伯簋 隹一月既朢 宊鼎 唯王九月既朢 孳乳為譚 㝨簋 㝨弗敢譚公伯休 縣改簋 毋敢譚伯休 尹姞鼎 休天君弗譚穆公聖粦明叽事先王 盠駒尊 王弗譚乎舊宗小子 【金文編】

朢 日乙一一八 七例 日甲六八背 【睡虎地秦簡文字編】

朢 0605 省月，與卣望字同。 朢 5334 【古璽文編】

朢 戴朢私印 朢 臣朢之 朢 谷朢私印 朢 杜朢 朢 公孫朢印 朢 張朢私印 朢 郭朢時 朢 成朢時 朢 魏朢之 朢 廉朢之 朢 毛朢 【漢印文字徵】

◉許　慎　朢月滿與日相朢以朝君也。从月。从臣。从𡈼。𡈼。朝廷也。無放切。𦣠古文朢省。【説文解字卷八】

◉劉心源　朢。説文𡈼部作朢。云。月滿與日相望佀朝君也。从月。从臣。从𡈼。𡈼。朝廷也。廷从𡈼。𦣠古文朢省。又。亾部。朢。出亾在外。望其還也。从亾。朢省聲。許分企望朔朢為二。然無叀鼎。惟九月既朢。㝬彝。㝬弗敢朢公休。二字實通用。今皆用望。【奇觚室吉金文述】

◉高田忠周　説文。朢月滿與日相望。似朝君也。从月。从臣。从𡈼。𡈼。朝廷也。古文作𦣠。省文耳。𡈼亦廷省。以便結搆也。葢月與日相對。其字當作明。而已有光明字。故朢从月臣廷而會意。以相避耶。此字説文在于臣部。似非妥當。今从朱駿聲説。改收本部。朱氏云。此篆宜隸月部。月本無光。借日之光以為光晦。朔則日照月之上面而下面無光。弦則月東行漸與日遠。日從旁照漸得一線之明。朢則對照月面而全明也。【古籀篇二十四】

◉羅振玉　𦣠　説文解字。朢。月滿與日相朢。以朝君也。从月。从臣。从𡈼。古文朢。省作𦣠。此與許書合。【殷虛書契考釋卷中】

◉郭沫若　「乍三方𦣠」，言為天下之表率，左傳昭十三年「吾子楚國之朢也」，朢字義與此同。【班殷　兩周金文辭大系考釋】

◉吳其昌　𦣠即「朢」字，㳄「月」。卜辭中「朢」「見」二字，甚相類近，「見」作「𡰥」，「朢」多作𦣠；蓋二者皆重在「目」，故皆作人形而「目」特大。但「見」並視，故其「目」平：「朢」高視，故其「目」斜耳。但卜辭「朢」有三形：作𦣠或𦣠者，乃為人名；其人在武丁時。善駕馭，似云「丙戊卜，𡆥貞，王从𦣠乘，伐下𢀛。」(鐵二四九・二)之語，多不勝舉，可證。⊘其作𦣠，若本片者乃為地名，如云：「□□卜，在𦣠圓，国旬亡猷，囿□月。」(如狀)其「𦣠」字作風，與本片逼肖，可證也。【殷虛書契解詁】

◉商承祚　説文「朢。月滿與日相朢。以朝君也。从月从臣从𡈼。𡈼。朝廷也。𦣠古文朢省。」案甲骨文作𦣠 𦣠 𦣠。象人登高舉目遠矚。金文傳卣等作朢。从月。月遠朢而可見意也。説文誤以目為君臣之臣。説乃謬誤。大玄經。「寇謹其户」。即謹謹字。从古文𦣠。【説文中之古文考】

◉馬叙倫　鈕樹玉曰。韻會引作月滿也。與日相朢以朝君也。嚴章福曰。韻會引作如朝君。此作以蓋似之誤。沈濤曰。一切經音義三引相朢作相望。無以朝君三字。桂馥曰。六書故引作臣朝君。案臣𠥓形近。初誤為𠥓。又改為以。王筠曰。省形存聲字。經典中多有。文字中少有。惟朢字以𡈼為朝廷。為變例。故特入之𡈼部。不入月部也。曶鼎之既朢。從𠥓明白。而省𡈼為土。倫按曶鼎作□。堅𣪕作□。史族𣪕作□。皆從臣。師望壺作□。師望鼎作□。師虎𣪕作□。皆從聖省。聖從𡈼得聲也。此從月𦣠聲。𦣠為臣之轉注字。從臣。𡈼聲。是從聖省得聲。猶從𦣠得聲也。臣音禪紐。而讀歸定。轉注字為臧。古讀臧當如寶藏之藏。音亦定紐。定泥同為舌尖前音。朢音入微紐者。微泥同為邊音。𦣠從𡈼得聲。𡈼從人得聲。人音日紐。古讀歸泥也。說解蓋本作望也。以聲訓。呂忱或校者加月滿與日相望似臣朝君也。𡈼。朝廷也。亦校者改說解從月𦣠聲為從月從臣從𡈼後所加也。

□朱駿聲曰。𦣠。古文作𦣠。疑𦣠為臣古文。李杲曰。書契作□。從臣。從𡈼。與此合。倫按甲文有□□□三形。其□□二形似從目。蓋金甲文臣目二字每相亂也。商承祚謂象人登高舉目遠瞻。非是。若是。不當於𡈼上加目也。若從土從見。然見在土上為望亦鑿。故知非也。此臣之轉注字。臧之古文作𦣠可證也。古文經傳借為朢字。明朢從𦣠得聲。當入臣部。【說文解字六書疏證卷十五】

◉唐　蘭　𦣠或作𦣠，說文以為朢的古文。朢字從月。從臣，從壬，並誤。𦣠本見的孳乳字，朢當从月从𦣠。【古文字學導論下編】

◉高鴻縉　此字為望遠之望之本字。第一體□从人舉目。會意。並列。動詞。不久而□字廢。第二體□从壬(人挺立地上)。从目會意。並列。周人造月滿字作朢从月𦣠聲。名詞。後人又造希望字作望。說文。望。出亡在外。望其還也。从亡。朢省聲。巫放切。動詞。並以希望字兼代𦣠遠字。望行而𦣠廢。【中國字例四篇】

◉李孝定　契文與許書古文正同。象人引領企趾舉目而望之形。與見字義意近而有別見為。凡視之偁故作□。从人上目。𦣠為引領而𦣠之形。故作□。象舉目。許說支離滅裂。殊不足采。孫說契文亦誤。均可無辨。金文字已增月。或又譌目作耳。師望鼎師虎𣪕麓伯簋均是。□庚嬴卣□㫚鼎□朢簋□師朢鼎□師虎𣪕□麓伯𣪕增月。蓋於舉頭望月。取象日月麗天。人所共見。日光強烈。故字不从日也。卜辭朢乘連文。人名。【甲骨文字集釋第八】

◉于省吾　第一期甲骨文的皃羊也作𦣠𦍌，凡五見。今録之於下：

一、　癸子卜，𣪕貞，乎雀伐皃羊　　掇二五二

二、　貞，皃𦍌启(啟)雀〇貞，見𦍌弗其启雀　　乙四六九二

三、令𦣠𦍋歸〇貞，𢀛令𦣠𦍋歸　　綴合二六〇

按兕即𦣠字，周代金文多作朢，也作𦣠或望。說文朢之古文作𦣠，又誤分朢望為二字，第一條羊字作□，與華通用。兕羊即古代的汪芒氏，兕羊和汪芒均屬迭韻謰語，故相通借。國語魯語：「仲尼曰，丘聞之，昔禹致群神於會稽之山，防風氏後至，禹殺而戮之，其骨節專車，此為大矣。客曰，防風氏何守也？仲尼曰，汪芒氏之君也，守封隅之山者也，為漆姓。在虞夏商為汪芒氏，於周為長翟，今為大人。」說文：「鄋，北方長狄國也，在夏為防風氏，在殷為汪芒氏，从邑叜聲。春秋傳曰，鄋瞞侵齊。」⊘說文段注引顧祖禹說，以為「鄋瞞在山東濟南府北境」，較為可信。

前引第三條，以令𦣠𦍋歸與否為對貞，則𦣠𦍋自當為人名。⊘因此可知，兕羊或𦣠𦍋既為方國名，也為其國的君長名是無疑的。這和典籍所記，不盡相同。前引第一條乎雀伐兕羊，則商和兕羊已有敵對軍事行動。第二條以兕𦍋啟雀與否為言，第三條以令𦣠𦍋與否為言，則兕𦍋又降服于商。第二條的兕𦍋啟雀，是說雀之出征，以兕𦍋為前軍（詳釋啟）。

總而言之，由於兕羊和汪芒同屬迭韻謰語而通用，由於甲骨文的人名有時也用作方國名，然則，典籍所記「在殷為汪芒氏」，甲骨文本作兕羊或𦣠𦍋，是可以斷定的。　【釋兕羊　甲骨文字釋林】

◉李孝定　望字初作□，从人上目會意，後始增「月」為意符，所望者固不必為月，許君為「月滿與日相望」，乃望文之訓，日月相望，亦不必待月滿時也。至篆文又有「望」字，許訓「出亡在外，望其還也」，後世則以為看望本字。實則古只一「𦣠」字，其本義為看望，朔望字即假此為之；增「月」為意符，許君遂謬以為朔朢本字；後又增「亡」則為聲符，許君又謬以「出亡在外」說之，而古誼益以沈薶矣。張日昇氏以金文「朢」皆用為既望字，遂謂「其為月滿專字無疑」，然則甲文「鳳」皆用為風雨字，亦將謂「鳳」為風雨專字乎？字又作「望」者，乃从朢省，亡聲，字之本義為看朢，从「臣」為豎目形，絕不可省，作字者任意為之耳；形聲之字，例屬後起，故知作「望」者必較「朢」為晚出也。【金文詁林讀後記卷八】

◉趙　誠　甲骨文的𦣠字寫作□，象人佇立土丘之上睁目遠望之形。其本義當為遠望。或寫作□，下不从土，但佇立遠望之意同。後來演化發展，寫成了朢，漢以後逐步變寫作望。卜辭的𦣠作為動詞，有觀察、監視之義，應是本義之引申。如：

貞，乎（呼）𦣠吾方（戩十二・七）。

𦣠本是遠望，用為觀察、監視之義，和目、見、睍一樣，都是很自然的引申。【甲骨文行為動詞探索　殷都學刊一九八七年第三期】

◉戴家祥　說文八篇：「朢，月滿與日相朢以朝君也。从月从臣从壬。壬，朝廷也。𦣠，古人朢省。」商承祚曰：甲骨文作□□，

象人登高舉目遠矚。古考七八葉。按金文作[glyph]，與甲骨文同，象舉目遠矚形，金文或借朢為朔望，表示月之盈虛，故加月旁作[glyph]。說文誤將目釋為君臣之臣。後又將形符目改作聲符亡，寫作望，說文因亡釋義，訓作「出亡在外，望其還也。从亡，朢省聲」。與本義背離得更遠。【金文大字典下】

㸒 [glyph]

[glyph] 9·77 [glyph]㸒 【古陶文字徵】

[glyph] 布方㸒王、按古作[glyph]，見會丌㸒鉨 典三九 【古幣文編】

[glyph] 0252 [glyph] 0253 【古璽文編】

◉許 慎 㸒近求也。从爫壬。壬。徼幸也。余箴切。【說文解字卷八】

◉馬叙倫 鍇本無近字。是也。近字乃校者注以釋㸒之音也。或近也以聲訓。此尋求之尋本字。本書蕁芫為轉注字。見芫字下。又冘。淫淫行皃。文選羽獵賦。淫淫與與。注。淫淫與與。皆行皃也。其實皆借為趞。易豫釋文引馬融曰。猶豫。疑也。後漢書竇武傳作冘豫。注。冘與。不定也。史記武帝紀。侵尋於泰山矣。索隱。尋淫聲相近。此尋㸒聲同侵類相通之證也。從爪。𡈼聲。今挩聲字。當入爪部。壬徼幸也校語。徼幸即幸字義。而徼幸字實當為賞。詳幸字下。古鉨作[glyph][glyph]。【說文解字六書疏證卷十五】

重 [glyph]

[glyph] 重 井侯簋 重人 [glyph] 外卒鐸 [glyph] 叀成侯鐘 重鈞十八鎰 【金文編】

[glyph] 5·134 咸重成突 [glyph] 秦368 咸陽高櫟陽重臨晉☐安邑☐ 【古陶文字徵】

[glyph]〔七九〕 [glyph]〔四三〕 [glyph]〔二五〕 [glyph]〔三二〕 [glyph]〔九〕 [glyph]〔一三〕 [glyph]〔一三〕 [glyph]〔八三〕 [glyph]〔六三〕 【先秦貨幣文編】

[glyph] 圜重一兩十三珠 典上編二八三頁 [glyph] 圜重一兩十四珠 仝上 [glyph] 圜重一兩十二珠 仝上 [glyph] 圜重一兩十四珠 展畣版肆貳9

圜重十二朱　仝上12　圜重一兩十四珠　亞六・二八　圜重一兩十二珠　展翁版肆貳8　仝上　亞六・二七　圜重一兩十四一珠　亞六・二八　圜重一兩十二一珠　亞六・二八　【古幣文編】

重　效六〇　三例　秦一九六　法六四　二例　法三六　二例　法九三　【睡虎地秦簡文字編】

4064　2247　1144　0558　3493　【古璽文編】

重平丞印　伍重私印　重記　尹重私印　重克之印　【漢印文字徵】

開母廟石闕　重曰　石經僖公　晉矦重耳卒　古文童重通叚　【石刻篆文編】

重　重　【汗簡】

汗簡　崔希裕纂古　【古文四聲韻】

◉許　慎　厚也。从壬。東聲。凡重之屬皆从重。徐鍇曰。壬者。人在土上。故為厚也。柱用切。【説文解字卷八】

◉徐協貞　古重字。山海經所謂重黎之重也。書呂刑。乃命重黎。傳。重即羲。黎即和。然重黎羲和在古代神話中實多分化。重黎又以為吴回。羲和在二典為帝堯之臣。山海經曰帝夋之妻。而經傳以為造曆之祖也。此為方名。左傳襄十七年。衛孫蒯田于曹隧飲馬于重丘。注。重丘。曹邑。是或即重方領域也。正字通。重黎之後明有重省。應為重方後。統云重黎後。非也。又。重。後人加艸為董。重董實為一字。集韻。柱勇切。正韻。直隴切。均為董音可證。左傳文六年。改蒐于董。注。河東汾陽縣有董亭。或因屬董方而得名也。晉董狐。漢董仲舒。其為董方後無疑。左傳云。豢龍氏董父之後。舜所賜姓。此虛構耳。【殷契通釋卷一】

◉柯昌濟　重字从人从東。取人服重誼。重鼎作倲。舊釋人負東形。是也。【邢侯彝　韡華閣集古録跋尾】

◉高田忠周　按説文重。厚也。从壬東聲。又壬下曰。善也。从人立土上。一曰。象物出地挺生也。此以人象萬物也。又東下曰動也。从木。官溥説。从日在木中。白虎通。東方者動方也。萬物始動生也。然則重之謂物生為厚也。故為凡增益義。【古籀篇十二】

◉馬叙倫　翟云升曰。韻會引作東省聲。蔣禮鴻曰。王棻謂當從人扶車在土中。然車字無作□者。漢衛鼎作□。疑字從禾。乃種藝本字。毛詩閟宮傳所謂後孰曰重也。𡈼為象土上生物之形。故重從土東聲。倫按衣部。襛。衣厚皃。此重複字。厚也是襛字義。又糸部。緟。增益也。亦厚義。重字無論從𡈼或從東。無厚義也。且所屬僅一量字。而訓稱輕重也。然量所以知多少。權衡所以平輕重。則説解欲以稱輕重坿會從重之義不可得也。況重字本無輕重義邪。古書重字訓輕重及重複之義為多。唯老子以輜重連文。素問奇病輪。人有重身。廣雅釋詁。重。㑌也。詩大明傳。身。重也。此二義為異。而重身注謂身中有身。則懷孕者也。或可以再義釋之。獨老子之輜重必同為器物之名。漢書韓安國傳。繫輜重。注。謂載重物車也。本書車部從重得聲之䡖。訓陷陣車。古書言輜重者。皆謂載物車。故老子謂君子不離其輜重。而史言擊輜重者。謂擊敵人所載之行具。奪其衣食也。倫謂重從𡈼。東聲。東橐一字。輜重字蓋借為東。重輕字當為稱。稱音穿紐三等。重音澄紐。皆舌面前音也。或輕重字當作身。身為婦人褢子。引申有重義。身音審紐三等。亦舌面前音。身之誤文為孕。孕音入喻紐四等。古讀喻四歸定。重音澄紐。古亦歸澄也。魏石經古文作□。似從□。未詳。【説文解字六書疏證卷十五】

◉李孝定　重字古作□父丙解，餘尚多見，請參看金文詁林附録二〇六頁。象人負橐形，「東」者，橐之象形字也。當解云：「从人、从東，東亦聲。」古會意原為合體者，其後配合數量上居多數之形聲字，往往分而為二，此種現象，筆者稱之曰「類化」，如矩字初作□，後作□，保字初作□，後作□者皆是，此字初為二體，其後反重疊之作□，蓋文字衍化之變例也。【金文詁林讀後記卷八】

◉張亞初　「𩱴圂」一詞常見，但是衆説紛紜，莫衷一是。「𩱴」字至少就有七八種解釋，釋為疃、緟、練、踵、墥、董、重、申等。我認為應釋「重」。「𩱴」、「重」二字均从東聲，字當可通。𩱴字西周前期作□，西周中晚期才加東作聲符寫作𩱴。《説文》云重从東聲。从文例看，「𩱴」有大和繼的意思。而「重」字本身也確有厚、大、增、益、再、數、復、迭之解，都有大和繼的意思。而且緟、踵、董諸字都是「重」字的孳乳字，字義亦都相近。例如，緟字，《説文》云「增益也」，《玉篇》云：「增也，迭也，益也，復也，或作褈，今作重。」「緟」字古本作「重」。「重」為上面這些字的本字，本字可用，當然以本字來解釋為好。這樣，衆説紛紜的意見就可以統一起來。

至於釋重與釋申，也並不矛盾。重字與申字在一定意義上講也是同義詞。例如《左傳》成公十六年，「蓐食申禱」注：「申，重也。」在文獻上申重二字因含意相近而往往互訓，有時還申重連言，《荀子·仲尼》「疾力以申重之」，楊倞注「申重猶再三也」，就是其例。申重並言，重文迭義。

郭沫若同志在他的晚年，斷然擯棄舊説，改釋𩱴為重，《文物》一九六二年第六期《師克盨銘考釋》。雖然他没有説明為什麽要改

釋，但肯定是斟酌再三，才會有此抉擇的。【周厲王所作祭器㝬簋考——兼論與之相關的幾個問題　古文字研究一九八〇年第五輯】

◉劉　釗　重字族徽文字作「」、「」，从人从東。井侯簋改變結構作「」，李孝定謂「其形重疊」，甚是，此乃借筆法是也。即「人」、「東」兼用中間一豎筆。金文重字又作下列諸形：

（鐘所从）　（鐘所从）　（鐘所从）

所从之「人」漸變為「壬」，其過程與童字相同：

（鐘所从）　（鐘所从）　（鐘所从）

《説文》謂重字「从壬東聲」，符合重字晚期構形，但《説文》旨在探求本形本義，則應按早期構形改為「从人東聲」或「从人从東東亦聲」。

甲骨文有字作下揭形：

（明二〇六五）　（佚六〇九）

舊不識。按此即重字。字从人从東，與金文同樣采用借筆法。不同的是東字横置，這與童字金文作「」，甲骨文作「」，東字也横置一樣。【甲骨文字考釋　古文字研究第十九輯】

◉戴家祥　重金罍　百冊八重金□□一□六□　中山王嚳壺　重一石三百卅九刀　按重初義不知所謂，有待再考。高氏所釋可備一説。

周公𣪕𥆞人　字从人，从東，為重之或作。説文八篇𡈼部「重，厚也。从壬，東聲。」金文鐘字或作兮仲鐘，或作邾公牼鐘，緟或作陳侯因𬭚錞，偏旁「重」與形近。唐韻重讀「柱用切」，定母東部，東讀「得紅切」，端母東部，韻同聲近，故重諧東聲。按東西南北為基本方位名，小雅大東云：「東人之子，職勞不來，西人之子，粲粲衣服。」毛傳：「東人，譚人也。西人，京師之人也。」譚國在今山東省濟南市歷城縣東南，鎬京遠在其西，故其大夫自稱「東人」猶周人自稱「西土之人」，周書牧誓及金縢。亦猶孟子云「東夷之人」「西夷之人」離婁下是也。【金文大字典上】

◉劉信芳　「」本「重」之古文，《中國歷代貨幣大系・先秦貨幣》著録「梁重釿布」，其幣文云：「汖（梁）釿五十當寽（鋝）。」或釋「」為塚，讀作「重」，魏二十八年平安君鼎蓋「一益（鎰）十釿半釿四分釿之重」，「之重」合文作「」，楚鄦陵君豆銘：「郢□寶（府）所敀（造），重十𦉢四𦉢𡈼朱。」重字作「」。知、皆可直接讀為「重」。

惟包簡宔字作「□」、「□」(二〇二、二〇七)，中山王譽大鼎「臣主之宜」，主字作「□」，知「□」古有二讀，一讀如「主」，一讀如「重」。《禮記・檀弓下》：「重，主道也。殷主綴重焉，周主重徹焉。」鄭玄注：「始死未作主，以重主其神也。重既虞而埋之，乃後作主。」《儀禮・士喪禮》：「重木刊鑿之，甸人置重於中庭。」鄭玄注：「木也，縣物焉曰重。」《釋名・釋喪制》：「重，死者之資重也，含餘米以為粥，投之甕而縣之，比葬未作主，權以重主其神也。」由上引可知，殷人稱依神之位曰「重」，周人猶存其禮而有所不同，即未虞之神位稱「重」，既虞之神位稱「主」，然其為神位則一。

由古代喪禮「重」、「主」同為神位，可知「宔」所从之「□」與「重」之作「□」或「□」古本同源，至周代喪禮漸變，故戰國文字「宔」字从「□」聲，讀如「主」；而重量之「重」作「□」或「□」，猶存殷禮。以後重(讀去聲)被从東从壬之「重」(讀平聲)所代替，以致「□」、「□」僅存于出土文字。

从「□」之字尚見於以下文制：

屯三舟為一⿰舟夅 (鄂君啓節)

⿰金夅缶公𢈪 (包八五)

倀⿰扌夅 (人名，包一六三)

繇⿰扌夅 (人名，包一八〇)

莄⿰阝夅邑 (地名，包八六)

肥⿰豸夅 (犧牲名，包二〇二、二〇三)

馯 (馬名，曾一六三)

「⿰舟夅」應隸定為「艟」，吳振武正確地指出⿰舟夅與夅、馯諸字的聯係，惟隸「⿰舟夅」為「舿」，是其不足。吳氏推測「⿰金夅」即「鍾」，「⿰扌夅」即「動」，「⿰阝夅」即「陲」，「馯」是「驄」字異體(信芳按：應是假借)，這都是對的。同樣的道理，「⿰豸夅」是「豵」之假。上列諸字皆从「重」得聲，可無疑問。

《爾雅・釋獸》：「豕生三，豵。」又《釋畜》：「犬生三，猣。」《國語・周語上》：「人三為衆。」《說文》「蟲」从三虫，諸字皆讀與「重」通，准此，鄂君啓節「艟」乃三舟之專名。【包山楚簡近似文字辨析　考古與文物一九九六年第二期】

量

量　量侯簋　大師虘簋　克鼎　大粱鼎　【金文編】

5·394　秦詔版殘存「相狀綰灋度量則不壹」九字　5·398　秦詔版「廿六年皇帝盡并兼天下諸侯……」共四十字　秦1590　秦詔版殘存「詔丞相狀綰灋度量則」九字　【古陶文字徵】

53　【包山楚簡文字編】

量　為五　通糧　雖不養主而入一者　法一九五　法一九五　【睡虎地秦簡文字編】

詔權　狀綰灋度量　【石刻篆文編】

量見石經　量　【汗簡】

碧落文　石經　碧落文　說文　【古文四聲韻】

◉許　慎　稱輕重也。从重省。曏省聲。呂張切。古文量。【說文解字卷八】

◉高田忠周　（量）舊引張孝達說云。曹字非。曹字从曰此从日。豈夫曹字乎。又引周孟伯說。此𣅀字。妄亦極矣。今審篆形。上从日明顯。中从東亦明晳。下作土。此土古文。是明量字也。說文。量稱輕重也。从重省。曏省聲。又从壬。東聲。此篆。東形完。又从壬省。正與許篆相合矣。【古籀篇十二】

◉郭沫若　為量字之所從。量字小説作量。蓋從土量聲。以此及字形推之。當係亮之古文。日出東方。放大光明也。後世以亮為之而字失。亮之本義當為高亢。聲義俱相近。【陝西新出土器銘考釋　說文月刊第三卷第十期】

◉商承祚　金文量侯𣪘作。與小篆同。大梁鼎作。與此（量）同。【說文中之古文考】

◉馬叙倫　王筠曰。量字形義無一不回穴者。蓋失傳也。朱駿聲曰。良省聲。古文亦良省聲。小篆省。古文省。徐灝曰。許云稱輕重者。以篆體從重也。古之古義不專言斤兩。故重疊亦謂之重。今人又謂度長短為量。此緣度量連文。久之遂單稱量為度矣。曏省聲亦可疑。據古文作。則蓋象量器之形。以其形略。故又從重也。林義光曰。量字聲不顯。斗斛之量古象形作。量蓋從重省聲。倫按良為量斛之量本字。見良字下。漢光和斛量字兩見。一作。一作。曹全碑亦有㫰字。似可證漢有其字。王筠謂象斗中有米形。章聲也。是則或從良省。章聲。良之聲同陽類轉注字。豈量其譌字邪。然𦳝𣪘器文賓童馬兩。蓋文童作。則斛文㫰字仍從重不從章也。倫謂克鼎量字作。從。從東。金文賜即賜童。則為童之異文。從辛。東省聲。或從東之異文作申者得聲。而亦不從章也。倫疑量從東曩省聲。或鄉省聲。或良省聲。為囊之異文或轉注字。鄉為曩之轉注字。正囊量從鄉省聲為囊轉注字之例證也。篆譌為量。或量從土㬆聲。古書用為度量字。其本義遂亡矣。量變字乃良與料也。字見急就篇。量矦𣪘作。古鉩作。

沈濤曰。汗簡中之一引説文量字作。郭載量於日部。則字必從日。今本誤。李杲曰。大梁鼎作。與此同。倫按此上作者之譌。即日也。【説文解字六書疏證卷十五】

◉馬薇廎　契文字，或作、、等，就字形言，从，象正視之斗形，十為其柄(柲)，斗字契文作乙八五一四，金文作秦公𣪘，係側視形，與實同。田乃斗中實米之意；从或，象囊形，可想像其中所貯為米或穀類也(東字之意義為囊中之東西)。从从，即量米之量器之意，故此字當為量，量金文克鼎作，父乙甗作與契文相同，可以互證。量之初義，釋文「斗斛也」，其後稱輕重亦曰量，説文「量稱輕重也」，測量面積曰丈量，皆引申義也。如卜辭：

「乙卯卜貞乎𣂔人」前六・三六・四

「庚午卜令雀(稱)唐？」人二九九三　謂丈量唐地之面積也，雀稱均為人名。

「□貞□得□□我」乙三八六九

「□我□」新二六九〇及

「貞□□□」後下四一・二

二辭正可作丈量解。又

「壬寅卜御于(父)乙」　乙六六九〇

「壬寅卜御于父戊」　乙六六九〇

「叀御于大庚允」　拾五・一三

「天大御」　乙四五〇五

「壬寅卜亡囚」　乙六六九〇

三片雖然殘缺不堪，猶可察知為測量之意也。至於

「辛丑壬卜在𡆥餗貞今日步于量亡災」　前二・一七・三

諸片，均當作人名地名解，自無問題。

「□小臣□𢔶□？」　珠七〇六

𢔶从量从彳，量不能視為重字仍應為量字，因以步丈地故从彳，故𢔶亦為量字而非動字也。

契文量字从東，似不易解，故西周以後，誤東為重，如量侯敔作量，秦篆從之作量（秦權），更有誤為从章聲，作量，古鉥隸變作量，今楷作量从旦从里，字形之本來面目遂毁，故後人不知其初義也。

「附」

金文鬲文父丁鼎鬲母辛鼎鬲季鼎吳大澂釋為鼎字，實誤，此為鬲字，因鬲象鬲形，契文作鬲，與此同，量、量、量為量字，與契文同，匕為匙字象形，火為火字。鬲郎激切，釋器曰鼎款足者謂之鬲，說文有二：一為鬲，一為䰜，以䰜為鬲之古文。說文解字注鬲：「鼎屬也，實五觳，斗二升曰觳，象腹交文三足。」又䰜：「歷也，古文，亦鬲字，象孰飪五味气上出也。」可知鬲一則為量器，故从量，一則又為烹飪調味之器，故又从匕从火，皆所以說明鬲之用途也。【釋量及𢔶　中國文字第三十六册】

◉于省吾　甲骨文量字作量、量、量、量、量等形。商承祚同志「疑即重字」（佚考三），甲骨文編入于日部，謂「說文所無」。其作量形者，甲骨文編入于附録。按此字从口从東也从秉。其从口乃日字的省文，甲骨文日和从日的字通常作⊖，有的省去中間横劃，有的作口，中間變為豎劃。其从秉即古重字，初文借東為重，秉从東聲，係東的孳乳字，東上加一横劃，以別于東，于六書為指事（詳附劃因聲指事字的一例）。

西周金文的量字，卣甗和克鼎作量，金文編釋量是對的。又邢侯簋重字作量，可與甲骨文互證。量字，西周後期器量侯簋作量，戰國時器大梁鼎作量，秦器作量，說文作量，這就可以看出量字的演化規律。又量字古鉨文作量，漢光和斛和曹全碑也作量，均从日章聲，已譌變為形聲字。

說文：「量，稱輕重也，从重省，曏省聲，量古文量。」許氏誤以會意為形聲。清代和現代文字學家對於量字的解釋，有的說⊖▽蓋象量器之形，有的說從日以土圭正日影，有的說量下从里，還有的說量从良省聲，異解紛起，無一是處。因此，王筠說文釋例遂謂：「量字形聲義，無一不同穴者，蓋失傳也。」

量字的初文本作量，从日从重係會意字。量字的本義，應讀為平聲度量之量，屬于廣義，作為名詞用的度量之量，乃後起之義。量字从日，當是露天從事量度之義，這和甲骨文衆字作眔，為衆人露天勞動同例。量度田野、道路和穀米都是露天的工作。

西周金文揚簋的「王若曰，揚作嗣工，官嗣量田甸」，量度田甸，是以量作動詞用的明徵。甲骨文疆字作彊(後下二·一七)，田以弓計，故从弓。儀禮鄉射禮的「侯道五十弓」，賈疏：「六尺為步，弓之下制六尺，與步相應。」周禮司裘鄭注：「凡此侯道，虎九十弓，熊七十弓，豹麋五十弓。」度地論：「二尺為一肘，四肘為一弓，三百弓為一里。」按吳大澂説文古籀補于彊字下只引儀禮鄉射禮。郝懿行證俗文地曰弓條説解較詳。今以甲骨文彊字驗之，則以弓量田，商代已經有之。

甲骨文量字凡十餘見，都屬早期，惜文多殘缺，其言「量亡囚」，「钔量于父戊」(乙六六九〇)，以量為人名，又稱「小臣𨖔」(珠七〇六)，𨖔字从彳从量，也係人名。

總之，甲骨文量字从日从東，借東為重。其从日从東，東即重字的初文。其从日，係露天量度之義。量所以量度物之多少輕重。量字从重从日，乃會意字，這就糾正了説文以為形聲字的誤解。本文既尋出了量字構形的遞嬗規律，同時也澄清了清代説文學家的分歧臆説。【釋量 甲骨文字釋林】

臥

 臥 封七三  日甲二四背 四例  日甲六四背 【睡虎地秦簡文字編】

 臥【汗簡】

 汗簡【古文四聲韻】

◉許 慎 臥休也。从人臣。取其伏也。凡臥之屬皆从臥。吾貨切。【説文解字卷八】

◉馬叙倫 嚴可均曰。韻會廿一箇引作伏也。張文虎曰。既訓伏也。不當有取其伏也四字。蓋後人增。龔橙曰。古文作。後加臣。倫按休也當作伏也。故校者注取其伏也以釋從臣之義也。然非本義。或非本訓。臥為監護保護之護本字。故從人臣。臣為俘虜。防其失。故以人護之。會意。【説文解字六書疏證卷十五】

◉楊樹達 説文八篇上臥部云：「臥，休也，从人臣，取其伏也。」按字从人臣，殊無義理，説者多以臣象屈服之形説之，亦為牽附。朱駿聲疑臣字為臣之形誤，謂人臥則臣隱於几。按臥不必於几，即隱几而臥，亦不必以臣當几也。余謂古文臣與目同形，臥當从人从目。蓋人當寢臥，身體官骸與覺時皆無別異，所異者獨目爾；覺時目張，臥時則目合也。蓋古人制字，凡動作與官骸有關者，則其字必以官骸表之。如人以目見，故見字从人从目，人以足企，企字从人从止，止即足也；人以鼻出息，故眉字从尸从自而訓臥息，尸象人臥形，自即鼻也。不惟人事動作之字為然也，即禽獸之有動作者亦然。犬以口吠，故吠字从犬从口；以目視，故狊字从犬从目而訓犬視；以鼻臭，故臭字从犬从自；以舌食，故狧字从犬从舌而訓犬食。虎以口號，故唬字从虎从口而訓虎聲；鳥以口鳴，故鳴字从鳥从口；以目視，故瞿字訓鷹隼之視，而字从隹从二目：皆其例也。臥字从人从目，正諸字之類例矣。【釋臥 積微居小學述林】

監 監

寧滬一・五〇〇 象人臨皿俯視之形 人名 摭續一九〇 佚九三二 【甲骨文編】

佚932 摭續190 粹501 後下19・13 前7・43・1 乙899 4359 4507 5307

5451 5633 5839 珠899 福30 鄴37・4 【續甲骨文編】

監 史話簋 應監甗 善鼎 頌鼎 頌壺 頌簋 仲幾簋 鄧孟壺

孳乳為鑑 攻吳王鑑 【金文編】

5・250 左監 5・251 同上 【古陶文字徵】

168 265 【包山楚簡文字編】

監 法一五一 【睡虎地秦簡文字編】

温水都監 千乘均監 大官監丞 東部監之印 橘監 監耐 監軍之印 監胡之印 監循之印 監毋何 監勝之印 李安私記宜身至前迫事毋閒唯君監發印信封完 【漢印文字徵】

石經無逸 嗣王其監于茲 說文古文从言汗簡同 少室石闕 監廟掾辛述 開母廟石闕 監掾陳脩 【石刻篆文編】

監出牧子文 監見說文 【汗簡】

監說文　監牧子文　監古文　監　監竝籀韻　【古文四聲韻】

◉許　慎　監臨下也。从臥。峪省聲。古銜切。監古文監从言。　【說文解字卷八】

◉唐　蘭　監佚九三二片……於監㚇。

右監字。商氏佚存考釋未釋，今按從皿從見，稍變作監，見字有作罒罒兩形同。即今監字也。

說文：「監臨下也。從臥峪省聲。」「監古文監從言。」從峪省聲者，昔人已多疑之。戴侗曰：「監盆類，從皿臨省聲。周官淩人：『春始治鑑』，莊周曰：『同濫而浴』，皆此物也。不當加水與金。借為監臨之監。又為鏡監之監，亦作鑑。又因鏡鑑而為監觀之監，別作瞰」。徐灝取之。王筠說文釋例則有取於六書正譌之說云：「歃血為盟之詞，有曰『明神監之』，故盟與監從血會意。」林義光文源謂：「監即鑑之本字，上世未製銅時，以水為監，故酒誥曰，『人無於水監，當於民監。』岂象皿中盛水，人臨其上之形。從臣，臣伏也。」按如舊說從峪省聲，以余所立省聲必先有不省之律繩之，必不能合。戴氏謂從臨省聲亦然，然謂從皿而為鑑濫之本字，則殊有見地，遠勝於周伯琦從血會意說之迂曲也。林說較勝於戴，然不知臣即目形，故其解亦殊穿凿也。

余謂監字本象一人立於盆側，有自監其容之意，後世變為監，又變為監，其實非從臥從血也。其本義當為「視也」，爾雅釋詁云。後別為「瞰視也」，又為「覽觀也」。並說文。引申之為所監之器之名，金製則為鑑，盛水則為濫。至說文「臨下」之義則又視義之引申矣。凡監於水者必俛視。

監字本從皿從見，以象意聲化例推之，當是從皿見聲。從見之字卜辭尚有之，詳釋見篇。見在元部，而監在談部，而監得從見聲者，同在見紐，一聲之轉也。說文監古文作監，今本玉篇作監，非，原本玉篇及萬象名義不誤。實亦從言見聲也。朱駿聲以為從譀省聲宋保以為從言聲，并非。

語言隨時變異，文字之變異，有時不能相應，故某字雖諧某聲，而後世語變，往往轉入別韻，諧聲系統所以與周秦古韻多不合也。鑑音變入陽部，後人因叚竟字為之，因而別為鏡字，此文字與語言之相應者。監從見聲而轉入談部，此文字與語言之不相應者。研究形聲文字，必合此二者以觀之而後可以馭無窮之變。【殷虛文字記】

◉郭沫若　余意監當是鑑容之物。古者在未以銅為鑑之前乃以水為鑑。書酒誥引古言「人無於水監，當於民監」，可見以水為鑑之古。以水為鑑，則當有器以盛水，故監字正象人立于皿旁而垂視之形，此監之本義也。臨水正容為監，盛水正容之器亦為監，推之則凡盆皆謂之監矣。【夫差監　兩周金文辭大系考釋】

◉商承祚　監金文頌鼎作監，與篆文同。象人俯首於皿而自監。石經古文亦从皿作監。从岂。象皿中有物。非血也。从言者。

非古也。【説文中之古文考】

◉馬叙倫　王筠徐灝皆致疑于從卧之義。戴侗林義光郭沫若馮振心均以為鑑之古文。皆由不明卧本監護之護本字故也。臨下也當作臨也。鍇本無也字。蓋下即也之譌字。監為卧之轉注字。卧音疑紐。此古文作譼。從卧。言聲。言音亦疑紐也。此從䘓得聲。䘓音溪紐。溪疑皆舌根破裂音也。倫又疑監不從䘓省聲。鄧孟壺作□攻吳監作□。皆從皿。皿聲也。皿音微紐。卧音疑紐。同為邊音故卧轉注為監。其音轉入見紐耳。蓋由疑入見也。從監得聲之藍籃檻襤覽鑑濫擥尷醢音皆來紐。而莊子則陽。衛靈公有妻三人。同濫而浴。借濫為鑑。墨子之壺濫亦壺鑑也。是古讀鑑如濫。矙覽實同一字。檻從監得聲。而轉注字作櫳。則監音古在來紐。古讀來歸泥。微泥同為邊音。亦可明監之從皿得聲矣。皿譌為血。後人求其音而不得。以為從䘓省聲。又皿讀若猛。故聲入陽類。然凵皿實一字。凵聲魚類。魚陽對轉。則皿聲自得入陽類。然凵之轉注字為缶。從午得聲。午音疑紐。則亦皿之轉注字。缶聲幽類。而禾聲亦幽類。禾之轉注字作盉。從皿得聲。倫疑古讀皿如禾。聲亦當在幽類。幽侵對轉。故監聲入侵類。䘓聲侵類。此䘓省聲之所由來邪。字見急就篇。頌鼎作□古匋作□從邑。或從二人之譌。或是地名也。

譼言聲。卧之音同疑紐轉注字。監音見紐。見疑同為舌根音。監從皿得聲。皿音微紐。微疑同為邊音。故監亦得轉注為譼。玄應一切經音義引古文官書監譼同公衫反。則呂忱依官書加此字。【説文解字六書疏證卷十五】

◉高鴻縉　字意即今俗所謂照臉也。象人下見皿中水由文見生意。故托監照皿水之形以寄監照之意。動詞。書酒誥。人無於水監。當於民監。是其證也。後借用為監察督察意。亦動詞。如監殷之監。亦用為名詞。如三監之監。至其盛水之銅製器皿後人作鑒作鑑。皆初為名詞。後漸借用為動詞者也。與此別。【中國字例二篇】

◉陳夢家　説文曰：「鑒，大盆也。」玉篇同而字从瓦。廣韻鑒部則謂大瓮似盆。周禮凌人鄭注：「鑒如甀而大口，以盛冰，置食物于中以御温气。」釋文云：「本或作監，字亦作濫。」莊子則陽篇：「衛靈公有妻三人，同濫而浴。」釋文云：「濫，浴器也。」墨子節葬篇和呂氏春秋節喪篇的「壺濫」即呂氏春秋慎勢篇的「壺鑒」，字亦从缶。左傳襄九「備水器」，杜注云：「盆鑒之屬。」正義云：「鑒是盛水之器。」

由上所述，則鑒或省作監，或从金、缶、瓦、水。它是大口的大盆，其用有四：(1)盛水之器；(2)盛冰之器；(3)浴器。(4)鑒容之器。監字原象人俯就于皿而鑒照其面容之形，所以後來鏡字或作鑒，其中以盛水為其主要的功用。【壽縣蔡侯墓銅器】

◉張日昇　說文云。「監。臨下也。从卧䀀省聲。𧫒古文監。从言。」字本象俯首皿旁自監之形。卧象人之俯首。說文謂从人臣非是。為𦣞。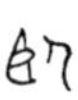為卧。眼目位置不同。以示挺身彎腰之別。卧段玉裁改訓伏。大徐本作休。孟子。「隱几而卧。」正是此意。然卧實象形。非从人臣。更非取其臣伏屈伏之義。唐蘭謂監本从皿从見。竊疑見字之目作。乃平視之象。與俯仰時人目作有別。从卧之說為是。臨亦从卧。故亦有从高視下之義。【金文詁林卷八】

◉李學勤　按「監」本有「君」義。《周禮・大宰》：「乃施典于邦國，而建其牧，立其監」，注云：「監，謂公侯伯子男，各監一國。」孫詒讓《正義》：「《大司馬》注云：『監，監一國，謂君也。』《說文》卧部云：『監，臨下也。』五等諸侯雖爵有尊卑，皆君臨一國，故同謂之監。」《尚書・梓材》云：「王啓監」，《多方》云：「今爾奔走臣我監五祀」，「監」也都是「君」的意思。這是「監」的廣義。「監」另有狹義，如幾簋銘「諸侯、諸監」，「監」顯與諸侯有別。具體說這種區別，如各家所分析，諸侯是朝廷所封，「監」則為朝廷臨時派遣。周初的三監，正是受派遣的。其所以要派遣，是由于所治理的地區有特殊情況，例如殷商故地民心未定，需要派管叔、蔡叔等特別加以管制。

上文已說明應監甗是康、昭時器。據《左傳》僖公廿四年：「昔周公二叔之不咸，故封建親戚以蕃屏周」，應國在所封之列，是其封在成王世。《逸周書・王會》記成王時成周之會，也有應侯，地位且甚顯要。因此，在康、昭之世，應國之君當如金文所見稱應公、應侯，不會稱為應監，也沒有由朝廷專派應監的理由。相反的，如果甗銘的應在江西北部，當時屬于邊遠，周公定東夷之後，在其地置監，則頗合情理。

無論應監還是艾監，都是周朝派遣的，其青銅器可能在王畿製作，或受王朝器的影響。應監甗形製、紋飾和字體，均與周朝器無異，就是這個緣故。監派自朝廷，當然和周朝保持密切聯係，管、蔡便是如此，所以艾監之物在周原發現，也是不足怪的。

【应監甗新說　李學勤集】

◉戴家祥　金文監字从象人俯視。从皿，上一短横為所盛之水。書酒誥：「人無于水監，當于民監。」古代銅鏡産生之前，人們水自察形貌。監字象人俯首于水皿之前，故有二種含義，作為動詞如說文所訓「臨下」，作為名詞即所視之器名。後人為了表示區別，加器物材質偏旁金，吳王光鑑和智君子鑑皆作鑑，說文十四篇：「鑑，大盆也。」或加表示類屬的偏旁瓦，玉篇：「㼉，大盆也。」專門表示器名。訓盆是就其能盛水而言的，就其功用來說，鑑或用作鏡，如周禮「以鑒取明水於月」，鄭注：「鑒，鏡屬。」又注考工記云：「鑒，亦鏡也。」金文監用作人名。【金文大字典下】

臨

臨 盂鼎 毛公厝鼎 弔臨父簋 【金文編】

3·689 臨 3·688 臨萅亭久 5·181 臨晉翏 秦368 咸陽高櫟陽重臨晉☐安陽☐ 【古陶文字徵】

79 79 79 79 185 【包山楚簡文字編】

臨 為三七 二例 日乙一三六 三例 為五一 六例 【睡虎地秦簡文字編】

臨菑 臨菑守印 臨朐丞印 臨淮太守章 李臨 西郭臨印 臨義之印 旁臨 臨忘

賈臨私印 臨廣德印 生臨私印 尹臨私印 臨去病 陳臨私印 臨吉印 臨安中 【漢印文字徵】

泰山刻石 皇帝臨立 詛楚文 㠯臨加我 蘭臺令史殘碑 【石刻篆文編】

臨出義雲章 臨出華岳碑 【汗簡】

古孝經 同上 華嶽碑 義雲章 華嶽碑 【古文四聲韻】

◉許　慎　𦣝監臨也。从臥。品聲。力尋切。【說文解字卷八】

◉高田忠周　元皆釋臨。然卧品閒有巛形。巛即山巛之巛。而古文巛水通用。此瀶字無疑。說文。瀶谷也。从水臨聲。一曰寒也。朱氏駿聲云。寒義叚借為凜也。又重言形況字。廣雅釋訓。瀶瀶雨也。此瀶。水移在下。而與下文作𦣝者相近。亦當證此篆形。【古籀篇三】

◉高田忠周　說文。𦣝監臨也。从卧品聲。此篆品下有三乑。如下文。巛形在于臣品之間。與許說不合。此當瀶字。瀶从臨聲。故叚借為臨耳。說文。水川畫然分別。而古文往往通用也。又按爾雅釋詁。臨視也。詩大明。上帝臨女。皇矣。臨下有赫。論語。臨之以莊則敬。皇疏。謂以高視下也。此字本義也。【古籀篇三十五】

◉馬叙倫　沈乾一曰。臨古本音隆。倫按臨為卧之轉注字。臨音來紐。古讀歸泥。卧音疑紐。同為邊音也。臨監聲同侵類。

亦轉注字。監臨也當作臨監也。臨為隸書複舉字誤乙耳。字見急就篇。毛公鼎作　盂鼎作　。秦詛楚文作　。【說文解字六書疏證卷十五】

◉戴家祥　說文八篇：「臨，監也。」「監，臨下也。」臨與監為轉注字。从字形看，兩字皆从　，象人俯視，从一與川皆表示水，从皿與　皆為盛水之器，兩字形近。从聲韻上看，臨隸侵韻，監隸談韻，古韻侵談相近；从意義上看，兩字互注。綜觀兩字在形聲義三方面的異同點，我們懷疑兩字最初可能是異體重文。【金文大字典下】

𦣞

◉許　慎　𦣞楚謂小兒嬾𦣞。从臥食。尼見切。【說文解字卷八】

◉馬叙倫　鈕樹玉曰。玉篇楚人謂小兒嬾曰𦣞。當本說文。博雅𦣞訓嬾。苗夔曰。食亦聲。翟云升曰。食聲。倫按此字不見經記。後漢書桓帝紀監寐寤歎。劉陶詩。不能監寐。袁紹詩。監寐悲歎。桂馥以為監即𦣞之誤。𦣞寐連文。則𦣞即卧也。然詩言寤寐。謂或寤或寐。此作卧寐為複詞乎。桓紀注。監寐雖寢而不寐也。寤。覺也。故王筠以為監亦雙聲借為假。倫按此蓋餓之轉注字。從食卧聲。餓卧音同疑紐。楚謂小兒嬾曰𦣞者。借𦣞為嬾。𦣞音由疑轉泥。同為邊音。嬾音來紐。古亦歸泥也。女部嬾下一曰𦣞。古或借𦣞為嬾也。字蓋出字林。吕忱謬以為會意。蓋自古已假卧為眠義。因附會於小兒卧食。而字入卧部矣。當入食部。【說文解字六書疏證卷十五】

身

身　[虍林]伯簋　盠方彝　盠駒尊　疐鼎　𤼈鐘　班簋　師埶鼎　師克盨　㝬簋

弔向簋　士父鐘　邾公華鐘　公子土斧壺　中山王嚳鼎　中山王嚳壺　弔趯父卣　敬辥乃身　【金文編】

一五六：一九　二十二例　委質類顯嘉之身　一八五：二　一五六：二五　一五六：二〇　躬　【侯馬盟書字表】

213　227　228　234　【包山楚簡文字編】

身　封二七　十五例　封八八　四例　為四一　六例　法六九　二例　日甲一一九背　【睡虎地秦簡文字編】

2336 3314 2433 0905 3161 2700 3027 2078 1101 2008 2843
2396 2699 2702 4671 4670 4498 4257 4497 4496 3309 2705
4676 4675 4661 4662 4642 4640 4639 2688 2690 2698 2697
【古璽文編】

身相印 宜身長久 身徻私印 身昌私印 【漢印文字徵】

身見說文 【汗簡】

古孝經 汗簡 古老子 竝王存乂切韻 【古文四聲韻】

◉許慎 躳也。象人之身。从人。厂聲。凡身之屬皆从身。失人切。【說文解字卷八】

◉高田忠周 按說文。身。躳也。象人之身。从人厂聲。爾雅釋詁。身我也。禮記祭義。身也者父母之遺體也。此為字本義也。即知从為形本。以象母腹包裹。●以象我躳也。指事。厂亦當聲。又說文。㑗。神也。从人身聲。此身已从人。又从人。為重複。㑗當身字異文。廣雅。孕重妊娠身㛛。㑗也。玉篇。㑗。妊身也。此身㑗同字之證也。許氏訓神也者。當為神字叚借。【古籀篇三十四】

◉方國瑜 「身」當為「㑗」之本字；段玉裁曰「身者古字，㑗者今字」，得之也。茲就義，音，形三方面言之：

a由義言 廣雅釋詁曰「孕，重，妊，娠，身，㛛，㑗也」；亦即孕，重，妊，娠，㛛，㑗，身也。

史記淮南衡山列傳「趙王獻美人，帝幸之『有身』……美人告吏曰：得幸上有身；（漢書淮南厲王傳作「得幸上有子」）……及美人生厲王」；「有身」，即「有孕」也。易漸卦「婦孕不育」，說文「孕裹子也」；故「有身」即「裹子」也。

詩大明「大任有身，生此文王」，毛傳「身，重也」，鄭箋「重謂之懷孕也」。說苑修文「取禽不麛卵，不殺孕重者」；漢書匈奴傳「孕重墮殰」：「重」並為「裹子」也。（朱駿聲曰：身中有身，故為重。）「裹子」為「重」，故詩「有身」毛傳曰「重也」。

一切經音義卷一「漢書孟康曰：娠音身，今多以娠作身，兩通也（又高帝紀注引孟康曰：娠音身，史漢身多作娠，古今字）；詩曰太任有娠」；則詩大明之「有身，」亦作「有娠」。國語晉語「昔者，大任娠文王」，「身」亦作「娠」；韋注曰：「娠，有身也。」禮記月令「今有娠者」；孔疏引漢書音義曰「娠音身也」，釋文：「音身，一音震，懷妊。」左哀公元年傳「后緡方娠」，杜注「娠懷身也」。則「娠」與「身」，音義並同。

說文「妊，孕也，亦作姙」；後漢書章帝紀「今諸懷姙」，李注引說文曰「姙，孕也」，則「妊」亦可作「姙」。易艮卦「艮其身」，虞注曰：「身，腹也，或謂妊身也。」說文：「娠，女妊身動也。」廣雅釋言：「妊，娠也。」則「妊」訓娠，訓孕，亦訓「身」，「妊」「身」音義並同也。

說文：「媰，婦人妊身也。」廣韻「媰」下引說文曰：「婦人妊娠也」，又引崔子玉清河王誄曰：「惠於媰孀」，說文引周書曰「至于媰婦，」則「媰」者有孕之婦；「媰婦」亦猶「女妊」，亦即「婦有身也」。

玉篇「㑗妊身也」。說文「㑗，神也」；段玉裁曰「神，當作身聲之誤」；朱駿聲曰「神，疑坤之誤，坤為母」：段朱說並可通。易艮卦「不獲其身」，虞注曰「坤為身」。「㑗」「身」同音同義，段曰「古今字」，甚是。

然則，孕也，重也，娠也，妊也，媰也，㑗也，並為「懷子」之意，亦並為「身」之意；「身」者「懷子」，蓋其本義也。

b由音言　「身」在「審」母，古音在「透」部；「重」在「澄」母，古音在「定」部；「妊」从壬得聲，在「日」母，古音在「泥」部；「娠」从辰得聲，在「禪」母，古音在「定」部；「媰」从芻得聲，在「穿」母，古音在「透」部：——透，定，泥，並舌尖音，可互轉；同从一字得聲，而互見於透，定，泥者，不一而足，則「身」「重」「妊」「娠」「媰」為一聲之轉。又「身」在「真」韻，古音在段氏第十六；「重」在「冬」韻，古音在第九部；「壬」在「侵」韻，古音在第七部；「辰」在「真」韻，古音在第十六部；「芻」在「虞」韻，古音在第五部：——第七第九兩部，古音可通；第五第十六二部，亦可通；且「身」「重」「妊」「娠」同為陽聲，「媰」與第十六部陰陽對轉，則韻亦相近也。古字，音近義同，恆相互用；蓋古有其音，而有其義，義之引申，乃聲相近之借，後以形聲孳乳為字，字形雖異，而音同則義近也。故同从一字得聲者，義每相同，所从之字同音者，義亦每相同，雖其間不免例外，而語言文字緣起之跡，大體可尋，於「身」「重」「妊」「娠」「媰」諸字亦可以為例焉。

「身」之本義為「懷子」，已於上節言之，「重」「妊」「娠」「媰」諸字與「身」之義同，蓋由「重」「妊」「娠」「媰」之音與「身」同也。「身」之音為「懷子」，而與身同音之字，或作「重」作「妊」作「娠」，亦並有「懷子」之意也。且古字，與「重」「妊」「娠」「媰」同為从一字得聲之者，義亦每相近焉：

「重」為「懷子」者，素问奇病論「人有重身」，王注曰「身中有身，則懷妊者也」。身中有身，即「重複」之意，故从重得聲之字，每有重複之意。如「偅」，說文「增益也」；「踵」，說文「追也」；「歱」，說文「跟也」；「徸」，說文「相跡也」：並為重複之引申義。「腫」，說文「癰也」；「湩」，說文「乳汁也」；「種」，說文「先種後孰也」：則並為增益之引申義。从「重」得聲之字，有「重複」之意，而「重複」（身中有身）為「懷子」之特徵，故「重」訓為「身」也。

「妊」从壬聲，壬者，說文「象人包妊之形」，釋名釋天「壬，妊也」，則「壬」「妊」為古今字。妊亦作姙（見上），國語周語上韋昭注「禽獸懷姙」，宋公序補音本作「任」，汪遠孫曰「任姙古今字，周南毛傳作懷任」。詩賓之初筵「有壬有林」，鄭箋曰「壬，任也」；禮記月令鄭注曰「壬之為言任也」；史記律歷書「壬之為言任也」；「則「壬」「任」亦一字；國語吳語「齊簡公任」漢書人名表「任」字正作「壬」。壬象人包妊，故有包涵之義，即以「任」字說之：——「任」，說文「保也」；詩生民「是任是負」，毛傳「任，猶抱也」；淮南子道應訓「于是商旅將任車」，高注「任，載也」；楚辭悲回風「任重石之何益」，王注「任，負也」；國語晉語「任大惡」，韋注「任，荷也」；孟子「門人治任將歸」，趙注「任，擔也」：凡此並包涵之義之引申。至「任養」「勝任」「責任」，則包負之引申也。「壬」之音有「包涵」之義，而「包涵」亦「懷子」之特徵，故「妊」訓為「身」也。

「娠」从辰聲，辰者，說文「震也」，白虎通五行「辰者震也」，史記律書「辰者言萬物之蜄也」，廣雅釋言「辰振也」，則辰有「振動」之義；故从辰得聲之字，亦每有「振動」之義：如「震」，說文「辟歷振物也」，易說卦，爾雅釋詁並「動也」，公羊僖九年傳「震之者何？猶曰振振然」；「振」，廣雅釋詁，易恆卦馬注並「動也」；「踬」，說文「動也」：凡此皆言「振動」。又「唇」，說文「驚也」；「晨」，釋名釋天「申也」：則為「振動」之引申義。辰之音有振動之義，故說文「娠，女妊身動也」，段玉裁曰「蓋妊而後重，重而後動，動而後生」；又曰「哀元年左傳曰『后緡方娠，逃出自竇，歸於有仍，生少康焉』；方娠者，方身動去產不遠也」；去產不遠，而有局部之「振動」，亦為「懷子」特徵，故「娠」訓為身也。

「嬬」从芻聲，芻者，說文「象包束艸之形」，取其包束之形，為「懷子」之特徵，故「嬬」訓為「身」也。

然則，重為「重複」，壬為「包涵」，辰為「振動」，芻為「包束」，皆為懷子之特徵，故同音之「重」「妊」「娠」「嬬」並訓為「身」，以其音並與「身」近，而「身」之本義為「懷子」也。身何以知本義為懷子？蓋古本有其音，亦有其義，且於制字時，形亦象之也。

由形言　小篆，當為金文之變，乃象形字；許曰「象人之身」，已近之，然未深知其義耳。

說文釋例曰「身字就意聲為形，乃象形之極變；……身字面向左，匈在左，背在右，猶恐其不明也，則一足向左以明之，故所說之義與聲，皆形也」。（見卷二）

按：王氏既知身為象形字，已較段氏刪去「象人身」三字為高明，然猶輾轉於「从人厂聲」之說，曲為訓解，故其說亦難通也。

夫許既曰「象人之形」,又曰「从人厂聲」,則既釋為象形字,又釋為形聲字;許書象形而又从聲之字,如「齒,口斷骨也,象口齒之形,止聲」;其从聲為象形以外之一體,而非象形之一部;又如「能,熊屬,足似鹿,从肉,㠯聲」「龍,鱗蟲之長,……从肉,㠯肉飛之形,童省聲」;則「从肉㠯聲」「从肉童省聲」,亦非所釋為象之一體,雖此數字許説未當,然其體例如此。王氏所謂「就意聲以為形者」,亦惟有「象形之極變」曲説之,則又不若段氏索性將「象人身」三字削去,直視身為形聲字之痛快也。然「身」為體象形字,若釋為形聲,則不論取「身」之「丿」或「㠯」或「人」以為聲,皆不可曉;(已見前説)則「从人厂聲」四字,乃為贅文,苟非許慎所誤,即後人妄增,應正之曰:「身,躳也,象人之身,讀若申」;若是,於六書為得體,而符許君之例,且於義為允;然釋之猶未盡意耳。

金文「身」字作身。叔向敦作身(叔氏鐘)作身(𢍰伯敦)。即象人懷子之形。

按殷字从身古音身殷讀音相同,汪榮賓以印度譯身毒為證;又:「印」金文作印(𤼈𨙸湯),「邑」作邑(北伯敦),並从人聲,與身古音聲母同在舌尖阻,而後世讀「影」母;又「屋」之从「至」,「約」之从「勺」,「黰」之从「真」,亦古音舌尖阻,而變為「影」母者。而殷之金文作殷(殷敦盤)作殷(仲殷父敦)作殷(格伯敦)作殷(仲殷父敦)作殷(孟鼎)作殷(傳卣)諸形;除殷字所从之身,與身之反形全相似外;殷殷之身之下筆,未通直畫;而殷之身,則人在直畫兩旁,未作平行成一横畫;殷殷之身,則並無下之横畫:由是知身之下一横畫,可有可無,未為此字之必要部分,特因身下有空位,增益點畫耳,亦猶身之乚形之中,可點可不點,點之以求縝密耳。此例於各體字中咸有之,如甲骨文身字,金文殷字,古鉨身字,漢印身字,隸書身字,並加點填空,故或有或無,於形無關。則身之本作身,後作身,再作身,再作身,其下之横畫乃後所加,無關於象形可知也。

身為身之反形,則身之本字作身;身之人,即人字,(甲骨文金文並如此)乃象人側面之形,筆畫雖簡,惟表現甚真;人之旁加㠯作身,正由擴大身字所特别表現之部分而象之,即身之音義為懷子,故制字者以身之形而表現之也。如此之例,甲骨文金文中亦如此,姑舉舉關於人事之數字言之:

「天」之金文多作大,大象人之正形,(大字甲骨文金文如此,廣雅釋詁人,大也。)擴大其頭部,以天之本義為「頭」也。章太炎小學答問「問曰:説文天顛也;易曰:其人天且劓;馬融曰黥鑿其額;曰天不解鑿額,何以稱天?答曰:天即顛爾。顛如頂,亦如額,釋畜駒顙白顛,周南麟之定傳曰定題也,一本題作顛,(顛,頂,定,題,古皆雙聲,陸以顛為誤,非也。)明題顙得偁顛也。去耳曰刵,去鼻曰劓,去而曰耏,去涿曰斀,皆從其聲類造文;去髕直曰髕,鑿顛直曰顛,不造他文,直由本誼引而申之。又刑法志説秦刑有鑿顛,山海經説獸有刑天,刑天無首,蓋被鑿顛之刑,彼顛則指頂爾」;章説極是,則天為顛,故擴大其顛之部份以象之;後世習用天如天地之意，而天之本義晦耳。

「母」之甲骨文金文作□，説文「□牧也，从女象裹子形，一曰象乳子也」；廣韻引蒼頡篇曰「其中有兩點者，象人乳形」；素問陰陽類論「陰為母」，注「母所以育養諸子，言滋生也」；太平御覽三十六引易説卦傳「故稱乎母」，陸績注「母取含養也」：則「母」有養子之義，乃「象人乳形」之引申。母之所以為母，其可以形象者，為「乳子」，故擴大其胸部而加兩點，以象乳形；□則如人形之稍變，甲骨文金文如此。

「頁」之金文作□，从頁之字甚多，悉如此作。説文「□，頭也，从百从儿」；按：从儿即□之譌，□為人字。□者，説文「頭也，象形」。頁為頭，故从頁之字，如頭，顔，項，顱，顯，顛，頂，額，頰，頤，頜，領，項等字，為頭部之名，故从頁；傾，碩，頨，顛，顆，碩，頒，顝，願，顛，傾，類，顬，頑，顤，顆，頣，頲，傾，頜，顛，頍，顋，鎮，頓，頻，頡，頔等字，為頭部之事，亦从頁。故頁字□者，所以擴大其頭部以象之也。

又如：「見」之甲骨文作□，（殷虛書契前編卷一第二十九葉）金文作□，（玨鼎）説文「□視也，从目儿」。「企」之甲骨文作□，（殷虛書契前編卷五第二十七葉）説文「□，舉踵也，从人止」。「鬥」之甲骨文作□，（殷虛書契前編卷二第九葉）説文「□，兩士相對，兵杖在後」；孫星衍與段若膺書曰，「當是兩手相對之誤」；羅振玉曰：「鬥之形，卜辭諸字皆象二人手相搏」；——凡此「見」字「企」字「鬥」字，其表業在「目」在「足」在「手」，故擴大其「目」部「足」部「手」部以象之，所以表其特徵也。

諸凡甲骨文金文中，从人而擴大其所注意之部分，其字之本義，必於所特别表出之部分象之；□既从□而擴大其腹部，此正「懷子」之特徵，□字為象形，「懷子」為其本義，亦無疑意於其間也。

若僅釋「身」為「象人之身」，則已有□字象人身之側面，而擴大其腹部之□，亦僅象人之身，而無特徵，此於象形字之例不符，亦非初制此字者之本意也。

是故「身」字之本義，由形音義三方面觀之，必為「懷子」之意，可斷言也【釋身　師大國學叢刊第一卷第三期】

◉汪榮寶　説文。身。躳也。象人之身。从人厂聲。韻會引作象人身。从人。𦥑省聲。段氏據以訂正而删象人身字。直云申籀作□故从其省為聲。江沅朱駿聲之徒。並從其説。余以為段氏此注。乃與於不思之甚者也。何以明之。古文申作□。與身形絶不相合。謂从籀□省聲。則虞夏商周之書身字屢見。遠在史籀以前。且如躳以身為會意。竆以躳為形聲。皆比於身為後出。而堯之命舜。已有其字。然則身必唐虞以上之古文。造文者安所得籀書申字而取其省耶。今觀鐘鼎古文身作□受編鐘。作□叔氏寶林鐘。作□毛伯彝。作□𡨦鐘。確然有以見小篆□字所從來。似二徐本所謂象人之身。謂□。从人厂聲者。猶為近是。然厂聲身聲判然異部。古音脂真可通。而無支真相通之例。又𣪠字从身之反。鐘鼎古文𣪠作□作□孟鼎。並不从厂。則厂聲之說。亦固可疑。按射字亦以身為偏傍。而古器射皆作□郘敦邢侯尊敦並如此。又虢季子白盤宣廟字亦同。左从弓矢之象。因疑最初古文身本作□。為引之正文古音身引同也。印度古譯身毒。是為古讀身如引之據。其本義為開弓、為伸、為長。古器刻□字者甚多。舊釋以為弓矢形。實即引字。為子孫無極之義。形變為□□即□之畧體。从一即□也。又變□為□為□則增益點畫以求縝密。猶□之或為□為□也。自書傳假□為自謂之稱。乃別制引字代之。引之从弓。即□形之變。从丨即□形之直耳。此正如假引為況詞。而更制弞字。三字形聲皆同。□為最古象形。引以象形兼會意。弞則純是會意。三者承用既殊。各擅一義。久乃分入異部。不復審其同源。夫惟身為引之古文。故射字从此右形从□。其義為手。手持弓矢。射象斯在。字或从矢作䠶。乃是後起俗書。良由習身為我。忘其本始。以手加身。不見射義。故變文从矢。為欲明其事類。寧知身字之作。已函矢形。著矢於身。於義為複。許君以為弓弩發於身而行於遠。故从身从矢。此則因緣俗體。曲為之辭。凡人動作。孰不由身。何事於射。篆文从寸。則又□形之轉。第比之从矢之䠶。翻為近正。段氏乃云射為小篆。則䠶為古文。臆決之談。違於事實矣。躳之从身。亦取引義。躳者曲體。古語謂之鞠躳。省謂之躳。故圭瑑人形曲者謂之躳圭。凡曲體者其膂必伸。如弓之開。故以引呂為會意。若使身象人形。則呂者身之一體。既从其全。又从其分。於義無取。自身失本訓。故俗書躳字。變呂从弓。正與䠶之从矢。同其沿革也。【釋身　華國月刊第六期】

◉郭沫若　身字原作□,或反作,舊多釋為弓,殊不類。字乃象人懷任之形,當是身字之異。【師酉𣪘　兩周金文辭大系考釋】

◉馬叙倫　鈕樹玉曰。玉篇引同。韻會無之字。厂聲作𠂣聲。桂馥曰。韻會引作𠂣省聲。𠂣籀文作□。省作□。白虎通。申者。身也。沈濤曰。汗簡引身字作□。疑古本尚有古文身字。龔橙曰。金器銘作□。此誤説從人厂聲。倫按段玉裁王筠朱駿聲皆以為𠂣省聲。而王筠謂身字就意聲以為形。乃象形之極變。則固未能無疑於身之冓造也。張文虎汪榮寶何士驥又各創為説。而皆穿鑿不合六書大齊。轉不若𠂣省聲之善矣。方國瑜就形聲義三方及金文叔向𣪘作□叔氏鐘作□㮚伯𣪘作□。謂即傳之本字。象懷子之形。是也。倫謂篆本作□。仲𣪘父𣪘𣪘字偏傍作□。可證也。盂鼎𣪘字偏傍作□。傳卣作□。則竝從人而象腹有所懷。師酉敦□字。蓋亦□之異文。指事。餘詳孕下。汗簡引者與通录鐘□字合。字見急就篇。毛公鼎作□。【説文解字六書疏證卷十五】

◉高鴻縉　説文□。躳也。从人。象人之身。從人。厂余曳切聲。失人切。按説解就小篆立言。與古形不合。古文應从□。象人身。千聲。形聲穿合。名詞。【中國字例五篇】

◉張日昇　說文云。「身。躳也。从人。象人之身。从人厂聲。」李孝定云「絜文从人而隆其腹。象人有身之形。當是身之象形初字。」甲骨文字集釋頁二七一七。其說是也。金文作[glyph]。[glyph]有一小畫。林義光謂一為地。Hopkins謂用作指事。高鴻縉謂[glyph]象人身。千聲。許君以為厂聲。諸說皆非。絜文身作[glyph]。周初金文殷字作[glyph]。故知身本不从一者。此小畫蓋後之增繁。非初文之本來如此也。【金文詁林卷八】

◉李孝定　身字古文象懷妊之形，已為不易之論。[glyph]下短斜畫無義，文字衍變凡垂直長畫，往往於其間着一短横畫也。高鴻縉氏謂身从千聲，亦誤，[glyph]乃人字，為身之主體，非千聲也。【金文詁林讀後記卷八】

◉戴家祥　說文八篇：「身，躳也。从人，厂聲。」按金文身作[glyph]，象人形，而隆其腹部，腹中一點指腹已受孕，為指示性符號。易艮之六四「艮其身」，虞翻注：「身，腹也。」大雅大明：「大任有身。」毛傳「身，重也」，鄭玄箋：「重謂懷孕也。」一切經音義一引詩作「大任有娠」。國語晉語「昔者大任娠文王」，韋昭注：「娠，有身也。」禮記祭義：「身也者，父母之遺體也。」身字本為象形，加旁作㑗，則為形聲。玉篇二十三：「㑗，妊身也。」廣雅釋詁四「身，㑗也」，又：「娠，㑗也。」身㑗娠不但聲同韻同，而且義同，娠為㑗之形聲變換字，故孟康曰：漢書高帝本紀上顏師古集注引。「身多作娠，古今字。」許說未安。【金文大字典下】

◉許　慎　[glyph]體也。从身。區聲。豈俱切。【說文解字卷八】

◉馬叙倫　身音審紐。古讀歸透。軀音溪紐。同為次清摩擦音。軀從區得聲。區從品得聲。品音敷紐。敷審同為次清摩擦音。故身轉注為軀。然軀訓體也。莊子在宥。頌倫形軀。荀子勸學。曷足以美七尺之軀哉。軀皆謂體。體音透紐。或軀為體之轉注字。作於以身為體之復邪。字蓋出字林。【說文解字六書疏證卷十五】

◉睡虎地秦墓竹簡整理小組　軀，字見曹植墓磚，即軀字。【睡虎地秦墓竹簡】

[glyph] 㐆於沂切【汗簡】

[glyph] 汗簡【古文四聲韻】

◉許　慎　[glyph]歸也。从反身。凡㐆之屬皆从㐆。徐鍇曰。古人所謂反身修道。故曰歸也。於機切。【說文解字卷八】

◉馬叙倫　惠棟曰。古依字。龔橙曰。[glyph]即身。誤說歸也從反身。倫按龔說是也。蓋與依同語原。而非即依字。【說文解

殷

字六書疏證卷十五】

殷 保卣 王令保及殷東國五侯 𩰫卣 佳明保殷成周年 盂鼎 小臣𨘇簋 傳卣 𤅊盤 虢弔作弔殷穀匜 殷穀盤 仲殷父簋 仲殷父鼎 禹鼎 格伯簋 臣辰卣 王令士上衆史寅殷于成周 從宀 臣辰盉 豊卣 【金文編】

宋殷 殷尚 趙殷私印 殷意 殷春 田殷 殷當私印 殷吉 鄭殷 殷柳 李殷 殷牛里 殷奉之印 殷則 公孫殷 殷未央印 【漢印文字徵】

石經多士 有命曰割殷 【石刻篆文編】

竝籀韻 王存乂切韻 【古文四聲韻】

◉許　慎　作樂之盛稱殷。从㐆。从殳。易曰。殷薦之上帝。於身切。【説文解字卷八】

◉馬叙倫　吴穎芳曰。從殳。㐆聲。翟云升曰。九經字樣引作隱平盛也。隱平言隱之平聲。非許書所有也。龔橙曰。作樂之盛稱殷從㐆從殳。形聲皆不合。俞樾曰。作樂之盛即因易文而附會。非殷之本義也。殷從殳。㐆聲。當隸殳部。殷者。擊聲也。殳部之字訓擊聲者三。殸。毆。擊聲也。𣪊。擊空聲也。殷篆當與相次。廣雅釋詁磤與𣪊並曰聲也。磤即殷之俗體。倫按俞先生説是也。此毆之音同影紐轉注字。本作盛也。九經字樣可證。然盛也蓋以聲訓。字見急就篇。【説文解字六書疏證卷十五】

◉高田忠周　説文。殷。作樂之盛偁殷。从㐆。从殳。此篆合。朱駿聲云。按㐆者舞之容。殳者舞之器。或是。但愚謂㐆者作樂人之容。殳者所以擊鼓之意。鼓字形可證矣。鼓可以為樂器總偁故也。【古籀篇三十四】

◉郭沫若　「殷成周」即彼之「朝至於成周」。殷，殆殷覲、殷同之意。有傳卣言，「王在□京，命師田父殷成周[年]」「銘刻彙考續編」二五，見新版「金文叢考」二五一葉。例與此同。【臣辰盉　兩周金文辭大系考釋】

◉郭沫若　𣪘當即𣪘之䌛文。猶福之作𥧊「郝大宰編鐘」、「貞松堂」一·八，若𥨑「𡨦鼎」、「貞松堂」二·三七。鼓之作𡔷甲骨文親之作𥨪史懋壺農卣也。「𣪘于成周」猶傳卣「王令師田父𣪘成周」，䣄卣「明保𣪘成周」。䣄卣與矢令方彝乃同時之器，彼銘云：「隹八月，辰在甲申，王令周公子明保，尹三事四方，受卿事寮。丁亥，令矢告于周公宮，公令𢓊同卿事寮。隹十月月吉癸未，明公朝至于成周𢓊令，舍三事令，眔卿事寮，眔諸尹、眔里君、眔百工、眔諸侯、侯、田甸、男，舍四方令。」卣之「𣪘成周」即彝之「出同卿事寮」，周禮春官宗伯：「𣪘見曰同。」𣪘見之禮，據彝文乃大合內外臣工而會見之，書所謂「四方民大和會，侯甸男䢅采衛百工播民和見士于周」者也。舊説「十二年王不巡狩，則六服盡朝」云云，與古器不合。【臣辰盉　兩周金文辭大系考釋】

◉容　庚　𣪘字書所無。即𣪘字。猶郝太宰編鐘福作𥧊。䣄卣。唯明保𣪘成周年。傳卣。王令師田父𣪘成周□。讀為肙。歸也。【臣辰盉　善齋彝器圖録】

◉饒宗頤　丁丑卜，貞：王其田于盂，𥙊，南沘，立。貞：于北沘，立。丁丑卜貞：王其射，隻，钟。貞：弗𢀛。丁丑卜，犾貞：王其田，𥙊往。丁丑卜，犾貞：王往，𤥓钟。丁丑卜，王田𢀛，弗𢀛。（侯家莊七）

按𥙊字从示在衣中，殆衣祭之「衣」字，益示旁，犾卜辭所見之字，多作繁形，此亦其一例。此𥙊字似可視作地名，竹書言：盤庚自奄遷北蒙曰𣪘，𣪘字契文不見，實即「衣」也。此辭云：「田于盂𥙊南沘立」，謂畋于盂地，至𣪘（衣）之南沘，立讀為涖。易益六四：「利用為依遷國」，或謂依即衣之異寫，是盤庚所遷之𣪘，于卜辭作𥙊，于易作依，俱衣之異文，實即𣪘也。【殷代貞卜人物通考卷十七】

◉高鴻縉　俞樾以為从殳。肙聲。當入殳部。訓擊聲也。近人馬氏曰。廣雅釋詁𣪘與𣪊並訓聲。𣪘即𣪘之或體。是其證。然則作樂之盛稱𣪘者。樂以鼓鼙為主。鼓鼙之聲如雷。詩曰。𣪘其雷。或以此也。【中國字例五篇】

◉蔣大沂　古「命」「令」同字，「王令」即「王命」。王所命的凡三事，第一事便是命保及𣪘。

「保」是接受王命者，應該是一個人。

《周禮·春官大宗伯》「𣪘見曰同」，注「𣪘，猶衆也」。《廣雅·釋詁》「𣪘，衆也」。《周禮》的《春官大宗伯》、《秋官大行人》等職，以各國諸侯一起去見王稱「𣪘見」，也稱「𣪘同」；各國的卿一起去聘王稱「𣪘覜」。在器銘中，却没有「𣪘見」「𣪘覜」的異稱，只叫做「𣪘」。《傳卣銘》説，「王……令師田父𣪘成周……」；《臣辰盉、尊、卣銘》説，「辛酉，王令士上遝史寅𣪘于成周」；皆是其例。郭沫若先生《臣辰盉銘考釋》新版《金文叢考》三二八頁。對「𣪘」的解釋説，「據彝文乃大合內外臣工而會見之，《書》所謂『四方民大和會，侯甸男邦采衛百工播民和見士于周』者也。」這篇銘文的「𣪘」，也正是「大合內外臣工而會見之」的「𣪘」；但前舉《傳卣銘》和《臣辰各器銘》的「殷」，用為動詞，而這器銘的「殷」則為動詞「及」的賓語，應為名詞，當釋作「大合內外臣工而會見之的典禮」。

為什麼說這「殷」是大合內外臣工而會見之的典禮，而不說它是「殷商」的「殷」呢？這是由於銘文後面記時的語句中，有「四方會王大祀」的話。「四方會王大祀」正就是「大合內外臣工而會見之」，但這也正就是「殷」；僅言「外服四方」而不提內服臣工，這又由於言「會王大祀」則在王左右助祭的內服臣工，也自然在會合之列，已可無待於言了。會合者「衆」則會合的規模也「大」，所以《廣雅·釋詁》又說「殷，大也」；此言「大祀」，則又因大會合內外臣工必舉行大祭祀之故（證見後「遘于四方迨王大祀，祐于周」語下）。這銘前面記「殷」；「殷」是盛極一時的大事，記「殷」即可使人連想到殷禮的年代，故在後邊記時間的語句中，即記「四方會王大祀」一事，以代表這一年。這正由於「殷」義為「殷見典禮」，和「四方迨王大祀」是一件事情的兩方面，故得前後互文；若然釋「殷」為「殷商」，則這篇器銘中前後呼應的內在聯係便給硬切斷了。器銘中前面所記的事情和後面所記代表時間的事情互相呼應的，也不僅此器一例而已，安陽後岡圓形殉葬坑所出《戍嗣子鼎》，銘云：「丙午，王商（賞）戍嗣子貝廿朋，才（在）䦎宰，用乍（作）父癸寶䵼，佳（唯）王𠂤䦎大室，才九月。犬魚。」「宰」郭沫若先生以為「宗」字異文；「𠂤」，郭沫若先生以為「廐」字異文，讀若「就」。《考古學報》一九六〇年一期，郭沫若《安陽圓坑墓中鼎銘考釋》。此銘篇首「丙午」一語，和篇尾「唯王𠂤䦎太室」及「才九月」二語，也是一組記時間日、年、月的用語，和本《銘》一組記時用語的排列形式完全相同。前面記王賞戍嗣子貝在䦎宗廟而後面即以王就䦎太室的事情來代表這一祀。這和本《銘》的所記之事和所記代表這一年的事互相呼應，正也完全是一樣的。《戍嗣子鼎》的形式和紋飾同《盂鼎》很相近，可知其下去周初時代已不甚遠，所以其銘文的程式也可和上去殷末不遠的本《銘》相符合。【保卣銘考釋 中華文史論叢第五輯】

◉李孝定 金銘用殷字，其義各殊，盂鼎：「我聞殷墜命。」又「惟殷邊侯田」。又「雩殷正百辟」。小臣謰簋：「白懋父㠯殷八𠂤征東夷。」保卣：「王令保及殷東國五侯。」竊謂當解為方國之名，盂鼎之殷，顯言殷商可證。䣄卣：「惟明保殷成周年。」傳卣：「令師田父殷成周□。」竊疑當讀為𠂣，歸也。它銘之殷，則或為人名。其字許君解為作樂之盛，經傳則有訓盛、訓大、訓正諸解，或云字从身者乃舞之容，殳者舞之器，頗覺牽傅，疑當以形聲字解之，从殳，𠂣聲，詩：「殷其雷」，即言雷聲之盛且大也。【金文詁林讀後記卷八】

◉于省吾 甲骨文殷字作[illegible]或[illegible]形，凡三見（乙四〇四六，乙二七六，辭已殘缺），舊不識。按殷字从攴从㐆互作，契文鼓字从攴也作㐆，是其證。殷字，商器𠨘其卣䰜字从殷作[illegible]，周初器保卣作[illegible]，盂鼎作[illegible]，可以互證。說文：「殷，作樂之盛稱殷，从㐆从殳。易曰，殷薦之上帝。」段注：「樂者樂其所自成，故从㐆。殳者干戚之類，所以舞也。」又謂：「豫象傳曰，雷出地奮豫，先王以作樂崇德，殷薦之上帝，以配祖考。鄭注，王者功成作樂，以文得之者作籥舞，以武得之者作萬舞，各充其德而為制。配天帝以配祖考者，使與天同饗其功也。」按許氏釋殷為作樂之盛，臆測無據。段注和其他說文學家皆緣飾許說，無一是處，不煩詳引。又許氏列㐆為部首，並謂：「㐆，歸也，从反身。」其實，契文身字作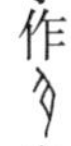也作，反正互見。許氏別㐆于身以及殷从㐆之說，不攻自破。

我認為，古文殷字象人內腑有疾病，用按摩器以治之。商器火簋有字（隸定作⿸疒殷），象病人臥于牀上，用手以按摩其腹部。又商器父癸卣有字（也見觚文和觶文，隸定作⿸疒⿱宀殷），象宅內病人臥于牀上，用按摩器以按摩其腹部，而下又以火暖之之形。⿸疒⿱宀殷乃⿸疒殷字的繁構。魏三體石經書多士的古文殷作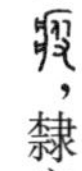，隸定作⿸疒殷，是⿸疒殷與殷古通用。史記扁鵲傳的「撟引案抗」，索隱以為撟與抗均謂按摩。漢書藝文志有「黃帝岐伯按摩十卷」。莊子外物的「眥㜸（唐寫本作揃搣）可以休老」，朱駿聲說文通訓定聲揃字下，謂眥搣「蓋揅揅按摩之法」。韓詩外傳（卷十）敘扁鵲為虢世子治病，使「子游按摩」。以上畧述古代用按摩法治病。依據契文，商人患病多乞佑于鬼神而不用醫藥。但本諸前文所述，可見商人患病除乞佑于鬼神外也用按摩療法。

說文謂「作樂之盛稱殷」，應改為「疾病之盛稱殷」。典籍中既往往訓殷為盛為衆，又往往訓殷為痛為憂，則均由疾病旺盛之義引伸而來。總之，甲骨文殷字从身从攴，象人患腹疾用按摩器以治療之。它和作樂舞干戚之形毫不相涉。說文又不知古文之不分反正，而別㐆于身，其沿譌襲謬，由來已久。【釋殷　甲骨文字釋林】

◉胡厚宣　武丁時龜腹甲卜辭中有一片稱：

其

□□

拓本見《殷虛文字乙編》276片，摹本見《殷虛文字乙編摹本示例》（刊《中國文字》第5册，1961年；又《董作賓先生全集》乙編第7册，1978年）。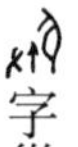字從身從攴，于省吾先生釋殷（見所著《甲骨文字釋林》321頁《釋殷》，1979年）。其說甚是。

我意字左旁從又持，又即手，在古文字乃矢鏃弋箭之一端，象尖銳器，疑即針，者示針之一端，尖銳有刺，字蓋象一人身腹有病，一人用手持針刺病之形。

針刺作痛，故殷有痛意。《廣雅・釋詁》：「殷，痛也。」殷亦作慇，《詩經・邶風・北門》「憂心殷殷，」《釋文》：「本作慇。」《小雅・正月》即作「憂心慇慇」。《說文》：「慇，痛也。」殷又作隱，《易經・豫》「殷薦之上帝」，《釋文》：「殷京作隱。」《詩經・邶風・

柏舟》「如有隱憂」，毛傳：「隱，痛也。」

考我國自古治病，有針刺之法。　古籍中或稱針，如《易林》：「針頭刺手，百病瘳愈。」針亦作箴，如《左傳》襄公四年：「宜箴王闕。」宋本《正義》：「每官各為箴辭以戒王，若箴之療疾，故名箴焉。」又如《文選序》「箴興於補闕」，五臣注：「箴所以攻疾防患，亦猶針石之針以療疾也。」箴即針。　針用以刺病，故又稱刺，如《急就篇》「灸刺和藥逐去邪」，顏注：「刺從箴刺之也。」又如《鹽鐵論》：「拙醫不知脈理之腠，血氣之分，妄刺而無益於疾，傷肌膚而已矣。」

古代刺病之針，最早大約以石為之。　所以古籍中或稱石，如《左傳》襄公二十二年：「美疢不如惡石，夫石猶生我。」杜注：「愈己疾也。」又如《戰國策・秦策》「扁鵲怒而投其石」，高注：「石，砭石，所以砭彈人臃腫也。」

因石可以療疾，所以古籍中又稱藥石。　如《左傳》襄公二十三年「孟孫之惡我藥石也」，杜注：「猶藥石之療疾也。」又如《文選》枚乘《七發》：「今太子之病，可無藥石針刺，灸療而已。」又如玄應《一切經音義》十八：「攻病曰藥石，古人以石為針。」

藥石以刺病，刺病曰砭，所以古籍中又稱砭石。　《說文》：「砭，以石刺病也。」段注：「以石刺病曰砭，因之名其石曰砭石。」又《素問・異法方宜論》：「東方之域，其病為癰瘍，其治宜砭石。」王注：「砭石如玉，可以為鍼。」

砭石治病，必作為針，故又稱鍼石。　如《史記・扁鵲列傳》：「疾在血脈，鍼石之所及也。」又如《鹽鐵論》：「所謂良醫者，貴其審消息而還邪氣也，非貴其下鍼石而鑽肌膚也。」又《漢書・藝文志》「用度鍼石」，顏注：「石謂砭石，即石箴也，古者攻病則有砭。」又《後漢書・趙壹傳》「鍼石運乎手爪」，李注：「古者以砭石為鍼。」又《潛夫論》：「病不愈者，唯鍼石之法誤也。」

鍼石亦作箴石。　如《山海經・東山經》載「高氏之山，其下多箴石」，郭注：「可以為砭針，治癰腫者。」

鍼石箴石亦作針石。　如《淮南子・說山訓》「醫之用針石」，高注：「針石所抵，彈人癰痤，出其惡血。」蓋鍼與箴同即針字。

古代以石針治病，其起源當在原始社會時期。　那時還没有金屬發明，所以只能用石針刺病。　後來到了階級社會，發明了金屬，刺病的石針，遂以金屬針刺代之。　如《左傳》襄公二十三年「惡石」，服注：「石，砭石也，季世無佳石，故以鐵代之耳。」玄應《一切經音義》：「古人以石為針，今人以鐵，皆謂療病者也。」又《洪武正韻》：「古者以石為箴，今人多以鐵為之。」金屬發明以後，用金屬代替石針，以石針刺病的技術，就漸漸不用了。　所以《漢書・藝文志》「鍼石」，顏注：「石謂砭石，即石箴也；古者攻病則有砭，今其術絶矣。」

殷代已是奴隸社會，青銅藝術非常發達，但是否有鐵，目前還在争論之中，即是有，亦尚未能普遍應用。　殷代刺病之針，一般當是以青銅制成。

古代針刺，由古籍看來，主要是治療臃腫。《素問》載：「其病為癰瘍，其治宜砭石。」《山海經・東山經》郭注：「砭針治癰腫者。」《戰國策・秦策》高注：「石砭所以砭彈人臃腫也。」《淮南子》高注又說：「針石所抵，彈人癰痤，出其惡血。」大約有癰痤之疾，用砭石針刺，使惡血排出，便可痊愈。

從古籍記載來看，針刺的方法，主要是鑽刺肌膚。《鹽鐵論》說：「下鍼石而鑽肌膚。」又云：「妄刺而無益於疾，傷肌膚而已矣。」《後漢書・趙壹傳》李注：「凡鍼之法，右手象天，左手法地，彈而怒之，搔而下之，此運手爪也。」對於用手針刺的方法，更是一種生動的形容。

甲骨文殷字作殷，从身从殳，身作身，在這裏可以解釋為象人身腹患疾臃腫，呈人以銅針刺之之形。

以針刺治病的醫術，也見於東漢的畫象石。據劉敦愿先生《漢畫象石上的針灸圖》一文（刊《文物》1972年6期）所說，山東曲阜文管會在孔廟裏集中了一批微山縣兩城山出土的東漢畫象石，其中有四塊「雕刻着帶有濃厚宗教神話色彩的針灸行醫圖象」，圖象上「散披頭髮魚貫而來的一羣，是求醫的病人，他們有秩序地跪坐在那裏等候針治。醫生正在為第一個切脈，同時又在進行針灸」。

劉文又說：「大約由於針很細，無法表現，所以一般只用醫生揚舉的手勢示意，或者索性把針特別強調出來，因是浮雕，所以纖細的針，也就成了短粗的棒了。」由此看來，東漢時候針刺治病的針，很可能已經不是砭石，而是金屬的針了。

劉文還說：「針灸行醫者是個神話中的人物，神醫作半鳥半人形象。」「針灸行醫圖象所見半鳥半人的神物，當是由鳥圖騰崇拜演化而來。」考我國古代，商族是以鳥為圖騰的（看拙著《殷卜辭中商族鳥圖騰的遺跡》，刊《歷史論叢》第1期，1964年。又《甲骨文所見商族鳥圖騰的新證據》，刊《文物》1977年2期）。我疑心這類神醫針灸的神話或者就與商代有關。

總之，我國以針刺治療臃腫的疾病起源甚早，在原始社會即已有之。最早的針以石制，其名為砭。因砭為石制，故又稱砭石，亦簡稱石，以用其治病，故又稱藥石，以其形制為針，故又稱針石，針亦作鍼，故又稱鍼石，針亦作箴，故又稱箴石。到了階級社會的青銅時代，石針就改用青銅。甲骨文殷字，正象一人患病，另一人手持銅針以刺病之形。【論殷人治療疾病之方法 中原文物一九八四年第四期】

◉黄錫全 「曰」下第一字「𠂤」，如正過來即作𠂤。我們認為𠂤即反身形之㐆，丁山先生曾隸作㐆是對的。《說文》㐆「從反身」。金文身字作身（𢦚毁）、身（弔趞父卣），省作身（公子土斧壺），殷字作殷（鬲卣）、殷（盂鼎）或殷（𤔲盤）殷（般𣪕盤）、殷（仲殷父毁）等，是𠂤下有無一横關係不大。思泊先生所著《商周金文録遺》264器有字作殷，應是殷字，所從之𠂤與鏄銘相合。因此，

□或□即㐆可以無疑。□後之「十」，如不是泐痕，我們認為就是□脫去下部□形。殷字所從的□、□本在㐆右，此位於㐆左，這種結構在金文中並不鮮見。如敢字就作□(沈子它毁)；故字作□，或作□(鄧公毁)；敏字作□，或作□(𢦏毁)等。因此，□也可作□或□，反過來即作□或□，脫去□形便作□或□。【楚公逆鎛銘文新釋　武漢大學學報一九九一年第四期】

◉戴家祥　說文八篇：「殷，作樂之盛稱殷，从㐆从殳。易曰，殷薦之上帝。」段玉裁注：「樂者樂其所自成，故从㐆。殳者干戚之類，所以舞也。」按許慎訓釋無據。段注亦屬揣測。高田忠周謂樂人擊鼓之形。郭沫若釋殷為「殷覜殷同之意」無說解。于省吾在甲骨文字釋林一書的釋殷一文中認為：「甲骨文殷字从身从攴，象人患腹疾用按摩器以治療之。」說解甚詳。但都建立在對字義臆測的基礎之上，難以置信，其初義有待再考。金文殷用作國名或人名。【金文大字典中】

衣

甲三三七　象形　卜辭衣殷通用　合祭稱衣祭即殷祭　粹八五　自上甲衣至于多毓亡𡆥　粹一二二四　鐵一二一·二

佚六〇七　佚九一六　佚九四〇　甲一一九〇　地名即殷在今河南沁陽縣境內　甲一三四八　甲一三九〇

甲一四六九　甲一五四九　乙一〇七　福八　前一·一六·四　前一·三〇·四　前二·三一·六

前三·二七·七　前六·四四·六　後一·二〇·三　後一·三一·一　林二·六·二　戩二六·三

掇一·七六　燕四五　燕五九一　河一一四　【甲骨文編】

甲131　327　807　1190　1348　1469　1549　2118　2169　2416　2769

2813　2922　3914　3916　乙107　3337　7119　7766　7814　珠10　272

1049　1091　福8　零22　53　佚113　607　916　940　945　續1·172

2·1·1　2·1·3　3·12·6　3·28·1　4·14·6　5·13·6　徵8·27　10·116

12·60 凡2·1 録10 114 鄴33·6 鄴40·10 新3225 鄴三48·13 50·13 天31

東方107 續存1480 1483 書1·12·E 粹85 224 496 1041 新3209

5005 5296 外216 乙811 862 1206 2071 3094 3222 3274 4983

5305 6684 6927 7233 7766 珠21 538 993 佚320 763

續3·38·4 5·26·11 6·13·2 6·19·11 掇217 徵10·63 10·64 11·96 11·135 12·72 京3·31·3 摭15 六雙2 續存236 473 1297 粹1325 【續甲骨文編】

衣 天亡簋 衣祀于王 讀如殷 沈子它簋 復尊 陵弔鼎 盂鼎 趩簋 免簋二 師奎父鼎 無叀鼎 豆閉簋 休盤 敔簋 吳方彝 冒壺 昫簋 殺簋 頌鼎 頌壺 頌簋 多友鼎 戎伐笱衣孚又衣復笱人孚又唯孚車不克以衣焚 袁盤 伯晨鼎 【金文編】

5·141 咸衣 5·146 咸陽衣 【古陶文字徵】

89 261 【包山楚簡文字編】

衣 秦七八 四十五例 秦九五 十一例 日乙二三 二十六例 日甲一一九背 八例 【睡虎地秦簡文字編】

青衣道令 衣福之印 衣平之印 衣莫 【漢印文字徵】

衣 【汗簡】

道德經 汗簡 籀韻 汗簡 【古文四聲韻】

●許　慎　𧘇依也。上曰衣。下曰裳。象覆二人之形。凡衣之屬皆从衣。於稀切。【説文解字卷八】

●劉心源　(天無敔)卒或釋衣。非。卒从衣作𧘝。此作𧘇。乃卒省。卒祀謂終祀也。【奇觚室吉金文述卷四】

●孫詒讓　(大豐敔)衣字二見。以文義推之並當為殷之叚字。説文。殷从㐆。从殳。㐆與衣音近。故此叚衣為殷。禮記中庸壹戎衣。即書康誥殪戎殷。鄭注。衣殷同聲。是其證也。【古籀餘論卷三】

●孫詒讓　𧘇字奇古難識。讓案疑褱之省。説文衣部褱。解衣而耕謂之褱。从衣㲋聲。此从𠆢。似即衣字。从爻者。㲋之省。【契文舉例卷下】

●羅振玉　𧘇𧘇　説文解字。衣。象覆二人之形。案。衣無覆二人之理。段先生謂覆二人。則貴賤皆覆。其言亦紆回不可通。此蓋象襟衽左右掩覆之形。古金文正與此同。又有衣中著人者。亦衣字。【殷虚書契考釋卷中】

●王國維　衣為祭名。未見古書。惟濰縣陳氏所藏大豐敦云。王衣祀于丕顯考文王。案。衣祀疑即殷祀。殷本㐆聲。讀與衣同。故書康誥殪戎殷。中庸作壹戎衣。鄭注。齊人言殷聲如衣。呂氏春秋慎大覽親郼如夏。高注。郼讀如衣。今兗州人謂殷氏皆曰衣。然則卜辭與大豐敦之衣殆皆借為殷字。惟卜辭為合祭之名。大豐敦為專祭之名。此其異也。【殷禮徵文　王國維遺書】

●高田忠周　按説文。𧘇所以蔽體者也。上曰衣。下曰裳。象覆二人之形。此謬説也。果如許言。篆文當作𧘇。而金文皆如此。又漢印文無一字合許氏者。朱氏駿聲云。按上象首弁。中象兩袖。下象衣𠂢之形。與亥異意。許云。覆二人者。釋字形如之。猶反从為比。反后為司。非説其義。此説亦非是。同文備考。字作𧘇云。上體服也。人象領袖。八以象衽。从左掩右。順天左旋之形。小篆作𧘇。是左衽矣。愚以義正之。此考為得。而稍失於穿矣。愚謂此篆元當作𧘇。人以象首頸連身之處。𧘇以象合衽之形。此純然象形也。但古或左衽或右衽。故文有作𧘇者。又有作𧘇者也。易説卦。荀九家。乾為衣。即可證衣字本義也。【古籀篇六十七】

●陳邦懷　余以為卜辭之衣祭即小戴記之殷祭。鄭君注記謂。齊人言殷聲如衣。是殷商之衣祭即姬周之殷祭。衣祀之偁雖見於周之聃敦。然其祭義判然各别。蓋殷之衣為統祭。周之衣為專祭也。【殷虚書契考釋小箋】

●吳其昌　衣祀為商代之祭禮，殷虚甲骨文字中記衣祀致多，可證。前編卷二頁二十五云：「辛巳卜貞，王賓𠁁上甲，衩至于多姯后。衣，亡尤。」「癸丑卜貞，王賓自田，至于多姯后。衣，亡尤。」「□亥卜貞，王賓衩自田，至于多姯后。衣，亡尤。」又羅氏考釋引後編云：今本後編未見，蓋考釋成于甲寅，後編成于丙辰，甲寅時擬編入後編，至丙辰而遺之也。「丁丑卜貞，王賓自武丁至于武乙。衣，亡咎尤。」又「甲辰卜貞，□亦祭名且乙、且丁、且甲、康且丁、武乙。衣，亡咎尤。」皆衣祀也。同聲假借。則衣又作殷。書康誥：「文王殪戎殷。」而中庸作「壹戎衣」。鄭玄注曰：「衣讀如殷，齊人言殷聲如衣。」是其證也。作册䚄卣云：「隹明倲保殷成周年。」其在經典，則易象上傳豫卦云「殷薦之上帝」是也。亦繁而作㲄。臣辰盉云：「王命士上眔史寅，㲄於成周。」是也。更後則名為殷祭。禮記曾子問云：「除服而后殷祭。」又鄭玄注周禮大宗伯云：「率五年而再殷祭，一祫一禘。」是也。殷祭亦名殷奠，禮記喪大記云：「主人具殷奠之禮。」又劉熙釋名釋喪制云：「朔望祭，曰殷奠。」是也。【金文曆朔疏證】

◉陳　直　羅氏殷虛書契考釋云：「卜辭言衣者頗多。衣亦祭名。而合諸祖祭之。其制則不可知矣。」王氏國維考衣即殷祭。甚碻。余案。此殷之祫禘二祭也。春秋文二年經：「八月丁卯大事于大廟。」公羊傳云：「大事者何。大祫也。大祫者何。合祭也。其合祭奈何。毀廟之主。陳于大祖。未毀廟之主皆升合于大祖。五年而再殷祭。」説文云：「禘。禘祭也。」「祫。大合祭先祖親疏遠近也。」三歲一祫。五歲一禘。詩商頌長發毛傳云：「大禘也。玄鳥祀高宗也。」鄭箋以祀為祫之誤。是殷代有禘祫二祭也。公羊文二年何休解詁云：「禘所以異於祫者。功臣皆祭也。」卜辭「丁丑卜貞王賓自武丁至于武乙衣亡尤」一條皆殷先祖名。是為祫祭。「甲辰卜」「辛巳卜」等條自上甲微至于多姑衣不盡殷先祖之名。故知為禘祭。卜辭皆統稱曰衣。是殷禮與周禮微異也。又案。卜辭合祭之祖最遠者為上甲微。知殷人以上甲為大祖。魯語所云「上甲微能述契者殷人報焉」為不誣矣。【殷契賸義】

◉商承祚　金文頌作衣。盂鼎作衣。趩尊作衣。甗侯鼎作衣。皆象衣領襟及兩袖之形。説文謂：「象覆二人之形。」衣無覆二人之理。段玉裁文其説曰。「覆二人則貴賤皆覆。」紆回不通。令人失笑。【甲骨文字研究下編】

◉徐協貞　衣古衣字。説文。上曰衣。下曰裳。象覆二人之形。字形既變。遂生異解。古文上象領袖。下左短右長。象合掩之形。又引易繫。黄帝堯舜垂衣裳而天下治。是殆周秦人語耳。衣係方名。衣為衣方从人字。⿰虫衣為衣方从女字。其辭如下。

(1) 貞不其衣　藏一二。

(2) 缺在⿱口土貞□衣專犬　後編上一一。

(3) 丁亥卜爰貞糾乎衣䡖□　前編七卷一一。

(4) 衣□土方　前編六卷三四。

(5) ⿰虫衣　類纂存疑一二。

□應為依。集韻於希切。音衣。音尚未改。説文倚也。又户牖之間謂之依。義已别出矣。□應為㐆。集韻於希切。音衣。女字古音義均存。(2)□闕釋。□古百字。亦方名。說見前。(3)□古郭字。亦方名。說見方一。(4)□象埋亨方人之形。說見祭二。【殷契通釋卷三】

◉葉玉森　□　商氏待問編卷二第五葉録作□。乃不可識。諦察影本塙為衣字。

□羅振玉氏釋虫。增訂考釋中第二十三葉。森桉。此衣字。諦察影本。乃加ㄟ于□上。實作□。非虫字。【殷虚書契前編集釋卷二】

◉孫海波　□舊無釋，窃疑衣字，从爻，象衣。文飾之形，即後世卒字所从出。⊘按衣卒古音同居微部，義亦相通。吕覽离謂篇：「鄧析約與民之有獄者，大獄一衣，小獄襦卒」，卒即裕，犹衣也。史記淮南王安傳：「又欲令人衣求盗衣」，集解引漢書音義曰：「卒，衣也。」顔注：「求盗卒之掌逐捕盗賊者。」是衣卒通用之證。古者卒衣染衣，以昭識别。尉繚子兵教篇：「卒異其章，書其章曰某甲某士。」是皆卒衣有題識也。有題識之衣，衣者為卒，故名其衣曰卒，然則卒當从衣象形，此正象衣有題識之形，故曰衣字緐文。小篆别卒于衣襟之衣，加一以識之。段氏不察，增云「故从衣一」，非其朔矣。【卜辭文字小記　考古社刊第三期】

◉金祖同　甲文之衣即殷之初字。殷則周初所制以之稱商者。故甲文不見殷字。【殷虚卜辭講話】

◉馬叙倫　鈕樹玉曰。繫傳疑義篇作□。嚴可均曰。小徐云。説文作□。體與小篆□異。則唐本作□。與古籀偏傍同。孫星衍曰。人當為ㄥ。ㄥ。古文肱。況祥麟曰。篆當作□。象形。孔廣居曰。衣本作□。上象領襃。下象袪之層疊形。張文虎曰。衣字本象形。人象領。□象兩袖左右襟相掩及裾下垂之形。沈乾一曰。衣古音哀。哀從衣聲。存衣古音。倫按。金文袁盤作□。盂鼎作□。趩尊作□。甲文作□□□□。□□為象形。具體則如沈説也。説解本作依也象形。校者加上曰六字。又據篆作□者改也。字見急就篇。【説文解字六書疏證卷十五】

◉徐　復　説文。部首衣。依也。上曰衣。下曰裳。象覆二人之形。於稀切。孫星衍曰。象覆二人之形不可解。二之當作二乚。乚即古肱字。陳氏鱣同孫説。王蕓友曰。上似入字。下似兩二人字。鐘鼎文皆然。説文所收古文从□者。直从兩人字。蓋傳寫之誤。説文校議議云。按从人。下从□。象領袖形。□者。二人合也。即从字。于六書為象形。蒙上从部説解。當言从入覆二人。象衣形。則通矣。以上三説。與説解原意不合。必不可从。段玉裁曰。自人部至此及下老部尸部。字皆从人。衣篆非从人。則無由次此是也。然一衣止覆一人。何以取象二人。殊不可曉。段云。貴賤皆覆。吳曾祺亦曰。二人即多人也。衣為人人所必覆。若製字僅作覆一人。則于人人所覆之旨不著。故比而併之。此皆曲説。俞曲園兒笘録云。衣之本意。蓋謂被也。論語。必有寢衣。孔鄭注並云。寢衣。今被也。許君於被篆下亦引論語文。蓋被者。衣之本義。而衣裳者。其引申義。引申義行而本義轉為所敓。乃謂被為寢衣。以別于晝所着之衣。不然。被何以得有衣名乎。釋名釋衣服曰。被。被也。所以被覆人也。衣字之形。象覆二人。正與被義合。其从二人者。或象夫妻歟。亥篆説解曰。一人男。一人女。是其例也。許君覆二人之説。必有所受。乃但知其為衣裳字。而不知其為衣被字。則字形是而字義非矣。俞氏此論可从也。【小學折中記　金陵大學文學院季刊二卷一期】

◉郭沫若　衣即殷。書康誥「殪戎殷」，中庸作「壹戎衣」，鄭注云「衣讀如殷，聲之誤也。齊人言殷聲如衣」。呂氏春秋慎大覽「親郼如夏」，高注「郼讀如衣，今兖州人謂殷氏皆曰衣。」大豐𣪘「王衣祀于王丕顯考文王」，孫詒讓讀衣祀為殷祀。卜辭屢見「自上甲至于多毓衣」，王國維亦讀衣為殷祀之殷。【器銘考釋・沈子簋銘考釋　金文叢考】

◉楊樹達　前編二卷廿五葉之五云：「辛巳，卜，貞，王賓上甲𠬝至于多毓，衣。」後編上卷廿葉之三云：「丁酉，卜，貞，王賓△自上甲至于武乙、衣，亾尤？」王國維云：此所祭者皆不止一人，其祭名皆謂之衣。案衣謂祭名，未見古書，惟濰縣陳氏所藏大豐敦云：「王衣祀于不顯考文王。」案衣祀疑即殷祀。殷本㐆聲，讀與衣同，故書康誥「殪戎殷」，中庸作壹戎衣。鄭注：「齊人言殷聲如衣。」呂氏春秋慎大覽：「親郼如夏。」高注：「郼讀如衣。今兖州人謂殷氏皆曰衣。」然則卜辭與大豐敦之衣，殆皆借為殷字。惟卜辭為合祭之名，大豐敦為專祭之名，此其異也。殷禮徵文六。

後編上卷廿葉之五云：「甲辰，卜，貞，王宊𡍐祖乙、祖丁、祖甲、康祖丁、武乙、衣，亡尤？」郭沫若云：衣讀為五年而再殷祀之殷。大豐𣪘衣祀，孫詒讓讀衣祀為殷祀，古籀餘論下十三。王國維釋卜辭同此説。近出沈子𣪘：「念自先王先公迺妹克衣」，即用為殷周之殷。殷祀乃合祭，此𡍐祭五世，正合。通纂二之廿一。【卜辭求義】

◉陳夢家　卜辭中的衣有兩種用法：一為動詞，一為名詞。動詞之衣為祭名，王國維首先據古書和天亾𣪘（舊稱大豐𣪘）衣殷通用之例，定為殷祭之殷（殷禮徵文）。地名之衣，則郭沫若首先指出，説「衣當讀為殷，水經沁水經又東逕殷城北，注引竹書紀年云秦師伐鄭，次於懷，城殷。地在今沁陽縣」（卜通635）。他在卜辭通纂序中又申述此説，以為噩、衣、盂、雍、四地相近，晚殷「畋遊之地多在今河南沁陽附近」。此説與王國維所考定的雍盂二地名（觀堂別補3—4），正相符合。王氏個別的考定，經此田獵區的聯系，乃更為可信。董作賓則以為田獵區在大邑商附近，以為商即商丘，都是對的；而以大邑商為商，則是錯的（殷曆譜下9:62）。據沁水經殷城在懷縣之南，沁水分隔兩地，殷在水南而懷在水北。此殷城即卜辭之衣。

卜辭作為田獵區地名之衣，始見於廩辛卜辭（甲3914），武文卜辭亦偶有之（粹1041），而最多見於乙辛田遊的卜辭中。證之尚書無逸稱祖甲以後殷王之逸於田遊之戒，可知晚世殷王好田。

卜辭有「衣」而無「殷」，所以西周初期金文天亾𣪘「衣王」，沈子它𣪘「克衣」都是殷字，康誥「殪戎殷」而中庸作「壹戎衣」，可以為證。

西周改商為殷，所不改者乃是地名之商，如：

1. 克商　小臣單尊，金縢
2. 伐商邑，伐商圖　康侯啚𣪘，宜侯夨𣪘
3. 商邑　牧誓，酒誥，立政
4. 天邑商　多士

周武王滅紂以後，立其子武庚於朝歌之商邑，其後武庚叛，成王伐之而封康侯於此，國號曰衛。此所謂衛其實就是殷：

呂氏春秋慎勢篇　湯其無郼，武其無岐豐也　注云：郼，殷舊封國名。

呂氏春秋慎大篇　夏民親郼如夏　注云：郼讀如衣，今兗州人謂殷氏皆曰衣。

路史國名紀丁　郼，殷也，讀如衣。　蓋本杜亳，契都，故不韋曰湯嘗約於郼薄。

中庸　壹戎衣　注云：衣讀如殷，聲之誤也，齊人言殷聲如衣。

此可證郼、衣、殷之為一，而郼即衛，所以康侯啚𣪘曰「王朿伐商邑，祉令康侯啚于衛」，史記衛世家曰「封康叔為衛君」，而逸周書作雒篇曰「俾康叔宇於殷」。

上述周祭即後世所謂殷祭。卜辭的「衣」即殷祭。尚書康誥「殪戎殷」，中庸作「壹戎衣」，鄭玄注云「齊人言殷聲如衣」，呂氏春秋慎大篇高誘注云「今兗州人謂殷氏皆曰衣」，公羊傳文公二年曰「大祫者何？合祭也。……五年而再殷祭」。此所説殷為合祭是對的，五年而再殷則是後世之制。卜辭「衣」祀始於武丁卜辭：

貞羽甲其砉自上甲衣，亡它，七月。　下34·1

砉自上甲衣　明845

癸丑卜爭貞㞢彳伐自上甲至于多后　前5·42·5

上甲至于多后，十三月。　前2·25·3

戊寅卜貞𩵋彡歲自母辛衣　前1·30·4

癸亥卜古貞桒年自上甲至于多后　甲2905

癸未卜賓貞羽甲申□彳歲□□至于多后……　簠帝171

除第一二例外，其它都不是周祭。由此亦可知此時已有周祭的萌芽，惟至祖甲始為完備。【殷墟卜辭綜述】

◉李學勤　商王狩猎時有時采用「衣」或「衣逐」的方法。「衣」讀為「殷」，訓同或合，衣逐即合逐之意。前人解「衣」為地名，指為沁陽的殷城，是錯誤的。例如在廩辛卜辭中常見「衣豕(逐)」或「王衣豕(逐)」：

□□卜狄貞，(王)其田，衣逐，亡災？　京四四四一(三・一)

戊午卜貞，王其田，衣逐，亡災？　甲一五四九(三・一)

□丑卜貞，王衣逐，(亡)災？　甲一二三四(三・一)

如以「衣」為殷城，則于「王衣豕」就无法讀通。五期卜辭常見「干支卜在某貞，衣逐，亡災」之例，其所在地名有十八個之多。同時下列卜辭明舉了所田之地：

辛巳卜在敦貞，王田兖，衣，亡災？　前二・四三・一

壬申卜在□貞，王田溠、衣(逐)，亡災？　前二・・二・二

□□卜在禾貞，(王田)瀗，衣(逐)，亡災？　林二・二〇・九

足證「衣」在此並非地名。【殷代地理簡論】

◉高鴻縉　字原象衣一身及兩袖之形。非覆二人也。說解誤。徐灝曰。此象形文。明白無可疑者。許君蓋偶未審耳。王筠曰。人無羽毛鱗介。以衣為所依也。是為音訓。【中國字例二篇】

◉李孝定　說文。衣。依也。上曰衣。下曰裳。象覆二人之形。栔文與篆文全同。羅氏謂象襟衽左右掩覆之形。其說是也。字在卜辭為合祭之名。羅王之說亦可從。陳直氏以周𠙹禘祫之義比傅說之。歷世綿邈。文獻難徵。恐未易言也。【甲骨文字集釋卷八】

◉張日昇　說文云。「衣。依也。上曰衣。下曰裳。象覆二人之形。」林義光謂象領襟袖之形。其說是也。大豐𣪘衣字兩見。「衣祀于王丕顯考文王」之衣祀為專祭之名。與卜辭為合祭之名有別。又「不克乞衣王祀」之衣叚為殷商之殷。吳其昌以作冊𦉢卣「隹明保殷成周」及臣辰盉「王命士上眔史寅殷於成周」之殷。讀為殷薦之殷。視與衣祀為一事。郭沫若釋殷于成周之殷為殷覜殷同。郭說是也。【金文詁林卷八】

◉張秉權　□，或作□，與□是一個字的數種不同的寫法，我在本編上輯（一）圖版叄叄，三六片的考釋中，把它釋為「衣」字，而没有加以特别的説明。最近友人李陸琦（孝定）兄撰甲骨文字集釋，採用王襄郭沫若丁山唐蘭孫海波等人之説，以為這是「卒」字（見卷八頁二七二五——二七二七），但我認為這個字，仍應釋為「衣」字。因為本編圖版叄壹，三四至圖版叄伍，三八等五版，是一套成套的大龜腹甲，在圖版叄叄，三六的第（四）辭中，則作□形，它們的詞性，詞位和用法完全一樣，而且在一套卜辭之中的同樣地位，所以我認為那是一字的異体。【殷虛文字丙編考釋】

◉黄盛璋　此銘（多友鼎）「衣」字三見：「衣孚」、「衣复荀人孚」、「唯車不克以，衣楚」，「衣」皆讀為「卒」。「卒」有「終（最后）」、「盡」意，「衣孚」謂「盡俘」，「衣复荀人孚」謂「盡复荀人俘」，「唯車不克以，衣焚」，謂「車不克（能）帶走，盡焚」，如解為「最后」亦合。《戜毀》有，「衣博」，唐蘭先生讀「衣」為「卒」，並謂子卣「誶」字作「諑」，《燕王戈》「萃」字亦作「莪」為證，當時僅有一器，無可驗證，所舉兩例，亦難為證，今有此鼎銘，則讀「卒」可定，而字形確為「衣」非「卒」。《敔毀》「奪孚（俘）人四百，禀于榮伯之所，于烋衣肆，复付厥君」，舊多誤解「衣」為衣服意，今由此銘決知，「衣」亦讀為「卒」，意正為「盡」。「肆」从言，聿聲，字書不見，當與「筆」意有關，意謂在烋盡行登記畢，交還原主，如此「衣」必讀「卒」，可以互證。

鼎銘「衣」字三見，確讀為「卒」，意為「最后」、「盡」。从而證明戜毀之「衣博」與敔毀之「于烋衣肆」皆讀為「卒」，解決久已遺失的「衣」字古義。【多友鼎的歷史與地理問題　古文字論集（《考古與文物》叢刊）】

◉商承祚　衣，此組簡皆作□，點，表示着衣束帶的帶結形，銅器外卒鐸的卒字作□，知衣、卒在戰國時期是通用的。【長沙仰天湖二五號楚墓竹簡遺策考釋　戰國楚竹簡匯編】

◉柯昌濟　島（邦男）氏釋為卒字，按字似从重複衣之象形，余疑為萃字，萃字與卒字古字形義皆相近，萃又有集合之義。卜文中之□入釋為萃入即卒入，似亦可通，姑舉以俟證。【殷墟卜辭綜類例證考釋　古文字研究第十六輯】

◉徐中舒　□一期庫五五〇　疑以縱横交錯之文表示衣之質地為粗織維編織所成。或即相當于《説文》之「褔、編枲衣」。段注：「謂取未績之麻，編之為衣。」又：「褐，編枲韤；一曰：粗衣。」【甲骨文字典卷八】

◉戴家祥　説文八篇：「衣，所以蔽體者也。上曰衣，下曰裳，象覆二人之形。」朱駿聲認為上象首弁，中象兩袖，下象衣垂之形，甚是。甲骨文用作祭祀名，衣祀致多。衣祀之衣或聲假作殷，如書康誥「文王殪戎殷」，而中庸作「壹戎衣」。鄭玄注曰「衣讀如殷，……齊人言殷聲如衣。」金文作册覴卣和臣辰盉衣亦作殷或㱱。關於殷祭，鄭玄注周禮大宗伯曰：「率五年而再殷祭，一祫一禘是也。」殷祭亦名殷奠，釋名釋喪制云：「朔望祭曰殷奠是也。」【金文大字典下】

◉許　慎　𢦏制衣也。从衣。𢦏聲。昨哉切。【説文解字卷八】

◉馬叙倫　桂馥曰。製衣二字當合為製字。本書。製。裁也。翟云升曰。類篇引作製也。倫按製裁轉注字。裁從才得聲。才屯一字。屯音知紐。製音照紐三等。同為舌面前音。屯聲真類。製聲脂類。脂真對轉也。【説文解字六書疏證卷十五】

衮 六七：三六　內室類參盟人名　【侯馬盟書字表】

衮 衮　師𩛥鼎　錫女玄衮黼屯　衮 吴方彝　玄衮衣　衮 伯晨鼎　玄衮衣　衮 从谷　𠂤壺　玄衮衣　【金文編】

衮 衮秋　【漢印文字徵】

衮 雲臺碑　【古文四聲韻】

◉劉心源　衮。説文作衮云。天子享先王。卷龍繡于下幅。一龍蟠阿上鄉。从衣。公聲。古本切。案。當篆作衮。从㕣聲。説文口部。㕣。山閒陷泥也。从口水敗皃。讀若沇州之沇。九州之渥地也。故㠯沇名焉。睿古文㕣。又沇下古文㳂。一作沿。一作㕣。是㕣即沿即沇。沇今作兖。衮从㕣得聲。非从公也。【奇觚室吉金文述卷五】

◉高田忠周　公亦作㕣。此説未可遽信。説文。衮天子享先王。卷龍繡于下幅。一龍蟠阿上鄉。从衣公聲。愚謂衮。天子正裝公服也。形聲兼會意。朱駿聲云。公衮雙聲。按。許説冕服九章。如衮如繪如黺米。皆與鄭異。爾雅。衮黻也。按黻亦繡于裳者。或古説然耳。周禮司服。享先王則衮冕。司農注卷龍衣也。詩采菽。玄衮及黼。傳玄衮卷龍也。左桓二。傳。衮冕黻珽。注衮畫衣也。禮記玉藻。龍卷以祭。以卷為之。管子君臣。衣服緷絻。以緷為之。荀子富國。天子袾裷衣冕。字亦作裷。轉義。詩蒸民。衮職有闕。傳有衮冕者。君之上服也。叚借為公。廣雅釋詁。衮大也。與王皇同意。又為緄。廣雅釋器。衮帶也。然公衮音義皆涉。衮兼會意明矣。又古當以公為衮。【古籀篇六十七】

◉馬叙倫　鈕樹玉曰。韻會卷作衮。幅上有裳字。無阿字。鄉作向。莊有可曰。古止作卷。此後人合公衣成文。沈濤曰。爾雅釋言。釋文。衮。古本反。説文從衣從㕣也。㕣。羊耎反。或云。從公衣。據此則古本衮字從㕣。其從公者乃或體耳。于淥字書亦云。衮。衮。上通。下正。佩觿亦云。衮從㕣。則知今本從公者誤。嚴可均曰。經典衮字多借卷字為之。㕣卷聲相近。其從衮之衮乃重文。翟云升曰。御覽引下幅作下蟠。上鄉作上嚮。韻會引下幅作下裳。上鄉作上嚮。丁福保曰。

𧜵　褕

慧琳音義九十二引作龍衣也。繡下裳幅一龍蟠阿上鄉。從衣。公聲。九十五引作天子享先王。卷龍繡於下裳。幅。一龍蟠阿。從衣。公聲。倫按説解本作衣也。從衣。公聲。或衣也作卷也。以聲訓。呂忱或校者加天子享先王以下至蟠阿上鄉。公衮音同見紐。則公聲不誤。金文公伐郤鼎作𧘇。𨋾侯鼎作𧘇。伯晨鼎作𧘇。皆從公。唯吳尊作𧘇。從台。似本書台字耳。陸不知公當作台。而誤以羊耎反音之。其曰或云從公衣者。謂或説字從公衣會意也。以字或作𧘇。故云然。非本書有重文作。此字疑出字林。【説文解字六書疏證卷十五】

籀韻【古文四聲韻】

◉許　慎　𧜵丹縠衣。从衣。㠭聲。知扇切。【説文解字卷八】

◉馬叙倫　丹縠衣者。本詩君子偕老傳文。然鄭注周司服則曰白衣。是褻止為衣名。蓋本部字或以聲訓。或訓衣也。呂忱或校者各增以釋文。此則本毛傳為釋耳。衮音見紐。褻音知紐。衣音影紐。同為清破裂音。豈衮褻皆衣之轉注字也。【説文解字六書疏證卷十五】

◉許　慎　褕翟。羽飾衣。从衣。俞聲。一曰。直裾謂之襜褕。羊朱切。【説文解字卷八】

◉馬叙倫　桂馥曰。一曰直裾謂之襜褕者。晉書音義引字林。直裾曰襜褕。倫按翟羽衣亦字林文耳。字見急就篇。【説文解字六書疏證卷十五】

◉陳世鏗　「唯是秦邦之贏衆敝賦，輪輸棧輿」：「贏衆敝賦」，猶如現在所説的劣等人力物力。這是秦人在大神面前的自卑之辭。「棧輿」是低劣的車子。「輪輸」必當和這些詞彙相對應。輪字，郭沫若先生以為是：「从革侖聲，侖乃古答字。」此字隸定當作鞜。《説文》無鞜，而鞈字兩見。荅、合字通，鞜、鞈當是一字。《説文》鞈字，一在鼓部，一在革部。鼓部鼛的古文作鞈，訓為鼓聲，和本文無關。鞜當讀革部之鞈。「鞈，防汗也。从革合聲。」段注：「此當作所以防捍也。《管子注》曰：『鞈革，重革。當心箸之，可以禦矢。』」這種東西應當就是俗語所説的護心甲。「鞜(鞈)輸」之輸，是褕的異體字。在古漢字中，从衣的字或作从革。如襪同韈，袴同鞜，袚也同韍(韋與革同義)。大抵是著眼於衣服則从衣，著眼於質地則从革。因此，褕也可以寫做輸。《漢書・司馬相如傳》《顏注》引張揖説：「褕，襜褕也。」《玉篇》：「襜褕，直裾也。」《史記・魏其武安侯列傳》：「武安侯坐衣襜褕入宫不

袗

敬。」《正義》：「《說文》、《字林》並謂之短衣。」由此可見，襜褕簡稱褕，是一種卑賤人穿的短衣，此物不登大雅之堂。推測其形狀，很像舊時的馬褂。詛文所謂的「鞈輸」(鞈褕)，就是縫上鞈革的襜褕。《管子注》說鞈革是重革，重讀平聲，做重疊講。因為，《集韻》鞈或作鞅，合、夾都是重合的意思。《方言》：「襜褕，其短者謂之短褕。」短的叫短褕，裝上鞈革當然可以叫鞈褕。裝革的目的在於禦兵，如果從這點著眼，褕字就可以从革，寫作鞈輸。詛文作「鞈輸」，鞈則鞈字的異體而已。詛文把「鞈輸」與「棧輿」並舉，是用車子和服裝來表示秦軍裝備的低劣。古人習慣用車服說明等級的貴賤高低，史書的《輿服志》就是使用車服的正規章程。《尚書·舜典》也說：「車服以庸(用)。」車服是各種活動中必不可少的器用，戰爭也不例外。因此，把「鞈輸」解釋成一種服裝就很為合理了。這是秦王在大神面前告楚王的狀，其性質屬于一種外交辭令，所以說得很謙虛。【《詛楚文》補釋　古文字研究第十二輯】

詛楚文　袗吕齋盟【石刻篆文編】

◉許　慎　玄服。从衣。㐱聲。之忍切。袗或从辰。【說文解字卷八】

◉馬叙倫　鈕樹玉曰。廣韻引作玄服也。繫傳韻會玄作袨。非。說文無袨。嚴可均曰。文選閒居賦注引作袀玄服也。蓋唐以前舊本如此。二徐本別作袗。然以偏傍推之。則從㐱與玄服義合。詩。㐱髮如雲。毛傳。黑髮也。沈濤曰。六書故引蜀本玄作袨。倫按玄服也非本訓。或字出字林。

宋保曰。辰聲。袗辰皆在諄部。倫按袗裖疊韻轉注字。【說文解字六書疏證卷十五】

◉陳世鐸　「袗以齋盟」的袗字，當讀為眕。《爾雅·釋言》：「眕，重也。」眕重現在寫作珍重。《玉篇》：「珍，重也。」袗、眕、珍三字，音同義通。【《詛楚文》補釋　古文字研究第十二輯】

衺

262【包山楚簡文字編】

表　雜三六　為三　三例【睡虎地秦簡文字編】

表舜【漢印文字徵】

開母廟石闕　表碣銘功　禪國山碑　三表納貢　惠安西表　張遷碑領　上尊號奏領陽識　【石刻篆文編】

表　表　【汗簡】

並古尚書　【古文四聲韻】

◉許慎　上衣也。从衣。从毛。古者衣裘。以毛為表。陂矯切。古文表从麃。【說文解字卷八】

◉馬叙倫　表蓋起於衣裘。故即得毛聲。鍇本作從衣毛。捝聲字耳。古者八字校者所加。蓋所據本捝聲字矣。玄應一切經音義引三倉。表。外也。字亦見急就篇。古鉨作。古匋作。

毛麃同為脣音亦疊韻。故表轉注為褾。從麃二字校者加之。【說文解字六書疏證卷十五】

◉嚴一萍　散氏盤有字，諸家皆釋「奉」。惟吳氏說文古籀補釋表：「古表字，井田間分界之木，國語列樹以表道。韋注：表，識也。散氏盤一表以涉二表至于邊柳。」案此處言曆法，似以釋「表」於義較長。淮南天文訓曰：「正朝夕，先樹一表東方，操一表，却去前表十步以參望。日始出北廉，日直入。又樹一表於東方，因西方之表以參望。日方入北廉，則定東方兩表之中與西方之表，則東西之正也。」續漢律歷志：「以比日表。」注：「即晷景」。繒書言「亡表」，似指不見晷景也。【楚繒書新考　中國文字第二十六册】

◉戴家祥　⿸鹿衣，乃表之異文。說文八篇：「表，上衣也。从衣从毛。古者衣裘以毛為表。褾，古文表从麃。」玉篇第二十鄜，或體作鄜。故鹿、麃通用。⿸鹿衣乃褾之省，亦當為表之別體。【金文大字典下】

裏

裏　不从衣　伯晨鼎　里字重見　吳方彝　師兑簋　師克盨　番生簋　毛公厝鼎　彔伯簋　【金文編】

3·636　丘齊匋裏衆　【古陶文字徵】

263　【包山楚簡文字編】

襋　　襁

裏 裏 封二二 二例 裏 封八二 【睡虎地秦簡文字編】

◉許　慎　裏衣內也。从衣。里聲。良止切。【説文解字卷八】

◉高田忠周　説文。裏衣內也。从衣里聲。但衣外為表。衣內為裏。此元依裘義為字者。故表从毛。而表裏當轉注。裏之言。薶也。薶藏而不見也。故穀梁宣九年傳注。襦在裏也。素問調經論注。經脈為裏。皆謂在內。此為轉義。【古籀篇六十七】

◉馬叙倫　表裏二字。許蓋止以聲訓。今表訓上衣。此訓衣內。或吕忱之文。觀表不訓衣外而訓上衣可知。字見急就篇。【説文解字六書疏證卷十五】

◉李孝定　高田氏謂表裏乃依裘義為字者，説稍未安；「裘」為「求」之後起字，「求」初作𠂎，象獸皮，後假借為乞求字既久，而借義專行，於是别製从衣之「裘」以為衣求字。表之从毛，則古人衣求之習慣如此，漢朱買臣家貧，故反裘而負薪；至裏則為純形聲字，不必裘之裏始為裏也；表為會意，則真自裘字取義，裏為形聲，非依裘義為字也。【金文詁林讀後記卷八】

◉商承祚　褁，裏省，簡文習見，第一一簡裏字兩見，一省一不省。緣褁，指以緣這種絲織品作裏子。【信陽長臺關一號楚墓竹簡第二組遣策考釋　戰國楚竹簡匯編】

◉商承祚　緾，簡文凡三見：此作緑緾，第七簡作纘緾，一五簡作縞緾，為裏的異體字，从衣从糸的字過去每相通用，如褵、縭，褸、縷，袴、絝，褓、緥，一以物質來表示，一以成品作説明，其意在此。【長沙仰天湖二五號楚墓竹簡遣策考釋　戰國楚竹簡匯編】

◉許　慎　襁負兒衣。从衣。強聲。居兩切。【説文解字卷八】

◉馬叙倫　一切經音義五。博物志以為襁織縷為之。廣八寸。長尺二寸。以負小兒於背上。論語。襁負其子。是也。此制今川廣之地皆有之。蓋即褓也。襁音見紐。𤓽音幫紐。同為清破裂音。故褓轉注為襁。負兒衣蓋字林訓。或字出字林也。【説文解字六書疏證卷十五】

◉許　慎　襋衣領也。从衣。棘聲。詩曰。要之襋之。己力切。【説文解字卷八】

◉馬叙倫　領是體中一部分之名。襋是衣上蔽領之具。當作領衣也。然似本訓。倫又疑字不從棘。下文襮。黼領也。襮從暴得聲。音在竝紐。此蓋其轉注字。從辡得聲。與㜷從人辡聲。亦譌從棘同也。【説文解字六書疏證卷十五】

襮

◉許　慎　黼領也。从衣。㬥聲。詩曰。素衣朱襮。蒲沃切。【說文解字卷八】

◉馬叙倫　鈕樹玉曰。玉篇。領也。衣表也。詩揚之水毛傳。襮。領也。諸侯繡黼。是諸侯方服黼領。不宜概以名襮。疑黼字為後人加。倫按黼領也者。本爾雅釋器。據詩素衣朱襮。襮自止為領衣也。蕭該音書音義引字林。襮。黼衿也。衿蓋領或作衿之誤。則此是字林文。或字出字林也。【說文解字六書疏證卷十五】

衽

衽　日甲六八背　二例　同袵字　封五八　【睡虎地秦簡文字編】

◉許　慎　衣裣也。从衣。壬聲。如甚切。【說文解字卷八】

◉馬叙倫　鈕樹玉曰。繫傳作衣衿。說文無衿。倫按文選神仙賦李注引作衣衿也。與魏文帝牋注引作衣衽也。衽裣聲同侵類。蓋轉注字。衣裣也者非本訓。玄應一切經音義引倉頡。衽謂裳際所及交列者也。或云。衣襟也。衣襟即衣裣。則此蓋呂忱據訓詁加之。郭璞三倉解詁多本呂忱也。【說文解字六書疏證卷十五】

褸

◉許　慎　衽也。从衣。婁聲。力主切。【說文解字卷八】

◉馬叙倫　衽音日紐。褸音來紐。古讀竝歸於泥。故衽轉注為褸。【說文解字六書疏證卷十五】

褽

◉許　慎　衽也。从衣。尉聲。於胃切。【說文解字卷八】

◉馬叙倫　鈕樹玉曰。繫傳無聲字。顧廣圻曰。繫傳褽字次褌褋之下。不在褸褄之閒。玉篇亦以褽褌相次。云。褽。衽衣也。詳其義。蓋施衽於衣謂之褽。故從衣尉會意。鍇本得之。鉉移於此。謂褽是衽一名而尉聲。非也。其見於左哀十一年傳曰。寘之新篋。褽之以玄纁。正非衽之一名也。段玉裁曰。此衽當訓衽席之衽。左哀十一年傳注曰。褽。薦也。倫按未詳。史書多以慰藉連文。亦可為褽是薦義而非衽之證。衽之上下蓋有捝字。從衣。尉聲。非會意字。【說文解字六書疏證卷十五】

◉許　慎　衽緣也。从衣。婁聲。七入切。【說文解字卷八】

粹1588【續甲骨文編】

裣　𢦏方鼎【金文編】

◉許　慎　交衽也。从衣。金聲。居音切。【說文解字卷八】

◉馬叙倫　沈濤曰。一切經音義廿五引。裣。衽也。奪交字。後漢書馬援傳注引同今本。可證。倫按交疑衣字之譌。上文。衽。衣裣也。或本作衽也交領也。傳寫並譌。交領也者。吕忱據聲類加此訓以釋之。【說文解字六書疏證卷十五】

◉戴家祥　蓋　說文八篇「裣，交衽也。从衣金聲。」朱駿聲曰：字亦作衿，作襟，爾雅「衣皆謂之襟」。孫注：「交領也。」釋名釋衣服：「襟，禁也，交于前所以禁御風寒也。」金文裣或作衾、𧞡、𧟌，詳見釋𧟌。

彔伯𢦏𣪘　朱號𧟌　郭沫若曰𧟌字前人或釋旂，或釋襡䘵或釋幭，均不確。孫詒讓初闕疑。後釋𧟌，後又改釋鞎……余謂𧟌乃靳之古字。說文：「靳當膺也，从革斤聲。」左氏定九年傳：「吾從子如驂之有靳。」正義云：「驂馬之首當服馬之胸，胸上有靳。」秦風小戎「游環脅驅」，傳云：「游環靳環也，游在背上所以禦出也。」箋云：「游環在背上無常處，貫驂之外轡以禁其出。」是則靳乃馬之胸衣，故古𧟌字从衣𠘧象其形，𠘧上有環以貫驂馬之外轡，故从束，斤聲也。金文叢考卷四第一四零葉。按彔伯𢦏𣪘「朱號𧟌」，𢦏方鼎作「朱𩖸號裣」。𧟌字金文或作𧞡作衾。𧞡裣皆从衣。斤金古音聲同韻近，兩字當為重文異體之例。說文八篇：「裣，交衽也。」朱駿聲曰：字亦作衿作襟，爾雅「衣皆謂之襟」，孫注「交領也」。方言四「衿謂之交」，注：「衣交領也。」詩「青青子衿」，傳：「青領也。」顔氏家訓書證：「古者斜領下連于衿，故謂領為衿。」釋名釋衣服：「襟，禁也。交于前，所以禁御風寒也。」裣訓衣領，知𧟌字从束為領之用，从衣為領之屬，从冂為領之形，从斤為領之聲。郭沫若釋胸衣猶不甚確切。【金文大字典下】

禕

◉許　慎　禕蔽厀也。从衣。韋聲。周禮曰。王后之服禕衣。謂畫袍。許歸切。【說文解字卷八】

◉孫海波　劉氏藏契有[glyph]字，从衣从衛，說文所無。今録其文于次：

衛衣[glyph]　衛衣□

先利

今按說文衣部有从韋从圍之禕襴，而獨無从衛之衛衣，此字殆即許君訓「蔽厀也，从衣韋聲」之禕。古文形聲之例，其或體可借形聲字之同聲字以為音符，如鐘之可从重得聲是已。說文：「韋，相背也。」卜辭多假以為宿衛之衛。衛本為韋同聲孳生之字，則禕之或字固可从衛作𧝓也。【卜辭文字小記續】

◉郭沫若　第一五八八片「乙亥卜……𧝓□……𧝓長先杓。」𧝓乃禕之緐文，字在此殆是地名。【殷契粹編考釋】

◉馬叙倫　倫按方言四。蔽厀。江淮之間謂之禕。此字蓋出字林。謂畫袍校語。【說文解字六書疏證卷十五】

衭

◉許　慎　衭襲衭也。从衣。夫聲。甫無切。【說文解字卷八】

◉馬叙倫　嚴可均曰。六書故卅一引襲衭也下有一曰前襟。倫按玉篇訓襲袴也。以音求之。衭蓋是絝之聲同魚類轉注字。絝即今所謂褲也。然襲為重衣。則襲衭不可通。疑襲字乃下文襲篆下隸書複舉字。傳寫譌入也。衭亦此隸書複舉字。本訓絝也。六書故引者。蓋校者依廣韻加之。【說文解字六書疏證卷十五】

襲

甲562　779　781　1865　2498　乙3680　書1·3·D　佚376　378　續1·51·5　6·19·4　卜497　517　天66　續存201　569　570　外455　摭續115　155　粹14　15　16　1538　新3930　3931【續甲骨文編】

襲　說文籀文作[glyph]　㦰鼎　永襲㦰身　㦰簋　永襲氒身【金文編】

襲　法一〇五　三例【睡虎地秦簡文字編】

郭襲之印　郭襲印信　郭襲【漢印文字徵】

郎邪刻石　今襲號【石刻篆文編】

立古老子　說文【古文四聲韻】

◉許　慎　襲左衽袍。从衣。龖省聲。似入切。襲籀文襲不省。【說文解字卷八】

◉王國維　説文解字衣部。襲。左衽袍。从衣。龖省聲。襲。籀文襲。不省。【史籀篇疏證　王國維遺書】

◉馬叙倫　沈濤曰。文選王命論注引。襲。重衣也。蓋古本如是。今本義不可曉。又廣絶交論注引。襲。因也。蓋一曰以下之奪文。王筠曰。重衣也是本義。翟云升曰。集韻引左衽袍下有一曰因也。徐灝曰。袍無左衽之制。襲之本義為衣一稱。因之加於外者謂之襲衣。倫按左衽袍蓋本訓挩失後校者所加。因也亦校語。文選王命論注引字林。襲。大篋也。急就篇。襜褕袷複襲絝緷。襲絝連文。此下文。襱。絝跨也。則急就字當作襱。傳寫者易之。或襲襱本一字。左衽袍與大篋均非其本義。大篋字不得從衣。蓋篋之借。篋襲聲同談類。此吕忱列異訓。亦或此字出字林也。【説文解字六書疏證卷十五】

◉夏　渌　附圖〈12〉甲骨文，从夏持戊藏于身後，表示突然襲擊，結合卜辭文例，知道它是「襲」的初文。文例有：「丙子卜古貞：呼襲邛？貞：勿呼襲邛方？」(存1・570)「甲午卜亙貞：供馬呼襲……？」(佚387)「供人呼襲邛？」(掇2・117)「呼襲蠻？」(前6・18・6)

卜辭又作祖先名，以聲類求之，當為契。「于契宗灌又雨？」(甲779)「乙卯卜：不雨，契宗木率……？」(南明442)「于契告秋？」(存1・196)「契燎三牢？契燎二……？」(京都2258)

《説文》：「襲，左衽袍。」金文也有這個字，可能是繡有龍紋的民族服裝，本意是一種衣服的名稱。它作為「襲擊」的含義，是兼并了甲骨文「从夏持戊」的本字。《左莊二十九年》：「凡師有鐘鼓曰伐，无曰侵，輕曰襲。」字書有从戈習聲的「戳」字，當是上舉甲骨文的後起形聲字。

「襲」还兼并了「戳衣」、「套衣」的另一古文字，甲骨文作「衣內套有一衣」，附圖〈12〉，《玉篇》：「襲，重衣也。」《禮・玉藻》：「服之襲也，充美之也。」引申為重複，《禮・曲禮》：「卜筮不相襲。」襲卜也稱習卜。《𢦏簋》：「永襲厥身。」《左昭二十八年》：「故襲天禄，子孫受之。」

上舉「左衽袍」的「襲」，至少兼并了甲骨文表示「偷襲」和「重衣」的兩個古文字，使它們趋于消亡，而作為祖先名稱的同一

字，卻用另一個同音字「契」來代表。【論古文字的兼併與消亡　武漢大學學報一九九一年第二期】

◉戴家祥　說文八篇：「襲，左衽袍。从衣龖省聲。𧟌，籀文襲不省。」此篆从龖，即籀文襲。玉篇：「襲，重衣也。」引申為重也，因也，如左傳哀公十年「卜不襲吉」，禮記曲禮：「卜筮不相襲。」【金文大字典下】

袍

袍甾忠印　袍甾澤　袍休得　袍休尋印【漢印文字徵】

◉許　慎　袍襺也。从衣。包聲。論語曰。衣弊緼袍。薄褒切。【說文解字卷八】

◉馬叙倫　鈕樹玉曰。類篇引弊作敝。是也。說文無弊。繫傳韻會作獘。亦非。倫按論語七字校者加之。字見急就篇。【說文解字六書疏證卷十五】

襺

◉許　慎　襺袍衣也。从衣。繭聲。以絮曰襺。以緼曰袍。春秋傳曰。盛夏重襺。古典切。【說文解字卷八】

◉馬叙倫　倫按襺音見紐。袍從包得聲。包音幫紐。幫見皆清破裂音。襺從繭得聲。繭從芇得聲。芇音明紐。袍音竝紐。同為雙脣音。轉注字也。袍衣也當作袍也。或本訓衣也。袍乃上文袍下複舉字。或袍也衣也二訓。【說文解字六書疏證卷十五】

褋

◉許　慎　褋南楚謂襌衣曰褋。从衣。枼聲。徒叶切。【說文解字卷八】

◉馬叙倫　段玉裁曰。篆當作褋。今誤。說解枼聲未誤。木部。枼。薄也。襌衣故從枼。方言玉篇廣韻皆作褋。倫按褋音定紐。襌音端紐。皆舌尖前破裂音。而從單得聲之字。如僤彈驒憚撣彈鼉。皆在定紐。襌鱓蟬墠皆在禪紐。古讀歸定。然則襌音古或亦在定紐。褋襌為轉注字也。薄音竝紐。薄定同為濁破裂音。單衣為襌。語原然也。字或出字林。【說文解字六書疏證卷十五】

衺

衺　封七八　九例　　秦六六　二例【睡虎地秦簡文字編】

襘 襘

◉許　慎　□衣帶以上。从衣。矛聲。一曰南北曰袤。東西曰廣。莫候切。□籀文袤从楙。【說文解字卷八】

□義雲章【古文四聲韻】

◉馬叙倫　段玉裁曰。衣。帶以上。此古義也。少得其證。王筠曰。直計之也。南北曰袤。即由此引申。倫按小爾雅廣言。袤。長也。豈袤是長衣邪。則為袍之同雙脣音轉注字。故次袍襺之下。本訓衣也。帶以上者襘下説解中文。傳寫譌入。玉篇已作帶以上也。蓋所據本已譌矣。一曰下疑本有長也一訓。南北兩句申説之也。長也者。疑長字義。古借袤為長。袤音明紐。毛音亦明紐。毛彡一字。而彡轉注為髟。從長得聲。可相證也。此呂忱列異訓。或校者加之。【說文解字六書疏證卷十五】

◉李裕民　□《侯馬盟書》宗盟類四之一九八：三

□是矛的象形，金文楙字所从之矛作□（《金文編》十・十六）。此字隸定作□。盟書中常見的一種繁化現象，是附加□或□，如衮作□（六七：三六）、痝或作□（九八：六）。據此，□的右下部之□也可能是附加之形，字當即□。□，字書所無，應是廣袤之袤的繁體。古文字的繁化，有一種現象，是增加意義相近可以通用的偏旁。如土、阜通用，防或增土為堕（見《說文》），陵增土為墜（《陳猷釜》）。衣、糸也通用，如緹作祇。以此例之，袤也可以增加糸旁繁化為□。盟書□為參盟人名。【侯馬盟書疑難字考　古文字研究第五輯】

◉許　慎　襘帶所結也。从衣。會聲。春秋傳曰。衣有襘。古外切。【說文解字卷八】

◉馬叙倫　段玉裁曰。左昭十一年傳。叔向曰。衣有襘。帶有結。視不遇結襘之中。杜注。襘。領結。結。帶結也。玉藻曲禮深衣皆謂交領曰袷。袷即襘。叔向曰。視不遇結襘之中。即曲禮。視。天子不上於袷不帶於帶。玉藻。侍君視帶以及袷也。然則杜注得之。許合襘結二者為一。似誤。倫按説解有捝譌耳。上文袤下帶以上之字即此下説解中文。但今無可訂正其原文。要之襘為帶以上。故叔向曰。視不過結襘之中。字或出字林。【說文解字六書疏證卷十五】

◉戴家祥　□史牆盤　左右穀𢿡剛鯀　𢿡字左旁□从亼、从米、从口。與會鼎□字形近，即會字。讀為襘。説文八篇衣部：「襘，帶所結也。」此从攴，不从衣，形符更旁字也。史記周本紀：「成王少，周初定天下，周公恐諸侯畔周，公乃攝行政當國。」周書皇門解：「惟正月庚午，周公格左閎門，會群臣。」「左右綬襘剛鯀」，殆即周公及其與會者。左傳昭公十一年叔向曰：「會有表，衣有襘，帶有結。會朝之言，必聞于表著之位，所以昭事序也。」【金文大字典中】

褧 [seal]

◉許　慎　[seal]檾也。詩曰。衣錦褧衣。示反古。从衣。耿聲。去潁切。【說文解字卷八】

◉馬叙倫　鈕樹玉曰。韻會無示字。反作變。檾下已引詩。則此引詩恐後人因今詩增。鄭箋褧為襌。玉篇訓衣無裏。嚴可均曰。詩碩人釋文褧引說文作檾。疑六朝舊本褧下未必引詩。倫按檾也以聲訓。或為褮之譌。褧為褮之轉注字。耿從聖省聲。聖褮聲同耕類也鄭箋褧為襌者。古讀襌若在定紐。褧得聲於聖。聖得聲於呈。呈音澄紐。古讀亦歸於定也。則借褧為襌。示反為變字草書之譌分。此校語。然疑字亦出字林也。【說文解字六書疏證卷十五】

衹 [seal]

◉許　慎　[seal]衹裯。短衣。从衣。氐聲。都兮切。【說文解字卷八】

裯 [seal]

◉許　慎　[seal]衣袂。衹裯。从衣。周聲。都牢切。【說文解字卷八】

◉馬叙倫　鈕樹玉曰。類篇引作衣袂裯。韻會引作衣袂。竝捝譌。段玉裁曰。依佘書之例。此當云衹裯也。衣袂二字蓋誤衍。桂馥曰。袂六書故引作被。戚學標曰。詩毛傳。裯。襌被也。是被得裯名。衣袂當作衣被。朱駿聲曰。袂當作短。倫按衹裯雙聲連緜詞。說解蓋本作衹裯也一曰被也。衣字乃衹字說解中短衣之譌衍一字於此也。衹裯短衣疑即今襖字之長言。此二字或皆出字林。【說文解字六書疏證卷十五】

襤 [seal]

◉許　慎　[seal]裯謂之襤褸。襤。無緣也。从衣。監聲。魯甘切。【說文解字卷八】

◉馬叙倫　鈕樹玉曰。韻會引緣下有衣字。段玉裁曰。方言。裯謂之襤。郭注。衹裯敝衣。亦謂襤褸。按說文褸字疑衍。衹裯亦名襤耳。不如郭說也。倫按方言三。凡人貧。衣被醜敝。或謂之襤褸。四。襜褕以布而無緣。敝而紩之謂之襤褸。又裯謂之襤。無緣之衣謂之襤。又楚謂無緣之衣曰襤。蓋此字有二義。裯謂之襤。幽侵對轉假借也。無緣之衣謂之襤。襤褸則以雙聲連緜為詞也。其敝衣者。引申義也。後漢書羊續傳。其實藏惟布衾敝衹裯鹽麥數斛。言敝衹裯。則衹裯非即襤褸可知。此字蓋出字林。而說解有捝譌。【說文解字六書疏證卷十五】

䙑

◉許　慎　䙑無袂衣謂之䙑。从衣。惰省聲。徒臥切。【說文解字卷八】

◉馬叙倫　鈕樹玉曰。繫傳從上有故字。衍。倫按本訓捝矣。或字出字林也。【說文解字六書疏證卷十五】

𧛚

◉許　慎　𧛚衣躬縫。从衣。毒聲。讀若督。冬毒切。【說文解字卷八】

◉馬叙倫　段玉裁曰。下文。裻。背縫。即此字。周雲青曰。唐寫本唐韻𧛚注引作衣背縫。考本書。裻。背縫。玉篇引與唐韻同。今本作躬。宜據改。劉秀生曰。毒聲在定紐。沃部。督從叔聲。在端紐沃部。端定皆舌音。故𧛚從毒聲得讀若督。左昭十二年傳。司馬裻。釋文。裻。本亦作督。本部。裻。新衣聲。一曰。背縫。裻從衣。叔聲。錢坫曰。一曰背縫。乃通督於𧛚也。餘詳一篇薵下。倫按衣躬縫非許文。字或出字林。【說文解字六書疏證卷十五】

袪

趙袪【漢印文字徵】

◉許　慎　袪衣袂也。从衣。去聲。一曰。袪。褱也。褱者。裛也。袪尺二寸。春秋傳曰。披斬其袪。去魚切。【說文解字卷八】

◉馬叙倫　說文疑曰。褱者抱也句非字義。係別條溷入。鈕樹玉曰。繫傳二褱字竝作裹。譌。玉篇。袂也。衣裏也。嚴可均曰。一曰袪褱也。此莊子胠篋義。與下文袪尺二寸不接。疑褱者裛也四字校者所增。朱駿聲曰。禮記玉藻。袪尺二寸。注。謂袂末。按析言之則袖曰袂。袂口曰袪。倫按袪即今優人所服古衣。於袖外別加尺餘素紬。開後而不縫者也。今謂之水袖。衣袂也者。當作袂末也。衣字蓋涉上文𧛚字說解而誤羨。轉捝末字耳。然非本訓。袪從去得聲。去從凵得聲。凵皿一字。袂從夬得聲。夬從𠂇得聲。𠂇為來往之來初文。音在來紐。古讀歸泥。皿音微紐。微泥同為邊音。蓋音即受於袂矣。一曰以下校者加之。褱也鍇本作裹也。是。蓋校者記異本。【說文解字六書疏證卷十五】

褏

褏　封二二　通袖　領一【睡虎地秦簡文字編】

◉許　慎　褏袂也。从衣。采聲。似又切。袖俗褏从由。【說文解字卷八】

◉馬叙倫　倫按急就篇履舄沓裒越緞紃。顏師古本作褏。然皆褏之譌。

袖　倫按褎從采得聲。采從孚得聲。孚從子得聲。由保聲同幽類。故俗褎作袖。亦轉注字也。【說文解字六書疏證卷十五】

袂

◉許　慎　袂袖也。从衣。夬聲。彌弊切。【說文解字卷八】

◉馬叙倫　倫按袖也當作褎也。蓋傳寫以通用字易之。袂音心紐。褎音邪紐。同為舌尖前摩擦音。故袂轉注為褎。褎從由得聲。由音喻紐四等。心與喻四同為次清摩擦音。亦轉注字也。五音集韻引字林。袂。複襦也。此方言義。蓋借袂為襦。襦得聲於需。需音亦心紐也。呂忱列異訓也。【說文解字六書疏證卷十五】

褢

1692　1295　1061　1528　1218　璽文鬼作䰟，从女，知此亦為褢字。　1742　2954　0448　2928【古璽文編】

王褢　王褢【漢印文字徵】

◉許　慎　褢袖也。一曰藏也。从衣。鬼聲。户乖切。【說文解字卷八】

◉馬叙倫　鈕樹玉曰。繫傳袖作褢。蓋東之誤。韻會一曰句在鬼聲下。倫按袖當作褎。傳寫者易之。袪音溪紐。褢從鬼得聲。鬼音見紐。同為舌根破裂音轉注字。褎音邪紐。褢音匣紐。同為次濁摩擦音。古讀鬼蓋如狩或獸。則與孚聲同幽類。亦轉注字。褢袂聲同脂類。轉注字。一曰藏也者。東字義。褢東聲同脂類。得通借也。漢書許皇后傳。褢誠秉忠。注。褢褱古今字。是其證。此校語。玄應一切經音義引三倉。褢孕古文懷孕字。或曰。袖也者。涉上文袂注而譌。一曰藏也是本義。校者記異本。褢褱音同匣紐聲同脂類轉注字。古鉨作褢褢。【說文解字六書疏證卷十五】

褱

褱　褱鼎　孳乳為懷　沈子它簋　沈子其顛褱多公能福　班簋　亡不褱井　牆盤　福褱𩁹彔　𤼈鐘　毛公層鼎　率懷不廷方　伯𢦚簋　唯用妥神褱號前文人　于省吾以為鬼之借字【金文編】

□ 1654 【古璽文編】

□ 王褱印信 □ 賈褱印信 □ 千歲褱老 【漢印文字徵】

◉許　慎　□俠也。从衣。眔聲。一曰橐。臣鉉等曰。眔非聲。未詳。户乖切。【說文解字卷八】

◉潘祖蔭　周孟伯說。南宮中鼎有□字。宣和博古圖釋作懷。此銘□。形頗相近。疑亦褱之變體也。蓋鼎變罒作目。而茲變小作日耳。胡石查說。說文。褱。俠也。从衣。眔聲。徐鉉曰。眔非聲。未詳。據此銘字中作□析之。為眉目口。蓋象子在褱抱之形。說文孕字注云。褱子也。是知褱子為褱字最初之義。得此□字古文。可以補鼎臣所未詳。其衣字下方作十字形者。非羨文。古衣前有結。此為祖衣。故結弛於外。正以足褱字之義。【攀古樓彝器款識第一册】

◉高田忠周　按說文。□。夾也。从衣。眔聲。一曰橐也。朱氏駿聲云。與褢略同。在衣曰褱。在手曰握。廣雅釋器。襁謂之褱。此考為是。經傳皆借懷為之。懷行。而褱殆隱矣。【古籀篇六十七】

◉馬叙倫　徐鉉曰。眔非聲。段玉裁曰。俠當作夾。眔從隸省聲。故褱從眔聲。王筠曰。小徐本無褱字。説解有臣鍇曰。又用大徐之户乖切。以此知之。倫按眔音定紐。褱從之得聲。音入匣紐者。曾運乾謂古喻紐三等皆隸匣紐。然凡喻紐音古皆歸定。則褱得從眔為聲矣。一曰橐者。未詳。或曰。橐當為袥。下文。袥。衣衸也。衸袥也。衸褱聲同脂類。袥也即衸字義。校語。慧琳音義十二。引倉頡。作褱。抱也。毛公鼎作□。褱鼎作□。【説文解字六書疏證卷十五】

◉于省吾　伯戜毁。隹用妥綏神褱。按褱乃鬼之借字。説文。褱从衣眔聲。褢从衣鬼聲。二字聲韻並同。褱即懷之初文。金文懷通作褱。懷石磬懷作褱。説文以褱為俠。以懷為念思。歧為二字。失之。韓非子内儲説下。懷左右刷則左右重。懷應讀為傀。詳韓非子新證。漢書外戚傳。褢誠秉忠。注。褢古懷字。玄應一切經音義十八懷孕作褢孕。漢北海相景君碑。驚惶傷褢。傷褢即傷懷。是褱从眔聲與褢从鬼聲一也。説文傀之。或體作瓌。是从鬼與从褱一也。凡此均褱可讀鬼之證。【釋神褱　雙劍誃古文雜釋】

◉高鴻縉　褱為褱抱。从衣。眔聲。懷為懷想。从心。褱聲。兩字有別。後世統用懷而褱字廢。懷。來。見爾雅。【毛公鼎集釋】

◉嚴一萍　□　褱毛公鼎作□，褱鼎作□，與此形近。説文：「褱，俠也。」或作夾，今作挾。【楚繒書新考　中國文字第二十六册】

褏 襜

◉張日昇 按説文云。「褎。俠也。从衣。眔聲。一曰橐。」伯𢦏簋。「隹用妥神褱唬歬文人。」于省吾於褱字斷句。並謂乃鬼之借字。容庚从之。郭沫若讀作懷。並以「唬歬文人」與上連讀。郭説是也。蔡姞𣪕。「尹弔用妥多福于皇考德尹叀姬。」與此文例正同。唬于古音同部。唬當讀作于。妥字之直接賓語。為所祈求之事。而非祈求之對象。盄𣪕「用妥多福」。或者鼎「用妥眉彔」等可證。【金文詁林卷八】

◉周法高 伯𢦏𣪕。「用妥綏神褱唬歬文人。」郭沫若讀「神褱」為「神懷」。不詞。不若于省吾容庚讀為「神鬼」之自然。「唬」當从郭讀為介詞「乎」。連上作一句讀。張日昇謂「妥字之直接賓語為所祈求之事。而非祈求之對象。」未免拘泥。因妥(1562)字亦可以人為賓語。如沈子簋「克成妥吾考目于顯顯受令」。又云。「用妥公唯壽。」鄭井弔鐘云。「用綏賓。」皆是其例。【金文詁林卷八】

◉裘錫圭 褱發彔黄耇彌生:「褱」當讀為「懷」。《詩·檜風·匪風》:「懷之好音」,毛傳:「懷,歸也」,就是給予的意思。【史牆盤銘解釋 文物一九七八年第三期】

◉許 慎 褏褱也。从衣。包聲。臣鉉等曰。今俗作抱。非是。抱與捊同。薄保切。【説文解字卷八】

◉馬叙倫 倫按褏音竝紐。褱從眔得聲。眔音定紐。同為濁破裂音。故褱褏為轉注字。【説文解字六書疏證卷十五】

襜守

馬襜齊 【漢印文字徵】

◉許 慎 襜衣蔽前。从衣。詹聲。處占切。【説文解字卷八】

◉馬叙倫 沈濤曰。史記武安侯傳正義云。爾雅衣蔽前謂之襜。説文字林竝謂之短衣。是古本訓短衣。今本作衣蔽前。乃涉爾雅而誤。索隱引字林曰。襜褕。短衣。呂氏率本許書。本部褕字解云。一曰。直裾謂之襜褕。是襜褕連文。古本疑當作襜褕短衣也。二徐見説解中單舉褕字。以為不詞。遂據爾雅妄改之矣。桂馥曰。廣雅。襜。蔽厀也。釋名。韠。蔽也。所以蔽厀前也。齊人謂之巨巾。又曰。跪襜。跪時襜襜然張也。馥案方言玉篇。蔽厀。魏宋南楚之郊閒謂之大巾。自關東西謂之蔽厀。齊魯之郊謂之衻。小爾雅。蔽厀謂之衻。爾雅。衣蔽前謂之襜。郭云。今蔽厀也。釋文。襜。本作襜。方言作衻。倫按衣蔽前本之詩采綠毛傳。襜從詹得聲。詹音照紐。古讀歸端。卓音非紐。古讀歸幫。幫端皆清破裂音。故市可轉注為襘。市即蔽前也。今紹興謂此曰卓裙。卓音知紐。古讀亦歸於端。是即襘也。以其似於今婦人所服之裙。故曰卓裙耳。若史記正義以為短衣。則借為袛裯。裯從周得聲。周詹音皆照紐三等。襘音穿紐三等。則同舌面前音也。是借襘為裯也。衣蔽前者非本訓。本部諸文説解多經校者刪改。或唐人習字科者所為也。字見急就篇。【説文解字六書疏證卷十五】

袥

◉許　慎　袥衣衸。从衣。石聲。他各切。【説文解字卷八】

◉馬叙倫　王筠曰。衣當是裙之壞字。廣雅。衩。衸。袥。䘲厀也。玉篇。䘲。䘲膝。裙衸也。倫按玉篇止訓衸也。疑衣字涉上文襘字説解而誤衍。或如王説。則非本訓。或字出字林也。【説文解字六書疏證卷十五】

衸

◉許　慎　衸袥也。从衣。介聲。胡介切。【説文解字卷八】

◉馬叙倫　倫按王筠以為袥下衣衸當作裙衸。廣雅釋器。衸。袥。䘲厀也。段玉裁以為帬衩在正中者也。倫謂䘲厀蓋謂束厀。疑如舊俗婦女所服之厀褲。故次釋上。襘為蔽厀。自要而下。蔽厀而止。故釋名。齊人謂之巨巾。又曰。跪襜。跪時襜襜然張也。其語原蓋與擔同矣。衸為束厀。則自下而上。束厀而止。本書無䘲。䘲從衣者。蓋後增衣。束之轉注字為櫜。而袥櫜皆從石得聲。語原同也。袥音透紐。然得聲於石。石音禪紐。衸音匣紐。同為次濁摩擦音。轉注字也。【説文解字六書疏證卷十五】

◉于省吾　甲骨文有[甲骨文]字（後下二九・一），當係説文「衸，袥也，从衣介聲」的古文。【釋丰　甲骨文字釋林】

襗

◉許　慎　襗絝也。从衣。睪聲。徒各切。【説文解字卷八】

◉馬叙倫　鈕樹玉曰。詩無衣正義及韻會引絝作袴。俗。倫按袥為䘲厀。襗為脛衣。蓋如今男子所服之套褲女子所服之厀褲是也。石睪聲同魚類。袥襗同為舌尖前破裂音。轉注字也。繹絝為聲同魚類轉注字。此今言袍澤之澤本字。【説文解字六書疏證卷十五】

袉

◉許　慎　袉裾也。从衣。它聲。論語曰。朝服袉紳。唐左切。【說文解字卷八】

◉馬叙倫　鈕樹玉曰。繫傳裾作裙。譌。論語上有一曰二字。蓋衍。桂馥曰。裾當為袪。史記司馬相如傳。拙獨繭之褕袉。張揖曰。袉。袖也。倫按袉。儀禮士昬禮作袘。鄭注以為裳緣。然袉音定紐。裙音羣紐。同為濁破裂音。疑袉為羣之轉注字。故鍇本作裙也。而字次襗下。如桂說則為袪之轉注字。袉從它得聲。它音透紐。袪音溪紐。同為次清破裂音也。字或出字林。【說文解字六書疏證卷十五】

裾

◉許　慎　裾衣袍也。从衣。居聲。讀與居同。九魚切。【說文解字卷八】

◉馬叙倫　鈕樹玉曰。韻會袍作袌。嚴可均曰。韻會引有一曰衣後裾。無讀與居同。桂馥曰。衣袍也者。袍當為褎。五音集韻。衣袌曰裾。漢書音義。裾。直項也。釋名。裾。倨也。倨倨然直。亦言在後常見踞也。釋器。衱謂之裾。郭云。衣後裾也。孔叢子儒服。子高衣長裾。振褎袖。淮南齊俗。楚莊王裾衣博袍。高云。裾。褎也。衣裾也。段玉裁曰。袍當作袌。上文。袌。褱也。褱物謂之袌。因之衣前裣謂之袌。方言。襌衣有袌者。趙魏之間謂之袏衣。郭云。前施袌囊也。按前施袌囊。即謂右外裣。方言。無袌者謂之裎衣。則今之對襟衣。無右外襟者也。褻衣無袌。禮服必有袌。上文之袥衸謂無袌者。唐宋人所謂衩衣也。公羊傳曰。反袂拭面。涕沾袍。此袍當作袌。何注。衣前襟也。釋器。衣皆謂之襟。衱謂之裾。衱同袷。謂交領。袌連於交領。故曰。衱謂之裾。郭璞謂衣後襟。非也。釋名裾在後之說非是。王筠曰。袍當依集韻韻會引改作袌。釋名。裾。倨也。倨倨然直。亦謂在後常見踞也。釋器。衱謂之裾。方言。裣謂之裾。郭竝注之曰。衣後裾也。然未有以袌說之者。桂謂袌當為褎。此說較實。然如所引淮南說。則是動字。上下文皆静字也。玉篇。裾。被也。袿也。衣袌也。凡三義而衣袌之義最在後。朱駿聲曰。裾今所謂大襟也。淮南注裾褎也者。褎為袌之譌。錢桂森曰。玉篇。裾。衣袌也。袌。衣前襟也。音步報切。是袌乃衣前襟。方言注是。爾雅注非矣。經典少言裾而云曳裾。曰長裾。知必前襟也。徐灝曰。衣袂謂之裾。即所謂施袌囊。可以居物者也。段以為右外襟。非是。倫按本書作於許慎。補於呂忱。許生後漢。呂生西晉。所言衣制。必就所見而言。即郭璞注爾雅方言。亦必如是。如段之斥郭璞衣後襟劉熙裾在後之說。豈生當其時。親服其衣。而不能明。千載之後。服制已異。憑藉書典。裁以肊度。轉能得之乎。況古書字多假借。音義隨異。如曳裾之字蓋借為袪。古書居聲去聲字多通借。故方言。袿謂之裾。郭注。裾或作袪。莊子應帝王。其卧袪袪。淮南覽冥作卧倨倨。晉書温嶠傳。絶裾而去。亦謂袪也。皆謂袂口所餘之尺二寸可以覆肘者也。孔叢之裾則借為袍。袍得聲於包。包音幫紐。裾音見紐。同為清破裂音。或借為㡕。音同見紐。㡕為袍之轉注字也。淮南之文。蓋本墨子公孟。彼文作絳衣博袍。裾絳音同見紐。絳洚同從夅得聲。洚為大水。墨子借絳為洚。淮南則借裾耳。高注訓褎。字當作袤。上文袤下一曰南北為袤。謂長也。詩大雅生民。實種實褎。毛傳。褎。長也。蓋聲近相通用矣。漢書朱博傳。多褎衣大袍。褎衣亦謂長衣。可證也。故淮南之裾衣猶孔叢之褎袖矣。公羊之袍。即是長襦。何注衣前襟者。蓋謂涕沾於袍之前襟。非謂袍即前襟之名。段以為袍當作裛。欲以證其衣前襟謂之裛之説。其實本部裛下無此説。古書亦無以裛為衣前襟者。而袍之為名語原因同於包也。方言。襌。衣有裛者。趙魏之閒謂之袏衣。方言又曰。無裛者謂之裎衣。郭注。謂有裛者。前施裛囊也。郭説裛囊。未知何物。施於何所。或與衣連。或與衣離。皆無可證。然決非如段所謂右外衽。古代衣制。今不可詳考。然猶可於古圖畫及近時出土俑像及戲劇與日本所謂和服者。見其大概。皆不能證所謂前施裛囊。雖郭非虛擬而今難實指耳。此下文。褸。衣博裾。實當為衣博也裾也。褸裛同為雙脣音。則方言之裛或借為裾。猶孔叢之借裾為袍也。假如段説。裛即衣前裣。蓋以幽侵對轉借裛為裣。然裾決非衣前裣。前儒率謂前裣後裾。畢沅謂釋名言倨倨然直亦言在後常見踞也者。謂坐時常為人所踞也。然釋器言。衣皆謂之襟。裓謂之裾。裓字本書所無。裓裾蓋雙聲轉注字。裓即此下文之襭。字或作袺。爾雅釋器。執衽謂之袺。衽即襟也。今人登高行速皆執衽。所執處乃衣之前後兩襟相交之下端。不逢合處。今俗名乂。又曰開乂。杭州紹興亦曰乂蓋。乂蓋者。謂掩蓋其乂者也。然今實乂而不蓋也。袺裓轉注字。袺本名詞。而執衽謂之袺似動詞耳。其實執衽蓋古之俗名也。倫疑裾者。今戲劇中文官所服袍之前後兩襟相交不縫合處。有如佩刀形。博二三寸。施於前襟左右。而上達於帶。向後出者是也。與釋名倨倨然直及亦言在後常見踞者合。亦與爾雅釋器裓謂之裾。郭注衣後裾者合。而此正所以蓋乂也。五音集韻。衣袳曰裾。袳即此下文之袳。袳為衣張。張乂同舌面前音。衣張即衣乂。袳為本字。則與執衽謂之袺裓謂之裾亦無不合矣。然則方言所謂襌衣有裛者謂之袏衣。袏衣謂袳衣。袏為袳之聲同歌類轉注字。是裛正借為裾矣。方言無裛者謂之裎衣。段以為今之對襟衣。今觀戲劇中凡對襟衣正無裾。則段説似是。特段以右外襟當裛為未然。蓋裾以掩襟。左右皆然。非即是襟而偏於右。然倫又疑裎衣不施裾者。褻服故也。外衣施裾者。不使袍裛身而不便於趨走升降。故前後襟不縫合。而又不使見其內衣。故以裾掩之。衣裛也者。裾之俗名。蓋字林訓。【説文解字六書疏證卷十五】

衧

◉許　慎　衧諸衧也。从衣。于聲。羽俱切。【説文解字卷八】

◉馬叙倫　倫按諸衧疊韻連語。後漢書光武紀。皆冠幘而服婦人衣。諸于襜褕繡镼錦絝。注引前書音義曰。諸于。大掖衣。然則此曰諸衧者。以俗名為訓。字蓋出字林也。【説文解字六書疏證卷十五】

褰

◉許　慎　褰絝也。从衣。寒省聲。春秋傳曰。徵褰與襦。去虔切。【説文解字卷八】

◉馬叙倫　沈濤曰。詩狡童左襄廿六年傳釋文引。絝皆作袴。然左昭廿五年傳釋文。袴。説文作絝。可證陸所見本不作袴也。倫按褰音溪紐。與袥同為次清破裂音。蓋轉注字。褰從寒得聲。寒音匣紐。則與衸為雙聲轉注字。集韻引字林。袴也。左昭廿五年傳釋文引字林。己偃反。又音愆。此字蓋出字林。【説文解字六書疏證卷十五】

◉李學勤　褻祁上下　褻，疑為褰字古體。褻祁，試讀為虔諟。諟，《禮記·大學》注：「猶正也。」【論史牆盤及其意義　考古學報一九七八年第二期】

襱

◉許　慎　襱絝踦也。从衣。龍聲。丈冢切。襩襱或从賣。【説文解字卷八】

◉馬叙倫　倫按方言四。袴。齊魯之閒謂之襣。或謂之襱。郭注。今俗呼袴踦為襱。然則袴踦為俗名。襱音澄紐。古讀歸定。則為襗之轉注字。袥從石得聲。石音禪紐。古亦歸定。是襱袥亦轉注字。餘見襲下。

襩鈕樹玉曰。玉篇襱下重文作裥。而襩為襡之重文。方言。袴。或謂之襱。又無裥之袴謂之襣。郭注。袴無踦者。即今犢鼻褌也。裥亦襱字異耳。則襱下重文要非襩字。疑襩為犢之俗體。後人誤認而增。桂馥曰。玉篇以為襡之或體。馥謂襡之或體。説見襡下。倫按襱從龍得聲。古讀龍音在泥紐。襩從賣得聲。賣從𧶠得聲。𧶠音明紐。明泥皆邊音。襱聲東類。襩聲矦類。東矦對轉是襱得轉注為襩也。鈕説亦通。【説文解字六書疏證卷十五】

袑

◉許　慎　袑絝上也。从衣。召聲。市沼切。【説文解字卷八】

◉馬叙倫　王筠曰。廣雅。襣謂之袴。其襠謂之袑。朱駿聲曰。蘇俗謂之褲當。倫按絝上也非本訓。此襠之轉注字。袑音禪紐。與襱音澄紐。同為舌面前音。與衸褰音同匣紐者為同次濁摩擦音。古讀禪歸定。則與襗音同紐。語原同也。【説文解字六書疏證卷十五】

襑

◉許　慎　襑衣博大。从衣。尋聲。他感切。【説文解字卷八】

◉馬叙倫　鈕樹玉曰。五音韻譜作襑。是也。嚴章福曰。尋聲當作得省聲。王筠曰。字亦作衫。倫按釋名釋衣服。衫。芟也。芟末無袖端也。然則有袂無袪為衫。此作衣博大。有挩譌。大或袂之爤文。襑為衫之轉注字。聲同侵類。或衫即襑之省。字或出字林。【説文解字六書疏證卷十五】

褒

3·1044【古陶文字徵】

褒衡子家丞　王褒私印　葛褒　檀褒　鄭褒　董褒　鄭褒之印　葛褒私印　陳褒私印

孫褒之印　王褒之印　顧褒　蘊褒私印　【漢印文字徵】

◉許　慎　褒衣博裾。从衣。保省聲。保古文保。博毛切。【説文解字卷八】

◉馬叙倫　嚴可均曰。小徐韻會引作采聲。無保古文保四字。當依小徐。鈕樹玉曰。韻會裾下有也字。保省聲作采聲。倫按襑褒蓋幽侵對轉轉注字。故次襑下。此訓衣博裾上文襑訓衣博大。或衣博袂。蓋皆本訓挩失後校者所加。襑者。蓋今俗於袍上所加之罩衣。急就篇。履舄沓裒越緞紃。鈕樹玉謂裒。説文作褒。孫星衍校顔師古本一作褒。慧琳一切經音義十四引倉頡。褓。福也。諸可實謂説文但作裒。從保省。倫謂蓋傳寫易之。【説文解字六書疏證卷十五】

褅

◉許　慎　褅緥也。从衣。啻聲。詩曰。載衣之褅。臣鉉等曰。緥即繈緥也。今俗別作褓。非是。他計切。【説文解字卷八】

◉馬叙倫　倫按詩斯干釋文引韓詩作禘。褅從帝得聲。帝音端紐。上文。襁。負兒衣。音在見紐。緥音幫紐。同為清破裂音。故為轉注字。字蓋出字林。【説文解字六書疏證卷十五】

褍

◉許　慎　褍衣正幅。从衣。耑聲。多官切。【説文解字卷八】

◉馬叙倫　王筠曰。衣正幅也者。謂之有正幅無旁殺者也。玉篇。正幅衣也。周禮玄端素端借端為之。倫按衣正幅疑非本訓。或字出字林也。【説文解字六書疏證卷十五】

䙟

◉許　慎　䙟重衣皃。从衣。圍聲。爾雅曰。䙟䙟襩襩。臣鉉等曰。説文無襩字。爾雅亦無此語。疑後人所加。羽非切。【説文解字卷八】

◉馬叙倫　徐鉉曰。説文無襩字。爾雅亦無此語。疑後人加。吳穎芳曰。或是別本爾雅。或是先儒説爾雅之言。孫星衍曰。䙟䙟襩襩即爾雅之委委蛇蛇。衡方碑。禕隋在公。蓋出三家詩。知許所據爾雅作䙟䙟襩襩。傳寫誤䘻為襩也。倫按爾雅釋訓釋文引字林。䙟。重衣皃。字蓋出字林。䙟為重衣皃。經記無徵。玉篇此字作𧝑。訓裏也。釋名。有裏曰複。而下文複重衣。與此訓同。依大例當為轉注字。䙟音喻紐三等。複從复得聲。复音奉紐。同為次濁摩擦音。然倫疑重衣即複字義。古或借䙟為複。䙟或為衺之轉注字。衺音邪紐。亦次濁摩擦音也。十篇交部。𩏂。衺也。蓋即此字訓。𩏂則交之轉注字也。【説文解字六書疏證卷十五】

複

複　日甲一一七背　日甲一二一背【睡虎地秦簡文字編】

◉許　慎　複重衣皃。从衣。复聲。一曰褚衣。方六切。【説文解字卷八】

◉馬叙倫　段玉裁曰。宋本葉本作重衣皃。餘本作重衣也。古書也皃二字互譌者數矣。此似也為長。桂馥曰。一曰褚衣者。本書。褚。製衣。製當為裝。倫按重衣皃非本訓。鍇本無皃字。亦非本訓。一曰褚衣者。褚為裝衣。如今裝緜。今杭縣緜衣。具表裏而未裝者。曰。棉襖殼。蓋複為有裏之衣。故曰褚衣。此校語。複從复得聲。复音奉紐。同為褆從是得聲。是音禪紐。同為次濁摩擦音。轉注字也。字見急就篇。【説文解字六書疏證卷十五】

褆

◉許　慎　褆衣厚褆褆。从衣。是聲。杜兮切。【説文解字卷八】

◉馬叙倫　倫按衣厚褆褆非説解之體。蓋本作厚也以聲訓。校者加衣厚褆褆也。褆音定紐。從是得聲。是音禪紐。厚音匣紐。同為次濁摩擦音。複從复得聲。复音奉紐。亦次濁摩擦音。然則語原同。故得以厚訓褆矣。【説文解字六書疏證卷十五】

襛

◉許　慎　襛衣厚皃。从衣。農聲。詩曰。何彼襛矣。汝容切。【説文解字卷八】

◉馬叙倫　倫按襛聲當在侵類。複聲當在幽類。幽侵對轉。蓋轉注字。酒厚為醲。衣厚為襛。語原同也。水部。濃。露多也。木多為叢。叢厚聲同矦類。語原亦同矣。字蓋出字林。【説文解字六書疏證卷十五】

裻

◉許　慎　裻新衣聲。一曰背縫。从衣。叔聲。冬毒切。【説文解字卷八】

◉馬叙倫　鈕樹玉曰。韻會引一曰句在叔聲下。王筠曰。一曰背縫。此必後人亂道也。禱下曰。衣躳縫。讀者以裻禱同音。遂謂其相通。不知玉篇兩字亦校然也。倫按新衣聲非本訓。亦豈為新衣聲而造此字邪。倫謂此實禱之轉注字。古借此以形容新衣之聲耳。此校者記異本也。字在袳上。袳為衣義。則此為背縫明矣。【説文解字六書疏證卷十五】

袳

5534【古璽文編】

袳補　袳中孺　袳湛【漢印文字徵】

◉許　慎　袳衣張也。从衣。多聲。春秋傳曰。公會齊矦于袳。尺氏切。【説文解字卷八】

◉馬叙倫　王筠曰。小徐作衣裾。似當合兩本作衣裾張也。倫按或本作衣張也裾也。張袳同為舌面前音。故衣張謂之袳。衣張者。衣之前後襟開張處。今謂之乂。裾也者。衣之蓋乂者即裾。見裾字下。蓋或即名袳為裾。然校語。倫又疑鍇本裾字為張之形近而譌。聲類。衺。開衣領。蓋謂領不結而衣張開也。字蓋出字林。【説文解字六書疏證卷十五】

裔

裔　陳逆簠【金文編】

范裔　酇裔　長賓裔印　郭裔【漢印文字徵】

裔見説文【汗簡】

説文　崔希裕纂古【古文四聲韻】

◉許　慎　裔衣裾也。从衣。冏聲。臣鉉等曰。冏非聲。疑象衣裾之形。余制切。𧙍古文裔。【說文解字卷八】

◉高田忠周　說文。裔。衣末邊也。从衣。冏聲。古文作𧙍。本義之轉。為凡流末之偁。人類末遠。亦得偁裔也。左襄十四年傳。是四岳之裔冑也。離騷。帝高陽之苗裔兮。又與銘意皆是也。但裔从冏聲。冏从內聲。而鐘鼎古文內亦作內。故此所从冏形作冏也。【古籀篇六十七】

◉郭沫若　裔字作㡚，結構亦詭異。然由文義及字形判之，必為裔字無疑，殆从衣从巾，冏省聲也。【乖伯毁　兩周金文辭大系考釋】

◉馬叙倫　沈濤曰。一切經音義五引。裔。衣裙也。以雲絲為苗裔。取其下垂之義。字從衣從冏。音俱永反。十三引。裔。衣裾。以子孫為苗裔者。取下垂之義也。以雲絲二句當是庚注。郭慶藩曰。裔即爾雅釋器衱謂之裾之衱。郭注。衱。衣後裾也。倫按段玉裁據音義五引改裾為裙。然其十三引仍作裾。裙裾形近易譌。未有他據。不得據此孤證改也。且裔為衣裾。古無其證。而玄應音俱永反。音近於冂。左文十八年傳投諸四裔。即周禮職方氏之四夷。其實裔夷音同喻紐四等。借夷為裔。裔為𦣻之轉注字。𦣻疆字今通作邊。音在幫紐。裔從衣得聲。音在影紐。同為清破裂音。故廣雅釋言。裔。邊也。淮南原道。江潯海裔。謂海邊也。國語晉語。以實裔土。裔土謂邊疆也。廣雅釋詁一。裔。遠也。遠亦謂𦣻矣。皆其證。從冋。衣聲。冋譌為冏。盂鼎邊字作𨘢。其冂即冋之譌變。此作冏與五篇冂之古文作冋者特增一冂耳。此古文作𧙍。即從冂。衣聲。今書言苗裔者。冑胤之借字也。衣裾者。或借裔為裾。裾音見紐。亦清破裂音也。陳逆敢作裔。古鉨作裔。【說文解字六書疏證卷十五】

衯

◉許　慎　衯長衣皃。从衣。分聲。撫文切。【說文解字卷八】

◉高田忠周　眉祿之眉。按亢即衣省。𦣻是眉字。然衯字說文所無。此必衯字也。金文凡眉字多借釁為之。釁从分聲。故盆字亦金文作盨。眉分音通故也。故知此字為衯無疑矣。說文衯。長衣皃。從衣分聲是也。亦與紛通。【古籀篇六十七】

◉馬叙倫　倫按長衣皃非本訓。或字出字林也。袁下裴下同。衯為裴之轉注字。裴從非得聲。非衯音同非紐也。【說文解字六書疏證卷十五】

袁

臨袁邑丞　袁阜之印　袁晏　袁順　袁偃　袁瑋私印　袁少生印　袁僕之印　袁威

袁君孟印　袁宗私印　袁昌　【漢印文字徵】

袁安碑　袁安召公　【石刻篆文編】

竝王存乂切韻　【古文四聲韻】

◉許　慎　袁長衣皃。从衣。叀省聲。羽元切。【説文解字卷八】

◉唐桂馨　遠字古文𨗡。又鐘鼎文遠袁睘環。以此數袁字偏旁古籀文推證之。袁字可得二義。(一)袁即轅本字。土象車上之飾。○象車門。从象車中人或車門邊物。故轅固生轅濤塗之後。姓轅者皆改為袁。(二)袁即遠本字。止屮象人步行。◉指所行之環路。與韋之屮牛繞行○路。同為會意。韋訓相背。袁訓遠。然以籀文象形證之。車轅之説較勝。許説從衣叀省聲。祇就秦篆生訓。不知土形固非衣字也。【説文識小録　古學叢刊第三期】

◉馬叙倫　嚴可均曰。小徐袪妄篇引作耑省聲。云。耑音丑善反。按屮部耑讀若騁。騁袁音近。段玉裁曰。蓋從古文叀而省。倫按疑從韋省聲。故篆文屮口不連。屮或作屮。遂譌為屮。從韋得聲。故音羽元切矣。與裴轉注。裴音竝紐。喻紐三等古亦歸定。竝定同為濁破裂音也。【説文解字六書疏證卷十五】

◉裘錫圭　「𧘝」字見於屬於第一期的甲橋刻辭：

(20) 𧘝入五十。　(乙7200)

(21) 𧘝□　(乙2650)

還見於下引三四期卜辭：

(22) 曾(䛒)庸才八，又肉(肉?)，其𧘝。　(粹518)

《殷契粹編考釋》認為這個字是「裘之異文」，不可信。《甲骨文編》把它隸定為「衩」，附於「又」部之末。這對於辨認這個字毫無幫助。

在三四期甲骨文裡還有在「𧘝」上加「○」而成的一個字：

(23) □來廼令袁生(往)於□　合27756

這個字跟□無疑是一個字。甲骨文□或作□，□或作□，與此同例。于省吾先生認為「○」是「圓」的初文，「袁」字本從「○」聲。其説可信。所以這個寫作□□等形的字，應該分析為從「夋」「○」聲。

在古文字裡，形聲字一般由一個意符(形)和一個音符(聲)組成。凡是形旁包含兩個以上意符，可以當作會意字來看的形聲字，其聲旁絶大多數是追加的。也就是説，這種形聲字的形旁通常就是形聲字的初文。例如：「寶」字本作□(《甲骨文編》317頁)，象室中有貝、玉等寶物，後來加注「缶」聲而作□(《金文編》410—416頁)。「耤」字本作□(《甲骨文編》202—203頁)，象人蹠耒而耕，後來加注「昔」聲而作□(《金文編》231頁)。如果不算那些在一般形聲字上追加形旁而成的多形形聲字，如「錳」(《金文編》270頁)、「臉」(同上240頁)之類，這條規律幾乎可以説是毫無例外的。□(□)顯然不是追加形旁而成的多形形聲字，所以「夋」應該就是它的初文，「○」則是追加的聲旁。由此可證「後」和「□」是一字的異體，「後」也應釋作「遠」。

這裡附帶討論一下「夋」字的本義。

三四期甲骨文裡還有一個很象是在「夋」上加「止」而成的字：

(24) □□　(安明1897)

(25) □□□每。　(合31774)

西周金文「遠」字所從的「袁」作□(《金文編》83頁)，「環」字的聲旁有的也不作「睘」而作□(同上21頁)。這種「袁」字所從的□，顯然是由上舉那個甲骨文省變而成的。西周金文「袁」字的「袁」旁作□(《金文編》427頁)，小篆「袁」字作□。這種「袁」字所從的□(□)又是由□訛變而成的。戰國古印有□字(見《篋齋古印集》44上「馬帝裛」印。《古璽文編》收此字於附録456頁)，應釋為「裛」，其「裛」旁上部也是由□或□變來的。這個字省去了「袁」所从的「○」，戰國古印文中的从「睘」之字也往往省去「睘」所从的「○」，彼此可以互證。

前面已經説過，按照古代形聲字構造的通例來看，「夋」和「□」應該是一個字。根據同樣的理由，上舉那個甲骨文跟「袁」字也應該是一個字。「□」和「袁」都可以用作「遠」字和「睘」字的聲旁，二者也應該是一字的異體。所以「夋」、「□」、「□」、「袁」實際上都是一個字。前二者是「袁」的表意初文，後二者是「袁」字加注聲旁的形式。

「夋」上加「止」無義可説，□字上部的「止」當是「又」的訛變之形。古文字中「又」、「止」二形往往相亂。例如金文「䣙」字或作□(《金文編》216頁)，下面的「又」寫得像「止」；「復」字或作□□(同上87頁)下面的□(例「止」)訛變為「又」。甲骨文「毓」(育)字有一個作□的繁體(《前》2・11・3)，胡厚宣先生解釋它的字形説：「右旁從兩手持衣……象女人産子接生者持襁褓以待之。」其説可信。在這個「毓」字所從的兩手持衣形裡，上面的那個「又」如果跟「衣」形上端斜出的那一筆結合在一起看，也很象「止」字。

這是□字上端的「止」形由「又」形訛變而成的明證。也有可能寫刻這個字的殷史並沒有把「又」誤認為「止」，只不過把「衣」形右上部的那一道斜劃寫得太長了一些，客觀上造成了「又」、「止」相混的後果。不過金文□字的上部則確實已經訛變為「止」了。

在上舉「毓」字的繁體裡，兩手持衣形表示要給嬰兒穿衣服。「袁」的本義也應該是穿衣一類意思。結合字音考慮，「袁」應該是「擐」的初文。《左傳·成公二年》「擐甲執兵」，杜注：「擐，貫也。」《國語·吳語》「乃令服兵擐甲」，玄應《一切經音義》十七引賈注：「擐甲，衣甲也。」《顏氏家訓·書證》引蕭該：「擐是穿著之名。」「擐」和「袁」古音都屬元部。「擐」是匣母字，「袁」是于母（喻母三等）字。于母古歸匣母，直到《切韻》時代都還如此。「擐」字的讀音既跟「袁」字如此相近，字義又跟「袁」字表意初文所表示的意思相合，無疑就是表示「袁」字本義的後起字。

《說文·衣部》：「□，長衣皃。從衣，叀省聲」，解說字義，分析字形，都不可信。但是甲骨文又有□字（《甲》3576），金文「寰」字的「袁」旁和小篆「袁」字所从的□（□），有沒有可能並非□的訛形，而是由□變來的呢？也許□的本義就是「長衣皃」，□是它的加聲旁的後起形式，跟由□（擐）字變來的□本非一字，後來這兩個字由於形、音皆近混而不分，□為□所吞併，就跟「𣅀」為「晨」所吞併一樣。這是一個沒有多少根據的設想，姑志於此以待研究。

甲骨文裡所見的幾個「袁」字，所用的都已經不是本義了。上引(20)(21)兩條甲橋刻辭裡的「𢓊」，按照這種刻辭的文例，應該是人名。(23)的「𡚻」從上下文看也應是人名。(20)(21)屬第一期，(23)屬三四期，這兩個「袁」大概不會指同一個人。不過商代往往用族氏作人名，第一期和三四期的袁可能都是袁族人。(17)(19)的「遠」似是地名。「遠」從「袁」聲，二字可通。這兩條卜辭所說的遠，也許就是袁族所居之地。上古時代，地名、族名、人名三者往往相因。這一點很多學者都已經指出來了。不過(17)(19)的「遠」是跟對貞卜辭(18)的「蔑」為對文的。「蔑」即「蓐」字，亦即「農」字（「蓐」、「農」古音陰陽對轉，本由一字分化）。也有可能「蔑」指「農郊」而言（《詩·衛風·碩人》「說於農郊」，《毛傳》「農郊，近郊」），「遠」指「遠郊」而言。(22)「其𢓊」的意義尚待研究，也許應該讀為「其遠」。(24)(25)兩辭殘缺過甚，「𡚻」字的意義也難以確定。不過從殘文或同版卜辭來看，這兩條應該是田獵卜辭，「𡚻」有可能是地名。也有可能應該讀為「遠」。

正由於「袁」字經常被用來表示本義之外的其他意義，所以後人又造了一個「擐」字來表示它的本義。這種現象在漢字發展的過程裡是極為常見的。「擐」字的聲旁「睘」，本以「擐」的初文「袁」為聲旁。這跟「疆」字的聲旁「彊」以「疆」的初文「畺」為聲旁，「廩」字的聲旁「稟」以「廩」的初文「㐭」為聲旁，是同類的現象。【釋殷虛甲骨文裏的「遠」「𢓊」（邇）及有關諸字　古文字研

究第十二輯】

◉陳漢平　安陽甲骨有卜辭曰：來甶令[glyph]往於……　《寧滬》1·501

此辭第四字從衣從又從○作，舊不識。按○即古文圓字，甲骨文員字作[glyph]（《庫》1807）、[glyph]（《佚》11），即以此為員字聲符。《説文》：「袁，長衣皃，從衣叀省聲。」實際亦以○為聲符。金文袁字作[glyph]，所從亦相同。又侯馬盟書袞字作[glyph]，字從又作，可證古代從衣之字偏傍可衍又形。故甲骨文此字當釋為袁。此字在卜辭中令字下，若為名詞，則為人名。若為動詞，則讀為遠。

甲骨殘辭又有：……[glyph]……每　《存下》508

前一字舊不識，字從止從衣從又作，從又可視為衍傍。《説文》新附有寰字，此字於周代金文璽文中作：[glyph]（寰盤）、[glyph]（中山王鼎）、[glyph]（古璽匯編3020）、[glyph]（古璽匯編4086），字於宀形之下或從止從衣作，或可省去聲符。甲骨文此字從衣從止作，字當釋為遠。【古文字釋叢　出土文獻研究】

䙚

◉許　慎　䙚短衣也。从衣。鳥聲。春秋傳曰。有空䙚。都僚切。【説文解字卷八】

◉馬叙倫　徐鍇曰。春秋傳無此言。疑注誤也。段玉裁曰。曰字疑衍。空當作公。即昭廿五年左傳之季公鳥也。周沐潤曰。䙚即裯之重文。引春秋傳無考。當本作春秋傳有公子䙚。公子䙚見左襄卅一年傳。倫按上文。祗。祗裯。短衣。裯䙚音同端紐。聲同幽類。蓋轉注字。䙚蓋今之襖字。字蓋出字林。【説文解字六書疏證卷十五】

褺

[glyph]褻　檀弓君之褻臣也注嬖也　毛公厝鼎　師氏虎臣雩朕褻事　【金文編】

◉許　慎　褺重衣也。从衣。執聲。巴郡有褺虹縣。徒叶切。【説文解字卷八】

◉馬叙倫　段玉裁曰。地理志郡國志巴郡下皆作墊江縣。據孟康曰。音重疊之疊。知漢書本不作墊江也。沈濤曰。一切經音義九引作南有疊江縣。蓋漢書注引孟康音重疊之疊故譌也。倫按褺蓋襲之轉注字。襲音邪紐。古讀歸定。褺音定紐。襲褺又聲同談類也。或古書重衣字借襲為之。襲襱一字也。褺音邪紐。而褆從是得聲。是音禪紐。邪禪同為次濁摩擦音。古讀皆歸於定。轉注字也。玄應一切經音義引字林。褺。重衣也。則字或出字林。【説文解字六書疏證卷十五】

裶

揤裴國尉 庈裴 裴統私印 【漢印文字徵】

◉許慎 裶長衣皃。从衣。非聲。臣鉉等案。漢書裴回用此。今俗作徘徊。非是。薄回切。【說文解字卷八】

襡

◉許慎 襡短衣也。从衣。蜀聲。讀若蜀。市玉切。【說文解字卷八】

◉馬叙倫 桂馥曰。短當為裋。本書。裋。豎使布長襦也。廣雅釋器。襡。長襦也。玉篇作⿰衤屬。與襩同。云。長襦也。連要衣也。釋名。襡。屬也。衣裳上下相連屬也。玉篇襡下云。短衣也。此乃宋人據本書加之。不知本書之襡。玉篇作⿰衤屬。實一字也。本書襱下有或體作襩。玉篇以為襡之重文。即本書襡之或體。嚴可均曰。讀若句疑校者所加。倫按短衣襦字義。蜀襦聲同矦類。古或以襡為襦。或傳寫說解有捝譌也。此字次裴⿱斲衣之間。自以訓長衣為長。然說解非裋衣也。當為⿱斲衣也。襡音禪紐。古讀歸定。裴音竝紐。竝定同為次濁破裂音。是轉注字也。與袁亦為同次濁摩擦音轉注字。字蓋出字林。【說文解字六書疏證卷十五】

◉何琳儀 帛書「襡」與信陽簡「襡」其實乃一字，唯「衣」旁或有省簡之別而已。帛書「襡」應讀「屬」。《釋名·釋衣服》：「襡，屬也。」《集韻》：「襡，《說文》短衣也。或作⿰衤屬。」「襟綴帶謂之襡，或省作⿰糹屬。」均可資佐證。

「屬民」，見《周禮·地官·黨正》「及四時之孟月吉日，則屬民而讀邦法以糾戒之」，注：「彌親民者，於教亦彌數。」《國語·楚語》「顓頊受之，乃命南正重司天以屬神，火正黎司地以屬民」，注：「屬，會也。」《國語》之「火正黎」與帛書之「群神五正」均能「屬民」，若合符契。【戰國文字通論】

⿱斲衣

◉許慎 ⿱斲衣衣至地也。从衣。斲聲。竹角切。【說文解字卷八】

◉馬叙倫 倫按襡音禪紐。⿱斲衣音知紐。同為舌面前音。聲同矦類。轉注字也。衣至地也非本訓。或字出字林。【說文解字六書疏證卷十五】

襦

襦 封六八 四例 【睡虎地秦簡文字編】

褊 袷 襌 襄

◉許　慎　襦短衣也。从衣。需聲。一曰鬣衣。人朱切。【説文解字卷八】

◉馬叙倫　段玉裁曰。一曰與一名同。非别一義也。日部。安鬣。温也。釋名。襦。耎也。言温耎也。錢桂森曰。襦襖蓋古今字。雙聲而兼疊韻者也。倫按今謂襖者皆短而耎。故襦一名鬣衣。内服以取煖也。短衣非本訓。字見急就篇。【説文解字六書疏證卷十五】

◉許　慎　褊衣小也。从衣。扁聲。方沔切。【説文解字卷八】

◉馬叙倫　沈濤曰。爾雅釋言釋文。褊。小衣也。説文同。是古本作小衣。故次訓長衣短衣者之下。一切經音義十八及廿二引作小也。乃節取。王筠曰。小當為急。廣韻。褊。衣急也。倫按沈説是。廣韻訓衣急也則為動詞。疑本作小衣也急也二訓。急也者。蓋有褊字。本書所無。小衣非本訓。或字出字林也。【説文解字六書疏證卷十五】

◉許　慎　袷衣無絮。从衣。合聲。古洽切。【説文解字卷八】

◉馬叙倫　倫按衣無絮字林訓。見玄應一切經音義引。許當以聲訓。慧琳一切經音義引倉頡。袷。合也。語原為合矣。字見急就篇。此今言夾襖字。【説文解字六書疏證卷十五】

襌　封六八　二例　封五八　【睡虎地秦簡文字編】

◉許　慎　襌衣不重。从衣。單聲。都寒切。【説文解字卷八】

◉馬叙倫　倫按以袷下訓衣無絮為字林文。知此衣不重亦字林訓矣。此今所謂單夾之單字。字見急就篇顔師古本。皇象本作單。疑單字是故書。襌字傳寫者以字林改也。則本書此字亦出字林矣。【説文解字六書疏證卷十五】

襄　穌甫人匜　穌甫人盤　鄂君啟舟節　襄陲　地名　鄂君啟車節　【金文編】

9·32　襄陰市　【古陶文字徵】

103 155 170 176【包山楚簡文字編】

襄 秦三五 通釀 別粲穤之— 秦三五 通攘 鬼恆—人之畜 日甲三七背 日甲二八【睡虎地秦簡文字編】

是—天壤(乙2—16)—咎天步(乙2—32)【長沙子彈庫帛書文字編】

定襄太守章 定襄太守章 蘇襄 襄賁右尉 襄里 景襄 李襄 程襄 襄禹之印

鄧襄之印 段襄 襄且力 襄尊 郝襄快印【漢印文字徵】

石經僖公 曹伯襄復歸于曹 汗簡與此同 說文古文作 結體畧異【石刻篆文編】

襄竝尚書 襄【汗簡】

古尚書 同上 崔希裕纂古【古文四聲韻】

◉許 慎 漢令。解衣耕謂之襄。从衣。㠭聲。息良切。古文襄。【說文解字卷八】

◉劉心源 近人或釋咢。以為愕。余謂當是㠭。說文。㠭。亂也。籀文作。从衣㠭聲。徐鍇曰。二口噂沓也。爻物相交質也。爻即㳙。己象交構形。工。人所作也。亂者。理也。案贊襄字本是㠭。詳穌甫人匜。籀文與此銘近。此當是讓。毛公鼎辥乓辟。則襄字也。【奇觚室吉金文述卷二】

◉劉心源 考古貨幣文襄垣字作。又作。穌甫人匜襄作。作㶒妃襄媵匜。从衣。象人側身伸兩手解衣之形。从土从中。中即之變。致力於土耕意也。即形。即中。幣文蓋省衣省土。乃字也。為譌。工為土譌。為譌。為省而移於左。小篆既已肊改。傳寫又復失真。非悉心考究。何能訂正。此銘與幣文匜文皆合。惟移土於上耳。古文土。見盂鼎。以此知叔弓鎛公又一鎛作即襄公也。【奇觚室吉金文述卷八】

◉高田忠周 說文。褱袖也。从衣鬼聲。一曰藏也。或云此為懷妊本字。又或借褱為之。此篆从衣从㙗。㙗字書所不收。當是壞字。或云从攴塊聲。此為㪇字。但㪇壞元同字。知此褱為褢字。然从塊以為聲。固當與褱通用。或云以褱為褢。捷於謂為褢矣。【古籀篇六十七】

◉唐桂馨　襄有助義。漢令解衣而耕謂助耕也。若但解衣自耕。何用著為令。又按襄从衣。今人以絲或棉裝入夾衣。古語謂之褚。俗語謂之纕。亦含有助意。纕應以此字當之。餘若穰訓多。膿訓肥。簑訓褢。釀訓醞。皆本此助義而生。古文則从女曰。舉炷火而助夫主。以祀祖先。亦表示助意。【說文識小録　古學叢刊第三期】

◉馬叙倫　顧炎武曰。解衣耕為襄。穿鑿。鈕樹玉曰。韻會引衣下有而字。孔廣居曰。襄字當以襄褱為本義。不應以漢令强解。文廷式曰。顧段錢桂諸家皆不明其義。許僅引漢令。明非本義。經典之用襄字者。莫古於堯典之懷山襄陵。竊以為襄亦懷也。懷有包義。襄亦有包義。故釀字從之。曩字從襄者。亦以包去日也。俗瓤字從襄。亦謂瓜囊也。讓字從襄。亦以有所包容也。凡中有所包者。必護持其外。故金部鑲作型中腸也。倫按堯典。懷山襄陵。懷借為褱。褱襄皆褢義也。此當訓褢也。今其義譌在簑下耳。此說解捝本訓。僅存呂忱或校者所引漢令。襄音心紐。褱從眔得聲。眔從水得聲。水音審紐。心審同為次清摩擦音。蓋轉注字。字見急就篇。穌甫人匜作□。古鉩作□　□　□。餘見嚴下。

□嚴可均曰。從女。恐是孃字。郭沫若曰。三體石經作□。象雙手持畬以事耕之形。光聲。古文光或作𡕛。宰𠂤𣪘。王□宰峀貝五朋。倫按張祥齡蔡惠堂亦有釋。繳繞附會。不合六書大齊。故不及。然郭亦泥於解衣耕之說。且如其說。既無涉於衣。而字又為指事兼聲。六書無此例。克鼎有□□厥心。劉心源釋□為讓。倫謂□蓋從女喪聲。為孃之異文。汗簡引褋字指。𧞻字作□。其襄字蓋與此同。傳寫小異。字指本衛恆字說。恆說多本石經。此字呂忱本石經或古文官書加。篆體無可訂正。叀中鐘作□。【說文解字六書疏證卷十五】

◉饒宗頤　丁亥卜，𡆥貞：□□於滴　□不□於滴。（屯乙七三三六）

按□者，毛公鼎：「亦唯先正䍐辥厥辟。」劉幼丹以䍐即襄，知□為□之初文，襄字從之。惟此讀為𧞻，説文所謂「磔𧞻祀除厲殃也」。周禮注：「卻變異曰𧞻。𧞻，攘也。」【殷代貞卜人物通考卷八】

◉高鴻縉　此字本意為解衣耕。周文兩形。一字第一形。見厲王時散盤。□象人舉兩手解衣之形。从攴。从土。由文生意。即治土之意。所謂耕也。動詞。第二形見穌甫人匜。就第一形略變。而加衣為意符。故仍為解衣耕。形變為襄。襄復引申為奮勇致果之意。凡攘臂攘夷狄之攘。古只借襄字為之。如詩玁狁于襄之襄是也。至攘。本揖攘字。讓本責讓字。兩字因通叚習用而移易其意。其本則咎在說文已失襄字之本意也。【中國字例二篇】

◉馬承源　欒子嬰䋣簠

簠殘，僅存器底，縱20、横26、殘高3.9釐米。紋飾作蟠獸紋及較細的環帶紋。鑄銘三十四字。

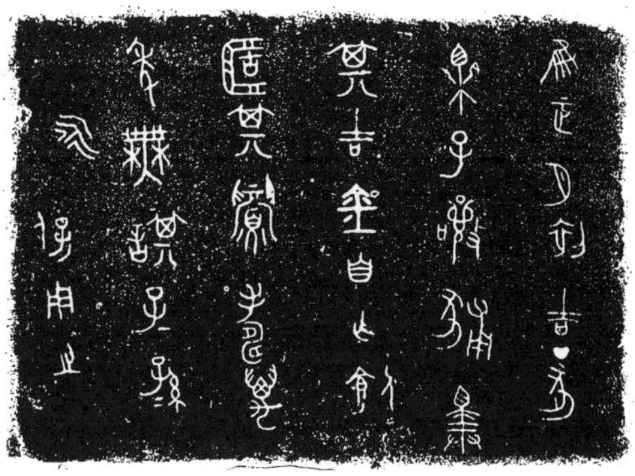

隹(唯)正月初吉丁亥
樂子𤕟豧睪(擇)
其吉金，自乍(作)飤
簠，其眉壽萬
年無諆(期)，子子孫孫
永保用之

據簠之銘文、紋飾及形製，為春秋晚期器。樂氏，宋戴公之後。

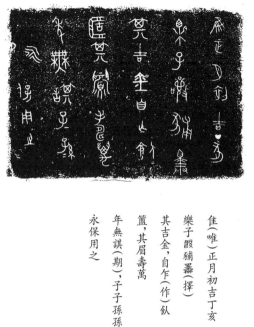

𤕟字，與襄字所从之𤕟字形基本同，襄字穌甫人匜作[glyph]，襄垣幣作[glyph]，此作[glyph]。《說文》：「𤕟，亂也，从爻工交吅，一曰窒，𤕟讀若禳。」豧，《說文》云「豕息也」，金文新見字。【記上海博物館新收集的青銅器　文物一九六四年第七期】

◉于省吾　甲骨文習見的[glyph]字也作[glyph]，甲骨文編和續甲骨文編均入於附録。按這個字乃說文𤕟字的初文。說文：「𤕟，亂也，从爻工交吅。一曰，窒(一本作窒)𤕟，讀若禳。[glyph]，籀文𤕟。」又說文：「漢令，解衣而耕謂之䑋(襄)，从衣𤕟聲。」

吳大澂說文古籀補誤疑散氏盤的[glyph]為古𢧵字。但釋穌甫人匜的[glyph]字為襄，則是對的。丁佛言說文古籀補補：「窒𤕟即今所謂擾攘，許說从交吅是矣。……古襄字無一从爻从工者，可知爻為[glyph]或[glyph]之誤，工蓋土之譌耳。」按丁氏以許說从交吅為是，殊誤。其餘的分析是對的。林義光文源：「𤕟字『古作[glyph]作[glyph]，[glyph]即[glyph]之變，象人戴二口，叫囂之象，在土上，攴象手持物以驅除之。』」按林說字形，本末倒置。又自象人戴二口以下，完全出於猜測。

𤕟字的初文，甲骨文作[glyph](沉字所从，沉即瀼)。[glyph]字，商器祖辛爵作[glyph]，象人赤足之形，上从[glyph]，不知所象，待考。[glyph]字春秋時器䏲(薛)侯盤孳化作[glyph]。這和周初金文的敬字，盂鼎作[glyph]，大保簋作[glyph]，後來孳乳為敬，其例相仿。[glyph]形，西周金文變作[glyph](散氏盤)，春秋時器變作[glyph](穌甫人匜襄字所从)或[glyph](弓鎛以為襄公之襄)。列國時陶文又省化作[glyph]，漢印作[glyph]，說文作[glyph]。以上所列，就是□字從甲骨文至漢代千餘年間孳乳遞嬗的源委。

甲骨文言「才冗」、「田冗」、「王其田於冗」，冗字均作地名用。春秋地名考畧襄牛條引顏師古説：「襄邑宋地，本承匡襄陵鄉也，宋襄公所葬，故曰襄陵。」按宋地原為商之領域，在宋之前，甲骨文已以□為地名，只是秦代才開始稱縣而已。

綜上所述，由於已經尋出□字的發生發展和變化的規律，從而判定它是𠷎字的初文。它和从衣的襄字古通用，隸變作襄。自來學者不知𠷎字的初文本作□，故其解説多有不符，這是由於「不揣其本而齊其末」所致。【釋冗　甲骨文字釋林】

◉尤仁德　戰國楚國多有□、□式銅貝幣，其所鑄的「□、□」，有釋作紋飾者，有釋為銘文者，考古界歷來爭論紛紜。依前釋，故名之「鬼臉錢」，近來又有引伸為「猿頭幣」者（周谷城《略談我國古代貨幣的「爰」與「布」》《光明日報》1978年4月16日）；據後釋分別定為「哭」、「兇」，吳大澂、鄭家相並釋「貝」，被後人所崇信。德按，釋紋飾者，是屬以形臆測，並非本意；釋銘文者，疏證不通，殆無一當。今對照古文字字形的演變，試予探釋。

□字上部从▽▽，即《説文解字·吅部》之吅，為𠷎字所从，並形變為三角狀，下部从六，非「其」字古體。查古文字中吅與▽▽通用之例多見（如下引文），而吳、鄭二氏説▽▽與吅等同者尚所未聞。故知釋▽▽同吅，進而釋□為□（貝）之説難於通達。據戰國幣文通例，其內容大抵是紀地、紀重、紀值三類，而較早期者，又以紀地為主。此種銅貝幣，系海貝貨幣之孳續模仿，正屬原始幣形之一。所以，□字應釋作地名為妥。

此説解要先从古文襄字談起。

襄字，甲骨文作□，是𠷎（古襄）字初文，用為地名（于省吾《甲骨文字釋林》132），金文作□（散氏盤）□（穌甫人匜）。《説文解字·吅部》𠷎字籀文作□，古陶文作□（《説文古籀補補》二·5），古鉩文作□（《陳簠齋手拓古印集》十一·下），作□（同上二十五·下），楚簡文作□（《考古學報》1973年1期），幣文作□（《古泉匯》元四·11），作□（《錢志新編》酉·九），作□（《古泉匯》元八·18襄城幣）。

□、□、□三字▽▽下从「六」，與銅貝幣的「□」字（《貨幣文字考》四·19）恰同。幣文□字所从之「□」，當是「▽▽」之省異。古文字中▽可以省為∨，而重形對偶筆畫，其排列形式或縱或橫，任意變換，與義無別。如格伯簋格字作□，平周幣周字作□（《古泉匯》元六·12）；《説文解字》多字麥鼎作□，□（友）字君夫簋作□，均可為證。所以，幣文□、□、□如變寫作□、□、□亦通。

如將上引各襄字經簡化後順序排列，即得：□、□、□、□、□、□、□、□（□）、□（□）。根據戰國文字形體變殊之劇和幣文多作簡化異構的規律考定，幣文□字當是它們的省變或異形，□字與□、□、□簡化後作□、□、□（□）同形，而𢆉(𢆉)則較巽字再減一筆，那麽，我們即可釋巽巽二字均為「襄」字，蓋地名「穰」之文。

穰，戰國楚邑，地望在今河南省鄧縣。《史記·秦本紀》載昭襄王二十四年「與楚王會鄢，又會穰」。《漢書·地理志》南陽郡有「穰」，注：「師古曰：『今鄧州穰縣是也。』」可證。是知巽字幣為穰邑所鑄。

巽、巽二字下部之圓孔穴，或穿透，或半透，都與銘文無涉。後者可隨時鑿通，以繩系之，便於攜帶。

穰字幣曾大量出土於原楚國各地，遍及今河南、湖北、湖南、安徽一帶，説明它的鑄數甚衆。又因它為銅質小貝形，具有造價低廉，使用方便的優點，無疑要比貴重的郢爰金幣流通廣泛得多。【楚銅貝幣「巽」字釋　考古與文物一九八一年第一期】

◉李孝定　襄字篆文从衣、𤕦聲，金文不从𤕦，所从之𡍮，殊不可解，高鴻縉氏謂象人舉手解衣之形，殊失牽傅，解衣耕謂之襄，僅見於漢令，先民制字，寧能預見漢令乎？且所从亦未見解衣之形，其字从土、从又甚明，𠄎字古文習見，惟未得的解，亦惟不知蓋闕耳。【金文詁林讀後記卷八】

◉許進雄　甲骨卜辭有一田獵地作𤕦，學者對於其造字的含意尚無令人滿意的解釋。筆者認為它就是説文解字襄的古文字形的來源。《説文解字》對襄字的解釋是：

《漢令》解衣而耕謂之襄，从衣，𤕦聲。𤕦，古文襄。

段玉裁的注為：

此襄字所以從衣之本義惟見於漢令也。引伸之為除去，《爾雅·釋言》、《詩·牆有茨》、《出車》傳皆曰：襄，除也。《周書·謚法》云：辟地有德曰襄。凡云攘地、攘夷狄，皆襄之假借字也。又引伸之為反復，《大東》傳云：襄，反也。謂除此而復乎彼也。《釋言》，又曰：襄，駕也。此驤之假借字。凡云襄上也，襄舉也皆同。又馬注《皋陶謨》曰：襄，因也。謚法因事有功曰襄。此又攘之假借字。有因而盜曰攘，故凡因皆曰攘也。今人用襄為輔佐之義，古義未嘗有此。

許慎未能見到較早的字形，故《説文解字》一書對於訛變的字形結構常有差錯，但對於字義，一定有所依據，不會隨意訓解。此字的篆文與古文字形非常的不同，很顯然不是來自一源。解衣而耕的意義亦不見於古籍，想來解衣之義近於篆文字形，因為它是以衣為義符的。耕則可能為古文字形的意義。也許因音韻相近或字義相通，兩字誤合為一而有「解衣而耕」兼顧的訓解。這在許慎的《説文解字》並不是孤例。筆者曾寫一短文，解釋法的古文字形應來自金字，是青銅器的鑄模與鑄型套合綑縛以待鑄或已澆鑄的象形，金的另一意義模型，因與法的典型、規則的含義有相通之處，因而在東方六國地區被使用為法字的一形。從段玉裁所舉襄字的種種引申或假借義，辟地、反覆、舉駕、攘除等，都多少與畜力耕田之事有關。辟地為使用牛耕之利，反覆可能來自往返鋤地或翻轉土塊，犂駕則因牛要上軛曳犂，攘除則來自開荒墾田。

襄字篆文字形有解衣之義是如何造成，因現在所見最早字形的金文可能已有訛變，難以推知其創意。可能只是形聲字，沒有什麼特别的創意，也不是本文要討論的。本文討論的目標是耕義的創意。從其種種衍生義來看，其有牛耕的意義是不成問題，且是由古文字形而來的。因為古文襄的字形已有訛變，難以看出其初原的造意，學者雖有種種解釋，但無令人滿意的。可是，如果以之與甲骨文的□字比較，其相似的程度，可以使我們了解它們就是一字的早晚不同形態。甲骨文字形的□與古文的□同為表示向下的兩隻手。兩隻手所把持的東西，甲骨文作□，古文作□，基本形狀一致，變橢圓為三角、∨為横畫，應是不同的犂頭形狀，下尖的橢圓或下鋭三角形而其上有把柄。甲骨文字形更有犂頭插入土中的，翻土的情景更形明顯。甲骨文的兩小點仍然保存在古文的字形，表示鋤地所激揚的細泥或灰塵。至於犂前的東西，甲骨文是個側視的動物輪廓，古文雖訛變甚多，兩相比較，仍可看出□是動物的頭部，□是軀體，腳趾則相連以致身軀成□，其演變的痕跡並不是不可理解。由於古文的部分訛變頗像女字，女性在有史時代一向不是從事耕作的主力，故學者很少把襄看作一幅耕田的圖畫。現在我們把字形和訓解結合起來考察，應很容易了解它表示以畜力拉犂助耕的景象。全形描寫雙手把捉有柄的犂，犂頭作可破土的下尖橢圓或下鋭三角形，有時更作犂頭已插入土中。犂前有一頭家畜曳拉，偶而也有一頭以上的，與不少漢畫象石兩牛共拉一犂的情況一樣，大概是硬地上的操作現象。犂地不免要翻起灰塵四揚的土塊，造字者的觀察真是仔細。

至於曳犂的家畜，其側視形雖如豕字，其實應是牛。豬沒有足夠的力氣拉犂耕田。除頭部有角等特徵外，牛、羊、犬、豕等家畜的外形輪廓是相類的。為分别個别的種屬起見，有角的牛羊就以頭部代表，無角的犬豕則以身軀的肥瘦及尾巴的上翹下垂來區别。耕田所要表現的是曳犂的動作，不是家畜的種屬，故所畫的是牛的全身而不是取頭部的特寫。不但襄字裏的動物是牛，就是被視為犬耕的⿱叕犬，字中的動物有時雖作尾巴上翹的犬形，大多數還是作尾巴下垂的。犬雖可拉動雪橇、運送牛乳、郵件等較輕便的東西，對於深插土中的犂恐怕無能為力。因此甲骨文的襄和⿱叕犬應都是表示與牛耕有關的字形。襄的甲骨文字形有時作雙手扶兩犂於兩畜之前，與⿱叕犬的結構相類，又都是田獵地名，可能就是一字的先後字形。【甲骨文所表現的牛耕　古文字研究第九輯】

◉湯餘惠　楚官璽有

官之鉨(0141，見圖版叁6)

首字宜當釋「襄」，字上从「∧」為「衣」之上半，楚文字衣旁每省寫，信陽簡作□(襄、襄等字所从)，省略上半，與此省略下半者性質相同。字中所从□為「□」之古文，魏襄城方肩尖足布此旁作□（《古大》440）、□（《古大》441）等形，又「襄陰司寇」壐作□，此旁的這種寫法應即金文□（衛鼎乙輟字所从）、□（穌甫人匜襄字所从）的變體，字下加「＝」為戰國文字所習見的點飾。

壐文「襄官」疑當讀為「纕官」。《玉篇》：「纕，帶也。」屈原《離騷》：「既替餘以蕙纕兮，又申之以攬茝。」王逸《楚辭章句》：「纕，佩帶。」纕官可能與衣帶的制作和管理有關，各式各樣的帶是古人日常生活中的必需品，由於用處、質料的差異，又可細別為許多名目。古書記載的姑且不論，單是見諸楚簡的就有「紡紳」、「緯帶」和「組纕」等不同的名稱，楚王室、貴族崇尚奢華，設專職主持其事不是没有可能的。楚官壐又有「下鄀戠𣪠」當讀為「下蔡職纕」。纕官和職纕大約是同類性質的工官。【略論戰國文字形體研究中的幾個問題　古文字研究第十五輯】

◉何琳儀　三晉陶文有一地名與尖足布相同：

城□　《陶彙》9·50

成□　《辭典》442

七十年代，北文已釋尖足布銘文第二字為「襄」。故陶文和尖足布均應讀「城襄」。「襄」與「鄉」音近可通。《左·莊廿三年》「鄉者」，《史記·魯世家》「鄉」作「曩」。《史記·秦始皇本紀》「非及鄉時之士也」，《漢書·陳勝傳》「鄉」作「曩」。至於尖足布「平襄」（《貨系》1108——1110）讀「平鄉」（隸《漢書·地理志》廣平國），均其佐證。

「城鄉」，見《漢書·地理志》廣平國，確切地望不可考，戰國屬趙則無疑問。尖足布是公認的趙國貨幣。由此類推，「城鄉」陶文也應是趙器。【古陶雜識　考古與文物一九九二年第四期】

◉曾憲通　《説文》襄，从衣𣪠聲。穌甫人匜作□，帛書□即□之變體，不从衣。篆文再變作𣪠，為襄之聲符，故帛文□實即篆文□，可讀為襄。「吕司堵襄」與平水土有關，可讀為壞。【長沙楚帛書文字編】

◉戴家祥　□鄂君啓節　大司馬卲陽敗晉師於襄陵之戢　穌甫人匜襄作□，此銘文省衣形當為襄之省。史記楚世家楚懷王六年：「楚使柱國昭陽將軍而攻魏，破之於襄陵，得八邑。」這個記載與銘文完全吻合，可知□字確是襄字省。薛侯盤□亦省衣形，銘文「□朕盤」與穌甫人匜「襄媵匜」完全相同，可知確是襄字。【金文大字典下】

被

72 199 203 214 【包山楚簡文字編】

被 秦二六 三例 通被 萬石之積及未盈萬石而|出者 秦二六 日乙一八九 【睡虎地秦簡文字編】

1350 【古璽文編】

翟被私印 祝被私印 光被 干被 【漢印文字徵】

禪國山碑 彌被原野 【石刻篆文編】

雲臺碑 天台經幢 【古文四聲韻】

◉許　慎　寢衣。長一身有半。从衣。皮聲。平義切。 【說文解字卷八】

◉馬叙倫　鈕樹玉曰。韻會引作寑衣。王筠曰。寑衣也鮑本同。孫本無也字。小徐之無則其常也。倫按許當以聲訓。此寑衣以下七字。蓋校語。 【說文解字六書疏證卷十五】

◉劉彬徽等　被，簡文作，從衣從皮省。 【包山楚簡】

◉戴家祥　新郪虎符　凡興士被甲　說文八篇：「被，寢衣，長一身有半，从衣，皮聲。」此銘用作動詞，覆也，披也。 【金文大字典下】

衾

古孝經 【古文四聲韻】

◉許　慎　大被。从衣。今聲。去音切。 【說文解字卷八】

◉馬叙倫　倫按玄應一切經音義引字林。衾。大被也。則此字林訓。本訓捝矣。或此字出字林。被音竝紐。衾從今得聲。今音見紐。如讀羣紐音。則與被為同濁破裂音轉注字也。 【說文解字六書疏證卷十五】

褖　衵　褻

◉許　慎　褖飾也。从衣。彖聲。徐兩切。【説文解字卷八】

◉馬叙倫　吳穎芳曰。首二字句。謂衣上畫飾其形象。王筠曰。詩。君子偕老。象服是宜。傳曰。象服。尊者所以為飾。是知褖飾本之毛詩及傳。特加衣字耳。倫按飾也似有捝文。本書飾。褖飾。漢書外戚傳。褖飾將醫往問疾。急就篇。褖飾刻畫無等雙。彼雖皆以褖飾連文。然此似當作衣飾也。或飾也以聲訓。飾從飤得聲。飤音亦邪紐也。或飾褖為轉注字。飾下曰馭也者。即馭字義。或帥字義。然如此則褖飾皆為動詞。字不宜次此。復與詩義不合。疑褖為衣類物名。所以為飾。今言漂亮者或當作此字。【説文解字六書疏證卷十五】

◉許　慎　衵日日所常衣。从衣。从日。日亦聲。人質切。【説文解字卷八】

◉馬叙倫　沈濤曰。左宣九年傳釋文引作日日所衣裳也。乃倒譌。倫按玉篇作近身衣也。日日所著衣。左宣九年傳釋文引字林。衵。日日所衣裳也。婦人近身内衣也。則此是字林訓。或字出字林也。從衣。日聲。【説文解字六書疏證卷十五】

◉許　慎　褻私服。从衣。埶聲。詩曰。是褻袢也。臣鉉等曰。从熱省乃得聲。私列切。【説文解字卷八】

◉吳大澂　褻从衣从埶。許氏説私服。古文以為埶字。又通暬。詩曾我暬御。傳。暬御。侍御也。國語。居寢有暬御之箴。周禮玉府。凡褻器。疑即埶器。又内豎埶褻器以從遣車。埶字疑後人所加。褻器當讀作埶器。禮檀弓。君之褻臣也。褻臣疑即埶臣。言君之埶事臣也。毛公鼎師氏虎臣粵朕褻事。褻事即暬御。【説文古籀補補遺】

◉高田忠周　吳云。从衣从埶。許氏説私服。古文以為埶字。又通暬。詩曾我暬御。傳暬御。侍御也。國語居寢有暬御之箴。周禮玉府凡褻器。疑即埶器。又内豎埶褻器以從遣車。埶字疑後人所加。褻器當讀作埶器。禮檀弓君之褻臣也。褻臣疑即埶臣。言君之埶事臣也。銘云。褻事即暬御。按説文。褻。私服也。从衣埶聲。字林。衷。衣也。論語紅紫不以為褻服。鄭注。袍襗也。王肅云。私居非公會之服也。叚借為暬者。廣雅釋言。褻。狎也。禮記檀弓。君之褻臣也。注。嬖也。論語雖褻必以皃。周生烈云。謂數相見也。又周禮内豎埶褻器以從遣車。注。振飾頮沐之器。皆是也。吳説未純矣。【古籀篇六十七】

◉馬叙倫　鈕樹玉曰。六書故曰。唐本説文從扨。又曰。從埶非。大謬。倫按褻為衵之轉注字。褻從埶得聲。埶音疑紐。衵音日紐。古讀歸泥。同為邊音也。又聲同脂類。私服疑非本訓。或字出字林。蕭該漢書音義引字林。褻。衷衣也。文篋反。

衷　袾　袓

廣韻引字林。複襦也。【説文解字六書疏證卷十五】

◉楊樹達　褻事者，暬士之假字。説文七篇上日部云：「暬，日狎習相嫚也。从日，執聲。」詩小雅雨無正云：「曾我暬御，憯憯日瘁。」毛傳云：「暬御，侍御也。」楚語云：「居寢有暬御之箴。」韋注云：「暬，近也。」文云暬事，猶小雅楚語之言暬御矣。【毛公鼎跋　積微居金文説】

衷

衷安私印

衷明之印

衷欣之印

杜衷

衷鄉之印

妾衷牛【漢印文字徵】

◉許　慎　衷裏褻衣。从衣。中聲。春秋傳曰。皆衷其衵服。陟弓切。【説文解字卷八】

◉馬叙倫　鈕樹玉曰。韻會無皆字。玉篘曰。衷為衣名。經典不見。倫按唐寫本切韻殘卷一東引作衷。褻衣也。則此裏字乃衷字之隸書複舉者。而傳寫譌也。褻衣下又挩也字。然當作褻也。或此本作褻也裏衣也。傳寫誤並之。裏衣也校語。衷音知紐。古讀歸端。相音日紐。古讀歸泥。端泥同為舌尖前音。蓋轉注字。玄應一切經音義文選王君詠注引倉頡。衷。别内外之詞也。【説文解字六書疏證卷十五】

袾

◉許　慎　袾好佳也。从衣。朱聲。詩曰。静女其袾。昌朱切。【説文解字卷八】

◉馬叙倫　吳穎芳曰。應讀袾好二字句。鈕樹玉曰。女部姝下已引此詩。釋文同。則此下引疑後人加。段玉裁曰。好下奪也字。王筠曰。女部姝姣皆同好也。與毛傳合。此從衣。似不合也。朱駿聲曰。廣雅。袾。裑也。按裑者。衣中也。儀禮喪服記。衣二尺有二寸。注。此謂袂中也。言衣者。明與身參齊。倫按好也佳也均姝字義。袾為衷之轉注字。衷音知紐。袾音穿紐三等。同為舌面前音。古讀朱如州。本書。喌。呼雞重言之。從吅。州聲。風俗通義。呼雞朱朱。州聲幽類。衷聲侵類。幽侵對轉也。廣雅袾裑也者。裑當從衣身聲。身㐆一字。裑即喪服記之衣。衷音知紐。裑音影紐。袾從朱得聲。朱音照紐。古讀歸端。端知影同為清破裂音。明是一物。轉注字也。此字蓋出字林。【説文解字六書疏證卷十五】

袓

◉許　慎　袓事好也。从衣。且聲。才與切。【説文解字卷八】

◉馬叙倫　王筠曰。未詳其義。廣韻。袓。好也。嬻也。女部。嬻。白好也。廣雅。袓。好也。朱駿聲曰。袓即䶥之或體。

倫按事字譌。然不知何以誤。或謂本作傳字。傳為䙍譌也。倫謂好也者。姝字或𢭏字義。祖從且得聲。且為廚之初文。廚音澄紐。姝音穿紐三等。同為舌面前音。相通假也。𢭏音精紐。祖音從紐。同為舌尖前破裂摩擦音。祖從且得聲。且音亦精紐。故亦相通也。祖自為袾之轉注字。亦衷之轉注字。【説文解字六書疏證卷十五】

裨 戜簋 孚戎兵豚矛戈弓備矢裨胄【金文編】

裨將軍印 裨將軍印 裨將軍印章 裨將軍印章【漢印文字徵】

天璽紀功碑 裨將軍【石刻篆文編】

◉許　慎　䙍接益也。从衣。卑聲。府移切。【説文解字卷八】

◉馬叙倫　沈濤曰。一切經音義五引。裨。增也。益也。亦補也。卷十引。裨。增也。厚也。補也。亦助也。今本作接益。義不可曉。玉篇。接也。益也。豈二徐校玉篇以改説文。而又奪也字邪。翟云升曰。文選長笛賦注引作益也。丁福保曰。慧琳音義四十二引作接也益也。倫按接也益也二義。然皆非本義。蓋埤之引申也。裨從衣。蓋是補之音同幫紐轉注字。裨音非紐。古讀歸幫也。國語晉語。所以紀綱齊國裨補先君而成霸業者也。正裨補連文。裨補之轉注猶埤萷矣。其語原與埤同。古鉩作。從衣。婢聲。【説文解字六書疏證卷十五】

◉許　慎　袢無色也。从衣。半聲。一曰。詩曰。是紲袢也。讀若普。博慢切。【説文解字卷八】

◉馬叙倫　嚴可均曰。韻會十三元引作衣無色。又引作一曰紲袢。無詩曰是也四字。鈕樹玉曰。一曰以下乃後人據徐鍇説增。褻下引詩作褻袢。不應此又作紲。倫按無色也當是暜字義。普為日無色也。韻會引作衣無色。蓋衣也無色也二訓。詩君子偕老。是紲袢也。毛傳。絺當是當暑袢延之服。袢延古語不可強解。然朱駿聲謂延即此下文之䘰。車温也。然則袢蓋如今夏服之汗衫。故詩疏謂延是熱氣。紲袢是去熱之名。字蓋出字林。讀若普者。王筠謂暜袢雙聲。劉秀生曰。夫部。扶。讀若伴侶之伴。二夫為扶。亦取夫聲。麥部。麩。從麥。夫聲。或從甫聲作麱。寸部。尃。從寸。甫聲。水部。溥。從水。尃聲。詩北山。溥天之下。左昭七年傳孟子萬章皆作普天之下。是其證。【説文解字六書疏證卷十五】

雜 雜

雜 秦二三 十六例 效二八 二例 秦一九一 二例 秦一九八 【睡虎地秦簡文字編】

御府雜□ 【漢印文字徵】

雲臺碑 【古文四聲韻】

◉許 慎 雜五彩相合。从衣。集聲。徂合切。【說文解字卷八】

◉馬叙倫 嚴可均曰。韻會引作五彩相合也。說文無彩字。倫按襍為辭之同舌尖前破裂摩擦音轉注字。許當以聲訓。今捝。五彩相合。校語。字見急就篇。【說文解字六書疏證卷十五】

裕 裕

裕 十六年戟 【金文編】

石經君奭 告君乃猷裕 【石刻篆文編】

◉許 慎 裕衣物饒也。从衣。谷聲。易曰。有孚裕無咎。羊孺切。【說文解字卷八】

◉馬叙倫 衣物饒也。非本訓。亦疑饒裕非本義。饒裕者。即借裕為饒。裕蓋從谷得聲。谷從仌得聲。仌古讀如凝。凝堯音同疑紐也。裕蓋綌之異文。字蓋出字林。【說文解字六書疏證卷十五】

◉楊樹達 說文八篇上衣部云：「裕，衣物饒也，从衣，谷聲。」按字从谷而訓為饒者，谷之為物，空廣能容，容字从谷，即其義也。谷大能容，故古人稱物多者或以谷為量。史記貨殖傳云：「畜至用谷量牛馬」，是也。莊子人閒世篇曰：「死者以國量乎澤若蕉」；呂氏春秋期賢篇曰：「無罪之民，其死者量於澤矣」，此皆以澤言其多者也。淮南子氾論篇曰：「道路死人以溝量」，桓公八年公羊傳疏引春秋説曰：「龍門之戰，民死傷者滿溝」，此皆以溝言其多者也。義與谷量並相類。北史記高歡謂爾朱榮曰：「聞公有馬十二谷」，用谷量牛馬，六朝時尚然矣。【釋裕 積微居小學述林】

◉陳連慶 衮字，吳闓生釋衮，云：「衮本作衮，舊皆釋裕。案《曶壺》玄衮字與此同，釋裕非是。」按此字從衣谷聲，分明是裕字，釋裕不誤。曶鼎用作衮，乃以聲近互用，不能因此即謂裕衮一字。《廣韻》七遇，裕字或體作衮，與此銘正同。敏字郭、于皆釋敏，其說可信。裕敏，似是一個地名(三)。陰陽洛，泛指洛水的南北兩岸。《永盂》：「易畀(畀)師永氒田隂陽洛疆」，可為本銘傍證。

襞 衦 裂 䘫

按《周禮・職方》:「雒豫州川,洛雍州浸。」區別二洛,至為明晰,兩漢時通常以雒陽為洛陽。但金文中一般通用無別。《虢盤》:「于洛之陽」,乃陝西的洛水,本銘陰陽洛,乃河南的洛水,驟然看去不易區分,惟《不嬰殷》作畧,「乃雍州浸之洛,非豫州之伊雒。」金文雒字衹一見於雒盨,乃人名。【敔毁銘文淺釋 古文字研究第九輯】

◉許 慎 襞韏衣也。从衣。辟聲。臣鉉等曰。韏。革中辨也。衣襞積如辨也。必益切。【說文解字卷八】

◉馬叙倫 韏衣也字林文。見玄應一切經音義引。晉書音義引字林作卷衣也。此今所謂摺疊或呼打裥也。字或出字林。【說文解字六書疏證卷十五】

 3510【古璽文編】

◉許 慎 衦摩展衣。从衣。干聲。古案切。【說文解字卷八】

◉馬叙倫 摩展衣非本訓。字或出字林。鄧廷楨謂衦展疊韻。則或本訓展也。校者加摩展衣。【說文解字六書疏證卷十五】

◉商承祚 表,即衦,《說文》訓「摩展衣」,但簡非此意,此乃指的是後世的汗衣。【信陽長臺關一號楚墓竹簡第二組遺策考釋 戰國楚竹簡匯編】

 裂 法八〇【睡虎地秦簡文字編】

◉許 慎 裂繒餘也。从衣。𠛱聲。良辥切。【說文解字卷八】

◉馬叙倫 諸家謂詩都人士垂帶而厲之厲即此字。王筠曰。今時戴孝常是鞶厲遺象。然則裂非繒餘。且繒餘亦不當從衣也。繒字蓋為形近之字之譌。待考。【說文解字六書疏證卷十五】

◉許 慎 䘫弊衣。从衣。奴聲。女加切。【說文解字卷八】

◉馬叙倫 嚴可均曰。玉篇作敝衣也。弊俗字。翟云升曰。集韻引作敝衣。倫按㡀為敝衣。於字從巾八聲。䘫為敝衣。書傳無徵。古書如奴二字相亂。易既濟。繻有衣袽。虞注。袽。敗衣也。義與此同。然王注謂袽所以塞舟漏也。今塞舟縫以絮。

京房本亦正作絮。則易之袽自為絮也。此蓋挩本義矣。字或出字林。【説文解字六書疏證卷十五】

袒

◉許　慎　袒衣縫解也。从衣。旦聲。丈莧切。【説文解字卷八】

◉馬叙倫　段玉裁曰。許書無綻字。此即綻字也。徐灝曰。古詩。故衣誰當補。新衣誰當綻。賴有賢主人。覽取為我組。則綻與組皆縫紉之名。倫按以字次言。證以古詩。則袒是今所謂訂補之訂本字。轉注字作綻。袒音澄紐。古讀歸定也。今上海音正如定。今杭縣謂衣縫解為脱綻。亦可證也。古書訓解者。字蓋借為但。但是解衣。引申為解。此或本作縫衣也解也二訓。傳寫誤並之。然則縫衣為衣縫。縫音奉紐。古讀歸並。並定同為濁破裂音。袒縫轉注字。袒組同音。組下曰。補縫也。蓋補也縫也二訓。則袒組一字。袒見急就篇。【説文解字六書疏證卷十五】

補

補　秦一一七　五例　雜四〇　三例　秦八九　三例【睡虎地秦簡文字編】

補忠【漢印文字徵】

古孝經　古老子【古文四聲韻】

◉許　慎　補完衣也。从衣。甫聲。博古切。【説文解字卷八】

◉馬叙倫　補縫古同雙脣破裂音轉注字。字見急就篇。【説文解字六書疏證卷十五】

⿰衤黹

◉許　慎　⿰衤黹紩衣也。从衣黹。黹亦聲。豬几切。【説文解字卷八】

◉馬叙倫　此黹之後起字。當作從衣黹聲。⿰衤黹音知紐。袒音澄紐。同為舌面前音。轉注字也。補音幫紐。幫知同為清破裂音。亦轉注字也。今北平謂補衣為⿰衤黹。【説文解字六書疏證卷十五】

褫

◉許　慎　褫奪衣也。从衣。虒聲。讀若池。直离切。【説文解字卷八】

◉馬叙倫　段玉裁曰。奪當作敓。許訓奪爲遺失。敓為強取也。錢大昕曰。池當作拕。易。終朝三褫之。鄭康成本作拕。倫按本書挩失為轉注字。挩下曰。解挩也。易訟上九。終朝三褫之。亦謂三解其衣耳。褫次補襁之下。而褆音澄紐。與袒雙聲。與襁為同舌面前音。與縫為同濁破裂音。疑轉注字。古書以褫為解者。即借為挩。挩音透紐。古讀澄歸定。同為舌尖前破裂音。挩從兑得聲。兑音亦定紐。如為解衣。則為嬴裎之轉注字。裎音徹紐。亦舌面前音。嬴音來紐。古讀歸泥。泥定同為舌面前音。讀若池者。見褫字下。慧琳一切經音義八十一引倉頡。褫。撤衣也。【説文解字六書疏證卷十五】

□ 裸【汗簡】

◉許　慎　嬴袒也。从衣。𦝝聲。郎果切。裸嬴或从果。【説文解字卷八】

◉鄧爾雅　新獲卜辭有□字，按陳侯因資敦「諸侯裸薦」裸作□(從吴大澂説)，又魯侯角「□」，徐同柏亦釋裸(吴大澂古籀補亦引徐説)，卜辭果字作□，疑此□字亦即裸字。此裸之從果所來由也。其所從之□，□，亦皆似果形耳。【跋董作賓新獲卜辭寫本　中山大學語言歷史研究所週刊第七集第七十五期】

◉馬叙倫　段玉裁曰。袒當為但。倫按嬴音來紐。古讀歸泥。但音定紐。定泥同為舌尖前音。嬴聲歌類。但聲元類。歌元對轉也。是轉注字。【説文解字六書疏證卷十五】

◉許　慎　裎袒也。从衣。呈聲。丑郢切。【説文解字卷八】

◉馬叙倫　沈濤曰。後漢書馬耿傳注引作裸也。段玉裁曰。袒當作但。倫按但音定紐。裎從呈得聲。呈音澄紐。同為濁破裂音。古讀澄歸定。轉注字也。裎從人得聲。古讀人音歸泥。古讀嬴音亦歸泥。是嬴裎亦轉注字。【説文解字六書疏證卷十五】

□ 197【包山楚簡文字編】

◉許　慎　裼袒也。从衣。易聲。先擊切。【説文解字卷八】

◉馬叙倫　段玉裁曰。袒當作但。倫按裼音心紐。褫從虒得聲。虒音亦心紐。轉注字也。裼從易得聲。易音喻紐四等。古讀歸定。是但裼為轉注字。古讀裎音入定。亦轉注字。【説文解字六書疏證卷十五】

衺

衺出義雲章 衺似嗟切 【汗簡】

義雲章 同上 崔希裕纂古 【古文四聲韻】

◉許 慎 𧝓也。从衣。牙聲。似嗟切。【説文解字卷八】

◉馬叙倫 沈濤曰。六書故引蜀本說文曰。衺。紕也。疑古本有一曰紕也四字。交部。𧝓。衺也。互相訓。則今本不誤。嚴可均曰。鍇本韻會六麻六書故卅一引蜀本作紕也。按系部。紕。氐人𦅾也。此蓋𦅾文之衺者。交部。𧝓。衺也。則大徐本亦長。倫按衺音邪紐。𧝓音喻紐三等。同為次濁摩擦音。以聲訓。或𧝓當為褭。褭即此上文之褘。褘衺為轉注字。故訓褭也。紕也者。紕褭聲同脂類。故或相假。此校語。【説文解字六書疏證卷十五】

襭

◉許 慎 以衣衽扱物謂之襭。从衣。頡聲。胡結切。襭或从手。【説文解字卷八】

◉馬叙倫 詩周南。薄言襭之。毛傳及爾雅釋器均謂扱衽謂之襭。下文。袺。執衽謂之袺。袺襭一字。蓋收衽於帶謂之襭。或執衽令起謂之襭。令人登高及執韋取物或欲速走時執襟令高□收之帶間。以為便疌也。然倫謂襭即爾雅釋器衱謂之裾之衱。乃名詞也。爾雅言執衽謂之襭者。執衽令起處謂之襭。執衽扱衽皆襭之俗名耳。此說解疑有譌。蓋本作扱衽謂之襭。或本作扱也。以衣衽扱物謂之襭。今捝本訓。字或出字林。

襭袺一字。皆爾雅衱謂之裾之衱之轉注字。乃名詞非動詞也。此蓋扱之轉注字。【説文解字六書疏證卷十五】

袺

◉許 慎 執衽謂之袺。从衣。吉聲。格八切。【説文解字卷八】

◉馬叙倫 説解非許文。乃校者引爾雅釋器文也。詩芣苢。毛傳。袺。執衽也。字或出字林。【説文解字六書疏證卷十五】

褿

◉許 慎 帴也。从衣。曹聲。昨牢切。又七刀切。【説文解字卷八】

裝

◉許　慎　裝裹也。从衣。壯聲。側羊切。【説文解字卷八】

◉馬叙倫　沈濤曰。一切經音義十引作裝。束也。裹也。十八引作裝裹也。束也。今奪束也一訓。鈕樹玉曰。繫傳作裹也。譌。倫按束也校語。此許淮南注文。見文選長笛賦注引。古匋作裝。【説文解字六書疏證卷十五】

裹

裹 裹 封八五　裹 日甲六八【睡虎地秦簡文字編】

◉許　慎　裹纏也。从衣。果聲。古火切。【説文解字卷八】

◉馬叙倫　裝音照紐。古讀歸端。裹音見紐。皆清破裂音。故裝裹轉注。字見急就篇。纏也非本訓。【説文解字六書疏證卷十五】

裛

裛 瑕裛　裛 左裛【漢印文字徵】

◉許　慎　裛書囊也。从衣。邑聲。於業切。【説文解字卷八】

◉馬叙倫　嚴可均曰。韻會引邑聲下有又纏也。沈濤曰。文選西都賦琴賦注後漢書班固傳引作纏也。蓋古本如此。巾部。帙。書衣也。帙或從衣作袠。廣雅釋器。裛謂之袠。是書囊之訓亦非無本。疑本作纏也。一曰書囊也。倫按裛音影紐。與見端同為清破裂音。則是裝裹之轉注字。書囊者。借為袠耳。此非本訓。或字出字林也。【説文解字六書疏證卷十五】

◉劉彬徽等　(554)邑，讀如裛。《説文》以為書囊，簡文指套在枕外的囊。【包山楚簡】

䘡

◉許　慎　䘡緶也。从衣。齊聲。即夷切。【説文解字卷八】

◉馬叙倫　徐鍇曰。禮齊纕字。鈕樹玉曰。韻會引緶也下有裳下緝三字。倫按乃校語也。然緶也亦非本訓。字或出字林。【説文解字六書疏證卷十五】

裋

◉許　慎　豎使布長襦。从衣。豆聲。常句切。【說文解字卷八】

◉馬叙倫　沈濤曰。列子力命釋文引。裋。粗衣也。又敝布襦也。又云。襜衣。短者曰裋褕。皆與今本不同。粗衣之訓。今誤在褐下。翟云升曰。當作從豎省。豎亦聲。倫按豎字乃校者注以釋裋字之音者。玉篇裋與襡同。方言四。複襦。江淮之間謂之襡。可證也。使字乃上文齋下說解中緶字之衍譌者也。裋字之義。徵諸經記為粗衣。故國策宋策。舍其錦繡。鄰有裋褐而欲竊之。後漢書張衡傳。士或解裋褐而襲黼黻。疑列子釋文引粗衣者是本義。其文引敝布襦也。或庾注文。今此作布長襦。即其辭之猶可考見者也。然疑此出字林也。豆聲當作豈聲。【說文解字六書疏證卷十五】

褞

◉許　慎　編枲衣。从衣。區聲。一曰。頭褞。一曰。次裹衣。於武切。又於矦切。【說文解字卷八】

◉馬叙倫　朱駿聲曰。此草雨衣之類。一曰次裹衣者。方言四。緊袼謂之褞。注。即小兒次衣也。倫按褞裋聲同矦類。蓋轉注字。編枲衣即粗衣也。此校語。本訓捝矣。二一曰之義。均未詳其本字。或曰。頭褞即裋之緩言。或曰。頭褞即裋褞。然皆校語。【說文解字六書疏證卷十五】

褐

褐　秦九一　五例　秦九〇【睡虎地秦簡文字編】

右褐府印【漢印文字徵】

古老子【古文四聲韻】

◉許　慎　編枲韤。一曰粗衣。从衣。曷聲。胡葛切。【說文解字卷八】

◉馬叙倫　鈕樹玉曰。廣韻引作編枲襪也。一曰短衣。嚴可均曰。六書故引作短衣。沈濤曰。御覽六百九十三廣韻十二引作褐。短衣也。短蓋裋字之譌。古本當作一曰裋衣也。粗衣之訓見列子釋文。文選藉田賦注引亦作麤衣。殆後人據今本改。翟云升曰。孟子滕文公疏引作短衣。粗衣是。朱駿聲曰。今蘇俗有韤名無大小者。編枲及毳為之。倫按古書多裋褐連文。是裋褐之義同也。裋音禪紐。褐音匣紐。皆次濁摩擦音。則轉注字也。因疑裋褐褞三字一義。皆編枲為之者也。韤亦可編枲為之。今浙東負擔者猶有箸之。而褐非專為編枲韤之名。一曰粗衣即本義也。蓋編枲襪校語。一曰粗衣。後之校者記異

本。然亦非本訓。字見急就篇。【説文解字六書疏證卷十五】

◉許　慎　褔領也。从衣。匽聲。於幰切。【説文解字卷八】

◉馬叙倫　鈕樹玉曰。玉篇。衱也。褗。褔也。隱被也。廣韻注。衣領。段玉裁曰。褔領也當作褗領也。三字句。方言。衱謂之褗。郭曰。即衣領也。倫按褔領也。當是褔也領衣也。褔也者。褔褗音同影紐。或轉注字。或借褗為褔。領衣也者。蓋圓領之衣。即小兒次衣。今上海謂之圍誕。杭縣謂之圍嘴。褔下一曰頭褔一曰次裏衣。其本字蓋即褔邪。倫謂疑次衣為本義。【説文解字六書疏證卷十五】

◉許　慎　褗謂之襜。从衣。奄聲。依檢切。【説文解字卷八】

◉馬叙倫　褗襜音同影紐轉注字。然説解當作褗也。今捝。但存校語。字或出字林。【説文解字六書疏證卷十五】

3·756　匋衰　説文衰艸雨衣从衣象形　與此相近　【古陶文字徵】

83　175　【包山楚簡文字編】

衰　為四九　二例　為三三　【睡虎地秦簡文字編】

衰覆遠印　【漢印文字徵】

祀三公山碑　承饑衰之後　【石刻篆文編】

衰見説文　【汗簡】

説文　立王存乂切韻　【古文四聲韻】

◉許　慎　艸雨衣。秦謂之萆。从衣。象形。穌禾切。古文衰。【説文解字卷八】

◉徐同柏（周𧞤鼎）𧞤象艸雨衣形。蓑本字讀如晉趙衰之𧞤。【從古堂款識學卷十三】

◉劉心源　衰。人名。讀如趙衰之衰。説文衣部作□。解云艸雨衣。秦謂之萆。从衣。象形。□古文衰。今用為盛㾾縗絰字。而加艸為蓑衣字。不知許云象形者。正謂□象艸衣𣮎𣮎然也。或云□為冉字。説文作□。解云毛冉冉也。象形。此冉亦人名。【奇觚室吉金文述卷一】

◉方濬益（衰父癸鼎）此作□。亦古文之渻也。按段氏注説此文曰。艸部曰。萆。雨衣。一曰衰衣。小雅。何蓑何笠。傳曰。蓑所以備雨。公羊傳。不蓑城也。何云。若今以艸衣城。齊語注云。襏襫蓑襞衣也。襞或萆字。亦作蓑。衰俗从艸作蓑。而衰遂專為等衰衰絰字。以艸為雨衣。必層次編之。故引伸為等衰。後世異其形異其音。古義茫昧矣。【綴遺齋彝器款識考釋卷三】

◉商承祚　□古文𧞤。案金文𧞤鼎作□。與此近似。【説文中之古文考】

◉馬叙倫　夏敬觀曰。從衣。□聲。古文作□。蓋即□字。篆從其聲也。衰聲歌類。而冄從冄聲。亦在歌類。可證也。秦謂之萆。支歌聲近也。倫按夏説可從。説解艸字疑羨。雨衣亦非本訓。倫謂衰之初文蓋作□。象形。金文𧞤字所從之□即其省。後誤為□。疑與□同。乃增衣為衰。當以後起字例。從衣。□聲。秦謂之萆校語。蓋借萆為衰。字見急就篇。顔師古本作㾾。衰鼎作□。古鉩作□。

□倫按廣韻玉篇竝無此文。夏敬觀謂即冄字。或謂從衣省□聲。倫謂此□之變譌耳。【説文解字六書疏證卷十五】

◉楊樹達　朱駿聲云：「□上象笠，中象人面，下象衰形。」樹達按：□為本形，□象人面，表體他形。人亦他形，但不表體耳。古文作□，為合體象形字。此加衣作衰，但未見獨體□字。或者以□為頍須字避之耶？【文字形義學】

◉李家浩　第五行第七字，過去的摹本作

□

與南疆鉦的「冉」字寫法相同，所以舊釋為「冉」。據張光遠摹本，此字實際上作下録之形：

□

與南疆鉦的「冉」字字形有別。金文中有如下一個字：

□　衰鼎

吳式芬、吳大澂等人皆釋為「衰」。按《説文》「衰」字古文作

卒

《汗簡》卷中之二引《義云章》「倠」字作

鄭珍在《汗簡箋正》中指出，《義云章》之字當是「齊衰之『衰』，讀同『倠』」，郭徑以為『倠』」。此外，《類篇》衣部「衰」字古文作「」。上揭衰鼎之字與古文「衰」形近，可證二吳所釋可從。壺銘「」與衰鼎「」顯然是一個字，也應當釋為「衰」。跟齊靈公、莊公同時的崔杼稱為崔子，見《左傳》(襄公二年、二十三年、二十五年、二十七年、二十八年)、《論語》(《公冶長》)、《晏子春秋》(《內篇雜上》第一、二章)、《韓非子》(《奸劫弑臣》)、《呂氏春秋》(《知分》)等書。「衰」、「崔」二字音近古通。例如《淮南子·本經》「衰絰苴杖」，高誘注：「衰，讀曰崔杼之『崔』也。」上揭《汗簡》引《義雲章》以「衰」為「倠」，亦是其例。疑壺銘的「衰子」應當讀為「崔子」，即崔杼。從銘文「齊三軍圍萊，崔子執鼓，庚入門之」看，庚是崔子的部下。

齊滅萊之戰是在齊靈公十五年，主帥是晏弱。《左傳》襄公六年說：

四月，晏弱城東陽，而遂圍萊。甲寅，堙之環城，傅於堞。及杞桓公卒之月(指三月)，乙未，王湫帥師及正輿子、棠人軍齊師，齊師大敗之。丁未，入萊。萊共公浮柔奔棠。正輿子、王湫奔莒，莒子殺之。四月，陳無宇獻萊宗器於襄宮。晏弱圍棠，十一月(據《春秋經》應作「十二月」)丙辰而滅之。遷萊於郳。高厚、崔杼定其田。

以上記載只説崔杼參加了定萊之田，現在庚壺銘文告訴我們，崔杼實際上也參加了滅萊之戰，《左傳》之所以沒有提及，大概他不是三軍主帥的原故。【庚壺銘文及其年代　古文字研究第十九輯】

乙2650　7200　外64【續甲骨文編】

卒　外卒鐸【金文編】

3·503　王卒左敀鹹⿴囗昜櫨里定　3·501　同上　3·505　王卒左敀鹹⿴囗昜櫨里乂　3·506　王卒左敀昌里攴　3·509　王卒左□□⿴囗昜北里□【古陶文字徵】

卒 雜五 十九例 秦一一七 八例 日甲一二〇背 【睡虎地秦簡文字編】

臨菑卒尉 横野大將軍莫府卒史張林印 【漢印文字徵】

石經僖公 鄭伯捷卒 【石刻篆文編】

卒 【汗簡】

石經 石經 古春秋 【古文四聲韻】

◉許　慎 隸人給事者衣爲卒。卒。衣有題識者。臧没切。【説文解字卷八】

◉劉心源 卒或釋衣。非。卒从衣。作。此作。乃卒省。卒衪。謂終衪也。【奇觚室吉金文述卷四】

◉高田忠周 按説文。隸人給事者衣為卒。卒衣有題識者。葢有脱語。此下當云。从衣指事。丿一筆以指衣有題識之意也。朱駿聲云。本訓當為衣名。因即命著此衣之人為卒也。古以染衣題識。若救火衣及亭長著絳衣之類。亦謂之褚。今兵役民壯。以絳緑衣。當胸與背有題字。其遺制也。左隱元傳。具卒乘。注。步曰卒。車曰乘。昭三傳。卒列無長。秦策。而卒不上。注。士也。【古籀篇六十七】

◉王　襄 古卒字。或作。均象其衣之題識。【簠室殷契徵文考釋】

◉孫海波 鐵雲藏龜二十三葉三版:「貞勿歸哉。」舊無釋,竊疑衣字,从,象衣文飾之形,即後世卒字之所出。説文:「卒,隸人給事者為卒,卒衣有題識者。」段玉裁改「隸人給事者為卒」,依韻會增「古以染衣題識,故从衣一」。按衣卒古音同居微部,義亦相通。吕覽離謂篇:「鄧析約與民之有獄者,大獄一衣,小獄襦卒」,卒即䘹,猶衣也。史記淮南王安傳:「又欲令人衣求盜衣」,集解引漢書音義曰:「卒,衣也。」顔注,「求盜卒之掌逐捕盜賊者。」是衣卒通用之證。古者卒衣染衣,以昭識别。定公十八年左氏傳:「叔孫氏之甲有物」,注:「物識也。」尉繚子兵教篇:「卒異其章,書其章曰某甲某士。」是皆卒衣有題識也。有題識之衣,衣者為卒,故名其衣曰卒,然則卒當从衣象形,此正象衣有題識之形,故曰衣字緐文。小篆别卒于衣襟之衣,加一以識之。段氏不察,增云「故从衣一」,非其朔矣。【卜辭文字小記　考古社刊第三期】

◉馬叙倫 嚴可均曰。宋本為卒上無衣字。韻會引作隸人給事者。古以染衣題識故從衣中。沈濤曰。一切經音義十一引隸人給事者曰卒。古以染衣題識表其形也。御覽三百引作隸人給事者為卒。衣有題識者也。翟云升曰。音義引者非。卒從𠂆。象題識之形。非如臯人之衣赭衣也。且卒屬衣不屬人也。丁福保曰。慧琳音義五十二引。隸人給事者曰卒。古以染衣題識表其形也。倫按許當以聲訓。今存者呂忱或校者所加。又有捝譌。字從衣𠂆聲。𠂆音喻紐四等。故卒音入精紐者。由喻四而轉心以入精也。從卒得聲之誶粹窣碎瓻皆入心紐。可證也。其萃齤踤顇倅捽音入從紐者。古讀喻四與從皆歸定也。卒從𠂆得聲。故卒聲亦入脂類。校者不明古音之遷變。遂改從衣𠂆聲而改為卒衣有題識者。字見急就篇。餘詳褚下。【說文解字六書疏證卷十五】

◉高鴻縉　王筠曰。卒為衣名。故入衣部。其衣名卒。而衣此者即謂之卒。猶甲士訓之甲也。人皆知卒為人。而不知其為衣。故曰隸人給事者衣為卒。若删衣字是訓卒為人也。从人所皆知之義。何煩費許詞乎。然何以衣為卒也。故又申之曰。卒。衣有題識者。丿以象題識。而非於小切之丿。⊘卒篆之下繼以褚篆。說曰。卒也。謂衣之名卒者又名褚也。方言。楚東海之間卒謂之弩父。或謂之褚。郭注。衣者赤也。褚音赭。案許說固本方言。然以其衣卒而謂之卒。以其衣褚而謂之褚。皆從其衣而名之也。

按王說甚精。卒字本意為衣有題識者。此項有題識之衣。常為隸役所箸。故因以名隸役曰卒。是隸役曰卒。乃卒之叚借意也。衣卒之卒。以乂表題識之假象。故卒為指事字。名詞。後人以其常借為隸卒士卒等意。乃又造褚字。說文褚。卒也。从衣者聲。【中國字例三篇】

◉李孝定　說文。「卒，隸人給事者衣為卒。卒衣有題識者。」段氏注依宋本及御覽韻會玉篇於上句「者」下删「衣」字。是也。「卒衣有題識者」數字。段氏依韻會所據小徐本改為「古以染衣題識。故从衣一」。則有可商。今本繫傳固與諸本相同。且古文亦不从衣一也。「卒衣有題識者」當如王筠句讀卒字句絶。則語意顯豁。且與古文作𠨊𠨊者相切合。篆變作𠨊者。省其題識之文。復於斜長畫上增𠂆。亦猶𠨊之作𠨊復作𠨊也。卜辭諸𠨊𠨊字讀為卒辭意類多允協。辭云「壬辰卜爭貞王於八月入　乙亥卜爭貞之七月王勿卒入戠。」前·四·六·三。「翌甲戌其雨　翌甲戌不雨毋其卒隹八月。」乙·一二〇六。「貞其𡨦於河　貞勿卒𡨦於河。」乙·三二二二。「甲辰卜㱿貞王入𠨊　甲辰卜㱿貞王勿定按。拓本此字作𠂆。當為勿之漫漶不明者。非乙若乙字也卒入𠨊。」乙·三二七四。諸辭卒字並當讀為猝。首辭言七月王勿猝入戠。地名。八月入乃隹也。𠨊亦地名。辭例與首辭同。第二辭言甲戌不雨隹其有驟雨否也。第三辭言勿卒𡨦於河者。國之大事惟祀與戎。恐蒙臨事不慎之咎也。「貞翌□辰王□卒入。」前·六·三三·七。本辭有闕文。恐仍當讀為猝。非士卒之卒也。「貞翌巳巳步於卒。」「貞於庚午步於卒。」乙·八一一。地

名。金文作[字形]外卒鐸。此蓋晚期文字。已與篆文全同矣。【甲骨文字集釋第八】

◉張日昇　按説文云。「卒。隸人給事者衣為卒。卒衣有題識者」。契文作[字形]。象衣有題識之形。段玉裁依宋本及御覽韻會玉篇於上句者字下刪衣字。是以卒為人。而不以卒為衣。説恐非也。李孝定云。「篆變作[字形]者。省其題識之文。復於斜長畫上增[字形]。亦猶[字形]之作[字形]。復作[字形]也。」甲骨文字集釋頁二七二六。按契文[字形]及周初金文殷所从月。並作[字形][字形]。長畫上不从[字形]。[字形]為後世之增繁。然[字形]省其題識而不加[字形]於其末作[字形]則為衣。此小畫於身字可有可無。而於卒字則不可無。故二者不可並論。【金文詁林卷八】

◉丁　山　甲骨文常見[字形]鐵・49・2、[字形]前・5・11・2諸字，唐蘭先生始釋為卒，謂「象衣之有題識形」，殆不易之論也。卜辭：

貞，翌辰，王卒入。前・6・33・7。

貞，王勿卒入。徵・游・63。

貞，王勿卒入戓。珠・21。

辛未卜，㱿貞，王勿卒□□。前・4・3・5。

卒蓋讀為周官射人「掌王倅車」之倅。辭又云：

貞，[字形]亡囚。佚・763。

貞，[字形]……。戩・9・4。

此卒，當即甲翼刻辭所謂：

卒入五十。善齋藏片。

是氏族之名也。「王之倅車」，在周官車僕又作萃，云：「掌戎車之萃。」萃即穆天子傳所謂「七萃之士」。鄦王戠戈云：「鄦王戠作王萃。」萃或為步卒，或為車卒，翼辭所稱卒氏，殆亦以車倅得名，所謂以官為族也。

卒，孳乳為崒，説文云：「危高也。」誼與「大高」之崔相似。詩小雅漸漸之石云：「維其卒矣。」又十月之交云：「山冢崒崩。」卒與崒，當即谷風所謂，「維山崔嵬」，卷耳所謂，「陟彼崔嵬」，皆言山之高也。崔嵬，語轉為畏佳，莊子齊物論。為翠微，爾雅釋山。漸失正字，閒嘗疑翼辭所見卒氏，或讀為崔。襄公廿七年左傳：「齊崔杼生成，成有疾而廢之，成請老於崔。」杜注：「濟南，東朝陽縣有崔氏城。」齊之東朝陽故址，在今山東章邱西北六十里。齊之崔氏，出於丁公，與商代卒氏無與，然由文字通假考之。意商代卒氏，當於崔氏城尋其故址。【卒　甲骨文所見氏族及其制度】

褚

◉劉彬徽等　卒，簡文作，疑為卒字異體。卒，《爾雅·釋詁》：「盡也。」卒歲，盡歲，指一年。【包山楚簡】

◉商承祚　春秋銅器外卒鐸，其卒作，自古及今，此字的形體無大變化，古代所謂的走卒，於其衣背施以題識，在書寫字形時用丿來示意。春秋戰國文字中，、不分，每用作衣字，如仰天湖二五號墓遺策的衣字，就是作形，有的又將「●」引而長之為「丿」，意思是一樣的。卒是衣字的借用字和引申字，到了小篆才區分開來。【長沙楊家灣六號楚墓竹簡遺策考釋　戰國楚竹簡匯編】

褚成　褚農　褚延年　褚豐印　【漢印文字徵】

◉許　慎　卒也。从衣。者聲。一曰。製衣。丑呂切。【說文解字卷八】

◉高田忠周　按此篆从衣从㫃从火甚顯然者。愚謂褚字古文也。說文。。卒也。从衣者聲。一曰裝衣也。又方言。卒或謂之褚。郭云。言衣赤。褚音赭。朱駿聲云。或曰。从衣从赭省。亦聲。葢此考為是。此篆从火即灸省。从㫃即旅省。旅古文作。實借黍為之。旅通用。故此作旅省作㫃，無容疑也。朱氏又云。按今兵役民壯以絳緣衣。有題識勇壯字樣。此其遺制。【古籀篇六十七】

◉馬叙倫　鈕樹玉曰。繫傳韻會製作制。五經文字訓裝衣。段玉裁曰。一曰製衣。製當作裝。玉篇廣韻皆作裝。王筠曰。一曰句當在製字下。謂衣名製也。左哀二十七年傳。成子衣製杖戈。注。製。雨衣也。倫按卒音精紐。褚從者得聲。者音照紐。皆清破裂摩擦音。轉注字也。方言。楚東海之間。亭父謂之亭公。卒謂之弩父。或謂之褚。注。卒者。主檐幔弩導幨。因名。褚者。衣赤也。是其證。然卒褚衣皆從衣。義當從衣得之。卒下曰。隸人給事者衣為卒。雖非許慎之文。然義猶屬於衣也。然則謂弩父為卒。蓋以其衣褚而即以為名。褚者。蓋即風俗通秦始皇遺蒙恬築長城令徒卒皆髡頭衣赭之赭。此上文卒下所謂古以染衣者也。衣色赭。故褚音即得於赭。若卒下所謂題識者。謂有徽也。本書徽以絳帛箸於背上。然則古之卒衣赭有而徽。顧有徽者不從卒衣。蓋呂忱或校者不解卒字取從之丿乃其得聲。而誤以為卒衣之題識耳。一曰製衣者。蓋借褚為製。褚音徹紐。製音照紐三等。同為舌面前音也。若如段說製作裝。裝音照二。古讀照歸端。讀徹歸透。同為舌尖前破裂音。褚聲魚類。裝聲陽類。魚陽對轉。蓋古或借褚為裝。漢書南粤王傳。上褚五十衣。中褚三十衣。下褚二十衣。遺王。顏注。以緜裝衣曰褚。是也。王說亦通。字見急就篇。【說文解字六書疏證卷十五】

製

製 日乙一三〇【睡虎地秦簡文字編】

◉許　慎　裁也。从衣。从制。征例切。【説文解字卷八】

◉馬叙倫　鈕樹玉曰。韻會引作裁衣也。從制作制聲。嚴可均曰。韻會八霽引作制聲。段玉裁曰。此篆失次。當本在裁下。丁福保曰。慧琳音義六引作裁衣也。从衣。制聲。倫按見裁下矣。然以字次言之。疑製是雨衣之名。左哀二十七年傳成子衣製杖戈。注。製。雨衣也。慧琳音義五十引倉頡。製。正也。諸可實謂與手部掣同訓。疑有一譌。【説文解字六書疏證卷十五】

袚

◉許　慎　蠻夷衣。从衣。犮聲。一曰。蔽厀。北末切。【説文解字卷八】

◉馬叙倫　蠻夷衣非本訓。或非本義。一曰蔽厀本方言。然校者加。錢坫謂蓋通袚於韍也。倫謂此韍韍之異文。蔽厀是本義。蠻夷衣如蔽厀耳。字蓋出字林。【説文解字六書疏證卷十五】

襚

◉許　慎　衣死人也。从衣。遂聲。春秋傳曰。楚使公親襚。徐醉切。【説文解字卷八】

◉馬叙倫　鈕樹玉曰。韻會無也字。沈濤曰。左文九年傳襄廿九年傳釋文兩引作衣死人衣。蓋古本如是。倫按如此訓則為動詞矣。然衣死人衣亦非許文。或字出字林也。【説文解字六書疏證卷十五】

⿰衤弔

◉許　慎　棺中縑裏。从衣弔。讀若雕。都僚切。【説文解字卷八】

◉馬叙倫　吳穎芳曰。縑裏下脱衣字。用縑為裏之衣。斂之時服之入棺中。弔聲似脱聲字。弔諧聲也。翟云升曰。當依鍇本作弔聲。集韻引裏作裹。劉秀生曰。弔聲在端紐。雕從周聲。亦在端紐。故⿰衤弔從弔聲得讀若雕。左哀十六年傳。昊天不弔。周禮太祝。鄭司農注作閔天不淑。莊子齊物論。其名為弔詭。章炳麟謂即天下之諔詭。弔叔古音相通。七發。俶兮儻兮。太史公報任少卿書。惟倜儻非常之人稱焉。倜儻即俶儻。弔聲如叔。叔聲如周。是其證。詩小雅頍弁。蔦與女蘿。釋文。蔦音鳥。説文音弔。目部。⿰目鳥。從目。鳥聲。讀若雕。亦其證。倫按棺中縑裏非許文。蓋字出字林也。【説文解字六書疏證卷十五】

◉許　慎　祱贈終者衣被曰祱。从衣。兑聲。輸芮切。【説文解字卷八】

◉馬叙倫　段玉裁曰。此字僅見漢書朱建傳。蓋襚之或體。淺人所增。非許書所本有也。倫按字蓋出字林。為襚之轉注字。聲同脂類。老子。塞其兑。即塞其隧也。禮記檀弓注引左傳載甲夜入且于之隧。隧或為兑。是其例證也。【説文解字六書疏證卷十五】

珠948　佚424　録190　230　275　442　557　689　690　692　693　696　698　鄴39·9　粹1208　1209　1210　新3643【續甲骨文編】

16　189【包山楚簡文字編】

◉許　慎　褮鬼衣。从衣。熒省聲。讀若詩曰葛藟縈之。一曰。若静女其袾之袾。於營切。【説文解字卷八】

◉商承祚　褮王徵君疑褮之初字。【殷虚文字類編卷八】

◉高田忠周　攀古引吳大澂説。裻疑即褮字。褮為衣之箸於外者。與衺字意同。博古圖齊侯鎛。裻字數見。舊釋為恪非。又引胡石查説。疑是勞字。古勞字从縈省。取經營之意。見朱氏説文通訓定聲。衣系義相近。辥款識齊侯鎛。巩褮朕行。堇褮其政事。皆勞字。又引張孝達説。褮字見説文。此借作榮。又劉氏心源齊侯鎛云。楚即𧜟。球黼。辥梁釋作恪非。孫作奕亦未協。此為𧜟字。用為棘。詩。孔棘且殆。箋。棘急也。巩𧜟即孔棘。又孫氏詒讓云。女恐楚朕行師者。楚。王楚釋為恪。薛及王俅並从之。孫釋為褮。而讀為奕。是也。爾雅釋訓奕。奕。憂也。恐奕猶憂勤之意。按劉吳二氏説非。又吳大澂胡石查二氏亦誤。唯張孝達釋為褮者。於篆形為得也。赤字。元从大火。而金文作炎。燮字。元从並火。而金文作燮。當證火炎同字也。然則此篆之从二火明晳。又縈字。从熒省。而金文作縈。冂者象形。𤇾與𤆍別。此亦𤆍省作炏之證也。裻即褮字省文無疑矣。上鎛云。子姓陶叔。有成褮于齊邦。又下鎛云。巩褮朕行師。又謹褮其政事。褮皆經營之營。褮營同聲通用也。小爾雅釋詁。營治也。考工記匠人。營國。詩黍苗。召伯營之。淮南主術。執政營事。注。典也。皆與有成營于齊邦。及謹營其政事義相似矣。又蒼頡篇。營衛也。史記黃帝紀。以師兵為營衛。此與謹營朕行師同意也。此等褮字。為營之叚借明矣。説文。褮鬼衣也。从衣熒省聲。讀若詩曰葛藟縈之。一曰若静女其姝。【古籀篇六十七】

䘰 䘰

◉馬叙倫　鈕樹玉曰。繫傳褮作袋。譌。其祩字作袾。亦誤。沈濤曰。御覽五百五十二引作鬼衣也。又有小注曰。袋讀如葛虆褮之之褮。詩樛木釋文。帶。本又作褮。説文作藥。是古本褮之作藥之。段玉裁曰。之祩當作之静。倫按據御覽引則讀若詩曰葛藟褮之蓋校者所加。本旁注語也。故依今詩作褮之。樛木釋文引本書則艸部蘩字説解中所引詩也。或此字出字林。故訓鬼衣。鬼衣者。錢大昕曰。士喪禮。幎目用緇。鄭讀幎為葛藟褮之之褮。而許亦讀如葛藟褮之之褮。則熒即幎也。幎者覆面之衣。小斂所用。故有鬼衣之稱。朱駿聲曰。讀若静也。此明器之屬。今蘊俗有冥衣。以紙為之。倫謂今之冥衣蓋古之所無。若幎目之幎。義為動詞。七篇。幎。幔也。幔。幕也。三字轉注。以静詞為動詞。則幕為帷在上。幎目亦謂幕其目也。幎音明紐。袋從熒得聲。熒為爇之譌文。實燎之初文。燎音來紐。古讀歸泥。明泥同為邊音。蓋幎之轉注字。幎從巾而袋從衣。則常裳帬裙幝褌之例矣。自有以紙為鬼衣之俗。因用以為名耳。讀若静者。劉秀生曰。熒聲在青部。静從争聲。亦在青部。故袋從熒省聲得讀若褮。又得讀若静。【説文解字六書疏證卷十五】

◉李孝定　絜文从二火。从衣中有點滴。或但从衣。二者實一字。字在卜辭均與𠂤字連文作「𠂤袋。」作袋作䙓者均同。乃地名。與篆文袋字極近。王説當不誤也。金文作褮齊鎛「䢅弔又成褮于齊邦」褮齊侯鎛「恐褮朕行辥」又云「堇褮其政事」。亦省冖。與卜辭同。其義則假為營。【甲骨文字集釋卷八】

◉許　慎　䘰車温也。从衣。延聲。式連切。【説文解字卷八】

◉馬叙倫　車温也非本訓。或字出字林也。車温也者。蓋車中以取温者。或即車幃。幃音曉紐。䘰音審紐三等。同為次清摩擦音。聲亦同脂類也。【説文解字六書疏證卷十五】

褭 褭

關中上1:44　獨字　古巾衣兩偏旁義近通作此即褭字【古陶文字徵】

◉許　慎　褭以組帶馬也。从衣。从馬。奴鳥切。【説文解字卷八】

◉馬叙倫　席世昌曰。呂覽離俗篇。飛兔要褭。古之駿馬也。高誘曰。馬名褭。讀如曲撓之撓。桂馥曰。商子境内。故爵上就為簪褭。漢舊儀。簪褭三爵。賜爵三級為簪褭。劉劭爵制。三爵曰簪褭。御駟馬者。要褭。古之名馬也。駕駟馬者。其形似簪。故曰。簪褭也。字或作裊。漢書百官表。秦爵二十級。三簪裊。顔注。以組帶馬曰裊。簪裊者。言飾此馬也。苗夔曰。馬非聲。當依大徐。王筠曰。今漢志誤作褭。字林。騕褭。良馬。倫按此字如從衣從馬會意。則是馬之衣也。古或以甲被馬。然此訓以組帶馬。則非被甲。以組帶馬為動詞邪。則從衣從馬止會以衣被馬。不見帶組之義也。鍇本作馬聲。而高誘讀如曲撓之撓。此音奴鳥切。則馬聲是也。馬音明紐。以同為邊音轉入泥紐為奴鳥切。然則褭是衣名。故秦爵名簪褭。簪褭連文皆飾類也。簪褭蓋皆屬人飾言。以簪褭得駕駟馬。因有駕駟馬者其似簪之說。其實駕駟馬之形亦不似簪也。此訓以組帶馬。蓋字林文。字或出字林也。以組帶馬。古或有此飾。然不必是褭字本義。今通以帶圍身或以繩縮物曰繞幾道。蓋因此而附會。【說文解字六書疏證卷十五】

◉徐鉉　盛服也。从衣。玄聲。黃絢切。【說文解字卷八新附】

◉徐鉉　衣也。从衣。彡聲。所銜切。【說文解字卷八新附】

◉徐鉉　裘屬。从衣。奥聲。烏皓切。【說文解字卷八新附】

前七・六・三　不从求　象皮裘之形　後二・八・八【甲骨文編】

後下8・8【續甲骨文編】

裘　說文古文省衣　君夫簋　價求乃友　番生簋　[黹侖]鎛　用求考命彌生　邾君求鐘　舀鼎　次卣　錫馬錫裘　次尊　卄伯簋　錫女𤞷裘　庚壺衣裘　衛簋　衛盉　五祀衛鼎　九年衛鼎

大師虘簋 錫大師虘虎裘 不𡩜簋 王姜錫不𡩜裘 【金文編】

日乙一八九 說文古文裘省衣 雜三八 十二例 封二五 三例 封五五 二例 【睡虎地秦簡文字編】

4048 【古璽文編】

求周勝印 求周游 鄧裘私印 【漢印文字徵】

石碣遊車 君子之求 說文裘古文作求 詛楚文 求蔑灋皇天上帝 【石刻篆文編】

裘 【汗簡】

汗簡 【古文四聲韻】

◉許 慎 皮衣也。从衣。求聲。一曰。象形。與衰同意。凡裘之屬皆从裘。巨鳩切。古文省衣。【說文解字卷八】

◉阮 元 (邑尊)裘字象毛在衣外之形。【積古齋鐘鼎彝器款識卷五】

◉潘祖蔭 古表字。表从衣从毛。許云。古者衣裘，故以毛為表。作者象毛下垂。上作象衣領形。省衣者猶裘古文為求。尾从即此字。隸變作毛。表省文耳。【攀古樓彝器款識第二册】

◉徐同柏 (周君夫敨)求訓終。詩下武。世德作求。箋。求。終也。【從古堂款識學卷十五】

◉吳大澂 古求字，石鼓文作。【愙齋集古録第二册】

◉方濬益 (叉卣)孟子樂正裘。古今人表作求。是二字通用。又按白虎通曰。裘所以佐女功助温也。求从又為手形。正取佐助之意。引伸之則為索為取為得。此文从衣从又。在衣外為裼裘之象形。禮記玉藻。裘之裼也。見美也。又君在則裼。盡飾也。不文飾也不裼。篆文。衣在求外則為襲。裘之象形。玉藻。服之襲也。充美也。又弔則襲。不盡飾也。是古人衣裘裼襲異用。故籀文與篆文各有所象。此文字之可考見禮儀者也。【綴遺齋彝器款識考釋卷十二】

◉孫詒讓 「求」字皆作「」，如云：「貝求季𡴭」、四十五之二。「貝□求不□」、五十之四。「求人大甲牢」、六十四之二。「□卜丙寅二豕求二牛」、七十三之四。「卜立貝求大甲三羊一牛求正」、百七十五之四。「大□求□」、百八十八之二。「貝于人乙求季」、百九十六之三。「壬申卜貝求季于𡴭」、百九十七之一。「辛酉卜宂貝求季于人乙」又云「貝求季于且戊牛」、二百十六之一。「戊□貝求𡴭□」。二百廿四之二。《說文・裘部》：「求，古文裘。」石鼓作□，此與彼略同。又云：「出貝叡□正曰人叡」。二百廿三之二。「□」疑即「求」之緐縟文。【契文舉例卷上】

◉羅振玉 □□□□□□□

說文解字。裘古文省衣作□。叉卣作□。此省又作□。象裘形。當為裘之初字。許君裘字注。古者衣裘，故以毛為表。段先生曰。古者衣裘，謂未有麻絲衣羽皮也，衣皮時毛在外，故裘之制毛在外。今觀卜辭與叉卣裘字。毛正在外，可為許說左證。卜辭中又有作□者，王君國維謂亦裘字。其說甚確。蓋□為已製為裘時之形。□則尚為獸皮而未製時之形。字形畧屈曲。象其柔委之狀。番生敨及石鼓文作□。齊子仲姜鎛作□。並與此同。□既為獸皮而未製衣。是含求得之誼。故引申而為求匄之求。卜辭中又有作□，亦求字。【殷虛書契考釋卷中】

◉柯昌濟 卜詞有□字。殆即求之異文。卜詞中求字多作□。金文君夫敦作□可證。从二又。羨文也。其詞曰。其于伯宗求示求云。當即卜詞常云之求年也。【殷虛書契補釋】

◉高田忠周 阮氏云。裘字象毛在衣外之形。是。說文。□皮衣也。从衣。象形。與衰同意。□古文裘。段本如此也。元从衣求聲。一曰象形。甚為無理。今依此篆。實元从衣。象形。又聲也。或省作□者。略其衣形也。小篆从衣从求。失其本意。【古籀篇六十七】

◉王　襄 □疑古求字。或釋來。【簠室殷契徵文考釋】

◉商承祚 □□□□□□

說文裘。「皮衣也。从衣求聲。（段作象形。是也。）與衰同意。□古文裘。」金文叉卣作□。案說文裘。「古者衣裘。故以毛為裘。」段注。「古者衣裘。謂未有麻絲。衣羽皮也。衣皮時毛在外，故裘之制毛在外。」今以許說證甲金二文皆符合。小篆之形則變誤矣。作□者亦裘字。即說文之古文求。王國維先生曰。「□為已製為裘時之形。□則尚為獸皮而未製時之形。字形略屈曲。象其柔委之狀。番生敨及石鼓文作□。齊子仲姜鎛作□。并與此同。□既為獸皮而未製衣。是含求得之誼。故引申而為求匄之求。」其說至精確。【甲骨文字研究下編】

◉葉玉森 □羅振玉氏釋求。書契考釋。諸家从之。本辭「貞其求」句當讀斷。他辭云「丁亥卜□□尹」。同卷第五十二葉之二。「乙未貞于大甲□。」後上第二十八葉之八。「貞□于九示。」又同葉之十二。□字並為祭名。殆求神之祭如索鰍。【殷虛書契前編集釋卷一】

◉葉玉森　己巳卜𣎵于九示　王國維氏云。卜辭屢言𣎵牛或𣎵牛。蓋亦用牲之名。觀禮。祭天燔柴。祭山丘陵升。祭川沈。爾雅釋天。祭天曰燔柴。祭地曰瘞埋。祭山曰庪縣。祭川曰浮沈。殷人祀人鬼亦有𡩜。有瘞。有沈。𣎵𣎵象立木形。殆所謂升或庪縣者與。殷虚文字考釋第三葉。林泰輔氏釋犬。

郭沫若氏亦釋彖。謂當讀為祟。卜辭云不𣎵者與言不壱同例。即莊子天道篇所謂其鬼不祟者是已。彖祟同在脂部。又彖。爾雅作䝘。釋文本作肆。肆祟均齒頭音。許讀若弟者。蓋音之變。彖之為祟猶蛇之為它。彖有害於田圃。準古人艸居問蛇之例。此則問彖之有亡。化而為有祟不祟。甲骨文字研究釋蝕。森按。本辭云「卜𣎵于九示」。他辭云「貞𣎵于九示」。後上第二十八葉之十二。又云「丙寅卜王☒鼠山𣎵雨☒」。後下第二十九葉之八。似𣎵𣎵壔為一字。應竝釋求。即不讀求亦當為祭名。非祟也。容庚氏藏拓有「□亥其𣎵于大示受之祐□」「貞𣎵我羊」二辭。𣎵𣎵如釋祟則更不可讀也。【殷虚書契前編集釋卷三】

◉商承祚　𣎵為求。𣎵為𠦪。【殷契佚存】

◉吳闓生（丑彝）𧘝即裘字。文於衣外作毛形。尤見古人制字之意。甲骨文亦然。但省去諧聲九字。蓋九字後人踵增耳。【吉金文録卷二】

◉郭沫若　裘字作𧘝，乃从衣又聲。又求古同之部。【乖伯毁　兩周金文辭大系考釋】

◉郭沫若　此儥求連文，當讀為續逑。續逑乃友，猶師𡗜父鼎言用嗣乃父官友。逑者，説文云，斂聚也。虞書曰，旁逑孱功。今書作方鳩僝功。又爾雅釋訓惟逑鞫也，釋文云，逑本亦作求。【君夫毁　兩周金文辭大系考釋】

◉商承祚　𣎵王靜安先生云。蓋亦用牲之名。又甲骨文習見𣎵字。王氏謂即説文裘之古文。類編八·六。案二説皆是也。如前·三·廿九「𣎵雨匄」。又同版「庚午卜貞禾之𣎵雨三月」。卷五四十葉「辛酉卜𠚤貞季𣎵」。又同版「壬午卜賓貞𣎵☒」。其後見於它辭者。大率為「𣎵年于某某人名幾牢」或「于某某𣎵年」或「于某某𣎵」。若讀求雨求年。其義可通。求于某某則費解。卜辭復有一例。即「𡳿𣎵」二字連文。其上多冠以「王固曰」。菁華一至六葉及它書。凡二三十見。其字無一作𣎵者。至其它辭亦十之八九與𣎵連用。推其義意皆非肯定之詞。⊘與𣎵決非一義。𣎵為後世之求。與𣎵義不能相混也。立厂先生謂。「𣎵疑即説文𠦪字。亦即金文𨫻字所从之𣏟。其作𣎵或𣎵者。矢尊及彝𩰪字偏旁。乃其緐文。又與賁同。」案唐説其形是也。殷絜佚存第三十二版「甲申卜亘貞𣎵𣎵于大甲」。𣎵又作𣎵。與金文合。可為佐證。但𠦪祭唐氏謂即矢尊之𩰪祭于經無徵。殆佚禮也。復从字形觀之。小木架大木卓立地上。木末出二岐。似可以縣物。豈殷禮縣牲而祭謂之𣎵。即觀

禮。爾雅所謂升縣異詞而同祭與。【福氏所藏甲骨文字考釋】

◉吳其昌 「求」者。卜辭作(前七・六・三)(後二・八・八)(前七・一三・一)(前五・二四・三)(拾遺一二・一五)(戩七・一四)(林一・二一・一)(後二・二九・八)諸狀。其逐漸演變之跡。粲然可睹。羅振玉曰：「說文解字，裘古文省衣作。叉卣作，卜辭省作。象裘形，當為『裘』之初字。許君裘字注：『古者衣裘，故以毛為表。』段先生曰：『古者衣裘，謂未有麻絲，衣羽皮也。衣皮時，毛在外，故裘之制，毛在外。』今觀卜辭與叉卣『裘』字，毛正在外，可為許書左證。卜辭又有作者，王君國維謂亦裘字，其說甚碻。蓋，為已製為裘時之形；則尚為獸皮而未製時之形。字形略屈曲。象其柔委之狀。番生毁又石鼓文作，齊子仲姜鎛作，並與此同。既為獸皮而未製衣，是含求得之誼，故引申而為求匄之求。卜辭中又有作者，亦求字。」(考釋二・四二)

今按羅說至為精碻。本片「求」字作。尤像一獸皮在懸。柔毛委毿，纖長下垂之狀。為一未製成衣裘之毛革，殆一望可識。古者衣裘之式。毛外向。革面裏。許書與說文。固可互證，然即古籍記述，小說稗聞，亦可考見。如新序雜事片二，記魏「文侯出遊，見一人反裘負芻，文侯問之曰：胡為而然？對曰：臣愛其毛。文侯曰：裘之盡矣。毛將安附！」此負芻者，因愛裘之毛故，不忍芻之傷毛，而服毛於內。若今人服裘之式。然在當時，則謂之「反裘」，致勞國君之怪問矣。是古代衣裘之式，以毛在外為正，為常，為習俗，以毛在內，為反，為怪，為罕見也。又豳風七月之詩曰：「一之日于貉，取彼狐狸，為公子裘。」是古者欲得獸皮以為裘。則必將設阱施機。盡心力以求之，求則得，不求則不得也。故引申而為「求匄」「祈求」之義矣。在卜辭中，則凡字體之作或形者，悉數為「祈求」「求匄」之義。如云「求年」(前一・五〇・一，後一・一・一，續一・二三等)「求禾」(後一・二二・三，續一・四一・六，佚三五九等)「求方」(鐵五一・四，即「求祊」)……等，皆可為證。本片(指前一・二九・二)云「求，戠于母庚」者，意皆為「求于母庚，戠。」也。

者，當亦「求」字之變體，象裘革披茸而又宛轉之形。但與彼字豈亦有小別，彼象其懸直狀，此則略形彎曲也。與此文畢同者不多遘，惟于後編一重見之，籀繹彼片之文云：「……□，十宰。，五宰。(蠶)示，三宰。八月。」(後・一・二八・六)則者，似為一人名？本片「帝(禘)」之文，毫耕謂于此名之人而禘祭之歟？【殷虛書契解詁】

◉强運開 歸夆敢錫女為裘作。叉卣錫馬錫裘作。求之加衣固不自小篆始矣。此求字應作請求解。【石鼓釋文】

◉强運開 曶鼎乃人舊釋為求。誤。運開按。古文殺作與此形近。魏三體石經叚古文殺字為蔡。作可證蔡訓為法。此字亦當讀為蔡。蔡乃人謂以法治其人也。金文亦多叚為蔡字。【說文古籀三補卷三】

◉明義士 □象裘毛披垂之形。與古文同形。後因假為干求字，而原誼反晦，乃又增衣，而成篆文。【柏根氏舊藏甲骨文字考釋】

◉商承祚 甲骨文作□。金文叉卣作□。篆文裘。即由此出。甲骨文又作□□。金文番生段作□。齊鎛作□。曶鼎作□。即此所从出。王國維云。「□為已製為裘時之形。□則尚為獸皮。畧屈曲象其柔委之狀。獸皮而未製衣。是含求得之誼。故引申而為求匄之求。」其說是也。因有二形。遂生二義。分作二字矣。【説文中之古文考】

◉郭沫若 （第五一八片） 衩殆裘之異文。乖伯簋「錫汝貂裘」，字作□，从衣又聲。此當讀為祈求之求。【殷契粹編考釋】

◉馬叙倫 鈕樹玉曰。當作從衣象形。朱駿聲曰。詩大東。熊羆是裘。箋。裘當作求。聲相近故也。是鄭不从求裘為一字。裘從衣象形。與衰同意。求當從又從尾省。會意。與莍同。承培元曰。聲一曰三字衍。苗夔曰。求非聲。詩經羔裘與梅哉韻。豳七月與貍韻。大東與試韻。求在蕭韻不得為聲也。當刪聲一曰三字。作從衣求。衣亦聲。羅振玉曰。叉卣作□。卜辭作□。當為裘之初文。説文裘字注。古者衣裘以毛為表。此正毛在外也。卜辭中有作□者。王國維謂亦裘字。蓋□為已製為裘之形。□則尚為獸皮而未製時之形。番生敢及石鼓文作□。齊子仲姜鎛作□。並與此古文同。沈乾一曰。裘古音魚開切。詩錦衣狐裘諧梅哉韻。熊羆是裘諧來服試韻。倫按甲文中衣裘為□□。毛求為□□。分明二字。□為從衣象形。於六書為指事。□則從毛又聲。故其字又作□□□。左襄四年傳。臧之狐裘。敗我與狐駘。以裘駘為韻。聲同之類。而此從衣求聲。甲文之□。從□。又聲。蓋此及□實皆□之轉注字矣。倫謂裘必得音於求。蓋以求為衣。即謂之裘。此由語原孳乳遞嬗。不徒通例。亦有事證。如異為戴之初文。從大戴由於首而兩手持之。音即得於由。若如苗説。則衣部之字多矣。何以不皆從衣得聲。而從衣得聲之哀依扆㐰轉無衣義乎。且以□字觀之。非明從□而又聲乎。倫謂求從毛又聲者。又手一字。手獸音同審紐三等。而獸狩為轉注字。狩從守得聲。守金文或作□守觚。或作□父乙觚。蓋初以獸獵所得。即名其物曰獸或狩。因而以獸獵所得之物之皮為求。皮膚之本字即膚。皮為革之異文。音在奉紐。膚之本音當在敷紐。敷奉同為脣齒摩擦音。故古今率借皮為膚耳。手音轉為又。音在喻紐三等。奉與喻三同為次濁摩擦音。則獸皮為求。得聲於又。音仍衍於皮矣。以此相明。裘求雖異字。古音亦或少異。然裘得聲於求。或以方言而生差實。其本音必與求同。此重文作求。重文出於吕忱字林。本書本於倉頡訓纂二篇。二篇當無求字。然急就皆倉頡中正字。而急就叙姓名有求字。倫謂古有裘氏。見莊子。姓名之字。倉頡急就本皆作裘。傳寫省之。至請求字。急就作祈不作求。明急就求字止以為姓。字本作裘也。然則漢時二字之音殆無別也。其詩與左傳之裘諧韻之字皆在之類者。嚴可均固有之幽宵合為一類之說。皮衣也非本訓。一曰象形者。校者記異本。謂別本作從衣象形也。後校者復增與衰同意四字。以明象形者僅指[glyph]中之求耳。蓋亦以原始裘字如甲文之作[glyph]。形與衰之象形文相似。故增又為聲。作[glyph]。後復作從衣求聲之裘矣。字見急就篇。歸夆敨作[glyph]。古匋作[glyph]。

[glyph]鈕樹玉曰。繫傳作古文求。求當作裘。承培元曰。繫傳古文求下有此與裘意同五字衍。倫按説解本作古文裘。校者改之。鍇本裘誤作求。此與裘意同者。本作此與衰同意。由裘篆説解中誤入。鍇本裘下曰。與衰同。無意字。即可證矣。求從毛又聲。求字兩見急就篇。一為姓氏。一為讁求。倫謂讁求字本作賕。亦傳寫省之。餘見裘下。君夫敨作[glyph]。舀鼎作[glyph]。【説文解字六書疏證卷十五】

◉楊樹達　裘字甲文作[glyph]，前編柒卷陸葉叁版。作[glyph]，後編下卷捌葉捌版。此銘作[glyph]，與甲文同。增从又者，裘字又字古音並在咍部，故裘以又字為聲類也。象形字古多注聲旁，如厂注干為厈，尢注圭為尪，网注亡為罔，皆其例也。方濬益引《白虎通》説裘所以佐女功助温，字从又，取佐助之意，其説穿鑿無理甚矣。【次卣跋　積微居金文説】

◉楊樹達　裘字甲文作[glyph]，象衣裘之形，此純象形字也。金文次卣作[glyph]，為第一步之發展，此於象形初文加聲旁又字也。裘與又古音皆在咍部，故以又為裘字之聲也。此與上述鬲鬲瓦歷、互笠篗、舀搯抗、匕妣妣、各洛假、甬銿鐘六例第一步之發展為加形旁者異，而與兒字第一步之發展貌加聲旁者同也。第二步之發展為卝白段之[glyph]，以衣字為其形，而以象形加聲旁[glyph]字之又聲為其聲，變為形聲字，而初文[glyph]字象形之痕跡全然消逝不可尋矣。【自序　積微居金文餘説】

◉高鴻縉　按古者食肉寢皮。亦以獸皮為衣。[glyph]只象獸皮形。甲文又有[glyph]字。則已成衣狀矣。周時既叚[glyph]為乞求。秦人遂以[glyph]專為衣裘。兩字乃分化為二。【中國字例二篇】

◉李孝定　契文作上出二形。[glyph]象已製成裘獸毛在外之形。古者衣裘。毛均在外也。[glyph]則象獸皮一喙兩耳四足一尾形。製獸皮者恆於鼻端穿孔。以便懸掛之。正作此形也。作[glyph]者在卜辭為地名。作[glyph]者其辭多為「[glyph]雨」「[glyph]年」「[glyph]禾」「[glyph]生」「[glyph]于岳」「[glyph]于河」「[glyph]于×數字示」。釋為求。以讀諸辭。無不辭從理順。形合義諧。至[glyph]字諸家或有釋求者。誤也。字與[glyph]字形近而有別。當釋𢑚讀為祟。説見九卷𢑚下。[glyph]象生獸之形。故其字平正對稱。此其異也。[glyph]字或又釋𠦬。亦非。𠦬字需作[glyph]。與[glyph]亦形近。故説者每多轇轕纏結。自為矛盾也。金文作[glyph]君夫簋[glyph]番生簋[glyph]齊鎛[glyph]舀鼎[glyph]邾君求鐘[glyph]伯錫簋「錫女□裘」[glyph]叉卣「錫馬錫裘」[glyph]庚壺「衣裘」。前數文與卜辭作[glyph]者形近。弟首微左屈為異。此為許書古文所自昉。後數文从衣从又。又當為聲。以辭例推之。當為裘字。契文有[glyph]字。見前。金氏續文編收作卒者。竊疑即[字形]之初文。為形聲字之裘之最早形體。[字形]則裘之象形字也。以[字形]假為求匄字既久。因更製从衣又聲之字耳。卜辭亥衩字為方國之名。辭云「亥入五十」。乙七二〇〇甲橋刻辭。「辛卯卜伐□亥」。外六四。無由證其為裘字。故本書暫收作衩。入衣部。以為說文所無字。【甲骨文字集釋第八】

◉金祥恆 [字形]求，說文「[字形]，皮衣也，从衣象形，與衰同意。[字形]古文裘」，簡文與古文同。篆文之从衣者，段注：「古文求字後加衣為裘，而求專為干請之用，亦猶加艸為蓑，而衰為等差之用也。」甲文作[字形]或[字形]，說文裘，古者衣裘，故以毛為表。甲文[字形]之象。詩小雅都人士、禮記緇衣「狐裘黃黃」，蓋狐皮惟腋純白為貴，如玉藻「君衣狐白裘」，史記孟嘗君列傳「孟嘗君有一狐白裘，直千金，天下無雙」，惟毛外向，故視之有黃白，黃色多白色少，以白為貴。[字形]即說文古文求也。卜辭假為干求之求，如求雨、求子、求年。金文借求為干求字如番生毁「虔夙夜，専求不朁德」之作[字形]，舀鼎「求乃人，乃弗得」之求作[字形]，而衣裘字作[字形]，如芾伯簋「易女□裘」作[字形]，叉卣「易馬易裘」作[字形]。詩鄭風羔裘，經典釋文「裘字或作求」，孟子萬章下「孟獻子百乘之家也，有反五人焉，樂正裘，牧仲，其三人則予忘之矣」。漢書古今人表中上樂正裘作求。蓋求即裘，後加衣，王筠釋例所謂分別文也。

甲骨文七作十，十作|。詳中國文字第二七册，黃然偉之故書十七二字互譌探原。髹畫其求者謂繡繪其裘也。孟子盡心言舜「及其為天子也，被袗衣鼓琴」，趙注：「袗，畫也，及為天子，被畫衣黼黻絺繡也。」禮記深衣「衣純以繢」，鄭注「繢，畫文也」。蓋謂以他色緣之也。詩鄭風羔裘「羔裘豹飾」，鄭注「豹飾，緣以豹皮也」。禮記內則「唯君有黼裘以誓省」，鄭注「黼裘以羔與狐白雜為黼文也」。玉藻「犬羊之裘不裼，不文飾也不裼。裘之飾也，見美也」。由是言之，髹畫其裘，非犬羊也。必為狐白貂裘之屬。或雜以他色，或緣以他皮，以見美也。其長二尺六寸，廣尺七寸者，為襦袿也。釋名「婦人上服謂之袿」，廣韻引廣雅「袿，長襦也」。今謂之皮襖。其長度與女尸身一五四、五原來較之，相當。【長沙漢簡零釋（二） 中國文字第四十七册】

◉張日昇 朱駿聲說文通訓定聲云。「按據許裘求同字。古文象形。小篆加衣。是凡求索之求借為捄也。據詩大東鄭箋。裘當作求。聲相近故也。是以裘求為各字。求當从又从尾省會意。裘中象形。與衰中象形同。非求字。」金文求亥並見。而其用則各異。亥為衣屬。求為求取。故朱氏从鄭箋分別裘求為二字。誠屬有理。李孝定云。「[字形]則象獸皮一喙兩耳四足一尾之形。製獸皮者恆於鼻端穿孔之。正作此形也。⊘[字形]字諸家或有釋求者誤也。字與[字形]形近而有別。當釋𢑚。讀為祟。[字形]象生獸之形。故其字夭矯作態。[字形]則象死獸之皮。故其字平正對稱。此其異也。」甲骨文字集釋頁二七三六。李氏以古文求為死獸僵直之形。然金文皆作[字形]。有類[字形]之夭矯作態。此李說之不能自圓者也。楊樹達謂甲文裘作[字形]。象形。繼則从又聲作[字形]。再則省形从衣作[字形]。而為形聲字。其說至碻。然裘字之衍變。不止於此。亥後更改从求作裘。不㠱簋。此篆体之所本。

裘行而袁廢。故有認裘求為一字之誤。【金文詁林卷八】

◉李孝定　庚壺裘字作衣，竊以為當是从衣、又聲，非佐助之意，白虎通以佐助訓裘，為漢世經師故習，方濬益氏之説非也。求字本象獸皮契文作，為獸皮自鼻端懸之之形，金文諸形，則象獸皮之揉曲，及後用為乞求字，乃更增衣旁作裘耳。契文有作者，與又卣作正同，與古人衣裘之法合，正所謂裼裘之象也。強氏謂求為殺、為蔡，猶不甚誤，蓋古假𣏂為蔡、為殺，𣏂字契文作，與此形近，然謂為人，則不經矣。林義光氏謂裘求非一字，引詩大東鄭箋為説，亦有可商，詩云：「熊羆是裘。」鄭箋以為當作求，此就後世求裘分立後之習慣用法言之，蓋傳抄者偶用一衣裘等字為匄求字，故鄭氏非之，求為裘之古文，為衣裘本字，亦可借為匄求字，然裘則不能作匄求字用也。【金文詁林讀後記卷八】

◉裘錫圭　羅振玉和王國維把殷墟甲骨文裏的和字都釋作「求」。其實這兩個字不但字形有別，用法也不相同，並且有時還出現在一條卜辭之中，如《粹》八五四「□□卜，其年於示又十」。由於此稿寫得比較匆促，所引甲骨卜辭未能全部注出在《甲骨文合集》中片號，讀者諒之。把它們當作一個字是缺乏根據的。後來郭沫若和唐蘭都指出當釋「𠦪」；郭説見《卜辭通纂》第五七片和一三六片的考釋，唐説見商承祚《福氏所藏甲骨文字考釋》第一頁。郭氏還推闡孫詒讓釋為「𣏂」之説，認為跟《説文》「𣏂」字古文、「杀」字古文本是一個字，在卜辭裏多應讀為「祟」。見舊版《甲骨文字研究·釋蝕》及《卜辭通纂》四二六片考釋。他們的説法已為大多數甲骨學者所接受，因此在甲骨文裏就找不到「求」字了。甲骨文裏有象形的「裘」字。《説文》以「求」為「裘」的古文，但是它們其實從來是兩個不同的字。朱駿聲《説文通訓定聲》、林義光《文源》都已經指出了這一點。朱、林二氏對「求」字字形的解釋都是有問題的，分「求」、「裘」為二字則可从。

我們認為釋為「𠦪」是正確的，釋為「𣏂」或「杀」則不可信。朱芳圃在《殷周文字釋叢》裏指出，「𣏂」屢見於甲金文（多為偏旁），字形跟「」截然有別，不能混為一談（六五——六六頁）。這是很正確的。把「」跟「杀」字古文當作一個字，從表面上似乎很合理，但也經不起仔細推敲。這需要從蔡國之「蔡」在上古的寫法談起。

蔡國之「蔡」，西周金文作、、等形，春秋金文多作、等形（《金文編》三〇頁），戰國金文作（鄂君啟節「鄡」字偏旁），古印作（《古璽匯編》九七號印「鄡」字偏旁），三體石經《春秋》僖公二十八、二十九年古文作（《魏三字石經集録》三一上、三四上）。石經「蔡」字古文的寫法跟《説文》「杀」字古文全同。「蔡」、「杀」古音相近。近人大都認為金文和三體石經假借「杀」字為蔡國之「蔡」。這應該是正確的。所以「杀」字古文較原始的寫法是，《説文》和石經的古文的形體已有訛變。一九七五年岐山董家村窖藏出土的西周中期的衛鼎乙有字，似是反寫的「杀」字古文，見《文物》一九七六年五期三九頁圖一六。

唐蘭先生在《殷虛文字記・釋□》裏，反對把金文裏用作國名的□、□等字讀為「蔡」。他認為這個字本从「大」，跟「杀」字古文不可能是一個字。五十年代在壽縣和淮南市蔡家崗先後發現蔡侯墓之後，這個字應該讀為「蔡」已經不容懷疑了。唐先生也承認了這一點。一九七七年唐先生曾在他自用的《殷虛文字記》的《釋□》篇上批「此條誤」三字，見中華書局一九八一年出版的《殷虛文字記》一二二頁。但是他指出的這個字本从「大」那一點仍然是正確的。只不過這並不能證明這個字不是「杀」字古文，而只能證明《說文》和三體石經的古文已有訛變。在蔡家崗墓所出的蔡侯產劍上，蔡侯之「蔡」有□、□、□等不同寫法（《考古》一九六三年四期圖版肆1.3.2）。後兩種字形顯然是以「大」為主體的。智龜在《蔡公子果戈》一文中指出，見於傳世兵器銘文中的□字也應該讀為「蔡」，□當是這種寫法的簡體（《文物》一九六四年七期三三頁）。這些是這個字本从「大」的有力證據。據中華版《殷虛文字記》唐先生在《釋□》篇上批有一個「□」字。甲骨卜辭裏屢見地名□和□侯之稱（參看《殷虛卜辭綜類》三六頁）。唐先生大概認為□跟□有可能是一個字。從上舉蔡國兵器裡蔡國之「蔡」的那些寫法來看，這種猜測說不定是正確的，卜辭裡的地名「□」和「□侯」也許就應該讀為「蔡」和「蔡侯」。卜辭裏還有一個寫作□、□、□、□等形的字，經常在提到「艮」的人祭卜辭裏出現。這個字的字形跟□相近，不過它的下部的兩道較長的斜筆一般是直的，跟「大」的下部有別，上端或作ㄚ，下部或加○，也跟用作地名的□不一樣。這個字跟□究竟是什麼關係，有待研究。

既然「杀」字古文本來从「大」，「□」當然就不可能是「杀」字了。總之，無論是把「□」釋作「希」，還是釋作「杀」，都是不可信的。

甲骨文「□」字還可以寫作□（前五・四〇・五）、□（續五・五・六）等形。金文「求」字作□、□、□等形（《金文編》四六七頁），跟它們很相似。甲骨文有寫法跟上引金文「求」字第一形完全相同的地名字（見《宁》——三九三等）。因為從文例上不能證明跟□是一個字，所以上面没有引用。金文又有□字，一般都隸定為「𡩠」（《金文編》四二八頁），所从的「求」跟甲骨文「□」完全相同。所以我們認為羅、王把「□」釋作「求」是可从的。事實上，就是極力主張「□」當釋「希」的郭沫若，有時也仍舊把「□」釋作「求」（見《殷契粹編》第四〇一和九八七片釋文）。

「求」大概是「蛷」的初文，求索是它的假借義。《說文・蚰部》：「𧖕，多足蟲也。从蚰求聲。」或體作「□」。隸、楷一般把這個字寫作「蛷」。甲骨文「□」字有時寫作□（合三三九五三）、□（合三〇一七五）等形，非常像多足蟲。《周禮・秋官・赤犮氏》鄭注：「貍蟲，䗪、肌求之屬」，《釋文》：「求，本或作蛷。」這個「求」字用的正是本義。甲骨文「□」字也有寫作□的（甲一三五六等）。這是省去頭部橫劃的寫法，跟从「大」的□不能混為一談。

甲骨卜辭裏的地名𣎵(巴黎一四)和人名「子𣎵」的𣎵(丙三一一)，有人讀為「蔡」。一九七四年武功出土的駒父盨蓋銘文裏有「還至於𣎵」一句(《文物》一九七六年五期九四頁)，一般都讀為「還至於蔡」。現在看來，這種讀法是有問題的。

从「𣎵」在甲骨卜辭裏的用法來看，把它釋作「求」也是合理的。

在古漢語裏，「求」跟「得」是相互呼應的一對詞，例如：

《易・隨》：「有求，得。」

《詩・小雅・正月》：「彼求我，則如不我得。」

《穀梁傳・隱公三年》：「求之為言，得不得未可知之辭也。」

在甲骨卜辭裏，「𣎵」跟「得」也往往前後相呼應，例如(卜辭釋文一般用寬式)：

(1) 貞：呼𣎵，先得。

(2) 呼𣎵，先從東得。　丙六三，合一二〇五一正

(3) 貞：呼歌𣎵，得。

(4) 貞：歌弗其得。　殷虛古器物圖録一三頁

(5) 貞：〔㚔〕刍自宊，呼𣎵，得。

(6) 貞：㚔刍自宊，不其得。　合一三五正甲、乙

(7) 〔庚〕午貞：令步以曳𣎵黄(尪)，得。

(8) 庚午貞：令霝以才它𣎵黄，得。

(9) 甲戌貞：令□𣎵黄，得。

(10) 甲戌貞：令霝以才它𣎵黄，得。

(11) 甲戌貞：令步𣎵黄，得。　甲八〇六，合三二五〇九

(12) 庚辰卜賓貞：𣎵雨我，〔得〕。

(13) □𣎵雨我，弗其得。　乙五二七九，合一二八六二正

(14) 〼其呼𣎵，得。　乙七一二，合八八九二

(15) 〼呼𣎵，得。　乙七六五八，合八八九三正

把這些「𠦪」字釋作「求」，是非常合適的。(5)、(6)二辭的「幸刍」指逃亡的打牧草的奴隸。參看胡厚宣《甲骨文所見殷代奴隸的反壓迫鬥爭》，《考古學報》一九七六年一期。(7)至(11)各辭裏的「黄」讀為「尪」，指一種有殘疾的畸形人。殷人舉行焚人求雨之祭時，常用他們為犧牲。參看拙作《說卜辭的焚巫尪與作土龍》，收入胡厚宣先生主編的《甲骨文與殷商史》。所以這兩種人都有需要加以搜求（「𠦪黄」尚見於《續》五・二七・七）。(12)、(13)二辭中「我」字的意義詳下文。

卜辭屢言「𠦪雨」：

(16) 乙卯卜：王𠦪雨于土（社）。　外五〇，合三四四九三（同文之辭見《掇》一・五四九，即《合》三二三〇一）

(17) 癸巳，其𠦪雨于東☐

(18) 于南方𠦪雨。　安明二四八一，合三〇一七五

(19) 癸巳，其𠦪雨于☐

(20) 于☐方〔𠦪〕雨。　合三〇一七六

(21) 其𠦪雨于☐　合三三九五三

(22) 癸巳卜賓貞：𠦪雨☐。　合一二八六八

(16)跟卜問焚人求雨的「𦰩」祭之辭同版，「𠦪雨」無疑應該釋為「求雨」。卜辭或言：

(23) 于岳𠦪，又（有）大雨。　佚七四，合三四二二六

(24) 于夒𠦪，又大〔雨〕。　京津三九三〇，合三〇四〇三

這些也都顯然是求雨之辭，「𠦪」也應釋「求」。

卜辭又屢言「𠦪雨我」，「我」也作「娥」。除上引(12)、(13)二辭外，此語還見於下引各辭：

(25) 甲子卜賓貞：帆𠦪雨娥于河。　佚三八九，合一三二

(26) 甲子卜賓貞：于岳𠦪雨娥。　合一二八六四

(27) 甲子卜賓貞：𠦪雨娥于☐。　珠一一五〇，合一二八六七

(28) 庚子卜☐貞：𠦪雨娥于丁。　人文一五四二

(29) 貞：𠦪雨我于岳。　文録三六七，合一四五二一

(30) 〔貞：于〕岳〔𠦪〕雨我。　京津四三六，合一二六八七

下引二辭「𠦪」下已殘去的那個字大概也是「雨」字：

(31) 貞：其𠦪□我于河，㞢(有)雨。　乙一九八七，合一二六五一

(32) ☐其𠦪□我于☐　乙六八九〇，合一六九七一

我們在前面已經指出，(12)、(13)二辭的「𠦪」跟「得」相呼應，應該釋為「求」。上舉其它各辭裏「𠦪雨我」的「𠦪」，自然也應釋為「求」。「我」或作「娥」，說明它在這裏不是用來表示你我之「我」的。我們初步認為這個字應該讀為「宜」。

在古代，「宜」和从「宜」聲的「誼」，跟「義」(「乂」的繁體)是通用字。中山王墓銅器銘文中的「宜」字，多應讀為「義」(《中山王嚳器文字編》三三頁)。《周禮·春官·肆師》鄭玄注引鄭司農曰：「古者書『儀』但為『義』，今時所謂『義』為『誼』。」(參看段玉裁《說文解字注》「誼」字條)「義」从「我」聲，《說文》認為「義」字从「我」、「羊」會意。朱駿聲等人已指出「義」字當从「我」聲，《說文》之說不可信。「蟻」字(蚁的繁體)古作「蛾」，可證「義」字必从「我」得聲。所以「我」和从「我」聲的「娥」可以讀為「宜」。古有「宜」祭。《周禮·春官·大祝》：「大師，宜於社，造於祖，設軍社，類上帝……」《禮記·王制》：「天子將出，類乎上帝，宜乎社，造乎禰。諸侯將出，宜乎社，造乎禰……天子將出徵，類乎上帝，宜乎社，造乎禰。」《爾雅·釋天》：「起大事，動大衆，必先有事乎社，而後出，謂之宜。」《詩·大雅·緜》：「迺立冢土，戎醜攸行。」《毛傳》亦有此文。《禮記·王制·正義》解釋宜祭之名說：「云宜者，令誅伐得宜，亦隨其宜而告也」，並引了《爾雅》「謂之宜」的孫炎注「求便宜也」。《詩·緜·正義》也解釋說：「以兵凶戰危，慮有負敗，祭之以求其福宜，故謂之宜。」卜辭的「求雨宜」應該就是求雨水得宜的意思。這也可以說是一種宜祭。

在卜辭裏，還可以看到其他種類的一些「求宜」之辭。有的卜辭說「𠦪年我」，「我」也可以寫作「娥」，與「求雨宜」之辭同：

(33) 貞：勿𠦪年我。　合一〇一二七

(34) □卯卜㱿貞：𠦪年娥于河。　林一·二一·一四，合一〇一二九

(35) 甲(申卜)貞：于丁𠦪年娥。　佚一五三，合一〇一三〇

(36) 甲申卜貞：于(丁)𠦪年娥。　佚一四三，合二五二三(以上兩條為同文卜辭，所缺之字可以互補。後一條原缺刻「丁」字)

(37) 貞：勿于丁𠦪年娥。　掇——三八〇，合一〇一二八

「𠦪年我」應該讀為「求年宜」，當是祈求年成方面的福宜的意義。

有的卜辭說「𠦪方我」：

(38) 丙寅卜㱿貞：勿曰□𠦪方我。

(39) 貞：勿曰□𠦪方我。　合六七六七

(40) 辛未卜貞：令㞒以□射从斲，𠦪方我。　續三·四六·六，合五七六六

(41) 己亥卜王：𠦪方我。　乙九〇八〇

卜辭屢言「受方又(祐)」或「受某方又」(如合六四·八六一七等)，意即在與敵對方國作戰時受鬼神保祐。「𠦪方我」應該讀為「求方宜」，「方宜」當指與方作戰之宜。上引各條「求方宜」的卜辭，跟「求雨宜」和「求年宜」的卜辭有一個明顯的區别，就是從來不提鬼神。所以，這些卜辭裏的「求方宜」似乎不應解釋為向鬼神祈求與方作戰的福宜，而應該解釋為尋求與方作戰的適宜機會。有一條卜辭說：

(42) 戊辰卜徙：呼兂𠦪小方我。七月。㲋。　乙八五〇五

「𠦪小方我」當讀為「求小方宜」，大概是尋求與小方作戰的適宜機會的意思。兂應為人名。

有的卜辭説「𠦪戎我」，「我」也可以寫作「娥」，與「𠦪雨我」、「𠦪年我」之辭相同：

(43) 己巳卜王：呼𠦪戎我。　合五〇四八

(44) 丙戌卜扶：令戍(也可能當釋「何」)𠦪戎娥。　甲綴三三

(45) 壬寅，衛品𠦪戎我于[illegible] ☐　佚三八三

卜辭有説「受今來戎又(祐)」的(粹九一六)，意即在與目前來犯的戎作戰時受到鬼神保祐。「𠦪戎我」當讀為「求戎宜」，「戎宜」指與戎作戰之宜。上引幾條卜辭裏也没有出現鬼神名稱(末一辭中「于」後一字是地名)，這些卜辭裏的「求戎宜」，似乎也應該解釋為尋求與戎作戰的適宜機會。

卜辭有時説「得方𢀛」：

戊戌卜㱿貞：戉得方𢀛，𢦏。　合六七六四(合六七六五與此同文，但無「𢦏」字或殘去「𢦏」字。合六七六六殘片也有「方𢀛」二字)

𢀛可能是「我」的繁文，也可能是「戎(重)我」二字合文。「得方𢀛」大概是得到跟方作戰或跟方和戎作戰的適宜機會的意思。

卜辭又有説「雀得亘我」的：

辛巳卜㱿貞：雀得亘我。

辛巳卜㱿貞：雀弗其得亘我。　丙一一九，合六九五九

商王曾命雀伐亘：

癸卯卜殼貞：呼雀衔伐亘，𢦏。十二月。

勿呼雀衔伐亘，弗其𢦏。　乙六三一〇，合六九四八二

此外，關於雀與亘作戰的卜辭屢見，不具引。「雀得亘我」大概就是雀得到與亘作戰之宜的意思。「得方我」（或「得方、戎我」）、「得亘我」等辭，可以證明「〼方我」、「〼戎我」的「〼」確實應該釋為「求」。

卜辭還有說「〼方」、「〼戎」的：

(46) 辛□（丑？）卜扶：令𠛬〼方。　屯南六〇四

(47) 辛丑卜𠙵：御步於學戊，其〼方。　前一·四四·五

(48) 甲午卜扶：令去□〼方。　甲綴三五

(49) ☐〼方。　京津三〇九〇

(50) ☐王：令去〼戎☐　人文三一四〇

(51) ☐逆〼戎☐　京津三〇四五

後兩條卜辭「戎」字下本來也可能有「我」字。「〼方」也應釋為「求方」，大概是尋求敵方與之作戰的意思。

有一條卜辭說：

(52) 戊午卜王：上（尚？）〼子辟我。　續五·五·六

同版有「戊午卜王：勿御子辟」等辭，御是禳除災殃之祭。「〼子辟我」當讀為「求於辟宜」。「上」疑當讀為尚且之「尚」。大概王是在決定不為子辟舉行御祭之後，才卜問是否為他向鬼神求福宜的，所以卜辭說「尚求子辟宜」，意思就是說，雖然不舉行御祭，但仍為子辟求宜。

有的卜辭只說向鬼神「〼我」，而没有說明為何「〼我」：

(53) 于王亥〼我。

(54) 勿于王〔亥〼我〕。　丙四四〇，合四七八正

(55) ☐〼我于大示。　庫三二五，合四〇四四八

(56) 于夒〼我。　懷一五七一

這些卜辭裏的「〼我」，可能是泛求福宜的意思。(56)末一字原作□，今暫定為「我」字繁文。《安明》二一一一的一條卜辭說：「癸巳

卜：戌𠦪〓。」末一字或以為「我王」合文，或以為「王」字異體。從《懷》一五七一「我」字看，這個字可能也是「我」字。「戌𠦪我」的「𠦪」當讀為「咎」，詳下文。

在卜辭裏，「𠦪」與「匄」常常同見於一辭之中：

(57) 于父乙𠦪㞢(有？)匄。

(58) 勿于父乙𠦪㞢匄。　乙七八〇九，合二七二正

(59) 于高祖𠦪又(有？)匄。

(60) 于後祖𠦪又匄。　粹四〇一，合三二三一五

(61) 己亥卜爭貞：皐㞢(有)〓，勿𠦪㞢匄，亡匄。十月。　續三·四一·四，合一七四五二

(62) 丁未卜爭貞：𠦪雨匄于河。十三月。

(63) 貞：于岳𠦪雨匄。　甲骨綴合新編四，合一二八六三

(64) □未卜賓貞：𠦪雨匄。十三月。　合一二六四三

(65) ▨貞𠦪雨匄▨　誠一〇一，合一二八六六

(66) 𠦪雨匄。　前三·二九·三

(67) 于□𠦪□(雨？)匄。　京津九八四，合一五七五三

(68) 勿𠦪雨匄，不蔑。　合一三〇三八

(69) 甲寅卜：乍𠦪萑匄□▨　合三四一七二

(70) 庚辰〔卜□〕貞：〓□其𠦪萑匄其亦(？)□奏□　合四六六〇

「匄」是「丐」的古體。「丐」、「求」義近。雖然上引各辭的意義還不是十分清楚，但是可以肯定這些卜辭裏的「𠦪」也應該釋為「求」。(66)同版之辭卜問「禾㞢(有)及雨」，可知在當時作物急需雨水，「𠦪雨匄」顯然是祈求降雨的意思。「匄」字在古書裏有乞求與給予兩義。卜辭「匄」字有一些似乎也應該當給予講。例如有一條卜辭說：「□□卜殼貞：舌方衛率伐不，王告於祖乙，其正，匄又(祐)」(合六三四七)，這裏的「匄又」似乎就應該當給予保祐講。「𠦪……匄」的「匄」可能也應該當給予講。「𠦪有匄」就是祈求鬼神有所賜與的意思，「𠦪雨匄」就是祈求鬼神賜給雨水的意思。

在卜辭裏，除前面引過的「𠦪雨于土」、「𠦪雨娥于河」、「𠦪年娥于河」、「𠦪我于大示」、「𠦪雨匄于河」等類句子外，還可

以看到不少「𠦪A于B」這種類型的句子，例如：

(71) 貞：王𠦪牛于夫。

(72) 貞：勿𠦪牛于夫。　丙四一三，合九四〇正

(73) 貞：𠦪馬呂于多馬。　合五七二三

(74) 癸亥卜□貞：𠦪玨(玉？)于□。

(75) 貞：𠦪玨于壴。　合一六九七六正

(76) □戌(？)卜□貞：余□𠦪奠臣于□。　庫一八八(「𠦪奠臣」又見于《乙》四〇六五，即《合》七二三九正)

這種卜辭裏的「𠦪」顯然也應該釋為「求」。上引諸辭大概都是卜問商王向臣屬或各地徵求實物或奴隸之事的。「呂」本指銅，周代金文作「鋁」。「馬呂」有可能指馬方所産的銅。

卜辭裏幾次提到𠦪牛、𠦪羊一類事。除上引(71)、(72)二辭外，這類事還見於以下各辭：

(77) 𠦪在□牛。　合二一一五六

(78) 貞：𠦪勿(物)牛。　存上九八三，合二一一五七

(79) 甲寅卜賓貞：𠦪牛▨　合七五六五

(80) 貞：𠦪我羊。　前四・五〇・四，合一六九七四

這些卜辭裏的「𠦪」大概也都應該當徵求講。

有的卜辭說「𠦪豕」或「𠦪彘」：

(81) 丁未子卜：叀(意與「惟」近)今日𠦪豕，冓(遘)。　庫一六五七，合四〇八七七

(82) 甲子卜：丁呼𠦪彘五，往，若。　京津三〇二三

從文義看，都應該是尋求野猪的意思。卜辭裏屢見「逐豕」和田獵獲豕之辭，可見「豕」也可以指野猪。

有一條卜辭說：

(83) 丁巳卜行貞：王賓父丁𠦪十牛，亡尤。　粹三〇二

很多人釋「𠦪」為「殺」，把「十牛」看作它的賓語。這是不正確的。我們可以引一條文例相類的卜辭來比較一下：

戊申〔卜〕旅貞：王賓大戊𠦪，五牛□卣，亡尤。在十月。　合二二八二八

這一條辭裏的「𡴘」是祭名，不能與「五牛」連讀。上一條辭裏的「□」也應是祭名，不能與「十牛」連讀。「□」仍應釋「求」。

此外，表示「要求」之義或其引申義的「□」字，在卜辭裏還可以找到不少，這裏就不列舉了。

在卜辭裏也有不少不能當「要求」或其引申義講的「□」字，主要就是郭沫若讀為「祟」的那些字，如「旬有□」的「□」、「羌甲□王」、「南庚□王」……的「□」。我們認為這種「□」字仍應釋為「求」，但應讀為「咎」。「求」和「咎」都是群母字，上古音都屬幽部，所以「求」可讀為「咎」。《說文・人部》：「咎，災也。」《周易》中「無咎」之語習見。

卜辭裏有用法跟讀「咎」的「求」很相似的□字（參看《殷墟卜辭綜類》八〇頁），陳夢家釋為「咎」，見《殷墟卜辭綜述》五六九頁。甲骨文裏還有□字，跟□可能是一字異體。李孝定釋此字為「咎」，見《甲骨文字集釋》二六六五頁。大概是正確的。□跟讀「咎」的「求」大概是本字跟借字的關係。

最後提一下「□」字上部變作「口」形的一種異體：

(84) ☒旬又(有)□，王曰徬(防?)。　虛七一六A

(85) 丙子卜：今日□召方幸。　後下二四・一三，合三・三〇二六

(84)的「旬有□」跟常見的「旬有□」無疑是一回事。(85)跟《屯南》一九〇同文。《屯南》一九〇拓本不清晰，「召」上一字似與一般「□」字同形。卜辭有說「貞：呼□𡧊幸」的(京津二二〇七，合五七二)。「□𡧊幸」的文例跟「□召方幸」全同，可證□確是「□」的異體。甲骨文裏的□和□，用法相近(參看《殷墟卜辭綜類》二一一頁)，也應是一字的異體。這個字跟「□」字的關係待考。【釋「求」　古文字研究第十五輯】

◉湯餘惠　□63　原摹未釋，應釋為求(裘)。簡文从求之字有□171、□228，求旁寫法相同。【包山楚簡讀後記　考古與文物一九九三年第二期】

◉戴家祥　卜辭作□象毛皮成衣形。金文作□與小篆同。叉尊、叉卣「錫馬錫裘」，裘作□，从□从又。𦐇白𣪕「錫女□衺」，从衣从又。唐韻裘讀「巨鳩切」，群母幽部。又讀「于救切」，喻母之部。之幽韻位最近，古多通諧。堯典「方鳩僝功」，說文二篇辵部逑字注引作「旁逑孱功」。又七篇人部僝字注引作「旁救僝功」。逑救俱从求聲，鳩从九聲，九讀舉有切韻位亦為之部。以是知金文作□者，猶卤之加旁作鹵。网之加旁作罔，注音加旁字也。裘之作衺亦猶楮之或體作柠，胑之或體作肢，表音符號更旁字也。

說文：「□古文省衣。」段玉裁云：「此古文裘字，後加衣為裘，而求專為干請之用，亦猶加艸為蓑，而衰為等差之用也。」按

段說近是，卜辭金文□象首尾肢體獸毛蒙戎形。鹽鐵論所謂「古者鹿裘皮冒。蹄足不去，及其後，大夫狐貉縫腋，羔麑豹袪，庶人則毛絝裕形，樸羝皮傳」散不足篇是也。此言裘皮之衣有粗製精製之别，朝服便衣之殊，字之作□者粗製士庶之便衣也，作裘者鑲鉗縫綴卿大夫之朝服也。造字者因詞尋義，加旁以區别焉，此象形之所以轉變為形聲字也。後世字形雖已多變，而苟趨便易者，仍有依聲不依義之習慣，遂使本義字與假借字雜然並存於竹帛之中。孟子萬章下「樂正裘牧仲」，漢書古今人表裘作求。小雅大東「熊羆是裘」，鄭箋：「裘當作求聲相近故也。」又桑扈「萬福來求」，鄭箋：「賢者居處恭，執事敬，與人交必有禮，則萬福之禄，就而求之。」循名思義，求當作逑，集韻去聲十九代、勑、徠、來、逑同字。□字从止从彳，象人趾在路邊，與來同義。戰國策齊策「欲有求於我也」，高誘注：「求，索也。」玉篇四三六：「求，用也，見也，索也。」廣韻上平十八尤：「寂，索也。」說文七篇宀部寂，入家搜也。从宀，索聲。說文逑訓歛聚也。歛聚與搜索同義，許氏則叚逑為寂矣。說文六篇：「賕，以財物枉法相謝也。从貝求聲。」一切經音義二十一引倉頡篇六：「載請曰賕。」漢書刑法志：「吏坐受賕枉法。」此言干求必有財，故加旁从貝。大雅緜：「捄之陾陾。」鄭箋：「捄，捊也。築牆者捊聚壤土，盛之以虆，而投諸版中。」說文：「，捄盛土于梩中。一曰捊也。」許無用毛鄭二義。說文二篇又讀逑為鳩，引虞書曰：「旁逑孱功。」又曰：「怨匹曰逑。」今堯典作：「方鳩僝功。」說文：「勼，聚也。从勹，九聲。讀若鳩。」知逑與鳩皆勼之聲借字也。周南關雎：「君子好逑。」陸德明經典釋文：「逑，本亦作仇。」仇，匹也。卜辭金文求裘兩字都已出現，卜辭文殘缺文義不可考，金文「裘」為皮衣之專用字，「求」為祈請之祈。說文：「祈，求福也。」爾雅釋詁云「告也」。一切經音義九引孫炎曰：「祈為民求福叫告之辭也。」穀梁傳定公元年：「求者請也。」按祈求並群母字，故祈雨即求雨，祈福即求福矣。【金文大字典下】

◉戴家祥  蓋 師寂𣪘 師寂拜䭫首 玉篇第一百三十八部：「寂，渠留切，索也。與求同。」寂既求之異體，集韻尤部：「寂，搜室也。」求用作在室內搜尋，故加宀旁，如索之為索。金文主要用作人名。【金文大字典上】

◉劉信芳 包山簡二六二：「一白𧴴。」「𧴴」字作「□」，原釋隸作氍，謂是「獸」之假，誤。

按「𧴴」即「裘」之異體，古文作「求」。《說文》：「裘，皮衣也。」字从「畱」作，是為了強調該裘衣所用為獸皮。「白𧴴」應是白狐皮衣，《史記・孟嘗君傳》：「此時孟嘗君有一狐白裘，直千金，天下無雙。」

包山簡六三：「㝅事人𧶜蓦求朔，力可不旨朔廷。」「求」作「□」，原釋隸作「毛」，遂讀不通。按：「求」謂索取，捕捉，《戰國策・齊策》：「欲有求於我也。」注：「求，索。」睡虎地秦簡多見「求盜」，即捕盜。「㝅事人𧶜蓦求朔」，𧶜蓦是人名，「求朔」謂捕捉朔。

包山簡五八：「埶事人謮募救逭。」句例與簡六三類似。「救」為「求」之借，「救逭」即捕捉逭。【包山楚簡近似之字辨析 考古與文物一九九六年第二期】

䙐 䙐

◉許 慎 䙐衺裏也。从衺。鬲聲。讀若擊。楷革切。【說文解字卷八】

◉馬叙倫 鈕樹玉曰。玉篇作衺也裏也。是二義。錢坫曰。今云衣鬲裏即此字。朱駿聲曰。此即詩所言羔羊之縫也。王筠曰。玉篇。䙐。衺也。裏也。或為褔。其衣部褔下曰。衺裏也。則䙐下之衺也。也字衍。詩羔羊之革。革似當作䙐。倫按玉篇作衺也裏也。是。衺音羣紐。古讀歸見。䙐音見紐。然則轉注字也。裏也者。蓋即裏字。本書鬲下重文作𤮍。鶪之重文作鷊。歷兒古音皆歸於泥。高為樓閣之樓本字。樓音古亦歸泥。裏音古亦泥紐。然則今言鬲裏。連緜其詞耳。讀若擊者。見毄字下矣。疑此字出字林。【說文解字六書疏證卷十五】

老 老

燕六五四 象人老佝背之形 鐵七六·三 珠一〇〇八 明二一〇三 【甲骨文編】

甲2487 乙428 6584 8696 8712 8893 8896 8938 9031 珠318 393 佚620 京3·31·1 【續甲骨文編】

老 殳季良父壺 簋鎛 夆弔匜 歸父盤 辛中姬鼎 中山王譽鼎 中山王譽壺 【金文編】

魯齊 亥年師公君 老 【古陶文字徵】

一：四九 宗盟類參盟人名 【侯馬盟書字表】

217 237 【包山楚簡文字編】

老 秦一八四 十三例 雜三二 四例 為三〇 二例 【睡虎地秦簡文字編】

□4693 从止 與齊鎛老字同 □3537 □1646 【古璽文編】

□萬歲單三老 □安久單敬老 □千歲褭老 □老千秋 【漢印文字徵】

□詛楚文 禮使介老 □趙寬碑額 【石刻篆文編】

□【汗簡】

□古老子 □汗簡 □籀韻 □崔希裕纂古 【古文四聲韻】

◉許　慎　□考也。七十曰老。从人毛匕。言須髮變白也。凡老之屬皆从老。盧皓切。【説文解字卷八】

◉王　襄　□疑考字。【簠室殷契類纂存疑第八】

◉商承祚　象老者倚杖之形。作□者。疑亦老字。【殷虛文字類編卷八】

◉葉玉森　□　孫詒讓氏釋□之一體□者為羊。栔文舉例下卅八。商承祚氏曰。象老者倚杖之形。作□者疑亦老字。類編卷八第七葉。森桉。□之異體作□□□□□等形。□□□象戴髮。□□□□則象傴僂扶杖形。或省杖□□象岸幘形。金文作□季良父壺□夆叔盤□歸父盤。从□□即篆文从匕所由譌。許君謂□从人毛匕化。言須髮變白。就篆立説似精。然非朔誼也。揅契枝譚。【殷虛書契前編集釋卷二】

◉陳邦福　簠室殷契類纂第八篇云：「又□㠱侯王其……」邦福按：當釋作老。季良父壺作□，夆叔盤作□，皆可互證。禮記祭儀云：「殷人貴富而尚齒。」又云：「虞夏商周未有遺年者，年之貴乎天下久矣，次乎事亲也。」又云：「朝廷同爵則當齒。」卜辭又即祐，「又老㠱侯」，正為殷人尊老之禮。又㠱即杞異文，集韻引漢衛宏説云㠱與杞同。【殷契瑣言】

◉孫海波　金文亞字之下，每綴以□形，劉心源釋矣。⊘象人持杖而立，裴裒歧路之意。知丨為杖形者，許書从□之字，古文皆作丨，如老，説文云：「考也，七十曰老，从人从毛，言須髮變白也。」卜辭作□，金文作□（趩尊）、□（睘卣）、□（鄉卣），象老人俯背傴僂，持杖而立之形。長，説文云：「久遠也，从兀从匕，亡聲；兀者，高遠意也，久則變匕，□者倒亡也。」卜辭作□，象長人持杖側立之形。畏，説文云：「惡也，从由虎省，鬼頭而虎爪，可畏也。」卜辭作□，金文作□（盂鼎）、□（毛公鼎），象巨头人持杖而立，可畏也。所从□皆杖形，即父支所从之卜。説文：「父，巨也，家長率教者，从又舉杖。」又：「攴，小擊也，从又持卜。」卜亦杖形，即兂老長㫰所从之丨，其訛為ㄅ者，殆由形近致訛（ㄅ與丫形相近）。再變从止，長庶畫戈長作，齊鎛老作，則又由ㄅ形龢嫮，形愈變而本義愈湮。故許君於兂老長等字云从匕訓變，於㫰云「从匕象虎爪」，而不知㫗初之从杖矣。【卜辭文字小記 考古社刊第三期】

◉馬叙倫　鈕樹玉曰。玉篇引匕作化。非。翟云升曰。六書故。或曰毛聲。當作從毛毛亦聲。類聚引曰老作耆。林義光曰。從老偏傍之字。古或作。或作。不從人毛。老字古作。兮仲鐘以為考字。殳季良父壺。從人。上象髮禿。匕人之反文。扶老者也。商承祚曰。卜辭作。象老者倚杖之形。倫按金文老字。齊鎛作。夆叔盤作。歸父盤作。交君簠伯勇父簠魯遵父敢齊侯盂等壽字所從之老。竝作或作。毛公鼎不睗敢䣜敢所從之老作。倫以為老從毛聲。為初文老字。從持杖。指事。後加毛聲。轉注為老。甲文之。其丨為杖最分明。或作者。其杖為丫形耳。原始之杖固即以木枝為之。後乃為飾。由丫而譌為匕。正猶鬼中之ㄙ。本是匕字。而金甲文則譌匕為丫矣。甲文或作者。其與金文作所從之。皆是冑字。此從冑聲。為老之轉注字。蓋音來紐。古讀歸泥。明泥同為邊音。毛音明紐。故轉注為老。毛聲冑類。古讀歸幽。老冑聲亦幽類。皆相轉注。為之轉注字。而魯遵父敢齊侯盂國差罎鑄公簠等壽字作。則從省𠷎聲矣。七十曰老及言須髮變白也蓋皆字林文。从人毛匕亦或呂忱改之。字見急就篇。【說文解字六書疏證卷十五】

◉饒宗頤　「癸卯卜，吅貞：乎多老……貞：勿乎多老舞。」（前編七·三五·二）按審此辭，多老乃司樂舞者。三代養老于學宮，禮記王制：「殷人養國老于右學，養庶老于左學。」卜辭「學戊」，又言「學東」，殷學即養老之所在。所謂多老，其國老庶老乎？後世稱為三老，白虎通鄉射篇：「王者父事三老，兄事五更。」蓋三代之所尊，説又見應劭漢官儀。三老之義。鄭玄謂通知三德者。左傳杜注以三老為八十以上，上中下三壽。詩閟宮云：「三壽作朋。」文選李善注：「三壽，三老也。」鄭箋謂三壽三卿也。盧植禮記注云：「選三公者為三老。」又別一義。三者，數之多，故三老非三人（黃氏日抄），猶殷之多老也。後世三老亦稱國老與國叟。東都賦辟雍詩所謂：「皤皤國老，乃父乃兄。」東京賦「奉觴豆于國叟」是矣。禮記文王世子：「禮在瞽宗，書在上庠，凡祭與養老乞言合語之禮，皆小樂正詔之於東序。」鄭注謂：「周立三代之學，學書於有虞氏之學，學舞于夏后氏，學禮樂于殷之學。瞽宗，殷學名。」此為周制，覩于卜辭，則多老乃掌教舞樂兼為樂師者。【殷代貞卜人物通考】

◉李孝定　契文象形。商葉諸氏之説是也。金文作季良父壺齊鎛夆弔匜歸父盤辛中姬鼎。大抵譌變已甚矣。【甲骨文字集釋第八】

耋 𦒿

◉張日昇　李孝定甲骨文字集釋以𠂹隸老字下。窃疑栔文𠂹與金文𦒳為考字初文。象老人戴髮扶杖形。林義光謂从匕人之反文。似未當。夆弔匜「壽𠂹無期」。容庚釋老。郭沫若釋考。郭說是也。𠂹生簋謂「𠂹生其壽考萬年」。正與此同意。許書謂老从人毛匕。言須髮變白。說甚牽強。就考字考之。𠂹為老人長髮形。然下从丩者。則未知為何。或謂考字所从之杖原作丫。變作𠃊夆弔匜。再變作𠃊。老為𠂹字形變之分化。而考則為其聲化。故老考互訓。實本一字。【金文詁林卷八】

𦒿 後二·二二·一四【甲骨文編】

𦒿 後下23·14【續甲骨文編】

◉許　慎　𦒿年八十曰耋。从老省。从至。徒結切。【說文解字卷八】

◉商承祚　𦒿後編下第二十葉　此從老。從至。不省。【殷虛文字類編卷八】

◉馬叙倫　嚴可均曰。蓺文類聚十八引無年字。按上文。七十曰老。不言年。明此可省。曲禮釋文。本或作八十曰耋。九十曰旄。許語本此。本無年字也。鈕樹玉曰。鍇本及韻會作至聲。是也。倫按耋音定紐。壽音禪紐。古讀歸定。轉注字也。年。七十曰老。八十曰耋。九十曰𦒻。書傳各殊其說。其實皆老之轉注字。後人妄分之。爾雅釋言及韓詩車鄰毛傳皆曰。耋。老也。方言。耋。老也。宋衛兖豫之内曰耋。此耋為方言轉注之證。說解蓋本作老也。後人改之。或字出字林也。【說文解字六書疏證卷十五】

𦒻 𦒻

𦒻 耄見尚書【汗簡】

𦒻 𦒻 𦒻 並古尚書【古文四聲韻】

◉許　慎　𦒻年九十曰𦒻。从老。从蒿省。莫報切。【說文解字卷八】

◉馬叙倫　鈕樹玉曰。韻會蒿省聲。嚴可均曰。類聚十八引無年字。翟云升曰。繫傳作蒿省聲。是。倫按老從毛得聲。毛𦒻音同明紐。聲同幽類。轉注字也。玉篇有重文作耄。古書亦借旄為之。耄旄皆從毛得聲。耄從老而實為老之後起字。而為𦒻之重文者。明古同音也。孟子。反其旄倪。旄倪謂老幼。明𦒻非九十之專偁。詩七月。以介眉壽。南山有臺。遐不眉壽。

毛傳眉字皆以本字讀之。金文亦多言眉壽。然戎者鼎獨言眉禄。如以本字讀之。不可通矣。方言一。眉。老也。東齊曰眉。乃知眉借為老或耋也。以戎者鼎眉禄連言。則眉借為老。倫疑禄以音同來紐借為老。則眉借為耋矣。耋為東齊方言。是轉注字之明證。甲文之[glyph]。其字從馬耋聲。蓋即本書驇或驕之轉注字。而耋作[glyph]。從老。高聲。【說文解字六書疏證卷十五】

耆

[glyph] 耆　滕侯耆戈　【金文編】

[glyph] 68　【包山楚簡文字編】

[glyph] 耆　為三五　三例　通嗜　人各食其所—　為三五　[glyph] 日甲一四四　三例　【睡虎地秦簡文字編】

[glyph] 漢匈奴姑塗□臺耆　【漢印文字徵】

◉許　慎　[glyph]老也。从老省。旨聲。渠脂切。【說文解字卷八】

◉饒宗頤　「呂」字，向來異説紛紜，多誤以兄為工，故或釋為「邛」。今知兄與古為一文，即示之異寫，(詳上示壬條)則呂字隸定應為从示从口。玉篇有「哧」字，為嗜之古文，則呂乃哧也。(李亞農已發此説。)視之古文作眎，集韻亦作「睹」，五帝紀注：堯姓伊祁，禮記郊特牲作伊耆。由示與耆通用證之，知呂方即耆方。尚書，西伯戡黎，史記，黎作耆。尚書大傳：「文王出則克耆。」周本紀云：「明年，敗耆國。」(明柯維熊本「耆」下从目作「耆」。)正義曰：「即黎國也。鄒誕生云：『本或作黎。』孔安國云：『黎在上黨東北。』括地志：『故黎城，黎侯國也，在潞州黎縣東北十八里。』」以卜辭所紀呂方地望徵之，蓋在殷之西，常侵戉(越)唐諸地，當在太行山一帶，與上黨之黎，地理吻合。呂亦作「古」。如云：「乎取古」(金璋五六七)，「自古」(屯甲十一)，「古亩戉」(京津四九一〇)，「己酉：弜[glyph]方」(屯甲三六一三)。並即呂方，而省口作「古」。卜辭又屢言「呼臣呂」。則呂曾入事于殷，故又有「古侯」之紀載。(前編六·二九·七，林二·一·八重。)古之作呂，亦猶册之作曹，目之作昌矣。耆為殷西大國，周之翦商，必先伐耆，乃克陳師東指，尚書因有戡黎之篇。今由卜辭之呂(哧)，以證周本紀之耆，知漢人傳寫尚書，其作「黎」與「阢」(集解引徐廣説)，並後來假借，而非其朔，是則有裨于經典者矣。【殷代貞卜人物通考卷二】

◉戴家祥　[glyph] 滕侯耆戈　滕侯耆之艁　字从[glyph]从古，古為旨之譌，即耆字。説文八篇：「耆，老也。从老省，旨聲。」金文用作人

名。【金文大字典下】

耇 不从老省 師咢父鼎 用旂眉壽黄耇吉康 句字重見 𠀠尊 萬年壽考黄耇 師奎父鼎 用匄眉壽黄耇吉康 師餘簋 其萬年眉壽黄耇 曾伯霖匿 叚不黄耇萬年 𪏶盤 福褱猷彔黄耇彌生 買簋 用錫黄耇眉壽 曾仲大父蝨簋 用錫眉壽黄耇霝終 曾伯文簋 用錫眉壽黄耇 省口 杲同簋 用錫眉壽黄耇 【金文編】

汗簡 【古文四聲韻】

◉許　慎　耇老人面凍黎若垢。从老省。句聲。古厚切。【説文解字卷八】

◉高田忠周　句者曲也。不申也。老人背曲佝僂也。耇與考義相近。詩行葦。黄耇鮐背。正與銘合。【古籀篇三十三】

◉馬叙倫　鈕樹玉曰。韻會引同繫傳而脱黎字。玉篇引老人面凍黎若垢也。釋名方言儀禮注並作梨。則梨字是。翟云升曰。韻會引脱凍字。朱駿聲曰。當訓老人背傴僂也。張文虎曰。耇。老人面凍黎若垢。鄭注儀禮孫注爾雅皆如此説。殆以句垢同音而坿會之。於是舍人又有色赤黑如狗之説。益荒謬矣。竊謂句即痀字。痀。曲脊也。當以年老背傴僂為義。倫按耇為壽之聲同幽類轉注字。老人面凍黎若垢者。釋名之俗説也。吕忱或校者據以加於此。亦或字出字林也。夫釋名之説字也。有似於今之以比較語言學者説吾國之文字。不明六書之大齊。而字字從其聲音與形體之冓造分析比傅。無不可以曲成。然有中有不中。中者其原始字形聲義本然者也。其不中者率為形聲字而或又為轉注字也。形聲字之得聲者。或即用其語原之字。如依之得聲於衣。或用其語原所演之字。如倚之得聲於奇。或用與語原同聲之字。則本書轉注之字類然矣。夫老而毛髮化白也。老而面起冰文色亦變而黑也。老而面有黑點也。老而行步艱難足相及也。皆自然之現象。造字而具老人全部之現象。於純粹圖畫文字固可能之。釋其一部以概其全。則𠘧其字矣。若耇之從句耇之從占耇之從勿。其不以此象形審矣。而句之本義。非面起冰文色變而黑也。占之本義。非面有黑點也。勿之本義。非行步艱難足相及也。則僅以為聲亦審矣。僅以為聲。則不得曲相比傅明矣。爾雅釋詁。耇。壽也。書君奭。耇造德不降。鄭注。耇。老也。詩南山有臺。遐不黄耇。毛傳。耇。老。左僖廿二年傳。雖及胡耇。注。胡耇。元老之偁。他若周書皇門。克有耇老。書微子。咈其耇長。均不得以面凍黎若垢為釋也。且先有耇老。明是壽考也。詩行葦序。外尊事黄耇。箋。耇。凍梨也。儀禮士冠禮。黄耇無疆。注

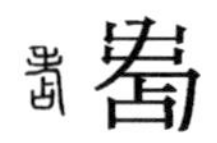

亦曰。凍梨也。國語周語。敬事耇老。韋注。耇。凍梨也。然則凍梨為耇俗名。故釋名曰。耇。或曰。凍梨。皮有斑黑如凍梨然也。然皮有斑黑如凍梨色。乃劉熙所以釋凍梨耳。倫謂凍梨乃耆之緩言。亦耆之俗名。凍音端紐。耆從旨得聲。旨音照紐三等。古讀照歸端。是東旨於古為雙聲也。梨耆則聲同脂類。以此明之矣。鄭以耆之俗語釋耇。明耆耇之義本一。即以耆釋耇也。書言耇長。爾雅釋詁。耇。長也。是耇長即耇耆矣。方言。梨。鮐。老也。燕代之北鄙曰梨。秦晉之郊陳兖之會曰耇鮐。梨即耆之借字。書泰誓。播棄梨老。猶言耆老也。書西伯戡梨即史記周本紀之敗耆國。正義。即黎國也。鄒誕生云。本或作黎。是其證。鮐耆同為濁破裂音。則亦耆之借字。由此相明。老人面凍梨若垢。非耇字本義。且釋名。耇。垢也。皮色驪。悴。恆如有垢者也。或曰。凍梨。皮有斑黑如凍梨色也。已不一其說矣。然則此說解又併釋名之二說而為一。其為後人之文必矣。且本作垢也。故復以老人面凍梨若垢申釋之。又觀釋名而可知也。朱張之說。以痀字證之。校為可成。然則老之語原出於匕邪。老固生理之由成熟而至於衰敗。故其字從人扶杖。明體失其自持之力。須杖而後能行也。廣雅。敂。老也。蓋從老敂省聲。【說文解字六書疏證卷十五】

◉許　慎　⿱耂占老人面如點也。从老省。占聲。讀若耿介之耿。丁念切。【說文解字卷八】

◉馬叙倫　徐灝曰。讀若耿者。古音耿讀如簡。蜀志。簡雍傳裴注。雍本姓耿。幽州人語謂耿為簡。隨音變之。是也。⿱耂占音近簡。故亦讀若耿。今嘉應州人讀耿若簡。劉秀生曰。苗夔曰。耿與占不同部。當作耿弇之弇。按漢書嚴助傳。處之上淦。蘓林曰。淦音耿弇之弇。苗說近是。占聲古在端紐。弇從合聲。如讀同從合得聲之荅。則亦在端紐。故⿱耂占從占聲得讀若弇。艸部。苫。蓋也。從艸。占聲。蓋。苫也。從艸。盇聲。苫蓋轉注。實即一字。左昭廿七年傳。吳公子掩餘。史記刺客傳作蓋餘。易困。剛弇也。釋文。揜本作弇。又作掩。占聲如蓋。蓋聲如掩。掩聲如弇。是其證。倫按老人面如點也蓋本作點也。以聲訓。呂忱或校者加老人面如點也。亦或此字出字林。⿱耂占音端紐。耆從旨得聲。旨音照紐。古讀歸端。耇音見紐。端見同為清破裂音。是相為轉注字也。壽耇聲同幽類。占聲侵類。幽侵對轉。是亦相為轉注字也。廣雅。⿱耂占。老也。【說文解字六書疏證卷十五】

𦒷

◉許　慎　𦒷老人行才相逮。从老省易省。行象。讀若樹。常句切。【說文解字卷八】

◉馬叙倫　劉秀生曰。苗夔曰。當從豖古文㺅省象形。按苗謂勿為㺅省。是。𦒷當從老省。㺅省聲。㺅古文豖。豖為垂所從之聲。古在定紐。樹從尌得聲。古亦在定紐。故𦒷從㺅省聲。得讀若樹。馬部。䮊。從馬。垂聲。籀文從豖聲作騳。辵部。邍。從辵。䮊聲。讀若住。壴部。尌。從壴從寸。讀若駐。是其證。倫按豖乇一字。本書豖之重文作㺅者。蓋勿亦豖之異文。以異文相合為一字耳。此從勿得聲。故音亦禪紐。古讀禪歸定。則亦耋之轉注字。𦓔音亦禪紐。則𦒷𦓔為轉注字。耆從旨得聲。旨音照紐三等。禪與照三同為舌面前音。亦轉注字。老人行才相逮者。蓋本作逮也。以聲訓。呂忱或校者加老人行才相逮。因改勿聲為易省行象吳。然倫疑易省本是為省聲。為音喻紐三等。與禪同為次濁摩擦音。得為𦒷聲也。倫不以為省聲者。𦒷作鼎𦒷字。強運開釋𦒷。是也。其所從之㺅。明是豖也。【說文解字六書疏證卷十五】

壽

買簋　笥侯匜　其次句鑃　魯遵父簋　國差鑰　齊侯匜　邾公華鐘　簷平鐘

伯公父匜　頌鼎　曾伯陭壺　陳公子仲慶匜　窒桐盂　寡兒鼎　庚兒鼎　王孫鐘

蔡侯𪓐盤　魯伯匜　厚氏匩　齊侯壺　𩒔鎛　薛侯盤　薛侯匜　鑄公匜

交君匜　子仲匜　陳逆簋　郘王子鐘　王子申盞盂　邾大宰匜　邾公釛鐘　鄀公鼎　王孫壽甗　子𧻚盆　王子午鼎　毛公旅鼎　不𡢁簋　伯沙其盨二　曹伯狄簋

對罍　𠂤尊　𧿍簋　嗜子鬲　善夫克鼎　歸父盤　邾□伯鼎　从皿　師臾鐘

伯居盂　【金文編】

3·278　吞蔓圖壽所馬　3·279　同上　3·834　壽金　季木58·12　鐵雲27·4　文物1996:1

5·12　咸亭沙壽□器　考文1981:1　【古陶文字徵】

〔三六〕　〔二〇〕　〔二八〕　〔三二〕　〔一九〕　〔二〇〕　〔一九〕　〔三六〕　〔四七〕

〔六〕　〔一〕　【先秦貨幣文編】

布尖壽陰　晉高　仝上　晉原　仝上　晉原　仝上　布尖壽陰　晉原　仝上　晉高　仝上　晉原　布尖壽陰　晉忻　仝上　晉原　仝上　布尖壽陰　晉原　布尖壽陰　典四六一　布方壽全　典三〇〇　布尖壽陰　亞三·三一　【古幣文編】

26　82　94　117　【包山楚簡文字編】

壽 日乙七五 通禱 母以巳— 日甲一〇七 日乙二四五 日甲一〇七 【睡虎地秦簡文字編】

4256 4545 4548 4541 4546 4544 4540 4543 4542 3676 1049

4549 4547 3581 4668 4686 4684 4688 4685 4663 3517 【古璽文編】

鍾壽丞印 成壽 靈壽丞印 長壽單右廚護 畢延壽印 郁陽壽 張延壽 馬適壽 秘壽之印 邵壽之印 張長壽印 李壽之印 茆壽貴印 王壽王印 千壽 寒壽王 丁益壽 享壽 閻延壽 張壽世 司馬壽成 澤壽王 徐壽 王壽王 徐益壽印 鐘壽王 韓壽 徐壽王 爰壽 田益壽印 顏壽王印 延壽 蘇益壽 賈壽 翟壽 莒壽 矦延壽印 趙壽私印 延壽 益壽 強壽王 張延壽印 中黃壽印 張長壽 武長壽印 王延壽 【漢印文字徵】

孫大壽碑額 開母廟石闕 將作掾嚴壽 少室石闕 將作掾嚴壽 漢安殘碑 【石刻篆文編】

壽見石經 【汗簡】

古老子 並籀韻 古老子 並籀韻 並南嶽碑 【古文四聲韻】

◉許　慎　久也。从老省。𠷎聲。殖酉切。【說文解字卷八】

◉高田忠周　今隸作壽。實以擣為之也。詳于下。𠷎即𠷎異文。但說文依小篆。云从老省。古文即从老不省。然下文多作者。亦皆省匕。以便結體。小篆元从古文略體。非殊省也。韓非子顯學。壽命也。書召誥。則無遺壽耇。詩閟宮。三壽為朋。傳考也。考即老也。箋云。三卿也。東京賦注。三壽。三老也。莊子天道。長於上古而不為壽。注壽者期之遠耳。呂覽尊師。以終其壽。注年也。皆其義也。

按从𠷎。與隸形作壽从寸合。古又寸通用也。又或从[glyph]。[glyph]又亦同意。䢵㪥同字也。然此等諸篆。从𠷎聲。與从𠷎聲。皆均鲦文之例。𠷎與䛿㪥同。亦與擣同字也。但此銘作[glyph]者。此為擣異文。猶隸作擣。擣壽亦通用耳。【古籀篇三十三】

◉馬叙倫　鈕樹玉曰。當作𠷎省聲。倫按郘公簠作[glyph]。陳公子甗作[glyph]。杜伯簋作[glyph][glyph]。豆閉敢作[glyph]。秦公敢作[glyph]。頌鼎作[glyph]。郘公鉦作[glyph]。𦒱從老𠷎聲。𦒱𦒱一字。本書無𦒱。𦒱即𦒱也。此自𠷎聲。𠷎乃擣字也。毛公鼎作[glyph]。不嬰敢作[glyph]。善夫克鼎作[glyph][glyph]。皆假擣為𦒱。久也者以聲訓。字見急就篇衛益壽。蓋本作𦒱。傳寫者易以通用字耳。【說文解字六書疏證卷十五】

◉戴家祥　𠷎，字書不見。金文用作𦒱字。加皿或受眉字類化之故。因眉，金文常寫作𥁰、𥃩、𥁕等，均从皿。

字从𠂔从𠷎。說文十二篇「𠷎，疇或省」，訓作：「耕治之田也。象耕田屈曲之形。」耕田屈曲有深遠之義，故引申為長久，用來形容人生，故再加代表老義的𠂔旁作[glyph]。莊子天道「長於上古而不為壽」，注「壽者，期之遠耳」。說文八篇：「壽，久也。」「眉壽無疆」「萬年眉壽」為金文恒語，表示人壽之長久。

金文作[glyph]，[glyph]聲，此乃壽之本字。後或作[glyph][glyph]，古文从口从曰同，皆可與言旁通，知其乃譸之本字也。說文三篇：「譸，詶也。从言壽聲，讀若醻。周書曰無我譸張為幻。」又或作[glyph][glyph]，从又，又手偏旁相通，知其為擣之本字。說文十二篇：「擣，手推也，一曰築也，从手𠷎聲。」金文[glyph][glyph]皆借作[glyph]，或合書作[glyph]，乃隸定壽字所本。【金文大字典下】

[glyph]

[glyph] 前七・三五・二　[glyph] 後二・三五・二　[glyph] 前四・四六・一　[glyph] 佚六二〇　[glyph] 乙一二　[glyph] 乙四二八　[glyph] 乙八七一二

[glyph] 乙八八九六　地名在考　[glyph] 珠三九三　[glyph] 京津一四八七　[glyph] 掇二・一五一　[glyph] 前二・二・六　[glyph] 後二・三五・五

[glyph] 庫六三七　[glyph] 存下三九一　【甲骨文編】

[glyph] 後下35・5　【續甲骨文編】

考 不从老省 司土司簋 作𠦪考寶尊彝 丂字重見 沈子它簋 服尊 傳卣 考母簋 考母壺

孟簋 毛公旅鼎 宴簋 彔作乙公簋 彔作乙公簋二 伯䢅父簋 㽙鼎 㽙壺

師虎簋 盧鐘 仲𢿏父簋二 師酉簋 番生簋 滕虎簋 寧簋 敔簋 仲枏父簋 用卿考于皇且丂 孝作考考作丂 遲盨 用言考 他器多作用言孝 封仲簋 買簋 弔皮父簋 大簋

無仲卣 仲殷父簋 亘尊 弔向簋 師害簋 伯公父匡 諸考諸兄 王孫鐘

師奎父鼎 胸簋 都公鼎 杞伯壺 萬年眉考 他器均作眉壽 睘卣 井侯簋 周窓鼎 伯梳簋

向䣄簋 事族簋 豆閉簋 趩簋 牆盤 三年瘐壺 瘐簋 瘐鐘 追簋

士父鐘 虢弔鐘 頌鼎 頌壺 頌簋 㡭弔多父盤 旅中簋 永用言考 召伯簋

休盤 癸旻爵 師遽簋 趞鼎 通簋 師趛鼎 倗卣 弔趯父卣 𠂤生簋 師望鼎

豐兮簋 𩵦伯簋 彔伯簋 弔具簋 卯簋 吳彤父簋 伯晨鼎 大作大仲簋 大鼎 伯仲父簋 仲師父鼎 師嫠簋 是□簋 井人妄鐘 魯邍鐘

仲辛父簋 友簋 曾仲大父𧈡簋 伯梳盧簋 伯考父鼎 鄀公華鐘 齊陳曼匡 蔡侯龖盤

考弔誁父匡 弔角父簋 中山王嚳鼎 中山王嚳壺 王子午鼎 無叀鼎 曾子斿鼎 簷平鐘

善孜𢿏考 其次句鑃 卿尊 卿卣 天亡簋 康侯簋 臣諫簋 𠭯迖盉 𠬪迖盤 考卣

𣂑尊 何尊 旂作父戊鼎 㝅鼎 師𩛥鼎 杜伯盨 𨘋簋 兮仲鐘

禹鼎 考 从日不从老省　䦃亯　皇考作𡉉号　考 仲枏父鬲　用敢卿考于皇且丂　考于二字合文　【金文編】

考 4·64　匋攻考　【古陶文字徵】

考〔三七〕考〔三六〕考〔一〕考〔二〇〕考〔三九〕考〔一〕考〔二〇〕考〔四四〕考〔四〕考〔七九〕考〔四七〕考〔四七〕【先秦貨幣文編】

考 考 日乙二三八　通巧　工一　考 日乙二四一　【睡虎地秦簡文字編】

丂 汗簡　考 汗簡　【古文四聲韻】

◉許　慎　考老也。从老省。丂聲。苦浩切。【説文解字卷八】

◉吳大澂　考考豐兮敦器蓋異文。古文孝考二字通用。伯據敦用亯用孝。追敦用亯孝。曾伯簠用孝用亯。嘼君簠用亯用孝。皆作孝。豐兮敦用亯考。阮相國亦釋作亯孝。【説文古籀補卷八】

◉劉心源　用考之考讀為孝。同形得通叚也。師奎父鼎用追考于刺仲。毛公鼎本書毛公鼎弟二器亦囷唯考。娩子敢用亯考于叔皮父。仲殷父敢用朝夕亯考宗室。豐兮尸敢用亯考。豐姑鼓敢用㝛夜亯考于諴公。𡩚簋用亯考于姑公。曆彝考友惟刑。兮敖壺亯考于大宗。皆目考為孝。曶鼎文考弃伯。則又目孝為考矣。帝考猶皇考。【奇觚室吉金文述卷二】

◉劉心源　考从口蓋合耇字為之。【奇觚室吉金文述卷三】

◉高田忠周　説文。考老也。从老省。丂聲。然金文从老不省。其省匕者。實略體也。此不可云省為例耳。考老轉注。同意相受。若省匕。不能相受也。【古籀篇三十三】

◉馬叙倫　耇考老皆疊韻轉注字。考音溪紐。耇音見紐。同為舌根破裂音。亦轉注字。字見蒼頡篇。見郭璞爾雅注引。師望鼎作考。伯仲父敦作考。史族敢作考。滕虎敢作考。𪔅仲鐘作考。叔向敢作考。仲殷父敢作考考考。王孫鐘作考。周公敢作考。伯考父敢作考。彔伯敢作考。師害敢作考。【説文解字六書疏證卷十五】

◉張日昇　金文考字作考及考。林義光馬叙倫等並以考為老字。李孝定甲骨文字集釋頁二七三九亦隸考於老字下。葉玉森謂象老人戴髮傴僂扶杖形。乃老之初文。葉氏説字形至塙。然釋老則有可商。絜文考與金文考當是一字。屮丰並象長髮

之形。彝銘多用作祖考字。即考字之初文。人所持杖後變作丆。考字遂由象形而為形聲矣。【金文詁林卷八】

金四七六　孝啚地名　【甲骨文編】

孝　戜方鼎　㫚鼎　𢍰且丁卣　尌仲簋　卓林父簋　頌鼎　頌簋　殳季良父壺　曾伯陭壺　曼龏父盨　王孫鐘　邿遣簋　買簋　鄀公鼎　陳貺簋　鄆孝子鼎　中山王譽壺　王子午鼎　𤔲盤　瘐鐘　頌壺　虞司寇壺　㾍弔多父盤　召弔山父匜　伯孝𦤎盨　姬鼎　𧇊鐘　弔咢父簋　曼龏父盨二　兮仲鐘　追簋　杜伯盨　伯椃虘簋　陳侯午錞　陳侯因資錞　邵鐘　散盤　陸仲孝簋　大司馬匜　从食　曾伯霥匜　用孝用亯　番君匜　用亯用孝　【金文編】

孝　法一〇二　八例　為四七　【睡虎地秦簡文字編】

3611　【古璽文編】

孝景園令　孝子單祭尊　孝子新德單穀左史印　蘇孝印　郯孝昌　彭孝私印　隱孝君　張孝親　尹孝之印　【漢印文字徵】

袁安碑　以孝廉除郎中　【石刻篆文編】

孝見古孝經　孝　【汗簡】

古孝經　並古老子　並石經　【古文四聲韻】

◉許　慎　孝善事父母者。从老省。从子。子承老也。呼教切。【說文解字卷八】

◉阮　元　□曾伯霥簠孝字从食。創見於此。殆取養義。【積古齋鐘鼎彝器款識卷七】

◉吳大澂　□子承父也。从父从子。中象父子依倚形。老耇壽考等字建首皆从父。日久變易。多失其本意。尚有一二可證者。虞司寇壺。【説文古籀補卷八】

◉徐同柏　(周曾伯霥簠)養字从老，取養老之義。【從古堂款識學卷二】

◉劉心源　(矢人盤)孝或釋季。非。此从□。即毛。乃□省也。【奇觚室吉金文述卷八】

◉高田忠周　說文。孝善事父母者。从老省。从子。子承老也。今依此篆。上形从老。人毛匕三文備矣。然則古文不省為正。小篆从省略者。漢儒因為从省之目尤誤。又吳大澂古籀補引虞司寇壺同。吳氏云。子承父也。从父从子。中象父子依倚形。老耇壽考等字。建首皆从父。日久變易。多失其本。尚有一二可證者。中者謂□乎。何妄肊之甚。此□明毛字。毛公鼎毛作□。與此相合可證矣。朱駿聲云。按老亦聲。愚謂不然。孝字从老。實从考省也。考元作□。故省即與老同。黃以周轉注論曰。孝字承考。下明孝之从考省也。故云孝善事父母者。以考省从子。子承考也。子承考為孝。即用易有子考無咎。傳曰意承考也之義。今本作从老省从子。子承老也。亦係淺人改竄。此說為是。唯許氏有老部無考部。姑收孝于老部。其解當从老省。曰老而其意即考也。是考老同意故也。周又按。考孝亦轉注字。考老為轉注之先出者。孝考為轉注之後出者。考字本義老也。轉為考妣。考即親也父也。以何生此轉義。蓋為作孝字也。將作孝取于子承父之意。殊轉考字義。借以為老父義。而後配以子字。即得會意。考亦兼聲。此字雖以考為先出。義以孝為先出。此為建類一首同意相受者也。然則孝考之於考字。稍涉于叚借耳。或言何不从父以為其意。然唯从父。老意無存焉。父老故子承之也。从父則意未足矣。故从考為其意。此作字者用意之處也。

孝子之事也事死猶事生。故祭祀有亯獻之禮。亯獻亦是飲食事也。故孝字。从孝省。又从食。會意。【古籀篇三十三】

◉馬叙倫　鈕樹玉曰。玉篇引作善事父母者。從子。承老省。倫按從老省。孝省聲。為老之轉注字。曶鼎文孝弃伯。即文考弃伯。公曆彝。考友惟刑。即孝友惟刑。金文每言追孝。余義編鐘作追考。皆其證。若如今訓。則書從子老省聲或□聲。蓋老為形聲字。不能會意也。且就各部分字之本義言。老非父母之專偁。子非子女之本字。各用其引申或假借之義以造會意之字。皆於六書大齊。然子既非子女之本字。則善事父母為孝。亦不可通。故得决定為考老之聲同幽類轉注字。亦耇考之同舌根音轉注字。今説解蓋非許文。水經注十六引字林。孝水在河南郡。字見急就篇。頌鼎作□。兮中鐘作□。陳侯因資敢作□。【説文解字六書疏證卷十五】

◉高鴻縉 □字雖少見。但决非孝字。老字从人毛匕。孝字从老省。从子。作□。不宜此更省作□。今字从□首著□形。戴直是子有髮。説文載古文子字作□。謂从巛象髮也。而甲文有子字異文作□。亦戴髮形。似此則□或即□之變也。戴髮形與戴毛無異。是□乃孚而非孝矣。三代吉金文存卷六第四十七頁有㬈仲子𣪘。子字正作□。與此同。【散盤集釋】

◉張日昇 吳大澂謂字从父从子。中象父子依倚形。金文从□从□。未見从父。竊疑象老人扶子形。父子為相對之詞。字既从子。不从父意亦足。且孝之本誼恐非限於父母。諸父諸祖。亦應善事。故从戴髮傴僂老人而不必从父也。參扶族中老者。此孝之朔誼。考孝並就老人行動不便。須持杖參扶之會意字。兩字義雖不同。古音甚近。古籍金文並有通叚之例。彝銘中又有从□从□者。容庚釋孝。高田忠周謂亯獻乃飲食之事。孝子祭祀有亯獻之禮。故字从孝省从食。蓋亯孝之專字也。又□字大司馬簠。散盤。㬈仲孝簋容庚釋孝。高鴻縉釋子。疑並非。【金文詁林卷八】

◉李孝定 曾伯簠：「用孝用亯」，孝字作「⿱耂食」，从食，當是涉下文亯字而誤，非「孝」字有此一體也；阮氏謂「殆取養義」，説涉傅會。徐同柏則直以為「養」字，亦誤。伯孝𠨘盨「孝」字作□，當是譌變，徐同柏氏釋「㳟」，待商，「㳟」無从「子」之理。張日昇氏説孝字之意甚允。【金文詁林讀後記卷八】

◉唐鈺明 《尚書·文侯之命》：「追孝于前文人」中的「追孝」，孔穎達解為「追行孝道」，王世舜破「孝」為「效」，讀作「追法」。王世舜：《尚書譯注》，四川人民出版社一九八二年版，第215、285頁。由于典籍中「追孝」辭例罕見，所以局限于典籍不易斷其是非。若將目光轉到金文，問題就好办了，因為金文不僅「追孝」常見，而且还有與《文侯之命》相同的文例，如《追簋》：「享孝于前文人」；《井人鐘》：「追孝侃前文人。」所以，只要弄清金文「享孝」、「追孝」的涵義，《文侯之命》中「追孝」之義的是非也就不煩言而自明了。

就典籍而言，「孝」字通常用于對生人而表「孝道」，「享」字通常用于對神靈而表「祭享」。而在金文中，這兩個字卻常常連文而用于神靈：

用享用孝于皇祖文考（《仲𠂤父盨》）

用享孝宗室（《曼龔父簋》）

用享孝于文神（《此鼎》）

由于這種用例大量存在，所以張日昇先生在《金文詁林》中下結論説：「享孝字用于鬼神」。《金文詁林》，香港中文大學出版社一九七五年版，第3541頁。這個結論如果成立，「孝」字自然就與「享」字一样含有祭享義了。然而金文「享孝」除用于神靈之外，还可以用于生人，如：

用享孝于兄弟、婚媾、諸老（《殳季良父壺》）

用夙夜享孝誨公于（與）窒叔朋友（《豐姞簋》）

用享考（孝）于皇神祖考于（與）好朋友（《杜伯盨》）

在上述文例中，「享」可用于生人，説明它并非使用祭享義，「孝」字可用于神靈及兄弟戚友，説明它并非使用「善事父母」的孝道義。那麽，金文這類「享」和「孝」的實際涵義究竟是什麽呢？

「享」字，吳大澂認為：「象宗庙之形」，（《説文古籀補》，第29頁。）用表祭祀。朱芳圃則認為：「吳説非也……享，烹飪器也，先民迷信鬼神，每食必祭，食物孰后，先荐鬼神，然后自食，故引申有進獻及祭祀之義。」（《殷周文字釋叢》，第93頁。）「享」字初形究似何物，我們且不論，朱芳圃認為該字有進獻及祭祀之義，看來是正確的。《爾雅》及《説文》一致認為：「享，献也」，較晚的《廣雅》才説：「享，祀也。」這就表明：「享」的初義應是「獻」，而「祀」則是其後起義。金文「獻」字本身，同样可在人神之間使用，如：

伯公父作爵，用獻用酌用享用孝于朕皇考（《伯公父勺》）

佳用獻于師尹朋友婚媾（《克盨》）

「享」字後來以用于鬼神為常，其基本義就轉為「祀」義了。就先秦典籍來看，「享」字表「進獻」雖然仍有所見，如《詩經·殷武》：「莫敢不來享，莫敢不來王」，《穀梁傳·昭公三十二年》：「諸侯不享覲」，但表「祭祀」義的已占多數了。

金文中常與「享」字連文的「孝」字又該如何理解呢？《爾雅》説：「善父母曰孝」。《説文》云：「孝，善事父母者。」从其説，則「孝」的本義應是「孝道」。然而就金文字形來看，「孝」字作，是子扶老人，又作，是向老人獻食。据此，則「孝」字應是泛指敬老而不限于善事父母。也就是説，「孝」字本義應是「敬也」。《論語·泰伯》中「致孝乎鬼神」，《禮記·禮運》作「致其敬于鬼神」，正是其證。《乖伯簋》「用好宗廟，享夙夕，好朋友雩（與）百諸婚媾」，兩個「好」字郭沫若均破讀為「孝」，并説：「于宗廟固可言孝，于朋友婚媾亦可言孝。」（《兩周金文辭大系·考釋》，科學出版社一九五八年版，第148頁。）如按「善事父母」這種涵義去理解「孝」字，就很難接受郭的説法。按「敬」義去理解，那就暢通無阻。「孝」字由「敬」轉化為「孝道」，應該有一個歷史的過程：由于封建禮制的形成和强化，「孝」字越來越頻繁地用于「善事父母」，其詞義乃由「敬」逐漸縮小為「敬父母」，并最終成為儒家倫理「孝道」的專用語詞。先秦典籍中「孝」字已經多表「孝道」，但仍有用于神靈而表「敬」義的，如《詩經·天保》：「吉蠲為饎，是用孝享」，《詩經・載見》：「率見昭考，以孝以享，以介眉壽」，《周易・萃》：「王假有廟，致孝享也。」

不明早期「孝」字可表「敬」義，就有可能出現失誤。比如《大克鼎》：「天子明哲，顯孝于申」，有人譯為「天子英明，对大孝者表彰之。」管燮初：《西周金文語法研究》，商務印書館一九八一年版，第15'74頁。并說：「名詞賓語『顯孝』在次動詞『于』之先，這種用例罕見。」管燮初：《西周金文語法研究》，商務印書館一九八一年版，第15'74頁。這種理解有兩誤。第一、「申」其实就是「神」字。郭沫若說：「申字在古有直用為神者，如《克鼎》之顯孝于申。」郭沫若：《甲骨文字研究・釋支干》。《此鼎》「用享孝于文申（神）」以及《乍冊休卣》「用作大御于厥祖考父母多申（神）」，均為其證。第二、「孝」字用的不是「孝道」義，而是「敬」義，將「孝」譯為「大孝者」顯然不當。「顯孝于申」意猶「明敬于神」，完全是一般文法，并非「罕用」之類。

總之，金文常見的「用享用孝」或「以孝以享」，意思就是「用獻用敬」或「以敬以獻」。「享孝」既明，「追孝」也就不難理解了。金文所見「追孝」二十余例，均可解為「追敬」，如《余義鐘》：「以追孝先祖」，《陳肪簋》：「用追孝于皇考。」准此，則《文侯之命》的「追孝前文人」，其義應為：「追敬于前代有文德之人。」舊解「追孝」為「追行孝道」或「追法」，兩皆失之。【據金文解讀《尚書》二例　中山大學學報一九八七年第一期】

◉戴家祥　孝與考形近聲近義近。故金文孝與考通如金文恒言追孝，余義編鐘作追，即考字。留君壺「用享用孝」豐子毀作「用享考」。古籍亦孝考通用，如史記燕世家孝公，漢書古今人表作考公。【金文大字典下】

毛

毛　毛氏姬姓伯爵　毛其采邑也　文王子毛叔鄭之後　春秋時有毛伯　毛伯嚱父簋　毛公旅鼎　班簋　盂簋　此簋　毛𢍰簋　毛公厝鼎　召伯毛鬲　毛弔盤　孳乳為旄　[illegible]谿鼎　旞旄兩　【金文編】

5・204　宮毛　【古陶文字徵】

37　194　【包山楚簡文字編】

毛　日甲五背　日甲四七背　【睡虎地秦簡文字編】

3942　【古璽文編】

[glyph] 毴

[glyph] 毛護 [glyph] 毛博士印 [glyph] 毛郯之印 [glyph] 毛積 [glyph] 毛賈 [glyph] 毛乃始印 [glyph] 毛富之印 [glyph] 毛壽之印 [glyph] 毛長公

[glyph] 毛鳳私印 [glyph] 毛喜 [glyph] 毛望 [glyph] 毛旱時 [glyph] 毛顯私印 [glyph] 毛邑之印 [glyph] 毛奢 【漢印文字徵】

[glyph] 毛【汗簡】

[glyph] 汗簡 [glyph] 王存乂切韻 【古文四聲韻】

◉許　慎　[glyph]眉髮之屬及獸毛也。象形。凡毛之屬皆从毛。莫袍切。【説文解字卷八】

◉高田忠周　説文[glyph]眉髮之屬。及獸毛也。象形。葢許氏説解誤矣。彼須字彡字所從作[glyph]而字作[glyph]。冄字作[glyph]。並象人物毛髮也。而[glyph]字[glyph]字。皆依鳥以作此形也。轉為獸毛。為人毛髮。此為叚借也。【古籀篇九十六】

◉馬叙倫　鈕樹玉曰。廣韻引無之屬二字。一切經音義十二引玉篇注皆作眉髮之屬也。倫按許當以聲訓。呂忱或校者加眉髮之屬及獸毛也。字見急就篇。毛公鼎作[glyph]。毛公肇鼎作[glyph]。古鉩作[glyph]。【説文解字六書疏證卷十五】

◉李孝定　散繇鼎銘稱「毛兩」，毛似為毛織品之稱，其餘諸毛字均為人名。高鴻縉氏謂毛為短髮，並謂秃字古應作[glyph]，以證成其説，實有可商；秃字從禾無義，疑當解為「秀省聲」，且秃為無髮，高氏短髮之説，亦與通詁有違也。高田氏説毛象鳥之羽毛，引申以言人之毛髮，於説為長。【金文詁林讀後記卷八】

◉戴家祥　孫釋[glyph]為毛是也。毛公肇鼎毛作[glyph]，可以互證。[glyph]當釋旄，象牛尾形。春官樂師「有旄舞」，鄭衆注：「旄舞者氂牛之尾。」鄭玄旄人注：「旄旄牛尾，舞者所持以指麾。」用為旃旗之飾則加旁從㫃。鄘風干旄「孑孑干旄」，毛傳：「旄於干首，大夫之旃也。」毛旄聲同，古本一字，其後形聲增益，孳乳浸多，而本字廢而不用，故字書遂不見[glyph]字矣。【金文大字典中】

◉許　慎　毴毛盛也。从毛。隼聲。虞書曰。鳥獸毴髦。而尹切。又人勇切。【説文解字卷八】

◉馬叙倫　倫按宂部引書作鳥獸作褎毛。今杭縣有毛送送之語。即此字。解詳毨下。【説文解字六書疏證卷十五】

𣯛

◉許　慎　𣯛獸豪也。从毛。倝聲。侯幹切。【說文解字卷八】

◉馬叙倫　倫按爾雅釋畜。未成毫。狗。注。狗子未生𣯛毛者。釋文。𣯛。長毛也。倫謂翰為羽之長者。𣯛為毛之長者。今作毫。此訓獸豪也者。以本書無毫字也。然此訓蓋出字林。字亦或出字林也。【說文解字六書疏證卷十五】

毨

毨　蘇典切　出王存乂切韻【汗簡】

王存乂切韻【古文四聲韻】

◉許　慎　毨仲秋鳥獸毛盛。可選取以為器用。从毛。先聲。讀若選。穌典切。【說文解字卷八】

◉馬叙倫　鈕樹玉曰。韻會引無用字而仲上有選也二字。書堯典釋文引用下有也字。劉秀生曰。先聲巽聲音同心紐。故毨從先聲得讀若選。詩小雅皇皇者華。駪駪征夫。焱部燊下引作莘莘征夫。楚詞天問有莘氏。呂氏春秋本味作有侁氏。廣雅釋木。亲。栗也。王念孫曰。字又作榛。楊雄蜀都賦。杜榛栗㮏。人部。僎。具也。從人。巽聲。僝。具也。從人。孨聲。僎僝音並與巽同。先聲如辛。辛聲如孨。孨聲如巽。是其證。倫按毨與㲚字疑皆出字林。㲚從隼得聲。隼先音同心紐。是㲚與毨為轉注字。毛彡一字。彡音轉入審紐。審與心紐同為次清摩擦音。蓋音由毛演。或皆毛之轉注字。仲秋鳥獸毛盛可選取以為器用。非本義。本作選也以聲訓。校者加此文耳。【說文解字六書疏證卷十五】

𣯶

◉許　慎　𣯶以毳為罽。色如虋。故謂之𣯶。虋。禾之赤苗也。从毛。㒼聲。詩曰。毳衣如𣯶。莫奔切。【說文解字卷八】

◉馬叙倫　鈕樹玉曰。詩大車釋文引作以毳為罽也。𣯶誤為璊。倫按𣯶實毛之音同明紐轉注字。今說解自非許文。且詞意繞繳。段玉裁王筠均以為疑。虋禾之赤苗也尤為校語之明證。蓋本作虋也。以聲訓。字或出字林。餘詳氈下。【說文解字六書疏證卷十五】

氈

◉許　慎　氈撚毛也。从毛。亶聲。諸延切。【說文解字卷八】

◉馬叙倫　沈濤曰。御覽七百八引撚毛可以為氈。撚毛所為為氈。單訓撚毛。義未足。錢坫曰。史記只用旃字。鍇本無此字。疑後人加。王筠曰。周禮天官掌次掌皮皆有氈字。倫按周禮掌皮。共其毳毛為氈。以待邦事。淮南子。越人見毳。不知其可以為氊。是撚毛也有挩譌。御覽所引。詞校全而不可通。倫謂此說解與𣯶下說解互有譌。此之毛也二字是𣯶字訓。彼之以毳為罽是此下詞。但本作撚也撚毳以為罽。撚也以聲訓。系部。罽。西胡毳布也。今西藏及四川之回族皆衣毳布。即罽亦即氊也。兩字說解既譌。校者乃以𣯶之訓虋。而增如虋以下。又引詩以證之。蓋即詩毳衣之文而附會成之。然詩固作璊。如作𣯶為不可通矣。徐灝以𣯶為毛赤色之通名。猶未審也。氊之語原蓋與旜同。急就篇顏師古本有氊裘。皇象本作旃裘。蓋故書也。傳寫者易以本字。此字疑出字林。【說文解字六書疏證卷十五】

毦　氍　毹　毾　㲪

◉徐　鉉　毦羽毛飾也。从毛。耳聲。仍吏切。【說文解字卷八新附】

◉徐　鉉　氍氍毹毾㲪皆氊緂之屬。蓋方言也。从毛。瞿聲。其俱切。【說文解字卷八新附】

◉徐　鉉　毹氍毹也。从毛。俞聲。羊朱切。【說文解字卷八新附】

◉徐　鉉　毾毾㲪也。从毛。㬎聲。土盍切。【說文解字卷八新附】

◉徐　鉉　㲪毾㲪也。从毛。登聲。都滕切。【說文解字卷八新附】

毬　氅　毳

◉徐　鉉　毬鞠丸也。从毛。求聲。巨鳩切。【説文解字卷八新附】

◉徐　鉉　氅析鳥羽為旗纛之屬。从毛。敞聲。昌兩切。【説文解字卷八新附】

毳　守宮盤　毳簋　毳盤　【金文編】

毳【汗簡】

汗簡【古文四聲韻】

◉許　慎　毳獸細毛也。从三毛。凡毳之屬皆从毳。此芮切。【説文解字卷八】

◉馬叙倫　倫按毳從三毛。何以明其為獸細毛。朱駿聲謂即今所謂底絨。倫謂獸細毛也。非本義。韓詩外傳。背上之毛。腹下之毳。新序雜事。君之食客亦翮也。將腹背之毳也。是毳毛不别。韓以為對文。故毳毛各舉。爾雅釋言。氂。罽也。李巡本氂作毳。檢氂從犛省毛聲。然則毳毛一字猶叒乃一字矣。毳音入清紐者。蓋由穿而轉清。同為次清破裂摩擦音也。知者。竁從穴毳聲。而音在穿紐三等也。竁音穿三者。毳毛彡一字。彡音審紐三等。穿審三等同為舌面前音也。周窆匜窆字即竁。又毛毳一字之證矣。獸細毛或毧字義。玄應一切經音義二引三倉。毳。羊細毛也。十四引字林。細羊毛也。【説文解字六書疏證卷十五】

◉于省吾　毳布指毛織品言之，郭沫若謂「毳布，氈也」，並引《周禮·掌皮》「共其毳毛為氈」為證。陳夢家謂毳布「即毛地毯，乃帳中席坐之物」。按周師錫守宮的物品，除「專□三」外，餘則均頗明白。但是，如果依據金文賞賜品的通例，都以類相從驗之，則毛織物應與上文的絲束和麻織品的幕帳相連並列，不應忽然插入「馬匹」以隔斷之。我認為「毳布三」承「馬匹」為言，毳布指的是「馬衣」。《詩·七月》：「無衣無褐，何以卒歲」，鄭箋：「褐，毛布也。」《孟子·滕文公》：「許子衣褐」，趙注謂褐「以毳織之，若今馬衣也」。《淮南子·覽冥》：「短褐不完」，高注：「褐，毛布，如今之馬衣也。」《左傳》定八年：「公侵齊，攻廩丘之郛，主人焚衛，或濡馬褐以救之」，杜注：「馬褐，馬衣。」《玉篇》衣部：「褐，馬被粗衣也。」《漢書・食貨志》引董仲舒説，謂秦之「貧民常衣牛馬之衣」。根據上述，可見古代勞動人民與統治階級御用之馬，均以毛織品之粗褐為衣。銘文以「馬匹」與「毳布三」連稱，是「毳布三」系就馬衣言之甚明。【讀金文札記五則　考古一九六六年第二期】

⿱非毳

◉許　慎　⿱非毳毛紛紛也。从毳。非聲。甫微切。【説文解字卷八】

◉馬叙倫　倫按毛紛紛也蓋非許文。或本作紛也或分也。以聲訓。校者加此語。⿱非毳或為毛之轉注字。⿱非毳音非紐。古讀歸幫。毛音明紐。同為雙脣音也。或為毳之轉注字。毳音心紐。非心同為次清摩擦音也。字或出字林。【説文解字六書疏證卷十五】

尸

鐵三五・二　鐵一八八・三　前七・三〇・二　後一・一三・五　後二・四・一　粹五一九　彭尸冊祝　粹一一九八　粹一二二三　于下尸刖□卉田　粹一二九九　與人通用　仅人三千　粹一一八七　與夷通用　侯告伐尸方　尸方即夷方　乙四〇五　鄴三下四六・四　叀戈尸射　戈尸即戈人　河五五一　摭續一四三　京都二三〇七　京都二三四五　【甲骨文編】

甲277　續1・33・7　粹412　1187　【續甲骨文編】

尸　説文陳也　象臥之形　案金文作　象屈膝之形　意東方之人其狀如此　後假夷為尸而尸之意晦　祭祀之尸　其陳之而祭有似于尸　故亦以尸名之　論語　寢不尸　苟尸為象臥之形　孔子何為寢不尸　故知尸非象臥之形矣　尸作父己卣　競卣　命伐南尸　㝱鼎　睘卣　小臣逋簋　盂鼎　录卣　𩰫簋　静簋　𤔲盤　豐兮尸簋　無㠱簋　師酉簋　虢仲盨　師寰簋　㝬鐘　㬎鼎　駒父盨　翏生盨

禹鼎  兮甲盤 【金文編】

 尸 日甲一一二 二例 【睡虎地秦簡文字編】

 漢匈奴惡適尸逐王 【漢印文字徵】

 尸 【汗簡】

 汗簡 【古文四聲韻】

◉許　慎 陳也。象卧之形。凡尸之屬皆从尸。式脂切。【説文解字卷八】

◉高田忠周　説文。。陳也。象卧之形。字形實當作。如金文及小篆。變形以便結構耳。儀禮士虞禮祝迎尸。注。尸。主也。孝子之祭。不見親之形象。心無所繫。立尸而主意焉。然則尸雖言卧形。亦憑依几牀之形也。若夫真卧形。字當作也。尸字與人字形義相關如此。且音亦近。故仁古文或从尸作𡰥。又尸字古與屍通。又與𡰥通。【古籀篇三十六】

◉鄒壽祺　或釋為夷。考古夷作。象蹲踞形。論語原壤夷俟。馬注。夷踞也。東夷之民蹲居無禮。此字作。象人坐形。與字不同。竊謂此尸字也。古時祭必有尸。禮記祭統。尸在廟門外。注。神象也。説文。。終主也。言祭時以人為之主也。古義省卧為尸。此言王俎尸者。祭時陳俎於尸前也。【商王宜人甗　夢坡室获古叢編】

◉郭沫若　尸白，夷伯也。古金文凡夷狄字均作尸，卜辭屢見尸方亦即夷方，揆其初意蓋斥異族為死人，猶今人之稱為鬼也。後乃通改為夷字。周禮淩人「大喪共夷槃冰」，注云：「夷之言尸也，實冰於夷槃中置之尸牀之下所以寒尸。尸之槃曰夷槃，牀曰夷牀，衾曰夷衾，移尸曰夷于堂，皆依尸而為言者也。」其士喪禮既夕禮喪大記注均同此説。又左傳成十七年「吾一朝而尸三卿」，韓非子內儲説六微尸作夷。此尸夷通用之明證。別有𡰥字。孝經「仲尼居」釋文：「尼本作𡰥、古夷字。」漢書高帝紀「司馬𡰥」，又地理志越巂郡蘇示下「𡰥江在西北」，顏師古均以為「𡰥古夷字」。案𡰥當是古尼字，从尸二聲，孝經別本即其證。又如遲字，説文重文作迡，而漢碑則多作遅三公山碑，若遲緐陽令楊君碑，蓋从尼聲也。唯尸夷尼遲古音相近，故得通用耳。本銘尸字下有重文，故作，雖與𡰥字形同，然不可混。【畏卣　兩周金文辭大系考釋】

◉郭沫若　叔尸，尸讀為夷。尸字原作，與同銘中所屢見之辟字及鎛銘𠭯字所从之尸字全同，宋人釋為及，固誤；近人改釋為

弓者亦誤，銘中弘字作，所从之弓字形，迥然有別。【叔夷鐘　兩周金文辭大系考釋】

◉郭沫若　（第一一八三片）「貞尸方不出。二告　二三四」尸方者夷方，即東夷也。【殷契粹編考釋】

◉容　庚　金文作、、、、，象曲之形，意東方之人，其居如此，故以狀之。後叚夷為，而之意晦，彝器出土，吾人得復知夷之本字為尸。祭祀之尸，其陳之而祭，有似於尸，故亦以尸名之，引申而為陳字之意。成十七年左氏傳：「一朝而尸三卿」，韓非子引厲公語作「吾一朝而夷三卿」。是叚夷為尸也。喪大記：「男女奉尸夷于堂」，尸夷古今字，殆後人注夷字于尸字之下，後誤入正文者。觀上下文「遷尸于寢」「遷尸于堂」「遷尸于牀」，尸下皆無夷字，是其證也。論語「寢不尸」，苟尸為象卧之形，孔子何為「寢不尸」？故知尸非象卧之形矣。王筠說文句讀補正云：「卧字亦不泥，部中眉展是卧，餘皆人之體人之事及所用之物，是仍以尸作人字用也。」其說是也。【孫海波甲骨金文研究引】

◉馬叙倫　孔廣居曰。尸是古文。屍是漢季俗書。篆當作。今作。譌。莊有可曰。尸者。卬（昂）首挺足。死象也。俞樾曰。本部有屬形體者。有屬居處者。許捉而一之。曹籀曰。象仰卧之形。徐灝曰。卧者。尸之本義。其字即人字横卧形。經典多為屍字。林義光曰。象人箕踞形。疑即夷居之夷本字。倫按禮記曲禮。在牀曰尸。謂人始死陳於牀也。其字象形當作。論語鄉黨。寢不尸。以其似死也。與倒人之實一字。正面自外向內視之。首外而足內。故作。今俗小殮陳屍皆然也。作者。側視之形耳。尸音審紐。以同次清摩擦音轉曉紐為。曾伯簠克狄淮。兮伯盤。至於南淮。淮即淮夷。即夷踞之夷本字。從人象形。而卧之初文作或。與形有横豎之殊。而卧之本字與屍之初文。則同為横陳之形。顧雖皆從人象形。而各指其事。原始字固不同。變為篆文而混一矣。是以本部部首為屍之初文故訓陳也。而所屬字則或從卧之本字。或從夷之本字。或從人與勹之譌體。或從履之省文。或從或之誤文。今各於其字下明之。陳也以聲訓。象卧之形。許止作象形。呂忱或校者改之。【說文解字六書疏證卷十五】

◉李孝定　說文「尸。陳也。象卧之形。」契文不象卧形。篆文作。象下肢下垂。亦無卧象。疑象高坐之形。蓋當時東夷之人其坐如此。故即名之曰。許君訓卧者。蓋涉假尸為屍而混。王筠說文釋例曰。「卧字亦不可混。部中惟眉展是卧。餘皆人之體。人之事。及所用之物。是仍以尸作人字用也。」其說是也。惟王氏謂「尸以死人為本義。借用既久。乃作屍字為專義。」則有可商。蓋象人高坐而肢體下垂。死人安得如此。屍體字漢碑簡中多叚死字為之。經籍則多作尸。皆叚借也。屍則後起專字。【甲骨文字集釋第八】

◉張日昇　說文云。「尸。陳也。象卧之形。」高鴻縉从許說謂象躺卧不動之形。李孝定云。「契文不象卧形。篆文作。象下肢下垂。亦無卧象。疑高坐之形。蓋當時東夷之人。其坐如此。故即名之曰尸。許君訓卧者。蓋涉假尸為屍而混。」甲骨文字集釋頁二七四五。彝銘中除東尸外。尚有南尸。西門尸。淮尸等甚衆。而李氏獨指為東夷之坐姿。恐乃泥於說文「夷東方之人也」一語。然其謂坐姿則是矣。古者卧與寢異。憑几曰卧。故象卧之形。非謂躺卧也。容庚亦謂尸非象卧𦨶之形。李氏謂論語「寢不尸」之尸蓋假為屍。寢貴欹側。勿四肢展布如屍之陳。其說可从。郭沫若以尸為死人。其誤李氏已辨明。【金文詁林卷八】

◉李孝定　金銘尸字，經傳多作夷，論者皆謂尸、夷古今字，而守𣪘已有「夷」字，彝銘之晚於守𣪘者，仍以尸為夷，楊樹達氏因疑尸、夷為不同之二地，此說未敢遽定。竊疑「夷」字之制，或在以「尸」為「屍」之後，甲骨、金文未見以「尸」為「屍」者，漢墓磚或猶以「死」為「屍」，周禮禮記之文，以「尸」為「屍」，蓋傳抄者為之，其事或已晚及漢世矣。【金文詁林讀後記卷八】

◉戴家祥　古文人、儿、尸、卩本一字也。許氏說文分列四部誤也。卜辭兀作兀，兜作兜，兄作兄，見作見，金文元作元虢叔鐘，先作先毛公鼎，兄作兄蔡姞𣪘，兜作兜易兜鼎，見作見玐鼎，與卜辭同。小篆「允」作允，兮甲盤玁狁作玁允，虢季子白盤作允，偏旁允从人不从儿。小篆「鬼」从儿，卜辭作鬼，金文鄭同媿鼎媿作媿，芮子鼎作媿，偏旁鬼从人。小篆「頁」从百从儿，大克鼎顯作顯，大盂鼎作顯，偏旁頁从人，不从儿，是人儿本一字也。

大徐人儿俱音「如鄰切」，日母真部，陰陽對轉讀為脂部。尸音「式脂切」，審母脂部。夷讀「以脂切」，喻母，脂部。聲異韻同，故夷尸同字。金文屖作屖競卣，从人不从尸。或體作屖伯頵父鼎，从卩不从人。堯典「方鳩僝功」，僝字从人。說文二篇辵部引虞書曰「旁逑孱功」，更旁从尸。說文新坿字「侲」从人，辰聲。金文大鼎有侲䢅兩體，一从人，與小篆同，一从尸。金文「南淮夷」作南淮尸兮甲盤，「克狄淮夷」作尸。尸為人之橫寫，許云「陳也」，意謂尸體橫陳也。經傳訓夷為平，平卧為尸，義亦近似。由是而知尸部二十三字，履部六字，尾部三字，實多以人表義。尸亦人也。曲禮曰「君子抱孫不抱子」，此言孫可以為王父尸，子不可為父尸，是古之為尸者，本活人也。【金文大字典上】

◉許　慎　𡰜偫也。从尸。奠聲。堂練切。【說文解字卷八】

◉馬叙倫　倫按偫也以聲訓。錢大昕以為此是奠世系之奠。錢坫以為殿後之殿。倫謂奠尊一字。則此即蹲之異文。從夷居之夷本字作尸者。為尸之脂真對轉轉注字。字蓋出字林。【說文解字六書疏證卷十五】

居 居

居 居簠 鄂君啟車節居鄛 【金文編】

4·56 右宮居☐ 5·365 蘭陵居貲便里不更牙 5·362 ☐陰居貲北游公士滕 5·364 博昌居貲☐里不更余

5·366 楊氏居貲大 【古陶文字徵】

127 【包山楚簡文字編】

居 秦八三 一百一十六例 日甲一三〇背 十二例 【睡虎地秦簡文字編】

2210 鄂君啟節居字同此 4103 1503 3495 【古璽文編】

弋居丞印 居室丞印 漢匈奴呼律居訾成羣 張安居印 頓安居 鳿居 鄭居 【漢印文字徵】

延光殘碑 寡居廿年 上谷府卿墳壇題字 【石刻篆文編】

居見說文 居出石經 【汗簡】

古孝經 說文 古孝經 王存乂切韻 竝崔希裕纂古 【古文四聲韻】

◉許　慎　居蹲也。从尸。古者居从古。臣鉉等曰。居从古者。言法古也。九魚切。踞俗居从足。【說文解字卷八】

◉于省吾　古化有𡧍字。舊釋室。按字从宀从立。與室字迥別。師虎毀揚毀均有𡧍字。曶鼎小臣麦鼎作应。農卣作应。舊釋為居是也。从宀从广从厂一也。汗簡居字作𡰥。云見說文。玉篇尸部亦云𡰥古文居。按作𡰥者乃应之形譌。是𡧍即居之古文也。【釋𡧍　雙劍誃古文雜釋】

◉郭沫若　应或作𡧍,見師虎毀及楊毀,舊釋為居,苦無確證。今案隸古定尚書殘卷般庚篇,敦煌本及日本所存唐寫本,居字一作𡰥。汗簡三出𡰥字,云「見說文」,然今說文無此字,蓋所見乃古本也。說文以居為蹲踞字,重文作踞。居處字則作凥。居字注云「蹲也,从尸,古者居从古」,段本改作「从尸古聲」,案當是「从尸古聲、𡰥古文居从立」也。尸實广之譌。【中𩰫　兩周金文辭大系考釋】

◉馬叙倫　顧炎武曰。從古穿鑿。嚴可均曰。説解有脱誤。當作從尸古聲。鈕樹玉曰。廣雅。凥。曹音古魚反。云。今居字乃箕居字也。古慮反。沈濤曰。汗簡中之一。□。居。見説文。玉篇亦云。𡱂。古文居。是古本有重文𡱂字矣。當云古文居從立。今本奪而正字説解中譌衍古者居三字矣。孔廣居曰。居即凥之篆文。凥即居之古文。故經傳凥處之凥皆作居。而孫氏音切亦同。踞見足部。未嘗云俗。後因居字誤訓為蹲。遂以踞為俗。且今經傳中蹲踞之踞未嘗作居。而孫氏音切亦異。鐘鼎作□者即居之變文。俗以為從立。亦譌。朱駿聲曰。居者。吾蘊謂之蹬。凡足底箸席。而下其臀。從其膝。曰蹲踞。翟云升曰。古者居從古五字竝誤。當作古聲。倫按古之坐與今跽略同。其俗猶見於日本。但體不直申。故御字所從之□象其形。而坐字所以從□也。夷者。屈體而以足箸地。聳其膝而臀不箸地。故□字似之。乃屈體之立也。古者席地而坐。客至則坐者傾伏為禮。故夷為無禮。孔子所以斥原壤也。居則以臀箸席。而申展兩足向前。形如箕然。亦為無禮。酈生所以斥沛公也。字當從□。□為初文。今失其字。蓋亦混於尸矣。□音即得於箸。故轉注字從古得聲為居。後起字為踞。自與凥處字異其形音也。唐寫本切韻殘卷八微居下同。按説文從几作此凥。似所據本無居字。亦或長孫以為居處字當作凥也。字見急就篇。或急就本作凥。傳寫者易之。

□　段玉裁曰。小徐本作□不誤。大徐作踞。非也。鈕樹玉曰。足部有踞。不應重出。玉部居下但有𡱂。注云。古文。與□不合。類篇足部踞注。臣光按説文尸部居字云。俗居從足當作□。今本誤作踞。據此則俗居從足四字當在古者居從古下。後人因之而增□踞也。王筠曰。踞見足尸二部。當删其在足部者。小徐此字作□。而曰一本從居。大徐作踞。用其一本。是也。説文韻譜玉篇廣韻皆無□字。集韻始收之。即據小徐本也。雖足部。蹲。踞也。跨。踞也。可證字之作踞。然蹲踞也。正與此居蹲也轉注。可證足部當作蹲居也。即可證足部踞蹲也之為後增也。倫按段説可從。王説雖辯。不悟足部之蹲踞皆出字林。字林説解每不用許書固有之字。而用其增收之字。故蹲跨二字下皆訓踞也。且蹲踞相似而有異。渾言則可。按實則非乎。然倫以為居下本作從尸古聲。傳寫捝聲字。而此下有古者居從古。明此從足之為俗作也。校者移接於居下從尸古下而删一古字。鍇本此下有一本從古者。一本篆作踞。即此本也。校者見俗居從足之説不可通。因以為當從足旁居而改其篆。不悟踞篆已見於足部也。俗字江式所加。字即踞之省。【説文解字六書疏證卷十五】

◉聞宥　□　第一字諸家缺釋，第二字王靜安釋為□（毓）之别構。宥按王説非也。卜辭十二支之子作□□□諸形，巳則□□□諸形，此□非倒子甚明；卜辭人名雖有□字，然果當讀子與否，未可遽定；倒之之説，更不能立；蓋卜辭女與人罕通假，毓子為母者之事，尤不當以人為之；故□既不當釋毓，而□與□又非一字。□蓋與□同為居字：説文「居，从尸，古者居从古。」誼無所取，段朱諸氏改為古聲是也，此从尸从古甚明；其作𡰪者，或為古聲之省，或本別作午聲，以古亦从午得聲也。居與𡰪又即為古居處之正字：說文分凥居為二，然經典皆以居為之，曹憲注廣雅曰：「案說文从尸几聲」，居不當从几得聲，明几為訛文，而居凥本一字也。卜辭無凥字，𡰪象人安卧之形，居誼已顯，得几而止之說，蓋涉処字之解而誤，沈西雝說文古本考已言之矣。

卜文居與𢒉非一字，更有顯證：卜辭凡出𢒉字，則辭中必有先公先王之名，故王氏釋為后，說頗近似；（古音后在侯部，毓在幽部，釋后亦不當從毓證入。）若作居，則多稱之于，如曰「丁丑之于五居」「之于五居」是也；（惟殷虛書契後編卷上第二十頁居下有且字，王氏遂仞為祖乙，實則影本未見乙字，王氏所引誤也。）言五居者當是卜大遷之辭。作𡰪者罕見，王氏類纂異字下出「韋貝（貞）異居」一辭，當亦卜大遷而不吉者；都之言居，猶盤庚之言「奠厥攸居」也。惟屬於何世，則不可考矣。【殷虛文字孳乳研究 東方雜誌第二十五卷第三號】

◉嚴一萍 凥鄂君啓節亦有此字。商氏从容希白說，以為「處」字。案字乃像人倚几之狀，仍當釋「居」為是。商氏謂「出土戰國楚漆器承肘几，其支柱足多作𠘧形，字仿此，更為形象化」，甚是。汗簡引石經作凥。【楚繒書新考 中國文字第二十六册】

◉湖北省文物考古研究所 北京大學中文系 七、四五號簡記「一房柜」，四七號簡記「一柜」。「柜」字原文作柆形。案「柜」字仰天湖八號簡作柆，包山二六一號簡作柆，皆與柆字有別，可見將其釋為「柜」是有問題的。楚簡「几」字或作立形，柆字所從右旁與之相同，應當釋為「机」，讀為「几」。「房机（几）」亦見信陽二〇八號簡，參看一號墓竹簡考釋（三九）。四七號簡文記「一需光之佢」，「佢」字原文作𠇍，所從右旁也是「几」字。此字應當釋為「凥」，包山一五六號簡「凥」字作𠇍，與此相近可證。據《說文》所說，「凥」是居住之「居」的本字。簡文「一需光之凥」位於起居用的「机（几）」、「因（茵）」之後，疑「凥」應當讀為「裾」。《玉篇》：「裾，被也。」【二號墓竹簡考釋補正 望山楚簡】

眉 𦣻

眉 陶眉私印 眉 吳眉 眉 在眉 【漢印文字徵】

◉許 慎 眉卧息也。从尸自。臣鉉等曰。自。古者以為鼻字。故从自。許介切。【說文解字卷八】

◉馬叙倫 沈濤曰。一切經音義十一引作自聲。鍇本亦有聲字。則無聲字者誤。倫按從自尸聲。尸音審紐。故眉音許介切入曉紐。皆次清摩擦音。此𩠸之初文。𩠸讀為虺。音亦曉紐也。尸為屍之初文。尸無息也。若從卧之本字。卧為横人。人自有鼻。不必更從自會意。眉亦息之轉注字。息音心紐。心亦次清摩擦音也。卧息也或本訓息也。校者以字從卧之本字而加此以釋之。當入自部。【說文解字六書疏證卷十五】

屑

屑裴光遠集綴【汗簡】

裴光遠集綴【古文四聲韻】

◉許　慎　屑動作切切也。从尸。佾聲。私列切。【說文解字卷八】

◉林義光　从尸猶从人。見尸字條。此即佾字。佾與屑蓋同音同字。【文源卷十一】

◉馬叙倫　倫按動作切切也蓋本作切也。以聲訓。呂忱或校者加此文。此當從人。本書無佾。屑即佾也。當入人部。【說文解字六書疏證卷十五】

展

展寬　展朝　展任之印　展買之　姚展世【漢印文字徵】

◉許　慎　展轉也。从尸。襃省聲。知衍切。【說文解字卷八】

◉林義光　从尸象人宛轉形。見尸字條。【文源卷十一】

◉馬叙倫　倫按字蓋從卧之本字。知者。夕部。夗轉。卧也。蓋古讀卧如夗。夗實卧之本字之後起字。見夗字下。夗展同為清破裂音。展音知紐。夗音影紐也。又聲同元類。然則展為夗之轉注字。轉也以聲訓。字見急就篇。黃庭堅本作㞡。【說文解字六書疏證卷十五】

◉丁　山　吅或省為⿰工工口，⿰工工口上所从之工工，當是㠭字之初文。說文：「㠭，極巧視之也。从四工。」按，四工與兩工之誼同，皆謂善某事也。疑⿰工工口，从口，从工工，即詩小雅所謂「巧言如簧」，其音則讀與展同。展，孳乳為囅。左思吳都賦：「東吳王囅然而咍。」劉淵林注：「囅，大笑貌。莊子曰，齊桓公囅然而笑。」囅然，今本莊子達生作辴。釋文猶音「敕然反」，與李善文選注云：「囅，勑忍反」音同。則今本莊子。「辴然」，實「囅然」傳寫之誤。囅然，既為「大笑貌」，意其字本當從口作⿰口展，而⿰工工口實其本字，周官司徒充人：「展牲則告牷。」鄭司農注云：「展，具也；具牲，若今時選牲也。」鄭玄注云：「展牲，若今夕牲也。」按，儀禮聘禮。「展

屆 屆

尻 尻

𡱂 𡱂

幣。」注：「展猶校録也。」左傳襄公三十二年：「各展其物。」哀公二十年：「敢展謝其不恭。」杜注則云：「展，陳也。」卜辭：「……出吅□五月。」前四·一三·五。此「□吅□」正與展牲，展幣，展物同誼，此吅之所以必讀為展也。左傳成公四年：「鄭師疆許田，許人敗諸展陂。」春秋彙纂：「展陂，在今河南許州西北」，此其因商吅氏所居而名歟？【吅氏 殷商氏族方國志】

◉許　慎　屆行不便也。一曰極也。从尸。凷聲。古拜切。【說文解字卷八】

◉馬叙倫　鈕樹玉曰。韻會引一曰句在凷聲下。章炳麟曰。詩魯頌。致天之屆。傳訓極。極即殛也。屆讀雙聲。猶言致天之譴爾。倫按爾雅釋詁。艐。至也。釋文。孫云。古屆字。方言郭注亦曰。艐。古屆字。本書。艐，船箸沙不行也。然則行不便者。艐字義。蓋非本訓。一曰極也者。爾雅釋詁。極亦訓至。則極也猶至也。亦非本訓。疑此當從屍之初文。為殛之轉注字。音同見紐。【說文解字六書疏證卷十五】

◉許　慎　尻脾也。从尸。九聲。苦刀切。【說文解字卷八】

◉馬叙倫　嚴可均曰。脾當作脽。肉部。脽。尻也。鈕樹玉曰。韻會及一切經音義十四引作脽也。倫按段玉裁謂尻今此俗云溝子。是也。此從人之譌。脽也非本訓。字見急就篇。玄應一切經音義引三倉。尻。髖也。當入人部。【說文解字六書疏證卷十五】

王存乂切韻【古文四聲韻】

◉許　慎　𡱂髀也。从尸下丌居几。臣鉉等曰。丌几皆所以尻止也。徒魂切。脽𡱂或从肉隼。臀𡱂或从骨。殿聲。【說文解字卷八】

◉林義光　尸即人字。丌即丌。古牀字。人體着牀几之處即𡱂臀也。【文源卷六】

◉馬叙倫　俞樾曰。御覽百七十五引說文。𡱂。堂之高大者也。今𡱂下無此文。且堂之高大者何取而從殳。蓋其本字當作𡱂。猶其字從尸從丌。几部。尻。處也。丌部。丌。下基也。從尻。人所尻處也。丌象其下基之高也。篆當作𡱂而今作㞐者。猶鹽字從鹵從監而不作𪉹。橐字從束從圂而不作橐也。玉部𡱂下有重文作㞑。曰。同上。疑古固有作㞑者。倫按從丌又從几複。且從尸下丌居几亦不可通。如俞先生說。則以丌為基址之基。然丌几實一字也。亦不可通。蓋説解自有挩誤。且為呂忱或校者之詞。或曰。從尻處之尻。丌聲。丌音羣紐。羣定同為濁破裂音。故㞙音入定紐也。從尻者。明人之箸於几者即臀也。倫謂從尻之義既嫌委曲。而人體各部之名皆從肉。肉部之脽。音在牀紐。古讀歸定。㞙音定紐。似為轉注字。然脽字從肉與腓股等字同一搆造法也。若㞙是脽之初文。則不當從尻矣。㞙蓋從几屢省聲。即今所謂櫈也。當入几部。字或出字林。

䐢 鈕樹玉曰。繫傳作䐢。玉篇韻篇竝無。後人增也。爾雅。臀謂之脽。則䐢蓋脽之俗體。

臀 倫按㞙必非尻脽之本字。此乃其正字也。脽之轉注。脽臀古音皆定紐也。當入骨部。或為脽之重文。玉篇及玄應一切經音義引聲類。臀。尻也。徒昆反。臀蓋傳寫之省。急就篇有臀字。蓋本作㞟。傳寫者以通用字易之。【説文解字六書疏證卷十五】

◉李孝定 説文。「㞙。髀也。从尸下丌居几。䐢㞙或从肉隼。臀㞙或从骨。殿聲。」段氏注曰。「丌下基也。㞙者人之下基。㞙几者猶言坐於牀。」按字从丌从几殊緟複無理。栔文作乃指事字。猶厷之作。身之作。肘之作也。譌為几。復增之丌。遂為篆文之㞙矣。字在卜辭為人名。【甲骨文字集釋第八】

◉許 慎 𡳐尻也。从尸。旨聲。詰利切。【説文解字卷八】

◉馬叙倫 倫按廣雅釋親。𡳐。臀也。𡳐從旨得聲。脽從隹得聲。旨隹音皆照紐三等。聲同脂類。是轉注字也。古讀照歸端。端見同為清破裂音。則尻𡳐亦轉注字。尻音見紐。此從人之譌。字蓋出字林。當入人部。【説文解字六書疏證卷十五】

5·47 咸鄙里尼 【古陶文字徵】

一九五：一 一百九十六例 宗盟類 參盟人名 宗盟委質類 被誅討人名趙尼 一七九：五 十七例 九八：三 十例 一六：三〇 二〇〇：二 三例 九二：六 四例 一：一一 五例 一：四一 四例 三五：九 二例 八八：六 【侯馬盟書字表】

鄧尼　索尼　【漢印文字徵】

古孝經　同上　【古文四聲韻】

◉許　慎　從後近之。从尸。匕聲。女夷切。【說文解字卷八】

◉林義光　匕尼不同音。人之反文。亦人字。見尸字條。象二人相昵形。實昵之本字。【文源卷六】

◉馬叙倫　倫按從後近之。依形為說。必非許文。許以聲訓。今捝耳。此字從人。為親暱之暱本字。圖畫之初文。蓋為小兒依於其父母之身。變為篆文。乃同此字。日部暱重文作昵。明尼匿古同音也。王筠朱駿聲林義光曲說從匕之義。皆非也。尼仁轉注。尼音娘紐。仁音日紐。古讀歸泥。古讀娘亦歸泥也。尼仁聲又同真類。當入人部。會意。古鉩作。【說文解字六書疏證卷十五】

◉于省吾　《說文》：「，从後近之，从尸、匕聲。」王筠《說文句讀》：「尸是臥人，匕是反人，匕者比也，人與人比，是相近也；人在人下，是从後也。」按王筠謂「人與人比」，頗有道理。但王氏和其他說文學家一樣，都从許氏「从尸匕聲」之說，以為尼乃形聲字，殊不足據。林義光《文源》：「按匕、尼不同音，、人之反文，亦人字，象二人相昵形，實昵之本字。」按林氏之意以尼為會意字，具有卓識。林氏所説的「象二人相昵形」，與王筠「人與人比」之說相仿。可是，王、林二氏系據形臆測，都舉不出具體事例來說明尼字所以上下从人之義。

在古文字中還未見到尼字，但商代第一期卜辭有伲、秜二字（伲為人名，秜為稻類，詳拙著《商代的穀類作物》），均从尼作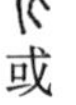或，象人坐於人上之形。

漢武梁祠堂畫象有一段作夏桀執戈騎於二人的背上，今將瞿中溶《漢武梁祠堂畫象考》一條節録於下：

「圖象向右騎於二婦人之上，二婦人一向左一向右，蹲於地，在桀跨下，似各以兩手兩厀行地之狀。」

又説：

「朱氏（彝尊）跋唐拓本云，桀以人為車，故象坐二人肩背中。中溶考《後漢書·井丹傳》，吾聞桀駕人車，豈此邪？即竹垞所本。予諦審所騎二人，首皆有髮髻，是婦人而非男子，前人俱未審明，則更異乎朱氏所言，益足見其荒淫無道矣。而世有沈約注《竹書紀年》，載桀十四年，命扁伐山民，山民女於桀二人，曰琬曰璇。女無子焉，斲其名於苕華之玉，苕是琬，華是璇，棄其元妃妹嬉於洛，是妹嬉之外又有此二女。雖《紀年》一書，未必晉太康汲郡所得原本，而考《管子》云，女華者桀之所愛，

《韓子》云，桀索岷山之女，《呂覽》亦云，桀迷於末喜，好彼琬、琰。又《列女傳》言桀既棄禮義，淫於婦人，求美女積之後宮，而桓寬《鹽鐵論》言桀之時女樂三萬人，則山民二女之事想必有之。圖中所跨二人，或即是邪？」

按瞿氏考證桀騎二女之事較詳。其引朱氏說謂「桀以人為車」，本於《後漢書・井丹傳》「吾聞桀駕人車」。考《井丹傳》先言「左右進輦」，是「桀以人為車」，指挽輦言之。《帝王世紀》也說「桀以人駕車」。前面所說的畫象中，桀騎二女，一女之首向前，一女之首向後，前後兩首相背，既非象乘輦，也非如瞿氏所說的「似各以兩手兩膝行地之狀」。此系桀坐於二女背上，而下垂其兩腿，有似於騎，乃坐法之一種，并非象行地之狀。如果謂桀效乘馬執戈形，也有未符，因為夏代還未出現騎兵之制。又桀所執之戈有「胡」（援後下垂部分），尤非夏代所有。其實，這一畫象，是由於漢人根據桀有坐於人上的事實，又加上一定的傅會。《漢書・叙傳》叙成帝宴飲說：「時乘輿幄坐，張畫屏風，畫紂醉踞妲己。」踞謂箕踞，古者以伸其兩腿於前以坐謂之箕踞。由此可見，夏桀和商紂之或騎或坐於女人背上，既已在漢代畫象和《漢書・叙傳》得到驗證，而第一期甲骨文从尼之字作，正象人坐於人上之形，可見漢人所畫所記，是有着一定的來歷。

尼字既然見於第一期武丁卜辭的偏旁中，那末，作為獨體字的尼字的發生時期，當然要早於商代中葉武丁之世，它很可能產生於夏末商初之際。文字的發生，是先有事物，然後依事物的形象來創造的。因此，尼字的發生，自然要先有人坐於人上的作風，然後才能夠用簡單的筆畫把這種形象的大體摹寫出來。足徵事實與文字，是有着先後次序的。

尼與从尼之字在義訓方面的孳化源流，今特略加闡述。尼字的本義既然象人坐於人上之形，人坐於人上則有不動之義，故《爾雅・釋詁》訓尼為安。人之坐於人上，則上下二人相接相近，故典籍中也訓尼為近。《書・高宗肜日》：「典祀無豐於尼」（今本尼字及《釋文》中的尼字均被後人改為昵，詳《說文》尼字段注），《釋文》引「《尸子》云，不避遠尼（古也通邇）。尼，近也。」《爾雅・釋詁》：「即、尼也」，郭注：「尼者近也。」按典籍中多訓即為就，就則相近，故「即」可訓為尼，尼又可訓為近。由於尼字之訓止訓近，故从尼之字多含有留止和親近之義。《論語・子張》：「致遠恐泥」，鄭注：「泥謂滯陷不通。」《爾雅・釋邱》：「水潦所止，泥邱」；《釋名・釋邱》：「水潦所止曰泥邱，其止污水留不去，成泥也」；《易・姤初六》：「繫於金柅」，孔疏引馬融注：「柅者在車之下，所以止輪不動也。」卜辭有秜字，《說文》：「秜，稻今年落來年自生謂之秜。」按自生之秜，無須人之勞動培植，故具有止義。《說文》以昵（昵為尼之後起字）為暱之重文，訓為「日近」，是昵與暱古通用。左僖二十四年傳：「暱就寡人」，杜注訓暱為親，親與說文訓「日近」之義本相因。綜括上述，由於尼字象人坐於人上之形，故典籍中多訓尼為止，其訓尼為安、為定、為近者，則系由止義所引伸。至於从尼之字也多含有止義或近義，如泥之訓為滯陷不通，柅所以止車，秜為自生稻；又昵通暱訓為「日近」，也訓為親。因此可知，尼字與从尼之字的本義與引伸義，既有聯繫，又有區別，相為灌注，宛轉關通。【釋尼　吉林大學社會科學學報一九六三年第三期】

◉張　頟　最初，我對侯馬盟書中「趙尼」的「尼」字未敢隸定。郭沫若同志在歷次考釋中始釋為「化」字，意即趙武公之名。後復改釋為「北」字，意即趙朔的名字。陳夢家先生亦釋為「北」字，陶正剛、王克林二同志的文章中釋為「尼」字，唐蘭先生亦釋為「尼」字。還有的同志見到有的標本中寫作「趙□」，所以又認為是「弜」字；也有的同志認為是「并」字，即屏字的簡體，意即指晉國執政卿趙衰之子趙括（屏季）。於一九七三年八月我幸獲整理侯馬盟書之機會，在整理過程中我對這個字的各種寫法作了排比。排比的結果：如「北」字形即「□」、「□」者七例；如「化」字形即「□」「□」者十八例；如「弜」字形即「□」者四例；如「比」字形即「□」者五例；如「弫」字形即「□」者十例；如「尼」字形即「□」者一百九十六例。从以上各種寫法的統計數字中看，如「尼」形者是普遍規律。正因為如此，我最後傾向隸定為「尼」字。為了避免在對單字考釋方面多費口舌起見，所以「在侯馬盟書字表」中每個單字的各種寫法都標明了字例的數字。當我對「尼」字最後作隸定結論時曾經考慮到另一方面的問題，即在侯馬盟書文字中，對左右邊旁相同之字是否存在着一種左高右低的習慣筆勢？如果是，那麼仍不能排斥「北」字等可能性。因此，我从盟辭中的「□」（丝）字一例和「□」（非）字二百九十九例來看，均無如「□」（尼）字左高右低的顯明跡象。从而我認為這個字所以左高右低完全是字的結構問題，而不是筆勢問題。通過以上的考察進一步堅定了我對「尼」字的信心。

我現在認為趙尼即為趙稷的主要依據是「尼」和「稷」字兩者之間在音義方面的密切關係。

首先从字義方面來看，「稷」有「黏」義。《說文》「稷，齋也……」段注：「程氏瑤田九穀考曰：稷，齋大名也。粘者為秫……」《說文》：「秫，稷之黏者。」我們知道昵、暱、䵒為同一字之異寫，均為粘和親近之義。《說文》：「䵒，黏也。从黍日聲。春秋傳曰：不義不䵒。」段注：「今左傳作暱，昵或暱字，日近也。《考工記・弓人》凡昵之類不能方，故書昵或作樴，杜子春云：樴讀為不不義不昵之昵或為䵒，䵒黏也。按許所據左傳作䵒為長，䵒與暱音義皆相近。」賈公彥對《考工記・弓人》這段話的解釋為：「昵為親近不相舍離……」之意。

尼字或為昵之簡體。《說文》「尼」，段注：「尼訓近，古為親暱字。」從以上資料證明，尼、昵、暱、䵒均可作為同義的異體寫法。

我們再從字音方面考察，昵（暱）、稷和暱字所依之匿、樴字所依之戠均屬同音之入聲。僅從《詩》的叶音來看，《小雅・菀柳》：「無自暱（昵、尼）焉……後予極焉。」《大雅・瞻卬》：「……豈曰不極，伊胡為慝，如賈三倍，君子是識，婦無公事，休其蠶織。」上文中與昵、㞾、識、織同叶之「極」字在《詩》中又常與「稷」字相叶，如《周頌·思文》：「思文后稷……莫匪爾極。」《小雅·楚茨》：「既齊既稷……永錫爾極。」从以上資料中在古音韻方面也構通了「稷」字和暱（昵、尼）樴（昵）之間的密切關係。綜合音義兩方面的材料獲得更為可憑的依據即是：一、《爾雅·釋詁》「即，尼也」；二、《説文》「稷，从禾畟聲」，段注：「古假稷為即。」《詩·楚茨》「既齊既稷」，鄭箋：「稷之言即也。」由此可證，侯馬盟書中的趙尼即是古史文獻中的趙稷。【侯馬盟書叢考續　古文字研究第一期】

⿸尸臿

◉許　慎　⿸尸臿從後相臿也。从尸。从臿。楚洽切。【説文解字卷八】

◉馬叙倫　毛際盛曰。廣雅。⿸尸臿⿸尸乏。少也。疑小步也之脱誤。集韻。⿸尸臿⿸尸乏。前後相躡也。一曰。小步。王筠曰。五音韻譜。臿作⿸尸臿。廣韻。⿸尸臿⿸尸乏。前後相次也。倫按此當從人臿聲。從後相臿。段玉裁據玉篇作從後相躡也。倫謂蓋本作臿也。以聲訓。呂忱或校者加從後相躡也。或本作臿躡也前後相躡也。臿為隸書復舉字。臿躡聲同談類。轉注字也。今杭縣謂追逐向前曰臿臿趕上去。疑當作此字。當入人部。【説文解字六書疏證卷十五】

⿸尸乏

◉許　慎　⿸尸乏⿸尸臿⿸尸乏也。从尸。乏聲。直立切。【説文解字卷八】

◉馬叙倫　翟云升曰。類篇引⿸尸臿⿸尸乏下有謂少二字。倫按此從人之譌。⿸尸臿音穿紐二等。古讀歸透。⿸尸乏音澄紐。古讀歸定。皆舌尖前破裂音。⿸尸臿聲談類。⿸尸乏聲侵類。亦近轉也。故得為連語。然今杭縣謂追逐向前曰及之趕上去。音與此近。然則⿸尸臿⿸尸乏或亦轉注字也。類篇引有謂小二字。集韻。⿸尸臿⿸尸乏。前後相躡也。一曰小步。蓋本作謂小步也。在前後相躡下。傳寫捝譌。⿸尸臿⿸尸乏二字疑並出字林。當入人部。【説文解字六書疏證卷十五】

⿸尸又

◉許　慎　⿸尸又柔皮也。从申尸之後。尸或从又。臣鉉等曰。注似闕脱。未詳。人善切。【説文解字卷八】

◉馬叙倫　徐鉉曰。注似闕脱。未詳。吴穎芳曰。應作又下𠬪。或從又。尸乃皮之省。特以形同。入之尸部。鈕樹玉曰。當從尸𠬝省聲。或從叉。篆當作⿸尸又。車部報可證。翟云升曰。繫傳篆作𠬝。是𠬝𠬝皆從又。但有從尸從尸之別。又作叉者。後人筆跡之變。王筠曰。尸或從又者。當作⿸尸又或從又。此篆捝而説解存也。或後人疑其與𠬝相似而删之乎。鄭珍曰。鉉鍇二本各有捝譌。當是柔皮也。從尸叉。叉尸之後。又𠬝或從又四字乃重文篆解。本書報從𠬝。疛之籀文從𠬝。赧又從𡰥。可證必有𡰥字。玉篇作㞋。廣韻作𡰥。各收一體。倫按諸家說此字無愜當者。倫以為從形聲義三部求之。聲形皆與甍字有關。三篇。甍。柔韋也。讀若耎。古文甍作𤿬。此音人善切。玉篇。㞋或為耎。從乛與𤿬之一部份同。是此字必得聲於甍。本書㾓之重文作㾑。亦可相證也。因之說解柔皮也。亦與甍義同矣。然倫疑此篆當作𡰥。從又乃聲。為扔之異文。此於形聲無核。而義則以聲同於甍。誤以甍字之義為義。或古有假此為甍者也。字或出字林。當入人部。【說文解字六書疏證卷十五】

◉屈萬里 𡰥胡厚宣釋及，甲骨學商史論叢初集，殷代婚姻家族宗法生育制度考。非是。及从人从又，此字左旁从尸，當是𡰥字。說文尸部：「𡰥，柔皮也」。段注云：「廣雅曰『𡰥弱也』，是與耎音義同。」此處當是人名。【殷虛文字甲編考釋】

扆 扆

扆 說文伏皃。一曰屋宇 大簋 王在𩰫扆宮

大鼎 【金文編】

◉許　慎 扆伏皃。从尸。辰聲。一曰。屋宇。珍忍切。【說文解字卷八】

◉劉心源 扆从辰。乃扆字。見伯晨鼎豆閉𣪘彔伯𢦏𣪘矢人盤。又从𠃌。乃尸字。說文。扆。伏皃。一曰屋宇。即宸或云歸扆即歸脤。說文。祳。社肉。盛之㠯蜃。故謂之祳。天子所㠯親遺同姓。从示。辰聲。春秋傳曰。石尚來歸祳。宮名歸扆。義當取此。所从之𠃌乃𠨍省。不得㠯說文有祳無脤為疑也。【奇觚室吉金文述卷十六】

◉馬叙倫 王筠曰。一曰屋宇也。此說解與宸同字。恐後人增也。倫按此從伏地之伏作𠃌者。故訓伏皃。今誤為尸。當入勹部。勹音竝紐。讀脣齒音入奉紐。辰音禪紐。同為次濁摩擦音。古讀禪歸定。竝定同為濁破裂音。蓋勹之轉注字也。大敨有扆字。從人。辰聲。或此即侲字。徐鉉新附有侲。僮子也。則為僮之轉注字。僮音定紐也。字從人而譌為尸。一曰屋宇者。王說是。則扆或宸之譌。餘詳屋下。字蓋出字林。【說文解字六書疏證卷十五】

屖 屖

甲1490

1584

3013

乙6768

續1·41·5

續5·5·6 徵3·235

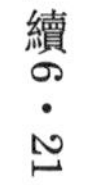
續6·21·3

掇397

徵4·10

東方1294

粹1280

新4144

前6·16·5

珠325 【續甲骨文編】

屖 皿屖簋

競卣

競簋

屖尊

五祀衛鼎

縣改簋

𤅊盤

伯頵父鼎

王孫鐘 　 𠭯鄦

𤯍屖 命瓜君壺　屖屖康盄 郜公鼎 王子午鼎　𠭯韡𤯍屖 或从辵　王孫𦎫鐘  曾侯乙鐘　屖則　古籀作夷則　或不从尸作迏　【金文編】

季木2·1　【古陶文字徵】

◉許　慎　屖屖遟也。从尸。辛聲。先稽切。【説文解字卷八】

◉馬叙倫　沈濤曰。一切經音義十四廣韻十齊引皆作屖。遟也。不重屖字。屖遟即今之棲遟也。倫按屖乃複舉字也。遟也以聲訓。倫謂從辛聲。乃荀子君子一人有辠而夷其三族之夷本字。義為治辠。書呂刑。伯夷降典。折民惟刑。伯夷伯禹伯益與后稷后羿蓋同為官名。典刑者也。后羿即伯益。知伯夷亦官名矣。伯禹為官名尚待證。九篇。辟。實從○㽞聲。為璧之次初文。而辟下法也之訓即屖字義也。或曰。此或之轉注字。屖音心紐。夷音喻四。皆次清摩擦音也。漢安壽碑。徲徬衡門。即詩衡門之棲遟。詩之棲遟。乃疊韻連語。故漢碑作徲徲。玉篇屖注曰。今作栖。競卣作。伯頵父鼎作。郜公錳作。王孫鐘作。【説文解字六書疏證卷十五】

◉于省吾　(厚子壺)屖栖古今字。一作棲。詩衡門。可以棲遲。傳云。棲遲。遊息也。是屖屖謂安閑遊樂之意。【雙劍誃吉金文選卷上之二】

◉周法高　説文八下尸部：「屖，屖遟也。从尸，辛聲。」(先稽切)

段注：「屖遟即陳風之棲遲也。」

又二下辵部：「遲，徐行也。从辵，犀聲。……遟，遲或从𡰥。遅籀文遲，从屖。」

段注：「甘泉賦曰：『靈遟迟兮。』説者皆云上音棲，下音遲，迟即遲字也。」

按屖遟同隸脂部，屖遟又是疊韻連語，所以可相通假。甘泉賦遟音棲，就是假為屖字。本銘屖假為遲，郭説𤯍屖為舒遲是也。

本銘此二句皆形容狀態之語。

禮記玉藻：「君子之容舒遲。」

孔疏：「舒遲，閑雅也。」

詩陳風月出：「舒窈糾兮。」

傳：「舒，遲也。」

屝 屝 屍 屍 屠 屠

廣雅釋詁四：「舒，遅也。」案舒遅為連語，亦為同義字。【釋觀 金文零釋】

◉許　慎　屝履也。从尸。非聲。扶沸切。【説文解字卷八】

◉馬叙倫　翟云升曰。屝屨當入履部。倫按從履省。字蓋出字林。【説文解字六書疏證卷十五】

◉許　慎　屍終主。从尸。从死。式脂切。【説文解字卷八】

◉馬叙倫　倫按尸之後起字。終主不似許文。且似為終也主也二義。字蓋出字林。【説文解字六書疏證卷十五】

屠 魏屠各率善佰長　屠 申屠昌　屠 屠免姓　屠 申屠義　屠 屠武信印　屠 屠配印信　屠 賈屠【漢印文字徵】

□ 屠竝出朱育集字【汗簡】

◉許　慎　屠刳也。从尸。者聲。同都切。【説文解字卷八】

◉高田忠周　□按此字亦地名。無義可考。只依形推讀耳。萃編以為都字。江云。書序旅天子之命。史記魯天子之命。孔穎達云。石經古文魯作𣃦。説文𣃦古文旅。古文以為魯衛之魯。集古録楊南仲云。魯字古作□。古衣旅皆作□。而者字用□為聲。蓋古文魯旅者三字通用。□當是者字。齊矦鎛鐘都作□。張仲卣諸作□。他如堵作□。諸作□。皆可證。此□為都字。从卩或从□省者耳。昶按。此説頗確。晉姜鼎譜字楊南仲釋為諸。孔云割誤。萃編諸説雖詳猶非是。然左形作□為者字不容疑。右亦从刀。而剳字字書無見。余謂剳即屠字。説文。屠。刳也。从尸者聲。漢書高帝紀注。破取城邑。誅殺其人。如屠六畜。蓋疑字當从刀。者聲。古刀人二字形尤易混。亦尸人殆無分別。故剳譌作屠。其誤蓋出小篆。若夫刳裂之事。與尸字毫無涉矣。又按此篆若非屠字。即者字也。者訓別事詞也。从刀所以分別之意也。而古字叚借者。省形存聲。金文恆例。此字果為者。亦當用為屠字。【古籀篇三十六】

◉馬叙倫　朱駿聲曰。或曰。字當從皮省。刳獸皮也。不從尸。高田忠周曰。從刀。者聲。古刀人二字形尤易混。倫按訓刳之屠。自如高田説。散盤有□字可證。倫謂本有屠字。形與剳掍耳。屠即禮記曲禮當宁而立之宁本字。詩。俟我於箸乎

屧

而。借箸為之。國語魯語借署為之。見署字下。所從之戶與屆所從之戶同。非在牀曰尸之尸。乃广之譌。广篆作。轉寫成。又變為耳。許時字形已譌。又不知屠剳為二字。故入此部而訓刳也。然刳也或字林文。字見急就篇。古鉩作。

【說文解字六書疏證卷十五】

◉戴家祥  矢人盤　毒剳析陕陵重文　吳昌碩釋屠,即詩所謂「出宿于屠」也。有正書局影印散氏盤銘跋。按說文八篇尸部:「屠,刳也,从尸,者聲。」史記信陵君傳:「臣乃市井之人,鼓刀以屠。」鹽鐵論:「屠者解分中理,可橫以手而離也,至其抽筋鑿骨,非行金斧不能決。」屠者無刀不能分割牲體,故其字从刀。漢書高帝本紀「今屠沛」,顏師古集注:「謂破取城邑,誅殺其人如屠六畜。」是屠字亦有肢解尸體之義,字故从尸。屠、者古音同部。同部通叚字亦作堵。左傳襄公十五年:「十二月,鄭人奪堵狗之妻,而歸諸范氏。」堵狗即屠狗。大雅韓奕「出宿于屠」,宋濡水李氏謂地在同都鄜谷。鄜、屠古今字。顧祖禹讀史方輿紀要謂今陝西省郃陽縣東,河西故城南之荼谷渡。唐韻屠讀「同都切」,定母魚部。鄜荼不但同部而且同母。吳說可信。【金文大字典上】

屧。失叶切【汗簡】

義雲章【古文四聲韻】

◉許　慎　屧履中薦也。从尸。枼聲。穌叶切。【說文解字卷八】

◉馬叙倫　鈕樹玉曰。玉篇引同。一切經音義十四引中作之。蓋誤。沈濤曰。古本蓋作之。段玉裁曰。此藉於履中。非同履中苴也。朱駿聲曰。如今婦女鞋中所施木底也。倫按玄應一切經音義三十二曰。屧。鑿腹令空。薦足者也。又十四引東宮舊事曰。絳地文履屧自副。今江南婦女猶著屧子。制如芒屩而卑下也。南齊書江泌傳。晝斫屧。夜讀書。然則鑿木為薦足者曰屧。當曰足之薦也。蓋本作履也足之薦也。今有此譌耳。此蓋今廣東俗箸之木履。古蓋鑿空木中為之。字或出字林。

【說文解字六書疏證卷十五】

屋

屋 日乙一九一 七例 日乙一一二 十一例 【睡虎地秦簡文字編】

3134 【古璽文編】

屋盧霸印 龍屋武印 屋盧安印 矦屋鳥 【漢印文字徵】

屋亦握字出説文 【汗簡】

説文 籀韻 【古文四聲韻】

◉許 慎 居也。从尸。尸。所主也。一曰。尸象屋形。从至。至。所至止。室屋皆从至。烏谷切。籀文屋从厂。古文屋。【説文解字卷八】

◉丁佛言 古鉨。屋。古文屋从林从室。林象棟梁形。説文棽从林。許氏説複屋棟也。【説文古籀補補卷八】

◉商承祚 説文。「屋。居也。从尸。尸所主也。一曰。尸象屋形。从至。至所至止。室屋皆从至。臺。古文屋」。案段氏改作。謂「蓋即手部古文握字。見於淮南書。淺人補入此」。篆形究屬小異。難證其是否一字也。釋言。「握。具也。」釋文「李本作幄。云居處之具」。此蓋帷幄字。或作握者。借字也。幄訓居處位之具。與訓居異。桂氏義證以為屋握同字。終屬影響。詩權輿箋。「屋。具也」。下云。「大具以食我」。是非佳與居止義別。即與居處位之具義亦異矣。王筠謂為兩字。古鉨作。與此同。【説文中之古文考】

◉馬叙倫 邵瑛曰。詳弟一義。屋乃帷屋之本字。弟二義方是室屋之屋。説文別無幄字。詩抑。尚不愧於屋漏。箋。屋。小帳也。禮記喪大記。畢塗屋。注。屋。殯上覆如屋者也。是皆以屋為幄。可知屋不專為室屋也。翟云升曰。韻會引屋所主作人所主。一曰無一字。類篇引一曰下無尸象二字。朱駿聲曰。屋之從尸。象重覆形。宜別立屋部。吳善述曰。為之變。徐灝曰。古宮室無屋名。古所謂屋。非今取謂屋也。詩抑。上不愧於屋漏。毛傳。屋。小帳也。周禮幕人。掌帷幕幄帟綬之事。注。帷幕皆以布為之。四合象宮室。曰幄。王所居之帳也。蓋屋即古幄字。相承增巾旁。字又作楃。木部。楃。木帳也。左文十三年傳。太室屋壞。室屋竝言。則屋非室明矣。高田忠周曰。尸部屋屏層三字皆當從广。屋室一字。今失其處。居也亦誤。本書尻為居處字。玉篇。㞐。古文居。居尻通用。此謂古文尻也。居為㞐之譌。金文有㞐無尻。倫

屏 屛

按游牧之時。居無定所。支帳為屋。部落鄉魁。所居屋有飾。以為異。此古文作□。手部握之古文作□。□當為□。□象帳幕。丰其頂飾。□省為冂耳。冂即幕之初文也。□為屋之初文。即最古之室。屋室本一字。庢屋亦一字。惟以織物所為則從□。架木所為。則從介耳。其音則因時因地而異。此説解蓋本作至也以聲訓。從尸。至聲。呂忱或校者不得從至得聲之理。遂更之也。至音照紐。古讀歸端。端影同為清破裂音。故屋音入影紐。字見急就篇。當入广部。

□ 席世昌曰。據注。應作屋。既云從广。則不當又從尸矣。倫按從广二字後人加之。字從尸屋聲。然疑為屋之異文。如居匠之居作□。古鉩之居作□。因譌為屋耳。

□ 鈕樹玉曰。玉篇無。廣韻有。集韻類篇作𡲬。不云古文。李杲曰。鉩文作□。【説文解字六書疏證卷十五】

◉湖北省文物考古研究所　北京大學中文系　□《説文》「屋」字古文作□，與此字相似。《漢書・陸賈傳》「去黄屋、稱制」，顔師古注：「黄屋，謂車上之蓋也。」【二號墓竹簡考釋　望山楚簡】

□ 屏　日乙一九〇　二例　□ 日甲一五七背　【睡虎地秦簡文字編】

□ 設屏農尉章　□ 王屏　【漢印文字徵】

□ □ 石經君奭　屏矦甸　古文省尸　【石刻篆文編】

◉許　慎　□屏蔽也。从尸。并聲。必郢切。【説文解字卷八】

◉馬叙倫　沈濤曰。一切經音義一御覽百八十五引皆作屏蔽也。不重屏字。段玉裁曰。屏字乃複舉字之未删者。錢坫曰。广部有庰。亦云蔽也。此恐後人所加。王煦曰。小徐不收屏字。疑新附羼入。朱駿聲曰。從屋省之尸。倫按玄應一切經音義引倉頡。屏。牆也。字亦見急就篇。蔽也以聲訓。當入广部。【説文解字六書疏證卷十五】

◉于豪亮　上帝降懿德，大甹。匍有上下，迨受萬邦。

「大甹」的甹字，在金文中常見，古籍中此字多寫作屏。例如班毁、番生毁「甹王位」、毛公鼎「甹朕位」中的「甹」字，同《左傳・哀公十六年》「俾屏予一人以在位」的屏字相當，也同《周書・嘗麥解》「以屏助予一人」的屏字相當。此金文中的甹字古籍作屏之證。在這段銘文中，此甹(屏)字則應讀為辯。《周書・官人解》：「屏言而不顧行」，《大戴禮記・文王官人》作「辯言而不顧行」，是其證。《説文・辩部》、《公羊傳・隱公元年》何休注、《淮南子・時則訓》高誘注並云：「辯，治也。」因此，甹訓為治，大甹義為大治。【牆盤銘文考釋　古文字研究第七輯】

層

◉許　慎　重屋也。从尸。曾聲。昨稜切。【説文解字卷八】

◉高田忠周　古籀補吳氏云。古增字从畾从曾。畾即目之異文。與古師字作同意。小篆从𠂤。按吳説非是。非師字而仔字也。此贈蓋層字異文。古唯作曾。左襄十八年傳曾臣彪是也。層字或从重臣。會意可識。但層增音通不妨。故今兩存云。【古籀篇十】

◉高田忠周　按吳氏元釋為增。云古師字作可證。誤也。即仔字。與此篆不相關。因謂此層字異文也。説文。。重屋也。从尸曾聲。蓋从尸與屋宇同意也。然竊按層字當爾雅釋親所謂孫之子為曾孫是為本義。轉而屋重亦曰層。元謂人子。故字从尸。尸人元同意也。古層字多借曾為之。故爾雅作曾。又左傳襄十八年曾臣彪。注。猶末位。曾臣亦曾孫之轉義。而專指臣時。字从重臣。誠如此篆。其會意尤顯矣。然則此篆之形。由轉義而生者。非最古正文可知矣。夫如此。重屋義別有一字。元當作層。今逸而不傳耳。【古籀篇三十六】

◉馬叙倫　沈濤曰。一切經音義廿三引。層。重累也。累字乃誤衍。錢坫曰。鍇本無此字。疑後人加。王煦曰。古書無層字。多作成。周官。為壇三成。爾雅。丘一成再成。或作曾。司馬相如哀二世賦。岔入曾宮之嵯峩。魏大饗碑。以九層為九增。知層字非古。王筠曰。重屋乃樓也。此衹是重疊耳。似後出字。倫按玉篇。重也。累也。則玄應引重累也當作重也累也。皆非本訓。字或出字林。重屋為樓即高字。而再字從冓二聲。為重疊之義。曾再聲同蒸類。蓋再之轉注字。當入广部。【説文解字六書疏證卷十五】

屢

祀三公山碑　甘雨屢降【石刻篆文編】

屢【汗簡】

古尚書　婁　屢　並籀韻【古文四聲韻】

尺

◉徐　鉉　屢數也。案。今之婁字本是屢空字。此字後人所加。从尸。未詳。丘羽切。【説文解字卷八新附】

尺　中山王譽兆域圖【金文編】

尺　秦六一　二十二例　法六　五例【睡虎地秦簡文字編】

尺【汗簡】

汗簡　古老子【古文四聲韻】

◉許　慎　十寸也。人手卻十分動脈為寸口。十寸為尺。尺。所以指尺規榘事也。从尸。从乙。乙。所識也。周制。寸尺咫尋常仞諸度量皆以人之體為法。凡尺之屬皆从尺。昌石切。【説文解字卷八】

◉馬敘倫　嚴可均曰。韻會十一陌引尺所以指下無尺字。鈕樹玉曰。韻會榘作矩。錢坫曰。乙非甲乙之乙。乃後鉤識讀若罬之乙也。王筠曰。乙非甲乙之乙。與寸之乚同。故許曰。以人之體為法。翟云升曰。小學紺珠引十寸也作王制八尺也。倫按寸為肘之初文。常為裳之異體。尺之為物。雖可繪而為象形之文。然論諸古今之尺。與此篆形不符。張文虎疑古尺如今之規。兩股可開合者。則木工所用之尺及清代度地之器所謂弓者亦兩股形。然皆與篆不能冥合。諸家紛紛泥於以人體為法之説。以寸字證之。知其附會矣。蓋尺寸之實。或始於布指布手。然布指知寸。謂以指卻間之距離為一寸也。布手知尺。謂以大指頭與中指頭間之距離為一尺。大指頭與中指頭之距離。約今尺七寸。故周尺當今尺七寸也。今人以手度物。輒申大指與中指而屈其將指無名指小指。此豈象其形為文邪。然徐灝據漢書歷律以明度起黄鐘之長。而黄鐘之長以黍為準。則取法人體者非周制。倫謂度之起原與度之器宜合。而度之器與度之器之名。不必盡合。尺可依物象形。而分寸不可悉象。故尺許有其象形之文。而分寸皆叚借以為名。此篆若象申大指與中指而屈其將指無名指小指之形。於六書為指事。從又象以指有所度形。而今篆乃變為篆文。漸就方卦。失其形態者也。不然。則或從乙或從人而從讀若罬之乙得聲。以經記皆以此為度器之名。故其本義不復能知。而其得聲於讀若罬之乙。則可於昌石切之音證之。尺音穿紐三等。罬音知紐。同為舌面前音也。漢書歷律志。尺。蒦也。廣雅釋蟲。尺蠖。蟦蛾也。蒦蠖音同影紐。知影同為清破裂音。故漢志以蒦釋尺廣雅以尺蠖為名矣。要之十寸之字。必有象形之文。唯其象形之文。變為篆文。則與古本切之丨無異。亦與數名之十金甲文作一者無異。故其字不能存在。而借同音之字為之。勢所必至耳。故今十寸之義失其字。而尺字則失其義。或曰。古尺如木工所用者。其形作[glyph]。變為篆文。形與尺之初文作[glyph]者同。乃增乙為聲。而字作[glyph]或[glyph]。又譌為[glyph]耳。然倫嘗詢諸木工。謂度木所用之尺。實與裁衣之尺無異。今復增一木作[glyph]形者。其丨乃便於用。非必有也。唯倫檢新莽始建國元年度其形如[glyph]。豈尺之象形或若此邪。十寸以下訖於為法。蓋皆非許文。字見急就篇。【説文解字六書疏證卷十六】

◉徐中舒　伍仕謙　尺作[glyph]，篆作[glyph]。《説文》：「尺从尸从乚，乚所識也。周制尺、咫、尋、常、仞諸度量，皆以人之體為法。」篆文尺从尸，尸乃由人形轉化而來。古人以尺為量度人身高矮之用，尸旁著點，示尺所量度之處。篆从乚，乃由點形延伸而成。金文中凡著點形之字，如[glyph]、[glyph]、[glyph]，皆延伸為一，作生、土、朱，此延伸為乚，示有所示訖也。【中山三器釋文及宮圖説明　中國史研究一九七九年第四期】

◉袁國華　「[glyph]」字見包山楚簡第261簡，《釋文》及《字表》皆隸作「仉」。「几」「包山楚簡」作[glyph]260，與「[glyph]」並非一字。疑「[glyph]」字與中山王兆域圖的[glyph]字；以及〈古璽彙編〉編號3278有一方「[glyph]睪」印的[glyph]同是「尺」字，而「[glyph]」或从「人」作「伬」。簡265句云：「二□圣伬」，「伬」字的意義，可从「圣」字推知。

「圣」字又見郪麦君器銅豆；2.《楚文物展覽圖録》68所録湖南長沙出土的一件鐵足銅鼎；3.楚蟻鼻錢。郪麦君器銅豆之一盤外底銘文內容作：「郢郊(?)廥所告貯十冒四冒圣朱。　敓襄貯三朱二圣朱四□。」《楚文物展覽圖録》68所録湖南長沙出土的一件鐵足銅鼎，鼎銘刻在蓋內外以及器內，三處同作「后圣刃」。楚蟻鼻錢作「圣朱」，過去的研究對於「圣」字的意義，還沒得到一個共同的看法，然而「圣」字的後一字「朱」、「刃」等幾乎没有學者不認為是「計量單位」的，雖然「圣」字有用作人名之例，而此與簡文無涉，故不必深究，這裏要説明的是「伬」字的性質，由以上各例得知與「圣」字相配的後一字皆為「計量單位」，因此將「伬」字定為「計量單位」是没有問題的，疑「伬」字義同「尺」，或為「尺」字異體。【包山楚簡文字考釋　第二屆國際中國文字學研討會論文集】

◉詹鄞鑫　「尺」是常用的度量單位。《説文》：「尺，十寸也。人手卻十分動脈為寸口，十寸為尺。尺，所以指尺(斥)規矩事。周制寸、尺、咫、尋、常、仞諸度量皆以人之體為法。」許氏稱「十寸為尺」，這當然是度量單位規範化標准化之後的制度。既然「尺」源於「以人體為法」，就説明「尺」一定有其獨立的來源。《大戴禮記·主言》引孔子語云：「布指知寸，布手知尺，舒肘知尋。」其中「布手知尺」正是「尺」的來源。【近取諸身　遠取諸物——長度單位探源　華東師範大學學報一九九四年第六期】

◉湖北省文物考古研究所　北京大學中文系　[glyph]〔一〇五〕此字與平山中山王墓兆域圖[glyph]為一字。兆域圖[glyph]用為長度單位，或釋

咫

「尺」，或釋「乇」讀為「尺」。簡文此字意義未詳。【一號墓竹簡考釋　望山楚簡】

◉許　慎　咫中婦人手長八寸謂之咫。周尺也。从尺。只聲。諸氏切。【說文解字卷八】

◉馬叙倫　錢坫曰。中婦人手者譌也。中人手見士喪禮注。莊有可曰。只之俗字。翟云升曰。小學紺珠引無中婦人之字。倫按通典禮十五引白虎通有周以婦人為法。婦人大率奄八寸故以八寸為尺之説。即如其説。亦止言周尺當漢之八寸。然禮記王制。古者以周尺八尺為步。鄭玄注。周尺之數未詳。則此周尺也三字必為校語。且如白虎通之説。周法婦人以八寸為尺。非咫是八寸也。蓋本訓尺也。今挩。所存者校語。咫者。尺之轉注字。咫音照紐三等。尺音穿紐三等。皆舌面前破裂摩擦音也。古書咫尺連文。由此故也。從只。尺聲。為只之轉注字亦通。王引之謂古書咫字多用與只同。【說文解字六書疏證卷十六】

尾

乙四二九三【甲骨文編】

61【包山楚簡文字編】

尾　日甲三七背　日甲五六　日甲五三　二例　日甲四七　二例　日乙一〇一【睡虎地秦簡文字編】

3941【古璽文編】

尾生小青【漢印文字徵】

尾見尚書【汗簡】

汗簡　竝崔希裕纂古【古文四聲韻】

◉許　慎　尾微也。从到毛在尸後。古人或飾系尾。西南夷亦然。凡尾之屬皆从尾。無斐切。今隸變作尾。【說文解字卷八】

◉馬叙倫　鈕樹玉曰。繫傳韻會到作倒。俗。嚴可均曰。史記五帝紀集解引。尾。交接也。廣韻七十六。乳化曰孳。交接曰尾。列子釋文亦有此語。疑許用尚書古文説。校者以為褻語删之。王鳴盛曰。既説解不應有此句。裴引可疑。王筠曰。尾從尸。蓋皮之省。饒炯曰。微也以聲訓。【説文解字六書疏證卷十六】

◉嚴一萍　小屯乙編四二九三版，有辭曰：

己卯卜峀貞：往芻自，弗其幸？

己卯卜峀貞：幸，往芻自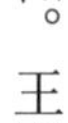。王固曰：其隹丙戌幸，㞢。其隹辛。

此版卜兆刻劃，乃武丁早年之物。其中字，甲骨文僅此一見。案即説文：「從到毛在尸後」之尾字，為正毛。為到毛，猶為到子也。尾與微，古字通。論語微生高，漢書古今人表燕策並作尾生高。高誘注魯人。又莊子盜跖漢書東方朔傳尾生，注並以為微生高。堯典孳尾，史記作字微。釋名：「尾，微也。承脊之末稍微殺也。」説文：「尾，微也。」知兩字之音訓相同也。史記堯本紀「鳥獸字微」，集解引説文曰：「尾，交接也。」今説文無此句，沈濤曰：「乳化曰孳，交接曰尾。雖係偽孔傳之文，必古來相傳舊訓。」(古本考)交接者，鳥獸雌雄相交之謂。今以此版卜辭證之，則尾字之訓交接，乃遠承殷商以來。【釋中國文字第十四册】

屬 

屬　秦二〇一　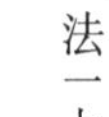法一七六　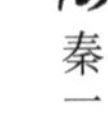秦一五七　二例　效五三　三例　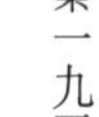秦一九五【睡虎地秦簡文字編】

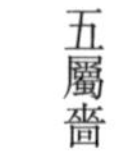五屬嗇　屬印　張掖屬國左盧小長【漢印文字徵】

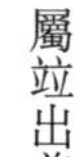屬竝出義雲切韻【汗簡】

古孝經　古老子【古文四聲韻】

◉許　慎　連也。从尾。蜀聲。之欲切。【説文解字卷八】

◉馬叙倫　倫按連也非本義。蓋非本訓。釋名。屬。續也。恩相連續也。亦不單以連訓屬。疑許本訓續也。吕忱有加注。今有捝耳。小爾雅廣義。屬。逮也。則連或逮之譌。亦字林文耳。字見急就篇。【説文解字六書疏證卷十六】

◉楊樹達　説文八篇下尾部云：「屬，連也。从尾，蜀聲。」按尾部諸文，屈訓無尾，尿訓人小便，皆關尾義。屬訓為連，義泛不切，殆非制字之朔義也。考廣雅釋親及玉篇廣韻皆有豚字，廣雅訓臀，玉篇訓尻，廣韻訓尾下竅。竊疑屬蓋豚之初文，豚為屬之或作也。知者，説文二篇上口部云：「噣，喙也。从口，蜀聲。」喙下云：「口也。」然則蜀聲有口竅之義，説一也。説文三篇下攴部云：「斀，去陰之刑也。从攴，蜀聲。」引周書曰：「刖劓斀黥。」斀今書呂刑作椓。古形聲字聲皆有義，斀字从攴，故訓去。其云陰者，以从蜀聲，蜀假為屬故也。説二也。國語楚語曰：「日月會於龍豘。」文選東京賦注引賈逵注云：「豘，龍尾也。」按豘字不見於許書。玉篇巳部作豘，云丁角切，與屬玉篇音之欲切者同。又豕蜀古音同，其孳乳字古多通假，豘之為尾，蓋受之屬。説三也。淮南子精神篇云：「燭營指天。」高注云：「燭，陰華也；營其竅也。」按陰華蓋陰莖之誤。知字又假作燭。説四也。蜀志十二周羣傳云：「先主與劉璋會涪，時張裕為璋從事，侍坐。其人饒鬚，先主嘲之曰：『昔吾居涿縣，特多毛姓，東西南北皆諸毛也。涿令稱曰：諸毛繞涿居乎？』裕即答曰：『昔有作上黨潞長，遷為涿令。涿令者去官還家，時人與書，欲署潞則失涿，欲署涿則失潞，乃署曰潞涿君。』先主無鬚，故裕以此及之。先主常銜其不遜。」按涿與斀豘屬同音，故先主與張裕以此互相嘲謔。知漢魏之際，屬為陰竅，乃通俗常言也。禮記內則云：「鼈去醜。」鄭注云：「醜謂鼈竅也。」爾雅釋畜云：「馬白州，驠。」山海經北山經云：「倫山有獸焉，其州在尾上。」郭注並云：「州，竅也。」夫字義屢見於經傳，載之史籍，州醜皆以聲近通假，涿亦同音假借，許書似不當無正文。今請以廣韻豚字之訓移置屬下云：「屬，尾下竅也。从尾，蜀聲。」則於形聲義三者皆覺脗合。謹為揭出，俟世之精治小學者正焉。【釋屬　積微居小學金石論叢】

余謂屬訓為連義泛不切，非制字之初義，沈兼士先生不然余説，見本書沈序，讀者參照可也。

屈

屈　楚屈弔沱戈　𠜴篙鐘　【金文編】

秦378　獨字　秦374　獨字　秦376　同上　【古陶文字徵】

〔二七〕〔三八〕〔三九〕〔二二〕〔五〇〕〔四七〕〔三九〕〔二〇〕〔二〇〕〔二〇〕〔三六〕〔二〕〔三七〕〔三五〕〔一九〕〔二八〕〔二二〕〔三六〕〔一九〕〔四七〕〔三七〕〔二二〕〔四七〕〔二〇〕〔二〕〔三九〕〔二〕【先秦貨幣

文編】

布方北屈．晉交　布方北屈　晉高　仝上　布方北屈　晉芮　仝上　晉祁　仝上　布方北屈　晉祁

仝上　晉高　仝上　布方北屈　晉祁　仝上　仝上　晉朔　布方北屈　晉祁　仝上　布方北屈

典八九　仝上　典九〇　仝上　省體　典九一　布方北屈左讀反書　典九二　布方北屈　亞四・三九　仝上

布方北屈　亞四・四〇　仝上　仝上　布方北屈省體　亞四・四〇　【古幣文編】

4　121　190　【包山楚簡文字編】

屈　日甲五一背　通掘　—而去之　日甲三九背　日甲四一背　為三四　六例　日甲一二〇　二例　【睡虎地秦簡文字編】

北丞屈印　屈開之印　屈伯公　屈如意　屈建之印　屈侯羌忌　【漢印文字徵】

崔希裕纂古　並古老子　【古文四聲韻】

◉許　慎　屈無尾也。从尾。出聲。九勿切。【説文解字卷八】

◉馬叙倫　畢沅曰。無字誤衍。倫按本書趉讀若無尾之屈。淮南原道。用不屈兮。注。屈讀若秋雞無尾屈之屈。然則無字當有。秋雞者。登萊人呼晚雞也。陸元綸據方言雞雛徐魯之間謂之⿱秋隹子。秋即⿱秋隹省。又據郭注爾雅今呼少雞為鶖。謂鶖猶⿱秋隹也。然則秋雞無尾。非無尾也。雞鷄之尾短耳。故韓非曰。鳥有翢翢者。重首而屈尾。埤蒼。屈。短尾。本書。崛。山短高也。淮南曰。屈奇之服。許注。屈。短也。今杭縣謂物之短者曰一掘掘。即屈字。屈得聲於出。出屯一字。艸之萌芽也。是屈之語原為出也。無尾也非本訓。字見急就篇。【説文解字六書疏證卷十六】

◉戴家祥　説文八篇「屈，無尾也。从尾出聲」。按許慎所釋未當。朱駿聲説文通訓定聲履部第十二引埤蒼云：「屈，短尾犬也」。淮南子原道「用不屈兮」。注：「讀如秋雞無尾屈之屈。」屈，當為尾曲之形。屈曲古音近。屈或由曲得義。孟子「威武不

能屈」。注：「挫其志也」。是為引伸意。韓非子「鳥有周周者，重首而屈尾。」當是短尾曲尾之意，而不是無尾。金文用作楚國貴族姓。【金文大字典下】

竝汗簡　㞙唐韻【古文四聲韻】

◉許　慎　人小便也。从尾。从水。奴弔切。【説文解字卷八】

◉馬叙倫　嚴可均曰。一切經音義引作小便也。無人字。又引字林亦無人字。鈕樹玉曰。韻會作從尾水。王筠曰。觀字形即可知㞙必俗字。莊子史記漢書皆借溺。史記又謂之溲。左傳曰私。曰旋。朱駿聲曰。便疑當作溲。倫按高田忠周據骨文有字。釋為㞙。於六書為指事。從人而象小溲形。此則從水尾聲。㞙音娘紐。尾音微紐。同為邊音。是從尾得聲也。玄應一切經音義引字林。小便也。則此是名詞。亦可證為形聲字。若骨文則當訓人小溲為動詞矣。此字蓋出字林。【説文解字六書疏證卷十六】

◉白玉崢　籀廎先生隸作人，本段。唐蘭氏釋尿，殷虛文字研究。未見，此據甲考一六四頁。楊樹達氏釋㐱。曰：「説文尼，訓從後近之，匕字位於尸字右方之下。甲文毓字所从之方，位于女字右方之下。蓋以此表人之下部也。如果為尿字，月似當與尼字之匕，育、毓之云，位置相同；今則不然，明釋尿非也。余疑此是㐱字，乃人名。」甲文説六〇頁。夫子曰：「，唐蘭釋尿；象人遺尿之形。今日言尿病之著者，當推糖尿；然症狀不顯，非古人所得知。其有顯然自覺痛苦難忍之症狀者，惟淋病為最。釋名釋疾病曰：『淋、懔也；小便難，懔懔然也。』古人以小便淋瀝澀痛之疾，統謂之淋；故巢氏病源候論有五淋之目。考其實，則盡賅今之膀胱病，攝護腺病，尿道病而言也。」徵璽四〇。崢按：釋尿是也。字於本辭，例當人名，見於他辭者，亦多為人名。緣斯之故，楊氏遂以釋尿為非；實則，古人之命名。初無雅否之意焉。故夏帝可名之曰泄，周祖可名之曰棄；而史籍中類此之人名，多不勝舉。且就尿之行為言：乃人類生理之自然現象，必然行為，世無雅者不尿，不雅者可尿之事之理。而雅與不雅之意，乃後世文明既進之意義引申，不得以之釋造字之初義。而造字之初義，與人名之義，截然二事。楊氏為近世之小學大師，而竟昧於此理，且用偏蓋全，發為繆説，豈可言邪？【契文舉例校讀　中國文字第五十二册】

◉徐中舒　一期菁五　從人前加水點，象人遺溺形。為尿字初文。所從之後世漸譌為，加水點遂作。《説文》篆文承其譌，復並二而為，更緟益水而為溺。故尿溺初本一字。《説文》：「㞙，人小便也。从尾从水。」《説文》之㞙與甲骨文

以人身前遺溺形會意方式有別，而本義則一。【甲骨文字典卷八】

履 履

履 履 法一六二 七例 履 封二二 履 日甲七九背 八例【睡虎地秦簡文字編】

[glyph] 履見說文【汗簡】

[glyph] 朱育集字 [glyph] 汗簡 [glyph] 同上 [glyph] 崔希裕纂古【古文四聲韻】

◉許 慎 履足所依也。从尸。从彳。从夂。舟象履形。一曰。尸聲。凡履之屬皆从履。良止切。[glyph]古文履。从頁。从足。

【說文解字卷八】

◉丁佛言 [glyph]履塦邦司徒。古鉢。履。說文古作䫌。集均古作蹞。薛氏鐘鼎款識齊侯鎛作蹞。此省舟。同集均。齊侯鎛。

【說文古籀補補卷八】

◉郭沫若 [glyph]頫顯省，字今作履，「履大錫里」者言至大之處錫以邑里。【大𣪘 兩周金文辭大系考釋】

◉馬叙倫 饒炯曰。朱駿聲曰。此字本訓踐。炯案其字初蓋從尸從彳會意。尸亦人也。彳。小步也。故履之義均為踐。與古文從是從足會意相同。後因名所踐之具亦曰履。遂增舟象舃形以別之。與古文增舟意亦同。後有從𡳐加夂聲為踐履專字。仍置舃名之𡳐䫌本字不用。而以履為事物之通名。釋名。履。以足履之。因以名之。是也。一曰尸聲者。後人不知其所從之字義。遂疑從尸為聲耳。林義光曰。尸猶人也。[glyph]即辵之變。倫按履為足所依者。是名詞也。足所依者有物可象。近時長沙近郊出土之履。考驗者以為戰國時物。方頭複底。其形如[glyph]。清代之朝靴亦方頭。本書各字實從足所依之𠙵而非口舌字。本書遺字。太保敢作[glyph]。甲文亦有作[glyph]者。本書連字。王母鬲作[glyph]。本書退字。甲文作[glyph]。其所從之𠙵。亦皆是足所依之𠙵而非口舌字。𠙵者。象自外而內正視之形。故僅見其為方首耳。側視則如長沙出土者矣。[glyph]者。[glyph]之譌變。鞔上有文。故與舟之篆文相混。乃加人為[glyph]。第今無此字。蓋履行而[glyph][glyph]皆廢耳。此當從辵[glyph]聲。蓋[glyph]又疑於盈之或作[glyph]者。故復加辵以別之。或如朱說。乃訓踐義。則為動詞。而古借以為足所依者之名。一曰尸聲者。韻會引無之。或校者所加。然足所依也亦非本訓。許當止以聲訓。字見急就篇。

[glyph] 蕭道管曰。當從題省聲。倫按如蕭說。則從[glyph]題聲。不然。從頫。是聲。頫即[glyph]也。題音當在定紐。履音來紐。

古讀歸泥。定泥同為舌尖前音也。此韢之異文。【說文解字六書疏證卷十六】

◉吳鎮烽　細審拓本和原器，率下一字是「顧」，即履字。從尸從頁從舟，它的結構與五祀衛鼎的「履」字完全相同。《說文》：「履，足所依也，本作履」，即踐踏之義。在這裏指的是踏勘田界。大簋的「履大錫里」，九年衛鼎的「履付裘衛林晉里」，五祀衛鼎的「帥(率)履裘衛厲田四田」，具與此同義。「厥率履厥田宋句」，是說率領踏察勘定田界的是宋句。【金文研究劄記　人文雜志一九八一年第二期】

◉戚桂宴　永盂銘中有如下一句：「付永氒田。氒銮□，氒彊宋𨑗。」句中的殘字過去釋為舊(《文物》1972年1、11期)。一九七五年陝西省岐山縣出土的衛鼎甲和衛鼎乙(《文物》1976年5期)，銘中分別有「帥履」、「顲履」二語，履字作[glyph]作[glyph]，其所從的舟形在永盂殘字中還略可辨認，所以知道銘中的「銮□」就是衛鼎甲銘中的「帥履」，是周代勘核界內土地面積的用語。過去因未見衛器，誤以為此殘字是舊字，舊字金文作[glyph]，字形與履字有近似之處。

銮字在《說文》中作達，在古書中通假率字為之，或假帥字為之。銮有校正的意思，《廣雅·釋言》：「率，計，校也」，《易·系辭下》：「初帥其辭」，虞翻注：「帥，正也。」永盂銘中的「銮履」，在衛鼎甲銘中寫作「帥履」，在衛鼎乙銘中寫作「顲履」，顲字與銮、帥二字意同，也是校正的意思。《史記·曹相國世家》集解引徐廣曰：「顲，音古項切，一音較」，較與斠音同，斠，平斗斛也，在古書中假較、校、角諸字為之，所以知道「顲履」當讀為「斠履」，意思也是勘核界內土地面積。衛鼎甲銘又云：「井伯、伯邑父、定伯、琼伯、伯俗父廼顲」，這個顲字也當讀為斠，在此是仲裁的意思。【永盂銘殘字考釋　考古一九八一年第五期】

◉裘錫圭　散氏盤銘中數見一個寫作[glyph]、[glyph]等形的字(參看《金文編》一八七頁「眉」字。)：

用矢𢦏散邑，廼即散用田。[glyph]自濡涉以南至於大沽一封(本作「弄」，下同)，以涉二封，至於邊柳，復涉濡……以西封於敝城楮木……封於巢道，封於原道，封於周道，以東封於□東疆，右還，封於[glyph]道，以南封於𨚔逨道，以西至於堆莫。[glyph]井邑田，自根木道左至於井邑封道以東一封，還以西一封……矢人有司[glyph]田：鮮、且、散、武父、西宮襄，豆人虞丂、彔(麓)貞、師氏右、省，小門人繇，原人虞艿、淮司工虎㚸、開丰父、堆人有司荆、丂，凡十又五夫。正[glyph]矢舍散田，司土(徒)屰□、司馬巢𡱂、𩵋人司工騄君、宰德父。散人小子[glyph]田，戎、散父、效、㝬父；襄之有司，槀、州、就、焂、从、嵩；凡散有司十夫。……

在上引銘文裏多次出現的[glyph]字，舊或釋作「竟」、「頁」、「莧」、「蔑」等字，顯然都不可信。近人多從孫詒讓釋作「眉」，只有章太炎把它釋作「履」。他說：

[glyph]字。銘凡三見(引者按：實為六見)，阮釋為竟。按形下乃從頁上似從止，古文履字作[glyph]，此當是履字，傳曰「賜我先君

履」，義亦與竟相近，而文則非竟也。(《論散氏盤書二劄》，東南大學南京高師國學研究會《國學叢刊》一卷一期九三頁)

章氏分析字形有錯誤，但是我們如果把衛鼎的「履」字跟這個字比較一下，就可以相信章氏把它釋作「履」是正確的。這個字從「頁」，上加眉形，跟衛鼎「履」字相同。「頁」下無足形，又省「舟」為二横，則跟大簋蓋文「履」字相近。後者「頁」下也没有足形，並把「舟」省為一横。一九七八年岐山鳳雛村所出窖藏西周銅器中有白寛父盨兩件，甲器的「盨」字省去「皿」旁而在「須」字人形右側加兩點(《文物》一九七九年十一期一四頁圖九)。這跟散盤「履」字省去「舟」旁而在「頁」旁人形右側加兩横的情况是十分相似的。

從文義上看，把這個字釋作「履」也是完全恰當的。孫詒讓《古籀餘論》卷三「散氏盤」條説：

此字(引者按：指𡨦字，孫釋「眉」)盤中五見(按：實為六見)，唯第二眉道為地名，餘如眉井邑田、夨人有司眉田、凡十又五夫正眉(按：此句斷句有誤)、散人小子眉田，與此(按：指盤銘第一個𡨦字)並為正疆界之事。……

孫氏把這個字釋作「眉」是錯誤的，但是他對這個字的意義的理解則大致正確。王國維《散氏盤考釋》、郭沫若《兩周金文辭大系考釋》認為這個字在盤銘裡都用作地名，文義便扞格難通了。除「𡨦道」之「𡨦」外，這個字的意義跟上面討論過的那些銘文裡的「履」字完全相同，把它釋作「履」顯然是合理的。

倗生簋銘文説：

唯正月初吉癸巳。王在成周，格伯取良馬乘於倗生，厥賮卅田則析。格伯𢓜，殹妊彶(及)仡厥從格伯安，彶甸殷，厥紉雩谷杜木、邍谷旅桑，涉東門。厥書史戠武立□成，成壂。鑄保(寶)簋，用典格伯田，其萬年子子孫孫永保用。

此簋一般稱格伯簋，認為是格伯所作。其實銘文明明説格伯從倗生那裡取了馬，以土地作為代價，鑄簋「用典格伯田」的顯然應該是倗生而不是格伯。劉心源在《奇觚室吉金文述》(一六·三七)裡，早就指出了這一點，只不過他把「倗生」錯釋成了「甭生」。唐蘭先生稱此器為倗生簋，是完全正確的。

上引銘文「格伯」和「殹妊」之間的那個字，釋者衆説紛紜。有的説法，如釋「過」、釋「遽」、釋「道」諸説，早已無人相信。目前流行的是釋「還」和釋「⿺辶梦」二説。金文「還」字「目」下從「衣」，「衣」中為「圓」之初文「○」。此字寫法顯然與之不合。釋「⿺辶梦」在字形上似較為有據。但是字書並無「⿺辶梦」字，從銘文上下文看，如讀作「梦」，文義也無法講通。並且倗生簋傳世共五器，此字人形下偏旁或作□、□等形，跟一般的「夕」字也是有區别的。所以這個字的各種舊釋没有一種是真正可信的。我們認為這個字也應該是「履」字。這個字跟上舉大多數「履」字一樣，也從上加眉形的「頁」，不過「頁」的頭部寫得比較接近於「目」，這大概是有意

屨

要讓它兼充音符「眉」的下部的緣故。甲骨文「麋」字作，「目」形兼充麋形的頭部和音符「眉」的下部。情況與此十分相似。「頁」旁人形下的偏旁，應即其他「履」字所從的「舟」的變體。加「彳」旁跟「履」字的意義也完全相合，而且篆文「履」正是從「彳」旁的（古文字裡「彳」、「辵」兩個偏旁可以通用）。所以從字形上看，這個字確實可以釋作「履」。

從文義上看，把這個字釋作「履」也很合理。格伯既然答應以卅田作為取倗生之馬的代價，當然要為此履田定界。銘文中所說的跟從格伯的殹妊和仡，無疑就是倗生一方參加履田的人員。銘文說「厥絕雩谷木，邍谷旅桑，涉東門」，跟散氏盤所記的履田細節十分相似，只不過散氏盤所記比較複雜、詳盡而已。【西周銅器銘文中的「履」　甲骨文與殷商史第三輯】

◉湯餘惠　此字又見54、57、80及163簡，除163簡原釋「鋰」外，餘均釋「頭（夏）」。細審此字應是從舟、從止、從頁，顧即古履字，《說文》古文作，寫法相近。西周金文履字作、等形，裘錫圭先生已有專文考證（《西周銅器中的「履」》、《甲骨文與商史論叢》第三輯）。【包山楚簡讀後記　考古與文物一九九三年第二期】

◉戴家祥　裘衛鼎　帥顧裘衛厲田　四田　顧，即履之異構。說文八篇：「履，足所依也。从尸从彳从夊舟，象履形。一曰尸聲。」古文履作顫，从頁从舟从足，此篆从尸从舟从頁，結構與顫相仿，而又加履之尸旁。大㲃履有作頫者，為顧釋履之佐證。裘衛鼎「帥履」，即勘察地界之意。【金文大字典下】

屨　日甲六一背　二例　　日甲五七背　二例　【睡虎地秦簡文字編】

◉許　慎　屨履也。从履省。婁聲。一曰鞮也。九遇切。【說文解字卷八】

◉馬叙倫　倫按屨從婁得聲。婁履音同來紐。故履轉注為屨。周易噬嗑。屨校滅趾。足利本屨作履。是其證。一曰鞮也者。呂忱列異訓。或校者記異本也。王筠據鍇本鞮作鞮。慧琳一切經音義六十三引倉頡。屨即履也。【說文解字六書疏證卷十六】

𡳾

◉許　慎　𡳾履下也。从履省。歷聲。郎擊切。【說文解字卷八】

◉馬叙倫　桂馥曰。聲類。𡳾。鞮屬。上文屨下一曰鞮也。疑此字訓。倫按履𡳾音同來紐。轉注字也。若是履下。便為鞋底。疑下為也譌。校者據別本旁注也字。混入正文耳。故鍇本無下字。字蓋呂忱依聲類增。【說文解字六書疏證卷十六】

屖

◉許　慎　屖履屬。从履省。予聲。徐呂切。【説文解字卷八】

◉馬叙倫　倫按字蓋出字林。字林每言屬也。屖為䩡之轉注字。屖音邪紐。䩡音匣紐。同為次濁摩擦音也。【説文解字六書疏證卷十六】

屩

◉許　慎　屩屐也。从履省。喬聲。居勺切。【説文解字卷八】

◉馬叙倫　鈕樹玉曰。繫傳韻會作屐也。倫按桂馥據宋書劉敬宣傳。謂屐有耳有鼻。史記平準書。布衣屩而牧羊。韋昭曰。屩。草履也。今之草鞋正有耳有鼻。則屐也當依鍇本作屐。慧琳一切經音義卌四引倉頡。屩。屐也。急就篇皇象本有屐蕎。顔師古本作屩。【説文解字六書疏證卷十六】

屐

◉許　慎　屐屩也。从履省。支聲。奇逆切。【説文解字卷八】

◉馬叙倫　沈濤曰。一切經音義十四十五兩引皆同今本。惟卷二引。屐。屩屬也。倫按玄應一切經音義引三倉。屐。木屩也。慧琳一切經音義引倉頡。屐。屩也。今屐有耳鼻。徒以木為之。然則莊子天下。以屐屩為服。言服草木所為之屐耳。屩屐雖分草木。然屩音見紐。屐音羣紐。古讀羣歸見。蓋轉注字也。或與屨為同語原也。玄應引履屬者字林文。字見急就篇。【説文解字六書疏證卷十六】

舟

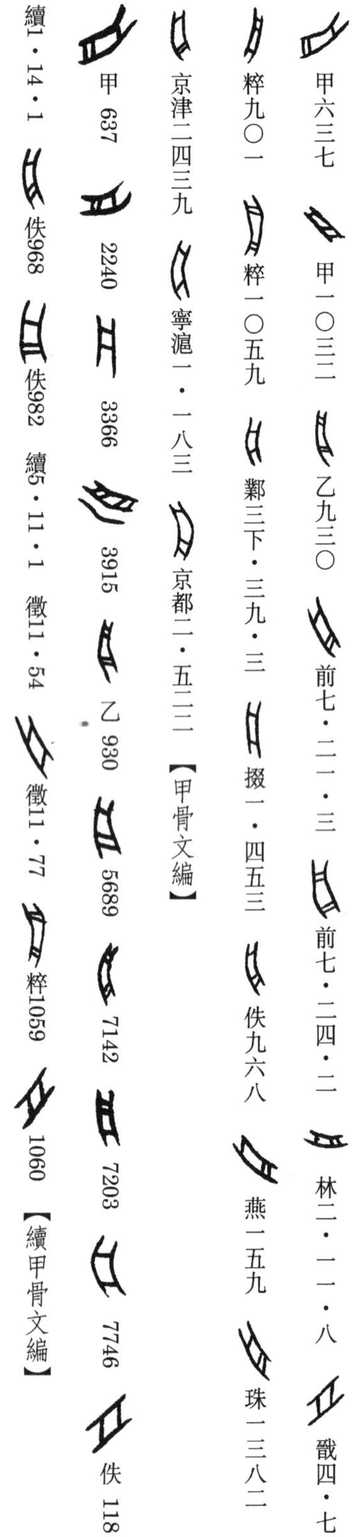

【甲骨文編】

【續甲骨文編】

舟 舟父丁卣 父戊舟爵 舟父壬尊 敄觶 伯旃舟鼎 洹秦簋 舟簋 楚簋

鄂君啟舟節 【金文編】

9·30 部舟 【古陶文字徵】

156 168 【包山楚簡文字編】

3296 與伯旃舟鼎舟字同。【古璽文編】

石碣霝雨 舫舟西逮 佳舟㠯衎 【石刻篆文編】

舟 【汗簡】

汗簡 古老子 【古文四聲韻】

◉許 慎 船也。古者共鼓貨狄刳木為舟。剡木為楫。以濟不通。象形。凡舟之屬皆从舟。職流切。【説文解字卷八】

◉商承祚 疑即舟字之變體。【殷虚文字類編卷十一】

◉高田忠周 按説文。船也。古者共鼓貨狄刳木為舟。剡木為楫。以濟不通。象形。朱氏駿聲云。按與目壬車馬等字同。横形直作。方言。自關而西謂之船。自關而東謂之舟。按舟之始。古以自空大木為之曰俞。後因集板為之曰舟。又以其沿水而行曰船也。詩谷風。方之舟之。傳船也。轉義。周禮司彝尊。皆有舟。司農注。尊下臺。若今時承盤。【古籀篇七十五】

◉商承祚 刳木為舟。中有隔倉。最得舟象。金文父戊爵作。父丁卣作。與此同。【甲骨文字研究下篇】

◉强運開 説文。船也。古者共鼓貨狄刳本為舟。剡本為楫。以濟不通。象形。考父丁卣舟作。父戊爵作。均象舟横水中形。【石鼓釋文】

◉孫海波 甲金文象刳木之形。【甲骨金文研究】

◉馬叙倫 鈕樹玉曰。繫傳鼓作皷。俗。翟云升曰。初學記引作言周流也。此誤引釋名文。徐灝曰。古鐘鼎文作。横體象

俞

形。倫按石鼓文作　。與此同。然為　之省變也。古者至不通。呂忱文或校語也。甲文作　　　。父舟敢作　。【說文解字六書疏證卷十六】

續3·28·3　古28　菁1·1【續甲骨文編】

俞　不嬰簋　駿方厥妾廣伐西俞　不嬰簋二　魯伯大父簋　喬君鉦　魯伯俞父盤　魯伯俞父匜　豆閉簋　黃韋俞父盤　省舟孳乳為渝　[黍+俞]鎛　勿或俞改【金文編】

〔一九〕〔一九〕〔四七〕〔二二〕〔三六〕〔一九〕〔三六〕〔三六〕〔三六〕〔三六〕〔二八〕〔五八〕〔一九〕〔二八〕〔二〕〔三六〕〔一九〕〔三六〕〔二二〕〔五四〕〔三六〕〔九〕〔四〕〔二二〕〔三三〕〔三六〕〔三八〕〔二〕【先秦貨幣文編】

一七九：二〇　二例　委質類參盟人名　敢俞出入於趙尼之所　詛咒類俞出入於中行寅及𨞰□之所　一七九：一四　二例　一五六：二〇　一八五：八　七五：八　探八㊁：二　綸　一五六：二四　七九：三　一五六：一九　諭　一五六：二一　三例　一九四：一二　八六：一　三例　一五六：二五　五例　三：二一【侯馬盟書字表】

2108　貨幣文俞字作　，與此同。　1361　3316　0104【古璽文編】

俞元丞印　俞慶私印　郭俞之印　咸將俞【漢印文字徵】

◉許　慎　俞空中木為舟也。从亼。从舟。从巜。巜。水也。羊朱切。【說文解字卷八】

◉馬叙倫　吳穎芳曰。從水。從舟。余省聲。王筠曰。空中木為舟也。似有闕文。林義光曰。小臣俞器作　。從舟。余省

船 船

聲。倫按玉篇引作空水為舟也。水為木譌。此衍中字。蓋亦木之譌也。舟之始作。乃由見木之空中而浮於水而不沉者。因以為舟。後乃穿木而空其中以為之。此當曰穿木空其中為舟。今有挩譌。然許蓋以聲訓。或作舟也。此字林文或校語。不槩敢作䑰。從舟。余聲。故音入喻紐四等。余以同次清摩擦音轉審紐如舍。舟音照紐三等。故轉注從余得聲為俞。同為舌面前音也。字見急就篇皇象本。顏師古本作艅。【說文解字六書疏證卷十六】

◉高鴻縉 俞見春秋時鑰鎛。讀為渝。即俞字之初文也。全象獨木舟在水上之形。東南亞島民至今猶用之。後加舟為意符作艅。省作艅。說文就小篆立言。說字意是。說構造非。【中國字例二篇】

◉朱德熙 「出入」上一字，1號作「俞」；2號、8號、9號作言旁俞，俞即俞之簡寫，字當釋「諭」，4號作諭，上端已殘，亦當是「諭」，但俞旁寫法稍有不同，6號作緰，當釋「緰」。其它各號，此字或殘去，或筆畫不清，不具論。無論是「俞」，是「諭」，是「緰」，都應從郭沫若同志讀為「偷」(《出土文物二三事》，《文物》1972年3期5頁)。【關于侯馬盟書的幾點補釋 朱德熙古文字論集】

◉徐中舒 艅一期 菁一 從舟從余，郭沫若隸為艅，謂當是發聲辭，猶《尚書》言俞也卜辭通纂考釋。與金文俞艅俞伯尊形近，疑當釋俞。【甲骨文字典卷八】

船 船 南疆鉦 【金文編】

船 秦1007 都船 船 秦1010 都船工疕 【古陶文字徵】

船 船 日甲九八背 船 日甲一二八背 二例 船 日乙四四 二例 【睡虎地秦簡文字編】

船 都船丞印 船 戈船侯印 船 船丞空司 【漢印文字徵】

◉許 慎 船舟也。从舟。鉛省聲。食川切。【說文解字卷八】

◉高田忠周 按說文。船舟也。从舟㕣聲。世本。共鼓貨狄作舟船。墨子小取。船木也。蓋疑船者舟沿水而上下之言也。析言有別。混言不分別矣。【古籀篇七十五】

◉馬叙倫 段玉裁曰。口部有㕣字。此當作㕣聲。倫按㕣音喻紐四等。是船為俞之轉注字也。船音牀紐三等。舟音照紐三等。同為舌面前音。亦轉注字。【說文解字六書疏證卷十六】

肜 肜

甲一三 卜辭用彡為肜祭之肜 重見彡下【甲骨文編】

甲13 2616 2769 3939 珠243 244 248 376 377 495 福8 零7

佚113 260 397 518 607 871 續1·9·1 1·23·5 1·30·8 2·1·3

3·28·1 徵3·24 3·32 3·48 3·81 3·82 3·150 8·24 10·116

京2·19·2 録281 305 359 381 516 536 天26 31 龜卜35 39

續存2321 外67 粹84 107 109 159 176 180 205 208 226

243 307 438 465 733 新3958 4072 5017 5018 5040 5487

5550【續甲骨文編】

肜 羅振玉釋肜 唐寫本玉篇 肜 爾雅 舩 又祭也 商曰肜 郭璞曰 書曰 高宗肜日 是也 白虎通 昨日祭之 恐禮有不備 故復也 艅尊 隹王十祀又五肜日 小臣邑斝 隹王六祀肜日在四月 卯卣二 遘于妣丙肜日大乙爽 仲肜盨【金文編】

◉許慎 肜船行也。从舟。彡聲。丑林切。【説文解字卷八】

◉羅振玉 書肜日之形不見許書。段先生謂即肜字。公羊宣八年傳注。肜者肜肜不絶。是肜之誼為不絶。卜辭有彡日。或作彡彡諸形。正象相續不絶。殆為肜日之本字。彭字蓋从此得聲。故卜辭中彭字或从彡。其明證也。卜辭中又有彡月。其誼則今不可知矣。艅尊亦有彡日。博古圖卷六載父丁彝亦有彡日隹王六祀語。【殷虚書契考釋卷中】

◉商承祚 彡彡彡彡彡彡説文無書肜日之肜。段玉裁謂即許書訓船行也之肜字。取舟行延長之意也。爾雅釋天「繹。又祭也。商曰肜。」疏「肜者相尋不絶之意」。公羊宣八年傳注。「肜者。肜肜不絶也」。是肜之意為尋繹不絶。此作彡正象相續不絶。殆為肜日之肜之本字。金文艅尊作彡。邑斝作彡。與此同。皆用為肜日字。【甲骨文字研究下編】

◉馬叙倫 鈕樹玉曰。韻會引作舟行也。玉篇作肜。余弓切。引爾雅云。祭也。又丑林切。舟行也。釋天作肜。書高宗肜日亦同。徐灝曰。玉篇譌合丹部之彤舟部之⿰舟彡為一字。廣韻亦沿其譌。章炳麟曰。舟對轉侵為⿰舟彡。容庚曰。艅尊。隹五十祀又五彡日。羅振玉釋彡為⿰舟彡。唐寫本玉篇。⿰舟彡。爾雅。舩。又祭也。商曰⿰舟彡。郭璞曰。書曰高宗⿰舟彡日。是也。倫按此從所銜切之彡得聲。所銜切音在審紐二等。古讀歸透。古讀微亦歸透。⿰舟彡音微紐也。舟音照紐三等。古讀歸端。端透同為舌尖前破裂音。舟⿰舟彡聲又幽侵對轉。是轉注字也。審與喻紐四等。同為次清摩擦音。是⿰舟彡俞亦轉注字。船音牀紐三等。而從㕣得聲。㕣音喻紐四等。是⿰舟彡船亦轉注字。玉篇。⿰舟彡。說文。舩。⿰舟彡也。蓋⿰舟彡船也之傳寫刻譌。是顧據本無行字。行字蓋涉舸下說解而譌衍。字或出字林。【說文解字六書疏證卷十六】

◉唐　蘭　⿰酉彡祀　⿰酉彡就是⿰舟彡字。原本《玉篇》：「⿰舟彡，餘終反。」《爾雅》：⿰舟彡，（按今本作繹）又祭也，商曰⿰舟彡。郭璞曰：《高宗⿰舟彡日》是也。《白虎通》昨日祭之，恐禮有不倫，故復祭也。⿰舟彡猶言⿰舟彡⿰舟彡若從天下也。《說文》：「船⿰舟彡（按今本作船行）也。」⿰舟彡字隸變作肜，而《說文》舊音，轉為丑林反，因此，清代學者往往認為肜應從肉，很少人懂得⿰舟彡肜為一字了。其實殷虛卜辭，肜日肜夕字就作彡，也作彡，凡：彤、⿰舟彡、彭等字，都從彡得聲，彡本來並不讀如衫。卜辭還常見⿰舟彡字，也是祭名。金文見於戊寅鼎，阮元說是酎字，是把從彡附會許慎所說的三重醇酒，羅振玉則把卜辭的⿰酉彡釋為酒字，說「酒殆酎之本字」。中華版《甲骨文編》釋⿰酉彡，而說「《說文》所無，其用與酒同」。科學出版社本《金文編》則釋為⿰酉彡，「《說文》所無，甲骨文常見之」，避而不作解釋。都不知道⿰酉彡從彡聲，就是彡字的繁文，⿰舟彡肜的本字。卜辭「肜日」字都只作彡，而彡日和翌日連在一起的總稱則是⿰酉彡。⿰酉彡彡略有區別，其實是一個字。此銘⿰酉彡祀的⿰酉彡從彡。和卜辭彡日字的作彡形的符合，可為確證。【論周昭王時代的青銅器銘刻　古文字研究第一輯】

◉徐中舒　彡同彡。《說文》：「彡，毛飾畫文也。」據段注即筆所畫之文，當亦包括刀刻、刺繡之文。器物、衣飾之文皆前後銜接循環連綿，故引申有相續不絕之義。卜辭即借此義而為彤祭之名。《公羊》宣八年傳注：「彤者彤彤不絕。」又《尚書·高宗彤日》孔傳：「祭之明日又祭，殷曰彤，周曰繹。」《爾雅·釋天》：「繹、又祭也。」亦以尋繹不絕之義釋彤。彤，《說文》作⿰舟彡，與彡之後世讀音有異，然據彤字從丹、彡，彡亦聲，可知彡、彤、⿰舟彡、彤古音蓋不遠。【甲骨文字典卷八】

◉許　慎　舳艫也。从舟。由聲。漢律名船方長為舳艫。一曰舟尾。臣鉉等曰。當从冑省乃得聲。直六切。【說文解字卷八】

◉馬叙倫　鈕樹玉曰。韻會無也字。嚴可均曰。韻會一屋引作船尾。艫下云。船頭。字例同。段玉裁曰。艫也當作舳艫也。方長當作方丈。史漢貨殖傳皆曰。船長千丈。注謂總積其丈數。蓋漢時計船以丈。每方丈為一舳艫也。此釋舳艫之謂二字不分析者也。下文分釋。謂船尾舳。船頭艫。此分析者也。一曰船尾者。方言。舟後曰舳。舳所以制水也。郭注。今江東呼柁為舳。按釋名。船。其尾曰柁。方言。舟首謂之閤閭。郭注。今江東呼船頭屋謂之飛閭。是也。釋名。舟。其上屋曰廬。象廬舍也。廬閭艫古音同耳。王筠曰。唐書楊元炎傳。與張東之共乘艫江中。是船亦單名艫也。但單呼舳為船者未見耳。徐灝曰。船尾曰舳。船頭曰艫。此為本義。總頭尾言之謂之舳艫。倫按吳都賦。宏舸連舳。巨檻接艫。五臣注謂舳為船前艫為船後。小爾雅廣器。船。頭謂之舳。尾謂之艫。義與此反。倫謂舳從由得聲。由音喻紐四等。艫從盧得聲。從盧得聲之膚。今讀如敷。與由同為次清摩擦音。盧從虍得聲。虍音曉紐。曉亦次清摩擦音也。是則舳艫連文分舉皆可也。謂舳船頭艫船尾亦可也。倫謂舳艫者。船有屋者也。象廬舍故得艫名。漢書武帝紀。舳艫千里。李斐注。舳。船後持柁處。艫。船前刺櫂處。則舳非即柁也。舳音澄紐。柁音定紐。古讀澄歸定。江東呼柁為舳。借舳為柁耳。又疑船之前有屋廬而後有柁者謂之舳艫。此今之大船也。舳艫之為名即得於柁廬。漢律以下非許文。【說文解字六書疏證卷十六】

◉施勇雲

舳字見《殷虚卜辭》一八七六號，附拓片於右。舳字，偏旁从由，由見《殷虚卜辭》，一三九四號、《殷虚書契前編》卷五・二七，唐蘭釋由為由，《天壤閣甲骨文存考釋》：「由舊不識，余謂是由字，或作由象胄形，與小盂鼎胄作由者正合。其作由或由者，由形之省，猶䩉厌白晨鼎胄之作由也。」于省吾亦从此說，《雙劍誃古文雜釋》：「由由乃由之初文。盂鼎，胄字从由作由。契文有由字，唐蘭釋由是也。由作由，从口从由同也，由从口，中有橫畫乃文飾。」由此，由字可隸定為由字無疑。

舳字，从舟、从由，舟是舟字，由為由字，可隸定舳為舳字。舳字，从舟、从由。由亦聲，音軸。《小爾》：「船頭謂之舳。」《集韻・宥部》：卷八・四九〇：「舳，舟首也。」同出魚部卷九・九〇：「艫，船尾。」艫音盧，舳艫聯詞，船首為舳，船尾為艫，船首尾相接稱舳艫，形容船隻衆多。如：杜寶《大業雜記》記載：「舟船舳艫萬計……舳艫相繼二百餘里」，王粲《浮淮賦》：「軸艫千里。」这裏「舳艫」偏傍「舟」字寫成「車」字的「軸艫」，是舳艫傳寫之訛。《文選》陸士衡《辯古論》同樣記載：「舳艫千里，前驅不過百艦。」《漢書・武帝紀》：「舳艫千里」，等書寫都是一個意思，形容其船多，前後相接，千里不絕。【試釋幾個甲骨文字　考古論文選】

◉許　慎　艫舳艫也。一曰船頭。从舟。盧聲。洛乎切。【説文解字卷八】

◉馬敘倫　倫按一曰船頭鍇本在盧聲下。以舳下一曰船尾在引漢律下校之。鍇本是也。然校語。舳艫二字蓋並出字林。【説文解字六書疏證卷十六】

◉許　慎　舠船行不安也。从舟。从刖省。讀若兀。五忽切。【説文解字卷八】

◉林義光　按刀為刖省不顯。兀或作㇁。古寇字敎字从㇁實皆兀字。與刀形近。蓋从舟兀聲。字譌从刀。【文源卷十一】

◉馬敘倫　鈕樹玉曰。韻會作船行不安。從舟。刖省。段玉裁曰刖省聲。徐灝曰。詩衞風河廣。曾不容刀。鄭箋。小船曰刀。釋文云。字書作舠。説文作䑠。孔疏亦曰。説文作䑠。今許書無䑠字。而舠從刖省聲。讀若兀。殊有疑義。玉篇。舠。丁勞切。小船。舠。五忽切。船不安。二字隸體雖殊。其實並從舟從刀。玉篇又云。𦨴。五忽切。播舟。然則𦨴乃播搖不安之義。疑説文本有䑠篆。訓為小船。而舠乃其或體。又𦨴為船行不安。讀若兀。傳寫譌奪。僅存舠篆而以𦨴字説解誤附其下。因改為從刖省耳。玉篇舠字亦後人增。李楨曰。黎本玉篇舠䑟各字。䑟。丁聊反。引廣雅。舟也。埤蒼。吳船也。若説文有䑟訓小船。不當寘不引也。今本玉篇䑟闕訓義。廣韻無䑟。韻譜亦無。其非許書中字可知。陸孔雖同見此字。必是羼補本。劉秀生曰。舠從刖省聲。刖從月聲。在疑紐。兀聲亦在疑紐。故舠從刖省聲。得讀若兀。足部。跀。從足。月聲。或從兀聲作䟦。手部。扤。動也。從手。兀聲。抈。折也。從手。月聲。國語晉語。其為本也固矣。故不可抈也。韋注。抈。動也。則抈扤轉注。實即一字。是其證。尹桐陽曰。兀刖疊韻。倫按舠䑟為古音同端紐轉注字。二字蓋並出字林。船行不安也者。當作船也。船行不安也。船也為舠字義。船行不安也為𦨴字義。𦨴舠篆文相似。傳寫誤捝𦨴篆。而並其説解於舠下。又誤捝䑟篆及其説解耳。陸孔所見蓋有𦨴有䑟而捝舠篆者也。故陸言字書作舠也。洪亮吉以為陸等誤記釋名玉篇諸書為説文。許槤以為陸誤以廣雅為説文。李楨謂䑟字必出羼補。皆不懂六朝説文率為與字林和合之本。而孔陸所見又不必但據一本也。方言。僞謂之扤。扤不安也。郭注。船動搖之皃。蓋楊雄時猶無𦨴字。然字當從兀得聲無疑。與扤同語原。部隉下班固説。不安也。周書曰。邦之阢隉。又阢。石山戴土也。然則阢隉字當為隉。隉音亦疑紐。亦同語原矣。船行不安也蓋字林文。字亦或出字林也。【説文解字六書疏證卷十六】

艐

◉許　慎　艐船著不行也。从舟。㚇聲。讀若䔿。子紅切。【説文解字卷八】

◉馬叙倫　嚴可均曰。廣韻一東韻會一東引作船箸沙不行。此脱沙字。丁福保曰。五音集韻引作船著沙不行也。劉秀生曰。㚇聲在精紐。䔿從宰聲亦在精紐。故艐從㚇聲得讀若䔿。詩商頌長發。百禄是總。釋文。總。本又作緵。巾部。幒。從巾。悤聲。或從松聲作⿰巾松。淮南齊俗。赤誦子。莊逵吉曰。俗本作赤松子。釋名釋言語。通。洞也。無所不貫洞也。魚部。鮦。從魚。同聲。讀若袴襱。方言十三。冢。秦晉之間或曰壠。公羊僖卅三年傳。宰上之木拱矣。注。宰。冢也。㚇聲如悤。悤聲如松。松聲如甬。甬聲如同。同聲如龍。龍聲如冢。冢聲如宰。是其證。倫按船著沙不行也。蓋字林文或校語。若是許文。當依部首作舟不作船。又著字本書所無。字或出字林。【説文解字六書疏證卷十六】

朕

甲一五〇〇　甲二三〇四　甲三三四九　乙一四五　乙一五七五　鐵一七四·二　前三·二七·六

前四·三八·七　前四·四六·一　前四·五〇·二　後一·二〇·九　菁一一·一七　林一·七·六

佚六　佚一〇六　山朕事　福一四　粹一二四四　乙六九八八　乙八三六八反　京津三一二四

續五·一一·四　龜卜二四　陳九八　乙九〇六七　京都三一五二【甲骨文編】

甲1500　2304　2307　2418　3349　乙145　6988　7119　9067　珠392

福14　佚6　15　106　363　615　續5·11·4　5·18·8　5·18·9　掇95　徵

11·93　録572　龜卜24　六中184　粹1244【續甲骨文編】

朕　不从舟　臣諫簋　余朕皇辟侯　盂鼎　先獸鼎　盂簋　戜鼎　無㠱簋　盠駒尊

吉日壬午劍　天亡簋　圉鼎　沈子它簋　傳卣　鄘伯馭簋　井侯簋　麩伯簋　諫簋　逨

鼎　录伯簋　師遽簋　康鼎　大作大仲簋　師虎簋　休盤　芾伯簋　豆閉簋　五祀衛鼎

師訊鼎　曶鼎　曶壺　豐兮簋　弔向簋　仲𩛥父簋　仲𩛥父簋二　𩛥鐘　師寰簋

伯椃父簋　伯晨鼎　榮有司爯鼎　榮有司爯鬲　元年師旋簋　即簋　𢦏簋　𢦏鐘

此鼎　此簋　追簋　大簋　𡧊鼎　師酉簋

大鼎　師朢鼎　宴簋　弔角父簋　克鐘　善夫克鼎　德克簋　克鼎　頌鼎

頌簋　頌壺　麓伯簋　善夫山鼎　趩鼎　毛公厝鼎　師嫠簋　商𩛥簋

幾父壺　倗友鐘　喬君鉦　拍敦蓋　者沪鐘　朕尊　仲辛父簋　買簋　㡀弔多父盤

不𡢁簋二　封仲簋　秦公簋　秦公鎛　戈弔朕鼎　封孫宅盤　中山王嚳鼎　中山王嚳壺

孳乳為賸　弔上作弔媍賸匜　鑄公匿　郳友父鬲　會始鬲　中伯壺　魯伯愈父鬲　薛侯盤　薛侯匜

毛弔盤　齊侯敦　㠱伯妥父匜　陳侯壺　寰𣶃父鼎　𦐃作北子簋　从勹　五祀衛鼎　逆其卿匔

九年衛鼎　逆者其匔　从皿　轉盤　轉作寶盤　哀成弔盤　哀成弔之盤　中子化盤　自作盤盤　郤王義楚盤　自作溢盤　【金文編】

趐乃卡＝　—迴（乙3—3）　【長沙子彈庫帛書文字編】

崔希裕纂古　籀韻　【古文四聲韻】

◉許　慎　朕我也。闕。直禁切。　【説文解字卷八】

◉劉心源　朕它器多作𦨉𦩍。此蓋从舟从𠕁。將十𠕁連之。非从內。陳氏釋作聃。題此為聃敢。謂是文王子聃之器。不知聃从冄作𦣛。隸書且不作冉。況古篆乎。　【奇觚室吉金文述卷四】

◉羅振玉 説文解字舟兪。我也。闕。予意朕當以訓兆為初誼。故象兩手奉火形。而从舟。火所以作龜致兆。舟所以承龜。訓我者殆後起之誼矣。【殷虛書契考釋卷中】

◉葉玉森 □□羅雪堂謂朕當以訓兆為初誼。故象兩手奉火形。而从舟火所以作龜致兆。舟所以承龜。森桉朕與釁古訓同。釁塗隙也。□象兩手奉火以釁舟之縫。此為初誼。後舟縫亦曰朕。戴東原考工記函人注。猶凡隙亦曰釁也。左桓八年傳。【説契 學衡第三十一期】

◉丁山 朕之形篆文左從舟。右從灷。灷字許書失紀。玉篇曰。火種也。楊慎譚苑醍醐據管子弟子職。昏將舉火。執燭隅。右手執燭。左手正櫛。曰。櫛叚借字。正作灷。從火從収。音燼。以為即燼之初文。劉書年經説及鄒漢勛讀書偶識推闡尤詳。吳麦雲因又謂灷與爨同意。爨象収推林內火。推而內之也者。即送之謂也。灷象兩手推火形。爨朕亦聲相轉。當以灷為本字。而舟兪併迸三字音義從之。舟兪之訓我猶推予之予亦訓我也。展轉引申。必以我為朕之別義。按之金文固皆以朕為我。而其形則變化無方。有作□鄭𣪘父鼎者。有作□善父克鼎者。有作□羌伯𣪘者。有作□周公鐘者。有作□宗周鐘者。有作□秦公𣪘者。有作□仲辛父𣪘者。有作□傳卣□盂鼎者。有作□魯伯鬲□辟侯盤□齊侯𣪘者。未嘗見如玉篇譚苑所説朕之偏傍或從火也。更上考之卜辭。大抵如宗周鐘作□殷契卷四第四葉。或□後編上二十葉。其右之□亦不從火。然則燼櫛火種云云皆就篆文立説。非灷之古義。其展轉引申必以我為朕別義者亦影響之談矣。□毛公鼎作□曰。錫汝丝□。用歲用政。吳大澂釋云。丝當即絲。□古弁字。説文□冕也。籀文作□或作□。詩絲衣其紑。戴弁俅俅。傳云。絲衣。祭服也。箋云。弁。爵弁也。公羊宣元年傳注。皮弁武冠。爵弁文冠。愙齋集古録。孫詒讓云。□古灷字。似從十從収。其本義無可徵。疑含有侍奉供給之意。名原下。山謂□即舂之上半。從収持杵。丨象杵形。有所撞擊。蓋舂牘之本字。釋名釋樂器。舂牘。舂撞也。牘。築也。以舂築地為節也。周官笙師。舂牘應雅。以教祴樂。鄭玄注。舂者謂以築地。鄭衆注。舂牘以竹。大五六寸。長七尺。短者一二尺。其端有兩空。髤畫。以兩手築地。應長六尺五寸。其中有椎。金文作□者上象應。卜辭作□者上象竹。形至明白。意至顯然。古者婦人犯罪不任軍役之事。但令舂以食徒者。後漢書明帝紀城旦舂注。鼎文錫女兹𢦏。猶言賜汝女奴矣。舂與送佚聲韻俱近。褒諧朕聲也。廣韻猶音而隴切。是朕之古音亦在東冬部。而諧灷聲。灷與縫為疊韻。戴段訓朕為舟縫。引申為凡一切縫之稱。尤合音訓之理。尤踔切而不可易。【説文闕義】

◉郭沫若 □陳介祺釋聃，以為乃文王子聃所作之器，説者多因之。案此字當從劉心源釋朕，決非聃字也。朕於金文中多用為

領格，其用為主格者如周公㲃之「朕臣天子」及此而已。【大豐㲃韻讀】

◉商承祚　金文師遽毁作。䀆鼎作。邿造鼎作。説文䑑「我也。闕」。段玉裁曰。「此説解既闕。而妄人補『我也』二字。未知許説字之例也。案朕在舟部。其解當曰『舟縫也。从舟灷聲』。何以知其為舟縫也。考工記函人曰。『視其朕。欲其直也』。戴先生曰。『舟之縫理曰朕。故札續之縫亦謂之朕。』所以補許書之佚文也。本訓舟縫。引申凡為縫之偁。凡言朕兆者。謂其幾甚微。如舟之縫。如龜之坼也。」案戴段二家謂䑑為舟縫。是也。舟必有縫。故从手持—。—密縫之具也。金文變从𠬞。再變而从火。遂不得其解矣。段謂从灷聲。乃誤依篆形立説。朕訓我乃借義。如予(杼)之叚為我。日久而失其初也。【甲骨文字研究下編】

◉馬叙倫　段玉裁曰。此説解既闕而妄人補我也二字。朕在舟部。其解當曰。舟縫也。從舟。灷聲。考工記函人曰。視其朕欲其直也。戴先生曰。舟之縫理曰𦩍。故札續之縫亦曰朕。凡言朕兆者。謂其幾甚微。如舟之縫龜之坼也。目部。瞽。目但有朕也。謂目但有縫也。鈕樹玉曰。説文無灷。故云闕也。嚴可均曰。從舟。必取義於舟。訓我乃假借。疑闕本訓。不但闕從舟灷聲也。王筠曰。此原本殘缺。校者加闕字也。人部倂木部椄皆云灷聲。則此亦曰從舟灷聲可矣。徐灝曰。朕蓋體質初具而未成之偁。猶言坏素也。其字從舟。淮南氾論所謂窬木為舟也。窬木蓋舟之初制而未成其為舟也。目部瞽訓目但有朕者。謂但有目之體質而無精。非無縫之謂也。考工記函人。察革之道。眡其朕。欲其直也。鄭衆注云。朕謂革制。此言革之體質欲其質。亦非革之縫也。上文云。凡為甲。必先為容。然後制革。鄭衆注。容為象式。是亦謂就初具體質而言。故謂之朕。莊子齊物論。若有真宰而特不得其朕。言不得其形迹耳。豈謂不得其縫邪。吴楚曰。朕者。舟行微迹也。莊子應帝王。體盡無窮而遊無朕。是其義也。許於瞽訓目但有朕。謂目但有微迹而已。其睛不得而見矣。土部。塍。稻田中畦埒也。謂畦埒曲折有迹也。糸部。縢。緘也。緘之之有迹也。黑部。黱。畫眉墨也。畫之有迹也。陳衍曰。考工記函人。視其朕欲其直。鄭衆云。朕謂革制。朕當是為線縫處。故引申為朕兆。朕從舟從火從𠬞。舟有縫舉火以燭之。倫按玉篇及文選魏都賦注引淮南許注。朕。兆也。兆本書作𠔁。朕兆音同澄紐。許以兆訓朕者。𠔁為卜之後起字。卜字甲文多作。象一直一衺之形。古卜以其衺直之兆定吉凶。三篇。卜。灼龜坼也。十三篇。坼。裂也。㙐。坼也。然則兆為龜坼之理。朕兆字即借朕為兆。糸部。縫。以鍼紩衣也。此今言裁縫字。縫音奉紐。古讀歸並。竝澄同為濁破裂音。是與兆同語原也。考工記。眡其朕欲其直也。眡其朕而直則制善也。制善者。承上文凡為甲必先為容然後制革言。制革謂裁割革之廣衺。革有衺直之理。制直則兩革縫合而甲固。然則朕亦借為兆也。莊子之不得其朕。而遊無朕。本書之目但有朕。亦皆當

𦨖 舫

作兆。而朕其借也。若縢之從朕得聲。則與縫同語原耳。朕字從舟。義生於舟。舟雖有縫。然皆彌塗使不復見。亦豈為舟縫而特須專字乎。倫檢甲文作□□。金文毛公鼎作□。善夫克鼎作□。宗周鐘作□。封仲敦作□。其灷旁皆從十不從火。魯伯鬲作□。齊侯敦作□。其灷旁作□。從仐。仐亦從十也。唯盂鼎作□。其灷旁作□者。從火而□省。仲辛父敢作□。其灷旁乃並十與火而一之。蓋金文固多俗體也。校其多者言之。則從十得聲。十音禪紐。服音奉紐。同為次濁摩擦音。蓋朕為服之轉注字。從十得聲。故朕音轉入澄紐。澄禪同為舌面前音。古讀皆歸於定也。我也者。朱駿聲謂此與卬言為吾余之聲轉。方言不同。各稱其稱。與本義無涉。趙高乃謂二世曰。天子稱朕。固不聞聲。傳舍以愚主耳。【說文解字六書疏證卷十六】

◉丁　驌　朕字說文闕其說。其為王自稱，雖曰由秦始。疑殷王早已自稱為朕。韓耀隆文所引朕為主詞之辭，多為王卜貞。亦有命貞人宂為之者（丙一二八），故當自二期即已起用。余意朕為長者對幼者尊己之自稱。故鮮用為受詞。「帝其我佑」，「帝其余佑」皆可，惟不能曰「帝其朕佑」，蓋帝又長於王，王不得自尊也。【東薇堂讀契記　中國文字新十二期】

□　石碣霝雨　舫舟西逮　【石刻篆文編】

◉許　慎　𦨖船師也。明堂月令曰。舫人。習水者。从舟。方聲。甫妄切。【說文解字卷八】

◉强運開　□說文船也。明堂月令曰舫人。舫人習水者。段注云。月令六月命漁師伐蛟。鄭注今月令漁師為榜人。按榜人即舫人。舫正字。榜叚借字。許所據即鄭所謂今月令也。是則舫本訓船。舫人則習水者。此言舫舟西逮者。蓋言舫人駕舟以西行也。【石鼓釋文】

◉馬叙倫　鈕樹玉曰。韻會引無師字。明堂作禮記。乃黃公紹妄改。沈濤曰。類聚七十一御覽七百七十皆引。舫。併船也。文選王仲宣從軍詩注引。舫。併舟也。乃方部方字之訓。嚴章福曰。韻會廿三漾引作船也。按下文云。舫人。知舫但為船。釋言。舫。舟也。與許合。王筠曰。蓋本作舫人船師也。讀者以下文既有而刪之。徐灝曰。蓋本作並船也。而後人改之。篇韻皆曰並兩船。即承說文舊訓。方舫古今字。爾雅釋言。舫。舟也。郭注亦云並兩船。一切經音義引通俗文。連方曰舫。文選王仲宣贈蔡子篤詩李注。舫與方同。皆其證。蓋方之本義謂並船。因為方圓之義所專。故別作舫。又與枋通。史記張儀傳。舫船載卒。索隱作枋。後漢書岑彭傳。乘枋箄下江。是也。倫按徐說是也。石鼓文。□舟西逮。本訓舟也。船師至

習水者蓋字林文或校語。或字出字林也。【説文解字六書疏證卷十六】

◉李崇州　在甲骨文中的「□」、「□」、「□」，歷來專家都將其釋為「舟」字。但「舟」乃一些古船之泛稱，它既包括各類的單體船，又包括各類的雙體船。因此，「舟」字的本身很難表明甲骨文中所表示的这些船型是屬於哪些類型。这不僅對有關的甲骨文字不能作出確切的解釋，而且對我國古代船舶形制演進的研究，也會造成史料上的混亂。这些甲骨文中所謂舟字，究竟應如何解釋為宜，兹就管見所及，試作如下的探討。

一、「□」、「□」、「□」是古「舫」字

在殷墟發現的甲骨卜辭中，有一些被專家認為是表示人操舟的會意字。如：

「□」，即後來之「舦」字。《玉篇》：「『舦』，音大，舟行也。」

「□」，于省吾釋此字為「盜」。「盜字本義為逃走，即由乘舟以行義引出。」

「□」、「□」，康殷釋此二字為「津」，「象人立舟上，引竿刺船（撐渡或劃槳）之狀。」

專家還認為甲骨文中的「般」字——「□」、「□」，亦作人操舟形。

在殷代金文中，還發現了一個非常形象的所謂人操舟的會意字——「□」（上海博物館藏饕餮紋鼎銘文〈圖1〉）、《殷墟卜辭研究——科技篇》作「□」。對此字的解釋頗不一致。筆者認為就其結構而言，很象一人用肩挑着魚串或水鳥準備棄船登岸，而另一人則在船後撑楫，以促使船的靠岸。这應是《尚書·盤庚》篇所記載的盤庚在遷殷前對頑固奴隸主們所講的「君乘舟，汝弗濟，臭厥載」那段比喻中的「濟」字。

（圖1）

上述帶「□」、「□」、「□」部首的甲骨文，皆出土於殷墟，这些字形互有小異，然其基本結構卻大體相同。这是表示一種什麼樣的船型？有的同志不僅把它看成是單體船，而且還以現存之前後出雙角的小舢舨作為它的模特兒。但筆者認為这未免有些牽強附會。因為，那些前後出雙角的船型，尤其是前頭出雙角的船型，問世較晚，清前期福建之「福船」（亦稱「三不象」），才有如此之特徵，而且此類船型在後來還又影響了一些地區的木板船的造型（象膠州灣地區至今還存在的一種前後出雙角的舢舨，就是在清後期因受來膠州塔埠頭港貿易之「福船」船型的影響而產生的一個變種）。那麽，甲骨文中的「□」、「□」、「□」部首應作何解釋呢？筆者通過對一九八四年四月《人民畫報·黄河古渡》所展示的舊制小型雙體船攝影圖片的觀察和這年夏季在鄭州黄河南岸對這種船型的實地考察之後認為：當前尚沿用於河南黄河流域的舊制小型雙體船，造型古拙，由來已久，應是殷代甲骨文中的「□」、「□」、「□」部首所表示的船型的遺制。「□」、「□」的兩長畫是表示兩只並列的船身；連結兩長畫之間的三短畫：兩邊的兩畫是表示連結兩船的固定裝置——兩根横木杆；而當中略靠右邊或略靠左邊的一畫，則是表示供人站立或乘坐的横木板。如圖2所展示的那一只雙體船，中間好象並排着三根横木，但實際上，前邊或後邊的兩根横木杆是連接兩船的固定裝置，中間的一根，便是供人站立或乘坐的横木板。因这是用單槳撥水行駛的雙體船，所以横木板位於兩根横木之間的中央位置上，若用竹竿撑船前進，横木板的位置就要向後移動。甚至要象圖2被人駕駛的那一只雙體船那樣——横木板被裝在後邊的那根横木杆的兩側。由此推測，甲骨文中的「□」、「□」形部首應是這種雙體船的寫照。而圖2被擱置在河灘上的那一只雙體船，由於横木板已被摘掉，（這是為防止他人偷船使用而采取的一種安全措施。這同現在的舢舨在不用時要摘掉櫓椎板的用意相同。）只存有連結雙船體的兩根横木杆。甲骨文中的「□」形部首自然又是這一現象的寫照了。再從上述帶「□」、「□」、「□」部首的甲骨文字的間架還不難看出，這些都是由一人駕舟、人大而舟小的特徵，不正是這種流傳有序的舊制小型雙體船在甲骨文中的另一寫照麽？從而説明甲骨文中的「□」、「□」、「□」部首所表示的船型並非單體船，而是一種雙體船。但由於先秦學者不解其故，又畫蛇添足地另創「舫」字，以作為雙體船的特定名稱。殊不知最古的「舫」字——「□」、「□」、「□」，早已載入甲骨文字之中了。【釋甲骨文中的「□」、「□」、「□」　殷都學刊一九八七年第四期】

般

甲五九〇　甲一八三三　甲二三〇八 般庚　乙一一五〇 般父　乙九六二反　福二 自般　佚三三　佚五二五　燕二九〇　鐵二四·三　拾二·三　拾二一四　前一·一五·四　前一·一五·六　前一·一五·七　前二·五·四　前四·一六·八　前六·六二·五

後二・三・一五　後二・二四・一　後二・二七・一三　林一・八・一一　林一・一三・二　京津二一二八
京津二一三三　續五・二四・八　續五・二六・三　掇二・一八五　明藏一九〇　師友二・一四七
乙六四九二　乙六八六五　摭續二三　鄴三下・四四・三　明七〇五　明一八三九　文管六八　乙
八六六〇　般庚　見合文六　【甲骨文編】

甲1833　2308　乙650　962　1101　1148　1827　2163　2666　4071
4517　4540　6081　6865　6876　6906　6988　7629　7676　珠144　179
515　632　914　福2　零26　佚33　95　193　513　525　續1・29・3
1・38・5　4・5・2　5・24・9　6・12・3　6・21・10　徵4・64　4・65　4・66
4・67　京1・19・2　3・31・3　4・31・4　凡8・3　續存64　186　226　450　631
外3　107　摭續147　新1384　2128　2129　【續甲骨文編】

般　般甗　趞曹鼎　王在周般宮　利鼎　般仲□盤　齊陳曼匿　孳乳為槃　免盤　匽公匜
強伯盤　袁盤　楚季盤　中皇父盉　干氏弔子盤　函皇父簋　兮甲盤　齊侯盤
鄭伯匜　取膚盤　毳盤　畲父盤　史頌盤　函皇父盤　宗仲盤　蘇甫人盤　封孫宅盤
弔五父盤　仲叡父盤　魯伯盤　公子土斧壺　魯司徒仲齊盤　曩伯妟父盤　毛弔盤　大師子大
孟姜匜　□□盤　余卑盤　休盤　□右盤　鄧伯吉射盤　吳盤　師寏父盤　省舟　叵弔多父盤

□元年師旋簋　錫女赤市同黃麗般　□癲盨　錫般裒　虢攸攸勒　【金文編】

□般陽丞印　□左右滷般　□般成　□般翁山　□般嘉　□般毋害　【漢印文字徵】

□說文　□王存乂切韻　【古文四聲韻】

◉許　慎　□辟也。象舟之旋。从舟。从殳。殳所以旋也。北潘切。□古文般从支。　【說文解字卷八】

◉劉心源　般即盤。从支。古文般字。見說文。　【奇觚室吉金文述卷三】

◉羅振玉　□□□□□□　說文解字。般。辟也。象舟之旋。从舟从殳。殳以旋也。古文从支作□。此从攴。許云从支乃攴之譌。兮甲盤亦作□从攴。此或又省攴。　【殷虛書契考釋】

◉商承祚　甲骨文金文皆从攴作。與此同。篆文从殳者。譌變也。　【說文中之古文考】

◉徐協貞　□古般字。亦方名。山海經泝山。般水出焉。漢書地理志平原郡有般縣。或即般方之領域也。卜辭般庚又作盤庚。般盤應為一字。南史梁武帝紀盤遣使來貢註。盤。國名。此必般方氏族遷諸外域以立國者。其存在中原者為般方。　【殷契通釋卷一】

◉商承祚　金文作□(般甗)。□(趞曹鼎)。□(畲父盤)。□(辟矦盤)。又或作□□(父已爵兄癸斝)。與說文「象舟之旋」之訓正合。　【甲骨文字研究下編】

◉郭沫若　「辛未卜，今日王□，不鳳風。」(右行)

王下一字象舟楫之形，疑是般之右字。說文：「般，辟也。象舟之旋，从舟，从殳，殳令舟旋者也。」此所从之□亦正殳之象形。

第一一七二片　「甲戌卜□貞方其□于東，九月。」

第一一七三片　「己酉卜王□見。庚……亡……」(上辭右行)

右二片一奇文，象一人操舟之形。余意仍是般字，前辭讀為畔，後辭讀為返也。　【殷契粹編考釋】

◉馬叙倫　鈕樹玉曰。繫傳作殳令舟旋。今蓋令之譌。韻會引作殳令舟旋者也。翟云升曰。二徐本皆未當。當作殳所以旋舟也。倫按玉篇引殳所以旋也作殳般旋也。倫謂象舟之旋及殳所以般旋也皆呂忱或校者所加。辟也以聲訓。然字實從殳舟聲。舟非舟車之舟。乃初文槃字作□□者之譌。故父辛鼎作□。甲文作□□□。或作□。則取聲借。金甲文竝從攴者。攴殳一字也。般為擊之初文。撥之轉注字。手部。擊。擊擭不正也。撥。治也。史記自序。撥亂世而反之正。莫近於春秋。即擊擭不正之義。今人言事已誤而欲正之曰般遇來。音如班。江南舟相遇。則舟人相呼曰般艘。謂行舟不正。往來易相觸。般其櫂使舟正也。當入殳部。或曰。舟聲也。舟音照紐。古讀歸端。般音幫紐。幫端同為清破裂音。古讀盤音蓋如般。舟盤之語原同也。故金文率從攴從舟。般甗作□。趞曹鼎作□。辟侯盤作□。鑄父盤作□。余卑盤作□。

□ 李杲曰。書契作□。孟氏叔子盤作□。竝與此相近。倫按從攴二字校者加之。【說文解字六書疏證卷十六】

◉楊樹達 殷契粹編八四三片云：「辛未卜，今日王□，不鳳風？」郭沫若云：「王下一字象舟楫之形，疑是般之古字。說文：般，辟也，象舟之旋。从舟，从殳，殳令舟旋者也。此所从之□亦正殳之象形也。」考釋壹壹貳葉。今按郭君釋字為般，其說至確。余謂□字象水形，乃水字，甲文恆見。水字多在字旁，而此水字橫截舟上者，示舟浮行水上之形也。後世字作洀，見於管子小問篇，其文云：「意者君乘駿馬而洀桓，迎日而馳乎？」尹知章注云：「洀古盤字」是也。按周易屯卦云：「磐桓利居，貞。」管子書云洀桓，猶周易云磐桓也。郭君未引管子書，而讀洀為般，與尹注讀為盤者契合，可謂妙悟。惟不知有與甲文形體密合之洀字，而認甲文从水為从殳，不免小失耳。余今據管子書證成郭君之妙解，或者亦郭君所樂聞歟！

古書云般游，偽尚書五子之歌云：「乃般游無度」，是也。云般樂，孟子盡心篇云：「般樂怠敖」是也。洀為般之初字，字从水从舟，據形課義，洀當為浮舟水上行樂之稱，說文訓般為辟者，非古義也。蓋經傳無般辟之訓，亦無以般辟連言者，漢書八十六卷何武傳云：「所舉者召見，槃辟雅拜」，始以槃辟連文，段玉裁注說文，謂般辟乃漢人語，信哉！信哉！【釋□ 積微居甲文說】

◉李孝定 按說文。「般辟也。象舟之旋。从舟从殳。殳所以旋也。□古文般。从攴。」絜文从凡从攴。郭氏說攴般凡槃盤鎜諸文衍變之迹是也。凡與舟異物。而二者文古僅毫釐之別。凡作□舟作□。後世从凡从舟之字每多相混。更進而凡亦或作舟矣。周禮春官司尊彝云「皆有舟」。此言諸彝下有承槃凡。字當作凡。云「皆有凡」也。般字本从凡从攴。象凡槃之旋。譌而从舟。遂有「象舟之旋」之義。且絜文即有从舟作□者。知凡舟二字混用殷世已然矣。洀字子氏引管子尹注釋作般可从。字有亡於說文而存於先秦古籍或後世字書者多矣。此特其一例耳。□字郭氏疑亦般字。說亦可通。【甲骨文字集釋第八】

◉張日昇 □□異物。李說誠是。然般為承槃。旋之何義。竊疑般辟字从舟不誤。从攴以旋舟。承槃字之象形作□。般槃音同。□□形近。金文遂叚般為槃。後从皿以示其類。从金以示其質。盤鎜並為形聲字。【金文詁林卷八】

◉李孝定 張日昇氏謂般辟字从舟不誤，以義言之，其說可取；然無以解於甲骨文般字从「凡」作「□」，蓋「凡」為承盤，所以受物，「受」字作「□」，即以盤相授受，相授受遂有般旋之義，及後字譌為舟，遂若「般辟」之字从舟為舟之般旋之專字矣。【金文詁林讀後記卷八】

◉石志廉　楊桂榮

般毁腹内底有一鑄銘陰文□字，象人以手執竿或棍撑舟前行之狀。作此銘文的銅器除此之外還有《般鼎》《般父己爵》《般父丁爵》《般父丁鼎》《般兄癸卣》《般父己尊》《般父癸觶》《般父丙觶》等，其般字書作□、□、□、□、□、□等大同小異，基本相同。甲骨文中此字書作□、□、□，亦象人立舟上以竿或棍撑舟前行狀。關于此字有人釋為尹舟二字，有人釋為聿，即後世的□、□之初文。《集韻》作□同津。也有人釋作般字。柯昌濟曰：般字從手盪移舟形，愚謂般即搬之古字，今人謂移曰搬，宋時亦有轉般倉之名，此語甚古，般疑紀古代移徙之事或人名。馬叙倫謂：□為説文之攴字，攴殳一字，今字作打，□，謂刺舟也。《説文》船之古文作□，甲文亦作□，蓋般即□之合文也，作此器者，蓋以刺舟為業，所謂榜人也。按柯、馬二氏釋般是對的，我們同意馬氏之説，認為此字應釋作般，它是氏族的徽號，這個氏族在商代是個掌管舟船事業的氏族，他們可能是為商王掌管舟船的官吏，以上列舉的銅器都是這個氏族的遺物。【中國历史博物館所藏部分商代青銅器　中國历史博物館館刊一九八二年第四期】

◉徐中舒　□二期林二·八·一四從□凡從□攴，□象高圈足槃，上象其槃，下象其圈足。製槃時須旋轉陶坯成形，故般有槃旋之意。《説文》：「般，辟也。象舟之旋。从舟从殳，殳、令舟旋者也。」甲骨文從□凡從□舟每易相混，故《説文》誤從凡為從舟，而有「象舟之旋」之説。【甲骨文字典卷八】

◉戴家祥　説文八篇：「般，辟也。象舟之旋。从舟从殳。殳所以旋也。舣，古文从攴。」按金文般多从攴，間或有从支从殳，均與人手相關。甲骨文般作□，右邊也作攴，左邊多从□凡。□是船帆初形。□變化為舟，二者意義上仍密切相連。般之初義誠如許慎所釋當是舟在水中盤旋之意，為動詞。禮記投壺：「主人般還曰辟。」疏：「主人見賓之拜，乃般曲折還，謂賓曰：今辟而不敢受，亦作般旋。」此借舟或帆之旋，為人的動作。廣韻：「般，還反也。」爾雅釋言：「般，還也。」旋而後還，反，義相通而演繹。

金文借為器物類名以後，加皿旁或金旁作盤鎜。單盤「唯□單自作盤」。䰉即金文用作盤意的般字，从非。非讀作攀。盤為聲符添加字。【金文大字典下】

林一·二四·五【甲骨文編】

甲24 甲131 641 2583 3918 珠537 粹282 494 518 539 835

新4352 甲2124 佚112 掇453 新704【續甲骨文編】

服 盂鼎 井侯簋 作册魖卣 班簋 趩簋 服尊 克鼎 番生簋 毛公㕑鼎

匍簋服尸 駒父盨 秦公鎛【金文編】

服 為三五 秦六二 八例 日乙七〇【睡虎地秦簡文字編】

張服 粱服 服誼 服師定國 即服【漢印文字徵】

袁安碑 孝和皇帝加元服 石經文公 天王使叔服來會葬 說文古文作𦨈 汗簡引同 又引義雲章作𦨈同此【石刻篆文編】

服 服【汗簡】

古孝經 並古老子 說文 並籀韻【古文四聲韻】

◉許 慎 𦨈用也。一曰。車右騑。所以舟旋。从舟。𠬝聲。房六切。𦨈古文服从人。【說文解字卷八】

◉劉心源 服。阮釋父舟二字。案說文𦨈从舟𠬝聲。此从𠬝即𠬝。風俗通姓氏篇。服氏。周內史叔服之後。㠯字為氏。【奇觚室吉金文述卷七】

◉林義光　□服音逼。服亦訓為乘。詩巷無服馬。叔于田。箋云。服。乘也。舟亦所乘之物。古作□毛公鼎。【文源卷十一】

◉葉玉森　□即𠬝。乃服之古文。當與□□為同字。从□與从□同。殷虛書契前編卷七第二葉第三十二葉並言俘𠬝某國。則此言用𠬝用二𠬝。或即用俘𠬝之人僇以代牲耶。殷代以人為祭。余於揅契枝譚中已舉數證。【鐵雲藏龜拾遺考釋】

◉馬叙倫　鈕樹玉曰。宋本䑺字不能辨。王筠曰。右䑺二字似有誤。馬部説䑺曰驂。鄭風。兩服上襄。兩驂雁行。則䑺不可名服也。䑺有二。亦不可指言右也。朱駿聲曰。本義為舟兩旁夾木也。倫按朱説是也。用也非本訓。一曰車右䑺者。蓋有捝文。詩鄭風兩服上襄。箋。兩服中央夾轅者。正義。馬在内,兩服者。馬之上駕也。然則車服即駕具。革部之鞁字義也。此校者加之。所以舟旋四字涉上文般下説解而誤演。字見急就篇。毛公鼎作□。盂鼎作□。周公敦作□。

□　桂馥曰。六書故作□。從卜。案古文卜作□。譌為人。蓋卜聲也。倫按桂説是也。服音奉紐。古讀歸並。卜音幫紐。皆雙脣音。故服轉注為𦨈。余秝鉦作□。從人校者加之。【説文解字六書疏證卷十六】

◉楊樹達　古文服字皆用為職事之義,故舊詁多訓為事,此事字,當如今日通言謀事之事。班𣪘云:「王令毛伯更虢城公服。」更讀為庚,續也。見毛詩大東傳。此謂王命毛伯繼虢城公之職也。趩尊云:「王乎内史冊命趩更氒祖考服。」更字亦當讀為庚,此言命趩繼其祖考之職也。井侯彝云:「王令𤇾眔内史曰:蕢井侯服。」蕢當讀為匄,與也。見廣雅釋詁三。此王命𤇾及内史與井侯以職也。毛公鼎云:「女母敢家隊在乃服。」此言女毋墜失於其職也。臣卣云:「尹其亙萬年受氒永魯嘏,亡競在服。」競當讀為竟,無競在服謂在職無終已也。克鼎云:「勵克王服。」勵讀為擢,謂拔擢克使任王職也。番生𣪘云:「丕顯皇祖考穆穆克誓哲氒德,嚴在上,廣啓氒孫子於下,勵於大服。」班𣪘又云:「丕丕丮皇公受京宗懿釐,毓文王王姒聖孫,登於大服。」大服今言要職或重職也。禮記祭統載孔悝鼎銘云:「若纂乃考服。」纂讀為纘,繼也。纂乃祖服,猶趩尊之更氒祖考服也。以此義推之詩書,書大誥云:「洪惟我幼沖人嗣無疆大歷服。」嗣服猶班𣪘趩尊之更服,孔悝鼎之纂服也。無疆服卽臣卣之無競在服也。古競疆音同大歷與天歷同。論語堯曰篇云:「天之歷數在爾躬。」天歷即天之歷數,嗣無疆大歷服,謂繼嗣萬年無疆天之歷數之職,意即嗣為天子也。康誥云:「已!汝惟小子,乃服惟弘。」惟與雖同,文言:女雖小子,而汝之職則大也。酒誥云:「越在外服,侯甸男衛邦伯;越在内服,百僚庶尹惟亞惟服宗工越百姓里居,罔敢湎於酒。」外服内服,即外職内職,猶後世言外官京官也。詩小雅六月云:「有嚴有翼,共武之服,共武之服,以定王國。」共武之服謂供武之職也。大雅下武云:「永言孝思,昭哉嗣服。」嗣服謂繼職,此與書大誥言嗣服者正同也。又蕩云:「曾是在位,曾是在服。」在服即在職也。職位義近,故與在位為對文也。毛傳訓蕩之服為服政事,失之也。

事與服同義，故金文或即言事。守宮尊云：「周師光守宮事。」光讀為貺，與也。文云「光守宮事」，猶井侯彝云「葊井侯服」也。服之訓事，本是古義，特事字在今日義太廣泛，故今釋為「謀事」之事，而綜合彝銘詩書諸例，以職字釋之云。【釋服　積微居小學述林】

◉林潔明　説文。「服。用也。一曰車右騑。所以舟旋。从舟𠬝聲。𦨈古文服。从人。」按字从舟無義。許説亦甚牽强。金文字或从凡。凡盤之象形字。（郭沫若説。）余意服字本義當為服事。字从凡𠬝。𠬝亦聲。蓋象人奉盤服事之象。詩大雅蕩「曾在是服」。傳。「服。服政事也。」引申而服事天子之邦國亦曰服。尚書「惟亞惟服」是也。又以音同意近。用為屈𠬝之𠬝。書武成「而萬姓悦服」。易繫辭「服牛乘馬」等皆是。【金文詁林卷八】

◉張秉權　甲骨文中的般字，从凡（或舟）从攴，攴的形狀，像手裏拿着鞭杖之類的東西向上作樸擊的樣子。而這個字的形狀，是像人手裏拿着篙杖之類的東西向下作支撑的樣子，其形體似乎有别。所以我認為這個字應釋為服字，説文八下舟部：「服，用也。一曰：車右騑所以舟旋，从舟𠬝聲。古文服從人。」段玉裁注曰：「從舟從人者，凡事如舟之於人，最切用也。凡事皆當如人之操舟也。」又曰：「馬之周旋，如舟之周旋，故其字從舟。」如此，則粹編一一七二片的：「方其服于東」，可以解釋為「方其用于東」，方本來是在西北的，今欲用之於東，所以卜問是否可行。在這一版上的「服」字，似乎是一個人或族名。【殷虚文字丙編考釋】

◉陳邦懷　《陝西出土商周青銅器（一）》一四八號鼎銘：「烏工𦨈乍彝彝。」乍上一字，原書釋文作侜。按，此字左从舟（係舟字，有缺筆），右从𠬝，與左从人，右从舟之侜非一字。或謂古文字偏旁左右不拘，釋侜可也。余謂不然。考古文字中雖有改變偏旁者，然字有定型之根據，則不得隨意移動偏旁。如此𦨈字即《説文解字》服字之古文⿰舟人也。《説文解字・舟部》：「𦨈，古文服，从人。」段注云：「从舟从人者，凡事如舟之於人最切也，凡事當如人之操舟也。」按，古文⿰舟人，从舟，从人，會意，謂舟人服事也。（《詩・關雎》鄭箋：「服，事也。」）【釋⿰舟人　一得集】

◉徐　鉉　舸舟也。从舟。可聲。古我切。【説文解字卷八新附】

◉許學仁　舿舟節4・10

古匋文中有夸字，顧廷龍氏以為「从大从羊，疑即㚔字」，蓋審之未諦。夸，从大亏聲，當即夸字。楚文字中大習作⽳，節文舿字所从，與古匋夸字一也。舿，于思泊氏自聲義探其字源，謂即「舸之古文」，甚具卓識。以聲求之，夸為溪母，屬深喉，可

艇 ⿰舟廷 艅 ⿰舟余

為曉母，屬淺喉，皆舌根音。求之以韻，夸為魚部，可為歌部，旁轉通諧。復檢查其字義，揚雄方言卷九：「南楚江湘，凡船大者謂之舸。」節文作舿，夸从于聲，方言从可聲，古从夸从于从可得聲之字，均有大義。（夸有大義，見王念孫釋大第二。于有大義，說詳段玉裁說文解字「芓」「吁」篆下注，王念孫廣雅疏證卷一上，王念孫釋大第七、第八，王引之經義述聞卷二十二，郝義行爾雅義疏卷一。可有大義，見王念孫釋大第四、第七。）二字音義密合，知舿即舸也，乃大船之稱。

節文稱「屯三舟為一舿」，或謂集三舟為一舿，於義不明。按：屯，皆也。（訓屯為皆，見考工記玉人：「諸侯純九，大夫純五。」鄭注：「純猶皆也。」又墨子節用上：「若純三年而字子。」孫詒讓亦引周禮鄭注訓屯為皆，純从屯聲，古二字通用，屯自宜有皆意。）舿，指三舟組成之船隊單位。屯三舟為一舿者，言皆以三舟組成一船隊，而名之曰「舿」也。【楚文字考釋　中國文字第七冊】

◉徐　鉉　⿰舟廷小舟也。从舟。廷聲。徒鼎切。【說文解字卷八新附】

◉徐　鉉　⿰舟余艅艎。舟名。从舟。余聲。經典通用餘皇。以諸切。【說文解字卷八新附】

◉郭沫若　艅字本作⿰舟𠆢，舊釋艅而無說。今案字乃從舟從𠆢，𠆢即余之異文。余乃⿰王余之初字，玉笏也。字之較古者作⿱𠆢十，較晚者作⿱𠆢禾，即⿰王余之正面形。上剡，中有玄纁之絇組，下有繅藉也。𠆢則其側視形。別有師艅尊，文云「王女如上侯，師艅從王，囚功，易師艅金。艅則對𢋓乓德，用乍乓文考寶彝，孫孫子子寶」。當是同人之器。彼艅字作⿰舟余，所从余字乃正面形。【師艅𣪘　兩周金文辭大系考釋】

◉郭沫若　艅字作⿰舟𠆢，與師艅𣪘同，乃从舟从⿰王余之側視形，譌變為小篆之俞，再變為今通行之俞字。注家不測，復以艅字附入說文，所謂蛇足也。【黃韋艅父盤　兩周金文辭大系考釋】

◉熊傳新　何光岳　關于「三舟為一⿰舟𠅋」，郭沫若、商承祚先生在文中，均釋為「三舟為一舿」，後來譚其驤先生和黃盛璋同志也均無異議。我們認為「舿」字，古今皆無此字。從「⿰舟𠅋」字的結構分析，左旁為「舟」，沒有異議，但它的右旁，上首為「亼」，不是從「大」，而應從「人」部，這從節上的銘文看，是明顯的。下首「⿱一禾」，應為「禾」，不是「亏」，因此「⿰舟𠅋」不應釋為「舿」，而應釋為「艅」為妥。「舿」，古文獻中無考，而「艅」，在古文獻中均有記載，「艅」在古代與「艎」連用，稱為「艅艎」。「艅艎」，實際上是指古代的一種形體較大的舟，是戰國時期吳王闔閭所造，是屬于作戰時，當作指揮用的一種戰船，此外，也可作大江河湖中的一種較為安

全的船使用。【鄂君啟節舟節中江湘地名新考 湖南師範大學學報一九八二年第三期】

◉徐鉉 艎艅艎也。从舟。皇聲。胡光切。【説文解字卷八新附】

甲一二六九 甲一九四八 福三 佚四七・〇 燕六〇六 鐵一一二・三 鐵一八四・三 餘七・一 拾五・一二 前六・六一・七 後二・一三・五 林二・二五・六 後二・三〇・一八 乙六六八八 京津五二八一 存五〇四 存五一一 甲一三五一 甲二二四一 鐵一六二・四 拾一〇・五 佚一八 佚六〇 燕六二四 燕五六四 餘七・一 前五・一〇・二 前五・二二二 前五・二三・二 前四・四六・三 前六・六〇・六 前七・四二・一 戩二六・四 粹一〇七一 粹一一〇二 乙八一七一 京津一二二二 續五・七・七 佚四〇 佚二三四 佚二九六 佚三八〇 前七・一・二 前七・三六・一 後二・三六・三 林二・二九・四 戩三八・一 存五九五 存七五五 鄴初下四〇・二 京都二一四六 甲三六一三 或從水與説文或文同 鄴二下三五・七【甲骨文編】

甲279 507 600 601 727 807 810 1117 1148 1269 1550 1976 1978 2002 2241 2364 2378 2387 2416 2464 2814 2917 3004 3115 3343 3346 3375 3690 3913 乙106 132 394 906

2000 3797 5760 6300 6382 6397 6684 6692 6705 7042 7267

7360 7764 7984 8072 8498 8502 8810 9080 9082 9085 9090

珠170 171 172 193 207 276 345 484 467 707 956

958 1182 1188 1190 1196 1231 福3 4 25 佚13 17 18

19 30 40 51 60 116 190 221 234 247 276 296

328 354 379 380 412 508 520 534 662 682 777 782

913 945 956 續1·4·6 1·6·3 1·13·2 1·38·3 1·40·6 1·49·1

2·7·6 2·15·3 2·29·7 3·1·1 3·1·2 3·1·3 3·2·1 3·3·1

3·3·2 3·4·2 3·4·4 3·5·1 3·6·6 3·7·9 3·8·9 3·9·1 3·10·2

3·12·4 3·12·6 3·46·6 4·9·3 4·18·5 4·29·1 4·31·1 4·33·2

4·35·4 5·14·4 5·18·8 5·25·8 5·25·9 5·28·6 5·29·10 6·7·10

掇425 450 徵2·39 242 2·45 2·46 2·55 2·58 2·59 2·60

2·61 2·62 3·9 3·20 3·28 3·37 3·63 3·203 4·51 4·106

4·107 9·4 9·5 9·6 9·8 9·9 9·11 9·15 9·16 9·17

9·18 9·19 9·20 9·21 9·23 9·30 9·34 9·35 9·36 9·37

9·40 10·1 10·2 10·3 10·4 10·10 10·129 12·14 京2·25·2
2·26·2 3·13·4 3·32·4 4·13·1 凡9·2 11·3 13·3 17·1 18·4
古2·6 2·9 録592 611 624 628 631 634 637 642 645
646 鄴40·2 天60 61 62 66 67 鄴三45·2 龜卜67 東方S·11
884 六中87 六清107外338 六清109 續存510 517 525 545 591 627
634 637 外30 34 摭續150 152 280 粹144 193 230 249
366 431 504 785 801 808 887 1071 1074 1081 1094
1105 1123 1128 1138 1142 1143 1145 1146 1152 1161 1162
1163 1166 1172 1174 1182 1183 1184 1185 1188 1190 1252
1285 1292 1316 1535 新1266 2216 3000 3089 3090 4254
4378 5281 5495 5552 【續甲骨文編】

方 戍甬鼎 般甗 鮽尊 𫹉卣 乙亥鼎 天亡簋 保卣 矢尊 矢方彝 盂鼎 鄂侯鼎 牆盤 癲鐘 禹鼎 毛公厝鼎 虢季子白盤 兮甲盤 曾伯霥固 秦公簋 秦公鎛 郤王子鐘 中山王𦉜鼎方𦉜百里 中山王𦉜兆域圖 史逹方鼎 彔伯簋 番生簋 召卣 不嬰簋 不嬰簋二 从木 盗壺 枋𦉜全里 汸 說文方或从水作汸 盗壺 四駐汸" 詩小雅作四牡彭

彭【金文編】

4·48左宮方 9·9保方【古陶文字徵】

〔二〕 〔二七〕 〔三六〕【先秦貨幣文編】

刀弧背右方 冀靈 刀大齊厺化背十方 魯掖 布空大方亇 典五四八【古幣文編】

155【包山楚簡文字編】

方 日甲七二背 二十一例 通房 —取婦家女出入貨吉 日乙九九 法八八 十七例 秦一三一 為一五 七例

日乙一七〇 十四例【睡虎地秦簡文字編】

降于亓[四]—(甲2—18)【長沙子彈庫帛書文字編】

3957 3959 3961 3958 1577【古璽文編】

朔方長印 楊子方印 傅方 公孫方印 妾異方 馬萬方印 閭方始 田毋方 啟方

王便方印 方丘 方轎 方中青 方吳 長孫方居 臣方 左朱方 王子方【漢印文字徵】

天璽紀功碑 一□萬方 石碣霝雨 □于水一方 石經君奭 故一人有事于四方【石刻篆文編】

方 方見說文 方出華岳碑 方並尚書【汗簡】

雲臺碑 古老子 汗簡 同上 古老子 雲臺碑亦作國字 說文 華嶽碑 古尚書

雲臺碑　同上　並說文　崔希裕纂古　【古文四聲韻】

◉許　慎　方併船也。象兩舟省總頭形。凡方之屬皆从方。府良切。汸方或从水。【說文解字卷八】

◉方濬益　（史懋壺蓋）莽字銘文中習見。阮文達公釋為旁之緐文。古邦字異文。濬益按。莽从茻从亼从方。當為方之緐文。詩出車。王命南仲。往城于方。又天子命我。城彼朔方。傳曰。方朔方。近玁狁之國也。六月侵鎬及方。至于涇陽。箋曰。鎬也。方也。皆北方地名。箋蓋承出車毛傳之辭泛言北方地名。而不能詳其所在。竊謂鎬即鎬京。方即此莽京。方莽古今字也。【綴遺齋彝器款識考釋卷十三】

◉孫詒讓　「卜𠃌咊」、一之三。反文。「出貝大□酒先之牛十月」、二百廿六之二。「酒□豕□𠃌于□□」、九十六之四，亦反文。「貝求方于丁」、五十一之四。以下六事「方」並作「」。「卜戈貝𢼸辛子乎禽酒禾于方□」、百十四之三。「□乙丙貝酒方其之□」、二百十八之二。「曰不乎方□□」、百四十九之一。「□□卜□□方其之」、二百十八之二。「□方□不其□」。二百五十一之四。此二事不能定其為四方之祭，以其與前云「貝酒方其之」文意相近，並附箸之，以蔔考。考《說文・匚部》：「匚，受物之器，象形，讀若方，籀文作。」金文女姬罍作。此與彼同。「」、「方」字通，或作「」者，方之異文。詳《釋地篇》。此蓋謂就方神而卜之也。《周禮》迎氣于五帝及五神通謂之四方。《詩・小雅・甫田》云「以社以方」，《毛傳》云：「方，迎四方氣于郊也。」是也。【契文舉例】

◉林義光　方為兩舟總頭。其形不顯。古作易尊彝丁。作番生敦。即丙之變形。方丙同音。本與丙同字。邊際也。變作不𣪕敦。作馭方鼎。說文云。溥也。从二。上闕。方聲。按古作旁器。作旁彝。从凡方聲。方旁古通用。當即方之或體。【文源卷三】

◉高田忠周　說文。併船也。象兩舟總頭形。或从水作。葢當作。重之省也。乚或作一亦同。以象總結之意。即此一種象形也。爾雅釋水大夫方舟。李注並兩船曰方舟。詩廣漢不可方思。谷風方之舟之。莊子山木方舟而濟于河。皆字本義也。【古籀篇七十五】

◉余永梁　書契卷六二葉王先生曰。「此字以意言之。或方舟之方字。」梁案說文方字或體作汸从水。師說近是矣。【殷虛文字續考　國學論叢第一卷第四期】

◉葉玉森　方殆象架上懸刀形。並不象兩舟總頭。造字之始當與同例。殆謂邊裔之國習俗如是。故名之曰夷曰或曰方而已。【說契　學衡第三十一期】

◉葉玉森　方出　殷人稱國曰方。如土方馬方羊方井方盂方䖒方苦方等。均國名。本辭言告方出。即言某國出寇。乃告于列

祖也。他辭有指明某方出者。如云「貞于大甲告苦方出」。後上第二十九葉。是。【殷虛書契前編集釋卷一】

◉葉玉森　□森桉。許書訓方併船。象兩舟省總頭形。此則不象兩舟總頭。而象兩舟銜尾。有競渡意。似非方之或體汸。

【殷虛書契前編集釋卷六】

◉商承祚　說文方。「併船也。象兩舟省總頭形。」許說與古文篆文不符。林義光先生曰。「方為兩舟總頭。其形不顯。古作□(易尊彝)作□(番生敦)即丙之變形。方丙同音。本與丙同字。邊際也。變作□(不㠱敦)。作□(馭方鼎)。」(文源三第十二頁)丙與方不類。非是。葉玉森先生曰。「卜辭屢曰某方。如盂方土方苦方羊方馬方等。均用為方國之證。又卜辭屢見『方出』。『方其出』。『方其大出』之文。似又借以代夷字。猶經傳言四方。指四夷也。其字作□□。疑象架上縣刀形。並不肖兩舟總頭省作□。架形微失。」(說契)邊裔之國不知禮教。惟有武功。故中原之人以兵名其國。葉說近似。【甲骨文字研究下編】

◉明義士　□說文解字八下三一〇方部一字「□併船也。象兩舟省總頭形」。按許訓併船未確。疑□亦象耒耜之形，與□畧同。【柏根氏舊藏甲骨文字考釋】

◉魏建功　契文方□□□□形於文似戈兵。疑即刀字。初字從此。金文車卣車字。既象輪轂轅軏形。並畫建戈作□。方字所從□形當與此同。蓋H為藏兵具。如弓矢葡箙字。封域所在郊坰H或為坰誼也。植兵以防。植兵猶樹封也。又戍師次封所以防衛。契文金文並有𠂤字。羅振玉說即師行所止之本字。後世叚次為之。方實防次之防本文矣。【釋午　輔仁學誌第二卷第一期】

◉馬叙倫　鈕樹玉曰。李注文選王仲宣詩引作併舟也。徐灝曰。□象舟並繫橫視之形。古重脣音讀若旁。今潮州人語尚然。倫按玉篇引作象兩舟總聲也。莊子山木。方舟而濟於河。司馬彪注。方。並也。爾雅釋水。大夫方舟。李注。並兩船曰方舟。玄應一切經音義二引通俗文。連舟曰舫。元和郡國志。後魏刁雍漕運欲造船二百艘。兩船為一舫。舫即方之後起字。兩舟為一舫。車發百兩為輩。語原同也。然大夫方舟。豈特為此而特造方字邪。下文。斻。方舟也。此重文作汸。實從水方聲而為方之後起字。後漢書文苑杜篤傳。北斻涇流。李賢注。斻。舟度也。倫謂今言航船者亦度船也。詩誰謂河廣。一葦杭之。毛傳。杭。度也。以杭為之。則航之義為度。由此以達彼。蓋作字之時。數舟相維。履之而過。爾雅郭注所謂比船為橋。橋梁未作時之制。故梁字與之同語原。字從兩舟會意。變為篆文。省為方耳。併船也者。許本訓併也。或并也。呂忱加此耳。象兩舟省總頭形亦忱或校者改之。許當作從兩舟省。字見倉頡篇。見經典釋文引。亦見急就篇。秦公敢作

。公伐郚鐘作。朱中子尊作。甲文作。【說文解字六書疏證卷十六】

◉徐中舒　甲骨文及銅器之方,作 殷虛書契卷二第十五葉 第十六葉 卷五第十一葉 第十三葉 第二三葉 後編下第四葉 俎子鼎 殷甗 曾伯簠 兮甲盤 不嬰敦 番生敦 召尊 彔伯敦

象耒的形製,尤為完備,故方當訓為「一番土謂之坺」之坺,初無方圓之意。(古匡即方員字)方之象耒,上短橫(如番生敦等)象柄首橫木,下長橫即足所蹈履處,旁兩短畫或即飾文,小篆力作,即其遺形。古者秉耒而耕,刺土曰推,起土曰方,方或借伐發墢等字為之。

直庛則利推(庛即耒下端歧出者),句庛則利發。——考工記車人

耜廣五寸,二耜為耦,一耦之伐,廣尺深尺謂之甽。——考工記匠人

及籍……王耕一墢,班三之,庶民終於千畝。——國語周語

孫詒讓周禮正義說:「伐即坺之借字,其字又通作發,俗作墢」,蓋方,坺,伐,發,墢古皆讀重脣音,故得互通。詩甫田「以社以方,我田既臧」;雲漢「祈年孔夙,方社不莫」;方社當即農家祈年之祭,社為後土,方自為連類而及之事。月令「季冬天子乃祈來年於天宗,大割,祠於公社,及門閭」。據此文則社即祠於公社,方即祠於門閭。詩楚茨「祝祭於祊」,傳「祊門內也」,說文引作鬃云:「門內祭」,正與此合。祊,社同為祈年之祭,故字亦可互通。左傳襄二十四年「以守宗祊」,周語「今將大泯其宗祊」,宗祊,即宗社。方,社並稱;祊,社互稱,故知方即坺之本字。又詩

既方既皁,既堅既好。——大田

茀厥豐草,種之黃茂,實方實苞,實種實褎,實發實秀,實堅實好,實穎實栗。——生民

此兩方字次敘均在蒔藝之先,亦當為坺土之事。說文「方併船也,象兩舟總頭形,從兩舟省」;今觀甲骨銅器中方字,全無象兩舟總頭形之意。蓋方可訓併,而不可訓併船,爾雅釋水「大夫方舟」,李注:「並兩船曰方舟」;莊子山木篇「方舟而濟於河」,釋文司馬注:「方並也」;古者耦耕,故方有並意。又儀禮柄皆作枋,耒為曲柄,故聲得轉為柄。【耒耜考　歷史語言研究所集刊第二本第一分】

◉楊樹達　甲文上甲之甲作田,从古文甲在□中。報乙作⿷匚乙,報丙作⿷匚丙,報丁作⿷匚丁,从古文乙丙丁在匚中。羅振玉云:「田字於十外加□,所以示別,與⿷匚乙⿷匚丙⿷匚丁之加匚同例。」王國維則云:「甲在□中,乙丙丁在匚中,實不可解,意壇墠及郊宗石室之制,殷人

已有行之者與！」余謂羅君不能質言□匸為何字何義，渾云示別，殊覺函胡。王君疑其不可解，而以壇墠郊宗石室之制説之，亦無明證。

余於一九四零年九月撰釋□篇，以甲文假□為丁，及説文云：□象國邑，見五篇下冂部同字下。合勘求之，釋□為城。然施之此文，義殊不合。甲文多同形異字，故當別釋。余疑□字象東南西北四方之形，乃四方或方圓之方本字。今作方者，方為併船，乃同音借字，非本字也。□或作匸，則四方省為三方之省形字也。國字從□，而國差鐕及王孫鐘之國字並作㚢，从匸，不从□，知□匸本不異也。省形之匸，説文讀若方，知不省形之□亦當讀如方矣。韋字甲文屢見，中皆从□，而从韋之衛字，皆从方作，詳見孫海波甲骨文編貳卷貳拾柒葉。金文衛字，鬲攸从鼎及司寇良父壺司寇良父毀並从□，而衛父卣及衛公叔毀穌衛攺鼎則皆从方，此皆□方同字之確證也。余昔撰釋旁篇，已明此義，茲復詳言之。【釋田匚匽匸　積微居甲文説】

◉朱芳圃　説文方部：「方，併船也。象兩舟省，總頭形。」桉方當為枋若柄之初文。从刀，一指握持之處。變形作□。字之結構，與刃从刀，丶指刀鋻相同。鶡冠子武靈王篇：「手握兵刃之枋而希戰」，陸注：「枋，柄也」，當為此字之本義。考工記：「秦無廬」，鄭注引鄭司農云：「廬讀為纑，謂矛戟柄」，此則由刀柄引伸為一切器物之柄矣。

説文木部：「柄，柯也。从木，丙聲。」桉柄與枋，音同字通，儀禮士冠禮：「加柶面枋」，鄭注：「今文枋為柄」；士昏禮：「絡冪加勺皆南枋」，鄭注：「今文枋作柄」，是其證也。從文字發展次第言之，方為初文，指事。枋、柄皆後起字，形聲。

説文手部：「把，握也。从手，巴聲。」桉把亦方之後起字。禮記曲禮上：「左手承弣」，鄭注：「弣，把中。」孔疏：「弣，謂弓把也。」釋文：「把，音霸，手執處也。」從音理言之，方與把，古讀幫紐雙聲，魚陽對轉。今人通呼柄為把，讀必駕切，已不知把即柄之轉音，更不知方即把之初文，蓋古義之淹晦久矣。【殷周文字釋叢卷下】

◉于省吾　甲骨文方字作□、□、□、□、□、□等形，人所共知。其作□或□形者，則為舊所不識。實則□或□乃一般方字的初文，因為它屬于第一期早期的𠂤組卜辭。□形滋化為□，下部加一邪劃，這樣字劃的演變，在甲骨文中是常見的。比如：亥字作□也作□，兮字作□也作□，兮字作□也作□，考字從□也從□，是其例證。甲骨文□字凡十餘見，文多殘缺，但就其較為完整字句來看，例如：「弖于東□告」（南北師二・五六），甲骨文東與東有時互作無別，如「東迨」之東作束（林二・二五・六），故知東□即東方；「□𢓊（征）商」（綴合三四），甲骨文言方征某者習見，故知其為方征商；「令𡧊追□」（乙九〇八五），甲骨文言令某追方者屢見，故知其為令𡧊追方。總之，□為方之初文，無論就字劃演變或詞例和義訓來看，都是可以斷定的。至于方字的造字本義，説文訓為「併船」，妄測無據。近年來學者釋方之説，頗多分歧，只有存以待考。【釋□　甲骨文字

釋林】

◉李孝定 徐中舒氏謂方為耒耜，其義為坺，其說較優，許訓併船，於形無徵。方圓義乃假借，其本字古當作「□」，後以與訓圍之「□」、天干之「丁」等字形相混，遂以假借字專行矣。至訓旁、訓併，皆其引申義。【金文詁林讀後記卷八】

◉徐中舒 象耒之形，上短横象柄首横木，下長横即足所蹈履處，旁兩短劃或即飾文。古者秉耒而耕，刺土曰推，起土曰方，典籍中方或借伐、發、墢等字為之而多用于四方之方。【甲骨文字典卷八】

◉戴家祥 說文八篇：「方，併船也。象兩舟總頭形。」按說文釋形與甲骨文金文的方字不類，疑方即旁的本字。从一為肩荷之杠棒形。从𠆢為側身人字。釋名「在邊曰旁」，玉篇：「旁猶側也。」人側向一邊正取旁字義。甲骨文和金文的方又作，一形兩端的短豎為指事符號，表示物之兩旁，猶儀禮大射禮所說「左右曰方」。古無輕唇音，方、旁古音同。甲骨文和金文的旁字都从方从凡，凡即凡，與方聲同，知旁為方的聲符重複字。金文「四方」亦作「四旁」，方與旁音義皆同，故从方之字有旁義，如說文十二篇「房，室在旁也」。說文五篇：「央，中央也。从大在冂之內。大，人也。」央字从大，正面人形，取中間之義，方字從𠆢，側面人形，取旁邊之義，造字方法完全相同。故說文曰「央旁同義」。【金文大字典下】

斻

◉許 慎 方舟也。从方。亢聲。禮。天子造舟。諸侯維舟。大夫方舟。士特舟。臣鉉等曰。今俗別作航。非是。胡郎切。【說文解字卷八】

◉馬叙倫 桂馥曰。禮無此文。爾雅釋水。天子造舟。諸侯維舟。大夫方舟。士特舟。庶人乘泭。段玉裁曰。方舟也衍舟字。倫按斻為方之聲同陽類轉注字。字蓋出字林。禮字以下或校者加之。【說文解字六書疏證卷十六】

◉徐中舒 一期 後下四三·七 從從舟，象人持橈駕舟之形，或作、，同。當為斻之本字。《說文》：「斻，方舟也。从方、亢聲。」《說文》以斻為舟名，非其本義。斻、航、杭古通用。《詩·衛風》：「一葦杭之。」毛傳：「杭，渡也」。此即用其本義。【甲骨文字典卷八】

儿

儿人出奇字 【汗簡】

◉許 慎 仁人也。古文奇字人也。象形。孔子曰。在人下。故詰屈。凡儿之屬皆从儿。如鄰切。【說文解字卷八】

◉郭沫若　「壬申卜争貞令帚好从沚戓伐儿方，受㞢祐。」儿即説文所説古文奇字人。儿方當即夷方。【殷契粹編考釋】

◉馬叙倫　鈕樹玉曰。玉篇。仁人也。孔子曰。人在下。故詰屈。説文曰。古文奇字人也。象形。嚴可均曰。小徐通論作人在下。玉篇同。按偏傍儿皆下體。是人在下也。今作在人下。譌。桂馥曰。仁人也當作仁也。人字衍。段玉裁曰。仁人也三字俗本妄添。翟云升曰。集韻引奇字下無人也二字。龔橙曰。仁人也古文奇字人也皆誤説。以此等為古文奇字未必出甄豐等也。引孔子亦誤。徐灝曰。各本篆作儿。支解其體。造字必無是也。宜作儿。倫按徐説是也。儿實亻之譌。亻即兀字。亦頁之異文也。與人亦一字。本書從儿之字。金甲文仍作儿。唯甲文兄字有□□□諸形。見字甲文有□□二形。玨鼎作□。匽侯鼎作□。頁字卯敦作□。伯頵父鐘偏傍作□。而儿字竟未之見。可證實無儿字。許以兀兒允充等字有從□而不從儿者。故立儿部。亦大亣之例也。説解本作仁也。以聲訓。呂忱加古文奇字人也及孔子以下九字。仁下人字涉下文而衍。或本訓人也。以異文為釋。仁字為校者注以釋音者也。奇字下人字涉上文而衍。本書引奇字者三。倉下仺字。涿下𠃬字。𣞤下无字。是也。而此言古文奇字。又為一例。而言古文奇字者。本書九千餘文中僅此一字而已。仺字玉篇以為古文。以石經蒼字作□證之。或然也。无字唯易王弼本有之。漢碑中亦偶见。實即本書𣞤字所從之𣎴。為有無之無本字。𠃬字從乙即從水。照省聲。並詳各常字下。名曰奇字。而皆不謬於六書。則奇字者。實異體之文耳。漢書楊雄傳。劉歆之子棻堂從雄學奇字。本書自叙。甄豐頗改定古文。時有六書。一曰古文。二曰奇字。即古文而異者也。則雄傳所謂奇字。即自叙所謂奇字。乃莽時六體書中之一。亦即言其書體有此。不必為字書之目。或謂蓋漢志八體六技之一。自有其書。故呂忱得據而加之。所加或不止此。校者以别見於字林者故删之矣。然若此字將出於書之名古文奇字者邪。古文奇字者。惠棟謂衛宏所撰。孫詒讓謂宏所撰乃古文官書。唐人書或引作古文字書。或作古文尚書。或作古文奇字。皆譌也。又謂宏乃恆之譌。衛恆則晉人也。許自不得引用其書。檢隋書經籍志。古文奇字與褉字指並郭顯卿譔。郭顯卿後漢議郎。然亦不知何據。意未必先於許。即先於許。許豈據以列儿字。其可引者又豈僅此一字。必不然矣。許書録字本於倉頡訓纂二篇。蓋總集裁成。自為一書。非如後世字書之無所不收。故雖見於群經諸子者往往不録。則安得於倉訓之外録及郭書。自是倉訓有此字耳。呂忱或校者見郭書有此字。因增古文奇字也。明此亦人字。特古文奇字耳。【説文解字六書疏證卷十六】

◉孫海波　甲骨金文從儿之字皆從亻，如兒作□，允作□之類是其證，知儿與人乃一字之寫譌。【甲骨金文研究】

◉李孝定　㮚文人形之字。其下從□若□者。並即説文之儿。此獨體之儿作□者。嫌與□卩混也。郭説可从。【甲骨文字集釋第八】

甲三三七二　婦兀　乙七九四　乙五二九〇　乙五六二七反　存下五五五　鐵四五・三　京都二一

五八【甲骨文編】

兀　兀作父戊卣　【金文編】

◉許　慎　高而上平也。从一在人上。讀若敻。茂陵有兀桑里。五忽切。【説文解字卷八】

◉林義光　从人而上平。非高之義。兀蓋與元同字。首也。从人。●記其首處。與天同意。兀讀若敻。寒韻。敻古與元同音。奐從敻得聲。奐聲之寏與元聲之院同字。實兀微韻之雙聲次對轉也。兀元同字。故髡説文从元。或體从兀。軏説文作軏。【文源卷七】

◉馬叙倫　徐灝曰。高而上平不知其為何物。此真望文生義。灝謂兀與元同。古文從上之字或作二。或省而為一。故元亦作兀。髟部髡或作髨。是其明證。林義光曰。兀蓋與元同。首也。從𠤎。●謂其首處。與天同意。兀讀若敻。敻古與元同音。奐從敻得聲。奐聲之寏與元聲之院同字。實兀之雙聲次對轉也。倫按徐説是也。元天大人皆一字。古書以元為首者。借為顒或顛也。讀若敻者。敻音曉紐。兀音疑紐。皆舌根音。元敻又聲同元類也。此字蓋出字林。【説文解字六書疏證卷十六】

◉戴家祥　父戊卣字容庚金文編初釋人，重訂本依高景成之見改隸儿部，釋為「兀」。柯昌濟謂此字仍當釋「人」。讀金文編札記。按釋兀是也。孫詒讓古籀餘論卷三第三葉陳肪毁蓋林義光文源卷八早已有見及此。兀元古本同字。説文一篇一部：「元，始也。从一、从兀。」八篇儿部：「兀，高而上平也，从一在人上，讀若敻。茂陵有兀桑里。」許説大誤。「元」之本義為人首，魯頌閟宮「建爾元子」，毛傳：「元，首。」儀禮士冠禮「始加元服」，鄭注：「元，首也。」左傳僖公三十三年「狄人歸其先軫元」，又哀公十一年「公使大史固歸國子之元」，孟子滕文公下「志士不忘在溝壑，壯士不忘喪其元」，杜元凱趙邠卿並訓元為首。晉鼎寇作，偏旁元作，由此而知字於人字上端獨墳者，亦猶大盂鼎天字作，此即所謂「隨體詰詘」之象形字也。陳肪毁「元日」作日，司寇良父鼎寇作，偏旁「元」亦从一在人上，為人體側視形，而以「一」識人首之所在，此即六書所謂指事字也。金文「元年」、「元月」、「元日」與秦篆不殊。之與，亦猶齊侯壺天字作，六國古鉨亦有此作。宋人戴侗云：「元，首也，从儿、从二。『儿』，古文人，『二』，古文上。人上為首，會意。」六書故。許謂从一、从兀，大誤。元兀同字，故九篇髟部「髡，或从元」，十四篇車部軏，「从車，元聲」。論語為政篇「小車無軏」，更旁从兀。是皆兀元同字之證。

唐韻軏讀「魚厥切」，疑母祭部，五經文字軏軏音「月」。說文二篇跀，或體作䟣。又四篇「刖，絶也，从刀，月聲。」一切經音義二刖、䟣、跀同字，同聲通假。刖亦同兀。莊子德充符：「魯有兀者叔山無趾，踵見仲尼，仲尼曰：無趾，兀者也。」釋文李注：「刖足曰兀。」唐韻「元」讀「愚袁切」，疑母元部，祭元陰陽對轉，故軏亦音月。「兀」讀「五忽切」，疑母脂部，脂祭韻近，與元次對轉。是兀之與元不但形同、聲同、韻同，而且義同，其為一字，蓋昭昭然。【金文大字典上】

兒

前七・一六・二　方國名兒人　前七・四〇・二　前八・七・二　田兒　後二・四・一一　兒伯　存下一七　在

兒　清暉九八　佚一一　摭續一八二　京津一三四一　粹六七　【甲骨文編】

乙3596　珠419　佚11　粹67　1194　新4485　甲203　1558　3090　3610

乙4330　4773　5272　6790　7018　7645　卜259　福18　23　零44　佚

337　359　續1・49・5　1・49・6　1・50・1　4・21・10　6・22・16　徵4・20　凡24・4

鄴37・2　天34　續存219　220　1778　1779　外139　389　摭續22　116

粹20　23　54　64　66　67　68　69　新3944　【續甲骨文編】

兒　者兒觶　小臣兒卣　㪤兒鐘　易兒鼎　兒鼎　居簋　𢍰兒鼎　庚兒鼎　沇

兒鐘　【金文編】

兒　日甲二九背　封八六　秦五〇　【睡虎地秦簡文字編】

5276　【古璽文編】

兒尊之印 兒寬之印 田兒姁印 田阜 楊少兒 趙宋兒 【漢印文字徵】

道德經 同上 王存乂切韻 【古文四聲韻】

◉許慎 孺子也。从儿。象小兒頭囟未合。汝移切。【說文解字卷八】

◉高田忠周 按字在銘末。音義無徵。疑亦兒字異文。劉心源云郳字。恐非。唯兒郳音通耳。又按荀子富國。哯嘔之。亦兒字。或以此形為口乎。【古籀篇三十一】

◉吳其昌 卜辭中「兒」字，觸處皆是；悉是所貞祭之先公之名，今第録如下：

(1)「貞賁于兒」「貞之于羹」前編卷1頁50片3

(2)「賁于嬰東」「貞勿賁于兒」「賁于兒」仝卷頁51片2

(3)「勿賁□兒」「賁于兒」「貞于嬰東賁」仝頁片3

(4)「丁卯貞，于庚午，酒米于兒」「丙寅貞，于庚午，酒于兒」「丙寅貞，丁卯，酒于兒」後編卷1頁22片3

(5)「□亥，□賁□妣乙」「辛亥，卜，又賁于羹」「辛卯，卜，又賁于兒」戩壽卷1頁9片7

(6)「受」「兒」「」聽冰卷1頁23片13

(7)「己巳卜貞賁于兒」仝頁片14

(8)「□午，卜賁于兒」聽冰卷2頁20片3

(9)「永貞兒」五鳳頁2片11

(10)「□□于兒」仝頁片14

以上字皆作

(11)「丙戌，獲，貞兒告」前編卷5頁32片8。又聽冰卷2頁20片18重出。

(12)「……貞兒□□」前編卷5頁32片6

(13)「獲羊，貞兒」仝頁片7

(14)「……兒□」後編卷1頁9片9

以上字皆作

(15)「戊申，貞□□求于兒」五鳳頁2片13

以上字作□

按此字上虞羅氏釋作「兕」，應釋作「兒」為是。兕與兒，古亦當為一字，兕即狻猊之猊也。（今吴音正讀「兒」若「女」，讀「兕」若「汝」，猶「汝」「女」之相通矣。）説文：「兒，象小兒頭囟未合。」按已合之囟作⊠或凶，則未合者，正宜作□矣。又居簠（周金文存册六補遺卷三頁四）之「兒」字作□；較以甲骨文字作□，稍引足之，即成凶矣，此尤為明確之證。「兒」，又通「倪」。隸釋卷七沛相楊統碑碑陰有「兒銀」，洪邁跋引宋時一本漢書「兒寬」亦作「倪寬」，是其證也。　【卜辭所見殷先公先王三續考　燕京學報第十四期】

◉郭沫若　□人名，亦習見。羅振玉云：「説文解字，舄如野牛而青，獸形，古文作□，从儿。此殆即許書之兕字。」今案卜辭自有豸字，見上二二片與六八片。與此不相紊，許書二文當以舄為正。雖稍譌變，尚未盡失，□形當有譌誤，未可據。諦宲卜辭此字，寔與兒兄頁皃等字同意，當是屬於人之事物，與舄形決不類，不得釋為兕也。余意當是兒之古文，象小兒有總角之形。兒聲與豹聲相近，説文皃之或體作貌。「从頁，豹省聲。」或即高辛氏之才子叔豹矣。　【卜辭通纂】

◉馬叙倫　鈕樹玉曰。繫傳韻會孺作孩。囟作囪。沇祥麟曰。指事。倫按孺子也蓋本作孺也孩子也。孩子也蓋字林文。象小兒頭囟未合者。蓋本作囟聲。亦呂忱或校者改之。象小兒頭囟未合者。獨居簠之□字。然沇兒鐘作□。寛兒鐘作□。易兒鐘作□。甲文則作□。與居敨之□小臣兒卣之□同。則似從臼。且小兒頭囟未合。亦不能以形象之也。蓋呂忱不得囟聲之由而謬為此説耳。倫謂兒從□囟聲。囟為腦之初文。古音蓋即如腦。腦音泥紐。兒音日紐。古讀歸泥。其證一也。囟之轉注字為巤。巤音來紐。古讀亦歸泥。其證二也。唐寫本切韻殘卷五支。皃。按説文作此兒。其皃字必有本。甲文正如此作。此乃作□者。師袁敨巤字作□□。故此變譌為□。□𡿺一字。孺之轉注也。音同日紐。猶本書之鯢。史記秦始皇本紀作人魚。人音亦日紐也。玉篇引倉頡。男曰兒。廣韻及玄應一切經音義引三倉。男曰兒。字亦見急就篇。　【説文解字六書疏證卷十六】

◉李孝定　説文。「兒孺子也。从儿。象小兒頭囟未合。」絜金文兒字殊不象頭囟未合之形。禮記内則云。「三月之末。擇日剪髮為鬌。男角女羈。」角者總角也。又曰。「男女未冠笄者。鷄初鳴咸盥漱櫛縰。拂髦總角。衿纓皆佩容臭。」是知古之生子自初生至於弱冠皆作總角。玉篇引倉頡篇曰。「男曰兒。女曰嬰。」嬰者頸飾。蓋男則總角。女則佩頸飾也。絜金文兒字。皆象總角之形。字在卜辭為方國之名。　【甲骨文字集釋第八】

兒

◉陳世輝　「[glyph]」字商承祚釋鼠，引《詩經・雨無正》：「鼠思泣血」，訓鼠為憂。從字形分析，更近于兒，兒字下從儿，在古文字中常寫作「[glyph]」，如兒字甲骨文寫作「[glyph]」（佚存四二六），金文寫作「[glyph]」（令𣪘），正與「[glyph]」字相一致。兒在此假為敓，《說文攴部》：「敓，敚也」；「敚，毀也。」繒書所言：「其歲，西域有𢦏，日月即亂，乃有敓□」；則謂西域而有災毀之事。繒書又云：「東域有𢦏」，𢦏字下有二字殘損，只剩「乃兵」和「□于其王」等字，《老子》云：「夫兵者，不祥之器也。」此句必言興兵黷武之事，乃禍及王身。

【詛楚文研究　古文字研究第十二輯】

甲七九九　甲一一八九　甲一二〇二　甲二九一五　甲三一二二　乙一一六　乙一一七　乙一一三八　乙七七九五　乙八六七五反　鐵八・三　鐵一八二・一　鐵一九一・一　拾四・一五　拾五・一四　前七・三七・二　前七・四〇・二　前七・四三・二　前七・四四・一　後一・三一・七　後二・四・一　後二・四三・九　林二・一六・一五　戩一七・八　戩三五・一一　京津三三八　京津四一一　京津四六三　佚三　佚二二七　佚二三四　佚六二五　燕一五〇背　燕七一八　摭續一二五　粹一一五五　乙二四九〇　允雨　見合文二五　乙三五　允不見　合文二九

【甲骨文編】

甲251　258　285　7・99　1189　2274　2356　2915　3000　3104　乙6408　6469　6548　6668　6740　6752　7130　7161　7795　8653　8669　8674　8675　8695　8888　8889　9047　9067　珠32　179　419　1142　1324　1336　卜22　佚24　67　91　110　227　276　835　續4・4・5

4·6·1　4·15·3　4·16·11　4·25·1　4·33·1　5·23·6　掇409　徵1·9
1·17　1·45　1·74　1·90　2·58　2·61　2·62　3·3　4·104　8·8
8·43　8·117　10·121　11·72　11·87　京2·6·4　3·19·5　3·26·2　4·5·5
古2·6　2·9　誠130　天57　76　龜卜89　90　六束32　續存506　743
外25　粹426　627　640　665　772　995　1155　1253　鄴二2·1　甲
2122　2815　3510　乙6127　8823　續5·2·2　徵1·30　4·31　京3·26·3　續存
876　摭續236　粹1341　1419　摭續121　135　粹996　【續甲骨文編】

允　班簋　允哉顯　秦公鎛　从女　不嬰簋　駿方厭允虢季子白盤作厭𩣓　中山王嚳壺　允𢍏若言　【金文編】

郭允祉印　【漢印文字徵】

石碣鑾車　遊蕧允異　安允兩體殘石　品式石經堯典　夙夜出納朕命惟允　【石刻篆文編】

允出古周易　【汗簡】

古周易　【古文四聲韻】

●許　慎　㕣信也。从儿。㠯聲。樂準切。　【説文解字卷八】

●羅振玉　説文解字。允。信也。从儿。㠯聲。卜辭允字象人回顧形。殆言行相顧之意與。　【殷虛書契考釋】

●林義光　㠯非聲。允當與𡕝同字。進也。古作兮田盤𡕝字偏旁。象人。上象其頭。丨進而益上之形。説文云。進也。从本从屮。允聲。按古作兮田盤。从。轉注。奔之聲借。見𢍏字條。从允。此即允之或體。説文云。行夋夋也。从夊。允聲。按古作不嬰敦。即夊之變。見丮字條。象人足。當亦與允𡕝同字。玁狁之狁。虢季子白盤作。不嬰敦

兊

作。是也。夋本訓進。引伸為進之速。故説文趁行速趁也。廣雅趁奔也。釋室。爾雅駿速也。釋詁。詩駿奔走在廟。清廟。駿發爾私。噫嘻。箋云駿疾也。亦引伸為進之緩。由緩進之義引伸為止為退。故説文悛止也。廣雅竣伏也。釋詁三。齊語有司已於事而竣。注退伏也。爾雅逡退也。釋言。方言逡循也。逡循漢鄭固碑作逡遁。遁亦退義。又説文逡復也。復謂進而復退。【文源卷七】

◉馬叙倫　鈕樹玉曰。繫傳脱㠯字。韻會引作從人㠯。恐非。龔橙曰。信也非本形。倫按甲文作。不㝨敢作。從女。倫謂允蓋從聲。敦文從女聲。人音日紐。古讀歸泥。女音娘紐。同為邊音。允音入疑紐者。疑亦邊音也。人允又聲同真類。其為人聲無疑。蓋孕之轉注字。信也者。即信字義。信從言人聲也。允借為信。猶借為佞矣。爾雅釋詁。允。佞也。佞從仁得聲。仁音亦泥紐而聲則真類也。當立為部首而允屬之。石鼓作。【説文解字六書疏證卷十六】

◉嚴一萍　　商氏摹作，與字之下半相同。細察相片，乃作，與乙篇之字下半有異，而則與上半相同。疑當釋允。或釋「云」，不知何據。【楚繒書新考　中國文字第二十六册】

◉徐中舒　伍仕謙　夋、允同。金文不㝨𣪘，玁允之允作，與此同，從女。【中山三器釋文及宮室圖説明　中國史研究一九七九年第四期】

◉曾憲通　日月允生甲五・一　此字上从㠯，下从身。身、人義近通用，當是允字之異構。「日月允生」，李學勤謂「允」為假設之詞，意同如果。帛書身字作，允字作，夋字作，形雖近而有別。【长沙楚帛書文字編】

◉徐中舒　一期前七・三六・二　象人頭頂有標誌之形，所象何意不明。前人考釋亦衆説紛紜，如謂：象人回顧形，點首允許之狀，頭上之—為進而益上之形等，均屬傅會立説不足取。參見《金文詁林》卷八允字條，頁五三七九。據金文字形亦作班簋或作不㝨簋，可見人之頭部已譌作，故《説文》謂：「允，信也。從儿、㠯聲。」王獻唐復據黄縣四𤜵謂允、㠯同讀，證明《説文》允之從儿、㠯聲為不誤，然亦於字形無説，字之本義無從得知。【甲骨文字典卷八】

甲六二六　不兊焚　甲二〇〇七　後二・九・一二　佚四三七　摭續二九五　粹一一五四　鄴三下・三七・五　□亥卜翌日戊王兊田大㝡　庫一七四四　京都七八二【甲骨文編】

甲626 2007 佚437 粹1154 【續甲骨文編】

兑 師兑簋 元年師兑簋 齍兑簋 【金文編】

3·1025 獨字 3·1026 同上 3·1027 同上 3·1028 獨字 6·180 兑之 【古陶文字徵】

〔六八〕 〔六八〕 〔六八〕 【先秦貨幣文編】

布空大 豫伊 仝上 【古幣文編】

兑 日甲五 二例 通説 —不羊 日甲五 通鋭 盜者—口 日甲六九背 日甲六九 【睡虎地秦簡文字編】

吳兑平 □宮兑根 臣兑根 【漢印文字徵】

◉許 慎 説也。从儿。㕣聲。臣鉉等曰。㕣。古文兖字。非聲。當从口从八。象气之分散。易曰。兑。為巫。為口。大外切。 【説文解字卷八】

◉林義光 㕣非聲。兑即悦之本字。古作師兑敦。從人口八。八。分也。人笑故口分開。【文源卷十】

◉高田忠周 説文説也。从人㕣聲。朱氏駿聲云。當從人口。八象氣之舒散。兄者與祝同意。从八與曾同意。今字作悦。又加心旁。易説卦。兑為口。序卦。兑者説也。釋名釋天。兑説也。物得備足皆喜悦也。爾雅釋詁。悦樂也。又悦服也。論語不亦悦乎。蓋人心喜樂。口氣舒散。此謂之兑。字當从人口八為是。朱考為得。許即譌傳耳。因按説文言部。説訓釋也。一曰談説也。从言兑。説為兑異文。無容疑矣。釋也者舒散之一轉義。談説亦其轉義耳。兑説實同。故以説解兑。以今字解古字也。兑變作説。从口亦从言。複矣。凡言部字古文多从口。猶咸或作諴古或作詁也。喜笑開口。中心兑樂。故或从心作悦。 【古籀篇三十二】

◉商承祚 金文師兑毀作。説文兑。「説也。从儿。㕣聲。」段玉裁謂兑為悦之本字。是也。韻會。「悦。或作説。亦作兑。」廣雅釋詁三。「兑。悦也」。莊子德充符。「豫通而不失乎兑。」釋文引李注。「兑。悦也。」皆可為段説左證。 【甲骨文字研究下編】

◉馬叙倫　倫按説也者。以後起字為釋也。師兌敦作。然倫觀麼些文説字作。疑兌實與同字。此從從象氣形之八。會意。餘見説下。【説文解字六書疏證卷十六】

◉魯實先　卜辭兌字其文與小篆同體作，其作者舉未識其文，以愚考之，亦兌之或體，乃從容省聲。以兌從台聲而台之古文作容，是以其異體從容省作，省之則為。兌於卜辭有二義：其一為閱之初文，如云：「丁亥卜，翌日戊王田大冣大吉，茲用允火晟。」鄴・三下・三七・五。「貞☒不雨。」佚・四三七。「翌日戊王。」庫方、一七四四。「翌日戊王隹田亡𢦏畢。」前・八・九・四。「戊王其田叀亾𢦏。」甲編・三五九三。「☒卜☐王其田亾巛。」京津三四五五。「叀田亾𢦏。」文録七三四。凡此諸辭之兌並讀如春秋桓六年「大閱」之閱，大閱即春秋昭十一年、定十四年之大蒐，則「兌田」者乃簡閱師旅因以田獵，即周禮夏官大司馬之「蒐田」也。老子云：「塞其兌閉其門。」兌即詩「蜉蝣掘閱」之閱，此以兌假為閱之證。卜辭或云「兌田」，或云「田兌」者，猶「眚田」亦曰「田眚」，皆為同義疊語，故可互易言之也。兌之第二義乃鋭之初文。如云「叀辛兌伐」後・下・九・十二「戊申卜，馬其先王兌从」粹・一一五四是也。所謂「兌伐」者，即大雅大明之「肆伐」，毛傳：「肆，疾也。」亦即國策趙策四之「急擊」，謂急速以伐之也。墨子備蛾傳篇云：「木長短相雜，兌其上。」荀子議兵篇云：「兌則若莫邪之利鋒。」淮南子墬形篇云：「東方其人兌形，南方其人修形兌上。」及史記天官書所言星象之兌，並為鋭之假字，所謂「戊申卜馬其先王兌从」，乃卜馬方為先行而殷王鋭从其後以逐敵之吉凶宜否也。説者未知為之省而謬釋為介，見商承祚佚存考釋九五一片。或拘於「貞☒兌不雨」之辭而謂兌為求雨時之祝告，見燕京學報十九期所載陳夢家説。或讀兌為悦，是皆於諸辭之義不可通釋，且祝於卜辭自有專字，俱作祝或兄，無須借兌為之，亦無借兌為祝之證，是以卜祝之辭未見兌字。至於殺牲殉葬，無俟蓍龜，藉令稽之占卜，亦必如宗廟卜牲之例而貞之先祖，固非問諸畜牲，乃曰「卜馬之是否樂從」。此則卜辭及典記所未有之例也。寧非恢詭之甚乎。【殷契新詮之一　幼獅學報第三卷第一期】

 充

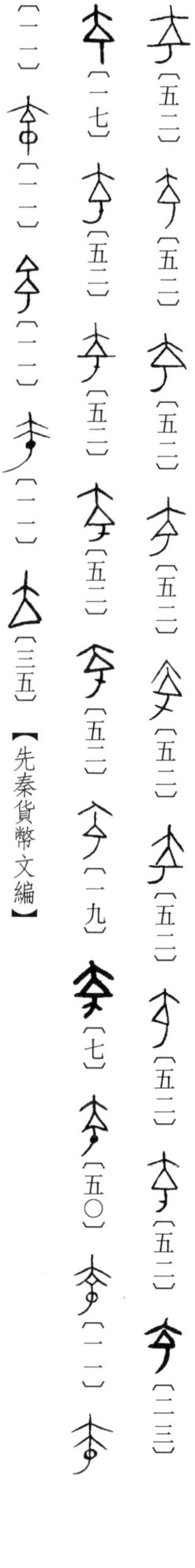

【先秦貨幣文編】

時充　李充　尹充漢印　上官充郎　許充之印　李充安　趙充印　王充印　被充

蔡充　景充國　聚充國　紀充國　王充　郝充　臣充國　【漢印文字徵】

王存乂切韻　【古文四聲韻】

◉許　慎　長也。高也。从儿。育省聲。昌終切。【説文解字卷八】

◉馬叙倫　朱駿聲曰。充育一聲之轉。或曰。從育省。會意。育子長大成人也。龔橙曰。長也高也非本形。倫按孔廣居苗夔徐灝林義光皆以為育非聲。孔徐謂從𠫓會意。苗林謂育會意。唯吳穎芳謂育諧徹。徹雙聲諧充。倫謂育諧肉聲。然實𠫓之轉注字。此從𠫓得聲。𠫓音透紐。故充音昌終切入穿紐。古讀穿歸透也。充蓋𠫓之後起字。從𠫓增儿以定之。故即以𠫓為聲。或㐬之異文也。方言十三。充。養也。養當讀為養字之養。蓋充之本義。充即産子之産本字。産音審紐三等。充音穿紐三等。同為舌面前音。産為艸木之生。充則人之生也。此益可明充𠫓之為一字矣。長也乃引申義。蓋非本訓。高也者。借充為崇。充聲幽類。崇聲侵類。幽侵對轉也。此蓋呂忱引異訓。或校語也。字見急就篇。【説文解字六書疏證卷十六】

兄

甲二二九二　甲八〇一　兄用為祝祝于父甲　甲八四六　匕祝叀羊吉　甲一六五五　其至祖丁祝王受祐　乙七七五〇　祝于祖　鐵一三・二　鐵四〇・四　鐵五四・二　兄丁　鐵一二一・三　兄戊　拾二・一五　前一・三四・一　前一・三九・三　前一・三九・六　前二・二三・一　前三・三三・七　貞人名　前四・二六・二　前七・二八・一　後一・三・七　林一・二三・八　戩二一・七　佚四七　林二・二五・六　福八　佚一六六　佚二五七　佚二六六　佚四二六　佚五一八背　佚八五四　福六　粹一四三二　明藏四〇〇　燕一一二　文管八五　寧滬一・五四　寧滬一・二〇〇　粹三七九　兄丙見合文一〇

甲三一五四　兄丁見合文一〇　甲二四三　兄戊見合文一〇　甲三三二二　兄己見合文一〇　河三三三　兄庚見合文一〇

後一・七・一〇　兄辛見合文一〇　河三三四　兄壬見合文一〇　後一・七・一〇　兄癸見合文一一　【甲骨文編】

甲182　235　442　918　1793　2292　2293　2489　2589　2941　3083

3095　3154　乙628　5386　8696　8697　8861　珠90　福6　佚62　132

174　560　850　942　967　續1・13・1　1・43・7　2・20・4　4・42・4

4・43・1　5・24・11　6・25・4　掇422　徵3・194　3・195　3・199　4・8　11・34

11・37　12・9　新3577　六束44　鄴46・19　甲413　427　588　788　801

846　1143　1655　2057　2082　2383　2695　3045　乙7750　8710　8723

8804　8852　珠206　393　636　1225　1226　1227　1229　佚47　399

440　911　續1・427　2・6・3　4・42・1　4・42・2　4・42・3　4・42・4

4・43・2　6・10・2　掇389　徵3・64　京1・244　2・17・2　凡15・1　鄴32・6　誠

234　六中247　六清159　天7　東方10　S・11　續存1670　1671　1692　1708

外245　摭續74　158　167　171　224　255　粹86　118　148　330　332

339　489　546　1432　新4255　【續甲骨文編】

兄　刺卣　季作兄己鼎　戈肩簋　兄戊父癸鼎　壺　蔡姞簋　叚弔多父盤　殳季良父壺

曾子仲宣鼎 㒸兒鐘 兄日戈 伯公父匿 諸考諸兄 黺鎛 書兄 癸卣 孳乳為貺 貺説文新附 𠯑卣二 𠯑其貺蔑于夆田𢍰 保卣 誕貺六品 師𣪘鼎 師𣪘酤貺 令簋 公尹白丁父貺于戍 𣄰觥 戍子令作册𣄰貺圭土于柜侯 高景成云 兄生同聲 古字恆增聲符 史㝬兄簋 弔𨘾父卣 帥鼎 弔家父匡 王孫鐘 沇兒鐘 子璋鐘 嘉賓鐘 姑□句鑃 【金文編】

一五六：二一 四十一例 委質內室類兄弟 六七：二八 【侯馬盟書字表】

138 【包山楚簡文字編】

兄 封九三 日乙一七〇 【睡虎地秦簡文字編】

2400 此與齊鎛兄字書法同 【古璽文編】

司馬長兄 王長兄 尹兄 朱兄 鐘兄 力中兄 田長兄 呂長兄 【漢印文字徵】

石經無逸 兄若時 今本作允 【石刻篆文編】

兄 【汗簡】

古孝經 汗簡 【古文四聲韻】

◉許　慎　長也。从儿。从口。凡兄之屬皆从兄。許榮切。【説文解字卷八】

◉吳大澂　先生為兄。故从生。生。先生二字省文也。叔家父簠。【説文古籀補卷八】

◉吳式芬　(兄敦)許印林說。䟘似一字。古兄況同音。故白虎通云。兄者況也。況父法也。又與荒同音。故釋名云。兄。荒也。荒。大也。故青徐人謂兄為荒也。説文解字兄从儿。从口。集韻云。从人从口以制下。此會意字。加光則為諧聲。楊鉤增廣鐘鼎篆韻兄下引分寗鐘作。元子鐘作。劉範東古篆分韻亦有此二文。汪立名鐘鼎字源又引作分寗鐘分寗鼎。

搨本久佚。不可詳究。今所傳史桒彝有⿰兄攴。叔家簠有⿰兄㞷。或以為兄生二字。或以為兄旁加㞷即兄字。案釋為兄生者甚謬。㞷。艸木妄生也。讀若皇。兄旁加㞷與兄旁加光同意。皆諧聲也。古兄亦讀皇。書無逸無皇曰漢石經皇作兄是也。楊鉤篆韻⿰兄㞷⿰兄㞷入庚韻。其弟七卷別有合字一門。有西夏而無兄㞷。知不同例。此䠠字亦猶是也。楊書因薛尚功篆韻增成。實皆仍薛氏舊文。最堪依據。䠠蓋古人名。史游急就篇有昭小兄。漢書尹翁歸翟牧皆字子兄。急就與湯光陽等字韻。漢書注兄讀曰況。正與光㞷聲諧。【攈古録金文卷二之一】

◉劉心源　兄余舊釋邦。今考姞馮句鑃曰樂賓客。及我父⿰兄攴子璋鐘用樂父⿰兄㞷。从先先字也。从土為生省。近人謂先生會意為兄字。是也。【奇觚室吉金文述卷三】

◉林義光　古作兄(尨姞彝)。象人哆口形。兄帥教。與后同意。或疑弟本義為次第。則兄本義當為滋長。然弟字難於取象。故用借字。不必以此疑兄非本字也。亦作兄(兄癸尊彝)。⺕象手形。或作⿰兄㞷(叔家父匡)。作⿰兄攴(史桒兄彝)。作⿰㞷攴(散氏器)。作⿰兄攴(兄敦)。㞷聲。【文源卷四】

◉丁佛言　⿰兄㞷叔家父匩。用成稻粱。用𨘋先𤔲諸兄。案古兄訓滋益。與今況字為一字。在此器依韻亦應讀況。⿰㞷攴散氏盤。从兄从㞷省。兄為兄之反文。當是古況字。阮相國釋牧。原書釋邦皆非。⿰㞷攴古鉢。邟況信鉢。兄疑从次省。句鑃次作次。曰次以明先之為兄也。【說文古籀補補卷八】

◉強運開　䠠䠠敢。運開按。此亦古兄字也。从光與从㞷同意。【說文古籀三補卷八】

◉馬叙倫　鈕樹玉曰。韻會引作從儿口以制下。非。王筠曰。從人。從口。似非。篆當作兄。與兒字同例。皆象人形。如謂兄能教弟從口。豈不穿鑿乎。朱駿聲曰。本訓當為滋益之詞。從口在人上。與欠同意。饒炯曰。從口象氣進之形。說解當曰。厚詞也。厚詞者。滋益詞也。詩。職兄斯引。傳。兄。茲也。倉兄填兮。傳。兄。茲也。晉語作況。如衆況厚之。況固其侎。注皆云。況。益也。然則滋益即說解所謂長義矣。倫按諸說兄字者。皆不可通。金甲文字皆作兄兄。而王孫鐘沇兒鐘叔家父匡姞口句鑃。父兄字作⿰兄㞷⿰兄㞷。父兄之偁謂本皆假借。故作兄者亦可作⿰兄㞷。然因此可證知兄字之為形聲。⿰兄㞷當從㞷兄聲。為㞷之轉注字。㞷為艸之怒生。故詩毛傳國語韋注訓兄況為茲益。㞷音匣紐。而兄古讀如況。況音曉紐。曉匣同為舌根摩擦音。聲則皆陽類也。㞷讀如皇。而書無逸。無皇曰。漢石經作毋兄曰。王肅本皇作況。釋名釋親屬。兄。荒也。爾雅釋詁。荒。大也。荒大也者。實巟字義。川部巟。水廣也。而水部汪訓深也廣也。廣也亦巟字義。汪亦從㞷得聲也。䠠敢之䠠。許瀚釋兄。謂從光與從㞷同意。倫謂䠠蓋為光之轉注字。從光。兄聲。⿰兄㞷䠠同從兄得聲。故金文借以為父兄字。是其證也。㞷光之轉注字皆從兄得聲。則兄音必與㞷光相近。倫以為兄蓋從□皇省聲。㞷讀若皇。故轉注字為□。皇為日光。光為火光。其語原同。故其音同。故光亦得轉注為□。皇音匣紐。以同舌根摩擦音轉入曉紐耳。兄為充之轉注字。充得聲於育之初文。育音喻紐四等。兄音曉紐。同為次清摩擦音也。或曰。金文父舟斝兄癸之兄作□。父乙斝兄癸同。史𣝣彝□字亦從□。説文祝字與太祝鼎同。而甲文則有作□者。甲文有□。陳邦懷釋稷。齊建邦刀□字即封。則兄為□省。而□或為拜手之拜本字。或為丮之異文。長也非本義。倫謂祝自從拜之本字作□者。祝有作□者可證也。□自從丮之異文。而兄之異文不妨為□。此類體自多異。由象形文字變為篆文。而傳寫又多趨草。演變則同者為異。異者轉同。或曰。□是拜手之拜本字。拜從𠦬得聲。𠦬從卉得聲。卉音曉紐。兄音亦曉紐。是其證也。借以為兄弟之偁。倫檢甲文有□。商承祚以□字王國維釋毓。因釋此字亦為毓。然則從也之異文而□將為一字邪。字見急就篇。剌卣作□。蔡姞敢作□。甲文作□□。【説文解字六書疏證卷十六】

◉唐桂馨　□説文長也。从儿从口。

按从儿从口。其義難明。據鐘鼎文有□□□□等形。知兄字係象形兼會意字。□象人伏。□象口有所祝告。其旁□□□即小篆㞷字也。艸木妄生也。段注妄生猶怒生也。从□在土上。古文作□。人伏於旁而祝告農田禾黍之茂盛。即古人造兄字之原也。於此有可證者二事。祝字从兄。知从儿从口之口極有關係。一也。兄字音古亦讀況。其聲皆緣㞷而生。二也。知此則段注所云云未足證明可見矣。【説文識小録　古學叢刊第五期】

◉楊樹達　説文八篇下兄部云:「兄,長也,从儿,从口。」按兄从儿口,殊無義理,徐鍇謂:「以口教其下,故从口」,説殊牽强。段玉裁謂兄字當以滋益為本義。兄弟之兄為借義。王筠謂字本象人形,不从口:要皆以字形與字義不相脗合,故爾紛紛有言。余謂凡形義不能密合之字,形義二事必有一誤。若兄字者,字形不誤,許君未得字之初義,立訓誤也。余疑兄當為祝之初文,祝乃後起之加旁字。説文一篇上示部云:「祝,祭主贊詞者,从示,从人口。一曰:从兑省。易曰:兑為口,為巫。」蓋祭主贊詞之祝,以口交於神明,故祝字初文之兄字从儿从口,此與人見用目,故見字从人目,企用止,故企字从人止,卧息用鼻,故眉字从尸自,文字構造之意相同。許君不知此,而以兄長之義説之,宜其齟齬不合矣。兄本尸祝之祝,其變為兄弟之兄,今雖不能質言其故。竊疑尸祝本相連之事,古人祭祀以孫為王父尸,則祝贊之職,宜亦不當外求。兄長於弟,差習語言,使之主司祝告,固其宜也。其後文治大進,宗子主祭,猶此意矣。兄任祝職,其始也,兄祝混用不分,後乃截然為二,以兄弟之義作儿口之形,字遂不可説。史記越世家記陶朱公長男之言曰:「家有長子曰家督。」督與祝古音同,長子者兄也,家督本謂家人之主祝者,及後禮俗變更，乃譌為家督。古人父在子不得自專，何督之可言，故知其不然矣。尋韋昭注鄭語訓祝融之祝為始，釋名釋親屬亦云：「祝，始也。」祝之訓始，此與長子之義有關也。甲文雖有从示旁之祝，而多以兄為祝，鐵雲藏龜百廿柒葉壹版云：「辛丑，卜，㱿貞：兄于母庚？」鐵雲藏龜拾遺弍葉陸版云：「弜(弗)兄匕辛？」皆其例也。余明此義久矣，未及記也，故今表而出之。【釋兄　積微居小學述林】

◉唐健垣　5.甲篇四行　乃又□□

字商氏疑是鼠字，嚴先生疑是豸字。□乃殘文，皆未釋。

□若釋做鼠或豸，不但字形不全合，且在本句，及繒書另兩處皆不能通讀。我以為當釋兄，讀作荒。據照片，則□字下之殘文似作□，上端連接，當是灾字□之殘文，故我讀作乃又(有)荒灾。

何以知□乃兄字？甲骨文金文兄字多作□，偶有作□者(甲文見殷契佚存四二六，及五一八之背，金文見㝬兄癸卣，𨚵卣)，繒書之□與之正相似，只改□為□耳。查甲骨文血室之血作□(殷虛書契前編四・三三・二)，又作□(殷契摭續六四)，作□(摭續一七六)，作□(殷契粹編十二)，地名之□(小屯甲編二六一三・二四七三)，又作□(殷契卜辭九〇)，血子之血作□(後編下一八・一一及庫方一九二五)，又作□(明義士二一一七)，觀此知古文字「□」「□」無別，其在金文，則耳字作□(亞耳簋)，作□(師望鼎聖字偏旁)，作□(禹鼎聖字偏旁)，亦可見□□無別，然則繒書之□當乃□所繁變矣。或曰：□字从□，不同□也。□內之畫直而□之畫曲，豈得謂□同□乎？查繒書从日从口之字，其横畫皆有向上彎曲之趨勢，此从「□」乃其彎曲之尤甚者耳。繒書丙篇一行一段二節有□字，嚴先生云即陳純釜之□字，變酉字內之横畫為「□」，亦猶變□為□矣。再繁則成□。

□既是兄字，則可讀作荒。兄荒古音同，前人已言之。从兄之字如怳、況、貺等今尚讀荒音，慌忽亦作怳忽，皆其例。國差𦉜：「侯氏毋□毋□」，郭氏殷周青銅器銘文研究，于省吾雙劍誃吉金文選及容庚氏並釋作毋瘖毋疣，皆云瘖即咎字，郭氏且謂疣乃荒字，即詩唐風蟋蟀之「好樂無荒」，亦以兄荒古音同故也。查説文厥亦作欮，知从疒與否同意，以疣為兄為荒，並無可疑，偽大禹謨「無怠無荒」語近可證，此乃古代借兄為荒之實證。

繒書曰：「西域有吝悔，日月既亂，乃有荒灾。」荒灾與吝悔，日月亂等回應，如此讀可云通順。爾雅釋天：「果不熟為荒」，韓詩外傳：「四穀不升謂之荒。」則繒書之荒可指饑荒，亦可泛指災荒。

補：淮南時則「必有凶災」，語法近繒書「乃有荒灾」。小戴禮記投壺篇：「無憮無敖。」憮，孔穎達解作敖慢。按古代荒憮通用。詩魯頌閟宮：「遂荒大東」，爾雅釋詁郭注引作：「遂憮大東」，可證。大戴禮記投壺正作：「無荒無敖」，猶言毋咎毋荒，無怠無荒矣。由是知郭氏讀[glyph]為荒之可信，則繒書之[glyph]亦可決為荒也。【楚繒書文字拾遺　中國文字第三十冊】

◉李孝定　蚘為「兄」之後起形聲字，兄之本誼，未可確指，應與「人」之形體、動作有關，如[glyph]之為欠[glyph]之為旡之比，訓長，段氏以為疊韻為訓，訓兹、訓滋則長義之引申；兄弟之義，或以為長義之所本，竊疑「兄」字無緣以兄長為本義，此義蓋借字也。後世形聲之字日滋，原為借字者，多新創形聲字以代之，於是於借字之旁，另注聲符，此蚘字之所由作也；然以兄借為兄弟字行之既久，後雖有形聲專字之蚘，而用之者寡，仍以借字專行，蓋亦文字求簡之心理使然也。蚘字諸家或釋「兄弟」、「兄生」，釋「悅」，釋「邦」、「兄」字或謂與「邑」同字，皆非。或説兄為祝之初文，於義稍勝，然張口而前者為欠，反口向後者為旡，祝告之字，何以張口向天，豈以神祇在上，故作此以象意乎？楊樹達氏謂兄長於弟，差習語言，故使司祝告，此則皮傅之詞也。保卣：「延兄六品」，兄當讀為貺，錫也，容氏説是，郭氏讀為亡，未安。【金文詁林讀後記卷八】

◉曾憲通　[glyph]乃又[glyph]□乙四·三〇　[glyph]字凡三見。商先生疑是鼠字，李學勤、李零釋作鼠，嚴一萍疑作豸字。選堂先生則釋作兄，謂帛文「下半與金文兄字作[glyph]全同，[glyph]為古文齒，上半从口與从齒同意。」並據《釋名》「兄，荒也。」認為帛書「三[glyph]字皆讀為荒。」（詳饒文）按江陵楚簡屢見貞人「鄦歆」之名，歆字有[glyph]、[glyph]、[glyph]、[glyph]幾種寫法，與《漢簡》豹字作[glyph]及三體石經豹之古文作[glyph]相同。然所从鼠旁皆不作[glyph]，殆非一字。近何琳儀釋作兒而讀為鬩，然釋兒于字形仍有未安，兒字甲文[glyph]，金文作[glyph]，古璽文作[glyph]，篆文作[glyph]，下之人形，未見有作[glyph]之例。《説文》謂上象小兒頭囟未合，下从儿，乃小兒之象，故義為「孺子」，與訓為「長也」的「兄」字構形正好相反。兄字甲文或作[glyph]，金文作[glyph]，上从口，下从帶「爪」的人形，帶「爪」之人形乃由甲文考（[glyph]）老（[glyph]）一類的形體演化而來。存爪形者，與以手扶杖以示長老之意有關，故从老之孝（[glyph]）、耇（[glyph]）、壽（[glyph]）均保留有手甚至杖之形迹，一直到王子午鼎考孝壽三字仍从[glyph]作，所从手形尤顯。從字形考察，長兄二字亦與老字一系同類，長字甲文作[glyph]、金文作[glyph]（[glyph]方鼎展字所从），猶存長老扶杖之形，本義當與長老相關。兄字甲、金文均存手形而《説文》訓為長。甲文祝字作[glyph]，正象長老跪于示前而祝，卜辭還有直接以[glyph]為祝者（見《佚》一六六），可證長兄祝三字形音義極其密切。帛書[glyph]上从[glyph]，與仰天湖楚簡齒作[glyph]同，口齒義近形旁可以通用。下體為帶「爪」的人形，與老長等字同例。如釋兒即形義乖違，故仍以釋兄為是。饒先生讀兄為荒于文義亦通達無礙。【長沙楚帛書文字編】

◉徐中舒　或以[glyph][glyph]同，實非一字。[glyph]卜辭用為祝，[glyph]用為兄長字，用法劃然有別，毫不混淆。【甲骨文字典卷八】

◉戴家祥　[glyph]伯睽盉　伯睽作母妃旅盉　妃字書不載。疑兄之繁構。伯睽盉「母妃」連用，兄受「母」字類化，故加「女」旁成「妃」。孟子「舜為天子二女果」，説文十二篇女部「果」引作「婐」。㦰毀「赤[glyph]市」。揚毀「賜女赤[glyph]」。即是此例。【金文大字典上】

◉姚孝遂　兄字作兄，邑字作邑，祝字作兄、兄、兄、祝，皆有別，不得相混。唯後上七·一〇兄辛之合文作兄，是為例外，乃誤刻。段玉裁謂：「口之言無盡也，故从儿口，為滋長之意。」徐灝謂：「从人从口者，生長之義也。諸子同生，而以長者當之，故謂男子先生為兄矣。」其説皆難以當意。卜辭皆用為兄弟之兄。粹一四八之「其告水入于上甲，兄大乙一牛，王受又」，郭沫若、楊樹達釋兄為兄，以為介系詞，謂為及與之義，皆非是，兄乃祝字，乃祭禱之義，無用作介系詞者。【甲骨文字詁林】

競 後二·一七·一一　競 庫一八四三　競 金七三九【甲骨文編】

競 後下17·11　競 掇401　競 甲2208　競 甲2622　競 佚931　競 珠119【續甲骨文編】

競 兢　鬲比盨【金文編】

競 兢見尚書説文通為小篆【汗簡】

競 古老子　競 古尚書又説文　競 競 競 詁 竝崔希裕纂古【古文四聲韻】

◉許　慎　競競也。从二兄。二兄競意。从丰聲。讀若矜。一曰兢。敬也。居陵切。【説文解字卷八】

◉林義光　兢無二兄相競之義。丰亦非聲。兢二人首戴物形。甾即甾字。見甾字條。重物之象。戴重物於首。故常戒惕。詩戰戰兢兢。傳曰。兢兢戒也。【文源卷六】

◉高田忠周　按説文兢競也。从二兄。二兄競意。从丰聲讀若矜。一曰競敬也。朱駿聲云。按兄者滋益之詞。故祝兑字从之。假借為兄弟。此發聲之詞也。且以二兄為競意。立説亦俗。丰聲丰音如介。雖與矜雙聲。然从二丰不成字。若謂大篆緐重。則于一丰取聲。不當于二兄會意矣。或曰。丰者書質劑。各執一丰。故彊語相爭。左傳。王叔氏不能舉其契。亦其誼也。解二丰為會意亦鑿。按兢即競字之誤體。許君並存之。偶未審究耳。讀若矜者。競聲之轉。陽蒸通叶。詩無羊矜矜兢兢。傳言以堅彊也。按堅訓矜。彊訓競。詩人重言形況。毛即以聲訓也。按朱氏此疑為有理。愚謂兢从競省。二丰即二夆省。夆下曰。相遮要害也。从夂丰聲。相對遮夆。即戰戰兢兢也。又集韻。兢。説文云云。古文作競。或古本説文篆文作兢。下有古文作兢。果然。此當从二克。克篆作克。古文作克。而克許書無之。叔重未知有此文也。古音古克相通。

克即从人古聲無疑。克録古文通用。丯以為刻録文。如書刧字。克古文亦當有作亐者也。以肩任物曰克。二克相對。堅彊無過於此。兢字會意尤顯矣。隸楷字體閒或有存古舊者。今經傳皆作兢。未可遽废矣。書皋謨。兢兢業業。傳戒慎也。詩小旻。戰戰兢兢。傳戒也。雲漢兢兢業業。傳恐也。元重言形況字也。【古籀篇三十四】

◉馬叙倫　鈕樹玉曰。韻會引作從二兄競意。丯聲。嚴可均曰。韻會引作丯聲。丯即丯之重文。今此作丯聲。譌。段玉裁曰。一曰兢之兢複舉。葉抄本集韻類篇無此字。朱駿聲曰。兢即競之譌體。張文虎曰。説解云。競也。則是競之重文也。于鬯曰。嚴謂丯即丯字。兢諧丯聲是也。兄即況字。説文失收況字。不得謂無其字也。兄從二兄。後因省作兄而加二於左。仍是二兄會意也。倫按諸説兢字者皆不可通。以朱説為是。兢字不見經記。兢字則屢見。兢字自為競字之隸楷省變。倫疑初變為兢。後徑省為兢。故此録兢字。而經記則用兢字矣。一曰敬也者。以音同見紐借為敬。蓋校語。二兄競意亦校語。從丯聲者。疑本作從丯。後人以為兢丯雙聲。改丯為丯而增聲字。未删從字也。字蓋出字林。讀若矜者。劉秀生曰。兢蓋競之譌。競從誩聲。誩聲古在見紐。矜聲亦在見紐。故競從誩聲得讀若矜。誩從二言。亦取言聲。言從口辛聲。辛部。辛。讀若愆。走部。越。從走。虔聲。讀若愆。虍部。虔。從虍。文聲。讀若矜。是其證。又兢隸變作兢。詩小雅小旻。戰戰兢兢。左宣十六年傳作戰戰矜矜。亦其證。鬲比盨作兢。【説文解字六書疏證卷十六】

先 先

先 先側林切古簪字【汗簡】

◉許　慎　先首笄也。从人。匕象簪形。凡先之屬皆从先。側岑切。簪俗先从竹从朁。【説文解字卷八】

◉馬叙倫　況祥麟曰。指事。龔橙曰。古文當為匚。後加儿以為別。沈乾一曰。先本音宗。今作簪。易。朋盍簪。荀爽本作宗。倫按兂是物名。可以圖畫。當有象形之文作[?]。猶今滿洲婦女挽髮所用之簪也。清時漢女所用之簪。較短而根作靈芝形。要皆古之遺制。篆文省變為匚。形與[?]捉。乃增[?]以別之。猶兆之本有[?]字。亦象兜形而今字亦增[?]矣。如今篆當如石窗之例為形聲字。先音照紐。古讀歸端。端見皆清破裂音。故先轉注為笄。首笄也。首字衍。或此字林文。本訓挩矣。口象簪形。明非許文。以簪為先之重文也。先鐕同語原。

簪　段玉裁曰。朁聲。古經無簪字。惟易豫。朋盍簪。鄭云。速也。實疌之假借字。張揖古今字詁疌作撍。埤蒼云。撍。疾也。疌疌撍同字。京作撍。經文之簪古無釋為笄者。又士喪禮。復者一人。以爵弁簪衣於裳。注。簪。速也。然則此實鐕之假借字。倫按簪為鐕之異文。此字蓋出江式古今文字。故云俗也。文選張景陽詠史詩注左太冲招隱詩注並引蒼頡。簪。笄也。所以持冠也。急就篇亦有簪字。蓋皆本作旡。或借朁為之。傳寫者以通用字易之也。【說文解字六書疏證卷十六】

◉楊樹達 簪俗兂。从竹，从朁。 按：从朁聲也。簪从朁聲，朁从兓聲，兓亦旡之孳乳字，與谷𠰗、𠃊𧮫例同。【文字形義學】

◉朱德熙 裘錫圭 「考釋」222號簡釋文作「瓦朁甀各錫垛」。簡文第二字作簪，上从「竹」，旡即「旡」之簡寫。所以這個字是「簪」字而不是「朁」字。「考釋」讀「朁」為「鬵」。「簪」从「朁」聲，仍可讀為「鬵」。【馬王堆一號漢墓遣策考釋補正 文史第十輯】

兓

⿰歹旡 孳乳為朁曾也 散盤 我⿰歹旡付散氏田器 【金文編】

◉許 慎 兓朁朁。鋭意也。从二兂。子林切。【說文解字卷八】

◉阮 元 （散氏盤）兓說文解云。朁朁鋭意也。考易豫九四朋盍簪京房易簪作撍。陸希聲云。撍。今捷字。鄭康成注云。簪。速也。此云兓付散氏田器。則兓義同簪。捷速付之也。【積古齋鐘鼎彝器款識卷八】

◉林義光 兓兓說文云。兓朁朁。鋭意也。从二兂。兂亦聲。按兓字經傳未見。朁字从兓得聲。當即从兂之繁文。猶說文無⿰畐畐字。疈从刀⿰畐畐聲。而字从⿰畐畐也。【文源卷六】

◉馬叙倫 王筠曰。集韻引作兓兓鋭意也。翟云升曰。六書故引作兓兓。林義光曰。兓當兂之繁文。簪字從之得聲。猶說文無⿰畐畐字而有疈字從刀⿰畐畐聲也。倫按朁朁當作朁兓。朁為校者以注音。兓則隸書複舉字也。說解言某意者。許原闕而校者加之。鋭意謂字之義為鑯鋭之意。乃簪字義。⿰歹旡為旡之茂文。字蓋出字林。【說文解字六書疏證卷十六】

◉高鴻縉 兂字原倚人畫其首髮戴簪形。由物形匕生意。故即簪字初文。名詞。戰國時秦用籀文多複體。兂作兓者應即籀文。秦漢以後作簪。从竹（以其為竹製）朁聲。（說文。朁。曾也。从曰⿰歹旡聲。）【中國字例二篇】

◉李孝定 散氏盤：「我兓付散氏田器」，王國維氏讀⿰歹旡為既，於銘意甚協，然只能說為範誤。【金文詁林讀後記卷八】

皃

貌　皃莫教切　皃　貌竝出義雲章　貌竝尚書　【汗簡】

竝籀韻　竝義雲章　竝籀韻　【古文四聲韻】

◉許　慎　皃頌儀也。从人。白象人面形。凡皃之屬皆从皃。莫教切。䫉皃或从頁。豹省聲。貌籀文皃从豹省。【説文解字卷八】

◉馬叙倫　鈕樹玉曰。玉篇。容儀也。引説文從白下儿也。桂馥曰。本書。頌。皃也。王筠曰。頌字句。倫按頌儀也蓋字林文。或本作頌也儀也。儀也為字林文。皃。從人。白聲。故音莫教切也。校者不知音理。妄删聲字。而改為象人面形。不悟本書有面字。而頁固從面也。皃為首之轉注字。首聲幽類。皃聲宵類。古讀宵歸幽也。

䫉倫按皃以疊韻從豸聲轉注為䫉。玄應一切經音義引古文官書。皃䫉二形。今作䫉。同莫教反。

貌王煦曰。説文無貓字。貌從豸皃聲。即古貓字也。系部緢注引書。惟緢稽。今書作貌。是苗皃音通之證。今作從豹省。於六書尤為乖舛。倫按豸為豹之初文。詳豸字下。校者不知豸即豹字。故於上文䫉下增豹省聲三字。此下增從豹省三字。然王説可從。籀篇以為皃字。【説文解字六書疏證卷十六】

◉郭沫若　第十三行「䮿䌛」金文中習見之聯綿字,番生𣪕「用䮿䌛大命」,叔向父𣪕「用䮿䌛奠保我邦我家」。舊多釋為「纘造」。孫於首字釋緟,次字疑遯之異文,當為循之假字,謂「緟循言申重循順也」。又讀緟為董,言「董督循順」。古籀餘論三、一二。王釋「緟䌛」,䌛云未詳。今案䮿字釋緟,可為定讞。䌛則非造,亦絶非遯。此字於本銘兩見,本行作□,下第廿一行作□,番生𣪕文作□,叔向父𣪕文作□,字中一文,右旁分明从舟作,舊釋造,乃因與𥩱廟若艁造形近。雖失尚不甚遠,釋遯則全無是處。然字之外圍亦非从宀若□,以本銘第二文右下㟯之作,闕筆者推之,蓋从□面省,説文訓□為「象人面形」,金文諸字尤象。字中从貈,當即貈字,字當是聲。準此形聲以求之,余謂䌛乃古文皃。皃字説文有皃䫉貌諸形,又引書「惟貌有稽」作緢。是貌古無定字。貌从豹省聲,豹聲在宵部,貈聲在幽部,幽宵二部音極相近,故貌可从貈聲也。「緟貌」連文當讀為「綢繆」。【器銘考釋·毛公鼎之年代　金文叢考】

□ 4·146獨字 【古陶文字徵】

□紀翁覍 □王中覍印 □趙覍 □覍安樂印 □覍樂安 □覍陽 □覍緩 □覍毋傷 □孫覍 □臣覍 □李長覍 □弁疾 □弁驩 □弁信 □弁寬 □弁信 □弁多 □弁守之印 □弁胡 □弁喜

□弁藍之印 【漢印文字徵】

□弁見説文尚書 【汗簡】

□説文 □ □並義雲章 □ □ □ □並籀韻 【古文四聲韻】

◉許　慎　覍冕也。周曰覍。殷曰吁。夏曰收。从皃。象形。皮變切。□籀文覍。从廾。上象形。□或覍字。【説文解字卷八】

◉吳大澂　□古弁字。説文□。冕也。籀文作□。或作□。詩絲衣其紑。載弁俅俅。傳云。絲衣。祭服也。箋云。弁。爵弁也。公羊宣元年傳注。皮弁武冠。爵弁文冠。上所錫者鬯卣圭瓚。軙環車馬。又重之以絲衣爵弁。錫賚之盛典也。【毛公鼎釋文】

◉劉心源　□古刻朕媵字皆从此。即灷。説文覍冕也。□籀文。覍从□。上象形。□或覍字。案□即□。□今作弁。□皆古文火字。説文之𡜼。管子弟子職之櫛。櫛俗作𤐴。管子注櫛謂燭盡。皆灷字。説文朕送等字皆从灷聲。而無灷篆。惟覍下有□。許目為覍之或字。今觀此銘而證目古刻朕字。知古文叚灷為覍。弁𡜼皆真先部字。許未析言之。後人不知。乃欲補□篆贅矣。【奇觚室吉金文述卷二】

◉馬叙倫　莊述祖曰。金文從弁之字。或作□。鈕樹玉曰。繫傳吁作哻。説文無哻。五音韻譜集韻引皆作吁。玉篇但引作冕也。從皃。象形。倫按此字可疑。孔廣居奚世榦有説而不可通。説解從皃象形。則象形者僅八耳。皃為冕也。是名詞也。有器可象。何取從皃。徐灝以為覍之形當如□。故釋名云。弁如兩手合抃也。倫謂此蓋從皃八聲。為皃之同雙脣音轉注字。亦或皃之異文。篆本作□。轉寫譌為覍耳。古借為冕名字。金文□字。蓋即本書之㝠字。乃帳之轉注字。毛公鼎作□。師兑敢作□。倫詖疑□□為二字。金文相亂。□從冂。即幕之初文。□聲。□為盲之異文。此帳之轉注字。□從冂。

即帽之初文。□聲。□即此部首之皃字。乃弁冕之弁字。師兑敢之□。蓋從冃皃聲之字之譌耳。周曰九字校語。鍇本吁作哹。五經文字曰。字林作㝵。然則哹蓋㝵之譌。字實從冃紂聲。

□況祥麟曰。□為皃省。□當作□。上象弁形。下象組纓。非□手之□。倫按弁為名詞。自不當從□。甲文有□。余永梁釋兜。謂□象胄形。兩口所以備兩目。兩□則胄之飾也。聞宥以為象人戴假面形。倫謂□蓋即冕義之象形字。□其譌也。或□從□□聲。□為□之譌。此林之異文。此若為□之譌。則與冕下曰邃延垂旒紞纊者合。是即冕之初文。弁冕同為脣音也。後以疑於同形之字。乃增大以定之。猶兜之從□矣。如今篆當為形聲字。篆依甲文。則從大□聲。【説文解字六書疏證卷十六】

◉徐中舒　弁為皮冠，篆文或作□，从人即象冠弁下覆形，疑即隸定弁从厶之譌。古代皮冠，其形如甲冑之冑蒙蔽頭頂，僅露口目在外。正象皮冠包裹頭頂嚴密之形，籀文弁作□，從□則並象其鍼縷縫綻之迹。説文弁作□，與隸定作弁或卞不類，或屬後起的異文（參看1959年第七期考古對金文編的幾點意見）。古代軍禮，相見必須免胄，就是因為蒙蔽頭頂不易認識之故。【四川彭縣濛陽鎮出土的殷代二觶　文物一九六二年第六期】

◉李家浩　侯馬盟書云：

「……而敢或□改助及内（奂），卑不守二宮者……虘（吾）君亓（其）明亟覗之，麻𡍮（夷）非（彼）是（氏）。」

「改」上一字有許多種寫法，大致可以歸納為以下幾組：

A組：1. □　□
2. □　□
3. □　□

B組：□　□

C組：□

D組：□　□

E組：□　□

E組是獨體字，A、B、C、D都是合體字，A1从「又」，A2在「又」下加兩短横，乃是飾筆，戰國文字多有此例，如盟書「助」或作，古鉨「相」或作，「和」或作，即其例。A3从「寸」，戰國文字从「又」从「寸」往往無别。B、C二組从「攴」，D組从「心」。在這五組寫法裏，A組最常見，其它寫法都比較少見。

一九七八年湖北江陵天星觀發現的戰國楚簡中，有一個从竹的字：

朱德熙先生認為此字下方所從象人戴冠冕之形，即《説文》訓為「冠也」的覍字，或體作「弁」。「篼」當即「笲」字。我們認為侯馬盟書C所从左旁就是「覍」，而和則是「覍」字簡省的寫法。《説文》「覍」字籀文作、或體作，即「弁」字。我們知道，古文字中作為偏旁的「廾」可以省作「又」，因此盟書A組的寫法應與「弁」字相當。如果我們把B、D、E各組中的或看成是、之省，那末B、D、E三組應分别隸定為：敓、悆、弁。不過我們也可以把和分析成从「又」从「覍」省，采取這種看法，A、B、D、E四組則應分别隸定為：叞、敓、悹、覍。在以下的討論中，我們暫時采取前一種分析法。魏三體石經古文「變」字作：

 《石刻篆文編》卷三·三三頁

《汗簡》卷中之二作：

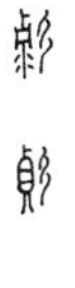

石經與《汗簡》古文變可分别隸定為「敓」和「彭」，不過無論是石經還是《汗簡》，「覍」字的寫法都有訛誤。「敓」和「彭」應从「覍」聲。覍、變古音相近可通。盟書C與石經古文變是一個字，B有可能是C的省寫，D組从「心」从「弁」省，疑是「戀」字異文。

从盟書文義看，把「改」上一字釋為「弁」、「敓」、「敓」、「悆」等字，讀為「變」，也是很合適的。「而敢或弁改助及奐，卑不守二宮者」的意思是説：如有人敢於改變助和奐這兩個人守護二宮的職位……我君就要誅滅他的族氏。

信陽長臺關楚簡亦有「弁」字：

「一繡緊(緅)衣、紟(錦)緅之夾，純恵，組緣，繢。」《文物參考資料》一九五七年第九期三一頁207

簡文自「純恵」以下都是記的「繡緅衣」上的裝飾。信陽楚簡222號有「組繢」，此簡「弁繢」與「組緣」平例，「弁」與「組」的意思相近，疑簡文「弁」讀為「辮」。《説文·糸部》：「辮，交織也」。

同樣寫法的「弁」字又見於長沙馬王堆帛書「雜占」：

「☐多覍為間☐」

「☐日其覍必☐」

上録文字雖然殘缺得很利害，但從文義看二覍字釋為「弁」，讀為「變」似無多大問題。

江陵天星觀楚簡裏有人名：「覍丑」，上一字或作覍，或省作占。覍可以省作占，與盟書𢍏可以省作𢍏是平行的現象，疑亦是弁字，古有弁氏，字或作卞。獻「和氏璧」的卞和是楚國人，可見楚國確有卞(弁)姓。【釋弁　古文字研究第一輯】

◉郭若愚　𢍏字圜錢舊釋「共」。按「共」，春秋器《大孟姬尊》作𢍏，戰國器《楚王酓肯簠》作𢍏，古璽文字有𢍏和𢍏兩個類型。《說文》：「𢍏，同也，从廿廾。𢍏古文共。」圜錢𢍏字廿之橫劃兩端均下垂，再者向兩邊分開。此字與「共」之形體及意義都不合，可見不是共字，我意𢍏上之几為冃。《說文》：「几，覆也，从一下垂也。」又：「冃、小兒及蠻夷頭衣也。」這兩個字都是指「頭衣」，就是現在所謂「帽子」。又《說文》：「冃、覆也，从几，上下覆之。」也是指帽子。《說文》：「覍、冕也，周曰覍，殷曰吁，夏曰收，從兒象形。(皮變切)𢍏，籀文覍，从廾上象形，𢍏或覍字」。圜錢此字上部象帽——冕，應為覍字，覍之古文也。此字可省作𢍏，今寫作弁、或卞。音皮變切。

𢍏字圜錢指魏的卞地。《漢書・地理志》稱卞水，《後漢書》稱汴渠。隋以前汴水在河南滎陽縣，北受黃河之水，即古滎瀆。圜錢所指卞地即古滎瀆地，因其地臨汴而得名也。【談談先秦錢幣的幾個問題　中國錢幣一九九一年第二期】

◉裘錫圭　我們認為璜銘「上」下一字應該釋為「覍」(弁)。李家浩先生在《釋「弁」》一文中說：

一九七八年湖北江陵天星觀發現的戰國楚簡中，有一個从竹的字：

𥫗

朱德熙先生認為此字下方所从象人戴冠冕之形，即《說文》訓為「冠也」的覍字，或體作「弁」。「篢」當即「笲」字(原注：簡文此字似借為鞭策之「鞭」。)

他同意此說，並指出三體石經古文「變」字作𢍏，《汗簡》古文「變」字作𢍏，其左旁都是「覍」的訛體；又指出古文字从「収」(廾)之字可以省从「又」，所以侯馬盟書中作𢍏𢍏𢍏等形的、與「攴」連文的那個字，應該釋為「弁」或「覍」(𢍏即覍之省)，讀為「變」；曾侯乙編鐘銘文中總是出現在宮、商、徵等音名前的、从「音」从𢍏或𢍏聲的那個字，應是變音之「變」的專字(《古文字研究》第一輯三九一——三九三頁，中華書局、一九七九)。這些意見都是正確的。把璜銘「上」下一字跟上引李文所引有關字形對照一下，就可以斷定此字也應釋為「覍」(弁)。【戰國文字釋讀二則　于省吾教授百年誕辰紀念文集】

兆古【汗簡】

◉許　慎　兆 廱蔽也。从儿。象左右皆蔽形。凡兆之屬皆从兆。讀若瞽。公户切。【説文解字卷八】

◉楊樹達　説文八篇下兆部云：「兆，廱蔽也，从儿，象左右皆蔽形。讀若瞽。」按四篇上目部云：「瞽，目但有眹也，从目，鼓聲。」樹達按：兆者，瞽之初字也，字从儿，象左右二目有所蔽而不見形。此與夨象傾頭，交象交脛，尢象曲脛同意。許君訓為廱蔽，義頗近之，又云讀若瞽，不和兆即瞽之初文，可謂一間未達矣。

文成後，檢説文解字詁林續編載宋育仁説文部目箋正説，謂兆即古文瞽，篆文衍作瞽，與余此説同，惟論證互異，故仍存此文不削云。【釋兆　積微居小學述林】

◉馬叙倫　倫按廱蔽也非本義。亦非本訓。兆與兜一字。七篇。胄。兜鍪也。小盂鼎作。虘敔作。均象並兩邊蔽之。兜胄實一字。兜音端紐。胄音澄紐。古讀歸定。端定皆舌尖前破裂音也。聲亦矦幽相近。兆讀若瞽。音在見紐。見端皆清破裂音。瞽從鼓得聲。鼓之初文為壴。壴音知紐。知澄皆舌面前破裂音。古讀知亦歸端也。兆為兜之省文。孔廣居説。兜從人。上象鍪形。倫謂兜本如今冬季所戴風兜。其形為。與意大利人波尼兒於費斯圖斯堡賽所得泥盤上繪畫文字中之冕相同。後乃增字以別於他同形之文。而傳寫譌變為兜。説解左右皆蔽四字蓋呂忱或校者所加。如今篆從聲。【説文解字六書疏證卷十六】

兜【汗簡】

古尚書　皃　吺　崔希裕纂古【古文四聲韻】

◉許　慎　兜鍪。首鎧也。从兆。从皃省。皃象人頭也。當侯切。【説文解字卷八】

◉余永梁　（書契卷七三十七葉）

説文：「兜，鍪首鎧也。从兆，从皃省。皃，象人頭形也。」此象人戴胄形，殆是兜字。金文有此字作。曰部：「胄，兜鍪也。」古謂之胄，漢曰兜鍪。古金文胄字作（虘敦）、（盂鼎），象戴胄掩面露目形，蓋古胄之制如此。左氏傳哀十六年：「公亦至及北門，或遇之曰：『君胡不胄？國人望君，如望慈父母焉。盜賊之矢，若傷君，是絶民望也，若之何不胄？』乃胄而進。又遇人

𠑹

曰：『國人望君如望歲焉，日月以幾，若見君面，是得艾也。民知不死，其亦乎有奮心，猶將旌君以徇於國，而反掩面以絕民望，不亦甚乎？』乃免胄而進。」此象胄形，兩口所以備兩目，兩則胄之飾也。【殷虛文字考 國學論叢一卷一號】

◉孫海波 後編卷下第二十五葉六版：「」葉玉森先生謂象飛鳥，翼上有鉤爪，蓋古文象形蝠字，並引金文子蝠爵之蝠以為證。竊疑古文兜字。說文「兜鍪首鎧也，从𠑹从皃省，皃象人頭形也。」又冃部：「冑，兜鍪也。」兜鍪即冒屬。淮南氾論訓：「古者又鍪而綣領以王天下者矣」，高注：「鍪頭著兜鍪帽。」又東觀漢記：「馬武與衆將上隴擊隗囂，身被兜鍪鎧甲。」又云：「祭遵薨，遣校尉發騎士四百人，被元甲兜鍪送葬。」是兜鍪乃將士所著，所以衞首。此字從象人側首壁立，絕非鳥形。卜辭象人形之字，如天大夭矢等，均與此同可證。兩側作，人著兜鍪之意也。【卜辭文字小記 考古社刊第三期】

◉馬叙倫 吳穎芳曰。急讀兜。緩讀兜鍪。轉語稱冑。鈕樹玉曰。繫傳及韻會引作從𠑹從皃省。象人頭形也。玉篇引作從𠑹。皃象人頭也。桂馥曰。初學記引作首鎧謂之兜鍪也。王筠曰。皃象人頭也後人增。朱駿聲曰。古謂之冑。冑所以蒙冒其首。故謂之兜。亦曰兜鍪者。疊韻連語。倫按國語晉語在列者獻詩。使勿兜。韋注。兜。惑也。段玉裁以為兜當作𠑹。朱駿聲以為𠑹之譌。其實𠑹兜一字也。兜鍪首鎧也者。疑許以聲訓。呂忱加首鎧謂之兜鍪。字見急就篇。餘見𠑹下。【說文解字六書疏證卷十六】

甲二一八 甲八一八 甲一九九二 甲三五二一 乙三七九八 乙五六〇五 佚一二四 佚一九九 佚三八三 佚八五七 佚八六〇 燕六一七 鐵二一八・一 鐵二二六・二 拾六・五 前二・一八・二 前二・二八・二 前四・二七・二 前四・三四・一 前七・四・三 前七・三〇・四 後二・二四・九 林一・二六七 戩八・八 掇一・四六二 寧滬一・一六 示先入于商 寧滬一・三〇二 京津一三四九 京津二一六二 明藏一〇三 明藏四二七 明藏四七一 庫一九八四 掇二・一二九 鄴二下・三六・一一 鄴三下四〇・九 粹二〇〇 河二一 貞人名 粹一二一七 【甲骨文編】

甲218 786 1223 1265 1992 2123 2486 2551 2874 3338 3484
乙1904 5605 6111 6310 6702 6962 6988 7094 7267 7767
7795 8728 8814 8896 珠31 409 862 863 佚7 124 199 234
383 417 506 857 860 878 896 續1·18·1 1·442 2·1·5
2·31·6 4·27·5 掇462 徵4·86 8·108 10·65 10·132 京1·23·1 4·23·4
4·24·4 録21 265 319 鄴31·4 鄴三50·8 誠238 398 六中98 六清
172 外368 六束7 續存26 200 265 1146 1238 書1·5·F 摭續325 331
粹127 200 299 313 340 370 464 465 536 1067 1154
新3817 3972 4253 4471 甲658 1768 乙8883 零27 續4·7·4 【續甲骨文編】

先 壺文 嵤卣 沈子它簋 盂鼎 令鼎 揚簋 師訇鼎 善鼎 峀伯簋
師虎簋 弔向簋 斁狄鐘 盠方彝 伯先父鬲 癲簋 㝬鐘 㝬簋 師朢鼎 師
嫠簋 卯簋 毛公厝鼎 虢季子白盤 秦公鎛 邵鐘 厲羌鐘 中山王譽鼎 中山王譽壺
盗壺 尹姑鼎 禹鼎 克夾盨先王奠四方 从彳 儠兒鐘 台追孝侁且 【金文編】

140 237 【包山楚簡文字編】

先 日甲一二五背 七例 效二五 二十一例 秦八七 三例 【睡虎地秦簡文字編】

【字形】2845【古璽文編】

【字形】湏于先印 【字形】苛先印信 【字形】張女先 【漢印文字徵】

【字形】婁壽碑頜 【字形】古先右六磬 【字形】古先左七磬 【字形】詛楚文 昝我先君穆公 【字形】石經無逸 乃變亂先王之正刑 【石刻篆文編】

【字形】先 【字形】先出碧落文華岳碑 【字形】先亦碧落文 【字形】先出碧落文 【汗簡】

【字形】汗簡 【字形】古孝經 【字形】同上 【字形】古老子 【字形】同上 【字形】 【字形】竝碧落文 【字形】 【字形】竝同上 【字形】崔希裕纂古

【字形】汗簡 【古文四聲韻】

◉許 慎 【字形】前進也。从儿。从之。凡先之屬皆从先。臣鉉等曰。之人上。是先也。穌前切。【説文解字卷八】

◉孫詒讓 「先」字則从「【字形】」，如云：「貝【字形】其之□」、二百十八之一。〔十九〕「出貝大酒【字形】之方牛十月」。二百廿六之二。「【字形】」即「先」字。《説文・先部》：「先，前進也。从儿之。」龜文「之」字皆作「【字形】」，而先獨變从「【字形】」，其不拘一例如此。【契文舉例卷下】

◉孫詒讓 説文先部「【字形】，歬進也。从儿从【字形】」，又【字形】部「【字形】，出也。象艸過中，枝莖漸益大，有所之也」。甲文【字形】與小篆同，而先則作【字形】，从止。二文絶不相通，金文善鼎先作【字形】，略同。竊疑古文先字本从止，與歬从止在舟上說文舟部說解意略同。「止」皆謂人足趾所履，不行而進，則謂之歬，歬進不已，則謂之先，咸與會意字例無迕，或亦倉沮之初制與，甲文市字亦从止，與小篆从之異，詳後。【名原卷上】

◉馬叙倫 鈕樹玉曰。韻會之上無從字。孫詒讓曰。疑古文先字本從【字形】。與歬從止在舟上同。不行而進謂之前。前進不已謂之先。倫按從【字形】從之不得前進義。且人與艸出亦不能比類合誼。孫謂從【字形】是矣。而不能明從人之故。謂與歬從止在舟上同。前進不已謂之先。尋歬字説解中不行而進之訓本非許文。呂忱或校者附會止在舟上為説。章炳麟謂歬從止在舟上。其義為濟。然本書濟渡字為越。蓋皆由不悟歬自從止從履之初文作【字形】者。非舟車字也。且前進不已謂之先。古無其徵。從【字形】在【字形】上亦不可通。即謂從止在人前。亦止見一人在一人之前。仍是前義耳。倫謂先為形聲字。從【字形】。人聲。故先聲入真類。為歬之轉注字。皆舌尖前音也。故先歬義皆為進。其實亦進之轉注字。進亦舌尖前音而聲在真類也。周禮男巫。王弔則與祝氏前。注。故書前為先。大宰前期十日。釋文。前本作先。此先𢧜實轉注字之證。金甲文亦有作𣥂𣥂者。乃由止此址之初文。㞢三字形聲竝近而譌。或通假也。金甲文雖古而實多譌體。書者不必通人學士。無足異耳。説解前字或為校者注以釋音。或當作前也進也。一訓呂忱或校者加之而𢧜譌為前。當入止部。餘見𢧜下。字見急就篇。宗周鐘作𣥂。盂鼎作𣥂。毛公鼎作𣥂。宗周鐘作𣥂。揚鼎作𣥂。【説文解字六書疏證卷十六】

◉楊樹達　説文八篇下先部云：「先，前進也，从儿，从㞢。」樹達按古㞢與止為一文，龜甲文先字多从止，金文毛公鼎及僕兒鐘亦然。止為人足，先从儿古人字从止而義為前進，猶見从人目而義為視，企從人止而義為舉踵，鳴从鳥口而義為鳥鳴，吠從犬口而義為犬吠也。

十一篇上水部云：「洗，洒足也，从水，先聲。」按先从儿止，洗从水从先，實乃从水从儿从止，謂以水洒人之足也。

八篇上人部云：「侁，行貌，从人，先聲。」按楚辭招魂曰：「豺狼從目，往來侁侁些。」王逸注引詩侁侁征夫。今毛詩小雅皇皇者華篇作「駪駪征夫」。王引作侁侁者，乃三家詩，為許君所本。按行貌與前進義同，先從儿，侁又从人，於形為複，二字蓋本一文，侁乃先之後起加義旁字也。

説文二篇下足部云：「跣，足親地也，从足，先聲。」按古人室中布席，坐於席上，室外行進，則以足親地，足親地與前進與行實一事也。古止以一从儿从止之先字統此數義，共後孳乳分化，行義之字加人旁為侁，則與从儿複重也；足親地之字加足旁為跣，則與从止複重也。【釋先　積微居小學述林】

◉胡澱咸　卜辭：

「乙酉卜，㱿貞，乎帚好先収人於庞」。（前七·三〇·四）

「乙酉卜，㱿貞，勿乎帚好先於庞収人」。（粹一二二九）

「乎我人先於叀，勿乎我人先於叀」。（乙綴二七二）

「□□卜，㱿貞，勿乎衆人先於珏」。（京津一〇三〇）

「辛卯卜，㱿貞，勿令望乘先」。（續存下三三三）

「先於進」。（柏五二）

「從向歸，迺先於盂」。（粹一〇六七）

「乙卯貞，王先田。」（粹七七六）

「庚申卜,貞,翌日辛。王其田□,其先𢦏,不雨」。(京津四四七一)

「(缺)㞢先御羌。(續一・三八・二)

《說文》云:「先,前進也,從兒之」。從上列卜辭看,「先」字義蓋為往。「先」義為往,上列卜辭辭意明白無礙。「乎先収人於龐」,「乎先於龐收人」,即命往龐共人。「先於𠁥」,「先於𤰞」,「先於進」,「先於盂」,即往𠁥,往𤰞,往進,往盂。「先田」,即前往田獵。㞢先御羌,即㞢前往抵御羌人。又卜辭:

「甲戌卜,賓貞,今日先𠈃。翌乙亥用祖乙」。(乙七七六七)

「乙亥卜,貞,王往於𠈃」。(同上)

這兩條卜辭所卜問的是一件事。甲戌日卜問是否當日「先𠈃」,次日乙亥日卜,「王往於𠈃」。一用「先」,一用「往」,「先」義為往更很明顯。

我以為「先」字本義就是往。《說文》訓「先」為「前進」,就是前往。「先」字甲骨文作「𠂒」或「𠂒」,從「人」從「之」,或從「人」從「止」。「之」義為往,「止」甲骨文也是表示前行。「先」蓋表示前往之意。

卜辭「先」字已有先後之義。卜辭有「先祖」,「先妣」,「先子」。

「癸卯,王卜貞,其杞多先祖,余受右。王𡆥曰,弘吉。隹廿祀」。(續二・三一・六)

「先高祖𡗎酒」。(明續四七一)

「癸未貞,𡩁生於先妣庚」。(師友一・一七二)

「叀兄辛眔先子癸。叀母己眔先子癸」。(粹三四〇)

這乃是由「先」義為往引申的。在我國語言裏,對於過去稱往,稱前,稱先,都是由前往引申的。

卜辭「先」字還有一種用法。如:

「乙丑卜,出貞,大史𠂤酒,先酒,其出𠤱於□,卅牛,七月」。(前四・三四・一)

「先㞢於唐」。(前七・四・三)

「貞,先酒」。(同上)

「丙申卜,即貞,翌丁酉,叀中丁歲先」。(粹二九九)

「叀父丁先歲」。(續一・三〇・二)

「庚寅卜，行貞，兄庚歲先曰」。（續一・四四・二）

「叀王亥先又」。（明續四八〇）

「沈先酒」。（明續四二七）

「先」都是祭名。但是什麽意思不甚明瞭。字都有進獻或賜予之意。按僖公三十三年《左傳》：秦伐鄭：「及滑，鄭商人弦高將市於周，遇之，以乘韋先十二牛犒師」。《淮南子・道應訓》述此事云：「鄭賈人弦高矯鄭伯之命，以十二牛勞秦師而賓之」。由此推測，「先」有賓敬之義。

我以為「先」就是「説文」的「詵」字。《説文》云：「詵，至言也，從言從先，先亦聲」。《説文》「亦聲」字，聲旁多就是原來的字，後加義旁。如「禮」字，《説文》云：「從示從豊，豊亦聲」。甲骨文「禮」只作「豊」，「示」是後加的。「從」字《説文》云：「從，隨行也，從從辵，從亦聲」。按「從」甲骨文初只作「从」，後加「彳」旁作「彸」，金文加「辵」作「從」。《説文》訓「詵」為「致意」。「詵」義實為致。《説文》訓「致言」，乃是解釋從「言」的。「先」義為致，則上述古書和卜辭便都可以解釋通順。《説文》云：「致，送詣也」。「先」義為致，又有賓敬之意，其義當為敬送，敬奉。「先豹皮十，良馬二六」，是説以豹皮十，良馬二六敬奉給周穆王。「先吳壽夢之鼎」，是説以吳壽夢之鼎送給荀偃。「先八邑」，是説鄭伯以八邑送給子展。「先之以玉」，是説以玉送給左師。卜辭之「先」義也當為敬奉、敬獻。【甲骨文字考釋二則　古文字研究第六輯】

◉徐中舒　一期　甲三三三八　從止從夂人，或作，同。古有結繩之俗，以繩結紀其世系。金文世字作矢令彝，從止結繩，止者足趾。《詩・下武》云：「繩其祖武。」傳云：「武，迹也。」謂足趾迹也。孫字從系，系象繩形，蓋父子相繼為世，子之世即系於父之足趾之下。先字從止從人，止在人上，會世系在前，即人之先祖之意，省稱為先。《説文》：「先，前進也。从儿之。」此為後起義。參見卷二彳部後字説解。【甲骨文字典卷八】

九二：二八　三例　宗盟委質類被誅討人姓氏　詛咒類人名姓氏　一五六：一九　四百二十五例　一九五：六　八八：一　二例　九二：一六　三例　一五六：二〇　十九例　三：一九　三例先　九三：一　五例⿰兟阝　一〇五：二【侯馬盟書字表】

◉許　愼　兟進也。从二先。贊从此。闕。所臻切。【說文解字卷八】

◉馬叙倫　嚴可均曰。贊從此校語也。下何所闕。蓋舊本闕反切。莊有可曰。二先者。二人竝之也。二人竝進。賓主禮也。行禮不能無相。故贊字從之。徐灝曰。此許闕其義。進也之訓蓋後人增之。倫按此先之茂文耳。故先音心紐而兟音則入審紐。同為次清摩擦音。聲轉耳。【說文解字六書疏證卷十六】

秃

[glyph] 金秃【漢印文字徵】

[glyph] 秃【汗簡】

[glyph] 崔希裕纂古【古文四聲韻】

◉許　愼　秃無髮也。从人。上象禾粟之形。取其聲。凡秃之屬皆从秃。王育說。蒼頡出見秃人伏禾中。因以制字。未知其審。他谷切。【說文解字卷八】

◉林義光　按字从禾不从粟。非取粟聲。秃人伏禾中。亦不得其說而強為之辭。[glyph]象髮稀疏形。非禾字。古作[glyph]曼龔父盨孝字从秃。秃㣇古同音。當亦同字而有兩義。【文源卷四】

◉馬叙倫　吳穎芳曰。王育說出六書外。無他字可例。鈕樹玉曰。韻會引作從人上禾象禾粟之形。玉篇注作從儿上象禾黍之形。廣韻韻會引玉篇注並無取其聲三字。廣韻引王育說為文字音義。伏下有於字。段玉裁曰。粟當作秀。秀秃古音皆在三部。故云秃取秀之聲為聲也。王育說者。謂凡秃之屬皆從秃以上為王育說也。倉頡以下廣韻引出文字音義。則知古本無此十七字。而王育說三字結上文。全書例固如此。錢坫曰。此許曰象形。王育云諧聲也。王育釋文以為王述。蒼頡以下廣韻以為出文字音義。校者所書。未知其審。亦校者之詞耳。桂馥曰。王育者。漢章帝時人。作大篆解說。見唐元度十體書。朱駿聲曰。當從秀而斷其下。指事。禾割穗則秃也。翟云升曰。李陽冰曰。穆省聲。是。龔橙曰。秃即頣。由廥作麇。誤說上象禾粟之形。取其聲。徐灝曰。王育說絶非造字之法。秀讀曰透。聲轉為秃。實本一字。穨從秃而漢隸作穨。從秀。即其明證。倫按徐說是也。朱駿聲謂穜俗老而秃頂曰秀頂。亦可證秃秀聲本同也。秀從㐬得聲。見秀字下。㐬為乃之轉注字。見㐬字下。後漢書匈奴傳。秃翁。注。即乃翁也。亦可證矣。然則秃為篆譌。無髮也者。頁部顉字或頣字之義。顉。秃也。頣。無髮也。音皆溪紐。秃音透紐。同為次清破裂音。故古借秃為顉。或借為頣。從儿上象禾粟之形取其聲者。本作從儿。

禾聲。校者以禾聲不近。而改為上象禾粟之形。後之校者見別本作禾聲。復加取其聲。王育説者。當在取其聲下。蓋從人禾聲本王育説也。或王育以下皆校者據文字音義加之。疑此字出字林。【説文解字六書疏證卷十六】

◉梁東漢 「秃」字小篆以前寫成「⿱毛儿」。《玉篇》毛部收録了這個籀文。《洪武正韻》引《文字音義》以及《廣韻》《集韻》《類編》也收録了這個字。由於目前古文字材料的缺乏，我們還無法説明這個字出現在哪些籀文材料裏，但是，有那麼多字書韻書收録了它，那就不能説這個字没有存在過。再説，比較一下《玉篇》、《説文》所録的全部籀文，我們可以斷定，《玉篇》收録「⿱毛儿」字，絶非無中生有。《玉篇》共收録籀文162，其中與《説文》相同的143（個別字形筆畫稍異），《説文》以為篆文的6個，《説文》未收的13個。既然《説文》未收的除「⿱毛儿」之外還有其他12個，那我們就絶不能説這些字都是顧野王一手泡制的了。再看看《説文》所録的籀文。《説文》收録並且標明是籀文的一共226個。剔除重複，實有210個。其中與《玉篇》相同的148個，《玉篇》没有的53個，《玉篇》以為古文的9個。根據這兩項統計數字，我們可以看出，《玉篇》、《説文》所録有同有異，相同者多，不同者少。同異之間，反映了它們收録各有所本。《玉篇》時代較晚，顧野王能看到一些許慎看不到的籀文材料，因此，《玉篇》收録而《説文》未收，這是不足為怪的。我們不好説許慎把「⿱毛儿」字漏了，更不能説《玉篇》、《文字音義》、《廣韻》、《集韻》、《類編》憑空捏造。

「⿱毛儿」字錯寫成「秃」，可以從字形結構上得到解釋。古文字「毛」「禾」近似，容易混同。為了追求字形美觀，人們有時把「毛」寫成「禾」，或者把「禾」寫成「毛」。前者如《曼龏父盨》、《師害簋》「孝」字上體，「老」之上體「毛」變成了「禾」，《曼龏父盨》尤其明顯。後者如《伯梡簋》「年」字，《湯弓盤》「年」字，《碧落碑》「香」字，構字成分「禾」與「毛」看不出有什麼區別了。這些例子可以説明：《玉篇》等書所録籀文「⿱毛儿」變成小篆「秃」字經歷了同樣的變化。【説「秃」「充」「失」「佴」 汕頭大學學報一九九三年第二期】

穨 5·202 宮穨 5·200 同上 5·201 同上【古陶文字徵】

頽見古詩【汗簡】

古毛詩【古文四聲韻】

◉許慎 穨秃皃。从秃。貴聲。杜回切。【説文解字卷八】

見

◉馬叙倫 此穗之轉注字。貴惠聲同脂類也。【説文解字六書疏證卷十八】

甲二一二四 甲二〇四〇 甲二八一五 甲三五二一 乙三五八三 乙三七一〇 乙三七六五反

乙五五六八反 鐵七四・三 鐵一五九・一 鐵一八〇・一 前一・二七・一 前四・三四・六

前六・七・四 前七・三二・四 後二・一一・一 後二・三四・四 菁一〇・九 林一・二五・一〇

戩三五・三 燕二〇二 京津六〇二 存二三八 存五五二 京津二〇一四 京津二二二一 京津

三〇三九 粹一一七三 寧滬一五〇〇 寧扈一五一九 寧滬一・五二〇 庫一二七四 河六四四

粹一一四一B 續一・三八・一 存下四五 存下四七三 珠六 珠二五 掇一・四五二 京都二一

五二【甲骨文編】

甲315 1152 2040 2124 2396 2815 2968 3336 3375 3462 乙

187 441 731 872 3168 4057 4218 5394 5405 5568 7153

7673 7684 7732 7742 6817 珠6 25 280 783 785 録644 續

1・38・3 2・25・10 2・26・1 4・20・2 4・20・2 5・12・1 5・18・6 5・29・5

6・9・6 6・10・4 6・20・6 掇250 452 徵1・29 2・40 4・37 4・38

11・60 11・65 12・21 凡9・2 誠342 東方107 續存55 238 637 1273

外25 34 摭續310 粹516 750 1132 1141 1292 新2104 2214 2325【續甲骨文編】

見 見尊 見甗 匽侯鼎 沈子它簋 賢簋 弔趯父卣 作册魖卣 史見卣 揚鼎 應侯鐘 𤔲盤 九年衛鼎 駒父盨 𢾊鐘 𦬈伯簋 眉敖至見獻𧶠 中山王嚳壺 則臣不忍見施 鄂君啟舟節 見其金節則毋征【金文編】

季木 54：1 陶文編 8·63【古陶文字徵】

三：二二 七例 宗盟類盧君其明亟見之 委質類見之行道 所見而不之死者 一八五：八 七例 一：二〇 三例 一八：五 二例 一八五：三 一五六：二四 九例 一五六：一九【侯馬盟書字表】

17 218 222【包山楚簡文字編】

見 秦九七 八例 通覞 男為—女為巫 日甲九四通現 縣料而不備其—數五分一以上 效一二 秦一七六 七十一例 秦二二 七例 封九五 二例 封一八 五例 法一〇 十例 日乙五六 日乙二一 六例【睡虎地秦簡文字編】

不—陵☑(甲12—10)、不—月才𣅀☑(丙5:2—1)【長沙子彈庫帛書文字編】

禾成見平貳矦道 王見【漢印文字徵】

見【汗簡】

並古孝經　古老子　汗簡　　　並籀韻　【古文四聲韻】

◉許　慎　視也。从儿。从目。凡見之屬皆从見。古甸切。【説文解字卷八】

◉孫詒讓　「□□卜出貝□」，七十四之三。「畗其弘□」。百五十九之一。《説文·見部》：「見，視也。从目儿。」金文已亥鼎見作，此與彼略同。百之三云「丁亥卜宄貝我□」，亦似見字。又百一之四云：「貝我羌」。與「見」形近而小異。附識于此。【契文舉例卷下】

◉商承祚　卜辭見字作。望字作。目平視為見。目舉視為望。決不相混。【福氏所藏甲骨文字考釋】

◉郭沫若　「丁未卜□貞令立見方，一月。」（右行）大龜四版之一，有「令見取𠬝㬰什于[illegible]」通纂别一之辭，此言「見方」當即見之國族。又前一一七三片亦有見名。【殷契粹編考釋】

◉强運開　伯懋父壺。原釋以為古是字。不塙。按庚姬鬲娊字右半作。與此均相近。當是古見字。行戴爰見者。蓋行至戴地爰見於王也。寏鼎。首王為周寏。吴大澂疑為見字之緐文。以字形案之。釋為見字可以無疑。【説文古籀三補卷八】

◉馬叙倫　鈕樹玉曰。繫傳作。下放此。王筠曰。朱筠本作。龔橙曰。篆誤。金器名作。視也非本義。于鬯曰。見之從人。不過取別於目字耳。見之義從目已是。但不可以目為見也。以為見亦人事之所有。因加儿字於目下。以別乎目字也。小徐本作儿。通釋曰。目儿會意。目儿二字不知作何解。段玉裁謂用目之人。然目何人不用。王筠以目儿為看人。顧看人謂之見看物獨不謂之見乎。似於從儿之義皆求之太拙。且大徐本固作從人從目。不必以兩字連讀為會意也。倫按于不釋然於從人從目為會意。是也。見聞字皆不可以象形指事會意之法造也。未造見字時。固即以目為見也。古埃及文以目為視。可相證也。甲文見字作。亦有作者。唐蘭以為見。以為艮。然未説明所以不同之故。似但據字形以目字之向背為異。倫初以為見是向前視形。艮是回頭向後視形。故易艮卦言艮其背。以此為別。可以助成唐説。然尋易艮卦諸艮字實皆見字義。且肈艮駙敢字。唐又釋艮。則唐又非以目字之向背為異而別在矣。倫以為艮見實一字。音皆見紐可證也。艮從目從傾伏之傾初文作者得聲。音溪紐。故見音轉入見紐。見溪同為舌根破裂音也。然則見不從古文奇字之儿也。寬從或之譌。其誤已久。故許不能正。而見以有所屬而為部首。艮乃誤入部矣。伯懋父壺字。强運開釋見。其文曰。行戴爰。强以為行至戴地爰見于王也。然則為之譌。而見從明矣。艮為眼之初文。而借為聞見之見。部中字有從耳目字為義者。即從其本義也。餘見艮下覞下。字見急就篇。【説文解字六書疏證卷十六】

◉楊樹達　前編七卷三二葉之四云：「△戌卜，貞，𢀛見百牛，貴由用，自二示。」又廿八葉之二云：「子美見，以歲于丁。」按見疑當讀為獻。𢀛，人名。言𢀛獻百牛，當用於二示以下之祭也。第二辭言：子美有所獻，當用之歲祭于丁也。見亦見牲畜，文省不具耳。殷栔一二六片丙云：「△大貞，見新黍，翌△」，按見亦當讀為獻。粹編五一六片云：「甲寅貞，丁巳，卜其見牛一。」按見亦當讀為獻。【卜辭求義】

◉高鴻縉　說文見。視也。从儿从目。古甸切。按此字意應為知形色也。與聞知聲也相儷。甲文有二體。一作□。从人睁目會意。並列。動詞。另一作□。从目□(古跽字跪字)聲。茲以第一體為先為正。第二體為後為變。【中國字例四篇】

◉丁　驌　丁山據「甲申帚見𢀛示七□𠂤」(甲二八一五)一辭，訂有婦見𢀛一名。此契字帚字不明。婦名見𢀛亦是奇特。因審視有關□、□、□等字各辭。不但未見他辭之稱帚者，亦未有作人名用之辭。因說之如下：

□與□之別為男女之別，□與□之別為立跪之別，字分男女契文常見不鮮。我國文字原始固有他她之類別也。立跪之別或無深義。商承祚雖云臣為舉視，目為平視，在契辭中未见有尊卑之別。□□亦金文見字。【釋見　中國文字第四十四冊】

◉張桂光　□字甲骨文中屢見，前人多與□字一起釋為「見」。實際上，甲骨文中□與□有別，□是見字，□則是□的異文，以釋「望」為妥。望字甲骨文多从豎目作□(鐵二二二·一)□(存七〇二)……等形，但也有从橫目作□的(見明藏四九九、綴三三四……等)。所以我認為，甲骨文望、見之別，不在目的豎(□)與橫(□)，而在人的立(□，立可看遠)與跪(□，跪則近睇)，作豎目形的後來所以能夠占了上風，不過因變橫目為豎目能使望遠的意義更加明確罷了。再說，□、□二字的辭例，相似的很少，可確證為見字的「其來見王」「不其來見王」「印啟，不見云」等，見字都作□不作□，在稍覺相似的「□方」與「□方」諸例中，作「□方」的幾乎前面都帶「乎」或「令」，作「□方」的則無一帶「乎」或「令」的；而□□二文的辭例，卻有很多相似的地方。【古文字考釋四則　華南師範學院學報一九八二年第四期】

◉王慎行　甲骨文有□字(乙5405)，孫海波隸定為「㛈」，謂「說文所無」，以不識之字附于女部之後；島邦男亦以不識字附于目部之後。

甲骨文見字，有从卩作□(甲2124)，亦有从人作□(存238)者。茲以古文字偏旁从人、从卩與从女通用無別例之，上揭□字(从女)當是「見」之異構，今引驗有關辭例以資佐證。

〈1〉己卯，□子寅入俎羌十。(菁1)

〈2〉辛酉卜，其卸(御)；辛酉卜，卸(御)于有亘；辛酉卜，𡌢有生。(合集22099)

上舉卜辭中，从女之(見)，均應讀為「獻」，訓為「貢納」之意。是知第〈1〉辭意謂：己卯這一天，獻上名叫子賓者貢入用于隆重祀典——俎祭的十名美人。第〈2〉辭之「卸」即「御」之省文，當假為禦，《說文·示部》訓禦為祀。此條卜辭意謂：辛酉這一天占卜，禦祭時該不該進獻；驗辭曰，禦祭有亘與𡌢祭有生時，可以進獻。

从卩之(見)或从人之(見)，在卜辭中亦假為「獻」。如「丁巳卜，其牛」(粹516)；「☐戌卜貞，卓百牛，亢用自上示」(前7·32·4)；「……于河，允亡來」(京602)諸辭均其例證。是知、、三字在卜辭中用例相同，亦可證三者實為一字。故為見字之異文了然無疑。【从人形古文字零釋　殷都學刊一九九一年第一期】

視

前二·七·二【甲骨文編】

前2·7·2【續甲骨文編】

視　說文古文作眂　从目从氏　侯馬和溫縣出土的東周盟書作視或視　何尊　視于公氏有于天【金文編】

視　語一二　五例　通示　因恙瞋目扼指以丨力　語一二　封六八　四例　秦一五九　三例　法二〇二　二例【睡虎地秦簡文字編】

黃視　徒師視【漢印文字徵】

天璽紀功碑　竝共觀視【石刻篆文編】

視　視見石經　上同【汗簡】

竝天台經幢　古尚書　汗簡　竝崔希裕纂古　同上【古文四聲韻】

◉許　慎　視瞻也。从見示。神至切。古文視。亦古文視。【說文解字卷八】

□觀

◉陳邦懷 □前編卷二第七葉 此古文視字也。説文解字視之古文作眎。卜辭之□即視之古文。從示在目上。猶卜辭及古金文相字作□。説文解字眎字或作眡也。【殷虚書契考釋小箋】

◉商承祚 眎眡 説文。「視。瞻也。从見示聲。眎。古文視。眡。亦古文視。」案甲骨文作□。與第一文同。漢開母廟石闕銘。「昭眡後昆」。作□。與此弟二文同。皆應从氏作。氐則形義不得相通。周禮天官大宰。「眡滌濯。」及「王眡治朝。……眡四方之聽朝」。與其它眡字。皆从氏。是也。目部又出篆文眡。疑蒙此重出。【説文中之古文考】

◉馬叙倫 鈕樹玉曰。韻會引作示聲。倫按示聲也。古讀見或如限。音入匣紐。故轉注為眡。眡從氏得聲。氏音禪紐。同為次濁摩擦音也。眡轉注為視。示音牀紐三等。禪與牀三同為舌面前音也。亦瞻之轉注字。瞻音照紐三等。亦舌面前音也。字見急就篇。

眎吴穎芳曰。從目。示聲。倫按甲文有□□。陳邦懷釋視。

眡鈕樹玉曰。繫傳作□。廣韻引作眡。宋保曰。示聲。氐聲同部音相近。李賡芸曰。眡當從氏族之氏。徐灝曰。眡即眡字。相承多一筆耳。商承祚曰。周禮皆作眡。漢開母廟銘則從眡。然作眡形義不得相通。目部又出篆文眡。疑蒙此重出。倫按氐亦從氏得聲也。玄應一切經音義引字詁。古文眎眡二形。今作視。同時旨時主二反。則此二古文皆呂忱依古今字詁加。【説文解字六書疏證卷十六】

◉徐中舒 伍仕謙 眡，從目、氏聲，即古文視字。此字在《侯馬盟書》作覭，從見、氏聲。段玉裁以為氏在十六部(支韻)，氐在十五部(脂韻)，支脂不可通用(説見《段注》祇、衹、眡、視諸字注下)。其實從氏從氐諸字，在戰國前後期即已相互通用。再以中山諸器支脂合韻之例證之，更可説明戰國時代支脂二韻就早已互相通用了。視，比也。《周禮》中多用此字，皆作眡(今《十三經注疏》本皆作眡，當是用段説校訂)。文繁不備録。《孟子·萬章》：「大夫受地視伯」，言大夫受地當與侯伯相比也。【中山三器釋文及宫圖説明 中國史研究一九七九年第四期】

□ 觀力地切出史書 【汗簡】

□ 古史記 【古文四聲韻】

◉許　慎　覼求也。从見。麗聲。讀若池。郎計切。【說文解字卷八】

◉馬叙倫　鈕樹玉曰。說文無池。當作沱。此恐是池。段玉裁曰。求也當作求視也。李善注吳都賦引倉頡篇。覼。索視之皃也。王筠曰。集韻正作求視也。徐灝曰。今粵語怒目視人曰覼。劉秀生曰。麗聲在歌部。池。從水。也聲。亦在歌部。故覼從麗聲得讀若池。儀禮鄉飲酒禮。乃歆魚麗。釋文。麗本作離。國策燕策高漸離。論衡書虛作高漸麗。木部。杝。落也。從木。也聲。讀若他。楚辭招魂。瓊木籬些。注。柴落為籬。籬即杝也。是其證。倫按字亦作瞝。史記屈賈列傳。瞝九州而相君兮。蓋覼止是視義。求字集韻依倉頡篇加之。或字林文耳。覼為睎之轉注字。睎從希得聲。希從爻得聲。爻麗聲同歌類也。許當以聲訓。讀若亦校者加之。【說文解字六書疏證卷十六】

覣

◉許　慎　覣好視也。从見。委聲。於爲切。【說文解字卷八】

◉馬叙倫　徐灝曰。廣雅有此字。云。怒也。倫按好視也當作好也視也。好也乃婐字義。本書婐讀若委。此委婐音同影紐相通之證。此呂忱列異訓。或校者所記也。覼音來紐。古讀歸泥。覣從委得聲。委從女得聲。女音娘紐。娘泥皆舌尖前邊音也。又委麗聲皆歌類。是轉注字也。徐灝謂粵語怒目視人曰覼。而廣雅覣訓怒也。亦可證也。怒也者。即怒字義。借覣為怒。同得聲於女也。【說文解字六書疏證卷十六】

覞

◉許　慎　覞旁視也。从見。兒聲。五計切。【說文解字卷八】

◉馬叙倫　王筠曰。旁視也與睨字同。小徐本作內視也。然䙾訓內視。兩字遠隔。則小徐非也。朱駿聲曰。覞為睨之或體。倫按旁視也蓋字林文。睨覞一字。則必有一出字林矣。【說文解字六書疏證卷十六】

䚕

◉許　慎　䚕好視也。从見。𤔔聲。洛戈切。【說文解字卷八】

◉馬叙倫　倫按好視也當作好也視也。好也乃嬌字義。校者加之。或呂忱列異訓也。集韻。䚕。視皃。覣䚕歌元對轉轉注字。䚕覼雙聲轉注字。玉篇。䚕縷。委曲也。䚕縷猶覼縷。【說文解字六書疏證卷十六】

䚄 [seal]

◉許　慎　[seal]笑視也。从見。录聲。力玉切。【説文解字卷八】

◉馬敘倫　䚄睩當是一字。必有一字出字林也。䚄與覶觀皆雙聲。或䚄為覶觀之轉注字也。笑視也疑笑字羡。或字林文也。玉篇。䚄。視皃。【説文解字六書疏證卷十六】

䚃 [seal]

◉許　慎　[seal]大視也。从見。爰聲。況晚切。【説文解字卷八】

◉馬敘倫　倫按暖䚃一字。必有一字出字林。【説文解字六書疏證卷十六】

覝 [seal]

◉許　慎　[seal]察視也。从見。兲聲。讀若鎌。力鹽切。【説文解字卷八】

◉馬敘倫　劉秀生曰。兲聲古在定紐。鎌從兼聲古在來紐。定來皆舌音。故覝從兲聲得讀若鎌。火部兲引詩憂心兲兲。今詩節南山作憂心如惔。金部銛讀如棪。桑欽讀若鎌。兲聲如炎。炎聲如鎌。是其證。漢書高帝紀。廉問。師古曰。廉。察也。字本作頰。頰即覝之譌。廉為覝之借。亦其證。尹桐陽曰。覝鎌疊韻。倫按察視也當作察也視也。一訓校者加之。或吕忱列異訓。察借為瞭。四篇。瞭。察也。以同聲假借字為訓也。兲從干得聲。鎌從兼得聲。干兼音同見紐。兲兼又聲同談類。干羊一字。羊音日紐。古讀歸泥。鎌音來紐。古讀亦歸泥也。故覝得讀若鎌。【説文解字六書疏證卷十六】

䚋 [seal]

◉許　慎　[seal]外博眾多視也。从見。員聲。讀若運。王問切。【説文解字卷八】

◉馬敘倫　吳穎芳曰。外博未詳。或夗轉二字之譌。鈕樹玉曰。廣韻訓衆視。王筠曰。外傳蓋夗轉之譌。於讀若運知之。劉秀生曰。員聲軍聲古皆在影紐痕部。故䚋從員聲得讀若運。左哀十二年傳。公會衛侯宋皇瑗于鄖。公羊鄖作運。墨子非命上。譬猶運鈞之上而立朝夕者也。中篇作立朝夕於員鈞之上也。國語越語。廣運百里。山海經西山經作廣員百里。皆其證。倫按外博衆多視也。義不可曉。廣韻止曰衆視。亦不明。承培元謂䚋即禮記中庸敬大臣則不眩之眩。外博衆多視者。力所不逮而博覽衆多則光旬亂也。其解外博衆多視亦以意逆志耳。唯謂䚋即敬大臣則不眩之眩可從也。蓋即目部旬之異文。旬從目。勻省聲。軍亦從勻省聲。詳軍字下。故䚋讀若運也。䚋從員得聲。員音喻紐三等。旬音匣紐。同為次濁摩擦音也。外博二字吳説可從。夗轉急言為員。疑垣字義。衆多二字當作衆也多也。此觀下説解中一曰之文。爾雅釋詁。觀。多也。可證。衆多則義近也。觀多也者。歌元對轉借觀為多耳。然則傳寫之譌也。字疑出字林。【説文解字六書疏證卷十六】

◉戴家祥　䙺字从見从㬎。屢見不鮮，吳式芬釋耿，攈古録三之一第五十六葉央頌段。孫詒讓釋䫜，古籀拾遺中第廿二葉追段。均有闕失。玉篇五十二䙺讀古倫切，集韻讀俱倫切，訓大視也。以聲義求之，字當釋覵。説文八篇見部：「覵，外博衆多視也，从見，員聲，讀若運。」大、博、衆、多，義並相近。軍君同為文部見母，覵、運、鄆匣母，古音見匣兩母在諧聲字與通假字中，有混用。公羊傳哀公十二年「秋，公會衛侯、宋皇瑗于運」，左傳、穀梁傳運作鄖。漢書古今人表楚成王惲，公羊穀梁作髡。左傳文公元年、春秋經「冬十月楚世子商臣弑其君䫜」，惲作䫜。集韻上聲十九隱：「㷇，或从君。」又去聲廿四焮「覵或作䙺」，是覵字聲符更旁亦可作䙺。䙺義近顯，爾雅釋詁：「顯，明見也。」徐同柏迻釋為顯。從古堂款識學卷六第四十葉。非是。【金文大字典下】

觀

甲一八五〇　卜辭用雚為觀　重見雚下【甲骨文編】

雚之重文【續甲骨文編】

觀　不从見　效卣　王觀于嘗　雚字重見　中山王嚳壺【金文編】

230　249【包山楚簡文字編】

觀　為三四【睡虎地秦簡文字編】

觀陽丞印　觀廣私印　孫觀之印【漢印文字徵】

天璽紀功碑　蘭臺東觀令【石刻篆文編】

古孝經　古老子　王存乂切韻　古孝經【古文四聲韻】

◉許　慎　觀諦視也。从見。雚聲。古玩切。古文觀从囧。【説文解字卷八】

◉馬叙倫　倫按觀矔音同。此古文作䀤。從古文目。則當是一字。今矔訓目多精也。疑譌。或矔字出字林也。諦視也當作諦也視也。諦借為覞。此蓋字林文。觀為翰之同舌根破裂音聲同元類轉注字。字見急就篇。顔師古本。皇象本作灌。

畢以珣曰。當從古文目作囧。嚴可均曰。目部已有矔字。此重出。商承祚曰。甲骨文雚作。金文御尊作。此

從𠀤即㗊之譌。倫按傳寫譌耳。從冏二字校者加之。【說文解字六書疏證卷十六】

◉郭沫若　雚殆觀省，又疑叚為館。【效卣　兩周金文辭大系考釋】

◉商承祚　[glyph]說文。「觀。諦視也。从見雚聲。䚕。古文觀。从囧。」案囧乃[glyph]形之譌。古文从見省與視之作眎義同也。甲骨文作[glyph]。即雚即觀。金文御尊作[glyph]。此从𠀤。又㗊之譌變也。【說文中之古文考】

◉湖北省文物考古研究所　北京大學中文系　〔八四〕「𩥡□」亦見一七四號簡，似是人名。「𩥡」疑即「觀」字。【望山楚簡一號墓竹簡考釋】

㝵 [glyph]

[glyph] [glyph] 前7·17·1 [glyph] 龜卜118 [glyph] 續存1069　新2081 【續甲骨文編】

[glyph] 石經僖公　楚殺其大夫得臣　說文誤貝為見 【石刻篆文編】

◉許　慎　[glyph]取也。从見。从寸。寸。度之。亦手也。臣鉉等案。彳部作古文得字。此重出。多則切。【說文解字卷八】

◉孫詒讓　「貝皋[glyph]之牛」，三之三。「貝疲不其[glyph]」，廿九之二。「其[glyph]」，百卅五之四。「不[glyph]」，百四十四之一。「貝[glyph]」，百十六之二、百九十五之三重出。「貝不其[glyph]」，百九十六之二，又百七十三之二文同，唯「㝵」作「[glyph]」。又百卅五之四亦有「其[glyph]」二字。「□泉象[glyph]」。二百三之一。此竝「㝵」字。《說文·見部》：「㝵，取也。从見寸。寸，度之，亦手也。」又《彳部》：「得，古文作㝵，省彳。」二字同。此文似从貝又。金文虢叔鐘作[glyph]，从貝、从手。此與彼略同。【契文舉例卷下】

◉林義光　見寸非義。古作[glyph]虢叔鐘。从手持貝。或作[glyph]井人鐘。[glyph]象覆手。說文云。[glyph]行有所得也。从彳㝵聲。[glyph]古文省彳。按與㝵同字。从行省。轉注。古作[glyph]曶鼎。[glyph]亦[glyph]之或體。【文源卷六】

◉馬叙倫　徐鉉曰。彳部作古文得字。此重出。桂馥曰。一切經音義一引。㝵。取也。尚書高宗夢㝵說是也。案衛宏詔定古文官書㝵得二字同體。韻會引鍇本亦手也下有見而手取之五字。朱駿聲曰。疑從貝從寸。徐灝曰。六書故作從又持貝。云。貝在手。得之義。此說似通。但從寸與從又同。見則貝之譌耳。林義光曰。虢叔鐘作[glyph]。從手持貝。曶鼎得字作[glyph]。[glyph]亦[glyph]之或體。倫按詳得字下矣。寸度六字及玄應引者校語。或此字出字林。取也亦非本訓也。【說文解字六書疏證卷十六】

覽 覽　靚 靚　覞 覞　覾 覾　覭 覭

覽 張覽　覽 王覽【漢印文字徵】

𩒔 古老子　𩒔 南嶽碑【古文四聲韻】

◉許　慎　覽觀也。从見監。監亦聲。盧敢切。【説文解字卷八】

◉馬叙倫　從見監聲。監觀音同見紐。故觀轉注為覽。亦見之轉注字也。【説文解字六書疏證卷十六】

◉許　慎　靚內視也。从見。來聲。洛代切。【説文解字卷八】

◉馬叙倫　徐灝曰。字亦作睞。一切經音義六引倉頡篇。內視曰睞。文選洛神賦李注。睞。旁視也。丁福保曰。慧琳音義五十一引作內目瞳子視也。倫按目部。睞。童子不正也。慧琳所引或誤合睞靚二字説解。然睞靚二字宜為一字。此訓內視未詳。倫謂靚蓋覽之音同來紐轉注字。餘詳覞下。【説文解字六書疏證卷十六】

◉許　慎　覞顯也。从見。是聲。杜兮切。【説文解字卷八】

◉馬叙倫　段玉裁曰。顯當作㬎。下奪視字。詩小雅。題彼脊令。傳。題。視也。倫按廣雅釋詁一。覞。視也。目部。睼。迎視也。當是一字。玉篇。覞。視也。又顯也。則顯也乃校者加之。今捝本訓。或此字出字林。此審諦之諦本字。【説文解字六書疏證卷十六】

◉許　慎　覾目有察省見也。从見。票聲。方小切。【説文解字卷八】

◉馬叙倫　覾鈕樹玉曰。廣韻引字林。目有所察。桂馥曰。集韻引見作皃。朱駿聲曰。目部。瞟。瞭也。瞭。察也。覾當是瞟之或體。倫按字蓋出字林。説解本作目有所察皃。所以音近譌省。復誤乙察下。【説文解字六書疏證卷十六】

◉許　慎　覭覭覰。闚觀也。从見。朿聲。七四切。【説文解字卷八】

◉馬叙倫　鈕樹玉曰。繫傳覰作覷。誤。段玉裁曰。朿聲。小徐本及廣韻集韻類篇竝譌作朿。桂馥曰。玉篇。覭。盜視皃也。

覰 覭 䙺

方言。凡相竊視。南楚謂之闚。自江而北謂之覗。覗即覰之或體。廣韻。覗。覰也。一切經音義十二引字林。覰。窺觀也。倫按本作覰也。今挩也字。覰則隸書複舉字也。字或出字林。【說文解字六書疏證卷十六】

◉許慎 覰拘覰。未致密也。从見。虘聲。七句切。【說文解字卷八】

◉馬叙倫 徐元杜曰。覗誤作拘。桂馥曰。史記留矦世家。良與客狙擊秦皇帝博浪沙中。狙即覰之借字。倫按覗覰雙聲轉注字。說解有挩譌。玄應一切經音義引字林。窺覰也。疑拘覰為規觀之譌。字或出字林。【說文解字六書疏證卷十六】

◉許慎 覭小見也。从見。冥聲。爾雅曰。覭髳。弗離。莫經切。【說文解字卷八】

◉馬叙倫 王筠曰。字僅見於爾雅。而爾雅以弗離釋覭髳。而皆是連語。許云小見。所以指實之也。爾雅曰者。釋詁文。弗作茀。郭注謂草木之叢茸翳薈也。茀離即彌離。彌離者。蒙蘢耳。案上句非。下二句是。郭氏常引字林。不引說文。蓋未見說文。是以望文生訓。倫按瞑覭當是一字。承培元疑此字後人增。蓋出字林。【說文解字六書疏證卷十六】

◉許慎 䙺內視也。从見。甚聲。丁含切。【說文解字卷八】

◉馬叙倫 薛傳均曰。眈。視近而志遠也。與此義通。婁機漢隸字原。釋張壽碑䙺䙺虎視云。䙺䙺即眈眈。王筠曰。字與眈同。然不與覭類聚。玉篇亦然。未詳。倫按眈䙺轉注字。猶訦諶矣。本部屬字及目部屬字皆以目所及為義。內視乃心理作用。當從心不當從目。玄應引倉頡篇。內視曰䙺。蓋杜林或張揖或郭璞依文為義。此亦漢儒說經之成例也。此字或出字林。餘見眈下。【說文解字六書疏證卷十六】

◉蕭璋 眈視近而志遠。从目冘聲。易曰：「虎視眈眈。」(丁含切)䙺，內視也，从見甚聲。(丁含切)瞫，深視也。一曰下視也。又竊見也。从目覃聲。(式荏切)。按隸釋載張壽碑：「䙺䙺虎視不折其節。」婁機錢大昕段玉裁均以䙺即易虎視眈眈之眈。婁說見漢隸字源。錢說見潛研堂文集卷十一說文答問。段說見說文䙺字注。而章氏以眈䙺為瞫之孳乳。文始六陽聲㐭字。按眈䙺瞫音義極相近而形亦相通，可無分先後耳。三字之訓以內視最能表達語義。蓋內視，即入視亦即視之深。推而及之，下視與視近而志遠，皆與入視相近。入內為古今字皆有刺插義，覰之為內視猶插之為刺內，皆入之義也。說文：「插，刺內也。」大徐本內作肉誤小徐乃作內。而三字聲母之相轉又如譚之與沈相通。廣雅疏證釋詁「沈，大也」條下云：「沈讀若覃，方言：『沈，大也。』玉篇：『譚，大也。』譚與沈通。」

枕椹之為同字也。【釋至　國立浙江大學文學院集刊第三集】

覯

◉許　慎　覯遇見也。从見。冓聲。古后切。【説文解字卷八】

◉馬叙倫　倫按遇見也當作遇也見也。遇也乃遘字義。蓋校者加之。詩草蟲。亦既覯止。毛傳。覯。遇。抑莫予云覯。公劉。乃覯于京。毛傳。覯。見也。覯為見之音同見紐轉注字。【説文解字六書疏證卷十六】

𧢦

◉許　慎　𧢦注目視也。从見。歸聲。渠追切。【説文解字卷八】

◉馬叙倫　倫按玉篇作目注視。錢大昕謂即穀梁定十年傳視歸乎齊侯之歸。倫謂穀梁之歸自用本義。此蓋覯之轉注字。歸從帚得聲。帚聲幽類。冓聲矦類。幽矦近轉。或為規之音同見紐轉注字。注目視也當作注目也視也。此字蓋出字林。【説文解字六書疏證卷十六】

覘

◉許　慎　覘窺也。从見。占聲。春秋傳曰。公使覘之。信。救艷切。【説文解字卷八】

◉馬叙倫　沈濤曰。九經字様廣韻引皆作闚視也。今奪視也。倫按覘當是覝之轉注字。覝得聲於干。干音見紐。覘從占得聲。占音照紐。古讀歸端。故覘音入見紐。端見皆清破裂音也。覘聲侵類。覝聲談類。侵類近轉也。窺視也當作規也視也。廣雅釋詁。覘。視也。方言作貼。視也。字蓋出字林。【説文解字六書疏證卷十六】

覹

◉許　慎　覹司也。从見。微聲。無非切。【説文解字卷八】

◉馬叙倫　段玉裁曰。司下當有視字。桂馥曰。廣雅釋詁。覹。覗也。漢書郭解傳。使人微知賊處。錢坫曰。史記。微捕得李牧。斬之。即此字。倫按目部。瞴。微視也。微視蓋即覹也。然則此為瞴之轉注字。瞴音明紐。覹音微紐。古讀歸明也。亦覝之轉注字。覝讀若鎌。音在來紐。古讀歸泥。微泥同為邊音也。司也非本義。廣雅作覗。本書無覗。此字蓋出字林。【説文解字六書疏證卷十六】

覢

◉許　慎　覢暫見也。从見。炎聲。春秋公羊傳曰。覢然公子陽生。失冉切。【説文解字卷八】

◉馬叙倫　桂馥曰。一切經音義十六引同此。本書。睒。暫視皃。廣雅。覢。見也。倉頡篇。覢覢。視也。王宗涑曰。今公羊傳覢作闖。吳麦雲謂闖為閃之譌。閃與覢同。禮記注。淰之言閃也。釋文。閃。失冉切。與覢字異音同。陳詩庭謂海賦。蜬象暫曉而閃屍。注。閃。暫見皃。誼亦與覢同。案何注。闖。出頭皃。説文。闖。馬出門皃。讀若郴。則聲亦近矣。覢閃。窺頭門中也。是吳謂當作閃。舉正字。公羊作闖。説文作覢。竝借字。倫按覢字出蒼頡篇外。僅見此引公羊哀六年傳文。今傳覢字作闖。本書闖訓馬出門皃。實望文生義。或非本訓。其字蓋從馬門聲。其義未可定。吳謂傳之闖字為閃之譌。閃音與此同。尋傳文義。似為忽見之意。本書欻亦從炎得聲而讀若忽。則此音蓋本與欻同。玄應一切經音義六。電。關中名覢電。倫謂今杭縣謂電曰忽閃。言其暫見即已也。忽閃為同次清摩擦音連緜詞。閃即忽也。忽即覢也。亦可證覢本音如忽。故義為暫見。今音失冉切。由曉而轉審紐三等耳。然以蒼頡篇及廣雅證之。此本訓止曰視也。或見也。今訓乃校者依目部睒字説解改。睒賧一字。睒字出字林矣。春秋以下校語。【説文解字六書疏證卷十六】

覾

◉許　慎　覾暫見也。从見。賓聲。必刃切。【説文解字卷八】

◉馬叙倫　錢坫曰。今吳人語云。覾。而聲近匹。即此字。倫按目部矉亦從賓得聲。與此一字。當有一字出字林。暫見者。瞥字義。或矉瞥為轉注字也。【説文解字六書疏證卷十六】

𧢄

◉許　慎　𧢄覾𧢄也。从見。樊聲。讀若幡。附袁切。【説文解字卷八】

◉馬叙倫　翟云升曰。類篇引作覾𧢄暫見也。劉秀生曰。讀若幡者。説詳六篇播下。倫按覾𧢄同脣音轉注字。【説文解字六書疏證卷十六】

睍

三：一二　一百三十七例　宗盟委質內室類明亟睍之

三：九　六十八例

一九五：二

三：一七　二例

三：七　十三例

一六：四

一：三〇

一五六：八　六例

一：二二　二例

一：八二　二例

八五：三四

十二例 一五六：一九 一六二：三 八五：二〇 一六：九 八五：一 一九八：一五 一五

六：一 七例 一：二九 一五二：五 二〇〇：八 三五：九 六七：一四 六七：二〇 一五

六：一九 一八五：二 䚹【侯馬盟書字表】

◉許　慎　病人視也。从見。氐聲。讀若迷。莫兮切。【説文解字卷八】

◉馬叙倫　段玉裁曰。篆當作䚹。廣韻十二齊。䚹。病人視皃。集韻類篇竝云。䚹䚹二同。䚹又民堅切。訓病視。蓋古本作䚹。民聲。讀若眠者。音變為迷。唐人諱民。偏旁省一畫多似氏字。始作䚹。繼又譌作䚹。乃至正譌竝存矣。徐灝曰。段説是。淮南原道訓。䁕於勢利。䁕從目從昬與此略同。倫按上文視之重文已作眡。此若從氐得聲。義當相同。似段説為長。然從見民聲不見為病人之視。蓋本訓病也視也。病也為瘖或䫌字義。呂忱列異訓。或校者加之。傳寫誤如今文。民為每之譌文。每迷同為邊音。迷聲脂類。民聲真類。脂真對轉。故䚹從民聲得讀若迷。或曰。此眯之轉注字。【説文解字六書疏證卷十六】

䚻

◉許　慎　下視深也。从見。鹵聲。讀若攸。以周切。【説文解字卷八】

◉高田忠周　愚初謂䚻為古字逸文也。後深思推考。左正為鹵字。銘勳鐘可以證。右即非夏。此為頁之緐文也。如此篆為頁。為之變形。亦與作者同。但鐘文从夏又从形。恐此為羨文。果然則此説文之䚻字也。見頁通用。其例不尠。但䚻下視突也。從見鹵聲。讀若攸。又説文。气行皃。从鹵聲。讀若攸。鹵驚聲也。从省鹵聲。籀文鹵不省或曰鹵往也。讀若仍。古文作。其云籀文不省者謂作鹵者。由此觀之此篆从鹵不從鹵。似與許氏䚻字不合者。然古文形近者皆以通用。且依克鼎作番生敦作不必从鹵明矣。況䚻為下視突也。康䚻妥褱。文義可解。如克鼎。䚻始對言。始即借為覶。覶者好視也。即與能同意。此當釋䚻為至當。【古籀篇三十四】

◉馬叙倫　劉秀生曰。讀若攸者。詳五篇鹵下。倫按下視深也必非許文。故段玉裁王筠徐灝皆説之而不能安也。本部説解多譌。字蓋出字林。【説文解字六書疏證卷十六】

◉許　慎　覶私出頭視也。从見。㐱聲。讀若郴。丑林切。【説文解字卷八】

◉馬叙倫　錢坫曰。今吳人語覶出頭。即此字。王筠曰。字義與閃相似。吾鄉之恆言也。劉秀生曰。㐱從彡聲。古在透紐覃部。郴從林聲。古在來紐覃部。透來皆古音。故覶從㐱聲得讀若郴。寸部。尋。從工。從口。從又。從寸。彡聲。釋名釋兵。鐔。尋也。帶所貫尋也。淮南原道訓。故遊於江尋海裔。注。尋讀葛覃之覃也。天文訓。火生薅。注。薅讀葛覃之覃。女部。婪。從女。林聲。讀若潭。潭亦從覃聲。是其證。倫按私出頭視也必非許文。覶讀若郴。門部。闖亦讀若郴。公羊哀六年傳。闖之則闖然公子陽生也。解詁。闖。出頭皃。尋闖讀若郴者。字從門得聲。門音微紐。郴從林得聲。林音來紐。古讀歸泥。微泥同為邊音也。覶得聲於彡。彡音審紐。林森一字而森音轉入審紐。故覶亦得讀若郴也。古讀審歸透。透微同為次清破裂音。故今音為丑林切矣。今杭縣謂私視曰張。張音知紐。知微同為舌面前音。蓋覶其字也。覶規聲同侵類。或亦轉注字。字蓋出字林。【説文解字六書疏證卷十六】

◉許　慎　覓突前也。从見冂。臣鉉等曰。冂。重覆也。犯冂而見是突前也。莫紅亡狄二切。【説文解字卷八】

◉林義光　覓覓　東韻音蒙　説文云。覓突前也。從見冂。按象人目有所蒙覆形。【文源卷五】

◉馬叙倫　沈濤曰。六書故引唐本從見從冃。一切經音義九引。覓。突前也。字體從見從冃。十二引。覓。突前也。字從冃從見。是古本從冃不從冂。玉篇。覓。突前也。字正從冃。小徐於冃部别出覓字。云。犯而見也。從冃從見。犯而見即突前之義。自必一字誤分。徐灝曰。冂冃一字。因部屬之字或從冂或從冃故分為二部耳。倫按鍇本作冂聲。是也。覓蓋覶之轉注字。覓聲幽類。覶聲侵類。幽侵對轉也。突前也與從見之義不合。鍇本於冃部又出覓字。訓犯而見也。與冃部冒下冡而前也最下犯而取也。皆有關涉。田吳炤所據玉篇作突見也。蓋此字與冒形近。校者誤移入冃部冒下。傳寫誤作突前也。一本作犯而見也。或係突見也之校語。後之校者明其非冃部字而去之。一本猶存。鍇所見者是也。一本覓字仍在本部。而校者據誤本改其説解。故今作突前也。許本訓見也。突見也校語。或字出字林。今紹興謂私視曰張張望望。蓋當作覶覓。【説文解字六書疏證卷十六】

◉楊樹達　許説從見冂，義不可通。當云從冂從人從目，字與冒字同意。冂與冃同，當為一字。【文字形義學】

◉于省吾　第一期甲骨文的覓字作覓、覓、覓等形，舊不識，甲骨文編分别誤入宀部和附録。續甲骨文編把覓形誤摹為見。實則，覓字從冂，説文作冂（莫狄切），並謂：「冂，覆也，從一下垂也。」按訓為覆是對的，但以為「從一下垂」，那就錯了。甲骨文覓字說文譌作冡(莫紅切)，並謂：「冡，突前也，從見冃。」段注：「與冡音義畧同」。承培元廣説文答問疏證：「冡即蒙犯霜露之蒙。」「冡為正字，蒙為借字。」按説文：「冡，覆也，從冃豕。」又：「蒙，王女也，從艸冡聲。」典籍中均以蒙為冡。

本諸上述，甲骨文的冡字上從冖，説文譌作冃。甲骨文冡字象人目有蒙蔽形，從冖見，冖亦聲，是會意兼形聲。清邵瑛説文解字羣經正字：「冖字雖今廢不用，而據説文，凡覆尊覆面竝當作冖為正也。」然則甲骨文冡字從冖，本來就有覆蓋蒙蔽之義。甲骨文言冡指的是天氣陰蒙，乃引申義。甲骨文的「冡日」(藏四四·三)兩見，是指陰雲蔽日為言，又「壬辰卜，內，翌癸子(巳)雨。癸子冡，允雨」(甲三三三六)。癸巳冡，是説癸巳日天氣陰蒙。總之，甲骨文的冡字，説文譌作冡，通作冡，典籍則均借蒙字為之。【釋冡 甲骨文字釋林】

◉饒宗頤 壬辰卜內：羽癸巳，雨。癸巳，冡，允雨。(屯甲三三三六)按冡即説文冡字，從冃。冃音蒙，借為蒙或瞢。他辭言「冡日」(鐵四四·三，慶大十七(續存上一二三四重))「亩冡，……至十月」(京津三六三六)。「冡日」讀如「瞢日」。周禮眡祲「六曰瞢」，日月瞢瞢無光也。【殷代貞卜人物通考卷一】

覬

◉許慎 覬，𣢑幸也。从見。豈聲。几利切。【説文解字卷八】

◉馬叙倫 王筠曰。𣢑字句。以𣢑説覬。謂其同字也。𣢑下云。幸也。玄應李善不引𣢑字。是知句讀者。沈濤曰。一切經音義二引作幸也。文選九錫文注王命論注引同。皆無𣢑字。倫按鈕據本不言鍇本無也字。是所見本同此也。欠部。𣢑。幸也。𣢑覬音同見紐。聲同脂類。本書譏為豈之轉注字而訓訖也。則此𣢑字乃校者注以釋音者。故玄應李善不引也。幸也者。𣢑字義。古書或借𣢑為覬。校者因而加之。非本義也。覬為希望之希本字。禮記檀弓。吾欲暴尪。注。尪者面鄉天。覬天哀而許之。經記多借冀字。左僖卅三年傳。鄭有備矣。不可冀也。國語魯語。吾冀而朝夕脩我之類。皆希望義。文選登樓賦李善注。引賈逵國語注曰。覬。望也。蓋賈本作覬。玉篇。覬。見也。疑本許書。【説文解字六書疏證卷十六】

覦

◉許慎 覦，欲也。从見。俞聲。羊朱切。【説文解字卷八】

◉馬叙倫 王筠曰。華嚴經音義。覦謂有所冀望也。倫按覬為希望之希本字。則古音或即如希。希音曉紐。覦音喻紐四等。同為次清摩擦音。蓋轉注字。欲也者。以音同喻四為訓。漢書。廣陵王胥有覬欲心。錢坫謂覬欲即覬覦。左桓二年傳釋文引字林。覦。羊住反。【説文解字六書疏證卷十六】

䚒

◉許　慎　視不明也。一曰直視。从見。舂聲。丑尨切。【說文解字卷八】

◉馬叙倫　慧琳一切經音義廿四引倉頡。𧢄。視息也。目部凡訓不明者。率為破裂或破裂摩擦或邊音脣音。唯瞀音在影紐。然訓目無明與不明者異。此訓視不明而音在微紐。疑䚒止訓視也。不明也者。下文䚥字之引申義。本是䚥下一曰之文。傳寫誤入此下。一曰直視者。蓋本義。校者記異本也。然非本訓。目部。眂。直視也。眙。直視也。眙䚒音同微紐。䚒眂脂真對轉。是蓋眙眂之轉注字也。【說文解字六書疏證卷十六】

䚥

◉許　慎　視誤也。从見。龠聲。弋笑切。【說文解字卷八】

◉馬叙倫　錢坫曰。今人視不審曰䚥光。聲近耀。即此字。桂馥曰。廣韻。視不定也。朱駿聲曰。廣雅釋詁。䚥。誤也。倫按據廣韻可證䚒下視不明乃此下校語也。【說文解字六書疏證卷十六】

覺

覺　法一〇　三例　日乙一九四【睡虎地秦簡文字編】

古孝經　石經【古文四聲韻】

◉許　慎　寤也。从見。學省聲。一曰發也。古岳切。【說文解字卷八】

◉馬叙倫　段玉裁曰。寤當作悟。心部。悟。覺也。倫按一曰發也當作發見也。此校者記異本也。寤也者。謂睡時目合有明而不發也。寤則目開而見矣。故以寤為訓。其實一義。但此非本訓耳。字見急就篇。希麟續一切經音義三引倉頡。覺。寤覺也。【說文解字六書疏證卷十六】

䚓

◉許　慎　目赤也。从見。𥏼省聲。臣鉉等曰。𥏼非聲。未詳。才的切。【說文解字卷八】

◉馬叙倫　孫星衍曰。玉篇。䚓。見也。疑說文作目䚓。倫按目赤蓋謂目病發赤色也。釋名。目眥傷赤曰䁾。䚓從𥏼省得聲。𥏼為知之轉注字。知從矢得聲。矢蔑聲同脂類。是䚓為蔑之轉注字。然字次不倫。疑目赤乃蔑字義。此本訓見也。今挩。但存校語。䚓為靚之音同從紐轉注字。亦親之脂真對轉轉注字。【說文解字六書疏證卷十六】

靚

彭靚【漢印文字徵】

崔希裕纂古【古文四聲韻】

◉許 慎 靚召也。从見。青聲。疾正切。【説文解字卷八】

◉馬叙倫 段玉裁曰。古奉朝請亦作此字。見廣韻。倫按鈕樹玉王筠所據鍇本蓋皆有也字。故不出校語。召也者。請字義。靚為朝請之請本字。親之轉注字。靚從青得聲。青音清紐。親音亦清紐也。靚音從紐。視音牀紐。同為濁破裂摩擦音也。則亦視之轉注字。【説文解字六書疏證卷十六】

親

親 从辛聲 孳乳為親 克鐘 王親命克 盠駒尊 從宀新聲 中山王譽鼎 叟邦難新 中山王譽鼎 親逹參軍之衆

孳乳為襯 王臣簋 錫女朱黄𠦪襯玄衣黹屯【金文編】

51【包山楚簡文字編】

親 秦一五五 為二四 二例 日乙一四八 三例 為四 日甲七三背【睡虎地秦簡文字編】

樛親 成親之印 王侍親印 荆利親印 張孝親 鞠宜親 孔親之印 張親【漢印文字徵】

詛楚文 親印不顯幽刺敍戚【石刻篆文編】

【汗簡】

古孝經 古老子 古尚書 義雲章 裴光遠集綴 汗簡【古文四聲韻】

◉許 慎 親至也。从見。亲聲。七人切。【説文解字卷八】

覲

◉吳大澂 [glyph]古親字。史懋壺。親字重文。【說文古籀補卷八】

◉馬叙倫 翟云升曰。韻會引作密至也。倫按蓋本作密也至也。然皆非本義。密也者。仁字義。仁為親密之親本字也。至也者。蓋由子於父母為至親。亦仁之引申義也。或至也者。以脂真對轉為聲訓。不然。則二訓皆為吕忱或校者所加。本訓亡矣。玄應一切經音義引倉頡。親。愛也。近也。亦見急就篇。【說文解字六書疏證卷十六】

◉于豪亮 新從目從新聲，即親字，新與親通，《左傳・僖公三十二年》：「晉新得諸侯」，唐石經新作親。《書・金縢》：「惟朕小子其新逆」，疏：「新逆，馬本作親迎」，《詩・東山》箋：「成王既得金縢之書，親迎周公。」均新與親通假之證。【中山三器銘文考釋 于豪亮學術文存】

◉湯餘惠 (5)戰國陶文有[glyph](《季木》20・7)字，舊不識。按此字上從目，與魏石經古文「眔」、「釋」二字所從目旁寫法相同，字下從辛，實即親字省文。《古文四聲韻》上平聲「真」部引《古孝經》作[glyph]，又引《古老子》作[glyph]，《訂正六書通》上「真」部引《六書統》作[glyph]。中山王鼎「親達三軍之衆」字作[glyph]，從目即「見」之省，從新聲實與小篆從親聲，陶文從辛聲為一事，三者自可互證。【略論戰國文字形體研究中的幾個問題 古文字研究第十五輯】

◉高 智 《古璽彙編》著録如下一印：

3521

此印第二字作「[glyph]」形。《古璽彙編》缺釋，《古璽文編》列入附録，今按：此字上从「[glyph]」亦當為古文字中的「目」字，與「眔」金文作「[glyph]」(《䣄鐘》)、「眡」《中山王譽・兆域圖》作「[glyph]」所从當同，下从當是「亲」字，與《古文四聲韻》中「親」作「[glyph]」所从相同，「[glyph]」又與《古文四聲韻》中「親」作「[glyph]」、「[glyph]」相同，可見此字當是「[glyph]」(睐)，即「親」字。【古璽文徵十則 第三届國際中國古文字學研討會論文】

[glyph] 覲 不从見 女雙鼎 女雙覲于王 【金文編】

◉許 慎 [glyph]諸矦秋朝曰覲。勞王事。从見。堇聲。渠吝切。【說文解字卷八】

◉馬叙倫 桂馥曰。勞上當有勤字。倫按本訓勤也。吕忱加諸矦秋朝曰覲勤勞王事也。爾雅釋詁。覲。見也。【說文解字六

書疏證卷十六】

覜 [seal]

◉許　慎　[seal]諸矦三年大相聘曰覜。覜視也。从見。兆聲。他弔切。【說文解字卷八】

◉馬叙倫　鈕樹玉曰。一切經音義七引作眺。視也。玉篇無頫。五經文字曰。覜。石經作頫。廣韻。覜。引周禮大夫衆來曰覜。寡來曰聘。蓋本鄭注典同。倫按三年大相聘曰覜。非本義。覜即朝聘之朝本字。爾雅釋詁。覜。視也。視音牀紐三等。其或體作眡。從氏得聲。氏音禪紐。覜從兆得聲。兆音澄紐。同為舌面前音。轉注字也。朝音知紐。亦舌面前音。故古書多借朝為覜。覲音羣紐。羣澄同為濁破裂音。亦轉注字。覜視也蓋本在諸矦上。覜為隸書複舉字。視也是本義本訓也。傳寫捝失。校者據別本記之也。此字玉篇無之。廣韻又引鄭注。蓋字出字林。【說文解字六書疏證卷十六】

◉戴家祥　刺⿰肇見鼎　刺⿰肇見作寶尊　⿰肇見字從見從肇，說文所無，以聲類求之，殆即覜之異體，聲符更旁字也。說文三篇攴部：「肇，擊也。從攴肇省聲。」從又與從攴同義。集韻肇肈同字，李舟切韻：「肇，擊也。」堯典「肇十有二州」，大傳：「肇，作兆。」大雅生民「后稷肇祀」，禮記表記引作「后稷兆祀」。商頌烈祖「肇域彼四海」，鄭箋：「肇當作兆。」肇兆聲同，故覜亦作⿰肇見。【金文大字典下】

覒 [seal]

◉許　慎　[seal]擇也。从見。毛聲。讀若苗。莫袍切。【說文解字卷八】

◉楊樹達　說文八篇下見部云：「覒，擇也。从見，毛聲。讀若苗。」按毛聲之字多含選擇之義。周禮春官大宗伯云：「毛六牲。」注云：「毛，擇毛也。」詩周南關雎篇云：「左右芼之。」毛傳云：「芼，擇也。」爾雅釋言云：「髦，選也。」說文云：選，擇也。詩大雅思齊篇云：「譽髦斯士」，謂選士也。說本王引之。髦訓選，故士之選者亦謂之髦。詩小雅甫田篇云：「烝我髦士」，大雅棫樸篇云：「髦士攸宜」是也。白虎通義田獵篇云：「夏謂之苗，何？擇去其懷任者也。」周禮大司馬云：「遂以苗田。」鄭注云：「夏田為苗，擇取不孕任者。若治苗去不秀實者。」左傳隱公五年疏引孫炎爾雅注說與鄭同，皆足證成古義。因段桂諸家於此皆無所申證，故特言之。【說覒　積微居小學金石論叢】

◉馬叙倫　倫按覒字從見。則釋也非本義。詩關雎。左右芼之。傳。芼。擇也。玉篇引作左右覒之。或校者據詩傳加也。覒

覕 䚉 𧡴 覿

晛當是一字。或為覭之轉注字。聲同宵類也。一篇。瑁。諸侯執圭朝天子。天子執玉以冒之。冒蓋即晛之借。字蓋出字林。讀若苗者。劉秀生曰。毛聲苗聲同在明紐豪部。故晛從毛聲得讀若苗。書堯典。竄三苗于三危。山海經作三毛。公羊桓四年傳。春曰苗。注。苗。毛也。說苑修文。苗者。毛取之。苗毛以聲訓。是其證。【說文解字六書疏證卷十六】

◉許　慎　覕蔽不相見也。从見。必聲。莫結切。【說文解字卷八】

◉馬叙倫　王筠曰。廣韻但云不相見皃。知蔽字當絶句。倫按此義别無可證。目部眑亦從必得聲。宜是一字。此蔽下蓋捝也字。蔽也以聲訓。不相見也。吕忱或校者誤以蔽為屏蔽義而加此訓。或蔽為校者匡以釋字音者也。此字蓋出字林。【說文解字六書疏證卷十六】

◉許　慎　䚉司人也。从見。它聲。讀若馳。式支切。【說文解字卷八】

◉馬叙倫　劉秀生曰。讀若馳者。它聲古在透紐歌部。馳從也聲。古在定紐歌部。透定皆舌音。故䚉從它聲得讀若馳。爾雅釋訓。戚施。面柔也。玉篇作呆䚉面柔也。莊子天運。乃重委蛇。釋文。蛇。又作施。是其證。倫按司人也未詳。疑校語。或此字出字林也。【說文解字六書疏證卷十六】

◉許　慎　𧡴目蔽垢也。从見。𠁁聲。讀若兜。當矦切。【說文解字卷八】

◉馬叙倫　𧡴為眵之轉注字。詳眵字下。讀若兜者。鍇本作兜。兜兜一字。𧡴兜音同端紐也。字或出字林。【說文解字六書疏證卷十六】

覿　說文新附見也　儥匜　【金文編】

◉徐　鍇　覿見也。从見。𧶠聲。徒歷切。【說文解字卷八新附】

◉劉心源　(君夫敨)儥。說文作儥云見也。小徐本如是。大徐本作𧶠也。即鬻字。然小徐云儥。周禮儥為貨𧶠字。音育。若果訓𧶠。正是貨𧶠字。小徐即不得云儥。是知訓見為本義。即覿之正字也。大徐本譌為𧶠。於是新附乃有覿字矣。此銘儥求乃友正是覞字義。許印林釋為招。引薛書跋周召夫尊□為召以證之。不知薛氏所引尚書乃宋人誤讀古文者雜集為之。汗簡且不收入。可以知其謬矣。且古文雖甚奇奧。亦究有形意之可揣。從□從□。何以為召。今以宗周鐘盂鼎中鼎麦鼎𠭯鼎友史鼎曶鼎揚敔豆閉敔互相參斠。知□碻是省字。說文作□。近人釋相且有不能兼通者。何有於召乎。省詳副比鼎。此𠏿從□。即古文睦字。【奇觚室吉金文述卷四】

覞 覞

覞　覞音耀【汗簡】

覞　汗簡【古文四聲韻】

◉許　慎　覞竝視也。从二見。凡覞之屬皆从覞。弋笑切。【說文解字卷八】

◉馬叙倫　並視也望文為訓。弋笑切與覵同音。段玉裁謂當古莧切。則與見雙聲。倫謂覞為見之茂體。所屬字皆從見得義。是其證。麼些文見字作□。蓋以□象目光之放射而有所注及。□或象徵所注見者也。倫疑麼些文與漢文同原。覞或即□字之變省。而見則省其一。猶䀠之省為目也。【說文解字六書疏證卷十六】

䚊 䚊

䚊　䚊口顏切見古春秋【汗簡】

䚊　古春秋【古文四聲韻】

◉許　慎　䚊很視也。从覞。肩聲。齊景公之勇臣有成䚊者。苦閑切。【說文解字卷八】

◉馬叙倫　王筠據鍇本很作狠。勇下無臣字。很視也當作很也視也。很也以聲訓。或很乃校者注以釋音者。字或出字林。䚊為覞之同舌根破裂音轉注字。覞見一字也。【說文解字六書疏證卷十六】

䨮 䨮

◉許　慎　䨮見雨而比息。从覞。从雨。讀若欷。虛器切。【說文解字卷八】

◉林義光　象二人疾趨雨中形。疾趨則比息。□與□同意。古顯字或从見作䨮。說文云。覞並視也。从二見。按經傳未見。當即䨮之偏旁。不為字。【文源卷六】

欠

◉馬叙倫　鈕樹玉曰。玉篇廣韻引並作見雨而止息曰䨲。五音韻譜比作上。徐灝曰。詩角弓。雨雪瀌瀌。見晛曰消。毛傳。晛。日氣也。日部。晛。目見也。胡甸切。與此唐器切一聲之轉。見雨疑誤到。雨見而止息。言乍雨而復止也。就日氣言謂之晛。以雨言謂之䨲。倫按此字未見經記。見雨而止息與需字説解同。則非本義。且字從雨覞。即曰見雨。亦似望文生訓。徐説可從。則為晛之異文。然徐説義仍未然。字蓋出字林。從覞。雨聲。故讀若欷。雨音審紐。欷音曉紐。同為次清摩擦音也。或覞之同舌根音轉注字。【説文解字六書疏證卷十六】

◉商承祚　霝疑䨲，將二並為一人寫入二目之間。省二人為一人，如堯《説文》古文作垚，甲骨文作芫之例，此又其變。《説文》覞部「䨲，見雨而比息。」雨部「霰，稷雪也，……或作𩂣，从見。」䨲、𩂣同字，各有繁省，後分為二字。䨲虘亦神名。「□羸𩂣虘」，又可能為一神，楚人有用四字為名者，如「鬭穀於菟」。【戰國楚帛書述略　文物一九六四年第九期】

◉嚴一萍　商氏疑即䨲字，並説：「䨲虘亦神名。」案䨲釋䨲，甚是。説文：「，見雨而比息，从覞从雨，讀若欷，虛器切。」謂「䨲虘」為神名，亦是。䨲虘聲相近，蓋即虙戲也。漢書五行志：「虙義氏繼天而王。」師古曰：「讀與伏同。」段玉裁曰：「虙古音在十二部，讀如密。虙義為伏義者，如毛詩苾字，韓詩作馥，語之轉也。」【楚繒書新考　中國文字第二十六册】

鄴初下・三二・八　甲三七二九　乙四八三六　明一八八〇　庫一九四五　前四・三三・六　後二・四・一五【甲骨文編】

欠【汗簡】

汗簡　並籀韻【古文四聲韻】

◉許　慎　張口气悟也。象气从人上出之形。凡欠之屬皆从欠。去劒切。【説文解字卷八】

◉林義光　古作。欶敦欶字偏旁。象人。張口形。【文源卷四】

◉商承祚　説文解字。歙食屰氣不得息曰兂。从反欠。古文作。案石鼓文既字从。與卜辭畧同。許書之古文。乃由傳寫之譌。卜辭又有字。不知為旡字之反書。抑是許書之欠字。不可知矣。【殷虛文字類編卷八】

◉馬叙倫　徐鍇曰。气形。陽冰云。上象人開口。下象氣。昨從人所謂欠去。許氏擅改作。無所據也。臣鍇以為作。

蓋按李斯等象。古人多互體。雖有從□者。其下亦是人字。且人之欠去。氣並上出不下流。安得氣在□下。陽冰所說。無乃偏執之見乎。鈕樹玉曰。繫傳通部篆作□。祛妄篇悟作語。譌。韻會引气作氣。沈濤曰。御覽三百八十七引作張口出氣也。蓋以二語隱栝之。非古本不作气悟也。悟當作啎。王筠曰。吳鼎臣曰。□即亦孔之優優字。欠者。安居之事。故從人。气在人上者。欠多仰首也。至於遡風不得息。則必轉身背風以舒其气。故從反人作□。如是則不必仰首。而气亦在人者。亦為其義難見。故從反欠以箸明之。筠案鄭注士相見曰。志倦則欠。欠與嘰嘘二字气皆不循其常。故皆曰啎。啎字少見。故或譌悟或譌牾也。□即反气字。气不循其常。故反之以見意。欠部從本義者首二字。自吹以下八字及歂歊歔欸四字。猶為近之。蓋欠字從人從反气。故气之類從之。欠之形則張口。張口則欠缺。故口之事從之。欠缺之事亦無不從之。歡欣者氣舒。其字十。歎歗者气歎。其字九。怒者气暴。其字五。欲欲者。意中有欠缺也。歉者。腹中有欠缺也。其字七。次者。品第欠也。欺者事實欠也。歉歃之類。則直以欠為口。顱則閑口。正與欠反對矣。大抵部中字有張口意。無气啎意。孔廣居曰。當以□為正體。石鼓文偏傍作□。說文㱃字偏傍作□。可證也。□者。欲睡而呵气也。從人從側凵。凵。張口也。張文虎曰。人倦則欠申欲臥。及其覺亦欠申而起。此主覺言。故云張口氣悟。悟即寤字。龔橙曰。□見秦漢篆書。此誤□。誤說象气從人上出之形。李陽冰作□。所據不誤。倫按朱文藻本朱筠本繫傳篆並作□。而顧本作□。以鍇言□气形。且不以李陽冰說為然。則鍇篆自作□不作□。然金文懿字所從之欠作□。㱃字所從之欠作□。或作□。甲文有□字。高田忠周釋欠。其字下從□或□。乃象蹲踞形。金夷文淮夷作淮□。可證也。其或從□者。坐之初文也。御字所從之□可證也。其上或作□或作□皆象口。即本書之□與□也。釋秦豆㱃字作□。欠旁作□。從□從□。與此蓋同。倫謂欠之本義自如鄭說志倦則欠也。人倦則欲睡。先以呵欠。今杭縣謂人倦張口出气曰打哈莧。紹興則曰嵩莧。謂莧菜莖之莧同紹興謂莧音與上海皆呵欠之聲轉也。是字得從口或凵。凵口一字。音皆溪紐。欠音亦溪紐。則或得聲於口。然呵欠之字。似即得於呵欠時所發之聲。而甲文有□□。骨文有□。高田謂□即頁字。頁人同意。上從橫口。而象吹气形。此當是吹字。或曰。欠字。非也。倫謂□蓋即本書之□。而甲文作□石鼓既字偏傍作□者也。麼些文飽字作□。此□與之同意。意則明飽而出息。蓋從□象出息形。實噫之初文。今篆變而為□耳。其□□則或如高田說為吹字。夫如王分析本部所屬諸字。實有不從欠者。蓋圖語時代之象形文。如欠如吹實亦皆可如□之從人而各以其表情分別其狀。欠則畫一人伸體舉臂仰首開口出气形。此省變耳。由金甲文中睬之。□□皆人之具首及手足而或為坐形。或為立形。若□□是立而張口而吹。气自口出。若飲之作□。其□象人俛首張而吸水。□則盛器。即本書之酉也。□在酉上。所以為飲。皆指事也。然亦具體而微矣。由篆文必有所變故也。若其最初圖語。因益視而可識察而見意矣。以此益證欠吹哭笑喜怒固有表情之圖語。麼些文哭字作□。此土蓋亦然也。而今皆以有形聲字後。遺蹟漸泯。而欠字以有從之得義者而幸存。然亦失其故形矣。欠字如今篆當為從人气聲。以從人從气不能表欠意。而气音正在溪紐也。張口气悟也當如御覽引作張口出气也。气悟則為欬欶字義矣。疑气悟為別訓。今誤並之。然皆非本訓。象气從人上出之形。亦呂忱或校者改之。餘詳吹下□下。【説文解字六書疏證卷十六】

◉張秉權　□，是欠字，也是旡字，在説文中，「旡」是「欠」的反書。説文八下，欠部：「□，張口气悟也，象气从人上出之形」。又旡部：「□，歙食氣屰不得息曰旡，从反欠。」卜辭□字正象張口之形。這二個字是有分别的，但在卜辭中則正書和反書，並没有什麼分别，我們只要看饗字可作「□」或「□」，就可以知道「□」字的正書與反書，是一樣的了。【殷虛文字丙編考釋】

◉尤仁德　田鳳嶺　1979年2月，我們在天津市外貿局工藝品公司，發現一方戰國玉璽。白玉質，覆斗紐，長1.9、寬1.8、高1.6釐米。璽身四周與覆斗四周均密刻鈎連云紋。璽面四邊劃分界格，刻「□」形云紋。字框凹下約1毫米，内刻白文㐲字，當是蓋封泥用的私璽。

璽文㐲字，从人从欠，即佽字。《説文解字》：「欠，張口气悟也。象气从人上出之形。」按㐲字之㇋，正象人張口出气形，與《説文解字》所訓相合。金文歙字，員□壺作□，其右文欠字與璽文相同。甲骨文有□字(《殷虚書契前編》五・二十五・一)，當與㐲為同字。《集韻》：「佽同欠。」

戰國玉璽

從字體風格上看，這方玉璽可能是楚國文物。它的特點是：九面皆刻云紋，精巧别致；字框陷下，形制罕見。【新發現的一方戰國玉璽　文物一九八〇年第八期】

◉王慎行　甲骨文□(鄴初下32・8)、□(甲3729)、□(前4・33・6)諸形之字習見，李孝定和島邦男均釋為「旡」，孫海波釋「欠」而無説，今案當以孫釋為是，《説文・欠部》云：「□，張口气悟也，象气从人上出之形」；又《旡部》云：「□，飲食气屰不得息曰旡，从反欠。□，古文旡。」許慎依據字形的反正，將本屬一字的欠、旡，誤分為二。古文字形體反正每每無别，其例證不勝枚舉，

《説文》旡之古文作，並不从反欠；上揭契文欠字作、(反欠)，則許君謂「旡」字「从反欠」之説不攻自破。欠與旡皆象人張口之形，是知欠、旡實為一字。

欠之字形既明，甲骨文還有(乙3389)若(甲1509)形之字，《甲骨文編》以不識之字入於附録；甲骨文另有字(後下25・5)，島邦男釋為「兂」。今案上揭从女、从大的兩字，若以古文字義近偏旁从人、从卩、从女、从大通用例例之，應是「欠」字的異文。惟「欠」字在卜辭中語殘而詞義不明，實難確知其字義，姑存以待考。【從人形古文字零釋　殷都學刊一九九一年第一期】

◉徐中舒　一期　乙三三八九　象女張口之形。其構形方式與欠或旡同，疑即、之或體。【甲骨文字典卷十二】

欽

 欽　魚顛匕　【金文編】

 143　【包山楚簡文字】

 欽　效二一　【睡虎地秦簡文字編】

 不—敬行(甲11—20)　 殘　—敬隹備(甲10—21)　【長沙子彈庫帛書文字編】

 馮欽　 史欽私印　【漢印文字徵】

 禪國山碑　欽若上天　【石刻篆文編】

 南嶽碑　   並籀韻　【古文四聲韻】

◉許　慎　欽欠皃。从欠。金聲。去音切。【説文解字卷八】

◉馬叙倫　欠欽音同溪紐。轉注字也。釋名。欠。嵚也。開其口脣聲嵚嵚也。是其證。欠貌當作欠也。魚匕作欽。【説文解字六書疏證卷十六】

◉戴家祥　説文八篇：「欽，欠皃，一曰敬也。从欠金聲。」段玉裁注：「凡氣不足而後欠引申之，乃欿然如不足之意。」朱駿聲以為

不妥，云：「按段説欠之轉注為敬，終嫌紆曲，且欠者怠惰放肆之狀，不當為訓敬本字也。」說文通訓定聲臨部第三。 按朱説亦有理。然欽原義不明，有待再考。 魚鼎匕「曰欽哉出斿」，欽作嘆詞，如書舜典「欽哉欽哉」。 或欽初義為人對某事、某物、某人的一種贊嘆聲，以後又由這種贊嘆聲轉而有肅然起敬的含義。 【金文大字典中】

⿰䜌欠

◉許　慎　⿰䜌欠欠皃。从欠。䜌聲。洛官切。【說文解字卷八】

◉馬叙倫　沈乾一曰。唐寫本玉篇引作不皇也。倫按不皇也不可通。今本玉篇作一曰不解理。然則不皇為不理之譌。又挩解字，此今言野蠻意也。自非本義。䜌從言得聲。言音疑紐。欽欠音同溪紐。溪疑同為舌根音。蓋轉注字。或欠皃涉上欽字説解而誤。本訓亡矣。或字從笑之初文篆文形與欠近者也。【說文解字六書疏證卷十六】

欯

◉許　慎　欯喜也。从欠。吉聲。許吉切。【說文解字卷八】

◉馬叙倫　錢坫曰。爾雅。忥忥。欯欯。喜也。今吳人語云笑欯欯。沈乾一曰。唐寫本玉篇引作欯欯書也。書係喜之譌。廣雅釋訓。欯欯。吉也。二徐本作喜也。喜上當有欯字。二徐不明篆文連讀之例而删之。倫按玉篇引作欯欯喜也者。上欯字是篆文。下欯字是隸書複舉字也。連篆讀之説創之清人。其實不可從。欯訓喜也不當次此。字亦從笑之初文與欠篆形近者也。今杭縣有笑格格之語。格吉雙聲。當作此字。蓋義為笑聲。喜也引申之義。此吉凶之吉本字。當立笑之初文為部而屬之。【說文解字六書疏證卷十六】

吹

【續甲骨文編】

吹　吹方鼎　弔䞣父卣　虘司寇壺　【金文編】

◉許　慎　吹出气也。从欠。从口。臣鉉等案。口部已有吹噓。此重出。昌垂切。【說文解字卷八】

◉孫海波　後編卷下二十四葉十四版有字，按當為吹。説文：「吹，嘘也，从口从欠。」此从，即欠字，卜辭次作，金文王子嬰次盧作；又欽魚鼎匕作，所从欠字偏旁，均與此同可證。加口象人側立吹嘘之形，其意益顯。金文虘司寇白壺，郭沫若氏兩周金文辭大系釋吹，證之卜辭益信。【卜辭文字小記　考古社刊第三期】

◉馬叙倫　徐鉉曰。口部已有吹噓。此重出。倫按出气也非本義亦非本訓。蓋出气義廣也。甲文有。高田忠周釋吹。倫謂吹如甲文。是從象形。乃指事也。後以篆形同於欠字。乃加口為聲。或吹為之譌變。火部。炊。從火。吹省聲。實從吹之初文得聲耳。當自為部。【說文解字六書疏證卷十六】

欨

◉許　慎　吹也。一曰笑意。从欠。句聲。況于切。【說文解字卷八】

◉馬叙倫　吳穎芳曰。似同呴。次說唏之轉語。沈濤曰。文選琴賦注韻會七虞引作笑皃。蓋古本如是。許書多言皃。罕言意。倫按此吹之轉注字。欨音曉紐。欨從句得聲。句從口得聲。口音溪紐。吹音穿紐。古讀歸透。透溪同為次清破裂音也。一曰笑皃者。蓋唏字義。唏欨雙聲也。口部。唏。笑也。此校語。【說文解字六書疏證卷十六】

歑

◉許　慎　溫吹也。从欠。虖聲。虎烏切。【說文解字卷八】

◉馬叙倫　吳穎芳曰。同噓。欨之轉呼。倫按歑欨音同曉紐。轉注字也。從吹。温吹也蓋字林文。或温吹也當作温也吹也。温也乃昫字義。校者加之。此字或出字林。或曰。此呼之轉注字。【說文解字六書疏證卷十六】

㰲

◉許　慎　吹气也。从欠。或聲。於六切。【說文解字卷八】

◉馬叙倫　錢坫曰。玉篇有火麥於六二切。其火麥切則從或於六切當從戫。疑未能定也。倫按㰲音影紐。古讀曉歸影。故玉篇又有火麥切一音。戫固亦從或得聲也。然則㰲亦欨之音同曉紐轉注字。吹气也當作吹也出气也。一訓校者加之。從吹。字或出字林。【說文解字六書疏證卷十六】

歟

古孝經【古文四聲韻】

◉許　慎　安气也。从欠。與聲。以諸切。【說文解字卷八】

◉馬叙倫　唐寫本切韻殘卷九魚引作安氣也。倫疑此即莊子駢拇呴俞仁義史記東方朔傳愉愉呴呴琴賦欨愉懽釋之愉本字。與俞音同喻紐四等也。安气也者非本訓。且疑當作安也出气也。安也者。蓋趣字義。走部。趣。安行也。出气也者。歟為欨

歙　歕

之轉注字。欱音曉紐。歈音喻四。同為次清摩擦音也。聲亦同矦類。字當從吹。又疑欱愉以同次清摩擦音及聲同矦類為連緜詞。愉與歈一字。而莊子天道無為則俞俞。俞俞當作歈歈。歈從笑之初文。篆形與欠者也。【說文解字六書疏證卷十六】

◉劉　雨　「⿱與口」字凡四見。

1—026：「□□⿱與口，天欲貞……」；

1—046：「……一享⿱與口，……」；

1—068：「……⿱與口，夫……」；

1—069：「……也⿱與口，……」。

从四簡文義推斷，「⿱與口」亦應為一置于句末而表示語氣的虛字。特別是1—068號簡，「⿱與口」和「夫」相連。「夫」往往用作句首的發語詞，那麼「⿱與口」當然也就應該在句末了。

从字形上看，「⿱與口」即「與」字。如1—019號簡的「與」作「□」，1—024號簡的「歟」字作「□」。其中「⿱與口」皆已隸定為「與」。此字也應如上，隸定為「⿱與口」，而「⿱與口」和「歟」是可以通的。在古文字偏旁中，有時从「口」與从「欠」互通無別：例如「呦」字，《說文》謂或从「欠」作「欸」；「嘯」字，《說文》謂籀文从「欠」作「歗」。所以，我們推斷這個字可能就是「歟」字。

1—024號簡「猶芑蘭⿱與口（歟）」。「⿱與口」也从「口」，是「⿱與口」字的繁體。這說明此字的繁體與簡體在簡文中是並行不悖的。【信陽楚簡釋文與考釋　信陽楚墓】

◉許　慎　歙翕气也。从欠。脅聲。虛業切。【說文解字卷八】

◉馬叙倫　吳穎芳曰。似同歙。倫按翕字蓋校者注以釋音者也。或以聲訓。歙為吸之雙聲轉注字。義當為同气也。今說解有并誤。或此字出字林。字當從吹。【說文解字六書疏證卷十六】

◉許　慎　歕吹气也。从欠。賁聲。普魂切。【說文解字卷八】

◉馬叙倫　吳穎芳曰。似同噴。鈕樹玉曰。廣韻去聲以為噴之重文。龔橙曰。歕即噴。倫按從吹。餘見噴字下矣。【說文解字六書疏證卷十六】

歇

1883 汗簡碣作，渴作，所从偏旁形近，是知此是歇字。 1884 1900 【古璽文編】

開母廟石闕 守一不歇 【石刻篆文編】

古老子 王庶子碑 李商隱字略 【古文四聲韻】

◉許 慎 歇息也。一曰气越泄。从欠。曷聲。許謁切。【説文解字卷八】

◉馬叙倫 承培元曰。鉉本無讀若句。不知聲而删也。臭讀休之去聲。與歇同母。倫按本書。息。喘也。喘。疾息也。然則一曰气越泄與息也是一義。蓋此五字校者所加也。鍇本讀若香臭盡歇。疑本作讀若臭。香盡歇涉鍇引鮑昭曰薰歇煑滅而誤衍。鮑借歇為臭耳。實借為猶。古鉨作。【説文解字六書疏證卷十六】

歡

2467 【古璽文編】

歡孫强古文 【汗簡】

古孝經 古文 王存乂切韻 【古文四聲韻】

◉許 慎 歡喜樂也。从欠。雚聲。呼官切。【説文解字卷八】

◉馬叙倫 歡即今人言哈哈大笑或呼呼大笑之本字。歡欯音同曉紐轉注字。喜樂也當作喜也樂也。皆非本訓。從笑之初文篆形近欠者也。字見急就篇。【説文解字六書疏證卷十六】

欣

5・89咸鄗里欣 【古陶文字徵】

食欣 孫欣私印 李欣私印 樊欣 臣欣 訾欣 【漢印文字徵】

◉許 慎 欣笑喜也。从欠。斤聲。許斤切。【説文解字卷八】

◉馬叙倫 鈕樹玉曰。韻會及玉篇並作喜也。翟云升曰。類篇引作喜也。倫按口部。听。笑皃。言部。訢。喜也。與此皆一字而異文。此為初文。從笑之初文篆形近欠者也。字見急就篇。顏師古本。訢欣二字同在一章中。史記萬石君傳。訢訢如也。晉灼引許慎曰。古欣字也。古欣字也者。謂古文經傳中字如此作耳。然則訢字或出呂忱增。急就故書蓋皆作欣。傳寫易其一耳。笑喜也當作笑皃喜也。喜也以聲訓。欣即歡喜之喜本字。歡之音同曉紐轉注字。【說文解字六書疏證卷十六】

◉許　慎　弞笑不壞顏曰弞。从欠。引省聲。式忍切。【說文解字卷八】

◉馬叙倫　段玉裁曰。笑不壞顏字當作改。曲禮。笑不至矧。注云。齒本曰矧。大笑則見此。然則笑見齒本曰矧。大笑也。不壞顏曰改。小笑也。二義不同。淺人因己與弓相似。妄合之耳。玉篇於欸欣二文下曰改。呼來切。笑不壞顏也。此希馮所據說文也。於歛歙二文之間曰弞。式忍切。笑不壞顏也。此孫強陳彭年所據誤本說文也。齒本曰矧。謂矧即斷之借也。大戴禮衛將軍文子。高柴執親之喪。未嘗見齒。盧注。哂則齒見。笑則矧見。按論語先進。夫子哂之。馬曰。哂。笑也。蓋哂即矧。盧語未覈。說文無哂。後人因哂矧造弞耳。鈕樹玉曰。據玉篇則此字為後人改之。當作改也。廣雅。改音呵苔切。重文作咍。笑也。桂馥曰。一切經音義四哂。字書作吲。或作弞。引有聲者。疑殀省聲。王筠曰。玉篇欣改歎三字相次。與說文次弟正同。其改下云。呼來切。笑不壞顏也。後收襍字中乃出弞字。訓義亦同。段氏定為後增。而改此篆從人己之己。說曰己聲。特廣韻十五灰十六咍無一從己聲之字。而收改于十六軫。姑仍舊說之。以俟再考。王宗涑曰。說文續考曰。玉篇。改。呼來切。笑不壞顏也。適當說文弞字之次。疑本說文。今作弞者。傳寫之譌。蓋說文弞字次於欣後。玉篇改字亦次欣後。故鈕氏云爾。段氏攘其說。改弞為改。引省聲為己聲。且謂玉篇弞字係宋人增入。案廣韻震部弞字兩見。一讀式忍切。一讀徐忍切。皆訓笑不壞顏。而無改字。若說文本作改。玉篇弞字係後人增。廣韻何以遺改字而獨收弞字。以此推之。玉篇。弞。式忍切。笑不壞顏也。正顧希馮之真本。改。呼來切。笑不壞顏也。乃孫強陳彭年所增入耳。一切經音義。哂。字書作吲。或作弞。同式忍反。無改字。亦不云或呼來反。要之。弞正字。吲哂皆俗字。玉篇不云出說文。未可以次弟偶合遽逞肊斷也。朱珔曰。此即夫子哂之之哂。口部無哂。蓋即弞之異體。廣韻集韻類篇並同此。而段氏強改為改。殆未然也。倫按錢坫說亦同段。倫謂段所據者。一。曲禮文及鄭注。二。玉篇改字在前。次與此同。而弞字在後。然曲禮笑不至矧。自謂笑不見斷。故鄭破矧為斷。注曰。齒本曰矧。大笑則見此。矧斷聲同真類。故得借矧為斷。然弞雖與矧同從引得聲。而矧借為斷。自為齒本。弞自為笑不壞顏之名。錢大昕謂即夫子哂之之哂。傳均答問述為弞即笑不至矧之矧。王宗涑謂得之口授。蓋錢兩釋耳。是也。玄應引三倉曰。哂。小笑也。正與笑不壞顏義合。二字義不相涉。且曲禮止謂笑不至

歀

斷。鄭所謂大笑則見此也。高柴未嘗見齒。蓋并哂亦無之。故盧注曰。哂則齒見。笑則矧見。亦未嘗誤也。至玉篇改字之次。誠與本書相符。然其弞下曰。式忍切。字書。笑不壞顏也。野王案。小咲也。或為哂字。此與玄應言。哂。字書作吲。或作弞同式忍反者合。則其弞字自出字書。非孫強等據誤本說文加也。然字在祩字之中。則改字必本於許書矣。唯改字段錢皆謂從戊己之己。倫謂廣雅音呼苔切。而卷子本玉篇有顧野王案與咍同。本書無咍。而字從台得聲。台從㠯得聲。㠯音喻紐四等。以同為次清摩擦音轉入曉紐為呼苔切。已己一字。篆或作[seal]。傳寫譌為改耳。今此篆作弞者。蓋又篆或作[seal]之譌。篆譌為弞。校者求其聲以為從引省耳。引音亦喻四也。此蓋從笑之初文篆形近欠者。為哂之初文。倫疑三倉中本作弞。傳寫以通用字易之。故今作哂。而玄應引弞字更據字書矣。言應不引改字者。或時說文尚作[seal]或作[seal]與。然笑不壞顏非本訓。【說文解字六書疏證卷十六】

[seal] 任款 [seal] 臣款 【漢印文字徵】

款 欵 並崔希裕纂古 【古文四聲韻】

◉許 慎 [seal]意有所欲也。从欠。𥦗省。臣鉉等曰。𥦗。塞也。意有所欲而猶塞。款款然也。苦管切。[seal]款或从柰。【說文解字卷八】

◉林義光 欠𥦗非義。𥦗。說文云塞也。从欠轉注與歡欣欲同意。从出示。【文源卷十】

◉馬叙倫 嚴可均曰。當作祟聲。韻會引作𥦗省聲。吳穎芳曰。欠者。從欲省。徐灝曰。𥦗之聲轉如竄。故繫傳作𥦗省聲。然𥦗本從款聲。款不得又從𥦗聲。此徐鉉所以刪聲字也。竊謂款當從祟聲。讀苦外切。故字又作款。從柰。即其明證。款或作𣢾。正與隸或作𨽿同也。倫按從欠從吹從笑皆不得意有所欲義。倫謂款欲歁欿諸文。蓋從[seal]省。[seal]者。今省為飲。此為歁之音同溪紐轉注字。下文欿亦歁之轉注字。訓欲得也。與此正同義。文選謝惠連詠牛女詩注引字林。欵欵。誠也。字意有所欲。然則此上尚捝誠也二字。然皆字林文。許蓋作空也。以聲訓。玄應一切經音義引倉頡。款。誠重也。至也。字亦見急就篇。

[seal]倫按柰聲。柰從示得聲。示音牀紐三等。祟從出得聲。出音穿紐三等。同為舌面前音。故款轉注從柰得聲為款。古鉩作[seal]。【說文解字六書疏證卷十六】

◉許　慎　𣢟幸也。从欠。气聲。一曰。口不便言。居气切。【説文解字卷八】

◉馬叙倫　朱駿聲曰。一曰口不便言者。叚借為吃。口部。吃。言蹇難也。倫按幸也非本義。此今言求乞之气本字。疑欵下意有所欲者。謂有所貪幸而欲得之意。故廣雅釋詁。欵欵。愛也。欵音溪紐。𣢟從气得聲。气音亦溪紐也。蓋轉注字。幸也及求乞皆引申之義。字從飤省。一曰六字校語。字或出字林。【説文解字六書疏證卷十六】

欲　秦四八　三例　秦三一　十二例　法三〇　十一例　秦三〇　三例　日乙一七六　三例　【睡虎地秦簡文字編】

3098　【古璽文編】

趙不欲　【漢印文字徵】

詛楚文　將欲復其睨速　【石刻篆文編】

欲　【汗簡】

古老子　義雲章　【古文四聲韻】

◉許　慎　欲貪欲也。从欠。谷聲。余蜀切。【説文解字卷八】

◉馬叙倫　吴穎芳曰。欠有不滿意。𣢟款欶㵐歒飲歉歗等皆從欲轉注。段玉裁曰。貪欲也衍欲字。貝部。貪。欲也。倫按貪欲也。當作欲貪食也。欲為隸書複舉字也。欲從谷得聲。谷音見紐。則欲為𣢟之轉注字。字當從飤省。【説文解字六書疏證卷十六】

歌

前6·35·6【續甲骨文編】

歌 从言可聲說文或作訶 𠑇兒鐘 訶字重見【金文編】

歌 日乙一三二 二例 日甲三二 四例 日甲一五五背【睡虎地秦簡文字編】

2741璽文从音从可，與余義鐘歌字同，訶字重見【古璽文編】

禪國山碑 神□頌歌【石刻篆文編】

◉許 慎 詠也。从欠。哥聲。古俄切。調或从言。【說文解字卷八】

◉葉玉森 森桉。卜辭有舞字。未見歌字。此疑即歌之初文。从象人跽形。从象鼓曨胡形。內一小直點表示歌聲在中。从。口外之表示出口之歌聲。先哲造字之例。口外小點或象出氣。或象出聲。卜辭盪字作。予亦疑象出口之歌聲。本辭蓋因有御祭之事而命作歌也。【殷虛書契前編集釋卷六】

◉馬叙倫 沈濤曰。藝文類聚四十三引作詠詩曰歌。九經字樣引同。倫按玉篇。歌。詠聲也。書舜典。歌詠言。釋名。人聲曰歌。歌。柯也。所歌之言。是其質也。以聲吟詠有上下如草木之有柯葉也。故兖冀言歌聲如柯也。然則歌者。聲有夗轉抑揚所謂一唱而三歎者也。故禮記樂記。歌。詠其聲也。故歌之為言也長言之也。字當從吹。然亦疑本有如奧傑布哇之唱字作者之圖語。此從之也。字見急就篇。【說文解字六書疏證卷十六】

歂

◉許 慎 口气引也。从欠。耑聲。讀若車輇。市緣切。【說文解字卷八】

◉馬叙倫 吳穎芳曰。似喘之轉語。鈕樹玉曰。廣韻引字林。口气引也。王筠曰。與喘同字。劉秀生曰。耑聲在端紐寒部。輇從全聲。古在定紐寒部。端定皆舌音。故歂從耑聲得讀若輇。禮記襍記。載以輲車。注。輲讀為輇。是其證。倫按王說是也。口气引也不可通。或字出字林也。字蓋從吹。【說文解字六書疏證卷十六】

◉許慎　歍心有所惡若吐也。从欠。烏聲。一曰。口相就。哀都切。【説文解字卷八】

◉馬叙倫　邵瑛曰。此孟子公孫丑惡是何言之惡。俞樾曰。一曰乃吳字本義。口相就則頭必傾衺。故從吳。曾廣源曰。口相就謂借歍為喂也。倫按玉篇引作心有所惡者也。此今杭縣所謂打惡心之惡本字也。本作惡也。以聲訓。吕忱或校者加心有所惡若吐也。一曰口相就者。玉篇引作又曰二口相就也。此校語。謂此字一本作口相就。即下文俗⿰鼀欠字作噈者也。疑此本⿰鼀欠下説解中校語。傳寫誤移此下。或曰。唐寫本玉篇引説文。⿰鼀欠。嗚⿰鼀欠也。野王謂口相嗚之聲也。此就字蓋誤。字蓋不從欠。當有初文吐字作□者。形與欠之初文相似耳。與歐音同影紐轉注字也。古鉨作歍。【説文解字六書疏證卷十六】

⿰鼀欠 弋⿰鼀欠　⿰鼀欠 辛⿰鼀欠【漢印文字徵】

◉許慎　⿰鼀欠歍⿰鼀欠也。从欠。鼀聲。才六切。噈俗⿰鼀欠。从口。从就。【説文解字卷八】

◉馬叙倫　歍⿰鼀欠即今言穢惡曰齷齪之本字。從吐之初文篆形與欠者也。歍從烏得聲。烏從亡得聲。亡音微紐。⿰鼀欠從鼀得聲。鼀從𡴀得聲。𡴀音來紐。古讀歸泥。微泥同為邊音。故歍⿰鼀欠為連緜詞。

噈鼀就聲皆幽類。故俗⿰鼀欠作噈。玄應一切經音義引古文官書。噈。古文作鼀。固子六子合二反。鼀蓋⿰鼀欠之省譌者。然則此字吕忱依官書加之。然字林不入俗字。此或江式所增邪。【説文解字六書疏證卷十六】

◉許慎　⿰尗欠惄然也。从欠。尗聲。孟子曰。曾西⿰尗欠然。才六切。【説文解字卷八】

◉馬叙倫　周雲青曰。唐寫本玉篇⿰尗欠注。引説文。愁皃也。今二徐本。誤。倫按本書。惄。憂也。然則愁皃亦惄字義。此字蓋出字林。⿰尗欠⿰鼀欠音並才六切。尗𡴀聲同幽類。則⿰尗欠為⿰鼀欠之轉注字。猶俗⿰鼀欠作噈也。孟子曾西⿰尗欠然。今本作蹵。是其證。字從吐之初文篆形近欠者也。【説文解字六書疏證卷十六】

欦 欦 日甲五六背【睡虎地秦簡文字編】

◉許慎　欦含笑也。从欠。今聲。丘嚴切。【説文解字卷八】

◉馬叙倫　鈕樹玉曰。玉篇正作欲。呼南切。含笑也。重文作欦。呼恬切。義同上。倫按此今俗謂笑吟吟之吟本字。含字蓋校者注以釋音者也。又疑玉篇正重兩文即本許書。此含字以聲訓。笑也呂忱列異訓。今失正篆。而以重為正。重文説解則挩矣。此從笑之初文篆形近欠者也。【説文解字六書疏證卷十六】

歋

◉許　慎　歋人相笑相歋瘉。从欠。虒聲。以支切。【説文解字卷八】

◉馬叙倫　鈕樹玉曰。繫傳笑下無相字。後漢書王霸傳。市人皆大笑舉手邪揄之。注曰。説文。歋瘉。手相笑也。手字蓋涉上文而譌。沈濤曰。據漢書注。是章懷所見本有瘉篆。亦不作人相笑。段玉裁曰。本書無瘉。則無從欠瘉聲之字可知。方言本無正字。不妨下字作瘉。或作歈。或作廠。或作揄。猶歋之或作擨或作邪或作搋耳。此謂人相笑故從欠。李注引作手相笑。或是因正文而誤。倫按歋瘉雙聲連語。此即鄙夷之夷本字。玉篇作人相笑也相歋歈也。然則此本二訓。本作人相笑也歋瘉也。字蓋出字林。從笑之初文篆形近欠者也。歋音喻紐四等。欰音曉紐。同為次清摩擦音。轉注字也。【説文解字六書疏證卷十六】

歊

◉許　慎　歊歊。气出皃。从欠高。高亦聲。許嬌切。【説文解字卷八】

◉馬叙倫　鈕樹玉曰。韻會引無歊歊二字。又作象气出皃。文選東都賦注引作气上出皃。段玉裁曰。鍇本止一歊字。複舉之未删者耳。沈濤曰。文選寶鼎詩注引作气上出皃。勵志詩引張揖字詁亦云。歊。气上出皃。今奪上字。倫按從吹高聲。此囂之聲同宵類轉注字。此字蓋呂忱校字詁加之。【説文解字六書疏證卷十六】

欻

◉許　慎　欻有所吹起。从欠。炎聲。讀若忽。許物切。【説文解字卷八】

◉林義光　炎非聲。从欠从二火。象人張口吹火形。【文源卷六】

◉馬叙倫　鈕樹玉曰。繫傳忽下有飛字。韻會引無。文選赭白馬賦注引作有所吹起也。倫按段玉裁鈕樹玉均疑炎聲不諧。倫謂孔廣居謂炎忽皆喉音故相諧。是也。欻讀若忽。音在曉紐。炎焱一字。焱音喻紐四等。與曉同為次清摩擦音。故欻從炎得聲。莊子天運有炎氏為之頌。釋文。炎本作焱。文選赭白馬賦注引此作歘。則此字或本作歘也。唯鍇本讀若忽下有飛字。忽飛連文不可解。疑本作火飛之熛。熛音非紐。亦次清摩擦音也。有所吹起。必非許文。玄應一切經音義引倉頡。欻。卒起也。亦忽也。豈本訓忽也。卒起也。卒譌為吹。校者以字從欠。故加有所吹起。傳寫挩譌。校者以欻有忽音。遂加讀若。

欪　⿰䍃欠　歗

或本作讀若火飛之熛。傳寫譌挩如此。不悉本義。未審所從。【說文解字六書疏證卷十六】

◉許　慎　欪，欪欪。戲笑皃。从欠。之聲。許其切。【說文解字卷八】

◉馬叙倫　段玉裁曰。此今之嗤笑字也。倫按欪欪蓋本止一欪字。乃隸書複舉字之未删者。傳寫誤增一字。戲笑皃蓋非本訓。或此字出字林也。從笑之初文篆形近欠者也。【說文解字六書疏證卷十六】

◉許　慎　⿰䍃欠，⿰䍃欠⿰䍃欠。气出皃。从欠。䍃聲。余招切。【說文解字卷八】

◉馬叙倫　段玉裁曰。詩。君子陶陶。傳。陶陶。和樂皃。疑正字當作此。倫按口部。嗂。喜也。此次欪下。疑與嗂一字。從笑之初文篆形與欠近者也。或曰。此詩條其歗兮之條。從吹。⿰䍃欠⿰䍃欠本止一字。乃隸書複舉字也。傳寫增一⿰䍃欠字。气出皃者。蓋字林文。或字出字林也。【說文解字六書疏證卷十六】

歗 籀韻　歗 汗简【古文四聲韻】

◉許　慎　歗，吟也。从欠。肅聲。詩曰。其歗也謌。臣鉉等案。口部有此籀文嘯字。此重出。穌弔切。【說文解字卷八】

◉馬叙倫　徐鉉曰。口部有此籀文嘯字。此重出。王筠曰。吟似當作吹。口部。嘯。吹聲也。然下文。歎。吟也。兩字相比。其義當同。故陳奐謂嘯歗本是兩字。文選嘯賦注。籀文為歗。在欠部。是知口部歗為後人增。朱駿聲曰。其歗也謌欠詩江有汜。毛本作嘯。中谷有蓷。條其歗矣。白華。歗歌傷懷。釋文皆云。本作嘯。是嘯歗一字。倫按嘯歗必是一字。詩中谷有蓷。條其歗矣。釋文。歗。籀文嘯字。本又作嘯。使口部無此籀文。陸何據而言此籀文嘯字乎。李亦謂籀文為歗。豈李陸皆據僅存之籀篇為言邪。然二人引書實未嘗一及籀篇也。是陸實據本書。然李謂在欠部。則是口部無此歗字。顧又何據而知為籀文乎。蓋陸李所見許書不同本。陸見本欠部無歗。李見本口部無歗。其實許書原無歗字。呂忱及見建武亡餘之籀篇。乃以籀篇中歌嘯字作歗。故據增於口部為嘯之重文。即陸所據本也。李見本則校者以歗字由口部迻此者也。而李知為籀文。或本有籀文嘯之字如籀文大之例。或即據陸說。意以證歗之即嘯也。陸之行輩稍前於陸。陸書唐初已行。故成玄瑛作老子義疏已引之。李自得據之也。唯李據陸言歗為籀文嘯字。而所見許書字在欠部。故申言之曰在欠部。此部部首欠字篆作[glyph]。李陽冰以為許慎擅改作[glyph]。蓋依李斯篆體當作[glyph]也。今鍇本雖載鍇說斥陽冰之說為偏見。然鍇本篆當如陽冰說作[glyph]。所屬諸文亦皆從[glyph]。獨此字從[glyph]。而此本所屬諸文自欽字外皆從[glyph]。則知部首本亦作[glyph]不作[glyph]矣。欽字從[glyph]蓋亦誤書。獨歗字作[glyph]。與鍇本同。亦與口部嘯之重文同也。此略有歗字由口部移此之迹可尋也。若歗字之義。王國維以詩歗與歎泣為類。明歗是呻吟而非吹聲。然歗亦不定樂然後歗也。今人猶多吹气作宛轉揚勵之聲。即古之歗也。詩江有汜。其歗也歌。白華。歗歌傷懷。歗歌連舉。歌為長言。明歗類之。徒歌詠言而歗則詠而無言耳。此訓吟也者。本非許文。然非病者呻吟之謂也。借為詠耳。書舜典。聲依永。律和聲。聲如今工尺。律如今曲調。聲依永。謂工尺當依所詠之詞。歗雖無詞而有聲。聲有抑揚。故以詠訓歗耳。且下文。歎。吟也。此非大息之嘆。則為禮記樂記一唱而三歎之歎。記又曰。長言之永是。故嗟歎之。注。嗟歎。和續之也。倫謂一唱三歎。乃今歌者之所謂板眼。古所謂餘音繞梁者也。歎止是出气。故字次歆下。其訓吟者。亦謂永也。今之善歌者。雖餘音嫋嫋。而以不使轉入他字者為佳。所謂聲依永。由此言之。此部之有歗字。由知歗之為歗者補移於此。而依歎說解補訓吟也。字當從吹。【說文解字六書疏證卷十六】

歎 [glyph]

◉許　慎　[glyph]吟也。从欠。鷬省聲。他案切。[glyph]籀文歎不省。【說文解字卷八】

◉馬叙倫　沈濤曰。文選曹子建三良詩古詩十九首注引。歎。大息也。蓋古本一曰以下之奪文。倫按歎聲真類。歗後肅得聲。肅從聿得聲。聿聲脂類。脂真對轉。豈轉注字邪。選注引者。嘆字義。此校者所加。自古嘆歎相亂也。從吹。【說文解字六書疏證卷十六】

歖 [glyph]

◉許　慎　[glyph]卒喜也。从欠。从喜。許其切。【說文解字卷八】

◉孫詒讓　「辛酉卜戈貝㲋乎□于隹[glyph]甾雨□」、五十九之三。「癸丑卜出貝它之象自甾來[glyph]」、百八十二之三。「貝其自南之[glyph]」、百十五之三。「之[glyph]」。二百七十二之二。案《說文・喜部》古文喜作[glyph],從欠,當即此字。欠,古文作[glyph]。詳前。此後三字反書,故作[glyph]也。《說文・欠部》別有歖字云:「卒喜也」,與歖文異,義略同。【契文舉例卷下】

◉唐　蘭　[glyph]鐵一一五・三片　貞其自南虫⿰壴卩。　[glyph]鐵一八二・三片　前五・一八・一片　癸丑卜,出,貞勹虫希,其自西虫來⿰壴卩。　[glyph]庫一二一三片　丁未卜,貞多鬼㪔,亡來⿰壴卩。

右⿰壴卩字,孫詒讓釋歖甚是,羅振玉併壴僖⿰壴卩嬉四字,通釋為亘,實大誤也。⿰壴卩即歖字者,古文字於人形之偏旁,恆變如欠,如卜辭□或作□後下二二・三片，金文□，或作□白效鼎，□或作□毛公肇鼎，□或為□秦公毁，皆可證，則□自易變為□或□也。孫詒讓謂鐵一一五葉作□，乃印本模糊所致。

說文喜字下有歖字注云：「古文喜，從欠，與歡同。」欠部有⿰壴欠字，云：「卒喜也。從欠喜聲。」大徐本作從喜，此依小徐。按欠部⿰壴欠篆，宋本，葉本，趙本，毛氏初印本，繫傳朱本，五音韻譜均同，然篆文作⿰壴欠，而注中則作從喜，故毛氏後剜改篆文作歖，以與解合；而改為歖後，又與喜下古文歖複出，於是段玉裁嚴可均輩又議改喜古文歖為⿰壴欠矣。孫詒讓以⿰壴欠為喜重文，蓋誤據段說。今按欠部篆文⿰壴欠，喜部古文歖，皆不誤，玉篇於喜部有歖字引說文，於欠部有⿰壴欠字，訓同說文，後別有歖字，乃據字書。可證。然則所誤者，乃欠部之注，從欠喜聲，本當云從欠壴聲耳。蓋玉篇⿰壴欠欣疑切，說文⿰壴欠許其切，後人既不知喜從壴聲，而狃於讀壴如樹，因致疑於⿰壴欠之從壴聲，遂改為喜聲耳。然幸篆文未改，猶留微罅，而毛斧季段懋堂等紛紛改之，則併此微罅亦不可得見矣。

⿰壴欠從壴聲，而讀許其切，此喜從壴聲之鐵證也。然則說文喜字古文之歖字，亦即⿰壴欠字，所謂「異部重文」也。⿰壴欠之為歖，正猶⿰亻壴⿰女壴之為僖或嬉矣。

卜辭⿰壴卩字當讀如⿱艹嬉，說詳⿰女壴下。【殷虛文字記】

◉馬叙倫　鈕樹玉曰。宋本及五音韻譜作□。從欠。從壴。玉篇。⿰壴欠。卒喜也。後有歖。虛紀切。樂也。按喜部。歖為古文。則欠部作⿰壴欠。當不誤。廣韻無⿰壴欠。嚴可均曰。據說解從喜。則篆體當作歖。小徐從喜作喜聲。喜部重文歖則⿰壴欠之誤。王筠曰。欠部之⿰壴欠。本不與喜之古文歖同。欠部之⿰壴欠。朱文藻鈔小徐本作□。汲古閣初印本作□。孫鮑二本同。絶非各本皆譌歖也。倫按喜為豈之轉注字。則豈聲亦得。⿰壴欠歖自是一字。特古文經傳中作歖。故吕忱據以增入喜下為重文。其實⿰壴欠為喜樂之喜本字。此作卒喜也者。蓋校者欲以別於喜熹而妄為之說耳。字從笑之初文篆與欠近者也。⿰壴欠為歡之音同曉紐轉注字。【說文解字六書疏證卷十六】

◉李孝定　說文「⿰壴欠卒喜也从欠喜聲」。栔文从壴从卩。古文偏旁从卩从人从女每無別。⿰亻壴⿰女壴⿰壴卩其始當本一字。於卜辭之用亦皆當讀為⿱艹嬉。至小篆始岐為數字耳。羅氏釋為同字。本不甚誤。惟釋為佢則誤。唐氏分釋為僖嬉⿰壴欠三字。依許書之例言之。則更較明確耳。字本當隸定作⿰壴卩。說文所無。惟⿰亻壴⿰女壴二字。小篆既皆有專字。則唐氏以此當許書之⿰壴欠。說亦可從。其說歖⿰壴欠二字之衍變亦是。【甲骨文字集釋第八】

欸

◉許　慎　欸訾也。从欠。矣聲。凶戒切。又烏開切。【說文解字卷八】

◉馬叙倫　桂馥曰。訾當為呰。玉篇。欸。呰也。一曰。恚聲。本書。呰。何也。朱駿聲曰。與誒同字。蒼頡訓詁。欸。恚聲。倫按恚聲者。誒字義。訾也者。訾當為𣢑。下文。𣢑。歐也。歐。吐也。正以類聚。欸歐歍音同影紐。是轉注字也。字從吐之初文篆形與欠近者也。【說文解字六書疏證卷十六】

𣢑

◉許　慎　𣢑歐也。从欠。此聲。前智切。【說文解字卷八】

◉馬叙倫　玉篇。𣢑。嘎也。集韻引蒼頡。嘎。𣢑也。皆以嘎為歐歍欸之借字耳。字從吐之初文篆形近欠者。𣢑得聲於匕。匕音幫紐。幫影同為清破裂音。是𣢑為欸歍歐之轉注字也。欸聲之類。𣢑聲支類。之支亦近轉也。【說文解字六書疏證卷十六】

歐

 5·179 □東□歐  秦1017 都歐【古陶文字徵】

 3148  1132【古璽文編】

 劉歐  臣歐  吳歐  犖歐  范歐  田歐私印  趙歐  笵歐【漢印文字徵】

◉許　慎　歐吐也。从欠。區聲。烏后切。乾一案。歐俗作嘔非。【說文解字卷八】

◉馬叙倫　歐歍聲同矦類轉注字。從吐之初文篆形與欠近者也。字見急就篇。【說文解字六書疏證卷十六】

歔

◉許　慎　歔欷也。从欠。虘聲。一曰。出气也。朽居切。【說文解字卷八】

◉馬叙倫　王筠曰。一曰出气也者。此後人謂歔同噓也。龔橙曰。欷歔即唏噓。倫按出气也乃校語。歔欨音同曉紐轉注字。或曰。噓是出气。歔是悲歎之聲。其實悲歎之聲亦是出气。非平時呼吸也。玄應一切經音義文選長門賦注引倉頡有欷歔。泣餘聲也。從吹。【說文解字六書疏證卷十六】

◉許　慎　欷歔也。从欠。稀省聲。香衣切。【説文解字卷八】

◉馬叙倫　欷唏一字。欷歔音同曉紐轉注字。玄應一切經音義引字林。歔欷。涕泣貌也。字當從吹。如欷歔或唏嘘本是悲歎之聲。則字從哭之初文篆形與欠近者也。【説文解字六書疏證卷十六】

5·384　瓦書「四年周天子使卿大夫……」共一百十八字【古陶文字徵】

歜□音觸【汗簡】

◉許　慎　歜盛气怒也。从欠。蜀聲。尺玉切。【説文解字卷八】

◉馬叙倫　吴穎芳曰。今俗亦有歜气語。倫按盛气怒也蓋本作盛气也怒也。唐人删并之耳。皆非本訓。或字出字林也。此字古書皆不用此二義。如為怒義。當從怒之初文篆形近欠者也。【説文解字六書疏證卷十六】

◉許　慎　𣢟言意也。从欠。从卣。卣亦聲。讀若酉。與久切。【説文解字卷八】

◉馬叙倫　錢坫曰。莊子。宗滎子猶然笑之。崔譔李頤並云。猶。笑皃。應用此字。王筠曰。集韻引作吉意也。徐灝曰。𣢟蓋語詞。古通作猷。尚書多用猷為發聲。劉秀生曰。卣聲酉聲古竝在影紐蕭部。故𣢟從卣聲得讀若酉。乃部。卣從乃。卣聲。讀若攸。見部。覰。從見。卣聲。讀若攸。彡部。修。從彡。攸聲。彳部。循。從彳。盾聲。莊子大宗師。以德為循。釋文。循。本作修。天地。循道謂之備。釋文。循。本作修。厶部。羑。或從言秀聲作誘。或從言盾聲作誦。艸部。莠。從艸。秀聲。讀若酉。是其證。倫按言意也吉意也皆非許文。且疑字出字林。傳寫又失其訓。校者增之。此蓋卣之後起字。徐謂語詞。即卣字義也。若如錢説。則為歈之音同喻紐四等轉注字。從笑之初文篆形與欠近者也。從卣卣亦聲止當作卣聲。【説文解字六書疏證卷十六】

◉許　慎　𣤶欲歠歠。从欠。渴聲。苦葛切。【説文解字卷八】

◉馬叙倫　鈕樹玉曰。韻會引作欲飲。玉篇亦作飲。宋本作欲歠歠。嚴可均曰。下歠字乃也之譌。鍇本作欲飲。飲部。歠。飲也。兩通。倫按欲飲也蓋非本訓。玉篇作須飲也。又引倉頡。𣤶也。𣤶蓋渇譌。以聲訓。字從飲省。【説文解字六書疏

證卷十六】

𣢑

◉許　慎　𣢑所謌也。从欠。噭省聲。讀若叫呼之叫。古弔切。【說文解字卷八】

◉馬叙倫　段玉裁曰。廣韻無所字。所謌也當作敫楚歌也四字。楚作所者聲之誤。鈕樹玉曰。玉篇注。所歌也。廣韻有敫無𣢑。桂馥曰。當作敫省聲。王紹蘭曰。敫所當連讀。所楚古音同。齒部。齭。從齒。所聲。讀若楚。𣢑從敫得聲。而激亦從敫得聲。是𣢑所即上林賦結激楚之遺風之激楚。承培元說同。劉秀生曰。鍇本作讀若噭呼。段玉裁嚴可均桂馥竝謂當作敫省聲。是也。噭亦從敫得聲。敫為皦之初文。皦聲在見紐。叫從丩聲。亦在見紐。故𣢑從敫省聲。得讀若叫。吅部。嘂。從吅。丩聲。引公羊傳曰。魯昭公嘂然而哭。今公羊昭廿五年傳作噭然而哭。漢書韓延壽傳。噭咷楚歌。服虔曰。噭音叫呼之叫。是其證。倫按王說固通。然未明激楚之意也。楚者。今言苦楚悽楚之楚。借楚為苦或悽也。此借為悽。悽音清紐。楚音穿紐。同為次清破裂摩擦音也。心部。悽。痛也。𣢑為謷之異文。言部。謷。痛呼也。此曰所謌。傳寫者以鄉音易字。楚音穿紐二等。所音審紐二等。古讀同歸於透也。集韻噭注引服虔說。噭咷楚歌。疑此字林訓。字林多本通俗文埤蒼聲類等書也。字或出字林。從哭之初文篆形與欠近者也。【說文解字六書疏證卷十六】

𣤊

◉許　慎　𣤊悲意。从欠。嗇聲。火力切。【說文解字卷八】

◉馬叙倫　王紹蘭曰。衆經音義引公羊傳𣤊然而駭。又引通俗文。小怖曰𣤊。又引埤蒼。𣤊。恐懼也。心部懼古文作愳。與悲篆形近。知說文本作愳意。傳寫誤為悲意。玉篇已然。其譌蓋久。今公羊傳作色然而駭。何休曰。色然。驚駭皃。義與𣤊合。承培元曰。集韻引說文。𣤊。小怖皃。公羊傳曰。𣤊然而駭。今作悲意。乃上文敫下一曰之說。誤入𣤊下。轉奪去𣤊下訓義耳。周雲青曰。唐寫本玉篇引作悲意也。倫按喜怒哭笑。情表於面。可以指事作字。恐愳內含。無形可諭。不能指事為名。𣤊字從欠或從吹皆不得有恐愳之義。愳義之字。蓋當為怵。怵音徹紐。𣤊從嗇得聲。嗇音審紐二等。古讀同歸於透。則得借𣤊為怵矣。此訓悲音。承說校長。唐本玉篇引作悲意也。蓋本作悲意恐懼也。傳寫捝耳。倫以𣤊字從嗇得聲求之。字或從飲。蓋歁欿之轉注字。歁音溪紐。欿音透紐。嗇音古亦透紐。透溪同為次清破裂音。倫又以為㐭音古蓋同稟。故稟從㐭得聲。而廩又從稟得聲。為㐭之後起字也。稟音幫紐。轉脣齒音入非紐。非審同為次清摩擦音。故嗇從來從㐭。而聲即得於㐭。嗇音則轉入審二也。然則𣤊歁欿又聲同侵類。其為轉注字明矣。玄應一切經音義引三倉。𣤊。恐懼也。玉

篇引作埤蒼。【説文解字六書疏證卷十六】

⿰⿰米焦欠 ⿰⿰米焦欠

◉許　慎　⿰⿰米焦欠盡酒也。从欠。⿰米焦聲。子肖切。【説文解字卷八】

◉馬叙倫　吴穎芳曰。從飲省。歃欶欲等同例。段玉裁曰。此與酉部釂音義皆同。桂馥曰。⿰米焦。疑當作潐。本書。潐。盡也。

〻朱易謌。王筠曰。與釂同字。倫按字次歕歊歞歁之間而訓盡酒。蓋非本義。盡酒蓋釂字義。口部。噍。重文作嚼。是焦爵音通之證。若如此訓。則字從飲。為釂之轉注字。字或出字林。【説文解字六書疏證卷十六】

⿰緘欠 ⿰緘欠

◉許　慎　⿰緘欠監持意。口閉也。从欠。緘聲。古咸切。【説文解字卷八】

◉馬叙倫　桂馥曰。監字小字本李燾本廣韻玉篇竝作堅。王筠曰。集韻廿五洽歔注曰。持意堅固謂之歔。一曰口閉也。雖不引説文。然恐是説文古本引見他書者。乃兩義也。然兩義皆與從欠相反。朱駿聲曰。此字疑後出。周雲青曰。唐寫本玉篇引説文。堅持意口閉也。倫按本作堅也持意堅固謂之歔。一曰口閉也。然皆非本義。堅也以聲訓。校者因口閉也而加持意堅固謂之⿰緘欠。其實口閉亦據金人三緘其口為説耳。從欠或從吹皆無口閉之義。疑此從飤。為歁欲之聲同侵類轉注字。不然。則從吹。為叫喊之喊本字。字蓋出字林。【説文解字六書疏證卷十六】

⿰辰欠 ⿰辰欠

◉許　慎　⿰辰欠指而笑也。从欠。辰聲。讀若蜃。時忍切。【説文解字卷八】

◉馬叙倫　指而笑也者。疑坿會莊子達生齊桓公⿰辰欠然而笑事為説。非許文也。或本作指也。以聲訓。蓋古讀⿰辰欠如指。猶䐜之讀若指。脂真對轉也。吕忱或校者知⿰辰欠之為笑義。因加指而笑也。或而為也譌。指也笑也兩訓。玉篇引作指而嘆也。或更有嘆也一訓。或嘆為咲之譌。字從笑之初文篆形近欠者。⿰辰欠字蓋出字林。【説文解字六書疏證卷十六】

⿰鰥欠 ⿰鰥欠

◉許　慎　⿰鰥欠昆干。不可知也。从欠。鰥聲。古渾切。【説文解字卷八】

◉馬叙倫　吴穎芳曰。干為乇之譌。嚴可均曰。玉篇作歠于不可知也。語不他見。不知于干孰是。王筠曰。朱筠本鮑本皆作昆于。昆于蓋與昆吾昆侖渾淪聲義皆近。謂其不方不圓。故曰不可知。嚴章福曰。通雅。昆于猶昆吾。蓋言混侖之狀不可知耳。倫按玉篇引作昆與不可知也皆顯然有譌。諸家説亦附會。倫謂昆干乃切歠字之音者也。唐寫本説文兩殘本皆於篆文下具音切。或直音。或反切。可證也。説解挩失。僅存音切。校者不悟。因注不可知也。此字義不能説。不知所從。【説文解字六書疏證卷十六】

歃

◉許　慎　歃歠也。从欠。臿聲。春秋傳曰。歃而忘。山洽切。【説文解字卷八】

◉馬叙倫　字從飮省。歃音審紐二等。歠音穿紐三等。古讀竝歸於透。是轉注字。玄應一切經音義引三倉。歃。血誓。玉篇引倉頡。小啐也。【説文解字六書疏證卷十六】

欶

◉許　慎　欶吮也。从欠。束聲。所角切。【説文解字卷八】

◉馬叙倫　口部。吮。欶也。吮欶轉注字。欶嗺音同審紐二等。亦轉注字。今杭縣謂使人進酒曰欶進去。從飮省。玄應一切經音義引三倉。嗽。吮也。嗽今字。傳寫者易之耳。玉篇引倉頡。欶也。又引齊郡謂欶曰欬也。【説文解字六書疏證卷十六】

歁

◉許　慎　歁食不滿也。从欠。甚聲。讀若坎。苦感切。【説文解字卷八】

◉馬叙倫　吳穎芳曰。從坎省。王□裳曰。歁即今坎缺之坎。倫按歁為甚之異文。甚為饞之初文。見甚字下。故歁訓食不滿也。然非許文。字或出字林。匡謬正俗引字林。歁音口咸反。玉篇引許叔重曰。歁。不滿也。又曰。滿如歁。尋玉篇引許叔重曰者。均出淮南許注。則此為吕忱據淮南許注增邪。字從飮甚聲。或曰。從甚。欠聲。甚欠聲同侵類。為甚之轉注字。則當立甚部而屬之。欠聲故讀若飮。【説文解字六書疏證卷十六】

欿

◉許　慎　欿欲得也。从欠。臽聲。讀若貪。他含切。【説文解字卷八】

◉馬叙倫　劉秀生曰。讀若貪者。詳二篇啗下。倫按此與食部饕為音同透紐轉注字。彼訓貪也即欿也。借字耳。從飮。臽聲。亦歁之聲同侵類轉注字。與口部啗或一字。欲得也字林文。見孟子盡心章句音義。字或出字林。【説文解字六書疏證卷十六】

欱　歉　歄

◉許　慎　歠也。从欠。合聲。呼合切。【說文解字卷八】

◉馬叙倫　吳穎芳曰。似同呷。翟云升曰。一切經音義十二引作啜也。沈濤曰。啜乃傳寫之譌。倫按從飲省。合聲。為欶之同次清摩擦音轉注字。此今言喝酒喝粥之喝本字。今杭縣曰欱粥。亦呷之聲同談類轉注字。玉篇引。稍也。稍或歃之譌。借欱為歠。同舌根音。蓋字林文。玉篇引說文而不及字林。猶郭璞爾雅注引字林而不及說文。皆非不引也。字林附於說文或說文和合字林也。任大椿字林考逸僅瞍坅二字出玉篇引。疑宋人增益者也。【說文解字六書疏證卷十六】

5・398　秦詔版「廿六年皇帝盡并兼天下諸侯……」共四十字　秦1593　秦詔版殘存「壹歉疑者」四字【古陶文字徵】

詔權歉疑者【石刻篆文編】

◉許　慎　歉食不滿。从欠。兼聲。苦簟切。【說文解字卷八】

◉馬叙倫　丁福保曰。唐寫本玉篇引作食不飽也。慧琳音義九十七引作不飽也。奪食字。今二徐本衍歉字。飽誤作滿。倫按歉乃隸書複舉字也。歉為嗛之音同溪紐轉注字。從飲。食不飽非本訓。或字出字林。【說文解字六書疏證卷十六】

◉戴君仁　說文解字欠部：歉歉食不滿也，从欠兼聲。本義為歉少。秦權量銘文借為嫌，實為慊，說文慊疑也。【跋秦權量銘　中國文字第十四册】

佚950【續甲骨文編】

◉許　慎　咽中息不利也。从欠。骨聲。烏八切。【說文解字卷八】

◉馬叙倫　沈濤曰。一切經音義十一及十五引作咽中气息不利也。王筠曰。通俗文。大咽曰歄。咽者。噎之借字。大噎曰歄。與吾鄉語合。徐灝曰。今粵俗謂之打宿。丁福保曰。慧琳音義五十六及五十八引作咽中气息不利也。唐寫本玉篇引同。倫按歄為噎之轉注字。見噎下矣。此說解非本訓。或字出字林也。字當從吹。【說文解字六書疏證卷十六】

◉李孝定　說文。「歄咽中息不利也。从欠。骨聲。」契文从欠从。即之或體。唐氏釋為冎是也。而釋為卣。蓋偶未察耳。冎即骨之古文。冎欠即許書歄字也。字在卜辭為地名。【甲骨文字集釋第八】

欭

◉許　慎　嚘也。从欠。因聲。乙冀切。【説文解字卷八】

◉馬叙倫　嚘也以聲訓耳。欭為噎之音同影紐聲則脂真對轉轉注字。亦歒之脂真對轉轉注字。字或出字林。從吹。【説文解字六書疏證卷十六】

欬

前二·四四·五　从殸从亥　説文所無　疑即欬字　【甲骨文編】

前2·44·5【續甲骨文編】

5·218　宮欬　5·219　同上　5·203　同上　秦296　同上【古陶文字徵】

張欬　高欬　箸胥欬　趙欬　董欬印【漢印文字徵】

◉許　慎　屰气也。从欠。亥聲。苦蓋切。【説文解字卷八】

◉羅振玉　説文解字無⿱殸女字而有欬。注。屰气也。又謦注。欬也。通俗文。利喉謂之謦欬。此二字亦見莊子徐無鬼篇。知⿱殸女即謦欬之初字矣。【殷虚書契考釋卷中】

◉馬叙倫　鈕樹玉曰。韻會引屰作逆。丁福保曰。唐寫本玉篇欬注引同今本。慧琳音義十四及卅五引作气逆也。倫按言部。謦。欬也。謦欬音同溪紐轉注字。玄應一切經音義引字林。欬。瘷也。又引倉頡訓詁。欬。息聲也。齊部謂欶曰欬。欶一本作瘷。然則呂忱亦本張揖矣。本書無瘷。玄應一切經音義十八及廿二引有之。蓋出字林。字從疒欶聲。欶音審紐。古讀歸透。欬音溪紐。透溪同為次清破裂音。蓋轉注字也。欬字見急就篇。從吹。【説文解字六書疏證卷十六】

⿰毄欠

◉許　慎　且唾聲。一曰。小笑。从欠。毄聲。許壁切。【説文解字卷八】

◉馬叙倫　許壁切聲如肸。今諭笑聲有如此者。則一曰小笑。或為本義。校者記異本也。字當從笑之初文篆形似欠者也。且唾聲者。不似許文。玉篇引作且逆聲。不可通。且蓋气之譌。疑本作气屰聲唾也二訓。此且字亦气之譌。气屰聲者。⿰毄欠音曉紐。欬音溪紐。同為舌根音。蓋轉注字。字當從吹。唾也未詳。或唾為咲譌。王筠謂且者將也。通俗文利喉曰罄欬。正合此字之義。雖作聲以利喉而唾與否固不定故曰且也説亦可從。然則亦欬之轉注字。亦⿱殸女欬之⿱殸女本字。今杭縣謂有痰不得

吐而喉間作聲有此音。字蓋出字林。【說文解字六書疏證卷十六】

歙 歙

歙 汝歙 歙 高歙私印 【漢印文字徵】

◉許慎 歙縮鼻也。从欠。翕聲。丹陽有歙縣。許及切。【說文解字卷八】

◉馬叙倫 桂馥曰。一切經音義五。歙。説文。内息也。倫按從欠或從吹之歙安得為縮鼻義。如玄應引則此非許文矣。然内息者。口部吸字義。吸歙音同曉紐聲同談類。自得借歙為吸。玄應引者。仍是字林文。字林而題為説文者耳。或曰。吸必縮鼻。故此訓縮鼻耳。字從吹。丹陽五字校語。【說文解字六書疏證卷十六】

𣢟 𣢟

◉許慎 𣢟蹴鼻也。从欠。咎聲。讀若爾雅曰麔豭短脰。於糾切。【說文解字卷八】

◉馬叙倫 鈕樹玉曰。繫傳豭作猳。倫按玉篇引作欲。從欠不得訓蹴鼻。蹴鼻亦不可通。蓋本訓蹴也縮鼻也。蹴也以聲訓。縮鼻也謂吸時必縮其鼻也。蓋歙之轉注字。歙音曉紐。古讀歸影。欲音影紐。然廣雅釋詁。欲。吐也。則從吐之初文篆與欠形近者也。欲為欥歡之轉注字。欥欲音同影紐。歡欲聲同幽類也。然則縮鼻也者借欲為歙。或縮鼻二字涉歙下説解而誤羡也。字蓋出字林。【說文解字六書疏證卷十六】

𣢒 𣢒

◉許慎 𣢒愁皃。从欠。幼聲。臣鉉等案。口部。呦字或作𣢒。此重出。於虯切。【說文解字卷八】

◉馬叙倫 徐鉉曰。口部呦字或作𣢒。此重出。倫按愁皃者。怮字義。倫謂𣢒為呦之異文。字從吹也。或為欲之音同影紐。聲同幽類轉注字。字蓋出字林。玉篇作欲。引本書。愁貌也。【說文解字六書疏證卷十六】

欪 欪

◉許慎 欪咄欪。無慙。一曰。無腸意。从欠。出聲。讀若卉。丑律切。【說文解字卷八】

◉高田忠周 此字右作欠。即古文欠字明顯者。左旁亦疑出古異文。即欪字。銘義人名耳。【古籀篇三十五】

◉郭沫若 欪者，說文云：「咄欪，無慚，一曰無腸意。腸殆傷字之譌。从欠出聲，讀若卉。」欪宮者，酈之祖若父之廟也。【酈卣 兩周金文辭大系考釋】

欥 次

◉馬叙倫　鈕樹玉曰。集韻引慙下有也字。鍇本無讀若句。集韻類篇竝有許句切一音。與卉聲近。今音丑律切。與汲古閣本作讀若屮合。嚴可均曰。篆當作□。今譌為□。腸當作知。耳部。聉。無知意也。錢坫曰。咄字衍。玉篇作一曰訶也。與咄字義近。周雲青曰。唐寫本玉篇引作咄欪無慙也。一曰無腸音也。倫按咄字乃校者注以釋欪字之音者。欪則隸書複舉字也。無慙者。當作無慙意。一曰無腸意者。校者記異本。彼本慙譌作腸。而此本挩意字也。字。然皆校者不得其解説而增也。本訓挩矣。耳部聉下無知意也亦校語。欪咄一字。字蓋從吹。玉篇引倉頡。訶也。【説文解字六書疏證卷十六】

◉許　慎　欥詮詞也。从欠。从曰。曰亦聲。詩曰。欥求厥寧。余律切。【説文解字卷八】

◉馬叙倫　詮詞也非許文。玉篇引倉頡。喜皃也。又引作歅也。均未詳。漢書叙傳。欥中和為庶幾兮。顔師古曰。欥古聿字。古書聿曰通用。則欥曰一字。欥為後起。從吹。曰聲。字蓋出字林。【説文解字六書疏證卷十六】

◉楊樹達　曰加欠旁為欥，本與曰為一字，許誤分之。【文字形義學】

後二·四二·六　【甲骨文編】

録766　東方1302　後下42·6　【續甲骨文編】

次　次卣　次尊　史次鼎　嬰次盧　其次句鑃　【金文編】

次　封四九　二例　語八　法五七　【睡虎地秦簡文字編】

廣次男典祠長　次純有　綦毋次仲　紀於次　宋次私印　左次孺　王次　公孫次孺　郭次賔　趙次公印　胡次之印　【漢印文字徵】

禪國山碑　月次陬訾之口　【石刻篆文編】

次　次　次　次出朱育集古字　次　【汗簡】

天台經幢　竝義雲章　同上　朱育集字　王庶子碑　崔希裕纂古　說文　汗簡　汗簡【古文四聲韻】

◉許　慎　不前不精也。从欠。二聲。七四切。古文次。【說文解字卷八】

◉林義光　許意以从欠為不精。不精者次於精也。說已迂曲。次。貳也。顧命次輅。鄭注以為象輅之貳。从二吹省聲。次微韻吹歌韻雙聲旁轉。莊子在宥篇而萬物炊累焉。炊吹同音。駢拇注云。從容吹累。吹累疊韻。是吹音亦入微韻。與次同音。古作陳侯因資敦資字偏旁。【文源卷十一】

◉王國維　石鼓欶字，非部之𩐁以之為聲，又𥢶字或體作粢，韲字本作𩐁，知欶與次確系一字。許君云：「𩐁从韭，次朿皆聲。」蓋不知古有欶字，實則𩐁以欶為聲，若欶則次朿皆聲也。【觀堂書札　中國歷史文獻研究集刊第一集】

◉羅振玉　欶。箋曰。此殆為師所止為次之次。商人卜辭作。从𠂤从朿聲。兮田般作。南宮中鼎作。與卜文同。鼓文从朿从次。殆由𠂤朿而變。【石鼓文考釋】

◉孫海波　後編卷下弟四十二葉六版文云：「弜令其每王叀令五族伐羌方」，類編待問編失收，今按即次字也。說文：「次，不前不精也，从欠二聲。」此从即欠字，為二字斜寫，金文王子嬰次盧作，與此同，可證也。羅振玉因金文而定𠂤朿為師行所止之專字，則次為居次之本字。古文誼各有專，一字往往數作，所以因名別實，非有先後正俗之分也。【卜辭文字小記　考古社刊第三期】

◉商承祚　說文「次。不前不精也。从欠二聲。。古文次。」案甲骨文作。金文嬰次盧作。皆與篆文近。此不知何義何从。段氏謂象相次之形。則望文生訓矣。【說文中之古文考】

◉馬叙倫　鈕樹玉曰。前下當有也字。段玉裁曰。前當作歬。桂馥曰。不前者。本書趑下云。趑趄。行不進也。龔橙曰。不前不精非本義。倫按鈕段桂三說皆是也。不精者。粗字義。粗音從紐。次音清紐。同為舌尖前破裂摩擦音。故古假次為粗。然皆非本義。亦非本訓。疑或字林文。或校語也。次實咨之初文。從吹。又疑次即之譌文。今紹興語吹如癡也。咨嗟亦吹气為歎息也。玉篇引倉頡。叙也。字見急就篇。其次鏐作。王子方盤作。

鈕樹玉曰。玉篇廣韻竝無。汗簡有二。一注出義雲章。一注出朱育集古字。據此。疑後人增。朱駿聲疑為茨之古文。象茅葦屋次弟之形。強運開曰叀中鐘艾文武休命。汗簡古次字作。與此正相同。周雲青曰。唐寫本玉篇次注有重文二。一引聲類作□。一引字書作菀。皆不云説文。倫按未詳。朱説可從。周禮司市張大次小次。注。次。幄也。豈象其形邪。此字蓋呂忱據朱育異字增。育吳人。與韋昭同時也。玉篇引字書作菀。疑菀即□之誤。或此本從艸死聲為茨之轉注字。次音清紐。死音心紐。同為舌尖前音也。傳寫譌為□菀。聲類作□。蓋亦誤也。若如□字。乃㫃字。金文以為亯也。從米。從亯。不得為次茨矣。【説文解字六書疏證卷十六】

◉楊樹達　説文八篇下欠部云:「次,不前不精也,从欠,二聲。」七四切。樹達按不前不精與从欠之義不合,許説殆非也。愚疑次當以亞次為義,乃詞之表副貳者也。論語季氏篇曰:「孔子曰:生而知之者,上也;學而知之者,次也;困而學之,又其次也。困而不學,民斯為下矣。」文以上次下分言,此用次字之義最為明白者也。又憲問篇曰:「賢者辟世,其次辟地,其次辟色,其次辟言。」左傳襄公二十四年曰:「大上有立德,其次有立功,其次有立言。」亦其例也。以其為詞,故字从欠,猶歌訓詠,欥為詮詞,字皆从欠也。从二,故義為亞次,為副貳。儀禮特牲饋食禮曰:「亞獻尸。」鄭注曰:「亞,次也,次猶貳。」書顧命曰:「次路在右塾之前。」鄭注曰:「次路,象路之貳。」此鄭君經注可以補正許君之説者也。説文貳从弍聲,弍者古文二,次與貳音近,故義得互相訓釋也。穆天子傳卷四曰:「次車之乘。」郭璞注曰:「次車,副車。」説文貳訓副益,故次訓貳又可訓副也。【釋次　積微居小學述林卷二】

◉饒宗頤　……卜,嗀貞:王伐□。帝受(授)我又。□月。(續存上六二七)

按□舊釋蒙或髳,均未確。卜辭又有□字,為祭名,亦作□。考説文「次」字古文作□,實卽此之變形。故□當釋「次」。□从□从儿,則為㳄字。其云:「王室□,旬亡尤。」(前編六・六一・一)宜讀「王儐次。」士冠禮云:「賓就次。」左僖九年傳:「殺夷齊于次。」杜注:「喪寢也。」□猶今言位次矣。辭又云:「□祭上甲。」卽依次以祭上甲。故所見□典致祭之辭,曰:「□典其□」(續編一・五・一)「□典其劦」(明義士七八九)「□典其雚」(前編四・四三・四)「□典其彡彡。」(後編下二十・七)其□卽就次,砮謂合祭,雚讀如論語「禘自既灌」之「灌」,彡為彡日。皆祭之動作。知于氏讀□為用牲之毛炰,義未通暢。至于□方之為㳄方,其地未詳。古有次姓。呂覽知分「荆有次非。」一作「㳄飛。」莊子徐無鬼:「見大隗于具茨之山。」釋文:「一本作『次』同」。司馬彪云:「具茨山在滎陽密縣東,今名泰隗山」,疑次方與具次山有關,在今河南境。

按□殆「次」字,説見卜嗀□方條。易旅六二:「旅卽次,懷其資,得童僕,貞。」又九三:「旅焚其次,喪其童僕,貞厲。」王注:「次者,可以行旅之地。」以易爻辭徵之,「不喪□」卽「不喪次」矣。【殷代貞卜人物通考卷五】

◉李孝定　説文「次。不前不精也。从欠二聲。□。古文次。」絜文與篆文形近。惟不似从二。蓋象人口气出之形。其義不詳。

辭云「☐次令五族伐羌。」後・下・四二・六。以其上殘泐。義亦不可知。姑从其形似。收之於此。金文作□嬰次盧□史次鼎。與契文同。【甲骨文字集釋第八】

◉金祥恆　殷虛甲骨文字□見於前編第一卷三十六頁第三片，其卜辭為：

庚辰卜，大貞：來丁亥，其叡丁于大室，□丁西鄉。

又載于卜辭通纂第七六一片。葉玉森前編考釋對□字無說。郭鼎堂考釋云：「太室」，周金文中習見，其制乃自殷代以來也。「勿丁西鄉」不知何義，其下恐尚有殘文。

郭氏釋「□」字為「勿」，非是。甲骨文勿字作□，其形雖近，然□从人，□从□，唐立庵釋勿為弓(見天壤閣第二十六葉二一片釋文)，以為弓字。郭氏釋□為笏之初文：「古人于笏上書事，以備忘，字正象其形。」(粹編考釋第三頁第七片)以為笏形。郭、唐二說不一，非从人則同，故□與□顯係二字。蓋非勿字亦可斷言。考其結構，从人从二，疑為次字。說文次从欠二聲；金文史次卣之次作□(三代一・一六・五)，陳侯因資錞之資作□(兩周二六〇)其所从之次，史次卣之次同。嫛次盧之次作□(三代十八・廿四・二)从二从□，與說文同。甲文从人不从欠。說文欠：「張口气悟(段注作語)也，象气从儿上出之形。」故欠本亦从人。說文歙从欠酓聲，甲骨文之歙，作□，明象人歠歙之形。蓋欠、人古文相通。故甲文「□」為「次」字。其義許氏訓：「不前不精也」。段注：「不耑不精皆居次之意」。又云「从二从欠，从二故為次」。甲文从人从二，人有一、二之次，是以有次義。說文古文次作□，章太炎文始云：「象次舍之屋，變易為茨，㠯茅蓋蓋屋也」，是以有次舍之義，說文篆文次與古文次同，二字之義本不相同。甲文之次，乃叚為次舍之次。【釋□　中國文字第四十四册】

◉李孝定　楊樹達氏說次字从「二」之意甚是，然謂「以其為詞，故从欠」則未安，凡語詞多假借無正字，欠為張口出气，與次義不合；上、次、下之意亦非語詞。【金文詁林讀後記卷八】

◉何琳儀　《說文》：「次，不前、不精也。从欠、二聲。」「欠，張口气悟也。象气从人上出之形。」一般說來，次與欠不會發生混淆。不過楚系文字中確有从欠之字作次形者。如諮作□(《璽彙》〇〇〇八)。歙作□(《包山》二五五)等。反之，齊系文字从次之字亦可省作欠形。如陳侯因資錞資作□，而陳侯因資戈資作□。下面不妨再舉字書中類似的例證：

《集韻》：「扻，治髮也。」(側吏切)又：「櫛、《說文》梳比之總名。或作扻。」(側瑟切)

《正字通》：「趑、俗趑字。」《說文》：「趑、趑趄，行不進也。从走次聲。」

《字彙補》：「欰、卻行也。」(側私切)《集韻》：「趦，或作欰。」

以上三字的義訓和音讀，説明其雖从欠。實為次之省簡。如果這一判斷不誤，下列戰國文字的釋讀似應重新考慮：

□(包山簡一八三)。原釋珁。今改釋扻。讀次。姓氏。《路史》：「楚公族有次氏。」

□(廿一年㫚鏃)。應隸定欥。疑趑之異文。人名。

□(侯馬盟書三二六)，應釋䟴，人名。

□(包山簡一六二)。應隸定䟴，釋䟴。人名。䟴或作䟴。與其讀「側私切」正合。

□(隨縣簡一三七)。舊隸定䟴而闕釋。今試讀欿。以《説文》「欿，續所緝也」讀簡文「紫䟴之縢」。似亦可通。

□(兆域圖)，舊多讀坎。非是。今改釋䟴。讀垐。《書·康誥》「義刑義殺勿庸以次」，《荀子·致士》引次作即。《説文》垐古文作垔。是其佐證。《禮記·檀弓》上「有虞氏瓦棺。夏后氏垔周，殷人棺椁，周人牆置翣。」注「火熟曰垔，燒土治以周於棺也。」兆域圖「丘䟴(垔)」，應指靈堂四周丘坡是用磚(燒土)所砌。

□(中山侯鉞)。或隸定忿。檢《方言》「青齊呼意所欲為忺。」讀「虛嚴切」，可證其為欠之繁文。忺與忿並非一字。今據戰國文字次旁或可省作欠旁。釋忿為恣之省文。《説文》「恣，縱也。从心，次聲。」中山侯鉞「中山侯恣」，可與中山王圓壺「胤嗣妾(子)蚉」對讀，器主恣即蚉，乃中山侯之名。同一人名形體有異不足為奇。中山相名賙，鼎銘作□。壺銘作□，應屬同類現象。中山國諸君至譻均稱王。譻之于恣(蚉)則貶稱侯，日薄西山的國運已可想而知。

總之，欠旁或作次形，楚系文字皆見；次旁省作欠形。戰國文字亦非孤例。至於如何確定其音讀，首先分析其偏旁組合關係，其次以其與字書對應，最後驗之以辭例。從而做出合理的選擇。【戰國文字形體析疑　于省吾教授百年誕辰紀念文集】

□ 㱂

◉許　慎　□飢虛也。从欠。康聲。苦岡切。【説文解字卷八】

◉馬叙倫　沈乾一曰。唐寫本玉篇引説文。飢也。虛也。倫按虛也者。㱂字義。蓋校者加之。或吕忱列異訓。㱂從飢而訓飢。飢謂腹虛。語原然也。飢㱂同舌根音轉注字。此飢荒之荒本字也。魚匕作□。庚聲。【説文解字六書疏證卷十六】

□ 欺

□ 2526【古璽文編】

□ □不欺印　□ 王欺　【漢印文字徵】

歆

◉許　慎　欺詐欺也。从欠。其聲。去其切。【說文解字卷八】

◉馬叙倫　鈕樹玉曰。韻會引作詐也。倫按從欠不得有詐義。此諆字訓。言部諆欺也者。以假借字釋本字也。彼文次譎詭之上。是欺詐本字也。欺之本義亡矣。玉篇引蒼頡。紿也。字書。欺。詐也。然則此字或出字林。而字書本之。其義不詳。未知所從。字見急就篇。與誣詀為類。亦借為諆矣。或曰。飢之轉注字。從飤。【說文解字六書疏證卷十六】

歆 張歆私印　歆 張歆私印　歆 李歆　歆 王歆私印【漢印文字徵】

◉許　慎　歆神食气也。从欠。音聲。許今切。【說文解字卷八】

◉徐同柏　(周毛公鼎)歆古文歆。歆字从欠。說文云。神食气也。此从厂者。厂广古通。禮郊特牲。蕭合黍稷。臭陽達于牆屋。厂。牆屋之象【從古堂款識學卷十六】

◉馬叙倫　神食气也非本義。詩生民。履帝武敏歆。上帝居歆。左僖十年傳。神不歆非類。卅一年傳。鬼神非其族類。不歆其祀。襄廿七年傳。能歆神人。定五年傳。死者若有知也。可以歆舊祀。皆借歆為饗耳。音同曉紐也。國語楚語。楚必歆之。賈逵曰。歆。貪也。詩皇矣。無然歆羨。毛傳。歆。貪羨。倫謂歆或從飲省音聲。為飲之轉注字。音飲音同影紐也。或從飤。為歁之轉注字。甚音聲同侵類也。故詩傳國語注皆訓貪也。或為欽之聲同侵類轉注字。本書。廞。讀若歆。又疑為次之轉注字。次聲元類。言音一字。言聲亦元類也。從次。音聲。餘詳次下。玄應一切經音義引字林。神食气也。祭祀鬼神也。則神食气也字林文。或字出字林也。【說文解字六書疏證卷十六】

◉河南省文物研究所　「歆歆焉中心事其主。」此句第一字異體較多，下面大多附有重文符號。關于此字的釋讀，我們暫且提出兩種看法。其一，僅從本文所引盟書看，此字已有七種字體：1.憨；2.歆，還有的从言，言與音古本一字；3.蒠；4.憨，首旁有的簡化成自，或略去自，保存上部；5.憨，首旁或訛成「旨」；6.憨，首已訛近「瓜」字；7.忩。以上七種字體大致可以歸納為歆(或憨)、憨、忩三種字體；忩字是前二體的簡體。字體雖然歧異較大，但是从欠从心變化不大。欠旁也有不同的寫法，一種與升字相同，一種作[glyph]、[glyph]。員[glyph]作倗生壺的飲字所从的欠作[glyph]；沇兒鐘飲字作[glyph]；魚鼎匕欽字所从的欠作[glyph]。侯馬盟書有欧字，所从的欠也有作[glyph]的。因此這一偏旁字應為欠字。若从音，从欠，當為歆字。《國語·周語》：「民歆而德之。」注：「歆猶欣欣喜服也。」《左傳》昭公十二年：「祈招之愔愔，式昭德音。」愔愔是和悅貌，愔疑為憨字的簡化字。「憨憨焉」，形容忠心事其主的態度，意思是「心悅誠服地」。至于此字的另一變體作憨形，尚不得其解。

歈　㱃

其二，這個字的偏旁有从言、从音、从首、从旨、从自或从百等，變化複雜，但是从「」則很少變化。「」當是這個字的主體部分，「」應為音符。或許是升字。友簋、秦公簋、安邑下官鐘的升均作「」，與此符形體相近。升有進或獻之意。从心、从言、从首，意即獻心、獻言、獻首。升首是古代祭禮中一個重要程序。《禮記·郊特牲》：「用牲于庭，升首于室。」注云：「制祭之後，升牲首于北墉下，尊首尚氣也。」「慦慦焉中心事其主」，當為對主人竭誠效忠之謂。【河南温縣東周盟誓遺址一號坎發掘簡報　文物一九八三年第三期】

◉徐鉉　歈歌也。从欠。俞聲。切韻云。巴歈。歌也。案。史記。渝水之人善歌舞。漢高祖采其聲。後人因加此字。羊朱切。【說文解字卷八新附】

菁四·一　寧滬二·二七　左旁殘泐　甲二〇五　乙二四八二　乙三三八五　師友一·九四　佚六四八【甲骨文編】

甲205　乙2482　3285　佚648　古2·7【續甲骨文編】

歓　不从欠　伯作姬歓壺　酓字重見　㠱中壺　㠱中作倗生歓壺　善夫山鼎　令女官嗣歓獻人于㠱　沇兒鐘歓酉　僎兒鐘　歓飤訶舞　魯元匜　魯大嗣徒元作歓盂　中山王譽壺　以遊夕歓飤　从食欠　曾孟孎諫盆　作僨歓盆　从人从酉　辛伯鼎　酓鼎　東周左師壺　酒壺　徣公壺　徣公左自左酒　酓　大徐本說文奪此字　小徐本說文廣韻玉篇集韻皆有之　酒味苦也　孳乳為歓　辛巳簋　王酓多亞　伯或壺　酓壺　伯作姬　酓壺　㠱鼎　鄀伯酓匜　番伯酓匜　楚王酓章戈　酓章作曾侯乙鎛　酓肯鼎　酓肯固　酓肯盤　酓忎鼎　酓忎盤　咢侯鼎　王宴咸酓【金文編】

3·685 跎公氏之歙器 3·1184 獨字 【古陶文字徵】

179 246 【包山楚簡文字編】

歙 封九三 十三例 同飲 日甲一五九背 日甲三六背 二例 日乙一四六 法一五 【睡虎地秦簡文字編】

0808 2100或从酉，金文余義鐘作與此形近，璽文省今。 5318 5317 【古璽文編】

湯官歙監□□ 【漢印文字徵】

歙於錦切 歙竝尚書 【汗簡】

古老子 說文 古尚書 崔希裕纂古 汗簡 崔希裕纂古 籀韻 竝說文 籀韻 古尚書 竝古文 【古文四聲韻】

◉許　慎 歠也。从欠。酓聲。凡歙之屬皆从歙。於錦切。古文歙。从今水。古文歙。从今食。【說文解字卷八】

◉劉心源 飲字半蝕。阮釋為觀。後器作。从酉从水从今。說文作歙。古文作。此蓋合歙汆二字為之耳。【奇觚室吉金文述卷九】

◉林義光 古作虢叔鐘。象水入人口形。从酉。轉注。或作儀兒鐘。从人旁有酒。从欠。轉注。或作洹子器。倒口。象水入口形。【文源卷六】

◉高田忠周 說文。。歠也。从欠。酓聲。古文作。从水。今聲。又古文作。从食。今聲。蓋疑歙元从欠从酉今聲。左旁與訓酒苦味也从酉今聲酓字形同而自別矣。今聲。與古文合。且古文从水从食。意自可見。若唯从欠酓聲。字意不可見耳。酓為酒苦味。於歙義無相涉。後人作飲。合歙食為形也。易需。君子以飲食宴樂。虞注。水流入口為飲。此字本義。其字當以汆為正形。而專飲酒。歙為正字。儀禮公食禮。飲酒漿飲。注。飲酒。清酒也。是也。飲元謂飲漿。轉所飲漿。

亦謂之飲也。酒漿亦一。故下文有从水酉者是也。歓之从酉益可以證矣。【古籀篇三十五】

◉葉玉森　□□說文歓歠也。从欠酓聲。古文作□□。桉書契精華載□□二字。从□□並象戴胄之人俯首向下形。从□即酒。从□乃別構。小點象酒滴形。當並為許書歓字。篆文从□。即□□之譌。从□。即□之譌。契文亦變作□。後編卷下第七葉。與許書所出古文第二體略同。釋名歓奄也。以口奄引咽之也。契文埳肖口奄引咽之狀。又桉書契精華骨文二版。並紀征伐之詞。故二歓字所从人形。象戴胄之士。殆歓至之誼歟。【說契　學衡第三十一期】

◉余永梁　□（書契卷二十八葉）案此字从酓欠，即歓字。余義鐘歓字作□，與此字略同。酓字伯作姬酓壺作□，楚曾侯鐘作□。【殷虛文字考　國學論叢一卷一號】

◉商承祚　□說文歓。「歠也，从欠酓聲。古文作□歓。从今水。□古文歓，从今食。」象人俯首而歓。篆文从今乃由□之譌，欠則人之譌也。金文余義鐘作□，沇兒鐘作□。【甲骨文字研究下編】

◉商承祚　說文「歓。歠也。从欠酓聲。□。古文歓。从今水。□。古文歓。从今食。」案論語。「飯疏食飲水。」周禮膳夫。「飯用六清」。故古文从水今聲也。玉篇引作□。从二水。必有所誤。甲骨文作□。為歓之初文。金文余義鐘作□。沇兒鐘作□。為小篆所因襲。【說文中之古文考】

◉馬叙倫　朱駿聲曰。從酉。從欠。今聲。鐃炯曰。篆所從之酓。即歓之古文。從酉。今聲。與重文從水今聲或從食今聲同例。今從欠酓聲。欠為張口气悟。其於歠義何涉而從之乎。商承祚曰。甲骨文作□□。為飲之初文。余永梁曰。甲文作□。與余義鐘□字畧同。酓字伯作姬酓作□。楚曾侯鐘作□。葉玉森曰。卜辭作□□。從□。象戴胄之人俯首向下形。篆文從今即□之譌。從欠即□之譌。倫按本書徐鉉本無酓字。鍇本有之。其訓酒味苦也。從酉。今聲。則此是從欠酓聲。為形聲字。然哺啜之字不當從欠。金文虢叔旅鐘。□御於天子。吳大澂釋飲。若然。則是從□酒聲。或從□從酉。酉以盛酒。古即借以為酉。而飲即得聲於酉。酉音喻紐四等。以同為喉音而轉入影紐。乃既造酒字。故虢鐘字遂從酒耳。蓋俗體也。然則何以異於□字乎。余義鐘。□飤謌舞。沇兒鐘。□酒。皆歓之異文。倫謂初文蓋作□。從人俛其首開口以吸水。此古文作□。甲文□字所從之□。皆其變譌。後以疑於吐之初文。或以用為飲酒專字。故增酉為□。或省水。則為甲文之□。從人俛首開口以就酒器。猶飤之本作□矣。余鐘之□。其□即□之省變。而加今為聲。為此篆所由來。實□之轉注字矣。或如葉說。歓即□之譌也。又轉譌為□□耳。或□本如沇鐘作□。乃復增□旁為後起字。譌為□也。若余所舉。蓋□之譌迻其體者也。初文本指事。如今篆當為形聲矣。

□ 鈕樹玉曰。玉篇廣韻竝無。五經文字。歙。飲。上說文。下經典相承。吳穎芳曰。從水。今聲。倫按從水今聲。不得飲義。餘見歙下。從今水校者加之。

□ 吳穎芳曰。從食。今聲。倫按食亯一字。亯為孰物。從亯可得食義。不可得飲義也。此自□之譌耳。廣韻歙引說文。重文作飲。玉篇。古文為衾字。或為飲字。然則此篆疑本如沇兒鐘作□變為飲也。【說文解字六書疏證卷十六】

◉于省吾　古刀文有□□二字。亦作□□。舊釋為𩚵辰。殊誤。或釋為簟佰。按上字釋簟待考。下字釋佰失之。□从人从酉。隸定應作㑃。即古畬字。金文飲字作畬或歙。惟東周左師飲壺之飲作□。是其證。【釋㑃　雙劍誃古文雜釋】

◉郭沫若　楚王畬忎當即楚幽王熊悍,史記楚世家「考烈王卒子幽王悍立」,年表作悼,乃字誤也。畬熊音相近,舊有楚王畬章鐘,即楚惠王熊章之器,與此正為互證。【金文續考・壽縣所出楚器之年代　金文叢考】

◉董作賓　畬即飲字,第一期作□,象人俯首吐舌,捧尊就飲之形,歙其本字,畬其省變也。【殷曆譜卷八】

◉楊樹達　寧滬集一卷五四片云:「癸卯,卜,叀伊畬。叀兄王畬。」樹達按:畬當讀為歆,饗也。歆从音聲,畬音舌音同。【卜辭求義】

◉李孝定　諸家釋歙甚是。董先生說字形尤審諦。契文舌字正作□若□也。字本象人俯首吐舌就尊取飲之形。以音近於今。而倒舌形。又與今字形似。故篆文遂形譌从今耳。至衾字當為歙之後起形聲字。从水今聲。許君以為古文。未免本末到置矣。金文作□□作朋生飲壺□沇兒鐘□余義鐘□伯作姬飲壺。其譌變从今之迹昭然也。或又作□東周左師飲壺。从人从酉。从人與从尸同意。晚出之異構也。【甲骨文字集釋第八】

◉金祥恒　戰後寧滬新獲甲骨集第五十四片:

于報甲求雨?

癸卯卜,叀伊畬?

叀邑王畬?

叀伊畬?

其□今从酉,金文白乍畬壺之畬亦如是。當即小徐本說文酉部之□。徐鍇云:「酒味苦也,从酉今聲。臣鍇曰歙字从此。咽嗛反。」然大徐說文無之。段若膺據小學書而補之云:「廣韻、玉篇、集韻、小徐本皆同。汲古閣所據宋本奪此篆此解,而毛扆補之於部末。」然郭忠恕汗簡酉部亦收録畬作□,注出說文。且說文䤈、䧳、䳌、歙、㱃等字皆从畬聲,則說文必有畬字無疑。畬,汗簡釋為檿，尚書禹貢「其篚檿絲」，太史公作夏本紀引作「其篚酓絲」。（北宋本黄善夫本史記作酓。殿版本、日人瀧川資言史記會注考證作酓，从合乃今之訛。）司馬貞索隱注云：「爾雅檿，山桑，是蠶食檿之絲也。」蓋借酓為檿也。

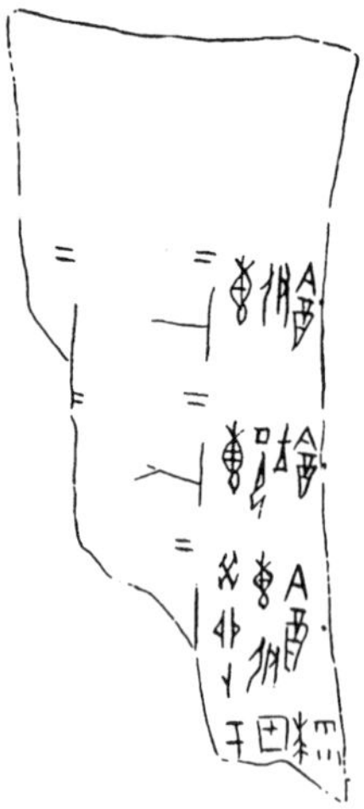

徐鍇謂酓从酉今聲，蓋以篆文字形釋之，非其朔誼。今乃[glyph]之省譌。其省譌演變之跡，證之甲骨金文，約略可得而言。甲骨卜辭殷虛書契精華第四片：

王固曰：㞢祟，八日庚戌㞢各云自東，面母昃亦㞢出蜺，自北歓于河

之歓作[glyph]，葉玉森說契云：

「[glyph][glyph]，說文[glyph]，歠也，从欠酓聲，古文作[glyph][glyph]。按書契精華載[glyph][glyph]二字，从[glyph][glyph]竝象戴胄之人俯首向下形。从酉即酒。从[glyph]，乃別構，小點象酒滴形。當竝為許書歓字。篆文从今即[glyph][glyph]之譌，从[glyph]即[glyph]之譌。」

葉氏之說至確。

其餘如小屯甲編二〇二與二〇五片之：

歓夕□若用？

戰後寧滬新獲甲骨集下第二六片：

歓

雖為殘文，然[glyph]仍分明可知。戰後南北所見甲骨録，師友卷一第九四片：

歓

亦係殘文，其形與殷契佚存第六四八片：

□午卜，□□歓

相同且省繪其舌。小屯乙編第三三一八五片：

貞：王㱃㞢它？

□：□□㱃亡它？

□㱃□

又第二四八二片：

不从酉而从凵，像圓底甕器。戰後南北所見甲骨録坊間四第二三六片：

㱃

不从酉而从皿。戰後寧滬新獲甲骨集下第五二片：

辛亥卜，㱿貞：乎㱃畫，不？ 六月

其㱃，亦从皿。繪一人，以手捧皿，作跪㱃狀。小校經閣卷五第六頁㱃尊，其字作，僅多繪其足而已。殷虛書契前編卷二第十八頁第二片：

丙辰卜，在犅貞：叀大又先□㱃犅利，不雉眾？

其㱃作，已省譌為，與沇兒鐘（兩周金文大系一六七）之作，魯大嗣徒元乍㱃盂（商周金文録遺五一二）之作，㠱壺「乍倗生㱃歔」（三代吉金文存十二卷十三頁第六器）之作，逐漸演變成从酓从欠之㱃。辛白鼎「辛白受厥永酓鼎」（小校經閣卷二，八六頁第二器）之作，从酉从人。東周左師壺（三代吉金文存十二卷十二頁第六器）之作，雖省作人，然亦㱃字。省譌為，如：

貞：酓？ 乙八七一〇

貞：酓？ 乙八七二三

不酓？ 南北師友一〇三

人方白，其酓于☒ 粹一三一六

于宿門，𢦏言酓，王弗每？ 庫一〇〇二

諸酓字，亦即㱃。玉篇一作酓，酒也，於林切。說文㱃之古文作，从今水。如小屯甲編考釋五四圖：

☒衆酉河，㚖？十月

國立中央圖書館所藏甲骨一七五片：

貞：☐汵☐河☐

後編上二五頁第四片：

己亥卜，穷貞：王至于汵，尞于河，三小宰，沈三牛？

汵，一為動詞，一為地名。所以从今从水者，乃□從人俛首張口歃酒之形。而省其酉也。玉篇涂，古文飲字，烏錦切。譌今為仝，又多加一水，猶桼加水成漆。大有畫蛇添足之感。

至於酓之本義，由字形之演變推知為歃歠也。如甲骨文「于宙門，殉言酓」；「人方白，其酓于☐」；「貞：王歃㞢（有）它？」「乎歃由畫」等，皆鄉飲之意。而小徐本說文訓酓為「酒味苦也」，篆隸萬象名義同。四部叢刊元刻玉篇引作「酒苦也」，脱味字。「酒味苦也」，乃酓之引申義，非其朔誼。

說文解字歃之古文一作□，从今食。疑食乃酉之譌。如楚王酓章鐘之酓作□（兩周金文大系第一八〇圖），其□若豆狀，其實乃□之譌。若不譌，則今乃人之譌。說文食部飤「糧也，从人食」。殷虛書契後編下第七頁十三片：

傳巳血□飤巠曰棄子。

□，像人俛首食於簋豆。簋豆盛黍粟粢米乾脯之器，非如陶甕可以盛酒漿，而可以歠歃也。金文鄭㦰句父鼎：

鄭㦰句父自乍飤䵼

□，从人食。桂馥說文解字義證云，一切經音義飲糧也，从人仰食也，謂以食供設與人也，故字从食从人意也。其實卽食，像俛食之狀，說文食从皀亼聲，亼疑是人之譌。【釋酓 中國文字第二十一册】

◉金祥恒 明義士殷虛卜辭後編為許進雄君整理明義士所藏殷虛甲骨椎拓編輯而成，已由藝文印書館印行行世。其中一片有□字（B二一七二・見後。）亦見於胡君手摹戰後南北所見甲骨録明義士藏甲第五六一片。維將其字摹訛成□。日本學人島邦男殷墟卜辭綜類訛成□。今據後編拓印本正之。其字雖屬罕見，論其結構，从水酓聲。為說文所無，僅見於集韻。謂涻之或體，又云涻與淦同。汵謂古歃字，或作涂。說文「淦，水入船中也，一曰泥也。从水金聲。」此與歃無涉。維集韻謂與淦同，乃淦、汵同从水金聲。相混所至耳。集韻滄字，當謂與汵同。汵謂古文歃，滄亦然。

歃，說文：「歠也，从欠酓聲。□古文歃从今水，□古文从今食。」茲以甲骨文證之，歃之書體，甲骨文作□（菁四），酓之甲骨文作□（粹一三一六），□（庫一〇〇二），汵之甲骨文作□（甲考五四）：汵、酓、歃皆今之飲字，而涂乃汵之繁衍，汵乃汵之繁衍，金亦从今聲故也。酓乃滄歃之省訛。戴侗六書故謂涻滄為涵之別構，沿集韻之說，其說可議。甲文之歃作□，象人俯首吐舌就酉，作歠酒之狀。甲金文叚酉作酒，若甲編考釋五四「囗衾酉河，𡕕？」毛公鼎「毋敢湎于酉」。魏三體石經古文酒作□，是其例。□為盛酒之器，盛酒之器不限於罇，或盛於皿，如歓尊作□（小校五、六）甲文作□□者是也。或盛於豆，甲文作□（後下七・一三）。而後趨簡，遂省人作□□□者，□即口也。說文古文信謀作□□，□即口也。說文言从口辛聲，辛即甲文□字之□，為舌形。今省舌作口。而說文之口果作□者，若吝、睿、唐之古文□、□、□，所从之口作□，□與甲文□形近，而遂譌為今聲。由㱃之省，遂作□，或作□。【釋㱃　中國文字第四十九册】

◉李孝定　㱃即歓之省文，商承祚氏之説是也，惟商氏引沇兒鐘、余義鐘之文，謂「象人以勺㪺酒」則非，所謂勺形之「□」，仍「人」形之譌變，後變為从「欠」，仍以人形為本，金文从「今」，為甲文象人首下垂之譌變，許君遂以為「今聲」耳。【金文詁林讀後記卷八】

◉伍仕謙《說文》：「□，歠也，从欠，㱃聲。」段注：「易、蒙卦，虞注，水流入口為飲。引申之，可飲之物謂之飲。」這樣解釋歓字，並未解決問題。為什麽此字从今从酉，㱃是不是聲符？都值得進一步探討。甲骨文及金文中，此字有許多形態。甲骨文歓字如：

1. □　王乩曰有祟，八日庚戌，有出雲自東面，毋昃，亦有出虹自北□于河。（菁一）
2. □　貞王□有祟。（綴合二二九）

　……□亾祟。

3. □　癸卯㱿貞旬亾𡆥王乩曰有祟，其有來艱。五日丁未，允有來艱。□御自𠂤圉，六月。（菁二）
4. □　癸卯卜叀伊□。叀邑王□。（鄴一・三一・八）

金文歓字如：

5. □　伯作姬□壺（異中壺）
6. □　□飤歌舞（余義鐘）
7. □　辛伯□鼎（辛伯鼎）
8. □　□秦□（塱鼎）
9. □　遊間□飤（中山王壺）

馬王堆帛書老子甲本卷後古佚書二五六行，作□。從甲骨文金文到西漢初帛書，此字演化之痕跡，宛然可見。中山王壺之飲字，即西漢初帛書和小篆所因襲。篆文从亼，即今，从□即□之譌變。為什麼从今字呢？徐中舒老師說：「金文曰字與今字，應為一字之異形。□像木鐸倒置之形，今即□，為木鐸順置之形。上像其紐，下像其身。从厂，此即鐸之舌。今，金文作□、□，下部之一，即為舌之省寫。」(《牆盤考釋》釋曰字)。按，查甲骨文：告、舌、言諸字其意皆同，都是説話的意義。例：

1. 貞□疾于且乙　(京一六五〇)
2. 翌乙未，亾，其□麥(前四·四〇·六)
3. 其□秋上甲二牛　(粹八八)
4. ……長友角□□□方出桴我示𥟅田十人五。　(菁二)

以上為告字。為□形或□形。

5. 貞王勿□河弗其……(鐵九四·四)
6. 貞允□王　(乙四三五〇)
7. 貞王有□　(乙八〇五二)

以上為舌字，釋舌不合，也應釋告。

8. ……賓貞□亾蓸　(拾一四·一〇)
9. 貞□亾蓸　(人一八四)
10. 丙子卜㱿貞乎□于河㸒十豕三羊五牛　(粹四八)
11. 貞王有□祖丁正　(乙四七〇八)

以上為言字，釋言，没有釋告字更確切。其實舌、言、告、音等字俱為同源之字。都是从舌之字。説文「□，在口所以言也，別味也，从干从口，干亦聲。」這個説法，是望文生義。我們認為□形，即第一例□字之□之倒置，即木鐸之舌。舌形何以成為□形或□形。吾友常正光同志以為鐸即以後之鈴，從前有些古廟簷下掛的風鈴，遇風則舌左右搖擺，使鈴發聲，□□即象鈴舌搖擺之狀。此説甚確。第二例□舌形更為顯著。以後省形為□，即今字也。

舌、言、告三字在甲文例句中意義相同，已見上例。在金文中，舌字不見，告字極多。例：

1. 令矢□于周公宮　(矢方彝)
2. 召白虎□曰：余□慶　(召伯簋)

3. 拜䭫首敢昭告朕吾考令告刺成王 （沈子簋）

4. 衛以邦君厲告于井白 白邑父、定伯、琼白、白俗父曰…… （五祀衛鼎）

言字。例

1. 用言王出內（入） 使人。 （伯矩鼎）

2. 孫子用言出入。 （敔卣）

《說文》：「告，牛觸人角著木，所以告人也。」「言，直言曰言，論難曰語，从口辛聲。」這也是望文生義。甲文金文告字从屮，或从丰，俱非牛字。牛口為文，亦未見告意。其實，告字，仍是木鐸之形，屮像木鐸之舌。言字，亦然。金文例句二，釋為言字，辭義難通。釋為告字 即文從字順 故言亦木鐸之形 甲文作言言言金文作言亦鐸舌之形也。金文中尚有一誥字（見何尊），唐蘭釋誥，甚確。蓋告，言同源也。

此外金文中之音字。如

其音鎗= （郘王子鐘）

其聿其音 （楚王鐘）

說文：「音聲也，生于心，有節于外，謂之音……从言含一。」蓋音無可以象，故借字一以象其意，指事也。其實，言音同源本為一字。楚王鐘之音即為言形。此字仍為木鐸之形，振動木鐸，則聲音出矣。

金文中尚有一舀字。此字當釋為昌 金文中皆為人名。字形作舀（舀鼎）、舀（舀壺）、舀（師害簋） 此字从曰，或从口，从手。象手持木鐸之形。以後隸定誤為舀字。實則从曰，从口仍是說話之意，故為唱之原字。

舀與今既為木鐸，从形方面解釋，可以說明問題。從義方面去體會，則比較困難，試問今何以有今義呢？《說文》：「今，是時也，从亼从乛，乛古文及。」許君解釋今之義為是時，就是我們所說的「現在」。从今，从乛，也未見有「現在」的含義。古文造字，象形之字近取諸身遠取諸物，容易探索原義，使人視而可識。但是一些抽象的概念，要用文字表現就很艱難。例如「現在」「今天」「此刻」用象形無論如何也難于表達。日、月、犬、馬刻寫在骨版上，使人一見就認識。「今天」「現在」就很難變成文字。現在我們要去體會殷人造字的原意，那的確是難題。徐中舒老師說：「木鐸代表政權，左傳『酋人以木鐸徇於路』，酋人就是酋長，振動木鐸，就是要發號施令，就是要說話。發號令說話，應即有『現在』的意義存在，故以之代表『今天』、『現在』。」我們認為說話即有『現在』之意」。故今既表說話，又有現在的含義，這樣解釋，是否恰當，還得深入探討。

歠 

現在轉來再說㱃字。□為舌，□為酒尊。甲文所舉第一、二字象人在酒尊前俯吐舌吸酒之形。第三字象人吸卣內之酒之形。第四字省人形，只存□，即仍保留以舌吸酒之形。以後金文，帛書之㱃字，俱由此因襲。以後別出一飲字。說文古文有二字，一从今水作□，一从今食作□，舌形未變。至於从食从欠之字，或起於西漢初年。湖南馬王堆漢墓帛書戰國策，觸讋說趙太后章，作□。老子甲本卷後古佚書二五六行作□，是兩字同時併用之例。

金文中尚有一字，亦當釋為㱃。盂鼎銘文「□酒無敢□」，此字从酉，从舌，从火。按酉即酒也。□字即像人以舌就酒也。此為甲骨文□形之省。从火，是以火溫酒而飲之也。師□鼎省火作□。說文無此字。吳大澂釋為酗，孫詒讓釋酣，似皆不如釋㱃字為善，蓋形義俱合也。【甲骨文考釋六則　古文字研究論文集】

◉徐中舒　□象人俯首吐舌捧尊就飲之形，為飲之初文。字形在卜辭中每有省變，□或省作彡，故□亦作□。□與金文□揚皆從彡，此彡實為飲酒形之省。《禮記・檀弓》「杜蕢揚觶」，「揚觶」猶今言「舉酒乾盃」。□釋飲，通讀所有卜辭，均無扞格。

【甲骨文字典卷八】

◉戴家祥　 廿九年壺　□東周左𠂤□壺　余義鐘飲作□，从欠从酉，象人張口飲酒之形。□今為聲符，伯作姬飲壺作酓，从酉今聲。辛伯鼎作□，从人从酉，皆繁簡不同之例。此銘作□，當是㱃之簡體。金文恆言「㱃壺」「㱃鼎」，此銘亦作「□壺」，是□即㱃之證也。

酓字大徐本說文無，然醅、雒、鴿、㱃、嬒等字皆从酓，當為遺漏。小徐本說文集韻廣韻玉篇都有，訓為酒味苦。金文「酓壺」，指盛酒之壺，與「醴壺」之醴用法相同。醴訓甜酒，酓訓苦酒，冠於壺之前，以示區別。金文或作楚王氏，商承祚認為楚王名或單稱或加氏稱熊某，熊讀入喻紐，酓讀入影紐，古讀清濁不分，於聲至近，酓聲之㱃又轉讀如雍，詩公劉以㱃韻宗，與熊同韻部。古經傳書楚熊往往惟取聲近字，公羊宣八年「葬我小君頃熊」，解詁云「熊氏楚女，左傳作敬嬴」。左昭十二年「楚殺其大夫成熊」，公羊作成然。熊嬴然酓皆同聲通用字。知此文之酓可讀為熊。【金文大字典中】

 歠

 歠昌劣切義雲切韻

 歠竝義雲章　【汗簡】

 義雲章

 同上

 裴光遠集綴　【古文四聲韻】

㳄

◉許　慎　歠歠也。从欶省。叕聲。昌說切。吷歠或从口。从夬。【說文解字卷八】

◉馬叙倫　鈕樹玉曰。一切經音義十五引作飲也。丁福保曰。慧琳音義五十八引有欲也二字。今奪。倫按叕音知紐。飲音影紐。同為清破裂音。故飲轉注為歠。與口部之啜一字。慧琳所引蓋校者舉異訓。玉篇引倉頡。嚀也。然則啜字出字林也。

吷　宋保曰。夬聲。叕夬同部聲相近。倫按歠從叕得聲。叕音知紐。夬音見紐。同為清破裂音也。故歠轉注為吷。然倫疑吷或為吹之音同穿紐三等轉注字。故莊子曰。吹(劍)劍首者吷而已。古或借吷為歠。【說文解字六書疏證卷十六】

㳄　㳄徐延切。【汗簡】

㳄 汗簡　㳄 㳄 並說文【古文四聲韻】

◉許　慎　㳄慕欲口液也。从欠。从水。凡㳄之屬皆从㳄。叙連切。㳄㳄或从侃。㳄籀文㳄。【說文解字卷八】

◉王國維　㳄　說文解字㳄部。㳄。慕欲口液也。从欠。从水。㳄。籀文㳄。案石鼓文其蓋氏鮮之蓋正从㳄作。【史籀篇疏證　王國維遺書第六册】

◉林義光　欠象人張口形。从人口出水。【文源卷六】

◉馬叙倫　錢坫曰。此慕欲為一義。口液為一義。倫按唐寫本玉篇引作慕也欲也亦口依也。依為液譌。可證慕欲又為二義也。倫謂口液是㳄字本義。故從水也。慕欲義同。皆甚字義。甚音禪紐。㳄音邪紐。同為次濁摩擦音。故得借㳄為甚。然三訓皆非許文。許蓋以聲訓耳。玄應一切經音義二曰。涎。諸書作㳄。字林。慕欲口液。十四曰。說文作㳄。慕欲口液也。玄應一引作字林一引作說文者。皆說文字林和合之本。一顯說文一顯字林也。爾雅釋言釋文。唌。字當作㳄。又作涎。字林。涎。口液也。亦引字林。知字林尚有重文作涎。玄應謂三倉作涎者。蓋傳寫者以字林字易之耳。其例證多矣。㳄為口液。則字不得從欠。蓋口液為名詞也。或謂玄應引三倉。㳄。小兒唾也。小兒喜吹口液。字蓋從吹從水會意。倫謂㳄非獨小兒有之。且從吹從水。則是吹水也。何㳄義之可得。口液猶目液鼻液身液。彼字皆從水作泣涕汗矣。則知㳄亦必為形聲字也。倫謂從水。欠聲。欠音去劒者聲入侵類者。唐音轉耳。以今杭縣紹興上海諸地方言證之。音皆如莧。當在元類。㳄之轉注字作羨。聲入元類。其證一也。字或作泹。聲亦元類。其證二也。欠者苦勸所作。勸之語原。實出於欠。而勸聲亦在元類。以此明之矣。【說文解字六書疏證卷十六】

◉于省吾　甲骨文次字作、、或、等形，也作、、、等形，舊誤釋為次。商器次卣次字作，舊誤釋為叉，金文編入於附録。周器史次鼎次字作金文編誤釋為次。按晚周器王子旻次盧次字作，石鼓文𣢟从次作，漢印次字習見，均从二从欠，與説文合。甲骨文無次字，以朿或𠂤為之（詳釋朿𠂤）。

説文：「次，慕欲口液也，从欠从水。㳄，次或从侃。𣵽，籀文次。」爾雅釋言謂「羨，盉也」，郭注謂：「漉漉出唌沫。」釋文謂：「唌字當作次，又作涎。」按次與涎乃古今字。玄應一切經音義二，謂涎亦作㳄。古文四聲韻上早謂誕古文作唌。次涎唌並屬邪紐，泹誕並屬定紐，古讀邪歸定，詳錢玄同古音無邪紐證。

甲骨文盜字作，葉玉森誤釋為盪（鈎沈），甲骨文編入于附録。説文：「盜，私利物也，从次，次欲皿者。」按許氏誤以形聲為會意，後世沿譌襲謬，不知其非。盜字从皿作，早期古文字从舟从皿从凡每無别。商代金文舟字作者屢見。周器季盡鼎的盡字从皿作。甲骨文凡字常見作。又般庚合文之般有的省作，有的从舟作（乙八六六〇）。盜字从皿次聲，古讀次如誕，二字雙聲，已詳前文。老子五十三章的「是謂盜夸」，盜夸即誕夸。石鼓文的𥳑字从竹从盜（盜），盜字从㳄，與説文籀文合。説文訓次為「慕欲口液」。甲骨文次字，有的象以手拂液形，有的象口液外流形，故後世形容人之貪饕，以垂涎為言。甲骨文盜字只一見，與次同用。口液為次之本義，引伸之則為水流泛濫無方，水流泛濫無方又與後世盜竊之義相因。陳夢家引余説釋盜，但讀盜為滔（綜述二六五），未免望文生義。

甲骨文次字有三種用法，今分别加以闡述：

甲、以次為祭名

一、叀𣉻日次（庫一〇九三）。

二、甲戌□，，于來丁酉，父乙次（甲二九〇七）。

三、叀七牛次用，王受又（摭續八八）。

以上所列三條的次字，均象以手拂液形。第一、二兩條屬于第一期早期的𠂤組卜辭，第三條屬于第四期，均以次為祭名，次應讀作延。周禮男巫「掌望祀，望衍」，鄭注：「衍讀為延，聲之誤也。……延，進也，謂但用幣致其神。」甲骨文以次為先王之祭，和周禮延祭有着因革的關係。

乙、次示和次令

一、乙酉卜，又伐自甲次示（一九七五年考古第一期所載一九七三年安陽小屯南地發掘報告，下同）。

二、乙酉卜，又伐自甲次示，叀乙子（巳）。

三、乙酉卜，又伐自甲次示，叀乙未。

四、王叀次令五族戍羌方（後下四二·六）。

以上所列前三條屬于第四期。第一期早期𠂤組卜辭的次字作，第四期仍沿用之。考古所載原報告釋次為頮，其實，次字既不从頁也不从夰，與頮字無涉。說文分祉延為二字，甲骨文無延字，以祉為連延或延續之延。甲骨文的「祖丁事，其祉妣辛妣癸」（掇四一九）、「祖丁事，其祉祖己」（綴合一〇），均以祉為連延之延。以上所引的前三條的次示，均應讀為延示。第一條的又（侑）伐自甲延示，甲即上甲。是說伐人以為侑祭，自上甲延續以及于廿示。是延示乃延及廿示的省語。第四期的「自甲廿示」（佚八八四，廿示也見粹二二一），廿示指自上甲至武乙言之。前引第二、三兩條也同此例，但其辭尾的叀乙巳和叀乙未，是指祭日言之。前三條均以乙日卜，而二、三兩條又均以乙日祭，是由于文丁時的大合祭以父乙為主的緣故。第四條的次字作，也應讀為延，訓為施行之施，施與延義本相因，施訓延典籍習見。這一條是說，王施令于他的五族戍守羌方。

丙，次與盜均就洹水泛濫言之。

一、乙卯卜，貞，今泉來水，次（續存下一五四）。

二、☑洹不次（續存下一五三）。

三、丙寅卜，洹其盜〇丙寅卜，洹□不□其盜（前六·三二·五）。

第一條的今泉來水，次，泉乃洹泉的省稱，因為他辭也稱洹為洹泉（甲九〇三）。次指洹泉泛濫言之。第二條的次字也同此例。第三條以洹其盜和洹不其盜為對貞，盜與次同用。甲骨文的「洹弘（洪）弗𦎫（敦）邑」（珠三九三），是就洹之洪水不至迫害商都言之。

綜上所述，甲骨文次字舊誤釋為次，盜字舊誤釋為盪，本文對于二字的形音義均重新加以辨認，並附帶分清了金文中的次與次之別。盜字本為从皿次聲的形聲字，因而糾正了說文以為會意的誤解。甲骨文既以次為祭名，也讀次為延，訓為連續或施行。其于洹水言次或盜，則均應讀為涎，訓為泛濫，乃口涎的引伸義。【釋次、盜 甲骨文字釋林】

◉張政烺 甲骨文有次字，凡六、七見，構造大同，點畫微異，今將下文引用所及彙摹如下：

《前》6·35·6 《續存》下·153

《續存》下·154 《後》下·42·6

□《虛》1001　□《前》6·32·5

這些字過去的甲骨學專家都未釋　按《說文》（第八篇下）次部：

次　慕欲口液也，从欠　水。

這就是古書上常見的「垂涎」或「流涎」的涎字的原始象形字，而涎字則是後起的形聲字。心有所慕欲，口中生津液，我們現在叫作「出口水」。甲骨文的次字正象口水湧出的樣子，自然古代的造字者在這裏是使用了誇張的手法。

次字在卜辭中之用法有兩種：一種是人名，如《殷虛書契前編》6·35·6有「乎次」，《殷虛書契後編》下42·6有「令次」（二見），兩處皆是人名，詞性確定，前者是武丁時卜辭，後者是康丁時卜辭，中間隔着祖庚、祖甲、廩辛三朝，肯定不是一個人，可能次是一個氏（或族）的名字。次字在這種地方無字義可尋，也就不必多作解釋了。

次字的另一種用法，如《甲骨續存》下·154：

乙卯卜，貞：今□泉來水次？

□是一種時間單位，故稱「今□」，舊或釋春釋秋皆不能通，究竟應該釋作什麼字，還没有一致的結論。泉是水源，泉來指源頭水到。《殷虛文字甲編》903有一條卜辭：「戊子貞，其燎于洹水泉」，這裏問的泉，大約也就是洹水泉。次在這裏按照周漢以來書册上的習慣當讀為羨。羨和次古音完全相同，是一個後起的字。最早的次意為「慕欲口液」，後世分成兩個字：1.羨是慕欲，2.涎（或作唌）是口液。但在中古時期次、羨、涎、唌這幾個字也還常混用無别，玄應《一切經音義》中關於這個問題曾作過一些解釋，如卷十四，《四分律》第四十二卷「涎沫」條下：

涎，似延反。案：《江賦》「濆浪飛羨」，時有本作涎。《説文》作次，或作羨、㳄二形，慕欲口液也。賈誼《新書》：「垂羨相告」。束晳《餅賦》曰：「行人失唌於下風」，郭璞注《爾雅》云：「唌，沫也」，併作唌。

這類注釋慧琳《一切經音義》中也有，所以把次讀作羨是完全可能的。上引卜辭「泉來水次」，次本來是出口水，引申為水多出來，這在古書上專用羨字，如《詩·大雅·板》：「及爾游羨」，《毛氏傳》：「羨，溢也」（據段玉裁校定本），陸德明《音義》：「羨，溢也，本或作衍」。又班固《漢書·溝洫志》：「然河災之羨溢，害中國也尤甚」，師古曰：「羨，讀與衍同，音弋戰反」。據此可知，羨就是溢，就是衍，就是汗漫無涯涘。卜辭「泉來水次」就是問上游水到了，水是否要滿出來。

卜辭中次字的這種用法較多，如《甲骨續存》下153：

洹不次？

同片有「五月」二字，這條卜辭在五月以後，是問洹河的水是否會漫出來。《殷虛卜辭》1001：

己亥卜，王，貞：洹不次？允不[次]。

這本書摹寫不准確，今為考訂如此。洹水在河南省安陽縣，三千多年來名稱未改，殷虛在洹水南，殷陵在洹水北，洹水之羨溢和殷王的生活有很密切的關係，所以卜辭常見這類占卜。《殷虛書契前編》6·32·5：

丙寅卜，洹其□？丙寅卜，洹□水不[□]？

這條卜辭也是占問有關洹水的情況，這裏的□字下从舟、上从次，按照上引兩條卜辭推斷，也應該讀作羨，依六書條例當是从舟次聲，其本義是什麼可以不管，在這裏則是假借為羨。自然，關于這個字也還可以作些別樣的推測。一種設想，□就是次，因為用作水羨，寫字的人隨手給它加上了一個舟旁用來表明水漲。再一種設想，這個字从次舟聲，是說明水羨的專用字，它表示水羨的一種程度（級别），不過這個可能性不是很大。因為只有這一條材料，不能作出確切的答案，只有等待將來有更多材料的發現。【殷虛甲骨文羨字說　甲骨探史録】

◉姚孝遂　《屯南》七五一為一大片牛胛骨，除缺左下角外，其餘尚完整，現保存十六段卜辭。其中有三段卜辭為：

「乙酉卜，又伐自匣次示。」

「乙酉卜，又伐自匣次示，叀乙巳。」

「乙酉卜，又伐自匣次示，叀乙未。」

「次」字作□、□等形。于省吾先生《釋林》論其形體甚詳。謂：「次與涎乃古今字」，甲骨文「次」字「象以手拂液形」（三八二—三八七頁）。

「次示」是前所未見的。「次示」即「它示」。

「次」，今字作「涎」，或體作㳄，「次」與「它」古為雙聲。

卜辭「它示」或作「柁示」，或作「蛇示」，張政烺先生在《釋它示》一文中曾詳加論列，並謂：「它示」乃指「直係先王（大示）以外的先王，即過去甲骨學家所稱旁係先王」（《古文字研究》第一輯）。

《屯南》七五一祭祀之先王有「大乙」、「大甲」、「祖乙」、「父乙」。「父乙」乃武丁之稱「小乙」，不能是文丁之稱「武乙」。如屬文丁卜辭，則「祖乙」當作「高祖乙」。大乙、祖乙、小乙均屬直係先王，「又伐自匣次示」、「次示」即指大乙、大甲、祖乙，小乙以外的諸旁係，亦即「它示」。

卜辭「它示」、「柁示」、「岐示」、「次示」均屬假借為之，無所謂本字，亦無專用字。但取其音而已。《摭續》八八：「叀七牛次用，王受又」，「次」當讀作「湫」，乃用牲之法。卜辭祭祀「湫牛」常見。【讀《小屯南地甲骨》劄記　古文字研究第十二輯】

羨

羨見古周禮【汗簡】

古禮記　汗簡【古文四聲韻】

◉許　慎　羨貪欲也。从次。从羑省。羑呼之羑。文王所拘羑里。似面切。【説文解字卷八】

◉林義光　从次羊，謂見羊美而涎欲下也。【文源卷十】

◉馬叙倫　嚴可均曰。一切經音義十二引作願欲也。此作貪欲。蓋校者依字林改。文選歸田賦注引字林。貪欲也。羑呼十字校語。蓋言羑省之羑。字當作羨。呼之羨。厶部。羨。相訹呼也。若作羑字。則羊部所云。文王拘羑里者也。翟云升曰。六書故作羨省聲。類篇引作貪也。倫按説解本有願也貪欲也二訓。文選歸田賦注引倉頡。羨。貪欲也。是呂忱或本倉頡故或倉頡訓詁加也。或出郭璞三倉解詁。則郭用呂説。詩皇矣。無然歆羨。韓詩。羨。願也。則願也或校者依韓詩加之。本訓亡矣。羨為次之轉注字。音同邪紐。鍇本作從次羑。蓋捝聲字。羑音喻紐四等。實從羊得聲。從羊得聲之祥詳。音皆邪紐。故羨音亦入邪紐。羑為羞之譌字。羞音心紐。心邪同為舌尖前摩擦音。故此作羑省聲。校者所改也。【説文解字六書疏證卷十六】

厥

◉許　慎　厥歠也。从次。厂聲。讀若移。以支切。【説文解字卷八】

◉馬叙倫　嚴可均曰。當作厂聲。倫按次之轉注字作涎。從水。延聲。本書。延。從㢟。厂聲。然則厥為涎之異文。涎為晚作矣。厂音喻紐四等。故厥音亦入喻四而為次之轉注字。然不得訓歠也。或有從飲省⿰氵虒聲之字。省而與此掍乎。讀若移者。劉秀生曰。厂聲移聲古竝在影紐。故厥從厂聲得讀若移。虎部。虒。從虎。厂聲。走部。⿺走虒。從走。虒聲。讀若池。衣部。褫。從衣。虒聲。讀若池。周禮考工記總目。既建而迆。鄭司農讀迆為倚移從風之移。禮記大傳。絶族無移服。釋文。移本作施。池也施竝從也聲。是其證。心部。⿰忄虒。從心。虒聲。讀若移。乁部。乁。從反丿。讀若移。亦其證。【説文解字六

盜 盗

前6·32·5【續甲骨文編】

盜 法三 五十二例　效三五 三十一例　秦一一九 五例　法五 二十八例　法一四一 三例　日乙二五三 九例　封一七 五例【睡虎地秦簡文字編】

盜出碧落文　盜出李尚隱字略【汗簡】

竝道德經　碧落文　竝籀韻【古文四聲韻】

◉許　慎　盜私利物也。从次。次欲皿者。徒到切。【説文解字卷八】

◉馬叙倫　翟云升曰。當入皿部。倫按私利物者非本義。盜竊字當作佻俴。已見佻字下矣。此字説解蓋捝譌後校者所補也。次欲皿者即校語也。盜為脠之轉注字。從皿。次聲。次音邪紐。邪紐音自喻紐四等出。次之轉注字作羨。從羊得聲。羊音喻四。古讀喻四歸定。故盜音入定紐。荀子性惡。盜離。偽列子周穆王作纖離。纖音心紐。心邪同為舌尖前摩擦音。故纖盜可以通用。石鼓文。其⿱竹盜氐鮮。⿱竹盜蓋筵之轉注字。借為脠也。亦可為證。當入皿部。字見急就篇。【説文解字六書疏證卷十六】

◉郭沫若　⿱竹盜字舊或釋萡,或釋筵,又或釋涎,均側重食魚一面着想,不知此石通體所叙者乃游魚之樂,非食魚之樂也。郭昌宗釋盜,至確。汗簡有盜字作盜,云出碧落碑。此復从竹,乃緐文,以盜多聚于萑苻也。意謂小魚在水中盜食,狀甚鮮明。【石鼓文】

◉王　輝　盜百蠻,具即其服　盜即盗字,《説文》次字籀文作㳄,《石鼓文·汧沔》:「其⿱竹盜氐鮮」,可見這是秦國文字的特點。盜字簡報以為借為討字,並無充分證據。盜本指竊賊,亦指小人、卑賤者,《詩·巧言》:「君子信盜」,鄭箋:「盜謂小人。」《公羊傳·定公八年》注:「不言盜取」,孔穎達疏:「盜是卑賤之稱。」吳鎮烽説這是秦統治者「對周圍部族方國帶侮辱性的稱呼」,殆是。服,事也,服事天子或諸侯。《周禮·夏官職方氏》:「其外方五百里曰侯服。」注:「服,服事天子也。」服亦訓從,《尚書·舜典》:「五刑有服。」《史記・曆書》:「三苗服九黎之德。」本銘當有以上兩種意思，指秦周圍諸戎蠻服事、服從於秦。【秦銅器銘文編年集釋】

◉徐中舒 □一期前六・三二・五 從次從□舟。《說文》:「盜，厶利物也。从次皿。次、欲也。欲皿為盜。」《說文》從皿乃舟之譌。卜辭用盜與次同。口液為次之本義，引申之則為水流泛濫無方。故從舟以顯泛濫之意。《說文》據從皿之譌以為「厶私利物也」之物為會意盜竊之盜，又以「次，欲也。欲皿為盜。」牽合其義，已非本義。【甲骨文字典卷八】

旡 □

□甲3588 □前4・33・5 □後下4・15 【續甲骨文編】

□ 旡音既 【汗簡】

◉許 慎 □㱃食气屰不得息曰旡。从反欠。凡旡之屬皆从旡。居未切。今變隸作旡。□古文旡。【說文解字卷八】

◉林義光 古作□曾伯霥匿既字偏旁。作□召伯虎敦既字偏旁。【文源卷九】

◉羅振玉 □□□說文解字。㱃食气屰不得息曰旡。从反欠。古文作□。案。石鼓文既字从□。與卜辭同。許書之古文□乃由□傳寫之譌。卜辭又有□字。不知為旡字之反書。抑是許書之欠字矣。【殷虛書契考釋卷中】

◉商承祚 □□說文旡。「㱃食屰气。不得食曰旡，从反元。□古文旡。」甲骨文既从□，金文及石鼓文同，又或从□。案此與欠當同字，古文左右任意也。姑入此以備一說。【甲骨文字研究下編】

◉馬叙倫 段玉裁曰。詩桑柔。如彼遡風。亦孔之僾。傳。僾。唈也。釋言同。箋。使人唈然如鄉疾風不能息也。蓋僾即旡之借。徐灝曰。飲食气屰。蓋哽咽之義。气申為欠。气屰為旡。故從反欠。倫按旡音居未切。與既同音。既即從旡。實與旡一字。今既訓小食者。古或借既為嘰耳。既字金文邵鐘作□。頌鼎作□。師奎父鼎作□。傳卣作□。庚贏卣作□。其他器既字偏傍率同。甲文既字作□□□□□□。其旡字偏傍無論在左在右。率為從□而口向後。與金文全同。倫謂非從反欠。乃從初文坐字而側其口。從□而向㿝為既。會飽而不欲再食意。以側口不易象形。故若身向左而正向右矣。甲文有□字。從□。即飽之初文。麼些文飽字作□。從大而象腹滿形。此□所從之□。亦從□而象食飽及元形。是亦飽之初文也。□則從□而象飽出息形。是□即既之初文。變省為□。疑於坐之初文而增㿝以定之。說解飲食气屰不得息曰旡。當作飲食飽而得息曰旡。此為本義而非本訓。若飲食气屰不得息則噎字義矣。詩毛傳及箋皆以不

僾者。彼借僾為噫嗢也。【說文解字六書疏證卷十六】

◉李孝定　說文。「旡歃食气屰不得息曰旡。从反欠。□古文旡。」古文反正無別。欠之與旡皆為人之生理現象。其別在於口咽之間。字形上殊難區別。而卜辭此字辭義不明。實難塙知為何字也。姑从羅說收作旡。【甲骨文字集釋第八】

◉徐中舒　□一期前四・三三・五　象人跽而口向後張之形，為旡之初文。既字從此。人食既每致屰气，故以此象屰气之形。《說文》：「旡，歃食屰气不得息曰旡。从反欠。」【甲骨文字典卷八】

□　𣄡

 佚五九〇　从咼省　【甲骨文編】

◉許　慎　□屰惡驚詞也。从旡。咼聲。讀若楚人名多夥。乎果切。【說文解字卷八】

◉郭沫若　第一四二八片

「癸卯……乙……□……癸丑貞旬亡囚。癸酉貞旬亡火。癸卯貞旬亡囚。癸酉貞旬亡囚」。（右行）

囚字余舊釋為繇，以其字象卜骨呈兆之形。後于骨臼刻辭得「四□出一□」之一例林二・卅・一二。釋□為冎謂卽骨窠。□（古代銘刻彙考續編一〇葉）卽此□□字之草率者，其字簡畧出之則為□□諸形，因疑凡卜辭「亡囚」字均是「亡冎」，讀為無𣄡，但苦無確證。今得本片，此疑乃斷然證實矣。卜辭「貞旬亡囚」之辭不計其數，然本片第三辭獨云「貞旬亡火」。火𣄡同紐，而音亦相近，古音火蓋讀如huai（燬），𣄡蓋讀如hua（化），故得通假。是則囚之為冎，為𣄡，確不可易矣。囚字入帝乙時代則代以□字。其字从一獸形，似犬而實非犬，余初釋為猷，今案實象形冎聲，乃猓然之猓也。文選吳都賦「狖鼯猓然」，劉注：「猓然猿狖之類。」狖之為物仰鼻長尾，與所从象文形正相當。故□必為猓，而以同音假借為𣄡。如此，則字字順適矣。莊子逍遥遊篇「適莽蒼者三飡而返，腹猶果然。」言腹如猓然之肥滿也，舊未得其解。【殷契粹編考釋】

◉馬叙倫　鈕樹玉曰。繫傳楚作是。玉篇引作逆驚辭也。廣韻引作逆惡之驚辭。劉秀生曰。多部。錁。齊人謂多為錁。方言一。凡物盛多謂之寇。齊宋之郊楚魏之際曰夥。咼從冎聲。冎聲果聲皆在見紐歌部。故𣄡從咼得聲讀若夥。爾雅釋蟲。果臝。釋文。果本作蜾。一作蝸。莊子至樂。若果養乎。釋文。果。本作過。國語晉語。知果。漢書古今人表作知過。並其證。女部。婐。從女。果聲。讀若騧。騧亦從咼得聲。與此同。倫按口部。咼。口戾不正也。口戾不正是㾩字義。咼當訓歐皃。即孟子滕文公出而哇之之哇初文。為㱿之轉注字。此為咼之異文。從吐之象形文形與□近者也。吐之初文蓋作□。或作□。與旡之象形文作□者形近。益明□為飽出息字矣。逆惡驚詞非本義。且疑說解有捝譌。或屰字涉上文旡下說解而誤衍。或為咢之爤文。咢也惡也驚詞三訓也。咢也者。即咢字義。驚詞亦咢字義也。惡也以聲訓。乃𣧙字義。咢音疑紐。𣧙音匣紐。同為舌根音。故得借𣧙為咢。字蓋出字林。【說文解字六書疏證卷十六】

□ 㾗

□ 㾗　徐鉉等曰今俗隸書作亮　衛盉　㾗伯　□ 五祀衛鼎　【金文編】

□ 徐亮　□ 馮亮　□ 將匠亮印　□ 任亮　【漢印文字徵】

□ 㾗力向切見古爾雅　【汗簡】

◉許　慎　□事有不善言㾗也。爾雅。㾗。薄也。从兂。京聲。臣鉉等曰。今俗隸書作亮。力讓切。【說文解字卷八】

◉馬叙倫　嚴可均曰。爾雅無此語。詩桑柔傳。同。薄也。小爾雅同。鈕樹玉曰。玉篇力尚力章二切。事有不善言也。又㾗。薄也。悲㾗。酸楚也。廣韻引字統云。事有不善曰㾗薄。段玉裁曰。爾雅二字淺人所增。宋翔鳳曰。漢志小爾雅與爾雅為一家。故許君即引為爾雅。王筠曰。小爾雅。涼。薄也。或後人引之以為許注。抑或許說本作事有不善言㾗薄也。為字統所本。翟云升曰。繫傳無言字。倫按此說解有捝譌。字統多本字林。蓋此字出字林。㾗薄也者。汗簡曰。古爾雅作㾗。然爾雅無此文。汗簡古字或小字之偽。或古下捝小字。此明是校語也。字從旡。或從欠。或從吹。皆不得事有不善言㾗薄義。其義亡矣。【說文解字六書疏證卷十六】